Katrin Schilling
Binnenmarktkollisionsrecht

Schriften zum Europäischen
und Internationalen Privat-, Bank-
und Wirtschaftsrecht

EIW Band 11

Schriften zum Europäischen und Internationalen Privat-, Bank- und Wirtschaftsrecht

EIW Band 11

De Gruyter Recht · Berlin

Katrin Schilling

Binnenmarktkollisionsrecht

De Gruyter Recht · Berlin

Dr. Katrin Schilling, Hannover.

♾ Gedruckt auf säurefreiem Papier,
das die US-ANSI-Norm über Haltbarkeit erfüllt.

ISBN-13: 978-3-89949-337-5
ISBN-10: 3-89949-337-0

Bibliografische Information Der Deutschen Bibliothek

Die Deutsche Bibliothek verzeichnet diese Publikation in der Deutschen Nationalbibliografie; detaillierte bibliografische Daten sind im Internet über http://dnb.ddb.de abrufbar.

Printed in Germany
Umschlaggestaltung: Christopher Schneider, Berlin
Datenkonvertierung/Satz: jürgen ullrich typosatz, Nördlingen
Druck und Bindung: Hubert & Co., Göttingen

Geleitwort der Herausgeber

Europäisierung und Internationalisierung fordern die Rechtswissenschaft in besonderem Maße heraus. Die Einteilung in Fachgebiete und das Verhältnis zu anderen Sozialwissenschaften bedürfen der kritischen Neubewertung angesichts vielfacher Wechselwirkungen. Querbezüge zwischen wirtschaftsrechtlicher Regulierung und privatautonomer Gestaltung zeigen diese Entwicklung in aller Deutlichkeit. Eine sich über Deutschland hinaus öffnende Rechtswissenschaft muss sich solchen Herausforderungen stellen. Dafür steht exemplarisch das Recht der Finanzdienstleistungen als Querschnittsmaterie von Privatrecht und (öffentlichem) Wirtschaftsrecht. Dem will die vorliegende Reihe inhaltlich und methodisch Rechnung tragen. Neben dem Bank-, Kapitalmarkt- und Finanzrecht als Schwerpunkt zeigen Gesellschaftsrecht, Wettbewerbs- und Kartellrecht, Immaterialgüterrecht, Insolvenzrecht und auch Arbeitsrecht ähnliche Überlagerungen. Die intensive, international orientierte Bearbeitung der Überschneidungen von klassischem Privatrecht, insbesondere Vertragsrecht, und Wirtschaftsrecht verspricht reichen Ertrag, gerade auch auf europäischer Ebene unter dem zusammenfassenden Aspekt des Unternehmensrechts.

In der Reihe soll die herausragende Monographie ebenso ihren Platz finden wie der Tagungsband, Werke auf Deutsch ebenso wie gelegentlich auf Englisch. Ökonomisch ausgerichtete Arbeiten sollen neben die juristischen treten, die den Schwerpunkt bilden. In der Reihe sollen Werke zu Europäisierung und Internationalisierung zusammenkommen, die das Wirtschaftsrecht und das wirtschaftlich gedachte Privatrecht in hervorragender Weise befördern.

Im September 2004

Horst Eidenmüller, Stefan Grundmann, Susanne Kalss, Wolfgang Kerber, Karl Riesenhuber, Heike Schweitzer, Hans-Peter Schwintowski, Reinhard Singer, Christine Windbichler

Vorwort

Die vorliegende Arbeit wurde im Wintersemester 2004/2005 von der Juristischen Fakultät der Martin-Luther-Universität Halle/Wittenberg als Dissertation angenommen. Literatur und Rechtsprechung konnten noch bis Ende 2003, teilweise bis 2004 berücksichtigt werden.

In dem bearbeiteten Rechtsgebiet, in dem es bekannte Phänomene und neue Entwicklungen zu erfassen und zu verweben gilt, sind Anregungen und konstruktive Kritik ebenso wichtig für das Gelingen wie menschliche Wärme und Ermutigung. Die Arbeit hätte in der vorliegende Form daher nicht ohne die vielfältige Unterstützung einer ganzen Reihe von Personen gelingen können, denen ich an dieser Stelle von Herzen danken möchte.

Mein erster Dank gilt meinem Doktorvater, Herrn Prof. Dr. Dr. Stefan Grundmann LL.M, der die Bearbeitung des Themas angeregt hat und mir während der gesamten Bearbeitungszeit stets mit Rat und Tat zur Seite stand. Seine wohlwollende und konstruktive Betreuung war mir immer wieder eine Bereicherung und hat mir wertvolle Denkanstöße geliefert. Prof. Dr. Dr. Stefan Grundmann LL.M gilt auch mein Dank für die Aufnahme dieser Arbeit in die Schriftenreihe.

Herzlich danken möchte ich ferner Herrn Prof. Dr. Armin Höland, der mir bereits während der Bearbeitung zur fachlichen Diskussion zur Verfügung stand, und der freundlicherweise das Zweitgutachten übernommen hat.

Nicht zuletzt gilt mein Dank dem Verein der Freunde und Förderer der Martin-Luther-Universität Halle/Wittenberg, der die Entstehung dieser Arbeit durch ein Promotionsstipendium großzügig und flexibel unterstützt hat.

Zahlreiche Anregungen und die zuweilen notwendige Aufmunterung erhielt ich auch im Gespräch mit Kollegen und Freuden. Dafür danke ich insbesondere Frau Maria Schnipp, Frau Heike Kaiser, Herrn Dr. Dirk Ullmann und Herrn Michael Walter.

Meinen Eltern Bernd und Kristina Schilling, die mich stets rückhaltlos unterstützt und gefördert haben, gilt mein besonderer Dank. Ihnen ist diese Arbeit gewidmet.

Hannover, im April 2006 *Katrin Schilling*

Inhaltsübersicht

Inhaltsverzeichnis

Abkürzungsverzeichnis

a. A.	anderer Ansicht
a. a. O.	am angegebenen Ort
abgedr.	abgedruckt
ABl. EG (C, L)	Amtsblatt der Europäischen Gemeinschaften, Serie L und C (Jahr, Nummer, Seite)
Abs.	Absatz
Abschn.	Abschnitt
AcP	Archiv für civilistische Praxis (Bd., Jahr, Seite)
a. E.	am Ende
a. F.	alte(r) Fassung
AfP	Zeitschrift für Medien- und Kommunikationsrecht (Vorg.: Archiv für Presserecht) (Jahr, Seite)
AG	Die Aktiengesellschaft – Zeitschrift für das gesamte Aktienwesen
AGB	Allgemeine Geschäftsbedingungen
AGBG	Gesetz zur Regelung der Allgemeinen Geschäftsbedingungen
allg.	allgemein
Anh.	Anhang
Anm.	Anmerkung(en)
Am.J.Comp.L	The American Journal of Comparative Law (Bd., Jahr, Seite)
AöR	Archiv des öffentlichen Rechts (Bd., Jahr, Seite)
Art.	Artikel
Aufl.	Auflage
BAG	Bundesarbeitsgericht
BAGE	Entscheidungen des Bundesarbeitsgerichts
BayObLG	Bayerisches Oberstes Landesgericht in Zivilsachen
BayObLGZ	Entscheidungen des Bayerischen Oberstes Landesgerichts in Zivilsachen
BB	Der Betriebs-Berater (Jahr, Seite)
Bd., Bde.	Band, Bände
Beil.	Beilage
BGB	Bürgerliches Gesetzbuch vom 18. 8. 1896, RGBl. 1896, 195; BGBl. III 400-2
BGBl. I, II, III	Bundesgesetzblatt, Teil I, II (Jahr, Seite; außer III)
BGH	Bundesgerichtshof
BGHZ	Entscheidungen des Bundesgerichtshofs in Zivilsachen (Band, Seite)
BT-Drs.	Bundestags-Drucksache
Bull.EG	Bulletin der Europäischen Gemeinschaften
bzgl.	bezüglich
bzw.	beziehungsweise
ca.	circa
c.i.c.	culpa in contrahendo
CISG	Convention on the International Sale of Goods
CMLR	Common Market Law Review (Bd., Jahr, Seite)
CMR	Convention relative au Contrat de transport international de Marchandises par Route

COTIF	Convention concerning International Carriage by Rail
DB	Der Betrieb (Jahr, Seite)
ders.	derselbe
d. h.	das heißt
dies.	dieselbe(n)
diesbzgl.	diesbezüglich(e/er/en)
DNotZ	Deutsche Notar-Zeitschrift – Verkündungsblatt der Bundesnotarkammer (Jahr, Seite)
Dok.Kom	Dokumente der Kommission (Aktenzeichen, Datum)
DÖV	Die öffentliche Verwaltung. Zeitschrift für öffentliches Recht und Verwaltungswissenschaft (Jahr, Seite)
DRiZ	Deutsche Richterzeitung (Jahr, Seite)
DStR	Deutsches Steuerrecht – Zeitschrift für Praxis und Wissenschaft des gesamten Steuerrechts (Jahr, Seite)
dt.	deutsch(e/en)
DVBl	Deutsches Verwaltungsblatt (Jahr, Seite)
DZWir	Deutsche Zeitschrift für Wirtschaftsrecht (Jahr, Seite)
ebd.	ebenda
Ed(s)	Editor(s)
EEA	Einheitliche Europäische Akte
EG	EG-Vertrag, Amsterdamer Fassung, Europäische Gemeinschaft(en)
EGBGB	Einführungsgesetz zum Bürgerlichen Gesetzbuch vom 18. 8. 1896, RGBl. 1896, 604; BGBl. III 400-1
EGV	Vertrag zur Gründung der Europäischen Wirtschaftsgemeinschaften vom 23. 5. 1957, BGBl. 1957 II, 755, 766 (früher EWGV)
Einl.	Einleitung
ELR	European Law Review (Bd., Jahr, Seite)
endg.	endgültig
etc.	et cetera
EU	Europäische Union
EuGH	Gerichtshof der Europäischen Gemeinschaften
EuGHE	Sammlung der Entscheidungen des Europäischen Gerichtshofs
EuGVÜ	Übereinkommen über die gerichtliche Zuständigkeit und die Vollstreckung gerichtlicher Entscheidungen in Zivil- und Handelssachen vom 27. 9. 1968
EuGVVO	Verordnung über die gerichtliche Zuständigkeit und die Anerkennung Vollstreckung gerichtlicher Entscheidungen in Zivil- und Handelssachen (VO 44/2001 des Rates vom 22. 12. 2000, ABl. 2001 L 12/1 und berichtigt ABl. 2001 L 307/28)
EuR	Europarecht (Bd., Jahr, Seite)
EuZW	Europäische Zeitschrift für Wirtschaftsrecht (Jahr, Seite)
EVÜ	Römisches EWG-Übereinkommen über das auf vertragliche Schuldverhältnisse anzuwendende Recht vom 19. 6. 1980
evt.	eventuell
EWG	Europäische Wirtschaftsgemeinschaft
EWiR	Entscheidungen zum Wirtschaftsrecht. Kurzkommentare (Jahr, Seite)
EWR	Europäischer Wirtschaftsraum
EWS	Europäisches Wirtschafts- und Steuerrecht
f., ff.	folgende, fortfolgende
Fn.	Fußnote(n)
FS (Name)	Festschrift/Festgabe

GA	Generalanwalt
GbR	Gesellschaft bürgerlichen Rechts
GEDIP	Groupe Européenne de Droit International Privé
gem.	gemäß
GG	Grundgesetz für die Bundesrepublik Deutschland vom 23. 5. 1949, BGBl. 1949 I, S. 1
ggf.	gegebenenfalls
ggü.	gegenüber
GmbH	Gesellschaft mit beschränkter Haftung
GmbHR	GmbH-Rundschau – mit Sonderfragen der GmbH & Co und GmbH-Report (Jahr, Seite)
GoA	Geschäftsführung ohne Auftrag
GPR	Zeitschrift für Gemeinschaftsprivatrecht
grds.	grundsätzlich
GRUR	Gewerblicher Rechtsschutz und Urheberrecht (Jahr, Seite)
GRUR Int.	Gewerblicher Rechtsschutz und Urheberrecht, Internationaler Teil (Jahr, Seite)
GS (Name)	Gedächtnisschrift für
HGB	Handelsgesetzbuch vom 10. 5. 1897, RGBl. 1897, 219; BGBl. III 4100-1
h. M.	herrschende Meinung
Hrsg./hrsg.	Herausgeber, herausgegeben
HS	Halbsatz
HWiG	Gesetz über den Widerruf von Haustürgeschäften und ähnlichen Geschäften
ICLQ	International and Comparative Law Quaterly (Bd., Jahr, Seite)
idF.	in der Fassung
idR.	in der Regel
idS.	in diesem Sinne
i. E.	im Ergebnis
ieS.	im engeren Sinne
insbes.	insbesondere
IPR	Internationales Privatrecht
IPRaX	Praxis des internationalen Privat- und Verfahrensrechts (Jahr, Seite)
iSd.	im Sinne der/des
IStR	Internationales Steuerrecht (Jahr, Seite)
iSv.	im Sinne von
i. Ü.	im Übrigen
iVm.	in Verbindung mit
iwS.	im weiteren Sinne
IZPR	Internationales Zivilprozessrecht
JA	Juristische Arbeitsblätter – Ausbildung, Examen, Fortbildung (Jahr, Seite)
Jb.f.NPÖ	Jahrbuch für neue politische Ökonomie (Bd., Jahr, Seite)
JbJZ	Jahrbuch junger Zivilrechtswissenschaftler (Tagungsjahr, Seite)
Jura	Jura – Juristische Ausbildung (Jahr, Seite)
JuS	Juristische Schulung – Zeitschrift für Studium und Ausbildung (Jahr, Seite)
JZ	Juristenzeitung (Jahr, Seite)
KOM	Dokument(e) der Kommission der Europäischen Gemeinschaften (Jahr, Nummer, Seite)
krit.	kritisch

Lit./lit.	Literatur/Buchstabe, litéra
Lsg.	Lösung
Ltd.	Private Limited Company
MDR	Monatsschrift für Deutsches Recht (Jahr, Seite)
m. E.	meines Erachtens
mgl.	möglich(e/er/en)
m. w. N.	mit weiteren Nachweisen
Nachw.	Nachweis(e)
NILR	Netherlands International Law Review (Jahr, Seite)
NJW	Neue Juristische Wochenschrift (Jahr, Seite)
Nr.	Nummer
NVwZ	Neue Zeitschrift für Verwaltungsrecht (Jahr, Seite)
NZG	Neue Zeitschrift für Gesellschaftsrecht (Jahr, Seite)
o. ä.	oder ähnliche(s)
OECD	Organisation for Economic Co-operation and Development
OGH	Oberster Gerichtshof (Österreich)
ÖJZ	Österreichische Juristen-Zeitung (Jahr, Seite)
OLG	Oberlandesgericht (mit Ortsnamen)
RabelsZ	Rabels Zeitschrift für ausländisches und internationales Privatrecht (Bd., Jahr, Seite)
RdC	Recueil des Cours Collected Courses of the Hague Academy of International Law (Bd., Jahr, Seite)
Rdn.	Randnummer
RdW	Das Recht der Wirtschaft. Steuer- und Rechtsfragen in Kurzberichten (Jahr, Seite)
Rev.crit.d.i.p.	Revue critique de droit international privé (Bd., Jahr, Seite)
RGBl.	Reichsgesetzblatt (Jahr, Seite)
RIW	Recht der internationalen Wirtschaft, Außenwirtschaftsdienst des Betriebs-Beraters (bis 1974 AWD) (Jahr, Seite)
RL	Richtlinie(n)
(verb.) Rs.	(verbundene) Rechtssache(n)
Rspr.	Rechtsprechung
S.	Satz, Seite(n)
s. a.	siehe auch
SE	Societas Europaea
sog.	sogenannt(e) (er) (en)
Sonderbeil.	Sonderbeilage
StAZ	Das Standesamt. Zeitschrift für Standesamtswesen, Familienrecht, Staatsangehörigkeitsrecht, Personenstandsrecht, internationales Privatrecht des In- und Auslands (Jahr, Seite)
st. Rspr.	ständige Rechtsprechung
str.	streitig
u. a.	und andere; unter anderem
u. ä.	und ähnliche(s)
u. a. m.	und anderes mehr
ÜEK	Übereinkommen
UNIDROIT	International Institute for the Unification of Private Law
u. U.	unter Umständen
v.	von, vom
v. a.	vor allem
VerbrKrG	Verbraucherkreditgesetz

VersR	Versicherungs-Recht (Jahr, Seite)
vgl.	vergleiche
VO	Verordnung(en)
VuR	Verbraucher und Recht (Jahr, Seite)
VVDStRL	Veröffentlichungen der Vereinigung der Deutschen Staatsrechtslehrer (Bd., Jahr, Seite)
WA	Warschauer Abkommen
WBl.	Wirtschaftsrechtliche Blätter. Zeitschrift für österreichisches und europäisches Wirtschaftsrecht (Jahr, Seite)
WiB	Wirtschaftsrechtliche Beratung, Zeitschrift für Wirtschaftsanwälte und Unternehmensjuristen (Jahr, Seite)
WM	Zeitschrift für Wirtschafts- und Bankrecht, Wertpapier-Mitteilungen (Jahr, Seite)
WRP	Wettbewerb in Recht und Praxis (Jahr, Seite)
WuW	Wirtschaft und Wettbewerb (Jahr, Seite)
ZaöRV	Zeitschrift für ausländisches öffentliches Recht und Völkerrecht (Bd., Jahr, Seite)
z. B.	zum Beispiel
ZEuP	Zeitschrift für Europäisches Privatrecht (Jahr, Seite)
ZEuS	Zeitschrift für Europarechtliche Studien (Jahr, Seite)
ZfRV	Zeitschrift für Rechtsvergleichung (Bd., Jahr, Seite)
z. G.	zum Ganzen
ZGR	Zeitschrift für Unternehmens- und Gesellschaftsrecht (Bd., Jahr, Seite)
ZHR	Zeitschrift für das gesamte Handelsrecht und Wirtschaftsrecht (Bd., Jahr, Seite)
ZIP	Zeitschrift für Wirtschaftsrecht (1–7/1980 Zeitschrift für die gesamte Insolvenzrechtspraxis, 8/1980 bis 12/1982 Zeitschrift für Wirtschaftsrecht und Insolvenzpraxis) (Jahr, Seite)
zit.	zitiert
ZPO	Zivilprozessordnung
z. T.	zum Teil
ZUM	Zeitschrift für Urheber- und Medienrecht (Jahr, Seite)
zust.	zustimmend
ZVglRWiss	Zeitschrift für vergleichende Rechtswissenschaft (Bd., Jahr, Seite)
ZZP	Zeitschrift für Zivilprozess (Bd., Jahr, Seite)

§ 1 Einleitung

I. Problemaufriss

Kollisionsnormen als Rechtsanwendungsnormen sind überall dort erforderlich, wo ein rechtlich relevanter Lebenssachverhalt Berührungspunkte zu verschiedenen Rechtsordnungen aufweist. Im klassischen IPR geht es dabei um die Abschichtung des Anwendungsbereiches der nationalen Rechtsordnungen, heute anhand der Frage, zu welcher Rechtsordnung ein gegebener Sachverhalt die engste Verbindung aufweist.

Mit der Europäischen Integration ist zu den einzelnen nationalen Rechtsordnungen eine neue selbständige supranationale Rechtsordnung hinzugetreten, die in vielfältiger Weise das nationale Recht beeinflusst. Dadurch gewinnt auch die Frage nach der Bestimmung des anwendbaren Rechts eine weitere Dimension.

Im klassischen Kollisionsrecht findet der Rechtsanwender voneinander getrennte, selbständige nationale Rechtsordnungen vor. Die Auswahlentscheidung beruht auf Gedanken wie dem Vorrang völkerrechtlicher Vereinbarungen und der grds. Gleichwertigkeit der nationalen Rechtsordnungen.

Das Regelungsgefüge, das durch und aufgrund der Verträge zur Gründung der Europäischen Gemeinschaft entstanden ist, stellt sich anders dar. Die Europäische Rechtsordnung ist im Verhältnis zu den Rechtsordnungen der Mitgliedstaaten weder ein gänzlich externes Gebilde, das – vergleichbar mit den Rechtsordnungen anderer Nationalstaaten im klassischen Kollisionsrecht – alternativ zur Rechtsordnung eines der Mitgliedstaaten anzuwenden wäre, noch geht die Europäische Rechtsordnung vollständig in der ihrer Mitgliedstaaten auf. Die Frage nach dem anwendbaren Recht kann deshalb nicht auf eine Auswahlentscheidung zwischen den nationalen oder der Europäischen Rechtsordnung beschränkt werden. Auch genügt es nicht, isoliert den Anwendungsbereich der europäischen Regelungen zu bestimmen.

Die im Rahmen der Gemeinschaft entstandene Europäische Rechtsordnung ist ein selbständiges Gebilde mit supranationalem Charakter[1] und Vorrang gegenüber dem nationalen Recht.[2] Sie wirkt in vielfältiger Weise auf die fortbestehenden Rechtsordnungen der Mitgliedstaaten ein. Die Verträge enthalten zum einen selbst ver-

---

1 EuGHE 1963, 1, 24 f. Van Gend & Loos; vgl. auch *Klinke*, Liber Amicorum Kegel (2002), 1, 12.

2 EuGHE 1964, 1251, 1269 ff. Costa/ENEL; 1969, 1, Rdn. 5 f. Wilhelm; 1978 629, Rdn. 17/18 ff. Simmenthal; 1987, 2345, Rdn. 17 Albako/Balm; *Klinke*, Liber Amicorum Kegel (2002), 1, 10 f.; Streinz, Europarecht, Rdn. 179 ff.; *Schweitzer/Hummer*, Europarecht, Rdn. 845 ff.; *Emmert*, Europarecht, § 14 Rdn. 1 ff.

bindliche und unmittelbar in allen Mitgliedstaaten anwendbare Regeln; zum anderen sind in ihnen Zielvorgaben und Wertungen festgeschrieben, die bei der Anwendung der mitgliedstaatlichen Rechtsordnungen wie bei der Auslegung und Anwendung der Verträge selbst zu beachten sind. Schließlich verfügt die Europäische Gemeinschaft über die Möglichkeit, Recht zu setzen, das wiederum unmittelbar oder vermittelt durch Umsetzungsakte seitens der Mitgliedstaaten Wirksamkeit auf nationaler Ebene erlangt.

Die Entstehung einer derart integrierten Rechtsordnung wirft naturgemäß neue Fragen auch bei der Bestimmung des anwendbaren Rechts auf. Dabei müssen alle Ebenen, auf denen Europäisches Recht neben nationalem Recht oder durch dieses wirksam wird, beleuchtet werden. Die Europäische Integration stellt somit nicht nur sachrechtlich, sondern auch vom kollisionsrechtlichen Standpunkt aus eine Besonderheit dar. Die Frage nach dem anwendbaren Recht ist zu einem mehrdimensionalen Problem geworden und die Antwort auf die diese Frage ist mehr als die Summe der nationalen Rechtsanwendungsregeln. Dabei sind gerade die internationalen Beziehungen im Binnenmarkt auch von besonderer praktischer Bedeutung. Bereits heute sind 2/3 aller grenzüberschreitenden Transaktionen von Waren, Dienstleistungen oder Direktinvestionen in den Mitgliedstaaten Binnenmarktsachverhalte. Die Tendenz ist weiter steigend.[3] Die wirtschaftliche Verflechtung gerade der Mitgliedstaaten der Gemeinschaft untereinander nimmt immer mehr zu und wird daher auch zum zentralen Aufgabenfeld des Binnenmarktkollisionsrechts.

II. Gang der Arbeit

Ziel dieser Arbeit ist es, die Einflüsse aufzuzeigen und zu systematisieren, die von der Europäischen Integration auf das Kollisionsrecht ausgehen, und die Eigenheiten zu beleuchten, die sich aus dem besonderen Verhältnis der Europäischen Rechtsordnung zu den Rechtsordnungen der Mitgliedstaaten ergeben.

Ausgehend von dem Problem, dass das Bestehen und die Durchsetzung unterschiedlicher Rechtsordnungen in den Mitgliedstaaten die Entstehung bzw. Vervollkommnung des Binnenmarktes stören können, wird die Bedeutung des Kollisionsrechts als eines wesentlichen Instruments der Integration herauszustellen sein, das dem aktuellen Konzept und Verständnis der Gemeinschaft entgegen kommt. Ein kursorischer Überblick über die bisher erreichten Vereinheitlichungserfolge im Sach- und Kollisionsrecht als möglichen Alternativen, um die mit Rechtsunterschieden verbundenen Probleme zu bewältigen, zeigt die Adäquanz der kollisionsrechtlichen Lösung: diese fügt sich in das aktuelle Integrationskonzept der Gemeinschaft ein, das Sachrecht in den Mitgliedstaaten lediglich anzugleichen. Um dieses Konzept sinnvoll

3 Vgl. dazu: Europäische Kommission – Generaldirektion Wirtschaft und Finanzen, Europäische Wirtschaft – Grundzüge der Wirtschaftspolitik 2001, Statistischer Anh. (2001), 204 f., 212 f. Z. G. *Grundmann*, RabelsZ 64 (2000), 457, 458 und RabelsZ 67 (2003), 246, 252 f. – jeweils m. w. N.; *Monti*, Binnenmarkt (1997), 92 ff.

ergänzen zu können, muss sie jedoch ihrerseits Einheitlichkeit verbürgen; zudem funktioniert sie nur iVm. einem gewissen Maß an Sachrechtsharmonisierung (§ 2).

Ausgehend von diesem Befund, der zukunftsweisenden Bedeutung des Kollisionsrechts als Integrationsinstrument und dem Erfordernis, bei der Bestimmung des anwendbaren Rechts in der Gemeinschaft einem System zweier ineinandergreifender Rechtsebenen gerecht zu werden, soll ein Begriff des „Binnenmarktkollisionsrechts" im umfassenden Sinne entworfen, und es sollen sein Bestand und seine Perspektiven dargestellt und diskutiert werden (§ 3). Den Ausgangspunkt bildet dabei zunächst die überblicksmäßige Darstellung des Status quo des Kollisionsrechts gemeinschaftsrechtlicher Provinienz in seiner Beziehung zum autonomen IPR der Mitgliedstaaten (§ 4). All dies ist Gegenstand des ersten, des Grundlagenteils.

Das Hauptaugenmerk der Arbeit wird jedoch darauf liegen, das so entstandene Bild um weitere Komponenten des Binnenmarktkollisionsrechts zu ergänzen: weniger offensichtliche kollisionsrechtliche Implikationen der Gemeinschaftsrechtsordnung, die erst in den letzten Jahren intensiver diskutiert werden. Es soll ein möglichst vollständiges Bild der Einflüsse entworfen werden, welche die Integration der nationalen Rechtsordnungen im Rahmen der Europäischen Gemeinschaft in kollisionsrechtlicher Hinsicht mit sich gebracht hat, und auch ein Blick auf die künftige Entwicklung geworfen werden, die sich v. a. im Zuge des Vertrages von Amsterdam immer deutlicher abzeichnet. Ziel ist es, ein Bild des im Entstehen begriffenen Binnenmarktkollisionsrechts zu zeichnen, das auch seine Besonderheiten und sein Potential hervorhebt. Dabei wird primär zwischen unharmonisierten und harmonisierten Bereichen unterschieden.

Beginnend mit dem unharmonisierten Bereich wird zunächst der Frage nachgegangen, ob die Grundfreiheiten des EG-Vertrages selbst Kollisionsnormen konstituieren oder zumindest bestimmenden Einfluss auf die nationalen Kollisionsrechtsordnungen entfalten. Dies ist Inhalt des zweiten Teils. Im Einzelnen erfolgt zunächst ein kurzer Abriss zur Dogmatik der Grundfreiheiten am Beispiel der zentralen Warenverkehrsfreiheit. Es wird ein Bild der Rspr. zur Systematik und der aktuellen Probleme der Einfuhrfreiheit (§ 5) und der Ausfuhrfreiheit (§ 6) entworfen, um die Grundlage für kollisionsrechtliche Folgerungen zu fixieren. Auf dieser Basis sollen sodann die Elemente eines möglichen kollisionsrechtlichen Gehalts der Grundfreiheiten herausgearbeitet werden, wobei es insbes. um die kollisionsrechtliche Umsetzung des Herkunftslandprinzips und verwandte Ansätze zur Ableitung eigenständiger IPR-Gehalte aus den Freiheiten geht (§ 7). Diese vorhandenen Ansätze sind sodann kritisch zu hinterfragen. Dabei sind sowohl Bedenken aufgrund des begrenzten Anwendungsbereichs der Freiheiten als auch die aus ihrer dogmatischen Struktur fließenden Probleme für ein kollisionsrechtliches Verständnis Gegenstand der Erörterungen. Beides betrifft sowohl die Frage nach der prinzipielle Vorstellbarkeit eines IPR-Gehalts als auch die nach der möglichen Reichweite primärrechtlicher Vorgaben (§ 8). Unter Einbeziehung der so gewonnenen Erkenntnisse wird in einer zusammenfassenden Stellungnahme ein Ergebnis für diesen zweiten Teil der Arbeit formuliert (§ 9).

Ein dritter Abschnitt ist dem harmonisierten Bereich gewidmet, wo sekundärrechtliche Vorgaben der Gemeinschaft bestehen, die neben dem Sachrecht auch das Kollisionsrecht direkt oder indirekt beeinflussen. Dabei werden Gemeinsamkeiten und Unterschiede zum nicht harmonisierten Bereich zu ermitteln und zu bewerten und die Ergebnisse der abstrakten Erörterung an einigen konkreten Beispielen zu illustrieren sein. Im Einzelnen erfolgt zunächst ein Abriss über die wichtigsten Instrumente der Sekundärrechtssetzung in der Gemeinschaft – Richtlinie und Verordnung –, ihre Charakteristika sowie auf die jeweiligen Möglichkeiten, ihre Vorgaben in den Mitgliedstaaten praktisch durchzusetzen (**§ 10**). Sodann wird mit Schwerpunkt auf dem Richtlinienrecht der kollisionsrechtliche Gehalt des Sekundärrechts analysiert. Hier lässt sich zunächst ein Bestand an einseitigem Richtlinienkollisionsrechtrecht konstatieren. Es geht dabei um ausdrücklich festgeschriebene oder implizite Regelungsanweisungen an die Mitgliedstaaten, die in Fällen mit spezifischem Gemeinschaftsbezug die Anwendung der Gemeinschaftsstandards auch gegenüber Drittstaatenrecht sicherstellen und so eine erste Ausprägung des Binnenmarktkollisionsrechts im harmonisierten Bereich bilden (**§ 11**).

Der folgende **§ 12** gilt hingegen der Suche nach allseitig geprägten Vorgaben für die Anknüpfung innerhalb des Binnenmarktes, d. h. für die Frage nach dem anwendbaren Recht im Verhältnis der Mitgliedstaaten untereinander. Sind solche Vorgaben auch selten ausdrücklich Gegenstand von Richtlinien, bilden sie doch als mittelbare Auswirkungen der Sachrechtsharmonisierung – per Modifizierung der Wirkung der Grundfreiheiten – die zweite wichtige Ausprägung eines spezifischen Binnenmarktkollisionsrechts. Diese Wirkung soll theoretisch dargestellt und an Beispielen verdeutlicht werden. Den Abschluss bildet ein kurzer Abschnitt über die überkommene kollisionsrechtliche Bedeutung von Verordnungen (**§ 13**).

Der vierte und letzte Teil der Arbeit ist schließlich den Zukunftsperspektiven des Binnenmarktkollisionsrechts gewidmet (**§ 14**). Die Arbeit schließt mit einer thesenartigen Zusammenfassung ihrer Ergebnisse (**§ 15**).

Teil 1 – Bedeutung, Spezifika und Bestand eines Binnenmarktkollisionsrechts

§ 2 Bedeutung des Binnenmarktkollisionsrechts für den Binnenmarkt

I. Das Konzept des Binnenmarktes in der Europäischen Gemeinschaft

1. Idee und Entwicklung des Binnenmarktes

Die Idee des Binnenmarktes ist darauf gerichtet, einen „Raum ohne Binnengrenzen" (zu schaffen), in dem der freie Verkehr von Waren, Personen, Dienstleistungen und Kapital gemäß den Bestimmungen des EG-Vertrages gewährleistet ist[1] und der somit auf den Gemeinsamen Markt aufbaut und diesen ergänzt.[2] Dazu galt es, die auch nach dem Ablauf der Übergangszeit[3] verbliebenen nichttarifären Handelshemmnisse zu beseitigen, ein System zur Verhinderung von Wettbewerbsverzerrungen zu schaffen, und die für ein ungestörtes Funktionieren des Wirtschaftsverkehrs in der Gemeinschaft erforderliche Angleichung der Rechtsvorschriften voranzutreiben.[4]

Nach der Entwicklung des Binnenmarktkonzepts (heutiger Prägung) Ende des 70er Jahre durch die Kommission, seiner Billigung durch den Rat und der Vorlage eines

---

1 Vgl. die Definition des „Binnenmarktes" in Art. 14 Abs. 2 des EG-Vertrages; bereits zuvor war die Errichtung eines Gemeinsamen Marktes Vertragsziel gewesen. Dies bedeutet gemäß der Rspr. des EuGH „... die Beseitigung aller Hemmnisse im innergemeinschaftlichen Handel mit dem Ziele der Verschmelzung der nationalen Märkte zu einem einheitlichen Markt, dessen Bedingungen denjenigen eines wirklichen Binnenmarktes möglichst nahe kommen." – EuGHE 1982, 1409, Rdn. 33 Gaston Schul.

2 Das Verhältnis der Begriffe des Gemeinsamen Marktes und des Binnenmarktes ist umstritten; für ein „Mehr" des Binnenmarktes ggü. dem Gemeinsamen Markt etwa *Bardenhewer/Pipkorn*, v. d. Groeben/Thiesing/Ehlermann, Art. 7 a, Rdn. 6 ff.; *Kahl*, Calliess/Ruffert, Art. 14, Rdn. 6 ff.; *Müller-Graff*, EuR 24 (1989), 107, 123 ff.; *Reich*, EuZW 1991, 203, 207 f.; EuR 26 (1991), 356, 357; *Steindorff*, ZHR 150 (1986), 687, 689; etwa unter Hinweis auf EuGHE 1982, 1409, Rdn. 33 Gaston Schul; 1991 I-2867, Rdn. 14 Titandioxid; **a. A.** *Epiney*, JZ 1992, 564, 565 ff.; *Hayder*, RabelsZ 53 (1989), 622, 635 ff.; *Pechstein*, in: Martiny/Witzleb (Hrsg.), Europäisches Zivilgesetzbuch (1999), 19, 28; *Pescatore*, EuR 21 (1986), 153, 157; *Streinz*, Europarecht, Rdn. 947 ff., 953 ff.; *Zacker*, RIW 1989, 489 f.; grds. auch *Kapteyn/VerLoren van Themaat*, Introduction, 779 f.; differenzierend *Everling*, FS Steindorff (1990), 1155, 1160 ff., 1170 f.; *Klein*, Hailbronner/Klein/Magiera/Müller-Graff, Art. 100 a, Rdn. 3; für Synonymität etwa *Kilian*, Europäisches Wirtschaftsrecht (1996), 13; *Langeheine*, Grabitz/Hilf, Art. 100 a, Rdn. 21 ff.; *Middeke*, Nationaler Umweltschutz im Binnenmarkt (1994), 231 ff., 235 f.; z. G. auch *Geiger*, Art. 14, Rdn. 5; *Kahl*, a. a. O., Rdn. 8 ff.; *Middeke*, a. a. O., 231 ff.; *Müller-Graff*, a. a. O., 122 ff.; *Schweitzer/Hummer*, Europarecht, Rdn. 1066 ff. – alle m. w. N.

3 31. 12. 1969, Art. 7 a EGV a. F.

4 *Oppermann*, Europarecht, Rdn. 1313; *Streinz*, Europarecht, Rdn. 35 f.

Weißbuches der Kommission[5] ist das Binnenmarktziel mit der Einheitlichen Europäischen Akte als Vertragsziel in den EG-Vertrag aufgenommen worden (heute Art. 14 EG).[6] Das Weißbuch der Kommission enthielt einen detaillierten Maßnahmenkatalog und Vorgaben für die schrittweise Verwirklichung des Binnenmarktes bis zu 31. 12. 1992, eine Frist, welche zwar keine unmittelbare rechtliche Folgen zeitigen, jedoch den angestrebten Zeitpunkt für die Vollendung des Binnenmarktes kennzeichnen sollte.[7]

Dieses Programm ist seither durch weitere Schritte ergänzt und erweitert worden. Durch den Unionsvertrag von Maastricht[8] wurde die „Europäische Union" gegründet und wurden dem EG-Vertrag Bestimmungen hinzugefügt, die eine spätestens bis zum 1. 1. 1999 zu verwirklichende Wirtschafts- und Währungsunion vorsahen.[9] In diesem Zusammenhang wurden eine eng abgestimmte und kontrollierte Wirtschaftpolitik, haushaltswirtschaftliche Vorgaben sowie eine einheitliche Geld- und Wechselkurspolitik und die Schaffung eines Europäischen Systems der Zentralbanken und einer Europäischen Zentralbank im Hinblick auf die Einführung einer gemeinsamen Europäischen Währung festgeschrieben.[10] Mit der Vertragsreform von Amsterdam wurde mit dem Bereich „Visa, Asyl, Einwanderung und andere Politiken betreffend den freien Personenverkehr" ein wichtiger Teil des Bereichs Justiz und Inneres, der zuvor Gegenstand der „dritten Säule" gewesen war, im Titel IV des EG-Vertrages vergemeinschaftet; mit dem Ziel, einen Raum der Freiheit, der Sicherheit und des Rechts zu schaffen und die Freizügigkeit innerhalb der Gemeinschaft zu effektuieren.[11] Der Vertrag von Nizza zielt hingegen v. a. auf eine Anpassung des institutionellen Systems an die Herausforderungen der bevorstehenden Erweiterung der Union.[12]

Das Binnenmarktkonzept forciert auf der Grundlage von Grundfreiheiten und Rechtsharmonisierung eine Öffnung und gegenseitige Durchdringung der Volkswirtschaften in der Gemeinschaft. Die Wirtschaftspolitik in der Gemeinschaft ist grds. einer offenen Marktwirtschaft und freiem Wettbewerb verpflichtet.[13]

---

5 Weißbuch der Kommission zur Vollendung des Binnenmarktes; Dok. KOM (85) 310 endg.

6 *Geiger*, Art. 14, Rdn. 1 ff.; *Kahl*, Calliess/Ruffert, Art. 14, Rdn. 1 ff.; *Oppermann*, Europarecht, Rdn. 1313 f.; *Streinz*, Europarecht, Rdn. 35 f.

7 EuGHE 1999 I-6207, Rdn. 37, 40 Wijsenbeek; vgl. auch die der Schlussakte zur EEA beigefügte Erklärung der Konferenz der Regierungsvertreter zu Art. 8 a EWGV, ABl.EG 1987, Nr. L 169/24; *Geiger*, Art. 14, Rdn. 6 f.; *Hayder*, RabelsZ 53 (1989), 622, 647; *Kahl*, Calliess/Ruffert, Art. 14, Rdn. 1 ff.; *Schweitzer/Hummer*, Europarecht, Rdn. 1063; *Streinz*, Europarecht, Rdn. 33 ff., 947.

8 ABl.EG 1992, Nr. C 191.

9 Mit dem Unionsvertrag ist die Schaffung einer WWU primärrechtlich verankert worden – vgl. die primärrechtliche Verankerung dieses Ziel in Art. 2 EG-Vertrag.

10 *Beutler/Bieber/Pipkorn/Streil*, Die Europäische Union, 44 f.; *Oppermann*, Europarecht, Rdn. 1004 ff.; *Streinz*, Europarecht, Rdn. 39 ff., 55, 865.

11 *Oppermann*, Europarecht, Rdn. 1567 ff.; *Streinz*, Europarecht, Rdn. 53 a.

12 *Beutler/Bieber/Pipkorn/Streil*, Die Europäische Union, 46 f.; *Herdegen*, Europarecht, Rdn. 59; Streinz, Europarecht, Rdn. 55 b; ausführlich *Fischer*, Der Vertrag von Nizza (2003).

13 Damit wird eine Wirtschaftsverfassung verwirklicht, die grds. ordoliberale Vorstellungen aufnimmt und zu einer wichtigen Grundlage ihrer wirtschaftlichen Rahmenordnung macht – vgl. *Joerges*, EuR 37 (2002), 17, 20 ff.; vgl. auch *Everling*, in: Schwarze (Hrsg.), Wirtschaftsverfassungs-

2. Praktische Bedeutung angesichts einer stetigen Zunahme der Transaktionen im Binnenmarkt

Die wirtschaftliche Relevanz der Sachverhalte, die einen grenzüberschreitenden bzw. einen Binnenmarktbezug aufweisen, steigt stetig. Grenzüberschreitende Wirtschaftsbeziehungen nehmen sowohl hinsichtlich der Transaktionszahlen als auch der Transaktionsvolumina beständig zu. Dies findet seine Ursache zum einen in der allgemeinen Tendenz der Globalisierung von Wirtschaft und Gesellschaft infolge der Entwicklung neuer, kostengünstigerer und größere Kapazitäten fassender Möglichkeiten des Transports von Gütern und Personen gleichermaßen sowie in den Innovationen im Informations- und Kommunikationssektor; verbesserten Sprachkenntnissen breiter Bevölkerungsteile etc.[14]

Im Rahmen der fortschreitenden Europäischen Integration verstärken sich die allgemeinen Tendenzen hin zur Internationalisierung wirtschaftlicher Beziehungen noch einmal. Hier profitiert die wirtschaftliche Integration nicht nur von den oben im Rahmen der Globalisierung beschriebenen allgemeinen Effekten und Entwicklungen; die gezielte Begünstigung grenzüberschreitender Wirtschaftsbeziehungen innerhalb der Gemeinschaft steigert noch die internationale Verflechtung und fokussiert sie zugleich in besonderer Weise auf Rechtsbeziehungen innerhalb des Binnenmarktes.[15]

Speziell im Bereich des Binnenmarktes lässt sich nach wie vor eine stetige Zunahme der grenzüberschreitenden Transaktionen nicht nur zwischen den Unternehmen, sondern auch mit Beteiligung nicht professionell Tätiger verzeichnen. Daran dürfte neben den angesprochenen neuen technischen Entwicklungen und dem allgemein veränderten Mobilitätsverhalten insbes. auch die fortschreitende Europäische Integration erheblichen Anteil haben, indem sie Stück für Stück grds. vergleichbare und vorhersehbare Rechtszustände herstellt und ein binnenmarktweit annähernd gleiches (Mindest-)Schutzniveau sichert. Die schrittweise Herausbildung solcher rechtlicher Mindeststandards in wirtschaftlich besonders relevanten Gebieten durch Rechtsharmonisierung begünstigt grenzüberschreitende Transaktionen – für Anbieter, aber auch für Verbraucher (denen zunehmend eine fundamental wichtige Rolle bei der Entstehung und Vervollkommnung des Binnenmarktes eingeräumt wird). Unterstützt wird diese aktive Rolle des Verbrauchers neben der Durchsetzung der benannten vergleichbaren Mindeststandards auch durch die Einführung des Euro als einheitlich Währung.[16] Die praktische Relevanz kollisionsrechtlicher Fragen im Binnenmarkt ist daher angesichts des Volumens des gemeinschaftsgrenzüber-

---

rechtliche Garantien (2001), 11, 14 ff., 18 ff., 31 – jeweils auch zu der Konkurrenz zwischen marktwirtschaftlichen und dirigistischen Tendenzen.

14 Vgl. dazu den kurzen Abriss mit Brückenschlag zum IPR bei *Basedow*, FS Stoll (2001), 405, 406 ff.

15 Nicht nur steigt stetig die Zahl der grenzüberschreitenden Transaktionen von Binnenmarktakteuren, vielmehr sind heute 2/3 dieser Transaktionen solche innerhalb des Binnenmarktes. Vgl. dazu bereits oben Fn. 3.

16 Vgl. dazu etwa *Staudinger*, ZfRV 2000, 93, 102 f.; *Cornides*, WBl. 2001, 407, 409; *Grundmann*, Europäisches Schuldvertragsrecht (1999), 5 mit Fn. 16; *Monti*, Binnenmarkt (1997), 92 ff.

schreitenden Wirtschaftsverkehrs bereits heute groß; und sie wird in Zukunft noch wachsen.

II. Die Rolle des Kollisionsrechts als Integrationsinstrument

Das gilt insbes., wenn man die Rolle berücksichtigt, die das Kollisionsrecht angesichts der noch immer ausgeprägten Rechtsverschiedenheit (und bis zu einem gewissen Grade besteht diese Verschiedenheit auch in harmonisierten Bereichen fort) in der Gemeinschaft tatsächlich spielt. Insoweit sollte der Beitrag, den das IPR als Integrationsinstruments spielen kann, nicht unterschätzt werden.

1. Das Störpotential des Fortbestehens unterschiedlicher Rechtsordnungen im Hinblick auf das Binnenmarktziel

Die Verwirklichung des Binnenmarktes, die Schaffung eines einheitlichen Wirtschaftsraums ohne Binnengrenzen, in dem der freie Verkehr von Waren, Personen, Dienstleistungen und Kapital gemäß den Bestimmungen dieses (des EG-)Vertrages gewährleistet ist,[17] setzt vergleichbare wirtschaftsrechtliche Voraussetzungen in den Mitgliedstaaten voraus, so dass Produkte und Produktionsfaktoren tatsächlich ohne einschneidende Hindernisse zirkulieren können und Wettbewerbsverzerrungen zwischen Akteuren aus verschiedenen Mitgliedstaaten möglichst vermieden werden.[18]

Ideal wäre das ohne die Verwerfungen zu erreichen, die infolge der Rechtsunterschiede zwischen den Mitgliedstaaten praktisch auftreten. Denn soweit unterschiedliche rechtliche Regelungen wirtschaftlich relevanter Sachverhalte bestehen, herrschen für Anbieter aus verschiedenen Mitgliedstaaten nicht dieselben Wettbewerbsbedingungen und wird die freie Zirkulation von Produkten und Produktionsfaktoren gestört. Solche Faktoren behindern das Zusammenwachsen und die gegenseitige Durchdringung der Märkte und so auch die Entstehung bzw. Vervollkommnung echter Binnenmarktverhältnisse.

Das gilt nicht nur für unterschiedliche öffentlichrechtliche Anforderungen an wirtschaftliche Tätigkeit. Auch verschiedene Privatrechtsordnungen führen bei grenzüberschreitender Betätigung oft zu einem Anpassungsbedarf. Zumindest muss, wer grenzüberschreitend tätig werden will, den Inhalt des evt. abweichenden fremden Rechts ermitteln. Evt. führt schon dieser Rechtsermittlungsaufwand, eher noch der

17 So die Legaldefinition in Art. 14 Abs. 2 EG.

18 Zur Behinderung des Wirtschaftsverkehrs durch das unvereinheitlichte Privatrecht der Mitgliedstaaten vgl. nur *Iversen*, in: Gemeinschaftsrecht und IPR (1994), Rdn. 539, Rdn. 662 zur Produkthaftung; *Ebenroth*, RIW 1994, 1,7; *Kirchner*, in: Weyers (Hrsg.), Europäisches Vertragsrecht, 103, 117 f.; *Lubitz*, Angleichung des Privatrechts (2000), 8 ff.; *Müller-Graff*, NJW 1993, 13, 18; *ders.*, in: Müller-Graff (Hrsg.), Gemeinsames Privatrecht (1999), 9, 16 f.; *Oppermann*, Europarecht, Rdn. 1313 ff.; *v. Hoffmann*, ZfRV 1995, 45 f.; *Schmid*, JZ 2001, 674, 675.

angesprochene Anpassungsbedarf, zu Wettbewerbsverzerrungen, die dem Binnenmarktziel zuwiderlaufen. Jedenfalls jedoch entstehen erhöhte Informations- und Kommunikationskosten bei der Anbahnung und Abwicklung grenzüberschreitender Transaktionen, die zudem durch die Rechtsermittlungs- und -anwendungsunsicherheit mit zusätzlichen Risiken belastet werden.[19] Ohne hier bereits eine endgültige Wertung treffen zu wollen, und ebenfalls ohne dem die Vorteile der Rechtsvielfalt gegenüberzustellen, kann konstatiert werden, dass die Rechtsverschiedenheit im Binnenmarkt jedenfalls hinderlich und erschwerend wirkt;[20] wenn damit auch noch nicht feststeht, dass diese Behinderung deshalb in jeder Hinsicht europarechtlich unzulässig sein muss.

2. Überwindung des Problems der Rechtsverschiedenheit durch Sachrechtsvereinheitlichung oder -angleichung

Zwei Wege bieten sich an, um den mit der Rechtsverschiedenheit verbundenen Problemen für die Vervollkommnung des Binnenmarktes als eines einheitlichen Wirtschaftsraums mit Freiverkehr und unverzerrtem Wettbewerb zu begegnen:

Zum einen kann ein sachrechtlicher Weg beschritten werden, der zur Beseitigung der bestehenden Rechtsunterschiede selbst führt. Dabei kann zunächst an echte Vereinheitlichung oder aber an eine Angleichung des Rechts gedacht werden.

Ein zweiter – rechtsanwendungstechnischer – Weg führt über die Integration des Kollisionsrechts (ggf. iVm. einer teilweisen, die Kollisionsrechtsintegration systematisch ergänzenden Ausräumung der Sachrechtsunterschiede). Damit würden die Rechtsunterschiede selbst zwar nicht beseitigt, jedoch einheitlich gehandhabt. Die Frage nach dem anwendbaren Recht stellt sich dann zwar weiterhin, würde jedoch gemeinschaftsweit einheitlich beantwortet. Ein bestimmter Lebenssachverhalt würde – unabhängig vom Forum – gemeinschaftsweit demselben, leicht zu bestimmenden Recht unterstellt.

Auf der sachrechtlichen Ebene könnte das oben beschriebene Binnenmarktdefizit zuvörderst durch die Herausbildung flächendeckenden Einheitsrechts – in gewissem Umfang auch durch Rechtsangleichung – beseitigt werden, wobei die kollisionsrechtlichen Folgen divergieren. Insbes. die Frage nach dem anwendbaren Recht wird nur durch Einheitsrecht wirklich überflüssig, so dass es sich nur hier um einen rein sachrechtlichen Ansatz handeln könnte.

Dennoch soll auf die Möglichkeit der Rechtsangleichung auch im hiesigen Zusammenhang kurz eingegangen werden. Im Bereich sehr detaillierter Rechtsangleichung

---

19 Deutlich *Ebenroth*, RIW 1994, 1, 7; *Müller-Graff*, NJW 1993, 13, 18; *ders.*, in: Müller-Graff (Hrsg.), Gemeinsames Privatrecht (1999), 9, 16 f.

20 Vgl. *Basedow*, RabelsZ 59 (1995), 1, 6 ff.; *Kreuzer*, in: Müller-Graff (Hrsg.), Gemeinsames Privatrecht (1999), 457, 472; *Müller-Graff*, ebd., 9, 16 f.; *Rittner*, JZ 1990, 838, 842 f.; *Roth*, RabelsZ 55 (1991), 623, 638, sowie 651 ff. zur kollisionsrechtlichen Komponente des Problems vor dem Hintergrund der Grundfreiheiten; *Rudisch*, RabelsZ 63 (1999), 70, 79.

– wie sie insbes. in den ersten Jahrzehnten der Gemeinschaft praktiziert wurde, um Wettbewerbsverfälschungen im Gemeinsamen Markt möglichst vollständig zu beseitigen – kann die Harmonisierung einer Vereinheitlichung zumindest nahe kommen.[21] Insoweit kommt auch der Frage, welches nationale Recht konkret anwendbar sein soll, verhältnismäßig geringes Gewicht zu.[22] Die Entscheidung hierüber kann getrost den Mitgliedstaaten überlassen, wer auf dem Standpunkt steht, dass Rechtsunterschiede dort nur noch Punkte betreffen konnten, die aus Sicht der Gemeinschaft das Funktionieren des Gemeinsamen Marktes nicht ernsthaft beeinträchtigten.[23]

Die Situation hat sich jedoch spätestens mit dem Paradigmenwechsel in der Sekundärrechtssetzung hin zur bloßen Mindestharmonisierung und dem verstärkten Aufgreifen klassisch-privatrechtlicher Fragestellungen in der Rechtsharmonisierung geändert.

Wo gemeinschaftsrechtliche Richtlinien sich darauf beschränken, Mindeststandards festzulegen, und Divergenzen bei der Umsetzung nicht durch hochdetaillierte Regelungen auf gemeinschaftsrechtlicher Ebene unterbunden werden, bleiben auch nach erfolgter Harmonisierung Rechtsunterschiede zwischen den Mitgliedstaaten bestehen. Rechtliche Divergenzen in harmonisierten Bereichen sind nicht nur theoretisch möglich, sondern tägliche Praxis. Deshalb werden die Schwierigkeiten, die mit der Fortgeltung unterschiedlichen Rechts im Binnenmarkt verbunden sind, durch bloße Harmonisierung des Sachrechts nicht ganz beseitigt, jedenfalls solange nicht, wie diese Rechtsunterschiede nicht in einer Weise gehandhabt werden, die ihrerseits den Anforderungen eines Binnenmarktes genügen. Damit ist die Rechtsanwendungsfrage, mithin das Binnenmarktkollisionsrecht[24] als Instrument des adäquaten Umgangs mit Regelungsunterschieden angesprochen. Der sachrechtliche Weg der Angleichung der mitgliedstaatlichen Privatrechtsordnungen ist also zumindest nicht allein gangbar. Der kollisionsrechtliche Weg muss zumindest ergänzend hinzutreten.[25]

Etwas anderes mag gelten, soweit das Sachrecht nicht lediglich angeglichen, sondern tatsächlich vereinheitlicht wird. Soweit keine Rechtsunterschiede mehr bestehen (d. h. in der Geltung, aber auch in der Auslegung und praktischen Anwendung des Rechts), verliert die Frage nach dem anwendbaren Recht ihre Relevanz. Eine gemeinschaftsweite Rechtseinheit in den wirtschaftlich relevanten Materien würde die oben

---

21 *Basedow*, in: Schnyder/Heiss/Rudisch (Hrsg.), Internationales Verbraucherschutzrecht (1995), 11, 16; *Grundmann*, Europäisches Schuldvertragsrecht, 18 ff.

22 Hinzu kommt, dass die in diesen frühen Richtlinien behandelten Materien kein klassisches Privatrecht betrafen, sondern eher als öffentlich-rechtlich einzustufende Materien, so dass die Frage nach dem anwendbaren Recht sich nicht in den Vordergrund drängte.

23 *Basedow*, in: Schnyder/Heiss/Rudisch (Hrsg.), Internationales Verbraucherschutzrecht (1995), 11, 16

24 Der Begriff des Binnemarktkollisionsrechts in seiner hier zugrunde gelegten Bedeutung ist maßgeblich von Grundmann geprägt worden; dazu auch unten § 3 I.

25 Vgl. allerdings den Ansatz bei *Iversen*, in: Gemeinschaftsrecht und IPR (1994), Rdn. 664 ff., der ermittelt, inwieweit die kollisionsrechtliche Frage wegen praktischer Ergebnisgleichheit auch aufgrund der bloßen Rechtsharmonisierung dahinstehen kann.

benannten Probleme der Rechtsermittlung, der Unsicherheit und der Kostensteigerung im grenzüberschreitenden Verkehr ebenso wie Wettbewerbsverzerrungen aufgrund unterschiedlicher rechtlicher Rahmenbedingungen umfassend ausräumen. Der damit erreichten Rechtssicherheit und Wettbewerbsgleichheit stünde allerdings der Verlust der Vielfalt der mitgliedstaatlichen Privatrechtsordnungen gegenüber. Dies wiederum ist angesichts des Selbstverständnisses der Gemeinschaft, wie es aus dem EG-Vertrag aufscheint, problematisch. Gerade im Zusammenhang mit der Sekundärrechtssetzung finden sich klare Regelungen, die dem Tätigwerden der Gemeinschaft Grenzen setzen – so etwa das Prinzip der begrenzten Einzelermächtigung sowie der Subsidiarität und Erforderlichkeit in Art. 5 EG. Selbst wo Rechtssetzungskompetenzen der Gemeinschaft bestehen, wird die Rechtsangleichung mittels Richtlinien der Vereinheitlichung durch Verordnungen vorgezogen, soweit das Harmonisierungsziel ein solches zulässt.[26]

Vor diesem Hintergrund kommt der Möglichkeit, die bestehenden Schwierigkeiten im grenzüberschreitenden Verkehr durch umfassende Sachrechtsvereinheitlichung zu beheben, von vornherein nur in begrenztem Umfang in Betracht und wird nicht zu einer geschlossenen und flächendeckenden Einheitsrechtsordnung in Europa führen.

Allerdings ist der Weg, Binnenmarktverhältnisse über die Schaffung von Einheitsrecht (bzw. durch Rechtsangleichung) zu erreichen, bereits verschiedentlich beschritten worden und wird gerade in jüngerer Zeit für das zentrale Gebiet des Vertragsrechts erneut erwogen, eben diesen Weg zu gehen.[27] Schon von daher mag es lohnen, sich einen Überblick über das bestehende Einheitsrecht zu verschaffen. Vor dem Hintergrund der hier bearbeiteten Frage nach Bedeutung, Bestand und Gehalt eines möglichen Binnenmarktkollisionsrechts scheint es zudem vorrangig, den sachrechtlichen Weg zu überprüfen und festzustellen, inwieweit dieser bereits beschritten worden ist. Denn kollisionsrechtliche Fragestellungen erübrigen sich, wenn und soweit tatsächlich keine für das Binnenmarktziel relevanten Rechtsunterschiede bestehen.

---

26 Diese Tendenz hat Niederschlag in der Tätigkeit der Gemeinschaft gefunden. So ist auf die „neue Strategie" in der Rechtsangleichung und auf verschiedene Erklärungen der Organe der Gemeinschaft hinzuweisen, wonach der Richtlinie der Vorzug einzuräumen ist: vgl. etwa die Erklärung der Kommission zur EEA ABl.EG 1987, Nr. L 169/24; die Entschließung des Rates vom 7. 5. 1985, ABl.EG Nr. C 136/1 ff.; das Protokoll Nr. 30 zum Amsterdamer Vertrag über die Anwendung der Grundsätze der Subsidiarität und der Verhältnismäßigkeit (1997), ABl.EG 1997 Nr. C 340/105 ff.; Sart.II Nr. 151, 30 ff.; vgl. *Basedow*, in: Schnyder/Heiss/Rudisch (Hrsg.), Internationales Verbraucherschutzrecht (1995), 11, 16; *Grundmann*, Europäisches Schuldvertragsrecht (1999), 18 ff.; *Kreuzer*, in: Müller-Graff (Hrsg.), Gemeinsames Privatrecht (1999), 457, 470 f.; *Pechstein*, in: Martiny/Witzleb (Hrsg), Europäisches Zivilgesetzbuch (1999) 19, 22 ff.; *Taupitz*, Privatrechtsvereinheitlichung (1993), 59; vgl. auch unten § 10 I.

27 Vgl. dazu die Mitteilung der Kommission zum Vertragsrecht – KOM (2001) 398 endg., ABL.EG 2001, Nr. C 255/1.

a) *Überblick über den Bestand an Einheitsprivatrecht*

Bereits ein kursorischer Überblick über Bestand und Tendenzen des materiellen Europäischen (bzw. europaweit geltenden) Einheitsprivatrechts – bei dem es im Rahmen dieser Darstellung bleiben soll – zeigt, dass ein solches allenfalls als Stückwerk existiert und weist daher eher auf die zweite der oben angeführten Alternativen (bzw. auf eine Kombination dieser Wege).

Einheitliches materielles Privatrecht, das für alle Mitgliedstaaten gleichermaßen gilt, ist trotz einiger Versuche, ein solches zumindest bereichsweise zu schaffen, ein seltenes Phänomen geblieben. Und auch, wo es existiert, hat internationales Einheitsrecht in privatrechtlichen Materien zudem meist einen lediglich fragmentarischen Charakter.[28]

Als Quellen materiellen Einheitsprivatrechts innerhalb der Gemeinschaft kommen zum einen traditionelle völkerrechtliche Verträge in Betracht, die – allgemein als Handlungsinstrument auf internationaler Ebene üblich – auch im Rahmen der Gemeinschaft geschlossen werden, oder die jedenfalls für alle EG-Mitgliedstaaten gelten können. Einheitsprivatrecht kann jedoch auch aus dem Primärrecht der Gründungsverträge oder aus autonomen Rechtsakten der Europäischen Gemeinschaft fließen.

aa) EG-heteronomes Konventionsprivatrecht

EG-heteronomes Konventionsprivatrecht in dem hier zugrundegelegten Sinne bezeichnet materielle privatrechtliche Regelungen, die aus völkerrechtlichen Verträgen fließen, welche nicht im Rahmen der Gemeinschaft abgeschlossen worden sind, die jedoch für alle EG-Mitgliedstaaten gelten, so dass sie jedenfalls auch innerhalb der Gemeinschaft (wenn auch möglicherweise noch darüber hinaus) Einheitsprivatrecht schaffen.

Völkerrechtliche Verträge mit dem Ziel der materiellen Rechtsvereinheitlichung sind im Rahmen verschiedener Institutionen vorgeschlagen oder abgeschlossen worden. Dennoch ist der Vereinheitlichungserfolg dieser Initiativen insgesamt eher gering und hat nur auf wenigen Gebieten tatsächlich zur Geltung eines gemeinsamen Rechts geführt. So sind zwar für den grenzüberschreitenden Wirtschaftsverkehr besonders relevante Materien wie etwa der Warenkauf, das Transportrecht, der gewerbliche Rechtsschutz, das Wechsel- und Scheckrecht oder das Factoring und das Finanzierungsleasing Gegenstand multilateraler Abkommen gewesen,[29] es handelt sich je-

---

28 *Basedow*, AcP 200 (2000), 445, 454 ff.; *Kreuzer/Wagner*, Hdb. des EU-Wirtschaftsrechts, Bd. 2, R, Rdn. 42; Schmid, JZ 2001, 674, 675; *Seif*, JbJZ 1997, 225, 229 ff.; *Siehr*, Internationales Privatrecht, 362.

29 Vgl. beispielsweise zum **Wechsel- und Scheckrecht:** Genfer einheitliches Wechsel- und Scheckrecht (ÜEK vom 7. 6. 1930, RGBl. 1933 II 377; ÜEK vom 19. 3. 1931, RGB. 1933 II 537); **zum Kaufrecht:** CISG – Wiener UN-Übereinkommen vom 11. 4. 1980 über Verträge über den internationalen Warenkauf, BGBl. II 1989, 586, 588; **zum gewerblichen Rechtsschutz und zum Urheberrecht:** neben einer Vielzahl anderer etwa die PVÜ (Pariser Verbandsübereinkunft vom 20. 3. 1883); RBÜ

doch auch hier nur um Teilvereinheitlichungen der zentralen Rechtsfragen. Zudem sind in den meisten Fällen von vornherein nur transnationale Sachverhalte erfasst.[30]

Was speziell die Frage nach der Existenz von Einheitsprivatrecht innerhalb der Gemeinschaft angeht, kommt hinzu, dass die bestehenden Übereinkommen selten ausnahmslos für alle Mitgliedstaaten gelten, so dass auf diesem Wege allenfalls eine Annäherung an den nach der oben proklamierten „sachrechtlichen" Lösung idealen Zustand erreicht wird. EG-heteronome völkerrechtliche Verträge, die wirklich alle Mitgliedstaaten binden, existieren beispielsweise im Transportrecht – so im internationalen Eisenbahnverkehr (COTIF),[31] im Luftverkehr[32] und im Straßengüterverkehr (CMR)[33] oder in Gestalt des Pariser OECD-Übereinkommens bei der Haftung gegenüber Dritten auf dem Gebiet der Kernenergie.[34]

Hingegen gilt etwa das CISG, ein UN-Übereinkommen, welches ein einheitliches

---

(Revidierte Berner Übereinkunft zum Schutz von Werken der Literatur und Kunst); Welturheberrechtsabkommen (6. 9. 1952); Rom-Abkommen zum Schutz der ausübenden Künstler, der Hersteller von Tonträgern und der Sendeunternehmer (20. 10. 1961); das Europäische Patentübereinkommen vom 5. 10. 1973 bezieht sich indessen nur auf das Anmeldungs- und Erteilungsverfahren und schafft kein einheitliches materielles Patentrecht – Überblick bei *Fikentscher*, Wirtschaftsrecht, Bd. 1, 278 ff.; *Kegel/Schurig*, Internationales Privatrecht, 81 ff. (mit Fundstellen); *Siehr*, Internationales Privatrecht, 282 f.; zum **Transportrecht**: etwa COTIF, WA, CMR, – Fundstellen sogleich, Fn. 35 ff., des Weiteren *Kegel/Schurig*, a. a. O., 87 ff. zum Schifffahrtsrecht; zum **Factoring und Leasing**: die UNIDROIT-Konventionen zum Factoring – 28. 5. 1988, BGBl. 1998 II 172, 2375 – und zum Finanzierungsleasing – 28. 5. 1988, von Deutschland nicht gezeichnet, Text: vgl. RabelsZ 51 (1987), 681, 725 ff.; Staatsverträge finden sich auch zum **Haftungsrecht**: etwa zu bestimmten Fragen der Gastwirtshaftung (ÜEK vom 17. 12. 1962, BGBl. 1966 II 269), oder zur Atomhaftung (Pariser OECD-Übereinkommen über die Haftung ggü. Dritten auf dem Gebiet der Kernenergie vom 29. 7. 1960; BGBl. 1975 II, 957, 959; 1976 II, 308, 310, 311; 1985 II, 963 Neufassung) mit Zusatzprotokollen; zur Verkehrshaftung u. v. a. m.; Überblick über bestehende Staatsverträge bei *Herdegen*, Internationales Wirtschaftsrecht (2002); *Jayme/Hausmann*, Internationales Privat- und Verfahrensrecht (2002); *Kegel/Schurig*, Internationales Privatrecht, 71 ff. m. w. N.; z. G. *Kropholler*, Internationales Einheitsrecht (1975); *Reithmann/Martiny*, Internationales Vertragsrecht (1996) zu Staatsverträgen im Bereich des Vertragsrechts.

30 Vgl. etwa die Darstellung bei *Basedow*, AcP 200 (2000), 445, 454 ff.; *Kegel/Schurig*, Internationales Privatrecht, 71 ff.; *Kreuzer*, in: Müller-Graff (Hrsg.), Gemeinsames Privatrecht (1999), 457, 468 ff.; *Müller-Graff*, FS Börner (1992), 303, 311 ff. m. w. N.; *ders.*, in: Müller-Graff (Hrsg.), Gemeinsames Privatrecht (1999), 9, 24 ff.; *Siehr*, Internationales Privatrecht, 138 ff., 203 ff., 322 f., 362; *Wichard*, ZEuP 2001, 23 mit Fn. 6 speziell zum gewerblichen Rechtsschutz.

31 ÜEK vom 9. 5. 1980, BGBl. II 1985, 132; vgl. *Herdegen*, Internationales Wirtschaftsrecht (2002), 182; *Kegel/Schurig*, Internationales Privatrecht, 90 f.

32 Wichtig v. a. das WA, ÜEK vom 12. 10. 1929, RGBl. 1933 II, 1039; BGBl. 1958 II, 291, 312, 1964 II, 1295; vgl. *Herdegen*, Internationales Wirtschaftsrecht (2002), 184 f.; *Kegel/Schurig*, Internationales Privatrecht, 90; dieses wird zukünftig ersetzt durch das Übereinkommen von Montreal zur Vereinheitlichung von Regeln für die Beförderung im internationalen Luftverkehr vom 28. 5. 1999, vgl. ABl.EG 2001, Nr. L 194/39 sowie dazu die VO 889/2002/EG, ABl.EG Nr. L 140/2, welche die VO 2027/97 an das ÜEK anpasst.

33 ÜEK vom 19. 5. 1956, BGBl. II 1961, 1120, Fassung von Den Haag vom 28. 9. 1955, BGBl. II 1958, 312; vgl. *Herdegen*, Internationales Wirtschaftsrecht (2002), 182 f.; *Kegel/Schurig*, Internationales Privatrecht, 91.

34 ÜEK vom 29. 7. 1960, BGBl. 1975 II, 957, 959; 1976 II, 308, 310, 311: 1985 II, 963 Neufassung; ÜEK vom 19. 5. 1956, BGBl. II 1961, 1120, Fassung von Den Haag vom 28. 9. 1955, BGBl. II 1958, 312; vgl. *Kegel/Schurig*, Internationales Privatrecht, 86.

materielles Recht für internationale Warenkaufverträge zur Verfügung stellt[35] nicht gemeinschaftsweit. Dasselbe gilt für das (Genfer Einheitliche) Wechsel- und Scheckrecht aufgrund der Genfer Abkommen von 1931, das ebenfalls nicht in ausnahmslos allen Mitgliedstaaten der Gemeinschaft gilt.[36]

Insgesamt (ohne dass mit den oben genannten Beispielen ein abschließendes Bild gezeichnet werden soll) lässt sich konstatieren, dass EG-heteronome Konventionen, die Einheitsprivatrecht schaffen, nur für wenige Spezialmaterien existieren. International einheitliches materielles Recht bleibt damit eine Ausnahmeerscheinung. Dabei stört zum einen die Tatsache, dass die meisten dieser Übereinkommen von vornherein nur für grenzüberschreitende Sachverhalte Geltung beanspruchen, zum anderen der Umstand, dass sie ihren Gegenstand oft nicht flächendeckend regeln und überdies keine einheitliche Auslegung garantiert ist, so dass selbst in Bereichen, in denen die (Teil-)Rechtsvereinheitlichung gelungen ist, auf das IPR nach wie vor nicht verzichtet werden kann.[37]

bb) Konventionen im Rahmen der Europäischen Union

EG-autonomes Konventionsrecht zu materiell-privatrechtlichen Materien, d. h. Einheitsrecht aus Staatsverträgen, die lediglich im Rahmen der Gemeinschaft als Akte der Gesamtheit der Mitgliedstaaten und mit Bezug auf die Gemeinschaft und ihre Ziele[38] abgeschlossen wurden, ist bedeutungslos geblieben. Zwar können die Mitgliedstaaten im Rahmen des Art. 293 EG Gemeinschaftsabkommen und darüber hinaus freie Übereinkommen schließen; sie haben dabei jedoch bisher keine materielle Privatrechtsvereinheitlichung betrieben.

Die im Rahmen des Art. 293 EG geschlossenen Übereinkommen[39] betreffen kein

---

35 Wiener UN-Übereinkommen vom 11. 4. 1980 über Verträge über den internationalen Warenkauf, BGBl. II 1989, 588; vgl. *Kegel/Schurig*, Internationales Privatrecht, 75; *Reithmann/Martiny* (Hrsg.), Internationales Vertragsrecht (1996), Rdn. 625 ff.; *Siehr*, Internationales Privatrecht, 138 ff.

36 Einzelheiten bei *Kegel/Schurig*, Internationales Privatrecht, 74 ff. m. w. N. zur Privatrechtsvereinheitlichung durch Staatsverträge 71 ff.; *Kreuzer*, in: Müller-Graff (Hrsg.), Gemeinsames Privatrecht (1999), 457, 468 ff. mit Fn. 36; *Müller-Graff*, FS Börner (1992), 303, 311 ff.; *Seif*, JbJZ 1997, 225, 229 ff.; so gilt das **UN-Kaufrecht** etwa nicht für GB, Irland und Portugal, vgl. dazu die Auflistung der Vertragsstaaten des CISG bei *Schlechtriem*, in: ders. (Hrsg.), Kommentar zum Einheitlichen UN-Kaufrecht (2000), Anh. I, 923 f.; zum jeweils aktuellen Status vgl. http://www.un.or.at/uncitral/english/status/index.htm; zudem erfasst dieses ÜEK praktisch nur einen relativ geringen Teil der Kaufverträge – dazu *Grundmann*, AcP 202 (2000), 40, 45; *Siehr*, Internationales Privatrecht, 138 ff.; zum **Wechsel- und Scheckrecht** *Baumbach/Hefermehl*; Wechselgesetz und Scheckgesetz, WG Einl. Rdn. 4, Anh. 7; SchG Einl. Rdn. 3, Anh. 2; *Jayme/Hausmann*, Internationales Privat-und Verfahrensrecht, Nr. 121, 122; *Siehr*, a. a. O., 322 f.; zu den beiden UNIDROIT-Konventionen über das materielle Recht des **Leasings** (ÜEK v. 28. 5. 1988, von Deutschland nicht gezeichnet) und des **Factorings** (ÜEK vom 28. 5. 1988, f. Deutschland. in Kraft seit dem 1. 12. 1998 – BGBl. 1998 II, 172, 2375.

37 Dazu *Basedow*, AcP 2000, 445, 454 ff.; zu dem bestehenden Einheitsrecht *Kegel/Schurig*, Internationales Privatrecht, 71 ff.; *Kreuzer*, in: Müller-Graff (Hrsg.), Gemeinsames Privatrecht (1999), 457, 468 ff.; *Kropholler*, Internationales Privatrecht, § 52 I 1, IV 2; *Müller-Graff*, in: ders. (Hrsg.), Gemeinsames Privatrecht (1999), 9, 24 f.; *Siehr*, Internationales Privatrecht, 362.

38 *Streinz*, Europarecht, Rdn. 423; vgl. auch *Oppermann*, Europarecht, Rdn. 611 ff.

39 Vgl. z. G. *Bröhmer*, Calliess/Ruffert, Art. 293, Rdn. 6 ff.; *zur Hausen*, v. d. Groeben/Thiesing/Eh-

materielles Privatrecht. Die möglichen Gegenstände solcher Übereinkommen sind in Art. 293 EG abschließend festgeschrieben. Die Hauptbedeutung dieser Vertragsvorschrift liegt bisher im internationalen Privat- und Prozessrecht (besonders bedeutsam insoweit das Übereinkommen über die gerichtliche Zuständigkeit und die Vollstreckung gerichtlicher Entscheidungen in Zivil- und Handelssachen vom 27. 9. 1968, EuGVÜ),[40] teilweise im Steuerrecht.[41] Einige der Übereinkommen[42] sind mangels Ratifikation einzelner Mitgliedstaaten nicht in Kraft getreten oder überhaupt nicht über das Entwurfsstadium hinausgekommen.[43]

Auch freies EG-autonomes Konventionsrecht bezieht sich nicht auf materiell-privatrechtliche Materien. Allenfalls Ansätze finden sich etwa im gewerblichen Rechtsschutz.[44]

Als weitere wichtige Beispiele für solche freien Übereinkommen sind etwa das EVÜ[45] und die Auslegungsprotokolle zum EuGVÜ,[46] zum EVÜ[47] und zum EuAnerkÜ,[48] zu nennen, die jedoch – wie gezeigt – ebenfalls kein materielles Einheitsprivatrecht enthalten.

cc) Privatrechtliche Vorschriften in den Gründungsverträgen

Eine weitere, allerdings ebenfalls wenig ergiebige Quelle materiellen Einheitsprivat-

---

lermann, Art. 220, Rdn. 60 ff.; *v. Hoffmann*, in: ders. (Hrsg.), European Private Law (1998), 19, 27 f.; *Schweitzer*, Grabitz/Hilf, Art. 293, Rdn. 1 ff., 7 ff.; *Streinz*, Europarecht, Rdn. 424 ff.

40 Vgl. v. a. das Übereinkommen über die gerichtliche Zuständigkeit und die Vollstreckung gerichtlicher Entscheidungen in Zivil- und Handelssachen vom 27. 9. 1968, (EuGVÜ), des Weiteren das EuAnerkÜ und das InsÜEK – dazu sogleich, Fn. 45.

41 Vgl. das Übereinkommen über die Beseitigung der Doppelbesteuerung im Falle von Gewinnberichtigungen zwischen verbundenen Unternehmen, ABl.EG 1990, Nr. L 225/10; BGBl. 1993 II, 1309.

42 So das Europäische Übereinkommen vom 29. 2. 1968 über die gegenseitige Anerkennung von Gesellschaften und juristischen Personen, BGBl. II 1972, 370 ff. oder das Europäische Übereinkommen über Insolvenzverfahren vom 23. 11. 1995, Text veröffentlicht in ZEuP 1996, 331.

43 Etwa das Übereinkommen über die internationale Verschmelzung von Aktiengesellschaften.

44 Das Gemeinschaftspatentübereinkommen zum materiellen Recht vom 15. 12. 1975, ÜEK 76/76/EWG, ABl.EG 1976 L 17/1, BGBl. 1979 II, 834; Neufassung BGBl. 1991 II, 1358, 1361 gemäß der Vereinbarung über Gemeinschaftspatente 89/695/EWG, ABl.EG 1989 Nr. L 401/1 ist hingegen bis heute nicht in Kraft getreten – vgl. aber den VO-Vorschlag vom 1. 8. 2000, KOM (2000) 412 endg.; anders im Markenrecht, wo die MarkenVO (VO 40/94/EG, ABl.EG 1994 L 11/1) ein echtes Europäisches Rechtsinstitut eingeführt hat und zudem die nationalen Markenrechte aufgrund der EU-MarkenrechtsRL 89/104/EWG vom 21. 12. 1988, ABl.EG 1989 Nr. L 40/1 in den Grundfragen des Erwerbs, der Aufrechterhaltung und des Schutzumfangs eingetragener Marken harmonisiert wurden; dazu unten, vgl. etwa *Ann*, ZEuP 2002, 5, 6 ff.; *Klauer*, Europäisierung (1998), 252 ff. – z. G. *Kreuzer*, in: Müller-Graff (Hrsg.), Gemeinsames Privatrecht (1999), 457, 471; *Pakuscher*, ZVglRWiss 100 (2001), 227, 228; *Schweitzer*, Grabitz/Hilf, Art. 293, Rdn. 1 ff., 9.

45 Übereinkommen über das auf vertragliche Schuldverhältnisse anzuwendende Recht vom 19. 6. 1980, ABl.EG 1980, Nr. L 266/1; Text auch bei *Jayme/Hausmann*, Internationales Privat-und Verfahrensrecht (2002), Nr. 70.

46 Auslegungsprotokoll vom 3. 6. 1971, ABl.EG 1983, Nr. C 97/24.

47 Zwei Auslegungsprotokolle vom 19. 12. 1988, ABl.EG 1989, Nr. L L 48/1 und 17, seit 1. 8. 2004 in Kraft.

48 Auslegungsprotokoll vom 3. 6. 1971, BGBl. 1972 II, 858, nicht in Kraft.

rechts sind die Gründungsverträge selbst, soweit sie unmittelbar geltende materiell-privatrechtliche Vorschriften enthalten.

Insofern ist jedenfalls ein Hinweis auf das in Art. 81 ff. EG niedergelegte EG-Kartellrecht angezeigt. Das EG-rechtliche Kartellverbot in Art. 81 Abs. 1 EG etwa richtet sich direkt an die Unternehmen;[49] Abs. 2 spricht für die nach Abs. 1 verbotenen Vereinbarungen und Beschlüssen die Nichtigkeitsfolge aus und enthält somit eine Regelung, die unmittelbare privatrechtliche Relevanz entfaltet.[50] Ebenfalls unmittelbar privatrechtsgestaltend wirkt Art. 141 mit seiner ausdrücklichen Verankerung des Grundsatzes gleichen Entgelts für Männer und Frauen. Dieses Diskriminierungsverbot gilt nicht nur für staatliche Stellen in den Mitgliedstaaten, sondern erfasst auch tarifvertragliche Regelungen sowie Privatverträge und gewährt einen direkt im Primärrecht wurzelnden Anspruch auf Gleichbehandlung.[51] Privatrechtsgestaltende Wirkung kommt – sofern bzw. soweit man deren unmittelbare Drittwirkung bejaht – auch den Grundfreiheiten zu.[52] Der EG-Vertrag bildet jedoch über solche punktuellen Vorschriften hinaus grds. keine Quelle für materielles Einheitsprivatrecht.

dd) Einheitsprivatrecht in Gestalt von EG-Rechtsakten

Einheitsprivatrecht aufgrund autonomer Rechtssetzung durch die Gemeinschaftsorgane findet sich in verschiedenen EG-Verordnungen.

Zu nennen sind hier etwa die Verordnungen der Gemeinschaft, die supranationale Rechtsgebilde oder -institute etablieren und diese (zumindest teilweise) sachrechtlich ausgestalten. Das gilt etwa für die EWIV-VO[53] oder die VO über die Europäische Aktiengesellschaft (SE).[54] Gemeinschaftsrechtliche Rechtsinstitute finden sich auch

---

49 *Rittner*, JZ 1990, 838, 841; *Streinz*, Europarecht, Rdn. 814 ff.; *Weiß*, Calliess/Ruffert, Art. 81, Rdn. 13, 31 ff. zu den Voraussetzungen des Verbots.

50 *Leible*, in: Martiny/Witzleb (Hrsg.), Europäisches Zivilgesetzbuch (1999) 53, 61 f.; *Müller-Graff*, in: ders. (Hrsg.), Gemeinsames Privatrecht (1999), 267, 279; *Roth*, RabelsZ 55 (1991), 623, 628; *ders.*, FS 50 Jahre BGH (2000) II, 847, 857; *Streinz*, Europarecht, Rdn. 822; *Weiß*, Calliess/Ruffert, Art. 81, Rdn. 146 f.

51 *Klauer*, Europäisierung (1998), 47; *Leible*, in: Martiny/Witzleb (Hrsg.), Europäisches Zivilgesetzbuch (1999) 53, 62; *Müller-Graff*, in: ders. (Hrsg.), Gemeinsames Privatrecht (1999), 267, 272; *Steindorff*, EG-Vertrag und Privatrecht (1996), 440.

52 Zum Problem einer möglichen Drittwirkung der Grundfreiheiten vgl. *Jaensch*, Unmittelbare Drittwirkung (1997); *Leible*, in: Martiny/Witzleb (Hrsg.), Europäisches Zivilgesetzbuch (1999) 53, 62 f.; *Riesenhuber*, System und Prinzipien (2003), 101 ff.; *Roth*, FS Everling (1995), 1231 ff.; *Steindorff*, EG-Vertrag und Privatrecht (1996), 277 ff.; dazu auch oben § 7 I.1.

53 VO (EWG) Nr. 2137/85 des Rates vom 21. 12. 1989 über die Schaffung einer Europäischen wirtschaftlichen Interessenvereinigung, ABl.EG 1985, Nr. L 199/1. Die dadurch geschaffene Europäische Rechtsform hat jedoch kaum Bedeutung erlangt, weil sie – was auf europäischer Ebene eigentlich nahegelegen hätte – keine Holdingfunktion wahrnehmen und nicht mehr als 500 Arbeitnehmer beschäftigen darf – vgl. dazu *Grundmann*, Europäisches Schuldvertragsrecht (1999), 25; *Hinz*, ZEuP 1994, 553, 556; *Müller-Graff*, in: ders. (Hrsg.), Gemeinsames Privatrecht (1999), 9, 40, 267, 282 f.; *Roth*, FS 50 Jahre BGH (2000) II, 847, 854.

54 Es handelt sich um eine supranationale Gesellschaftsform Europäischen Rechts für Kapitalgesellschaften; vgl. VO über das Statut der SE: VO Nr. 2157/2001 – ABl.EG Nr. L 294/1, *Jayme/Hausmann*, Internationales Privat- und Verfahrensrecht (2002), Nr. 21 sowie die Erg.-Richtlinie zur im gewerblichen Rechtsschutz – vgl. etwa die Gemeinschaftsmarken-VO[55] oder die VO 2002/6/EG über das Gemeinschaftsgeschmacksmuster[56] Auch der Vorschlag für eine Verordnung über ein Gemeinschaftspatent verfolgt dieselbe Idee, ein gemeinschaftsweites neben den fortbestehenden nationalen Schutzrechten zu etablieren.[57]

Solche Rechtsakte enthalten jedoch selbst oft nur eine unvollständige sachliche Regelung und sprechen zahlreiche Verweisungen auf das nationale Recht aus, um die verbleibenden Lücken zu füllen.[58] Das Einheitsrecht bildet also regelmäßig keine erschöpfende sachliche Regelung, die völlig selbständig gilt und an die Stelle des nationalen Rechts tritt, sondern sie wird in dieses eingebettet. I. E. gilt dann mehr oder weniger weitgehend weiterhin nationales Recht, allerdings mit gemeinschaftsrechtlich festgelegtem Grundstock. Insgesamt bildet jedoch auch dieses „Gemeinschaftsprivatrecht" keine in sich geschlossene Rechtsmasse.[59]

Jenseits der Etablierung supranationaler Rechtskonstrukte findet sich Verordnungsrecht mit unmittelbar materiell-privatrechtlich relevantem Gehalt etwa in den Gruppenfreistellungs-Verordnungen im Kartellrecht[60] oder in der Fusionskontroll-Verordnung (so findet sich in Art. 7 Abs. 5 Fusionskontroll-VO[61] eine Regelung über die

---

Beteiligung der Arbeitnehmer: RL 2001/86/EG – ABl.EG Nr. L 294/22; dazu *Hohloch*, in: Schwarze (Hrsg.), Wirtschaftsverfassungsrechtliche Garantien (2001), 121, 132 ff.; *Pluskat*, EuZW 2001, 524 ff.; *Schwarz*, ZIP 2001, 1847 ff.

55 VO der EG Nr. 40/94 über die Gemeinschaftsmarke vom 20. 12. 1993, ABl.EG 1994 Nr. L 11/1 – daneben sind die nationalen Markenrechte der Mitgliedstaaten auf der Grundlage der EU-Markenrechts-RL 89/104/EWG, ABl.EG 1989 Nr. L 40/1 in wesentlichen Bereichen einander angeglichen – dazu etwa *Ann*, ZEuP 2002, 5, 6 ff., 14 ff.; *Klauer*, Europäisierung (1998), 252 ff.; *Wichard*, ZEuP 2002, 23, 33 ff. zur Markenrechts-RL, 45 ff. zur Gemeinschaftsmarken-VO; auf diesem Gebiet findet sich auch Einheits-Konventionsrecht, so in Gestalt des Gemeinschaftspatentübereinkommens; *Kreuzer*, in: Müller-Graff (Hrsg.), Gemeinsames Privatrecht (1999), 457, 471 m. w. N.; vgl. auch *Novak*, EuZW 2001, 613 ff. zur aktuellen Rspr. zum Markenrecht.

56 ABl.EG 2002, Nr. L Nr. L 3/1 ff.; in Kraft seit. 6. 3. 2002.

57 Vgl. dazu den Vorschlag für eine VO über das Gemeinschaftspatent ABl.EG 2000, C 337 – dazu *Kreuzer/Wagner*, Hdb. des EU-Wirtschaftsrechts, Bd. 2, R, Rdn. 59; *Wichard*, ZEuP 2002, 23, 54 f., 56.

58 So zur SE *Hohloch*, in: Schwarze (Hrsg.), Wirtschaftsverfassungsrechtliche Garantien (2001), 121, 134 f.; *Hommelhoff*, AG 2001, 279, 285 f.; *Kreuzer*, in: Müller-Graff (Hrsg.), Gemeinsames Privatrecht (1999), 457, 471; *Roth*, FS 50 Jahre BGH (2000) II, 847, 854; *Schwarz*, ZIP 2001, 1847, 1860 f.; *Wiesner*, ZIP 2001, 397 f.; zur MarkenVO *Ann*, ZEuP 2002, 5, 13; *Wichard*, ZEuP 2002, 23, 50 f.; z. G. auch *Müller-Graff*, in: ders. (Hrsg.), Gemeinsames Privatrecht (1999), 9, 40 f. und 267, 282 ff.; *Seif*, JbJZ 1997, 225, 232 f. m. w. N.

59 *Müller-Graff*, FS Börner (1992), 303, 313 ff. m. w. N.; *ders.*, Müller-Graff (Hrsg.), Gemeinsames Privatrecht (1999), 9, 40 f. und 267, 282 f.

60 Gruppenfreistellungsverordnungen auf der Basis der Art. 81 III, 83 EG geben Vertragsmuster vor, bei deren Verwendung die Nichtigkeitsfolge des Art. 81 II nicht eintritt, sie geben somit faktisch Standardverträge für Kartellabsprachen vor – dazu *Grundmann*, Europäisches Schuldvertragsrecht (1999), 89, 909 ff.; Überblick z. G. etwa bei *Immenga/Mestmäcker*, EG-Wettbewerbsrecht, Bd. 1, V. Abschnitt, Rdn. 1 ff., 26; *Kilian*, Europäisches Wirtschaftsrecht, Rdn. 404 ff.; *Müller-Graff*, in: ders. (Hrsg.), Gemeinsames Privatrecht (1999), 9, 29 und 267, 272 m. w. N.; *Oppermann*, Europarecht, Rdn. 1037 f.; *Schröter*, in: v. d. Groeben/Thiesing/Ehlermann, Art. 85, Rdn. 241 ff., 280 ff.; *Weiß*, in: Calliess/Ruffert, Art. 81, Rdn. 165 ff.; *Zäch*, Grundzüge (1996), 232 ff., 247 ff., insbes. 259 ff.

61 VO (EWG) Nr. 4064 v. 21. 12. 1989 über die Kontrolle von Unternehmenszusammenschlüssen, ABl.EG 1989, Nr. L 395/1, von Übersetzungsfehlern bereinigte Fassung ABl.EG 1990, Nr. L 257/13; geändert durch VO 1310/97, ABl.EG 1997, Nr. L 180/1.

zivilrechtliche Wirksamkeit von Rechtsgeschäften, dem Verbot des Art. 7 I zuwiderlaufen[62] oder in den schuldrechtlichen Regelungen zweier luftrechtlicher Verordnungen.[63] Privatrechtliche Bedeutung hat auch die VO 1216/68 über die Freizügigkeit der Arbeitnehmer innerhalb der Gemeinschaft.[64] Art. 7 der benannten VO enthält ein auch horizontal wirkendes Diskriminierungsverbot und Art. 7 Abs. 4 ordnet die Nichtigkeit aller Bestimmungen in Tarif- oder Einzelarbeitsverträgen an, die hinsichtlich des Beschäftigungszugangs, der Beschäftigung, der Entlohnung oder anderer Arbeits- und Kündigungsbedingungen für Arbeitnehmer, die Staatsangehörige anderer Mitgliedstaaten sind, diskriminierende Bedingungen vorsehen oder zulassen.[65]

Diese Beispiele zeigen jedoch, dass privatrechtliche Regelungen in Verordnungen regelmäßig nur fragmentarischen Charakter haben und jedenfalls keine flächendekkende Privatrechtsmasse bilden. Der Grund dafür mag für die erstgenannte Gruppe von Verordnungen v. a. auf der politischen Ebene liegen; für die zweite wohl v. a. in der Struktur der Rechtssetzungskompetenzen der Gemeinschaft und in den Schranken, die sich aus Subsidiaritäts- und Verhältnismäßigkeitsgrundsatz ergeben. Die Kompetenzen sind stets funktional auf die Erledigung der Aufgaben der Gemeinschaft bezogen und zugleich durch diese begrenzt. Beziehen sie sich vertikal auf bestimmte Sachbereiche, so umfassen sie insoweit zwar auch den Erlass opportuner privatrechtlicher Vorschriften im jeweiligen Regelungszusammenhang,[66] reichen jedoch über diesen meist schmalen Bereich nicht hinaus. Breiter angelegte horizontale Kompetenzen (wie etwa in Art. 65, 95 oder 308 EG) sind zumeist durch einen ausdrücklichen Marktbezug begrenzt, der die regelbaren Materien trotz sachlicher Offenheit einschränkt. Überdies machen Subsidiaritäts- und Verhältnismäßigkeitsgrundsatz als Kompetenzausübungsschranken sowohl die Wahl des Instruments der Verordnung als auch der Regelungsbereiche und -dichte besonders begründungsbedürftig.[67]

---

62 Dies setzt zugleich einer weiteren, einseitigen Kollisionsnorm voraus, die int. Anwendungsbereich der VO bestimmt und wohl Art. 1 II (gemeinschaftsweite Bedeutung des Zusammenschlusses) zu entnehmen ist – vgl. *Roth*, RabelsZ 55 (1991), 623, 629.

63 VO (EWG) Nr. 295/91 über eine gemeinsame Regelung für ein System von Ausgleichsleistungen bei Nichtbeförderung im Linienflugluftverkehr, ABl.EG 1991, Nr. L 36/5; VO (EG) Nr. 2027/97 über die Haftung von Luftfahrtunternehmen bei Unfällen, ABl.EG 1997, Nr. L 285/1; vgl. dazu *Basedow*, AcP 200 (2000), 445, 451; *Roth*, FS 50 Jahre BGH (2000) II, 847, 853.

64 VO 1612/68 des Rates vom 15. 10. 1968, ABl.EG 1968 L 257/2; berichtigt ABl.EG 1968, Nr. L 295/12.

65 Vgl. dazu *Grundmann*, Europäisches Schuldvertragsrecht (1999), 357, 366 ff.; *Müller-Graff*, in: ders. (Hrsg.), Gemeinsames Privatrecht (1999), 9, 29 und 267, 279, 284.

66 So etwa Art. 80 Abs. 2 EG, auf den sich die beiden letztgenannten luftrechtlichen Verordnungen stützen.

67 Zu diesen Aspekten *Basedow*, AcP 200 (2000), 445, 473 ff.; *ders.*, in: Private Law in the International Arena (2000), 17, 18; vgl. auch *v. Borries*, Das Subsidiaritätsprinzip im Recht der Europäischen Union, EuR 29 (1994), 263, 266 ff.; *Geiger*, Art. 3 b, Rdn. 12; *Grundmann*, Europäisches Schuldvertragsrecht (1999), 36 f. m. w. N., 89 ff.; *Lubitz*, Angleichung des Privatrechts (2000), 8 f.; *Möstl*, EuR 37 (2002), 318, 324 ff.; *Müller-Graff*, in: ders. (Hrsg.), Gemeinsames Privatrecht (1999), 9, 58 f.; *Steindorff*, EG-Vertrag und Privatrecht (1996), 50 ff., 406 ff.; *Streinz*, Europarecht, Rdn. 128, 145 f.; *Taschner*, in: Müller-Graff (Hrsg.), Gemeinsames Privatrecht (1999), 225 ff.; zum Subsidiaritätsgrundsatzes *Jickeli*, JZ 1995, 57 ff. Zur Bedeutung für die Idee eines einheitlichen Europäischen Zivil- bzw. Vertragsgesetzbuchs sogleich unter ee).

Nicht hierher gehört die Rechtsangleichung durch Richtlinien. Diese erfasst zwar in vergleichsweise großem Umfang auch materiell-privatrechtliche Fragen. Richtlinien führen jedoch gerade nicht zur Entstehung von Einheitsprivatrecht, sondern lediglich von angeglichenem Recht und machen deshalb auch die kollisionsrechtliche Frage nicht obsolet. Denn in dem Maße, in dem Rechtsunterschiede zwischen den EG-Mitgliedstaaten bestehen bleiben, bleibt auch nach der Angleichung die Frage nach dem konkret anwendbaren Recht grds. interessant und wichtig.[68]

I. E. ist festzustellen, dass sich bisher kaum Einheitsprivatrecht für das Gebiet der Gemeinschaft findet. Eine grundlegende Änderung dieses Befundes ist zumindest in absehbarer Zeit nicht zu erwarten.

ee) Exkurs: Europäisches Zivilgesetzbuch und Mitteilung der Kommission zum Europäischen Vertragsrecht als Perspektiven für künftiges Einheitsprivatrecht

Eine bereits seit längerem diskutierte Perspektive für einen künftig breiteren Bestand an Einheitsprivatrecht bietet die Idee, ein Europäisches Zivilgesetzbuch zu schaffen.[69] Wichtige wissenschaftliche Vorarbeiten für ein solches Regelwerk auf rechtsvergleichender Basis sind bereits geleistet – zu nennen sind hier etwa die „Principles of European Private Law" und insbes. die „Principles of European Contract Law",[70] die Unidroit-Priciples etc.[71]

---

68 *Kreuzer*, in: Müller-Graff (Hrsg.), Gemeinsames Privatrecht (1999), 457, 470 f.; Überblick über die bisher in der Gestalt von Richtlinien ergangenen Rechtsakte der Gemeinschaft etwa bei *Grundmann*, Europäisches Schuldvertragsrecht (1999); *Heiss*, ZfRV 36 (1995), 54, 58 f. – zu Rechtsakten mit Bezug zum Schuldrecht; *Klauer*, Europäisierung (1998); *Müller-Graff*, FS Börner (1992), 303, 313 ff.

69 Zur Idee einer einheitlichen Kodifikation des Zivil- bzw. des Schuldvertragsrechts *Basedow*, AcP 200 (2000), 445, 465 ff. zum Für und Wider einer umfassenden Kodifikation; *Cornides*, WBl. 2001, 407, 408; *Drobnig*, in: Martiny/Witzleb (Hrsg.), Europäisches Zivilgesetzbuch (1999) 109, 123 – Beschränkung auf Vermögensrecht; *Franzen*, Privatrechtsangleichung (1999), 1 f.; *Grundmann*, Europäisches Schuldvertragsrecht (1999), 34 ff. mit Fn. 118, 119 ff. m. w. N.; *Leible*, EWS 2001, 471 ff., 478 ff.; *Lubitz*, Angleichung des Privatrechts (2000), 12 ff.; Martiny/Witzleb (Hrsg.), Europäisches Zivilgesetzbuch (1999); *Müller-Graff*, in: Müller-Graff (Hrsg.), Gemeinsames Privatrecht (1999), 267, 293 ff.; *Remien*, JZ 1992, 277, 280 f.; *ders.*, ZfRV 36 (1995), 116, 119 ff. m. w. N.; *Rittner*, FS Mestmäcker (1997), 449 ff.; *Schmid*, JZ 2001, 674 ff. m. w. N.; *Schmidt-Kessel*, RIW 2003, 481 ff.; pro und kontra Vereinheitlichung auch *Tilmann*, in: Müller-Graff (Hrsg.), Gemeinsames Privatrecht (1999), 579 ff. m. w. N.

70 Lando-Principles: *Lando/Beale* (Hrsg.), Principles of European Contract Law, Part I and II, (2000); dt. Fassung bei *Schulze/Zimmermann* (Hrsg.), Basistexte zum Europäischen Privatrecht (2002), III.10; vgl. auch *v. Bar/Zimmermann*, Grundregeln des Europäischen Vertragsrechts, Teile I+II (2002); zur Entstehung *Lando*, in: Müller-Graff (Hrsg.) Gemeinsames Privatrecht (1999), 567, 569 ff.; dazu auch *Schmidt-Kessel*, RIW 2003, 481, 483; mittlerweile ist ein Vorentwurf des ersten Buches eines Europäischen Vertragsgesetzes der sog. Pavia-Gruppe (Akademie Europäischer Privatrechtswissenschaftler) erschienen: Code européen des contrats, Avant-projet, Coordinateur Guiseppe Gandolfi, Livre Premier, Mailand 2001, LVIII; deutscher Text in *Schulze/Zimmermann* (Hrsg.), a. a. O., III.18; dazu *Gandolfi*, ZEuP 2002, 1 ff.; *Sonnenberger*, RIW 2001, 409 ff.; *Drobnig*, in: Martiny/Witzleb (Hrsg.), Europäisches Zivilgesetzbuch (1999) 109, 110 f.; *Schwartze*, ebd., 33, 41 f.; *Staudenmayer*, EuZW 2001, 485; *Sturm*, JZ 2001, 1097 ff.

71 Deutsche Fassung abgedr. etwa bei *Schulze/Zimmermann* (Hrsg.), Basistexte zum Europäischen Privatrecht (2002), III.15. Vgl. z. G. *Basedow*, AcP 200 (2000), 445, 458 ff. m. w. N.; *Cornides*, WBl 2001,

Die Idee eines einheitlichen Europäischen Zivilgesetzbuches (zumindest hinsichtlich besonders marktrelevanter Materien) hat trotz ihrer ausgesprochen kontroversen Diskussion einiges Gewicht dadurch erlangt, dass sie neben der wissenschaftlichen[72] auch auf der politischen Ebene Widerhall gefunden hat.[73]

Überdies hat es nunmehr einen neuen Impuls in Richtung auf eine (zumindest teilweise) Privatrechtskodifikation auf europäischer Ebene gegeben; ausgelöst durch die Mitteilungen der Kommission zum Europäischen Vertragsrecht.[74] Die Kommission hat dabei eine Kodifikation des Vertragsrechts auf europäischer Ebene – sei es in Gestalt eines Europäischen Vertragsgesetzbuches, das die nationalen Vertragsrechte ersetzt, oder aber eines Europäischen Systems der Vertragsrechte, bestehend aus den fortgeltenden nationalen Regelwerken und einem daneben tretenden Europäischen Vertragsrecht – als mögliche Alternativen für die Zukunft zur Diskussion gestellt, neben anderen nicht abschließend aufgezählten Varianten welche auch die bloße Optimierung des bestehenden gemeinschaftsrechtlichen Besitzstandes an harmonisiertem Recht sowie den Verzicht auf eine umfangreiche gemeinschaftsrechtliche Regelung im Vertrauen auf die Selbstregulierungskräfte des Marktes umfassen.[75] Zwar ist bereits der Vorstoß, eine umfassenden Vergemeinschaftung der Vertragsrechte der Mitgliedstaaten als konkrete Option zur Diskussion zu stellen, be-

407, 408; *Grundmann*, Europäisches Schuldvertragsrecht (1999), 34 f.; *ders.*, NJW 2002, 393, 394 mit Fn. 6; *Heiss*, in: Aufbruch nach Europa (2001), 123, 124 f.; *Schlechtriem*, ZEuP 2002, 213, 217 ff.; *Schwartze*, in: Martiny/Witzleb (Hrsg.), Europäisches Zivilgesetzbuch (1999) 33, 44 ff.; aktueller Überblick über bestehende Bestrebungen etwa bei *Schmidt-Kessel*, RIW 2003, 481, 483 f.

72 Zu befürwortenden Stimmen etwa *v. Bar*, FS Henrich (2000), 1, 3 ff.; *Martiny*, in: Martiny/Witzleb (Hrsg.), Europäisches Zivilgesetzbuch (1999), 1, 10 ff.; optimistisch auch *Drobnig*, ebd. 109, 119 ff.; *Schmid*, JZ 2001, 674 ff.; *Tilmann*, in: Müller-Graff (Hrsg.), Gemeinsames Privatrecht (1999), 579 ff. m. w. N.; **skeptisch:** *Pechstein*, in: Martiny/Witzleb (Hrsg.), Europäisches Zivilgesetzbuch (1999), 19, 21 ff.; i. E. auch *Rittner*, in: FS Mestmäcker (1996), 449 ff.; *Sonnenberger*, RIW 2002, 489 ff.; *Taupitz*, Privatrechtsvereinheitlichung (1993), 45 f., 60, 69 ff.; differenzierend *Basedow*, AcP 200 (2000), 445, 465 ff.; *Remien*, ZfRV 1995, 116; 119 ff.; *ders.*, in: Martiny/Witzleb (Hrsg.), Europäisches Zivilgesetzbuch (1999), 125, 130 ff.; *Schulte-Nölke*, JZ 2001, 917 f.

73 Das Europäischen Parlament hat sich bereits mehrfach mit der Frage beschäftigt: vgl. die Entschließungen des Europäischen Parlaments vom 26. 6. 1989, ABl.EG 1989, Nr. C 158, 400; vom 6. 5. 1994, ABl.EG 1994, Nr. C 205, 518 und vom 29. 12. 2000, ABl.EG Nr. C 377, 323 mit Aufrufen zur Ausarbeitung eines einheitlichen europäischen Zivilgesetzbuchs; die Entschließung des Parlaments betreffend die Mitteilung der Kommission zur Gestaltung des Vertragsrechts in Europa (dazu die folgenden Fn.) vom 15. 11. 2001, zur Annäherung des Zivil- und Handelsrechts der Mitgliedstaaten KOM (2001) 398. Vgl. weiter Pkt. 39 der Schlussfolgerungen des Europäischen Rat von Tampere (SI (1999) 800, Punkt 39 – zu den Beratungen des Europäischen Rates über die Notwendigkeit der Angleichung der zivilrechtlichen Vorschriften. Dies verstärkt die politische Tendenz, zumindest bestimmte binnenmarktnahe Bereiche des Privatrechts zu harmonisieren; z. G. *Schmid*, JZ 2001, 674 f.; *Schulte-Nölke*, JZ 2001, 917; *Staudenmayer*, EuZW 2001, 485 ff.

74 KOM (2001) 398 endg., ABL.EG 2001, Nr. C 255/1. Dazu *Cornides*, WBl. 2001, 407 ff.; *Grundmann*, NJW 2002, 393 ff.; *Leible*, EWS 2001, 471; *Schmidt-Kessel*, RIW 2003, 481 ff. auch zur weiteren Entwicklung, insbes. zur Mitteilung der Kommission an das Europäische Parlament und den Rat über „Ein kohärenteres Europäisches Vertragsrecht. Ein Aktionsplan" KOM (2003) 68; ABl.EG 2003, Nr. C 63, 1; *Schulte-Nölke*, JZ 2001, 917 ff.; *Sonnenberger*, RIW 2002, 489 ff. m. w. N.; *Staudenmeyer*, EuZW 2001, 485 ff.; *Staudinger*, VuR 2001, 353 ff.

75 *Grundmann*, NJW 2002, 393, 394 f.; *Cornides*, WBl.2001, 407, 411; *Sonnenberger*, RIW 2002, 489, 493 ff.

merkenswert und vor dem Hintergrund der bisherigen Diskussion um die (Teil-) Vereinheitlichung des Europäischen Privatrechts möglicherweise richtungsweisend. Andererseits ist dies nur eine der angedachten Möglichkeiten, die Funktionsfähigkeit des Binnenmarktes in Zukunft weiter zu verbessern. Zudem ist – wie gezeigt – zunächst nur der Bereich des Vertragsrechts, nicht des gesamten Privatrechts angedacht und sowohl die Handlungsform der Gemeinschaft als auch der Grad der Verbindlichkeit der gemeinschaftsrechtlichen Maßnahme sind noch völlig offen. Die explizite Einbeziehung dieser Option dokumentiert zwar die Bereitschaft der Kommission, eine Kodifikation ernsthaft zu erwägen, erübrigt jedoch nicht die Frage nach ihrer kompetenzrechtlichen Machbarkeit sowie nach der Sinnhaftigkeit und der Rechtfertigung einer solchen Maßnahme auf europäischer Ebene.[76]

Ingesamt bestehen Zweifel am Erfolg eines solchen Unterfangens – jedenfalls, soweit es um eine breit angelegte Kodifikation des Privatrechts in einem Europäischen Zivilgesetzbuch geht. Die bereits für das Vertragsrecht aufgezeigten Probleme verstärken sich noch einmal, soweit über das unmittelbar transaktionsrelevante Vertragsrecht hinaus das gesamte Privatrecht vergemeinschaftet werden soll.

So bestehen zum einen erhebliche Zweifel an der Gemeinschaftskompetenz. Der EG-Vertrag enthält in seiner gegenwärtigen Fassung wohl keine ausreichende Kompetenzgrundlage für eine Vereinheitlichung des gesamten Zivilrechts.[77] Darüber hinaus ist auch die Sinnhaftigkeit einer europaweit einheitlichen Kodifikation heftig umstritten. Während ihre Befürworter sich entscheidende Impulse für die Entste-

---

76 Zum Für und Wider eines einheitlichen Vertragsrechts *Cornides*, WBl. 2001, 407, 408 ff.; *Eger*, in: Martiny/Witzleb (Hrsg.), Europäisches Zivilgesetzbuch (1999) 95, 97 ff., 103 f.; *Grundmann*, Europäisches Schuldvertragsrecht (1999), 34 ff.; *ders.*, NJW 2002, 393, 395 f.; *Kirchner*, in: Weyers (Hrsg.), Europäisches Vertragsrecht (1997), 103, 117 ff.; *Lando*, in: Müller-Graff (Hrsg.) Gemeinsames Privatrecht (1999), 567; *Lurger*, in: Martiny/Witzleb (Hrsg.), Europäisches Zivilgesetzbuch (1999) 141, 142 ff.; *Kreuzer*, in: Müller-Graff (Hrsg.), Gemeinsames Privatrecht (1999), 457, 497; *Leible*, EWS 2001, 471, 472 f., 476 ff.; *Sonnenberger*, RIW 2002, 489, 493 ff. Zur Kompetenzfrage *Armbrüster*, RabelsZ 60 (1996), 72,79 ff., 89 f.; *Basedow*, AcP 200 (2000), 445, 473 ff. – differenzierend; *Lurger*, a. a. O., 142; *Remien*, ZfRV 36 (1995), 116, 120; *Rittner*, in: Mestmäcker (1996), 449, 451;*Tilmann*, FS Oppenhoff (1985), 495, 502 f.; *Schulte-Nölke*, JZ 2001, 917, 918 wirft ein Schlaglicht auf des Tabak-Urteil des EuGH, nach dem bloße Rechtsunterschiede und eine abstrakte Gefahr für die Grundfreiheiten nicht ausreichen, um eine Kompetenz der Gemeinschaft zu begründen – vgl. EuGHE 2000 I-8419, Rdn. 80 ff. Deutschland/Parlament und Rat; dazu auch *Grundmann*, Europäisches Schuldvertragsrecht (1999), 36 f.; *Roth*, JZ 2001, 475, 477; *Staudinger*, VuR 2001, 353 ff.

77 Etwa *Cornides*, WBl. 2001, 407, 408, 411; *Basedow*, AcP 200 (2000), 445, 473 ff. räumt zwar ein, dass Grundlagen für die Vereinheitlichung bestimmter marktbezogener Bereiche des Privatrechts bestehen, nicht jedoch für das gesamte Privatrecht; dazu auch *Grundmann*, Europäisches Schuldvertragsrecht (1999), 36 f. – wonach das Subsidiaritätsprinzip keine umfassende Kodifikation erlaubt; *Kreuzer*, in: Müller-Graff (Hrsg.), Gemeinsames Privatrecht (1999), 457, 470; *Leible*, EWS 2001, 471, 479; ablehnend für das Erbrecht *Pintens*, ZEuP 2001, 628, 646 ff.; vgl. weiter *Müller-Graff*, in: ders. (Hrsg.), Gemeinsames Privatrecht (1999), 9, 58 f.; *Pechstein*, in: Martiny/Witzleb (Hrsg.), Europäisches Zivilgesetzbuch (1999), 19, 21 ff., 27 ff.; *Remien*, ZfRV 36 (1995), 116, 121; *Rittner*, in: Mestmäcker (1996), 499, 451 f.; *Sonnenberger*, RIW 2002, 489, 490; optimistischer *Schmid*, JZ 2001, 674 ff. m. w. N.; für weite Teilkompetenz auch *Tilmann*, FS Oppenhoff (1985), 502 ff.; *ders.*, in: Müller-Graff (Hrsg.), Gemeinsames Privatrecht (1999), 579, 580 ff.; z. G. auch *Drobnig*, in: Martiny/Witzleb (Hrsg.), Europäisches Zivilgesetzbuch (1999) 109, 119; *Martiny*, ebd., 1, 15.

hung einer europäisierten Zivilrechtswissenschaft, größere Bedeutung eines Europäischen Kodex in einer globalisierten Welt und eine Erleichterung des grenzüberschreitenden Verkehrs innerhalb Europas durch die Schaffung einer gemeinsamen privatrechtlichen Infrastruktur versprechen,[78] weisen andere auf den Verlust rechtlicher Vielfalt samt der damit verbundenen Möglichkeit eines Wettbewerbs der Rechtsordnungen oder auf die Tendenz zur Versteinerung hin, die Kodifikationen eigen ist.[79]

Trotz der aktuellen[80] Diskussion um die mögliche Kodifizierung des Vertragsrechts (die jedoch wohlgemerkt lediglich eine von mehreren, nicht abschließend formulierten Diskussionsvorschlägen darstellt) und der Tatsache, dass auch die Debatte um ein Europäisches Zivilgesezbuch noch längst keinen Abschluss gefunden hat, ist eine umfassende Kodifizierung des Privatrechts auf europäischer Ebene in absehbarer Zeit nicht zu erwarten.[81]

---

78 Vgl. etwa *Drobnig*, in: Martiny/Witzleb (Hrsg.), Europäisches Zivilgesetzbuch (1999) 109, 116 ff.; *Lando*, in: Kreuzer/Scheuing/Sieber (Hrsg.), Europäisierung (1997), 41, 52 f.; *Martiny*, in: Martiny/Witzleb (Hrsg.), Europäisches Zivilgesetzbuch (1999), 1, 10 ff.; *Remien*, ebd., 125, 130 ff.; *Rittner*, FS Mestmäcker (1996), 499, 450; *Schmid*, JZ 2001, 674 f. m. w. N.; *Tilmann*, FS Oppenhoff (1985), 495 f., 500 ff., 506 f.; *ders.*, in: Müller-Graff (Hrsg.), Gemeinsames Privatrecht (1999), 579 ff.; z. G. auch *Grundmann*, a. a. O., 34 ff. und *ders.*, NJW 2002, 393, 395; *Kirchner*, in: Weyers (Hrsg.), Europäisches Vertragsrecht (1997), 103, 117 ff. (letztere allerdings nochmals zum Schuldvertragsrecht); *ders.*, in: Grundmann (Hrsg.), Systembildung (2000), 99 ff. m. w. N.; *Lubitz*, Angleichung des Privatrechts (2000), 12; *Remien*, ZfRV 1995, 116, 120 ff.; *ders.*, in: Martiny/Witzleb (Hrsg.), Europäisches Zivilgesetzbuch (1999) 125, 131 f.

79 *Basedow*, AcP 200 (2000), 445, 465 ff. zum Für und Wider einer umfassenden Privatrechtskodifikation; *Cornides*, WBl.2001, 407, 408, 411, der auf den Aufwand an Zeit und Kosten und den Verlust des Zivilrechts als nationales Kulturgut hinweist; *Drobnig*, in: Martiny/Witzleb (Hrsg.), Europäisches Zivilgesetzbuch (1999) 109, 119 f. – i. E. a. A.; *Eger*, ebd., 95, 97 ff.; *Grundmann*, Europäisches Schuldvertragsrecht (1999), 35 ff. – mit dem Hinweis, dass Freiverkehrsbehinderungen zuvörderst von zwingenden Statuten ausgehen und durch deren Harmonisierung ausräumbar sind; dagegen ist offen, inwiefern unvereinheitlichtes, jedoch bei Grenzübertritt dispositives Rechts den Wirtschaftsverkehr tatsächlich behindert; ebenso, ob die Vorteile einer diesbzgl. Vereinheitlichung die Nachteile ausgleichen würden, die der Verlust an Gestaltungsmöglichkeiten durch Wegfall der Rechtswahlmöglichkeit mit sich bringt; *Kötz*, RabelsZ 50 (1986), 1, 7 ff.; *Lubitz*, Angleichung des Privatrechts (2000), 12 f.; *Pechstein*, in: Martiny/Witzleb (Hrsg.), Europäisches Zivilgesetzbuch (1999), 19, 30 f.; *Remien*, ebd., 125, 132 und ZfRV 1995, 116, 120 ff.; *Schmidt*, JZ 2001, 674, 675 referierend und i E. aA.; *Sonnenberger*, RIW 2002, 489, 493 ff., 496 f.; zu Vor- und Nachteilen zentraler bzw. dezentraler Regelsetzung etwa *Grundmann*, a. a. O., 37; *ders.*, NJW 2002, 393, 395; *Kerber*, in: Grundmann (Hrsg.), Systembildung (2000), 67 ff., 84 ff.; grundlegend zum Problem der Reformfähigkeit *Behrens*, RabelsZ 50 (1986), 19, 26 ff.; *Kirchner*, in: Grundmann (Hrsg.), Systembildung (2000), 99 m. w. N.

80 Vgl. jetzt auch die auf der Mitteilung der Kommission zu Vertragsrecht von 2001 aufbauende Mitteilung der Kommission vom 12. 2. 2003 an das Europäische Parlament und den Rat zur Vorstellung des Aktionsplans „Ein kohärentes Europäisches Vertragsrecht", ABl.EG 2003, Nr. C 63, 1, wonach die in der ursprünglichen Mitteilung als Optionen II und III vorgeschlagenen Maßnahmen zunächst im Vordergrund stehen sollen; dazu *Schmidt-Kessel*, RIW 2003, 481 ff., 486 ff.

81 Dazu nochmals *Gündisch*, in: Aufbruch nach Europa (2001), 109, 120 f.; *Timmermanns*, ZEuP 1999, 1, 4. Auch die Mitteilung der Kommission vom 12. 2. 2003 an das Europäische Parlament und den Rat zur Vorstellung des Aktionsplans „Ein kohärentes Europäisches Vertragsrecht" greift nicht die als Option IV der Mitteilung zum Vertragsrecht angesprochene Schaffung eines Europäischen Zivilgestzbuchs auf – *Schmidt-Kessel*, RIW 2003, 481, 486 f. m. w. N.

Die durch den Amsterdamer Vertrag eingeführten Vorschriften des neuen Titels IV gehen denn auch einen anderen Weg, indem sie stattdessen Kompetenzen zur Harmonisierung des IPR und IZPR schaffen und somit eher auf eine bessere Koordinierung der bestehenden Rechtsunterschiede als auf ihre völlige Einebnung setzen.[82]

b) *Sachrechtsangleichung*

In deutlich größerem Umfang als die Rechtsvereinheitlichung hat auf europäischer Ebene eine Angleichung des Sachrechts stattgefunden.[83] Indes trägt diese Rechtsangleichung zur Bilanz echten Einheitsrechts nichts bei. Das betrifft gerade auch das Europäische Privatrecht, in welchem klar die (lediglich rechtsangleichenden) Richtlinien dominieren.[84] Die Sachrechtsangleichung durch Richtlinien hat – unter Verzicht auf die Herstellung von echter Rechtseinheit – lediglich eine Annäherung der mitgliedstaatlichen Rechtsordnungen im Auge, etwa die Etablierung von Mindeststandards und von gemeinsamen Strukturen. Selbst die Richtlinien alten Stils, die oftmals sehr detaillierte Regelungen enthielten, erzeugten keine vollkommene Rechtseinheit. Heute, unter der Ägide der „neuen Strategie", die das Maß der Rechtsangleichung sowohl quantitativ als auch hinsichtlich der Regelungstiefe auf das wesentliche reduziert und im Übrigen auf gegenseitige Anerkennung zwischen den EG-Mitgliedstaaten setzt,[85] gilt das in noch stärkerem Maße. Die Sachrechtsangleichung mag u. a. auf das internationale Privatrecht einwirken, sie macht es jedoch nicht überflüssig.

c) *Ursachen für den Mangel an Einheitsprivatrecht und Bewertung der Situation – Planvolle Lückenhaftigkeit*

Insgesamt bietet wie gezeigt das Privatrecht der Mitgliedstaaten nach wie vor ein alles andere als einheitliches Bild. Die Ursachen hierfür finden sich in Konzept und Stil der

---

82 Vgl. *Basedow*, AcP 2000, 445, 476 ff.; *Pechstein*, in: Martiny/Witzleb (Hrsg.), Europäisches Zivilgesetzbuch (1999), 19, 32: „... Weichen auf einen Vorrang der Kollisionsrechtsvereinheitlichung gestellt ..."; zu dieser Möglichkeit unten, § 14; vgl. auch den Wiener Aktionsplan des Rates und der Kommission von 1998 zum neuen Titel IV, ABl.EG 1999 Nr. C 19/1.

83 Zum Überblick über den Normbestand vgl. etwa die Textsammlung *Beutler/Bieber/Pipkorn/Streil*, Das Recht der Europäischen Union (2001); *Hommelhoff/Jayme* (Hrsg.), Europäisches Privatrecht (1993); *Müller-Graff*, in: ders. (Hrsg.), Gemeinsames Privatrecht (1998), 9, 26 ff., 84 ff.; *Schulze/Zimmermann* (Hrsg.), Basistexte zum Europäischen Privatrecht (2002), Abschnitt I; speziell zum Schuldvertragsrecht *Grundmann*, Europäisches Schuldvertragsrecht (1999), 140, 149 ff.

84 *Grundmann*, Europäisches Schuldvertragsrecht (1999), 89 f.; *Pfeiffer*, in: Hohloch (Hrsg.), EU-Richtlinien und ihre Umsetzung (2001), 9; *Remien*, RabelsZ 60 (1996), 1, 11; *Schulte-Nölke/Schulze*, in: *dies.* (Hrsg.), Rechtsangleichung (1999), 11, 12; *Steindorff*, EG-Vertrag und EG-Recht (1996), 412; Zur Bedeutung des Instruments der VO *Basedow*, in: Private Law in the International Arena (2000), 17 ff.

85 Zum Wandel des Rechtssetzungsstils vgl. nur *Basedow*, in: Schnyder/Heiss/Rudisch (Hrsg.), Internationales Verbraucherschutzrecht (1995), 11, 15 ff.; *Grundmann*, Europäisches Schuldvertragsrecht (1999), 18 ff.; *Kahl*, in: Calliess/Ruffert, Art. 14, Rdn. 1 ff.; *Kapteyn/VerLoren van Themaat*, Introduction, 776 f.; *Müller-Graff*, EuR 1989, 107, 111 ff.; *Taupitz*, Privatrechtsvereinheitlichung (1993), 55 ff.; dazu auch sogleich, bb).

Rechtsintegration in der Gemeinschaft, wie es aus dem Vertrag erhellt und in der faktischen Entwicklung deutlichen Niederschlag gefunden hat.

aa) Funktionale und binnenmarktproblemorientierte Integration

Die Europäische Rechtsintegration ist von einem funktional auf das Ziel des gemeinsamen Marktes bzw. des Binnenmarktes und seine Erfordernisse bezogenen Konzept geprägt.[86] Das mag ein Blick auf die bisher erfolgte Rechtsharmonisierung zeigen. Über die in diesem Zusammenhang vielgeäußerte Kritik insbes. an der Sachrechtsintegration als fragmentarisch, unstrukturiert oder bar einer einheitlichen Programmatik etc.[87] kann man (jenseits konkreter Kritik an einzelnen Regelungen und ihrer Abstimmung untereinander) durchaus streiten, zeigt sie doch bei näherer Betrachtung sehr wohl ein sinnvolles System.[88] So zeigt *Grundmann* auf, dass die Harmonisierung im Bereich der schuldvertragsrelevanten Materien im Wesentlichen an zwei systematischen Kriterien ausgerichtet ist. Zum einen werden gerade die Bereiche erfasst, in denen keine Rechtswahlfreiheit herrscht, denn der Freiverkehr zwischen den Mitgliedstaaten wird nach richtiger Ansicht[89] nur durch solche Normen ernsthaft behindert, gegen die die Parteiautonomie keine Handhabe bietet. Problematisch sind insoweit also v. a. die (auch) international zwingenden Normen, die sich vor den Grundfreiheiten rechtfertigen lassen und in ihrer Verschiedenheit den innergemeinschaftlichen Verkehr behindern. Auf ebendiese Materien konzentriert sich auch die Harmonisierungstätigkeit der Gemein-

---

86 Plastisch etwa *Streinz*, in: Everling/Roth (Hrsg.), Mindestharmonisierung (1997), 9, 21 f.

87 *Gündisch*, in: Aufbruch nach Europa (2001), 109, 118 f.; *Hauschka*, JZ 1990, 521, 523 f.; *Hinz*, ZEuP 1994, 553, 557; *Hommelhoff*, AcP 192 (1992), 71, 102 ff.; *Junker*, NJW 1994, 2527, 2528; *Kötz*, RabelsZ 50 (1986) 1, 3 ff.: „pointillistisch"; *Leible*, EWS 2001, 471, 473 f., 475 f.; *Martiny*, ZEuP 1998, 227, 243; *ders.*, in: Martiny/Witzleb (Hrsg.), Europäisches Zivilgesetzbuch (1999), 1, 5; *Möllers*, JZ 2002, 121, 125 f. m. w. N.; *Müller-Graff*, NJW 1993, 13, 19; *Schlechtriem*, ZEuP 2002, 213 f., 217; *Seif*, JbJZ 1997, 225, 229 f.; *Staudenmayer*, EuZW 2001, 485, 486; *Steindorff*, EG-Vertrag und Privatrecht (1996), 51 f.; *Sturm*, JZ 2001, 1097, 1101; *Taupitz*, JZ 1993, 533, 534 f.; *Ulmer*, JZ 1992, 1, 6 f.; *Zimmermann*, JZ 2001, 171, 178; krit., aber differenzierend *Basedow*, AcP 2000, 445, 450 ff.; **a. A.** *Grundmann*, Europäisches Schuldvertragsrecht (1999), 25 ff.; *ders.*, JuS 2001, 946, 948 f.; *Heiss*, ZfRV 36 (1995), 54, 55 f., 58 f. m. w. N.; differenzierend auch *Remien*, RabelsZ 60 (1996), 1, 8 f.; *Schulte-Nölke/Schulze*, in: *dies.* (Hrsg.), Rechtsangleichung (1999), 11, 15 ff. unter Hinweis auf die „funktional-punktuellen Regelungsziele" des Gemeinschaftsrechts.

88 Vgl. dazu etwa *Grundmann*, Europäisches Schuldvertragsrecht (1999), 18 ff., und 20 ff. für die Harmonisierung der mitgliedstaatlichen Normen, soweit sie Relevanz für das Schuldvertragsrecht entfalten; *ders.*, JuS 2001, 946, 948 f.; diesen Aspekt greift auch *Dreher*, JZ 1999, 105, 109 auf, der von der Harmonisierungskompetenz und ihrer Reichweite (einschränkende Binnenmarktfunktionalität, Rechtssetzungsgrundsätze der EG) her zu dem Ergebnis kommt, dass überhaupt „nicht das weite Meer der nationalen Privatrechte zu vereinheitlichen (ist), sondern (es) sind nur Inseln gemeinschaftlichen Privatrechts in diesem Meer zu schaffen." Zum Harmonisierungskonzept der Gemeinschaft vgl. auch *Riesenhuber*, System und Prinzipien (2003), 211 ff.

89 Ansatzweise bei *Armbrüster*, RabelsZ 60 (1996), 72, 75 f.; deutlich *Fetsch*, Eingriffsnormen (2002), 127 ff.; *Grundmann*, Europäisches Schuldvertragsrecht (1999), 51 ff., 55; *ders.*, ZHR 163 (1999), 635, 655 ff.; JuS 2001, 946, 947 und in: Ebenroth/Boujong/Joost, vor § 343 HGB, Rdn. 27; *Leible*, in: Grabitz/Hilf, Art. 28, Rdn. 43; **a. A.** etwa *Langner*, RabelsZ 65 (2001), 222, 228 ff.; *Mülbert*, ZHR 159 (1995), 2, 10; *Steindorff*, in: EG-Vertrag und Privatrecht (1996), 78 f.; dazu § 5 II.2.b).

schaft.[90] Zum anderen ist charakteristisch, dass die Rechtsakte Gemeinschaft auf Rechtsverhältnisse zielen, bei denen zumindest einer der Beteiligten berufsmäßig handelt, also Unternehmer ist. Dies erklärt sich daraus, dass grenzüberschreitende Transaktionen sowohl zahlenmäßig auch als dem Volumen nach in der Masse zumindest einseitige Unternehmergeschäfte sind. Daher besitzt diese Konstellation eine viel größere wirtschaftliche Relevanz als die der Rechtsbeziehungen zwischen Nichtunternehmern.[91] Zudem ist gerade das einseitige Unternehmergeschäft besonders häufig Gegenstand zwingender Regelungen, weil es hier regelmäßig Ungleichgewichtslagen (z. B. Informationsasymmetrien oder strukturelles Verhandlungsungleichgewicht) zwischen dem professionell handelnden Unternehmer und dem Nichtunternehmer bzw. Verbraucher auszugleichen gilt.[92] Unternehmensgeschäfte sind i. E. von behindernden (weil zwingend reglementierenden) Vorschriften stärker betroffen. Deshalb bilden unternehmensbezogene Vorschriften zu recht einen weiteren Kristallisationspunkt der gemeinschaftsrechtlichen Harmonisierungsbestrebungen.

Insgesamt ist das System der Harmonisierung – zumindest konzeptionell – also durchaus stringent, wenn auch nicht auf die Herstellung einer flächendeckenden Rechtsmasse gerichtet. Dies erschließt sich jedoch nur, wenn man akzeptiert, dass die Gemeinschaft keine vollständige Rechtsvereinheitlichung anstrebt. Die Funktion und Natur des EG-Rechts unterscheidet sich von der des nationalen Rechts: Gemeinschaftsrecht bietet nach dem Rechtssetzungskonzept des EG-Vertrages keine vollumfänglichen Lösungen für regelungsbedürftige Sachverhalte, sondern greift oftmals einseitig bestimmte Regelungsziele – etwa den Verbraucherschutz – heraus, für die grundlegende Vorgaben formuliert werden. Die Ergänzung dieser (Mindest)vorgaben um die für einen umfassenden Interessenausgleich notwendigen korrespondierenden Regelungen, die mögliche Ausweitung z. B. des verordneten Verbraucherschutzes sowie die Einpassung der Gesamtlösung in das nationale Recht obliegt den Mitgliedstaaten.[93] Europäische Integration findet also nicht flächendeckend, sondern funktional und problemorientiert statt und ist schon von diesem faktisch zu beobachtenden Muster her nicht auf die Schaffung einer umfassenden Rechtseinheit gerichtet.

---

90 *Grundmann*, JuS 2001, 946, 948; vgl. auch *Fetsch*, Eingriffsnormen (2002), 245 sowie 144 ff. zu einer beispielhaften Untersuchung des Behinderungspotentials von Eingriffsnormen.

91 Es sind v. a. die Unternehmer, die grenzüberschreitend tätig werden und die laut Basedow die eigentlichen Träger der Integration sind – vgl. insoweit *Basedow*, RabelsZ 59 (1995), 1, 18; ähnlich auch *Grundmann*, Europäisches Schuldvertragsrecht (1999), 11 ff.; *ders.*, NJW 2000, 14, 16 f.; *ders.*, AcP 202 (2002), 40, 43 „... der wichtigere (Spieler) für die Marktentstehung und von der Regelungsperspektive her ist das Unternehmen. Marktwirtschaft setzt Professionalisierung voraus.", 57 ff., 68 f.; krit., soweit auf die Anbieter abgestellt wird *v. Wilmowsky*, RabelsZ 62 (1998), 1, 17 ff. Der Bedarf nach einer Neutralisation etwa behindernd wirkender – aber gerechtfertigter – Vorschriften in den einzelnen Mitgliedstaaten durch Rechtsharmonisierung ist hier praktisch am größten.

92 Vgl. zum Niederschlag in der Rechtsharmonisierung etwa *Grundmann*, ZHR 163 (1999), 635, 665 ff.; *ders.*, Europäisches Schuldvertragsrecht (1999), 11 ff.; *ders.*, NJW 2000, 14, 16 f. und JuS 2001, 946, 948 f.

93 Dazu etwa *Schulte-Nölke/Schulze*, in: dies. (Hrsg.), Rechtsangleichung (1999), 11, 15 ff.; *Steindorff*, EG-Vertrag und EG-Recht (1996), 407 f.

bb) Beschränkung der Rechtsangleichung durch das Harmonisierungskonzept der „neuen Strategie"

Bestätigt und ergänzt wird dieser faktische Befund durch einen Blick auf das Harmonisierungskonzept, dass den aktuellen Angleichungsbestrebungen zugrunde liegt.

Die Rechtsangleichung in der Gemeinschaft ist heute gekennzeichnet von der sogenannten „Neuen Strategie"[94]. Damit favorisiert die Gemeinschaft ein Integrationskonzept, das sich auf eine Mindestharmonisierung der wesentlichen Eckpfeiler konzentriert. Auch auf den Gebieten, für die grds. eine Gemeinschaftskompetenz zur Verfügung steht, soll die Rechtsangleichung auf einige zentrale Punkte beschränkt und sollen im Übrigen die nationalen Regelungen der jeweils anderen Mitgliedstaaten trotz der verleibenden Rechtsunterschiede gegenseitig anerkannt werden.[95] – Das bedeutet eine Abkehr von der Voll- bzw. Detailharmonisierung zugunsten einer Teilharmonisierung mit Anerkennung im Rest. Zu harmonisieren sind danach regelmäßig nur noch Mindeststandards als Grundvoraussetzungen gemeinschaftsweiter Verkehrsfähigkeit; insbes. Vorschriften, die zwingende Erfordernisse im Sinne der Cassis-Rspr. des EuGH formulieren und deshalb auch im Falle einer Behinderung des grenzüberschreitenden Wirtschaftsverkehrs weiterhin angewandt werden dürfen.[96] Zudem wird statt auf Rechtsvereinheitlichung auf Rechtsangleichung gesetzt, wo immer das Harmonisierungsziel ein solches zulässt.[97] Identität und die Eigenheiten der unterschiedlichen Rechtsordnungen der

---

94 Vgl. dazu nochmals § 10 I.2 a).

95 Vgl. Weißbuch der Kommission „Vollendung des Binnenmarktes" an den Europäischen Rat vom 14. 6. 1985, Dok. KOM (85) 310 endg., Rdn. 63, 65 – *Bruha*, ZaöRV 46 (1986), 1, 5 ff.; *Eger*, in: Martiny/Witzleb (Hrsg.), Europäisches Zivilgesetzbuch (1999) 95 f.; *Fetsch*, Eingriffsnormen (2002), 113; *Gärtner*, EWS 1994, 114, 115 f.; *Herwig*, Gestaltungsspielraum (2002), 49 ff.; *Kahl*, in: Calliess/Ruffert, Art. 14, Rdn. 1 ff.; *Kreuzer*, in: Müller-Graff (Hrsg.), Gemeinsames Privatrecht (1999), 457, 471; *Lubitz*, Angleichung des Privatrechts (2000), 15 f.; *Streinz*, Europarecht, Rdn. 955 f.; *ders.*, in: Everling/Roth (Hrsg.), Mindestharmonisierung (1997), 9, 10 ff.; ausführlich *Taupitz*, Privatrechtsvereinheitlichung (1993), 55 ff. Ebenfalls in diese Richtung weisen die Entschließung des Rates vom 7. 5. 1985, ABl. EG 1985, Nr. C 136/1 ff. sowie die Protokollerklärung zur EEA betreffend 100 a EGV: nach der bei der Harmonierung der RL ein Vorrang vor der VO eingeräumt wird, wenn ein Mitgliedstaat förmliches Gesetz ändern müsste – ABl.EG 1987, Nr. L 169/24; denn Rechtsharmonisierung mittels Richtlinien führt zur Entstehung „nur" angeglichenen, nicht jedoch einheitlichen Rechts; dies leiten aus dem Vertrag – namentlich dem Subsidiaritätsgrundsatz des Art. 5 Abs. 2 EG – ab: *Jarass*, Grundfragen (1994), 29; *Möschel*, NJW 1993, 3025, 3026 f.; dazu auch *Grundmann*, in: Ebenroth/Boujong/Joost, vor § 343 HGB, Rdn. 38 mit Fn. 42; *ders.*, JuS 2001, 946, 949 mit Fn. 34.

96 Vgl. zur „neuen Strategie" etwa *Basedow*, RabelsZ 59 (1995), 1, 3 f.; *ders.* in: Schnyder/Heiss/Rudisch (Hrsg.), Internationales Verbraucherschutzrecht (1995), 11, 15 ff.; *Eger*, in: Martiny/Witzleb (Hrsg.), Europäisches Zivilgesetzbuch (1999) 95 f.; *Bruha*, ZaöRV 46 (1986), 1, 5 ff.; *Grundmann*, Europäisches Schuldvertragsrecht (1999), 18 ff.; *Hayder*, RabelsZ 53 (1989), 622, 629 ff.; *Herwig*, Gestaltungsspielraum (2002), 49 ff.; *Kapteyn/VerLoren van Themaat*, Introduction, 776 f.; *Müller-Graff*, EuR, 24 (1989), 107, 110 f.; *Schwartz*, FS v. d. Groeben (1987), 333, 347 ff., 355 ff., 359 ff.; *Seif*, JbJZ 1997, 225, 236 f.; *Streinz*, Europarecht, Rdn. 955 f., 975 und in: Everling/Roth (Hrsg.), Mindestharmonisierung (1997), 9, 10 ff.

97 Vgl. dazu neben den in Art. 5 des EG verorteten Prinzipien der Subsidiarität und Verhältnismäßigkeit als Kompetenzausübungsschranken auch die Protokollerklärung zur EEA (Fn. 98) dazu *Hayder*, RabelsZ 53 (1989), 622, 669; *Taupitz*, Privatrechtsvereinheitlichung (1993), 59 f.; sowie das

Mitgliedstaaten werden nicht eingeebnet, sondern bestehen – jedenfalls oberhalb des harmonisierten Minimums – nebeneinander fort. Der damit (innerhalb des Spielraums des nationalen Gesetzgebers bzw. jenseits der harmonisierten Fragen) ermöglichte Wettbewerb der Rechtsordnungen um die beste Art und Reichweite rechtlicher Regelung ist zwar nicht unbedingt vordergründiges Ziel des EG-Vertrages,[98] gleichwohl aber in ihm und in dem aus ihm fließenden Verständnis der Rechtsangleichung angelegt.[99] Er kann zudem auf einen nicht unerheblichen Eigenwert verweisen, etwa was die Erhaltung der kulturellen Vielfalt in der Gemeinschaft und das Problemlösungspotential durch parallel stattfindende und gegeneinander testbare Rechtslösungen angeht.[100]

Ursprünglich v. a. für die Beseitigung technischer Schranken[101] entwickelt ist die neue Strategie auch ein allgemein einsichtiges Konzept der Europäischen Rechtsharmonisierung.[102] Sie ersetzt die Idee einer Vollharmonisierung durch einen binnenmarktzielorientierten Ansatz, der die Vielfalt der mitgliedstaatlichen Rechte nur in dem konkret erforderlichen Umfang reduziert; diese Maximen werden vielfach auch durch die primärrechtlichen Anforderungen und Vorgaben für die Rechtsintegration aufgenommen.

cc) Die Grundsätze der Gemeinschaftsrechtssetzung als Schranken der Rechtsintegration

Hinzu kommen ausdrückliche Vorgaben des EG-Vertrags für das Ob und Wie der

---

Subsidiaritätsprotokoll (Nr. 30) zum Amsterdamer Vertrag; vgl. ABl.EG 1997 Nr. C 340, 105 ff.; Sart.II Nr. 151, 30 ff.

98 *Schwartz*, FS v. d. Groeben (1987), 333, 357; krit. auch *Martiny*, in: Martiny/Witzleb (Hrsg.), Europäisches Zivilgesetzbuch (1999), 1, 7; dazu auch *Mestmäcker*, in: Grundmann (Hrsg.), Systembildung (2000), 53, 62.

99 So *Taupitz*, Privatrechtsvereinheitlichung (1993), 59; differenzierend vor dem Hintergrund weitreichender Harmonisierungskompetenzen, deren volle Nutzung den Systemwettbewerb zurückdrägen kann *Müller*, Systemwettbewerb (2000), 143 ff.

100 Zum Systemwettbewerb *Eger*, in: Martiny/Witzleb (Hrsg.), Europäisches Zivilgesetzbuch (1999) 95, 97 ff.; *Grundmann*, Europäisches Schuldvertragsrecht (1999), 19 f., 37 ff. und RabelsZ 64 (2000), 457, 475 f.; Hohloch, FS Keller (1989), 433; *Kerber*, in: Grundmann (Hrsg.), Systembildung (2000), 67, 75 ff.; *Koenig/Braun/Capito*, EWS 1999, 401 ff.; Zu den Vorteilen solchen Systemwettbewerbs etwa im Vergleich zu einer umfassenden Privatrechtsvereinheitlichung durch ein Europäisches Zivilgesetzbuch sowie zur Gefahr des Verlustes kultureller Vielfalt: *Grundmann*, a. a. O.; *Höpping*, Warenverkehrsfreiheit (1997), 84 f.; *Rohe*, RabelsZ 61 (1997), 1, 58; *Siebert*, in: Siebert (Hrsg.), The Completion of the Internal Market (1990), 53 ff.; krit. etwa *Müller-Graff*, in: ders. (Hrsg.), Gemeinsames Privatrecht (1999), 9, 66; *Reich*, EuZW 1991, 203, 205 f.; differenzierend *ders.*, CMLR 29 (1992), 861 ff.; zu den Problemen auch *Koenig/Braun/Capito*, a. a. O.

101 D. h. Rechtsunterschiede bei Herstellungs- und Vermarktungsregeln; unter Abkehr von flächendeckender Harmonisierung durch detaillierte, schwer konsensfähige Richtlinien sollte grds. auf gegenseitige Anerkennung der Gleichwertigkeit von Produkt- und Schutzstandards in den Mitgliedstaaten auf Grundlage einer Basisharmonisierung gesetzt werden, die ohne unflexible, zeitraubende technische Spezifikationen auskommen sollte. Die Setzung solcher Standards sollten die europäische Normungsgremien leisten – *Bruha*, ZaöRV 46 (1986), 1, 5 ff.; *Hayder*, RabelsZ 53 (1989), 622, 629 ff.; *Höpping*, Warenverkehrsfreiheit (1997), 84 f.; *Streinz*, Europarecht, Rdn. 955 f.

102 Vgl. nur *Bruha*, ZaöRV 46 (1986), 1, 5 ff., insbes. 8, 28 f.; *Grundmann*, Europäisches Schuldvertragsrecht (1999), 18 ff.; *Taupitz*, Privatrechtsvereinheitlichung (1993), 55 ff., insbes. 59.

Rechtsintegration – Grenzen, die ihrerseits die Durchbildung eines materiellen Europäischen Einheitsprivatrechts gar nicht zulassen. Die primärrechtlich festgeschriebenen Ziele der Gemeinschaft (Art. 2, 3 EG) und die Restriktion ihrer Tätigkeit durch Prinzipien wie das der beschränkten Einzelermächtigung im Bereich der Kompetenzen (Art. 5 Abs. 1 EG) und der Subsidiarität und Erforderlichkeit (Art. 5 Abs. 2 und 3 EG)[103] bewirken in ihrem Zusammenspiel eine Konzentration der Rechtsangleichungstätigkeit auf Kernbereiche des binnenmarktrelevanten Wirtschaftsrechts.[104]

Im Subsidiaritätsprinzip und im Verhältnismäßigkeitsgrundsatz des Art. 5 Abs. 2 bzw. 3 EG, die ihrerseits zentrale Kompetenzausübungsschranken zugunsten mitgliedstaatlicher Tätigkeit darstellen, findet auch die benannte neue Strategie ihren Niederschlag:

Das Subsidiaritätsprinzip betrifft im Verhältnis der Gemeinschaft zu den Mitgliedstaaten die Frage, ob die Gemeinschaft tätig werden soll. Im Interesse bürgernaher, an den jeweils spezifischen Präferenzen ausgerichteter Rechtssetzung, die ein Tätigwerden der kleineren Einheit dem der größeren vorzieht, darf die Gemeinschaft eine grds. bestehende (konkurrierende) Kompetenz nur ausüben, wenn zum einen die Gemeinschaft effizienter handeln kann als die einzelnen Mitgliedstaaten und zum anderen letztgenannte nicht in der Lage sind, die fragliche Aufgabe hinreichend zu bewältigen.[105]

Der in Art. 5 Abs. 3 EG niedergelegte Grundsatz beschränkt Maßnahmen der Gemeinschaft auf das für die Aufgabenerfüllung erforderliche Maß.[106] Die Frage nach der Erforderlichkeit Europäischer Rechtssetzung bezieht sich sowohl auf die Regelungsdichte als auch auf das Instrument der Rechtssetzung. Offenen, auf die wesentlichen Eckpunkte eines regelungsbedürftigen Sachverhalts begrenzten Rechtsakten,

103 Vgl. *Calliess*, in: Calliess/Ruffert, Art. 5, Rdn. 8 ff.; *Emmert*, Europarecht, § 16, Rdn. 27 ff.; *Grundmann*, Europäisches Schuldvertragsrecht (1999), 89 ff.; *Herdegen*, Europarecht, Rdn. 101 f.; *Oppermann*, Europarecht, Rdn. 513 ff.; *Schweitzer/Hummer*, Europarecht, Rdn. 896 ff.; *Streinz*, Europarecht, Rdn. 145 ff.

104 Gemäß Art. 3 h EGV umfasst die Tätigkeit der Gemeinschaft „die Angleichung der innerstaatlichen Rechtsvorschriften, soweit dies für das Funktionieren des Gemeinsamen Marktes erforderlich ist." Dazu etwa *Müller-Graff*, in FS Börner (1992), 303, 327 ff.; *ders.*, in: Müller-Graff (Hrsg.), Gemeinsames Privatrecht (1999), 9, 58 f.; z. G. auch *Seif*, JbJZ 1997, 225, 234 ff. m. w. N.; differenzierend *Möstl*, EuR 37 (2002), 318, 324 ff.

105 *V. Borries*, EuR 29 (1994), 263, 271 ff.; *Dreher*, JZ 1999, 105, 108; *Geiger*, Art. 5, Rdn. 4 ff., 8 f.; *Grundmann*, Europäisches Schuldvertragsrecht (1999), 36, Fn. 126 m. w. N., 94; *Möschel*, NJW 1993, 3025, 3027 f.; *Oppermann*, Europarecht, Rdn. 514, 518 ff.; *Pechstein*, in: Martiny/Witzleb (Hrsg.), Europäisches Zivilgesetzbuch (1999), 19, 22 ff.; *Pipkorn*, EuZW 1992, 697 ff.

106 Der Erforderlichkeitsgrundsatz gilt v. a. im deutschen Schrifttum vielen als Manifestation des Verhältnismäßigkeitsprinzips – vgl. dazu *Bogandy/Nettesheim*, in: Grabitz/Hilf, Art. 3 b EGV, Rdn. 42, 50 ff.; *Calliess*, Subsidiaritäts- und Solidaritätsprinzip in der Europäischen Union (1999), 103 ff.; *Grundmann*, Europäisches Schuldvertragsrecht (1999), 95 m. w. N.; *Pechstein*, in: Martiny/Witzleb (Hrsg.), Europäisches Zivilgesetzbuch (1999), 19, 24 f.; vgl. insoweit auch EuGHE 1996 I-5755, Rdn. 50 ff. Vereinigtes Königreich/Rat. Z. T. wird der Erforderlichkeitsgrundsatz auch als Teil eines umfassenderen Konzepts des Subsidiaritätsprinzips verstanden – so wohl *Möschel*, NJW 1993, 3025, 3026 f.; dazu auch *v. Borries*, EuR 29 (1994), 263, 270.

gebührt danach etwa der Vorzug vor Detailharmonisierung, soweit dadurch das verfolgte Ziel – v. a. die Binnenmarktförderung und den Abbau von Wettbewerbsverfälschungen [107] nicht verfehlt werden. Zum anderen intendiert der Erforderlichkeitsgrundsatz möglichst wenig eingriffsintensive Formen der Rechtssetzung, so dass etwa das Instrument der Richtlinie dem der Verordnung möglichst vorzuziehen ist.[108]

Mitverantwortlich für den Mangel an flächendeckender Rechtsintegration durch die Gemeinschaft ist überdies das Prinzip der begrenzten Einzelermächtigung in Art. 5 Abs. 1 EG: Danach wird die Gemeinschaft nur „innerhalb der Grenzen der ihr in diesem Vertrag zugewiesenen Befugnisse und gesetzten Ziele tätig". Die Gemeinschaftsorgane bedürfen demnach für ein Harmonisierungsvorhaben grds. einer ausdrücklichen oder zumindest einer durch Auslegung den Verträgen entnehmbaren Ermächtigung.[109]

Die Gemeinschaft verfügt – anders als die Mitgliedstaaten – gerade nicht über eine grds. Allzuständigkeit,[110] sondern ist an konkrete Kompetenztitel gebunden.[111] Selbst wenn diese offen formuliert sind bzw. Erweiterungsmöglichkeiten beinhalten,[112] verbietet der strenge Bezug auf die Gemeinschaftsaufgaben Eingriffe in die den Mitgliedstaaten verbliebenen Kompetenzen. Konsequenz dieses funktional auf die spezifischen Aufgaben der Gemeinschaft zugeschnittenen Kompetenzsystems ist, dass keine flächendeckende Rechtssetzung begünstigt wird.[113] Jedoch übersteigt die Bedeutung von Subsidiaritäts- und Verhältnismäßigkeitsprinzip als Kompetenzausübungsschranken praktisch die des Prinzips der begrenzten Einzelermächtigung, da für die Frage des Bestehens einer Kompetenz – zumal vor dem Hintergrund

---

107 Die Privatrechtsangleichung in der Gemeinschaft dient der effektiven Wahrnehmung der Freiheiten und dem Abbau von Wettbewerbsverfälschungen; vgl. *Roth*, FS 50 Jahre BGH (2000) II, 847, 869; vgl. dazu auch *Möstl*, EuR 37 (2002), 318, 324, 334 f.

108 *v. Borries*, EuR 29 (1994), 263, 270 f.; *Geiger*, Art. 5, Rdn. 13 f.; *Grundmann*, Europäisches Schuldvertragsrecht (1999), 96 f.; *Möschel*, NJW 1993, 3025 ff.; *Steindorff*, EG-Vertrag und EG-Recht (1996), 408 f.; zu entsprechenden Erklärungen der Organe der Gemeinschaft siehe bereits oben Fn. 29.

109 *Breier*, EuR 30 (1995), 46 ff.; *Emmert*, Europarecht, § 12 Rdn. 7 ff.; *Oppermann*, Europarecht, Rdn. 513 ff.; *Schweitzer/Hummer*, Europarecht, Rdn. 338 f.; *Streinz*, Europarecht, Rdn. 436.

110 *V. Borries*, EuR 29 (1994), 263, 267; *Emmert*, Europarecht, § 12 Rdn. 7 f.; *Geiger*, Art. 5, Rdn. 2 f.; *Herdegen*, Europarecht, Rdn. 189 f.; *Möstl*, EuR 37 (2002), 318, 336 f.; *Oppermann*, Europarecht, Rdn. 513 ff.; *Schweitzer/Hummer*, Europarecht, Rdn. 335; *Breier*, EuR 30 (1995), 46 ff. zum Problem zur Auswahl der richtigen Rechtsgrundlage; vgl. dazu auch EuGHE 1993 I-939, Rdn. 5 ff. Kommission/Rat; 2000 I-8419, Rdn. 80 ff. Deutschland/Parlament und Rat.

111 *v. Borries*, EuR 29 (1994), 263, 267 f.; *Calliess*, in: Calliess/Ruffert, Art. 5 Rdn. 8 ff.; *Emmert*, Europarecht, § 12 Rdn. 7 f.; *Geiger*, Art. 5, Rdn. 2 f.; *Herdegen*, Europarecht, Rdn. 189 f.; *Pechstein*, in: Martiny/Witzleb (Hrsg.), Europäisches Zivilgesetzbuch (1999), 19, 21 f.; *Seif*, JbJZ 1997, 225, 235 f.; *Schweitzer/Hummer*, Europarecht, Rdn. 335 ff.

112 Erinnert sei hier nur an den effet-utile-Grundsatz oder die Theorie der Implied Powers sowie an sachlich weit gefasste Kompetenzen wie Art. 94, 95 EG oder an die Kompetenz zur Vertragslückenschließung in Art. 308; dazu *v. Borries*, EuR 29 (1994), 263, 267 ff.; *Herdegen*, Europarecht, Rdn. 190 f.; *Oppermann*, Europarecht, Rdn. 513 ff.; *Streinz*, Europarecht, Rdn. 436 f.; *Calliess*, in: Calliess/Ruffert, Art. 5 Rdn. 13 ff.; *Schweitzer/Hummer*, Europarecht, Rdn. 337 ff.

113 Vgl. etwa *Basedow*, AcP 200 (2000), 445, 473 ff.; *Pechstein*, in: Martiny/Witzleb (Hrsg.), Europäisches Zivilgesetzbuch (1999), 19, 21 f.

der funktional und damit tendenziell weit gefassten Binnenmarktkompetenz – eher der politische Wille der Mitgliedstaaten eine Grenze zieht als die rechtliche Vertretbarkeit einer Angleichungsmaßnahme.[114]

Der Mangel an einheitlichem materiellen Privatrecht ist somit innerhalb gewisser Grenzen durchaus gewollt. Für die Zwecke der Gemeinschaft ist völlige Rechtseinheit weder erforderlich noch wünschenswert. Es genügt, die Unterschiedlichkeit der mitgliedstaatlichen Rechtsordnungen ihrer behindernden Wirkung zu entkleiden – dazu gehört in gewissem Umfang auch die Rechtsharmonisierung – jedoch nicht im Sinne einer „Komplettlösung", sondern sowohl quantitativ als auch qualitativ (d. h. hinsichtlich der Harmonisierungstiefe) auf das tatsächlich erforderliche Maß beschränkt.

dd) Ergebnis

I. E. fehlt somit bisher ein auch nur annähernd flächendeckendes einheitliches Privatrecht der Mitgliedstaaten. Es wird in absehbarer Zeit auch nicht erreicht noch angestrebt. Auch der zwischenzeitliche Ruf nach einem mehr oder minder weitreichenden Europäischen Zivilgesetzbuch[115] wird in absehbarer Zeit nicht zur Kodifikation eines materiellen Einheitsprivatrechts führen. Der EG-Vertrag geht vielmehr von einem dauerhaften Nebeneinander unterschiedlicher Privatrechtsordnungen der Mitgliedstaaten aus,[116] das nur partiell und insoweit durch Harmonisierungsmaßnahmen durchbrochen wird, als es für die Funktionsfähigkeit des Binnenmarktes erforderlich ist.

Selbst dort, wo also die Integration der nationalen Privatrechtsordnungen vorangetrieben wird, erhält jedoch die Rechtsangleichung Vorrang vor der Rechtsvereinheitlichung,[117] Mindest- bzw. Teilharmonisierung Vorrang vor der Vollharmonisierung.[118]

---

114 Vgl. dazu *Grundmann*, Europäisches Schuldvertragsrecht (1999), 90 ff.; *Jarass*, Grundfragen (1994), 11 f.; *Taschner*, in: Müller-Graff (Hrsg.), Gemeinsames Privatrecht (1999), 225, 228; in dieser Richtung auch *Müller-Graff*, ebd., 267, 298; *Sonnenberger*, RIW 2002, 489, 490; *Steindorff*, EG-Vertrag und EG-Recht (1996), 408; vgl. allerdings auch das Tabakurteil des EuGH, das nochmals die Grenzen für die Berufung auf Binnenmarktkompetenzen aufzeigt – EuGHE 2000 I-8419, Rdn. 80 ff. Deutschland/Parlament und Rat; *Möstl*, EuR 37 (2002), 318, 336 ff.

115 Für Vereinheitlichung *Schmid*, JZ 2001, 674 ff.; *Tilmann*, FS Oppenhoff (1985), 495, 500 ff.; *ders.*, in: Müller-Graff (Hrsg.) Gemeinsames Privatrecht (1993/1999), 579; differenzierend *Remien*, ZfRV 36 (1995), 116, 119 ff.; krit.: *Brödermann*, in: Gemeinschaftsrecht und IPR (1994), 4, Fn. 8; *Grundmann*, Europäisches Schuldvertragsrecht (1999), 34 ff.; *Müller-Graff*, FS Börner (1992), 305, 337; *Taupitz*, Privatrechtsvereinheitlichung (1993), 45 f., 60, 69 ff.; *Ulmer*, JZ 1992, 1, 5 ff.

116 *Kreuzer*, Gemeinsames Privatrecht (1999), 457, 471 ff.; *Rittner*, JZ 1990, 838, 842; *Seif*, JbJZ 1997, 225, 234.

117 Zur Dominanz der RL im Privatrecht *Grundmann*, Europäisches Schuldvertragsrecht (1999), 89 f.; *Pfeiffer*, in: Hohloch (Hrsg.) EU-Richtlinien und ihre Umsetzung (2001), 9; *Remien*, RabelsZ 60 (1996), 1, 11; *Schulte-Nölke/Schulze*, in: *dies.* (Hrsg.), Rechtsangleichung (1999), 11, 12; *Seif*, JbJZ 1997, 225, 236 f.

118 Infolge der neuen Strategie sowie der Grundsätze von Subsidiarität und Erforderlichkeit; vgl. *v. Borries*, EuR 29 (1994), 263, 269 ff.; *Geiger*, Art. 5, Rn. 13 f.; *Grundmann*, Europäisches Schuldver-

Die (bloße) Rechtsangleichung mittels Richtlinien im Sinne des Art. 249 Abs. 3 EG zeichnet sich jedoch gerade dadurch aus, dass sie kein einheitliches Recht schafft. Richtlinien enthalten lediglich Regelungsaufträge an den nationalen Gesetzgeber, die zwar hinsichtlich der Ziele bzw. Ergebnisse verbindlich sind, die Wahl der Form und der Mittel jedoch den umsetzenden Mitgliedstaaten überlassen, solange sie nur dem Regelungsgehalt vollumfänglich zu innerstaatlicher Geltung verhelfen.[119] Selbst bei korrekter Umsetzung einer Richtlinie in nationales Recht ergeben sich Divergenzmöglichkeiten, die im Instrument der Richtlinie selbst angelegt sind. So kann die Richtlinie etwa Margen enthalten, innerhalb derer sich der nationale Gesetzgeber bewegen darf, oder Wahlrechte vorsehen. Möglich ist auch, dass die Richtlinie nur einen Mindeststandard festschreibt, den die nationale Regelung zwingend verwirklichen muss, jedoch gleichzeitig strengere nationale Vorschriften zulässt. Schließlich mögen, wenn die Richtlinie für bestimmte Fragen keine Vorgaben macht, Regelungslücken bestehen, deren Ausfüllung dem nationalen Gesetzgeber überlassen bleibt.[120]

Als Beispiel mag hier etwa Art. 7 der Pauschalreise- RL[121] dienen, der eine Absicherung des Pauschalreisenden gegen das Insolvenzrisiko des Reiseveranstalters bzw. -vermittlers vorgeschreibt. War im ursprünglichen Richtlinienvorschlag noch vorgesehen, eine Versicherung des Reiseveranstalters und die Einrichtung eines Sicherungsfonds zwingend zu kombinieren, schreibt die Richtlinie nun nur noch das Ziel der Absicherung und ihres Nachweises vor, überlässt es jedoch den Mitgliedstaaten, in welcher Form dies geschieht.[122]

Divergenzmöglichkeiten bei der Umsetzung bietet auch die Produkthaftungsrichtlinie.[123] Auch sie bezweckt zunächst keine gänzlich abschließende Regelung, sondern lässt in gewissem Umfang ergänzenden wie konkurrierenden Schutz durch nationales Recht zu.[124] (Vgl. Art. 13 der RL). Allerdings will der EuGH ausweislich seiner

---

tragsrecht (1999), 94 ff.; *Stein*, Subsidiarität als Rechtsprinzip?, in: Merten (Hrsg.), Subsidiarität (1993), 23, 35.

119 *Beutler/Bieber/Pipkorn/Streil*, Europarecht, Rdn. 392; *Herdegen*, Europarecht, Rdn. 177 f.; *Oppermann*, Europarecht, Rdn. 547 ff.; *Ruffert*, in: Calliess/Ruffert, Art. 249, Rdn. 43 ff.; *Taschner*, in: v. d. Groeben/Thiesing/Ehlermann, Art. 100, Rdn. 41 ff.; *Schmidt*, in: v. d. Groeben/Thiesing/Ehlermann, Art. 189, Rdn. 36 ff.; *Streinz*, Europarecht, Rdn. 384 ff.

120 Vgl. dazu (zur ProdukthaftungsRL) *Brödermann*, in: Gemeinschaftsrecht und IPR (1994), 316 ff.; *Grundmann*, RabelsZ 64 (2000), 457, 462 f.; *Martiny*, in: Martiny/Witzleb (Hrsg.), Europäisches Zivilgesetzbuch (1999), 1, 5; *Remien*, ebd., 125, 132 ff.; *Siehr*, Internationales Privatrecht, 362 f., 372; *Steindorff*, EG-Vertrag und EG-Recht (1996), 414 f.; *Taschner*, in: v. d. Groeben/Thiesing/Ehlermann, Art. 100, Rdn. 44 f.

121 RL 90/314/EWG, ABl.EG 1990, Nr. L 158/59.

122 Dazu *Grundmann*, Europäisches Schuldvertragsrecht (1999), 602 ff., 620 ff. m. w. N. und dem Hinweis auf weitere Divergenzmöglichkeiten durch die Zulassung strengerer nationaler Vorschriften in Art. 8 der RL oder hinsichtlich des Umfangs der in Art. 5 der RL vorgesehenen Schadensersatzhaftung; *Tonner*, EuZW 1990, 409, 411; vgl. auch EuGHE 1996, 4845, Rdn. 57 ff. Dillenkofer; 1999 I-3499, Rdn. 59 ff. Walter Rechberger u. a., die herausstellen, dass die von den Mitgliedstaaten gewählte Lösung effizient sein muss.

123 RL 85/374/EWG, Abl.EG 1985, Nr. L 210/29.

124 *Brüggemeier*, ZHR 152 (1988), 511, 531 f.; *Remien*, in: Martiny/Witzleb (Hrsg.), Europäisches aktuellen Rspr. diese Regelung eng verstanden und lediglich auf Ansprüche bezogen wissen, die etwa „wie die Haftung für verdeckte Mängel oder für Verschulden auf anderen Grundlagen beruhen".[125] Die Produkthaftungs-RL etabliert danach nicht lediglich einen Mindeststandard, sondern ist grds. auf eine vollständige Harmonisierung der in ihr geregelten Fragen gerichtet.[126] Zumindest wird also „der Gestaltungsspielraum der Mitgliedstaaten ... zur Gänze von der Richtlinie selbst festgelegt".[127] Die Richtlinie räumt jedoch auch ausdrücklich einige Regelungsoptionen ein: etwa die mögliche Begrenzung der Haftungshöchstsumme für Serienschadensfälle in Art. 16 der Richtlinie. Spielraum für die Mitgliedstaaten besteht auch bei der Einbeziehung von Entwicklungsrisiken[128] oder gem. Art. 8 Abs. 2 der Richtlinie bei der Berücksichtigung eines Mitverschuldens des Geschädigten. Weitere Abweichungen können sich daraus ergeben, dass bestimmte Begriffe in der Richtlinie selbst nicht abschließend definiert sind – so etwa der ganz zentrale Begriffs des Schadens. Die Richtlinie enthält lediglich eine Kerndefinition.[129] Probleme wie der Ersatz von Nichtvermögensschäden bzw. von Sach- und Vermögensschäden bei gewerblichen Abnehmern (vom Schadensbegriff der Richtlinie ausdrücklich ausgenommen) oder der Regress sind in der Richtlinie ausdrücklich ausgespart und bleiben von vornherein den Mitgliedstaaten überlassen.[130]

Ein weiterer Beleg für die Divergenzmöglichkeiten bei der Rechtsangleichung findet sich im Handelsvertreterrecht. Art. 17 der Handelsvertreter-Richtlinie[131] sieht für Handelsvertreter nach Beendigung ihres Vertragsverhältnisses unter bestimmten Umständen einen Ausgleichsanspruch vor. Die Richtlinie eröffnet dabei die Wahl zwischen zwei prinzipiell gleichwertigen Berechnungsmethoden – das Schadensersatzmodell nach Art. 17 Abs. 3 (so die Umsetzung in Frankreich) oder das Ausgleichsmodell nach Art. 17 Abs. 2 (so die deutsche Gestaltung des Anspruchs und die der

---

Zivilgesetzbuch (1999), 125, 134; *Sack*, VersR 1988, 439, 442; a. A. (Produkthaftungs-RL als Höchststandard) Bleckmann, RIW 1987, 929, 932; z. G. auch *Grundmann*, Europäisches Schuldvertragsrecht (1999), 78; Überblick zu den Divergenzmöglichkeiten im Rahmen der Produkthaftungs-RL auch bei *Iversen*, in: Gemeinschaftsrecht und IPR (1994), 318 ff.

125 EuGHE 2002 I-3901, Rdn. 31 f. González Sánchez.

126 So EuGHE 2002 I-3901, Rdn. 23 ff., 26 González Sánchez; 2002 I-3827, Rdn. 14 ff., 24 Kommission/Frankreich; 2002 I-3879, Rdn. 10 ff., 20 Kommission/Griechenland.

127 EuGHE 2002 I-3901, Rdn. 25, González Sánchez, zur Auslegung des Art. 13 der RL vgl. Rdn. 25 ff. vorgenannten Urteils.

128 Gem. Art. 15 lit. b der RL, abweichend Regelung von Art. 7 lit. e der RL; nicht mehr hingegen für Naturprodukte; zur Einordnung als „eng definierte Abweichungsmöglichkeiten" EuGHE 2002 I-3901, Rdn. 29 González Sánchez; vgl. auch 2002 I-3827, Rdn. 47 Kommission/Frankreich.

129 Mit einigen Positivvorgaben und Hinweis, dass die Rechtsvorschriften der Mitgliedstaaten betreffend immaterielle Schäden nicht berührt werden. Vgl. zum Verständnis des Schadensbegriffs in der RL EuGHE 2001 I-3569, Rdn. 25 ff. Veedvald; 2002 I-3879, Rdn. 23 Kommission/Griechenland Zum Streit über die Auslegung des Schadensbegriffs vgl. etwa *Brüggemeier*, ZHR 152 (1988), 537, 544; *Iversen*, in: Gemeinschaftsrecht und IPR (1994), 320 ff. m. w. N.; Sack, VersR 1988, 439 f.

130 Z. g. *Brüggemeier*, ZHR 152 (1988), 511, 531 ff., 533 „... Rechtsangleichung durch die ProdukthaftungsRL optional und lückenhaft"; *Hohloch*, FS Keller (1989), 433, 438 ff.; *Iversen*, in: Gemeinschaftsrecht und IPR (1994), 314 f., 319 ff.; *Koch*, ZHR 152 (1988), 537, 540 f., 544 ff.; *Roth*, GS Lüderitz (2000), 635, 637; *Sack*, VersR 1988, 439, 442 ff.

131 RL 86/653/EWG des Rates vom 18. 12. 1986, ABl.EG 1986, Nr. L 382/17.

meisten anderen Mitgliedstaaten), wobei v.a. die nur für das Ausgleichsmodell vorgesehene Deckelung der Anspruchshöhe einen i. E. wichtigen Unterschied darstellt.[132] Daneben räumt die Richtlinie einige Wahlrechte ein, etwa bzgl. der Anwendbarkeit auf nebenberufliche Tätigkeit, im Zusammenhang mit der Regelung von Provisionsansprüchen oder für die Kündigungsfristen.[133]

Auch die Verbrauchsgüterkauf-RL[134] eröffnet eine Reihe von Divergenzmöglichkeiten. Dazu gehört gem. Art. 1 Abs. 3 der Richtlinie etwa die Möglichkeit, gebrauchte, bei öffentlichen Auktionen verkaufte Sachen von den harmonisierten Regelung (zur gesetzlichen und die vertraglichen Gewährleistung) auszunehmen. Für gebrauchte Sachen darf zudem gem. Art. 7 Abs. 1 den Parteien die Vereinbarung einer kürzeren als der in Art. 5 Abs. 1 festgelegten zweijährigen Frist für die Haftung des Verkäufers gestattet werden. Gem. Art. 5 Abs. 2 der Richtlinie kann eine Rügeobliegenheit eingeführt werden.[135]

Schließlich lassen viele – insbes. neuere – Richtlinien strengere nationale Vorschriften, die über den durch sie etablierten Mindeststandard hinausgehen, ausdrücklich zu. Entsprechende Klauseln finden sich etwa in der Haustürwiderrufs-, der Klausel- und der Pauschalreise-RL (jeweils Art. 8), in der Verbraucherkredit-RL (Art. 15), der Fernabsatz-RL (Art. 14), der Timesharing-RL (Art. 11) sowie in der Verbrauchsgüterkauf-RL (Art. 8) u. a.[136]

d) Folge: weiterhin Bedeutung des IPR im Europa des nur teilweise angeglichenen Rechts

Es bleibt somit bei einer – wenn auch durch Teilharmonisierung abgemilderten – Rechtsverschiedenheit zwischen den Mitgliedstaaten, so dass sich die Frage nach dem im konkreten Fall anwendbaren nationalen Sachrecht weiterhin stellt. Das Kollisionsrecht hat daher auch im Zuge der Europäischen Integration seine Bedeutung nicht verloren.[137]

---

132 Vgl. dazu *Grundmann*, Europäisches Schuldvertragrecht (1999), 569 f.; *Westphal*, EWS 1996, 43, 47 f.

133 Dazu ausführlich *Grundmann*, Europäisches Schuldvertragsrecht (1999), 562 ff.; *Westphal*, EWS 1996, 43 ff.

134 RL 1999/44/EG des Parlaments und des Rates vom 25. 5. 1999; ABl.EG 1999, Nr. L 171/12.

135 *Remien*, in: Martiny/Witzleb (Hrsg.), Europäisches Zivilgesetzbuch (1999) 125, 134; *Rörig*, Direktwirkung (2001), 139 ff. mit weiteren Beispielen für Divergenzmöglichkeiten in Richtlinien; *Staudenmayer*, in: Grundmann/Medicus/Rolland (Hrsg.), Europäisches Kaufgewähleistungsrecht (2000), 27 ff.

136 *Grundmann*, JZ 1996, 274, 277 f.; *ders.*, Europäisches Schuldvertragsrecht (1999), 60, 77 ff. mit Nachweis weiterer Richtlinien; *Remien*, in: Martiny/Witzleb (Hrsg.), Europäisches Zivilgesetzbuch (1999) 125, 132 f.; *Rörig*, Direktwirkung (2001), 140 f.; zur Behandlung strengeren nationalen Vorschriften § 12 II.2.a)cc).

137 *Basedow*, in: Schnyder/Heiss/Rudisch (Hrsg.), Internationales Verbraucherschutzrecht (1995), 11, 18, 33; *Hohloch*, FS Keller (1989), 433, 441; *Iversen*, in: Gemeinschaftsrecht und IPR (1994), 318 f.; *Kreuzer*, in: Müller-Graff (Hrsg.), Gemeinsames Privatrecht (1999), 457, 471 ff., 497; *Remien*, JZ 1992, 277, 281; *Seif*, JbJZ 1997, 225, 230 f., 237 unter Hinweis auf die weitere Aktualität der bereits durch *v. Caemmerer*, FS Hallstein (1966), 63, 94 geprägten Erkenntnis; *Siehr*, Internationales Privatrecht, 362 f.; *Taupitz*, Privatrechtsvereinheitlichung (1993), 60 ff.; *Ulmer*, JZ 1992, 1, 6 f.

Mit dem Wechsel zur „neuen Strategie" in der Rechtsangleichung ist die insoweit bestehende Aufgabe, das anwendbare Recht zu bestimmen, noch gewachsen. Der Harmonisierungsstil der neuen Strategie lässt weitaus größere und für die Wettbewerbssituation bedeutsamere Rechtsunterschiede bestehen als die überkommene Detailangleichung. Zudem werden oft nur Mindeststandards etabliert, welche die Mitgliedstaaten durch strengere nationale Vorschriften überschreiten dürfen. Dieses Konzept muss auch auf kollisionsrechtlicher Ebene abgesichert werden. Mindestharmonisierung mit Verstärkungsoption einerseits und Anerkennungspostulat und Freiverkehr andererseits bedürfen der Koordination. Dies könnte ein binnenmarktspezifischer IPR-Ansatz leisten. Neben der bereits verschiedentlich in Angriff genommenen Abgrenzung des integrierten Rechtsraumes gegen Drittrechte (durch entsprechende Vorgaben in den neueren Richtlinien) bedarf es im Rahmen eines solchen kollisionsrechtlichen Konzepts für den Binnenmarkt also v. a. eines adäquaten Umgangs mit den fortbestehenden Rechtsunterschieden.

3. Der kollisionsrechtliche Weg als teilweise Alternative zur Sachrechtsvereinheitlichung

Danach gewinnt der zweite oben dargestellte Ansatz zur Bewältigung der Probleme der Rechtsverschiedenheit an Bedeutung: der eines gemeinschaftsfreundlichen Umgangs mit den bestehenden (bzw. im Rahmen bloßer Harmonisierung verbleibenden) Rechtsunterschieden; ein Ansatz, der die Behinderungswirkung dieser Differenzen minimiert.

Der Weg über das Kollisionsrecht hat zwei Aspekte: Zum einen könnten einheitliche oder angeglichene Regeln zur Bestimmung des anwendbaren Rechts dafür sorgen, dass ein und derselbe Sachverhalt vor allen mitgliedstaatlichen Gerichten kollisionsrechtlich an dieselbe Rechtsordnung verwiesen wird. Zum anderen besteht die Chance, über eine binnenmarktfreundliche Gestaltung der einzelnen Anknüpfungsregeln das Ziel der Errichtung eines einheitlichen Wirtschaftsraumes weiter voran zu bringen.

a) Das Integrationspotential des Kollisionsrechts und das Bedürfnis nach einem integrierten Kollisionsrecht vor dem Hintergrund des Binnenmarktziels

Die integrationsfördernde Wirkung, die ein einheitliches internationales Privatrecht entfalten würde, ist keineswegs eine neue Erkenntnis,[138] und bereits *Zweigert* hat festgestellt, dass „Verschiedenheiten des internationalen Privatrechts der Mitgliedstaaten sich auch im Getriebe des Gemeinsamen Marktes als Sand auswirken könnten".[139]

---

138 Dazu etwa die differenzierte Darstellung bei *Hay/Lando/Rotunda*, in: Cappelletti/Seccombe/Weiler (Eds.), Integration Through Law, Bd. I-2, 161 ff., 232 ff., 256 ff.; vgl. auch *Pirrung*, in: v. Bar (Hrsg.), Gemeinschaftsrecht und IPR (1991), 21, 30 f.; z. G. auch *Ebenroth*, RIW 1994, 1, 7 ff., 9 f.; *Grundmann*, Europäisches Schuldvertragsrecht (1999), 157; *Rudisch*, RabelsZ 63 (1999), 70, 79 f.
139 *Zweigert*, FS Hallstein (1966), 555.

Um so mehr muss es verwundern, dass die Implikationen und Impulse, die das Gemeinschaftsrecht auf das nationale Kollisionsrecht entfalten könnte, um dieses dem Binnenmarktziel anzupassen und dienstbar zu machen, erst so spät in umfassender Form in das Blickfeld der rechtswissenschaftlichen Diskussion geraten sind.[140]

Ein einheitliches Kollisionsrecht könnte die fehlende Sachrechtseinheit zumindest teilweise kompensieren.[141] Indem sichergestellt wird, dass ein bestimmter Sachverhalt in allen Mitgliedstaaten einheitlich nach denselben Kollisionsregeln behandelt und damit i. E. vor jedem mitgliedstaatlichen Gericht nach derselben Rechtsordnung beurteilt wird, entfallen zumindest Probleme wie das forum-shopping und die damit zusammenhängenden Schwierigkeiten, das anwendbare Recht vorherzusehen. Dieses Phänomen stellt eines der Hauptprobleme der Kollisionsrechtsverschiedenheit dar: Dadurch, dass jedes Gericht das in einem Rechtsstreit anwendbare Sachrecht nach den eigenen nationalen Kollisionsnormen bestimmt, erhält der Kläger – sofern die Kollisionsrechte der Mitgliedstaaten voneinander abweichen – die Möglichkeit, durch die geschickte Auswahl eines von mehreren alternativ in Betracht kommenden Gerichtsständen mittelbar auch das anwendbare Kollisionsrecht und somit letztlich das ihm günstigste Sachrecht zu wählen. Dieses forum-shopping bewirkt neben der strategischen Benachteilung des Beklagten für diesen auch erhebliche Rechtsunsicherheit, da er nicht sicher vorhersehen kann, welchem Recht der fragliche Sachverhalt letztlich unterstehen wird.[142]

Ein weiteres Problem der Kollisionsrechtsverschiedenheit bilden sogenannte hinkende Rechtsverhältnisse. Diese entstehen, wenn die Gerichte der Mitgliedstaaten denselben Sachverhalt aufgrund der verschiedenen Anknüpfungsregeln im jeweiligen IPR verschiedenen Rechtsordnungen unterstellen, vor deren Hintergrund sich wiederum beispielsweise der Bestand oder Nichtbestand eines Rechtsverhältnisses unterschiedlich beurteilen kann.[143]

---

140 Vgl. etwa die Beiträge zur Vereinbarkeit bst. Anknüpfungen mit dem allgemeinen Diskriminierungsverbot: z. B. *v. Bar/Mankowski*, IPR I, 138; *Beitzke*, ZRVgl 5 (1964), 80 ff.; *Drobnig*, RabelsZ 34 (1970), 636 ff.; *Brödermann*, in: Gemeinschaftsrecht und IPR (1994), 226 ff.; *Fischer*, in: v. Bar (Hrsg.), Gemeinschaftsrecht und IPR (1991), 157 ff.; *Suhr*, Personalstatut (1967), 19 ff.; oder zum Verhältnis von Gemeinschaftsrecht und ordre public: *Baumert*, Europäischer ordre public (1994), 46 ff., 230 ff.; *Brödermann*, a. a. O., 243 ff.; *Drasch*, Herkunftslandprinzip (1997), 297 ff., 341 f.; *Iversen*, in: Gemeinschaftsrecht und IPR (1994), 347 ff.; *Martiny*, in: v. Bar (Hrsg.), Gemeinschaftsrecht und IPR (1991), 211, 219 ff. m. w. N., 227 ff., 238 ff.

141 Zur Funktion des IPR als Integrationsmittel *Basedow*, CMLR 37 (2000), 687, 703; *Gounalakis/Radke*, ZVglRWiss 98 (1999), 1 ff., 9 f.; *Hay/Lando/Rotunda*, in: Cappelletti/Seccombe/Weiler (Eds.), Integration Through Law, Bd. I-2, 161 ff., 168 ff., 256 ff.; *Kreuzer*, in: Müller-Graff (Hrsg.), Gemeinsames Privatrecht (1999), 457, 497 ff.; *Roth*, RabelsZ 51 (1995), 623, 638: Einheitliches IPR kann nicht nur für internationalen Entscheidungseinklang sorgen und damit dem forum shopping entgegenwirken, sondern gewährleistet auch die für einen integrierten Wirtschaftsraum besonders wichtige Rechtssicherheit hinsichtlich des anwendbaren Rechts; dazu auch *Zweigert*, FS Hallstein (1966), 555, 562 ff.

142 Zum Problem des forum-shopping etwa *Kohler*, ZEuS 2001, 575, 583, 589 f.; *Kreuzer*, in: Müller-Graff (Hrsg.), Gemeinsames Privatrecht (1999), 457, 497 f.

143 Vgl. z. G. auch *Kreuzer*, in: Müller-Graff (Hrsg.), Gemeinsames Privatrecht (1999), 457, 486, 497 ff.; *Seif*, JbJZ 1997, 225, 238 ff.

Auch dadurch, dass zumindest die Regeln über die internationale Zuständigkeit der Gerichte in dem wichtigen Bereich der Zivil- und Handelssachen vereinheitlicht wurden, ist die Virulenz der besagten Probleme nicht beseitigt, solange nicht auch das IPR harmonisiert ist. Das EuGVÜ bzw. heute die EuGVVO[144] stellt in vielen Fällen mehrere alternative Gerichtsstände zur Verfügung. In diesen Fällen forciert die Verschiedenheit der nationalen Kollisionsrechte die Probleme, die sich aus der Sachrechtsverschiedenheit ergeben.

Ein einheitliches IPR würde demgegenüber die Vorhersehbarkeit des anwendbaren Rechts erheblich verbessern und die Rechtssicherheit und das Vertrauen in die Stabilität der Rechtsbeziehungen maßgeblich stärken,[145] die ihrerseits Voraussetzungen dafür sind, dass sich der Binnenmarkt optimal entfaltet. Es kommt nicht darauf an, alle Rechtsunterschiede einzuebnen und (ohne Ansehen der unterschiedlichen Präferenzen und Rahmenbedingungen) eine vollständige sachliche Gleichbehandlung sicherzustellen; es genügt, denselben Fall zur selben Zeit nach denselben, vorhersehbaren Regeln zu entscheiden. In dieser Hinsicht konstatiert *Taupitz* zu recht in der Kollisionsrechtsvereinheitlichung eine Synthese von Föderalismus und Einheitsidee, die gerade in Europa nutzbar gemacht werden sollte.[146]

Hinzu kommt, dass eine Kollisionsrechtsvereinheitlichung einfacher durchführbar[147] und im Hinblick auf den Eingriff in die Hoheitsrechte der beteiligten Staaten schonender ist. Sie hat daher bessere Erfolgs- und Überlebensaussichten und bewirkt auch dort, wo eine Sachrechtseinheit nicht erreicht oder angestrebt wird, eine gewisse Basisvereinheitlichung, indem sie zumindest sicherstellt, dass Sachverhalte mit grenzüberschreitendem Bezug unabhängig vom Forum derselben Rechtsordnung unterstellt werden.[148]

Zwar ist der binnenmarktfördernde Effekt (allein) eines integrierten Kollisionsrechts begrenzt, so dass ein gewisses Maß an Sachrechtsharmonisierung auch weiter unverzichtbar bleibt.[149] Denn eine Kollisionsrechtsintegration kann die Sachrechtsharmonisierung nicht vollständig ersetzen, schon weil und soweit es weiterhin den

---

144 Zur Revision des EüGVÜ und seiner Überführung in die VO 44/2001/EG vgl. *Geimer*, IPRax 2002, 69 ff.; *Junker*, RIW 2002, 569 ff.; *Kohler*, in: Gottwald (Hrsg.), Revision des EuGVÜ (2000), 1, 2 ff.; *Micklitz/Rott*, EuZW 2001, 325 ff. und EuZW 2002, 15 ff.

145 Vgl. dazu *Basedow*, CMLR 37 (2000), 687, 703; *Giuliano/Lagarde*-Bericht zum EVÜ, BT-Drs. 10/503, 33, 36; *Kreuzer*, in: Müller-Graff (Hrsg.), Gemeinsames Privatrecht (1999), 457, 486, 497 ff.

146 *Taupitz*, Privatrechtsvereinheitlichung (1993), 60 ff.

147 *V. Bar/Mankowski*, IPR I, 144 ff.; *Hay/Lando/Rotunda*, in: Cappelletti/Seccombe/Weiler (Eds.), Integration Through Law, Bd. I-2, 161, 169; *Ulmer*, JZ 1992, 1, 6 f.; vgl. auch *Sonnenberger*, RIW 2002, 489, 495, der außerdem geringere Anforderungen an die Kapazitäten der europäischen Gerichtsbarkeit konstatiert, als eine Sachrechtsvereinheitlichung sie stellen würde.

148 *Taupitz*, Privatrechtsvereinheitlichung (1993), 61 f.

149 Nach *Grundmann*, Europäisches Schuldvertragsrecht (1999), 33 f., 157 ist die Kollisionsrechtsharmonisierung etwa im Schuldvertragsrecht an ihre Grenzen gestoßen; hier kann weitere Vereinheitlichung nur noch im Sachrecht stattfinden; dies klingt auch an bei *Gounalakis/Radke*, ZVglRWiss 98 (1999), 1, 27; *Lubitz*, Angleichung des Privatrechts (2000), 8 ff., 10 f.; *Martiny*, in: Martiny/Witzleb (Hrsg.), Europäisches Zivilgesetzbuch (1999), 1, 10 f.; *Taupitz*, Privatrechtsvereinheitlichung (1993), 62 f.: für „sinnvoll ineinandergreifende Kombination der Sach- und Kollisionsrechtsvereinheitlichung".

Vorbehalt zwingender Gründe des Allgemeininteresses gibt.[150] Der Abbau von Freiverkehrshindernissen und die Verschmelzung der mitgliedstaatlichen Märkte ist nur um den Preis der Beseitigung zumindest der Rechtsunterschiede zu haben, die auch vor dem Hintergrund der Marktfreiheiten eine Rechtfertigung besitzen. Hinzu kommt, dass eine bloße Integration des Kollisionsrechts zwar eine sichere Bestimmung des anwendbaren Rechts, nicht aber eine ebenso sichere Ermittlung des Inhalts dieses Rechts ermöglicht. Dieses Problem ist zwangsläufig um so größer, je größer und gravierender die Rechtsunterschiede tatsächlich sind; und es ist allein mit Kollisionsrecht nicht zu lösen.[151] Zwar kann das IPR durch seine Verweisungsnormen die Ermittlungslast hinsichtlich des fremden Rechts der Partei zuweisen, die sie an ehesten zu tragen vermag. Nur eine Angleichung des Sachrechts kann jedoch gemeinsame Strukturen und Mechanismen schaffen, die das Problem im Einzelnen unterschiedlicher Regelungen abmildern. Möglich – und eine Synthese beider Gedanken – ist es allerdings, die verschiedenen Rechtsgebiete differenziert zu betrachten, wirlich störende oder wettbewerbsverzerrende Rechtsunterschiede sorgfältig zu lokalisieren und gezielt durch Harmonisierung zu beseitigen.[152]

Zumindest in der Kombination mit maßvoller Sachrechtsintegration, deren Schwergewicht auf die Schaffung vergleichbarer Strukturen und im Übrigen auf die benannten zwingenden Gründe des Allgemeininteresses ausgerichtet wird, kann das Binnenmarktziel von einem integrierten Kollisionsrecht jedoch wesentlich profitieren. Zu den Vorteilen einer einheitlichen Bestimmung des anwendbaren Rechts treten die Möglichkeiten und Chancen, die aus seiner binnenmarktfreundlichen Bestimmung erwachsen – und die zugleich einem angesichts fortschreitender Integration zunehmenden Bedürfnis entsprechen würden.

Das gilt zum einen im harmonisierten Bereich. Dort ist gerade mit dem Wechsel zur „neuen Strategie“ die Bedeutung des Kollisionsrechts nochmals verfestigt worden. Der Stil der Rechtsangleichung war in den ersten Jahrzehnten der Gemeinschaft von einer Detailliertheit gekennzeichnet, die oft beinahe einer Rechtsvereinheitlichung gleichkam – mit dem Ziel, Verfälschungen des Wettbewerbs im Gemeinsamen Markt möglichst vollständig zu beseitigen.[153] In der Folge dieser Entwicklung kam es auf die Frage, welches nationale Recht konkret anwendbar sein sollte, oftmals nicht maßgeblich an. Die Entscheidung hierüber konnte getrost den Mitgliedstaaten überlassen bleiben, weil Rechtsunterschiede nur noch Punkte betreffen konnten, die aus Sicht der Gemeinschaft das Funktionieren des Gemeinsamen Marktes nicht ernsthaft beeinträchtigten.[154]

---

150 Vgl. dazu *Grundmann*, Europäisches Schuldvertragsrecht (1999), 33 f.

151 Vgl. dazu etwa *Sonnenberger*, JZ 1998, 988; *ders.*, RIW 2002, 489, 493, 495.

152 Vgl. dazu *Grundmann*, Europäisches Schuldvertragsrecht (1999), 33 f. zum Schuldvertragsrecht; *Lubitz*, Angleichung des Privatrechts (2000), 8 ff., 10 f.; *Taupitz*, Privatrechtsvereinheitlichung (1993), 62 ff.

153 *Basedow*, in: Schnyder/Heiss/Rudisch (Hrsg.), Internationales Verbraucherschutzrecht (1995), 11, 16; *Eger*, in: Martiny/Witzleb (Hrsg.), Europäisches Zivilgesetzbuch (1999) 95 f.; *Grundmann*, Europäisches Schuldvertragsrecht, 18 ff.; *Kahl*, in: Calliess/Ruffert, Art. 14, Rdn. 1 f.

154 *Basedow*, in: Schnyder/Heiss/Rudisch (Hrsg.), Internationales Verbraucherschutzrecht (1995),

Dies hat sich spätestens mit dem oben geschilderten Paradigmenwechsel weg von der Detailangleichung hin zur Etablierung bloßer Mindeststandards mit Anerkennung im Rest, den die durch die Cassis-de-Dijon-Rspr. des EuGH inspirierte „neue Strategie"[155] bewirkt hat, grundlegend geändert. Die Mindestharmonisierung lässt mehr und für den Wettbewerb bedeutsamere Rechtsunterschiede bestehen als die überkommene Detailangleichung. Gleichzeitig gelten jedoch das Postulat der gegenseitigen Anerkennung und einer möglichst umfassenden Gewährleistung des Freiverkehrs. Diese unterschiedlichen Aspekte lassen sich parallel nur dann verwirklichen, wenn die Anwendungsansprüche des Mindeststandards einerseits und der möglichen strengeren Normen andererseits koordiniert werden. Ebendies wiederum erfordert ein adäquates kollisionsrechtliches Konzept. Insofern behält das Kollisionsrecht nicht nur seine Bedeutung im Rahmen der Europäischen Rechtsintegration, sondern auch seinen Eigenwert – als Organisationskonzept für die Verschiedenheit der Rechtsordnungen, was angesichts verschiedener Bedürfnisse und Rahmenbedingungen auch prinzipiell adäquat ist. Dieser Eigenwert wird gerade auch im Rahmen der Gemeinschaft von der inneren Rechtfertigung der Rechtsunterschiede (der Ermöglichung rechtlicher Vielfalt und eines gewissen Wettbewerbs der Rechtsordnungen auf der Basis der Mindestharmonisierung) getragen, die dem neuen Harmonisierungsansatz inhärent ist.[156] Zudem enthält das IPR mit dem Postulat der Gleichwertigkeit der Rechtsordnungen eine Tendenz zu Vielfalt und Wettbewerb um rechtliche Lösungen, die zu dem neuen Harmonisierungsansatz passt.[157]

Ebenso vermag das Kollisionsrecht auch im unharmonisierten Bereich zur Verwirklichung des Binnenmarktkonzepts beizutragen. Integriertes Sachrecht, das ein reibungsarmes Funktionieren des innergemeinschaftlichen Wirtschaftsverkehrs gewährleisten könnte, fehlt hier völlig. Die Unterschiede im nationalen Recht werden oftmals zu einer Beschränkung der Grundfreiheiten führen. Diese Behinderungswirkungen können nur über die Nichtanwendung der fraglichen Normen in Sachverhalten mit grenzüberschreitendem Bezug beseitigt werden. Ebendies kann als kollisionsrechtliches Konzept verstanden bzw. zu einem solchen ausgebaut werden. Wo Sachrechtsangleichung nicht greift, und es nur um die Frage gehen kann, wann und inwieweit das unharmonisierte nationale Recht angewendet werden darf,

---

11, 16; zum Offenlassen der kollisionsrechtlichen Rechtswahl – *Iversen*, in: Gemeinschaftsrecht und IPR (1994), 316 ff. – bzw. zur bedingten Möglichkeit einer „kollisionsrechtlichen Wahlfeststellung" in der Gemeinschaft *Aden*, DZWir 1997, 81, 82 f.; krit. etwa *Mankowski*, in: Aufbruch nach Europa (2001), 595, 606.

155 Weißbuch der Kommission an den Rat, Dok.KOM (85) 310 endg.; dazu auch *Basedow*, in: Schnyder/Heiss/Rudisch (Hrsg.), Internationales Verbraucherschutzrecht (1995), 11, 17 f.; *Joerges*, EuR 37 (2002), 17, 24 f.; vgl. dazu bereits oben, § 2 II.2.c)bb).

156 Zu diesem Gedanken *Sonnenberger*, RIW 2002, 489, 494; *Taupitz*, Privatrechtsvereinheitlichung (1993), 59 ff., 60: spricht von einem IPR, dass sich „nicht lediglich ein notwendiges (durch Sachrechtsvereinheitlichung möglichst zu eliminierendes) Übel" versteht. Grundlegend zur Rolle des solchermaßen eigenständigen „Binnemarktkollisionsrechts" als Verfassungsordnung für den Binnenmarkt: *Grundmann*, RabelsZ 64 (2000), 457 ff.; *ders.*, RIW 2002, 329 ff. und RabelsZ 67 (2003), 246, 254 ff.

157 Vgl. dazu *Müller-Graff*, in: ders. (Hrsg.), Gemeinsames Privatrecht (1999), 267, 294.

kann das IPR die Wertungen aufnehmen, die aus den Grundfreiheiten des Vertrages fließen – sei es, dass die Handhabung des überkommenen Kollisionsrechts an deren Erfordernissen ausgerichtet wird oder dass aus den Freiheiten eigene Verweisungsnormen abgeleitet werden. Auch im unharmonisierten Bereich kann das Kollisionsrecht somit die faktischen Rechtsunterschiede koordinieren und ihr Behinderungspotential reduzieren helfen.[158]

b) *Kollisionsrechtsvereinheitlichung versus Kollisionsrechtsharmonisierung – Die Überlegenheit der Vereinheitlichungslösung gegenüber der bloßen IPR-Angleichung*

Stellt man sich die Frage nach den Bedingungen, unter denen die Entwicklung des Europäischen Binnenmarktes mit Hilfe des Kollisionsrechts tatsächlich gefördert werden kann, so ist es wichtig zu erkennen, dass dieser Effekt am besten von einem vereinheitlichten Kollisionsrecht ausgehen kann.

Bei der Sachrechtsharmonisierung mögen gute und anerkennenswerte Gründe dafür sprechen, die nationalen Regelungen lediglich anzugleichen und auf eine Vereinheitlichung so weit wie möglich zu verzichten. In diesem Zusammenhang kann zum einen auf die Konzeption der Rechtsharmonisierung nach dem EG-Vertrag verwiesen werden, die auf dem Prinzip der begrenzten Einzelermächtigung beruht (Art. 5 Abs. 1 EG), und die sowohl das Ob als auch das Wie einer Harmonisierung den Maximen der Subsidiarität und der Erforderlichkeit unterstellt (Art. 5 II, III EG). Dieser Ansatz schont die nationalen Eigenheiten der mitgliedstaatlichen Rechtsordnungen.[159] Die weitest mögliche Erhaltung der Vielfalt überall dort, wo sie nicht die Herstellung binnenmarktähnlicher Verhältnisse im Wirtschaftsverkehr zwischen den Mitgliedstaaten stört, fördert überdies Innovationen in der Rechtssetzung und begünstigt – iVm. dem Gebot, die Problemlösungen der anderen Mitgliedstaaten ggf. als gleichwertig anzuerkennen – den bereits erwähnten Wettbewerb der Rechtsordnungen und damit eine dynamische Rechtsentwicklung, die sowohl auf die unterschiedlichen Bedürfnisse der Marktbürger als auch auf neu auftretende Regelungsprobleme flexibel zu reagieren vermag. Ein solcher Systemwettbewerb wiederum kann einer zentralen Rechtsetzung auf Gemeinschaftsebene durchaus vorzuziehen sein, sofern er sich auf hierfür geeignete Rechtsgebiete bezieht und wenn die Funktionsfähigkeit eines solchen Wettbewerbs durch geeignete Maßnahmen sichergestellt wird.[160] Insbes. soweit zugleich die gegenseitige Anerkennung der nationalen

---

158 Zu den Einzelheiten und den Grenzen dieses Ansatzes ausführlich unten, § 7.

159 *Oppermann*, Europarecht, Rdn. 514, 518 ff.; zu den damit verbundenen Problemen *Pfeiffer*, in: Hohloch (Hrsg.), EU-Richtlinien und ihre Umsetzung (2001), 9, 15 ff., 19 ff.

160 Vgl. dazu etwa *Eger*, in: Martiny/Witzleb (Hrsg.), Europäisches Zivilgesetzbuch (1999) 95, 97 ff. zu Aspekten, die die Harmonisierung auf Gemeinschaftsebene in Frage stellen können, so etwa verschiede Faktorausstattung und Präferenzen, die bisherige Rechtsunterschiede bedingen, das Problem, ob die Rechtssetzung auf Gemeinschaftsebene effizient (Kosten/Aufwand für Konsensfindung, bürokratisches, demokratiefernes System) und von ausreichender Informationsgrundlage getragen ist, hinzu kommen die Probleme des Lobbyismus und Rentseeking; *Grundmann*, ZGR 2001, 783 ff. zum Europäischen Gesellschaftsrecht; *ders.*, RIW 2002, 329 ff. zum Europäischen Vertragsrecht. Die Diskussion um den Wert eines Systemwettbewerbs ist zu umfangreich, um hier abge-

Regelungen als einander gleichwertig sichergestellt ist (nämlich durch Harmonisierung der Mindeststandards auf europäischer Ebene), sind die verbleibenden Rechtsunterschiede im Sachrecht ihrer binnenmarktstörenden Kraft weitgehend beraubt und entfalten die im oben dargestellten Sinne positive Effekte.

Was hier für das Sachrecht dargestellt wurde, trifft indes für das Kollisionsrecht gerade nicht zu. Das Integrationspotential des Kollisionsrechts liegt nach den obigen Ausführungen v. a. darin, dass auf diesem Wege internationaler Entscheidungseinklang hergestellt werden könnte, indem sichergestellt wird, dass ein Sachverhalt vor jedem mitgliedstaatlichen Gericht zuverlässig an dieselbe Rechtsordnung verwiesen und nach demselben Sachrecht entschieden würde. So wird die Vorhersehbarkeit des Rechtsanwendungsergebnisses befördert; forum-shopping und hinkende Rechtsverhältnisse hingegen werden zurückgedrängt. Diese Ergebnisse lassen sich jedoch um so eher und vollständiger erreichen, je stärker das Kollisionsrecht in Geltung und tatsächlicher Anwendung vereinheitlicht ist.

Zwar existiert bereits in gewissem Umfang international vereinheitlichtes oder angeglichenes Kollisionsrecht. Die bisherigen Ergebnisse illustrieren allerdings auch die Schwächen des überkommenen Konzepts: Dabei ist es nicht einmal das Hauptproblem, dass nie eine flächendeckende Vereinheitlichung des IPR gelungen ist, sondern jeweils nur Einzelmaterien Gegenstand der Harmonisierung[161] waren. Denn auch auf Einzelbereiche beschränktes gemeinsames Kollisionsrecht verliert durch diese Art der Unvollständigkeit nicht seinen Sinn; es kann seine integrationsstiftende Wirkung auch „Stück für Stück" entfalten.

Hauptmalus ist, dass die Vorteile der Kollisionsrechtsharmonisierung nur bei echter Vereinheitlichung – und zwar der Anknüpfungsregeln selbst und ihrer Auslegung und Anwendung im Einzelfall – voll greifen.[162] Diese Einheitlichkeit konnte bisher jedoch nicht gewährleistet werden. Das gilt für Richtlinien- und Übereinkommenskollisionsrecht wie für gemeinschaftssachrechtsergänzende Kollisionsregeln in Verordnungen oder Richtlinien:[163] Insbes. das Instrument der Richtlinie, das lediglich eine inhaltliche Angleichung der nationalen Rechte bezweckt, ist für das oben formulierte Ziel im Kollisionsrecht nicht geeignet. Die Flexibilität und Vielfalt, die das Instrument der Richtlinie gewährleistet, sind hier fehl am Platze. Bloße Zielvorgaben oder Mindeststandards genügen nicht, weil es gerade auf die Identität

---

handelt zu werden, ein allg. Hinweis auf die Problematik muss hier genügen – zu weiterführenden Hinweisen vgl. § 6 III.3.b).

161 Hier zu verstehen im weitesten Sinne, d. h. sowohl europäisch als auch aufgrund allgemeiner Staatsverträge.

162 *Kegel/Schurig*, Internationales Privatrecht (2000), 71: für Kollisionsrechtsvereinheitlichung, wo Sachrechtseinheit nicht zu erreichen ist, 122 f. zum Ziel des äußeren Entscheidungseinklangs als einem der wesentlichen Ordnungsinteressen im IPR; *Kreuzer*, in: Müller-Graff (Hrsg.), Gemeinsames Privatrecht (1999), 457, 497 ff., 502; *Pfeiffer*, in: Hohloch (Hrsg.), EU-Richtlinien und ihre Umsetzung (2001), 9, 31 – weil es sich um ein Rechtsgebiet handelt, in dem ein besonderes Bedürfnis nach Rechtssicherheit besteht; vgl. auch *Taupitz*, Privatrechtsvereinheitlichung (1993), 61.

163 Vgl. dazu auch *Kreuzer*, in: Müller-Graff (Hrsg.), Gemeinsames Privatrecht (1999), 457, 495 f., 497 ff.

der Rechtsanwendungsregeln ankommt. (Wollte man das jeweils gewünschte Rechtsanwendungsergebnis selbst als Ziel der Richtliniennormen definieren, so enthielte der Rechtsakt feststehende Kollisionsnormen, die den Mitgliedstaaten keinerlei Freiräume belassen würden. Damit bliebe von der Richtlinie lediglich die Bezeichnung; inhaltlich hingegen handelte es sich um einen Rechtsakt mit Verordnungsqualität)

Die nötige Einheitlichkeit des Kollisionsrechts lässt sich auch durch Konventionen nicht hinreichend nach den Maßstäben eines Binnenmarktes zufriedenstellend sicherstellen. Gefahren für die einheitliche Geltung erwachsen hier v. a. aus der Abhängigkeit ihrer Geltung von der Ratifikation – sowohl des ursprünglichen Übereinkommens als auch sämtlicher Änderungen und Ergänzungen – und dem häufigen Folgeproblem der gleichzeitigen Geltung mehrerer Fassungen im Verhältnis der Mitgliedstaaten. Einheitsgefährdend wirkt auch die Erforderlichkeit der Transformation in unmittelbar geltendes nationales Recht. Zudem kann häufig eine einheitliche Auslegung nicht sichergestellt werden, weil zumindest eine geborene Instanz, die das vereinheitlichte Recht verbindlich auslegt, fehlt, und die Übertragung der Auslegungszuständigkeit auf eine bestehende Institution – wie die Erfahrung mit dem EVÜ und den erst kürzlich in Kraft getretenen Auslegungsprotokollen zu diesem Übereinkommen zeigt – nicht unproblematisch ist.[164]

Auch die gemeinschaftssachrechtsergänzenden Kollisionsregeln – selbst in Verordnungen – führen dann nicht zu einer einheitlichen Rechtsanwendung, wenn sie Gesamtverweisungen auf das nationale Recht enthalten, denn so behalten die unterschiedlichen nationalen Kollisionsrechtsordnungen das „letzte Wort". Unter diesen Umständen bestehen auch in der Europäischen Rechtsgemeinschaft die oben angesprochenen Probleme der Verfehlung des internationalen Entscheidungseinklangs und der Gefahr hinkender Rechtsverhältnisse fort – dies auch dort, wo das Sachrecht der Mitgliedstaaten harmonisiert wurde, um den innergemeinschaftlichen Wirtschaftsverkehr zu fördern.

Nach alledem stellt nur das Instrument der EG-Verordnung durch unmittelbare Wirkung und Letztauslegungskompetenz des EuGH die notwendige Einheitlichkeit der Rechtsanwendung- und Fortbildung sicher.[165] Zukünftige Rechtssetzung, die auf das doppelte System von Sachrechtsharmonisierung und Kollisionsrechtsintegration setzt, sollte daher den kollisionsrechtlichen Regeln die Gestalt von Verordnungen geben. Das so erreichbare einheitliche IPR brächte die Europäische Integration einen bedeutenden Schritt voran, weil es die oben aufgezeigten Defizite verschiedener Kollisionsrechtsordnungen vermeiden könnte.

---

164 *Kreuzer*, in: Müller-Graff (Hrsg.), Gemeinsames Privatrecht (1999), 457, 532 ff.; vgl. auch *Sonnenberger*, RIW 2002, 489, 490, 495; *Taschner*, in: Müller-Graff (Hrsg.), Gemeinsames Privatrecht (1999), 225, 233 f.; vgl. zum Bespiel des EVÜ, § 4 I.3.b)cc).

165 *Pfeiffer*, in: Hohloch (Hrsg.), EU-Richtlinien und ihre Umsetzung (2001), 9, 31; *Seif*, JbJZ 1997, 225, 241; *Sonnenberger*, RIW 2002, 489, 495 mit Fn. 66; *Staudinger*, ZfRV 2000, 93, 104 zur Reform des EVÜ.

Unter einem einheitlichen Kollisionsrecht würde die fortbestehende Rechtsverschiedenheit in den Mitgliedstaaten weniger integrationshemmend wirken, weil für den einzelne vorhersehbar ist, welches Recht seine Verhältnisse bestimmen wird. Diese Vorhersehbarkeit und der gemeinschaftsweite Entscheidungseinklang, der sich durch ein einheitlich geltendes und angewandtes IPR erreichen ließe, würde grenzüberschreitende Rechtsbeziehungen sichern und stabilisieren helfen.[166] Jeder Wirtschaftsteilnehmer hat dann die Möglichkeit, sich frühzeitig und verhältnismäßig einfach über das anwendbare Recht zu informieren und sich darauf einzustellen, ohne fürchten zu müssen, dass der damit verbundene Aufwand durch die unvorhergesehene Anwendung eines anderen Rechts frustriert wird. Wird schließlich das anwendbare Recht noch in einer Weise bestimmt, die ihrerseits dem Freiverkehr zuträglich ist, so kann das Konzept einer Kollisionsrechtsvereinheitlichung iVm. einer begrenzten Rechtsangleichung (also zumindest auf der Grundlage einer Basisharmonisierung des Sachrechts in den wichtigsten Punkten) die Vollvereinheitlichung des Sachrechts ersetzen, ohne dass dies nur als die „zweitbeste Lösung" betrachtet werden müsste.

Die benannten Vorteile eines einheitlichten IPR, die schon den Rechtsbeziehungen zwischen beliebigen Staaten (etwa aufgrund kollisionsrechtlicher Staatsverträge) zugute kommen können, sind im Rahmen des EG-Binnenmarktes von besonderer Relevanz.

Ein Binnenmarkt, innerhalb dessen der freie Verkehr von Produkten, Personen Kapital und Zahlungen optimal gewährleistet werden soll, ohne dass das materielle Recht generell vereinheitlicht ist, setzt voraus, dass das anwendbare Recht sicher und einheitlich im Sinne internationalen Entscheidungseinklangs bestimmt werden kann.[167] Nur wenn die Gerichte jedes Mitgliedstaats einen Rechtsstreit auf derselben sachrechtlichen Grundlage entscheiden, lässt sich forum-shopping samt seiner willkürlichen Klägerbegünstigung wirksam begegnen; lassen sich Rechtssicherheit und Stabilität der Rechtsbeziehungen so verwirklichen, wie es einem Binnenmarkt angemessen ist.[168] Deshalb verwundert es nicht, dass verschiedentlich eine Vereinheitlichung des IPR auf Gemeinschaftebene gefordert wird; eine Forderung, die durch die neuen Kompetenzen wieder Nahrung erhalten hat.[169]

---

166 *Kreuzer*, in: Müller-Graff (Hrsg.), Gemeinsames Privatrecht (1999), 457, 497 f.; *Sonnenberger*, RIW 2002, 489, 494 f.

167 *Kegel/Schurig*, Internationales Privatrecht (2000), 122 betonen das Ordnungsinteressean am internationalen – bzw. dort „äußeren" – Entscheidungseinklang, um hinkende Rechtsverhältnisse zu vermeiden; das gilt erst recht im integrierten Raum Binnenmarkt; *Roth*, RabelsZ 51 (1995), 623, 638; *v. Wilmowsky*, RabelsZ 62 (1998), 1, 29 konstatiert, dass ein Binnenmarkt im Zivilrechtsverkehr nach Entscheidungsharmonie verlangt.

168 Dazu *Basedow*, CMLR 37 (2000), 687, 703; *Jayme*, in: IPR für Europa (1991), 25, 39; *Kreuzer*, in: Müller-Graff (Hrsg.), Gemeinsames Privatrecht (1999), 457, 486, 497 ff.; *Roth*, RabelsZ 51 (1995), 623, 638; *Seif*, JbJZ 1997, 225, 239.

169 In dieser Richtung *Hay/Lando/Rotunda*, in: Cappelletti/Seccombe/Weiler (Eds.), Integration Through Law, Bd. I-2, 161, 168 ff., 232 ff., 256 ff.; vgl. auch *Sonnenberger*, JZ 1998, 982, 984 f.; *ders.*, RIW 2002, 489, 494 f.; ähnlich *Jayme/Kohler*, IPRax 2000, 454, 463 zur Reform und Vergemeinschaftung des EVÜ; *Kohler*, ZEuS 2001, 575, 582 ff., 589 ff. – dort vor dem Hintergrund der Entwicklungen

4. Ergebnis: Binnenmarktkollisionsrecht als ergänzenden Instrument der Integration

I. E. liegt gerade in der Integration des Kollisionsrechts bzw. der Etablierung eines spezifischen Binnenmarktkollisionsrechts[170] das Potential, die Ziele der Gemeinschaft zu fördern, wo eine Sachrechtsintegration nicht stattfindet oder an ihre Grenzen stößt. Wenn auch kollisionsrechtliche Lösungen die Sachrechtsangleichung nicht völlig ersetzen können, so können sie diese wohl ergänzen und die Funktion ausfüllen, die bisher erfolgte und zukünftig noch angestrebte Sachrechtsintegration sinnvoll zu begleiten.

Um die spezifische Aufgabenstellung an ein Binnenmarktkollisionsrecht (die Unterstützung und Ergänzung der Sachrechtsintegration zur weiteren Entwicklung eines Rechts- und Wirtschaftsraums, der den Bedingungen eines echten Binnenmarktes möglichst nahe kommt) zu erfüllen, muss ein solches europäisch geprägtes und europarechtlichen Wertungen verpflichtetes IPR einerseits möglichst einheitliche, andererseits binnenmarktfördernde Verweisungen bereitstellen und dabei auch die spezifischen Rechtsanwendungsprobleme zu einer angemessenen Lösung bringen, die sich gerade in dem teilintegrierten Rechtsraum der Gemeinschaft stellen. Solche Felder, auf denen auch und gerade das Kollisionsrecht zum Zwecke der Vervollkommnung des Binnenmarktes herangezogen werden könnte, finden sich in allen Bereichen der Europäischen Rechtsentwicklung – im unharmonisierten Bereich ebenso wie im harmonisierten. Überall ist zu untersuchen, ob und inwieweit das Europäische Recht auch das IPR erfassen und zu seiner Effektuierung dienstbar machen kann.

In Betracht kommen neben kollisionsrechtlichen Auswirkungen der Grundfreiheiten im unharmonisierten Bereich auch vielfältige Implikationen im harmonisierten Bereich. Gerade dort, wo (lediglich) angeglichenes Sachrecht Rechtsunterschiede bestehen lässt, ist der Anwendungsbereich dieser Regelungsvarianten gegeneinander abzugrenzen – dies in einer Weise, die sowohl dem Interesse an möglichst freier Zirkulation von Personen, Produkten und Produktionsfaktoren als auch den Rechtssetzungs- und Durchsetzungsinteressen der Mitgliedstaaten angemessen Rechnung trägt.

Weiterhin muss die Frage beantwortet werden, wann und unter welchen Umständen der harmonisierte Sachrechtsstandard der Gemeinschaft gegenüber dem Recht dritter Staaten durchgesetzt werden soll. Beide Aufgaben können nur durch ein kollisionsrechtliches Konzept, das die Besonderheiten des teilintegrierten Europäischen

---

im IZPR und krit. zur „Kollisionsrechtsblindheit" bisheriger Initiativen; *ders.*, in: Mansel (Hrsg.), Vergemeinschaftung (2001), 41, 42 ff.; *Roth*, RabelsZ 55 (1991), 623, 638; *Taupitz*, Privatrechtsvereinheitlichung (1993), 60 ff. – dort für eine sinnvolle Kombination von Sach- und Kollisionsrechtsvereinheitlichung; *Ulmer*, JZ 1992, 1, 6 f. Ausführlich zur neuen Kompetenz des Art. 65 EG unten, § 14.

170 Zu diesem von *Grundmann* geprägten Begriff eines eigenständigen, vom klassischen IPR abgesetzten Kollisionsrecht für den europäischen Kontext sogleich unter § 3 I.

Rechtsraums berücksichtigt und spezifisch an den zu lösenden Aufgaben ausgerichtet wird, angemessen bewältigt werden. Dazu bedarf es eines spezifischen Binnenmarktkollisionsrechts.[171]

Vor diesem Hintergrund ist zunächst eine Begriffsbestimmung angebracht, die das Binnenmarktkollisionsrecht näher charakterisiert und nochmals seine Zielsetzungen und die daraus resultierenden Besonderheiten im Vergleich zu klassischem Kollisionsrecht hervorhebt. Im Anschluss soll, getrennt für den unharmonisierten und den harmonisierten Bereich, der heutige Status quo des Binnenmarktkollisionsrechts ermittelt und systematisiert werden, um festzustellen, inwieweit bereits Binnenmarktkollisionsregeln explizit oder implizit existieren, welche Rolle sie spielen und wie sie – gerade vor dem Hintergrund neuer Entwicklungen durch die Vertragsreform von Amsterdam – fortentwickelt werden könnten.

§ 3 Konzept und Begriff eines Binnenmarktkollisionsrechts und seine Besonderheiten gegenüber klassischem Kollisionsrecht

I. Der Begriff des Binnenmarktkollisionsrechts

Der Begriff des Binnenmarktkollisionsrechts wurde von *Grundmann* geprägt. Er bezeichnete zuerst die Rolle des Kollisionsrechts als Verfassungsordnung im Binnenmarkt und betonte zugleich seine Eigenständigkeit gegenüber klassischem IPR. Diese Eigenständigkeit manifestiert sich nach *Grundmann* in wesentlichen Abweichungen vom klassichen IPR – Folge der besonderen Ausgangslage in einem teilharmonisierten Europäischen Rechtsraum und der besonderen Anforderungen an das IPR im europäischen Kontext.[1]

Der Begriff Binnenmarktkollisionsrecht idS. umschreibt die Gesamtheit der Kollisionsregeln, die aufgrund der unterschiedlichen Formen der Einwirkung des Gemeinschaftsrechts auf die nationale Rechtsordnung und in Abgrenzung zum klassischen IPR das auf Sachverhalte mit Binnenmarktbezug anwendbare Recht bestimmen. Im Rahmen dieser Arbeit soll der Begriff „Binnenmarktkollisionsrecht" mithin weit verstanden werden. Er erfasst nicht nur Binnenkollisionen,[2] sondern alle Rechtsanwendungsfragen im Zusammenhang mit der rechtlichen Integration Europas: die Außenabgrenzung Europäischer Standards ebenso wie Rechtsanwen-

---

171 Diese kennzeichnende Besonderheit des Binnenmartkollisionsrechts im Unterschied vom klassischen IPR hat insbes. Grundmann – so bereits in NJW 2000, 14, 18 ff. insbes. mit Fn. 39, 47; auch in RabelsZ 64 (2000), 457 ff. und RabelsZ 67 (2003), 246, 254 ff. – als Erster in dieser Deutlichkeit hervorgehoben.

1 Zu dem Begriff und seinen Dimensionen bereits *Grundmann*, NJW 2000, 14, 18 ff. insbes. mit Fn. 39, 47; deutlicher noch zu dem eigenständigen Konzept des Binnenmarktkollisionsrechts und den Parametern dieser Eigenständigkeit *Grundmann*, RabelsZ 64 (2000), 457 ff.; RIW 2002, 329 ff.; RabelsZ 67 (2003), 246, 254 ff.

2 So verstanden etwa bei *Mankowski*, in: Aufbruch nach Europa (2001), 595, 605.

dungsprobleme des materiellen Gemeinschaftsprivatrechts oder des integrierten Sachrechts der Mitgliedstaaten sowie die Einflüsse, die das primäre Gemeinschaftsrecht – allein oder iVm. der Sachrechtsintegration – im Kollisionsrecht entfaltet.

Mögliche Quellen dieses Binnenmarktkollisionsrechts sind daher sowohl das Primärrecht der Verträge (v. a. die Grundfreiheiten) als auch das Sekundärrecht; ebenso jedoch auch das durch diese Rechtsquellen überformte staatsvertragliche und autonome IPR. Es ist somit als Kollisionsrecht für Binnenmarktsachverhalte im weiteren Sinne zu verstehen: Es fließt unmittelbar oder mittelbar aus dem Gemeinschaftsrecht und bezieht sich auf dieses bzw. auf das durch das Gemeinschaftsrecht modifizierte Recht der Mitgliedstaaten. Teilweise ist das Binnenmarktkollisionsrecht bereits vorhanden und erkannt, vielfach jedoch auch noch in der Entwicklung begriffen. Das gilt nicht nur für kollisionsrechtliche Regelungsvorgaben in Sekundärrechtsakten, deren Tragweite und Bedeutung bisher noch nicht vollständig ausgeleuchtet wurden, sondern auch für mögliche kollisionsrechtliche Gehalte des Primärrechts und das Verhältnis der verschiedenen Aspekte im Rahmen eines Gesamtsystem.

II. Notwendige Besonderheiten gegenüber klassischem Kollisionsrecht

Das so umschriebene Binnenmarktkollisionsrecht ist – wie *Grundmann* vielfach betont hat – eine eigenständige Größe.[3] Sein besonderer Hintergrund in Gestalt des Rechts der Europäischen Gemeinschaft bedingt auch besondere Aufgaben und Ziele; seine Regeln werden deshalb gegenüber denen des klassischen Kollisionsrechts abweichen.

1. Unterschiede in Ausgangssituation und Aufgabenstellung

Das klassische Kollisionsrechts Savigny'scher Prägung ist für das Verhältnis unverbunden nebeneinander stehender Rechtsordnungen gedacht. Es geht dabei von der prinzipiellen Gleichwertigkeit dieser Rechtsordnungen aus und ermittelt das auf den Lebenssachverhalt anwendbare Recht, indem es den Sitz des Rechtsverhältnisses anhand des Kriteriums der engsten Verbindung bestimmt – so zumindest der Grundsatz, obwohl dieser von der zunehmenden Bedeutung sozialer und politischer materiellrechtlicher Wertungen auch im Verweisungsrecht erodiert wird.[4] Im klassischen IPR sind die Verweisungsnormen zudem grds. vom Sachrecht getrennt. Zwar dringen ins klassische IPR heute auch sachrechtliche Wertungen ein; sie negieren aber nicht den Ausgangspunkt der internationalprivatrechtlichen Gerechtigkeitserwä-

3 Siehe nochmals oben, Fn. 175.

4 Vgl. etwa *v. Hoffmann*, Internationales Privatrecht, § 1 Rdn. 12 ff.; *Sonnenberger*, in: MüKO, Einl. IPR, Rdn. 11 ff., 30 ff. m. w. N., auch zu den abweichenden Ansätzen; *Veelken*, in: Aufbruch nach Europa (2001), 293 ff.; dazu bereits im Vergleich mit dem Binnenmarktkollisionsrecht *Grundmann*, RabelsZ 67 (2003), 246, 254 ff.

gungen und haben häufig lediglich eine Korrekturfunktion.[5] Klassisches IPR bildet somit ein abstraktes System mit der Aufgabe, das anwendbare Recht für Sachverhalte zu bestimmen, die mit mehreren selbständigen Staaten verbunden sind.[6]

Zumindest den Ausgangspunkt des Postulats grds. Gleichwertigkeit der Rechtsordnungen haben klassisches IPR und Binnenmarktkollisionsrecht gemein. In letzterem erhält der Grundsatz der prinzipiellen Gleichwertigkeit insbes. vor dem Hintergrund der Cassis-Rspr. des EuGH (im unharmonisierten Bereich) und der neuen Strategie in der Rechtsangleichung (im harmonisierten Bereich) besonderes Gewicht, zugleich jedoch auch eine auf den Kreis der Mitgliedstaaten beschränkte Dimension.[7] I. E. bedingen die Besonderheiten der Europäischen Rechtsordnung auch spezifische Anforderungen an ein Kollisionsrecht, das die Anwendung gemeinschaftsrechtlicher und nationaler Regelungen koordinieren soll.

a) Import europarechtlicher Werte und Zielsetzungen in das Sach- wie in das Kollisionsrecht – Indienstnahme des IPR für die Ziele der Gemeinschaft

Die nationalen Rechtsordnungen der Mitgliedstaaten werden durch die ihrerseits eigenständige Rechtsordnung der Gemeinschaft mit ihren spezifischen Zielen überformt und in vielfältiger Weise beeinflusst. Das hat auch Auswirkungen auf das IPR. Im Gemeinschaftsrecht und bei der Etablierung darauf bezogener Kollisionsnormen (d. h. für die Frage nach der Anwendbarkeit des Gemeinschaftsprivatrechts) geht es jedenfalls nicht allein darum, den Sitz des Rechtsverhältnisses zu bestimmen, sondern auch darum, den Zielen und Wertungen der Gemeinschaft zum Durchbruch zu verhelfen und zu diesem Zweck das Gemeinschaftsrecht effektiv durchzusetzen. Dem ist auch das nationale IPR unterzuordnen und dienstbar zu machen.[8] Das Binnenmarktkollisionsrecht übernimmt deshalb gegenüber dem klassischen IPR besondere Aufgaben im Sinne der Binnenmarktziele: so etwa neben der Förderung des Entscheidungseinklangs auch die der Verwirklichung der Grundfreiheiten und der Gewährleistung gleichwertiger Wettbewerbsbedingungen.[9] Dazu muss es zum einen die primärrechtlichen Vorgaben in die Rechtsanwendungsentscheidung einbeziehen; etwa diskriminierende oder die Grundfreiheiten beschränkende Anknüpfungen ausschließen und ggf. die Verbürgungen des Primärrechts in eine adäquate Gestaltung der Anknüpfungsnormen einfließen lassen. Zum anderen ist es dem Ziel

---

5 Vgl. *Leible*, in: ders. (Hrsg.), Grünbuch (2004), 133 f.; Zur abgestuften Relevanz von Sachnormzwecken und mit Beispielen ihrer Manifestation im IPR *Veelken*, in: Aufbruch nach Europa (2001), 293 ff. – m. w. N.

6 Vgl. *Basedow*, in: Schnyder/Heiss/Rudisch (Hrsg.), Internationales Verbraucherschutzrecht (1995), 11, 12.

7 Vgl. dazu etwa *Grundmann*, RabelsZ 67 (2003), 246, 254 ff.; *Müller-Graff*, in: ders. (Hrsg.), Gemeinsames Privatrecht (1999), 267, 294; *Taupitz*, Privatrechtsvereinheitlichung (1993), 60 f.; zum Aspekt der Gegenseitigkeit im Binnenmarktkollisionsrecht *Mankowski*, in: Aufbruch nach Europa (2001), 595, 604.

8 Zu diesem wesentlichen Gedanken, der den Unterschied zwischen klassischem Kollisionsrecht und Kollisionsrecht und Binnenmarktkollisionsrecht ausmacht – etwa *Jayme*, in: IPR für Europa (1991), 25, 38 f.; *Krebber*, ZVglRWiss 1998, 124, 149 f.; *Lurger*, FS Posch (1996), 179, 197 ff.

9 *Jayme*, in: Jayme, IPR für Europa (1991), 25, 38 f.

verpflichtet, den Anwendungsanspruch und die inhaltlichen Wertungen des sekundären Gemeinschaftsrechts vollumfängliche durchsetzen[10] So ist etwa den rechtsangleichenden Richtlinien stets auch ein bestimmter internationaler Rechtsanwendungsanspruch immanent, der herausgearbeitet und realisiert werden muss.[11] Zwischen den Mitgliedstaaten sind Geltung und Grenzen des Grundsatzes der gegenseitigen Anerkennung auch in den Rechtsanwendungsentscheidungen zu verankern. Dem nationalen Kollisionsrecht müssen die gemeinschaftsrechtlich motivierten Wertungen, welche die neue Strategie tragen, verinnerlicht werden.[12]

Diese Besonderheit der Binnenmarktkollisionsnormen, dass sie nämlich die spezifisch gemeinschaftsrechtlichen Wertungen zu übernehmen und zu effektuieren haben, widerlegt auch einen grds. Zweifel an der Stimmigkeit des Konzepts des Binnenmarktkollisionsrechts, der aus dem klassischen Verständnis des IPR erwächst: Gehe es im Kollisionsrecht allgemein um Anknüpfungsgerechtigkeit in dem Sinne, dass jeder Sachverhalt dem Recht unterstellt werden soll, zu dem er die engste Verbindung aufweist, so sei fraglich, ob es nebeneinander zwei verschiedene Konzepte geben könne, um diese engste Verbindung zu bestimmen (das des klassischen IPR und das des Binnenmarktkollisionsrechts); ob sich also tatsächlich die Kriterien der räumlichen Gerechtigkeit verschieben.[13] Im Binnenmarktfall ist die Anknüpfungsgerechtigkeit jedoch durch die Ziele der Gemeinschaft überlagert und kann von den klassischen Maximen abweichen, zumal es sich dabei um sachrechtlich geprägte Ziele handelt (etwa Tendenz zu Rechtswahlfreiheit und Herkunftslandprinzip im Interesse von Freiverkehr und Wettbewerbsgleichheit im Binnenmarkt einerseits; Abgrenzungsbedarf gegenüber drittstaatlichem Recht andererseits).[14] Die Grundlage für die Beurteilung dieser Frage ist insoweit durch das primäre und/oder sekundäre Gemeinschaftsrecht modifiziert.

---

10 *Krebber*, ZVglRWiss 97 (1998), 124, 149 ff. schreibt insoweit: ... „Das Ziel ist vielmehr alleine die Durchsetzung des Gemeinschaftsrechts.“... Die Richtlinien kommen, „da sie gemeinschaftsrechtliche ordnungspolitische Ziele verfolgen, unserem Verständnis nach öffentlich-rechtlichen Regelungen (auf Unionsebene) näher. Die räumliche Reichweite von Richtlinien wird daher nicht anhand der allseitigen Regeln des freien Spiels des internationalen Privatrechts, sondern nach den rigideren einseitigen Prinzipien des internationalen Verwaltungsrechts bestimmt. Maßgeblich ist der Bezug zur europäischen Union.“ – krit. dazu: *v. Hoffmann*, ZfRV 1995, 45, 49; *Roth*, RabelsZ 55 (1991), 623, 668, der die fortbestehende Bedeutung internationalprivatrechtlicher neben den sachrechtlichen Interessen betont und der von *Krebber* angedachte Parallelisierung von internationalem Verwaltungsrecht und IPR skeptische gegenübersteht.

11 Statt vieler *Fetsch*, Eingriffsnormen (2002), 245 ff.

12 Vgl. zu letzterem *Basedow*, in: Schnyder/Heiss/Rudisch (Hrsg.), Internationales Verbraucherschutzrecht (1995), 11, 17 f.; dazu auch *Mansel*, in: Mansel/Baur (Hrsg.), Systemwechsel (2002), 1, 10 ff. – der allerdings im Bedeutungszuwachs des Herkunftslandprinzips eher eine politische Entscheidung der Gemeinschaft als eine primärrechtlich gebotene Entwicklung sieht.

13 Vgl. *Mankowski*, in: Aufbruch nach Europa (2001), 595, 612 f.

14 *Jayme*, in: Hommelhoff/Jayme/Mangold (Hrsg.), Europäischer Binnenmarkt (1995) 35, 49: Kollisionsnormen sind insoweit „mit materiellen Zwecken aufgeladen“ – i. E. allerdings krit.; vgl. auch *Grundmann*, RabelsZ 67 (2003), 246, 254 ff., 288 ff.; *Lurger*, FS Posch (1996), 179, 197 ff.; *Mankowski*, in: Aufbruch nach Europa (2001), 595, 612 f.: „Binnenmarktkollisionsrecht ist materialisiert. Es will bestimmte Wertungen verwirklichen, die von der Sachrechtsebene geprägt sind.“

b) Rechtsintegration als Hintergrund kollisionsrechtlicher Entscheidungen

Zum anderen entfaltet sich das Binnenmarktkollisionsrecht vor dem besonderen Hintergrund der Europäischen Rechtsintegration. Wo nationales Recht auf Harmonisierungsmaßnahmen der Gemeinschaft beruht, muss dieser Hintergrund für die Rechtsanwendungsfrage angemessen berücksichtiget werden. In dem durch die Gemeinschaft integrierten Bereich greift der Gedanke von prinzipieller Gleichwertigkeit und gegenseitiger Anerkennung platz, der auch die Rechtsanwendungsentscheidung zwischen den Mitgliedstaaten prägt: anders als das klassische IPR, das seine Verweisungen grds. ohne Differenzierung nach bestimmten Wertigkeiten der verwiesenen Rechtsordnungen ausspricht, bildet die durch die (Mindest-)Harmonisierung garantierte Gleichwertigkeit der Rechtsordnungen für das Binnenmarktkollisionsrecht gerade die Grundlage besonderer Verweisungsregeln.[15] Eine Praxis, die etwa im Bereich des durch Richtlinien harmonisierten Rechts – auch wenn diese Rechtsakte keine ausdrücklichen Aussagen zu ihrem Anwendungsanspruch enthalten – zur Bestimmung des internationalen Anwendungsbereichs des umgesetzten Rechts ohne weiteres auf die klassischen Kollisionsregeln zurückgreift,[16] wird dem Anspruch an eine Koordinationskraft für den Binnenmarkt deshalb nicht gerecht.

Zum einen bildet das Sekundärrecht der Gemeinschaft einen Hintergrund, vor dem das Gewicht von sach- und kollisionsrechtlichen Gerechtigkeitserwägungen verschoben ist. Diese teilweise integrierte sachrechtliche Basis und die wirtschaftspolitischen Ziele der Gemeinschaft ändern auch die Grundlage für die kollisionsrechtliche Entscheidungsfindung. Wo das Sachrecht der Mitgliedstaaten angeglichen ist, verlieren materiellrechtliche Interessen für die Frage nach der Anwendbarkeit und Reichweite des nationalen Rechts an Gewicht. Sie vermögen im Binnenmarktsachverhalt grds. weder die Durchsetzung des eigenen Rechts noch die Abwehr fremden, jedoch mitgliedstaatlichen Rechts zu tragen. Werden etwa Konsumenten-Schutzstandards harmonisiert, so ist das Kollisionsrecht (jedenfalls innerhalb des Binnenmarktes) damit gleichsam von der Aufgabe entlastet, solche Schutzanliegen auch im international verknüpften Fall durchzusetzen. Es kann an internationalprivatrechtlichen Interessen ausgerichtet werden,[17] wobei die europäischen Wertungen die

---

15 Vgl. *Mankowski*, in: Aufbruch nach Europa (2001), 595, 604; dazu und zum starken Sachrechtsbezug des Binnenmarktkollisionsrechts vgl. auch *Grundmann*, RabelsZ 67 (2003), 246, 254 ff., 260, 288 ff.

16 Partiell noch in dieser Richtung etwa *Magnus*, in: Staudinger, Internationales Vertragsrecht, vor Art. 27–37 EGBGB, Rdn. 11 ff.; Art. 34 EGBGB, Rdn. 42 ff.; zu dieser Problematik auch *Schwarz*, ZVglRWiss 101 (2002), 45, 50.

17 *Grundmann*, RabelsZ 67 (2003), 246, 254 ff.; plastisch auch *Roth*, Internationales Versicherungsvertragsrecht (1985), 700 ff.: Rechtsangleichung sichert Gleichwertigkeit der mitgliedstaatlichen Rechtsordnungen (hier bzgl. des Versicherungsnehmerschutz) und schafft so die Basis für ein Kollisionsrecht, das sich primär an den Zielen des einheitlichen Binnenmarktes orientiert; *ders.*, RabelsZ 55 (1991), 623, 638 f.: „Sind die Schutzziele der zur Auswahl stehenden Rechtsordnungen im Wesentlichen einheitlich, können u. U. andere kollisionsrechtliche Gestaltungen gewählt werden, als wenn das IPR sich an den Regelungszielen des Sachrechts auszurichten hat." Hinsichtlich der materiellen Schutzanliegen entfaltet die Harmonisierung bestimmende Wirkung für die Frage, ob die Mitgliedstaaten eigene Regelungen auch gegen das Recht anderer durchsetzen können oder die

Gewichtung dieser Interessen wiederum beeinflussen können – etwa durch Begünstigung der Rechtswahlfreiheit oder ein kollisionsrechtliches Verständnis des Herkunftslandprinzips der Grundfreiheiten.[18]

Schließlich ergibt sich vor dem Hintergrund der Europäischen Rechtsintegration ein weiterer Aspekt: Im Einzugsbereich des Gemeinschaftsrechts sind neue Fragen der Rechtsanwendung und ihrer Grenzen zu beantworten, die sich in dem Nebeneinander unverbundener Rechtsordnungen so nicht stellen, etwa wenn das integrierte Europäische Recht auf das Recht von Drittstaaten stößt oder wenn angesichts divergierender Richtlinienumsetzungen in den Mitgliedstaaten die Frage zu beantworten ist, welche nationale Umsetzung zur Anwendung kommen soll bzw. wie auf Umsetzungsdefizite einzelner Mitgliedstaaten zu reagieren ist. In der erstgenannten Konstellation wird die Frage nach der Durchsetzung des mitgliedstaatlichen Rechts im Verhältnis zu Drittstaaten modifiziert, soweit es auf Harmonisierungsmaßnahmen der Gemeinschaft beruht. Denn soweit gemeinschaftsweit angeglichenes Sachrecht besteht, das bestimmte Gemeinschaftsziele verwirklichen soll, kann es nicht mehr allein den Mitgliedstaaten überlassen bleiben, wann dieses Recht in einem gemeinschaftsbezognen Sinne „international" durchzusetzen ist.[19] Auch der erwähnte Umgang mit legitimen oder illegitimen Rechtsunterschieden zwischen den Mitgliedstaaten, die nach der Harmonisierung des Sachrechts fortbestehen, ist ein spezifisches IPR-Problem des integrierten Rechtsraums der Gemeinschaft und muss durch spezifische Binnenmarktkollisionsregeln gelöst werden.

2. Bedarf für ein eigenständiges Binnenmarktkollisionsrecht und mögliche Kollisionsrechtsspaltung

Nach alledem kann das klassische Kollisionsrecht im Binnenmarksachverhalt deshalb nicht unverändert angewandt werden, denn es ist nicht auf alle besonderen Konstellationen in einem teilintegrierten Rechtsraum eingerichtet, und die kollisionsrechtlichen Fragestellungen, die hier auftreten, beziehen sich nicht mehr nur auf nationales Recht.

Dennoch wurde der gemeinschaftsrechtliche Hintergrund vieler nationaler Regelungen bei der Erörterung internationalprivatrechtlicher Fragen bisher noch zu wenig berücksichtigt. So ist das nationale IPR lange unverändert auch auf Richtlinienumsetzungsrecht angewandt worden. Auch soweit ein Einfluss des Gemeinschaftsrechts auf die Rechtsanwendungsfrage erörtert wurde, geschah dies aus der Perspektive des nationalen Kollisionsrechts; so etwa in den berühmten Gran-Canaria-Fällen, wo die Anwendung des EG-Standards an einer Rechtswahlklausel scheiterte,

---

fremde Lösung anzuerkennen haben – vgl. etwa *Basedow*, in: Schnyder/Heiss/Rudisch (Hrsg.), Internationales Verbraucherschutzrecht (1995), 11, 18 f.

18 Dazu im Einzelnen unten, § 7.

19 Vgl. nur *Basedow*, in: Schnyder/Heiss/Rudisch (Hrsg.), Internationales Verbraucherschutzrecht (1995) 11, 19.

die gezielt auf einen Mitgliedstaat mit Umsetzungsdefizit verwies.[20] Erst in den letzten Jahren hat ein wirksamer Prozess des Umdenkens eingesetzt, der den spezifischen Bezug zur Gemeinschaft und den Stellenwert des Gemeinschaftsrechts für die Frage der Rechtsanwendung angemessenen zu berücksichtigen beginnt.[21]

Um die spezifischen Rechtsanwendungsprobleme innerhalb der Gemeinschaft zu bewältigen, muss ein eigenständiges Binnenmarktkollisionsrecht entworfen werden. Teilweise mag sich dieses auf der Grundlage der klassischen Kollisionsregeln entwickeln lassen, vielfach mögen gleiche oder ähnliche Regeln gelten. Dies ist legitim, da das Binnenmarktkollisionsrecht ebenso wie das klassische IPR internationalprivatrechtliche und sachrechtliche Interessen der an einem grenzüberschreitenden Rechtsverhältnis Beteiligten an der Anwendung der einen oder der anderen Rechtsordnung abwägen und koordinieren muss. Die Lösungen, die im klassischen IPR als angemessen gelten, verlieren auch im europäischen Kontext nicht ohne weiteres jede Berechtigung. Wichtig ist jedoch, dass jeweils dort, wo der Europäische Kontext besondere Anforderungen an die Rechtsanwendungsentscheidung stellt, diesen auch in vollem Umfang Rechnung getragen wird.

Das Gemeinschaftsrecht erlangt über die Institute des Vorrangs und der unmittelbaren Anwendbarkeit, jedoch ebenso über die richtlinienkonforme Auslegung umfassenden Einfluss auf die Anwendung des nationalen Rechts und kann so seine Wertungen und Ziele in die nationalen Rechtsordnungen implantieren. Angesichts seines starken Einflusses ist das Europäische Recht in jedem Fall, in dem Berührungspunkte zu EG-Mitgliedstaaten bestehen, auch danach zu befragen, ob es Einfluss auf die Rechtsanwendungsentscheidung nimmt.

Während es im unharmonisierten Bereich bei dem Einfließen europäischer Zielsetzungen (insbes. der Binnenmarktförderung) in die Anwendung auch des Kollisionsrechts bleibt, kommt im harmonisierten Bereich hinzu, dass durch die Rechtsangleichung bestimmte sachrechtliche (Mindest-)Standards etabliert werden. Dadurch kann im Kollisionsrecht in qualifizierter Weise von einer Gleichwertigkeit der mitgliedstaatlichen Rechtsordnungen ausgegangen werden und sind die rechtlichen Lösungen gegenseitig anzuerkennen. Diese besondere Ausgangssituation und die Verpflichtung der Mitgliedstaaten, auf den gemeinsamen Besitzstand ebenso wie auf die belassenen Unterschiede Rücksicht zu nehmen, hebt das Binnenmarktkollisionsrecht vom klassischen Kollisionsrecht ab, fordert und rechtfertigt zugleich seine besonderen Regeln und die Beschränkung dieser Regeln auf Binnenmarktsachverhalte:[22] Soweit das Binnenmarktkollisionsrecht Vorgaben aus dem Primär- bzw.

---

20 *Iversen*, in: Gemeinschaftsrecht und IPR (1994), 387 f.; *Krebber*, ZVglRWiss 97 (1998), 124, 126; *Rauscher*, EuZW 1996, 650, 652 f.; ausführlicher unten, § 12 II.1.

21 Vgl. etwa *Basedow*, in: Schnyder/Heiss/Rudisch (Hrsg.), Internationales Verbraucherschutzrecht (1995), 11, 18 f.; *Brödermann*, in: Gemeinschaftsrecht und IPR (1994), 212 ff.; *Iversen*, ebd., 352 ff., 420 ff.; *Jayme*, IPRax 1990, 220 ff.; *Jayme/Kohler*, IPRax 1992, 346, 347 f.; *Langenfeld*, IPRax 1993, 155, 157; *Rauscher*, EuZW 1996, 650, 652 f.; z. G. auch *Krebber*, ZVglRWiss 97 (1998), 124, 126.

22 Vgl. etwa *Grundmann*, RabelsZ 64 (2000), 457 ff.; *Mankowski*, in: Aufbruch nach Europa (2001), 595, 604; vgl. auch *Mansel*, in: Mansel/Baur (Hrsg.), Systemwechsel (2002), 1, 10 ff., 14 f. Zum

Sekundärrecht empfängt, können diese die Gestaltung des Kollisionsrechts nur für das Verhältnis der Mitgliedstaaten untereinander bzw. für bestimmte Beziehungen der Mitgliedstaaten zu Drittstaaten beeinflussen. Das Binnenmarktkollisionsrecht beansprucht aus sich heraus nur Geltung für Binnenmarktsachverhalte (iwS.). Gemeinschaftsrechtliche Einflüsse gebieten also nicht die Schaffung einer allumfassenden loi uniforme. Das kann zu einer grds. Unterscheidung von Binnenmarkt- und Drittstaatensachverhalten, d. h. zu einem gespaltenen Kollisionsrecht mit speziellen Regeln für gemeinschaftsbezogene Sachverhalte einerseits und Sachverhalte mit (bloßem) Drittstaatenbezug andererseits führen.[23] Dies wird zunehmend zum Charakteristikum des Binnenmarktkollisionsrechts.

Dies erscheint jedoch – obgleich es teilweise bedauert wird – vor dem Hintergrund der Europäischen Integration angemessen, denn die Unterscheidung ist durch die besonderen Verhältnisse im Binnenmarkt gerechtfertigt: Das Binnenmarktkollisionsrecht kann auf einen gemeinsamen Rechtsraum mit teilweiser Sachrechtsharmonisierung aufbauen, so dass auch kollisionsrechtlich andere Gestaltungen möglich und geboten sind, als zwischen unverbunden nebeneinander stehenden Staaten in der klassischen Konstellation des IPR.[24] Es liegt letztlich in den Händen der Mitgliedstaaten, ob und wann sie die für den Binnenmarktfall geltenden Kollisionsregeln auch auf Drittstaatensachverhalte erstrecken. Im Übrigen ist die Spaltung hinzunehmen, auch wenn sie zunächst verkomplizierend erscheint; denn der Binnenmarkt bedarf auf seiner jetzigen Entwicklungsstufe auch der Förderung durch ein spezifisches Kollisionsrecht, das die auf seine Besonderheiten zugeschnittenen Strukturen enthält.

3. Resümee

I. E. bildet das Binnenmarktkollisionsrecht eine durch besondere Aufgaben und Maximen gekennzeichnete eigenständige Größe. Kollisionsnormen zur Anwendungsbestimmung des Gemeinschaftsrechts oder des von diesem überlagerten und deshalb mit dessen Wertungen und Zwecken aufgeladenen Sachrechts der Mitgliedstaaten unterscheiden sich von den Kollisionsnormen des klassischen IPR. Während es dort v. a. darum geht, grds. wertneutral den Sitz eines Rechtsverhältnisses zu bestimmen, muss die Anwendungsbestimmung des nationalen Rechts, soweit es auf Gemeinschaftsrecht beruht oder von diesem mitgeprägt wird, auf die

---

Anpassungsbedarf des IPR an die Situation der Europäischen Integration vgl. etwa *Michaels/Kamann*, JZ 1997, 601, 602.

23 *Glöckner*, ZVglRWiss 99 (2000), 278, 288 zum Wettbewerbsrecht; *Jayme*, in: Mansel (Hrsg.), Vergemeinschaftung (2001), 31, 33; *Mankowski*, in: Aufbruch nach Europa (2001), 595, 596 f., 611 f.; *ders.*, GRUR Int. 1999, 909, 914; *Sonnenberger*, IPRax 2003, 104, 111 f. mit dem Hinweis auf Art. 29 a EGBGB, der als Sonderregelung für die Anknüpfung von Verbraucherverträgen im Bereich des durch Richtlinien harmonisierten Rechts die erste Positivierung dieser Kollisionsrechtsspaltung im EGBGB darstellt; *Schnyder*, in: Mansel/Baur (Hrsg.), Systemwechsel (2002), 89, 94 ff.

24 *Kreuzer*, in: Müller-Graff (Hrsg.), Gemeinsames Privatrecht (1999), 457, 537 ff.; vgl. auch *Roth*, RabelsZ 55 (1991), 623, 639.

Funktion und Bedeutung des letzteren Rücksicht nehmen.[25] Das gilt sowohl im unharmonisierten Bereich, wo allein das Primärrecht als Quelle besonderer Wertungen fungiert, als auch im harmonisierten Bereich, wo die sachrechtlichen Gehalte der Gemeinschaftsrechtsakte hinzutreten. Insofern bedarf es sowohl einer Koordination der Rechtsanwendung innerhalb des Binnenmarktes als auch einer Abgrenzung gegenüber drittstaatlichem Recht. Fälle wie die der Gran-Canaria-Konstellation, die an der Schnittstelle von nationalem Recht und Europarecht liegen, zeigen, dass befriedigende Lösungen fehlen, wenn die wesentliche Einflussgröße des Gemeinschaftsrechts außer acht gelassen wird. Hier zeigt sich, dass mit den Mitteln und Wertungen des klassischen IPR, das für das Verhältnis unverbunden nebeneinander stehender Staaten mit jeweils selbständiger Rechtsordnung geschaffen ist, die Rechtsanwendungsprobleme eines integrierten Rechtsraumes vielfach nicht gelöst werden können. Hier wird auch das Bedürfnis nach einem Binnenmarktkollisionsrecht plastisch. Die Rechtsanwendungsregeln des klassischen IPR müssen den besonderen Verhältnissen in einem solchen Rechtsraum angepasst bzw. hierfür formuliert werden.[26]

§ 4 Überblick zum gegenwärtigen Bestand des Binnenmarktkollisionsrechts und zu den Tendenzen seiner Fortentwicklung

Bevor in den folgenden Abschnitten konkret auf das System des Binnenmarktkollisionsrechts und seine Komponenten im unharmonisierten und im harmonisierten Bereich eingegangen wird, soll hier zunächst ein (unreflektierter) Überblick über die gesichert bestehenden Typen an Binnenmarktkollisionsregeln gegeben werden. Dabei geht es nicht darum, jede einzelne kollisionsrechtliche Regel des gemeinschaftsrechtlich geprägten oder bedeutsamen IPR zu erfassen, sondern um einen systematischen und beispielenhaften Überblick über die Arten von Kollisionsnormen, die bereits heute unbestritten aus dem Primär- und Sekundärrecht fließen bzw. sich in dem für die Mitgliedstaaten geltenden Konventionsrecht finden.

Der so umschriebene Bestand an gemeinschaftsrechtlich relevantem IPR wird im weiteren Verlauf der Arbeit diskutiert und ggf. um weitere Komponenten ergänzt, deren Existenz und Bedeutung heute noch nicht abschließend geklärt sind. Das bisherige Stückwerk an kollisionsrechtlich relevanten Regeln mit Gemeinschaftsbezug enthält bereits heute die Bausteine eines im Entstehen begriffenen Binnenmarkt-

---

25 *Krebber*, ZVglRWiss 97 (1998), 124, 135 f.; Kollisionsnormen in Richtlinien etwa stehen stets im engen Zusammenhang mit den Sachvorschriften, auf die sie sich beziehen; dazu: *Basedow*, in: Schnyder/Heiss/Rudisch (Hrsg.), Internationales Verbraucherschutzrecht (1995), 11, 18 f.; *Jayme*, in: Hommelhoff/Jayme/Mangold (Hrsg.), Europäischer Binnenmarkt (1995), 35 ff., 49.

26 Zum Anpassungsbedarf des IPR an die besondere Situation der Europäischen Integration vgl. *Michaels/Kamann*, JZ 1997, 601, 602.

kollisionsrechts und wirft die Frage auf, ob und wie Weise diese Elemente ineinander greifen und ein stimmiges System bilden.

Die hiesige Darstellung konzentriert sich bewusst auf solche Kollisionsregeln, die gemeinschaftsrechtlichen Ursprungs oder in sonstiger Weise durch die Tätigkeit der EG geprägt sind und damit einen besonderen Bezug zum Binnenmarkt und seinen Rechtsanwendungsproblemen haben. Zwar werden auch außerhalb der Gemeinschaft an prominenter Stelle und mit langer Tradition einheitliche Kollisionsregeln geschaffen. Diese EG-heteronomen Initiativen haben jedoch nicht zu einer einheitlichen IPR-Kodifikation geführt, sondern eine Vielzahl multilateraler Staatsverträge zu verschiedenen Einzelmaterien hervorgebracht, die zudem regelmäßig nicht für alle Mitgliedstaaten der Gemeinschaft gelten, und deshalb die Kollisionsrechtslage im Binnenmarkt nicht in dem Maße mitprägen wie etwa EG-autonome Staatsverträge oder Rechtsakte der Gemeinschaft. Dasselbe gilt für bilaterale völkerrechtliche Verträge zwischen einzelnen Staaten.

I. Wichtige Eckpunkte des Europäischen Kollisionsrechts

Kollisionsrecht europäischer Prägung, das die Bestimmung des anwendbaren Rechts in den Mitgliedstaaten beeinflusst, existiert bereits in verschiedener Form und Funktion. Insoweit sollen hier in Anlehnung an Kreuzer[1] drei Kategorien unterschieden werden: (1) das Gemeinschaftskollisionsrecht (d. h. Kollisionsnormen, die den Anwendungsbereich des materiellen Gemeinschaftsprivatrechts bestimmen), (2) das gemeinschaftsrechtsergänzende Kollisionsrecht (das Europäische Sachregelungen flankiert und zur Ergänzung und Lückenfüllung auf nationales Recht verweist) und (3) das eigentliche vergemeinschaftete bzw. integrierte Kollisionsrecht (d. h. nationales Kollisionsrecht zur Bestimmung des Anwendungsbereichs nationalen Sachrechts, das jedoch in der einen oder anderen Weise auf die Tätigkeit der Gemeinschaft zurückgeht).

Diese Kategorisierung erfasst kollisionsrechtliche relevante Regelungen nicht nach dem Kriterium der Rechtsquelle, aus der sie fließen, sondern anhand ihrer Funktion. Deshalb seinen zur besseren Übersicht noch einige kurze allgemeine Hinweise zu Herkunft und Umfang des europäisch beeinflussten Kollisionsrechts angemerkt: Der EG-Vertrag selbst enthält keine ausdrücklichen Kollisionsnormen – abgesehen von den Art. 282 S. 1 1. HS und 288 EG, die jedoch lediglich die Rechtsstellung der Gemeinschaft selbst betreffen[2] und daher zu einem Binnenmarktkollisionsrecht

1 Vgl. *Kreuzer*, in: Müller-Graff (Hrsg.), Gemeinsames Privatrecht (1999), 457, 473 ff.; *Kreuzer/Wagner*, Hdb. des EU-Wirtschaftsrechts, Bd. 2, Kap. R, Rdn. 27 ff., allg. zur Europäischen Kollisionsrechtsintegration auch Rdn. 43 ff.; ähnliche Einteilungen nehmen auch *Basedow*, in: Schnyder/Heiss/Rudisch (Hrsg.), Internationales Verbraucherschutzrecht (1995), 11, 12 ff. vor; vgl. zu einer solchen Kategorisierung auch *Roth*, RabelsZ 55 (1991), 623, 627 ff.; *Sonnenberger*, in: MüKo, Einl. IPR, Rdn. 129 ff.

2 *Kallmayer*, in: Calliess/Ruffert, Art. 282, Rdn. 1 ff.; *Kreuzer*, in: Müller-Graff (Hrsg.), Gemeinsames als Ordnungsrahmen für das Zusammenspiel der nationalen Rechtsordnungen und des Gemeinschaftsrechts wenig beitragen. Implizite kollisionsrechtliche Vorgaben lassen sich dem Vertrag jedoch durchaus entnehmen. Das ist etwa für Art. 81 EG Konsens, welcher den Ansatzpunkt für eine primäre richterrechtliche Kollisionsregel bildet.[3] Nach umstrittener Ansicht stellt auch Art. 58 eine Kollisionsnorm dar[4] bzw. lassen sich generell Kollisionsnormen oder kollisionsrechtliche Einflüsse direkt aus den Grundfreiheiten entnehmen.[5] Hingegen enthalten die Sekundärrechtsakte der Gemeinschaft häufiger und mit zunehmender Tendenz auch kollisionsrechtliche Regelungen oder Vorgaben.[6] Sie machen einen Großteil des im Folgenden zu systematisierenden Sockels an Binnenmarktkollisionsrecht aus und finden sich sowohl in Verordnungen – wo sie unmittelbar anwendbare Rechtsanwendungsnormen statuieren – als auch in Richtlinien.[7]

Wie bereits erwähnt sind darüber hinaus zwar auch im Rahmen verschiedener internationaler Organisationen (allen voran der Haager Konferenz für IPR, jedoch auch der Vereinten Nationen etc.) eine Vielzahl kollisionsrechtlicher Staatsverträge geschlossen worden, die eine EG-heteronome Vereinheitlichung bestimmter Teile des IPR bewirken. Es handelt sich i. E. jedoch um eine Ansammlung multilateraler Verträge mit unterschiedlicher Beteiligung, die jeweils nur einzelne Sachgebiete (und diese regelmäßig nicht umfassend) zum Gegenstand haben, und von denen kaum einer für alle Mitgliedstaaten der Gemeinschaft gilt.[8] Deshalb erlangt der Bestand an EG-heteronom vereinheitlichtem IPR für die hier interessierende Frage nach einer Integrationsordnung für den Binnenmarkt keine ausschlaggebende Bedeutung.[9] Erfolgreicher – wenn auch noch nicht befriedigend – fällt die Bilanz des EG-autonomen Konventionsrechts aus. Hier kann v. a. auf den Gebieten des IZPR (EuGVÜ, heute in eine VO überführt) und des Schuldvertragsrechts (EVÜ) auf beträchtliche Erfolge verwiesen werden.

Privatrecht (1999), 457, 493; *Ruffert*, in: Calliess/Ruffert, Art. 288, Rdn. 1 ff.; *Sonnenberger*, in: MüKo, Einl. IPR, Rdn. 132.

3 Vgl. dazu etwa Kreuzer, in: Müller-Graff (Hrsg.), Gemeinsames Privatrecht (1999), 457, 474 f., 493; Siehr, Internationales Privatrecht, 341, 374; Sonnenberger, in: MüKo, Einl. IPR, Rdn. 129.

4 So etwa mit breiter Herleitung *Brödermann*, in: Gemeinschaftsrecht und IPR (1994), 60 ff.

5 Einzelheiten unten in § 7 I.2.b).

6 Vgl. *Kreuzer*, in: Müller-Graff (Hrsg.), Gemeinsames Privatrecht (1999), 457, 479 ff., 493 ff.; zum IPR in Verordnungen *Brödermann*, in: Gemeinschaftsrecht und IPR (1994), 165 ff.

7 *Kreuzer*, in: Müller-Graff (Hrsg.), Gemeinsames Privatrecht (1999), 457, 493 f.

8 So etwa die Genfer Abkommen zum Wechsel- und Scheckrecht, die neben materiellem Wechsel- und Scheckrecht auch kollisionsrechtliche Bestimmungen enthalten – vgl. RGB. 1933 II, 377 und 537; dazu *Siehr*, Internationales Privatrecht, 322 f. Vgl. z. G. etwa *Kreuzer*, in: Müller-Graff (Hrsg.), Gemeinsames Privatrecht (1999), 457, 479 ff. und *Kreuzer/Wagner*, Hdb. des EU-Wirtschaftsrechts, Bd. 2, R, Rdn. 10, 44 m. w. N.; ein Überblick über die bestehenden Staatsverträge findet sich bei *Kegel/Schurig*, Internationales Privatrecht, 71 ff.; *Sonnenberger*, ZVglRWiss 100 (2001), 107, 116.

9 Zu diesem Befund auch *Kreuzer*, in: Müller-Graff (Hrsg.), Gemeinsames Privatrecht (1999), 457, 494; *Kreuzer/Wagner*, Hdb. des EU-Wirtschaftsrechts, Bd. 2, R, Rdn. 10, 44.

1. Gemeinschaftskollisionsrecht zur Bestimmung des Anwendungsbereichs des Gemeinschaftssachrechts

Einen ersten wichtigen Bereich des gemeinschaftsrechtlich geprägten Kollisionsrechts bilden die Vorschriften, die den Anwendungsbereich des materiellen Gemeinschaftsprivatrechts bestimmen und deshalb als Gemeinschaftskollisionsrecht bezeichnet werden können. Die Bestimmung des räumlichen Anwendungsbereichs von Gemeinschaftsprivatrecht und damit die Berufung von Gemeinschaftssachrecht geschieht durch explizite oder implizite Kollisionsnormen mit statutistischem Charakter. Der Anwendungsbereich unmittelbar anwendbarer privatrechtlicher Normen des Gemeinschaftsrechts wird also durch dieses selbst festgelegt. Erschließt sich die Kollisionsregel erst aus der gemeinschaftsrechtlichen Sachregelung; handelt es sich insoweit um selbstgerechte Sachnormen auf Gemeinschafts-Ebene.[10] Gemeinschaftskollisionsrecht, das explizit oder implizit den räumlichen Anwendungsanspruch der jeweiligen materiellen gemeinschaftsrechtlichen Regelung festlegt, findet seine Verkörperung etwa im „Auswirkungsprinzip“[11] im Rahmen des Art. 81 EG,[12] oder im Terminus der gemeinschaftsweiten Bedeutung des Zusammenschlusses nach Art. 1 Abs. 2 u. 3 der Fusionskontroll-Verordnung.[13] Weitere Beispiele finden sich in den Verordnungen zum gewerblichen Rechtsschutz und den Europäischen Gesellschaftsformen: So kann etwa Art. 12 der EWIV-VO,[14] nach dem der im Gründungsvertrag zu bestimmende Sitz der Vereinigung in der Gemeinschaft belegen sein muss, zugleich die implizite kollisionsrechtliche Aussage entnommen werden, dass die Regelungen der EWIV-VO anwendbar sind, wenn der Sitz der Vereinigung in einem EG-Mitgliedstaat liegt.[15] Im Immaterialgüterrecht ist etwa Art. 12 der VO zum Schutz von geographischen Angaben und Ursprungsbezeichnungen für Agrarer-

---

10 *Roth*, RabelsZ 55 (1991), 623, 627; *Sonnenberger*, in MüKo, Einl. IPR, Rdn. 129 f.; z. G. auch *Kreuzer/Wagner*, Hdb. des EU-Wirtschaftsrechts, Bd. 2, R, Rdn. 33 ff.

11 Zur Anerkennung dieses Prinzips durch den EuGH vgl. die „Zellstoffentscheidung“ EuGHE 1988, 5193, Rdn. 11 ff. Ahlstöm u. a.; dazu *v. Hoffmann*, ZfRV 1995, 45, 47. Dies ist primäres richterrechtliches Kollisionsrecht, dazu *Basedow*, in: Schnyder/Heiss/Rudisch (Hrsg.), Internationales Verbraucherschutzrecht (1995), 11, 13; *Kreuzer*, in: Müller-Graff (Hrsg.), Gemeinsames Privatrecht (1999), 457, 474 f., 493; *Roth*, RabelsZ 55 (1991), 623, 628; *Sonnenberger*, in: MüKo, Einl. IPR, Rdn. 129.

12 Zur Problem der Zwischenstaatlichkeitsklausel als weiterer Aussage des Art. 81 EG für die Frage nach der Abgrenzung des EG-Kartellrechts von den nationalen Kartellrechten und zu der geplanten Änderung auf diesem Gebiet: *Ellger*, in: Aufbruch nach Europa (2001), 265 ff. zu dem Vorschlag der Kommission zu einer VO des Rates zur Durchführung der in Art. 81 und 82 EG-Vertrag niedergelegten Wettbewerbsregeln, Dok. KOM (1999), 582 endg. vom 27. 9. 2000.

13 VO des Rates Nr. 4064/89 vom 21. 12. 1989; ABl.EG 1989, Nr. L 395/1 idF. der ÄnderungsVO des Rates Nr. 1310/97 vom 30. 6. 1997; ABl.EG 1997, Nr. L 180/1; dazu *Basedow*, in: Schnyder/Heiss/Rudisch (Hrsg.), Internationales Verbraucherschutzrecht (1995), 11, 13; *Kreuzer*, in: Müller-Graff (Hrsg.), Gemeinsames Privatrecht (1999), 457, 474 f.; *Roth*, RabelsZ 55 (1991), 623, 629.

14 VO Nr. 2137/85 des Rates vom 25. 7. 1985, ABl.EG 1985, Nr. L 199/1.

15 Ähnlich Art. 2 der VO über das Statut der SE: VO Nr. 2157/2001, ABl.EG Nr. L 294/1 v. 10. 11. 2001. In beiden Verordnungen (EWIV, SE) findet sich zudem gemeinschaftsrechtsergänzendes Kollisionsrecht. Vgl. *Kreuzer*, in: Müller-Graff (Hrsg.), Gemeinsames Privatrecht (1999), 457, 475 m. w. N. zu ähnlichen Regelungen in anderen vorgeschlagenen Rechtsakten zu europäischen Gesellschafts- oder Zweckverbandsformen; *Roth*, RabelsZ 55 (1991), 623, 629 f.; *Sonnenberger*, in: MüKo, Einl. IPR, Rdn. 130.

zeugnisse und Lebensmittel[16] zu nennen, der die Anwendungsvoraussetzungen der genannten Verordnung im Hinblick auf Agrarerzeugnisse und Lebensmittel aus Drittländern umreißt und damit ebenfalls Gemeinschaftssachrecht beruft. Entsprechendes gilt für Art. 1 der bereits benannten flugrechtlichen VO 295/91,[17] der den Anwendungsbereich der dort enthaltenen Überbuchungsregelung festschreibt und damit ebenfalls kollisionsrechtliche Relevanz besitzt.

Nicht hierher gehören m. E. die Vorgaben in Richtlinien, die den Anwendungsbereich für deren materielle Regelungen bestimmen bzw. denen dieser Anwendungsbereich implizit entnommen werden kann.[18] Weil und soweit die materiellen Richtlinienregelungen nicht unmittelbar anwendbar sind, sondern sowohl die materiellrechtlichen Vorgaben selbst als auch die expliziten bzw. impliziten Bestimmungen über den Anwendungsbereich der Richtlinienregelungen in nationales Recht – und ggf. in nationales Kollisionsrecht – umzusetzen sind, wird hier nicht Gemeinschaftsrecht, sondern nationales (Umsetzungs-)Recht berufen. Daher zählen solche Regelungen des Anwendungsbereichs privatrechtlicher Richtlinien nach hier vertretener Auffassung[19] zum integrierten bzw. vergemeinschafteten Kollisionsrecht und sind folglich in der Kategorie (3.) einzuordnen.

2. Gemeinschaftsrechtsergänzendes Kollisionsrecht

Eine weitere Kategorie bildet das gemeinschaftsrechtsergänzende Kollisionsrecht. Auch hier handelt es sich um Kollisionsnormen gemeinschaftsrechtlichen Ursprungs, die im Zuge der Schaffung von Gemeinschaftsprivatrecht entstehen. Sie bestimmen jedoch nicht den räumlichen Anwendungsbereich der geschaffenen Gemeinschafts-Sachregeln, sondern berufen nationales Recht, soweit das Einheitsprivatrecht den von ihm erfassten Gegenstand nicht flächendeckend regelt. Gemeinschaftsrechtsergänzendes Kollisionsrecht dient somit v. a. der Lückenschließung bei der Bildung von einheitlichem oder angeglichenem Privatrecht im Rahmen von internationalen Übereinkommen oder Sekundärrechtsakten der Gemeinschaft.

16 VO des Rates Nr. 2081/92; ABl.EG 1992, Nr. L 208/1; dazu etwa *Kreuzer*, in: Müller-Graff (Hrsg.), Gemeinsames Privatrecht (1999), 457, 475 f.

17 VO 295/91 über eine gemeinsame Regelung für ein System von Ausgleichsleistungen bei Nichtbeförderung im Luftverkehr; ABl.EG 1991, Nr. L 36/5.

18 Vgl. Art. 1 Abs. 2 der RL 2001/23/EG (ersetzt die RL 77/187/EWG) Betriebsübergangs-RL vom 12. 3. 2001, ABl.EG 2001, Nr. L 82/16, wonach die RL anwendbar ist, wenn sich das betreffende Unternehmen/Betrieb oder der Unternehmens- oder Betriebsteil innerhalb des räumlichen Geltungsbereichs des EG-Vertrages befindet, dazu *Fetsch*, Eingriffsnormen (2002), 305 ff.; Art. 5 der Insider-RL 89/592/EWG vom 13. 11. 1989, ABl.EG 1989, Nr. L 334/30 bestimmt, dass jeder Mitgliedstaat die dort geregelten Insiderverbote zumindest auf in seinem Gebiet begangene Handlungen anzuwenden hat, sofern die betreffenden Wertpapiere auf dem Markt eines Mitgliedstaates zum Handel zugelassen sind; dazu *Stumpf*, JbJZ 1990, 31, 37; z. G. *v. Hoffmann*, ZfRV 1995, 45, 47 f.; *Kreuzer*, in: Müller-Graff (Hrsg.), Gemeinsames Privatrecht (1999), 457, 474 ff., 493 f. mit Hinweisen auf weitere Beispiele; *Roth*, RabelsZ 55 (1991), 623, 633.

19 Zu deren Einordnung beim Gemeinschaftskollisionsrecht *v. Hoffmann*, ZfRV 1995, 45, 47 f.; *Kreuzer*, in: Müller-Graff (Hrsg.), Gemeinsames Privatrecht (1999), 457, 476 f.

Seine ergänzenden Verweisungen auf das nationale Recht können ebenso Sachnorm- wie Gesamtverweisungen sein. Beispiele finden sich insbes. dort, wo Europäische Rechtsinstitute geschaffen wurden, die nicht vollständig durch das Gemeinschaftsrecht ausgestaltet werden. Das ist etwa beim gewerblichen Rechtsschutz und den Europäischen Gesellschaftsformen der Fall. In den entsprechenden Verordnungen finden sich für verschiedene nicht selbständig geregelte Fragen Verweisungen auf das Recht der Mitgliedstaaten.[20]

Aus dem internationalen Verfahrensrecht lässt sich etwa die neue EuBVO[21] hier einordnen. Diese enthält einige ergänzende Verweisungsnormen. So verweist etwa Art. 10 Abs. 2 EuBVO für die Erledingung des Rechtshilfeersuchens hinsichtlich der Beweisaufnahme in einem anderen Mitgliedstaat und für das Bestehen von Hinweis- und Fragerechten grds. auf das Recht des Mitgliedstaates des ersuchten Gerichts, während Art. 14 Abs. 1 EuBVO für Aussageverweigerungsrechte das Meistbegünstigungsprinzip festschreibt.[22]

3. Vergemeinschaftetes Kollisionsrecht

a) Allgemeines

Schließlich ist das vergemeinschaftete Kollisionsrecht im Sinne von gemeinschaftsrechtlich oder aufgrund europaweiter Initiative harmonisiertem oder vereinheitlichtem nationalen Kollisionsrecht zu nennen.[23] Dabei handelt es sich um internationalprivatrechtliche Regeln zur Bestimmung des Anwendungsbereichs mitgliedstaatlichen Sachrechts, das jedoch in der einen oder anderen Weise auf die Gemeinschaft zurückgeht. Es umfasst IPR aus (v. a. EG-autonomen)[24] Staatsverträgen und Sekundärrechtsakten, welches nationales Sachrecht (sei es auch Umsetzungsrecht zu Richtlinien) beruft und sich nicht darauf beschränkt, durch Verwei-

20 Viele Verweisungen finden sich etwa in der EWIV-VO, in der VO zur Europäischen Aktiengesellschaft (SE) oder in der GemeinschaftsmarkenVO und im Gemeinschaftspatentübereinkommen – dazu *Ann*, ZEuP 2002, 5, 13; *Brödermann*, in: Gemeinschaftsrecht und IPR (1994), 168 ff. auch zu weiteren Statutsvorschlägen – sowie in der VO über den gemeinschaftlichen Sortenschutz, das Gemeinschaftsgeschmacksmuster etc.; z. G. *Basedow*, in: Schnyder/Heiss/Rudisch (Hrsg.), Internationales Verbraucherschutzrecht (1995), 11, 13 ff.; *Kreuzer*, in: Müller-Graff (Hrsg.), Gemeinsames Privatrecht (1999), 457, 473 ff., 477 ff.; *Kreuzer/Wagner*, Hdb. des EU-Wirtschaftsrechts, Bd. 2, R, Rdn. 35 ff. mit weiteren Einzelheiten; *Roth*, RabelsZ 55 (1991), 623, 632 f.; *Schwarz*, ZIP 2001, 1847 ff.; *Sonnenberger*, in: MüKo, Einl. IPR, Rdn. 131.

21 VO 1206/2001/EG des Rates vom 28. 5. 2001 über die Zusammenarbeit zwischen den Gerichten der Mit-gliedstaaten auf dem Gebiet der Beweisaufnahme in Zivil- und Handelssachen; ABl.EG 2001, Nr. L 174/1.

22 Vgl. dazu *Berger*, IPRax 2001, 522, 524 f.; *Schulze*, IPRax 2001, 527 ff.

23 Zu dieser Kategorie *Kreuzer*, in: Müller-Graff (Hrsg.), Gemeinsames Privatrecht (1999), 457, 473 ff., 479 ff.; *Kreuzer/Wagner*, Hdb. des EU-Wirtschaftsrechts, Bd. 2, R, Rdn. 28 ff.; vgl. auch *Basedow*, in: Schnyder/Heiss/Rudisch (Hrsg.), Internationales Verbraucherschutzrecht (1995), 11, 14 f.; *v. Hoffmann*, ZfRV 1995, 45, 48 f.

24 EG-heteronome IPR-Konventionen, die zugleich in allen Mitgliedstaaten gelten und somit einen echten Beitrag zum Binnenmarktkollisionsrecht leisten könnten, existieren so gut wie nicht – vgl. dazu *Kreuzer*, in: Müller-Graff (Hrsg.), Gemeinsames Privatrecht (1999), 457, 482 f.

sungen lediglich Lücken der eigenen Regelung zu schließen. Durch die Berufung von nationalem Recht (auch Umsetzungsrecht) unterscheidet sich diese Gruppe von Kollisionsregeln der oben genannten 1. Kategorie, bei der es um die Berufung von Gemeinschaftssachrecht ging. Das vergemeinschaftete Kollisionsrecht ist unter mehreren Aspekten von besonderem Interesse. Es erfasst – anders als die beiden vorgenannten Gruppen mit ihrem Bezug auf das eher vereinzelte unmittelbar anwendbare Gemeinschaftssachrecht – wesentlich mehr bzw. breitere Sachbereiche, so dass seine praktische Relevanz die der beiden anderen Gruppen übersteigt: Während an der oben dargestellten begrenzten Bedeutung des materiellen Einheitsprivatrechts in der Gemeinschaft auch das darauf bezogene Gemeinschaftskollisionsrecht und gemeinschaftsrechtsergänzende Kollisionsrecht teilhaben, sind im Rahmen dieser dritten Kategorie einige wichtige Integrationserfolge erzielt worden.

b) *Die einzelnen Formen gemeinschaftsinitiierten Kollisionsrechts*

aa) Vergemeinschaftung des Kollisionsrechts durch Richtlinien

Zum vergemeinschafteten Kollisionsrecht im oben bezeichneten Sinne gehören – neben dem staatsvertraglichen IPR und kollisionsrechtlichen Vorschriften in einigen Verordnungen – v. a. die kollisionsrechtlichen Regelungsgebote, die sich in verschiedenen Richtlinien finden. Da die Gemeinschaft gerade im Privatrecht vorwiegend durch den Erlass von Richtlinien aktiv wird, die ihrerseits in nationales Recht umgesetzt werden müssen, ergibt sich insoweit auch ein erweiterter Bedarf für vergemeinschaftetes Kollisionsrecht, das den Anwendungsbereich des so geschaffenen nationalen Privatrechts gemeinschaftsrechtlichen Ursprungs regelt. Durch Richtlinien vergemeinschaftetes Kollisionsrecht findet sich denn auch in verschiedenen Formen: Entsprechende Regelungen in Richtlinien sehen entweder die Schaffung bereichsspezifischer Kollisionsregeln (mehr oder minder klassischen Zuschnitts) vor oder verfolgen den Zweck, den räumlichen Anwendungsanspruch der jeweiligen Sachregelung allgemein oder insbes. in Fällen mit Drittstaatenberührung abzustecken. Die privatrechtlichen Richtlinien der EG können dabei sowohl ausdrückliche als auch lediglich implizite Vorgaben für die Kollisionsrechtsgestaltung enthalten.

Ersteres ist zum einen dort der Fall, wo die Kollisionsrechtsangleichung unmittelbar Gegenstand der Richtlinie ist. Ein besonders prominentes Beispiel für diese Art der Vergemeinschaftung kollisionsrechtlicher Regelungen durch Richtlinien findet sich im Bereich des Versicherungsvertragsrechts. Die schadensrechtlichen Versicherungs-Richtlinien (Ein konzeptionell entsprechendes System besteht auch im Lebensversicherungsrecht.[25]) etwa harmonisieren neben anderen Aspekten auch die diesbzgl.

---

25 Das kollisionsrechtliche System im Bereich der Lebensversicherung entspricht mit seiner Zweiteilung in allgemeine Kollisionsnormen und solche des Versicherungsvertragsstatuts sowie im Rahmen Letzterer hinsichtlich der Umsetzung eines weitgehenden kollisionsrechtlichen Versicherungsnehmerschutzes durch die Gestaltung der objektiven Anknüpfung (Artt. 4 Abs. 1, 2 lit. e der 2. RL-S laufen ebenfalls i. E. auf den gewöhnlichen Aufenthalt des Versicherungsnehmers hinaus) und die teilweise begrenzten bzw. vom IPR des erstberufenen Mitgliedstaates abhängigen Rechtswahlmöglichkeiten konzeptionell der Regelung im Bereich der Schadensversicherung – dazu

Verweisungsvorschriften der Mitgliedstaaten und schaffen insoweit vergemeinschaftetes Kollisionsrecht.[26] Dabei lassen sich zwei Gruppen von Kollisionsregeln unterscheiden: zum einen allgemeine Regelungen, die denen des seinerzeit noch nicht in Kraft getretenen EVÜ entsprechen; zum anderen eine eigenständige und vom EVÜ abweichende Regelung des Versicherungsvertragsstatuts, die hier von besonderem Interesse ist. Die Richtlinien erfassen Direktversicherungsverträge über in der Gemeinschaft belegene Risiken und führen insoweit regelmäßig über die Risikobelegenheit zur Maßgeblichkeit des Rechts am gewöhnlichen Aufenthalt des Versicherungsnehmers. Dem IPR dieses Mitgliedstaates (bzw. dem IPR in dem nach Art. 7 Abs. 1 lit. a, b, c wählbaren Recht)[27] bleibt es überlassen, ob die Parteien ein anderes Recht wählen können. Die Richtlinie selbst gestattet eine (beschränkte) Rechtswahl v. a. bei Auseinanderfallen der Orte der Risikobelegenheit und des gewöhnlichen Aufenthalts bzw. des Hauptverwaltungssitzes des Versicherungsnehmers, bei mehrfacher Risikobelegenheit,[28] bei Auslandsschäden sowie (unbeschränkt) im Falle von Großrisiken.[29] In Deutschland sind die Richtlinienvorgaben in Art. 7 ff. EGVVG umgesetzt Diese sehen zulässigerweise teils weitergehende Rechtswahlmöglichkeiten vor, als die Richtlinien selbst es tun.[30] Sie erstrecken sich auch auf die Lebensversicherungen, deren Harmonisierungskonzept dem der Schadensversicherung entspricht.[31]

Grundmann, Europäisches Schuldvertragsrecht (1999), 863 ff.; *Reichert-Facilides*, IPRax 1990, 1, 7; *Reithmann/Martiny* (Hrsg.), Internationales Vertragsrecht (1996), Rdn. 1088 ff. Die ursprünglich in den Lebensversicherungs-Richtlinien (RL 79/267/EWG, RL 90/619/EWG, RL 92/96/EWG) enthaltenen Regelungen haben nunmehr Eingang in eine konsolidierte Gesamtrichtlinie Leben – RL 2002/83/EG des Europäischen Parlaments und des Rates vom 5. 11. 2002 über Lebensversicherungen, ABl.EG 2002, Nr. L 345/1 – gefunden.

26 Vgl. dazu Artt. 7, 8 der 2. RL-S 88/357/EWG vom 22. 6. 1988, ABl.EG 1988, Nr. L 172/1; Art. 27, 28 der 3. RL 92/49/EWG vom 18. 6. 1992, ABl.EG 1992, Nr. L 228/1. Vgl. zur Regelung des Kollisionsrechts im Bereich der Lebensversicherung Art. 4 der 2. RL-L 90/619/EWG vom 8. 11. 1990, ABl.EG 1990, Nr. L 330/50; Art. 28 der 3. RL-L 92/96/EWG, ABl.EG 1992, Nr. L 360/1 – nunmehr konsolidiert in Art. 32 der Gesamtrichtlinie Leben: RL 2002/83/EG, ABl.EG 2002, Nr. L 345/1. Z. g. *Basedow*, RabelsZ 59 (1995), 1, 31 ff.; *ders.*, in: Schnyder/Heiss/Rudisch (Hrsg.), Internationales Verbraucherschutzrecht (1995), 11, 22 f.; *Basedow/Drasch*, NJW 1991, 785 ff.; *Reichert-Facilides*, a. a. O., 1 ff.; *Herdegen*, Internationales Wirtschaftsrecht (2002), 185 ff.; *Kreuzer*, in: Müller-Graff (Hrsg.), Gemeinsames Privatrecht (1999), 457, 489; *Martiny*, in: MüKo, Art. 37 EGBGB, Rdn. 50 ff.; *Reithmann/Martiny* (Hrsg.), a. a.O, Rdn. 1088 ff.; *Siehr*, Internationales Privatrecht, 189 ff.; *Smulders/Glazener*, CMLR 29 (1992), 775, 787 ff.

27 Dazu *Basedow/Drasch*, NJW 1991, 785, 792; *Grundmann*, Europäisches Schuldvertragsrecht (1999), 817, Fn. 36 m. w. N.; *Kreuzer*, in: Müller-Graff (Hrsg.), Gemeinsames Privatrecht (1999), 457, 489.

28 Zum Erfordernis eines erwerbswirtschaftlichen Bezugs der Versicherung *Martiny*, in: MüKo, Art. 37 EGBGB, Rdn. 89, 94 ff.; *Reithmann/Martiny*, Internationales Vertragsrecht (1996), Rdn. 1105; für Unbeachtlichkeit dieses Erfordernisses *Grundmann*, Europäisches Schuldvertragsrecht (1999), 816.

29 *Basedow*, RabelsZ 59 (1995), 1, 31 ff.; *Basedow/Drasch*, NJW 1991, 785, 791 f.; *Grundmann*, Europäisches Schuldvertragsrecht (1999), 813 ff., 863 ff.; *Herdegen*, Europäisches Wirtschaftsrecht (2002), 186 ff.; *Reichert-Facilides*, IPRax 1990, 1, 5 ff.; *Reithmann/Martiny*, Internationales Vertragsrecht (1996), Rdn. 101099 ff.; *Roth*, RabelsZ 55 (1991), 623, 633 f., 656 f.; *Siehr*, Internationales Privatrecht, 189 ff., 196 f.; *v. Wilmowsky*, ZEuP 1995, 735, 762 ff.

30 *Grundmann*, Europäisches Schuldvertragsrecht (1999), 833 f., 879 f.; *Martiny*, in: MüKo, Art. 37 EGBGB, Rdn. 88 ff.; *Reithmann/Martiny* (Hrsg.), a. a. O., Rdn. 1103 ff.

31 Dazu oben, Fn. 225.

Die Gestaltung des Versicherungskollisionsrechts wird vielfach kritisiert. Das betrifft zunächst die i. E. ganz unterschiedliche Anknüpfung der Fälle, in denen das versicherte Risiko in der Gemeinschaft belegen ist, und bei außerhalb der Gemeinschaft belegenen Risiken. Zum anderen wird die Handhabung der Rechtswahlfreiheit vor dem Hintergrund der Marktfreiheiten als problematisch empfunden: Denn einerseits wird hier die Rechtswahl viel weiter eingeschränkt als etwa in Art. 5 Abs. 2 EVÜ (so etwa auch bei Initiative des Versicherungsnehmers), andererseits bleibt es – soweit eine objektive Verweisung aufgrund der Risikobelegenheit zum Recht eines der Mitgliedstaaten führt – diesem überlassen, ob und inwieweit dieser seinerseits die Möglichkeit zur Rechtswahl eröffnet.[32]

Auch andere Richtlinien vergemeinschaften Teile des nationalen Kollisionsrechts der Mitgliedstaaten. Sie mögen sich auf spezifischere Fallgruppen beziehen und daher einen eher punktuellen Einfluss auf das IPR der Mitgliedstaaten entfalten. Sie nötigen jedoch gleichwohl zur Einführung (besonderer) kollisionsrechtlicher Vorschriften, da die angeordneten Verweisungen vom allgemein in den Mitgliedstaaten geltenden IPR abweichen. Beispiele hierfür sind etwa die Kulturgüter-RL und die Arbeitnehmerentsende-RL:

Die Kulturgüter-RL sieht die Einrichtung eines Verfahrens vor, nach dem der Ursprungsstaat eines Kulturgutes, das unrechtmäßig aus diesem verbracht worden ist, vom Eigentümer die Rückgabe verlangen kann. Darüber hinaus bestimmt Art. 12 der Richtlinie, dass sich nach der Rückgabe die Eigentumslage an dem Kulturgut nach dem Recht des um Rückgabe ersuchenden Mitgliedstaates richtet. D. h. insoweit war eine von der allgemeinen sachenrechtlichen Standard-Kollisionsregel abweichende Normierung in den Mitgliedstaaten erforderlich. Die übliche Maßgeblichkeit der lex rei sitae (und die Übernahme der unter dieser erworbenen sachenrechtlichen Prägung) kann so durch die gemeinschaftsweit anzuerkennende „lex originis" ausgehebelt werden.[33]

---

32 Zu diesen Kritikpunkten *Basedow*, RabelsZ 59 (1995), 1, 31 ff. – differenzierend; *ders.*, in: Schnyder/Heiss/Rudisch (Hrsg.), Internationales Verbraucherschutzrecht (1995), 11, 22 f.; *Basedow/Drasch*, NJW 1991, 785 ff., 794; *Pröls/Armbrüster*, DZWiR 1993, 449, 454 f.; *Roth*, VersR 1993, 129, 136 ff.; *v. Wilmowsky*, ZEuP 1995, 735, 762 ff. m. w. N.; z. G. auch *Martiny*, in: MüKo, Art. 37 EGBGB, Rdn. 51 a f. Gerade die Möglichkeit des erstberufenen Mitgliedstaates, die Rechtswahl auszuschalten, wird vor dem Hintergrund der Dienstleistungsfreiheit als unangemessen empfunden, weil die Einschränkung der Parteiautonomie aus Gründen des materiellen Versicherungsnehmerschutzes in dieser Absolutheit nicht erforderlich und auch aus der Perspektive des internationalprivatrechtlichen Interessenschutzes zu weitgehend ist. Vgl. dazu *Roth*, RabelsZ 55 (1991), 623, 656 f.; *ders.*,VersR 1993, 129, 136 ff. – wonach die Dienstleistungsfreiheit zumindest die Mitgliedstaaten verpflichtet, ihre Möglichkeiten zu einer liberaleren Umsetzung zu nutzen; *v. Wilmowsky*, ZEuP 1995, 735, 762 ff. m. w. N.

33 RL 93/7/EWG des Rates vom 15. 3. 1993 über die Rückgabe von unrechtmäßig aus dem Hoheitsgebiet eines Mitgliedstaates verbrachten Kulturgütern, ABl.EG 1993, Nr. L 74/74. Die Regelungen der RL auf dem Gebiet des Kulturgüterschutzes werden durch die VO 3911/92/EWG vom 9. 12. 1992, ABl.EG 1992, Nr. L 395/1 komplettiert, welche die Ausfuhr von Kulturgütern aus der Gemeinschaft regelt. Dazu *Basedow*, in: Schnyder/Heiss/Rudisch (Hrsg.), Internationales Verbraucherschutzrecht (1995), 11, 25 f.; *Jayme/Kohler*, IPRax 1993, 357, 359 f. und IPRax 1994, 405, 408; *Kreuzer*, in: Müller-Graff (Hrsg.), Gemeinsames Privatrecht (1999), 457, 491 f.

Die seinerzeit politisch wie rechtlich umstrittene Arbeitnehmerentsende-RL[34] regelt die kollisionsrechtliche Behandlung der zeitweiligen Entsendung von Arbeitnehmern in einen anderen Mitgliedstaat, indem sie bestimmte Arbeitsbedingungen (faktisch die wesentlichen Kostenfaktoren) dem Recht des Aufnahmemitgliedstaates unterwirft, und so v. a. dem Schutz der Märkte in den Hochlohnländern dient. Art. 3 der RL modifiziert insofern die Anknüpfung nach Art. 6 EVÜ, als er bestimmt, dass unabhängig vom Vertragsstatut bestimmte arbeitsrechtliche Vorschriften des Aufnahmemitgliedstaates (etwa für Höchstarbeitszeiten, Mindesturlaub und insbes. Mindestlohn, etc.) Anwendung finden, soweit sie dem Arbeitnehmer günstiger sind. Diese Regelungen müssen folglich als international zwingende Vorschriften durchgesetzt werden (vgl. die Umsetzung in Art. 7 AEntG[35]).[36]

Ein kollisionsrechtlicher Ansatz wird teilweise auch in Art. 4 I der Zahlungsverzugs-RL gesehen. Dieser enthält eine Regelung zum Eigentumsvorbehalt, die sicherstellen soll, dass Gläubiger einen gemäß dem anwendbaren Recht wirksam Eigentumsvorbehalt auf nichtdiskriminierender Grundlage in der ganzen Gemeinschaft geltend machen können.[37] Da insoweit jedoch lediglich auf die „... anwendbaren nationalen Vorschriften, wie sie durch das internationale Privatrecht bestimmt werden ...“ verwiesen wird, hat diese Regelung wohl keinen unmittelbar anknüpfungsrelevanten Effekt.[38]

Zum anderen gehört hierher die neuere Praxis, in die privatrechtsangleichenden Richtlinien flankierende kollisionsrechtliche Regelungsaufträge aufzunehmen, welche die Mitgliedstaaten verpflichten, die Anwendung des harmonisierten Rechts unter bestimmten Voraussetzungen auch in Sachverhalten mit Drittstaatenbezug durchzusetzen. Dahinter steht die Intention, den gemeinschaftsrechtlichen Standard gegen die Anwendung eines möglicherweise niedrigeren drittstaatlichen Standards abzusichern, wenn der Sachverhalt einen engen Bezug zur Gemeinschaft hat und zu diesem Zweck insbes. die Möglichkeit einer Rechtswahl einzuschränken. Entsprechende Regelungsvorgaben finden sich etwa in Art. 6 II der Klausel-RL; Art. 9 der Timesharing-RL (i. Ü. die einzige Richtlinie, die in der verabschiedeten Fassung ihren

---

34 RL 96/71/EG des Europäischen Parlaments und des Rates vom 16. 12. 1996 über die Entsendung von Arbeitnehmern im Rahmen der Erbringung von Dienstleistungen, ABl.EG 1997, Nr. L 18/1.

35 BGBl. 1996 I, 227; geändert BGBl. 1998 I, 3843, 3850.

36 Dazu *Basedow*, in: Schnyder/Heiss/Rudisch (Hrsg.), Internationales Verbraucherschutzrecht (1995), 11, 25; *Däubler*, RIW 2000, 255, 257 ff.; *Jayme/Kohler*, 1997, 385, 399 f.; *dies.*, IPRax 2000, 454, 464 f.; *Krebber*, IPRax 2001, 22 ff.; *Kreuzer*, in: Müller-Graff (Hrsg.), Gemeinsames Privatrecht (1999), 490; *Martiny*, in: MüKo, Art. 30, Rdn. 5, 87 ff.; vgl. auch *Fetsch*, Eingriffsnormen (2002), 301 ff.; *Franzen*, ZEuP 1997, 1055 ff.; *Grundmann*, Europäisches Schuldvertragsrecht (1999), 536 ff. m. w. N.– auch zu Zweifeln an der Primärrechtskonformität bzw. an der richtigen Umsetzung ins deutsche Recht.

37 Vgl. Art. 4 I iVm. Erwägungsgrund 21 der RL 2000/35/EG des Europäischen Parlaments und des Rates vom 29. Juni 2000 zur Bekämpfung von Zahlungsverzug im Geschäftsverkehr ABl.EG 2000 Nr. L 200/35. Dazu *Drobnig*, in: Martiny/Witzleb (Hrsg.), Europäisches Zivilgesetzbuch (1999), 169, 175; *Kreuzer/Wagner*, Hdb. des EU-Wirtschaftsrechts, Bd. 2, R, Rdn. 107; *Müller-Graff*, in: Müller-Graff (Hrsg.), Gemeinsames Privatrecht in der Europäischen Gemeinschaft (1999), 9, 36.

38 *Kreuzer/Wagner*, Hdb. des EU-Wirtschaftsrechts, Bd. II., Kap. R, Rdn. 58.

Standard bei entsprechendem Gemeinschaftsbezug auch gegen die objektive Anknüpfung an ein drittstaatliches Recht durchsetzt); Art. 12 II der Fernabsatz-RL; Art. 7 II der Verbrauchsgüterkauf-RL und Art. 12 II der RL über den Fernabsatz von Finanzdienstleistungen. Sie enthalten ausdrückliche Gebote an die Mitgliedstaaten, dafür zu sorgen, dass in Sachverhalten mit einem Gemeinschaftsbezug bestimmter Art bzw. Qualität der Schutz der jeweiligen Richtlinie nicht durch die Wahl eines drittstaatlichen Rechts (oder ggf. auch durch seine Berufung aufgrund objektiver Anknüpfung) verloren geht.[39]

Möglich ist jedoch auch, dass den Richtlinien solche kollisionsrechtlichen Vorgaben nur mittelbar zu entnehmen sind. Einen solchen Fall hat der EuGH in der Entscheidung in Sachen Ingmar angenommen, wo er den internationalen Geltungswillen bestimmter Vorschriften der Handelsvertreter-RL in einem Fall mit Drittstaatenbezug aus den Zielsetzungen dieser Richtlinien abgeleitet hat.[40] Ausdrückliche Drittrechtsabgrenzungsklauseln sind nur die offensichtlichste Form solcher Rechtsanwendungsgebote im Sekundärrechts. Fallgestaltungen wie die Ingmar-Konstellation, bei der der Anwendungsanspruch im Drittstaatenfall nur aus den Zielsetzungen der Richtlinie abzuleiten ist, dienen jedoch demselben Ziel und lassen sich wohl als Vorläufer der ausdrücklichen Klauseln begreifen.

Schließlich ist hier nochmals auf die bereits oben angesprochenen Richtlinienbestimmungen zurückzukommen, die – versteckt in Regelungen über den Anwendungsbereich – ebenfalls implizite kollisionsrechtliche Aussagen enthalten. Auch sie sind eng mit den zuletzt besprochenen kollisionsrechtlichen Vorgaben verwandt: es geht jeweils um den räumlichen Anwendungsanspruch der Richtlinienregelungen, die sich ausdrücklich oder implizit aus der sekundärrechtlichen Regelung erschließen, und die der nationale Gesetzgeber bei der Umsetzung aufgreifen muss. Auch die Anwendungsbereichs-Vorschriften können daher – sofern sie an räumlich relevante Merkmale anknüpfen – kollisionsrechtlich relevant sein, indem sie den Mitgliedstaaten aufgeben, entsprechende Rechtsanwendungsnormen vorzusehen. Daraus ergibt sich als verallgemeinerungsfähige Aussage, dass privatrechtlichen Richtlinien mit ihren zumeist zwingenden Standards im Rahmen der Umsetzung stets der ausdrücklich durch Anwendungsbereichs- oder Drittabgrenzungsvorschriften beanspruchte und/oder der aus den Zielen des Rechtsakts deduzierte räumliche Anwendungsbereich zu verschaffen ist.[41]

---

39 *Basedow*, in: Schnyder/Heiss/Rudisch (Hrsg.), Internationales Verbraucherschutzrecht (1995), 11, 27 f.; *Kohler*, ZEuS 2001, 575, 576; *Kreuzer*, in: Müller-Graff (Hrsg.), Gemeinsames Privatrecht (1999), 457, 489 f.; *Staudinger*, ZfRV 2000, 93, 94 f.; dazu im Einzelnen unten, § 11 I.

40 EuGHE 2000 I-9305, Ingmar, zur RL 86/653/EWG des Rates vom 18. 12. 1986; ABl.EG 1986 Nr. L 382/17. Dazu genauer unten, § 11 II.1.

41 Vgl. in dieser Richtung *Fetsch*, Eingriffsnormen (2002), 255 ff. mit Untersuchungen zahlreicher Richtlinien; *Krebber*, ZVglRWiss 97 (1998), 124, 132 ff. spricht insofern von der „vollen Richtlinienwirksamkeit im internationalen Privatrecht".

bb) Unmittelbar anwendbare Kollisionsnormen in Verordnungen

Jenseits des Richtlinienrechts wird der Bestand des vergemeinschafteten Kollisionsrechts im obigen Sinne durch einzelne unmittelbar anwendbare Regelungen in Verordnungen[42] ergänzt, die ebenfalls die Anwendbarkeit nationalen Rechts regeln und sich insoweit vom Gemeinschaftskollisionsrecht unterscheiden. Solche Kollisionsnormen finden sich etwa in den Kabotagetransport-Verordnungen. Diese schließen für bestimmte Kabotagetransporte (die von einem ausländischen Beförderer zwischen zwei Punkten im Inland ausgeführt werden) die Rechtswahl aus und bestimmen die Anwendbarkeit der zwingenden Tarife und Beförderungsbedingungen des Aufnahmestaates.[43] Ein weiteres Beispiel bildet die als Anerkennungsnorm formulierte Vorschrift des Art. 93 der VO 1408/71 zur Anwendung der Systeme der sozialen Sicherheit auf Arbeitnehmer und Selbständige sowie deren Familien, die innerhalb der Gemeinschaft zu- oder abwandern.[44] Danach sind schadensersatzrechtliche Legalzessionen und direkte Regressrechte des Leistungsstatuts des Sozialversicherungsträgers in den anderen Mitgliedstaaten anzuerkennen – eine Regelung, die auf die Maßgeblichkeit des für den leistenden Sozialversicherungsträgers geltenden nationalen Rechts hinausläuft.

Aktuell tritt eine wichtige neue Entwicklungslinie hinzu: Seit der Vergemeinschaftung der justiziellen Zusammenarbeit in Zivilsachen durch die Vertragsreform von Amsterdam ist aufgrund neuer Kompetenztitel für den Bereich des IPR und IZPR eine Reihe von Verordnungen ergangen, die bestehende (bzw. bisher nicht in Kraft getretene) Staatsverträge reformieren und in Sekundärrechtsakte überführen.[45]

Beispielhaft sei hier etwa die Insolvenz-VO[46] genannt. Diese ersetzt das auf Art. 220 EGV a. F. (heute Art. 293 EG) gestützte Übereinkommen über Insolvenzverfahren, das mangels Ratifikation durch die britische Regierung nicht in Kraft getreten war. Die Verordnung schafft kein europaweit einheitliches Insolvenzverfahren. Vielmehr

---

42 Dazu *Brödermann*, in: Gemeinschaftsrecht und IPR (1994), 165 ff.; *Iversen*, ebd., 265 ff.; *Kreuzer*, in: Müller-Graff (Hrsg.), Gemeinsames Privatrecht (1999), 457, 493 f.; *Roth*, RabelsZ 55 (1991), 623, 632.

43 Vgl. Art. 6 Abs. 1 lit. a der VO 3118/93 des Rates vom 25. 10. 1993, ABl.EG 1993, Nr. L 279/1, geändert durch VO 3315/94/EG vom 22. 12. 1994, ABl.EG 1994, Nr. L 350/9; Art. 3 Abs. 1 lit. a der VO 3921/91 des Rates vom 16. 12. 1991, ABl.EG 1991, Nr. L 373/1; Art. 4 Abs. 1 lit. a der VO 12/98, ABl.EG 1998, Nr. L 4/10 (ersetzt VO 2454/92 des Rates vom 23. 7. 1992, ABl.EG 1992, Nr. L 251/1); vgl. *Basedow*, in Schnyder/Heiss/Rudisch (Hrsg.), Internationales Verbraucherschutzrecht (1995), 11, 23 f.; *ders.*, RabelsZ 59 (1995), 1, 30 f.; *Frohnmeyer*, in: Grabitz/Hilf, Art. 70, Rdn. 87 f.; *Jung*, in: Calliess/Ruffert, Art. 71, Rdn. 11 ff.

44 VO 1408/71 des Rates vom 14. 6. 1971, ABl.EG 1971, Nr. L 149/2, berichtigt ABl.EG 1973, Nr. L 128/22 und ABl.EG 1980, Nr. L 82/1; dazu *Brödermann*, in: Gemeinschaftsrecht und IPR (1994), 197 ff.; *Kreuzer*, in: Müller-Graff (Hrsg.), Gemeinsames Privatrecht (1999), 457, 490; *Roth*, RabelsZ 55 (1991), 623, 632.

45 Vgl. dazu *Basedow*, in: Mansel/Baur (Hrsg.), Systemwechsel (2002), 19, 32 f.; Duintjer Tebbens, ebd., 171 ff.; *Heß*, JZ 2001, 573, 575 ff.; *Jayme*, in: Mansel (Hrsg.), Vergemeinschaftung (2001), 31, 34 f.; *Jayme/Kohler*, IPRax 1999, 401 ff.; *dies.*, IPRax 2000, 454, 457 ff.; IPRax 2001, 501, 503 ff.; IPRax 2002, 461 ff. und IPRax 2003, 485 ff.; *Kohler*, IPRax 2003, 401 f.; *Kropholler*, in: Aufbruch nach Europa (2001), 583, 585 f.

46 VO Nr. 1346/2000 vom 29. 5. 2000, ABl.EG 2000 Nr. L 160/1, in Kraft seit dem 31. 5. 2002.

beschränkt sie sich auf die internationalen Bezüge des Insolvenzrechts, namentlich auf die internationale Zuständigkeit, das anwendbare Recht und die Anerkennung von Entscheidungen. Die Artt. 4–14 der VO regeln das Insolvenzkollisionsrecht, wobei Art. 4 Abs. 1 die grundlegende Verweisung enthält, die das Insolvenzverfahren und seine Wirkungen dem Recht des Mitgliedstaates unterstellt, in dem das Verfahren eröffnet wird. Diese Regelung wird in den Art. 5–14 durch eine Reihe von Ausnahmevorschriften flankiert.[47]

V. a. aber hat die Einführung der neuen Kompetenzvorschriften eine Anzahl von Verordnungen auf dem Gebiet des internationalen Zivilprozessrechts hervorgebracht, von denen – neben der bereits angesprochenen Insolvenz-VO – wohl die Brüssel I-VO, die das EuGVÜ in einen Sekundärrechtsakt überführt,[48] das prominenteste Beispiel darstellt.

Diese Entwicklung wird sich durch die Ausweitung auf weitere Gegenstände fortsetzen und sich verstärkt auch auf das IPR ausdehnen. Angesichts der geplanten Vorhaben wird die Bedeutung von Verordnungskollisionsrecht bzw. des IZPR in Gestalt von Verordnungsrecht in Zukunft erheblich zunehmen und nach und nach das Konventionsrecht ablösen.[49]

cc) Konventionsrecht

Schließlich ist der Bestand des im obigen Sinne vergemeinschafteten IPR um den wichtigen Bereich des Konventionsrechts zu ergänzen. Bislang liegt ein wesentlicher Schwerpunkt des vergemeinschafteten Kollisionsrechts (bzw. bis vor kurzem auch des IZPR), der auch die oben bezeichnete besondere Bedeutung dieser Kategorie ausmacht, auf dem sogenannten begleitenden Gemeinschaftsrecht in Gestalt von Staatsverträgen zwischen den Mitgliedstaaten, wo in wichtigen Bereichen eine gemeinschaftsinitiierte Vereinheitlichung der Rechtsanwendungsregeln für die nationalen Rechtsordnungen und des internationalen Verfahrensrechts gelungen ist. Teilweise finden diese Konventionen ihre Grundlage in Art. 293 EG (Art. 220 EGV a. F.), zum Teil handelt es sich jedoch auch um freie Staatsverträge ohne formale Grundlage im EG-Vertrag, jedoch mit einer Nähebeziehung zu den Zielen der Gemeinschaft.[50] Insofern weisen diese Staatsverträge stets einen engen Bezug zur

---

47 Dazu *Becker*, ZEuP 2002, 287 ff.; *Eidenmüller*, IPRax 2001, 2 ff.; *Huber*, ZZP 114 (2001), 133 ff.; ausführlich auch *Wimmer*, Frankfurter Kommentar zur InsO (2002); Anh. I, Art. 102 InsO, Rdn. 60 ff.
48 VO 44/2000/EG, ABl.EG 2001 Nr. L 12/1; in Kraft seit 1. 3. 2002.
49 Vgl. dazu nur *Basedow*, FS Lorenz (2001), 463, 467 ff.; *ders.*, in: Mansel/Baur (Hrsg.), Systemwechsel (2002), 19 ff.; *Jayme/Kohler*, IPRax 1997, 385 ff.; *dies.*, IPRax 1999, 401 f.; *dies.*, IPRax 2000, 454 f., 457 f.; IPRax 2001, 501, 503 ff.; IPRax 2002, 461 ff. und IPRax 2003, 485 ff.; *Kohler*, IPRax 2003, 401 ff.; Wagner, IPRax 2002, 75, 84 ff. Zur allg. Schwerpunktverlagerung hin zum internationalen Verfahrensrecht in dieser Entwicklung *Kohler*, ZEuS 2001, 575 ff., 586 ff.; *ders.*, in: Mansel/Baur (Hrsg.), Systemwechsel (2002), 147 ff. und a. a. O. 401 ff., 406 ff.; Überblick über ergangene und geplante Rechtsakte etwa bei *Geimer*, IPRax 2002, 69, 70 f.; *Heß*, JZ 2001, 573 ff.; z. G. § 14.
50 *Kohler*, ZEuS 2001, 575, 576; *Kreuzer*, in: Müller-Graff (Hrsg.), Gemeinsames Privatrecht (1999), 457, 494; *Kreuzer/Wagner*, Hdb. des EU-Wirtschaftsrechts, Bd. 2, R, Rdn. 9 ff.; *Streinz*, Europarecht, Rdn. 423; vgl. auch *Oppermann*, Europarecht, Rdn. 611 ff.

Gemeinschaft auf. Sie bilden – da sie für alle Mitgliedstaaten gelten – Europäisches Kollisionsrecht und damit einen weiteren Ausgangspunkt Binnenmarktkollisionsrechts.[51]

So ist mit dem Übereinkommen über das auf vertragliche Schuldverhältnisse anzuwendende Recht (EVÜ)[52] eine staatsvertragliche Vereinheitlichung des IPR der Schuldverträge gelungen.[53] Das EVÜ stellt kein Gemeinschaftsrecht im engeren Sinne dar, da es – anders als etwa das EuGVÜ auf dem Gebiet der Internationalen Zuständigkeit und der Anerkennung und Vollstreckung ausländischer Entscheidungen (dazu sogleich) – nicht auf der Grundlage des Art. 293 EG (Art. 220 EGV a. F.) ergangen ist. Es handelt sich vielmehr um einen klassischen Staatsvertrag, der heute allerdings für alle Mitgliedstaaten gilt[54] und auch nur von Mitgliedstaaten ratifiziert werden kann (Vgl. Art. 27 EVÜ iVm. der Präambel). Damit handelt es sich zwar nicht rechtstechnisch, wohl aber faktisch um Gemeinschaftsrecht.[55]

Exkursweise ist zu dieser Praxis der Staatsverträge noch etwas weiter auszuholen:

Gerade angesichts des Bedarfs nach einer Kollisionsrechtsordnung, die gemeinschaftsweit einheitliche Rechtsanwendungsergebnisse zeitigt, ergeben sich nämlich einige Probleme: Denn abgesehen davon, dass das Übereinkommen sachlich auf das Schuldvertragsrecht beschränkt ist, und dass sich gerade in den letzten Jahren mehr und mehr zeigt, dass seine Kollisionsregeln der besonderen Situation im Binnenmarkt nicht immer angemessen sind (insbes. einige spezifische Problemkonstellationen im Zusammenhang mit Richtlinienrecht nicht adäquat erfassen), ist die mit ihm erreichte Kollisionsrechtseinheit keine vollständige. Eine wirklich einheitliche

---

51 *Brödermann*, in: Gemeinschaftsrecht und IPR (1994), 267 f.; *Kreuzer*, in: Müller-Graff (Hrsg.), Gemeinsames Privatrecht (1999), 457, 483 ff.

52 Übereinkommen vom 19. 6. 1980, BGBl. 1991 II 871; vgl. zur integrierten Fassung auf der Basis des 3. Beitrittsübereinkommens vom 29. 11. 1996: ABl.EG 1998, Nr. C 27/34.

53 Ursprünglich war die Vereinheitlichung des Kollisionsrechts der vertraglichen Schuldverhältnisse nur ein Teil eines größeren Vorhabens, das gesamte wirtschaftsrechtlich relevante Kollisionsrecht zu vereinheitlichen. Dieses sollte u. a. auch das Sachenrecht und das Recht der außervertraglichen Schuldverhältnisse mit umfassen. Das Vorhaben schrumpfte jedoch während der Vorbereitungsphase auf den Bereich der vertraglichen Schuldverhältnisse zusammen – vgl. dazu *Grundmann*, Europäisches Schuldvertragsrecht (1999), 157 f.; *Giuliano/Lagarde*, Bericht zum EVÜ, BT-Drs. 10/503, 33, 39 = ABl.EG 1980 Nr. C 282/1, 5 ff.; *v. Hoffmann*, ZfRV 1995, 45, 48 f.; *Juenger*, RabelsZ 46 (1982), 57, 59 ff.; *Kreuzer*, in: Müller-Graff (Hrsg.), Gemeinsames Privatrecht (1999), 457, 486 ff.; *Schaub*, RabelsZ 66 (2002), 18, 20; *Sonnenberger*, ZVglRWiss 100 (2001), 107, 112 f. – dort auch zu den Schwächen, die den Vereinheitlichungserfolg schmälern; *Williams*, ICLQ 35 (1986), 1 ff.

54 Vgl. zuletzt das 3. Beitrittsübereinkommen vom 29. 11. 1996, betreffend den Beitritt Österreichs, Finnlands und Schwedens, ABl.EG 1997, Nr. C 15/1; BGBl. 1998 II, 1422; vgl. auch *Jayme/Hausmann*, Internationales Privat- und Verfahrensrecht (2002), Nr. 70 mit Einzelheiten zum Inkrafttreten des EVÜ für Deutschland und zur jeweils geltenden Fassung im Verhältnis zu den einzelnen Mitgliedstaaten.

55 Zur Rechtsnatur des EVÜ etwa *Grundmann*, Europäisches Schuldvertragsrecht (1999), 159; *v. Hoffmann*, ZfRV 1995, 45, 48 f.; *Jayme/Kohler*, IPRax 1994, 405 f.; *Junker*, IPRax 1998, 65, 70; *Krebber*, ZVglRWiss 97 (1998), 124, 136; *Kreuzer*, in: Müller-Graff (Hrsg.), Gemeinsames Privatrecht (1999), 457, 486 f.; *Magnus*, in: Staudinger, vor Art. 27–37 EGBGB, Rdn. 7; *Pirrung*, in: v. Bar (Hrsg.), Gemeinschaftsrecht und IPR (1991), 21, 34 ff., 40; *Martiny*, in: Reithmann/Martiny (Hrsg.), Internationales Vertragsrecht (1996), Rdn. 16; *Rudisch*, RabelsZ 63 (1999), 70, 80; *Struycken*, RdC 232 (1992 I), 259, 364.

Geltung des EVÜ, die allein sicherstellen würde, dass derselbe Sacherhalt in allen Mitgliedstaaten auch tatsächlich stets demselben materiellen Recht unterstellt wird, scheitert an einer Reihe von Nachteilen, die bereits dem Instrument des völkerrechtlichen Vertrages an sich anhaften und die hier exemplarisch auch für anderes staatsvertraglich vergemeinschaftetes Kollisions-(und Sach-)recht benannt werden können.

Solche Nachteile bzw. Einheitlichkeitsdefizite ergeben sich zum einen schon daraus, dass das Inkrafttreten solcher Verträge von der Ratifikation durch alle oder durch eine bestimmte Zahl von Mitgliedstaaten abhängig ist. In Fällen der erstgenannten Art sind bereits verschiedentlich Übereinkommen am Fehlen einzelner Ratifikationen gescheitert.[56] Auch in letzterem Fall tritt die Vereinheitlichung zumindest nicht gleichzeitig ein. Dasselbe Problem ergibt sich bei Änderungen bestehender Übereinkommen, die ihrerseits ebenfalls der Ratifikation bedürfen, und infolge der auch beim EVÜ praktizierten staatsvertragsspezifischen Übung, Konventionen mittels Beitrittsübereinkommen auf neue Mitgliedstaaten zu erstrecken. Dies hat dazu geführt, dass das Übereinkommen nicht zwischen allen Vertragsstaaten in derselben Fassung gilt. Der Weg zur Kollisionsrechtseinheit über völkerrechtliche Verträge birgt also die Gefahr, dass die angestrebte Vereinheitlichung vereitelt, verzögert oder im Rahmen von Reformen oder Erweiterungen des Kreises der Mitgliedstaaten aufgebrochen wird.[57] Hinzu kommen – gerade auch beim EVÜ – Defizite aufgrund von Vorbehaltsmöglichkeiten für die Vertragsstaaten – Bsp. Art. 7 I EVÜ) und wegen der unterschiedlichen Möglichkeiten, Staatsverträge in das nationale Recht zu inkorporieren. Sie können zum einen durch einen direkten Anwendungsbefehl innerstaatlich unmittelbar in Kraft gesetzt werden. Es ist jedoch auch möglich, ihren Inhalt durch einen speziellen Transformationsakt in Vorschriften des nationalen Rechts zu überführen.[58] Auch das EVÜ überlässt die Art und Weise seiner Überführung in das Recht der Vertragsstaaten den nationalen Gesetzgebern. In Deutschland wurde die unmittelbare innerstaatliche Anwendbarkeit des Übereinkommens durch Art. 1 Abs. 1 des Zustimmungsgesetzes ausgeschossen. Stattdessen ist es inhaltlich in das EGBGB (v. a. Art. 27 ff. EGBGB sowie in einige Vorschriften im Allgemeinen Teil des EGBGB) übernommen worden.[59] Insbes. letztere Option kann jedoch zu inhaltlichen

56 Etwa das Übereinkommen über die gegenseitige Anerkennung von Gesellschaften und juristischen Personen vom 29. 2. 1968, BGBl. 1972 II, 369, 370 oder das Übereinkommen über Insolvenzverfahren vom 23. 11. 1995, Text bei *Jayme/Hausmann*, Internationales Privat- und Verfahrensrecht[9], Nr. 136.

57 Vgl. z. B. des EVÜ etwa *Jayme/Hausmann*, Internationales Privat- und Verfahrensrecht (2002), Nr. 70 mit einem Überblick über die jeweils geltenden Fassungen im Verhältnis zu den einzelnen Mitgliedstaaten; z. G. auch *Kreuzer*, in: Müller-Graff (Hrsg.), Gemeinsames Privatrecht (1999), 457, 534 ff. – dort auch allgemein zu den Schwierigkeiten, welche die Konventionslösung „aufwendig, umständlich, langwierig und hinsichtlich des Vereinheitlichungserfolgs unsicher" machen; zu diesen Problemen auch *Basedow*, CMLR 37 (2000), 687, 688 ff.; *Taschner*, in: Müller-Graff (Hrsg.), Gemeinsames Privatrecht (1999), 225, 233 f.

58 *Nolte*, IPRax 1985, 71 ff.; *Pirrung*, in: v. Bar (Hrsg.), Gemeinschaftsrecht und IPR (1991), 21, 40; *Rudisch*, RabelsZ 63 (1999), 70, 82.

59 BGBl. 1986 I-1142 ff.; vgl. dazu den *Giuliano/Lagarde*-Bericht, BT-Drs. 10/503, 33, 73; zu Bei-

Abweichungen führen, so dass die sachliche Einheitlichkeit ein Stück weit preisgeben wird. Ein weiterer Nachteil internationaler Übereinkommen ist, dass Vertragsrevisionen im zwischenstaatlichen Bereich oft nur schwerfällig vorankommen, solches Recht also zur „Versteinerung" neigt.[60]

Hinzu kommt ein weiteres Problem, welches das EVÜ bis vor kurzem mit vielen anderen Staatsverträgen teilte: Es existiert häufig keine Instanz mit der Befugnis zur verbindlichen Auslegung seiner Regeln, die Ungenauigkeiten und Fehler bei der Transformation beheben und eine einheitliche Anwendung des Rechts sicherstellen könnte. So existierten zum EVÜ zwar seit langem zwei Auslegungsprotokolle, die eine Auslegungszuständigkeit des EuGH begründen. Sie sind jedoch erst zum 1. 8. 2004 in Kraft getreten;[61] und allein die Regelung des Art. 18 EVÜ, der immerhin die Pflicht normiert, den internationalen Charakter des Übereinkommens zu berücksichtigen und eine einheitliche Auslegung und Anwendung seiner Bestimmungen anzustreben, konnte eine wirkliche Homogenisierung der Rechtsanwendung nicht leisten.[62] Schließlich wird das Übereinkommen zunehmend durch Sekundärrechtsakte der Gemeinschaft erodiert, deren kollisionsrechtliche Regelungen gem. Art. 20 EVÜ den Vorschriften des EVÜ vorgehen und zur Rechtszersplitterung beitragen.[63] Insgesamt ist das EVÜ damit zwar ein wichtiger, jedoch noch nicht ausreichender Schritt auf dem Wege zu einer binnenmarktgerechten Kollisionsrechtsordnung in der Gemeinschaft.

Über das EVÜ hinaus sind zwar auch einige andere kollisionsrechtliche Staatsverträge zwischen den EG-Mitgliedstaaten geschlossen worden, sie sind jedoch bis heute nicht in Kraft getreten.[64] So gilt etwa das Brüsseler Übereinkommen über die grenzüber-

---

spielen der Transformation des EVÜ in die nationalen Rechte etwa *Horn/Posch*, ZfRV 1998, 45, 46 f.; *Martiny*, in: Reithmann/Martiny (Hrsg.), Internationales Vertragsrecht (1996), Rdn. 4 ff., 13 ff.; *Rudisch*, RabelsZ 63 (1999), 70, 82; *Pirrung*, in: v. Bar (Hrsg.), Gemeinschaftsrecht und IPR (1991), 21, 39 ff.

60 Vgl. nur die Reformbemühungen zum EVÜ – dazu *Rudisch*, RabelsZ 63 (1999), 70, 99; *Staudinger*, ZfRV 2000, 93, 103; dies räumt auch *Pfeiffer*, in: Hohloch (Hrsg.), EU-Richtlinien und ihre Umsetzung (2001), 9, 28 f. im Rahmen einer Gegenüberstellung der Vor- und Nachteile von Konvention und Richtlinie ein.

61 Dazu *Jayme/Kohler*, IPRax 2004, 481, 491; *Kreuzer*, in: Müller-Graff (Hrsg.), Gemeinsames Privatrecht (1999), 457, 488; *Kropholler*, in: Aufbruch nach Europa (2001), 583, 584; *Sonnenberger*, ZVglRWiss 100 (2001), 107, 112 f. – allg. zu den Schwächen, die den Vereinheitlichungserfolg des EVÜ schmälern; allg. auch *Taschner*, in: Müller-Graff (Hrsg.), Gemeinsames Privatrecht (1999), 225, 233 f.

62 So auch *Kropholler*, in: Aufbruch nach Europa (2001), 583, 585; *Leible*, in: Schulte-Nölke/Schulze (Hrsg.), Rechtsangleichung (1999), 353, 377 f.; *ders.*, in: Martiny/Witzleb (Hrsg.), Europäisches Zivilgesetzbuch (1999) 53, 60 f.

63 Vgl. zu diesem Problem *Basedow*, in: Mansel/Baur (Hrsg.), Systemwechsel (2002), 19, 20 ff.; *Bitterich*, ZfRV 2002, 123 ff.; *Jayme*, in: Hommelhoff/Jayme/Mangold (Hrsg.), Europäischer Binnenmarkt (1995), 35 ff., 47 ff.; aus der Aufsatzreihe von *Jayme/Kohler*, IPRax 1993, 357 ff.; 1994, 405, 407 f.; 1995, 343 ff.; 1996, 377 f.; 1998, 417, 426 ff.; 1999, 401 ff., 411 ff.; *Leible*, in: Schulte-Nölke/Schulze (Hrsg.), Rechtsangleichung (1999), 353, 379; *Martiny*, ZEuP 1997, 107, 108 f., 111 f., 128 f.; *ders.*, ZEuP 2001, 308, 309, 311 ff.; *ders.*, in: Martiny/Witzleb (Hrsg.), Europäisches Zivilgesetzbuch (1999), 1, 10 f.; *Staudinger*, ZfRV 2000, 93 ff.; ausführlich unten § 11.

64 *Kreuzer*, in: Müller-Graff (Hrsg.), Gemeinsames Privatrecht (1999), 457, 483 ff. – zum ebenfalls schreitende Anerkennung von Gesellschaften als gescheitert.[65] Auch das Insolvenz-Übereinkommen, das u. a. auch eine kollisionsrechtliche Regelung enthielt, die das Insolvenzverfahren und seine Wirkungen dem Recht des Vertragsstaates unterstellte, in dem das Verfahren eröffnet wird, ist in staatsvertraglicher Form niemals in Kraft getreten. Es ist allerdings unter Rückgriff auf die neuen Kompetenzen des Amsterdamer Vertrages in eine VO überführt worden, die zum 31. 5. 2002 in Kraft getreten ist.[66]

Eine wichtige Ergänzung zu dem vergemeinschafteten Kollisionsrecht stellt die (Teil-)Vereinheitlichung der Regeln zum internationalen Zivilprozessrechts durch das EuGVÜ dar. Dieses Übereinkommen vereinheitlichte auf der Grundlage des Art. 220 EGV a. F. (heute Art. 293 EG) die Regeln über die internationale Zuständigkeit der Gerichte und die Anerkennung und Vollstreckung ausländischer Entscheidungen in zentralen Bereichen der Zivil- und Handelssachen.[67] Es gilt heut in Gestalt einer VO.[68] Das IZPR als Nachbargebiet des IPR ist in diesem Zusammenhang jedoch schon deshalb zu erwähnen, weil es durch die Herstellung der Urteilsfreizügigkeit eine wichtige Funktion im Integrationsprozess erfüllt und die Integration des internationalen Privatrechts ergänzt.

II. Ausblick auf die Perspektiven für die Bildung bzw. Indienstnahme kollisionsrechtlicher Regeln als Bestandteile des Binnenmarktkollisionsrechts in der Europäischen Gemeinschaft

Der hier dargestellte gesicherte Sockelbestand an „Binnenmarktkollisionsrecht“ ist nur ein Torso; Stückwerk bisher, das sich jeweils aus konkreten Gemeinschaftsrechtsakten ergibt. Zwar ist bereits ein System und eine bestimmte Struktur erkennbar, es ist jedoch ersichtlich, dass das Binnenmarktkollisionsrecht noch im Werden begriffen ist. Vervollständigung kann es zum einen durch neue Rechtsakte finden, die nicht nur das Netz der bestehenden konkreten kollisionsrechtlichen Vorgaben enger knüpfen, sondern die v. a. auch das begonnene System weiter ausbauen und ergänzen. Zum anderen kann es jedoch möglicherweise auch jenseits des Sekundär-

dürftigen Bestand an EG-heteronomen IPR-Konventionen mit Geltung für alle Mitgliedstaaten ebd. 479 ff., 482.

65 Übereinkommen vom 29. 2. 1968; BGBl. 1972 II, 369, 370 – dazu *Großfeld*, in: Staudinger, Internationales Gesellschaftsrecht, Rdn. 137 ff.; *Kreuzer*, in: Müller-Graff (Hrsg.), Gemeinsames Privatrecht (1999), 457, 492; *Mülbert/Schmolke*, ZVglRWiss 100 (2001), 233 f. – auch die 14. gesellschaftsrechtliche RL zur grenzüberschreitenden Sitzverlagerung liegt bis heute lediglich in Gestalt eines Vorentwurfs vor – Entwurf abgedr. in ZGR 28 (1999), 157 ff.; dazu *Hoffmann*, ZHR 164 (2000), 43 ff.; *Mülbert/Schmolke*, a. a. O.

66 Zum Insolvenzübereinkommen *Becker*, ZEuP 2002, 287, 289 f. m. w. N.; *Jayme/Kohler*, IPRax 1996, 377, 388 f.; *Kreuzer*, in: Müller-Graff (Hrsg.), Gemeinsames Privatrecht (1999), 457, 485; zur neuen Insolvenz-VO *Becker*, a. a. O. 287 ff.; *Eidenmüller*, IPRax 2001, 2 ff.; *Huber*, ZZP 114 (2001), 133 ff.

67 *Kreuzer*, in: Müller-Graff (Hrsg.), Gemeinsames Privatrecht (1999), 457, 483 ff.; *Kropholler*, in: Aufbruch nach Europa (2001), 583 f.

68 VO 44/2000/EG, ABl.EG 2001 Nr. L 12/1; in Kraft seit 1. 3. 2002.

rechts aus dem Primärrecht der Gemeinschaft gespeist werden. Die Wertungen und Prinzipien, die sich aus dem Primärrecht ergeben, vermögen eine bindende Basis zwischen dem unharmonisierten Bereich und harmonisiertem Bereich zu schaffen, weil das Primärrecht in beiden Bereichen wirksam ist. Seine möglichen kollisionsrechtlichen Implikationen könnten das Binnenmarktkollisionsrecht zum voll- und eigenständigen System emanzipieren.

1. Der Amsterdamer Vertrag – Aussicht auf weitere konkret geregelte Komponenten

Einen wichtigen Ansatzpunkt für die künftige Entstehung und Vereinheitlichung von Binnenmarktkollisionsrecht bildet die Vertragsreform von Amsterdam. Dabei soll es hier mit einem Hinweis auf das Potential für den möglichen Zuwachs an spezifischem Binnenmarktkollisionsrecht bewenden.[69] Im Zuge der Vertragsreform ist mit der Einführung einer Kompetenz im Bereich des IZPR und IPR eine interessante neue Perspektive für die Fortentwicklung des internationalen Privat- und Verfahrensrechts eröffnet worden.

Dieser Kompetenzzuwachs hat eine neue Phase der Entwicklung von IPR und IZPR eingeleitet und gerade im IZPR seine ersten Früchte getragen; eine Tendenz, die auch für das vergemeinschaftete IPR in der Zukunft von ausschlaggebender Bedeutung sein wird.

So ist das EuGVÜ in überarbeiteter Form als Verordnung verabschiedet worden,[70] ebenso Verordnungen zum Eheverfahrensrecht,[71] über die Zustellung gerichtlicher und außergerichtlicher Schriftstücke in Zivil- und Handelssachen[72] sowie eine Verordnung über die Zusammenarbeit der Gerichte der Mitgliedstaaten auf dem Gebiet der Beweisaufnahme in Zivil- und Handelssachen[73] und eine Insolvenz-

---

69 Zu den Einzelheiten siehe die ausführlichere Darstellung unten, § 14.

70 VO 44/2001 vom 22. 12. 2000; ABl.EG 2001 Nr. L 12/1, ber. Nr. L 307/28 vom 24. 11. 2001; in Kraft 1. 3. 2002; dazu *Duintjer Tebbens*, in: Mansel/Baur (Hrsg.), Systemwechsel (2002), 171 ff.; *Geimer*, IPRax 2002, 69 ff.; *Junker*, RIW 2002, 569 ff.; *Kohler*, in: Mansel/Baur (Hrsg.), Systemwechsel (2002), 147 ff.; *Micklitz/Rott*, EuZW 2001, 325 ff. und EuZW 2002, 15 ff.

71 VO Nr. 1347/2000, ABl.EG 2000 Nr. L 160/19, dazu *Geimer*, IPRax 2002, 69, 70; *Kohler*, NJW 2001, 10 ff.; *Wagner*, IPRax 2001, 73 ff.; für diesen Bereich war bereits ein „Brüssel-II"-Übereinkommen über die Zuständigkeit und die Anerkennung und Vollstreckung von Entscheidungen in Ehesachen unterzeichnet, jedoch nicht in Kraft getreten. Die VO 1347/2000 wird künftig ersetzt durch die VO (EG) Nr. 2201/03 des Rates über die Zuständigkeit und die Anerkennung und Vollstreckung von Entscheidungen in Ehesachen und in Verfahren betreffend die elterliche Verantwortung und zur Aufhebung des VO 1347/2000, ABl.EG 2003, Nr. L 338/1, dazu *Jayme/Kohler*, IPRax 2003, 485, 492.

72 VO Nr. 1348/2000 vom 29. 5. 2000, ABl.EG Nr. L 160/37; dazu *Geimer*, IPRax 2002, 69, 70; *Heß*, NJW 2002, 2417, 2424 f.; *Jayme/Kohler*, IPRax 2001, 501, 503; *Stadler*, IPRax 2001, 514 ff. Auch dieser VO war ein Übereinkommen vorausgegangen, das jedoch nicht mehr in Kraft trat – vgl. ABl.EG 1997, Nr. 261/1 – dazu *Kreuzer*, in: Müller-Graff (Hrsg.), Gemeinsames Privatrecht (1999), 457, 485; *Stadler*, a. a. O., 514 f.

73 VO Nr. 1206/2001 vom 28. 5. 2001, ABl.EG Nr. L 174/1, deren sachliche Regelungen gelten gem.

VO.[74] Diese Rechtsakte überführen im Falle des EuGVÜ ein bestehendes, i. Ü. mehrere noch nicht in Kraft getretene Staatsverträge zwischen den Mitgliedstaaten zum IPR und IZPR in Gemeinschaftsrechtsakte. Hinzu tritt die Einführung eines Europäischen Vollstreckungstitels (für unbestrittene Geldforderungen).[75]

Weitere Projekte sind geplant: so nach Einführung des Europäischen Vollstreckungstitels ein Europäisches Mahnverfahren.[76] Geplant ist auch, das EVÜ in eine Verordnung zu überführen und um einige Bereiche zu ergänzen, die im Rahmen der Verhandlungen dem Zeitdruck zum Opfer gefallen waren.[77] Diese (bereits angesprochene) Umwandlung von völkerrechtlichen Verträgen auf dem Gebiet des IPR bzw. IZPR in Sekundärrechtsakte ist grds. geeignet, die beschriebenen Probleme staatsvertraglicher Regelungen ausräumen: denn dadurch entsteht ein ohne Transformation unmittelbar und zwischen allen Mitgliedstaaten einheitlich geltendes Regelwerk, dessen einheitliche Auslegung und Anwendung durch die automatische Auslegungskompetenz des Gerichtshofs gem. Art. 234 EG abgesichert werden kann.[78]

2. Weitere (implizite) Bestandteile des Binnenmarktkollisionsrechts

Innerhalb und jenseits der soeben dargestellten überkommenen Formen des gemeinschaftsrechtlich geprägten IPR gibt es kollisionsrechtliche Einflüsse der Gemein-

---

Art. 24 EuBVO erst ab dem 1. 1. 2004; dazu *Berger*, IPRax 2001, 523 ff.; *Geimer*, IPRax 2002, 69, 70; *Heß*, JZ 2001, 573, 579 f.; *Jayme/Kohler*, IPRax 2001, 501, 503; *Schulze*, IPRax 2001, 527 ff.

74 VO Nr. 1346/2000 vom 29. 5. 2000, ABl.EG 2000 Nr. L 160/1, in Kraft seit dem 31. 5. 2002. Die Verordnung schafft einen Rechtsrahmen für die zentralen Fragen des Auslandsbezuges von Insolvenzverfahren geschaffen, insbes. sind hier die internationale Zuständigkeit, das anwendbare Recht und die Anerkennung von Entscheidungen geregelt. Dazu *Becker*, ZEuP 2002, 287 ff.; *Eidenmüller*, IPRax 2001, 2 ff.; *Geimer*, IPRax 2002, 69, 70; *Huber*, ZZP 114 (2001), 133 ff.; *Wimmer*, Frankfurter Kommentar zur InsO (2002); Anh. I, Art. 102 InsO, Rdn. 60 ff.

75 VO (EG) 805/2004 vom 21. 4. 2004 zur Einführung eines europäischen Vollstreckungstitels für unbestrittene Forderungen; ABl.EU 2004, Nr. L 143/15; dazu *Jayme/Kohler*, IPRax 2004, 481, 483; *Geimer*, IPRax 2002, 69, 71; *Stadler*, IPRax 2004, 2 ff. auch zur Kritk; *Stein*, IPRax 2004, 181 ff.; *Wagner*, NJW 2004, 1835

76 Vgl. das Grünbuch der Kommission über ein europäisches Mahnverfahren und über Maßnahmen zur einfacheren und schnelleren Beilegung von Streitigkeiten mit geringem Streitwert vom 20. 12. 2002, KOM (2002), 746 endg.; *Wagner*, NJW 2004, 1835, 1836.

77 Zum Vorhaben der Überführung des EVÜ in eine VO vgl. den Aktionsplan des Rates und der Kommission zur bestmöglichen Umsetzung der Bestimmungen des Amsterdamer Vertrages über den Aufbau eines Raumes der Freiheit, der Sicherheit und des Rechts vom 3. 12. 1998, Teil II B II, Nr. 40 lit. c, ABl.EG 1999 Nr. C 19/1, 10; bestätigt durch das Maßnahmenprogramm des Rates vom 30. 11. 2000 ABl.EG 2001, Nr. C 12/1 und nunmehr das Grünbuch der Kommission KOM (2002), 654 vom 14. 1. 2003 – weiter geplant sind Rechtsakte im internationalen Ehe-, Ehegüter-, und Erbrecht, ein Schwerpunkt der Bemühungen liegt noch immer im IZPR, insbes. bei der Vereinfachung der Anerkennung und Vollstreckung von Entscheidungen; z. G. auch *Heß*, JZ 2001, 573, 578 ff.; *ders.*, NJW 2002, 2417, 2424 f.; *Jayme/Kohler*, IPRax 2000, 454, 463 und 2001, 501, 510; *Kohler*, in: Mansel/Baur (Hrsg.), Systemwechsel (2002), 147, 153 ff.; *Kropholler*, in: Aufbruch nach Europa (2001), 583, 585 f.; *Staudinger*, ZfRV 2000, 93, 103; *Wagner*, NJW 2004, 1835 ff.

78 Zum Problem der eingeschränkten Überprüfbarkeit von Rechtsakten aufgrund der neuen Kompetenz der Art. 61, 65 EG vgl. unten § 14 II.2.b)cc).

schaftsrechtsordnung, deren Diskussion noch jung und keineswegs abgeschlossen ist. Sie v. a. gilt es im Folgenden zu erfassen und zu systematisieren, so dass sich letztendlich ein vollständiges Bild des Binnenmarktkollisionsrechts ergibt.

Tendenzen für eine solche Komplettierung des gesicherten kollisionsrechtlichen Besitzstandes zu einem selbständigen und umfassenden Binnenmarktkollisionsrecht, das adäquate Lösungen für die spezifisch in der Gemeinschaft auftretenden Rechtsanwendungsfragen bereithält, gibt es sowohl im unharmonisierten als auch im harmonisierten Bereich. Im unharmonisierten Bereich ist es neben möglichen Einflüssen des Primärrechts auf die Anwendung des klassischen IPR v. a. die Idee, direkt aus den Grundfreiheiten abgeleiteter eigenständiger Kollisionsnormen, die die wissenschaftliche Diskussion v. a. des letzten Jahrzehnts beflügelt hat. Erweist sich diese Möglichkeit als reell, so steht damit bereits heute und unabhängig von weiterer Kollisionsrechtsintegration ein wesentlicher Flügel des Binnenmarktkollisionsrechts zur Verfügung, der seinen Einfluss sowohl isoliert als auch neben der Sachrechtsintegration entfaltet. Er wäre bereits heute umfassend zu berücksichtigen. Die Darstellung, Reflexion und Beurteilung der These von den grundfreiheitenimmanenten Kollisionsregeln bildet daher den Schwerpunkt des zweiten Teils dieser Arbeit.

Im harmonisierten Bereich geht es darum, die oben aufgezeigten Typen von Kollisionsregeln im Einflussbereich des Sekundärrechts zueinander in Beziehung zu setzen und die Lücken zu füllen, die durch diese überkommenen Typen von Kollisionsregeln bislang gelassen werden. Besonderes Augenmerk gilt hier dem durch Richtlinien harmonisierten Bereich. Hingewiesen sei hier nur auf die Frage, nach welchen Regeln das anwendbare (mitgliedstaatliche) Recht bestimmt werden soll, wenn im Zuge der Harmonisierung durch Richtlinien zulässigerweise Rechtsunterschiede zwischen den Mitgliedstaaten bestehen bleiben. Diese Frage ist von zentraler Bedeutung; stellt sie sich doch letztlich in den allermeisten Fällen, in denen Richtlinien das mitgliedstaatliche Kollisionsrecht mitformen. Zudem wird sie in den Richtlinien selbst regelmäßig nicht beantwortet. Selbst dort, wo Richtlinien direkten Einfluss auf die kollisionsrechtliche Lage nehmen – etwa in den Fällen der Absicherung des europarechtlichen Standards gegenüber dem Recht von Nichtmitgliedstaaten – beschränken sich die Richtlinien selbst zu recht auf die (globalen) Beziehung der Gemeinschaft einerseits und der Drittstaaten andererseits. Diese kollisionsrechtliche Aussage muss auf der Ebene der Mitgliedstaaten vervollständigt werden – und zwar sowohl unter Berücksichtigung der Ziele und Wertungen des jeweiligen Sekundärrechtsaktes als auch des hinter der Sekundärrechtssetzung mitwirkenden Systems der Grundfreiheiten. Die Grundfreiheiten werden sich somit als Schlüsselelemente und Bindeglieder des Binnenmarktkollisionsrechts erweisen, die ihm seine dogmatische Grundlage und Richtung geben.

Teil 2 – Binnenmarktkollisionsrecht im unharmonisierten Bereich

Bei der Erörterung möglicher kollisionsrechtlicher Implikationen des Gemeinschaftsrechts im unharmonisierten Bereich wird hier ausführlich nur auf die Frage der Ableitung selbständiger kollisionsrechtlicher Regeln oder Tendenzen aus den Grundfreiheiten des EG-Vertrages einzugehen sein. Denn gerade in diesem Ausschnitt konzentriert sich das Potential des primären Gemeinschaftsrechts, zu einer systembildenden Einflussgröße für das Binnenmarktkollisionsrecht mit seiner besondern Aufgabenstellung zu werden. Hinsichtlich anderer Einflüsse des Primärrechts – insbes. seiner korrigierenden Einwirkung auf die Anwendung nationaler Kollisionsregeln – sollen hier beispielhafte Erwähnungen genügen.

Den Ausgangspunkt bildet die These, dass den Grundfreiheiten eine generalisierte Aussage zur Primärrechtsverträglichkeit nationalen Rechts zu entnehmen sei, die sich mit dem Begriff Herkunftslandprinzip umschreiben lässt, und dass diese im Sinne einer kollisionsrechtlichen Verweisung oder Tendenz verstanden werden kann. Das Herkunftslandprinzip liegt jedenfalls den Einfuhrfreiheiten zugrunde, die exemplarisch am Beispiel der Warenverkehrsfreiheit dargestellt werden, wobei sich die Erkenntnisse wegen der anerkannten Konvergenz auf die anderen Freiheiten übertragen lassen (**§ 5**). Dieser klassische Ausgangspunkt für die Frage nach dem IPR-Gehalt des Primärrechts ist sodann um einen Blick auf die Ausfuhrfreiheiten zu ergänzen. Dadurch wird das dogmatische Modell, dem kollisionsrechtliche Gehalte entnommen werden sollen, vervollständigt und zugleich korrigiert, denn nach hier vertretener Ansicht bedarf die in Rspr. und Schrifttum lange vernachlässigte Ausfuhrfreiheit in bestimmtem Umfang einer erweiterten Auslegung als Beschränkungsverbot (**§ 6**).

Auf dieser Grundlage wird sodann die Frage nach dem konkreten kollisionsrechtlichen Gehalt der Freiheiten und insbes. nach dem kollisionsrechtlichen Aspekt des Herkunftslandprinzips beleuchtet, wie es im Schrifttum entwickelt worden ist (**§ 7**).

Allerdings unterliegt das kollisionsrechtliche Verständnis der Freiheiten auch Bedenken. Zweifel entzünden sich zum einen an der Frage, inwieweit Kollisionsnormen überhaupt eine Grundfreiheitenrelevanz besitzen und an der langen Vernachlässigung dieses Problemfeldes durch den EuGH. Sie haben aber auch im Hinblick auf das dogmatische Fundament möglicher Kollisionsrechtsvorgaben – wie die begrenzten Reichweite der grundfreiheitlichen Beschränkungsverbote und damit des Herkunftslandprinzips – durchaus eine Berechtigung und nötigen dazu, sowohl die grds. Möglichkeit als auch die Reichweite eines IPR-Gehalts der Freiheiten genau zu hinterfragen. Hier spielen Aspekte wie der beschränkte Zugriff der Freiheiten lediglich auf konkret behindernde Vorschriften sowie ihr strukturelle Ansatz, lediglich Mindeststandards zu etablieren, eine Rolle (**§ 8**).

Hier zeigt sich, dass es zu weit geht, den Grundfreiheiten unmittelbar eine oder wenige universelle Kollisionsnormen zu entnehmen, die über den Vorrangs des Gemeinschaftsrechts das IPR der Mitgliedstaaten überlagern. Wohl aber lassen sich bestimmte Maßstäbe und Tendenzen erkennen, denen das nationale Recht zu entsprechen hat (**§ 9**).

§ 5 Ausgangspunkt: Das Herkunftslandprinzip

Die Basis möglicher EG-rechtlicher Kollisionsrechs-Direktiven bilden im unharmonisierten Bereich des Gemeinschaftsrechts unzweifelhaft die Grundfreiheiten. Deren Auslegung und Reichweite wiederum hängt maßgeblich von der Rspr. des Europäischen Gerichtshofs ab. In diesem Zusammenhang ist besonderes Augenmerk auf das Herkunftslandprinzip zu legen, das als ein Substrat der Grundfreiheiten-Rspr. gilt und als solches auch zum Schlagwort der möglichen kollisionsrechtlichen Relevanz der Freiheiten geworden ist.

I. Die Rspr. des EuGH zu Art. 28, 30 EG und die Konvergenz der Freiheiten

Das als Herkunfts- oder Ursprungslandprinzip bekannt gewordene Konzept wird aus der Rspr. des EuGH zu den Grundfreiheiten, insbes. zu Art. 28, 30 EG, abgeleitet.

Die Gewährleistung der Grundfreiheiten des EG-Vertrages ist ein wesentliches Anliegen der Gemeinschaft. Diese auch als Marktfreiheiten bezeichneten Verbürgungen der Art. 28 ff. EG dienen dem Binnenmarktziel, indem sie den gemeinschaftsgrenzüberschreitenden Verkehr von Produkten und Produktionsfaktoren und die Freizügigkeit von Personen gewährleisten und von allen ungerechtfertigten Beschränkungen befreien, so dass eine optimale Allokation wirtschaftlicher Ressourcen stattfinden kann, die möglichst weitgehend den Gesetzen eines funktionierenden Marktes folgt.[1] Zu diesem Zweck verbietet etwa Art. 28 EG alle mengenmäßigen Beschränkungen der Wareneinfuhr und alle Maßnahmen gleicher Wirkung. Ausgehend vom Beispiel der Warenverkehrsfreiheit als der Leitfreiheit des Vertrages[2] soll der dogmatische Ansatz, den der EuGH entwickelt hat, kurz dargestellt werden.

Die Art. 28 ff. EG sichern den freien Warenverkehr innerhalb der Gemeinschaft jen-

---

1 Vgl. *Immenga*, JA 1993, 257, 258; *Müller-Graff*, in: v. d. Groeben/Thiesing/Ehlermann, vor Art. 30–37 Rdn. 3; Art. 30 Rdn. 1 ff.; *Schön*, GS Knobbe-Keuk (1997), 743, 745 f.; *Streinz*, Europarecht, Rdn. 652 f.

2 Vgl. *Classen*, EWS 1995, 97, 98; *Müller-Graff*, in: v. d. Groeben/Thiesing/Ehlermann, vor Art. 30–37 Rdn. 9 f.; Art. 30 Rdn. 10; *Remien*. ZfRV 36 (1995), 116, 129; *Schnichels*, Niederlassungsfreiheit (1995), 68; *Timmermanns*, in: Dreißig Jahre Gemeinschaftrecht (1981), 259.

seits des Verbots von Zöllen und zollgleichen Maßnahmen in Art. 25 EG ab, indem sie auch nicht tarifäre Hemmnisse für den grenzüberschreitenden Handel in der Gemeinschaft verbieten.[3] Dieses Verbot erfasst mengenmäßige Beschränkungen der Warenein- oder Ausfuhr sowie Maßnahmen gleicher Wirkung. Da sowohl Zölle und zollgleiche Maßnahmen iSd. Art. 25 EG als auch direkte mengenmäßige Beschränkungen des Warenverkehrs zwischen den Mitgliedstaaten bereits in den Anfangsjahren der Gemeinschaft erfolgreich zurückgedrängt wurden, ist heute die „Maßnahme gleicher Wirkung" zum Zentralbegriff der Grundfreiheitenproblematik geworden.[4] Von wesentlicher Bedeutung sind jedoch auch zwei Einschränkungen dieses Begriffs, die bestimmte Konstellationen minderer Belastung aus dem Anwendungsbereich der Grundfreiheit ausnehmen.

Die Dogmatik der Warenverkehrsfreiheit folgt dem Muster von grds. Verbot freiverkehrsbeschränkender Maßnahmen und ausnahmsweiser Rechtfertigung. Mögliche Rechtfertigungsgründe sind zum einen ausdrücklich in Art. 30 EG genannt; darüber hinaus anerkennt der EuGH jedoch auch weitere sogenannte „zwingende Erfordernisse des Gemeinwohls." Bei Zusammenschau dieser Grundsätze lässt sich ein System erkennen, das als Herkunfts- oder Ursprungslandprinzip bekannt geworden ist. Dieses liegt jedoch nicht allein der Warenverkehrsfreiheit zugrunde, sondern findet sich im Prinzip auch bei den anderen Grundfreiheiten wieder.

II. Der Begriff der Maßnahme gleicher Wirkung in der Rspr. des EuGH als zentrales Kriterium einer Warenverkehrsbehinderung

Art. 28 EG verbietet mengenmäßige Beschränkungen der Einfuhr sowie alle Maßnahmen gleicher Wirkung zwischen den Mitgliedstaaten. Mengenmäßige Beschränkungen sind „sämtliche Maßnahmen, die sich als eine gänzliche oder teilweise Untersagung der Einfuhr, Ausfuhr oder Durchfuhr darstellen",[5] d. h. solche Maßnahmen, die die entsprechenden Warenbewegungen der Menge oder dem Wert nach begrenzen.[6] Allerdings kommen klassische mengenmäßige Beschränkungen wie Kontingente oder totale Einfuhrverbote heute nicht mehr vor. Die praktisch noch auftretenden Beschränkungen des innergemeinschaftlichen Warenverkehrs werden dem Begriff der Maßnahmen gleicher Wirkung zugeordnet.[7] Sie sollen deshalb auch den Ansatzpunkt der hiesigen Darstellung bilden.

---

3 *Müller-Graff*, in: v. d. Groeben/Thiesing/Ehlermann, vor Art. 30–37 Rdn. 1 ff.; Art. 30 Rdn. 1.

4 *Müller-Graff*, in: v. d. Groeben/Thiesing/Ehlermann, Art. 30 Rdn. 32 f.; vgl. auch *Oppermann*, Europarecht, Rdn. 1291; *Streinz*, Europarecht, Rdn. 730 f.

5 EuGH 1968, 634, 643 f. Kommission/Italien; 1973, 865, Rdn. 7 Geddo; 1979, 3795, Rdn. 12 f. Henn und Darby; 1991 I-4621, Rdn. 14 Richardt.

6 *Epiney*, in: Calliess/Ruffert, Art. 28, Rdn. 6 ff.; *Geiger*, Art. 28, Rdn. 6; *Kapteyn/VerLoren van Themaat*, Introduction, 623; *Leible*, in: Grabitz/Hilf, Art. 28, Rdn. 1 ff.; *Streinz*, Europarecht, Rdn. 729 ff.

7 Teilweise hat der EuGH auf eine genaue Unterscheidung verzichtet oder Maßnahmen, die wegen ihrer einschneidenden Wirkung eigentlich mengenmäßige Beschränkungen darstellten, als Maßnahmen gleicher Wirkung überprüft – vgl. etwa EuGHE 1983, 203, Rdn. 21 f. Kommission/Vereinigtes Königreich; 1986, 3935, Rdn. 4 f. Kommission/Griechenland; 1988, 1037, Rdn. 7 ff. Kommis-

1. Weite Auslegung

Zunächst wird der Begriff der Maßnahme gleicher Wirkung in der Rspr. des EuGH denkbar weit ausgelegt. Er umfasst nicht nur diskriminierende Maßnahmen, die Wareneinfuhren erschweren oder unmöglich machen, sondern wird darüber hinaus auch im Sinne eines umfassenden Beschränkungsverbots verstanden.[8] Verboten sind danach nicht nur alle Maßnahmen, die importierte Waren gegenüber einheimischen rechtlich oder tatsächlich benachteiligen, sondern auch gleichmäßig wirkende Maßnahmen, die den Warenverkehr allgemein behindern, ohne Importwaren schwerer zu treffen. Folge dieses weiten Verständnisses der Einfuhrfreiheit ist, dass mitunter Maßnahmen, die Einfuhrwaren und einheimische Erzeugnisse gleichermaßen betreffen, hinsichtlich der eingeführten Waren unter Berufung auf Art. 28 EG abgewehrt werden können. Auf einheimische Waren bleiben solche Maßnahmen demgegenüber anwendbar, weil es an einem grenzüberschreitenden Bezug des Falles fehlt, der jedoch Voraussetzung für die Anwendung der Grundfreiheiten ist. Diese „Inländerdiskriminierung" hat der EuGH aus europarechtlicher Sicht nie beanstandet, sondern vielmehr der Beurteilung und ggf. der Korrektur durch das nationalen (Verfassungs-)Recht überlassen.[9] Der weiten Auslegung der Warenverkehrsfreiheit als umfassendes Beschränkungsverbot folgt auch die hM. in der Literatur.[10]

---

sion/Griechenland; 1989, 229, Rdn. 2 ff. Kommission/Deutschland; 1994, 3303, Rdn. 7 ff. Kommission/Deutschland; vgl. dazu auch *Epiney*, in: Calliess/Ruffert, Art. 28, Rdn. 9 ff., 12; *Geiger*, Art. 28, Rdn. 7; *Kapteyn/VerLoren van Themaat*, Introduction, 623 f., *Leible*, in: Grabitz/Hilf, Art. 28, Rdn. 2; *Streinz*, Rdn. 730 f.

8 Vgl. aus der umfangreichen Rspr. EuGHE 1974, 837, Rdn. 5 ff. Dassonville; 1979, 649, Rdn. 8 Cassis de Dijon; 1994 I-3879, Rdn. 10 Meyhui; 1999 I-3175, Rdn. 38 Colim; 2001 I-4553, Rdn. 24 Kommission/Frankreich; 2001 I-4619, Rdn. 25 f. Kommission/Irland; idS. auch *Bleckmann*, Europarecht, Rdn. 1499 ff.; *Emmert*, Europarecht, § 29, Rdn. 21 f.; *Epiney*, in: Calliess/Ruffert, Art. 28 Rdn. 15 ff., 28; *Franzen*, Privatrechtsangleichung (1999), 123 f.; *Geiger*, Art. 28, Rdn. 11, 15 f.; *Hirsch*, ZEuS 1999, 503, 508 f.; *Lackhoff/Raczinski*, EWS 1997, 109, 114; *Schweitzer/Hummer*, Europarecht, Rdn. 1075, 1123; *Streinz*, Europarecht, Rdn. 669 ff.; krit.: *Jarass*, EuR 30 (1995), 202, 217 f.; *Schütz*, Jura 1998, 631 ff.

9 EuGHE 1979, 897, Rdn. 30 ff. Peureux; 1986, 29, Rdn. 54 f. Hurd/Jones; 1992 I-323, Rdn. 7 Hidalgo Palacios; 1992 I-341, Rdn. 8 ff. Steen; 1995 I-301, Rdn. 9 ff. Aubertin u. a.; dazu *Bleckmann*, Europarecht, Rdn. 1759 ff.; *Epiney*, in: Calliess/Ruffert, Art. 12 Rdn. 24 ff.; *Grundmann*, Europäisches Schuldvertragsrecht (1999), 79 ff.: Inländerdiskriminierung als Preis für die Umorientierung der Gemeinschaft auf das Konzept der umfassenden Liberalisierung durch Herkunftslandprinzip und neue Strategie; *Herwig*, Gestaltungsspielraum (2002), 72 ff.; *Hirsch*, ZEuS 1999, 503, 508; *Kohler*, in: Mansel (Hrsg.), Vergemeinschaftung (2001), 41, 49; *König*, AöR 1993, 591, 594 ff.; *Leible*, in: Martiny/Witzleb (Hrsg.), Europäisches Zivilgesetzbuch (1999) 53, 63 f.; *Siehr*, Internationales Privatrecht, 346; **a. A.** meist unter Berufung auf das Binnenmarktkonzept und das Konzept der Wettbewerbsgleichheit: *Behrens*, EuR 27 (1992), 145, 161 f.; *Eberhartinger*, EWS 1997, 43, 50 f.; *Hösch*, Einfluss (1993), 159 ff.; *Lackhoff/Raczinsky*; EWS 1997, 109, 110 ff.; *Nicolaisen*, EuR 26 (1991) 95, 99 f.; *Reich*, Europäisches Verbraucherrecht (1996), 85 f.; *ders.* EuZW 1991, 203, 204 f.; unter dem Aspekt des Systemwettbewerbs gegen die Zulässigkeit von Inländerdiskriminierung *Rohe*, RabelsZ 61 (1997), 1, 40 ff.; *Weyer*, EuR 33 (1998), 435, 455 ff.; z. G. auch *Schweitzer/Hummer*; Europarecht, Rdn. 1058.

10 Vgl. *Emmert*, Europarecht, § 29, Rdn. 22; *Geiger*, Art. 28, Rdn. 15 f.; *Höpping*, Warenverkehrsfreiheit (1997), 40 ff.; *Immenga*, JA 1993, 257, 259; *Oppermann*, Europarecht, Rdn. 1291 ff.; *Steindorff*, EuR 23 (1988), 19 ff.; *Streinz*, Europarecht, Rdn. 671 f.; krit. *Jarass* EuR 30 (1995), 202, 216 ff.; *Kort* JZ 1996, 132, 135 ff.

Seit der Entscheidung in Sachen Dassonville verwendet der EuGH in st.Rspr. eine sehr weite Formel für die Maßnahme gleicher Wirkung. Danach unterfällt diesem Begriff „jede Handelsregelung der Mitgliedstaaten, die geeignet ist, den innergemeinschaftlichen Handel unmittelbar oder mittelbar, tatsächlich oder potentiell zu behindern".[11] Diese Formulierung umfasst zunächst klassische staatliche Maßnahmen jeglicher Couleur, jedoch auch Regelungen, die Privaten Handelsbeschränkungen ermöglichen.[12] Noch nicht endgültig geklärt ist die Frage, in welchem Umfang auch sonstiges Handeln Privater erfasst wird – die Grundfreiheit(en) also Drittwirkung in den Rechtsbeziehungen Privater entfalten.[13]

Die allgemeine Diskussion um die Drittwirkung der Grundfreiheiten konzentriert sich v. a. im Bereich der Dienstleistungsfreiheit und der Freizügigkeit der Arbeitnehmer – dort mehren sich auch die Entscheidungen des Gerichtshofs, die eine vorsichtige Ausdehnung der Grundfreiheitengeltung auch auf Privatrechtsbeziehungen befürworten.[14]

---

11 EuGHE 1974, 837, Rdn. 5 Dassonville; seit dem st. Rspr. vgl. nur EuGHE 1979, 649, Rdn. 8 Cassis de Dijon; vgl. auch 1985, 2605, Rdn. 21 f. Cinéthèque; 1995 I-1923, Rdn. 12 Mars; 1996 I-3159, Rdn. 5 Brandsma; 1998 I-4473, Rdn. 17 Aher-Waggon; 1998 I-5121, Rdn. 29 Harpegnies; 2000 I-10663, Rdn. 15 Jean-Pierre Guimont; 2001 I-4619, Rdn. 25 Kommission/Irland; ausgeschlossen bleiben nur Maßnahmen deren Auswirkungen auf den zwischenstaatlichen Handel zu ungewiss und zu indirekt sind – vgl. zu diesem Aspekt aus der neueren Rspr. (insbes. nach der Keck-Entscheidung) etwa EuGHE 1994 I-3453, Rdn. 24 Peralta; 1995 I-2883, Rdn. 41 Centro Servizi Spediporto; 1995 I-3257, Rdn. 29 DIP u. a.; 1995 I-4241, Rdn. 23 f. Esso Espanola; 1998, I-3949, Rdn. 31 Corsica Ferries; 1999 I-6269, Rdn. 16, 21 BASF; 2000 I-493, Rdn. 25 Filzmoser (zur Arbeitnehmerfreizügigkeit).

12 Exemplarisch hierfür die gewerblichen Schutzrecht, die Privaten ermöglichen, Wareneinfuhren zu verhindern – vgl. EuGHE 1971, 487, Rdn. 11 f. Deutsche Grammophon/Metro; 1974, 1183, Rdn. 4/7 ff. Centrafarm; 1981, 147, Rdn. 7 ff. Musik-Vertrieb Membran/GEMA; 1981, 2063 Rdn. 10 ff. Merck; 1985, 2281, Rdn. 14 ff. Pharmon; 1989, 2521, Rdn. 11 Tournier; 1990 I-3711; Rdn. 9 ff. HAG II; 1996 I-6285, Rdn. 26 ff. Merck und Beecham; 1998 I-5171, Rdn. 14 ff. FDV/Laserdisken; zu den „unproblematischen" – da über staatliche Regelungen vermittelten – Einwirkungen der Grundfreiheiten auf Privatrechtsverhältnisse *Forsthoff*, EWS 2000, 389, 390 f.; *Hailbronner*, in: Hailbronner/Klein/Magiera/Müller-Graff, Art. 30, Rdn. 3 f.; zudem können die Freiheiten Handlungspflichten der Mitgliedstaaten ggü. Privaten begründen, die durch ihr Verhalten die Freiheiten beeinträchtigen – vgl. zu einem solchen Fall EuGHE 1997 I-6959, Rdn. 30 ff. Kommission/Frankreich; dazu die Urteilsanm. bei *Meier*, EuZW 1998, 87 f.

13 Dafür im Bereich der Warenverkehrsfreiheit: EuGH 1971, 487, Rdn. 11 f. Deutsche Grammophon/Metro; 1981, 181, Rdn. 17 Dansk Supermarket, wo der EuGH wohl von einer Drittwirkung ausgeht. Solche Entscheidungen sind jedoch vereinzelt geblieben; anders etwa EuGHE 1984, 1797, Rdn. 11 ff. van de Haar; 1987, 3801, Rdn. 30 Vlaamse Reisebureaus; 1988, 5249, Rdn. 11 ff. Bayer u. a./Süllhöver. Insgesamt lehnt der EuGH eine Drittwirkung für die Warenverkehrsfreiheit wohl eher ab; aus der Lit. zur Drittwirkung der Warenverkehrsfreiheit etwa *Franzen*, Privatrechtsangleichung (1999), 122; *Geiger*, Art. 28 Rdn. 10; *Jaensch*, Unmittelbare Drittwirkung (1997), 83 ff.; *Kingreen*, Struktur der Grundfreiheiten (1999), 194 f.; *Martiny*, ZEuP 2001, 563, 573 ff.; *Michaelis*, NJW 2001, 1841 f.; *Rörig*, Direktwirkung (2001), 65 ff.; *Roth*, FS Everling (1995), 1231 ff.; *Schaefer*, Unmittelbare Wirkung (1987); *Steindorff*, FS Lerche (1993), 575 ff. m. w. N. zur Rspr.; *ders.*, EG-Vertrag und Privatrecht (1996), 284 ff.; *Streinz/Leible*, EuZW 2000, 459, 460; *Vieweg/Röthel*, ZHR 166 (2002), 6, 20 ff.

14 So werden etwa kollektive Regelung unselbständiger Arbeit den Grundfreiheiten unterworfen (und zwar heute sowohl dem Diskriminierungs- als auch dem Beschränkungsverbot) – vgl. insoweit EuGHE 1974, 1405, Rdn. 16/19 f. Walrave; 1976, 455, Rdn. 39 Defrenne zu Art. 119 (jetzt Art. 141); 1976, 1333, Rdn. 17/18 Donà; 1995 I-4921, Rdn. 82 ff. Bosman; 2000 I-2549, Rdn. 47 ff. Deliège;

Allerdings erfasst die Dassonville-Formel des EuGH aufgrund ihrer Weite prinzipiell auch Maßnahmen, mit denen die Mitgliedstaaten ihnen verbliebene Kompetenzen zur allgemeinen Regelung von Produktstandards und Vertrieb, von Umwelt- oder Verbraucherschutz oder im Bereich der Konjunktur- und Wirtschaftspolitik ausfüllen. Denn solche Maßnahmen wirken sich oft mittelbar auf die Einfuhr aus, indem sie diese verteuern oder verkomplizieren.

2. Einschränkungen des Begriffs der Maßnahme gleicher Wirkung

Deshalb wurde die Dassonville-Formel und mit ihr der Begriff der Maßnahme gleicher Wirkung in der Folgezeit wieder eingeschränkt, und zwar in zweierlei Hinsicht:

a) Die Keck-Rechtsprechung

Zum einen hat der EuGH in der Entscheidung Keck und Mithouard in ausdrücklicher Abkehr von seiner früheren Rspr.[15] unterschiedslos anwendbare und wirkende Ver-

---

2000 I-2681, Rdn. 35 ff. Lethonen; dazu auch *Epiney*, NVwZ 2001, 524, 529 ff.; *Franzen*, Privatrechtsangleichung (1999), 168 f.; *Jaensch*, Unmittelbare Drittwirkung (1997), 82 f.; *Kingreen*, Struktur der Grundfreiheiten (1999), 193 f.; *Michaelis*, NJW 2001, 1841 f. mit dem Hinweis auf die entscheidende Gemeinsamkeit, dass es hier stets um Kollektivregelungen oder andere monopolartige private Rechtssetzung geht; *Rörig*, Direktwirkung (2001), 65 ff.; *Röthel*, EuZW 2000, 379 ff.; *dies.*, EuR 36 (2001), 908 ff.; *Streinz/Leible*, EuZW 2000, 459 ff.; *Vieweg/Röthel*, ZHR 166 (2002), 6 ff., 17 ff.; sehr weitgehend jetzt auch EuGHE 2000 I-4139, Rdn. 31 ff. Angonese für einen Fall von einer Privatperson festgelegter Arbeitsbedingungen, in dem ein Arbeitgeber die Bewerber in einem Auswahlverfahren zur Einstellung von Personal verpflichtete, ihre Sprachkenntnisse ausschließlich durch ein einziges, nur in einer bestimmten Provinz eines Mitgliedstaats ausgestelltes Diplom nachzuweisen. Im Einzelnen ist hier noch vieles str., insbes. was die Behandlung allgemeiner Privatrechtsverhältnisse (ohne Beteiligung von Verbänden) und bloßes Handeln von Privaten (jenseits der Berufung auf privatrechtliche Normen der Mitgliedstaaten) angeht. So sprechen Urteile wie das in der Sache Angonese (s. o.) zur Freizügigkeit für eine Übertragung jedenfalls des Diskriminierungsverbots auf Privatrechtsverhältnisse; fraglich ist jedoch die Übertragbarkeit auf andere Freiheiten und die künftige Rolle des Beschränkungsverbots auf diesem Gebiet; vgl. aus der Lit. zur Drittwirkung der Grundfreiheiten etwa *Epiney*, NVwZ 2001, 524, 529 ff.; *Forsthoff*, EWS 2000, 389, 391 ff.; *Ganten*, Drittwirkung (2000); *Jaensch*, a. a. O., 82 ff.; *Kingreen*, a. a. O., 192 ff.; *Kluth*. AöR 1997, 557 ff.; *Martiny*, ZEuP 2001, 563, 572 ff.; *Michaelis*, NJW 2001, 1841 f.; *Möllers*, EuR 33 (1998), 20, 34 ff.; *Röthel*, EuR 36 (2001), 908 ff.; *Steindorff*, FS Lerche (1993), 575, 576 ff.; *Streinz/Leible*, EuZW 2000, 460 ff.; *Vieweg/Röthel*, a. a. O., speziell zum Verhältnis von Grundfreiheiten und Verbandsautonomie.

15 Vgl. etwa EuGHE 1988, 3851, Rdn. 10 ff. Torfaen Borough Council; 1991 I-997, Rdn. 8 ff. Conforama; 1991 I-1027, Rdn. 8 ff. Marchandise – dort zu Vorschriften über Sonntagsverkaufs- bzw. Beschäftigungsverbote. Der EuGH hat die Vorschriften dort noch am Maßstab der Warenverkaufsfreiheit überprüft, weil sie einen Rückgangs des Verkaufsvolumens und damit des Einfuhrvolumens bewirken können; allerdings hatte der Gerichtshof bereits in seiner Rspr. vor „Keck" begonnen, die weite Auslegung des Begriffs der Maßnahme gleicher Wirkung für unterschiedslos anwendbare Vorschriften zu korrigieren. Das betrifft etwa die Urteile EuGHE 1981, 1993, Rdn. 20 Oebel; 1982, 1211, Rdn. 7 ff. Blesgen; 1984, 523, Rdn. 15 ff. Duphar; 1990 I-583, Rdn. 9 ff. Krantz; 1990 I-3059, Rdn. 10 f. Quietlynn; oder 1993 I-5009, Rdn. 11 f. CMC Motorradcenter. Der EuGH berief sich hierbei u. a. auf die zu ungewisse, nur mittelbare Bedeutung der mitgliedstaatlichen Maßnahmen für den zwischenstaatlichen Handel oder darauf, dass die fragliche Vorschrift ihrer Natur nach keine Steuerung der Handelsströme bezwecke bzw. nicht die Regelung des innergemeintriebsmodalitäten vom Begriff der Maßnahme gleicher Wirkung und damit vom Tatbestand des Art. 28 EG ausgenommen: Erstmals in seiner Entscheidung in Sachen Keck und Mithouard hat der Gerichtshof ausgesprochen, dass „... die Anwendung nationaler Bestimmungen, die bestimmte Verkaufsmodalitäten beschränken oder verbieten, auf Erzeugnisse aus anderen Mitgliedstaaten nicht geeignet (ist), den Handel zwischen den Mitgliedstaaten im Sinne des Urteile Dassonville, ... unmittelbar oder mittelbar, tatsächlich oder potentiell zu behindern, sofern diese Bestimmungen für alle betroffenen Wirtschaftsteilnehmer gelten, die ihre Tätigkeit im Inland ausüben, und sofern sie den Absatz der inländischen Erzeugnisse und der Erzeugnisse aus anderen Mitgliedstaaten rechtlich wie tatsächlich in der gleichen Weise berühren."[16] Vertriebsmodalitäten in diesem Sinne sind solche Regelungen, die nicht das „ob", sondern ausschließlich das „wie" der Vermarktung im Inland regeln (und sich insofern darauf beschränken, gleiche Absatzbedingungen im Inland für sämtliche Waren herzustellen).[17] Sie schränken nicht den grds. Zugang einer Ware zum Inlandsmarkt ein, sondern nehmen dem Anbieter nur bestimmte Formen des Vertriebes oder der Absatzförderung, ohne ihm jedoch den Marktzutritt zu verwehren,[18] oder sie stellen allgemeine Rahmenbedingungen für den Warenabsatz und das Marktverhalten auf. Damit sollen Maßnahmen erfasst und von der strengen Überprüfung am Maßstab der Grundfreiheit ausgenommen werden, die typischerweise nur ein sehr geringes Beschränkungspotential besitzen.[19] Der EuGH hat als Ver-

---

schaftlichen Warenverkehrs zum Gegenstand habe. Diese Rspr. war zunächst uneinheitlich und fand erst ab der Keck-Entscheidung zu einer einheitlichen Linie; vgl. zu der Vorgänger-Rspr. zu Keck etwa *Epiney*, in: Calliess/Ruffert, Art. 28, Rdn. 26 f.; *Franzen*, Privatrechtsangleichung (1999), 125 f.; *Herwig*, Gestaltungsspielraum (2002), 122 ff.; *Lackhoff*, Niederlassungsfreiheit (2000), 403 ff.

16 Zuerst EuGHE 1993 I-6097, Rdn. 16 f. Keck und Mithouard; seitdem st. Rspr: EuGHE 1993 I-6787, Rdn. 21 f. Hünermund u. a.; 1994 I-2355, Rdn. 12 Punto Casa und PPV; 1995 I-179, Rdn. 21 Leclerc-Siplec; 1995 I-1621, Rdn. 13 Kommission/Griechenland; 1995 I-2467, Rdn. 12 Belgapom; 1997 I-3843, Rdn. 39 ff. De Agostini; 2001 I-1795, Rdn. 15, 18 Konsumentombudsmannen (KO); die als „Keck-Rspr." bekannt gewordene Judikatur hat in der Lit. ein breites Echo gefunden; vgl. *Ackermann*, RIW 1994, 189, 191 ff.; *Bernhard*, EWS 1995, 404, 405 ff.; *Classen*, EWS 1995, 97, 99 f.; *Eberhartinger*, EWS 1997, 43, 49; *Möschl*, NJW 1994, 429, 430; *Mülbert*, ZHR 159 (1995), 2, 17 ff.; *Reich*, CMLR 1994, 459; *Rohe*, RabelsZ 61 (1997), 1, 12 ff., 56 f.; *Sack*, WRP 1994, 281, 291 f. und WRP 2000, 23, 26 ff.; *Schütz*, Jura 1998, 631, 638 ff.; *Steindorff*, ZHR 158 (1994), 149, 152; *v. Wilmowsky*, JZ 1996, 590, 594; monographischen *Ahlfeld*, Zwingende Erfordernisse (1997), 39 ff.; *Fetsch*, Eingriffsnormen (2002), 91 ff.; *Franzen*, Privatrechtsangleichung (1999), 126 ff.; *Herwig*, Gestaltungsspielraum (2002), 126 ff.; *Hödl*, Verkaufsbehindernde Maßnahmen (1997); *Höpping*, Warenverkehrsfreiheit (1997), 45 ff.; *Lackhoff*, Niederlassungsfreiheit (2000), 403 ff.; *Weyer*, Freier Warenverkehr (1997), 347 ff.

17 IdS. *Ackermann*, RIW 1994, 191, 193 „... wann, wie, wo, von wem und zu welchem Preis eine Ware verkauft werden darf ..."; vgl. auch *Heermann*, WRP 1999, 381, 382; *Herwig*, Gestaltungsspielraum (2002), 129 ff.; *Lackhoff*, Niederlassungsfreiheit (2000), 409 ff. mit Zusammenstellung der Interpretationen der Keck-Entscheidungen in der Lit.; *Langner*, RabelsZ 65 (2001), 222, 230 f.: „... Vorschriften über die räumlichen und zeitlichen Voraussetzungen und andere Umstände, unter denen Waren vertrieben werden können."; *Leible*, WRP 1997, 517, 520; *Meyer*, GRUR Int. 1996, 97, 99 f. m. w. N. *Sack*, WRP 1998, 103, 105.

18 Zur Keckformel EuGHE 1993 I-6787, Rdn. 21 f. Hünermund u. a.; 1994 I-2199, Rdn. 12 ff. Tankstation 'T Heukske und Boermans; 1994 I-2355 Rdn. 11 ff. Punto Casa und PPV; 1995 I-179 Rdn. 20 ff. Leclerc-Siplec; 1995 I-1621 Rdn. 13 ff. Kommission/Griechenland; zur Betonung des Marktzugangskriteriums etwa *Fetsch*, Eingriffsnormen (2002), 91 ff.

19 *Ackermann*, RIW 1994, 189, 193; *Bernhard*, EWS 1995, 404, 409 meint, bestimmte Verkaufstriebsmodalitäten in diesem Sinne etwa das Verbot von Fernsehwerbung für bestimmte Produkte, Ladenschlussvorschriften oder Werbeverbote für apothekenübliche Waren außerhalb der Apotheke[20] eingeordnet und von einer weiteren Überprüfung dieser Regelungen am Maßstab des Art. 28 EG abgesehen.

Obwohl vor dem Hintergrund der Schonung der Rechtssetzungskompetenzen der Mitgliedstaaten sicher sinnvoll, wirft die Abgrenzung der Maßnahmen, die vom Rechtfertigungserfordernis ausgenommen werden sollen, im Einzelnen Probleme auf. Insbes. ist der recht formale Ansatz des EuGH, die Keck-Privilegierung auf nicht diskriminierende, lediglich Vertriebsmodalitäten betreffende Maßnahmen zu beziehen, in der Literatur vielfach auf Kritik gestoßen. Sowohl die Unterscheidung zwischen produktbezogenen und vertriebsbezogenen Maßnahmen als auch die zwischen diskriminierenden und nicht diskriminierenden Vertriebsvorschriften wird in Zweifel gezogen.[21] Eine am Binnenmarktziel orientierte Auslegung des Begriffs der Maßnahme gleicher Wirkung müsse – so die Kritik – alle tatsächlichen Behinderungen des freien Warenverkehrs erfassen und einem Rechtfertigungserfordernis unterwerfen. Solche Behinderungen können jedoch auch von Vertriebsvorschriften ausgehen. Die formale Herausnahme sämtlicher nicht diskriminierender Vertriebsvorschriften aus dem Begriff der Maßnahme gleicher Wirkung werde deshalb dem Binnenmarktkonzept nicht gerecht.[22]

In der Tat ist es nur gerechtfertigt, nationale Vorschriften von der Grundfreiheiten-

---

modalitäten ließen das Kontinuitätsinteresse des Importeurs unberührt, die Anwendung inländischen Rechts ist für den Importeur in diesem Fall nicht von erheblichem Belang; anders jedoch, wenn ihm durch den Zwang, sich auf die inländische Rechtslage einzustellen, zusätzliche Produktionskosten entstehen; *Dauses*, EuZW 1995, 425, 427 f.; *Grundmann*, Europäisches Schuldvertragsrecht (1999), 54 f.; vgl. auch *Müller-Graff*, in: v. d. Groeben/Thiesing/Ehlermann, Art. 30 Rdn. 239 ff.; *Oppermann*, Europarecht, Rdn. 1293; *Rohe*, RabelsZ 61 (1997), 1, 18.

20 Zu Beispielen aus der Rspr. vgl. etwa EuGHE 1993 I-6787, Rdn. 21 f. Hünermund u. a. zur Werbung für apothekenübliche Waren; 1994 I-2199, Rdn. 12 ff. Tankstation 'T Heukske und Boermans; 1994 I-2355 Rdn. 11 ff. Punto Casa und PPV; 1996-2975, Rdn. 10 ff. Semeraro zu Ladenschlussvorschriften; 1995 I-179 Rdn. 20 ff. Leclerc-Siplec; 1997 I-3843 Rdn. 39 ff. De Agostini zum Verbot von Fernsehwerbung für bestimmte Waren; 1995 I-1621 Rdn. 13 ff. Kommission/Griechenland zum Vertriebsverbot für bestimmte Waren außerhalb von Apotheken.

21 Vgl. etwa Schlussanträge des *GA Jacobs* in der Rs. C-412/93, Nr. 38 ff. = EuGHE 1995 I-179, Leclerc-Siplec; *Sack*, WRP 1998, 103, 113; zu den krit. Stimmen in der Lit. auch *Franzen*, Privatrechtsangleichung (1999), 128 ff.

22 Schlussanträge des *GA Jacobs* in der Rs. C-412/93, Nr. 26 ff., 34 ff., 38 ff. = EuGHE 1995 I-179, Leclerc-Siplec – zum Behinderungspotential nicht diskriminierender Vertriebsvorschriften und zur Kritik an der Keck-Rspr.; krit. zur formalen Abgrenzung der Verkaufsmodalitäten auch *Ackermann*, RIW 1994, 189,193 f.; *Basedow*, RabelsZ 59 (1995), 1, 44; *Becker*, EuR 29 (1994), 162, 173; *Heermann*, WRP 1999, 381, 382 ff.; *Jickeli*, JZ 1995, 57, 60; *Kieninger*, EWS 1998, 277, 284 f.; *Klauer*, Europäisierung (1998), 75 ff.; *Kort*, JZ 1996, 132, 136; *Lurger*, Regulierung(1997), 36 ff., 43; *Meyer*, GRUR Int. 1996, 97, 100; *Leible/Sosnitza*, GRUR 1995, 799, 801 f.; *Reich*, ZIP 1993, 1815, 1816 ff. zu dem Gedanken, dass Vertriebsmodalitäten die Behinderungswirkung nicht per se fehlt, sondern nur besonders begründungsbedürftig ist; *Sack*, WRP 1998, 103, 105, 114 f.; *Rohe*, RabelsZ 61 (1997), 1, 18 f.; *Steindorff*, ZHR 158 (1994), 149, 161 f., 164 ff., *ders.*, EG-Vertrag und Privatrecht (1996), 97 ff.; *Weatherill*, CMLR 33 (1996), 885, 894; *v. Wilmowsky*, EuR (31) 1996, 362, 368 ff.; z. G. auch *Franzen*, Privatrechtsangleichung (1999), 128 ff. – i. E. allerdings für die vom EuGH eingeführte Differenzierung; *Lackhoff*, Niederlassungsfreiheit (2000), 408 ff.

prüfung auszunehmen, wenn und soweit man den Begriff der Vertriebsmodalität gerade mit Blick auf den einzigen Grund, dessentwegen die Prüfung zurückgenommen wird, vorsichtig auslegt. Die Privilegierung muss auf Regelungen beschränkt bleiben, die tatsächlich keine nennenswerte Behinderung darstellen, weil sich ausländische Anbieter ebenso wie inländische ohne ernsthafte Schwierigkeiten auf sie einstellen können. Verursacht die Vorschrift einen Anpassungsbedarf hinsichtlich der Gestaltung oder Erstellung des Produkts, der den ausländischen Anbieter zwingt, die Ware oder ihre Aufmachung zu modifizieren, so ist sie produktbezogen und kann nicht an den Erleichterungen für bloße Vertriebsvorschriften teilhaben. Dasselbe muss unter Umständen jedoch auch für Vorschriften gelten, die den Anbieter zwingen, ein für das gesamte Gemeinschaftsgebiet einheitlich konzipiertes Marketingkonzept zu ändern und seine Aktionsparameter dem Zielmarkt anzupassen, denn auch in diesem Fall verliert er den Größenvorteile eines Binnenmarktes.[23]

Zumindest den erstgenannten Aspekt berücksichtigt auch die Rspr. des EuGH. So hat der Gerichtshof etwa für den Bereich der Werbung entschieden, dass Regelungen, die sich unmittelbar auf das Erscheinungsbild der beworbenen Waren auswirken, nicht als bloße Verkaufsmodalität eingestuft und demnach auch nicht von der Prüfung an der Grundfreiheit ausgenommen werden können.[24] Ganz allgemein verbietet Art. 28 EG nach Ansicht des EuGH „Hemmnisse für den freien Warenverkehr, die sich daraus ergeben, dass Waren bestimmten Vorschriften entsprechen müssen (wie etwa hinsichtlich ihrer Bezeichnung, ihrer Form, ihrer Abmessungen, ihres Gewichts, ihrer Zusammensetzung, ihrer Aufmachung, ihrer Kennzeichnung und ihrer Verpackung), selbst wenn diese Vorschriften unterschiedslos für alle inländischen und eingeführten Erzeugnisse gelten, sofern sich die Anwendung dieser Vorschriften nicht ... rechtfertigen lässt".[25] Beispielsweise ein Verbot, „die Artbezeichnung (einer Ware) in einer anderen Sprache als der Sprache oder der Sprachen des Landes anzubringen, in dem sie in den Verkehr gebracht werden, stellt eine Behinderung des innerstaatlichen Handels dar, da die aus anderen Mitgliedstaaten stammenden Erzeugnisse mit anderen Etiketten versehen werden müssen, was zusätzliche Aufmachungskosten verursacht".[26] Diese Rspr. fügt sich indes bruchlos in die Differenzierung zwischen produktbezogen und vertriebsbezogenen Maßnahmen ein, weil

---

23 Insofern für eine Einbeziehung solcher Vorschriften in Art. 28 EG etwa *Ackermann*, RIW 1994, 189, 193 f.; idS. auch *Ebenroth*, FS Piper (1996), 133, 160 ff.; *Fetsch*, Eingriffsnormen (2002), 91 ff.; *Leible*, EuZW 2001, 253, 254; *ders.*, WRP 1997, 517, 521; *Meyer*, GRUR Int. 1996, 97, 100; zur Ausdifferenzierung der Fallgruppen *Rüffler*, WBl 1996, 133, 136 ff. *Steindorff*, ZHR 158 (1994), 149, 166 f.

24 EuGHE 1995 I-1923, Rdn. 12 f. Mars; *Leible*, WRP 1997, 517, 521; *Oppermann*, Europarecht, Rdn. 1293; *Reich*, CMLR 31 (1994), 459, 471; *Schweitzer/Hummer*, Europarecht, Rdn. 1119 ff.

25 EuGHE 1994 I-3879, Rdn. 10 Meyhui; entsprechend auch EuGHE 1994 I-317, Rdn. 13 Verband Sozialer Wettbewerb; 1999 I-3175, Rdn. 38 Colim; 2000 I-10251, Rdn. 16 f. Kommission/Belgien.

26 EuGHE 1994 I-3879, Rdn. 13 Meyhui, Ergänzung durch die Verf.; ähnlich auch EuGHE 1999 I-3175, Rdn. 36 Colim, dort lehnt es der EuGH zudem noch einmal ausdrücklich ab, solche Vorschriften, die zur Änderung der Verpackung oder Kennzeichnung eingeführter Erzeugnisse zwingen, als Vertriebsmodalitäten im Sinne der Keck-Rspr. einzustufen; vgl. auch 2000 I-10251, Rdn. 16 f. Kommission/Belgien; zu dieser Fallgruppe auch *Rüffler*, WBl 1996, 133, 136.

Vorschriften, die auf die Gestaltung der Ware selbst Einfluss nehmen, eben stets auch produktbezogen sind.

Demgegenüber versteht der EuGH seit der Keck-Entscheidung nationale Beschränkungen (möglicherweise auch) der grenzüberschreitenden Werbung (Euro-Marketing), die nicht auf das Produkt selbst durchschlagen, als bloße Verkaufsmodalitäten. Insbes. wenn dem Anbieter nur eine Form der Absatzförderung genommen wird, geht der EuGH regelmäßig von einer solchen Verkaufsmodalität aus. Sie werden in Abkehr von der bis dato praktizierten Rspr.[27] grds. nicht mehr als Maßnahmen gleicher Wirkung eingestuft, sofern sie die übrigen Voraussetzungen der Keck-Formel erfüllen, d. h. alle im Inland tätigen Wirtschaftsteilnehmer erfassen und inländische wie ausländische Erzeugnisse rechtlich und tatsächlich in der gleichen Weise berühren.[28] Das gilt selbst dann, wenn sie zu einem Absatzrückgang führen.[29] Immerhin neigt der EuGH in jüngerer Zeit einer bereits in der Literatur vertretenen Ansicht[30] zu, nach der zumindest ein vollständiges Verbot der Werbung für ein bestimmtes Erzeugnis nicht als bloße Verkaufsmodalität im Sinne der Keck-Rspr. eingestuft werden kann, weil sie den Marktzugang für ausländische Erzeugnisse

---

27 Im Zusammenhang mit der grenzüberschreitenden Werbung betrifft das v. a. Entscheidungen wie EuGHE 1982, 4575, Rdn. 15; Oosthoek; 1990 I-667, Rdn. 7 GB-INNO BM; 1993 I-2361, Rdn. 10 Yves Rocher; allgemein zu Werbeverboten etwa 1989, 1235, Rdn. 7 Buet u. a.; 1991 I-4151, Rdn. 10 Aragonesa.

28 So in der Folge der Keck-Entscheidung etwa EuGHE 1993 I-6787, Rdn. 19 ff. Hünermund; 1995 I-179, Rdn. 19 ff. Leclerc-Siplec; 1995 I-2467, Rdn. 10 ff. Belgapom; 1996 I-2975, Rdn. 11 ff. Semeraro Casa Uno; 1997 I-3843, Rdn. 39 ff. De Agostini und TV-Shop. Deshalb halten viele Autoren Entscheidungen wie Yves Rocher nunmehr für überholt; vgl. *Ahlfeld*, Zwingende Erfordernisse (1997), 157 f.; *Becker*, EuR 29 (1994), 162, 173 f.; *Ehricke*, WuW 1994, 108, 112 ff.; *Matthies*, in FS Everling (1995), 803, 812 f.; *Mühlbert*, ZHR 159 (1995), 2, 25 ff.; zweifelnd *Roth*, CMLR 31 (1994), 845, 851 f.; *Sack*, WRP 1998, 103, 105 ff.; *Ullmann*, JZ 1994, 928, 934. Dem treten andere Autoren entschieden entgegen: Entscheidungen wie GB-INNO BM oder Ives Rocher seien keineswegs überholt. Für Beschränkungen der grenzüberschreitenden Werbung soll „Keck" die Anwendung des Art. 28 EG nicht ausgeschlossen haben, weil Maßnahmen, die den Anbieter hindern, ein einheitliches Marketingsystem zu verwenden oder ihn zwingen, ein für besonders wirkungsvoll gehaltenes aufzugeben, in- und ausländische Waren nicht tatsächlich gleichmäßig betreffen. Nur Regelungen des Weitervertriebs im Inland, dem ausländischen Anbieter keine Anpassung der Aktionsparameter von einem zum anderen Mitgliedstaat abverlangen – idS. etwa *Ackermann*, RIW 1994, 189, 193 f.; *Basedow*, RabelsZ 59 (1995), 1, 9 f.; *Classen*, EWS 1995, 97, 100; *Dauses*, EuZW 1995, 425 ff.; *Drasch*, Herkunftslandprinzip (1997), 100 ff., 112 ff.; *Ebenroth*, FS Piper (1996), 133, 162 ff.; *Fezer*, JZ 1994, 317, 321 ff. – hält die Rspr. insofern lediglich für modifiziert; *Leible/Sosnitza*, GRUR 1995, 799, 801 f.; *Meyer*, GRUR Int. 1996, 97, 100; *Reich*, CMLR 1994, 459, 486 f.; *Roth*, CMLR 31 (1994), 845, 853 ff.; *Rüffler*, WBl 1996, 133, 137 f.; *Schroeder/Federle*, ZIP 1994, 1428 ff.; *Steindorff*, ZHR 158 (1994), 149, 163 f.; *ders.*, EG-Vertrag und Privatrecht (1996), 97 ff.

29 Vgl. dazu EuGHE 1993 I-6097, Rdn. 13 Keck und Mithouard; 1996 I-2975, Rdn. 11 f., 24 Semeraro – dort hat der Gerichtshof ausgesprochen, dass „... nationale Rechtsvorschriften, die allgemein den Handel mit einem Erzeugnis und damit auch dessen Einfuhr beschränken, nicht allein deswegen so betrachtet werden können, als schränkten sie für diese eingeführten Erzeugnisse die Möglichkeit des Zugangs zum Markt in stärkerem Masse als für entsprechende inländische Erzeugnisse ein."; *Dauses*, EuZW 1995, 425, 427; *Sack*, WRP 1998, 103, 105; *v. Wilmowsky*, EuR 31 (1996), 362, 368 ff.

30 Vgl. etwa *Dauses*, EuZW 1995, 425, 427 f.; *Ebenroth*, in: FS Piper (1996), 133, 160 ff.; *di Fabio*, AfP 1998, 564, 566 ff.; *Leible*, in: Grabitz/Hilf, Art. 28, Rdn. 28, 38; *Lüder*, EuZW 1995, 87, 88; *Schwartz*, AfP 1998, 553, 558; *Steindorff*, ZHR 158 (1994),149,161 ff.

faktisch stärker beschränkt als sie dies für inländische Erzeugnisse tut. Der Gerichtshof führt dazu im Fall eines allgemeinen Verbots der Alkoholwerbung durch das schwedische Recht aus: „... Jedoch untersagt ein Verbot, wie es im Ausgangsverfahren in Rede steht, nicht nur eine Form der Förderung des Absatzes eines Erzeugnisses. Vielmehr hindert es die Hersteller und Importeure, von einigen unbedenklichen Ausnahmen abgesehen, an jeder Verbreitung von Werbung, die sich an Verbraucher richtet. Ohne dass eine genaue Untersuchung der die Lage in Schweden kennzeichnenden tatsächlichen Umstände nötig wäre, ..., kann festgestellt werden, ... dass ... ein Verbot jeder an die Verbraucher gerichteten Werbung durch Anzeigen in der Presse oder Werbeeinblendungen in Rundfunk und Fernsehen, durch Direktversand nicht angeforderten Materials oder durch Plakatieren an öffentlichen Orten geeignet ist, den Marktzugang für Erzeugnisse aus anderen Mitgliedstaaten stärker zu behindern, als es dies für inländische Erzeugnisse tut, mit denen der Verbraucher unwillkürlich besser vertraut ist."[31] Außerdem schließt er selbst für Fälle, in denen nur eine Form der Absatzförderung vollständig verboten wird, eine Betroffenheit des Art. 28 EG nicht mehr kategorisch aus.[32] In der Entscheidung DocMorris zum deutschen Versandverbot für Arzneimittel behandelt der EuGH das Kriterium der Marktzugangsbehinderung nunmehr sogar ausdrücklich als entscheidenden Aspekt für die Erfüllung oder Verfehlung der Keck-Kriterien.[33]

Die Judikatur zeigt damit zwar eine gewisse Tendenz, Vorschriften der Mitgliedstaaten, die zur Anpassung von Waren zwingen, als rechtfertigungsbedürftige Behinderungen des Handelsverkehrs einzustufen, so dass sie nicht an der Privilegierung für Vertriebsmodalitäten im Sinne der Keck-Rspr. teilnehmen können. Der Gerichtshof ist allerdings bis heute weitestgehend der Unterscheidung zwischen produktbezogenen und vertriebsbezogenen Maßnahmen verhaftet geblieben, die er der in der Keck-Entscheidung entwickelt hat. Diese verhältnismäßig formale Differenzierung trägt einerseits dem richtig erkannten Bedürfnis Rechnung, bestimmte Maßnahmen, die den Binnenmarkt nicht wirklich beeinträchtigen (d. h. im Falle der Warenverkehrsfreiheit den grenzüberschreitenden Handelsverkehr tatsächlich nicht reduzieren), aus dem Beschränkungsbegriff des Art. 28 EG herauszunehmen.

Indes lässt sich die Fallgruppe, für die diese Privilegierung in Betracht kommt, mit dem Begriff „Vertriebsmodalitäten" und dessen formaler Abgrenzung allein nicht konsistent fassen. Es sind auch vertriebsbezogene Vorschriften denkbar, die – sei es auch nur im Einzelfall – zu einer erheblichen Behinderung des freien Warenverkehrs

---

31 EuGHE 2001 I-1795, Rdn. 20 f. Konsumentombudsmannen; dazu Anm. *Leible*, EuZW 2001, 253, 254.

32 EuGHE 1997 I-3843, Rdn. 42 De Agostini und TV-Shop; 2001 I-1795, Rdn 19 ff. Konsumentombudsmannen; dazu Anm. *Leible*, EuZW 2001, 253, 254; *ders.*, in: Grabitz/Hilf, Art. 28, Rdn. 28; vgl. dazu auch *Fetsch*, Eingriffsnormen (2002), 91 ff., 94.

33 EuGHE 2003 I-14887, Rdn. 67 ff., 74 ff. DocMorris; dazu *Koenig/Meurer/Engelmann*, EWS 2004, 65 ff.

führen.[34] So ist etwa das gleichmäßig angewandte Verbot eines bestimmten Vertriebsverfahrens sicher „nur" eine Vertriebsmodalität. Ermöglicht jedoch gerade erst dieses Vertriebsverfahren dem Anbieter eines ausländischen Erzeugnisses, auf dem Markt des Einfuhrlandes Fuß zu fassen oder stellt es das hauptsächliche Vertriebsverfahren für solche Erzeugnisse dar, führt sein Verbot oder seine Beschränkung zu einer faktischen Zugangsbehinderung.[35] Ist es jedoch das Ziel der Gemeinschaft, die rechtliche und faktische Abschottung der nationalen Märkte zugunsten eines Binnenmarktes zu beseitigen, so muss dies der Maßstab dafür sein, welche nationalen Maßnahmen von der Grundfreiheitenprüfung ausgenommen werden können. Funktionale Überlegungen vor dem Hintergrund des Binnenmarktziels sollten die formale Abgrenzung auflockern und ggf. korrigieren.

Ein beachtlicher Teil des Schrifttums versucht, diese Aufgabe durch die Einführung eines Spürbarkeitskriteriums zu bewältigen. Danach soll Art. 28 EG nur auf solche Maßnahmen der Mitgliedstaaten Anwendung finden, die den Absatz eingeführter Waren spürbar behindern.[36]

Diese Ansicht stützt sich zum einen auf Überlegungen zum Binnenmarktkonzept.

---

34 *Ebenroth*, FS Piper (1996), 133, 164 ff.; *Klauer*, Europäisierung (1998), 75 ff.; *Leible*, WRP 1997, 517, 521; *Riesenhuber*, System und Prinzipien (2003), 90 ff.

35 Vgl. dazu etwa die Sachverhalte der Urteile EuGHE 1988, 2605 Warner Brothers: Vorschrift, die es dem Urheber ermöglicht, die Vermietung von Videokassetten von seiner Zustimmung abhängig zu machen, auch wenn sie bereits mit seiner Zustimmung in einem anderen Mitgliedstaat in den Verkehr gebracht wurden; EuGHE 1989, 1235 Buet u. a.: Verbot der Kundenwerbung für den Verkauf von pädagogischem Material an der Haustür; 1989, 1295 Pharmaceutical Society: Standesregel, die Apotheker verpflichtet, auf ein Rezept, in dem ein Arzneimittel mit seinem Warenzeichen oder gesetzlich geschütztem Namen verschrieben wird, nur dieses, nicht jedoch ein therapeutisch gleichwertiges Erzeugnis abzugeben, welches etwa ein Warenzeichen trägt, das für das Erzeugnis in einem anderen Mitgliedstaat verwendet wird – alle diese Urteile stammen zwar aus der Zeit vor der Keck-Entscheidung, so dass die jeweilige Beurteilung durch den EuGH heute überholt ist, sie verdeutlichen jedoch das hier angesprochenen Problem, dass auch vertriebsbezogene Maßnahmen erhebliche Auswirkungen auf die Wareneinfuhr haben können; vgl. dazu auch die ausführliche Darstellung des Problems in den Schlussanträgen des *GA van Gerven* in der Rs. C-145/88, Nr. 13 ff. = EuGHE 1989, 3851, Torfaen Borough Council; vgl. auch *Fetsch*, Eingriffsnormen (2002), 91 ff.; *Leible*, WRP 1997, 517, 521; *Weyer*, DZWiR 1994, 89, 92; zur Kritik am Ansatz der Keck-Rspr. auch *Sack*, WRP 1998, 103, 113 ff.

36 Angedeutet noch bei *Beutler/Bieber/Pipkorn/Streil*, Die Europäische Union,[4] 297 – anders die Neuauflage, Rdn. 744; für ein Spürbarkeitserfordernis auch *Chalmers*, ICLQ 42 (1993), 269, 293; *Ehricke*, WuW 44 (1994), 108, 111 f.; *Langner*, RabelsZ 65 (2001), 222, 234 ff. – der Spürbarkeit durch ein „Näheverhältnis der Regelung zu der Belastung" definiert; *Mortelmans*, CMLR 1991, 115, 124 f.; *Reich*, ZIP 1993, 1815, 1817; *Rohe*, RabelsZ 61 (1997), 1, 18 f., 56 f. – dort für eine Abgrenzung mit Hilfe des Kriteriums der (qualitativen, nicht quantitativen) Spürbarkeit; *Sack*, WRP 1998, 103, 116 ff. und WRP 2000, 23, 28 f.; *Steindorff*, EG-Vertrag und Privatrecht (1996), 208; differenzierend *VerLoren van Themaat*, FS Günther, 373, 384 f.; ähnlich Schlussanträge des *GA Jacobs* in der Rs. C-412/93, Nr. 42 ff. = EuGHE 1995 I-179, Leclerc-Siplec; *ders*., Schlussanträge in der Rs. C-34-36/95, Nr. 99 = EuGHE 1997 I-3843, De Agostini und TV-Shop; andeutungsweise auch in den Schlussanträgen des GA *Elmer* in der Rs. C-387/93, Nr. 35 f. = EuGHE 1995 I-4663, Banchero; **krit.** ggü. diesem Ansatz hingegen *Becker*, EuR 29 (1994), 162, 170; *Drasch*, Herkunftslandprinzip (1997), 26, 98; *Grundmann*, JZ 1996, 274, 280 f.; *Hösch*, Einfluss (1993), 26 (auch soweit es um die qualitative Spürbarkeit geht); *Kieninger*, EWS 1998, 277, 283; *Weyer*, Freier Warenverkehr (1997), 297 f.; *White*, CMLR 26 (1989), 235, 237 f.

Art. 28 EG erfordere den Abbau aller ungerechtfertigten Behinderungen des grenzüberschreitenden Warenverkehrs, unabhängig davon, ob solche Behinderungen auf produkt- oder auf vertriebsbezogene Maßnahmen zurückgehen.[37] Zum anderen wird angeführt, auch in der Rspr. des EuGH zeige sich unterschwellig die Tendenz, die Spürbarkeit einer Behinderung zu berücksichtigen. Zwar hat der Gerichtshof verschiedentlich ausdrücklich ausgesprochen, dass es auf eine solche Spürbarkeit gerade nicht ankommt.[38] Einige neuere Urteile könnten jedoch in eine andere Richtung weisen. So hat der EuGH in der Entscheidung in Sachen Parfums Christian Dior[39] ein Werbeverbot als Maßnahme gleicher Wirkung eingestuft, weil es „... das Inverkehrbringen dieser Waren und somit deren Zugang zum Markt erheblich erschweren würde“. Diese und einige andere Entscheidungen[40] ließen begründete Zweifel daran zu, ob der EuGH auch weiter an seiner strikten Ablehnung des Spürbarkeitserfordernisses festhält.[41]

Allerdings ist der Vergleich mit dem Wettbewerbsrecht[42] wenig geeignet, die Berechtigung des Spürbarkeitskriteriums zu begründen. Die Ausgangslage im Wettbewerbsrecht und im Recht des freien Warenverkehrs ist different. Von einer Beeinträchtigung oder Verzerrung des Wettbewerbs innerhalb der Gemeinschaft lässt sich naturgemäß nur im Zusammenhang mit einer „spürbaren“ Maßnahme sprechen.[43] Bezugspunkt ist hier die Institution des Wettbewerbs. Von einer wettbewerbsbeschränkenden Maßnahme sind jedoch zunächst nur die an ihr Beteiligten betroffen. Erst wenn eine gewisse Schwelle überschritten ist, kann sie sich auf die Konditionen im Markt allgemein auswirken und damit die Interessen Dritter beeinträchtigen, so dass eine Intervention erforderlich wird.[44] Demgegenüber verbürgt die Warenver-

37 *Sack*, WRP 1998, 103, 114 f.; *Steindorff*, ZHR 158 (1994), 149, 161 ff. und EG-Vertrag und Privatrecht (1996), 101; vgl. zum Behinderungspotential nicht diskriminierender Vertriebsvorschriften auch die Schlussanträge des *GA Jacobs* in der Rs. C-412/93, Nr. 26 ff.; 38 ff. = EuGHE 1995 I-179, Leclerc-Siplec; z. G. *Lackhoff*, Niederlassungsfreiheit (2000), 408 ff.

38 Vgl. nur EuGHE 1984, 1299, Rdn. 20, Prantl; 1984, 1797, Rdn. 11 f. Van de Haar; 1985, 837, Rdn. 10 Kommission/Frankreich; 1986, 1759, Rdn. 18 Kommission/Italien; 1993 I-2361, Rdn. 21 Yves Rocher – allerdings alles Entscheidungen, die vor „Keck“ liegen.

39 EuGHE 1997, 6013, Rdn. 51 Parfums Christian Dior.

40 Etwa EuGHE 1994 I-3453, Rdn. 24 Peralta; 1995 I-3257, Rdn. 29 DIP u. a.; 1995 I-4241, Rdn. 23 f. Esso Espanola; 1998 I-3949, Rdn. 31 Corsica Ferries; 1999 I-6269, Rdn. 16 ff. BASF: Einschlägigkeit des Art. 28 EG verneint, weil die Auswirkungen der nationalen Maßnahmen „... zu ungewiss und zu mittelbar sind ...“.

41 Vgl. zu diesem Aspekt die Schlussanträge des *GA* Jacobs in der Rs. C-412/93, Nr. 26 ff., 38 ff. = EuGHE 1995 I-179, Leclerc-Siplec; *Sack*, WRP 1998, 103, 116 f.; *ders.*, WRP 2000, 23, 28 f.; krit. *Leible*, in: Grabitz/Hilf, Art. 28, Rdn. 15; z. G. auch *Franzen*, Privatrechtsangleichung (1999), 118 ff., 121 m. w. N.

42 Vgl. statt vieler *Fezer* JZ 1994, 317, 324; *Sack*, WRP 1998, 103, 117.

43 Dazu EuGHE 1984, 1797, Rdn. 11, Van de Haar: „Art. 85 EWG-Vertrag gehört zu den Wettbewerbsregeln, deren Adressaten die Unternehmen und Unternehmenszusammenschlüsse sind und die einen wirksamen Wettbewerb innerhalb des gemeinsamen Marktes aufrechterhalten sollen. Wie sich aus der Rspr. des EuGH ergibt, kommt diese Bestimmung nur in Betracht bei wettbewerbsbeschränkenden Vereinbarungen, Beschlüssen und Verhaltensweisen, die den innergemeinschaftlichen Handel spürbar beeinträchtigen.“

44 *Grundmann*, JZ 1996, 274, 280 – der allerdings auch auf einen Gesichtspunkt hinweist, der von dieser Argumentation nicht betroffen ist und den mancher Befürworter der Spürbarkeitsprüfung im kehrsfreiheit dem einzelnen ein individuelles Recht auf die Ein- oder Ausfuhr von Waren, ohne durch nicht gerechtfertigte diskriminierende oder sonst beschränkende nationale Maßnahmen behindert zu werden; unabhängig davon, welchen Anteil am gesamten Handelsverkehr die fragliche Transaktion hat. Maßgeblich ist, wie sich eine Maßnahme auf den einzelnen Wirtschaftsteilnehmer auswirkt; eine Spürbarkeit für den gesamten Markt ist daher nicht Voraussetzung eines Verstoßes gegen die Warenverkehrsfreiheit im Einzelnen. Was den Markt im Ganzen wenig oder kaum beeinträchtigt, mag dem einzelnen Wirtschaftsteilnehmer die Ein- oder Ausfuhr einer Ware nahezu unmöglich machen.[45]

I. E. ist diese Überlegung stets zu berücksichtigen, wenn man im Rahmen der Grundfreiheiten von einem Spürbarkeitskriterium spricht. Es könnte dort also allenfalls eine individualisierte Prüfung der Spürbarkeit im Einzelfall gehen. In diesem Sinne mag auch *Rohe*[46] zu verstehen sein, wenn er von einer qualitativen Spürbarkeit spricht.

Außerdem ist zu beachten, dass die Warenverkehrsfreiheit nicht jede wirtschaftlich relevante mitgliedstaatliche Regelung einem Rechtfertigungserfordernis unterwerfen soll, sondern nur jene, die gerade (auch) den grenzüberschreitenden Warenverkehr behindern. Denn es geht darum, die nationalen Märkte zu einem einheitlichen Binnenmarkt zu verschmelzen. Dem föderativen Konzept der Gemeinschaft sind Rechtsunterschiede in den Mitgliedstaaten immanent. Zu beseitigen sind nur nachteilige Auswirkungen gerade auf den grenzüberschreitenden Handel, nicht jedoch sämtliche Einschränkungen der wirtschaftlichen Handlungsfreiheit. Verboten sind lediglich Behinderungen der Einfuhr, während den Mitgliedstaaten im Übrigen nach vor wie vor die Kompetenz zusteht, den innerstaatlichen Wirtschaftsverkehr zu regeln.[47] Deshalb sollte in dem Bereich, der jenseits der eindeutig Art. 28 EG unter-

---

Blick haben mag: manche mitgliedstaatliche Regelung kann so geringe Auswirkungen für den Anbieter haben, dass sie keinen relevanten Kostenfaktor darstellt. So verstanden hat ein individualisiertes Spürbarkeitskriterium durchaus seine Berechtigung; *ders.*, Europäisches Schuldvertragsrecht (1999), 85.

45 Zu diesem Argument gegen das Spürbarkeitserfordernis vgl. nochmals *Grundmann*, JZ 1996, 274, 280 – dazu die vorige Fn.; *ders.*, Europäisches Schuldvertragsrecht (1999), 85: ein „Spürbarkeitskriterium (sei) bei Marktregeln angebracht, weil nicht bereits von minimalen Beschränkungsabreden negative Auswirkungen auf Dritte ausgehen. nicht jedoch bei subjektiven Rechten einzelner, wie sie die Grundfreiheiten verbürgen"; ähnlich *Armbrüster*, RabelsZ 60 (1996), 72, 78 f.; *Weyer*, DZWiR 1994, 89, 90 f.

46 *Rohe*, RabelsZ 61 (1997), 1, 18 f., 56 f.

47 Vgl. dazu etwa *Ackermann*, RIW 1994, 189, 193 f.; *Basedow*, RabelsZ 59 (1995), 1, 9 f.; *Drasch*, Herkunftslandprinzip (1997), 102 ff.; *Roth*, CMLR 31 (1994), 845, 853; *Rüffler*, WBl 1996, 133, 137. Darauf weist auch der EuGH im Keck-Urteil hin: „Da sich die Wirtschaftsteilnehmer immer häufiger auf Art. 30 EG berufen, um jedwede Regelung zu beanstanden, die sich als Beschränkung ihrer geschäftlichen Freiheit auswirkt, auch wenn sie nicht auf Erzeugnisse aus anderen Mitgliedstaaten gerichtet ist, hält es der Gerichtshof für notwendig, seine Rspr. auf diesem Gebiet zu überprüfen und klarzustellen." – EuGHE 1993 I-6087, Rdn. 14 Keck und Mithouard; vgl. auch EuGHE 1995 I-1621, Rdn. 13 ff. Kommission/Griechenland, wo der EuGH ausdrücklich einräumt, dass das Verbot des Absatzes von Säuglingsnahrung außerhalb von Apotheken die kommerzielle Freiheit der Wirtschaftsteilnehmer beschränkt, die Regelung aber gleichwohl als Verkaufsmodalität einstuft, weil sie nicht auf die Merkmale der erfassten Erzeugnisse selbst rekurriert.

fallenden Konstellationen liegt (d. h. jenseits von diskriminierenden oder produktbezogenen Maßnahmen), primär die Frage gestellt werden, wann eine Regelung geeignet ist, den Binnenmarkt in einzelne nationale Märkte aufzusplittern, so wie es insbes. GA van Gerven verschiedentlich gefordert hat.[48] In diesem Zusammenhang könnte eine Spürbarkeitsprüfung – im rechten Sinne verstanden und in dienender Funktion – durchaus ihre Berechtigung und einen gewissen Wert für die Feststellung einer Handelsbehinderung haben.[49] Ihr Einsatzgebiet sollte m. E. v. a. die Lokalisierung der Fälle sein, in denen ausländische Produkte trotz unterschiedsloser Geltung einer Maßnahme tatsächlich in einer Weise behindert werden, dass eine Marktaufsplitterung entsteht.[50]

Zusammenfassend lässt sich sagen: Will man die Grenze zwischen umfassendem Beschränkungsverbot und Diskriminierungsverbot im Rahmen der Warenverkehrsfreiheit richtig und zweckmäßig bestimmen, so muss das Binnenmarktziel ausschlaggebend sein. Die Privilegierung darf zum einen von vornherein nur auf solche Maßnahmen bezogen werden, die „stationär, d. h. umfeldbezogen" sind und an den Absatzort anknüpfen,[51] und die insbes. nicht zu einer Anpassung der Ware oder ihrer Aufmachung zwingen. Andererseits dürfen auch vertriebsbezogene, nicht diskriminierende Maßnahmen, die jedoch den Marktzugang oder die Markterschließung für ausländische Waren erheblich behindern, nicht durch den Verzicht auf eine Überprüfung am Maßstab der Warenverkehrsfreiheit privilegiert werden.[52] So verstanden

---

48 Vgl. Schlussanträge in der Rs. C-145/88, Nr. 18 ff. = EuGHE 1989, 3851, Torfaen; bzw. Schlussanträge in der *Rs. C-312/89* = EuGHE 1991 I-997, 1016 Conforama und – vorsichtiger – in den Rs. C-401/92, 402/92, Nr. 18 ff. = EuGHE 1994 I-2199, Tankstation 't Heukske u. Boermans; idS. wohl auch *Ackermann*, RIW 1994, 189, 193 f., der auf eine spezifische Beschränkung der Wareneinfuhr abstellt; *Eberhartinger*, EWS 1997, 49 ff.; *Becker*, EuR 29 (1994), 162, 172 ff., der maßgebliches Gewicht die Erschwerung oder Verhinderung des Marktzugangs legt; *Roth*, CMLR 31 (1994), 845, 853 f.

49 Allerdings sollte es im Bereich diskriminierender Beschränkungen nach e. A. nicht auf die Spürbarkeit der Behinderung ankommen – vgl. dazu die Schlussanträge des *GA Jacobs* in der Rs. 412/93, Nr. 42 ff.; krit. dazu *Sack*, WRP 1998, 103, 117 f.

50 In dieser Richtung lässt sich wohl auch der Hinweis bei *Grundmann* deuten, der zwar ein Spürbarkeitserfordernis in der Tradition des Wettbewerbsrechts ablehnt, jedoch die Überlegung akzeptiert, dass manche mitgliedstaatliche Regelungen so geringe Auswirkungen für den Anbieter haben, dass sie keinen relevanten Kostenfaktor darstellen – *Grundmann*, JZ 1996, 274, 280. So verstanden könnte ein individualisiertes Spürbarkeitskriterium durchaus seine Berechtigung haben, und sein Schwergewicht läge sicher im Bereich der nicht diskriminierenden, „nur" vertriebsbezogenen Maßnahmen.

51 Zu der Abgrenzungsproblematik siehe etwa *Mülbert*, ZHR 159 (1995), 2, 18 ff., 22 f.; *Reich*, ZIP 1993, 1815 ff.; *ders.* Europäisches Verbraucherrecht (1996), 83 ff. m. w. N.

52 So auch die neuere Judikatur, so etwa EuGHE 2001 I-1795, Rdn. 20 f. Konsumentombudsmannen; deutlich 2003 I-14887, Rdn. 74 ff. DocMorris zum Marktzugangsbehinderung als Abgrenzungskriterium für das Keck-Privileg, dazu *Koenig/Meurer/Engelmann*, EWS 2004, 65 ff. Diesen Aspekt betonen auch *Roth*, in: Marktwirtschaft und Wettbewerb (1994), 21, 38 f.; zur Bedeutung des „Marktzugangskriteriums" auch *ders.*, FS Großfeld (1999), 929, 937 ff.; vgl. auch *Becker*, EuR 29 (1994), 162, 168 ff., 172 ff.; *Fetsch*, Eingriffsnormen (2002), 91 ff., 137 ff.; *Franzen*, Privatrechtsangleichung (1999), 126 ff.; *Herwig*, Gestaltungsspielraum (2002), 136 ff., 228 f.; *Leible*, WRP 1997, 517, 521; *ders.*, EuZW 2001, 253, 254; *Riesenhuber*, System und Prinzipien (2003), 90 ff.; *Schaub*, RabelsZ 66 (2002), 18, 54; krit. zur formalen Abgrenzung der Verkaufsmodalitäten *Steindorff*, ZHR 158 (1994), 149, 161 f.; vgl. auch *Weyer*, DZWiR 1994, 89, 92 ff. Eine Abgrenzung nach (qualitativer, nicht quantitativer) Spürbarkeit befürwortet Rohe, RabelsZ 61 (1997), 1, 18 f., 56 f.; für ein Spürbarkeitsist die Begrenzung des Begriffs der Maßnahme gleicher Wirkung sinnvoll. Allerdings darf der Topos der Vertriebsmodalitäten die Abgrenzung nicht allein beherrschen. Auch sollte er niemals den Blick auf den Hintergrund der Prüfungseinschränkung verstellen. Die Abgrenzung muss vielmehr funktional vor dem Hintergrund des Binnenmarktziels erfolgen; ggf. auch unter Loslösung vom Begriff der Vertriebsmodalität: Eine Maßnahme gerät jedenfalls immer dann in Konflikt mit den Grundfreiheiten, wenn sie einen Anbieter daran hindert, mit seinem Produkt europaweit tätig zu werden oder wenn sie dem Nachfrager die Möglichkeit nimmt, auf Leistungen und Produkte mit je nach Herkunftsland unterschiedlichem Zuschnitt zuzugreifen.[53] Darüber hinaus sind jedoch auch solche Maßnahmen am Maßstab der Grundfreiheit zu messen (d. h. insbes. auf Verhältnismäßigkeit zu prüfen), die faktisch zu einem Vermarktungsverbot für ein Produkt führen oder ihm wichtige Vertriebskanäle derart verschließen, dass die Einfuhr stark zurückgeht oder unterbleibt. Denn dann bewirkt die mitgliedstaatliche Maßnahme – obgleich nach formaler Beurteilung eine nicht diskriminierende Vertriebsvorschrift – eine Marktsegmentierung.[54] Die Einteilung nationaler Maßnahmen in produkt- und vertriebsbezogene sollte daher durch die Frage ersetzt werden, ob eine Vorschrift geeignet ist, den Binnenmarkt aufzusplitten und den nationalen Markt abzuschotten. Diese Wirkung kann etwa eine Vorschrift haben, die wie im Fall Buet u. a. dem ausländischen Erzeugnis seinen Hauptvertriebsweg versperrt; nicht hingegen ein Sonntags-Verkaufsverbot.[55]

b) *Alsthom Atlantique*

Zum zweiten werden solche Regelungen nicht an der Grundfreiheit gemessen, denen durch Rechtswahl ausgewichen werden kann. So hat der Gerichtshof in seinem Urteil in Sachen Alsthom Atlantique den Grundfreiheitenverstoß einer besonders strengen französischen Vorschrift zur Mängelhaftung unter anderem mit der Begründung verneint, dass es den Parteien eines internationalen Kaufvertrags im Allgemeinen freistehe, das auf ihre Vertragsbeziehungen anwendbare Recht zu bestimmen und so die Unterwerfung unter das französische Recht zu vermeiden.[56]

---

erfordernis auch *Ehricke*, WuW 44 (1994), 108, 111 f.; *Fezer*, JZ 1994, 317, 324; – krit. ggü. diesem Ansatz hingegen etwa *Hösch*, Einfluss (1993), 26 (auch soweit es um die qualitative Spürbarkeit geht).

53 Zu diesem Aspekt bereits EuGHE 1982, 2349, Rdn. 12 Robertson; 1982, 4575, Rdn. 15 Osthoek; 1989, 1235, Rdn. 7 Buet; 1991 I-2023, Rdn. 14 Boscher u. a.; aus der Rspr. nach „Keck" etwa EuGHE 1994 I-317, Rdn. 13, 18 f. Clinique; 1995 I-1923, Rdn. 11 ff. Mars; dazu auch *Ackermann*, RIW 1994, 189, 193 f.; *Basedow*, RabelsZ 59 (1995), 1, 8 ff.; zum Hintergrund der „Keck-Privilegierung" auch *Mülbert*, ZHR 159 (1995), 2, 18 ff., 22 f.; *Steindorff*, ZHR 158 (1994), 149, 162 ff.

54 So pointiert bei Emmert, Europarecht, § 29 Rdn. 40 ff., 46 unter Hinweis auf die Schlussanträge des GA Van Gerven in der Rs. 145/88, Nr. 18 ff. = EuGHE 1989, 3851, Torfaen Borough Council (ähnlich auch *ders.* in den Schlussanträgen in der Rs. C-312/89 = EuGHE 1991 I-997, 1016 Conforama; und – vorsichtiger – in der Rs. C-401/92, 402/92, Nr. 18 ff. = EuGHE 1994 I-2199, Tankstation 't Heukske u. Boermans). Dazu auch *Ahlfeld*, Zwingende Erfordernisse (1997), 49 f., 50 ff. Die Orientierung am Vorliegen oder Ausbleiben einer „Quasi-Marktsegmentierung" könnte durchaus eine angemesene am Binnenmarktziel ausgerichtete Abgrenzungshilfe bieten.

55 Vgl. dazu nochmals *GA van Gerven*, Schlussanträge in der Rs. C-145/88, Nr. 18 ff. = EuGHE 1989, 3851, Torfaen Borough Council.

56 EuGHE 1991 I-107, Rdn. 15 Alsthom Atlantique; vgl. dazu auch *Franzen*, Privatrechtsanglei-

Ziel der Grundfreiheiten ist es, der grenzüberschreitenden privaten Initiative den Weg zu ebnen, die den Binnenmarkt entstehen lassen soll; mithin soll die Privatautonomie über die Grenzen erstreckt werden. Deshalb ist eine Überprüfung und ggf. Korrektur nur hinsichtlich solcher Maßnahmen erforderlich, denen nicht durch privatautonome Entscheidung ausgewichen werden kann.[57]

Dagegen ist zum einen vorgebracht worden, die Grundfreiheitenwidrigkeit oder -konformität einer Sachnorm könne nicht davon abhängen, durch welchen Rechtsanwendungsbefehl sie berufen werde. Entscheidend sei vielmehr, dass das nationale Recht eine bestimmte Gestaltung verbiete oder vorgebe und deshalb behindernd wirke. Daran ändere sich auch dadurch nichts, dass auf ein anderes Recht ausgewichen werden könne.[58] Diesem recht formalen Argument kann jedoch nicht zugestimmt werden. Für die Frage, welche Wirkungen eine nationale Norm zeitigen kann, insbes. ob sie geeignet ist, den Freiverkehr zu behindern, ist es eben sehr wohl von Bedeutung, wie weit der Anwendungsanspruch der jeweiligen Vorschrift reicht. Es kann nicht darum gehen, abstrakt die Regelung an sich zu bewerten, sondern nur um ihre tatsächlichen Auswirkungen. Die Grundfreiheiten des EG-Vertrages stellen insoweit nicht die Fortexistenz der nationalen Rechtsordnungen in Frage, sondern korrigieren nur die behindernden Wirkungen, die von diesem Nebeneinander verschiedener Vorschriften tatsächlich ausgehen. Eine Norm, der ausgewichen werden kann, kann eine solche Wirkung zumindest nicht allein und aus eigener Kraft entfalten, sondern nur kraft der Zulassung durch die Parteien. „Die kollisionsrechtliche Parteiautonomie legt die staatliche Beschränkung ... in die Hände der Parteien."[59]

Gewichtiger sind demgegenüber Einwände, die Wert und Funktionsfähigkeit der

---

chung (1999), 144 ff.; *Grundmann*, in: Ebenroth/Boujong/Joost, vor § 343 HGB, Rdn. 28 f.; *ders.*, JuS 2001, 946, 947; *Remien*. ZfRV 36 (1995), 116, 129; *Riesenhuber*, System und Prinzipien (2003), 99 ff.; a. A. etwa *Langner*, RabelsZ 65 (2001), 222, 228 ff. m. w. N.; *Steindorff*, in: EG-Vertrag und Privatrecht (1996), 78 f.; *v. Wilmowsky*, Europäisches Kreditsicherungsrecht (1996), 38 ff.

57 Ansatzweise bei *Armbrüster*, RabelsZ 60 (1996), 72, 75 f.; deutlich bei *Fetsch*, Eingriffsnormen (2002), 127 ff.; *Franzen*, Privatrechtsangleichung (1999), 144 ff.; *Grundmann*, Europäisches Schuldvertragsrecht (1999), 52 ff., 55; *ders.* ZHR 163 (1999) 635, 655 ff.; *ders.*, JuS 2001, 946, 947; *Lubitz*, Angleichung des Privatrechts (2000), 6 f.; dazu auch *Müller-Graff*, NJW 1993, 13, 14; *Remien*, ZfRV 36 (1995), 116, 129, 131; *Riesenhuber*, System und Prinzipien (2003), 96 ff., 99 ff., 103, 240 ff.; *Roth*, RabelsZ 55 (1991), 623, 651 f.; *ders.*, VersR 1993, 129, 133 und ZEuP 1994, 5, 25 ff.; mit diesem Grundverständnis wohl auch *v. Wilmowsky*, RabelsZ 62 (1998), 1 ff. **krit.** etwa *Herwig*, Gestaltungsspielraum (2002), 95 ff.; *Mülbert*, ZHR 159 (1995), 2, 10; *Steindorff*, EG-Vertrag und Privatrecht (1996), 78 f. – mit dem Hinweis auf den mitunter faktisch zwingenden Charakter auch solcher Normen, die eigentlich dispositiv ausgestaltet sind. Das betrifft nach Steindorff v. a. Fälle, in denen eine Partei die Abwahl der Norm in den Vertragsverhandlungen nicht durchsetzen kann oder beide Parteien aus Rationalisierungsgründen auf die Rechtswahl verzichten und sich auf die Reserverechtsordnung verlassen; *v. Wilmowsky*, Europäisches Kreditsicherungsrecht (1996), 39 ff.

58 *Mülbert*, ZHR 159 (1995), 2, 10; vgl. z. G. auch *Franzen*, Privatrechtsangleichung (1999), 144 ff.; *Langner*, RabelsZ 65 (2001), 222, 228 ff.

59 So *Remien*, ZfRV 36 (1995), 116, 129; auch *Riesenhuber*, System und Prinzipien (2003), 96 ff., 99 ff. betrachtet die insoweit anfallenden Erschwernisse infolge Informations- und Vereinbarungslasten als im EG-Vertrag mit seiner grds. Entscheidung für die Beibehaltung der nationalen Rechtsordnungen angelegten Preis der Freiheit des grenzüberschreitenden Verkehrs; vgl. auch *Schneider*, NJW 1991, 1985, 1992.

möglichen Rechtswahllösung in Frage stellen und damit den Geltungsgrund der Freistellung des dispositiven Privatrechts selbst zu erschüttern suchen. In diesem Zusammenhang ließe sich vorbringen, die Wahlfreiheit sei oftmals Makulatur, weil häufig eine Vertragspartei in einer strukturell unterlegenen Position und daher nicht in der Lage sei, über die Frage des anwendbaren Rechts in einer Weise mitzubestimmen, welche die Richtigkeitsgewähr sichert, die individuell ausgehandelten Übereinkünfte grds. verbürgen[60]. Des Weiteren verließen sich die Parteien häufig auf die bestehenden Rechtsnormen bzw. entfalteten diese zumindest bei der Verwendung von AGB als Bezugsgröße für die Beurteilung des erheblichen Abweichens vom gesetzlichen Leitbild einen bestimmenden Einfluss. In beiden Fällen würden dispositive bzw. der Rechtswahl zugängliche Normen faktisch zu zwingenden Vorschriften.[61]

Auch dieser Einwand greift m. E. jedoch nicht durch, weil letztlich die Anwendbarkeit der behindernden Norm den Parteien selbst zuzurechnen ist. Das gilt insbes. für das letztgenannte Argument, dass die Beteiligten sich etwa zur Rationalisierung ihrer Vertragsverhandlungen auf das bestehende Recht verlassen und dieses somit faktisch zwingend wird. Wenn die Parteien diesen Weg beschreiten und auf die mögliche Disposition verzichten, bedürfen sie nicht des Schutzes der Grundfreiheiten. Das Risiko und der grds. Aufwand einer Rechtswahl sind dabei als natürliche mit der Privatautonomie verbundene Lasten in einer Europäischen Gemeinschaft hinzunehmen, die auf das Zusammenspiel integrierter, jedoch selbständiger Rechtsordnungen setzt.[62] Das gilt jedenfalls für professionell tätige Parteien. Für die Fälle struktureller Unterlegenheit einer Vertragspartei, die insbes. dann auftreten, wenn nur eine Seite professionell auftritt (etwa im Bereich des Verbraucher- oder Arbeitsvertragsrechts), gelten indes ohnehin Sonderregelungen. Die Rechtswahl ist in diesen Situationen typischerweise ungleicher Verhandlungsmacht ohnehin nicht oder nur eingeschränkt möglich. Hier bleiben die Grundfreiheiten Maßstab der mitgliedstaatlichen Regelung.[63]

I. E. lässt sich sagen, dass Regelungen des Bestimmungsstaates einer Ware wegen der Ausdehnung des Begriffs der Maßnahme gleicher Wirkung prinzipiell sehr schnell als beschränkend eingeordnet werden, wenn und soweit der Bestimmungsstaat versucht, diese Regelungen auf importierte Waren zu erstrecken, die in einem anderen Mitgliedstaat rechtmäßig in den Verkehr gebracht worden sind.[64] Es gilt nicht nur ein

---

60 Zu diesem Begriff *Schmidt-Rimpler*, AcP 147 (1941), 130, 157.

61 Vgl. dazu *Fetsch*, Eingriffsnormen (2002), 128 ff. – i. E. allerdings a. A.; *Steindorff*, EG-Vertrag und Privatrecht (1996), 78 f.; krit. zur Funktionsfähigkeit eines solchen Systems etwa auch *Lurger*, Regulierung und Dereulierung (1997), 84 ff.; insbes. zur Bedeutung der dispositiven Normen als gesetzliches Leitbild bei der Beurteilung von AGB *Grundmann*, RIW 2002, 329, 339.

62 IdS. etwa *Riesenhuber*, System und Prinzipien (2003), 96 ff., 99 ff.; a. A. etwa Herwig, Gestaltungsspielraum (2000), 95 ff.

63 Zu dieser Fallgruppe, in der zudem die Besonderheit besteht, dass das Sachrecht nahezu flächendeckend harmonisiert ist, vgl. *Grundmann*, in Ebenroth/Boujong/Joost, vor § 343 HGB, Rdn. 27 ff.; *ders.*, in RabelsZ 64 (2000), 457, 463 f. und in: Europäisches Schuldvertragsrecht (1999), 20 f., 55 ff.

64 *Koenig/Braun/Capito*, EWS 1999, 401; *Schütz*, Jura 1998, 631, 636 f.

Verbot offener und verdeckter Diskriminierungen, sondern ein umfassendes Beschränkungsverbot,[65] von dem die derzeit einzigen Bereichsausnahmen – für dispositive Regelungen und für Vertriebsmodalitäten im beschriebenen Sinne – nur deshalb nicht erfasst werden, weil sie Konstellationen kennzeichnen, in denen es an einer Behinderung des freien Warenverkehrs gerade fehlt. In dieser strengen und weitgehenden Prüfung manifestiert sich eine deutliche Tendenz des Art. 28 EG Regelungen des Bestimmungsstaates zurückzudrängen, d. h. in Richtung auf ein Herkunftslandprinzip.

III. Die Möglichkeiten der Rechtfertigung einer Beschränkung des freien Warenverkehrs

Ist eine Beschränkung der Grundfreiheit im obigen Sinne festgestellt, kommt es maßgeblich darauf an, ob die Anwendung der beschränkenden Regelung ausnahmsweise gerechtfertigt ist. Eine solche Rechtfertigung kann sich zum einen aus Art. 30 EG ergeben. Diese Vorschrift enthält einen abschließenden Katalog von Rechtfertigungsgründen nichtwirtschaftlicher Art, die selbst diskriminierende Maßnahmen des Bestimmungsstaates einer Ware legitimieren.[66]

Darüber hinaus lässt der Gerichtshof seit seinem zur Leitentscheidung gewordenen Urteil in Sachen Cassis de Dijon[67] für nicht diskriminierende Maßnahmen eine Rechtfertigung aus zwingenden Erfordernissen zu, die der Warenverkehrfreiheit vorgehen. (Allerdings ist die strikte Beschränkung dieser Rechtfertigungsmöglichkeit auf nicht diskriminierende Maßnahmen angesichts einiger neuerer Urteile des EuGH in Frage gestellt worden.[68])

---

65 Vgl. EuGHE 1985, 2605, Rdn. 21 f. Cinéthèque; 1995 I-4165, Rdn. 37 Gebhard zu einem Fall der Niederlassungsfreiheit; *Roth*, RabelsZ 55 (1991), 623, 646; *Streinz*, Europarecht, Rdn. 671 ff.; a. A. wohl *Schütz*, Jura 1998, 631, 635.

66 EuGHE 1961, 693, 720 Kommission/Italien; 1984, 2727, Rdn. 35 Campus Oil; 1988, 2085, Rdn. 34 Bond van Adverteerders u. a.; 1995 I-563, Rdn. 36 Evans Medical und Macfarlan Smith; 1995 I-4921, Rdn. 121 ff. Bosman; 1997, I-3091, Rdn. 23 SETTG; 1998 I-1831, Rdn. 39 Decker; 2001 I-7831, Rdn. 39 Finalarte u. a.; *Epiney*, in: Calliess/Ruffert, Art. 30 Rdn. 1 ff.; *Bleckmann*, Europarecht, Rdn. 1521 ff.; *Emmert*, Europarecht, § 29 Rdn. 30 ff.; ist die Maßnahme tatsächlich nicht diskriminierend, besteht eine zusätzliche Rechtfertigungsmöglichkeit aus zwingenden Erfordernissen des Allgemeininteresses; für diskriminierende Maßnahmen kommt hingegen allein eine Rechtfertigung aus der Schutzklausel in Betracht, vgl. dazu auch *Höpping*, Warenverkehrsfreiheit (1997), 56 ff. zu dem etwa durch das De Agostini-Urteil – EuGHE 1997 I-3843, Rdn. 44 ff. – forcierten Streit, ob diskriminierende Maßnahmen nicht doch durch zwingende Gründe im Sinne der Cassis-Doktrin zu rechtfertigen sind.

67 EuGHE 1979, 649, Rdn. 8 Cassis de Dijon; vgl. dazu etwa *Odendahl*, JA 1996, 18 ff.; eine parallele Entwicklung ist auch bei den anderen Freiheiten zu beobachten; sie erfolgte etwa für die Dienstleistungsfreiheit sogar zeitlich vor der Cassis-Entscheidung – EuGHE 1974, 1299, Rdn. 10/12 Van Binsbergen – und ist dort derselben Problematik geschuldet wie im Rahmen der Warenverkehrsfreiheit: nämlich der Ausweitung des Begriffs der Maßnahme gleicher Wirkung einerseits und dem engen Anwendungsbereich der Schutzklauseln andererseits, die teilweise schon dem Wortlaut nach auf unterschiedslos anwendbare Maßnahmen nicht passen.

68 Str. ist, ob die „zwingenden Gründe“ auf unterschiedslos wirkende Maßnahmen beschränkt

Als zwingende Erfordernisse hat der EuGH ursprünglich v. a. den Schutz der Verbraucher, der Lauterkeit des Handelsverkehrs oder die Erfordernisse einer wirksamen steuerlichen Kontrolle anerkannt[69] (den ursprünglich dort mit einbezogenen Schutz der öffentlichen Gesundheit stützt der Gerichtshof heute nur noch auf Art. 30 EG).[70] In der neueren Rspr. bezieht er auch Gründe wie den Umweltschutz und das Interesse an der Aufrechterhaltung der Medienvielfalt ein;[71] ebenso die Verbesserung der Lebens- und Arbeitsbedingungen oder den Schutz der sozialen und kulturellen Besonderheiten[72] u. a. m.[73] Diese zwingenden Gründe des Gemeinwohls bilden im Gegensatz zu den Rechtfertigungsgründen des Art. 30 EG einen offenen Katalog, der bei Bedarf grds. auch auf weitere Gründe erstreckt werden kann. Allerdings müssen

---

bleiben, wie viele Urteile des EuGH nahelegen – vgl. EuGHE 1985, 1, Rdn. 27 ff. Leclerc u. a./Au blé vert u. a.; 1989, 1105, Rdn. 10 f. Wurmser u. a.; 1993 I-2361, Rdn. 12 Yves Rocher; auch EuGHE 1988, 2045, Rdn. 32 Bon van Adverteerders und 1999 I-2517, Rdn. 16 Ciola zur Dienstleistungsfreiheit. IdS. auch *Müller-Graff*, in: v. d. Groeben/Thiesing/Ehlermann, Art. 30, Rdn. 193 ff.; *Schaub*, RabelsZ 66 (2002), 18, 27 f.

69 Vgl. zur Cassis-Rspr. des Gerichtshofs etwa EuGHE 1979, 649, Rdn. 8 Cassis de Dijon; 1980, 2071, Rdn. 5 f. Gilli und Andres; 1982, 4575, Rdn. 14 Oosthoek; 1990 I-4827, Rdn. 12 Pall; 1993 I-2361, Rdn. 12 Yves Rocher; 1994 I-4249, Rdn. 11 Houtwipper; 1995, I-1923, Rdn. 15 Mars; 1997 I-3843, Rdn. 46 De Agostini und TV-Shop; 2000 I-10663, Rdn. 27 Jean-Pierre Guimont; z. G. *Ahlfeld*, Zwingende Erfordernisse (1997), 84 ff.; *Geiger*, Art. 28, Rdn. 15 ff.; *Kapteyn/VerLoren van Themaat*, Introduction, 676 ff.; *Leible*, in: Grabitz/Hilf, Art. 28, Rdn. 18 f.; *Roth*, FS Mestmäcker (1996), 725 f.; *Streinz*, Europarecht, Rdn. 699 ff.

70 EuGHE 1996 I-3159, Rdn. 6 ff. Brandsma; dazu auch *Geiger*, Art. 28, Rdn. 17; *Kapteyn/VerLoren van Themaat*, Introduction, 678; *Schweitzer/Hummer*, Europarecht, Rdn. 1136.

71 Vgl. etwa EuGHE 1985, 531, Rdn. 13 Procureur de la République/ADBHU; 1988, 4607, Rdn. 6 ff., 9 Kommission/Dänemark; 1992 I-4431, Rdn. 22 ff. Kommission/Belgien; 1998 I-4301, Rdn. 64 Safety Hi-Tech; 1998 I-4355, Rdn. 62 Bettati; 1998 I-4473, Rdn. 19 Aher-Waggon zum Umweltschutz; vgl. dazu auch *Ahlfeld*, Zwingende Erfordernisse (1997), 159 ff.; EuGHE 1997 I-3689, Rdn. 8 ff., 18 Familiapress zur Aufrechterhaltung der Medienvielfalt.

72 EuGHE 1981, 1993, Rdn. 12 Oebel; 1985, 2605, Rdn. 18 ff. Cinéthèque; 1989 I-3851 Rdn. 10 ff., insbes. 13 f. Torfaen Borough Council; 1991 I-997, Rdn. 8 ff., 11 Conforama; 1991 I-1027, Rdn. 8 ff., 11 f. Marchandise; 1992 I-6635, Rdn. 11 f. B & Q PLC; 1996 I-2975, Rdn. 25 Semeraro; z. G. *Ahlfeld*, Zwingende Erfordernisse (1997), 184 ff.

73 Zum Erfordernis der Gewährleistung der Funktionsfähigkeit des öffentlichen Telekommunikationsnetzes – EuGHE 1991 I-1223, Rdn. 37 Frankreich/Kommission; 1991 I-5941, Rdn. 30 ff. Regie des Telegraphes et des Telephones/GB INNO-BM-SA; darauf Bezug nehmend EuGHE 1993 I-5267, Rdn. 25 Lagauche; auch EuGHE 1994 I-3257, Rdn. 6 Rouffeteau u. Badia; zur angemessenen, vollständigen und richtigen Kenntnis über innergemeinschaftliche Warenströme EuGHE 1979, 3247, Rdn. 7 Kommission/Italien; 1997 I-3629, Rdn. 30 Kieffer u. Thill; zur Abwehr erheblicher Gefährdungen des finanziellen Gleichgewichts des Systems der sozialen Sicherheit – EuGHE 1984, 523, Rn, 16 ff. Duphar; 1998 I-1831, Rdn. 39 Decker; 2001 I-5473, Rdn. 72 ff. Smits (zur Dienstleistungsfreiheit); sowie (ebenfalls für die Dienstleistungs- und Niederlassungsfreiheit) zur Durchsetzung bestimmter Berufsregeln – EuGHE 1979, 35, Rdn. 28 Van Wesemael; 1995 I-4165, Rdn. 33 ff. Gebhard – oder zur Sicherung der Funktionsfähigkeit der Rechtspflege und zum Gläubigerschutz – EuGHE 1999 I-1459, Rdn. 32 ff. Centros; 1999 I-8453, Rdn. 36 Arblade u. a.; 2002 I-9919, Rdn. 92 Überseering B. V. und 2001 I-2189, Rdn. 27 Mazzoleni zum Schutz der Arbeitnehmer; 2000 I-7919, Rdn. 38 Corsten zur Sicherung der Qualität handwerklicher Arbeit; aufschlussreich auch EuGHE 1991 I-4007, Rdn. 12 ff. Stichting Gouda und EuGHE 1991, 4069, Rdn. 17 ff. Kommission/Niederlande – zwar sind beide Entscheidungen zur Dienstleistungsfreiheit ergangen, enthalten jedoch umfangreiche Aufzählungen anerkennenswerter Gründe durch den EuGH; z. G. *Ahlfeld*, Zwingende Erfordernisse (1997), 84 ff.; Zusammenstellung der Rspr. auch bei *Leible*, in: Grabitz/Hilf, Art. 28, Rdn. 18 f.

die zwingenden Erfordernisse ein ähnliches Gewicht aufweisen wie die Rechtfertigungsgründe des Art. 30 EG, und wie dort kommen lediglich Gründe nichtwirtschaftlicher Art in Betracht (es sei denn in Gestalt von Nebenzielen).[74]

Der EuGH selbst ordnet die „zwingenden Erfordernisse" allerdings nicht als Rechtfertigungsgründe ein. Er verneint bei ihrem Vorliegen stattdessen schon eine Beschränkung der Grundfreiheit.[75] Die „zwingenden Erfordernisse" bilden jedoch praktisch ein Pendant zu dem durch die Dassonville-Formel und ihrer FolgeRspr. stark erweiterten Begriff der Maßnahme gleicher Wirkung. Die Anerkennung weiterer Rechtfertigungsgründe neben dem Katalog des Art. 30 EG schafft einen Ausgleich für die von den Schöpfern des Vertrages so noch nicht bedachte Ausweitung der Freiheiten vom Diskriminierungsverbot zum Beschränkungsverbot, indem auch die Rechtfertigungsmöglichkeiten ausgeweitet werden.[76] Es ist daher überzeugender, die „zwingenden Erfordernisse" im Sinne der Cassis-Rspr. wie Art. 30 EG als Rechtfertigungsgründe zu qualifizieren. Bezeichnenderweise unterscheidet sich auch die Prüfung der zwingenden Erfordernisse durch den Gerichtshof kaum von der Prüfung des Art. 30 EG.[77] Insbes. wird in beiden Fällen die Anerkennung von einer strengen Verhältnismäßigkeitsprüfung abhängig gemacht.[78]

---

74 EuGHE 1982, 2187, Rdn. 27 Kommission/Italien; 1982, 2793, Rdn. 37 ff., 40 Kommission/Vereinigtes Königreich; 1984, 2727, Rdn. 35 Campus Oil; 1987, 3883, Rdn. 12 ff. Openbaar Ministerie/Nertsvoederfabriek Nederland, 1998 I-1831, Rdn. 39 Decker; 2000 I-151, Rdn. 33 Sass; 1998 I-1931, Rdn. 41 Kohll und 2001 I-385, Rdn. 48 Italien/Kommission – beide zur Dienstleistungsfreiheit; vgl. auch *Emmert*, Europarecht, § 29 Rdn. 34; Geiger, Art. 30 Rdn. 15 ff.; *Grundmann*, Europäisches Schuldvertragsrecht (1999), 45 f. und in Ebenroth/Boujong/Joost, vor Art. 343 HGB, Rdn. 24; *Müller-Graff*, in: v. d. Groeben/Thiesing/Ehlermann, Art. 30, Rdn. 203 f.; *Kapteyn/VerLoren van Themaat*, Introduction, 676; *Langner*, RabelsZ 65 (2001), 222, 239; *Oppermann*, Europarecht, Rdn. 1299; *Schweitzer/Hummer*, Europarecht, Rdn. 1136.

75 Deutlich etwa in EuGHE 1980, 2071, Rdn. 5 f. Gilli und Andres; 1981, 1625, Rdn. 10 Kommission/Irland; 1982, 2349, Rdn. 9 ff. Robertson; 1990 I-4827, Rdn. 12 Pall; 1993 I-2361, Rdn. 12 Yves Rocher; 1994 I-4249, Rdn. 11 Houtwipper; so auch *Geiger*, Art. 28, Rdn. 17; *Hailbronner*, in: Hailbronner/Klein/Magiera/Müller-Graff, Art. 30 Rdn. 8; *Hösch*, Einfluss (1993), 26; *Leible*, in: Grabitz/Hilf, Art. 28 Rdn. 18 ff., insbes. 20; *Oppermann*, Europarecht, Rdn. 1298 ff.; krit. *Dauses*, RIW 1984, 197, 202; *Schweitzer/Hummer*, Europarecht, Rdn. 1135.

76 *Epiney*, in: Calliess/Ruffert, Art. 28, Rdn. 18 ff.; *Grundmann*, in: Ebenroth/Boujong/Joost, vor Art. 343 HGB, Rdn. 24; *Kapteyn/VerLoren van Themaat*, Introduction, 675; *Lackhoff*, Niederlassungsfreiheit (2000), 400 ff.; *Remien*, ZfRV 36 (1995), 116, 129; *Streinz*, Europarecht, 699 f.

77 Zur Tendenz auch des EuGH, diese Ausnahmen zumindest in der tatsächlichen Anwendung den Rechtfertigungsgründen anzunähern EuGHE 1988, 793, Rdn. 7 Kommission/Frankreich; 1998 I-4075, Rdn. 44 ff. Dusseldorp u. a.; ebenso EuGHE 1989, 1105, Rdn. 11 Wurmser; 1997 I-3689, Rdn. 18 Familiapress; 1997 I-3843, Rdn. 52 f. De Agostini und TV-Shop; 1998 I-1831, Rdn. 39 Decker; 1998 I-1897, Rdn. 25 Safir; 1998 I-8033, Rn, 24 Bluhme, wo der Gerichtshof sogar von Rechtfertigung spricht. Ise. Einordnung als Rechtfertigungsgründe auch *Becker*, EuR 29 (1994), 162, 165 ff.; *Epiney*, in: Calliess/Ruffert, Art. 28 Rdn. 22 ff.; *Grundmann*, in: Ebenroth/Boujong/Joost, vor § 343 HGB, Rdn. 24; *ders.*, Europäisches Schuldvertragsrecht (1999), 45 ff.; *Gundel*, Jura 2001, 79; *Hirsch*, ZEuS 1999, 503, 511; *Jarass*, EuR 35 (2000), 705, 719; *Roth*, WRP 2000, 979 f., Fn. 5, der feststellt, dass auch der EuGH anerkennt, dass es letztlich um eine Frage der Rechtfertigung geht; *Sack*, EWS 1994, 37, 46; *Schütz*, Jura 1998, 631, 636 f., 641.

78 Vgl. EuGHE 1979, 649, Rdn. 8 Cassis de Dijon; 1990 I-4827, Rdn. 12 Pall; 1991 I-997, Rdn. 10 Conforama; 1993 I-2361, Rdn. 12 Yves Rocher; 1995 I-1923, Rdn. 15 Mars; 1997 I-2971, Rdn. 34 Celestini; 1997 I-3689, Rdn. 19 ff. Familiapress; 1997 I-5909, Rdn. 75 Franzén; 1998 I-4473, Rdn. 20

Innerhalb dieser Verhältnismäßigkeitskontrolle prüft der EuGH im Einzelnen, ob die mitgliedstaatliche Maßnahme geeignet und erforderlich ist, um einen gemeinschaftsrechtlich gebilligten Zweck zu erreichen, und ob sie dem Grundsatz der Verhältnismäßigkeit im engeren Sinne genügt, wobei den Mitgliedstaaten jedoch – insbes. was Geeignetheit und Erforderlichkeit angeht – ein weiter Beurteilungsspielraum zusteht.[79] Dazu muss die nationale Maßnahme zum einen das Schutzziel, das sie verfolgt, zumindest fördern können.[80] Zum anderen darf kein weniger einschneidendes Mittel verfügbar sein, mit dem sich das Schutzziel ebenfalls wirkungsvoll umsetzen lässt[81] und es darf nicht mit einer Selbstregulierung durch den Markt zu rechnen sein.[82] Insbes. im Hinblick den Aspekt des Vorrangs des milderen Mittels hat der Gerichtshof seine Rspr. dahingehend konkretisiert, dass – wo immer es möglich ist – Kennzeichnungs- oder Informationspflichten zwingenden inhaltlichen Vorgaben vorzuziehen sind. Dahinter steht die Überlegung, dass es in vielen Fällen ausreicht, die Marktteilnehmer – namentlich die Nachfrager von Waren – über die wesentlichen Parameter der vorhandenen Angebote zu informieren, die sie für ihre

---

Aher-Waggon; 2000 I-5681, Rdn. 40 Toolex Alpha AB; 2000 I-10251, Rdn. 27 f. Kommission/Belgien; 2000 I-10663, Rdn. 27 Jean-Pierre Guimont; 2001 I-1795, Rdn. 28 Konsumentombudsmannen; dazu *Grundmann*, Europäisches Schuldvertragsrecht (1999), 45 ff.; *Heselhaus*, EuZW 2001, 645, 647 f.; *Höpping*, Warenverkehrsfreiheit (1997), 60 f., 73 ff.; *Hösch*, Einfluss (1993), 23 f.; *Langner*, RabelsZ 65 (2001), 222, 241 ff.; *Leible*, in: Grabitz/Hilf, Art. 28, Rdn. 21

79 Vgl. vorangegangene Fußnote; des Weiteren EuGHE 1991 I-1747, Rdn. 27 Eurim-Pharm; 1995 I-3723, Rdn. 42 Deutschland/Rat; 1997 I-3629, Rdn. 30 ff., 33 Kieffer u. Thill; 1998 I-5121, Rdn. 34 Harpegnies; 2000 I-10663, Rdn. 27 Jean-Pierre Guimont; 2000 I-11499, Rdn. 29, 42 Kommission/Frankreich; 2000 I-5681, Rdn. 40 Toolex Alpha AB m. w. N.

80 Geeignetheit bejaht: EuGHE 1980, 2299, Rdn. 15 ff. Kommission/Frankreich; 1983, 2445, Rdn. 18 ff. Sandoz; 1984, 2727, Rdn. 37 ff. Campus Oil Limited; 1991 I-3069, Rdn. 23 Denkavit; 1991 I-4151, Rdn. 15 Aragonesa; Geeignetheit verneint in EuGHE 1979, 649, Rdn. 11 Cassis de Dijon; 1979, 2555, Rdn. 11 ff. Kommission/Deutschland; 1983, 531, Rdn. 15 f. Kommission/Belgien; 1989, 229, Rdn. 10 Kommission/Deutschland; 1994 I-2757, Rdn. 42 f. Deutsches Milchkontor; zum Erfordernis der Geeignetheit der beschränkenden Maßnahme auch *Epiney*, in: Calliess/Ruffert, Art. 30 Rdn. 52 f.; *Langner*, RabelsZ 65 (2001), 222, 242; *Müller-Graff*, in: v. d. Groeben/Thiesing/Ehlermann, Art. 36 Rdn. 129 ff.

81 EuGHE 1979, 2555, Rdn. 10 ff. Kommission/Deutschland; 1983, 531, Rdn. 12 ff. Kommission/Belgien; 1983, 2445, Rdn. 18 Sandoz; 1984, 2727, Rdn. 37 ff. Campus Oil Limited; 1986, 3935, Rdn. 13 Kommission/Griechenland; 1988, 547, Rdn. 12 ff. Kommission/Vereinigtes Königreich; 1989, 229, Rdn. 6 ff. Kommission/Deutschland; 1990 I-4863, Rdn. 14 ff. Bellon; 1991, I-1487, Rdn. 53, Delattre; 1991, I-1747, Rdn. 27, Eurim-Pharm; 1992 I-2575, Rdn. 11 Komission/Deutschland; 1994 I-3303, Rdn. 24 ff. Kommission/Deutschland; 1994 I-3879, Rdn. 10 Meyhui; 1997 I-2405, Rdn. 50 ff. Deutschland/Parlament und Rat, dort zu einem Fall der Freizügigkeit; 1997, I-3689, Rdn. 19 Familiapress; 1998 I-6197, Rdn. 21 ff. Kommission/Frankreich; 1999 I-3175, Rdn. 38 ff. Colim; 2000 I-10251, Rdn. 27 f. Kommission/Belgien; 2000 I-11499, Rdn. 42 Kommission/Frankreich; 2000 I-10663, Rdn. 27 Jean-Pierre Guimont; 2000 I-5681, Rdn. 40 Toolex Alpha AB; 2000 I-6579, Rdn. 15, 21 ff. Yannick Geffroy und Casino France SNC; z. G. auch *Bleckmann*, Europarecht, Rdn. 1524; *Emmert*, Europarecht, § 29 Rdn. 37 ff.; *Höpping*, Warenverkehrsfreiheit (1997), 60 f.; *Langner*, RabelsZ 65 (2001), 222, 242 f.; *Müller-Graff*, in: v. d. Groeben/Thiesing/Ehlermann, Art. 36 Rdn. 93 ff.; *Oppermann*, Europarecht, Rdn. 1308.

82 Zu diesem Aspekt *Hösch*, Einfluss (1993), 24; *Müller-Graff*, in: v. d. Groeben/Thiesing/Ehlermann, Art. 36 Rdn. 128 (unter Berufung auf GA *Reischl*, Schlussanträge in der Rs. C-4/75, Nr. = EuGHE 1975, 862, 869); vgl. auch die Mitteilung Kommission zu dem Cassis de Dijon-Urteils des EuGH, ABl.EG 1980, C 256/2 ff.

Auswahlentscheidung benötigen. So wird dem Interesse am Schutz wichtiger Rechtsgüter Rechnung getragen, insbes. das strukturelle Problem des Marktversagens aufgrund nicht ausräumbarer Informationsasymmetrien beseitigt, zugleich jedoch die Gestaltungs- und Angebotsvielfalt nicht inhaltlich eingeschränkt. Die Auswahlentscheidung kann – entsprechend der Idee der Integration auf der Basis von Privatinitiative – dem umfassend informierten Markt überlassen werden.[83]

Ein weiterer wichtiger Aspekt ist die Konsistenz der nationalen Maßnahme: Auch wenn eine Maßnahme den oben bezeichneten Anforderungen grds. genügt, wird sie nur zugelassen, wenn sie auch konsistent durchgeführt wird. Verfolgt sie hingegen das deklarierte Schutzziel tatsächlich so lückenhaft, dass es nicht wirklich erreicht werden kann, vermag sie keinen Eingriff in den Gewährleistungsgehalt der Grundfreiheiten zu rechtfertigen.[84]

Die Verhältnismäßigkeitsprüfung ist auch der Ort, an dem das Herkunftslandprinzip eine weitere, besonders konkrete, Ausprägung findet. Neben der grds. Anerkennung des zwingenden Erfordernisses, auf das sich der Bestimmungsstaat beruft, kommt es hier auch ganz maßgeblich auf einen besonderen Aspekt der Erforderlichkeit und Angemessenheit der beschränkenden Maßnahme an. Ist dem Schutzinteresse, das der Bestimmungsstaat der Ware mit seiner Maßnahme verfolgt, bereits durch den Herkunftsstaat ausreichend entsprochen worden, sind weitere Maßnahmen des Bestimmungsstaates nicht mehr erforderlich. Jedenfalls müssen die im Herkunftsstaat erfolgten Maßnahmen berücksichtigt werden, damit es nicht zu Doppelbelastungen kommt.[85] Der freie Warenverkehr soll nicht allein deshalb beschränkt wer-

---

83 Dieser Ansatz hat v. a. die Rspr. zu den Anforderungen an die Produktbeschaffenheit geprägt und dazu geführt, dass Verkehrsverbote oder Einfuhrbeschränkungen nur dann in Betracht gezogen werden dürfen, wenn eine Information nicht wirksam möglich oder nicht hinreichend ist: vgl. etwa EuGHE 1987, 1227, Rdn. 35 ff. Kommission/Deutschland; 1988, 4233, Rdn. 16 Drei Glocken; 1988, 4907, Rdn. 12 Deserbais; 1991 I-3069, Rdn. 24 Denkavit; 1994 I-3537, Rdn. 19 f. Van der Velt; 1998 I-6197, Rdn. 21 ff. Kommission/Frankreich; *Epiney*, in: Calliess/Ruffert, Art. 30 Rdn. 54 ff.; *Grundmann*, JZ 2000, 1133 ff., insbes. 1136 ff.; *ders.*, NJW 2000, 14, 17 f.; *Höpping*, Warenverkehrsfreiheit (1997), 62 f.

84 Beispiele etwa in EuGHE 1986, 1007, Rdn. 13 ff. Conegate/HM Customs & Excise – zu einem Einfuhrverbot für „anstößige" Waren, für die innerstaatlich kein Herstellungs- oder Vermarktungsverbot galt; EuGHE 1987, 1227, Rdn. 44 ff., 49 Kommission/Deutschland – zu einem gesundheitspolitisch begründeten Verbot, bestimmte bei anderen Getränken zugelassene Zusatzstoffe auch bei der Bierherstellung zu verwenden; EuGH 1999 I-1459 Rdn. 32 ff. Centros für die Niederlassungsfreiheit – dort wurde die Weigerung der dänischen Behörden, eine Zweigniederlassung der nach englischem Recht gegründeten Centros Ltd. einzutragen, weil die Auslandsgründung nur der Umgehung inländischer Kapitalisierungsvorschriften diene, beanstandet, weil die Eintragung bei (auch) ausländischer Geschäftstätigkeit ohne weiteres erfolgt wäre, obwohl auch dann die Kapitalisierung dänischem Standard nicht entsprochen hätte; zu diesem Aspekt auch *Grundmann*, in: Ebenroth/Boujong/Joost, vor § 343 HGB, Rdn. 24.

85 EuGHE 1981, 3277, Rdn. 14, 16 Biologische Producten; 1982, 2349, Rdn. 11 f. Robertson u. a.; 1996 I-3159, Rdn. 12 Brandsma; 1997 I-2971, Rdn. 34 Celestini; 1998 I-5121, Rdn. 34 ff. Harpegnies; entsprechendes hat der Gerichtshof auch im Zusammenhang mit anderen Grundfreiheiten ausgesprochen: vgl. etwa EuGHE 1991 I-2357, Rdn. 15 f. Vlassopoulou; 1994 I-425, Rdn. 27 f. Haim; 2000 I-6623, Rdn. 23 f. Hocsman; 2002 I-663, Rdn. 23 f. Dreessen; jeweils zur Niederlassungsfreiden, weil Herkunfts- und Bestimmungsstaat legitime Regelungsziele mit verschiedenen Mitteln verfolgen.[86]

Schließlich kommt die Rechtfertigung einer freiverkehrsbeschränkenden Maßnahme nur insoweit in Betracht, als in diesem Bereich noch keine abschließende Harmonisierung der mitgliedstaatlichen Rechtsordnungen stattgefunden hat. In diesem Fall ist eine weitergehende Berufung auf die Rechtfertigungsgründe des Art. 30 EG oder auf die zwingenden Erfordernisse im Sinne der Cassis-Rspr. nicht mehr zulässig. Denn sowohl die Schutzklausel des Art. 30 EG als auch der Vorbehalt zwingender Erfordernisse soll den Mitgliedstaaten den Schutz wesentlicher Gemeinwohlbelange ermöglichen, soweit dieser Schutz auf europäischer Ebene nicht gewährleistet werden kann bzw. (noch) nicht hinreichend gewährleistet ist.[87] Wo ein Schutzanliegen hingegen auf europäischer Ebene wahrgenommen werden kann und der Europäische Gesetzgeber von dieser Möglichkeit Gebrauch gemacht hat, ist kein Platz mehr für nationale Alleingänge. Das gilt jedenfalls dann, wenn die gemeinschaftsrechtliche Regelung das zu schützende Rechtsgut abschließend behandelt.[88]

Resümierend lässt sich feststellen, dass der EuGH in seiner Rspr. nur ausnahmsweise die Rechtfertigung einer mitgliedstaatlichen Maßnahme mit freiverkehrsbeschränkender Wirkung i. E. bejaht.[89] In der überwiegenden Zahl der Fälle wird hingegen der Durchsetzung der Marktfreiheiten Vorrang vor den Schutzzielen der Mitgliedstaaten eingeräumt, so dass das Herkunftslandprinzip, wie es sich aus der Rspr. zu Art. 28, 30 EG ergibt, die Rechtslage in den meisten klassischen Anwendungsfällen der Einfuhrfreiheit korrekt umschreibt.

IV. Zusammenfassung: Ausprägungen des Herkunftslandprinzips

Das Herkunftslandprinzip zieht sich somit wie ein roter Faden durch die gesamte Dogmatik des Art. 28 EG. Der Rspr. liegt die Vorstellung zugrunde, dass mit dem Binnenmarkt ein integrierter Wirtschaftsraum entstehen soll, in dem Produkte und

---

heit; *Fetsch*, Eingriffsnormen (2002), 114, 226 ff.; *Grabitz*, FS Steindorff (1990), 1229, 1237; *Höpping*, Warenverkehrsfreiheit (1997), 60 f.; *Koenig/Braun/Capito*, EWS 1999, 401; *Schütz*, Jura 1998, 631, 636 f.

86 Dazu EuGHE 1979, 3369, Rdn. 23 Denkavit; 1981, 3277, Rdn. 14 ff. Biologische Producten; *Koenig/Braun/Capito*, EWS 1999, 401; *Oppermann*, Europarecht, Rdn. 1299; *Schütz*, Jura 1998, 631, 637.

87 Vgl. dazu EuGHE 1977, 1555, Rdn. 35 Tedeschi; 1979, 1629, Rdn. 36 Ratti; 1979, 3369, Rdn. 14 Denkavit; 1988, 4689, Rdn. 10 Moormann; 1996, I-2553, Rdn. 18 Hedley Lomas; 1998 I-6871, Rdn. 21 Kommission/Deutschland; 2000 I-5681, Rdn. 25 Toolex Alpha AB; *Geiger*, Art. 30 Rdn. 1; *Hösch*, Einfluss (1993), 24; *Leible*, in: Grabitz/Hilf Art. 30, Rdn. 10 f.; *Müller-Graff*, in: v. d. Groeben/Thiesing/Ehlermann, Art. 36 Rdn. 13 ff.; *Kapteyn/VerLoren van Themaat*, Introduction, 679; *Oppermann*, Europarecht, Rdn. 1300; *Rohe*, RabelsZ 61 (1997), 1, 47 f.; speziell zu den zwingenden Erfordernissen EuGHE 1982, 3961, Rdn. 12 Rau/De Smedt; 1988, 4489, Rdn. 15 Smanor; *Epiney*, in: Calliess/Ruffert, Art. 28 Rdn. 24.

88 EuGHE 1977, 1555, Rdn. 33/35 Tedeschi/Denkavit; 1988, 2965, Rdn. 15 ff. Dansk Denkavit; 1989, 617, Rdn. 15 Schumacher; 1991 I-1487, Rdn. 48 Delattre; 1991 I-1714, Rdn. 26 Eurim-Pharm; 1994 I-2039, Rdn. 14 Kommission/Deutschland; 1994 I-5243, Rdn. 13 ff. Ortscheit.

89 So auch *Leible*, in: Grabitz/Hilf, Art. 28, Rdn. 21.

Produktionsfaktoren frei zirkulieren können. Das setzt jedoch voraus, dass die beteiligten Mitgliedstaaten an die Einfuhr fremder Erzeugnisse keine allzu hohen Anforderungen stellen. Insbes. bliebe von der Freiheit nicht viel übrig, wenn jeder Mitgliedstaat uneingeschränkt auf die Einhaltung seiner eigenen Standards für die Produktion und Beschaffenheit von Waren bestehen würde. In diesem Fall müsste der Produzent von Waren, der in andere Mitgliedstaaten liefern will, seine Produktion entweder am jeweils höchsten Standard aller ihn interessierenden Länder ausrichten oder aber jeweils für jeden Mitgliedstaat eine eigene Produktion unterhalten. Beides wiederspricht jedoch der Grundidee eines Binnenmarktes. Es soll ein möglichst unverfälschter gemeinschaftsweiter Wettbewerb entstehen, der eine optimale Allokation von Gütern und Produktionsfaktoren sichert.[90] Anpassungszwänge wie die hier angesprochenen verzerren jedoch diesen Wettbewerb. Wer grenzüberschreitend tätig werden will, kann entweder nicht einheitlich für den gesamten Binnenmarkt produzieren und muss daher Mehraufwand in Kauf nehmen, oder aber er produziert nach dem gemeinschaftsweiten Höchststandard und verliert dadurch in weniger streng reglementierten Staaten den Vorteil, selbst entscheiden zu können, ob er sich dem dort geltenden niedrigeren Niveau anschließen oder versuchen möchte, einen höheren Qualitätsstandard am Markt durchzusetzen. Das System des Binnenmarktes kann also nur funktionieren, wenn die Mitgliedstaaten bereit sind, ausländischen Wirtschaftsteilnehmern nur wirklich unabdingbare Normen entgegenzuhalten, mit denen sie berechtigte Schutzinteressen verfolgen, und im Übrigen die Maßnahmen des Herkunftsstaates ausreichen zu lassen. Berücksichtigt man zudem, dass die Mitgliedstaaten inakzeptable Schutzdefizite des Herkunftslandrechts über die Rechtfertigungsgründe des Art. 30 EG und die „zwingenden Erfordernisse“ abwehren können, soweit nicht der heute erreichte und künftige Integrationsstand in der Gemeinschaft solche Defizite verhindert, stehen der Anerkennung des Herkunftslandprinzips i. d. S. keine durchgreifenden Bedenken entgegen.

Die Systematik des Art. 28 EG beruht denn auch auf der Prämisse, dass Produkte aus einem Mitgliedstaat grds. auch in jedem anderen verkehrsfähig sind. Allen Regelungen des Einfuhrstaates, welche die Verkehrsfähigkeit der Ware im Inland von weiteren oder strengeren Voraussetzungen abhängig machen, insbes. zwingend die Einhaltung der eigenen Produktstandards verlangen wollen, wird grds. eine die Warenverkehrsfreiheit beschränkende Wirkung attestiert. Die Durchsetzung solcher beschränkenden Regelungen wird zu einer begründungsbedürftigen Ausnahme vom Postulat des Freiverkehrs. Wenn und soweit eine Ware den Standards ihres Herkunftslandes entspricht und dort verkehrsfähig wäre, soll sie es grds. auch in allen anderen Mitgliedstaaten sein.[91] Hinzu kommt, dass im Rahmen der Rechtfertigung von nationaler Eingriffe in die Grundfreiheit Kontrollen und andere produktbezo-

---

90 *Immenga*, JA 1993, 257, 258; *Müller-Graff*, in: v. d. Groeben/Thiesing/Ehlermann, vor Art. 30-37, Rdn. 3; Art. 30, Rdn. 1 ff.; *Schön*, GS Knobbe-Keuk (1997), 743, 745 f.

91 EuGHE 1981, 527, Rdn. 15 Kelderman; 1982, 2349, Rdn. 11 f. Robertson; 1994 I-3879, Rdn. 10 ff. Meyhui; 1999 I-3175, Rdn. 38 Colim; vgl. aus der umfangreichen Lit. nur *Behrens*, EuR 27 (1992), 145, 156 f.; *Grandpierre*, Herkunftsprinzip (1999), 58 f.; *Immenga*, JA 1993, 257, 260; *Koenig/Braun/Capito*, EWS 1999, 401; *Kotthoff*, Werbung ausländischer Unternehmen im Inland (1994), 72;

gene Maßnahmen im Herkunftsland zu berücksichtigen sind und im Zweifel als ausreichend zu gelten haben.[92]

V. Übertragbarkeit auf andere Grundfreiheiten

Die oben für die Warenverkehrsfreiheit dargestellten Prinzipien lassen sich im Grundsatz auch auf die anderen Marktfreiheiten übertragen.

1. Wachsende Konvergenz im Bereich der Grundfreiheiten

Die Dogmatik der Grundfreiheiten in der Rspr. des Gerichtshofs ist von einer wachsenden Konvergenz gekennzeichnet. Die praktischen Unterschiede zwischen den einzelnen Freiheiten schwinden.[93] Diese Entwicklung erklärt sich indes zwanglos daraus, dass die Grundfreiheiten einander ergänzende Komponenten desselben Zieles – nämlich der Errichtung und Vervollkommnung des Binnenmarktes – sind. Art. 14 EG definiert den Binnenmarkt als einen „Raum ohne Binnengrenzen, in dem der freie Verkehr von Waren, Personen, Dienstleistungen und Kapital ..." gewährleistet ist, nennt die Freiheiten also gleichberechtigt. Es verwundert daher nicht, dass der EuGH sie auch prinzipiell gleichmäßig handhabt und geneigt ist, neue dogmatische Figuren von einer Freiheit auf die andere zu übertragen. Besonders deutlich sind die Parallelen zwischen Warenverkehrs- und Dienstleistungsfreiheit.[94]

2. Dogmatische Parallelen

So weisen Arbeitnehmerfreizügigkeit (Art. 39 EG), Niederlassungsfreiheit (Art. 43

Reich, RabelsZ 56 (1992), 444, 491 ff.; *Schütz*, Jura 1998, 631, 636; *Siehr*, Internationales Privatrecht, 345 f.; *Steindorff*, ZHR 150 (1986), 687, 689.

92 *Basedow*, RabelsZ 59 (1995), 1, 22; *Behrens*, EuR 27 (1992), 145, 157; *Koenig/Braun/Capito*, EWS 1999, 401; *Schütz*, Jura 1998, 631, 636 f.

93 Unterschiede bestehen noch bei den Vorbehaltsklauseln und der konkreten Grenze zwischen Beschränkungs- und Diskriminierungsverbot sowie bei der Entwicklung neuer Tendenzen, die häufig im Rahmen einer Freiheit entwickelt und auf andere übertragen werden. Ein aktuelles Beispiel für diese Praxis bietet etwa die Ausdehnung der Grundfreiheitenwirkung auf Privatrechtsverhältnisse, die ihren Ausgang bei der Arbeitnehmerfreizügigkeit hat. Möglichkeiten und Grenzen der Ausdehnung dieser Entwicklung befinden sich noch in der Diskussion; vgl. dazu *Grundmann*, JuS 2001, 946, 947 m. w. N.

94 *Armbrüster*, RabelsZ 60 (1996), 72, 77; *Basedow*, RabelsZ 59 (1995), 1, 10 ff.; *Behrens*, EuR 27 (1992), 145, 148 ff.; *Drasch*, Herkunftslandprinzip (1997), 199 ff.; *Fetsch*, Eingriffsnormen (2002), 88 ff.; *Franzen*, Privatrechtsangleichung (1999), 131; *Gundel*, Jura 2001, 79; *Hailbronner/Nachbaur*, EuZW 1992, 105, 109 ff.; *Immenga*, JA 1993, 257, 259; *Jarass*, EuR 35 (2000), 705 ff.; *Klauer*, Europäisierung (1998), 67; *Mülbert*, ZHR 159 (1995), 2, 4, 28; *Müller-Graff*, FS Lukes (1989), 471, 479 ff.; *Remien*, ZfRV 36 (1995), 116, 130 f.; *Roth*, RabelsZ 54 (1990), 63, 97; *ders.*, CMLR 30 (1993), 145, 152 ff.; *Schricker*, WRP 1993, 617, 618; *Steindorff* JZ 1994, 95, 96; *Troberg*, ZEuP 1994, 100, 122; z. G. auch *Grundmann*, Europäisches Schuldvertragsrecht (1999), 40 ff.; *Streinz*, in: Völkerrecht und deutsches Recht (2001), 199 ff.

EG), Dienstleistungsfreiheit (Art. 49 EG), sowie Kapital- und Zahlungsverkehrsfreiheit (Art. 56 EG) heute eine ähnliche dogmatische Struktur wie die Warenverkehrsfreiheit auf. Der Gleichlauf erstreckt sich sowohl auf die unmittelbare Anwendbarkeit als auch auf das Postulat der grds. weiten Auslegung und das System der Rechtfertigung beschränkender Maßnahmen.

Die Tendenz, eine im Wesentlichen gleiche Struktur und Dogmatik der Grundfreiheiten zu entwickeln, wird in einigen neueren Urteilen des EuGH besonders deutlich. So heißt es etwa in der Entscheidung Dennis Mac Quen u. a.: „Nach der Rspr. des Gerichtshofes sind jedoch nationale Maßnahmen, die die Ausübung der durch den Vertrag garantierten Grundfreiheiten behindern oder unattraktiver machen können, nur unter vier Voraussetzungen zulässig: Sie müssen in nichtdiskriminierender Weise angewandt werden, sie müssen zwingenden Gründen des Allgemeininteresses entsprechen, sie müssen zur Erreichung des verfolgten Zieles geeignet sein, und sie dürfen nicht über das hinausgehen, was zur Erreichung dieses Zieles erforderlich ist.“[95] Die verbliebenen Unterschiede stellen dieses System nicht grds. in Frage.

a) *Unmittelbare Anwendbarkeit*

Alle Grundfreiheiten des EG-Vertrages sind unmittelbar anwendbar,[96] d. h. sie begründen neben objektivem Recht auch subjektive Rechte, auf die sich der einzelne vor allen Gerichten innerhalb der Gemeinschaft direkt berufen kann, ohne dass es auf einen nationalen Umsetzungsakt ankäme. Dieser Durchsetzungsmechanismus, der durch die einheitsstiftende Rspr. des EuGH als die zentrale Auslegungsinstanz noch gestützt und gestärkt wird, zeichnet die Grundfreiheiten des EG-Vertrages vor anderen durch völkerrechtlichen Vertrag eingeräumten Liberalisierungsprogrammen aus und verleiht ihnen die Kraft, eine Integration auf der Basis von Privatinitiative effektiv zu fördern.[97]

---

95 EuGHE 2001 I-837, Rdn. 26 Dennis Mac Quen u. a. unter Hinweis auf die zuvor ergangenen Entscheidungen in EuGHE 1993 I-1663, Rdn. 32 Kraus; 1995 I-4165, Rdn. 37 Gebhard; 2000 I-5123, Rdn. 57 Haim.

96 Warenverkehrsfreiheit bereits EuGHE 1977, 557, Rdn. 13 Iannelli/Meroni; Dienstleistungsfreiheit EuGHE 1974, 1299, Rdn. 18 ff. van Binsbergen; 1976, 497, Rdn. 19/23 Royer; 1986, 3713, Rdn. 16 Kommission/Dänemark; 1986, 3755, Rdn. 25 Kommission/Deutschland; Arbeitnehmerfreizügigkeit EuGHE 1976, 497, Rdn. 19/23 Royer; 1995-2941, Rdn. 93 Bosman; Niederlassungsfreiheit EuGHE 1974, 631, Rdn. 16/20 ff. Reyners; jetzt für Zahlungs- und Kapitalverkehrsfreiheit EuGHE 1995 I-361, Rdn. 33 ff. Bordessa u. a.; 1995 I-4821, Rdn. 9, 40 ff. Sanz de Lera u. a..

97 So *Behrens*, EuR 27 (1992), 145, 146 f.: zwar sind „die Urteile des Gerichtshofs gegen die Mitgliedstaaten nicht vollstreckbar ..., (deshalb) ist die Rechtsdurchsetzung insoweit auch in der Gemeinschaft auf die Rechtstreue ihrer Mitglieder angewiesen ... Das Revolutionäre am Rechtsdurchsetzungsmechanismus der Gemeinschaft liegt vielmehr darin, dass er sich die Bindung der nationalen Regierungen an die Entscheidungen ihrer eigenen Gerichte – also das das in den Mitgliedstaaten geltende Rechtsstaatsprinzip – zunutze macht. Genau dies ist die tiefere Bedeutung des Vorlageverfahrens nach Art. 177 EGV (heute Art. 234 EG). Indem die nationalen Gerichte zur Vorlage von Auslegungs- und Gültigkeitsfragen verpflichtet werden, geht der Vertrag von Rom implizit davon aus, dass das Gemeinschaftsrecht von eben diesen Gerichten zur Grundlage ihrer Entscheidungen gemacht werden muss.“ (Ergänzungen durch die Verf.); vgl. zur unmittelbaren Anwendbarkeit auch *Emmert*, Europarecht, § 14, Rdn. 11, § 15, Rdn. 3; *Geiger*, Art. 10, Rdn. 21 f.; *Hirsch*, ZEuS

Das gilt heute auch für die Kapitalverkehrsfreiheit, obwohl diese ursprünglich nicht mit unmittelbarer Geltung ausgestattet war. Erst mit der Kapitalverkehrs-Richtlinie[98] und primärrechtlich mit dem Inkrafttreten des neuen Art. 73 b a. F. (heute Art. 56 EG) zum 1. 1. 1994 ist die Kapitalverkehrsfreiheit auch in dieser Hinsicht den anderen Freiheiten gleichgestellt worden.[99]

b) *Weite Auslegung*

Gemeinsam ist den Marktfreiheiten auch eine in zweierlei Hinsicht weite Auslegung.

Zum einen gelten sie grds. sowohl für den Einfuhr- als auch für den Ausfuhrsachverhalt, obwohl dies nicht für alle Grundfreiheiten direkt aus dem Wortlaut der einschlägigen Vertragsvorschriften erhellt (Bereits klar im Vertrag angelegt ist dies etwa für die Warenverkehrsfreiheit in Art. 28, 29 EG oder für die Kapital- und Zahlungsverkehrsfreiheit in Art. 56 EG). Insbes. für die Dienstleistungsfreiheit, die dem Wortlaut nach lediglich den Einfuhrfall zu erfassen scheint, ergibt sich dasselbe jedoch aus der Judikatur des Gerichtshofs.[100]

Zum anderen wird der Beschränkungstatbestand heute bei allen Freiheiten tendenziell weit und in Richtung auf ein allgemeines Beschränkungsverbot hin ausgelegt, wenn sich dabei auch im Einzelnen noch Unterschiede zwischen den Freiheiten ergeben mögen. Der Übergang vom Diskriminierungsverbot zum Beschränkungsverbot ist jedenfalls für die Warenverkehrs- und für die Dienstleistungsfreiheit, wo er seinen Ausgang nahm, seit langem vollzogen[101] und

---

1999, 503, 508; *Hösch*, Einfluss (1993), 4 f.; *Oppermann*, Europarecht, Rdn. 385, 629 ff.; *Remien*, ZfRV 36 (1995), 116, 128; *Steindorff*, EG-Vertrag und Privatrecht (1996), 107 m. w. N.; *Streinz*, Europarecht, Rdn. 349 ff.; *Weber*, EuZW 1992, 561, 562 f. – dort speziell zur Zahlungsverkehrsfreiheit.

98 RL 88/361/EWG, ABl.EG 1988, Nr. L 178/5.

99 Die unmittelbare Anwendbarkeit verneinend noch EuGHE 1981, 2595, Rdn. 9 ff., 19 Casati; zu der nunmehr unmittelbaren Anwendung EuGHE 1995 I-361, 387 Rdn. 33 ff. Bordessa u. a.; 1995 I-4821, Rdn. 9, 40 ff. Sanz de Lera u. a.; 2002 I-4731, Rdn. 36 f. Kommission/Portugal; 2002 I-4781, Rdn. 35 f. Kommission/Frankreich; 2002 I-4809, Rdn. 36 f. Kommission/Belgien; *Bröhmer*, in: Calliess/Ruffert, Art. 56 Rdn. 3; *Fetsch*, Eingriffsnormen (2002), 106 f.; *Geiger*, Art. 56 Rdn. 1; *Ruge*, EuZW 2002, 421, 422; *Streinz*, Europarecht, Rdn. 705, 769; für den Zahlungsverkehr war hingegen nicht allein Art. 67 EGV a. F. ausschlaggebend, diese Freiheit war außer in Art. 67 Abs. 2 EGV a. F., dem der EuGH keine unmittelbar Geltung zugestand, auch durch Art. 106 Abs. 1–3 EGV a. F. erfasst. Diese Vorschrift enthielt eine unmittelbar anwendbare Freiheitsverpflichtung unter dem Vorbehalt der Einschränkung bei Zahlungsbilanzschwierigkeiten und -krisen – vgl. *Oppermann*, Europarecht, Rdn. 1484 ff.; volle primärrechtliche Gleichstellung von Kapital- und Zahlungsverkehrsfreiheit mit den anderen Grundfreiheiten ist jedoch endgültig mit Inkrafttreten des Art. 73 b EGV a. F. = Art. 56 EG erreicht.

100 Vgl. etwa EuGHE 1994 I-1783, Rdn. 30 Corsica Ferries Italia; 1994 I-3453, Rdn. 40 Peralta; 1995 I-1141, Rdn. 29 ff. Alpine Investments; *Fetsch*, Eingriffsnormen (2002), 101 f.; *Grundmann*, in: Ebenroth/Boujong/Joost, vor Art. 343 HGB, Rdn. 21.

101 Vgl. dazu aus der Rechtsprechung des Gerichtshofs – etwa für die **Warenverkehrsfreiheit** EuGHE 1974, 837, Rdn. 5 ff. Dassonville; 1979, 649, Rdn. 8 Cassis de Dijon; 1985, 2605, Rdn. 21 f. Cinéthèque; 1994 I-3879, Rdn. 10 Meyhui; 1999 I-3175, Rdn. 38 Colim; für die **Dienstleistungsfreiheit** bereits angedeutet in EuGHE 1974, 1299, Rdn. 10/12 ff. Van Binsbergen; 1981, 3305, Rdn. 17 ff. Webb wonach im Rahmen zwingender Erfordernisse auch Maßnahmen des Herkunftslandes zu berücksichtigen sind; 1986, 3755, Rdn. 25 ff.; deutlicher EuGHE 1991 I-4221, Rdn. 12

in der Folge im Grundsatz auch auf die anderen Freiheiten übertragen worden.[102]

Am ehesten streitig ist diese Ausweitung der Grundfreiheiten zu allgemeinen Beschränkungsverboten noch für die Niederlassungsfreiheit. Ein Teil des Schrifttums lehnt eine Auslegung der Niederlassungsfreiheit als Beschränkungsverbot ab.[103] Begründet wird diese Ansicht etwa mit dem Argument, dass bei den produktionsfaktorbezogenen Freiheiten die Situation eine andere sei als bei den Produktfreiheiten (Warenverkehrsfreiheit und Dienstleistungsfreiheit). Es bestehe die Gefahr, dass Produkte einer mehrfachen Regelung durch die Rechtsordnungen verschiedener Mitgliedstaaten unterworfen werden, wenn den Grundfreiheiten lediglich das Gebot der Inländerbehandlung entnommen würde. Insbes. im Bereich der Niederlassungsfreiheit integriere sich der Niederlassungswillige hingegen in eine bestimmte Rechtsordnung. Die Gefahr einer Doppelregelung bestehe hier nicht und die Unterwerfung unter die nicht diskriminierenden Vorschriften des Niederlassungsstaates sei zumutbar. Zudem würde die Auslegung als Beschränkungsverbot die Regelungskompetenzen der Mitgliedstaaten zu sehr beschneiden, weil nahezu jede gewerbe- oder berufsrechtlich Regelung dann der Überprüfung durch den EuGH unterläge.[104]

Säger; 1994 I-1039, Rdn. 43 Schindler; 1997 I-3899, Rdn. 18 Parodi; 1998 I-1931, Rdn. 33 Kohll; 1999 I-6067, Rdn. 27 ff. Läärä; 1999 I-8453, Rdn. 33 Arblade u. a.; 2000 I-493, Rdn. 18 ff. Filzmoser; 2000 I-7919, Rdn. 33 Corsten; 2001 I-2189, Rdn. 22 Mazzoleni; 2001 I-1795, Rdn. 20 f. Konsumentombudsmannen (KO); z. G. auch *Drasch*, Herkunftslandprinzip (1997), 199 ff.; *Franzen*, Privatrechtsangleichung (1999), 131; *Herwig*, Gestaltungsspielraum (2002), 166 ff.; *Hirsch*, ZEuS 1999, 503, 508 ff.; *Kingreen*, Struktur der Grundfreiheiten (1999), 58 ff.; *Kling*, EuZW 2002, 229, 231; *Kort*, JZ 1996, 132, 135 ff.; *Lackhoff*, Niederlassungsfreiheit (2000), 366 f.; *Radicati di Brozolo*, Rev.crit.d.i.p. 82 (1993), 401, 405 f.; *Schaub*, RabelsZ 66 (2002), 18, 27; *Schweitzer/Hummer*, Europarecht, Rdn. 1075, 1123, 1158, 1175, 1192; *Streinz*, Europarecht, Rdn. 671 ff.

102 Die **Kapital- und die Zahlungsverkehrsfreiheit** sind bereits tatbestandlich als Beschränkungsverbote formuliert und werden auch dementsprechend weit ausgelegt, vgl. hierzu EuGHE 1995 I-4821, Rdn. 25 Sanz de Lera u. a.; 1999 I-3099, Rdn. 44 Konle; 2002 I-4731, Rdn. 44 f. Kommission/Portugal; 2002 I-4781, Rdn. 40 f. Kommission/Frankreich; ausführlich auch *Bröhmer*, in: Calliess/Ruffert, Art. 56 Rdn. 36 ff.; *Eberhartiner*, EWS 1997, 43, 44 ff.; *Kiemel*, in: v. d. Groeben/Thiesing/Ehlermann, Art. 73 b Rdn. 14; *Oppermann*, Europarecht, Rdn. 1490 ff.; *Ress/Ukrow*, in: Grabitz/Hilf, Art. 56 Rdn. 11 ff.; *Ruge*, EuZW 2002, 421, 422; für die **Arbeitnehmerfreizügigkeit** EuGHE 1995 I-4921, Rdn. 93 ff. Bosman; 1999 I-345, Rdn. 36 Terhoeve; *Fetsch*, Eingriffsnormen (2002), 88 ff.; *Hirsch*, ZEuS 1999, 503, 508 ff.; *Immenga*, JA 1993, 257, 259 f.; *Jarass*, EuR 35 (2000), 705 ff., insbes. zur Frage des Beschränkungsverbots und den Grenzen, in denen ein solches angenommen werden kann 710 f.; *Nettesheim*, NVwZ 1996, 342 ff.; *Schweitzer/Hummer*, Europarecht, Rdn. 1075, 1123, 1158, 1175, 1192; *Steindorff*, EuR 23 (1988), 19 ff.; z. G. auch *Möstl*, EuR 37 (2002), 318, 328 ff.; *Schaub*, RabelsZ 66 (2002), 18, 27; *Streinz*, Europarecht, Rdn. 667, 671 ff.; *Weth/Kerwer*, JuS 2000, 425, 428.

103 Gegen eine auf ein Beschränkungsverbot erweiterte Auslegung der Niederlassungsfreiheit, insbes. gegen eine Übertragung des Herkunftslandprinzips auf die Niederlassungsfreiheit *Drasch*, Herkunftslandprinzip (1997), 189 ff. unter Berufung auf EuGHE 1986, 273, Rdn. 14 Kommission/Frankreich und die ältere Lit.: vgl. etwa *Everling*, FS v. d. Groeben (1987), 111, 116 f.; *Schwintowski*, NJW 1987, 521, 524; *Troberg*, in: v. d. Groeben/Thiesing/Ehlermann,[4] Art. 52 Rdn. 38; weitergehend jetzt *ders.* in der 5. Aufl., Art. 52 Rdn. 46 ff.; vgl. auch *Everling*, DB 1990, 1853, 1857 f.; *Nachbaur*, EuZW 1991, 470, 471 f.

104 *Everling*, DB 1990, 1853, 1857 f.; *Eyles*, Niederlassungsrecht (1990), 72 f.; *Nachbaur*, EuZW 1991,

Demgegenüber mehren sich die Stimmen, die auch insoweit einer freiheitsrechtlichen Konzeption folgen wollen und etwa die Freizügigkeitsrechte zumindest partiell als Beschränkungsverbote verstehen.[105] Diese Autoren berufen sich m. E. zu recht etwa darauf, dass die Unterschiede zwischen Produktfreiheiten und Produktionsfaktorfreiheiten nicht so grds. Natur sind, dass sich eine parallele Behandlung verbietet, zumal der Binnenmarkt (mit den Elementen der Marktfreiheit und der Marktgleichheit) seine Grundlage in einer umfassenden Produkt- und Faktormobilität findet. Auch die Rechtssetzungskompetenzen der Mitgliedstaaten werden durch ein Verständnis der Produktionsfaktorfreiheiten als zumindest partielle Beschränkungsverbote nicht weitergehend beschnitten als dies im Bereich der anderen Grundfreiheiten unbestritten der Fall ist.[106] Desgleichen sprechen dafür der offene Wortlaut des Art. 43 Abs. I iVm. Abs. II EG sowie systematische Argumente.[107]

Jedenfalls für die produktbezogenen Freiheiten haben sich jedoch sowohl das Konzept des Beschränkungsverbots als auch der Annerkennungsgrundsatz durchgesetzt. Bei den produktionsfaktor- bzw. personenbezogenen Freiheiten wie Arbeitnehmerfreizügigkeit und Niederlassungsfreiheit gilt zumindest ein weites Diskriminierungsverbot und der Grundsatz der Anerkennung bzw. der Berücksichtigung von Maßnahmen des Herkunftslandes.

Der EuGH geht indes augenscheinlich auch bei diesen Freiheiten zumindest teilweise von einem Beschränkungsverbot aus;[108] insbes. dann, wenn es um die Frage des grds.

---

470 ff.; in dieser Richtung wohl auch noch *Jarass*, EuR 30 (1995), 202, 213 ff., der die Niederlassung als weites verstandenes Gleichheitsrecht betrachtet. Vgl. z. G. auch die Zusammenstellung bei *Epiney*, Umgekehrte Diskriminierungen (1995), 47 ff., 50 ff., 64 ff. – dort u. a. gegen den Einwand, dass zwar Warenverkehrs- und Dienstleistungsfreiheit parallel zu interpretieren seien, dies jedoch nicht auf produktionsfaktorbezogene Freiheiten ausgeweitet werden könne; und gegen das Argument einer angeblich zu weitgehenden Einschränkung der Rechtssetzungskompetenzen der Mitgliedstaaten. Eine umfassende Darstellung der Argumentationslinien findet sich auch bei *Lackhoff*; Niederlassungsfreiheit (2000), 368 ff.; *Schnichels*, Niederlassungsfreiheit (1995), 130 ff.

105 In dieser Richtung bereits *Behrens*, EuR 27 (1992), 145, 152 f., 160 ff.; *Franzen*, Privatrechtsangleichung (1999), 167 ff., 173 ff.; *Immenga*, JA 1993, 257, 259; *Lackhoff*, Niederlassungsfreiheit (2000), 351 ff., 361 ff., 378 ff.; *Roth*, RabelsZ 54 (1990), 63, 80 ff.; *Sack*, JuS 1990, 352, 354 f.; *Schnichels*, Niederlassungsfreiheit (1995), 130 ff.; *Schöne*, Dienstleistungsfreiheit (1989), 137 ff.; *Schümann*, EuZW 1994, 269, 272; *Steindorff*, ZHR 150 (1986), 687, 693; *ders.*, EuR 23 (1988), 19 ff.

106 Zu den Argumenten für ein weites Verständnis als Beschränkungsverbot vgl. etwa *Blumenwitz*, NJW 1989, 621, 622 f.; *Epiney*, Umgekehrte Diskriminierungen (1995), 55 ff., 64 ff.; z. G. auch *Eyles*, Niederlassungsrecht (1990), 64 – i. E. allerdings krit.; *Jarass*, EuR 35 (2000), 705, 710 ff., der die Grundfreiheiten zumindest in einem Kernbereich als Beschränkungsverbote versteht; differenzierend *Lackhoff*, Niederlassungsfreiheit (2000), 369 ff., 377 ff.; *Schnichels*, Niederlassungsfreiheit (1995), 130 ff.; *Troberg*, in: v. d. Groeben/Thiesing/Ehlermann, Art. 52, Rdn. 46 ff., 56 ff.

107 Etwa das unbestrittene Verständnis der Kapitalverkehrsfreiheit – als einer weiteren Produktionsfaktorfreiheit – als Beschränkungsverbot und das auch bei weiter Auslegung des Art. 43 EG sinnvolle Verhältnis zu den Art. 44, 47 EG – dazu *Ehlers/Lackhoff*, JZ 1996, 467, 468; *Lackhoff*, Niederlassungsfreiheit (2000), 363 ff., 369; *Merle*, Freizügigkeit (1995), 51 ff., 87 f.; zum Wortlautargument: Behrens, EuR 27 (1992), 145, 151 ff.; *Epiney*, Umgekehrte Diskriminierungen (1995), 60 ff.; *Lackhoff*, a. a. O., 361 ff.; *Merle*, a. a. O., 53 f.; *Sack*, JuS 1990, 352, 354 f.

108 Die Niederlassungsfreiheit – bzw. allgemein die Freizügigkeit im Sinne auch von Arbeitnehmerfreizügigkeit – wird etwa in EuGHE 1984, 2971, Rdn. 17 ff. Klopp; 1988, 3877, Rdn. 11 ff. Stanton; 1988, 3897, Rdn. 11 ff. Wolf; 1988, 5483, Rdn. 16 Daily Mail; 1992 I-3351, Rdn. 19 ff., 28 ff.

Zugangs zur Beschäftigung oder um die Standortwahl in einem anderen Mitgliedstaat iSd. Marktzutritts geht. Demgegenüber wird für Berufsausübungsregelungen oder andere Vorschriften für die Betätigung selbst eher das weite Diskriminierungsverbot herangezogen. Man könnte insofern von einem auf bestimmte Teilbereiche begrenzten Beschränkungsverbot sprechen.[109]

Dieser Ansatz ist jedoch wiederum den Grundfreiheiten insgesamt immanent.[110] Zwar mag die Grenze zwischen Diskriminierungs- und Beschränkungsverbot unterschiedlich verlaufen, je nachdem, in welchen Konstellationen die Freiheitsgewährleistung jeweils besonders gefährdet ist. Ein Blick auf die Keck-Rspr. bei der Warenverkehrsfreiheit und ihre Übertagung auf die Dienstleistungsfreiheit[111] zeigt jedoch,

---

Ramrath; 1994 I-3453, Rdn. 30 f. Peralta; 1996 I-703, Rdn. 9 ff. Kemmler; 1996 I-2975, Rdn. 30 ff. Semeraro Caso Uno u. a. als (zumindest punktuelles) Beschränkungsverbot verstanden, insbes. soweit es um die Zulassung von Zweitniederlassungen oder Wegzugsbeschränkungen geht; besonders deutlich in Richtung Beschränkungsverbot weisen Urteile wie EuGHE 1993 I-1663, Rdn. 30 ff. Kraus oder 1995 I-4165, Rdn. 31 ff. Gebhard; vgl. z. G. *Fetsch*, Eingriffsnormen (2002), 88 ff.; *Geiger*, Art. 43 Rdn. 15 ff. sowie die umfangreiche Aufarbeitung der Rspr. bei *Lackhoff*, Niederlassungsfreiheit (2000), 249-358, 351 ff.

109 In einem Urteil vereint finden sich beide Ansätze etwa in der Entscheidung EuGHE 1997 I-2471, Rdn. 16 ff. Futura Participations und Singer – Der Gerichtshof prüft hier eine Vorschrift, die die Anerkennung eines steuerlichen Verlustvortrags von einem wirtschaftlichem Zusammenhang der Verluste mit den Einkünften abhängig macht, die der Steuerpflichtige in diesem Staat erzielt hat, lediglich am Diskriminierungsverbot (Rdn. 18 ff.). Dagegen sieht er eine Beschränkung, soweit die nationale Regelung vorsieht, dass die Verluste durch eine seinem Recht entsprechende Buchführung nachgewiesen werden müssen, weil sie ausländische Unternehmen dazu zwingt, „neben ihren eigenen Büchern, die dem Steuerrecht des Mitgliedstaates ihres Sitzes entsprechen müssen, getrennte Bücher über die Tätigkeiten ihrer Zweigniederlassung nach dem Steuerrecht des Staates führen muss, in dem die letztere sich befindet" (Rdn. 25). Der Gerichtshof hat in diesem Fall der Beschränkung überdies die Rechtfertigung aus zwingenden Gründen versagt, weil das legitime Ziel der Wirksamkeit der Steueraufsicht auch durch andere Arten des Nachweises erreicht werden kann (Rdn. 23 ff.); zu diesem Aspekt *Lackhoff*, Niederlassungsfreiheit (2000), 348 ff.; diesen Gedanken greift auch *Troberg*, in: v. d. Groeben/Thiesing/Ehlermann, Art. 52, Rdn. 56 ff. auf.

110 Vgl. zur Auslegung der Niederlassungsfreiheit und der Freizügigkeit als Beschränkungsverbote EuGHE 1992 I-3351, Rdn. 25 ff., 28 ff. Ramrath; 1993 I-1663, Rdn. 28 ff., 32 Kraus; 1995 I-4165, Rdn. 31 ff., 37 Gebhard; 1995 I-4921, Rdn. 95 ff. Bosman; 2000 I-2681, Rdn. 47 ff., Lehtonen mit Anm. *Röthel*, EuZW 2000, 379, 380; nur zum Diskriminierungsverbot EuGHE 1997 I-3395, Rdn. 32 f. Sodemare u. a.; 1999 I-345, Rdn. 36 ff. Terhoeve; 1999 I-2835, Rdn. 19 f. Pfeiffer; nur scheinbar widersprüchlich EuGHE 1996 I-2691, Rdn. 9 ff., 13 Kommission/Italien: die italienische Regelung, die die Tätigkeit als Wertpapiermakler nur in Form einer Gesellschaft mit Sitz in Italien zulässt, wurde nur am Diskriminierungsverbot gemessen, obwohl sie eine Marktzugangsbehinderung bewirkt; allerdings wurde der diskriminierende Charakter der Regelung auch nicht bestritten und im Mittelpunkt der Entscheidung stand die Frage nach ihrer Rechtfertigung; z. G. auch *Behrens* EuR 27 (1992), 145, 148 ff.; *Eberhartinger*, EWS 1997, 43, 46 ff.; *Gundel*, ZUM 2000, 1046, 1053 f. mit Fn. 73; *Gundel*, Jura 2001, 79, 81; angedacht auch bei *Hirsch*, ZEuS 1999, 503, 511 f.; *Jarass*, EuR 30 (1995), 202, 217 f.; *Kingreen*, Struktur der Grundfreiheiten (1999), 61 f.; *Lecheler/Gundel*, Übungen im Europarecht (1999), 177 f.; *Nettesheim*, NVwZ 1996, 342 ff.; *Roth*, FS Steindorff (1990), 1313, 1326 f. zur Dienstleistungsfreiheit, 1329 ff. zur Niederlassungsfreiheit; *ders.*, GS Knobbe-Keuk (1997), 729, 737 ff. und in: Mansel/Baur (Hrsg.), Systemwechsel (2002), 47, 49 ff.; ähnliche Überlegungen stellt im Kontext der Kapitalverkehrsfreiheit *Bröhmer*, in: Calliess/Ruffert, Art. 56 Rdn. 50 ff. an.

111 Für eine solche Übertragung etwa aus: *Becker*, NJW 1996, 179, 180 f.; *Dethloff*, IPRax 1999, 347, 349 f.; *dies.*, Europäisierung des Wettbewerbsrechts (2001), 236 ff.; *Fezer*, in: Staudinger, Int. Wirtschaftsrecht Rdn. 444; *Franzen*, Privatrechtsangleichung (1999), 132 m. w. N.; *Herwig*, Gestaltungsdass dieser Gedanke längst allgemeinen Eingang in die Grundfreiheitendogmatik gefunden hat. Allerdings lässt sich die Unterscheidung zwischen produkt- und vertriebsbezogenen Maßnahmen, wie sie der EuGH für die Warenverkehrsfreiheit entwickelt hat, nicht ohne weiteres auf die anderen Grundfreiheiten übertragen. Schon bei der Dienstleistungsfreiheit fällt es schwer, unter dieses Begriffspaar zu subsumieren, im Bereich der produktionsfaktor-bezogenen Freiheiten passen die Begrifflichkeiten der Warenverkehrsfreiheit noch weniger. Trotzdem hat die Grundidee, die Überprüfung einer Maßnahme am Beschränkungsverbot auf Fälle zu begrenzen, in denen der Binnenmarkt tatsächlich erheblich gefährdet ist, und im Übrigen auf ein weit verstandenes Diskriminierungsverbot zurückzugreifen, auch im Anwendungsbereich der anderen Freiheiten ihre Berechtigung. Einen interessanten Ansatz dafür, den hinter Keck-Formel stehenden Gedanken zu abstrahieren und für die anderen Grundfreiheiten nutzbar zu machen, werfen die Ausführungen des GA van Gerven in der Torfaen-Entscheidung auf. Van Gerven identifizierte die „marktaufsplitternde Wirkung“ einer Maßnahme als ausschlaggebendes Kriterium für eine strenge, am Beschränkungsverbot ausgerichtete Überprüfung mitgliedstaatlicher Maßnahmen.[112] So wie bei der Warenverkehrsfreiheit zwischen produkt- und vertriebsbezogenen Maßnahmen zu unterscheiden ist, lassen sich bei der Niederlassungsfreiheit bzw. der Arbeitnehmerfreizügigkeit bloße Ausübungsregelungen oder Aufenthaltsmodalitäten von solchen Vorschriften trennen, die ein Zugangs- bzw. Mobilitätshindernis begründen[113] bzw. grenzüberschreitende Wirtschaftsvorgänge i. E. stärker belasten als rein inländische.[114] Dieser Ansatz gewinnt auch in der Rspr. des EuGH an Bedeutung. Erinnert sei nur an die Begründung, mit der der Gerichtshof in der Entscheidung in Sachen Alpine Investments die Anwendung der

---

spielraum (2002), 170 ff., 175 ff.; *Kort*, JZ 1996, 132, 136; *Mülbert*, ZHR 159 (1995), 2, 16 ff., 29 f.; *Remien*, ZfRV 36 (1995), 116, 130; der Sache nach auch *Radicati di Brozolo*, Rev.crit.d.i.p. 82 (1993), 407, 421; *Reuthal*, WRP 1997, 1154, 1158; *Schaub*, RabelsZ 66 (2002), 18, 30 mit. Fn. 49; *Sonnenberger*, ZVglRWiss 95 (1996), 1, 11; **krit.** *Duintjer Tebbens*, Rev.crit.d.i.p. 83 (1994), 451, 474; *Lorenz*, VersRdschau 1995, 8, 15; *Stuyck*, CMLR 34 (1997), 1445, 1467 f.; *Sack*, WRP 1998, 103, 113; ders., WRP 2000, 269, 283 unter Hinweis auf EuGHE 1999 I-7599, Rdn. 45 ff. ARD.

112 *GA van Gerven*, Schlussanträge in der Rs. C-145/88, Nr. 18 ff. = EuGHE 1989, 3851, Torfaen; idS. auch *Becker*, EuR 29 (1994), 162, 172; *Eberhartinger*, EWS 1997, 49 ff.; zur Übertragbarkeit der Differenzierung aus „Keck“ auf die anderen Grundfreiheiten auch *Herwig*, Gestaltungsspielraum (2002), 170 ff., 175 ff.

113 Zu diesem Gedanken *Eberhartinger*, EWS 1997, 49 ff.; *Fetsch*, Eingriffsnormen (2002), 98 ff.; *Gundel*, Jura 2001, 79, 80, Fn. 18; *Herwig*, Gestaltungsspielraum (2002), 178 ff.; ähnlich *Jarass*, EuR 35 (2000), 705, 710 ff., für den die Marktzutrittsverhinderung als Eingriff in den „Kernbereich“ der Grundfreiheiten von ausschlaggebender Bedeutung ist, die es rechtfertigt, auch unterschiedslos wirkende Maßnahmen einem Rechtfertigungserfordernis zu unterwerfen; *Lecheler/Gundel*, Übungen im Europarecht (1999), 177 f. mit Fn. 27; *Nettesheim*, NVwZ 1996, 342, 343 f.; *Reichold*, ZEuP 1998, 447 ff.: „Entscheidend ist immer, ob eine (auch privatrechtliche) Norm sich als Aus- bzw. Einreisebeschränkung für den Marktzutritt begehrenden EU-Ausländer herausstellt, oder ob diese Norm lediglich Aufenthalts- oder Berufsausübungsmodalitäten als allgemein gültigen Bestandteil der mitgliedstaatlichen Arbeits- und Sozialordnung setzt.“, ebd. auch zu dem Abgrenzungsproblem, das dem im Rahmen der Keck-Rspr. entspricht; *Roth*, GS Knobbe-Keuk (1997), 729, 737 ff.; *Röthel*, Anm. zu den Urteilen des EuGH in den verb. Rs. C-51/96 und C-191/97 sowie in der Rs. 176/96 in EuZW 2000, 379, 380; *Streinz*, Europarecht, Rdn. 681.

114 *Franzen*, Privatrechtsangleichung (1999), 131 f.

Keck-Formel, d. h. eines bloßen Diskriminierungsverbots, als Prüfungsmaßstab ablehnte: Ausschlaggebend war die Erwägung, dass die in Rede stehende Regelung unmittelbar den Marktzugang in anderen Mitgliedstaaten behindere.[115] Zusammenfassend gilt: Die Tendenz des Grundfreiheitenverständnisses geht dahin, eine Unterscheidung zwischen einem Kernbereich[116] und einem Randbereich herauszuarbeiten. Im „Kernbereich" wirken die Grundfreiheiten als Beschränkungsverbote, während im „Randbereich" lediglich ein weit verstandenes Verbot offener und verdeckter Diskriminierungen gilt.

c) *Doppelte Rechtfertigungsmöglichkeit aus den Vorbehaltsklauseln und aus zwingenden Erfordernissen*

Gleichlauf besteht auch hinsichtlich der doppelten Rechtfertigungsmöglichkeit für Eingriffe in die Grundfreiheiten aus den Schutzklauseln des Vertrages einerseits und aus zwingenden Erfordernissen des Gemeinwohls bzw. des Allgemeininteresses andererseits.[117] Stets setzt die Rechtfertigung dabei neben einem anerkennenswerten Rechtfertigungsgrund die Wahrung des Verhältnismäßigkeitsgrundsatzes voraus, d. h. die mitgliedstaatliche Maßnahme, die in den Gewährleistungsbereich der Freiheit eingreift, muss zur Erreichung des mit ihr verfolgten Ziels geeignet, erforderlich und angemessen sein.[118] Wo das Recht der Mitgliedstaaten bereits durch Rechtsan-

---

115 EuGHE 1995 I-1141, Rdn. 37 f. Alpine Investments; ähnlich für den Warenverkehr EuGHE 2003 I-14887, Rdn. 74 ff. DocMorris.

116 Begriff nach *Jarass*, EuR 35 (2000), 705, 710 ff.; vgl. z. G. auch *Möstl*, EuR 37 (2002), 318, 328 ff.

117 Zur **Warenverkehrsfreiheit** EuGHE 1979, 649, Rdn. 8 Cassis de Dijon; 1990 I-4827, Rdn. 12 Pall; 1993 I-2361, Rdn. 12 Yves Rocher; 1994 I-4249, Rdn. 11 Houtwipper; zur **Dienstleistungsfreiheit** EuGHE 1979, 35, Rdn. 27 f. van Wesemael; 1991 I-4221, Rdn. 12, 15; Säger; 1997 I-3899, Rdn. 21 Parodi; 1999 I-6067, Rdn. 30 f. Läärä u. a.; 2000 I-7919, Rdn. 35 Corsten; 2001 I-2189, Rdn. 25 ff. Mazzoleni; 2001 I-7831, Rdn. 39 Finalarte; 2002 I-787, Rdn. 26 Portugaia; zur **Niederlassungsfreiheit** EuGHE 1995 I-4165, Rdn. 37 Gebhard; 1999 I-2835, Rdn. 19 Pfeiffer; 2000 I-7919, Rdn. 38 f. Corsten; 2001 I-837, Rdn. 28 ff. Dennis Mac Quen u. a.; zu den Gründen des Allgemeininteresses bzw. den „objektive Erwägungen" bei der **Arbeitnehmerfreizügigkeit** EuGHE 1992 I-249, Rdn. 14 ff. Bachmann; 1993 I-4309, Rdn. 15 Allué u. a.; 1996 I-2617, Rdn. 19 O'Flynn; 2000 I-4139, Rdn. 42 Angonese; zum Konzept der Maßnahme gleicher Wirkung und der zwingenden Erfordernisse für die **Kapitalverkehrsfreiheit** vgl. etwa EuGHE 1995 I-4821, Rdn. 20 ff. Sanz de Lera u. a.; 2000 I-1335, Rdn. 16 ff. Église de scientologie; 2002 I-4731, Rdn. 49, 52 Kommission/Portugal; 2002 I-4809, Rdn. 45 Kommission/Belgien; *Bröhmer*, in: Calliess/Ruffert, Art. 56 Rdn. 50 ff.; *Fetsch*, Eingriffsnormen (2002), 88 ff.; *Grundmann*, EWS 1990, 214, 215 f.; *Ruge*, EuZW 2002, 421, 422 f.; z. G. *Gundel*, Jura 2001, 79 ff.; *Herwig*, Gestaltungsspielraum (2002), 169; *Kling*, EuZW 2002, 229, 231 f.; *Mülbert*, ZHR 159 (1995), 2, 28; *Streinz*, Europarecht, Rdn. 692 ff.; *Weber*, EuZW 1992, 561, 562 f.

118 Aus der umfangreichen Rspr. zum Verhältnismäßigkeitsprinzip: zur **Warenverkehrsfreiheit** EuGHE 1984, 2727, Rdn 37 ff., 44 Campus Oil Limited; 1991 I-4151, Rdn. 16 ff. Aragonesa; 1994 I-3879, Rdn. 10 Meyhui 1999 I-3175, Rdn. 38 Colim; zur **Dienstleistungsfreiheit** 1997 I-3899, Rdn. 21 Parodi; 1999 I-6067, Rdn. 31 ff. Läärä; 1999 I-7875, Rdn. 31 ff. Ambry; 1999 I-8453, Rdn. 33 f. Arblade u. a.; 2001 I-2189, Rdn. 25 f. Mazzoleni; zur **Freizügigkeit** (Arbeitnehmerfreizügigkeit und Niederlassungsfreiheit) EuGHE 1992 I-249, Rdn. 27 Bachmann; 1992 I-3351, Rdn. 29 f. Ramrath; 1993 I-4309, Rdn. 15 Allué u. a.; 1995 I-4165, Rdn. 37 Gebhard; 1999 I-1459, Rdn. 32 ff. Centros – dort zu inkonsistenten Maßnahmen und zu dem Aspekt, dass Informationsregeln zwingenden inhaltlichen Vorschriften vorgehen; 2001 I-837, Rdn. 28 ff. Dennis Mac Quen u. a.; zur **Kapitalverkehrsfreiheit** EuGHE 1999 I-3099, Rdn. 40 ff. Konle; 2002 I-2157, Rdn. 33 ff.

gleichungsmaßnahmen harmonisiert ist, die abschließenden Charakter haben, ist eine weitergehende Berufung auf Rechtfertigungsgründe nicht mehr zulässig.[119]

3. Unterschiede

Unterschiede zwischen den Grundfreiheiten bestehen heute v. a. noch in den Einzelheiten der Vorbehaltsklauseln, die – je nach den Erfordernissen der einzelnen Marktfreiheit – verschieden formuliert sind.[120] Zudem ist die Anwendbarkeit auf Privatrechtssubjekte nicht für alle Freiheiten gleichmäßig durchgebildet. Während die Arbeitnehmerfreizügigkeit nach der Rspr. des EuGH zumindest als Diskriminierungsverbot auch von Privatrechtssubjekten zu beachten ist,[121] steht die Frage, inwieweit auch im Rahmen der anderen Grundfreiheiten eine Drittwirkung anzunehmen ist, noch in der Diskussion und soll hier nicht vertieft werden.[122]

Reisch u. a.; zur fehlenden Erforderlichkeit bei Interessenwahrung durch gleichgerichtete Maßnahmen des Herkunftslandes: EuGHE 1994 I-4249, Rdn. 19 Houtwipper; 1996 I-3159, Rdn. 12 Brandsma; zur Anerkennung von Befähigungsnachweisen bei der Niederlassungsfreiheit EuGHE 1991 I-2357, Rdn. 15 ff. Vlassopoulou; zur Dienstleistungsfreiheit EuGHE 1992 I-3351, Rdn. 29 Ramrath; zur Verhältnismäßigkeit auch *Fetsch*, Eingriffsnormen (2002), 88 f.; *Gundel*, Jura 2001, 79, 81; *Jarass*, EuR 35 (2000), 705, 716 ff.; *Kling*, EuZW 2002, 229, 231 f.; *Lackhoff*, Niederlassungsfreiheit (2000), 461 ff.; *Kingreen*, Struktur der Grundfreiheiten (1999), 168 ff.; *Streinz*, Europarecht, Rdn. 692 ff., 703 f.

119 Das hat der EuGH für die Warenverkehrsfreiheit verschiedentlich ausgesprochen, vgl. nur EuGHE 1979, 3369, Rdn. 14 Denkavit; 1988, 4489, Rdn. 15 Smanor; 1996, I-2553, Rdn. 18 Hedley Lomas; 2000 I-5681, Rdn. 25 Toolex Alpha AB; das gilt jedoch ebenso für die anderen Freiheiten – vgl. EuGHE 1998 I-6747, Rdn. 20 ff. De Castro Freitas und Escallier; 2000 I-7919, Rdn. 31 Corsten; 2001 I-0837, Rdn. 24 Dennis Mac Quen u. a. zur Niederlassungsfreiheit; *Lackhoff*, Niederlassungsfreiheit (2000), 460; ausführlich auch *Jarass*, EuR 35 (2000), 705, 719 f.; *Kingreen*, Struktur der Grundfreiheiten (1999), 151 ff., der allerdings existentes Primärrecht bereits auf der Tatbestandsebene berücksichtigen will; *Schütz*, Jura 1998, 631, 636.

120 Speziell zu den Besonderheiten der Kapitalverkehrsfreiheit *Weber*, EuZW 1992, 561, 563 f.

121 So werden etwa kollektive Regelung unselbständiger Arbeit der Grundfreiheiten unterworfen (heute sowohl dem Diskriminierungs- als auch dem Beschränkungsverbot). Diese Rspr. trägt der Tatsache Rechnung, dass durch Machtbündelung bei Privatrechtssubjekten eine der staatlichen Einflussnahme vergleichbare Situation entstehen kann. Vgl. EuGHE 1974, 409, Rdn. 19 f. Sacchi; 1974, 1405, Rdn. 16/19 f. Walrave; 1976, 455, Rdn. 39 Defrenne zu Art. 119 (jetzt Art. 141); 1976, 1333, Rdn. 17/18 Donà; 1977, 1091, Rdn. 26 ff. van Ameyde; 1995 I-4921, Rdn. 82 ff. Bosman; 2000 I-2681, Rdn. 35 ff. Lethonen, 2000 I-2549, Rdn. 47 ff. Deliège; dazu auch *Epiney*, NVwZ 2001, 524, 529 ff.; *Franzen*, Privatrechtsangleichung (1999), 168 f.; *Röthel*, EuZW 2000, 379 ff.; *Streinz/Leible*, EuZW 2000, 459 ff.; sehr weitgehend jetzt auch EuGHE 2000 I-4139, Rdn. 31 ff. Angonese für einen Fall, in dem ein Arbeitgeber die Bewerber in einem Auswahlverfahren zur Einstellung von Personal verpflichtete, ihre Sprachkenntnisse ausschließlich durch ein einziges, nur in einer bestimmten Provinz eines Mitgliedstaats ausgestelltes Diplom nachzuweisen. Z. G. auch *Grundmann*, JuS 2001, 946, 947; *Krimphove*, Europäisches Arbeitsrecht (1996), 109 f.

122 Die Rspr. ist jenseits des Feldes der kollektiven Regelung unselbständiger Arbeit – vorige Fn. – nicht eindeutig: in Richtung Drittwirkung weisen etwa EuGHE 1981, 181, Rdn. 17 Dansk Supermarket; 1982, 1095, Rdn. 14 Nordsee/Reederei Mond; und in jüngerer Zeit EuGHE 2000 I-4139, Rdn. 31 ff. Angonese; verneinend hingegen: EuGHE 1984, 1797, Rdn. 11 ff. van de Haar; 1987, 3801, Rdn. 30 Vlaamse Reisebureaus; 1988, 5249, Rdn. 11 Bayer u. a./Süllhöver; vgl. dazu *Grundmann*, Europäisches Schuldvertragsrecht (1999), 39 f. m. w. N.; *Klauer*, Europäisierung (1998), 101 ff.; *Kluth*, AöR 1997, 557 ff.; *Möllers*, EuR 33 (1998), 20, 34 ff.; *Roth*, FS Everling (1995), 1231 ff.; *Steindorff*, FS

Besonderes gilt zudem für die Kapital- und Zahlungsverkehrsfreiheit, die als einzige Freiheit nicht auf den Wirtschaftsverkehr zwischen den Mitgliedstaaten beschränkt ist, sondern auch gegenüber Drittstaaten gilt.[123] Der Grund für diese Besonderheit liegt darin, dass die Erstreckung der Kapitalverkehrsfreiheit auf den Drittlandsverkehr das Einströmen von Kapital in die Gemeinschaft begünstigt und es auch ermöglicht, dieses Kapital wieder abzuziehen. So bleibt die Gemeinschaft als Investitionsmarkt attraktiv.[124] Insgesamt kann jedoch von einer grds. konvergenten Systematik der Grundfreiheiten gesprochen werden.[125] Selbst die Kapitalverkehrsfreiheit, die wegen ihrer besonderen Bedeutung für die Wirtschafts- und Währungspolitik der Mitgliedstaaten von jeher restriktiver gehandhabt wurde als die übrigen Freiheiten, nimmt mittlerweile an der dargestellten Systematik teil.[126]

§ 6 Die Grundfreiheiten und die Ausfuhrfreiheit

Somit liegt den Grundfreiheiten des Vertrages und der diesbzgl. Rspr. des EuGH eine bestimmte Systematik zugrunde. Diese wurde bisher vielfach als „Herkunftslandprinzip" umschrieben und in ihren Grundzügen am Beispiel der Warenverkehrsfreiheit dargestellt. Die Darstellung beschränkte sich jedoch auf die Auswertung der Rspr. zu Art. 28, 30 EG. Es muss nunmehr überprüft werden, ob die gängige Vorstellung vom Herkunftslandprinzip tatsächlich zutrifft; insbes. ob sie die der Grundfreiheitendogmatik inhärente Systematik auch dann noch zutreffend und vollständig beschreibt, wenn man die Ausfuhrfreiheit in die Betrachtungen einbezieht. Dieser Aspekt ist im Hinblick auf die erste Hauptfragestellung dieser Arbeit – nach möglichen selbständigen kollisionsrechtlichen Gehalten der Grundfreiheiten – wichtig.

Lerche (1993), 575, 576 ff. m. w. N.; *ders.*, EG-Vertrag und Privatrecht (1996), 277 ff.; *Streinz*, Europarecht, Rdn. 707 f., monographisch etwa *Ganten*, Drittwirkung (2000); *Jaensch*, Unmittelbare Drittwirkung (1997); *Schaefer*, Unmittelbare Wirkung (1987).

123 EuGHE 1995 I-4821, Rdn. 9, 19 Sanz de Lera u. a.; 2002 I-4781, Rdn. 35 Kommission/Frankreich *Bröhmer*, in: Calliess/Ruffert, Art. 56 Rdn. 36; *Emmert*, Europarecht, § 39, Rdn. 33 ff.; *Geiger*, Art. 56, Rdn. 1; *Oppermann*, Europarecht, Rdn. 1492 f.; *Ress/Ukrow*, in: Grabitz/Hilf, Art. 56, Rdn. 52 ff.; *Schweitzer/Hummer*, Europarecht, Rdn. 1210 f.; *Streinz*, Europarecht, Rdn. 769.

124 *Geiger*, Art. 56 Rdn. 3; *Oppermann*, Europarecht, Rdn. 1480 ff., 1492 f.; *Schweitzer/Hummer*, Europarecht, Rdn. 1210; die besondere Qualität der Kapital-und Zahlungsverkehrsfreiheit als Grundfreiheit und zentralen Bestandteil des Binnenmarktes betont auch EuGHE 1981, 2595, Rdn. 8 Casati.

125 Vgl. dazu auch *Grundmann*, Europäisches Schuldvertragsrecht (1999), 41 f.; *Gundel*, Jura 2001, 79.

126 Zur unmittelbaren Geltung und zu Zielen, deren Verfolgung beschränkende Maßnahmen der Mitgliedstaaten rechtfertigen kann, vgl. etwa EuGHE 1995 I-361, Rdn. 17 ff. Bordessa u. a.; *Grundmann*, EWS 1990, 214, 215 f.; *Weber*, EuZW 1992, 561, 562 f.; zur Entwicklung und zur heutigen Dimension der Kapitalverkehrsfreiheit *Schön*, GS Knobbe-Keuk (1997), 743, 746 ff.

I. Problemaufriss

Die bisherige Diskussion um die Freiheiten selbst ebenso wie um ihren möglichen kollisionsrechtlichen Gehalt hat sich bisher ganz überwiegend auf die Einfuhrfreiheit konzentriert. Dabei sind es v. a. zwei Gründe, welche die Vernachlässigung der Ausfuhrfreiheit erklären:

Zum einen hat Art. 29 EG nie eine Art. 28, 30 EG vergleichbare praktische Bedeutung erlangt. Ausfuhrbeschränkungen eigenen sich weit weniger gut zu protektionistischen Zwecken als Maßnahmen, die Einfuhrbeschränkungen bewirken. Ein Antrieb für die Mitgliedstaaten, ausfuhrbehindernde Regelungen zu schaffen oder beizubehalten, hat also nie im gleichen Maße bestanden wie für einfuhrbehindernde Maßnahmen, die geradezu prädestiniert dafür sind, der Produktion und Vermarktung inländischer Erzeugnisse einen Vorteil zu verschaffen. Ganz im Gegenteil haben die Mitgliedstaaten sogar ein großes Interesse daran, den eigenen Export zu stärken. Zudem stellt die Exportindustrie, die an möglichst förderlichen Ausfuhrbedingungen interessiert ist, eine starke Lobby dar, so dass ausfuhrbehindernde Regelungen aufgrund der innerstaatlichen Interessenlage oftmals gar nicht erst entstehen oder doch auf inneren Druck hin abgebaut werden.[1] Infolge dieser geringeren praktischen Relevanz war auch der Gerichtshof überwiegend mit Fällen befasst, die Maßnahmen des Bestimmungslandes einer Ware betrafen, und die Frage nach Art. 29 EG, der allein Maßnahmen des Herkunftslandes erfasst, nicht aufwarfen.

Zum anderen hat der EuGH den Begriff der Maßnahme gleicher Wirkung im Tatbestand des Art. 29 EG lange Zeit enger ausgelegt als bei Art. 28 EG, obwohl beide Vorschriften sowohl vom Wortlaut als auch vom Normzweck her grds. gleichberechtigt nebeneinander stehen und einander ergänzen; denn erst das Zusammenwirken von Einfuhr- und Ausfuhrfreiheit gewährleistet einen umfassenden Freiverkehr.[2]

Diese unterschiedliche Auslegung gilt es zunächst kritisch zu hinterfragen und ggf. zu korrigieren, bevor im nächsten Abschnitt der Frage nach dem tatsächlichen IPR-Gehalt der Grundfreiheiten nachgegenangen werden kann. Denn es greift zu kurz, kollisionsrechtliche Folgerungen aus den Grundfreiheiten bzw. aus der Warenverkehrsfreiheit, die hier wiederum als primäres Beispiel dienen soll, allein an die Rspr. zu Art. 28, 30 EG zu knüpfen. Vielmehr ist, will man ein vollständiges Bild des kollisionsrechtlichen Gehalts der Freiheiten erhalten, auch die Rspr. zu Art. 29 EG zu berücksichtigen.

Um eben diesen Aspekt soll die dogmatische Basis für die kollisionsrechtliche Anleihe beim Gemeinschaftsrecht hier erweitert werden. Korrespondierend zu dem oben gewählten Beispiel der Art. 28, 30 EG zur Illustration des Herkunftslandprinzips soll auch diese Problematik hier vorrangig am Beispiel Warenverkehrsfreiheit dargestellt

---

1 *Leible*, in: Grabitz/Hilf, Art. 29, Rdn. 4; *Nicolaysen*, EuR 26 (1991), 95, 104 f.; *Oliver*, CMLR 36 (1999), 783, 800; *Roth*, ZHR 159 (1995), 78, 83 f., 87 f.

2 *Epiney*, Calliess/Ruffert, Art. 29, Rdn. 1 ff., 9 ff.; *Geiger*, Art. 29 Rdn. 1; *Leible*, in: Grabitz/Hilf, Art. 29 Rdn. 3 f.

werden. Nach hier vertretener Ansicht wird die Auslegung der Ausfuhrfreiheit noch unangemessen eng gehandhabt. Es sind Korrekturen nötig, damit das gefundene Ergebnis im Folgenden der kollisionsrechtlichen Fragestellung zugrundegelegt werden kann. Obwohl nur ein Einzelaspekt, berührt die hier favorisierte erweiterte Auslegung der Ausfuhrfreiheit die gesamte Diskussion um die kollisionsrechtlichen Implikationen der Marktfreiheiten, weil damit das grundlegende dogmatische Muster angesprochen ist, aus dem kollisionsrechtliche Folgerungen jeglicher Couleur – von der vollständigen Ablehnung internationalprivatrechtlicher Konsequenzen bis zur Ableitung konkreter Kollisionsnormen – gezogen werden.

II. Die Entwicklung der Rspr. des Gerichtshofs zur Ausfuhrfreiheit

Obwohl sich Art. 29 EG im Wortlaut nicht von Art. 28 EG unterscheidet, hat der EuGH den Begriff der Maßnahme gleicher Wirkung im Rahmen des Art. 29 EG schon früh enger ausgelegt als bei Art. 28 EG. Diese Differenzierung findet ihre Ursache in einer Sondersituation, die potentielle Ausfuhrbehinderungen von Einfuhrbehinderungen unterscheidet, deren genaue Implikationen jedoch bis heute nicht einheitlich beurteilt werden.

Von dieser tradierten Rspr. ist der Gerichtshof jedoch in dem Urteil Alpine Investments abgewichen. Wertet man dieses Urteil nicht als „Ausreißer“, stellt sich die Frage, ob und inwieweit es auf die Warenverkehrsfreiheit übertragen werden kann, obwohl die Entscheidung ursprünglich die Dienstleistungsfreiheit betraf. Schließlich müssen die kollisionsrechtlichen Implikationen anhand des komplettierten Bildes der Grundfreiheiten auf ihre Stimmigkeit überprüft werden.

1. Die ursprüngliche Formel des EuGH

Nach der ursprünglichen Formel des EuGH zur Ausfuhrfreiheit bezieht sich Art. 29 EG nur auf solche „nationalen Maßnahmen, die spezifische Beschränkungen der Ausfuhrströme bezwecken oder bewirken und damit unterschiedliche Bedingungen für den Binnenhandel innerhalb eines Mitgliedstaats und seinen Außenhandel schaffen, so dass die nationale Produktion oder der Binnenmarkt des betroffenen Staates zum Nachteil der Produktion oder des Handels anderer Mitgliedstaaten einen besonderen Vorteil erlangt“.[3] Art. 29 EG wird demnach traditionell nicht wie Art. 28 EG als umfassendes Beschränkungsverbot, sondern als bloßes Diskriminierungsver-

---

3 EuGHE 1979, 3409, Rdn. 7 Groenveld; so auch die st. Rspr. – allerdings ist das Erfordernis eines Nachteils für die Produktion oder den Handel eines anderen Mitgliedstaats seit langem aufgegeben – vgl. nur EuGHE 1981, 1993, Rdn. 15 Oebel; 1982, 1299 Rdn. 11 Holdijk; 1982, 4575, Rdn. 13 Oosthoek; 1984, 483 Rdn. 22 Jongeneel Kaas; 1984, 523, Rdn. 25 Duphar; 1984, 4277, Rdn. 20 Haug-Adrion; 1990 I-4625, Rdn. 17 Hennen Olie; 1992 I-3669 Rdn. 12 Delhaize; EuGHE 1994 I-1019 Rdn. 24 Kommission/Belgien; 1998 I-4075, Rdn. 40 Dusseldorp u. a.; 1999 I-3845, Rdn. 10 ED Srl; implizit auch 2000 I-3123, Rdn. 32 ff., 41 Belgien/Spanien; 2000 I-3743, Rdn. 34 Sydhavnens Sten & Grus ApS; *Epiney*, in: Calliess/Ruffert, Art. 29 Rdn. 9 ff.; *Leible*, in: Grabitz/Hilf, Art. 29 Rdn. 3;

bot verstanden. Etwas anderes gilt nur im Bereich gemeinsamer Marktorganisationen, wie sie im Bereich der Landwirtschaft existieren. Dort prüft der EuGH das Vorliegen einer Handelsbeschränkung auf der Grundlage der weiter gefassten Dassonville-Formel, weil in diesem Rahmen gemeinschaftsweit einheitliche Regelungen für Produktion und Vermarktung bestimmter Erzeugnisse bestehen. Dort fehlt ein Bedürfnis der Mitgliedstaaten nach isolierten nationalen Regelungen, so dass der entscheidende Grund für die Differenzierung zwischen Ein- und Ausfuhr entfällt.[4]

Mit der im Vergleich zu Art. 28 EG engeren Umschreibung des Anwendungsbereichs von Art. 29 EG wird dem Umstand Rechnung getragen, dass nahezu jede Vorschrift, die im Inland für die Produktion einer Ware gilt, auch Einfluss auf die Ausfuhr dieser Ware hat, indem sie ihr Erscheinungsbild für das In- und Ausland prägt oder das Umfeld und die Bedingungen der Produktion reglementiert und damit die Herstellungskosten mitbestimmt. Dieser Umstand allein darf jedoch nicht ohne weiteres ausreichen, um die Grundfreiheitenrelevanz einer solchen Regelung zu begründen. Wollte man jedwede nationale Vorschrift, die die Produktion oder Vermarktung einer Ware verteuert oder verkompliziert und deshalb mittelbar auch ihre Ausfuhr negativ beeinflussen könnte, einem Rechtfertigungserfordernis unterwerfen, wären den Mitgliedstaaten weitgehend die Hände gebunden, obwohl ihnen nach wie vor in den nicht harmonisierten Bereichen die Regelungskompetenz zur Wahrung des innerstaatlichen Gemeinwohls zusteht. Der EG-Vertrag geht von der Koexistenz der nationalen Rechtsordnungen aus. Mit diesem Gedanken ist die Rechtfertigungsbedürftigkeit eines Großteils der nationalen Rechtsvorschriften – nämlich aller Normen, die in irgendeiner Weise die Warenproduktion betreffen – einschließlich der Pflicht, Regelungen auf gemeinschaftsrechtlich anerkannte Ziele und das jeweils zwingend notwendige Maß zu beschränken, nur schwer vereinbar.[5] So könnten die Mitgliedstaaten etwa nur noch sehr begrenzt wirtschaftspolitische Ziele verfolgen, weil diese nach der Rspr. des EuGH gerade nicht geeignet sind, Beschränkungen der Grundfreiheiten zu rechtfertigen.[6] Das engere Verständnis des Art. 29 EG im Ver-

---

Geiger, Art. 29 Rdn. 2; *Oliver*, CMLR 36 (1999), 783, 799 f.; *Kapteyn/VerLoren van Themaat*, Introduction, 648 f.

4 EuGHE 1974, 1123, Rdn. 13/17 Van Haaster; 1975, 79, Rdn. 25/29 ff. Hulst; 1977, 901, Rdn. 13 ff. van den Hazel; 1980, 327, Rdn. 7 ff. Vriend; dazu auch *Hailbronner* in: Hailbronner/Klein/Magiera/Müller-Graff, Art. 34 Rdn. 6 f.; *Höpping*; Warenverkehrsfreiheit (1997), 68, Fn. 289; *Kapteyn/VerLoren van Themaat*, Introduction, 648 f.; *Koenig/Pechstein*; Entscheidungen des EuGH (1998), Vorbemerkung zur Rechtssache Vriend, 240 f.; *Kort*, JZ 1996, 132, 137; *Leible*, in: Grabitz/Hilf, Art. 29, Rdn. 5; *Müller-Graff*, in: v. d. Groeben/Thiesing/Ehlermann, Art. 34 Rdn. 29.

5 *Epiney*, in: Calliess/Ruffert, Art. 29 Rdn. 18 f.; *Hailbronner*, in: Hailbronner/Klein/Magiera/Müller-Graff, Art. 34 Rdn. 3 ff.; *Müller-Graff*, in: v. d. Groeben/Thiesing/Ehlermann, Art. 34 Rdn. 15; *Oliver*, CMLR 36 (1999), 783, 800.

6 EuGHE 1961, 693, 720 Kommission/Italien; 1982, 2187, Rdn. 27 Kommission/Italien; 1984, 523, Rdn. 23 Duphar; 1984, 2727, Rdn. 35 f. Campus Oil; 1995 I-563, Rdn. 35 f. Evans; 1998 I-1831, Rdn. 39 Decker; 1998 I-4075, Rdn. 43 f. Dusseldorp u. a.; *Bleckmann*, Europarecht, Rdn. 1522; *Geiger*, Art. 30 Rdn. 5; *Grundmann*, Europäisches Schuldvertragsrecht (1999), 46; vgl. auch *Kort*, JZ 1996, 132, 138; *Müller-Graff*, in: v. d. Groeben/Thiesing/Ehlermann, Art. 30, Rdn. 204, 226 und Art. 33, Rdn. 33; *Oppermann*, Europarecht, Rdn. 1306; *Roth*, WRP 2000, 979, 982 f. speziell zu den „zwingenden Erfordernissen".

gleich zu Art. 28 EG wird schließlich auch damit begründet, dass bei gleichmäßig anwendbaren Regelungen des Importstaates – anders als bei ebensolchen Vorschriften des Exportstaates – viel eher protektionistische Ziele oder Wirkungen zu befürchten seien. Denn Regelungen des Importstaates betreffen Waren verschiedener Herkunft, während die produktions- oder vertriebsbezogenen Regelungen des Exportlandes nur Waren ein und derselben Herkunft – nämlich inländische – erfassen.[7]

Die Differenzierung zwischen Einfuhrbeschränkungen einerseits und Ausfuhrbeschränkungen andererseits scheint auch vor dem Hintergrund des Herkunftslandprinzips (im obigen Sinne) stimmig: soll grds. das Herkunftsland einer Ware für die Reglementierung ihrer Produktion und der geltenden Qualitätsstandards zuständig sein, so kann nicht gleichzeitig jede dieser Regelungen als potentiell grundfreiheitsbeschränkend angesehen werden, nur weil sie auch die auszuführenden Waren betrifft und Einfluss auf die Bedingungen und Kosten ihrer Herstellung nimmt bzw. die Eigenschaften mitbestimmt, mit denen die Ware in den Wettbewerb am in- und ausländischen Markt eintritt. Schließlich rechtfertigt sich die strenge Kontrolle, der die Regelungen des Bestimmungslandes unterworfen werden, gerade daraus, dass die eingeführte Ware bereits den Standards des Herkunftslandes entspricht; das aus Art. 28, 30 EG abgeleitete Herkunftslandprinzip scheint dann jedoch die volle Regelungskompetenz des Herkunftsstaates gerade vorauszusetzen.[8]

In der Entscheidung Jongeneel Kaas wird die Restriktion des Begriffs der Maßnahme gleicher Wirkung besonders deutlich. Nachdem der Gerichtshof die oben genannte und in st.Rspr. verwendete Formel rezitiert hat, heißt es dort: „Art. 34 EWG-Vertrag (heute Art. 29 EG) schützt die Erzeuger auch nicht vor jeder Regelung, die sich auf die Produktionsbedingungen auswirkt und dadurch Umfang und Kosten der nationalen Produktion beeinflussen kann. Die Mitgliedstaaten können rechtmäßigerweise zur Förderung des Absatzes eine Qualitätspolitik verfolgen, selbst wenn ihre Erzeuger dadurch dem Risiko eines Preiswettbewerbs von Herstellern aus anderen Mitgliedstaaten ausgesetzt werden, die nicht den gleichen Qualitätsanforderungen unterworfen sind."[9]

Nach der überkommenen Rspr. des EuGH ist die Ausfuhrfreiheit also nur betroffen, wenn zum einen eine „spezifische Beschränkung" der Ausfuhrströme vorliegt. Zum anderen hat der Gerichtshof immer wieder auf einen Vorteil für den inländischen Markt abgestellt.[10] Allein die Tatsache, dass die Vorschriften des Ausfuhrstaates auch auf Ausfuhrwaren angewendet werden und möglicherweise strenger sind als die potentieller Bestimmungsstaaten, begründet noch keine Ausfuhrbeschränkung; vielmehr kommt es entscheidend darauf an, ob Ausfuhr einer Ware stärker be-

---

7 Vgl. etwa *Leible*, in: Grabitz/Hilf, Art. 29 Rdn. 4; *Kort*, JZ 1996, 132, 137; *Roth*, ZHR 159 (1995), 78, 83 f.

8 Zu den Argumenten und ihrer Kritik *Roth*, ZHR 159 (1995), 78. 84 f.

9 EuGHE 1984, 483 Rdn. 22 f. Jongeneel Kaas.

10 Vgl. EuGHE 1979, 3409 Rdn. 7 Groenveld; 1981, 1993, Rdn. 15 Oebel; 1982, 1299 Rdn. 11 Holdijk; 1984, 483 Rdn. 22 Jongeneel Kaas; 1992 I-3669 Rdn. 12 Delhaize; 1994 I-1019 Rdn. 24 Kommission/Belgien; 1998 I-4075, Rdn. 40 Dusseldorp u. a..

schränkt wird als ihr Vertrieb im Inland; der inländische Markt soll in Bezug auf die Güterversorgung keine Vorzugsstellung gegenüber den Märkten anderer Mitgliedstaaten erlangen.[11]

Dieser Ansatz des Gerichtshofs wird von einem beachtlichen Teil des Schrifttums kritisiert. Einige Autoren lehnen eine unterschiedliche Auslegung der Art. 28 und 29 EG gänzlich ab.[12] Andere wollen in „spiegelbildlicher Betrachtungsweise" diejenigen Regelungen als Beschränkungen im Sinne des Art. 29 EG werten, die – angewandt auf die Einfuhr – auch mit Art. 28 EG kollidieren würden. Begründet wird dies mit dem Gedanken, dass exportierte Waren auf dem Bestimmungsmarkt gerade deshalb ungünstigere Wettbewerbsbedingungen vorfänden, weil sie in ihrem Herkunftsstaat Vorschriften unterliegen, die eingeführten Waren wegen Art. 28 EG nicht entgegengehalten werden könnten.[13]

Viele Autoren haben demgegenüber den Ansatz des EuGH im Grundsatz akzeptiert.[14] Die Sondersituation bei ausfuhrrelevanten Regelungen, dass nahezu jede Vorschrift für Produktion oder Vertrieb von Waren potentiell geeignet ist, auch den Export zu beeinflussen, führt zu der Einsicht, dass der Tatbestand des Art. 29 EG gegenüber Art. 28 EG eingeschränkt werden muss. Das gilt jedenfalls, soweit es um unterschiedslos anwendbare Maßnahmen geht. Bei Maßnahmen, die Einfuhren betreffen, ist die unterschiedslose Geltung allein kein Garant dafür, dass eingeführte und einheimische Waren tatsächlich gleichmäßig betroffen werden. Denn oft sind die Importwaren schon deshalb im Nachteil, weil die einheimischen Produkte den inländischen Vorschriften bereits entsprechen, während sie selbst diesem Standard erst angeglichen werden müssten.[15] Im Ausfuhrfall hingegen betrifft die nationale

---

11 EuGHE 1991 I-107, Rdn. 14 f. Alsthom Atlantique; 1994 I-3453, Rdn. 47, 50 ff. Peralta; *Classen*, EWS 1995, 97, 100 f.; *Geiger*, Art. 29 Rdn. 2; *Höpping*, Warenverkehrsfreiheit (1997), 68 ff.

12 *Beutler/Bieber/Pipkorn/Streil*, Die Europäische Union, 297 – anders die Neuaufl., Rdn. 762 ff.; dazu auch *Fetsch*, Eingriffsnormen (2002), 96 ff.; *Kort*, JZ 1996, 132, 137; *Lackhoff*, Niederlassungsfreiheit (2000), 141 mit Fn. 623 und 397 mit Fn. 710; für eine Angleichung der Auslegung des Art. 29 EG an Art. 28 EG z. T. auch die Generalanwälte, allerdings oft differenziert und mit Raum für abweichende Wertungen – vgl. etwa *GA Capotorti*, Schlussanträge in der Rs. C-155/80, Nr. 3 ff. = EuGHE 1981, 1993, Oebel, mit der Auffassung, die abweichende Auslegung des Art. 29 EG sei von den Besonderheiten im Fall Groenveld – EuGHE 1979, 3409 –, mit dem der EuGH diese neue Linie der Rspr. eröffnet hatte, nicht loslösbar und sollte deshalb beschränkt bleiben „auf die Auslegung von Art. 34 (heute Art. 29 EG) in bezug auf restriktive Maßnahmen auf der Produktionsebene, deren Auswirkungen auf die Ausfuhren sekundär sind"; vorsichtig für ein weitergehendes Verständnis des Art. 29 EG auch *GA Gulmann*, Schlussanträge in der Rs. C-47/90, Nr. 31 mit Fn. 21 = EuGHE 1992 I-3669, Delhaize und *GA Jacobs*, Schlussanträge in der Rs. C-384/93, Nr. 35 ff., insbes. 55 ff. = EuGHE 1995 I-1141, Alpine Investments.

13 *Nicolaysen*, EuR 26 (1991, 95), 106 f.; in dieser Richtung auch *Bleckmann*, GRUR Int. 1986, 172, 181 f.; vgl. dazu *Epiney*, in: Calliess/Ruffert, Art. 29 Rdn. 14 f.; *Lackhoff/Raczinski*, EWS 1997, 109, 114.

14 Vgl. nur *Barents*, CMLR 1981, 271, 302 f.; *Hailbronner*, in: Hailbronner/Klein/Magiera/Müller-Graff, Art. 34 Rdn. 3 ff.; *Höpping*, Warenverkehrsfreiheit (1997), 67 ff.; *Kleier*, RIW 1988, 623, 628; *Müller-Graff*, in: v. d. Groeben/Thiesing/Ehlermann, Art. 34 Rdn. 15 ff.; z. G. *Epiney*, in: Calliess/Ruffert, Art. 29 Rdn. 16 f.; *Geiger*, Art. 29 Rdn. 1, der darauf abstellt, das dem inländischen Markt in Bezug auf die Güterversorgung keine Vorzugsstellung ggü. den Märkten anderer Mitgliedstaaten eingeräumt werden dürfe; *Höpping*, Warenverkehrsfreiheit (1997), 70 ff.

15 *Epiney*, in: Calliess/Ruffert, Art. 29 Rdn. 16, 20 f.

Regelung von vornherein nur einheimische Waren. Hier ist es zumindest begründungsbedürftig, warum und in welchen Fallkonstellationen gleichmäßig anwendbare Regelungen gleichwohl gerade die Ausfuhr behindern.

Allerdings wird der Ansatz des EuGH teilweise modifiziert: Insbes. soll es auf einen Vorteil für die inländische Produktion oder den inländischen Absatz einer Ware nicht zwingend ankommen. Vielmehr reiche es aus, wenn die inländische Wirtschaft benachteiligt wird, denn auch in diesem Fall wird der grenzüberschreitende Handel behindert.[16] Das maßgebliche Kriterium für einen Verstoß gegen Art. 29 EG soll sein, ob eine Regelung gerade die Ausfuhr erschwert oder nur allgemein Produktion und Vertrieb betrifft. Entscheidend sei, ob der Binnenhandel des Mitgliedstaats gegenüber seinem Export privilegiert werde.[17] Im Zuge dieser Überlegungen kommen einige Autoren zu dem Schluss, dass die Auslegung von Art. 29 EG zwar gewisser Einschränkungen bedarf, dass diese Vorschrift jedoch zumindest alle spezifischen Ausfuhrerschwernisse einem Rechtfertigungserfordernis unterwirft und dass es insbes. eine solche spezifische Ausfuhrbeschränkung darstellt, wenn nationale Vorschriften den inländischen Produzenten daran hindern, für den Export bestimmte Waren nach den Produktionsstandards des Bestimmungslandes herzustellen. Eine solche Regelung nehme dem Hersteller das Recht, auf dem ausländischen Markt zu den dort herrschenden Bedingungen anzubieten.[18]

2. Das Urteil in Sachen Alpine Investments und seine Bedeutung für das künftige Verständnis der Ausfuhrfreiheit

Neue Impulse für das Verständnis der Ausfuhrfreiheit könnte das Urteil des EuGH in Sachen Alpine Investments liefern. In dieser Entscheidung ging es um das niederländische Verbot des sogenannten „cold calling", der unaufgeforderten Kontaktaufnahme von Finanzdienstleistern mit Privatkunden zwecks Anbahnung von Waren-

16 In dieser Richtung jetzt auch EuGHE 1995 I-1141, Rdn. 28 ff., 35 Alpine Investments; vgl. dazu bb); z. G. *Epiney*, in: Calliess/Ruffert, Art. 29 Rdn. 16 f.; krit. auch *Oliver*, CMLR 36 (1999), 783, 803, der zur Ausweitung von Art. 29 EG tendiert. Ob der Verzicht auf den Vorteil für die inländische Produktion durch den EuGH von Dauer ist, ist jedoch zweifelhaft. In neueren Entscheidungen verwendet der Gerichtshof wieder die alte Formel zur Ausfuhrfreiheit; etwa EuGHE 1998 I-4075, Rdn. 40 ff. Dusseldorp u. a.; implizit auch EuGHE 2000 I-3123, Rdn. 32 ff., 41 Belgien/Spanien. Allerdings wird diese Voraussetzung des Grundfreiheitenverstoßes im Schrifttum mit guten Gründen angegriffen und in der Alpine-Entscheidung vom EuGH selbst vernachlässigt. Die besseren Gründe sprechen dafür, in Zukunft auf das Erfordernis eines Vorteils für den nationalen Markt allgemein zu verzichten.

17 *Geiger*, Art. 29 Rdn. 1, wonach dem inländischen Markt in Bezug auf die Güterversorgung keine Vorzugsstellung ggü. den Märkten anderer Mitgliedstaaten eingeräumt werden dürfe; *Höpping*, Warenverkehrsfreiheit (1997), 69.

18 *Dauses*, Hdb. des EU-Wirtschaftsrechts, Kap. C. I. Rdn. 122 b; *Epiney*, in: Calliess/Ruffert, Art. 29 Rdn. 22; *Kapteyn/VerLoren van Themaat*, Introduction, 648 ff.; *Leible*, in: Grabitz/Hilf, Art. 29 Rdn. 4; *Müller-Graff*, in: v. d. Groeben/Thiesing/Ehlermann, Art. 34 Rdn. 17, 21 ff., 27; tendenziell in dieser Richtung auch *Oliver*, CMLR 36 (1999), 783, 802 f.; *Roth*, ZHR 159 (1995), 78, 90; *ders.*, ZEuP 1994, 5, 29 ff.; *Streinz*, Europarecht, Rdn. 732.

termingeschäften.[19] Hintergrund der Entscheidung war die Frage, ob ein solches Verbot mit der Dienstleistungsfreiheit des EG-Vertrages vereinbar sei. Nach Ansicht des Gerichtshofs liegt eine Beschränkung der Dienstleistungsfreiheit auch dann vor, wenn ein Verbot nicht vom Empfangsstaat, sondern vom Sitzstaat des werbenden Unternehmens ausgeht, weil Art. 59 EG Beschränkungen der Dienstleistungsfreiheit allgemein verbietet.[20]

Der EuGH entzieht das Verbot des cold-calling auch nicht deshalb dem Anwendungsbereich der Dienstleistungsfreiheit, weil es nicht bezwecke oder bewirke, dem nationalen Markt einen Vorteil zu verschaffen – also wegen der tradierten engeren Auslegung der Ausfuhrfreiheit –, obwohl dies nach seiner überkommenen Rspr. eigentlich eine weitere Überprüfung der niederländischen Regelung hätte verhindern müssen.[21] Hier führt der Gerichtshof aus, weder der nicht diskriminierende Charakter noch der fehlende Vorteil für den Inlandsmarkt ändere etwas daran, dass die nationale Regelung eine Beschränkung des grenzüberschreitenden Dienstleistungsverkehrs darstellen könne.[22] Auch den Einwand, das Verbot sei eine nicht diskriminierende Vertriebsregelung, die nach der Keck-Rspr. aus dem Anwendungsbereich der Grundfreiheit ausscheide,[23] weist der Gerichtshof zurück. Zur Begründung führt er an, dass eine Vertriebsvorschrift – wenn der Herkunftsstaat sie auch auf den Vertrieb im Ausland erstreckt – unmittelbar den Marktzugang in den anderen Mitgliedstaaten beeinflusse.[24]

Sieht man in dem Urteil in Sachen Alpine Investments keinen bloßen Ausreißer, so stellt sich die Frage nach seinen Auswirkungen auf die Dogmatik der Grundfreiheiten insgesamt und damit auch auf die Stellung des Herkunftslandprinzips. Die genannte Entscheidung selbst ist zwar zur Dienstleistungsfreiheit ergangen; das hindert jedoch angesichts der zunehmenden Konvergenz der Grundfreiheitendogmatik[25] nicht daran, die dort gewonnenen Erkenntnisse auf andere Freiheiten zu übertragen. Das gilt besonders für den Fall, dass – wie hier – eine neue Rspr. zur Dienstleistungsfreiheit auf die Warenverkehrsfreiheit erstreckt werden soll, da bei diesen Freiheiten bereits in allen wesentlichen Punkten Konvergenz besteht. Die Entscheidung in Sachen Alpine Investments kann deshalb für die Fortbildung und Präzisierung des

---

19 EuGHE 1995 I-1141 Alpine Investments.

20 EuGHE 1995 I-1141, Rdn. 30 Alpine Investments; ähnlich schon EuGHE 1994 I-1783, Rdn. 30 Corsica Ferries; 1994 I-3453, Rdn. 40 Peralta; 1994 I-5145, Rdn. 14 Kommission/Frankreich; Kort JZ 1996, 132, 133 ff.

21 Vgl. nur EuGHE 1979, 3409, Rdn. 7 Groenveld; 1982, 4575, Rdn. 13 Oosthoeck; 1984, 2171, Rdn. 16 ff. Denkavit; 1991 I-107, Rdn. 14 f. Alsthom Atlantique für die Warenverkehrsfreiheit; EuGHE 1994 I-3453, Rdn. 49 ff. Peralta für die Dienstleistungsfreiheit; *Kort*, JZ 1996, 132, 137.

22 EuGHE 1995, 1167, Rdn. 28, 35 Alpine Investments; andererseits verwendet der Gerichtshof in späteren Entscheidung weiterhin seine klassische Formel, vgl. etwa EuGHE 1998 I-4075, Rdn. 40 Dusseldorp u. a.; implizit auch in EuGHE 2000 I-3123, Rdn. 41 Belgien/Spanien.

23 Dazu EuGHE 1993 I-6097, Rdn. 16 f. Keck und Mithouard; 1995, 1141, Rdn. 37 Alpine Investments; krit. hierzu *Kingreen*, Struktur der Grundfreiheiten (1999), 61 f.

24 EuGHE 1995 I-1141, Rdn. 37 f. Alpine Investments.

25 *Behrens*, EuR 27 (1992), 145, 148 ff.; *Classen*, EWS 1995, 97 ff.; *Grundmann*, Europäisches Schuldvertragsrecht (1999), 40 ff.; *Mülbert*, ZHR 159 (1995), 2, 4.

Herkunftslandprinzips grds. herangezogen werden, auch soweit dieses hier v. a. am Beispiel der Warenverkehrsfreiheit dargestellt werden soll.

Das Urteil ist v. a. unter zwei Gesichtspunkten interessant: Zum Ersten erfährt der bisher in der Rspr. zu Art. 29 EG verwendete Begriff der Maßnahme gleicher Wirkung eine noch näher zu beschreibende Ausweitung, die richtungsweisend für das künftige Verständnis der Ausfuhrfreiheit sein könnte. Zum Zweiten ist diese Neuausrichtung nicht ohne Einfluss auf die kollisionsrechtlichen Implikationen der Grundfreiheitendogmatik. Muss das Verständnis der Ausfuhrfreiheit revidiert werden, verschieben sich evt. auch die kollisionsrechtlichen Wertungen, die stets dem Gesamtbild der Grundfreiheitendogmatik zu entnehmen sind.

a) *Eine neue Definition der Maßnahme gleicher Wirkung wie eine Ausfuhrbeschränkung?*

Geht man mit dem EuGH und einem großen Teil des Schrifttums einerseits davon aus, dass Art. 29 EG aus obengenannten Gründen einer tatbestandlichen Einschränkung bedarf, dass der Gerichtshof jedoch andererseits in seiner Entscheidung in Sachen Alpine Investments den Anwendungsbereich der Vorschrift ausgeweitet hat, stellt sich die Frage, welche Merkmale heute einen Verstoß gegen die Freiheit der Ausfuhr von Dienstleistungen – oder entsprechend der Ausfuhr von Waren – noch kennzeichnen. Der EuGH hat in dieser Entscheidung zum einen eingeräumt, dass auch nichtdiskriminierende Vorschriften die Ausfuhrfreiheit für Dienstleistungen beschränken können. Augenscheinlich kommt es ihm auch nicht mehr zwingend auf einen Vorteil für die inländische Produktion oder den inländischen Vertrieb an.[26] Ist damit nunmehr auch für die Ausfuhrfreiheit allgemein der Schritt vom Diskriminierungs- zum Beschränkungsverbot vollzogen, wie es teilweise im Schrifttum gefordert wird,[27] oder ist doch eine zurückhaltendere Interpretation angezeigt?

Das Urteil in Sachen Alpine Investments enthält bzgl. des hier interessierenden Problemkreises um die Reichweite der Ausfuhrfreiheit v. a. zwei Aussagen:

Das dem Fall zugrunde liegende Verbot des cold calling galt zum einen unterschiedslos für Angebote im Inland und im Ausland. Es handelte sich daher um eine nicht diskriminierende Regelung. Die niederländische Regelung bewirkte auch keinen Vorteil für die inländische Produktion oder den inländischen Vertrieb. Dennoch ging der Gerichtshof von einer Beschränkung der Ausfuhrfreiheit aus. Er stellte fest, dass trotz des nichtdiskriminierenden Charakters der Vorschrift und ohne Vorteil für den nationalen Markt der grenzüberschreitende Dienstleistungsverkehr beschränkt sein kann, weil das Verbot den Wirtschaftsteilnehmern ein schnelles und direktes Mittel der Werbung und der Kontaktaufnahme mit Kunden in anderen Mitgliedstaaten nehme.[28] Daraus könnte man in der Tat schließen, dass der EuGH nunmehr auch die Ausfuhrfreiheit als allgemeines Beschränkungsverbot auslegt.

---

26 Anders jedoch wieder EuGHE 1998 I-4075, Rdn. 40 ff. Dusseldorp u. a..

27 IdS. *Fetsch*, Eingriffsnormen (2002), 96 f., 101 f.; *Roth*, ZHR 159 (1995), 78, 90 ff.; wohl auch *Nicolaysen*, EuR 26 (1991), 95, 106 f.

28 EuGHE 1995 I-1141, Rdn. 28, 35 Alpine Investments.

Allerdings muss auch der zweite Aspekt des Urteils berücksichtigt werden: Der Entscheidung lag mit dem niederländischen Verbot des cold calling nicht nur eine nicht diskriminierende, sondern zugleich auch eine Vertriebsvorschrift zugrunde. Der EuGH hat es hier abgelehnt, die Privilegierung bloßer Vertriebsvorschriften, die er seit „Keck“ im Rahmen der Einfuhrfreiheit gewährt, auf den vorliegenden Fall zu erstrecken. Seine Begründung hierfür zwingt dazu, eine mögliche Ausweitung der Ausfuhrfreiheit kritisch zu hinterfragen.

Dabei ist das Problem, aus der Entscheidung in Sachen Alpine Investments eine allgemeine Aussage zu Art. 29 EG abzuleiten, angesichts der festgestellten Konvergenz der Freiheiten nicht so sehr, dass das Urteil die Dienstleistungsfreiheit betrifft. Zwar besteht zwischen Dienstleistungen und Waren insofern ein Unterschied, als erstere unkörperliche Produkte sind und sich schwerer kontrollieren lassen. Auch bereitet das Kriterium des Inverkehrbringens nach den Kriterien des Herkunftslandes, an das die gemeinschaftsweite Zirkulationsfähigkeit bei Waren grds. anknüpft, bei Dienstleistungen Schwierigkeiten. Diese werden oft mit Blick auf den ausländischen Empfänger nach dessen Präferenzen erstellt und erst beim Empfänger erbracht.[29] Geht es jedoch darum, (u. a.) mit Hilfe des Herkunftslandprinzips die Regelungszuständigkeit der von einer grenzüberschreitenden Transaktion berührten Mitgliedstaaten abzugrenzen und sinnvollen Schranken zu unterwerfen, so kann es diese Funktion auch im Hinblick auf die Besonderheiten von Dienstleistungen entfalten.

Wichtiger als die Zuordnung der Entscheidung zur Dienstleistungsfreiheit ist der Aspekt, dass der EuGH eine Vertriebsvorschrift zu beurteilen hatte, die der Herkunftsstaat auf den Vertrieb im Bestimmungsstaat zu erstrecken versuchte. Auf diese Konstellation bezieht sich die Argumentation des EuGH und in dieser Konstellation hat der Gerichtshof in einer nicht diskriminierenden Vorschrift eine Beschränkung der Ausfuhrfreiheit gesehen, ohne zwingend auf einen Vorteil für den inländischen Markt abzustellen. Die Antwort auf die Frage, ob die Entscheidung verallgemeinert werden kann, hängt daher von dem Verhältnis von bloßen Vertriebsregelungen und anderen Arten von Vorschriften im Kontext der Ausfuhrfreiheit ab.

Im Folgenden wird deshalb zunächst die Argumentationslinie des Gerichtshofs in Alpine-Entscheidung nachzuzeichnen sein. Im Anschluss soll der Bogen geschlagen werden zu der Frage, ob die Aussagen, die der EuGH zu den Vertriebsvorschriften gemacht hat, auch auf andere Arten von Regelungen zutreffen, so dass sie auf diese übertragen werden können. Insbes. ist zu erörtern, ob in Zukunft nichtdiskriminierende Produktvorschriften des Herkunftsstaates einer Ware oder Dienstleistung, die keinen Vorteil für den inländischen Markt begründen, mit der Ausfuhrfreiheit in Konflikt geraten.

---

29 *Müller-Graff*, FS Lukes (1989), 471, 484.

b) Vertriebsmodalitäten im Kontext der Ausfuhrfreiheit

Der Gerichtshof hat in der Entscheidung in Sachen Alpine Investments das niederländische Verbot des cold calling als Behinderung der Ausfuhr eingestuft, obwohl diese Regelung in nicht diskriminierender Weise für den Vertrieb von Finanzdienstleistungen im Inland und im Ausland galt. Diesen plötzlichen Verzicht auf den diskriminierenden Charakter der Norm und den Vorteil für den inländischen Markt hat der EuGH zunächst nicht eingehend begründet. Er beschränkt sich auf die Feststellung, eine Beschränkung der Dienstleistungsfreiheit sei auch in Abwesenheit dieser überkommenen Attribute der Ausfuhrbehinderung möglich.[30]

Diese Aussage entspricht, soweit auf einen Vorteil für den inländischen Markt verzichtet wird, einer schon seit langem im Schrifttum erhobenen Forderung. Dort haben viele Autoren darauf hingewiesen, dass jede Beschränkung der Verkehrsströme dem Binnenmarktziel zuwiderlaufe, auch soweit sie sich zu Lasten der inländischen Wirtschaft auswirke.[31] In der Tat ist das Kriterium eines Vorteils für die inländische Produktion oder den Binnenhandel eines Mitgliedstaats allein nicht geeignet, ausfuhrbeschränkende Maßnahmen von nicht beschränkenden zu unterscheiden. In aller Regel wird eine Vorschrift, die Exporte erschwert oder verteuert, die inländische Wirtschaft gerade nicht begünstigen, sondern allenfalls benachteiligen. Insbes. korrespondiert dem Exportrückgang, den eine solche Vorschrift u. U. zur Folge hat, idR. kein Zuwachs der Produktion oder des Handels im Binnenmarkt des Mitgliedstaates. Allein dadurch, dass den Anbietern der Export ihrer Produkte erschwert wird, entsteht im Inland keine neue Nachfrage, die den rechtlich oder wirtschaftlich nicht mehr exportierbaren Teil der Produktion im Wege einer „Umleitung“ aufnehmen könnte. Stattdessen wird in einem solchen Fall die Produktion zurückgehen.[32]

Die wenigen Entscheidungen, in denen der EuGH selbst einmal einen Vorteil für den inländischen Markt konstatiert hat, betreffen denn auch die insofern wohl einzig denkbare Fallgruppe, nämlich die Fälle protektionistisch wirkender Ausfuhrbeschränkungen; etwa in der Weise, dass bestimmte Verarbeitungsstufen, die entweder aus rechtlichen Gründen unverzichtbar oder aber dem Export des Enderzeugnisses vorgeschaltet sind, ganz oder teilweise inländischen Unternehmen vorbehalten werden.[33] Ein Vorteil für den inländischen Markt darf deshalb zwar als hinreichende,

30 EuGHE 1995 I-1141, Rdn. 35 iVm. 28 Alpine Investments.

31 So schon *Bleckmann*, GRUR Int. 1986, 172, 180; *Dauses*, Hdb. des EG-Wirtschaftsrechts, Kap. C.I. Rdn. 122 b; *Kapteyn/VerLoren van Themaat*, Introduction, 648 ff.; *Müller-Graff*, in: v. d. Groeben/Thiesing/Ehlermann, Art. 34, Rdn. 19 ff.; *Oliver*, CMLR (36) 1999, 783, 799 ff. (803); *Roth*, ZHR 159 (1995), 78, 90; *Schweitzer/Hummer*, Europarecht, Rdn. 1126; *Streinz*, Europarecht, Rdn. 732.

32 Dennoch scheint der EuGH das Erfordernis eines Vorteils für die inländische Produktion oder den inländischen Markt auch in Zukunft beibehalten zu wollen. Vgl. dazu Fn. 414 f.

33 EuGHE 1983, 555, Rdn. 9 ff. Inter-Huiles: zu einem Verbot der Ausfuhr von Altöl zur Lieferung an ein in einem anderen Mitgliedstaat zugelassenes Beseitigungs- oder Aufbereitungsunternehmen; EuGHE 1992 I-3669, Rdn. 12 ff. Delhaize: Begrenzung der Weinmenge, die unabgefüllt in andere Mitgliedstaaten ausgeführt werden darf; dies bewirkt nach Ansicht des EuGH eine spezifische Beschränkung der Ausfuhr nicht abgefüllten Weins und verschafft den im Erzeugungsgebiet nicht jedoch als notwendige Bedingung einer Ausfuhrbeschränkung angesehen werden.

Soweit es um den Verzicht auf eine diskriminierende Wirkung und somit um den möglichen Übergang zum Beschränkungsverbot durch das Urteil in Sachen Alpine Investments geht, ergibt sich die Begründung des Gerichtshofs erst aus einem weiteren, im direkten Anschluss erörterten Aspekt: Die niederländische Regierung hatte ihre Vorschrift mit dem Argument verteidigt, es handle sich dabei um eine bloße Vertriebsmodalität, die ausweislich der Rspr. in Sachen Keck und Mithouard dem Anwendungsbereich der Grundfreiheit entzogen sei.[34] Der Gerichtshof hat jedoch die Übertragung des Keck-Privilegs auf den vorliegenden Fall ausdrücklich ablehnt, obwohl es hier wie dort um Vertriebsmodalitäten geht. Der EuGH führt dazu aus, im Rahmen der Einfuhrfreiheit würden bloße Vertriebsmodalitäten deshalb nicht an der Grundfreiheit gemessen, weil die Anwendung solcher „nationaler Bestimmungen, die im Gebiet des Einfuhrmitgliedstaats bestimmte Verkaufsmodalitäten beschränken oder verbieten, auf Erzeugnisse aus anderen Mitgliedstaaten nicht geeignet (sei), den Handel zwischen den Mitgliedstaaten zu behindern, ...“ und zwar gerade deshalb nicht, weil „die Anwendung derartiger Regelungen nicht geeignet ist, den Marktzugang für diese Erzeugnisse im Einfuhrmitgliedstaat zu versperren oder stärker zu behindern, als sie dies für inländische Erzeugnisse tut“. Hier jedoch gehe die Vorschrift „von dem Mitgliedstaat aus, in dem der Leistungsempfänger ansässig ist, und betrifft nicht nur die Angebote, die er Leistungsempfängern gemacht hat, die im Gebiet dieses Staates ansässig sind oder sich dorthin begeben, um Dienstleistungen entgegenzunehmen, sondern auch die Angebote an Leistungsempfänger in einem anderen Mitgliedstaat. Aus diesem Grund beeinflusst (sie) unmittelbar den Zugang zum Dienstleistungsmarkt in den anderen Mitgliedstaaten. (Sie) ist daher geeignet, den innergemeinschaftlichen Dienstleistungsverkehr zu behindern.“[35] Diesen Gedanken greift der Gerichtshof auch in seiner Entscheidung in Sachen Bosman[36] auf. Auch dort lehnt der EuGH die Parallele zur Privilegierung bloßer Vertriebsmodalitäten ab, soweit es um das Recht der Arbeitnehmer geht, ihr Her-

---

gelegenen Abfüllbetrieben einen besonderen Vorteil; 1998 I-4075, Rdn. 40 ff. Dusseldorp u. a.: zur Verweigerung einer Ausfuhrgenehmigung von zur Wiederverwertung bestimmten Abfällen (insoweit bestand ein sekundärrechtlicher Hintergrund in Form einer RL und einer VO zur Abfallbewirtschaftung, die unter bestimmten Voraussetzungen die Möglichkeit vorsah, solche Ausfuhren zu unterbinden), wenn die Verwertung im Ausland nicht hochwertiger ist als im Inland; 2000 I-3123, Rdn. 32 ff., 38 ff. Belgien/Spanien zu einer spanischen Regelung, die das Führen der Ursprungsbezeichnung „Rioja“ für den aus dieser Region stammenden Wein von der Abfüllung in der Anbauregion abhängig machte, weil dies faktisch auf eine mengenmäßige Beschränkung der Ausfuhr nichtabgefüllten Rojaweins hinausläuft. Der EuGH sah hierin „eine nationale Maßnahme, die spezifische Beschränkungen der Ausfuhrstöme im Hinblick auf Wein, der die ‚denominación de origen calificada‘ tragen kann, bewirkt und damit unterschiedliche Bedingungen für den Handel innerhalb eines Mitgliedstaats und seinen Außenhandel im Sinne des Art. 34 EG-Vertrag schafft“.

34 Wiedergegeben in EuGHE 1995 I-1141, Rdn. 33 Alpine Investments.

35 Hervorhebungen durch die Verf. Vgl. dazu EuGHE 1995 I-1141, Rdn. 35 ff., 37 f. Alpine Investments; vgl. dazu *Fetsch*, Eingriffsnormen (2002), 101 f.; krit. *Kingreen*, Struktur der Grundfreiheiten (1999), 61 f.

36 EuGHE 1995 I-4921, Rdn. 95 ff. (102 f.) zur Arbeitnehmerfreizügigkeit.

kunftsland zu verlassen. Das Urteil bestätigt neben der Tendenz zur Konvergenz der Grundfreiheitendogmatik auch den Gedankengang aus Alpine Investments, wonach Vertriebsmodalitäten im „Ausfuhrfall" unmittelbar den Marktzugang im Bestimmungsstaat beeinflussen und deshalb rechtfertigungsbedürftige Beschränkungen der Grundfreiheit darstellen. Damit erteilt der Gerichtshof der Gleichsetzung von Vertriebsvorschriften bei der Einfuhrfreiheit einerseits und bei der Ausfuhrfreiheit andererseits eine klare Absage. Noch zusätzlich spricht für dieses Ergebnis die Überlegung, dass die Erstreckung von Vertriebsvorschriften des Herkunftslandes auf den Exportfall zu einer Mehrfachbelastung führt. Denn der Aufnahmestaat kann seinerseits unter Berufung auf die Keck-Rspr. eigene Vertriebsvorschriften zur Anwendung bringen.[37] Die Vermeidung von Mehrfachbelastungen ist immer wieder ein tragendes Argument bei der Beurteilung nationaler Regelungen als handelsbeschränkend oder -neutral gewesen.[38] Die Keck-Privilegierung gilt daher nur für die Anwendung von Vertriebsvorschriften im Einfuhrmitgliedstaat.[39] Deshalb stellen „fremdwirksame" Vertriebsvorschriften grds. Beschränkungen des Freiverkehrs dar, die nur ausnahmsweise in Betracht kommen, wenn sie aus zwingenden Erfordernissen gerechtfertigt sind.[40] So ist auch im Alpine-Urteil das Verbot des cold calling gerechtfertigt worden. Der EuGH erkannte die Wahrung des guten Rufs des nationalen Finanzsektors als zwingendes Allgemeininteresse an. Das Funktionieren der Finanzmärkte sei in besonderem Maße auf das Vertrauen der Anleger angewiesen, das seinerseits in diesem Sektor wesentlich von Art und Umfang des Verbraucherschutzes abhänge. Der Gerichtshof hält die niederländische Verbotslösung auch für verhältnismäßig; insbes. scheint es ihm wichtig, darauf hinzuweisen, dass der Mitliedstaat, von dem die telefonische Kontaktaufnahme ausgeht, viel eher in der Lage sei, solches Verhalten zu unterbinden als der Zielstaat.[41]

---

37 Diesen Aspekt greift auch *GA Jacobs* in seinen Schlussanträgen zu der Entscheidung des EuGH in der Rs. C-384/93 Alpine Investments auf – siehe EuGHE 1995 I-1141, 1152 ff. insbes. 1159; vgl. z. G. auch *Fetsch*, Eingriffsnormen (2002), 138 ff.

38 Vgl. schon EuGHE 1982, 4575, Rdn. 14 f. Oosthoek; 1994 I-317, Rdn. 13 ff., 18 f. Clinique; *Basedow*, RabelsZ 59 (1995), 1, 8 ff., 12; *Roth*, in: Marktwirtschaft und Wettbewerb (1994), 21, 37 f.; *ders.*, ZHR 159 (1995), 78, 85; zur Vermeidung von Doppelkontrollen als einen Aspekt des Herkunftslandprinzips auch *Behrens*, EuR 27 (1992), 145, 157 f., etwa unter Berufung auf EuGHE 1979, 3369, Rdn. 11, 22 ff. Denkavit; 1981, 3277, Rdn. 13 ff. Biologische Producten; 1981, 3305, Rdn. 17 Webb; 1986, 3755, Rdn. 27 ff. Kommission/Deutschland; 1987, 4097 Rdn. 12 f. UNECTEF; 1991 I-2357, Rdn. 15 ff. Vlassopoulou; *Höpping*, Warenverkehrsfreiheit (1997), 42 ff.; *Lechener/Gundel*, Übungen im Europarecht, 177 f.; *Roth*, in: Marktwirtschaft und Wettbewerb (1994), 21, 36 ff.; *Steindorff*, ZHR 150 (1986), 687, 698.

39 Angelegt – obwohl noch nicht ausdrücklich verlangt, wohl bereits bei EuGHE 1993 I-6097, Rdn. 16 f. Keck und Mithouard und der FolgeRspr., etwa EuGHE 1993 I-6787, Rdn. 21 Hünermund; 1994 I-2355, Rdn. 12 Punto Casa; 1995 I-179, Rdn. 21 Leclerc Simplec; 1995 I-1621, Rdn. 13 Kommission/Griechenland; 1995 I-2467, Rdn. 12 Belgapom; 1995 I-4663, Rdn. 34 ff. Banchero; 1996 I-2975, Rdn. 12 ff. Semeraro Casa u. a.; 1997 I-3841, Rdn. 40 De Agostini; 1998 I-7477, Rdn. 28 Nilsson u. a.; deutlich auf diesen Aspekt abstellend jedoch erst EuGHE 1995 I-1141, Rdn. 36 ff. Alpine Investments.

40 *Grundmann*, in: Ebenroth/Boujong/Joost, vor § 343 HGB, Rdn. 31; *Kort*, JZ 1996, 132, 138 f.; ebenso *Roth*, GS Lüderitz (2000), 635, 642; zu der insofern kollisionsrechtlichen Dimension der Keck-Rspr. vgl. *Fetsch*, Eingriffsnormen (2002), 137 ff.

41 Vgl. EuGHE 1995 I-1141, Rdn. 41 ff. Alpine Investments; *Höpping*, Warenverkehrsfreiheit

Zusammenfassend lässt sich sagen, dass der EuGH mit der Entscheidung in Sachen Alpine Investments – bestätigt durch das Bosman-Urteil[42] – zumindest für eine Normengruppe den Anwendungsbereich der Ausfuhrfreiheit(en) erweitert hat, wenn er auch nach wie vor die klassische Formel bei der Prüfung von Ausfuhrbeschränkungen beibehält:[43] Soweit es um Vertriebs- oder Erbringungsmodalitäten (für Warenverkehrs- und Dienstleistungsfreiheit) bzw. um die diesen funktional entsprechenden Regelungen bei den anderen Freiheiten geht, gilt statt des reinen Diskriminierungsverbots heute wohl ein Beschränkungsverbot. Grund und Grenze dieser Ausweitung ist, dass die Erstreckung solcher Vorschriften des Herkunftslandes auf den „Ausfuhrfall" unmittelbar den Marktzugang im Bestimmungsstaat beeinträchtigt und die Gefahr einer Mehrfachbelastung grenzüberschreitend tätiger Anbieter forciert.

Aus dem Blickwinkel des Kollisionsrechts lässt sich dieses Ergebnis auch mit der Überlegung stützen, dass Vertriebsregelungen in erster Linie Sache des Vertriebsstaates sein müssen, weil v. a. seine Interessen durch die Art und Weise von Angebot und Vertrieb von Produkten betroffen sind.[44] Aus Sicht des Binnenmarktkonzepts ist dies der Erkenntnis geschuldet, dass der erwünschte gemeinschaftsweite Wettbewerb sich nur auf den Inhalt von Leistungen, die Beschaffenheit von Produkten etc. beziehen kann, während es „bezogen auf Marktregeln ... nur einen Wettbewerb der Märkte geben (kann), und hierfür ... die Regeln einheitlich für alle Transaktionen gleichermaßen zu gelten (haben)...".[45] Daher zeichnet sich zunehmend die Tendenz ab, vertriebsbezogene Regelungen an den Marktort anzuknüpfen.[46]

Dieser Ansatz beschränkt die Maßgeblichkeit des Herkunftslandprinzips als Schlüsselbegriff der kollisionsrechtlichen Interpretation der Grundfreiheiten zugunsten

---

(1997), 79 ff., auch allgemein zu dem Problem, ob und unter welchen Umständen Mitgliedstaaten Maßnahmen zum Schutz ausländischer Interessen zu ergreifen dürfen; vgl. auch *Kort*, JZ 1996, 132, 138 f.

42 EuGHE 1995 I-4921, Rdn. 95 ff.

43 Wohl implizit in Bezug genommen bei EuGHE 1995 I-1141, Rdn. 33 ff., Alpine Investments; EuGHE 1995 I-4921, Rdn. 98 ff. Bosman; ausdrücklich wieder bei EuGHE 1998 I-4075, Rdn. 40 Dusseldorp u. a..

44 Diesen Aspekt streift *Roth*, GS Lüderitz (2000), 635, 639 f., dort zur Frage der europarechtskonformen Anknüpfung der Produkthaftung; ebd. 642 zur Auswirkung der Grundfreiheiten auf den Anknüpfungspunkt im IPR am Beispiel des Urteils in Sachen Alpine Investments (EuGHE 1995 I-1141, Rdn. 43): „soweit es hierbei (Verbraucherschutznormen, die das Herkunftsland auf den Exportstaat erstreckt) um Exportsachverhalte geht, lehrt uns das Urteil ‚Alpine Investmnents', dass ... der Schutz der Verbraucher im Gebiet anderer Mitgliedstaaten an sich nicht dem Herkunftsstaat der Dienstleistung obliegt".

45 So *Grundmann*, in: Ebenroth/Boujong/Joost, vor § 12 WpHG, Rdn. VI 60 ff., VI 66; Änderungen durch die Verf.

46 Diese Tendenz findet sich auch im Gemeinschaftsrecht; zum Beispiel des Insiderhandelsverbots im Kapitalmarktrecht *Grundmann*, RabelsZ 54 (1990) 283, 305 ff., 311-313; *ders.*, in: Ebenroth/Boujong/Joost, vor § 12 WpHG Rdn. VI 60 ff., vor § 31 WpHG Rdn. VI 181, § 31 Rdn. VI 232; *Hopt*, Verantwortlichkeit (1991), 121, 123 ff.; in Richtung einer alleinigen Marktortanknüpfung bereits *Jenckel*, Insiderproblem, 1980, 149 f., 154 ff.; vorsichtiger *Pfister*, ZGR 10 (1981), 318, 332 f.; gegen alleinige Marktortanknüpfung hingegen *Ebenroth/Wilken*, JZ 1991, 1061, 1070.

der Gleichheit der Wettbewerbsbedingungen und damit letztlich im Dienste des Binnenmarktkonzepts. Denn dafür ist neben einem „Raum ohne Binnengrenzen" auch ein verzerrungsfreier Wettbewerb konstitutiv, der seinerseits nur gewährleistet ist, wenn die Art und Weise des Auftretens am Markt für alle Wettbewerber einheitlichen Regeln unterliegt.[47]

c) *Keine unmittelbare Aussage zu anderen als Vertriebsvorschriften*

In Alpine Investments hat sich der EuGH wie gezeigt (nur) zu Vertriebsregelungen geäußert und für diese in der Tat den Begriff der Maßnahme gleicher Wirkung in der beschriebenen Weise ausgeweitet. Der Gerichtshof hat sich jedoch ausdrücklich darauf beschränkt, die in Frage stehende Verbotsvorschrift zu beurteilen.[48] Zwar er grds. auch zu nichts anderem berufen, als den konkret an ihn herangetragenen Fall zu entscheiden. Er hat es jedoch – anders als in einigen früheren Urteilen[49] – vermieden, etwa obiter dicta eine generelle Aussage zur möglichen Ausdehnung der Ausfuhrfreiheit zu machen. Die Entscheidung kann daher zwar wohl im Hinblick auf andere Vertriebsregelungen verallgemeinert werden. Für solche Vorschriften ist nunmehr davon auszugehen, dass die Ausfuhrfreiheit nicht mehr auf ein Verbot offener und verdeckter Diskriminierungen reduziert werden kann, sondern dass sie ein Beschränkungsverbot statuiert. Das Urteil enthält jedoch keine direkte Aussage darüber, was für andere Arten von Regelungen, insbes. für Produkt- und Produktionsregelungen gilt.

III. Produktions- und Produktmodalitäten im Kontext der Ausfuhrfreiheit – Beschränkungs- oder Diskriminierungsverbot?

Das Schweigen des EuGH zu anderen als Vertriebsvorschriften kann die Diskussion um die Reichweite der Ausfuhrfreiheit nicht beenden. Die vielfach erhobene Forderung nach einer der Einfuhrfreiheit angenäherten Auslegung der Ausfuhrfreiheit ist angesichts der partiellen Ausweitung der Ausfuhrfreiheit in Alpine Investments vielmehr neu zu überdenken. Dafür spricht auch der Befund, dass sich in der Grundfreiheitendogmatik insgesamt die Erkenntnis durchzusetzen scheint, dass die Freiheiten keine homogenen Gebilde sind, sondern in den einzelnen Abschnitten ihres Anwendungsbereichs unterschiedlich intensiv wirken können. Diese Entwicklung

---

47 Zum Binnenmarktkonzept vgl. nur die Ausführungen bei *Bernhard*, EWS 1995, 404, 406, 408; *Eberhartinger*, EWS 1997, 43, 49 ff.; *Klauer*, Europäisierung (1998), 63 f.

48 Vgl. dazu die Formulierungen in EuGHE 1995 I-1141, Rdn. 23 ff., 35 ff. Alpine Investments.

49 Vgl. EuGHE 1993 I-6097, Rdn. 14 ff. Keck und Mithouard – hier entwickelte der Gerichtshof die teilweise Beschränkung des Art. 28 EG auf ein Diskriminierungsverbot, obwohl der grenzüberschreitende Bezug des Falles durchaus zweifelhaft war, so dass er sich zu der Frage eines evt. Grundfreiheitenverstoßes gar nicht hätte äußern müssen – zu dieser gelegentlichen Praxis des EuGH auch *Armbrüster*, RabelsZ 60 (1996), 72, 74; *Basedow*, RabelsZ 59 (1995), 1, 8 f.; *Bernhard*, EWS 1995, 404, 406.

ist bereits angedeutet worden.[50] Der Gedanke kann auch im Rahmen der Ausfuhrfreiheit fruchtbar gemacht werden. Möglicherweise lassen sich auch hier bestimmte Gruppen von Maßnahmen unterscheiden, für die angesichts der Art und des Ausmaßes ihrer Einwirkung auf den Freiverkehr, eine weitere oder engere Auslegung der Grundfreiheit angezeigt ist. Diese Entscheidung ist für den Bereich der Vertriebsvorschriften mit dem Urteil Alpine Investments gefallen, für andere Arten von Vorschriften aber noch offen, insbes. für nationale Regelungen der Produktion und der Produkte selbst. Dabei sind der zu erwartenden erheblichen Eingrenzung nationaler Spielräume bei einer weiten Auslegung des Art. 29 EG als Beschränkungsverbot die Vorteile gegenüber zu stellen, die dem innergemeinschaftlichen Wirtschaftsverkehr aus der Ausweitung der Freiheitsrechte erwachsen.

Im Kontext der Einfuhrfreiheit ist der hervorstechendste Effekt der partiellen Auslegung der Grundfreiheit als allgemeines Beschränkungsverbot die Geltung des Herkunftslandprinzips. Strengere oder sonst abweichende Vorschriften des Bestimmungslandes, die den Freiverkehr behindern, können gegenüber eingeführten Produkten grds. nicht durchgesetzt werden. Das gilt insbes. für Produktstandards. Im Rahmen der Ausfuhrfreiheit würde diese weite Auslegung bewirken, dass hinsichtlich solcher Produktstandards Rechtswahlfreiheit etabliert wird. D. h., dass z. B. der Hersteller einer Ware wählen könnte, ob er seine Produktion an den heimischen Vorschriften über Herstellung und Gestaltung ausrichtet oder ob er sich für zu exportierende Ware an den Standards des Bestimmungslandes orientiert. Ob die neue Rspr. des EuGH zu Art. 29 EG mit der eben beschriebenen Wirkung auch auf andere als Vertriebsregelungen – insbes. auf Produkt- und Produktionsregeln – erstreckt werden kann. Hängt davon ab, ob die Interessenlage hier wie dort dieselbe ist und ob die Argumente, die den EuGH veranlasst haben, in nichtdiskriminierenden Vertriebsvorschriften eine Ausfuhrbehinderung zu sehen, auch auf andere Vorschriften zutreffen.

Im Folgenden sollen zunächst die Produktions- bzw. Umfeldvorschriften betrachtet werden, d. h. Maßnahmen, mit denen die Mitgliedstaaten den Produktionsprozess regeln. Das können etwa Vorschriften des Arbeits- oder Umweltschutzrechts sein. Dabei wird sich zeigen, dass für diese Vorschriften kein Beschränkungsverbot gelten kann. Wie Vertriebsvorschriften bei der Einfuhrfreiheit sollten solche Regelungen lediglich einem Diskriminierungsverbot unterliegen. Im Anschluss soll es um die Vorschriften gehen, die Produktstandards festlegen, etwa Qualitäts- oder Sicherheitsanforderungen etablieren oder den Inhalt bzw. Gehalt von Produkten bestimmen. Diese Vorschriften – wenn zwingend auch auf den Export erstreckt – erweisen sich vor dem Hintergrund des Binnenmarktkonzepts als besonders problematisch. Insofern scheint es angezeigt, der Ausfuhrfreiheit ein Beschränkungsverbot zu entnehmen.

---

50 Vgl. oben § 5 V.2.b).

1. Produktionsvorschriften als Anwendungsfall der Auslegung der Ausfuhrfreiheit als Diskriminierungsverbot

Wie gezeigt werden Vertriebsvorschriften im Rahmen der Ausfuhrfreiheit nicht nur nicht privilegiert, sondern sogar besonders streng bewertet. Die Grenze zwischen Beschränkungs- und Diskriminierungsverbot kann daher nicht – wie bei der Einfuhrfreiheit – anhand einer Einteilung der nationalen Maßnahmen in produkt- oder vertriebsbezogene Vorschriften gezogen werden. Jedoch lassen sich auch im Bereich der ausfuhrrelevanten Vorschriften Regelungen unterscheiden, die „nur" das Umfeld und die Umstände etwa der Dienstleistungs- oder Warenerstellung betreffen und solche, die das Produkt inhaltlich prägen. In erstere Kategorie gehören etwa Regelungen des Umwelt- oder Arbeitsschutzes, des Sozial- oder des Bauplanungsrechts,[51] in letztere hingegen sachliche Anforderungen an das Produkt selbst, die seine Eigenschaften und sein Erscheinungsbild determinieren.

Bloße Regelungen der Produktionsbedingungen bzw. des Produktionsumfeldes[52] besitzen oft ein ähnlich geringes Behinderungspotential wie Vertriebsmodalitäten bei der Einfuhrfreiheit. Sie wirken nur als allgemeine Kostenfaktoren, ohne den grenzüberschreitenden Vertrieb spezifisch zu benachteiligen, und wirken sich weder unmittelbar auf das Erscheinungsbild von Waren oder Dienstleistungen aus, noch zwingen sie dazu, eine gemeinschaftsweit einheitlich konzipierte Vertriebsstrategie für die Ausfuhr in andere Mitgliedstaaten zu verändern. Solche allgemeinen Vorschriften des Herstellungsumfeldes prägen nicht das Produkt selbst und verursachen deshalb im Exportfall keinen Anpassungsbedarf. Insgesamt beschränkt sich ihre Wirkung also oft darauf, überhaupt einen verbindlichen Rahmen von Ordnungsvorschriften für den Herstellungs- bzw. Erstellungsprozess vorzugeben, der allenfalls gewisse Reflexwirkungen auf den Export von Produkten entfaltet, die in seinem Einflussbereich entstanden sind. Hier wie bei den Vertriebsmodalitäten bei der Einfuhrfreiheit handelt es sich also um Regelungen, denen zwar nicht jeglicher Einfluss auf den grenzüberschreitenden Handel fehlt, die den grenzüberschreitenden Wirtschaftsverkehr jedoch nur schwach und mittelbar mitbetreffen und keinen wirklichen Einfluss darauf haben, ob und in welchem Umfang grenzüberschreitende Transaktionen stattfinden. In diesen Fällen geringster Eingriffsintensität überwiegt das Regelungsinteresse des nationalen Gesetzgebers.

Allerdings sind im Rahmen der Produktionsmodalitäten auch Vorschriften denkbar, die nicht nur ganz geringfügig auf die Ausfuhr einwirken. Man denke nur an ein umweltpolitisch motiviertes Verbot, bestimmte gefährliche Stoffe bei der Warenproduktion zu verwenden. Solche Vorschriften mögen sogar die Inhalte und Zusammensetzung von Produkten betreffen. Sie können daher ähnlich erhebliche Auswirkungen auf die Ausfuhrfreiheit zeitigen wie Produktvorschriften. Jedoch treten bei Regelungen, die Produktionsmodalitäten betreffen, die Besonderheiten, die

---

51 *Koenig/Braun/Capito*, EWS 1997, 401, 402, Fn. 14; *Oliver*, CMLR 36 (1999), 783, 802 f.; *Roth*, ZHR 159 (1995), 78, 93.
52 Begriff nach *Roth*, ZHR 159 (1995), 78, 86 ff. (93).

Rspr. und Literatur zu ihrer einschränkenden Auslegung der Ausfuhrfreiheit veranlasst haben, besonders deutlich hervor: Würden alle nationalen Vorschriften, die sich in irgendeiner Weise reglementierend oder beschränkend auf die Ausfuhr auswirken, der Kontrolle am Maßstab der Grundfreiheiten unterstellt, würden damit die Regelungskompetenzen der Mitgliedstaaten zu sehr eingeschränkt. Denn das Potential, auf die Ausfuhr durchzuschlagen, hat fast jede innerstaatliche Vorschrift zur Erstellung und Vermarktung von Produkten.

Hinzu kommt ein weiteres: Reine Produktvorschriften, die etwa eine bestimmte inhaltliche Gestaltung von Dienstleistungen oder die Zusammensetzung und Qualitätsstandards für Waren regeln, können von ihrem Sinn und Zweck her auf solche Produkte beschränkt werden, die im Inland vertrieben werden sollen. Es ist bei diesem Regelungstyp möglich, an die Bestimmung für den Export oder für den Inlandsvertrieb anzuknüpfen und ohne Verlust für den Regelungszweck zwischen beiden Fallgruppen zu differenzieren. So kann z. B. ein bestimmter Qualitätsstandard für eine Ware – etwa das oben genannte Verbot gesundheitsschädlicher Inhaltsstoffe –, der für den Inlandsvertrieb zwingend vorgeschrieben ist, regelmäßig für den Exportfall gelockert werden, ohne dass die Schutzgüter im Inland beeinträchtigt werden. Deshalb ist es jedenfalls erwägenswert, für den Export bestimmte Produkte von solchen Vorschriften auszunehmen und es dem Einfuhr-Mitgliedstaat zu überlassen, den aus seiner Sicht erforderlichen Schutzstandard selbst zu bestimmen.

Produktionsvorschriften in dem hier zugrunde gelegten Sinne hingegen, sind dadurch gekennzeichnet, dass sie nicht in der gleichen Weise differenziert angewandt werden können, ohne ihren Schutzzweck zu verfehlen. Eine Vorschrift etwa, die es verbietet, bei der Warenproduktion eine bestimmte gefährliche Substanz zu verwenden, und die zudem nicht nur verhindern soll, dass sich diese Substanz später im fertigen Produkt findet, sondern die aus umweltpolitischen Gründen den Umgang mit diesem Stoff überhaupt verhindern will, kann nicht sinnvoll danach unterscheiden, ob das Fertigprodukt ausgeführt oder im Inland vertrieben wird. Ihr Schutzanliegen ist ebenso berührt, wenn Produktion und Vertrieb im Inland stattfinden als auch dann, wenn die Ware später ausgeführt wird. Solche Regelungen an einem grundfreiheitlichen Beschränkungsverbot zu messen, bedeutet einen erheblichen Einschnitt in die Kompetenzen der Mitgliedstaaten. Denn diese sind nach wie vor berufen, eigenverantwortlich die nationalen Gemeinwohlbelange zu schützen. Diese Kompetenz wäre nahezu entwertet, wenn jede darauf gerichtete Vorschrift am strengen Maßstab des Gemeinschaftsrechts zu überprüfen und ggf. außer Anwendung zu lassen wäre. Deshalb können die Grundfreiheiten des EG-Vertrages nationale Vorschriften des Arbeits- oder Umweltschutzes und ganz allgemein Regeln, die das „wie" der Produktion betreffen, keinem allgemeinen Beschränkungsverbot unterwerfen; auch soweit sie im Einzelfall die Ausfuhrfreiheit erheblich berühren.

I. E. unterliegen die Produktionsmodalitäten (im obigen Sinne) bei der Ausfuhrfreiheit ebenso wie Vertriebsmodalitäten bei der Einfuhrfreiheit lediglich einem Diskriminierungsverbot.[53] Allerdings stellt sich hier wie dort das Problem der Abgren-

---

53 Zum geringeren Behinderungspotential solcher Vorschriften *Grundmann*, Europäisches Schuldzung dieser privilegierten Vorschriften der Mitgliedstaaten von denen, die einer strengeren Kontrolle unterliegen. Zwei Abgrenzungskriterien kommen in Betracht: Regelungen des Produktionsumfeldes können zum einen Fälle vernachlässigbar geringer Behinderung sein. Sie entsprechen wertungsmäßig den Keck-Fällen bei der Einfuhrfreiheit. Zu diesem Regelungstyp gehören jedoch auch solche Vorschriften, mit denen die Mitgliedstaaten die ihnen verbliebenen Regelungskompetenzen zum Schutz nationaler Gemeinwohlbelange ausschöpfen und allgemein die wirtschaftliche Betätigung im Inland regeln. Auch solche Vorschriften – obgleich ihre Behinderungswirkung der reiner Produktstandards entsprechen kann – sind zu den privilegierten Regelungen zu zählen, die lediglich einem Diskriminierungsverbot unterliegen, wenn und soweit der Zweck dieser Vorschriften es verbietet, Exportfälle aus ihrem Anwendungsbereich auszunehmen.

2. Produktvorschriften als „Problemfall" zwischen Vertriebsmodalitäten und bloßen Produktionsvorschriften

Bewertet man ausfuhrbezogene Vertriebsregelungen als grds. beschränkend und diskriminierungsfreie Regeln der Produktion bzw. des Produktionsumfeldes als prinzipiell grundfreiheitenneutral, so liegen damit die Eckpunkte einer interessengerechten Dogmatik der Ausfuhrfreiheit fest. Fraglich ist jedoch die Einordnung einer dritten Regelungsgruppe, der Produktvorschriften. Sie bestimmen Zusammensetzung, Aufmachung, Inhalt etc. von Waren oder Dienstleistungen und nehmen so Einfluss auf ihr Erscheinungsbild und auf die Merkmale und Eigenschaften, mit denen sie in den gemeinschaftsweiten Wettbewerb eintreten. Für diese Vorschriften muss nach der Alpine-Entscheidung erneut geklärt werden, ob sie einem Beschränkungsverbot wie Vertriebsregeln oder nur einem Diskriminierungsverbot wie Produktionsregeln unterliegen bzw. ob eine differenzierende Lösung vonnöten ist.

Legt man die aus der Rspr. zur Einfuhrfreiheit bekannte Differenzierung zwischen Vertriebsmodalitäten und Produktregeln zugrunde, könnte man daran denken, die Ausweitung des Begriffs der Maßnahme gleicher Wirkung wie eine mengenmäßige Ausfuhrbeschränkung im Wege eines Erst-recht-Schlusses auf Produktregeln zu übertragen. Denn wenn schon Vertriebsregeln, die nach dem dortigen Verständnis nicht behindernd wirken, einem allgemeinen Beschränkungsverbot unterliegen werden, müsste das für Produktregeln als den gravierenderen Eingriffen in den Bestand der Grundfreiheiten erst recht gelten. Indes setzt sich dieser Schluss über die unterschiedliche Bedeutung hinweg, die Vertriebsvorschriften des Bestimmungsstaates und solche des Herkunftsstaates für den grenzüberschreitenden Verkehr entfalten. Die Unterscheidung zwischen eingriffsintensiven Produktanforderungen, die einem allgemeinen Beschränkungsverbot unterliegen, und nur am Diskriminierungsverbot zu messenden Vertriebsregeln wurde im Kontext des

vertragsrecht (1999), 53 ff. – bezogen auf Verkaufsmodalitäten bei der Einfuhrfreiheit; *Roth*, ZHR 159 (1995), 78, 93.

Art. 28 EG entwickelt, um Fälle auszuscheiden, in denen die Wareneinfuhr nur ganz allgemein durch eine mitgliedstaatliche Regelung (mit)betroffen ist, ohne gegenüber dem Inlandsvertrieb benachteiligt zu werden.[54] Diese Wertung lässt sich jedoch auf den Ausfuhrfall gerade nicht übertragen, weil Vertriebsmodalitäten in dieser Konstellation unmittelbar den Marktzutritt der Ware im Bestimmungsland beeinflussen und eine Doppelbelastung zur Folge haben können. Darauf weist der EuGH im Alpine Investments-Urteil ausdrücklich hin.[55] Im Exportfall sind gerade Vertriebsmodalitäten keine Fälle minderer Belastung. Ein Erst-Recht-Schluss auf die Bedeutung von Produktregeln ist deshalb nicht angezeigt. Damit kommt es für die Frage, ob für Produktvorschriften ein Beschränkungs- oder ein Diskriminierungsverbot gelten sollte, auf eine Abwägung der beteiligten Interessen sowohl der Mitgliedstaaten an der Erhaltung ihrer Regelungszuständigkeiten als auch der Anbieter an möglichst weitgehender wirtschaftlicher Entscheidungsfreiheit an. Vom Ergebnis hängt auch das Schicksal des kollisionsrechtlichen Aspekts des Herkunftslandprinzips ab: Bleibt es bei einem Diskriminierungsverbot, so ist dieser allenfalls im Hinblick auf Produktions- und Vertriebsvorschriften zu präzisieren, behält jedoch seine grundlegende Bedeutung für Produktvorschriften. Sollte die Ausfuhrfreiheit hingegen in Zukunft für Produktvorschriften als ein allgemeines Beschränkungsverbot zu verstehen sein, würde auch kollisionsrechtlich aus der Tendenz zum Herkunftslandprinzip eine Tendenz zum Prinzip der Rechtswahlfreiheit bzw. ein Günstigkeitsprinzip.

3. Beschränkungsverbot im Hinblick auf die Anwendung von Produktvorschriften des Herkunftsstaates auch im Ausfuhrfall – Rechtswahlfreiheit für Anbieter

Die Frage, ob Produktvorschriften des Herkunftslandes dem Anwendungsbereich einer weit verstandenen Ausfuhrfreiheit unterfallen oder weiterhin nur im Diskriminierungsfall mit den Grundfreiheiten in Konflikt geraten, ist seit einiger Zeit verstärkt in die wissenschaftliche Diskussion geraten.

Für eine erweiterte Auslegung der Ausfuhrfreiheit über ein Diskriminierungsverbot hinaus wird v. a. das Binnenmarktkonzept fruchtbar gemacht. So können einem Anbieter erhebliche Wettbewerbsnachteile entstehen oder er kann sogar gänzlich an der Ausfuhr in bestimmte andere Mitgliedstaaten gehindert sein, wenn er auch für den Exportfall zwingend an die besonders strengen oder spezifischen Produktstandards seines Herkunftslandes gebunden bleibt. Im Bestimmungsstaat treffen Pro-

54 Vgl. EuGHE 1993 I-6097, Rdn. 16 f. Keck und Mithouard; seitdem EuGHE 1993 I-6787, Rdn. 21 f. Hünermund u. a.; 1994 I-2355, Rdn. 12 Punto Casa und PPV; 1995 I-179, Rdn. 21 Leclerc-Siplec; 1995 I-1621, Rdn. 13 Kommission/Griechenland; 1995 I-2467, Rdn. 12 Belgapom; 1995 I-1141, Rdn. 37 Alpine Investments; *Epiney*, in: Calliess/Ruffert, Art. 28 Rdn. 27; idS. wohl auch *Grundmann*, in: Ebenroth/Boujong/Joost, vor § 343 HGB, Rdn. 31; *Höpping*, Warenverkehrsfreiheit (1997), 50 f.; *Müller-Graff*, in: v. d. Groeben/Thiesing/Ehlermann, Art. 30 Rdn. 239 ff.; *Oppermann*, Europarecht, Rdn. 1293; z. G. *Streinz*, Europarecht, Rdn. 697, 733.

55 EuGHE 1995 I-1141, Rdn. 37 f. Alpine Investments. Dazu bereits oben § 6 II.2. und III.1.

dukte dieses Zuschnitts evt. nicht auf ausreichende Präferenz. Der Bestimmungsstaat kann auch abweichende eigene Vorschriften erlassen haben, die ihrerseits aus „zwingenden Gründen“ gerechtfertigt sind und dem ausländischen Anbieter deshalb entgegengehalten werden können. Ausfuhrregelungen mit potentiell so gravierenden Auswirkungen auf den innergemeinschaftlichen Wirtschaftsverkehr sollten deshalb zumindest nicht pauschal von der Grundfreiheitenkontrolle freigestellt werden, auch wenn sie nicht diskriminierend, sondern lediglich beschränkend wirken. Dies gilt um so mehr, als das Interesse des Ausfuhrstaates, eine zwingende Bindung an die eigenen Vorschriften auch für den Exportfall grds. durchzusetzen, fragwürdig erscheint.

Dagegen werden v. a. das traditionell engere Verständnis der Ausfuhrfreiheit durch den EuGH und die Befürchtung ins Feld geführt, eine weite Auslegung könnte im Zusammenwirken mit dem Herkunftslandprinzip, das im Kontext der Einfuhrfreiheit gilt, ein Regelungsvakuum entstehen lassen. Bedenken gelten auch den zu erwartenden praktischen Schwierigkeiten, die sich bei der Durchführung einer Rechtswahllösung ergeben könnten. Problematisch wäre v. a. die Ermittlung und Überprüfung der Qualitätsstandards der gewählten Rechtsordnung.

a) *Ausgangspunkt der Diskussion um die Reichweite der Ausfuhrfreiheit*

Für die Frage nach der Reichweite der Ausfuhrfreiheit kommt es maßgeblich auf den Sinn und Zweck der Marktfreiheiten des EG-Vertrages an. Ihr Ziel ist es nicht, möglichst sämtliche zwingenden Vorgaben für Produktion und Vertrieb von Erzeugnissen der Unternehmen in den Mitgliedstaaten zu beseitigen, sondern lediglich, einen ungehinderten grenzüberschreitenden Handelsverkehr zwischen den Mitgliedstaaten zu ermöglichen.[56] Grundidee und zugleich klassischer Gehalt des Herkunftslandprinzips ist es, dass Produkte und Produktionsfaktoren grds. in jedem Mitgliedstaat zu denselben Bedingungen angeboten werden können wie im Herkunftsstaat, damit nicht für den Markt eines jeden Mitgliedstaats eigens Anpassungen erfolgen müssen und grenzüberschreitend tätige Anbieter einer doppelten Belastung durch die kumulierten Vorschriften des Herkunfts- und des Bestimmungslandes unterliegen. Dies ist – bleibt man bei dem Beispiel der Warenverkehrsfreiheit – im Grundsatz bereits durch das Zusammenspiel von Art. 28 EG mit Art. 29 EG in der Auslegung als Diskriminierungsverbot gewährleistet.[57] Fraglich ist nunmehr, ob der Binnenmarktgedanke darüber hinaus erfordert, dass die Anbieter sich an die rechtlichen Gegebenheiten ausländischer Absatzmärkte anpassen und nach den dortigen Bedingungen mit den einheimischen Waren konkurrieren können. Die Diskussion um die dogmatischen Konsequenzen des Alpine-Urteils spitzt sich auf die Frage zu, ob die Freiheiten den Anbietern das Recht verbürgen, für den Export bestimmte Waren nach den Vorschriften des Bestimmungslandes statt nach denen des Her-

---

56 IdS. EuGHE 1993 I-6097, Rdn. 14 Keck und Mithouard; vgl. auch *Ackermann*, RIW 1994, 189, 194; *Höpping*, Warenverkehrsfreiheit (1997), 70 f.; so im Ausgangspunkt auch *Roth*, ZHR 159 (1995), 78, 91; *ders.*, in: Marktwirtschaft und Wettbewerb (1994), 21, 34 ff.

57 Dazu etwa *Leible*, in: Grabitz/Hilf, Art. 29 Rdn. 4.

kunftslandes[58] (bzw. nach den Vorschriften eines beliebigen Mitgliedstaates) herzustellen. In eben diese Richtung könnte die neuere Rspr. des EuGH zu Art. 29 EG weisen: Erweitert also das Urteil den Anwendungsbereich der Ausfuhrfreiheit auch auf unterschiedslos geltende Produktregelungen des Herkunftsstaates, die die Eigenschaften der im Inland produzierten Waren festlegen und damit das Erscheinungsbild dieser Waren auf dem inländischen und ausländischen Markt mitbestimmen? Wäre eine solche Erweiterung anzustreben? Dann wären produktbezogene Regelungen des Herkunftsstaates rechtfertigungsbedürftig, soweit sie strenger oder ggf. auch nur inhaltlich anders als die entsprechenden Vorschriften des Bestimmungslandes sind und soweit das Herkunftsland sie auch auf solche Waren erstreckt, die gerade für den Export vorgesehen sind. Kollisionsrechtlich liefe eine so verstandene Dogmatik der Art. 28 ff. EG wie gezeigt auf eine umfassende Rechtswahlfreiheit oder aber auf ein Günstigkeitsprinzip hinaus.

b) *Die Diskussion im Schrifttum*

Einige Stimmen im Schrifttum streben in der Tat eine so weite Auslegung der Ausfuhrfreiheit an. Danach erfordert der Binnenmarkt eine völlige Befreiung der Verkehrsströme von sämtlichen Hindernissen. Insbes. muss es den Produzenten möglich sein, sich für den Export statt an den heimischen Bestimmungen an den Standards des Zielmarktes zu orientieren. Sie müssten insofern von der Bindung an das Recht des Herkunftsstaates befreit werden.[59]

Dagegen liegt zunächst der Einwand nahe, es könnte ein Regelungsvakuum entstehen, wenn die Grundsätze des Art. 28 EG voll auf Art. 29 EG übertragen würden, weil dann sowohl das Bestimmungsland als auch das Herkunftsland daran gehindert wären, ihre zwingenden Vorschriften auf grenzüberschreitende Transaktionen in der Gemeinschaft zu erstrecken. Hinter diesem Einwand steht die Sorge, den Bezugspunkt für eine Zuständigkeitszuweisung zu verlieren, wenn Art. 28, 30 EG auf das Herkunftsland und Art. 29, 30 EG auf das Bestimmungsland verwiesen und beide im Sinne eines umfassenden Beschränkungsverbots zu verstehen wären.[60] Dies greift jedoch zu kurz: das Bestimmungsland ist nämlich nur dann gehindert, seine Standards gegenüber Importwaren durchzusetzen, wenn diese den Standards des Herkunftslandes entsprechen. Für den Fall also, dass das Herkunftsland seine Vorschrif-

---

58 IdS. etwa *Müller-Graff*, in: v. d. Groeben/Thiesing/Ehlermann, Art. 34 Rdn. 21, 27; *Roth*, ZHR 159 (1995), 78, 90 ff.

59 *Bleckmann*, GRUR Int. 1986, 172, 180; *Fetsch*, Eingriffsnormen (2002), 96 ff.; *Grabitz*, FS Steindorff (1990), 1229, 1243 erwägt das zumindest für Extremfälle; *Kerber*, in: Grundmann (Hrsg.), Systembildung (2000), 67, 88 ff. tendiert jedenfalls in diese Richtung, scheint jedoch de lege lata von einem engeren Verständnis des Art. 29 EG auszugehen – siehe a. a. O. 93, Fn. 61; in Richtung auf ein weites Verständnis des Art. 29 EG wohl auch *Kort*, JZ 1996, 132, 137 f. unter Berufung auf die „funktional" am Binnenmarktgedanken ausgerichtete Argumentation bei *GA Jacobs*, Schlussanträge in der Rs. C-384/93, Nr. 38, 47 = EuGHE 1995 I-1141, Alpine Investments; *Lackhoff*, Niederlassungsfreiheit (2000), 141 mit Fn. 623 und 397 mit Fn. 710; *Lackhoff/Raczinski*, EWS 1997, 109, 114; andeutungsweise auch bei *Mülbert*, ZHR 159 (1995), 2, 20; *Roth*, ZHR 159 (1995), 78, 90 ff.; *ders.*, in ZEuP 1994, 3, 29 ff. und GS Lüderitz (2000), 635, 655.

60 Z. G. *Roth*, ZHR 159 (1995), 78, 84 f.

ten nicht anwenden durfte, weil sie eine spezifische Beschränkung der Ausfuhrströme bewirkt hätten, ist eine der Bedingungen für die Geltung des Herkunftslandprinzips nicht erfüllt. Denn entspricht die Ware nicht dem Herkunftslandrecht und wäre dort nicht verkehrsfähig,[61] entfällt für den Bestimmungsstaat der einzige Grund, seinen Regelungsanspruch zurückzunehmen: dann besteht nicht die Gefahr einer Doppelbelastung der Ware durch Herkunfts- und Bestimmungsstaat. Der Bestimmungsstaat darf deshalb seine Vorschriften auf die importierten Erzeugnisse erstrecken, solange er diese nicht diskriminiert.[62]

Mag somit der Einwand widerlegt sein, eine weite Auslegung der Ausfuhrfreiheit könne zu einem Regelungsvakuum führen, so beweist dies zunächst nur, dass die mögliche Suspendierung der Hersteller von ihrem heimischen Recht keinen systemlogischen Bruch verursachen würde. Dies erübrigt jedoch nicht die Frage, ob nicht vielleicht aus anderen Gründen die Regelung von Produktmodalitäten besser beim Herkunftsstaat verbleiben sollte und eine Bindung der Anbieter an diese Regelungen auch vor dem Hintergrund der Ausfuhrfreiheit sinnvoll, v. a. aber auch europarechtlich zulässig ist.

Dafür sei zunächst nochmals an die st.Rspr. des Gerichtshofs erinnert, der die Ausfuhrfreiheit traditionell enger versteht als die Einfuhrfreiheit und eine Bindung an die heimischen Produktstandards bisher nicht beanstandet hat.[63] Wie gezeigt bedeutet auch die Entscheidung in Sachen Alpine Investments nicht unbedingt eine Abkehr von dieser Rspr., weil diese in erster Linie die Sonderkonstellation von Vertriebsmodalitäten im Ausfuhrfall betraf. Dafür mag auch die Tatsache sprechen, dass der EuGH nach wie vor seine klassische Formel anwendet, wenn er einen Verstoß gegen Art. 29 EG prüft;[64] obgleich man berücksichtigen muss, dass er seit langem

---

61 Vgl. zu diesem Aspekt bereits EuGHE 1979, 649 Rdn. 14 Cassis de Dijon; 1987, 1227, Rdn. 43 ff., 51 f. Kommission/Deutschland; 1990 I-667, Rdn. 21 GB-INNO BM; 1994 I-3537, Rdn. 11 f. Van der Velt; 1997 I-1431, Rdn. 12 f. Morellato; zu dieser Voraussetzung auch *Basedow*, RabelsZ 59 (1995), 1, 14; *Classen*, EWS 1995, 97, 98; *Dauses*, Hdb. Des EG-Wirtschaftsrechts, Kap. C.I. Rdn. 104; *Reich*, RabelsZ 56 (1992), 444, 491 ff.; *Roth*, ZHR 159 (1995), 78, 85.

62 Dazu *Roth*, ZHR 159 (1995), 78, 84 f. und in: Marktwirtschaft und Wettbewerb (1994), 21, 37 f.; vgl. auch *Bleckmann*, GRUR Int. 1986, 172, 180.

63 Vgl. EuGHE 1984, 483 Rdn. 22 f. Jongeneel Kaas; EuGHE 1994 I-1019 Rdn. 23 ff. Kommission/Belgien, wo der EuGH nur verlangt, dass der Außenhandel nicht schlechter gestellt wird als der Binnenhandel, aber keine Befreiung des Außenhandels von Vorschriften, die für den Binnenhandel gelten; in diese Richtung auch EuGHE 1994 I-3453, Rdn. 48, 51 f. Peralta, wonach „die Anwendung nationaler Rechtsvorschriften nicht allein deshalb als Verstoß gegen den Grundsatz der Nichtdiskriminierung angesehen werden (kann), weil andere Mitgliedstaaten weniger strenge Regelungen anwenden ...“ und dass „... bei Fehlen einer Harmonisierung der Rechtsvorschriften der Mitgliedstaaten ... diese Beschränkungen (mittelbare Nachteile, weil Anbieter aus anderen Mitgliedstaaten weniger strengen Regelungen unterliegen) ... nur die Folgen der nationalen Regelung des Niederlassungslandes (sind), der der Wirtschaftsteilnehmer weiter hinunterliegt.“ (Ergänzungen durch die Verf.); der EuGH betrachtet also solche Behinderungen als hinzunehmende Folge fehlender Harmonisierung; so auch *Höpping*, Warenverkehrsfreiheit (1997), 69 f.; die klassische Formel zu Art. 29 EG wiederholt der Gerichtshof auch in EuGHE 1991 I-1027, Rdn. 15 ff. Marchandise u. a.; 1998 I-4075, Rdn. 40 Dusseldorp u. a..

64 So EuGHE 1990 I-1383, Rdn. 21 Spanien/Rat; 1991 I-107, Rdn. 13 ff. Alsthom Atlantique; 1998

nicht mehr gezwungen war, gerade zu der hier in Rede stehenden Konstellation, dass ein Mitgliedstaat seine Produktionsstandards zwingend auf Ausfuhrwaren erstreckt, Stellung zu nehmen.[65] Eine Änderung dieser restriktiven Rspr. hat sich jedenfalls bisher nicht abgezeichnet, obwohl die Generalanwälte zuweilen eine weitere Auslegung des Art. 29 EG angeregt haben.[66]

Andererseits lässt sich nicht leugnen, dass Anbieter mit Sitz in einem Mitgliedstaat mit hohen Produktstandards gegenüber Anbietern aus anderen Mitgliedstaaten, in denen liberalere Regelungen gelten, evt. rein tatsächlich benachteiligt werden, wenn Art. 29 EG als bloßes Diskriminierungsverbot verstanden wird und die Hersteller deshalb auch für den Export an die strengeren Vorschriften des Herkunftslandes gebunden werden dürfen.[67] Höhere Schutzstandards bedingen häufig einen Mehraufwand und zusätzliche Kosten. Zumindest aber wird den Anbietern die unternehmerische Entscheidung aus der Hand genommen, ob sie sich dem niedrigeren Standard des Zielmarktes anpassen oder stattdessen versuchen möchten, den höheren Standard ihres Sitzstaates auf dem Zielmarkt zu etablieren. Deshalb wird dem EuGH teilweise vorgeworfen, mit seiner restriktiven Rechtssprechung zu Art. 29 EG erkenne er die Exporteure nicht als Adressaten der Warenverkehrsfreiheit an und etabliere statt eines Wettbewerbs der Unternehmen, der den Binnenmarkt eigentlich ausmachen sollte, einen Wettbewerb der Rechtssysteme. Art. 29 EG in seiner klassischen Auslegung als Diskriminierungsverbot und die damit verbundene uneingeschränkte Geltung des Herkunftslandprinzips für die Produktgestaltung bewirke, dass der Wettbewerb der privaten Akteure zu sehr durch diesen im Vertrag nicht vorgesehenen Wettbewerb der Mitgliedstaaten um die günstigste, wirtschaftsfreundlichste oder angemessenste Rechtsordnung überlagert wird. Nach dieser Ansicht gehört zu einem freien Marktzugang und zu einer uneingeschränkten Konkurrenzfähigkeit auf fremden Märkten nicht nur die Möglichkeit, die im Herkunftsland rechtmäßig produzierten Waren in anderen Mitgliedstaaten ungehindert zu vertreiben, sondern auch die Freiheit, auf fremden Märkten zu den dort geltenden Bedingungen anzubieten.[68] Folgt man dieser Ansicht, ist es in der Tat schwierig, den

---

I-4075, Rdn. 40 Dusseldorp u. a.; 2000 I-3743 Rdn. 34 Sydhavnens Sten & Grus ApS; *Höpping*, Warenverkehrsfreiheit (1997), 68 f.

65 In der Entscheidung Jongeneel Kaas aus dem Jahre 1984 – EuGHE 1984, 483 Rdn. 22 f. – hatte der Gerichtshof die Erstreckung inländischer Produktstandards auch auf den Export unbeanstandet gelassen.

66 Vgl. zu Beispielen oben Fn. 416; hingegen gehen etwa *GA Mancini*, Schlussanträge in der Rs. C-237/82, Nr. 10 = EuGHE 1984, 483, Jongeneel Kaas; *GA Lenz*, Schlussanträge in der Rs. C-379/92, Nr. 66 ff., insbes. 85 ff. = EuGHE 1994 I-3453, Peralta und *GA Jacobs*, Schlussanträge in der Rs. C-203/96, Nr. 82 f. = EuGHE 1998 I-4075, Dusseldorp u. a. ganz selbstverständlich von der Formel des EuGH aus, ohne sie zu kritisieren.

67 *Lackhoff*, Niederlassungsfreiheit (2000), 141 mit Fn. 623 und 397 mit Fn. 710; *Lackhoff/Raczinski*, EWS 1997, 109, 114; allgemein zu dieser Problematik, einschließlich der Kritik an der Argumentation *Kerber*, in: Grundmann (Hrsg.), Systembildung (2000), 67, 85; *ders.*, Jb.f.NPÖ 17 (1998), 199, 217 ff.; *Siebert/Koop*, Außenwirtschaft 45 (1990), 439 ff.

68 *Fetsch*, Eingriffsnormen (2002), 96 f.; *Leible*, in: Grabitz/Hilf, Art. 29 Rdn. 4; *Müller-Graff*, in: v. d. Groeben/Thiesing/Ehlermann, Art. 34 Rdn. 21 ff.; vorsichtig in diese Richtung auch *Oliver*, CMLR 36 (1999), 873, 802 f.; *Roth*, ZHR 159 (1995), 78, 88 ff.; *ders.*, GS Lüderitz (2000), 635, 655.

Unternehmen die Möglichkeit einer Produktion für einen bestimmten ausländischen Markt zu verwehren, weil die Bindung an die heimischen Standards wie gezeigt durchaus einen faktischen Wettbewerbsnachteil begründen kann.

Allerdings mag ein Wettbewerb der Regelungssysteme, der zu dem Wettbewerb der Unternehmen hinzutritt, durchaus wünschenswert sein. Abgesehen davon, dass ein solcher Systemwettbewerb ganz automatisch entsteht, sobald Personen, Produkten und Produktionsfaktoren Mobilität im Binnenmarkt zugestanden wird und wenn zugleich kein strenges Bestimmungslandprinzip mehr gilt, so dass er im Binnenmarktkonzept keinen völligen Fremdkörper darstellen kann,[69] mag ihm im Hinblick auf seine positiven Effekte eine eigenständige Berechtigung zukommen. Ein Wettbewerb der rechtlichen Systeme, der von einem parallelen Fortbestehen verschiedener teilharmonisierter Rechtsordnungen statt von einer umfassenden Vereinheitlichung des Rechts ausgeht, bringt etwa Vorteile bei der Fortbildung und Neuschaffung des Rechts mit sich. Ohne die ganze Tiefe dieser Problematik hier ausloten zu können, sei nur darauf hingewiesen, dass ein solches Nebeneinander verschiedener Rechtsordnungen es ermöglicht, Rechtsnormen als Problemlösungsansätze[70] parallel zu testen, so dass ein wechselseitiges Lernen möglich ist. Zwar ist dieser Wettbewerb mindestens ebenso störanfällig wie der privater Initiatoren. Daher setzt ein solches System ein leistungsfähiges Instrumentarium gegen Markt- und Staatsversagen auf der Ebene des zwischenstaatlichen Wettbewerbs voraus.[71] Dieses ließe sich jedoch durch ein differenziertes System auf europäischer Ebene bewerkstelligen, das den Systemwettbewerb gezielt für solche Bereiche und Normengruppen initiiert, die davon wirklich profitieren können. Es muss also v. a. darum gehen, ein geeignetes Maß für zentrale und für dezentrale Rechtssetzung zu finden.[72] So

---

69 Interessant in diesem Zusammenhang ist etwa die Darstellung bei *Kerber*, in: Grundmann (Hrsg.), Systembildung (2000), 67, 75 ff.; der verschiedene Stufen der Mobilisierung herausarbeitet und analysiert und dabei zeigt, wie der Wettbewerb der Systeme mit steigender Mobilität an Intensität zunimmt; als natürliche Folge der – sei es auch nur partiellen – Geltung des Herkunftslandprinzips verstehen den Systemwettbewerb wohl auch *Bernhard*, EWS 1995, 404, 411; *Grabitz*, FS Steindorff (1990), 1229, 1241 ff.; *Höpping*, Warenverkehrsfreiheit (1997), 84 f.; *Koenig/Braun/Capito*, EWS 1999, 401 ff.; *Rohe*, RabelsZ 61 (1997), 1, 58; krit. ggü. einem Wettbewerb der Rechtsordnungen etwa *Reich*, EuZW 1991, 203, 205 f. unter Hinweis auf das Problem für Verbraucher und staatliche Stellen, die Konformität eines Produkts mit einem bestimmten Recht festzustellen.

70 *Kerber*, in: Grundmann (Hrsg.), Systembildung (2000), 67, 69; *Kirchner*, ebd. (2000), 99, 103.

71 Dazu etwa *Eger*, in: Martiny/Witzleb (Hrsg.), Europäisches Zivilgesetzbuch (1999) 95, 97 ff.; *Grundmann*, Europäisches Schuldvertragsrecht (1999), 18 ff.; *ders.*, RabelsZ 64 (2000), 457, 475 f. und in: Ebenroth/Boujong/Joost, vor § 12 WpHG, Rdn. VI 65 f.; *Kerber*, in: Grundmann (Hrsg.), Systembildung (2000), 67, 81 ff., 90 f. m. w. N.; *Kirchner*, in: Europäisches Vertragsrecht (1997), 103, 107 ff., 132 f.; *Streinz*, in: Everling/Roth (Hrsg.), Mindestharmonisierung (1997), 9, 23, 25; zum Problem der Funktionsfähigkeit eines Systemwettbewerbs s. a. die grds. Ausführungen bei *Eger*, a. a. O., 100 ff.; *Kerber*, Jb.f.NPÖ 17 (1998), 199 ff.; *Müller*, Systemwettbewerb (2000); *Müller-Graff*, in: ders. (Hrsg.), Gemeinsames Privatrecht (1999), 9, 66; *Siebert*, in: Siebert (Hrsg.), The Completion of the Internal Market, 1990, 53 ff.; *Sinn*, Journal of Public Economics 66 (1997), 247 ff.; *Ders.*, Wirtschaftsdienst 1995, 240 ff.; *Streit*, in: Entstehung und Wettbewerb von Systemen (1996), 223 ff.; *Sun/Pelkmans*, Journal of Common Market Studies 33 (1995), 67 ff.

72 An dieser Stelle müssen Andeutungen genügen, da die Darstellung der Einzelheiten zum Systemwettbewerb, seine Vor- und Nachteile und die Diskussion um seine Wünschbarkeit den hier verstanden kann ein Wettbewerb der Systeme durchaus positive Effekte zeitigen, insbes. dem Binnenmarktziel dienen, indem er zum Abbau ineffizienter oder behindernder Regelung durch Wettbewerbsdruck beiträgt und insgesamt ein innovationsfähigeres Klima schafft,[73] und es mag lohnen, ihm einen gewissen Spielraum in dem sonst auf Privatinitiative gründenden Binnenmarkt zu verschaffen.

Allerdings kommt dem Wettbewerb der Unternehmer nach dem Binnenmarktkonzept Vorrang zu und ein Systemwettbewerb kann sich prinzipiell auch dann einstellen, wenn für Produktstandards Rechtswahlfreiheit gilt. Denn die Anbieter sind nicht gezwungen, sich dem ausländischen Standard anzupassen. Sie haben lediglich diese Möglichkeit, können jedoch ebenso für die Standards des Herkunftslandes optieren, wenn diese für sie vorteilhaft sind. Deshalb bleibt auch in einem System mit Rechtswahlfreiheit die wesentlichste Errungenschaft des Herkunftslandprinzips unberührt: die Tatsache, dass danach Produkte grds. einheitlich für den gesamten Binnenmarkt konzipiert und produziert werden können, so dass Größenvorteile genutzt und Rationalisierungspotentiale ausgeschöpft werden können.[74] Wettbewerb der Unternehmer und der Systeme schließen sich daher nicht aus, sondern können nebeneinander existieren. Der Gedanke des Systemwettbewerbs darf nur nicht so weit ausgedehnt werden, dass er auf Kosten des unmittelbaren Wettbewerbs der Unternehmer stattfindet. Diese dürfen m. E. – jedenfalls was Produktstandards angeht – nicht zwingend an die Lösung gebunden werden, mit der ihr Sitzstaat in den Systemwettbewerb eintritt. Denn das beschneidet ohne Not ihre wirtschaftliche Entscheidungsfreiheit. Sollte die Lösung ihres Mitgliedstaats Vorteile bieten, werden die ansässigen Anbieter sie freiwillig zur Grundlage ihrer Produktion machen. Ist sie hingegen nachteilig, so wird dieser Nachteil bereits aus dem Ausweichverhalten der inländischen Anbieter offenbar. Dazu ist es nicht erforderlich, durch die ungünstige Wettbewerbsposition tatsächlich wirtschaftliche Schäden bei den Anbietern entstehen zu lassen – vorausgesetzt immer, dass Probleme wie Externalitäten, Markt- oder Staatsversagen oder race-to-the-bottom-Effekte[75] durch (insofern ohne weiteres) rechtfertigungsfähige zwingende Vorschriften der einzelnen Mitgliedstaaten oder durch Harmonisierung auf europäischer Ebene eingedämmt werden.

---

gezogenen Rahmen sprengen würden. Einen Einblick bietet – neben den in der vorigen und der folgenden Fn. Genannten – *Grundmann*, RIW 2002, 329 ff., der dieses Thematik im Zusammenhang mit den aktuellen Entwicklungen auf dem Gebiet des Schuldvertragsrechts aufgegriffen hat.

73 *Kerber* in: Grundmann (Hrsg.), Systembildung (2000), 67, 68, 71 ff.; *Kirchner*, ebd., 99 ff.; *ders.*, in: Europäisches Vertragsrecht (1997), 103, 107 ff., 132 f.; *Schmidt* in: Buxbaum/Hertig/Hirsch/Hopt (Eds.), European Business Law (1991), 51, 51-60; *Streinz*, in: Everling/Roth (Hrsg.), Mindestharmonisierung (1997), 9, 23, 25; *Streit*, in: Entstehung und Wettbewerb von Systemen (1996), 223 ff.

74 Die besondere Bedeutung dieses Aspekts wird auch im Schrifttum immer wieder hervorgehoben; vgl. etwa *Höpping*, Warenverkehrsfreiheit (1997), 105; *Steindorff*, ZHR 150 (1986), 687, 698.

75 Vgl. *Chrocziel*, EWS 1991, 173, 177 ff.; *Eger*, in: Martiny/Witzleb (Hrsg.), Europäisches Zivilgesetzbuch (1999) 95, 100 ff.; *Kerber*, in: Grundmann (Hrsg.), Systembildung (2000), 67, 89 ff. mit Fn. 50; *Mankowski*, GRUR Int. 1999, 909, 914; *Siebert*, in: The Completion of the Internal Market (1990), 53 ff.; *Sinn*, Journal of Public Economics 66 (1997), 247, 264 ff.; *Streinz*, in: Everling/Roth (Hrsg.), Mindestharmonisierung (1997), 9, 25; vgl. auch *Grundmann*, Europäisches Schuldvertragsrecht (1999), 33 f.; *Kitch*, in: Buxbaum/Hirsch/Hopt, European Business Law (1991), 35 ff.; *Klinke*, Liber Amicorum Kegel (2002), 1, 32.

Es ist auch unzulässig, die Anbieter auf die Möglichkeit eines Sitzwechsels zu verweisen.[76] Zwar wird teilweise argumentiert, ein Unternehmer, der eine bestimmte Rahmenordnung bevorzuge, könne sich gemäß Art. 43 EG im entsprechenden Mitgliedstaat niederlassen.[77] Die Tatsache, dass in der Gemeinschaft die Möglichkeit verbürgt ist, sich mit einer Niederlassung in den jeweils anderen Mitgliedstaat zu begeben, um dort unter Geltung der gewünschten Rechtsordnung zu produzieren, ist jedoch nicht geeignet, eine enge Auslegung der Ausfuhrfreiheit im Hinblick auf Produktstandards zu stützen, weil die Ausfuhrfreiheit dadurch jedes Eigenwertes entkleidet würde. Der Sitzwechsel und die Möglichkeit der Zweigniederlassung, werden zusätzlich zur Warenverkehrs- bzw. Dienstleistungsfreiheit durch die Niederlassungsfreiheit gewährleistet und sollten deshalb nicht herangezogen werden, um die anderen Freiheiten zu verkürzen.

Der Einwand dient denn wohl auch eher der Illustration eines anderen Gedankens: Danach sollen die einzelnen Rechtsordnungen und Standorte nicht beliebig voneinander getrennt und rekombiniert werden können. Die Einräumung völliger Rechtswahlfreiheit hinsichtlich der Produktstandards – so einige Stimmen in der Literatur – mache es dem Hersteller möglich, den diesbzgl. Vorschriften seines Sitzstaates zu entgehen, während er die Leistungen dieses Staates weiterhin in Anspruch nimmt. Vor- und Nachteile der einzelnen Rechtsordnungen würden so entkoppelt, was die Befürchtung eines gemeinschaftsweiten „Rosinenpickens“ nahe lege und die Einheit der Rechtsordnungen und die Territorialität des Rechts selbst in Frage stelle.[78] Die Produktstandards der Mitgliedstaaten seien nicht nur auf die Präferenzen der jeweiligen Bevölkerung, sondern auch auf die umgebenden Standortbedingungen abgestimmt, tragen etwa einem erhöhten Bedürfnis nach Umweltschutz Rechnung.[79] Die Regelungen der Mitgliedstaates seien als Teil der spezifischen Standortbedingungen zu betrachten, die keine Wettbewerbsverzerrungen darstellen, wenn sie den Präferenzen der jeweiligen Bevölkerung entsprechen.[80] Deshalb soll der Ausfuhrfreiheit nicht das Recht entnommen werden können, per Rechtswahl den Vorschriften des Sitzstaates zu entgehen.

Dem ist zu entgegnen, dass die Bindung an das Standortrecht jedenfalls für reine Inlandsfälle erhalten bleibt, denn dort gelten die Grundfreiheiten nicht. Von einer völligen Loslösung vom Standortrecht kann daher keine Rede sein. Für Fälle mit

---

76 *Classen*, EWS 1995, 97, 100 f.; *Höpping*, Warenverkehrsfreiheit (1997), 72.

77 Vgl. *Classen*, EWS 1995, 97, 100 f.; *Höpping*, Warenverkehrsfreiheit (1997), 72; *Kerber*, in: Grundmann (Hrsg.), Systembildung (2000), 67, 85 mit Fn. 38; *ders.*, Jb.f.NPÖ 17 (1998), 199, 217 ff.; idS. ist wohl auch der Hinweis von *Koenig/Braun/Capito* – EWS 1999, 401, 402 f. – auf die Niederlassungsfreiheit zu verstehen. Dort zeige sich deutlich der Grundsatz der Territorialität des Rechts. Die Niederlassungsfreiheit verlange de lege lata Unterwerfung des Unternehmens unter die Rechtsordnung des Sitzstaates. Allerdings ist diese Aussage heute infolge der Centros- und der Überseering-Entscheidung des EuGH – EuGHE 1999 I-1459 Centros; 2002 I-9919 Überseering B. V. erschüttert. Zudem sollten die anderen Grundfreiheiten nicht auf den evt. geringeren Standard der Niederlassungsfreiheit begrenzt werden.

78 So ausdrücklich *Koenig/Braun/Capito*, EWS 1997, 401, 402, 408.

79 Dazu etwa *Kerber*, in: Grundmann (Hrsg.), Systembildung (2000), 67, 73 f.

80 *Kerber*, in: Grundmann (Hrsg.), Systembildung (2000), 67, 89 mit Fn. 38 und m. w. N.

gemeinschaftsgrenzüberschreitendem Bezug wird die Regelungskompetenz der Mitgliedstaaten jedoch auch unter Art. 28 EG im Interesse eines von ungerechtfertigen Beschränkungen befreiten Wirtschaftsverkehrs erheblich eingeschränkt. Ähnliches sollte auch für die Ausfuhrfreiheit gelten. Art. 29 EG hat jedenfalls systematisch keine Art. 28 EG untergeordnete Funktion, sondern verbürgt ein eigenständiges Recht. Auch der Wortlaut des Art. 29 EG ist für eine erweiterte Auslegung offen. Der Einwand des „Rosinenpickens" bzw. der Lossagung von der Rechtsordnung des eigenen Sitzstaates wird noch weiter abgeschwächt, wenn die Möglichkeit einer Rechtswahl – wie hier beabsichtigt – ohnehin auf die Vorschriften über Produktstandards beschränkt wird. Regelungen des Produktionsumfeldes können nach dem hiesigen Ansatz hingegen weiterhin auch auf den Exportfall angewandt werden, soweit sie die Ausfuhr nicht in diskriminierender Weise behindern oder soweit sie nicht auf reine Inlandsfälle beschränkt werden können, ohne ihren Zweck (partiell) zu verfehlen.[81] Der in der Tat besonderen Situation im Ausfuhrfall, dass nämlich eine Vielzahl von nationalen Vorschriften in irgendeiner Weise auf den Export durchschlägt und eine undifferenzierte Prüfung fast der gesamten innerstaatlichen Regelung der Erstellung und des Vertriebs von Produkten die Kompetenzen der Mitgliedstaaten zu weitgehend einschränken würde, lässt sich durch diese Fallgruppenbildung angemessen Rechnung tragen, ohne die wirtschaftliche Freiheit und die Privatinitiative der Unternehmer ohne Not einzuschränken. Gerade letzterer Aspekt darf in einem Binnenmarkt, der durch ebendiese private Initiative entstehen soll, nicht unberücksichtigt bleiben.

Für ein weites, der Einfuhrfreiheit angeglichenes Verständnis der Ausfuhrfreiheit, das den Anbietern das Recht verbürgt, Exportware nach ausländischem Standard zu produzieren, berufen sich einige Autoren auch auf eine neuere Linie in der Rspr. des EuGH. Dieser hält die Grundfreiheiten bereits seit längerem nicht nur den Anbietern von Produkten und Produktionsfaktoren zugute, sondern betont, dass sie auch den Nachfragern eigene Rechte verbürgen.[82] Wenn nun aber Verbraucher im Nachbarstaat zu den dort herrschenden Bedingungen einkaufen können (und zu diesem Zweck etwa dem eigenen Heimatrecht widersprechende Werbung empfangen dürfen), so müsse auch der Warenhersteller gemäß den Vorschriften des Exportstaates produzieren dürfen.[83]

Das Interesse der Nachfrager besteht darin, die Vielfalt im Europäischen Binnenmarkt nutzen zu können. Verwirklicht wird es zum einen dadurch, dass ausländischen Waren grds. unverändert der Zugang zum nationalen Markt gewährt wird; insoweit decken sich die Interessen von Anbietern und Nachfragern. Zum anderen

---

81 Dazu ausführlich unten (3.) und dd) (1.).

82 Vgl. etwa EuGHE 1984, 377, Rdn. 10 Luisi und Carbone; 1989, 195, Rdn. 15 Cowan; 1990 I-667, Rdn. 8 GB-INNO-BM; 1991 I-4221, Rdn. 14; 1994 I-911, Rdn. 5 Kommission/Spanien; 1999 I-7447, Rdn. 34 Eurowings Luftverkehr; *Basedow*, RabelsZ 59 (1995), 1, 18; *Behrens*, EuR 27 (1992), 145, 159 f.; *Dauses*, Hdb. des EG-Wirtschaftsrechts, C.I. Rdn. 136; *Fetsch*, Eingriffsnormen (2002), 96 f.; *Hirsch*, ZEuS 1999, 503, 508; *Höpping*, Warenverkehrsfreiheit (1997), 44; *Oliver*, CMLR 36 (1999), 783, 802; *Reich*, ZEuP 1994, 381, 387; *Roth*, RabelsZ 55 (1991), 623, 657; *Steindorff*, ZHR 150 (1986), 687, 689 f.

83 So die Argumentation bei *Fetsch*, Eingriffsnormen (2002), 96 f.; *Roth*, ZHR 159 (1995), 78, 90 f.

soll es den Verbrauchern offen stehen, in anderen Mitgliedstaaten zu den dort herrschenden Bedingungen einzukaufen. Dieses Recht ermöglicht ihnen auch den Zugang zu solchen Produkten, die in ihrem Heimatstaat nicht oder nicht so angeboten werden. Letztlich bekräftigt diese Betonung der Grundfreiheiten der Nachfrager ein weiteres Mal, dass nicht nur der Bestimmungsstaat Behinderungen des grenzüberschreitenden Handels zu unterlassen hat, sondern ebenso der Sitzstaat von Unternehmern und Nachfragern. Dieser darf den Abfluss von Nachfrage in andere Mitgliedstaaten ebenso wenig behindern wie den von Angebotskapazität.[84] Dann überzeugt es in der Tat, den Unternehmern ein Recht auf Produktion nach den Standards des Bestimmungsstaates zu gewähren. Denn die Bindung an die strengeren heimischen Standards determiniert die Eigenschaften, mit denen eine Ware in den Wettbewerb eintritt.

Allerdings ist der Preis einer Ware nicht das einzige Merkmal, dass Einfluss auf ihren Absatzerfolg hat. Die höheren Standards des Herkunftslandes mögen im Bestimmungsland sogar Gegenstand besonderer Wertschätzung der Käufer sein. Fraglich ist nur, ob der Gesetzgeber im Sitzstaat des Herstellers seinen Unternehmen zwingend vorschreiben darf, ob sie den heimischen hohen Standard hochhalten oder sich den niedrigeren Standards des Bestimmungsstaates anpassen wollen.

Ein weiteres Argument für eine weite Interpretation des Art. 29 EG (und damit der Ausfuhrfreiheit) wird der Entscheidung des Gerichtshofs in Sachen Schutzverband gegen Unwesen in der Wirtschaft/Weinvertriebs-GmbH[85] entnommen. Diese betraf folgenden Sachverhalt: In Italien galt eine Vorschrift, die einen Mindestalkoholgehalt für Wermutwein, der in Italien in den Verkehr gebracht werden sollte, festlegte. Diese Vorschrift galt hingegen nicht für zu exportierenden Wein, sofern dieser den Vorschriften des Bestimmungslandes entsprach. In Deutschland galt kein entsprechendes Verbot, das solche Weine unterhalb eines bestimmten Mindestalkoholgehalts vom inländischen Verkehr ausgeschlossen hätte. Allerdings galt dort eine Regelung, welche die Einfuhr von Weinen verbot, die nicht den Produktionsstandards ihres Herkunftslandes entsprachen und dort nicht verkehrsfähig waren. Diese deutsche Regelung betrachtete der EuGH als grundfreiheitenwidrig, denn sie verhinderte in diskriminierender Weise die Einfuhr von Weinen, die im Herkunftsland zwar nicht nach dessen Standard, jedoch nach dem Standard des Bestimmungslandes gerade für den Export hergestellt wurden. Daraus ziehen einige Autoren auch Schlüsse für die Reichweite des Art. 29 EG und gegen die Geltung des Herkunftslandprinzips im Hinblick auf Produktstandards.[86] Daran ist sicher richtig, dass die Grundfreiheiten nicht ohne weiteres mit dem Herkunftslandprinzip gleichgesetzt werden können, weil dieses – wie gezeigt – allein nicht ausreicht, um die Regelungszuständigkeiten der Mitgliedstaaten zu beschreiben.[87] Der Wert der vorliegenden

---

84 *Fetsch*, Eingriffsnormen (2002), 96 f.; *Roth*, ZHR 159 (1995), 78, 90 f.
85 EuGHE 1983, 1217, Rdn. 6 ff.
86 *Roth*, GS Lüderitz (2000), 635, 650 f.
87 Das zeigen bereits die obigen Ausführungen zu Vertriebsvorschriften. Krit. ggü. einem kollisionsrechtlichen Herkunftslandprinzip auch *Bernhard*, EuZW 1992, 437, 439 ff.; *Kerber*, in: Grund-

Entscheidung für die Umschreibung des Anwendungsbereichs des Art. 29 EG ist jedoch fragwürdig. Der Gerichtshof hatte in dem benannten Urteil die deutsche Vorschrift als diskriminierend eingestuft, weil sie praktisch einen Mindestalkoholgehalt nur für Importware vorschrieb. Sie war im konkreten Fall auch nicht gerechtfertigt. Die Entscheidung betraf damit schon nicht unmittelbar die hier diskutierte Frage nach der Reichweite der Ausfuhrfreiheit, weil es um die Überprüfung einer Maßnahme des Bestimmungsstaates der Ware an Art. 28 EG ging.

Das Urteil weist jedoch auf die Möglichkeit der Mitgliedstaaten hin, ihrer Exportwirtschaft auf freiwilliger Basis die Konkurrenz im Bestimmungsstaat zu dortigen Bedingungen zu ermöglichen, indem sie Exportwaren von den heimischen Standards befreien; ein Weg, den auch der deutsche Gesetzgeber etwa mit § 50 I LBMG gegangen ist, der es dem Exporteur ermöglicht, sich auf die Einhaltung abweichender Standards zu berufen, wenn er glaubhaft machen kann, dass seine Erzeugnisse den Anforderungen im Bestimmungsland entsprechen. Eine ähnliche Regelung enthält § 9 VII VorlBierG.[88] Ob der nationale Gesetzgeber hingegen dazu verpflichtet ist, den Export von der zwingenden Geltung solcher Vorschriften auszunehmen, ist dem genannten Urteil nicht zu entnehmen. Ebendies ist jedoch im Hinblick auf Art. 29 EG die Frage. Die Entscheidung belegt damit nur, dass das Bestimmungsland den Importeur nicht zwingend an das (strengere) Recht seines Herkunftsstaates binden kann, wenn es selbst geringere Anforderungen an die Beschaffenheit einer Ware stellt. Das ergibt sich allerdings bereits aus dem Diskriminierungsverbot des Art. 28 EG und ist damit eher eine bare Selbstverständlichkeit als eine revolutionär neue Aussage zu Art. 29 EG.[89]

Zurückzuweisen ist auch der Argumentationsansatz, eine weite Auslegung des Art. 29 EG beseitige das Problem der Inländerdiskriminierung, indem sie die Bindung der Unternehmen an die heimischen Produktstandards mittels der Einräumung von Rechtswahlfreiheit durchbreche.[90] Denn nach klassischer und auch vom EuGH in st.Rspr. vertretener Ansicht gelten die Grundfreiheiten ohnehin nur für Fälle mit grenzüberschreitendem Bezug,[91] also gerade nicht für den Fall der inländi-

---

mann (Hrsg.), Systembildung (2000), 67, 88 ff.; *Reich*, Europäisches Verbraucherrecht (1996), 449; *Roth*, ZHR 159 (1995), 78, 90 f.; *ders.*, GS Lüderitz (2000), 635, 646, 651; *Sack*, WRP 1994, 281, 288 ff.; *Sonnenberger*, ZVglRWiss 95 (1996), 3, 12 f.; *v. Wilmowsky*, RabelsZ 62 (1998), 1, 11 ff.

88 *Lackhoff/Raczinski*, EWS 1997, 109, 114, Fn. 85.

89 A. A. *Basedow*, RabelsZ 59 (1995), 1, 15 ff., 38, der auch den Verweis des Bestimmungslandes auf das strengere Herkunftslandrecht als nicht diskriminierend einstuft; ähnlich *Höpping*, Warenverkehrsfreiheit (1997), 100 ff., 104. Diese Ansicht ist jedoch vereinzelt geblieben – vgl. zu Gegenansicht etwa *Bernhard*, EuZW 1992, 437, 442 f.; krit. auch *Brödermann*, in: Gemeinschaftsrecht und IPR (1994), 210 mit Fn. 856; *Michaels*, Anerkennungspflichten, 4. Teil, D I.1.b)bb)(3); *Roth*, GS Lüderitz (2000), 635, 650 ff. – und wird ausweislich der vorliegenden Entscheidung Sachen Schutzverband gegen Unwesen in der Wirtschaft/Weinvertriebs-GmbH – EuGHE 1983, 1217, Rdn. 6 ff. – auch vom EuGH abgelehnt.

90 Vgl. etwa den Hinweis bei *Koenig/Braun/Capito*, EWS 1997, 401, 402.

91 EuGHE 1979, 897, Rdn. 30 ff. Peureux; 1979, 1129, Rdn. 9 ff. Saunders; 1982, 3723, Rdn. 16 ff. Morson und Jhanjan; 1986, 29, Rdn. 54 ff. Hurd/Jones; 1987, 4879, Rdn. 10 ff. Gauchard; 1992 I-323, Rdn. 7 López Brea und Hidalgo Palacios; 1992 I-341, Rdn. 8 ff. Steen; 1992 I-2085, Rdn. 7 ff. Batista schen Produktion für den inländischen Markt.[92] Es ist deshalb schwer einzusehen, wie eine aus der Grundfreiheit des Art. 29 EG abgeleitete Rechtswahlfreiheit für Produktvorschriften den inländischen Unternehmern im Bestimmungsstaat einer Ware oder den Herstellern im Herkunftsstaat hinsichtlich der Produktion für den Inlandsmarkt von Nutzen sein kann. Allenfalls dann, wenn man – wie es eine in den letzten Jahren verstärkt vertretenen Ansicht tut – auf der Grundlage des Binnenmarktkonzepts argumentiert und die Beschränkung des Anwendungsbereichs der Grundfreiheiten auf grenzüberschreitende Fälle generell in Frage stellt,[93] käme einer Verankerung der Rechtswahlfreiheit in Art. 29 EG die Wirkung zu, auch die Produktion für den Inlandsmarkt von den (möglicherweise besonders strengen) heimischen Standards zu befreien. Auf der Basis des klassischen, auf grenzüberschreitende Fälle bezogenen, Verständnisses der Grundfreiheiten gibt der Wunsch, die Inländerdiskriminierung zurück zu drängen, nichts für eine engere oder weitere Auslegung der Ausfuhrfreiheit her.

Gegen eine weite Auslegung der Ausfuhrfreiheit als ein Beschränkungsverbot lassen sich die praktischen Schwierigkeiten anführen, die mit einem Rechtswahlsystem hinsichtlich der Produktstandards verbunden wären. V. a. stellt sich das Problem, das im Einzelfall anwendbare Recht zu ermitteln und seine Einhaltung nachzuprüfen.[94] So könnte man gegen ein weites Verständnis der Ausfuhrfreiheit einwenden, die Einführung von Rechtswahlfreiheit für Unternehmer würde dazu führen, dass es praktisch überhaupt kein zwingendes Recht mehr gibt. Zwar ist mit der Wahl einer Rechtsordnung stets auch deren zwingendes Recht gewählt. Es ist für den Herkunftsstaat jedoch schwierig, die Einhaltung des Rechts eines anderen Mitgliedstaats wirksam zu überwachen – etwa wenn nach den Standards des Bestimmungslandes produziert wird. Dazu müsste er zum einen den genauen Inhalt von nunmehr 25 Rechtsordnungen präsent haben, zum anderen den jeweiligen fremden Standard auf seinem eigenen Territorium anwenden. Kein Staat könnte sich mehr darauf beschränken, die zwingenden Regelungen seiner eigenen Rechtsordnung durchzusetzen, weil der Anbieter sich gefahrlos darauf berufen könnte, nach einem anderen Recht und für den Export zu produzieren, ohne dass der Sitzstaat die Richtigkeit dieser Behauptung überprüfen könnte.

Dem sind jedoch wiederum gewichtige Argumente entgegen zu halten: Zum einen könnte eine Kontrolle jedenfalls durch den Bestimmungsstaat erfolgen, nach dessen Recht der Anbieter zu produzieren wünscht. Denn der Bestimmungsstaat kann entweder die Einhaltung der Herkunftslandstandards oder aber die seiner eigenen

---

Morais; 1995 I-301, Rdn. 9 ff. Aubertin u. a.; vgl. dazu *Bleckmann*, Europarecht, Rdn. 1759 ff.; *Emmert*, Europarecht, § 29 Rdn. 26 ff., § 31 Rdn. 43 ff., § 38, Rdn. 6, 21 f.; *Epiney*, in: Calliess/Ruffert, Art. 12 Rdn. 24 ff.; *Müller-Graff*, in: v. d. Groeben/Thiesing/Ehlermann, Art. 30 Rdn. 319 ff.; *Schweitzer/Hummer*, Europarecht, Rdn. 1058 m. w. N.; *Streinz*, Europarecht, Rdn. 685.

92 IdS. ist wohl jedoch jedenfalls das Beispiel bei *Koenig/Braun/Capito*, EWS 1997, 401, 402 zu verstehen.

93 Vgl. dazu etwa *Behrens*, EuR 27 (1992), 145, 162; *Lackhoff/Raczinsky*, EWS 1997, 109, 110 ff.; *Nicolaisen*, EuR 26 (1991), 95, 99 f.; Reich EuZW 1991, 203, 204 f.

94 Zu diesem Problem *Michaels*, Anerkennungspflichten, 4. Teil, D I.1.b)bb)(2).

Rechtsordnung verlangen, wenn die Ware nicht dem Recht des Herkunftslandes entspricht. (Dieser Einwand kennzeichnet allerdings seinerseits die Grenzen einer möglichen Rechtswahlfreiheit: Der Anbieter müsste seine Produkte entweder dem Recht des tatsächlichen Herkunftsstaates oder dem des Bestimmungsstaats anpassen; es reicht demgegenüber nicht aus, wenn sie nur dem Recht irgendeines Mitgliedstaats entsprechen.[95])

Zugestanden sei immerhin, dass selbst die Gewährung von Wahlfreiheit zwischen den Produktstandards des tatsächlichen Herkunftslandes und des Bestimmungslandes nicht unproblematisch ist: So ließe sich etwa die Frage stellen, wie der Bestimmungsstaat prüfen soll, ob die Standards des Herkunftslandes eingehalten wurden. Davon hängt es immerhin ab, ob er überhaupt Anlass hat, die Einhaltung seiner eigenen Vorschriften (soweit sie nicht zwingenden Erfordernissen dienen und ohnehin auch auf Einfuhren angewandt werden) zu kontrollieren und ob er diese grds. oder nur vorbehaltlich zwingender Erfordernisse zur Anwendung bringen kann.[96] Dieses Problem besteht allerdings auchso dann, wenn der Herkunftsstaat Exporterzeugnisse freiwillig von den heimischen Standards befreit,[97] so wie es bereits verschiedentlich praktiziert wird. Allein die Tatsache, dass der Export bereits in einigen nationalen Rechtsordnungen freiwillig von den inländischen Standards freigestellt wird, zeigt, dass die damit verbundenen Schwierigkeiten bewältigt werden können. Zwar würde es die Rechtsklarheit fördern, wenn der Bestimmungsstaat zumindest im Grundsatz davon ausgehen könnte, dass ausländische Waren dem Recht ihres Herkunftslandes entsprechen und deshalb den inländischen Produktvorschriften prinzipiell nicht unterworfen werden dürfen. Es gibt jedoch durchaus Möglichkeiten, ein Rechtswahlsystem praktikabel zu gestalten. So könnte den Anbietern seitens des Herkunfts- oder des Bestimmungsstaates eine Deklarations- und Nachweispflicht auferlegt werden, die es ihnen gebietet, die gewählte Rechtsordnung offen zu legen und ihre Einhaltung nachzuweisen, oder aber das Produkt selbst als eines kenntlich zu machen, dass nicht dem Standard des Herkunftslandes, sondern dem des Bestimmungslandes entspricht. Auf diese Weise wäre auch der Gefahr zu begegnen, dass die Abnehmer, die ein Produkt möglicherweise gerade wegen seiner Herkunft aus einem bestimmten Mitgliedstaat – etwa wegen des „guten Rufs" von Waren dieser Herkunft – erwerben, in ihren Erwartungen enttäuscht werden. Wo dieses System versagt und sich die anwendbaren Produktstandards nicht zuverlässig ermitteln lassen oder ihre Einhaltung nicht befriedigend sichergestellt werden kann, bleibt hingegen immer noch die Möglichkeit, ausnahmsweise die Produktstandards

95 Obwohl diese Möglichkeit von dem Grundgedanken der Marktfreiheiten durchaus gedeckt wäre. Denn wenn es die tragende Idee ist, in einem Mitgliedstaat hergestellte Erzeugnisse grds. auch in allen anderen zum Verkehr zuzulassen, kann es im Einzelfall nicht darauf ankommen, ob der Produktstandard nun dem tatsächlichen Herkunfts- oder Bestimmungsstaat oder aber einem dritten Mitgliedstaat entlehnt ist – soweit sich die Einhaltung dieser Standards nur überprüfen lässt. Siehe dazu auch ausführlich unten dd).

96 Andeutungsweise auch bei *Höpping*, Warenverkehrsfreiheit (1997), 72.

97 Zu einem solchen Fall etwa EuGHE 1983, 1217, Rdn. 6 ff. Schutzverband gegen Unwesen in der Wirtschaft/Weinvertriebs-GmbH.

des Herkunftslandes zwingend anzuwenden. Es reicht jedoch aus, die zwingende Durchsetzung des Herkunftslandrechts auf diesen Fall zu beschränken. So kann den Unternehmern als primären Initiatoren des Binnenmarktes[98] weitestgehender Handlungsspielraum gewährt werden, ohne dass entgegenstehende Schutzinteressen vernachlässigt würden.

Einen anderen Aspekt der Frage nach der Reichweite der Ausfuhrfreiheit betrifft der Einwand, die Etablierung des Herkunftslandsprinzips habe die Funktion produktdefinierender Vorschriften, die meist bestimmte Schutzanliegen der Mitgliedstaaten (zB Verbraucherschutz) verwirklichen, so verändert, dass ihre Rechtfertigung entfallen sei. Bekanntlich darf der Bestimmungsstaat ein Produkt grds. nicht zurückweisen, auch wenn es die eigenen Standards nicht erfüllt. Wenn aber auf dem inländischen Markt ohnehin auch die ausländischen, weniger schutzintensiven Erzeugnisse verkehrsfähig sind, seien die inländischen Schutzvorschriften ihrer Wirkung beraubt. Diese Vorschriften seien dadurch zu länderspezifischen Produktregulierungen geworden, die den im Inland ansässigen Unternehmen vorschreiben, zu welchen Bedingungen sie in den gemeinschaftsweiten Wettbewerb eintreten, und die als solche keine Rechtfertigung mehr besäßen.[99] Dies spricht dafür, die Ausfuhrfreiheit weit zu fassen und die Anwendung produktdefinierender Vorschriften des Herkunftsstaates auf den Ausfuhrfall jedenfalls nicht ohne europarechtliche Kontrolle zuzulassen. Er würde die hier propagierte Ansicht also grds. stützen. Indes trifft dieser Einwand nicht zu: Gerade dadurch, dass der Bestimmungsstaat die heimische Produktion für den Inlandsmarkt weiterhin dem strengeren Standard unterwerfen darf, bleibt dem Verbraucher die einheimische Produktion als Rückzugsmöglichkeit in ein hohes bzw. vertrautes Schutzniveau erhalten. Das Hinzutreten weiterer Angebote auf der Grundlage abweichender Standards erweitert seine Möglichkeiten nur; von einem Schutzverlust und damit von einem Funktionsverlust des inländischen (hohen) Standards kann daher nicht die Rede sein. Umgekehrt zwingt jedoch auch die etwaige Erwartungshaltung der Abnehmerseite nicht dazu, die Anbieter zwingend an das Herkunftslandrecht zu binden. Denn den berechtigten Interessen der Marktgegenseite, die mit der heimischen Produktion oder mit den aus bestimmten anderen Mitgliedstaaten stammenden Erzeugnissen besonders hohe Erwartungen an Qualität oder Sicherheit verbindet,[100] kann auch ohne prinzipielle Bindung der Hersteller Rechnung getragen werden: Wie gezeigt kann die Inlandsproduktion für den Inlandsmarkt ohnehin heimischen Standards unterworfen werden. Erzeugnissen hingegen, die dem Recht ihres Herkunftslandes nicht entsprechen, könnte seitens des Herkunfts- oder des Bestimmungsstaates eine Kennzeichnungspflicht auferlegt werden. In vielen Fällen – insbes. was die Zusammensetzung und Qualität von Waren angeht – ist dies eine echte Alternative und als milderes Mittel zwingenden Vorschriften vorzuziehen.[101] Die zwingende Erstreckung der einheimischen

98 So *Basedow*, RabelsZ 59 (1995), 1, 18 f.
99 *Kerber*, in: Grundmann (Hrsg.), Systembildung (2000), 67, 89 ff., insbes. 92 f.
100 Zu diesem Aspekt etwa *Kerber*, in: Grundmann (Hrsg.), Systembildung (2000), 67, 90, 93 Fn. 60.
101 Den Vorrang der Informationspflicht vor der inhaltlich zwingenden Regelung hat der EuGH

Produktstandards auf den Exportfall käme hingegen nur dann in Betracht, wenn eine Information der Abnehmer im Bestimmungsstaat nicht wirksam möglich oder nicht ausreichend ist.

Die Verfügbarkeit dieser Ausnahme vom hier vertretenen Grundsatz der Rechtswahlfreiheit spricht wiederum dafür, die Ausfuhrfreiheit grds. weit auszulegen. Denn sollte tatsächlich einmal ein unabweisliches Interesse des Herkunftslandes daran bestehen, die einheimischen Hersteller auch für den Export an die eigenen Produktstandards zu binden, so steht mit dem Vorbehalt der zwingenden Erfordernisse ein probates Mittel zur Verfügung, diesem Bedürfnis Rechnung zu tragen.[102] Zwar muss der Herkunftsstaat dann anerkannte Rechtfertigungsgründe anführen und sich der strengen Verhältnismäßigkeitskontrolle des EuGH unterwerfen. Dies ist jedoch der typischen Interessenlage im Ausfuhrfall durchaus angemessen: So werden durch die Nichteinhaltung etwa der besonders hohen Sicherheits- und Qualitätsstandards des Herkunftslandes bei der Warenproduktion in erster Linie die Interessen der Abnehmer im Bestimmungsland betroffen sein. Europarechtlich ist es den Mitgliedstaaten jedoch nur eingeschränkt gestattet, den Vorbehalt zwingender Gründe für fremde, d. h. in anderen Mitgliedstaaten belegene, Schutzgüter geltend zu machen. Zumindest darf dem eigentlich betroffenen Mitgliedstaat nicht vorgegriffen werden. Wieviel Schutz auf welche Weise erreicht werden soll, entscheidet grds. jeder Mitgliedstaat eigenverantwortlich.[103] Auch unter diesem Blickwinkel ist ein Rechtfertigungserfordernis für die zwingende Erstreckung der heimischen Produktstandards auf den Export daher durchaus angemessen.

c) Lösung

Wie gezeigt lassen sich Argumente sowohl für als auch gegen eine enge Auslegung der

---

in seiner Rspr. zu Art. 28 EG vielfach ausgesprochen – vgl. zu dieser Judikatur etwa EuGHE 1987, 1227, Rdn. 35 ff. Kommission/Deutschland; 1988, 4233, Rdn. 16 Drei Glocken; 1988, 4907, Rdn. 12 Deserbais; 1991 I-3069, Rdn. 24 Denkavit; 1994 I-3537, Rdn. 19 f. Van der Velt; 1998 I-6197, Rdn. 21 ff. Kommission/Frankreich. Dasselbe muss im Grundsatz auch im Zusammenhang mit Art. 29 EG gelten.

102 Vgl. zu diesem Aspekt auch *Roth*, ZHR 159 (1995), 78, 90, 95.

103 Der EuGH hat dazu bisher nur selten Stellung genommen, zudem sind die Entscheidungen häufig stark von Besonderheiten geprägt und eine Verallgemeinerung schwierig; vgl. aus der **Judikatur** etwa EuGHE 1977, 5, Rdn. 43/45 ff. Bauhuis/Niederlande; 1977, 1355, Rdn. 8/13 ff. Kommission/Niederlande – mit der Tendenz die Wahrnehmung fremder Interessen jedenfalls dann zuzulassen, wenn dies einvernehmlich und organisiert geschieht oder nur der Herkunftsstaat effektiv schützen kann, dazu auch EuGHE 1995 I-1141, Rdn. 47 f. Alpine Investments; hingegen wird die Frage wegen vorrangiger Harmonisierung offen gelassen in EuGHE 1996 I-2553, Rdn. 14 ff. Hedley Lomas; 1998 I-1251, Rdn. 56 ff. Compassion in World Farming; das Meinungsspektrum in der **Lit.** reicht von der Ablehnung der Durchsetzung fremder Interessen – *Bleckmann*, Europarecht, Rdn. 1526 – über die Anerkennung internationaler bzw. staatenübergreifender Schutzanliegen – *Middeke*, Nationaler Umweltschutz im Binnenmarkt (1994), 167 f.; *Müller-Graff*, in: v. d. Groeben/Thiesing/Ehlermann, Art. 36 Rdn. 39; *v. Wilmowsky*, ZEuP 3 (1995), 735, 764 ff.; *ders.*, 62 (1998), 1, 24 – bis hin zur vorsichtigen Befürwortung fremdnütziger Interessenwahrnehmung – *Leible*, in: Grabitz/Hilf, Art. 30 Rdn. 7; vgl. z. G. *Epiney*, in: Calliess/Ruffert, Art. 30 Rdn. 17 ff.; *Fetsch*, Eingriffsnormen (2002), 199 ff., 228 ff.; *Middeke*, a. a. O. (1994), 165 ff. m. w. N.

Ausfuhrfreiheit als ein bloßes Diskriminierungsverbot anführen. Meines Erachtens ist ein funktionales Verständnis der Maßnahme gleicher Wirkung angezeigt, das sich am Binnenmarktziel orientiert. Behindernd in diesem funktionalen Sinne wirken jedoch in der Tat nicht nur diskriminierende Vorschriften, die den Export mehr oder weniger offen benachteiligen, sondern mitunter auch unterschiedslos geltende Regelungen, die für den Inlands- und den Auslandsvertrieb gleichermaßen geltende Anforderungen an die Waren oder Dienstleistungen etc. festschreiben und die etwa Zusammensetzung bzw. Inhalte, Aufmachung oder eben Vertriebs- bzw. Erbringungsmodalitäten regeln.

Insgesamt überwiegen die Gesichtspunkte, die für eine weite Auslegung sprechen. Es bleiben jedoch Zweifel, was den Umfang und die genauen Grenzen dieser erweiterten Auslegung angeht. Der Knoten lässt sich nur durchschlagen, wenn man sich nochmals die Systematik und die jeweils problematischen Konstellationen klarmacht, die hinter den Grundfreiheiten des EG-Vertrages stehen und die Interessen berücksichtigt, die für die Regelungszuständigkeit des einen oder des anderen Mitgliedstaates sprechen:

So soll etwa Art. 29 EG in erster Linie Benachteiligungen des Warenexports gegenüber dem Inlandsvertrieb verhindern. Deshalb enthält er sicher ein Verbot offener und verdeckter Diskriminierungen. Eine Auslegung des Art. 29 EG als allgemeines Beschränkungsverbot, das auch alle diskriminierungsfreien unverhältnismäßigen Belastungen des Exports erfasst, geht darüber jedoch weit hinaus und kann nur greifen, wenn die Bindung an die heimischen Standards wirklich als europarechtlich relevante Belastung verstanden werden kann. Zwar ist es richtig, dass der Binnenmarktgedanke die Grundsätze der Marktgleichheit und des unverfälschten Wettbewerbs beinhaltet,[104] und gewiss wäre eine Ausweitung von Art. 29 EG der unternehmerischen Handlungsfreiheit dienlich, zumal eine Anpassung an die Standards des Bestimmungslandes nicht erzwungen, sondern nur ermöglicht würde. Die allgemeine Handlungsfreiheit wird durch den EG-Vertrag aber nicht isoliert geschützt. Ausschlaggebend ist deshalb die Frage, ob das Recht, nach fremden Standards zu produzieren, bereits de lege lata zum Gewährleistungsbereich der Marktfreiheiten gehört, oder ob dies nur ein Aspekt jener allgemeinen unternehmerischen Handlungsfreiheit ist.[105]

Ob der Exporteur die Produktstandards für seine Tätigkeit frei wählen soll, ist zumindest zum Teil auch eine Wertungsfrage. Der Vergleich von Art. 29 EG mit Art. 28 EG macht deutlich, dass die Situationen unter der einen und unter der anderen

---

104 Vgl. dazu auch *Grabitz*, FS Steindorff (1990), 1229, 1233 ff.; *Immenga*, JA 1993, 257, 258; *Roth*, ZHR 159 (1995), 78, 91.

105 Zu diesem Problem etwa *Kerber*, in: Systemwettbewerb, 67, 85 mit Fn. 38 mit der Überlegung, dass verschiedene rechtliche Regelungen der Mitgliedstaaten auch als Teil der spezifischen Standortbedingungen verstanden werden können, die keine Wettbewerbsverzerrung darstellen, wenn sie den Präferenzen der Bevölkerung entsprechen; *ders.*, Jb.f.NPÖ 17 (1998), 199, 217 ff.; zu dieser Problematik auch *Siebert/Koop*, Außenwirtschaft 45 (1990), 439, 445 f.; vgl. auch *Ackermann*, RIW 1994, 189, 193.

Vorschrift typischerweise verschieden sind. Die zwingende Durchsetzung der eigenen Produktstandards wirkt schon von vornherein in unterschiedlicher Weise auf den Warenverkehr zwischen den Mitgliedstaaten ein, je nachdem, ob sie vom Einfuhrstaat oder vom Ausfuhrstaat einer Ware ausgeht.

Setzt der Bestimmungsstaat seine Produktstandards zwingend auch gegenüber importierten Waren durch, so wird in aller Regel für die Einfuhrware ein Anpassungsbedarf entstehen. Denn ihre Herstellung erfolgt nicht im rechtsfreien Raum, sondern regelmäßig unter der Einwirkung der Rechtsordnung des Herkunftsstaates. Jedenfalls ist das Bestimmungsland nicht der erste Normgeber, der auf die Ware einwirkt. Sind die Anforderungen des Bestimmungslandes an ein Produkt strenger oder auch nur anders als die Vorschriften, denen die Ware bei ihrer Entstehung unterworfen war, bewirkt ihre zwingende Durchsetzung eine Einfuhrbehinderung.[106] Das Behinderungspotential von Regelungen des Einfuhrstaates ist demnach schon deshalb besonders groß, weil die Vorschriften des Bestimmungslandes einer Ware regelmäßig zu denen hinzutreten würden, denen die Ware bereits bei ihrer Herstellung unterworfen war, so dass sie eine Mehr- bzw. eine Doppelbelastung bewirken.[107]

Bei Art. 29 EG stellt sich die Situation etwas anders dar, so dass auch das Ausgangsproblem ein anderes ist. Im Herkunftsstaat unterliegt die Ware erstmalig einer Reglementierung, wenn sie dort hergestellt wird. Da kein Anspruch darauf besteht, überhaupt keinen zwingenden Vorschriften unterworfen zu sein, erscheint deshalb die Regelung von Produktstandards an sich unproblematisch. Davon geht wohl im Grundsatz auch der EuGH in seiner Rspr. zu Art. 29 EG aus, nach der es zunächst nur verboten ist, die Ausfuhr von Waren zu diskriminieren. Bei gleichmäßig anwendbaren Vorschriften, die Exportwaren auch faktisch nicht schwerer treffen als im Inland vertriebene, ist häufig der einzige Nachteil, der den Anbietern solcher Waren erwächst, die oben genannte Einschränkung der Entscheidungsfreiheit, ob sie zu den Bedingungen des Bestimmungsstaates mit den einheimischen Waren in Konkurrenz treten wollen oder ob Waren angeboten werden, die den strengeren Standards des Herkunftslandes entsprechen. Der Mechanismus der Art. 28, 30 EG stellt hingegen im Regelfall sicher, dass der Hersteller zu einer solchen Anpassung jedenfalls nicht gezwungen ist. Denn soweit die Produkte dem Standard des Herkunftslandes entsprechen, sind sie grds. auch im Bestimmungsland verkehrsfähig (anders nur, wenn der Bestimmungsstaat zwingende Gründe geltend machen kann, die das Interesse an der Warenverkehrsfreiheit überwiegen).

Die Bindung an die heimischen Standards durch den Exportstaat verursacht regel-

106 In dieser Argumentation liegt auch dann kein Zirkelschluss, wenn man ein Recht der Hersteller, nach dem Bestimmungslandstandard zu produzieren, anerkennt. Denn auch wenn der EG-Vertrag eine solche Rechtswahlfreiheit de lege lata verbürgen sollte, so ist dieser Rechtswahlfreiheit auch die Möglichkeit immanent, nach anderen als den Bestimmungslandstandards zu produzieren, so dass kein Hersteller auf diese Möglichkeit verwiesen werden könnte.

107 Auf diesen Aspekt weist etwa *Höpping*, Warenverkehrsfreiheit (1997), 42 ff. hin, zu diesem Gedanken auch *Barents*, CMLR 18 (1981), 271, 294 f.; *Classen*, EWS 1995, 97, 100; *Steindorff*, ZHR 150 (1986), 687, 698.

mäßig keine Exportsperre in dem Sinne, dass sie über das „Ob" der Ausfuhr entscheidet.[108] Sie kann den Export jedoch durchaus behindern und es ist nicht ausgeschlossen, dass sie ihn im Einzelfall sogar verhindert. Denn die Festlegung der Produktparameter, mit denen die Anbieter in den gemeinschaftsweiten Wettbewerb eintreten, kann wie gezeigt einen tatsächlichen Wettbewerbsnachteil bewirken – je nachdem, ob im gewünschten Zielstaat eine ausreichende Präferenz für Angebote dieses Zuschnitts besteht oder nicht. Dieser Wettbewerbsnachteil kann u. U. so erheblich werden, dass ein Export in den entsprechenden Mitgliedstaat nicht mehr lohnt, wirtschaftlich also nicht möglich ist. Dann kann von einer bloßen hinzunehmenden Einschränkung der allgemeinen unternehmerischen Handlungsfreiheit nicht mehr ohne weiteres die Rede sein, zumal bei der Einfuhrfreiheit Maßnahmen, die derartige Effekte zeitigen, ebenfalls als Behinderungen eingestuft werden.[109]

Das trifft jedenfalls zu, wenn die Produktstandards im Bestimmungsland milder sind als die im Herkunftsland. Müssen die Hersteller die im konkreten Fall strengeren Vorgaben des Herkunftslandes zwingend einhalten, so ist es ihnen verwehrt, mit den einheimischen Anbietern auf dem niedrigeren Standard des Bestimmungslandes in Konkurrenz zu treten. Sie erleiden insoweit einen gewissen Wettbewerbsnachteil, als ihnen die unternehmerische Entscheidung genommen wird, ob sie sich der Regelung im Bestimmungsland anpassen oder versuchen wollen, den eigenen Standard auf dem Markt des Bestimmungslandes durchzusetzen.[110] Ein überzeugender Grund, die Wettbewerbsposition der Anbieter so zu verschlechtern, ist nur schwer vorstellbar. Wenn die Produkte, die lediglich dem niedrigeren Standard eines anderen Mitgliedstaats entsprechen, ausgeführt werden, den Inlandsmarkt also gar nicht berüh-

---

108 Dieser Gedanke findet sich auch in den Schlussanträgen des *GA Lenz* in der Rs. C-379/92, Nr. 66 ff., 85 ff. = EuGHE 1994 I-3453, Peralta: In dieser Entscheidung ging es um die mögliche Gemeinschaftswidrigkeit italienischer Umweltschutzvorschriften, die die Einleitung bestimmter umweltgefährdender Stoffe ins Meer innerhalb der italienischen Hoheitsgewässer sämtlichen Schiffen, unter italienischer Flagge fahrenden Schiffen jedoch auch außerhalb derselben, untersagten. In seinen Schlussanträgen setzt sich GA Lenz u. a. ausführlich mit der Reichweite der möglicherweise beschränkten Ausfuhrfreiheit im Rahmen der Dienstleistungsfreiheit auseinander. Er zieht dazu auch die Rspr. zur Warenverkehrsfreiheit heran und findet einen wesentlichen Grund für die engere Auslegung des Art. 34 EGV (heute Art. 29 EG) und für die entsprechende Vorschrift bei der Dienstleistungsfreiheit darin, dass sich das „Problem unterschiedlicher Vorschriften zweier Mitgliedstaaten bei der Prüfung von Maßnahmen des Ausfuhrstaats nicht in dieser Weise stellt ..." (wie bei Regelungen des Einfuhrstaats, der stets als zweiter Normgeber auftritt) – Ergänzung stammt durch die Verf. Diesem Unterschied zwischen ein- und ausfuhrrelevanten Vorschriften entnimmt auch GA Lenz die Rechtfertigung für die unterschiedlich weite Auslegung der entsprechenden Vertragsvorschriften.

109 Auch dort werden nicht nur Einfuhrverbote oder sonstige diskriminierende Maßnahmen erfasst. Vielmehr reicht es aus, dass sich mittelbare Behinderungen einstellen. Dem Verbot des Art. 28 EG unterfallen deshalb nicht nur diskriminierende oder unmittelbar einfuhrbehindernde Regelungen, sondern auch lediglich mittelbar belastende, weil das Angebot verteuernde, oder anderweitig den Absatz behindernde Maßnahmen, auch wenn die Einfuhr selbst problemlos möglich bleibt; vgl. aus der reichhaltigen Judikatur zu Art. 28 EG nur EuGHE 1978, 25, Rdn. 10 ff. Van Tiggele; 1979, 3203, Rdn. 25 ff. Buys; 1982, 4005, Rdn. 20 ff. Kommission/Irland; 1983, 2445, Rdn. 6 ff. Sandoz; 1985, 305, Rdn. 23 ff. Cullet/Leclerc; 1985, 1201, Rdn. 15 ff. Kommission/Vereinigtes Königreich; 1988, 4233, Rdn. 11 3 Glocken; 1988, 4929, Rdn. 18 ff. Kommission/Irland.

110 Vgl. dazu auch *Roth*, ZHR 159 (1995), 78, 91 f.

ren, greifen die Schutzinteressen, die den Herkunftsstaat zu seiner strengeren Regelung veranlasst haben mögen, regelmäßig nicht ein. Schon deshalb sollte der Herkunftsstaat darauf verwiesen werden, Produktstandards allein für die Waren zwingend zu regeln, die im Inland vertrieben werden (oder deren Produktion sonst auf das Inland einwirkt).

Allerdings wären dann konsequenterweise Regelungen des Herkunftsstaates zuzulassen, die sicherstellen, dass die dem eigenen Recht nicht entsprechenden Produkte auch tatsächlich nicht auf den Inlandsmarkt gelangen. So könnte dem Anbieter etwa die Pflicht auferlegt werden, die abweichende Gestaltung seiner Produkte zu kennzeichnen und ihre ausschließliche Verwendung für den Export sicherzustellen. Auf solche „milderen Mittel“ hat sich der Herkunftsstaat jedoch grds. zu beschränken. Die eingriffsintensivere zwingende Erstreckung von Produktstandards auf die auszuführenden Erzeugnisse, ist nur in den engen Grenzen der Rechtfertigungsvorbehalte zulässig.

Noch gravierendere Folgen für den Freiverkehr als im Falle „nur“ milderer Vorschriften im Bestimmungsland ergeben sich, wenn sich die Standards des Herkunfts- und des Bestimmungslandes nicht nur quantitativ, sondern qualitativ unterscheiden oder wenn im Bestimmungsstaat eine strengere Regelung existiert und wenn zugleich die abweichenden Regelungen des Bestimmungsstaates gemäß Art. 30 EG oder aus zwingenden Erfordernissen gerechtfertigt sind. Dann bedeutet die Bindung an die heimischen Standards eine Exportsperre, ohne dass die Regelung des Herkunftsstaates, die an dieser Situation maßgeblichen Anteil hat, auf ihre Rechtfertigung hin überprüft würde.[111] In einem solchen Fall ist der Hersteller im Herkunftsstaat überhaupt gehindert, in den betreffenden Bestimmungsstaat zu exportieren, wenn er seinerseits zwingend an die heimischen Standards gebunden bleibt. Wird die Ausfuhrfreiheit dann nur als Diskriminierungsverbot verstanden, ergibt sich das Problem, dass von zwei unterschiedlichen Regelungen, die denselben Anteil an einer Behinderung des Freiverkehrs haben, die eine (die Regelung des Bestimmungsstaates) einer strengen Prüfung am Maßstab der Grundfreiheiten unterworfen wird, die andere hingegen (die Regelung im Herkunftsstaat) überhaupt nicht überprüft werden kann, solange sie keine diskriminierende Wirkung hat. Dieses Ergebnis vermag auch vor dem Hintergrund der Argumente, die für die engere Auslegung der Ausfuhrfreiheit angeführt werden, nicht zu überzeugen. Vor allem der Haupteinwand, es unterlägen dann nahezu alle Regelungen des Herkunftslandes einem Rechtfertigungszwang, trifft bei Lichte besehen nicht zu. Denn die Grundfreiheiten greifen allein in Fälle mit gemeinschaftsgrenzüberschreitendem Bezug ein. Es würde demnach ausreichen, wenn jeweils für den Exportfall eine Befreiungsmöglichkeit von den heimischen Standards vorgesehen wäre. Für den Vertrieb im Inland könnte der Herkunftsstaat hingegen weiterhin sein Recht zwingend durchsetzen. Damit wäre der besonderen Interessenlage bei der Ausfuhr Rechnung getragen, soweit sie tatsächlich reicht. Für den grenzüberschreitenden Fall muss der Herkunftsstaat jedoch

---

111 Zu diesem Aspekt *Bleckmann*, GRUR Int. 1986, 172, 180; *Roth*, ZHR 159 (1995), 78, 91 ff.

m. E. dieselben Einschränkungen seiner Regelungsbefugnis hinnehmen wie der Bestimmungsstaat. Allerdings sei noch einmal betont, dass die hier vertretene Ausweitung der Ausfuhrfreiheit zum Beschränkungsverbot nur für Produktstandards gilt. Grund dieser Einschränkung ist, dass sich solche Produktstandards (anders als Produktions- bzw. Umfeldregelungen) allein in dem Erzeugnis niederschlagen, dessen Erscheinungsbild und Gehalt sie regeln. Nach der Ausfuhr hinterlassen sie – bildlich gesprochen – keine Spuren im Herkunftsland und betreffen keine dort belegenen Interessen. Deshalb besteht grds. kein legitimes Interesse des Herkunftsstaates, seine diesbzgl. Regelungen zwingend auch für auszuführende Waren durchzusetzen.

4. Die Reichweite der Rechtswahlfreiheit in Bezug auf Produktvorschriften

Vorstehende Ausführungen haben gezeigt, dass die Ausfuhrfreiheit zumindest teilweise (im Hinblick auf Vertriebsvorschriften einerseits und für Produktstandards andererseits) als ein Beschränkungsverbot auszulegen ist. Die Anbieter dürfen sich – was die Zusammensetzung bzw. die inhaltlichen Vorgaben ihrer Produkte angeht –, jedenfalls an dem Recht des Zielmarktes orientieren. Der Herkunftsstaat ist jenseits der Rechtfertigungsgründe des EG-Vertrages bzw. des Vorbehalts zwingender Erfordernisse nicht berechtigt, seine Hersteller zwingend an sein eigenes Recht zu binden. Die Anbieter verfügen über ein Wahlrecht.

Klärungsbedürftig ist nunmehr noch die Frage nach der konkreten Reichweite dieses Wahlrechts. Dazu ist zunächst der Kreis der Produktvorschriften, für den das Beschränkungsverbot und damit Wahlfreiheit eingreifen soll, von dem der Produktions- bzw. Umfeldregelungen abzugrenzen. Für die letztere Gruppe von Regelungen bleibt es weiterhin lediglich bei einem Diskriminierungsverbot.

Zum zweiten ist zu klären, ob sich die Wahlmöglichkeit allein auf das Recht des Herkunftslandes und das des tatsächlichen Bestimmungslandes bezieht oder ob der Anbieter darüber hinaus auch für das Recht eines beliebigen dritten Mitgliedstaates optieren kann. Es geht um die Frage, die Standards welcher Mitgliedstaaten im Einzelfall zur Auswahl stehen.

a) Abgrenzung zwischen Umfeldregelung und Produktregelung

Da nach hier vertretener Ansicht hinsichtlich der produktbezogenen Vorschriften des Herkunftsstaates eines Erzeugnisses ein Beschränkungsverbot gilt und – soweit dieses reicht – für die Anbieter Wahlfreiheit besteht, ist von entscheidender Bedeutung, wann von einer „reinen" Produktvorschrift auszugehen ist.

Die damit in den Blick genommene Zuordnung von ausfuhrrelevanten Vorschriften zu einer von insgesamt drei Regelungsgruppen (Vertriebsvorschrift, Produktvorschrift oder Umfeldregelung – parallel zur Unterscheidung von Produkt- und Vertriebsvorschriften bei der Einfuhrfreiheit) macht es möglich, die berechtigten Interessen aller Beteiligten – die der Anbieter an möglichst weitgehender wirtschaftlicher

Freiheit, die der Nachfrager an Angebotsvielfalt und Rechtsgüterschutz sowie die der Mitgliedstaaten an der Wahrung ihrer Kompetenzen – in einem Kompromiss zum Ausgleich zu bringen.

Besonders relevant ist dabei die Abgrenzung zwischen den produktbezogenen Vorschriften, für die Wahlfreiheit gilt, und den Produktions- bzw. Umfeldregelungen, die lediglich dem Diskriminierungsverbot unterliegen. Denn während Vertriebsvorschriften nach denselben Kriterien abgegrenzt werden können wie bei der Einfuhrfreiheit und deshalb auf die dortigen Ausführungen verwiesen werden kann,[112] wird bei der Ausfuhrfreiheit für die übrigen Maßnahmen, die sich etwa auf Erstellung und Beschaffenheit von Produkten beziehen, eine weitere Unterscheidung eingeführt. Es geht darum, reine Produktstandards von Umfeldregelungen bzw. Produktionsmodalitäten zu trennen.

Reine Produktvorschriften sind danach nur solche, die sich lediglich in dem Erzeugnis, das sie betreffen niederschlagen. Das sind etwa Regelungen, welche die Zusammensetzung, den Inhalt bzw. Gehalt oder den Qualitäts- oder Sicherheitsstandard eines Produkts festschreiben. Solche Vorschriften beziehen sich nur auf das Produkt selbst. Berühren sie ausschließlich die Interessen der jeweiligen Abnehmer, so handelt es sich unproblematisch um Regelungen, für die die Ausfuhrfreiheit ein Beschränkungsverbot statuiert. Hier besteht kein legitimes Interesse des Herkunftsstaates, seine Standards auch für solche Erzeugnisse zwingend durchzusetzen, die für den Export bestimmt sind. Hier können die Unternehmer ihr Angebot am Recht des Zielstaates ausrichten.

Unproblematisch sind auch Regelungen innerhalb der Gruppe der Produktionsmodalitäten bzw. Umfeldregelungen, die als Fälle minderer Behinderung zu gelten haben. Als Beispiel ließen sich etwa allgemeine Arbeitszeitregelungen oder baurechtliche Vorschriften für die Produktionsanlagen im Herkunftsland nennen, die zwar der Quantität der Produktion gewisse Grenzen setzen oder als allgemeine Kostenfaktoren das Wie des Herstellungsprozesses mitbestimmen, die jedoch keinen wirklichen Einfluss darauf entfalten, ob und in welchem Umfang ein Export der fertigen Erzeugnisse stattfindet. Hier ist auch die Parallele zu den Keck-Fällen bei der Einfuhrfreiheit unübersehbar.[113] Jedoch lassen sich nicht alle denkbaren Fälle von Produktionsvorschriften auf solche unproblematischen Umfeldregelungen reduzieren. So schlägt sich etwa ein allgemeines gesundheits- oder umweltrechtlich motiviertes Verbot der Verwendung bestimmter Stoffe in einem Mitgliedstaat nicht unbedingt nur in den Einzelheiten des Herstellungsprozesses, sondern möglicherweise auch in der Zusammensetzung dort produzierter Waren nieder. Hier ist die Grenze zwischen „bloßen" Umfeldregelungen, für die lediglich ein Diskriminierungsverbot gelten sollte, und Produktstandards fließend. Die beiden Regelungsgruppen überschneiden sich teilweise. Dann bedarf es einer handhabbaren Abgren-

---

112 Siehe insbes. oben § 5 II.2.a).

113 Diesen Aspekt greifen auch *Fetsch*, Eingriffsnormen (2002), 96 ff. und *Roth*, ZHR 159 (1995), 78, 87 auf.

zung und Zuordnung der fraglichen Vorschriften, für die folgendes Vorgehen vorgeschlagen wird:

Die Mitgliedstaaten sind grds. befugt, die Produktion im Inland zu regeln. Sie müssen die Möglichkeit haben, nationale Gemeinwohlbelange selbständig und ohne übermäßige Einschränkung durch die Judikatur zu den Grundfreiheiten zu verfolgen. Damit lässt sich das Interesse der Anbieter an einer möglichst unbeschränkten Ausfuhrfreiheit jedoch angemessen in Ausgleich bringen, wenn man auch die Zulässigkeit von Maßnahmen, mit denen die Mitgliedstaaten Produktion und Produktionsumfeld reglementieren, konsequent auf das beschränkt, was zur Verwirklichung legitimer Regelungszwecke tatsächlich erforderlich ist. Das bedeutet im Einzelnen: Insbes. bei Vorschriften, die zwar primär die Produktion oder ihr Umfeld regeln, jedoch auch auf die Produktgestaltung selbst durchschlagen und das Erscheinungsbild der Ware mitprägen, ist zu fragen, ob sie nicht auf die für den Inlandsmarkt bestimmten Erzeugnisse beschränkt werden können, ohne dass der Zweck der Maßnahme dadurch vereitelt wird. Lässt sich der Regelungszweck vollumfänglich auch dann erreichen, wenn die Regelung auf die Produktion für den Inlandsmarkt beschränkt wird, muss diese Beschränkung im Interesse des Freiverkehrs auch erfolgen. Dann steht dem Interesse der Anbieter an wirtschaftlicher Dispositionsfreiheit und behinderungsfreier Ausfuhr kein legitimes Interesse des Herkunftsstaates an der Ausübung seiner Kompetenzen entgegen.

Anders, wenn der Regelungszweck der mitgliedstaatlichen Maßnahme durch eine solche Einschränkung gefährdet wäre. Dann setzt sich das Recht des Herkunftsstaates durch, die Produktion im eigenen Land zu regeln und dabei nationale Gemeinwohlbelange zu verfolgen. Der jeweilige Mitgliedsstaat darf seine Maßnahmen dann auch auf die Produktion für den Export bestimmter Erzeugnisse erstrecken, selbst wenn dadurch die Ausfuhr behindert wird. Insoweit gilt lediglich ein Verbot offener und verdeckter Diskriminierungen. Denn für Fälle, in denen nicht sinnvoll zwischen der Produktion für den Inlandsmarkt und der für den Export unterschieden werden kann, greift der berechtigte Einwand ein, es dürften aus Gründen der Kompetenzverteilung zwischen Gemeinschaft und Mitgliedstaaten nicht sämtliche nationalen Vorschriften, die in irgendeiner Weise auf den Export durchschlagen, der strengen europarechtlichen Kontrolle unterworfen werden.

Folgendes Beispiel aus der Judikatur des EuGH mag diesen Ansatz verdeutlichen:[114] In der Entscheidung in Sachen Toolex Alpha AB[115] ging es um die Vereinbarkeit einer Entscheidung der schwedischen Behörden mit der Warenverkehrsfreiheit. Die Behörde hatte es abgelehnt, eine Ausnahmegenehmigung für die Verwendung von Trichlorethylen bei der Herstellung von Werkzeugteilen für die Produktion von Compact Discs zu erteilen. Grundlage war eine Regelung des schwedischen Rechts,

---

114 Die Entscheidung betrifft zwar Art. 28, 30 EG, ist somit für die Ausfuhrfreiheit also nicht unmittelbar einschlägig, der Sachverhalt eignet sich jedoch, den hier vertretenen Ansatz zu verdeutlichen.
115 EuGHE 2000 I-5681.

die für diese Substanz wegen ihrer krebserregenden Wirkung ein grds. Verwendungs- und Vertriebsverbot unter Vorbehalt einer Ausnahmegenehmigung vorsah. In diesem Verwendungsverbot für Trichlorethylen für gewerbliche Zwecke sah der EuGH in Übereinstimmung mit seiner früheren Rspr. ohne weiteres eine Beschränkung der Einfuhrfreiheit, weil es zum einen geeignet sei, eine Verringerung der Einfuhren zu bewirken, zum anderen weil auch die Verpflichtung der Wirtschaftsteilnehmer, eine Befreiung oder eine Ausnahme von einer nationalen Maßnahme zu beantragen, selbst eine Maßnahme gleicher Wirkung sei (selbst wenn ein solcher Dispens regelmäßig und ohne Schwierigkeiten erteilt werde).[116] Zwar existierten im benannten Zusammenhang auch drei gemeinschaftsrechtliche Regelungen. Der Gerichtshof hielt diese Regelungen jedoch für nicht abschließend und die freiverkehrsbeschränkenden schwedischen Maßnahmen aus Gründen des Gesundheitsschutzes für gerechtfertigt.

Das Urteil betrifft zwar einen Fall der Einfuhrfreiheit, eignet sich jedoch gut, den hier vertreten Ansatz zur Abgrenzung von Produktvorschriften einerseits und Produktions- bzw. Umfeldreglungen andererseits im Rahmen der Ausfuhrfreiheit zu illustrieren: Bei einem Verbot wie dem im vorliegenden Fall kommt auch eine Beschränkung der Ausfuhrfreiheit in Betracht. So könnten sich einheimische Unternehmen wegen des Verwendungsverbots auf einen Wettbewerbsnachteil gegenüber den Herstellern in anderen Mitgliedstaaten berufen, in die sie exportieren wollen. Denn evt. ermöglicht erst die Verwendung der verbotenen Substanz ein bestimmtes (kostengünstiges) Herstellungsverfahren oder beeinflusst gar direkt die Zusammensetzung des Produkts. Ist die Substanz im Exportstaat, nicht jedoch im Bestimmungsstaat verboten, sind die im Herkunftsstaat ansässigen Hersteller betroffen, weil sie auf eine teurere Alternative angewiesen sind und auf dem Markt des Bestimmungsstaats nicht zu denselben Bedingungen auftreten könnten wie die dort ansässigen Hersteller.

Zweck der Regelung war es, Gesundheitsschäden zu vermeiden, die bereits aus dem Umgang mit der inkriminierten Substanz für Arbeitnehmer, Verbraucher und die Bevölkerung drohten. Damit hat der Gesetzgeber die ihm verbliebene Kompetenz wahrgenommen, nationale Gemeinwohlbelange – hier den Gesundheitsschutz – zu verfolgen und dazu autonom das vorhandene Gefährdungspotential einzuschätzen sowie geeignete Maßnahmen zu ergreifen.

Die benannten Gesundheitsgefahren bestehen unabhängig davon, ob die unter Verwendung von Trichlorethylen hergestellten Erzeugnisse im Inland oder im Ausland abgesetzt werden; als gefährlich wird bereits jeder Umgang mit der Substanz eingestuft. Die Regelung kann deshalb nicht die Produktion für den Markt eines anderen Mitgliedstaats ausnehmen, ohne ihren Schutzzweck zumindest partiell zu verfehlen. Die Interessen des Herkunftsstaats am Schutz der Arbeitnehmer und allgemein am

116 So EuGHE 2000 I-5681, Rdn. 35 ff. Toolex Alpha AB; vgl. zu diesem Aspekt bereits EuGHE 1978, 25, Rdn. 16/20 Van Tiggele; 1979, 3369, Rdn. 11 Denkavit; 1980, 3839, Rdn. 14 Fietje; 1981, 527, Rdn. 14 Keldermann; 1983, 203, Rdn. 9 f. Kommission/Vereinigtes Königreich; 1988, 2965, Rdn. 23 f. Dansk Denkavit; 1994 I-3303, Rdn. 12 Kommission/Deutschland.

Schutz der Umwelt sind bereits durch die bloße Verwendung der Substanz auf dem Territorium dieses Mitgliedstaats betroffen. Das ist das maßgebliche Abgrenzungskriterium, das dazu führt, dass die schwedische Regelung insgesamt der Kategorie der Umfeldregelungen zuzuschlagen ist. Für solche Vorschriften statuiert die Ausfuhrfreiheit m. E. lediglich ein Diskriminierungsverbot, so dass die nationalen Maßnahmen nur dann einem Rechtfertigungsbedürfnis zu unterwerfen sind, wenn sie die Produktion für den Inlandsmarkt und für die Ausfuhr unterschiedlich behandeln.

Etwas anderes müsste gelten, wenn der Hintergrund des Verbots allein der wäre, dass sich die verbotene Substanz oder ihre Rückstände im fertigen Produkt selbst nicht finden sollen, weil sie etwa erst bei der Verwendung des Produkts oder durch Langzeiteinwirkung Gesundheitsschäden verursachen oder sonst ein Sicherheitsrisiko darstellen. Dann handelte es sich um eine reine Produktvorschrift. Hier verlässt das Risiko – bildlich gesprochen – mit dem Produkt das Land, ohne die dort belegenen Rechtgüter zu betreffen. In diesem Bereich ist es angemessen, auch nicht diskriminierende Vorschriften eines Mitgliedstaats, die tatsächlich den Freiverkehr behindern[117] am Maßstab der Grundfreiheiten zu überprüfen, soweit sie auch für den Export bestimmte Produkte erfassen.

Daraus ergibt sich, dass die Einstufung einer Regelung als Umfeldmaßnahme vorrangig ist, allerdings nur, wenn zwei Vorraussetzungen erfüllt sind: Solche Regelungen dürfen sich zum einen nicht darin erschöpfen, reine Produktstandards festzulegen, deren Regelungszweck darauf beschränkt ist, Beschaffenheit oder Inhalt/Gehalt des Produkts selbst zu bestimmen und die lediglich Risiken betreffen, die in dem Produkt selbst liegen. Denn dafür kann jeder Mitgliedstaat eine Regelungskompetenz allein für den inländischen Wirtschaftsverkehr geltend machen, nicht jedoch zwingend festlegen, welcher Schutzstandard für den Verkehr in anderen Mitgliedstaaten gelten soll. Andererseits müssen Vorschriften, um als privilegierte Umfeldregelungen eingestuft zu werden, vom Regelungszweck her gerade auf eine undifferenzierte Geltung angewiesen sein. Sowohl wenn es um reine Produktvorschriften geht, deren Einhaltung oder Nichteinhaltung sich lediglich am Bestimmungsort des Produkts auswirkt, als auch dann, wenn es möglich und für die Erreichung des Regelungszwecks genügend ist, der nationalen Maßnahme lediglich die Produktion für den Inlandsmarkt zu unterwerfen, besteht kein Anlass, der privaten Initiative unter Berufung auf die Regelungskompetenzen der Mitgliedstaaten weitergehende Schranken aufzuerlegen.

Andererseits gilt die vorrangige Einstufung als Umfeldregelung in diesem Fall gerade auch dann, wenn eine solche Regelung zugleich das Produkt selbst berührt. Bezogen auf das Beispiel der Entscheidung Toolex Alpha AB ist das Verwendungsverbot für Trichlorethylen im Fertigungsprozess selbst dann als Umfeldregelung

117 Gemeint sind hier wiederum die beiden oben dargestellten Fallgruppen, dass die Bindung der deren Wettbewerbsposition beeinträchtigt oder einen Export, gänzlich unmöglich macht, weil im Zielstaat eine ihrerseits europarechtlich gerechtfertigte abweichende Regelung gilt.

einzustufen, die nur einem Diskriminierungsverbot unterliegt, wenn dadurch auch Einfluss auf die Produktgestaltung genommen wird. Denn es handelt sich um eine allgemeine, umwelt- und gesundheitspolitisch motivierte Maßnahme, die von ihrem Regelungszweck her nicht auf die Produktion für den Inlandmarkt beschränkt werden kann. Zwar wirkt die nationale Maßnahme dann zugleich auch als Produktvorschrift. Hier greift jedoch der Einwand, dass die Kompetenzen, die der EG-Vertrag den Mitgliedstaaten belässt, nicht durch eine zu weite Ausdehnung der Grundfreiheiten entwertet werden dürfen. Deshalb setzt sich bei Maßnahmen mit ambivalentem Charakter, die über die Regelung von Produktionsbedingungen und -umfeld auch das Produkt selbst determinieren, die Eigenschaft als Umfeldregelung durch. Es gilt lediglich ein Diskriminierungsverbot, es sei denn, die Maßnahme lässt sich sinnvoll auf die Produktion für den Inlandsmarkt beschränken.

So lässt sich bei weitest möglicher Gewährleistung unternehmerischer Freiheit die Situation vermeiden, die bisher Anlass für die engere Auslegung der Ausfuhrfreiheit war; dass nämlich nahezu alle Regelungen des Herkunftsstaats, die sich auf die wirtschaftliche Betätigung im Inland beziehen oder auswirken, zu rechfertigen wären, weil Rückwirkungen auf die Ausfuhrfreiheit nicht ausgeschlossen sind. Der Herkunftsstaat kann dann weiter seine Regelungsbefugnis für nationale Gemeinwohlbelange ausschöpfen, die der EG-Vertrag ihm zugesteht. Er kann zum einen die inländische Produktion für den Inlandsmarkt regeln und für diesen Bereich zwingende Produktstandards festlegen. Andererseits kann er auch die hier als „Umfeldregelungen" bezeichneten Vorschriften erlassen – Normen, die nationalen Gemeinwohlbelangen dienen, dabei aber auf die Produktgestaltung durchschlagen. Soweit im Rahmen solcher Maßnahmen nicht sinnvoll zwischen Inlands- und Exportfall differenziert werden kann, setzt sich das Interesse der Mitgliedstaaten durch, ihre Kompetenzen auszuschöpfen, auch wenn ihre Regelungen die Ausfuhr behindern sollten. Denn wo nicht die Möglichkeit besteht, Exportfälle vom Anwendungsbereich der nationalen Maßnahmen auszunehmen, müsste die gesamte Regelung überprüft und ggf. für unanwendbar erklärt werden, wenn die Freiverkehrsverbürgungen des EG-Vertrags bis in die letzte Konsequenz durchgesetzt würden. Dies würde in der Tat über das hinausgehen, was der Vertrag bewirken sollte und durfte, weil dann große Teile des mitgliedstaatlichen Rechts einer grds. EuGH-Kontrolle unterlägen. Wo hingegen dem Freiverkehr bereits dadurch Raum gegeben werden kann, dass der Export von einer beschränkenden nationalen Vorschrift befreit wird, überwiegt das Interesse an der Herstellung und Gewährleistung eines möglichst vollkommenen Binnenmarktes. Diese Einschränkung der Regelungsbefugnis des Herkunftsstaates gilt, wenn und weil seine Regelungsinteressen mangels Betroffenheit nicht entgegenstehen.

b) Beschränkung der Wahlfreiheit auf die Entscheidung zwischen den Standards des Herkunfts- und des Bestimmungslandes

Können die Hersteller eines jeden Mitgliedstaates ihre Produktion statt an den Standards des Herkunftslandes an den produktbezogenen Vorschriften des Bestimmungslandes ausrichten, wäre auch daran zu denken, die Wahl der Produktstandards völlig freizugeben, so dass die Hersteller sich auch am Standard jedes beliebigen dritten Mitgliedstaats orientieren könnten. Einem derartig weiten Verständnis der Ausfuhrfreiheit ist jedoch aus gewichtigen Gründen entgegenzutreten: Zum einen spricht dagegen der Geltungsgrund der marktfreiheitlichen Beschränkungsverbote, sei es in Gestalt des Herkunftslandprinzips bei der Einfuhrfreiheit oder der Rechtswahlfreiheit im Ausfuhrfall. Hinzu treten die oben angeführten praktischen Probleme eines Systems der Wahlfreiheit. Sie erlangen stärkers Gewicht, wenn es nicht mehr nur um die Wahl zwischen den Standards des Herkunfts- und des Bestimmungslandes geht, sondern um eine völlig freie Wahl der Standards eines beliebigen Mitgliedstaats.

aa) Beschränkung der Wahlfreiheit als Folge des Geltungsgrundes des Beschränkungsverbots

Die Problematik, die sich aus der Frage nach der konkret wählbaren Rechtordnung ergibt, sei zunächst an einem Beispiel illustriert:

Ein Warenhersteller im Mitgliedstaat I, in dem Standards mittlerer Strenge gelten, möchte in den Mitgliedstaat II exportieren, der niedrigere Standards kennt. In einem weiteren Mitgliedstaat III ist die Herstellung der betreffenden Ware besonders liberal geregelt, insbes. liberaler als in den Mitgliedstaaten I und II. Nach der oben entwickelten Lösung kann der Herkunftsstaat I dem Hersteller nicht verwehren, statt nach dem eigenen, besonders strengen Herkunftsrecht (I) nach dem liberaleren Recht des Bestimmungsstaates (II) zu produzieren. Für ein noch weiter verstandenes Wahlrecht, das es jenem Hersteller auch ermöglichen würde, seiner Produktion die besonders niedrigen Standards des Mitgliedstaates III zugrunde zu legen, scheint zunächst folgende Überlegung zu sprechen: Auch zwischen Mitgliedstaat III und I gilt grds. das Herkunftslandprinzip. Jenseits zwingender Erfordernisse dürften also auch die Einführung der in Mitgliedstaat III nach dem dort geltenden Standard produzierten Waren nicht behindert werden. Wenn aber die Einfuhr dieser Waren ohnehin zuzulassen ist, sie also nicht vom Markt des Mitgliedstaates II ferngehalten werden können, scheint nicht einsichtig, warum nicht auch der Hersteller im Mitgliedstaat I nach dem Standard des Landes III soll produzieren und seine Waren in Mitgliedstaat II einführen dürfen, zumal er auch seinen Standort in Staat III verlegen – bzw. dort eine Zweigniederlassung einrichten – und dann mit Waren des dortigen Zuschnitts am gemeinschaftsweiten Wettbewerb teilnehmen könnte.

Was also spricht dagegen, dasselbe Ergebnis aufgrund einer bloßen Wahl des Produktionsstandards ohne Sitzverlegung oder Filialgründung zuzulassen? Die Interessen des Herkunftsstaates sind dadurch ebenso wenig berührt wie in der Ausgangskonstellation, in der die Wahl des tatsächlichen Bestimmungslandrechts wie gezeigt zuzulassen war. Denn die Rechtswahl muss hier wie dort nur zugelassen werden, wenn die fragliche Regelung nicht als Umfeldvorschriften einzuordnen ist; denn nur insoweit verbürgt Art. 29 EG überhaupt ein Beschränkungsverbot und damit Rechtswahlfreiheit. Auch aus Sich des Bestimmungslandes liegt der Gedanke nahe, dass es inkonsistent wäre, zwar Waren zuzulassen, die tatsächlich aus Mitgliedstaat III stammen, nicht jedoch solche, die aus Mitgliedstaat I kommen, dort aber nach dem Standard von Mitgliedstaat III produziert wurden. Man könnte durchaus daran denken, auch hier auf Kennzeichnungs- und Nachweispflichten für die Hersteller zurückzugreifen, die Wahl im Grundsatz jedoch zu eröffnen.

Indes ieine andere Beantwortung dieser Frage geboten. Sie berührt die Grundlagen des Binnenmarktkonzepts und die Argumente, die gegen eine so weitgehende Rechtswahlfreiheit sprechen, ergeben sich aus einer den Einzelaspekten der Grundfreiheitendogmatik vorgelagerten ganzheitlichen Betrachtung des Systems Binnenmarkt. Um zu entscheiden, wie weit das Beschränkungsverbot innerhalb der Einoder Ausfuhrfreiheit jeweils reicht, wie weitgehend deshalb das Herkunftslandprinzip bzw. Rechtswahlfreiheit gelten soll, ist es aufschlussreich, exkursweise einen Blick auf den Geltungsgrund des Beschränkungsverbots zu werfen, welches seinerseits die Basis der Wahlfreiheit bildet:

Zwar soll hier primär der Frage nachgegangen werden, ob die Wahlfreiheit im Rahmen der Ausfuhrfreiheit auf eine Entscheidung zwischen den heimischen Produktstandards und den Standards des Bestimmungslandes begrenzt ist bzw. warum diese Grenze so zu ziehen ist. Die Begründung soll jedoch am Beispiel des oben behandelten Herkunftslandprinzips als der komplementären Ausprägung des Beschränkungsverbots erfolgen, weil sich anhand dieses seit langem anerkannten Prinzips die Problematik besonders gut deutlich machen lässt. Das Ergebnis gilt jedoch ebenso für die Möglichkeit einer Rechtswahl im Rahmen der Ausfuhrfreiheit. Denn die Wahlfreiheit hinsichtlich der Produktstandards, wie sie hier vertreten wird, verwirklicht für den Bereich der Ausfuhrfreiheit deren partielle Auslegung als Beschränkungsverbot. Im Rahmen der Einfuhrfreiheit hingegen tritt diese weite Auslegung in Gestalt des Herkunftslandprinzips in Erscheinung. Beide Institute sind daher nur verschiedene Ausprägungen der partiellen Auslegung der Grundfreiheiten als Beschränkungsverbote im Rahmen der Einfuhr- bzw. der Ausfuhrfreiheit.

Das Herkunftslandprinzip, wie es sich aus Art. 28, 30 EG ergibt, verbürgt, dass in einem Mitgliedstaat rechtmäßig hergestellte und in den Verkehr gebrachte Waren grds. auch in allen übrigen Mitgliedstaaten verkehrsfähig sind. Diese Prämisse tritt in zweifacher Weise in Erscheinung: zum einen bewirkt sie ein grds. Anerkennungsgebot. Die Vorschriften und Kontrollen im Herkunftsland sind von allen anderen Mitgliedstaaten prinzipiell als ausreichend für die Verkehrsfähigkeit anzuerkennen. Zum anderen hat der Bestimmungsstaat selbst dort, wo er aufgrund zwingender Erfordernisse eigene Vorschriften auf importierte Produkte anwenden darf, im Herkunftsland erfolgte Kontrollen oder sonstige schutzäquivalente Maßnahmen zu berücksichtigen, so dass es nicht zu Doppelbelastungen kommt.[118] Grund und Grenze für die Gewährung dieser Vorteile ist, dass die ein Produkt zumindest den Regelungen eines der Mitgliedstaaten tatsächlich unterliegt. Andernfalls droht weder eine Doppelbelastung noch müsste der Hersteller überhaupt Beschränkungen

---

118 *Behrens*, EuR 27 (1992), 145, 156 f.; zur besonderen Bedeutung dieses Aspekts auch *Franzen*, Privatrechtsangleichung (1999), 142, 162; *Steindorff*, ZHR 150 (1986), 687, 688.

seiner Handlungsfreiheit zugunsten übergeordneter Interessen hinnehmen. Entspricht ein Produkt hingegen dem Herkunftslandrecht, überwiegt das Interesse an der Verwirklichung des Binnenmarktes das nationale Interesse, eigene Vorschriften buchstabengetreu anzuwenden. Der Einfuhrstaat muss belastende Regelungen nunmehr rechtfertigen.

Jedoch stellt sich die Frage, warum der Einfuhrstaat einer Ware von der Anwendung der eigenen, evt. strengeren Qualitätsstandards abzusehen hat, wenn die Ware dem liberaleren Recht des Herkunftsstaates entspricht. Zwei Möglichkeiten kommen in Betracht:

Geltungsgrund des Herkunftslandprinzips könnte zum einen ein gegenseitiges Vertrauen der Mitgliedstaaten in die Qualität der Rechtsvorschriften der jeweils anderen sein. An diesem Vertrauen nähme selbst die liberalste mitgliedstaatliche Rechtsordnung teil. Dann müsste sich die Marktfreiheit auch auf Waren beziehen, die nur vermittelt durch Rechtswahl statt durch Verortung der Produktionsstätte an einen solchen besonders niedrigen Standard angebunden ist. Wäre die Grundlage des Herkunftslandprinzips eine unbedingte Doktrin des gegenseitigen Vertrauens der Mitgliedstaaten in die Standards der jeweils anderen; wären Waren also deshalb gemeinschaftsweit verkehrsfähig, weil die Herkunft aus einem Mitgliedstaat der Gemeinschaft bereits ein ausreichendes (Mindest-)Schutzniveau verbürgt, könnte es nicht mehr darauf ankommen, welchem konkreten mitgliedstaatlichen Recht die Ware entspricht, sondern nur darauf, dass überhaupt die Einhaltung der Standards eines Mitgliedstaates sichergestellt ist.

Gründet hingegen das Herkunftslandprinzip nicht allein in solchem gegenseitigen Vertrauen, sondern in den Erfordernissen eines funktionierenden Binnenmarktes, ist die Situation eine andere: dann ist es im Sinne eines gegenseitigen Zugeständnisses zu verstehen, das sich auf die grds. Anerkennung der nationalen Regelungen der anderen – vorbehaltlich zwingender Erfordernisse – bezieht, jedoch nur in dem Maße, wie es zur Verwirklichung eines Binnenmarktes tatsächlich erforderlich ist.

Welche von beiden Varianten als zutreffend erkannt wird, wirkt sich unmittelbar auch auf die Frage aus, ob es einen nachvollziehbaren Grund gibt, bei Waren, die einem im EG-Vergleich niedrigen Standard entsprechen, zwischen solchen zu unterscheiden, die tatsächlich im betreffenden Mitgliedstaat hergestellt worden sind und solchen, die nur per Rechtswahl an diesen niedrigen Standard anknüpfen wollen.

Zur Erläuterung der Art. 28 ff. EG verweisen viele Autoren auf das „Vertrauensprinzip". Die Mitgliedstaaten haben danach den Vorschriften der jeweils anderen und deren Anwendung soviel Vertrauen entgegenzubringen, dass sie diese grds. als den eigenen gleichwertig anerkennen müssen.[119] Das Ursprungslandprinzip fuße auf „gegenseitiger Anerkennung rechtlicher und technischer Regeln als gleichwertig und damit auf dem wechselseitigem Vertrauen der Mitgliedstaaten in den Inhalt

119 In dieser Richtung *Behrens*, EuR 27 (1992), 145, 157; *Classen*, EWS 1995, 97, 98 f.; *Mankowski*, GRUR Int. 1999, 909, 913; krit. *Steindorff*, FS Lorenz (1991), 561, 572 ff.

und die Wirklichkeit ihrer Rechtssysteme".[120] In diese Richtung gehen auch Stellungnahmen der Kommission: Nachdem ein großer Teil der Handelshemmnisse durch Harmonisierungsmaßnahmen beseitigt worden sei, sind die Mitgliedstaaten im Übrigen zu gegenseitiger Anerkennung verpflichtet, weil in den verbleibenden nicht harmonisierten Sektoren keine nennenswerten Unterschiede hinsichtlich des Schutzniveaus (z. B. in Bezug auf die technische Sicherheit, den Gesundheits- oder Verbraucherschutzes) mehr bestünden.[121] Die hier in Bezug genommenen Bereiche sind allerdings eben gerade solche, in denen bereits eine Harmonisierung der mitgliedstaatlichen Vorschriften stattgefunden hat. Dann greifen jedoch ohnehin andere Regeln ein:[122] Verbliebene Lücken können gerade gewollt sein, so dass differierende Regelungen wegen der Sperrwirkung der Harmonisierung gegenseitig anzuerkennen sind. Zudem steht dort die Mindestharmonisierung im Hintergrund. Sie bildet in der Tat eine Basis für gegenseitiges Vertrauen, weil sie sicherstellt, dass die wichtigsten Eckpunkte – etwa erforderliche Mindestschutzstandards – übereinstimmen. Diese Besonderheiten relativieren jedoch den Wert der oben angeführten Aussagen der Kommission für den unharmonisierten Bereich.

Vom Sonderfall der (Teil-)Harmonisierung abgesehen stellt sich die Frage, ob dem System der Art. 28 ff. EG auch im Übrigen die Vorstellung zugrunde liegt, die Mitgliedstaaten hätten durch die lange Zusammenarbeit in der Gemeinschaft in so hohem Maße übereinstimmende Vorstellungen über die einzuhaltenden Mindeststandards bei der Produktion oder dem Vertrieb von Waren entwickelt, dass Erzeugnisse aus anderen Mitgliedstaaten deshalb per se „vertrauenswürdig" wären; dass der Bestimmungsstaat mithin davon ausgehen kann, dass solche Waren den eigenen Qualitätsanforderungen zumindest im Grundsatz stets entsprächen. Wäre tatsächlich ein solches Vertrauen in die Güte fremder Vorschriften Grundlage der Freiheiten, wären die Vorbehaltsklauseln des Vertrages und erst recht die Anerkennung nationaler zwingender Erfordernisse schwer zu erklären. Mag deren Hauptbedeutung in der Praxis auch darin liegen, Maßnahmen der Mitgliedstaaten zurückzudrängen, so setzen sie doch immanent voraus, dass abweichende Vorstellungen über Produkt- und Vertriebsvorschriften weiterhin legitimerweise bestehen. Der Einfuhrstaat kann solche abweichenden Vorstellungen durchaus auch gegen Importware durchsetzen, wenn ihm das auch nur ausnahmsweise gelingen wird. Er wird insofern nur durch die Kontrolle des EuGH diszipliniert, dass er für seine Regelung einen anerkennenswerten Grund angeben und die Grenzen der Verhältnismäßigkeit wahren muss. Der Grund, warum der Einfuhrstaat auf die Durchsetzung seiner eigenen Vorschriften in vielen Fällen verzichten muss, ist jedoch nicht der, dass er auf die Maßnahmen des Herkunftsstaates vorbehaltlich besonderer Umstände zu vertrauen hat, sondern dass er trotz evt. abweichender Vorstellungen über das Schutzbedürfnis bestimmter

---

120 *Müller-Graff*, in: v. d. Groeben/Thiesing/Ehlermann, Art. 30 Rdn. 190 f.; zweifelnd hinsichtlich der Handhabbarkeit der Gleichwertigkeitsanerkennung jedoch *Steindorff*, FS Lorenz (1991), 561, 569 ff.

121 Vgl. das Weißbuch der Kommission an den Rat. KOM (85) 310 endg. Nr. 61, 63-65.

122 Siehe dazu ausführlich unten §§ 11 f.

Interessen oder über die Art und Weise der Schutzgewährung zugunsten der Entstehung eines Binnenmarktes Zugeständnisse schuldet, soweit seine Interessen dadurch nicht illusorisch werden. Die Art. 28 ff. EG wirken mehr als ein Gebot zur vernünftigen Regelung und Rechtsanwendung – soweit für die Ziele der Gemeinschaft erforderlich – als ein Gebot gegenseitigen Vertrauens. Das Herkunfts- oder Anerkennungsprinzip ist v. a. der Tatsache geschuldet, dass sich nur so binnenmarktähnliche Verhältnisse überhaupt erreichen lassen.[123] Der Anbieter soll nicht mehreren Rechtsordnungen zugleich unterliegen.[124]

Die grds. Verkehrsfähigkeit von Waren, die den Standards eines Mitgliedstaats entsprechen, findet im unharmonisierten Bereich ihren Grund deshalb weniges in der Tatsache, dass schon die Herkunft aus der Gemeinschaft einen bestimmten Qualitätsstandard verbürgt, als vielmehr darin, dass Waren aus einem Mitgliedstaat, die in einem andern angeboten werden sollen, an dem ausweislich des Vertrages zu fördernden Binnenmarkt teilnehmen. Ein freier gemeinschaftsweiter Wettbewerb kann jedoch nur entstehen, wenn bestehende Unterschiede nicht grds. an den Staatsgrenzen eingeebnet werden.

Zusammenfassend lässt sich daher sagen: Ein funktionierender Binnenmarkt ist nur gewährleistet, wenn die einzelnen Mitgliedstaaten im Interesse des Freiverkehrs Zugeständnisse bei der Durchsetzung der eigenen Qualitätsanforderungen machen, d. h. wenn sie die Einhaltung der Standards anderer Mitgliedstaaten bei importierten Waren grds. ausreichen lassen. Nur unter dieser Voraussetzung kommt ein Binnenmarkt überhaupt zustande, weil nur dann für den Hersteller die Möglichkeit besteht, mit einem einheitlich konzipierten Produkt gemeinschaftsweit aufzutreten. Dieses gegenseitige Zugeständnis der Mitgliedstaaten ist jedoch auf die durch seinen Zweck vorgegebenen Grenzen zu beschränken (weil Geltungsgrund im unharmonisierten Bereich nicht Vertrauen in die „Güte" der fremden Rechtsordnungen ist, sondern der Wunsch, einen Binnenmarkt zustande zu bringen). Dazu müssen die Freiheiten in gewissen Grenzen als Beschränkungsverbote angewandt werden. Dies gilt nicht nur im Rahmen der Einfuhrfreiheit, wo das Beschränkungsverbot zur Geltung des Herkunftslandprinzips führt; sondern auch im Rahmen der Ausfuhrfreiheit. Hier verbürgt die partielle Auslegung der Grundfreiheit als Beschränkungsverbot Rechtswahlfreiheit hinsichtlich der Produktstandards. Grund und Grenze dieses Gebotes einer weiten Auslegung der Grundfreiheiten als Beschränkungsverbote ist jedoch hier wie dort v. a. der Wunsch, einen funktionierenden Binnenmarkt zu konstituieren.

Das ist der Grund, warum Rechtswahlfreiheit zwischen dem Recht des Herkunftslandes und dem Recht des tatsächlichen Bestimmungsstaates zu gewähren ist, zugleich jedoch auch, warum die Rechtswahlfreiheit von ihrem Geltungsgrund her nicht weiter gehen muss: Der Hersteller im Mitgliedstaat I (gemäß dem Beispiel oben

---

123 In letzterem Sinne wohl klar *Behrens*, EuR 27 (1992), 145, 156.
124 Vgl. zu diesem Aspekt *Classen*, EWS 1995, 97, 100 f.; *Franzen*, Privatrechtsangleichung (1999), 142, 162; *Roth*, ZHR 159 (1995), 78, 85.

ein Mitgliedstaat mit verhältnismäßig strengen Qualitäts- oder Schutzstandards für die Warenproduktion) kann mit seinen Waren schon dann am Freiverkehr teilnehmen, wenn er für die Produktstandards lediglich zwischen dem Recht des Herkunftslandes und dem des Bestimmungslandes entscheiden kann. Die weitere Vergünstigung der Wählbarkeit eines Drittlandrechts (im Sinne des Rechts eines beliebigen anderen Mitgliedstaates) ist hingegen nicht erforderlich, es sei denn, es soll in eben dieses Land exportiert werden. Dass dem Hersteller diese Wahl verwehrt wird, löst nämlich keine Marktsperre für den Export in Land II (tatsächliches Bestimmungsland mit Qualitäts-/Schutzstandards mittlerer Strenge; jedoch liberaler als Staat I) aus. Der Anbieter kann zum einen einheitlich für den gesamten Binnenmarkt nach dem Recht des Herkunftslandes produzieren. Erweist sich dieser Standard im Bestimmungsland als undurchsetzbar oder können Waren dieses Zuschnitts durch das Bestimmungsland ausnahmsweise unter Berufung auf Rechtfertigungsgründe zurückgewiesen werden, hat er andererseits die Möglichkeit, seine Produktion stattdessen an den Standards des Bestimmungslandes auszurichten. Damit sind die Wettbewerbsnachteile gegenüber der Konkurrenz im Bestimmungsland sowie etwaige Exportsperren infolge gerechtfertigter abweichender Regelungen im Bestimmungsland ausgeräumt. Einzig verbleibender Nachteil sind etwaige Wettbewerbsnachteile gegenüber den Anbietern, die tatsächlich in Mitgliedstaat III (besonders niedrige Qualitäts-/Schutzstandards) produzieren und mit ihren Waren auch im Land II grds. zugelassen werden müssen. Diese sind jedoch der Preis des Fortbestandes der mitgliedstaatlichen Rechtsordnungen bei gleichzeitiger Errichtung eines Binnenmarktes. Hersteller, die tatsächlich in Mitgliedstaat III produzieren und von dort aus exportieren, sind hingegen darauf angewiesen, ihre Waren mit dem Zuschnitt, den sie ihnen im Herkunftsland gegeben haben, innerhalb der Gemeinschaft grds. in Verkehr zu bringen. Sie könnten nicht effektiv am Binnenmarkt teilnehmen, wenn sie des niedrigeren Standards ihrer Waren wegen zurückgewiesen werden könnten.

Deshalb können Hersteller aus dem Mitgliedstaat I legitimerweise auf die Gründung einer Zweitniederlassung in Mitgliedstaat III oder auf eine Sitzverlegung verwiesen werden, wenn sie nach dem Standard von Mitgliedstaat III produzieren wollen. Insoweit gilt in der Tat der in der Rspr. geprägte Satz, allein die Tatsache, dass ein Sachverhalt in einem anderen Mitgliedstaat anders bzw. milder geregelt sei, bedeute noch keinen Verstoß gegen die Grundfreiheiten der Anbieter[125] in anderen Mitgliedstaaten. Das Zugeständnis, dasselbe Ziel durch eine Rechtswahl zu erreichen, gibt der Binnenmarktgedanke nicht her, weil dies zur Verwirklichung des Binnenmarktes nicht erforderlich ist und mehr als die erforderliche Selbstbeschränkung von den Mitgliedstaaten nicht erwartet werden kann. So lässt sich auch das vielbeklagte Problem eines „race to the bottom“[126] durch die grundfreiheitlichen Beschränkungsverbote in Grenzen halten. Die Berufung auf besonders milde Standards eines be-

125 Vgl. in dieser Richtung etwa EuGHE 1969, 1, Rdn. 13 Wilhelm u. a; 1981, 1993, Rdn. 9 Oebel; 1984, 483, Rdn. 22 f. Jongeneel Kaas; 1994 I-3453, Rdn. 48 Peralta.
126 Vgl. dazu bereits oben Fn. 479.

stimmten Mitgliedstaats wird zwar nicht ausgeschlossen, jedoch auf die Marktteilnehmer beschränkt, die ein „legitimes Interesse" daran haben, nach diesen Standards behandelt zu werden. Das sind zum einen die tatsächlich in dem entsprechenden Mitgliedstaat ansässigen Anbieter, zum anderen diejenigen Anbieter, die in eben diesen Mitgliedstaat exportieren wollen, und sich zu diesem Zweck dem dortigen Standard anpassen möchten.

Der Nachteil, der Anbietern aus Mitgliedstaaten mit mittleren und strengen Standards gegenüber Konkurrenten aus Mitgliedstaaten mit besonders niedrigem Standard im Wettbewerb außerhalb des Niedrigstandardlandes selbst entstehen mag, ist hinzunehmen. Die Zulassung von Produkten niedrigen Standards ist wie gezeigt die einzige Möglichkeit, auch Waren aus Ländern der Kategorie III am Binnenmarkt zu beteiligen. Ein weitergehendes Zugeständnis zugunsten der Regelungen von Niedrigstandardstaaten ist jedoch für einen funktionierenden Binnenmarkt nicht erforderlich. Diese grds. Erwägung lässt sich schwer daran festmachen, was der Herkunfts- oder Bestimmungsstaat jeweils verlangen kann oder hinnehmen muss, sondern ist eher dem Gesamtsystem Binnenmarkt geschuldet.

bb) Praktische Probleme bei völliger Freigabe der Wahl der Produktstandards

Diese Überlegungen zum Geltungsgrund des Herkunftslandprinzips werden durch einen weiteren Aspekt ergänzt: Mit einem System der Wahlfreiheit hinsichtlich der Produktvorschriften sind einige praktische Durchführungsprobleme verbunden. Für die Darstellung dieser Schwierigkeiten kann auf die Ausführungen oben verwiesen werden.[127] Problematisch ist es v. a., das konkret maßgeblichen Recht (bzw. seinen Inhalt) festzustellen und seine Einhaltung abzusichern. Die Probleme sind wie gezeigt beherrschbar, soweit die Wahlmöglichkeit auf die Vorschriften des Herkunftslandes und des tatsächlichen Bestimmungslandes beschränkt ist. Wird hingegen die Wahlmöglichkeit auf die Regelungen eines beliebigen dritten Mitgliedstaates erweitert, könnten die praktischen Schwierigkeiten, die immerhin einen erheblichen Einwand gegen die Ausweitung der Ausfuhrfreiheit darstellen, dramatisch zunehmen. Dann bestünde über die regelmäßig mit der Rechtswahl verbundene Schwierigkeit, den Inhalt des gewählten Rechts sicher zu ermitteln, hinaus das Problem, dass möglicherweise keiner der Staaten, die tatsächlich mit dem Produkt in Berührung kommen, die Übereinstimmung mit diesem Recht wirksam sicherstellen könnte. Insbes. könnte bei der Wahl von Drittlandsstandards keiner der von einer Transaktion berührten Mitgliedstaaten sein Recht anwenden bzw. dessen Einhaltung überprüfen. Es bestünde die Gefahr, dass die Wahlfreiheit missbraucht wird, um jeglicher wirksamen Kontrolle zu entgehen. Auch dies spricht dafür, die Wahlfreiheit für produktdefinierende Regelungen zumindest auf das Herkunftslandrecht und das Bestimmungslandrecht zu begrenzen, damit zumindest ein Staat sein eigenes Recht anwenden kann. Dies ist eine grds. Erwägung, die geeignet ist, die Reichweite der

---

127 Siehe oben § 6 III.3.b).

Grundfreiheiten tatbestandlich – nicht erst auf der Rechtfertigungsebene und ausnahmsweise – einzuschränken.

IV. Fazit

Zusammenfassend lässt sich sagen: Zwischen Einfuhrfreiheit und Ausfuhrfreiheit besteht eine weitergehende Parallele als bisher angenommen wurde. So wie der Bestimmungsstaat von der Anwendung beschränkender Maßnahmen auf eingeführte Erzeugnisse abzusehen hat, während er nicht gehindert ist, diese für die inländischen Produkte aufrechtzuerhalten, darf der Herkunftsstaat seine Hersteller nicht zwingend an die Produktstandards binden, die für den Inlandsverkehr gelten. Ein Unterschied zwischen Ein- und Ausfuhrfreiheit ist jedoch nach wie vor gerechtfertigt. Bei der Ausfuhrfreiheit muss Beachtung finden, dass nahezu jede Vorschrift grds. auch Ausfuhrrelevanz erlangen kann. Deshalb unterliegen Umfeldregelungen des Herkunftsstaates anders als reine Produktstandards nur einem Diskriminierungsverbot. Zwar existiert auch bei der Einfuhrfreiheit ein als „Verkaufsmodalitäten“ umschriebener Bereich, in dem lediglich ein Diskriminierungsverbot gilt. Anders als bei der Ausfuhrfreiheit geht es dort jedoch vornehmlich darum, Fälle auszuschließen, in denen allenfalls eine vernachlässigbare Behinderung eintritt. Deshalb zeichnet sich dort die Tendenz ab, diese Fälle nach Kriterien wie dem einer marktaufsplittenden Wirkung oder der Entstehung eines Anpassungsbedarfs abzugrenzen. Umfeldregelungen im Rahmen der Ausfuhrfreiheit hingegen können durchaus erhebliche Auswirkungen auf die Ausfuhrfreiheit zeitigen. Dennoch gilt für sie nur ein Diskriminierungsverbot, denn der Grund für die eingeschränkte Überprüfung ist hier ein anderer. Hier geht es darum, die berechtigten Regelungsinteressen und die damit verbundenen Regelungskompetenzen der Mitgliedstaaten nicht zu weit zurückzudrängen. Soweit diese Kompetenzen reichen, sind auch nicht diskriminierende Behinderungen der Ausfuhr infolge der mitgliedstaatlichen Regelung hinzunehmen, ohne dass es ein auf eine Rechtfertigung nach europarechtlichen Maßstäben ankäme.

I. E. ist die Reichweite der Ausfuhrfreiheit nach dem Urteil in Sachen Alpine Investments neu zu konkretisieren.

Für Vertriebsmodalitäten, die das „Wie“ bzw. die allgemeinen Umstände des Angebots von Produkten regeln, gilt ein allgemeines Beschränkungsverbot. Der Herkunftsstaat darf solche Vertriebsvorschriften grds. nicht auf den Absatz in anderen EG-Mitgliedstaaten erstrecken.

Für Produktstandards im Rahmen der Warenverkehrs- und Dienstleistungsfreiheit – bzw. für die dieser Kategorie sinn- oder wertungsgemäß entsprechenden Vorschriften bei den anderen Freiheiten – sollte abweichend von der bisherigen Rspr. des EuGH ein Beschränkungsverbot gelten. Daraus folgt, dass Regelungen des Ausfuhrstaates, die etwa die Zusammensetzung, die Inhalte oder die Aufmachung, etc. von Waren oder Dienstleistungen betreffen und dadurch Einfluss auf ihr Erscheinungsbild und/oder ihren Inhalt nehmen, nicht zwingend auf den Export erstreckt werden dürfen. Insofern verbürgt die Ausfuhrfreiheit den Anbietern Wahlfreiheit; jedoch nicht uneingeschränkt, sondern lediglich zwischen den Standards des Herkunfts- und des tatsächlichen Bestimmungslandes. Es gilt hingegen auch kein Günstigkeitsprinzip in dem Sinne, dass das jeweils mildere oder sonst vorteilhaftere Recht anzuwenden wäre. Dies scheitert bereits daran, dass das vorteilhafteste Recht nicht in jedem Fall objektiv bestimmbar ist. Die Entscheidung, was im konkreten Fall am günstigsten ist, sollte den Marktteilnehmern überlassen werden.

Für nationale Maßnahmen, die das „Wie" bzw. das Umfeld der Herstellung von Waren, der Erstellung von Dienstleistungen etc. regeln, gilt weiterhin lediglich ein Verbot offener und verdeckter Diskriminierungen; auch dann, wenn eine solche Vorschrift die Ausfuhrfreiheit im Einzelfall tatsächlich beschränkt – so etwa, wenn sie auf Zusammensetzung oder Inhalt von Produkten durchschlägt, andererseits dabei jedoch nicht ohne Funktionsverlust zwischen Fällen mit ausschließlicher Inlandsberührung und Ausfuhrfällen differenziert werden kann.

Diese Privilegierung der Produktionsvorschriften findet ihren Grund entweder in einem typischerweise geringen Behinderungspotential oder aber in der Notwendigkeit, den nationalen Gesetzgebern die Handlungsfähigkeit im Hinblick auf ihre gemeinwohlbezogenen Regelungskompetenzen zu erhalten. In die Kategorie der Produktionsvorschriften können etwa Regelungen des Arbeits- und Sozialrechts, des Umweltschutzes etc. fallen.

§ 7 Elemente eines kollisionsrechtlichen Gehalts der Grundfreiheiten

I. Die Ableitung kollisionsrechtlicher Aussagen aus dem EG-Primärrecht – insbesondere aus dem Herkunftslandprinzip – in der Literatur

Aus dem primären Gemeinschaftsrecht und insbes. aus der Dogmatik der Grundfreiheiten, wie sie vorstehend dargestellt wurde, ergeben sich in erster Linie Konsequenzen für dagegen verstoßendes Sachrecht der Mitgliedstaaten. Bewirkt eine nationale Maßnahme in einem konkreten Fall eine Beschränkung der Marktfreiheiten, die nicht aus den Vorbehaltsklauseln des Vertrages oder aus zwingenden Erfordernissen gerechtfertigt werden kann, so ist sie ohne weiteres unanwendbar. (Der Verstoß gegen eine Grundfreiheit bewirkt indes keine Nichtigkeit der entsprechenden mitgliedstaatlichen Vorschrift. Das Gemeinschaftsrecht beansprucht keinen Geltungs- sondern lediglich einen Anwendungsvorrang im konkreten Konfliktfall – diesen allerdings gegenüber jeglichem nationalen Recht, einschließlich des Verfassungsrechts.)[1] Deshalb gilt die nationale Rechtsnorm weiter und kann außer-

1 EuGHE 1964, 1251, 1269 ff. Costa/E.N.E.L.; 1969, 1, Rdn. 6 Wilhelm; 1978, 629, Rdn. 17/18 ff. Simmenthal; 1987, 2345, Rdn. 14 Albako/BALM; 1991 I-297, Rdn. 17 ff. Nimz; *Emmert*, Europarecht,

halb des Anwendungsbereichs des Gemeinschaftsrechts auch in Zukunft angewandt werden. Sie bleibt damit etwa für rein innerstaatliche Sachverhalte oder – soweit die Grundfreiheit nicht auch sie erfasst – für Fälle mit bloßem Drittstaatenbezug weiterhin maßgeblich.)

1. Sachrechtliche Konsequenzen eines Grundfreiheitenverstoßes

Die Gerichte der Mitgliedstaaten haben solche grundfreiheitenwidrigen Sachnormen ohne weiteres außer Anwendung zu lassen. Diese Wirkung folgt aus dem Vorrang des Gemeinschaftsrechts und aus der gemeinschaftsrechtlichen Treue- und Kooperationspflicht des Art. 10 EG.[2] Das gilt ohne weiteres dann, wenn es um die Abwehr öffentlichrechtlicher Ge- oder Verbote oder um sonstige Fallgestaltungen geht, bei denen sich ein Privater gegen freiheitsbeschränkende Maßnahmen eines Mitgliedstaates zur Wehr setzt, denn die Abwehr solcher beschränkender Eingriffe seitens der Mitgliedstaaten ist die klassische Funktion der Marktfreiheiten.[3]

Bisher betraf auch die Rspr. des EuGH zu den Freiheiten in erster Linie Vorschriften des öffentlichen (Wirtschaft-) Rechts. So ging es vor dem Hintergrund der Warenverkehrsfreiheit etwa um Regelungen, die Zusammensetzung, Kennzeichnung und Verpackung von Waren betrafen, um Vorschriften über Ursprungsbezeichnungen oder um die Zulässigkeit von gesundheitspolizeilichen Kontrollen etc.[4] Am Maßstab der Dienstleistungsfreiheit und der Freizügigkeitsrechte sind v.a. Berufszulassungsregelungen wie Residenzpflichten oder Befähigungsnachweise sowie Berufsausübungsregelungen gemessen worden, desgleichen Vorschriften, die bestimmte arbeits- und sozialrechtliche Bestimmungen des Aufnahmestaates auf grenzüberschreitend Tätige ausdehnen etc.[5]

---

§ 14 Rdn. 7; *Hasselbach*, JZ 1997, 942 ff.; *Jarass*, Grundfragen (1994), 2 f.; *Nettesheim*, GS Grabitz (1995), 447, 455 ff.; *ders.*, Jura 2001, 686 ff.; *Oppermann*, Europarecht, Rdn. 628 ff.; *Streinz*, Europarecht, Rdn. 200; *Zuleeg*, in: v. d. Groeben/Thiesing/Ehlermann Art. 1 Rdn. 26; *ders.*, VVDStRL 53 (1994), 154, 159 ff.

2 Vgl. EuGHE 1978, 629, Rdn. 14 ff. Simmenthal; 1980, 2545, Rdn. 12 Ariete; 1980, 2559, Rdn. 13 Mireco; 1990 I-2433, Rdn. 18 ff. Factortame u. a.

3 *Klauer*, Europäisierung (1998), 62 ff.

4 Aus der neueren Rspr. etwa EuGHE 2000 I-5681, Rdn. 34 ff. Toolex Alpha: Verbot der gewerblichen Verwendung von Trichlorethylen; 2000 I-151, Rdn. 16 ff. Sass: Feilbieten von Lebensmitteln im Umherziehen nur für Inhaber einer ortsnahen festen Niederlassung; z. G. auch *Klauer*, Europäisierung (1998), 63.

5 Beispiele etwa bei EuGHE 1986, 3755, Rdn. 42 ff., 52 f. Kommission/Deutschland; 1999 I-8453, Arblade u. a. zu Mindestvergütungspflichten bzw. Heranziehung zu Versicherungssystemen; 1999 I-345 Terhoeve zur Unzulässigkeit der Erhebung höherer Sozialversicherungsbeiträge bei Wohnortverlegung im Jahr; 1999 I-6067, Läärä exklusives Recht zum Betrieb von Geldspielautomaten für öffentlichrechtliche Einrichtung; 2000 I-7919 Corsten obligatorische Eintragungspflicht in die Handwerksrolle; ähnlich EuGHE 2000 I-1255 Kommission/Italien; vgl. auch 2001 I-2189, Rdn. 25 ff. Kommission/Deutschland; 2002 I-1425, Rdn. 17 ff. Kommission/Italien m. w. N.; z. G. *Franzen*, Privatrechtsangleichung (1999), 118 f.; *Klauer*, Europäisierung (1998), 63; zur Fallgruppenbildung bei der Warenverkehrs- und der Dienstleistungsfreiheit vgl. etwa die ausführliche Darstellung bei *Müller-Graff*, in: v. d. Groeben/Thiesing/Ehlermann, Art. 30, Rdn. 71 ff. und *Troberg*, in: v. d. Groeben/Thiesing/Ehlermann, Art. 59, Rdn. 7 ff.

Ebenso unterliegen jedoch auch privatrechtliche Regelungen in den Mitgliedstaaten in vollem Umfang der Grundfreiheitenkontrolle, denn das Europarecht differenziert in seinen Anforderungen nicht danach, ob die mitgliedstaatliche Maßnahme, die es zu prüfen gilt, öffentlichrechtlich oder privatrechtlich zu qualifizieren ist.[6] Die Grundfreiheiten wirken somit auch in den Bereich von Privatrechtsverhältnissen hinein, soweit diese auf mitgliedstaatlichen Rechtsnormen beruhen. Denn diese Rechtsnormen können ebenso wie öffentlichrechtliche Vorschriften gegen die Marktfreiheiten verstoßen und deshalb außer Anwendung zu lassen sein.[7]

Privatrechtliche Vorschriften sind auch bereits verschiedentlich Gegenstand von Entscheidungen des EuGH gewesen. Zwar konzentrieren sich diese Entscheidungen v. a. auf die Spezialmaterien des Lauterkeitsrechts und des Immaterialgüterrechts.[8] Es finden sich jedoch auch Urteile, in denen allgemeine privatrechtliche Vorschriften überprüft wurden.[9]

Die Grundfreiheiten entfalten ihre Wirkung somit nicht nur, soweit es um die Abwehr freiheitsbeschränkender Maßnahmen in Gestalt öffentlich- bzw. wirtschaftsrechtlicher Vorschriften im Verhältnis Mitgliedstaat – Privater geht. Vielmehr beeinflussen sie auch die Rechtsverhältnisse zwischen Privatrechtssubjekten, soweit sie von Rechtsvorschriften determiniert sind. Die Marktfreiheiten des EG-Vertrages müssen auch im Bereich des Zivilrechts der Mitgliedstaaten stets beachtet werden.

---

6 *Grundmann*, Europäisches Schuldvertragsrecht (1999), 48 f.; *Klauer*, Europäisierung (1998), 62; *Leible*, in: Grabitz/Hilf, Art. 28, Rdn. 43.

7 Vgl. etwa EuGHE 2000 I-4139, Rdn. 31 ff. Angonese; 2000 I-493, Rdn. 13 ff. Filzmoser – dort wurde eine österreichische Regelung am Maßstab der Arbeitnehmerfreizügigkeit gemessen, die bei Selbstkündigung durch den Arbeitnehmer den Verlust seines Abfindungsanspruchs vorsah; vgl. dazu auch *Klauer*, Europäisierung (1998), 104.

8 EuGHE 1971, 487 Deutsche Grammphon/Metro; 1974, 1147 Centrafarm/Sterling; 1982, 2853; Keurkoop; 1990 I-667 GB-INNO-BM; 1990 I-4827 Pall/Dahlhausen; 1992 I-3669 Delhaize; 1993 I-2361 Yves Rocher; 1996 I-3457 Bristol-Meyers Squibb u. a.; 2000 I-117 Estée Lauder; dazu *Franzen*, Privatrechtsangleichung (1999), 121 ff.; GA *Gulman*, Schlussanträge Rs. C-9/93, EuGHE 1994 I-2789, 2800 ff. IHT Internationale Heiztechnik/Ideal Standard; z. G. auch *Franzen*, a. a. O. (1999), 121 f.; *Grundmann*, Europäisches Schuldvertragsrecht (1999), 48 f.; *Klauer*, Europäisierung (1998), 63, 71; *Leible*, in: Martiny/Witzleb (Hrsg.), Europäisches Zivilgesetzbuch (1999), 53, 67 f.; *Lenz*, ZEuP 1994, 624 ff., *Mailänder*, FS Gaedertz (1992), 369, 380 ff.; *Roth*, ZEuP 1994, 5, 11 ff.; *Steindorff*, EG-Vertrag und Privatrecht (1996), 121 ff., 167 ff.; einige Entscheidungen betreffen auch das Arbeitsrecht – vgl. *Klauer*, a. a. O., 63.

9 Vgl. etwa EuGHE 1978, 1971 Koestler – zum Differenzeinwand bei Börsentermingeschäften; 1989, 1235 Buet – zu einem Werbe- und Verkaufsverbot für Fernunterrichtsmaterial an der Haustür; 1990 I-583, Krantz – zu einer nationalen Vorschrift, die dem Fiskus die Pfändung unter Eigentumsvorbehalt vom ausländischen Verkäufer gelieferter Waren ermöglichte; 1991 I-107 Alsthom Atlantique zur unabdingbaren Haftung des gewerbsmäßigen Herstellers oder Verkäufers für verborgene Mängel nach französischem Recht; 1993 I-4309, Rdn. 10 ff. Allué u. a. – zur nur für Fremdsprachenlektoren an Universitäten geltenden Begrenzung der Arbeitsverträge; 1993 I-5009 CMC-Motorradcenter zur Schadensersatzpflicht aus c.i.c. wegen Verletzung einer vorvertraglichen Aufklärungspflicht; 2000 I-493, Rdn. 13 ff. Filzmoser zum Verlust eines Abfindungsanspruchs bei Selbstkündigung durch den Arbeitnehmer; 2000 I-4139, Rdn. 29 ff. Angonese – zum Verlangen einer nur von einer lokalen Behörde ausgestellten Bescheinigung durch einen Arbeitgeber; z. G. etwa *Franzen*, Privatrechtsangleichung (1999), 118 ff.; *Grundmann*, RabelsZ 67 (2003), 246, 259.

Heute zeigt sich überdies zunehmend die Tendenz, die Wirkung der Grundfreiheiten vorsichtig allgemein auf die Beurteilung von Maßnahmen zwischen Privatrechtssubjekten zu erstrecken, wobei jedoch vieles noch streitig ist. Die Verbotswirkung der Grundfreiheiten – und zwar heute sowohl in Gestalt des Diskriminierungs- als auch des Beschränkungsverbots – wurde zunächst auf Fälle erstreckt, in denen, obgleich im privatrechtlichen Bereich, durch Machtbündelung eine Situation entsteht, die der einer staatlichen Einflussnahme vergleichbar ist. Insbes. ist anerkannt, dass zumindest kollektive Regelungen unselbständiger Arbeit der Grundfreiheitenkontrolle unterliegen.[10] Auch im Bereich des gewerblichen Rechtsschutzes besteht der Sache nach Drittwirkung – dort hat sich jedoch v. a. der Denkansatz niedergeschlagen, dass zwar ein Privatrechtssubjekt handelt – so mag es etwa der Inhaber einer Marke sein, der den Import einer Ware durch seine Intervention verhindert – dies jedoch auf der Basis des staatlichen Rechts, das ihm dieses Verhalten ermöglicht.[11] Insoweit unterscheidet sich dieser Problemkreis von dem der unmittelbaren Drittwirkung der Grundfreiheiten. Die Frage, ob und inwieweit eine solche echte Drittwirkung anzunehmen ist, ist nach wie vor umstritten und kann an dieser Stelle nicht vertieft werden.[12]

Die dargestellten sachrechtlichen Konsequenzen eines Grundfreiheitenverstoßes ergeben sich auch dann, wenn ein mitgliedstaatliches Gericht in der Sache fremdes Recht eines anderen Mitgliedstaates anwendet. Denn es gilt der Grundsatz, dass fremdes Recht grds. so anzuwenden ist, wie es ein Richter des entsprechenden Staates anzuwenden hätte.[13] Die Gerichte aller Mitgliedstaaten sind jedoch verpflichtet,

---

10 Vgl. EuGHE 1974, 409, Rdn. 19 f. Sacchi; 1974, 1405, Rdn. 14 ff. Walrave; 1976, 1333, Rdn. 17/18 Doná; 1977, 1091, Rdn. 26 ff. van Ameyde; 1984, 4277, Rdn. 12 ff. Haug-Adrion zu einer Regelung über die Tarifbestimmung der Kraftfahrzeugversicherung, die es ermöglicht, die im Inland übliche Gewährung eines Schadensfreiheitsrabatts nicht auf Fahrzeuge mit Zollkennzeichen zu erstrecken; vgl. auch EuGHE 1995 I-4921, Rdn. 82 ff. Bosman; vgl. auch EuGHE 2000 I-2681, Rdn. 35 Lehtonen u. a.. Hierher gehören überdies die als Fremdsprachelektorenfälle bekannt gewordenen Judikate. Der EuGH hat dabei Vorschriften als diskriminierend eingestuft, nach denen für die Arbeitsverträge von Fremdsprachenlektoren an Universitäten eine zeitliche Begrenzung vorgesehen war – EuGHE 1989, 1591, Rdn. 10 ff. Allué u. a.; EuGHE 1993 I-4309, Rdn. 10 ff. Allué (II); EuGHE 1993 I-5185, Rdn. 13 ff. Spotti. Z. g. *Grundmann*, Europäisches Schuldvertragsrecht (1999), 39 f.; *Remien*, ZfRV 36 (1995), 116, 131.

11 Vgl. dazu *Grundmann*, Europäisches Schuldvertragsrecht (1999), 39 f. unter Hinweis auf den Erschöpfungsgrundsatz; *Herdegen*, Europarecht, Rdn. 285; *Roth*, FS 50 Jahre BGH (2000) II, 847, 862; *Streinz*, Europarecht, Rdn. 708.

12 Die Rspr. ist v. a. jenseits des Feldes der kollektiven Regelung unselbständiger Arbeit – dazu Fn. 399 f. – nicht eindeutig: in Richtung Drittwirkung weisen etwa EuGHE 1981, 181, Rdn. 17 Dansk Supermarket; 1982, 1095, Rdn. 14 Nordsee/Reederei Mond; 2000 I-4139, Rdn. 31 ff. Angonese; verneinend aber EuGHE 1984, 1797, Rdn. 11 ff. van de Haar; 1987, 3801, Rdn. 30 Vlaamse Reisebureaus; 1988, 5249, Rdn. 11 Bayer u. a./Süllhöver. Vgl. dazu etwa *Franzen*, Privatrechtsangleichung (1999), 168; *Grundmann*, Europäisches Schuldvertragsrecht (1999), 39 f. m. w. N.; *ders.*, JuS 2001, 946, 947; *Klauer*, Europäisierung (1998), 101 ff.; *Kluth*, AöR 1997, 557 ff.; *Möllers*, EuR 33 (1998), 20, 34 ff.; *Reich*, Bürgerrechte (1999), 74 f.; *Riesenhuber*, System und Prinzipien (2003), 101 ff.; *Roth*, FS Everling (1995), 1231 ff.; *Steindorff*, FS Lerche (1993), 575, 576 ff. m. w. N.; *ders.*, EG-Vertrag und Privatrecht (1996), 277 ff.; *Streinz*, Europarecht, Rdn. 707 f.; *Weth/Kerwer*, JuS 2000, 425, 428; monographisch *Ganten*, Drittwirkung (2000); *Jaensch*, Unmittelbare Drittwirkung (1997); *Schaefer*, Unmittelbare Wirkung (1987); vgl. dazu auch § 5 II.1.und § 7 I.1.

13 Zu dieser im Dienste des internationalen Entscheidungseinklangs stehenden Regel, die im grundfreiheitenwidriges Sachrecht außer Anwendung zu lassen. Dieselbe Korrektur ist daher auch von der lex fori aus vorzunehmen, wenn das Recht eines anderen Mitgliedstaates anzuwenden ist und dieses Recht grundfreiheitenwidrige Bestimmungen enthält.[14]

2. Kollisionsrechtliche Implikationen des EG-Primärrechts – insbesondere der Grundfreiheiten

Aus den Regeln des Gemeinschaftsrechts – insbes. aus der Grundfreiheitendogmatik – sind über diese sachrechtlichen Konsequenzen hinaus jedoch auch kollisionsrechtliche Folgerungen gezogen worden. Überlegungen, welche Auswirkungen die Grundfreiheiten und andere Vorschriften des primären Europarechts auf die Handhabung der nationalen Kollisionsrechtsordnungen haben, setzten bereits in den 60er Jahren ein, blieben jedoch zunächst auf wenige Einzelfragen beschränkt und erlangten keine praktische Bedeutung.[15]

a) *Die überkommene Diskussion zum Verhältnis von Gemeinschaftsrecht und nationalem Kollisionsrecht*

So wurde etwa das Verhältnis des allgemeinen Diskriminierungsverbots des Art. 12 EG zur kollisionsrechtlichen Anknüpfung des Personalstatuts an die Staatsangehörigkeit problematisiert – v. a. im Hinblick auf dessen unmittelbar wirtschaftlich relevanten Aspekte wie die Geschäftsfähigkeit und andere vermögensbezogene Bereiche.[16]

---

klassischen IPR etwa bei der Vorfrage- und der Renvoi-Problematik, jedoch auch allgemein bei der Anwendung des ausländischen Rechts zu beachten ist, vgl. etwa *v. Hoffmann*, Internationales Privatrecht, § 3, Rdn. 140 zum IZPR, § 6, Rdn. 68, 87 ff.; *Junker*, Internationales Privatrecht, 216, 228 f.; *Kegel*, Internationales Privatrecht, 343 ff., 352 ff. und *ders.*, in: Soergel, vor § 3 EGBGB, Rdn. 188 ff.; *Kropholler*, Internationales Privatrecht, § 31 I; 32 IV 1; *Neuhaus*, Grundbegriffe, 322 ff., 333, 345 f.; *Sonnenberger*, in: MüKo, Einl. IPR, Rdn. 499 ff.; krit. etwa *Flessner*, Interessenjurisprudenz (1990), 129 ff.

14 Vgl. dazu *Höpping*, Warenverkehrsfreiheit (1997), 90 f.; ähnlich *Roth*, RabelsZ 55 (1991), 623, 662 f.; *Sonnenberger*, ZVglRWiss 95 (1996), 3, 4; *Martiny*, in: Gemeinschaftsrecht und IPR (1991), 211, 239 f.

15 *Roth*, RabelsZ 51 (1995), 623, 639 f.; *ders.*, in: Mansel/Baur (Hrsg.), Systemwechsel (2002), 47 f.; erst in den letzten Jahren ist der Einfluss des Gemeinschaftsrechts auf das IPR zu einem der zentralen Themen des Kollisionsrechts avanciert – vgl. *Mankowski*, in: Aufbruch nach Europa (2001), 595, 596 ff.

16 **Ablehnend** *v. Bar/Mankowski*, IPR I, 138; *Beitzke*, ZRVgl 5 (1964), 80, 89: Staatsangehörigkeitsanknüpfung als Ausdruck der Toleranz; *Freitag*, Produkthaftungsrecht (2000), 390 ff., 405; *Sonnenberger*, in: MüKo, Einl. IPR, Rdn. 145 m. w. N.; *Suhr*, Personalstatuts (1967), 19 ff.; *Struycken*, RdC 232 (1992-I), 257, 351, 355 f.; *Wengler*, FS Deutscher Juristentag Bd. I (1960), 239, 297 f.; **a. A.** *Brödermann*, in: Gemeinschaftsrecht und IPR (1994), 228 ff.; *Drobnig*, RabelsZ 34 (1970), 636, 639 ff.; *Fischer*, in: v. Bar (Hrsg.), Gemeinschaftsrecht und IPR (1991), 157 ff., 159 ff. m. w. N., 166 ff. differenziert für verschiedene Anknüpfungsgegenstände; *Savatier*, Rev.crit.d.i.p. 48 (1959), 237, 250 ff. Diese Autoren zweifeln – jedenfalls für wirtschaftlich relevante Bereiche des Personalstatuts – an der EG-Rechtskonformität der Staatsangehörigkeitsanknüpfung. Das legitime Ziel, ein dem Betroffenen vertrautes Recht zu berufen, soll besser durch die Anknüpfung an den gewöhnlichen Aufenthalt zu

Im Bereich der Grundfreiheiten wurde früh die Frage nach der Bedeutung der Niederlassungsfreiheit für das internationale Gesellschaftsrecht aufgeworfen. Die Kontroverse entzündet sich an der Frage, ob die weitverbreitete Anknüpfung des Gesellschaftsstatuts an den tatsächlichen Verwaltungssitz mit dem Gewährleistungsgehalt der Niederlassungsfreiheit in Einklang zu bringen ist.[17] Insgesamt jedoch hat das vorrangige Verständnis der Grundfreiheiten als Diskriminierungsverbote lange Zeit eine Problematisierung ihres Verhältnisses zum IPR blockiert.[18]

Des Weiteren ging es um das Verhältnis von ordre public und Gemeinschaftsrecht – so etwa um die Frage, ob und inwieweit der nationale ordre public gegen Vorschriften anderer Mitgliedstaaten (insbes. im Bereich des durch Richtlinien harmonisierten Rechts[19]) ins Feld geführt werden kann bzw. inwieweit der nationale ordre public eine gemeinschaftsrechtliche Prägung und Begrenzung erfährt.[20] In diesem Zusammenhang sind auch die berühmt gewordenen Gran-Canaria-Fälle[21] zu erwähnen, die zwar

---

erreichen sein; **z. G.** *Basedow*, RabelsZ 59 (1995), 1, 2 f.; *Drasch,* Herkunftslandprinzip (1997), 238 ff. m. w. N.; *Fischer*, a. a. O.; *Roth*, RabelsZ 51 (1995), 623, 626, 640 ff.; vgl. auch *Kohler*, IPRax 2003, 401, 408.

17 Ausdrücklich offen gelassen BayObLG, RIW/AWD 1987, 52, 54. Seit der Daily Mail-Entscheidung des EuGH (EuGHE 1988, 5483) hielt die st.Rspr. in Deutschland die Sitztheorie für EG-konform (vgl. OLG Zweibrücken, DB 1990, 1660; BayObLG, NJW-RR 1999, 401 f.; OLG Hamm, Beschluss vom 1. 2. 2001 und OLG Düsseldorf, Beschluss vom 26. 3. 2001 = IPRax 2001, 343, 344 ff. Infolge der Centros- (EuGHE 1999 I-1459) und insbes. Überseering-Entscheidung (EuGHE 2002 I-9919) ist nunmehr klar, dass die Sitztheorie an der Niederlassungsfreiheit zu messen und jedenfalls teilweise zu korrigieren ist; im **Schrifttum** kritisieren die Sitztheorie etwa *Behrens*, IPRax 1999, 323 ff.; *Grundmann*, Europäisches Gesellschaftsrecht (2004), § 22 – insbes. nach Überseering; z. G. *Gounalakis/Radke*, ZVglRWiss 98 (1999), 1, 20 ff.; *Kindler*, in: MüKo, Internationales Gesellschaftsrecht, Rdn. 258 ff. Dazu ausführlich unten, b) und § 8 IV.1.c)cc).

18 Vgl. etwa den Ansatz bei *Drobnig*, RabelsZ 34 (1970), 636, 637 ff.; i. E. auch Samtleben, RabelsZ 45 (1981), 218, 243 ff., der jedoch die Möglichkeit diskriminierender Anknüpfungen diskutiert; z. G. *Basedow*, RabelsZ 59 (1995), 1,2 f.; *Drasch*, Herkunftslandprinzip (1997), 241 ff.; Übersicht auch bei *Gounalakis/Radke*, ZVglRWiss 98 (1999) 1,11 f.

19 Dazu *Iversen*, in: Gemeinschaftsrecht und IPR (1994), 349 f., 423 ff.; *Baumert*, Europäischer ordre public (1994), 46 ff., 230 ff.; *Heinz*, Die kollisionsrechtliche Bedeutung des Termin- und Differenzeinwandes (1991); *Michaels/Kamann*, JZ 1997, 601, 607; *Roth*, Internationales Versicherungsvertragsrecht (1985), 701 f.; *Sonnenberger*, in: MüKo, Einl. IPR, Rdn. 184 ff., 189 mit Rdn. 176; *Steindorff*, EuR 16 (1981), 426, 434; z. G. *v. Hoffmann*, in: ders. (Hrsg.), European Private Law (1998), 19, 23 ff.

20 Vgl. *v. Bar/Mankowski*, IPR I, 141 f., 722; *Brödermann*, in: Gemeinschaftsrecht und IPR (1994), 243 f.; *Baumert*, Europäischer ordre public (1994), 46 ff., 230 ff.; *Drasch*, Herkunftslandprinzip (1997), 297 ff., 341 f.; *Gounalakis/Radke*, ZVglRWiss 98 (1999), 1, 19 f.; *Iversen*, in: Gemeischaftsrecht und IPR (1994), 347 ff.; *Martiny*, in: v. Bar (Hrsg.), Gemeinschaftsrecht und IPR (1991), 211, 219 ff. m. w. N., 227 ff., 238 ff.; *Michaels/Kamann*, JZ 1997, 601, 607 m. w. N.; GA *Reischl*, Schlussanträge Rs. C-15/78, EuGHE 1978, 1981, 1987 Koestler; *Roth*, RabelsZ 55 (1991), 623, 626 m. w. N., 661 f.; *Samtleben*, RabelsZ 45 (1981), 218, 245 ff.; *Schaub*, RabelsZ 66 (2002), 18, 60 f.; *Seif*, JbJZ 1997, 225, 241; *Sonnenberger*, in: MüKo, Einl. Rdn. 184 ff. und Art. 6 EGBGB, Rdn. 67; *Zweigert*, FS Hallstein (1966), 555, 566 ff.

21 Deutsche Spanientouristen hatten bei Verkaufsveranstaltungen Waren erworben. Auf die Verträge war kraft Rechtswahl spanisches Recht anwendbar, wo jedoch die Haustürwiderrufs-RL noch nicht umgesetzt war. Es wurden daher verschiedene – auch kollisionsrechtliche – Wege diskutiert, dem Gemeinschaftsrecht bei fehlerhafter oder unterbliebener Umsetzung von Richtlinien zur Anwendung zu verhelfen. Die kollisionsrechtlichen Lösungen zielen darauf, statt des richtlinienwidrigen spanischen Rechts das deutsche Recht anzuwenden – vgl. dazu im Einzelnen § 12 II.1.a).

das Verhältnis von sekundärem Gemeinschaftsrecht und nationalem (Kollisions-) Recht betreffen, jedoch einen interessanten Beitrag zur Durchdringung des Verhältnisses zwischen den Rechtsmassen geleistet haben.[22] Es wurde dabei – hier von besonderem Interessen – u. a. problematisiert, ob und inwieweit bei fehlender oder mangelhafter Umsetzung einer Richtlinie durch einen Mitgliedstaat, dessen Recht nach den allgemeinen Regeln des IPR eigentlich zur Anwendung berufen wäre, der allgemeine oder ein spezieller ordre public-Vorbehalt der lex fori zum Zuge kommen kann, so dass i. E. dennoch richtlinienkonformes Recht Anwendung findet.[23]

Thema der Diskussion war zudem auch die Gemeinschaftsrechtskonformität der sogenannten Inländerschutzklauseln im Internationalen Privatrecht. So verstieß insbes. die Exklusivnorm des Art. 38 EGBGB a. F. nach verbreiteter und berechtigter Auffassung gegen das Diskriminierungsverbot des EG-Vertrages. Diese Vorschrift begünstigte deutsche deliktische Schädiger. Für deren im Ausland begangene unerlaubte Handlungen ließ diese Vorschrift keine weitergehenden Ansprüche zu, als nach deutschem Recht begründet waren. Darin lag eine Diskriminierung aufgrund der Staatsangehörigkeit, die erst durch den Wegfall des „privilegium germanicum" im Zuge der Neufassung des internationalen Privatrechts der außervertraglichen Schuldverhältnisse[24] beseitigt wurde.[25]

Erst mit dem vordringenden Verständnis der Grundfreiheiten als Beschränkungsverbote und mit der Etablierung des Herkunftslandprinzips in der Rspr. des EuGH und in dessen Folge auch im Europäischen Integrationskonzept,[26] wie es oben beschrieben wurde, erhielt die Diskussion um das Verhältnis des (primären) Gemeinschaftsrechts zum nationalen IPR neuen Auftrieb. Das verwundert nicht; denn unter dem Gesichtspunkt, dass die Grundfreiheiten mehr verbürgen als Inländergleichbehandlung, dass sie vielmehr jede direkte oder indirekte, mittelbare oder unmittelbare

---

22 Dazu ausführlich *Baumert*, Europäischer ordre public (1994); *Iversen*, in: Gemeinschaftsrecht und IPR (1994), 387 ff.

23 Dazu etwa *Iversen*, in: Gemeinschaftsrecht und IPR (1994), 420 ff., 431 ff.; vgl. auch *Baumert*, Europäischer ordre public (1994) mit ausführlicher Diskussion der gesamten Problematik; *Jayme*, IPRax 1990, 220 ff. und *Langenfeld*, IPRax 1993, 155, 156 f. zur Anwendung von Art. 34 EGBGB; *Michaels/Kamann*, JZ 1997, 601, 606 f.; *Rauscher*, EuZW 1996, 650 ff.

24 Gesetz vom 21. 5. 1999, BGBl. 1999 I 1026; dazu etwa *Kreuzer*, RabelsZ 65 (2001), 386 ff.; *Schurig*, GS Lüderitz (2000), 699 ff.

25 Vgl. nur *Brödermann*, in: Gemeinschaftsrecht und IPR (1994), 244 ff.; *Drobnig*, RabelsZ 34 (1970), 636, 660 f.; *Kreuzer*, in: Müller-Graff (Hrsg.), Gemeinsames Privatrecht (1999), 457, 508 f.; *Lindacher*, WRP 1996, 645, 650 f.; *Martiny*, in: v. Bar (Hrsg.), Gemeinschaftsrecht und IPR (1991), 211, 236 ff. m. w. N.; *Niessen*, NJW 1968, 2170, 2171 f.; *Roth*, RabelsZ 55 (1991), 623, 642; *Schaub*, RabelsZ 66 (2002), 18, 25 mit Fn. 24; *Sonnenberger*, ZVglRWiss 95 (1996), 3, 16 f.; *Wengler*, FS Deutscher Juristentag, Bd. I (1960), 239, 298; *Zweigert*, FS Hallstein (1966), 554, 557 f., 566 f.; zweifelnd etwa *Hohloch* in: Erman, Art. 40 EGBGB, Rdn. 67 m. w. N.; vgl. z. G. auch *Drasch*, Herkunftslandprinzip (1997), 238 f.; *Grandpierre*, Herkunftsprinzip (1999), 159 ff.; *Roth*, RabelsZ 51 (1995), 623, 625 f.

26 „Neue Strategie"; vgl. insbes. das Binnenmarktprogramm der Kommission im Weißbuch an den Europäischen Rat „Vollendung des Binnenmarkts", EG-Dok. KOM (85) 310 endg., Nr. 13, Nr. 61 ff.; dazu auch *Basedow*, RabelsZ 59 (1995), 1, 3 f.; *Grundmann*, Europäisches Schuldvertragsrecht (1999), 18 ff.; zum wachsenden Konfliktpotential durch den Ausbau der Grundfreiheiten *Roth*, in: Mansel/Baur (Hrsg.), Systemwechsel (2002), 47 f.

Beschränkung des Freiverkehrs erfassen, ist ein Konflikt selbst mit allseitigen Kollisionsnormen nicht mehr ausgeschlossen.

Jedenfalls soweit die Wirkung der Marktfreiheiten als Beschränkungsverbote reicht, verwirklichen sie auch das Herkunftslandprinzip. Dieses mag zwar seine Hauptbedeutung in den Bereichen entfalten, in denen zumindest eine Minimalharmonisierung stattgefunden hat; es gilt im Grundsatz jedoch auch im nicht harmonisierten Bereich. Ausgehend von diesem Prinzip und seinen möglichen Implikationen erfolgten auch auf dem Gebiet des Internationalen Privatrechts neue konkrete Überlegungen zur Europarechtskonformität bestimmter kollisionsrechtlicher Vorschriften der Mitgliedstaaten und schließlich der Versuch, Kollisionsnormen nicht nur an den Grundfreiheiten zu messen, sondern sie direkt aus ihnen abzuleiten.[27]

Das oben dargestellte Herkunftslandprinzip der Grundfreiheitendogmatik soll auch hier den Ausgangspunkt zur Darstellung und Bewertung der Diskussion um die kollisionsrechtlichen Implikationen des Gemeinschaftsrechts im unharmonisierten Bereich bilden. Dieser Ansatz ist zwar auf Kritik gestoßen, weil das Herkunftslandprinzip kein primärrechtliches, sondern ein rein sekundärrechtliches Konzept sei.[28] Die Idee, der Grundfreiheitendogmatik eine auf das Herkunftsland weisende kollisionsrechtliche Tendenz zu entnehmen, bildete jedoch zum einen den historischen Ausgangspunkt der hier zu reflektierenden Diskussion, zum anderen scheint dieses Prinzip deutlich aus der Cassis-Rspr. des EuGH auf.[29] Dass es sich im unharmonisierten Bereich nur eingeschränkt durchsetzt, weil die Ausnahmen aufgrund zwingender Erfordernisse des Allgemeininteresses häufiger und weitergehend eingeifen als im harmonisierten Bereich, beseitigt nicht die grds. Relevanz dieses Prinzips als Ausgangspunkt der Beurteilung nationaler Vorschriften.

b) *Die Idee der in den Grundfreiheiten versteckten Kollisionsnormen*

Ausgehend von der oben dargestellten Rspr. des EuGH zu den Grundfreiheiten entwickelte sich seit Beginn der 90er Jahre die Idee, den Grundfreiheiten des EG-Vertrages direkte Vorgaben für das Internationale Privatrecht in den Mitgliedstaaten in Gestalt versteckter Kollisionsnormen zu entnehmen. Diese sollten aufgrund des Vorrangs des Gemeinschaftsrechts ohne weiteres in allen Mitgliedstaaten Wirkung

---

27 Dazu sogleich. Zum Schrifttum dieser „neuen" Phase *Basedow*, RabelsZ 59 (1995), 1 ff.; *Bernhard*, EuZW 1992, 437 ff.; *Chrocziel*, EWS 1991, 173 ff.; *Gounalakis/Radke*, ZVglRWiss 98 (1999), 1, 10 f.; *Jayme/Kohler*, IPRax 1993, 357, 370 f.; *Radicati di Brozolo*, Rev.crit.d.i.p. 82 (1993), 401 ff.; *Roth*, RabelsZ 55 (1991), 623 ff.; *Tilmann*, GRUR 1990, 87, 89 ff.; z. G. *Drasch*, Herkunftslandprinzip (1997), 215 ff.; *Roth*, GS Lüderitz (2000), 635; *ders.*, in: Mansel/Baur (Hrsg.), Systemwechsel (2002), 47 ff.; *Sack*, WRP 1994, 281 ff.; *Sonnenberger*, ZVglRWiss 95 (1996), 3, 8 ff.

28 *Roth*, in: Grundmann/Medicus/Rolland (Hrsg.), Europäisches Kaufgewährleistungsrecht (2000), 113, 125 unter Hinweis auf EuGHE 1997 I-2405, Rdn. 64 Deutschland/Parlament und Rat; *ders.*, in: Mansel/Baur (Hrsg.), Systemwechsel (2002), 47, 54; dazu auch *Mankowski*, Aufbruch nach Europa (2001), 595, 597.

29 Vgl. nur *Basedow*, RabelsZ 59 (1995), 1, 6 ff.; *Drasch*, Herkunftslandprinzip (1997), v. a. 205 ff.; *Grundmann*, Europäisches Schuldvertragsrecht (1999), 43 ff. m. w. N.; *Höpping*, Warenverkehrsfreiheit (1997), v. a. 83 ff.; dazu bereits ausführlich oben, § 7 I.

entfalten und den Kern eines Binnenmarktkollisionsrechts im unharmonisierten Bereich bilden. Dabei soll es unschädlich sein, dass die Grundfreiheiten selbst keine ausdrückliche kollisionsrechtliche Aussage enthalten, sondern lediglich sachrechtliche Anforderungen an das Recht der Mitgliedstaaten und seine Anwendung stellen. Denn es ist durchaus möglich, dass sich hinter Sachnormen kollisionsrechtliche Gehalte verbergen, soweit das dem wirklichen Willen des Normgebers und dem Zweck der Vorschrift entspricht.[30]

Den Ansatzpunkt dieser Überlegungen bildet v. a. das Herkunftslandprinzip, wie es oben als Substrat der EuGH-Rspr. – v. a. in Sachen Dassonville und Cassis de Dijon – dargestellt wurde. So formuliert etwa *Basedow*, der als einer der Pioniere dieser Idee gilt, die „Frage, ob nicht das Kriterium für die Auswahl der maßgeblichen Rechtsordnung gerade durch den Grundsatz der gegenseitigen Anerkennung gleichwertiger Lösungen determiniert ist, ob also das in Rspr. und Politik der Gemeinschaftsorgane ausformulierte Binnenmarktprogramm versteckte Kollisionsnormen enthält, die wegen des Vorrangs des Gemeinschaftsrechts das IPR der Mitgliedstaaten verdrängen".[31]

Lässt sich das Herkunftslandprinzip (hier etwa bezogen auf die Warenverkehrsfreiheit) dahingehend zusammenfassen, dass jeder Mitgliedstaat Waren aus anderen Mitgliedstaaten, die den dortigen Standards entsprechen, grds. als gleichwertig anzuerkennen und auf seinem Markt zuzulassen hat, und nur ausnahmsweise den eigenen strengeren Standard durchsetzen darf, wenn er sich dafür auf einen Rechtfertigungsgrund im Sinn des Art. 30 EG oder auf zwingende Erfordernisse des Gemeinwohls berufen kann, so liegt in der Tat der Schluss auf ein kollisionsrechtliches Prinzip nahe:

Das grds. Verbot, Anbietern aus anderen Mitgliedstaaten solche nationalen Vorschriften entgegenzuhalten, die diese in der Wahrnehmung der Grundfreiheit behindern, könnte als Grundsatzanknüpfung an das Recht des Herkunftslandes verstanden werden. Demgegenüber weist die Option, ausnahmsweise dennoch solche behindernden Vorschriften durchzusetzen, wenn zwingende Gemeinwohlgründe dies erfordern und der Grundsatz der Verhältnismäßigkeit gewahrt wird, auffällige Ähnlichkeiten mit dem ordre public-Vorbehalt des nationalen Kollisionsrechts auf.[32]

---

30 Vgl. allgemein zur Figur der versteckten Kollisionsnormen *Kegel/Schurig*, Internationales Privatrecht (2000), 53 ff.; bezogen auf die Grundfreiheiten des EG-Vertrages *Sonnenberger*, ZVglRWiss 95 (1996), 3, 8 ff.; *Thünken*, IPRax 2001, 15, 18.

31 Dazu *Basedow*, RabelsZ 59 (1995), 1, 4 f.; *Bernhard*, EuZW 1992, 437 ff. mit Fn. 1; *Klinke*, FS Kegel (2002), 1, 20 ff. zum öffentlichen Recht; *Sonnenberger*, ZVglRWiss 95 (1996), 3, 8 ff.; z. G. auch *Roth*, RabelsZ 55 (1991), 623, 645 ff. und in: Mansel/Baur (Hrsg.), Systemwechsel (2002), 47, 51 ff. i. E. ablehnend.

32 Vgl. zu dieser Interpretation etwa *Basedow*, RabelsZ 59 (1995), 1, 14 ff.; *Bernhard*, EuZW 1992, 437 mit Fn. 1, 438 f. i. E. ablehnend; *Drasch*, Herkunftslandprinzip (1997), 244 – differenzierend; *Grundmann*, RabelsZ 64 (2000), 457, 460; *Jayme/Kohler*, IPRax 1991, 361, 369 und IPRax 1993, 357, 371; vorsichtiger *dies.*, IPRax 1992, 348; *Klinke*, FS Kegel (2002), 1, 20 ff. zum öffentlichen Recht; *Radicati di Brozolo*, Rev.crit.d.i.p. 82 (1993), 401, 409; *ders.*, in: Lagarde/v. Hoffmann (Hrsg.), Die Europäisierung des IPR (1996), 87, 91 ff.; **krit.** etwa *v. Hein*, Günstigkeitsprinzip (1999), 432; *Grandpierre*, Herkunfts-

Warentransaktionen im Binnenmarkt würden danach grds. dem Recht des Herkunftslandes der Waren unterliegen, es sei denn die Anwendung des Bestimmungslandrechts wäre ausnahmsweise gerechtfertigt.

Dieser Grundsatz könnte – entsprechend modifiziert – auch auf die anderen Freiheiten übertragen werden: Besondere Aktualität hat die Diskussion für den Bereich der Niederlassungsfreiheit erlangt. Dort haben die Centros-Entscheidung[33] und noch stärker das in deren Folge ergangene Überseering-Urteil[34] des Europäischen Gerichtshofs der Diskussion um die Bestimmung des Gesellschaftsstatuts vor dem Hintergrund der Niederlassungsfreiheit des EG-Vertrages neuen Antrieb verliehen. Gegenstand der Kontroverse ist die Frage, ob die Anknüpfung des Gesellschaftsstatuts an das Recht des tatsächlichen Verwaltungssitzes, wie es v. a. im kontinentaleuropäischen Recht verbreitet ist,[35] weiter aufrechterhalten werden darf.

Die aus Sicht der Grundfreiheiten problematische Folge dieser Anknüpfung ist, dass ein identitätswahrender Wechsel des Gesellschaftssitzes in einen anderen Mitgliedstaat regelmäßig nicht möglich ist: soweit der tatsächliche Verwaltungssitz den Anknüpfungspunkt für das Gesellschaftsstatut bildet, führt die Sitzverlegung in einen anderen Mitgliedstaat auch zum Wechsel des anwendbaren Rechts. Der Fortbestand der Gesellschaft ist dann davon abhängig, ob das alte und das neue Recht sie fortbestehen lassen.[36] Das ist jedoch häufig nicht der Fall: Da die Gründungsvoraussetzungen des neuen Rechts oftmals nicht erfüllt sind – etwa wenn dort eine konstitutive Eintragung in ein Register verlangt wird – führt der Statutenwechsel infolge der Sitzverlegung oft zum Verlust der Rechtsfähigkeit oder zu Modifikationen der Haftungsverhältnisse.[37]

---

prinzip (1999), 183 ff. – für das Wettbewerbsrecht; *v. Hoffmann*, in: ders. (Hrsg.), European Private Law (1998), 19, 20 f.; *Kohler*, IPRax 2003, 401, 410 f.; *Schaub*, RabelsZ 66 (2002), 18, 31 f. m. w.N; *Sonnenberger*, ZVglRWiss 95 (1996), 3, 8 ff.; *Wilderspin*, in: Mansel/Baur (Hrsg.), Systemwechsel (2002), 77, 86.

33 EuGHE 1999 I-1459 Centros Ltd.

34 EuGHE 2002 I-9919 Überseering B. V.

35 Vgl. die Bestandsaufnahme bei *Hohloch*, in: Wirtschaftsverfassungsrechtliche Garantien (2001), 121, 122 f.

36 *Behrens*, IPRax 2003, 193, 194 ff., 197 f. zur Nichtanerkennungwirkung der Sitztheorie; *Drobnig*, in: v. Bar (Hrsg.), Gemeinschaftsrecht und IPR (1991), 185, 197; *Gounalakis/Radke*, ZVglRWiss 98 (1999), 1, 21 ff.; *Grundmann*, Europäisches Gesellschaftsrecht, § 22 Rdn. 741 ff., 757, 774 ff. zu dieser Konsequenz des Zusammenspiels der beteiligten Kollisions- und Sachrechte; *Kegel/Schurig*, Internationales Privatrecht (2000), 508 f.; *Kreuzer*, in: Müller-Graff (Hrsg.), Gemeinsames Privatrecht (1999), 457, 515 f.; *Roth*, ZEuP 1994, 5, 18 ff. differenzierend nach kollisionsrechtlicher und sachrechtlicher Problematik; *Kropholler*, Internationales Privatrecht, § 55 I 2; *Schmidt*, in: Multimedia (1998), 41, 43 ff.; *Schnichels*, Niederlassungsfreiheit (1995), 148 ff., 155 ff.

37 Vgl. zu solchen Fallkonstellationen etwa BGHZ 97, 269 (271 ff.); OLG Oldenburg, NJW 1990, 1422 f.; KG, RIW/AWD 1990, 496; BayObLG, NJW-RR 1999, 401 f.; zum Problem auch *Eidenmüller*, ZIP 2002, 2233, 2234 f.; *Drobnig*, in: v. Bar (Hrsg.), Gemeinschaftsrecht und IPR (1991), 185, 197 ff.; *Grundmann*, Europäisches Gesellschaftsrecht, § 22 Rdn. 576 f., 774 ff.; *Knobbe-Keuk*, DB 1990, 2573, 2577 ff.; *Lutter*, ZGR 2000, 1, 12 f.; *Mülbert/Schmolke*, ZVglRWiss 100 (2001), 233, 234; *Roth*, RabelsZ 51 (1995), 623, 638 f.; *Grundmann*, Europäisches Schuldvertragsrecht (1999), 49 f.; *Kegel/Schurig*, Internationales Privatrecht (2000), 508 f.; *Klauer*, Europäisierung (1998), 70; *Kropholler*, Internationales Privatrecht, § 55 I 2; *Schnichels*, Niederlassungsfreiheit (1995), 148 ff., 155 ff.

Hinzu kommt ein weiteres Problem, das in vielen Staaten unabhängig von deren kollisionsrechtlicher Entscheidung für die Sitz- oder die Gründungstheorie auftritt, und ebenfalls die grenzüberschreitende Sitzverlegung erschwert. Häufig verlangt auch das Recht des verlassenen Staates die Auflösung der Gesellschaft, bevor sie sich einem anderen Recht unterstellt.[38] Zweck dieser Regelung ist es, die unter dem alten Recht entstandenen stillen Reserven zu erfassen und zu besteuern und die Interessen aller durch die Sitzverlegung betroffenen Gruppen (Anteilseigner, Gläubiger etc.) in Ausgleich zu bringen, ehe sich die Gesellschaft dem Regime eines fremden Rechts und eines anderen Staates unterstellt und die Einflussnahme des ursprünglichen Heimatstaates oder der bisher berührten Interessenträger durch den Wegzug erschwert oder abgeschnitten wird.

Insgesamt ist in den problematischen Fällen eine Sitzverlegung oftmals nur durch eine Auflösung der Gesellschaft und die Neugründung im Zielstaat oder unter Hinnahme einschneidender Veränderungen in Haftungs- und Organisationsregime möglich. Dadurch wird der Sitzwechsel praktisch erheblich erschwert. Der Zwang, stille Reserven aufzulösen, der Aufwand für die Überführung in die neue Rechtsordnung oder das Risiko einer der ursprünglich gegründeten Gesellschaft nicht entsprechenden Behandlung bedeuten eine enorme Belastung und können mitunter sogar deren Fortbestand gefährden.[39] Jedenfalls soweit sich diese Probleme aus dem Zusammenwirken der kollisionsrechtlichen Anknüpfung an den Verwaltungssitz und dem jeweiligen Sachrecht ergeben, hat die Kollisionsnorm, die an die grenzüberschreitende Sitzverlegung zwingend die Folge des Statutenwechsels knüpft, einen erheblichen Anteil an den entstehenden Behinderungen der Freizügigkeit.

Ließe sich das Herkunftslandprinzip kollisionsrechtlich nutzbar machen, so könnten diese Probleme im Gesellschaftsrecht – insbes. die problematische Anknüpfung der Sitztheorie – möglicherweise überwunden werden. Einen wichtigen Schritt in diese Richtung bedeutet die Entscheidung in Sachen Überseering, durch die nunmehr zumindest für Teilbereiche des Gesellschaftsstatuts die Gründungsanknüpfung als gesellschaftskollisionsrechtliche Spezifikation des Herkunftslandprinzips etabliert

38 Eine verbreitete Ansicht in der dt. Rspr. sieht etwa in der Sitzverlegung einer deutschen Gesellschaft ins Ausland einen zwingenden Auflösungs- und Abwicklungsgrund – so etwa BayObLGZ 1992, 113, 115 f.; *Kronke*, IPRax 1992, 389 f.; z. G. auch *Drobnig*, in: v. Bar (Hrsg.), Gemeinschaftsrecht und IPR (1991), 185, 197; *Grundmann*, Europäisches Gesellschaftsrecht, § 22 Rdn. 776; *Kegel/Schurig*, Internationales Privatrecht (2000), 508 f.; *Kropholler*, Internationales Privatrecht, § 55 I 2; zu den damit verbundenen Problemen *Gounalakis/Radke*, ZVglRWiss 98 (1999), 1, 21 f.

39 Aus dem älteren Schrifttum zum Verhältnis von Niederlassungsfreiheit und Gesellschaftsstatut *Behrens*, RabelsZ 52 (1988), 498 ff.; *Drobnig*, in: v. Bar (Hrsg.), Gemeinschaftsrecht und IPR (1991), 185, 197; *Gounalakis/Radke*, ZVglRWiss 98 (1999), 1, 21 f.; *Knobbe-Keuk*, DB 1990, 2573, 2577 ff.; *Roth*, RabelsZ 55 (1991), 623, 648 ff.; *Schnichels*, Niederlassungsfreiheit (1995), 148 ff., 155 ff.; *v. Wilmowsky*, RabelsZ 62 (1998), 1, 6 ff. **Nach Centros:** *Behrens*, IPRax 1999, 323 und IPRax 2000, 384; *Freitag*, EuZW 1999, 267; *Hohloch*, in: Wirtschaftsverfassungsrechtliche Garantien (2001), 121, 123 ff.; *Kieninger*, ZGR 28 (1999), 724; *Kindler*, NJW 1999, 1993; *Klinke*, ZGR 2002, 163, 171 f.; *Leible*, NZG 1999, 300; *Lurger*, IPRax 2001, 346; *Roth*, CMLR 37 (2000), 147 und FS 50 Jahre BGH (2000) II, 847, 864 f.; *Sandrock*, BB 1999, 1337; *Schurig*, Liber Amicorum Kegel (2002), 199 ff.; *Sonnenberger/Großerrichter*, RIW 1999, 721; *Steindorff*, JZ 1999, 1140; *Thorn*, IPRax 2001, 102; *Ulmer*, JZ 1999, 662.

ist.[40] Ein Teil des Schrifttums war – gestützt auf die Auslegung der Niederlassungsfreiheit als (partielles) Beschränkungsverbot bzw. auf die Centros-Entscheidung des EuGH – bereits vor Überseering davon ausgegangen, dass die Anknüpfung des Gesellschaftsstatuts an das Sitzrecht nicht länger aufrecht erhalten werden kann und statt dessen an das Gründungsrecht anzuknüpfen ist.[41] Die entsprechende Kollisionsnorm wollen einige Autoren auch hier unmittelbar der Grundfreiheit entnehmen,[42] während andere dieses Ergebnis durch eine Modifikation des nationalen Kollisionsrechts infolge der Einwirkung der Grundfreiheit zu erreichen suchen.[43]

I. E. lässt sich der Ansatz direkt aus den Grundfreiheiten abgeleiteter Kollisionsnormen dahingehend zusammenfassen, dass für gemeinschaftsgrenzüberschreitende wirtschaftliche Betätigung grds. das Recht des Herkunftslandes des Anbieters maßgeblich ist (jeweils bezogen auf den Gegenstand der marktfreiheitlichen Verbürgung – d. h. das Recht des Herkunftslandes der Ware oder der Dienstleistung, des Niederlassungswilligen oder des Arbeitnehmers). Dies wäre mithin die kollisionsrechtliche Konsequenz des Grundsatzes, dass gleichwertige Regelungen der Mitgliedstaaten gegenseitig anzuerkennen sind.[44]

---

40 IdS. interpretieren etwa *Behrens*, IPRax 2003, 193 ff.; *Eidenmüller*, ZIP 2002, 2233 ff., 2241; *Forsthoff*, DB 2002, 2474 ff.; *Kallmeyer*, DB 2002, 2521 ff.; *Leible/Hoffmann*, RIW 2002, 925, 928 ff.; *Lutter*, BB 2003, 7-10; *Weller*, IPRax 2003, 207 ff.; *Zimmer*, BB 2003, 1, 2 das Urteil; **a. A.** *Kindler*, NJW 2003, 1073 ff.; skeptisch auch *Roth*, IPRax 2003, 117, 120 ff.; *Wernicke*, EuZW 2002, 758, 759 f.; z. G. *Grundmann*, Europäisches Gesellschaftsrecht, § 22 Rdn. 768 ff.

41 Aus der Lit. **vor Centros** *Behrens*, RabelsZ 52 (1988), 498; *Drobnig*, in: v. Bar (Hrsg.), Gemeinschaftsrecht und IPR (1991), 185, 192 ff.; *Roth*, RabelsZ 55 (1991), 623, 648 ff.; z. G. *Sonnenberger*, ZVglRWiss 95 (1996), 3, 18 ff.; aus der Lit. **nach Centros** *Behrens*, IPRax 1999, 323, 330 und IPRax 2003, 193, 201 f.; *Freitag*, EuZW 1999, 267, 269 f.; *Leible*, NZG 1999, 300, 301; *Lutter*, ZGR 2000, 1, 13 f.; *Roth, G. H.*, ZIP 1999, 861 ff.; ausführlicher unten § 8 IV.1.c)cc).

42 Art. 48 EG wird als versteckte Kollisionsnorm gedeutet, die die grundfreiheitenwidrige Anknüpfung an den Verwaltungssitz in Binnenmarktsachverhalten ohne weiteres ersetzt; vgl. *v. Bar*, IPR I, Rdn. 170; *Behrens*, RabelsZ 52 (1988), 498, 513 ff.; *ders.*, IPRax 1999, 323, 331; *Brödermann*, in: Gemeinschaftsrecht und IPR (1994), 60 ff., 148 ff.; *Drobnig*, in v. Bar (Hrsg.), Gemeinschaftsrecht und IPR (1991), 192, 192 ff.; *Eidenmüller*, ZIP 2002, 2233, 2241; *Schümann*, EuZW 1994, 269, 272 f.; z. G. auch *Gounalakis/Radke*, ZVglRWiss 98 (1999), 1, 22; *Kreuzer*, in: Müller-Graff (Hrsg.), Gemeinsames Privatrecht (1999), 457, 492 f., 514 ff.; vgl. auch *Schnichels*, Niederlassungsfreiheit (1995), 169 ff. – i. E. ablehnend.

43 Vgl. *Roth*, RabelsZ 55 (1991), 623, 648 ff.; wohl auch *Gounalakis/Radke*, ZVglRWiss 98 (1999), 1, 22 f., die Art. 48 EG zwar keine unmittelbare gemeinschaftsrechtliche Kollisionsnorm, wohl aber einen Programmsatz zur EG-rechtskonformen Gestaltung des Gesellschaftsstatuts entnehmen, so dass i. E. von der Gründungstheorie auszugehen sei; z. G. *Hohloch*, in: Wirtschaftsverfassungsrechtliche Garantien (2001), 121, 123 ff.; *Sonnenberger*, ZVglRWiss 95 (1996), 3, 8, 18 ff.; *Thünken*, IPRax 2001, 15, 18.

44 Der Denkansatz findet sich etwa bei *Basedow*, RabelsZ 59 (1995), 1 ff. – der den Grundfreiheiten allerdings i. E. keine flächendeckende Kollisionsnorm entnimmt; *Bernhard*, EuZW 1992, 437, 440 f.; *Chrocziel*, EWS 1991, 173, 177 ff. zum Wettbewerbsrecht; *Drasch*, Herkunftslandprinzip (1997), 206, 301 ff., 309 ff.; dazu auch *Grundmann*, Europäisches Schuldvertragsrecht (1999), 32 f. – „Das durch die Grundfreiheiten favorisierte Herkunftslandprinzip kann auch als Kollisionsnorm verstanden werden"; *ders.*, RabelsZ 64 (2000), 457, 460; *Jayme/Kohler*, IPRax 1991, 361, 369 und IPRax 1993, 357, 357, 371; *Radicati di Brozolo*, Rev.crit.d.i.p. 82 (1993), 401 ff.; in sehr radikaler Form auch bei *Wolf*, WM 1990, 1941, 1943 f., dort allerdings speziell zum Bereich der 2. Bankrechts-RL; z. G. auch *Höpping*,

Inhaltlich liefe die damit angedachte Kollisionsnorm gemeinschaftsrechtlichen Ursprungs in den verschiedenen Ausprägungen, die sie in der wissenschaftlichen Diskussion erhalten hat, entweder auf eine Herkunftslandanknüpfung, auf ein Günstigkeitsprinzips oder auf das Prinzip der Rechtswahlfreiheit hinaus – je nachdem, welches Prinzip im Einzelnen als Substrat der EuGH-Rspr. verstanden wird. All diesen Ansätzen ist jedoch die Idee gemeinsam, das in sachrechtlicher Hinsicht als Kern der Grundfreiheitendogmatik erkannte Prinzip auf das IPR zu übertragen und für die Ermittlung des anwendbaren Rechts fruchtbar zu machen. Teile der Literatur sehen in der Rspr. des EuGH konsequent einen eigentlich kollisionsrechtlichen Ansatz.[45] Beeinflusst werde in erster Linie das Kollisionsrecht, nicht – bzw. nicht nur – das anwendbare Sachrecht.[46] Denn Dreh- und Angelpunkt der Grundfreiheitenwirkung ist die Frage, ob eine Vorschrift in einem konkreten Fall mit gemeinschaftsgrenzüberschreitenden Bezügen angewandt werden darf.[47] Mit der Begrenzung des Anwendungsanspruchs behindernder Normen greifen die Grundfreiheiten somit gerade den kollisionsrechtlichen Aspekt des jeweiligen Falles auf.[48]

Hier sollen zunächst die verschiedenen Ausprägungen kurz zusammengestellt werden, welche die Idee von den versteckten Kollisionsnormen in der zunächst fast ausschließlich im deutschen Schrifttum erfolgten[49] Diskussion um die kollisionsrechtlichen Implikationen des EG-Primärrechts gefunden hat.

aa) Das Herkunftslandprinzip als eigenständige Kollisionsnorm

Einer der Ansätze zur kollisionsrechtlichen Erschließung der Grundfreiheitendogmatik des EuGH versucht, das dort zum Sachrecht herausgearbeitete Herkunftsland-

---

Warenverkehrsfreiheit (1997), 91 ff.; *Roth*, GS Lüderitz (2000), 635, 642 f. und in: Mansel/Baur (Hrsg.), Systemwechsel (2002), 47, 53 ff.; *Sonnenberger*, ZVglRWiss 95 (1996), 3, 8 ff.; *ders.*, in: MüKO, Einl. IPR, Rdn. 133 ff.

45 *Armbrüster*, RabelsZ 60 (1996), 72, 76 f. – für das Schuldvertragsrecht; *Bernhard*, EuZW 1992, 437, 438 ff.; dazu auch *Drasch*, Herkunftslandprinzip (1997), 217.

46 *Lurger*, Regulierung (1997), 67 f. konstatiert, es mache inhaltlich für die Grundfreiheitenverletzung keinen Unterschied, ob man primär die Kollisionsregel oder die angewandte behindernde Sachnorm selbst für grundfreiheitenwidrig halte; da jedenfalls die Unanwendbarkeit der Sachnorm feststehe.

47 Hingegen wird die Existenz und grds. Geltung der entsprechenden nationalen Vorschriften nicht in Frage gestellt. Das Gemeinschaftsrecht beansprucht insoweit lediglich einen Anwendungs- keinen Geltungsvorrang – vgl. etwa EuGHE 1978, 629, Rdn. 17/18 Simmenthal; 1991, I-297, Rdn. 17 ff. Nimz; *Emmert*, Europarecht, § 14 Rdn. 7; *Oppermann*, Europarecht, Rdn. 628 ff.; *Streinz*, Europarecht, Rdn. 200; *Zuleeg*, in: v. d. Groeben/Thiesing/Ehlermann, Art. 1, Rdn. 26.

48 In dieser Richtung *Chrocziel*, EWS 1991, 173, 177 ff. speziell zur Bedenklichkeit der Marktortanknüpfung im internationalen Wettbewerbsrecht *Drasch*, Herkunftslandprinzip (1997), 312 ff., 365; wohl auch *Herwig*, Gestaltungsspielraum (2002), 219 zum harmonisierten Bereich; z. G. *Thünken*, IPRax 2001, 15, 18.

49 Dazu *Roth*, GS Lüderitz (2000), 635; *ders.*, in: Mansel/Baur (Hrsg.), Systemwechsel (2002), 47 f.; *Sonnenberger*, ZVglRWiss 95 (1996), 3. Vgl. aus dem ausländischen Schrifttum etwa *Fallon*, RdC 253 (1995), 9 ff.; *Fawcett*, RdC 238 (1993 I), 9 ff.; *Radicati di Brozolo*, Rev.crit.d.i.p. 82 (1993), 401 ff.; *ders.*, in: Lagarde/v. Hoffmann (Hrsg.), Die Europäisierung des IPR (1996), 87 ff.

prinzip auch auf das Verweisungsrecht zu übertragen. Dem liegt folgende Überlegung zugrunde:

Obwohl ein großer Teil der Entscheidungen, in denen sich der EuGH mit der Frage der Vereinbarkeit nationaler Vorschriften mit den Grundfreiheiten auseinandergesetzt hat, öffentlich rechtliche Normen betraf, sind die möglichen Konfliktsfälle nicht allein auf diese Kategorie von Regelungen beschränkt. Vielmehr können auch zwingende privatrechtliche Vorschriften Maßnahmen gleicher Wirkung darstellen; mit der Folge, dass die Anwendung solcher Vorschriften durch das Bestimmungsland einer besonderen Rechtfertigung durch zwingende Gründe des Allgemeininteresses bedarf.[50] Ausgehend von dieser und der weiteren Prämisse, dass die Bestimmungsstaaten von Waren, Dienstleistungen etc. unter bestimmten Umständen die Regelungen und die eingetretenen Rechtstatsachen des Herkunftslandes anzuerkennen haben, ist gefolgert worden, dass die Grundfreiheiten einen unmittelbar kollisionsrechtlichen Gehalt aufweisen, der das Herkunftslandprinzip verwirklicht.[51] Denn die Zusammenschau der primärrechtlichen Vorgaben führt dazu, dass i. E. grds. das Recht des Herkunftslandes für anwendbar bzw. für beachtlich erklärt wird;[52] Eine abweichende (Grund- oder Sonder-) Anknüpfung muss demgegenüber aus zwingenden Erfordernissen gerechtfertigt sein. Dem so verstandenen kollisionsrechtlichen Herkunftslandprinzip müssen die Verweisungsvorschriften der Mitgliedstaaten gerecht werden.[53]

Die Diskussion um die kollisionsrechtliche Relevanz des EG-Primärrechts ist besonders intensiv für den Bereich des Wettbewerbsrechts geführt worden. So wird verschiedentlich vertreten, die Herkunftslandanknüpfung müsse im Wettbewerbsrecht die überkommene Anknüpfung an das Recht des Marktortes ablösen.[54] Ähn-

50 *Drasch*, Herkunftslandprinzip (1997), 206 f.; *Franzen*, Privatrechtsangleichung (1999), 118 ff.

51 Vgl. zu diesem Ansatz etwa *Basedow*, RabelsZ 59 (1995), 1, 13 f.; *ders.*, NJW 1996, 1921, 1927; *Drasch*, Herkunftslandprinzip (1997), 205 ff., 301 ff., 309 ff.; in dieser Richtung auch *Grundmann*, Europäisches Schuldvertragsrecht (1999), 32 f.; *Klinke*, FS Kegel (2002), 1, 20 ff. zum öffentlichen Recht; *Radicati di Brozolo*, Rev.crit.d.i.p. 82 (1993), 401, 409; *ders.*, in: Lagarde/v. Hoffmann (Hrsg.), Die Europäisierung des IPR (1996), 87, 91 ff. differenzierend; *Wolf*, WM 1990, 1941, 1943 f., dort allerdings zum Spezialgebiet des Bankrechts im Bereich der 2. Bankrechts-RL; z. G. (wenn auch i. E. krit.) *v. Hoffmann*, in: ders. (Hrsg.), European Private Law (1998), 19, 20 f.; *Höpping*, Warenverkehrsfreiheit (1997), 91 ff.; *Kreuzer*, in: Müller-Graff (Hrsg.) Gemeinsames Privatrecht (1999), 457, 510 ff.; *Roth*, RabelsZ 55 (1991), 623, 651 ff.; *ders.*, in: GS Lüderitz (2000), 635, 642 ff. und in: Mansel/Baur (Hrsg.), Systemwechsel (2002), 47, 53 ff.; *Schaub*, RabelsZ 66 (2002), 18, 31 ff. m. w. N.; *Sonnenberger*, ZVglRWiss 95 (1996), 3, 8 ff.; *ders.*, in: MüKo, Einl. IPR, Rdn. 133 ff.; *v. Wilmowsky*, RabelsZ 62 (1998), 1, 11.

52 *Drobnig*, FS v. Caemmerer 1978, 687, 697 versteht Anerkennung und kollisionsrechtliche Verweisung als zwei Varianten eines Grundbegriffes des IPR, der extraterritorialen Wirkungserstreckung.

53 So auch *Radicati di Brozolo*, Rev.crit.d.i.p. 82 (1993), 401, 407 ff.; dazu *Roth*, RabelsZ 55 (1991), 623, 651 ff.

54 *Apel/Grapperhaus*, WRP 1999, 1247, 1250; *Basedow*, RabelsZ 59 (1995), 1, 49 ff.; *Bernhard*, EuZW 1992, 437, 438 ff.; *Chrocziel*, EWS 1991, 173, 177 f.; *Dethloff*, JZ 2000, 179 ff., 183 – jedenfalls für den Fall des Multi-State-Wettbewerbs und unter Hinweis auf die Etablierung eines kollisionsrechtlich Herkunftslandprinzips in einigen EG-Rechtsakten; *Drasch*, Herkunftslandprinzip (1997), 309 ff., 321 ff.; *Jayme/Kohler*, IPRax 1991, 362, 369 und 1993, 357, 371; angedacht auch bei *Reich*, RabelsZ 56 liches ist jedoch auch für das Vertragsrecht angedacht worden. Dort wird allerdings häufig konstatiert, das EVÜ werde den Anforderungen der Grundfreiheiten im Wesentlichen gerecht, bzw. es gehe sogar darüber hinaus, so dass eine Korrektur nicht erforderlich sei.[55] Darüber hinaus sind etwa das Produkthaftungsrecht, das Gesellschaftsrecht, das Sachenrecht und andere Rechtsgebiete mit möglichem Bezug zum Freiverkehr Gegenstand der wissenschaftlichen Diskussion.[56]

Zwar wird die These vom Herkunftslandprinzip als kollisionsrechtlicher Universalnorm (d. h. im Sinne einer beherrschenden Kollisionsnorm gemeinschaftsrechtlichen Ursprungs, die an die Stelle der differenzierten Verweisungen in den nationalen Kollisionsrechtsordnungen tritt) nicht von allen der oben aufgeführten Autoren in dieser Stringenz vertreten. Sie dient zum Teil nur als schlagwortartige Ausgangsthese für weitere Überlegungen.[57] Jedenfalls jedoch markiert die Diskussion um das Herkunftslandprinzip als kollisionsrechtliches Konzept das Grundanliegen, die Marktfreiheiten nach positiven Vorgaben für das nationale Kollisionsrecht zu befragen,[58] wenn dieser Ansatz auch in den Augen vieler Autoren einer weiteren Konkretisierung und Ausdifferenzierung bedarf.

So spricht zwar etwa *Radicati di Brozolo*[59] davon, die Anwendung eines anderen Rechts als des Herkunftslandrechts könne die Dienstleistungsfreiheit beschränken, er räumt im Folgenden den Grundfreiheiten jedoch keine völlig systemsprengende Kraft ein, sondern nur das Potential, unter bestimmten Umständen einen gewissen Einfluss auf das Funktionieren der Kollisionsregeln auszuüben. Er nimmt insbes. Bezug auf

---

(1992), 444, 485; **krit.** indes *Fezer/Koos*, IPRax 2000, 349, 350 ff.; *Grandpierre*, Herkunftsprinzip (1999), 183 ff.; *Höpping*, Warenverkehrsfreiheit (1997), 91 ff., 94 ff.; *Jayme/Kohler*, IPRax 1992, 346, 348; *Reese*, Grenzüberschreitende Werbung (1994), 217 ff.; *Sack*, WRP 2000, 269, 280 f. m. w. N.; *Sonnenberger*, ZVglRWiss 95 (1996), 3, 25 ff.; vgl. z. G. Brödermann, in: Gemeinschaftsrecht und IPR (1994), 203 ff.; *Höpping*, a. a. O.; *Sack*, WRP 1994, 281, 287 ff.

55 *Basedow*, RabelsZ 59 (1995), 1, 27 ff.; *Drasch*, Herkunftslandprinzip (1997), 301 ff. kommt zwar zu dem Ergebnis, dass die Art. 30, 59 EGV (heute 28, 49 EG) einer Anknüpfung des Vertragsverhältnisses an das Recht des Bestimmungslandes nicht entgegenstehen; jedoch nur, wenn und soweit Rechtswahlfreiheit für diesen Bereich verbürgt ist. Denn die Einräumung von Rechtswahlfreiheit beseitigt die Behinderungswirkung der nur ersatzweise eingreifenden objektiven Anknüpfung an das Recht des Bestimmungslandes; *Magnus*, in: Staudinger, vor Art. 27–37 EGBGB, Rdn. 8 f.; *Remien*, ZfRV 36 (1995), 116, 129 f.; *Roth*, RabelsZ 55 (1991), 623, 651 ff.; teilweise a. A. etwa *v. Wilmowsky*, ZEuP 3 (1995), 735, 753 ff.

56 Vgl. nur die Themenauswahl bei *Basedow*, RabelsZ 59 (1995), 1, 27 ff.; *Klauer*, Europäisierung (1998), 68 ff.; *Roth*, RabelsZ 51 (1991), 623, 645 ff.; *Sonnenberger*, ZVglRWiss 95 (1996), 3, 16 ff.; *ders.*, in: MüKo, Einl. IPR, Rdn. 148 ff.

57 Etwa in Richtung auf ein Günstigkeitsprinzip – so bei *Basedow*, RabelsZ 59 (1991), 1, 12 ff., und weiter heißt es dort: 26: „Die skizzierte gemeinschaftsrechtliche Kollisionsnorm ist vielmehr als ein Maßstab zu betrachten, den wir nun an die Verweisungsnormen des IPR der Mitgliedstaaten anzulegen haben . . .“; *ders.*, NJW 1996, 1921, 1927: „Die Spannungen zwischen den Anforderungen des freien Verkehrs und den zwingende Erfordernissen des Aufnahmestaates können nur in spezifischen Kollisionsnormen für die einzelnen Rechtsgebiete aufgelöst werden.“

58 Im Gegensatz zu den früheren Ansätzen ! die allesamt vom nationalen Kollisionsrecht ausgingen und dieses am Maßstab des Gemeinschaftsrechts überprüften – auf diesen geänderten Blickwinkel weist insbes. *Basedow*, RabelsZ 59 (1995), 1, 5 f. hin.

59 *Radicati di Brozolo*, Rev.crit.d.i.p. 82 (1993), 401, 407 ff.

Einschränkungen der Rechtswahlfreiheit und auf die Anwendung von Eingriffsnormen. Damit bewegt er sich innerhalb des tradierten Systems des Kollisionsrechts und nimmt nur einzelne Korrekturen und Modifikationen vor.

Ähnlich auch *Basedow*,[60] der als einer der ersten Autoren ausführlich die Frage aufgegriffen hat, inwiefern die Grundfreiheiten-Rspr. des EuGH die kollisionsrechtliche Anknüpfung beeinflusst: *Basedow* bejaht zwar konkrete kollisionsrechtliche Implikationen der EG-Grundfreiheiten, geht jedoch nicht davon aus, die ausdifferenzierte Anknüpfungssysteme der Mitgliedstaaten durch eine einzige allumfassende Kollisionsnorm gemeinschaftsrechtlicher Prägung ersetzten zu können. Vielmehr versucht er, für einzelne Gebiete spezifische Verweisungsnormen zu entwickeln, die vom Gedankengut des Herkunftslandprinzips bzw. vom Günstigkeitsprinzip getragen sind. *Basedow* vertritt eigentlich ein Günstigkeitsprinzip – in ausdrücklicher Abkehr vom reinen Herkunftslandprinzip, wie es sich etwa bei *Roth* (s. o.) findet. Dennoch ist es gerechtfertigt, den Beitrag *Basedows* hier aufzuführen, weil er dem Gemeinschaftsrecht selbst nur die Anknüpfung an das Recht des Herkunftslandes für den Fall entnimmt, dass das Herkunftslandrecht die Ausübung der Freiheiten weniger beeinträchtigt als das Bestimmungslandrecht. Das „in favor offerentis" berufene Bestimmungslandrecht tritt seiner Ansicht nach hingegen nur aufgrund nationalen Kollisionsrechts des Bestimmungsstaates hinzu. Denn die Tendenz zur Anwendung des eigenen (Wirtschafts-)Rechts auch auf ausländische Anbieter sei in der Praxis verbreitet und werde bei liberalerer Gestaltung des Bestimmungslandrechts vom Gemeinschaftsrecht nicht konterkariert. Für *Basedow* gründet jedoch eben dieser zweite Aspekt der Verweisung, der in seinen Augen das Herkunftslandprinzip zum Günstigkeitsprinzip macht, in der Rechtsanwendungsentscheidung des Bestimmungslandes, die primärrechtlich nicht vorgezeichnet ist.

Einige Autoren beziehen die direkte kollisionsrechtliche Relevanz des Herkunftslandprinzips als Verweisungsnorm v. a. auf einzelne, klar umrissene Bereiche; etwa *Drasch*,[61] der den Freiheiten zwar für das Wettbewerbsrecht eine Pflicht zur Herkunftslandanknüpfung entnehmen will, gleiches für das Vertragsrecht jedoch ablehnt.[62] *Wolf*[63] schreibt – zum Spezialgebiet des Bankrechts im Bereich der 2. Bankrechts-RL–: „Die hohe Wertbedeutung, die Art. 59 EWGV der Dienstleistungsfreiheit beimisst, ... rechtfertigt es, deren (der 2. Bankrechtsrichtlinie) Art. 18 Abs. 1 im Sinne einer umfassenden Betätigungsgarantie zu verstehen, die auch die Anerkennung dienstleistungsspezifischen zivilrechtlichen Institute umfasst." Ein besonderer Schwerpunkt liegt auch bei dem Problem der Bestimmung des Gesellschaftsstatuts vor dem Hintergrund der Niederlassungsfreiheit.[64]

---

60 *Basedow*, RabelsZ 59 (1995), 1, 15 ff., 25 ff., 53.

61 Vgl. *Drasch*, Herkunftslandprinzip (1997), 301 ff., 309 ff.

62 Dies allerdings v. a. deshalb, weil im internationalen Vertragsrecht grds. Rechtswahlfreiheit herrscht, so dass den primärrechtlichen Anforderungen bereits Genüge getan ist.

63 *Wolf*, WM 1990, 1941, 1943 f.

64 Dazu *Behrens*, IPRax 1999, 323 ff.; *Bleckmann*, Europarecht, Rdn. 1621; *Brödermann*, in: Gemeinschaftsrecht und IPR (1994), Rdn. 266 ff., 270 ff.

Wenn somit das Herkunftslandprinzip zuweilen auch nicht als geschlossenes System begriffen wird, welches das nationale Kollisionsrecht völlig verdrängt, sondern v. a. zum Anlass genommen wird, von diesem Grundsatz abweichende Anknüpfungen einer Überprüfung und einem Rechtfertigungszwang zu unterwerfen,[65] so steht hinter diesen Überlegungen doch die Überzeugung, dass das Gemeinschaftsrecht nicht nur mitgliedstaatliche Anknüpfungen kassiert, sondern sie in gewissem Umfang auch in seinem Sinne modifiziert und ggf. sogar kreiert; und zwar in einer Weise, die das oben beschriebene Herkunftslandprinzip umsetzt.[66]

bb) Die Abwandlung zum Günstigkeitsprinzip bzw. zum Postulat der Rechtswahlfreiheit

Ein zweiter Ansatz beruht ebenfalls auf der Idee, dass sich aus den Marktfreiheiten verborgene Kollisionsnormen oder doch sehr konkrete Vorgaben für das IPR der Mitgliedstaaten entnehmen lassen, indem man die Rspr. des EuGH zur Grundfreiheitendogmatik auf ihr Substrat zurückführt und zu einem kollisionsrechtlichen Rechtsanwendungsbefehl verdichtet. So geht wie gezeigt etwa *Basedow* von der Prämisse aus, dass die Marktfreiheiten des EG-Vertrages eine versteckte Kollisionsnorm enthalten, die auf den ersten Blick auf das Recht des Herkunftslandes der Ware, Dienstleistung etc. verweist.[67]

Ausgangspunkt ist demnach auch hier das Herkunftslandprinzip. *Basedow* bleibt jedoch bei diesem Befund nicht stehen, sondern fügt der Untersuchung der in Rede stehenden Fallgruppen einen neuen Aspekt hinzu: Zweifel an der strengen Herkunftslandprinzip-Lösung sollen sich nämlich insbes. dann ergeben, wenn das Recht des Herkunftslandes strenger ist als das Recht des Bestimmungslandes. *Basedow* kommt dabei zu dem Ergebnis, dass sich die kollisionsrechtliche Bedeutung der Grundfreiheiten nur solange mit dem Schlagwort des Herkunftslandprinzips umschreiben lässt, wie das Recht des Herkunftslandes milder bzw. dem Anbieter in sonstiger Weise vorteilhafter ist, als das Recht des Bestimmungslandes. Denn die Marktfreiheiten hindern den Bestimmungsstaat nur, beschränkende nationale Normen auf Anbieter aus dem EG-Ausland anzuwenden, wenn diese bereits die Anforderungen ihres Herkunftslandes erfüllen. Sie verhindern indes nicht, dass der Bestimmungsstaat sein liberaleres Recht auf solche Anbieter aus anderen Mitgliedstaaten anwendet.[68]

---

65 Das mag damit zusammenhängen, dass in den Mitgliedstaaten für die kollisionsrechtlichen Fragen, die in der Praxis auftreten, bereits geschriebene oder ungeschriebene Verweisungsnormen existieren, so dass es nahe liegt, diese zunächst an dem neugefundenen Postulat zu messen, statt völlig losgelöst vom kollisionsrechtlichen Status quo neue Anknüpfungsregeln zu bilden.

66 *Basedow*, RabelsZ 59 (1995), 1, 6, 13 ff.; *ders.*, NJW 1996, 1921, 1927; dagegen *Kreuzer*, in: Müller-Graff (Hrsg.), Gemeinsames Privatrecht (1999), 457, 510 ff.

67 *Basedow*, RabelsZ 59 (1995), 1, 13 ff., 25 ff.; vgl. zu dieser Entwicklung auch *Schaub*, RabelsZ 66 (2002), 18, 31 f.; *Sonnenberger*, ZVglRWiss 95 (1996), 3, 8 f.

68 *Basedow*, RabelsZ 59 (1995), 1, 15 ff. und *ders.*, RabelsZ 52 (1988), 8, 23 ff.; unter Hinweis auf den Umstand, dass ebendies auch gängige Praxis ist, weil der Bestimmungsstaat kein Interesse daran hat, das fremde Recht durchzusetzen.

Nicht das Recht des Herkunftslandes einer Ware soll deshalb über das anwendbare Recht im innergemeinschaftlichen Handelsverkehr bestimmen; maßgeblich sollte vielmehr das Recht des Herkunfts- oder des Bestimmungsstaates einer Waren oder Dienstleistung sein, je nachdem, welches Recht sich im Einzelfall als für den Anbieter günstiger erweise.[69]

I. E. laufen beide soeben dargestellten Ansätze – sowohl der des Herkunftslandprinzips als auch der des Günstigkeitsprinzips – darauf hinaus, dem Bestimmungsstaat mehr oder weniger weitgehend die Regelungskompetenz für grenzüberschreitende Sachverhalte aus der Hand zu nehmen – im ersten Fall grds., im zweiten immerhin dann, wenn das Herkunftslandrecht dem Anbieter günstiger ist als das Recht des Bestimmungslandes.[70]

cc) Das Prinzip der Parteiautonomie als Ausfluss des grundfreiheitlichen Beschränkungsverbots

Schließlich findet sich im Schrifttum ein Ansatz, der in den Grundfreiheiten des EG-Vertrages nicht ein Herkunftsland- oder Günstigkeitsprinzip verankert sieht, sondern vielmehr das Prinzip der Parteiautonomie, insbes. der Rechtswahlfreiheit. So liest sich etwa der Beitrag von *Drasch*,[71] jedenfalls soweit er sich auf das Vertragsrecht bezieht, als ein Postulat der Rechtswahlfreiheit. Auch *v. Wilmowsky* weist darauf hin, in den Grundfreiheiten des EG-Vertrages sei nicht das Herkunftslandprinzip verankert, sondern ein Bekenntnis zur Parteiautonomie.[72]

---

69 *Basedow*, RabelsZ 59 (1995), 1, 25 ff., 53 f. – für Basedow folgt dieser „favor offerentis" allerdings aus verschiedenen Rechtsquellen:, nämlich aus dem primären Gemeinschaftsrecht, soweit es um den Verweis auf das Herkunftslandrecht im Falle strengeren Bestimmungslandrechts geht, hingegen aus dem nationalen (Wirtschafts-)Kollisionsrecht, soweit die Durchsetzung von im Vergleich zum Herkunftslandrecht liberaleren Vorschriften des Bestimmungslandes in Rede steht; ihm folgend *Brödermann*, in: Gemeinschaftsrecht und IPR (1994), 207 ff.; *Chocziel*, EWS 1991, 173, 177 f.; erwogen auch bei *Jayme/Kohler*, IPRax 1991, 361, 369; *dies.*, IPRax 1992, 346, 348; *dies.*, IPRax 1993, 357, 370 f.; *Michaels*, Anerkennungspflichten, 4. Teil, D I.1.b)bb)(4); in dieser Richtung auch *Bernhard*, EuZW 1992, 437, 438 ff. – i. E. allerdings ablehnend; krit. auch *Fezer/Koos*, IPRax 2000, 349, 351; *Freitag*, Produkthaftungsrecht (2000), 309 f., 324; *Gebauer*, IPRax 1995, 152, 156 allerdings mit abweichendem Verständnis der Funktion dieses Günstigkeitsprinzips nicht als generelle Kollisionsnorm gemeinschaftsrechtlichen Ursprungs, sondern als Reservekollisionsnorm bei EG-Rechtswidrigkeit der ursprünglich berufenen Sachvorschrift; vgl. auch die Darstellung bei *Kreuzer*, in: Müller-Graff (Hrsg.), Gemeinsames Privatrecht (1999), 457, 511 f.; *Sack*, WRP 1994, 281, 288; *Schaub*, RabelsZ 66 (2002), 18, 31 ff.; *Sonnenberger*, ZVglRWiss 95 (1996), 3, 8 f.; *ders.*, in: MüKo, Einl. IPR, Rdn. 133 ff.

70 Dazu auch *Höpping*, Warenverkehrsfreiheit (1997), 92.

71 *Drasch*, Herkunftslandprinzip (1997), 244 ff., 254 f.; für das Wettbewerbsrecht neigt dieser hingegen grds. dem Herkunftslandprinzip zu.

72 *V. Wilmowsky*, ZEuP 3 (1995), 735, 736 f.; *ders.*, RabelsZ 62 (1998), 1, 3 ff.; *ders.*, Europäisches Kreditsicherungsrecht (1996), 43 ff. 60 ff.; der Gedanke, den Grundfreiheiten in ihrer Ausprägung als Beschränkungsverbote eine Verbürgung der Rechtswahlfreiheit zu entnehmen, klingt überdies an bei *Basedow/Drasch*, NJW 1991, 785 ff.; *Grundmann*, IPRax 1992, 1, 4; *ders.*, ZHR 163 (1999), 635, 656 ff.; *ders.*, JuS 2001, 946, 947: zur Erkenntnis, dass die Grundfreiheiten die Funktion haben, die Privatautonomie über die Grenzen zu erstrecken, und deshalb nicht dazu instrumentalisiert werden dürfen, privatautonome Entscheidungen der Parteien zu korrigieren und damit die Planbarkeit zu reduzieren; des Weiteren *Martiny*, in: v. Bar (Hrsg.), Gemeinschaftsrecht und IPR (1991), 211, 219; *Müller-Graff*, NJW 1993, 13, 14 f.; *Randelzhofer/Forsthoff*, in: Grabitz/Hilf, vor Art. 39-55, Rdn. 61; *Roth*,

Nach diesem Ansatz eignet zwingenden Anknüpfungen im Kollisionsrecht, die unabhängig vom Willen der Beteiligten eine bestimmte Rechtsordnung zur Anwendung berufen, mitunter eine erhebliche Belastungswirkung für den grenzüberschreitenden Wirtschaftsverkehr. Dies schon deshalb, weil sie die Voraussehbarkeit und Planbarkeit von grenzüberschreitenden Transaktionen (bzw. des auf diese anwendbaren Rechts) verringern und die bewusste Entscheidung bzw. die Entscheidungsmöglichkeit der Parteien, die ihre konkreten Rechtsanwendungsinteressen am besten beurteilen können, überspielen.[73]

Die Vertreter dieser Auffassung sehen also in den Marktfreiheiten das grds. Recht der Parteien verbürgt, die auf ihre Verhältnisse anwendbare Rechtsordnung privatautonom zu bestimmen. Einschränkungen dieser Rechtswahlfreiheit der Beteiligten bedürfen der Rechtfertigung durch zwingende Gründe des Allgemeininteresses.[74]

dd) Ein Herkunftslandprinzip-Ansatz für die Ausfuhrfreiheit

Die Frage nach den Auswirkungen der Ausfuhrfreiheit auf den kollisionsrechtlichen Gehalt der Grundfreiheiten ist bisher wenig in die Betrachtungen einbezogen worden. Wie bereits dargestellt findet dies seinen Grund zum einen in der geringeren praktischen Bedeutung der Ausfuhrfreiheiten und zum anderen in ihrer engeren Auslegung durch den EuGH.[75] Ihre eher theoretische Bedeutung rückt die Ausfuhrfreiheiten dabei auch für die kollisionsrechtliche Fragestellung aus dem Brennpunkt des Interesses heraus. Die enge Auslegung nimmt ihnen das eingängige, leicht in eine Kollisionsnorm umsetzbare Substrat, das die Einfuhrfreiheiten mit dem Herkunftslandprinzip besitzen.

Wie soeben gezeigt, wird in der Literatur für die Frage nach dem IPR-Gehalt der Grundfreiheiten daher häufig lediglich auf das Herkunftslandprinzip abgestellt, welches an dem Zusammenspiel der Art. 28 EG und Art. 30 EG bzw. den „zwingenden Erfordernissen des Gemeinwohls" exemplifiziert wird.[76] Das gilt weithin auch

---

RabelsZ 55 (1991), 623, 652, 654, 658; *ders.*, VersR 1993, 129, 133; *Smulders/Glazener*, CMLR 29 (1992), 775, 776 f.; *Wernicke*, Bankvertragsrecht (1996), 75 ff.; differenzierend *Kohler*, IPRax 2003, 401, 409.

73 IdS. etwa *Drasch*, Herkunftslandprinzip (1997), 244 ff., 254; dazu auch *Grundmann*, IPRax 1992, 1, 4; zum Problem der Rechtsunsicherheit außerhalb von Parteivereinbarungen auch *Kreuzer*, in: Müller-Graff (Hrsg.), Gemeinsames Privatrecht (1999), 457, 498; des Weiteren *Radicati di Brozolo*, Rev.crit.d.i.p. 82 (1993), 401, 412 f.; Im Ansatz auch *Roth*, Internationales Versicherungsvertragsrecht (1985), 434 ff.; *ders.*, RabelsZ 55 (1991), 623, 652 ff. und VersR 1993, 129, 133 ff.; *v. Wilmowsky*, RabelsZ 62 (1998), 1, 4 ff., 19 f.; interessant insoweit auch der Bericht von *Jayme*, IPax 1991, 429 f. über die Bestrebung, die Parteiautonomie in dem Grund- und Menschenrecht der freien Persönlichkeitsentfaltung zu verorten.

74 *Randelzhofer/Forsthoff*, in: Grabitz/Hilf, vor Art. 39-55, Rdn. 61.

75 Dazu oben § 6 I.

76 *Behrens* EuR 27 (1992), 145, 156 f.; *Classen* EWS 1995, 97, 98; *Jayme/Kohler*, IPRax 1993, 357, 370 f.; implizit auch *Kerber*, in: Grundmann (Hrsg.), Systembildung (2000), 67, 89 ff., der freilich einem Ursprungslandprinzip als einziger Metaregel für die Funktionsfähigkeit eines dezentralen Rechtssystems krit. gegenüber steht; nur ein kurzer Hinweis ohne Herstellung des Bezugs zu Art. 29 EG findet sich bei *Mülbert*, RabelsZ 159 (1995), 2 ff., 20; *Sack*, WRP 1994, 281, 287 ff.; *Rohe*, RabelsZ 61 (1997), 1, 58; *Schütz*, Jura 1998, 631, 636 f.

für solche Arbeiten, denen es gerade um die Ableitung kollisionsrechtlicher Folgerungen geht.[77] Allerdings wird eingeräumt, dass das Herkunftslandprinzip nur dann und insoweit gilt, als die betroffene Ware den Vorschriften ihres Herkunftslandes entspricht und dort verkehrsfähig wäre. Art. 29 EG wird hingegen in diesem Zusammenhang nicht in vergleichbarem Umfang berücksichtigt. Dies beruht nicht zuletzt auf der Vorstellung, den Bedürfnissen etwa des grenzüberschreitenden Warenverkehrs sei mit dem Herkunftslandprinzip, das die prinzipielle Verkehrsfähigkeit von Waren verbürgt, die ihrem Herkunftslandrecht entsprechen, bereits Genüge getan.[78]

Dieser Ansatz ist jedoch nicht gerechtfertigt, denn zum einen haben die obigen Ausführungen gezeigt, dass die Auslegung der Ausfuhrfreiheiten tatsächlich erweitert werden sollte. Zum anderen muss das kollisionsrechtliche System, das dem Primärrecht ggf. zu entnehmen ist, unvollständig bleiben, wenn es nur den dogmatischen Gehalt der Einfuhrfreiheiten verwertet. Erst eine Zusammenschau der Vorgaben, die für Maßnahmen des Einfuhr- und des Ausfuhrstaates gelten, vermittelt einen zutreffenden Eindruck davon, wie die Regelungskompetenzen zwischen den im grenzüberschreitenden Wirtschaftsverkehr berührten Staaten verteilt werden; und erst eine Vereinigung des kollisionsrechtlichen Substrats von Einfuhr- und Ausfuhrfreiheit, bildet den möglichen IPR-Gehalt des Primärrechts richtig ab.

c) Die Grundfreiheiten als übergeordnetes Prinzip und als Maßstab des bestehenden Kollisionsrechts

Zu den Versuchen der kollisionsrechtlichen Aufarbeitung der Grundfreiheiten in der Literatur ist neben dem soeben geschilderten Denkmodell, Binnenmarktkollisionsnormen unmittelbar aus den EG-Grundfreiheiten abzuleiten, noch ein weiterer, moderaterer Ansatz zu zählen. Ein beträchtlicher Teil des Schrifttums geht zwar nicht so weit, den Grundfreiheiten unmittelbar geltende Anknüpfungen gemeinschaftsrechtlichen Ursprungs zu entnehmen. Jedoch erkennen diese Autoren im Grundsatz an, dass die Dogmatik der Marktfreiheiten auch für das Internationale Privatrecht nicht ohne Folgen bleiben kann,[79] weil diskriminierende oder beschrän-

---

77 Vgl. etwa *Drasch*, Herkunftslandprinzip (1997), 205: „Herkunftslandprinzip als generalisiertes Cassis-de-Dijon-Prinzip", s. a. 205 ff., 208, wo die überkommene Rspr. des Gerichtshofs zu Art. 34 EGV (heute Art. 29 EG) zur Bestätigung des Herkunftslandprinzip-Ansatzes herangezogen wird; *Schwartz*, FS v. d. Groeben (1987), 333, 366; *Basedow*, RabelsZ 59 (1995), 1, 15 ff. geht nicht auf Art. 29 EG ein. Zwar behandelt er das Problem eines strengeren Herkunftslandrechts und kommt dabei zu dem Schluss, dass ein Günstigkeits- statt eines Herkunftslandprinzips gilt; er beschränkt sich allerdings auf die Perspektive des Empfangsstaates ohne Diskussion des Art. 29 EG; so wohl auch noch bei *Bernhard*, EuZW 1992, 437, 439, der jedenfalls die klassischen Auslegung des Art. 29 seiner Erörterung zugrunde legt, ohne näher auf ihre Berechtigung einzugehen; auch *Chroczil*, EWS 1991, 173, 178 f. argumentiert nur auf Grundlage der Rspr. zu Art. 28, 30 EG; *Jayme/Kohler*, IPRax 1993, 357, 370 f.; *Sack*, WRP 1994, 281, 287 ff.; **anders** *Classen*, EWS 1995, 97, 100 f.; Stellungnahme zum Problem des Art. 29 EG auch bei *Roth*, ZHR 159 (1995), 78 ff.

78 So *Classen*, EWS 1995, 97, 100 f.

79 Zum Verständnis der Grundfreiheitdogmatik „nur" als übergeordnetes Konzept: *Bernhard*, EuZW 1992, 437, 440 f.; *Gounalakis/Radke*, ZVglRWiss 98 (1999), 1, 9 ff.; *Kort*, GRUR Int. 1994, 594, 600 f.: nach denen das IPR der Mitgliedstaaten von der Rspr. des Gerichtshofs zu den EGkende Auswirkungen auf den grenzüberschreitenden Wirtschaftsverkehr grds. auch von Kollisionsnormen ausgehen können oder doch zumindest aus dem Zusammenwirken von Kollisionsnorm und berufenem Sachrecht resultieren.[80]

Nach dieser Ansicht vermag das Gemeinschaftsrecht zwar, mitgliedstaatliche Kollisionsnormen zu kassieren, die den Grundfreiheiten zuwiderlaufen, weil das primäre Gemeinschaftsrecht und insbes. die Grundfreiheiten bestimmte Vorgaben enthalten, welche die nationalen Kollisionsrechte zu beachten haben. Es ist jedoch nicht geeignet, eine eigenständige, einheitlich und universell geltende Kollisionsnorm zu formulieren, die stattdessen anzuwenden wäre.[81] Die Dogmatik der Grundfreiheiten wird somit als ein übergeordnetes Prinzip verstanden, von dem bestimmte Impulse für die Anwendung des nationalen Kollisionsrechts ausgehen.

Deshalb müssen sich die bestehenden Verweisungsnormen der Mitgliedstaaten an den Grundfreiheiten messen lassen. Die Marktfreiheiten fungieren als Prüfungsmaßstab, der Schranken für das bestehende nationale Kollisionsrecht festsetzt bzw. als gemeinschaftsrechtliche Vorgabe, die bestimmte Anknüpfungen nahe legt.[82] So mag sich etwa die Tendenz für eine Herkunftslandanknüpfung oder die Gewährleistung von Rechtswahlfreiheit abzeichnen, wo die Freiheiten besonders weit reichen und Beschränkungsverbote verbürgen. Anderes mag in dem Bereich gelten, in dem die Grundfreiheiten lediglich als Diskriminierungsverbote wirken oder in dem Vorbehaltsgründe bzw. zwingende Erfordernisse eingreifen.

Verstößt eine konkrete nationale Kollisionsnorm gegen die Vorgaben der Grundfreiheiten, so hat das zur Folge, dass die entsprechende Verweisung auf Fälle mit Gemeinschaftsbezug so nicht länger angewendet werden darf. Anders als im Sachrecht, wo

---

Grundfreiheiten „nicht völlig unbeeindruckt" bleiben kann; *Kreuzer*, in: Müller-Graff (Hrsg.), Gemeinsames Privatrecht (1999), 457, 509 f.; zurückhaltender auch *Remien*, JZ 1994, 349, 350 ff.; *Roth*, in: Mansel/Baur (Hrsg.), Systemwechsel (2002), 47, 52 ff.; *Schaub*, RabelsZ 66 (2002), 18, 23 ff.

80 So etwa *Fetsch*, Eingriffsnormen (2002), 126 ff.; *Gounalakis/Radke*, ZVglRWiss 98 (1999), 1, 10 f.; *Roth*, FS 50 Jahre BGH (2000) II, 847, 862 ff.; *ders.*, in: Mansel/Baur (Hrsg.), Systemwechsel (2002), 47, 52 ff.; *Schaub*, RabelsZ 66 (2002), 18, 23; *Sonnenberger*, ZVglRWiss 95 (1996), 3, 22; *ders.*, in: MüKo, Einl. IPR, Rdn. 154; *Thünken*, IPRax 2001, 15, 18.

81 So etwa Vgl. *Höpping*, Warenverkehrsfreiheit (1997), 91 ff., 96; *Kreuzer*, in: Müller-Graff (Hrsg.), Gemeinsames Privatrecht (1999), 457, 510 ff., 511 mit der paradigmatischen Aussage, dass der EG-Vertrag zwar keine vergemeinschafteten Kollisionsnormen kreiert, wohl aber bestimmte mitgliedstaatliche Kollisionsnormen kassieren kann; des Weiteren *Roth*, in: Mansel/Baur (Hrsg.), Systemwechsel (2002), 47, 56 ff., der v. a. Anknüpfungstechnik und die Bestimmung des internationalen Anwendungsanspruchs nationalen Rechts an den Grundfreiheiten prüfen will; *Schaub*, RabelsZ 66 (2002), 18, 26; *Sonnenberger*, ZVglRWiss 95 (1996), 3, 22 ff. – mit der Argumentation, dass die Kollisionsnormen selbst zwar nur festlegen, welches nationale Sachrecht anzuwenden ist und deshalb keine eigenständige Freiheitsbeschränkungen enthalten, dass die Beschränkungen durch das berufene Sachrecht jedoch auch auf die Kollisionsnorm zurückzuführen seien; z. G. etwa *Drasch*, Herkunftslandprinzip (1997), 241 ff.

82 Äußerungen in dieser Richtung finden sich zuweilen sogar bei solchen Autoren, die sich eigentlich für die These von den versteckten Kollisionsnormen ausgesprochen haben: vgl. etwa *Basedow*, RabelsZ 59 (1995), 1, 26: „Die skizzierte gemeinschaftsrechtliche Kollisionsnorm ist vielmehr als ein Maßstab zu betrachten, den wir nun an die Verweisungsnormen des IPR der Mitgliedstaaten anzulegen haben ..."

die Gemeinschaftswidrigkeit meist durch die bloße Nichtanwendung der inkriminierten Norm beseitigt werden kann, stellt sich jedoch im Kollisionsrecht ein besonderes Problem. Da das anwendbare Recht bestimmt werden muss, um einen Rechtsstreit entscheiden zu können, hinterlässt der Ausfall einer Kollisionsnorm infolge ihrer Unvereinbarkeit mit dem Gemeinschaftsrecht häufig eine ausfüllungsbedürftige Lücke; jedenfalls dann, wenn dadurch etwa schon die Grundanknüpfung wegfällt, nicht erst eine Sonderanknüpfung bestimmter nationaler sachrechtlicher Vorschriften.

Die Kollisionsnorm muss in diesem Falle korrigiert oder ersetzt werden.[83] Sie kann beispielsweise im Wege der gemeinschaftsrechtskonformen Auslegung auf einen zulässigen Gehalt zurückgeführt werden, der den Freiheiten gerecht wird (bekannt ist v. a. das Prinzip der richtlinienkonformen Auslegung; die gemeinschaftsrechtskonforme Auslegung ist demgegenüber ein allgemeinerer Ansatz, der jedoch auf ganz ähnlichen Überlegungen beruht).[84] Die Anknüpfungsnorm wird in diesem Fall also in eingeschränkter bzw. modifizierter Form angewandt.[85] Möglich ist jedoch auch die Änderung oder die schlichte Nichtanwendung der fraglichen Vorschrift.[86] Notfalls muss der Richter rechtsfortbildend eine Kollisionsnorm finden, die den gemeinschaftsrechtlichen Anforderungen gerecht wird.[87]

Aus den Vorgaben der Grundfreiheiten ergeben sich somit gewisse Tendenzen für die Anknüpfung; v. a. jedoch Grenzen für die Ausgestaltung und Anwendung des internationalen Privatrechts der Mitgliedstaaten – und zwar sowohl hinsichtlich der Wahl der Anknüpfungspunkte für die verschiedenen Rechtsbereiche als auch hinsichtlich der Handhabung der allgemeinen Regeln und Techniken des IPR, wie etwa der

---

83 *Brödermann*, in: Gemeinschaftsrecht und IPR (1994), 213 ff., insbes. Rdn. 422; *Kreuzer*, in: Müller-Graff (Hrsg.), Gemeinsames Privatrecht (1999), 457, 503; *Schaub*, RabelsZ 66 (2002), 18, 24; *Thünken*, IPRax 2001, 15, 21; *v. Wilmowsky*, ZEuP 3 (1995), 735, 752 ff.

84 Zur gemeinschaftskonformen Auslegung nationalen Rechts vgl. EuGHE 1984, 1891, Rdn. 26 von Colson und Kamann; 1984, 1921, Rdn. 26 Harz; 1986, 1663, Rdn. 53 Johnston – Pflicht zur richtlinienkonformen Auslegung; *GA Reischl*, Schlussanträge in der Rs. 15/78, EuGHE 1978, 1981, 1987 Koestler; z. G. auch *Bleckmann*, RIW 1981, 653, 654; *Brödermann*, in: Gemeinschaftsrecht und IPR (1994), 215 ff.; *Iglesias/Riechenberg* FS Everling Bd. 2, 1213 ff.; *Jarass*, EuR 26 (1991), 211, 223; *Rengeling/Middeke/Gellermann*, Rechtsschutz in der Europäischen Union (1994), Rdn. 1163 ff., 1200 ff.; *Samtleben*, RabelsZ 45 (1981), 218, 248 f.; *Seif*, JbJZ 1997, 225, 244; *Sonnenberger*, in: MüKo, Einl. IPR, Rdn. 154 ff.; *Thünken*, IPRax 2001, 15, 21; *Zuleeg*, in: v. d. Groeben/Thiesing/Ehlermann, Art. 5, Rdn. 4 ff., 6; *ders.*, in: Schulze (Hrsg.), Auslegung (1999), 163 ff. sowie in ZEuP 2001, 533, 535.

85 Vgl. *Roth*, GS Lüderitz (2000), 635, 641 f.

86 *Brödermann*, in: Gemeinschaftsrecht und IPR (1994), 213 ff., insbes. Rdn. 422; *Fletcher*, Conflict of Laws (1982), 45 ff.; *Kreuzer*, in: Müller-Graff (Hrsg.), Gemeinsames Privatrecht (1999), 457, 503; *Schaub*, RabelsZ 66 (2002), 18, 24; *Struycken*, RdC 232 (1992-I), 257, 288; *Thünken*, IPRax 2001, 15, 21; *v. Wilmowsky*, ZEuP 1995, 735, 752 ff.

87 Insgesamt zum Umgang mit gemeinschaftsrechtswidrigem IPR *Brödermann*, in: Gemeinschaftsrecht und IPR (1994), 215, 217 ff.; zum Erfordernis, das nationale Kollisionsrecht im Bedarfsfalle zu ändern, etwa *Bleckmann, RIW 1981, 653, 654; Fletcher*, Conflict of Laws (1982), 45 ff.; *Kreuzer*, in: Müller-Graff (Hrsg.), Gemeinsames Privatrecht (1999), 457, 516 mit der Erkenntnis, dass die Freiheiten allein noch keine eindeutige Lösung suggerieren; *Seif*, JbJZ 1997, 225, 244 f.; *Struycken*, RdC 232 (1992-I), 257, 288.

Qualifikation, der Behandlung des Renvoi, der Anwendung des ordre public[88] oder bei der Sonderanknüpfung von Eingriffsnormen[89] etc.[90]

Für die so beschriebene Schrankenfunktion, welche die Grundfreiheiten auch gegenüber dem Kollisionsrecht der Mitgliedstaaten ausüben können, seien hier nur einige Beispiele aufgeführt. Grds. ließe sich auf dieser Grundlage die Gemeinschaftsrechtskonformität der Anknüpfungspunkte jedweder nationalen Kollisionsnorm im wirtschaftlich relevanten Bereich überprüfen. Der Hinweis auf einige der Probleme, an denen sich die Diskussion um die EG-rechtskonformität der kollisionsrechtlichen Anknüpfung besonders entzündet hat, soll hier jedoch genügen.[91] Benannt seien die ubiquitäre Anknüpfung und das (mittlerweile außer Kraft getretene) privilegium germanicum im Deliktsrecht sowie die Anknüpfung an die Staatsangehörigkeit im Bereich des Personalstatuts. In allen diesen Fällen ist bereits die kollisionsrechtliche Lage an sich als problematisch beanstandet worden.

Ubiquität im Deliktsrecht – Auf Kritik ist etwa das Ubiquitätsprinzip im Deliktsrecht gestoßen, das v. a. im Spannungsfeld von Warenverkehrsfreiheit und Produkthaftungsrecht[92] Konflikte aufwirft.[93] Die danach maßgebliche alternative Anknüpfung an den Handlungs- oder den Erfolgsort je nach Günstigkeit für den Geschädigten benachteiligt den ausländischen Schädiger schon deshalb, weil der Geschädigte hier ggf. zwei Rechtsordnungen zur Auswahl hat, während bei einem inländischen Schädiger Handlungs- und Erfolgsort in der Regel zusammenfallen werden. Dieser Ansatz ist – wenn auch in abgeschwächter Form – auch nach Inkrafttreten des Gesetzes zum internationalen Privatrecht für außervertragliche Schuldverhältnis und für Sachen[94] in Gestalt eines Bestimmungsrechts des Geschädigten

88 *Drasch*, Herkunftslandprinzip (1997), 297 ff.; *Kreuzer*, in: Müller-Graff (Hrsg.), Gemeinsames Privatrecht (1999), 457, 503 ff. *Martiny*, in: v. Bar (Hrsg.), Gemeinschaftsrecht und IPR (1991), 211 ff.; GA *Reischl*, Schlussanträge in der Rs. 15/78, EuGHE 1978, 1971, 1981 ff. Koestler; *Samtleben*, RabelsZ 45 (1981), 218 ff.; *Steindorff*, EuR 16 (1981), 426 ff.; *Wernicke*, Bankvertragsrecht (1996), 78 f.

89 *Martiny*, in: v. Bar (Hrsg.), Gemeinschaftsrecht und IPR (1991), 211 ff.; *Schurig*, RabelsZ 54 (1990), 217, 226 ff. – grds. zum Problem der Eingriffsnormen; *Wernicke*, Bankvertragsrecht (1996), 77 f.

90 Zu den allgemeinen Vorgaben für die Anwendung der nationalen Kollisionsnormen auch *Brödermann*, in: Gemeinschaftsrecht und IPR (1994), 222 ff.; *Grundmann*, RabelsZ 67 (2003), 246, 290 ff.

91 Z. g. etwa *Brödermann*, in: Gemeinschaftsrecht und IPR (1994), 222 ff.; *Sonnenberger*, ZVglRWiss 95 (1996), 3, 13 ff.

92 Zwar ist mit der Produkthaftungs-RL eine teilweise Harmonisierung des Sachrechts erreicht worden. Die Harmonisierung des Produkthaftungsrechts deckt den weiten Bereich des Deliktsrechts jedoch längst nicht vollständig ab. Zudem eignet sich der Fall der Produkthaftung auch weiterhin zur Illustration der Probleme im unharmonisierten Bereich, weil keine Kollisionsrechtsharmonisierung erfolgt ist und die Frage der kollisionsrechtlichen Auswirkungen der Teilharmonisierung des Sachrechts sowie das Problem der Bestimmung anwendbaren Sachrechts in innergemeinschaftlichen Fällen bei korrekter Umsetzung der RL hier außen vor bleiben können.

93 Dazu *Kreuzer*, in: Müller-Graff (Hrsg.), Gemeinsames Privatrecht (1999), 457, 511 – krit.; *Remien*, ZfRV 36 (1995), 116, 130; *Roth*, in: Mansel/Baur (Hrsg.), Systemwechsel (2002), 47, 59 ff.; *Schaub*, RabelsZ 66 (2002), 18, 30 zum Spannungsverhältnis von internationalem Deliktsrecht und Dienstleistungsfreiheit; *Sonnenberger*, ZVglRWiss 95 (1996), 3, 17 f., 25 ff.; z. G. auch *v. Hoffmann*, in: Staudinger, vor Art. 38 ff. EGBGB, Rdn. 8, Art. 40 EGBGB, Rdn. 88, 104.

94 Gesetz vom 21. 5. 1999, BGBl. 1999 I 1026; dazu etwa *Kreuzer*, RabelsZ 65 (2001), 386 ff.; *Schaub*, RabelsZ 66 (2002), 18 ff., 37 ff.; *Schurig*, GS Lüderitz (2000), 699 ff.

bestehen geblieben[95] und ermöglicht es diesem, von der grds. vorgesehenen Anknüpfung an den Handlungsort auf die Erfolgsortsanknüpfung überzugehen.[96]

In diesem Fall wird bereits die Anknüpfungstechnik bzw. die Wahl der Anknüpfungspunkte als diskriminierend beanstandet,[97] ohne dass es auf den konkreten Inhalt der berufenen Rechtsordnung noch ankommt. Der ausländische Schädiger wird bereits dadurch benachteiligt, dass typischerweise mehrere Rechtsordnungen alternativ zur Anwendung kommen können, deren konkrete Auswahl dem Geschädigten obliegt.[98] In eine ähnliche Lage wird der inländische Schädiger hingegen nur ausnahmsweise kommen.

Privilegium germanicum – Noch klarer fällt das Verdikt der diskriminierenden Wirkung bei Art. 38 EGBGB a. F. (privilegium germanicum) aus. Diese Vorschrift, die allerdings im mit dem Gesetz zum Internationalen Privatrecht für außervertragliche Schuldverhältnisse und Sachen außer Kraft getreten ist, kollidierte nach verbreiteter Auffassung mit dem allgemeinen Diskriminierungsverbot des EG-Vertrages.[99]

Anknüpfung an die Staatsangehörigkeit im Bereich des Personalstatuts – Wie

---

95 Vgl. zu diesem Befund etwa *Junker*, FS Lorenz (2001), 321, 325, 329 ff. mit Überblick über den Streitstand zur Qualifikation des Bestimmungsrechts; *Leible/Freitag*, ZVglRWiss 99 (2000), 101 ff., 115 ff.; *Lorenz*, NJW 1999, 2215, 2216 f.; *Roth*, GS Lüderitz (2000), 635, 637; *Schaub*, RabelsZ 66 (2002), 18, 37; *Spickhoff*, NJW 1999, 2209, 2213; *ders.*, IPRax 2000, 1, 3 ff.; *Spindler*, ZHR 165 (2001), 324, 329; *Stoll*, GS Lüderitz (2000), 733 ff., 745 ff.; zur allg. Kritik der neuen Regelung – ohne Berücksichtigung der europarechtlichen Problematik – *Schurig*, GS Lüderitz (2000), 699 ff., 703 ff.

96 Vgl. dazu *Junker*, FS Lorenz (2001), 321 ff.; *Roth*, GS Lüderitz (2000), 635, 647 ff.; *Schaub*, RabelsZ 66 (2002), 18, 37 ff.

97 Allerdings str.; zur Kritik des Günstigkeitsvergleichs: *v. Bar*, JZ 1985, 961, 964; *Beitzke*, RdC 115 (1965 II), 63, 85 ff.; *Wagner*, RabelsZ 62 (1998), 243, 256 ff.; zur alten Rechtslage: *Höpping*, Warenverkehrsfreiheit (1997), 86 f., 169 ff.; *Lüderitz*, in: Soergel, Art. 38 EGBGB, Rdn. 16; *Roth*, RabelsZ 51 (1995), 623, 645 f.; *v. Hein*, Günstigkeitsprinzip (1999), 425 ff.; *v. Hoffmann*, IPRax 1996, 1, 2 f.; *Roth*, GS Lüderitz (2000), 635, 637, 639 ff., 647 ff.; *ders*, in: Mansel/Baur (Hrsg.), Systemwechsel (2002), 47, 59 ff.; *Schaub*, RabelsZ 66 (2002), 18, 37 ff. mit ausführlicher Prüfung auch der übrigen neuen Anknüpfungsregeln am Maßstab der Grundfreiheiten **a. A.** (Europarechtskonformität des Ubiquitätsprinzips): *Basedow*, RabelsZ 59 (1995), 1, 38 f.; *Fallon*, RdC 253 (1995), 9, 129; *Freitag*, Produkthaftungsrecht (2000), 380 ff., 387; *Gounalakis/Radke*, ZVglRWiss 98 (1999), 1, 14 mit Fn. 96; *v. Hoffmann*, Internationales Privatrecht, § 1 Rdn. 108; *Reich*, Verbraucherschutzrecht (1996), 434; *Sonnenberger*, ZVgRWiss 95 (1996), 3, 17 f.; *Taupitz*, ZEuP 5 (1997), 986, 1006 ff.; *ders.*, ZEuS 1998, 17, 39 ff.

98 Die neue Gesetzeslage macht es dem Geschädigten allerdings schwer, sein Bestimmungsrecht sinnvoll auszuüben: er trägt nicht nur die Last der Ermittlung und Einschätzung des eigenen wie des fremden Rechts, sondern muss sein Bestimmungsrecht auch sehr zeitig (Ende des frühen ersten Termins nach § 275 ZPO oder des schriftlichen Vorverfahrens) ohne Korrekturmöglichkeit ausüben – dazu *v. Hoffmann*, IPRax 1996, 4 f.; *Junker*, FS Lorenz (2001), 321 ff., 325, 340 f.; *Kegel/Schurig*, Internationales Privatrecht, 628 f.; *Schaub*, RabelsZ 66 (2002), 18, 37 ff.; *Schurig*, GS Lüderitz (2000), 699 ff., 703 ff. Zu den zivilprozessualen Folgen der neuen Regelung vgl. *Freitag*, Produkthaftungsrecht (2000), 118 ff.; *v. Hein*, NJW 1999, 3174 f.; *Junker*, RIW 2000, 241, 247 f.; *Lorenz*, NJW 1999, 2215, 2216 f.; *Pfeiffer*, NJW 1999, 3674, 3675 f.; *Spickhoff*, IPRax 2000, 1, 5 ff.

99 Vgl. *v. Bar*, JZ 1985, 961, 963; *Drobnig*, RabelsZ 34 (1970), 636, 660 f.; *Ehmann/Thorn*, AfP 1996, 20, 24; *Gounalakis/Radke*, ZVglRWiss 98 (1999), 1, 12 ff., 16 ff.; *Grandpierre*, Herkunftsprinzip (1999), 160 f.; *Lindacher*, WRP 1996, 645, 650 f.; *Lorenz*, NJW 1999, 2215; *Martiny*, in: v. Bar (Hrsg.), Gemeinschaftsrecht und IPR (1991), 211, 236 ff.; *Niessen*, NJW 1968, 2170 ff.; *Roth*, RabelsZ 55 (1991), 623, 639 f., 642; *Sack*, GRUR Int. 1988, 320, 331; *Schaub*, RabelsZ 66 (2002), 18, 25 mit Fn. 24; *Spickhoff*, 1999, 2209, 2213; *Zweigert*, FS Hallstein (1966), 555, 566 f.; offen gelassen bei BGHZ 131, 332 (345 f.).

bereits erwähnt, wurde auch das Verhältnis des allgemeinen Diskriminierungsverbots des Art. 12 EG zur kollisionsrechtlichen Anknüpfung des Personalstatuts an die Staatsangehörigkeit problematisiert – insbes. im Hinblick auf dessen unmittelbar wirtschaftlich relevante Aspekte wie die Geschäftsfähigkeit und andere vermögensbezogene Bereiche.[100]

Die Diskussion ist noch immer nicht angeschlossen.[101] Zwar kann insoweit im Wesentlichen auf die Darstellung oben verwiesen werden.[102] Zu erwähnen ist jedoch, dass die Diskussion nunmehr verstärkt vor dem Hintergrund der grundfreiheitlichen Diskriminierungsverbote erfolgt,[103] die in ihrem Anwendungsbereich der allgemeinen Vorschrift des Art. 12 EG grds. vorgehen.[104] In harmonisierten Bereichen, in denen das Sachrecht der Mitgliedstaaten durch Gemeinschaftsrechtsakte vereinheitlicht oder angeglichen wurde, treten die entsprechenden Rechtsakte als weiterer Maßstab hinzu. Dabei können die Rechtsakte zum einen selbst unmittelbar (offen oder verdeckt) kollisionsrechtliche Vorgaben enthalten; zum anderen modifizieren sie den Maßstab, den das Primärrecht bildet (Einfluss insbes. auf die Grundfreiheitenwirkung).

Bereits diese wenigen Beispiele zeigen, dass dem Kollisionsrecht ein selbständiges

---

100 Vgl. die ausführliche Diskussion der Staatsangehörigkeitsanknüpfung vor dem Hintergrund des allgemeinen Diskriminierungsverbots bei *Fischer*, in: v. Bar (Hrsg.), Gemeinschaftsrecht und IPR (1991), 157 ff.; dazu auch *Brödermann*, in: Gemeinschaftsrecht und IPR (1994), 227 ff.; *Drobnig*, RabelsZ 34 (1970), 636, 645 ff.

101 Im neueren Schrifttum *Behnicke/Zimmermann*, IPRax 1995, 141, 144 ff.; *Brödermann*, in: Gemeinschaftsrecht und IPR (1994), 228 ff.; *Kreuzer*, in: Müller-Graff (Hrsg.), Gemeinsames Privatrecht (1999), 457, 505 ff.; *Kropholler*, Internationales Privatrecht, § 38 IV 3; *Sonnenberger*, ZVglRWiss 95 (1996), 3, 15 ff.

102 Siehe dazu oben § 7 I.2.a).

103 Dazu *Benicke/Zimmermann*, IPRax 1995, 141, 144 ff. zu EuGHE 1993 I-1191 Rdn. 11 ff., 15 f. Konstantinides: Beschränkung der Niederlassungsfreiheit, wenn bei der Berufsausübung gesetzlich vorgesehene Transliterationsform des Namens verwendet werden muss, die zur Verfälschung der Aussprache und Verwechslungsgefahr führt; zum Namensrecht auch EuGHE 2003 I-11613 García Avello mit *Kohler*, FS Jayme Bd. I (2004), 445, 454 ff. – krit; z. G. *Pintens*, ZEuP 2001, 628, 645 ff. *Streinz*, StAZ 1993, 243, 246 f.

104 EuGHE 1991 I-5889, Rdn. 11 Merci convenzionali porto di Genova; 1994 I-3453, Rdn. 18 Peralta; 1998 I-2133, Rdn. 15 Kommission/Deutschland; 2000 I-2681, Rdn. 37 f. Lehtonen u. a. mit Anm. *Röthel*, EuZW 2000, 379 f.; Die Abgrenzung der Anwendungsbereiche des Art. 12 EG und der Grundfreiheiten ist noch nicht abschließend geklärt. Der EuGH hat oft auf eine genaue Differenzierung verzichtet und das allgemeine Diskriminierungsverbot neben dem grundfreiheitlichen angewandt – vgl. etwa EuGHE 1992 I-341, Rdn. 8 Steen; 1993 I-429, Rdn. 20 Werner; 1994 I-911, Rdn. 10 Kommission/Spanien. In anderen Urteilen geht er wegen der Einschlägigkeit des Art. 12 EG nicht mehr auf die einzelnen Freiheiten ein, EuGHE 1996 I-4661, Rdn. 14 Data Delecta; 1997, 1711, Rdn. 16 f. Hayes. Allerdings wird dabei vom Grundfreiheitenverstoß auf den Verstoß auch gegen Art. 12 EG geschlossen oder es betrifft Fälle, in denen die nationale Maßnahme sich nicht klar einer spezifischen Grundfreiheit zuordnen lässt. Insgesamt sind die Freiheiten deshalb wohl nach wie vor als „besondere Bestimmungen" anzusehen, unter deren Vorbehalt die Anwendung von Art. 12 EG steht. Vgl. z. G. *Bogandy*, in: Grabitz/Hilf, Art. 6, Rdn. 55 ff.; *Höpping*, Warenverkehrsfreiheit (1997), 108 ff.; *Rossi*, EuR 35 (2000), 197, 205 ff.; *Roth*, FS Everling Bd. 2, 1995, 1231, 1245 f.; *Schaub*, RabelsZ 66 (2002), 18, 25; *Zuleeg*, in: v. d. Groeben/Thiesing/Ehlermann, Art. 6, Rdn. 19. ff.

Konfliktpotential eignet. Zudem muss das Kollisionsrecht insgesamt gemeinschaftsrechts- und insbes. grundfreiheitenkonform angewandt werden.[105]

II. Würdigung

Der Gedanke, dass die Rspr. des Gerichtshofs zu den Grundfreiheiten und insbes. das Herkunftslandprinzip über ihre sachrechtliche Bedeutung hinaus auch zu einem kollisionsrechtlichen Ansatz ausgebaut werden könnten, ist zu recht als bestechend bezeichnet worden.[106] Insbes. das Muster, das sich aus der Anwendung des Herkunftslandprinzips ergibt, scheint sich als kollisionsrechtliches Prinzip geradezu ideal zu eignen: Danach wäre im Anwendungsbereich des Vertrages grds. das Recht des Herkunftslandes einer Ware, einer Dienstleitung oder einer Person anwendbar, es sei denn, zwingende Gründe des Allgemeininteresses greifen ein. In diesem Fall wäre eine andere Anknüpfung – etwa an das Recht des Bestimmungslandes – möglich.

Das nationale Kollisionsrecht ließe sich – solchermaßen europarechtlich überformt – im Sinne des modernen Binnenmarktkonzepts der neuen Strategie und des Gedankens der gegenseitigen Anerkennung instrumentalisieren. Ließen sich aus den Marktfreiheiten tatsächlich konkrete Verweisungsnormen gewinnen, die im binnenmarktrelevanten Bereich ein einheitliches Kollisionsrecht schaffen, so würde dies die Gemeinschaft dem Ziel der Vervollkommnung des Binnenmarktes ein gutes Stück näher bringen. Denn wie gezeigt würde ein einheitliches Kollisionsrecht sicherstellen, dass die Gerichte jedes Mitgliedstaates auf ein und denselben Fall auch stets dasselbe nationale Sachrecht anwenden, während das Herkunftslandprinzip als Kern der Grundfreiheiten-Kollisionsrechtsordnung bewirken würde, dass das anwendbare Recht auf binnenmarktfreundliche Weise bestimmt wird. Diese Option ist v. a. dann interessant, wenn eine weitere Harmonisierung des Sachrechts nicht erreichbar oder nicht erwünscht ist. Ein solchermaßen integriertes Kollisionsrecht könnte die Nachteile bestehender Rechtsunterschiede bis zu einem gewissen Grade[107] kompensieren und die flächendeckende Sachrechtseinheit, die heute ohnehin nicht mehr angestrebt wird, ersetzen.

Zwar scheint ein kollisionsrechtlich verstandenes Herkunftsland- oder Günstigkeits-

---

105 Vgl. z. G. *Brödermann*, in: Gemeinschaftsrecht und IPR (1994), 222 ff.; *Höpping*, Warenverkehrsfreiheit (1997), 96, 112 ff.; *Schaub*, RabelsZ 66 (2002), 18, 60 ff.; *Seif*, JbJZ 1997, 225, 241 f.; auch noch *Basedow*, RabelsZ 59 (1995), 1, 27 ff.; *Jayme/Kohler*, IPRax 1992, 346, 347 f.; *Roth*, RabelsZ 55 (1991), 623, 645 ff.; *v. Wilmowsky*, Europäisches Kreditsicherungsrecht (1996), 1 ff.

106 So *Sonnenberger*, in: MüKo, Einl. IPR, Rdn. 135; *ders.*, ZVglRWiss 95 (1996), 3, 10, obgleich dieser dem Ansatz, den Grundfreiheiten universelle Kollisionsnormen zu entnehmen, i. E. ablehnend gegenüber steht.

107 Jedoch nicht vollständig; dazu *Grundmann*, Europäisches Schuldvertragsrecht (1999), 32 ff. Dieser weist zu recht darauf hin, dass auch ein kollisionsrechtliches Verständnis der Grundfreiheitendogmatik oder die Herausbildung einheitlichen Kollisionsrechts – wie im Schuldvertragsrecht geschehen – ohne ein gewisses Maß an Sachrechtsharmonisierung in ihrer Integrationswirkung unvollkommen bleiben; namentlich im Hinblick auf die sonst weiter möglichen Vorbehalte des Allgemeininteresses.

prinzip in erster Linie geeignet, das Konzept der Teilharmonisierung mit Anerkennung im Rest zu ergänzen, so dass es v. a. im harmonisierten Bereich von Bedeutung wäre. Der Ansatz ist jedoch auch im unharmonisierten Bereich tragfähig und scheint durch die verstärkte Durchdringung der Idee der aus den Freiheiten abgeleiteten Kollisionsregeln nunmehr in greifbare Nähe zu rücken. Zwar fehlen im unharmonisierten Bereich definitionsgemäß Gemeinschaftsrechtsakte, die durch eine Mindestharmonisierung des Sachrechts die Basis für die gegenseitige Anerkennung unterschiedlicher rechtlicher Regelungen im Sinne der neuen Strategie wesentlich stärken würden. Dies wirkt sich jedoch v. a. darauf aus, ob und wann das Herkunftslandprinzip zugunsten des Bestimmungslandprinzips eingeschränkt werden kann, weil die Harmonisierung v. a. die Möglichkeit der Mitgliedstaaten einschränkt, ausländischen Anbietern beschränkende nationale Regelungen unter Berufung auf zwingende Erfordernisse entgegenzuhalten.[108] Wenn sich die kollisionsrechtliche Wirkung der Grundfreiheiten in dem Satz zusammenfassen lässt, dass grenzüberschreitende wirtschaftliche Betätigung grds. dem Recht des Herkunftslandes des Anbieters unterliegt, es sei denn, die Anwendung des Rechts des Bestimmungslandes sei ausnahmsweise aufgrund zwingender Erfordernisse gerechtfertigt, so haben Vorhandensein und Grad einer Harmonisierung des Sachrechts demnach v. a. Auswirkungen auf den zweiten Teil der Kollisionsnorm. Sie beeinflussen nur den Umfang der Ausnahmen vom Herkunftslandprinzip. Insoweit haben die Freiheiten gleichsam eine „Residualfunktion". Sie wirken stets hinter der Harmonisierung mit.[109] Wo keine Harmonisierung stattgefunden hat, wirken hingegen allein die Freiheiten.

Der Anerkennungsgrundsatz behält indes auch im unharmonisierten Bereich seine volle Bedeutung im Rahmen der Verhältnismäßigkeitsprüfung, d. h. hinsichtlich des zweiten Aspekts, in dem er seine Ausprägung findet. Kollisionsrechtlich betrifft das die Frage, ob eine ausnahmsweise Anknüpfung an das Recht des Bestimmungslandes nicht deshalb unzulässig ist, weil den zwingenden Erfordernissen, die diese Anknüpfung grds. legitimieren würden, bereits durch schutzäquivalente Maßnahmen des Herkunftslandes Genüge getan ist.

§ 8 Dogmatische Probleme der Ableitung einer kollisionsrechtlichen Aussage aus dem Herkunftslandprinzip

I. Bedenken gegen ein kollisionsrechtliches Verständnis der Grundfreiheitendogmatik

Trotz ihrer Eleganz hat die These von der kollisionsrechtlichen Wirkung der Grundfreiheiten und insbes. von den in den Grundfreiheiten des EG-Vertrages „versteckten

108 Vgl. dazu ausführlich § 12 II.2.
109 *Grundmann*, RabelsZ 64 (2000), 457, 462.

Kollisionsnormen“ in der wissenschaftlichen Diskussion auch vielfach Ablehnung erfahren. Der Denkansatz, aus einem als Substrat der Grundfreiheitendogmatik verstandenen Herkunftslandprinzip kollisionsrechtliche Folgerungen zu ziehen, geht in der Tat sehr weit, denn er führt dazu, dass im Anwendungsbereich der Freiheiten die nationalen Kollisionsnormen, die abweichende Anknüpfungen vorsehen, ohne weiteres überspielt werden – durch Regeln, die weder ausdrücklich im Vertrag vorgesehen noch durch den EuGH explizit etabliert worden sind.

Viele Autoren lehnen den Ansatz daher ab.[1] Teilweise wird bereits bezweifelt, dass die Freiheiten für das IPR der Mitgliedstaaten überhaupt relevant sind. Andere Autoren räumen ihnen zwar einen grds. Einfluss auf die nationalen Kollisionsrechtsordnungen ein, lehnen es jedoch mit ab, aus den Freiheiten konkrete Kollisionsrechtssätze abzuleiten, die an die Stelle entgegenstehender nationaler Verweisungsnormen treten.

Die laut gewordenen Einwände zwingen dazu, die Tragfähigkeit der Idee von den kollisionsrechtlichen Implikationen der Grundfreiheiten und insbes. die These von den „versteckten Kollisionsnormen“ kritisch zu hinterfragen. Dies gilt umso mehr, als der EuGH bisher in erster Linie zu öffentlich rechtlichen Vorschriften judiziert hat, während die hier interessierende kollisionsrechtliche Diskussion v. a. die Frage nach der anwendbaren Privatrechtsordnung betrifft. Drei Hauptprobleme zeichnen sich ab.

Ein wesentlicher Punkt ist die Frage, ob die Dogmatik der Marktfreiheiten, die die Grundlage für Aussagen über ihre möglichen kollisionsrechtlichen Auswirkungen bildet, tatsächlich auf den Topos des Herkunftslandprinzips reduziert werden kann. Es geht um die Frage, ob das Substrat der Rspr. des EuGH, das als Quelle für Kollisionsnormen fungieren soll, richtig bestimmt ist.[2] Diese Frage ist bereits oben (§§ 5 und 6) erörtert und dabei gezeigt worden, dass gewisse Korrekturen notwendig

---

1 *Duintjer Trebbens*, Rev.crit.d.i.p. 83 (1994), 451, 476 ff.; *Fetsch*, Eingriffsnormen (2002), 226 ff., vgl. aber 200 f.; *Fezer/Koos*, IPRax 2000, 349, 350 ff.; *Franzen*, Privatrechtsangleichung (1999), 145 f.; *Gebauer*, IPRax 1995, 152, 155 ff.: nur beschränkte kollisionsrechtliche Wirkung: bei Grundfreiheitenwidrigkeit des nach IPR berufenen Sachrechts ist zunächst nach einer funktionsäquivalenten Sachnorm einer anderen mit dem Sachverhalt verknüpften Rechtsordnung zu forschen; *v. Hoffmann*, in: Staudinger, vor Art. 38 ff. EGBGB, Rdn. 8 zum Deliktsrecht, Art. 40, Rdn. 88, 104 zum Produkthaftungsrecht und 295 zum Wettbewerbsrecht, jeweils m. w. N.; gegen Ableitung konkreter kollisionsrechtlicher Aussagen auch: *Jayme*, IPRax 1994, 67; *Mankowski*, RabelsZ 62 (1998), 16 ff.; *Martiny*, in: v. Bar (Hrsg.) Gemeinschaftsrecht und IPR (1991), 211, 213; *Prölss/Armbrüster*, DZWir 1993, 449, 457; *Randelzhofer/Forsthoff*, in: Grabitz/Hilf, vor Art. 39-55, Rdn. 60; *Sack*, WRP 1994, 281, 288 ff.; *Schaub*, RabelsZ 66 (2002), 18, 26; *Sonnenberger*, ZVglRWiss 95 (1996), 3, 10 ff., 11 – versteckte Kollisionsnormen „bloße Erfindung“; *v. Wilmowsky*, RabelsZ 62 (1998), 1, 17 ff.

2 Diese Kritik findet sich in dezidierter Form bei *Roth*, GS Lüderitz (2000), 635, 643 f., *ders.* bereits in ZHR 159 (1995), 78, 90; an der Zulässigkeit dieses grundlegenden Schrittes, die Verwirklichung des Binnenmarktziels und die (Einfuhr-)Freiheiten mit dem Herkunftslandprinzip gleichzusetzen, zweifeln auch *Bernhard*, EuZW 1992, 437, 441 ff. für das Wettbewerbsrecht; *Reich*, Europäisches Verbraucherrecht (1996), 449; *Sack*, WRP 1994, 281, 288 ff.; *Sonnenberger*, ZVglRWiss 95 (1996), 3, 11 f. zur tatbestandlichen Unsicherheit, insbes. im Zuge des Keck-Urteils; *v. Wilmowsky*, RabelsZ 62 (1998), 1, 11 ff.

sind. Bedenken ergeben sich insoweit insbes. aus dem unterschiedlichen Verständnis von Einfuhr- und Ausfuhrfreiheit, das nach der hier vertretenen Ansicht so nicht gerechtfertigt ist. Vielmehr sollten die Ausfuhrfreiheiten weiter als bisher ausgelegt und in bestimmtem Umfang als Beschränkungsverbote verstanden werden.

Dies ist deshalb von besonderer Bedeutung, weil nur eine exakte und v. a. vollständige Umschreibung des Systems, das die Grundfreiheiten in dogmatischer Hinsicht bilden, eine verlässliche Basis für Schlüsse auf ihre kollisionsrechtlichen Aussagen bilden kann. Gerade die Analyse des Gesamtsystems ist hier wichtig. Denn anders als bei der klassischen Überprüfung des nationalen Sachrechts am Maßstab der Grundfreiheiten im Einzelfall, geht es bei der Suche nach dem kollisionsrechtlichen Gehalt der Freiheiten darum, aus einer Vielzahl von sachrechtsbezogenen Einzelentscheidungen des Gerichtshofs eine Quintessenz zu abstrahieren. Der Begriff des Herkunftslandprinzips spiegelt v. a. den Mechanismus wieder, der im Rahmen der Einfuhrfreiheiten (und dort wiederum bei der Einfuhrfreiheit für Waren) gilt.[3] Dieses Bild ist mit Blick auf die Ausfuhrfreiheiten wie gezeigt zu überdenken und i. E. zu vervollständigen und weiter auszudifferenzieren. Damit wird bereits die die sachrechtliche Grundlage der These korrigiert, die den Grundfreiheiten eine versteckte Verweisung auf das Recht des Herkunftslandes entnehmen will. Zumindest indirekt ist davon die gesamte Diskussion um die kollisionsrechtlichen Implikationen der Marktfreiheiten betroffen, weil damit das grundlegende dogmatische Muster angesprochen ist, aus dem kollisionsrechtliche Folgerungen jeglicher Couleur (von vollständiger Ablehnung internationalprivatrechtlicher Konsequenzen bis zur Ableitung von Kollisionsnormen gemeinschaftsrechtlichen Ursprungs) gezogen werden. Diese Korrektur ist nötig, steht jedoch der Ableitung kollisionsrechtlicher Aussagen aus den Grundfreiheiten nicht prinzipiell entgegen.

Des Weiteren hängt die Frage nach dem Erkenntniswert der Freiheiten für das IPR der Mitgliedstaaten entscheidend von dem Konfliktpotential ab, das zwischen Freiheiten und nationalem Privatrecht besteht und das nicht dasselbe wie zwischen Freiheiten und nationalen öffentlich rechtlichen Vorschriften ist. Eine Aussage über die Relevanz der Marktfreiheiten im Privatrecht erfordert Kenntnis darüber, ob und inwiefern privatrechtliche Vorschriften – einschließlich der kollisionsrechtlichen Normen der Mitgliedstaaten – die Ausübung der Grundfreiheiten überhaupt beschränken können.

Schließlich sind die Probleme zu diskutieren, die das kollisionsrechtliche Verständnis der Freiheiten prinzipiell aufwirft. Dabei geht es v. a. um die Frage, ob sich die Freiheiten und das Herkunftslandprinzip – wie es in der Rspr. des EuGH Gestalt annimmt – grds. eignen, die Regelungszuständigkeit der Mitgliedstaaten in grenzüberschreitenden Privatrechtsfällen (allein) festzulegen. In diesem Zusammenhang wird sich zeigen, dass es zu weit geht, den Grundfreiheiten unmittelbar eine oder wenige allumfassende Kollisionsnormen zu entnehmen, die auf der Basis des Vorrangs des Gemeinschaftsrechts das internationale Privatrecht der Mitgliedstaaten

---

3 Siehe dazu die Darstellung zu den Art. 28, 30 EG oben, § 5 I.

überlagern. Jedoch lassen sich bestimmte Vorgaben für das nationale Recht erkennen und ergeben sich mithin durchaus konkrete kollisionsrechtliche Implikationen.

II. Mangelnde Grundfreiheitenrelevanz kollisionsrechtlicher Normen

Nachdem die angedachten Korrekturen der Grundfreiheitendogmatik deren kollisionsrechtliches Verständnis nicht grds. gefährden, liegt das Hauptaugenmerk auf den beiden anderen benannten Problemkreisen.

Zweifel an einem kollisionsrechtlichen Verständnis des Primärrechts betreffen zunächst die Grundfreiheitenrelevanz der nationalen Kollisionsrechtsordnungen. Demgegenüber ist die Relevanz der Freiheiten für das nationale Privatrecht (Sachrecht) heute durch die Rspr. des EuGH[4] ebenso wie durch weitgehenden Konsens im Schrifttum[5] abgesichert.

1. Die Grundfreiheitenrelevanz des Privatrechts im Allgemeinen

Dass nicht nur die wirtschaftlich relevanten Vorschriften des öffentlichen Rechts, sondern auch des nationalen Privatrechts an den Grundfreiheiten zu messen sind, ist nur folgerichtig: Das Gemeinschaftsrecht enthält allgemeine Vorgaben für die Mitgliedstaaten und ihre Rechtsordnungen. Eine Differenzierung danach, ob eine nationale Regelung oder eine sonstige Maßnahme öffentlichrechtlichen oder zivilrechtlichen Charakter hat, ist ihm nicht zu entnehmen. Der Vorrang des Gemein-

4 Seine Entscheidungen betreffen zwar v. a. öffentlichrechtliche Vorschriften, es wurden jedoch immer wieder auch zivilrechtliche Normen am Maßstab der Freiheiten gemessen – häufig Vorschriften des Lauterkeits- und Immaterialgüterrechts – vgl. EuGHE 1990 I-667, Rdn. 13 ff. GB-INNO-BM; 1990 I-4827, Rdn. 8 ff. Pall/Dahlhausen; 1993 I-2361, Rdn. 7 ff. Yves Rocher; 1993 I-6097, Rdn. 10 ff. Keck & Mithouard; 1993 I-6787, Rdn. 12 ff. Hünermund u. a. – blieben darauf jedoch nicht beschränkt. Zu anderen Vorschriften des Privatrechts etwa EuGHE 1978, 1971, Rdn. 4 ff. Koestler – zum Differenzeinwand des deutschen Rechts; 1990 I-583, Rdn. 8 ff. Krantz – zu einer nationalen Vorschrift, die dem Fiskus die Pfändung unter Eigentumsvorbehalt vom ausländischen Verkäufer gelieferter Waren ermöglichte; 1993 I-4309, Rdn. 10 ff. Allué u. a. – zur nur für Fremdsprachenlektoren an Universitäten geltenden Befristung von Arbeitsverträgen; 1993 I-5009, Rdn. 7 ff. CMC-Motorradcenter – zu einer vorvertraglichen Aufklärungspflicht aus culpa in contrahendo; 2000 I-493, Rdn. 13 ff. Filzmoser – Abfindungsverlust bei Selbstkündigung des Arbeitnehmers; 2000 I-4139, Rdn. 29 ff. Angonese – Verlangen einer nur von einer lokalen Behörde ausgestellten Bescheinigung durch einen Arbeitgeber.

5 Der Ansatz des EuGH wurde im Schrifttum aufgegriffen und auf das gesamte Zivilrecht ausgedehnt; dazu aus der älteren Lit. *Samtleben*, RabelsZ 45 (1981), 218, 237 ff.; *Steindorff*, EuR 16 (1981), 426, 435 ff.; *ders.*, IPRax 1982, 49, 50; *Remien*, JbJZ 1991, 11, 35 ff., wonach eine Kollision zwischen Grundfreiheiten und nationalem Privatrecht zwar nicht grds. ausgeschlossen ist, jedoch auch nicht nahe liegt; heute anerkennt das Schrifttum die grds. Relevanz des Gemeinschaftsrechts für das Privatrecht der Mitgliedstaaten. Vgl. *Fezer*, JZ 1994, 623, 624 f.; *Grundmann*, in: Ebenroth/Boujong/Joost, vor § 343 HGB, Rdn. 27 m. w. N.; *ders.*, ZHR 163 (1999), 635, 655 ff.; *Klauer*, Europäisierung (1998), 62 f.; *Leible*, in: Grabitz/Hilf, Art. 28, Rdn. 43; *Radicati di Brozolo*, Rev.crit.d.i.p. 82 (1993) 401, 406 ff.; *Taupitz*, ZEuP 1997, 986, 992 ff. m. w. N.; z. G. *Grundmann*, Europäisches Schuldvertragsrecht (1999), 48 ff.; *v. Hoffmann*, in: Staudinger, vor Art. 38 ff. EGBGB, Rdn. 8; Art. 40 EGBGB, Rdn. 88.

schaftsrechts gilt vielmehr im Hinblick auf die gesamte nationale Rechtsordnung, so dass auch privatrechtliche Vorschriften prinzipiell dem Maßstab der Marktfreiheiten unterliegen.[6]

Deshalb hat sich der Europäische Gerichtshof in seiner Rspr. zu den Grundfreiheiten auch nicht auf Maßnahmen öffentlichrechtlichen Charakters beschränkt. Zwar bezieht sich tatsächlich der größte Teil der Entscheidungen, in denen der EuGH nationale Maßnahmen auf ihre Vereinbarkeit mit den Grundfreiheiten überprüft hat, auf Vorschriften des öffentlichen Rechts und insbes. auf wirtschaftsverwaltungsrechtliche Normen.[7] Der Gerichtshof hat jedoch bereits verschiedentlich auch privatrechtliche Vorschriften an den Marktfreiheiten gemessen.[8] Dadurch trägt er der Tatsache Rechnung, dass die öffentlichrechtliche oder zivilrechtliche Gestaltung einer Maßnahme in hohem Maße austauschbar ist und dass gleiche oder ähnliche Zielsetzungen in den verschiedenen Mitgliedstaaten durchaus auf unterschiedlichem Wege (mit öffentlichrechtlichem oder zivilrechtlichem Instrumentarium) verfolgt werden.[9] Auch ist im Gemeinschaftsrecht selbst die Zweiteilung in öffentliches Recht und Privatrecht nicht im gleichen Maße angelegt wie in den Rechtsordnungen vieler Mitgliedstaaten.[10] Wenn das Europarecht in den innerstaatlichen Bereich hin-

---

6 Vgl. vorige Fn. und *Basedow*, RabelsZ 59 (1995), 1, 5, 13 ff.; *Drasch*, Herkunftslandprinzip (1997), 209 ff.; *Jarass*, Grundfragen (1994); *Franzen*, Privatrechtsangleichung (1999), 118 ff.; *Müller-Graff*, FS Börner, 303, 314 ff.; *Nettesheim*, GS Grabitz (1995), 447, 455 ff.; *Reich*, ZHR 153 (1989), 571, 588; *Remien*, JZ 1994, 349, 352 f.; *ders.*, ZfRV 36 (1995), 116, 129; *Roth*, RabelsZ 55 (1991), 623, 641 und ZEuP 2001, 533 ff.; *Schaub*, RabelsZ 66 (2002), 18, 21; *Smulders/Glazener*, CMLR 29 (1992), 775, 776; *Steindorff*, ZHR 150 (1986), 687, 698 f., zurückhaltender; *Taupitz*, ZEuS 1998, 17, 25 f.; *Tonner*, VUR 1993, 298; *Zuleeg*, Das Recht der Europäischen Gemeinschaften im innerstaatlichen Bereich (1969); *ders.*, VersR 1995, 861, 862.

7 *Klauer*, Europäisierung (1998), 62; *Langner*; RabelsZ 65 (2001), 222, 223; *Mühlbert*, ZHR 159 (1995), 2 ff.; *Remien*, JZ 1994, 349, 352 ff.; *Roth*, ZEuP 1994, 5, 7 f.; *Steindorff*, in: Brüggemeier (Hrsg.), Verfassungen für ein ziviles Europa (1994), 131, 140 ff.; *ders.*, JZ 1994, 95 ff.

8 Vgl. nur Entscheidungen wie EuGHE 1978, 1971, Rdn. 4 ff. Koestler – zum deutschen Differenzeinwand; 1990 I-583, Rdn. 8 ff. Krantz – Vorschrift, die dem Fiskus die Pfändung unter Eigentumsvorbehalt von ausländischen Verkäufern gelieferter Waren ermöglichte; EuGHE 1991 I-107, Alsthom Atlantique – zur Mängelhaftung für fehlerhafte Erzeugnisse; 1991 I-2023, Rdn. 13 ff. Boscher – zum Eintragungserfordernis für Gewerbetreibende in das örtliches Handelsregister und Verzeichnis der Gewerbesteuerpflichtigen, wenn sie eingeführte Gebrauchtwaren öffentlich versteigern wollen; 1993 I-4309, Rdn. 10 ff. Allué u. a. – nur für Fremdsprachenlektoren an Universitäten geltenden Begrenzung der Arbeitsverträge; 1993 I-5009, Rdn. 7 ff. CMC-Motorradcenter – vorvertragliche Aufklärungspflicht aus c.i.c.; 2000 I-493, Rdn. 13 ff. Filzmoser – zu einer Norm, die bei Selbstkündigung durch den Arbeitnehmer den Verlust des Abfindungsanspruchs vorsieht; 2000 I-4139, Rdn. 29 ff. Angonese – Verlangen einer nur von einer lokalen Behörde ausgestellten Bescheinigung durch einen Arbeitgeber; auch EuGHE 2000 I-6007, Centrosteel Srl betrifft insofern einen privatrechtlichen Sachverhalt, als es um die zivilrechtliche Wirksamkeit eines Handelsvertretervertrages geht, wenn der Vertreter entgegen dem nationalen Recht nicht ins Handelsvertreterregister eingetragen ist; viel häufiger finden sich Entscheidung zu Spezialmaterien z. B. Lauterkeit- und Immaterialgüterrecht; dazu *Grundmann*, Europäisches Schuldvertragsrecht (1999), 48 f. m. w. N.; *Klauer*, Europäisierung (1998), 71 ff.; vgl. auch *Steindorff*, in: Brüggemeier (Hrsg.), Verfassungen für ein ziviles Europa (1994), 131, 137 ff.

9 *Reich*, ZHR 153 (1989), 571, 588 mit Beispielen für verschiedene Gestaltungsmöglichkeiten; vgl. dazu auch *Fetsch*, Eingriffsnormen (2002), 135 f.; *Höpping*, Warenverkehrsfreiheit (1997), 118 f.; *Schaub*, RabelsZ 66 (2002), 18, 22.

10 *Zuleeg*, ZEuP 2001, 533 ff.

einwirkt, tut es dies daher grds. indifferent gegenüber dieser Einteilung und muss es auch, wenn es einheitlich und effektiv gelten soll, ohne dass die Mitgliedstaaten sich seinen Anforderungen durch die Wahl der einen oder anderen Handlungsform entziehen können.[11]

Damit folgt der Gerichtshof einem im Gemeinschaftsrecht verankerten funktionalen Ansatz.[12] Für die Zwecke der Herstellung eines Binnenmarktes kommt es daher nicht auf die rechtssystematische Einordnung möglicherweise behindernder Normen der Mitgliedstaaten an, sondern nur auf deren Auswirkungen auf den innergemeinschaftlichen Wirtschaftsverkehr.

Dass Entscheidungen des Gerichtshofs zu privatrechtlichen Vorschriften bzw. zu solchen Maßnahmen der Mitgliedstaaten jenseits des Lauterkeits- oder des Immaterialgüterrechts dennoch relativ selten sind, findet seinen Grund in dem unterschiedlich großen und zudem unterschiedlich gelagerten Konfliktpotential öffentlich rechtlicher Vorschriften einerseits und eines Großteils der privatrechtlichen Normen andererseits. Im Bereich der einseitig anordnenden und forciert eingreifenden öffentlichrechtlichen Vorschriften ist dieses Konfliktpotential größer und offensichtlicher: Eine klassische Funktion der Grundfreiheiten ist die Marktöffnung; und folglich geraten zunächst solche Normen zu ihnen in Widerspruch, die direkte Marktzutrittsschranken im innergemeinschaftlichen Wirtschaftsverkehr errichten. Solche Zutrittsschranken ergeben sich jedoch in erster Linie aus öffentlichrechtlichen Vorschriften der Mitgliedstaaten, weil ihre Einhaltung häufig Voraussetzungen für die Verkehrsfähigkeit von Waren, Dienstleistungen etc. im Inland ist. Das betrifft etwa Regeln über die Zusammensetzung, über technische Standards, Aufmachung oder Kennzeichnung von Produkten oder über gesundheitspolizeiliche Kontrollen etc. – um nur einige Beispiele zur Warenverkehrsfreiheit zu nennen.

Ein ähnliches Bild zeigt sich auch bei den anderen Freiheiten. So entstammen etwa berufsrechtliche Regelungen wie Vorschriften über die Anerkennung von Abschlüssen, die Voraussetzung für bestimmte Tätigkeiten im Inland sind, Präsenzpflichten und viele andere Regelungen, welche die Dienstleistungsfreiheit oder die Freizügig-

---

11 Zur unbedingten Durchsetzung geeigneter Vorschriften des Europarechts EuGHE 1978, 629, Rdn. 14 ff. Simmenthal; 1983, 2633, Rdn. 22 ff. Deutsche Milchkontor; 1990 I-2433, Rdn. 18 ff. Factortame u. a.; Ein Mitgliedstaat kann sich insbes. wegen der Nichteinhaltung europarechtlicher Verpflichtungen „nicht auf Bestimmungen, Übungen oder Umstände in seiner internen Rechtsordnung berufen ...“: EuGHE 1984, 3395, Rdn. 4 Kommission/Italien; 1991 I-2851, Rdn. 9 Kommission/Belgien; allgemein zur nationalen Durchsetzung des Gemeinschaftsrechts *Jarass*, Grundfragen (1994); *Magiera*, DÖV 1998, 173 ff.; *Nettesheim*, GS Grabitz (1995), 447 ff.; *Pernice*, ebd., 523 ff.; *Zuleeg*, ZEuP 2001, 533, 535 ff.

12 *Grundmann*, Europäisches Schuldvertragsrecht (1999), 48 f.; ebenso *Drasch*, Herkunftslandprinzip (1997), 246 f.; *Fetsch*, Eingriffsnormen (2002), 135 f.; *Hauschka*, JZ 1990, 521, 523; *Klauer*, Europäisierung (1998), 62; *Martiny*, in: v. Bar (Hrsg.), Gemeinschaftsrecht und IPR (1991), 211, 236 f.; *Müller-Graff*, FS Börner (1992), 303, 332; *Ders.*, NJW 1993, 13, 16 f. allg. zum funktionalen Ansatz im Gemeinschaftsrecht; *ders.*, in: v. d. Groeben/Thiesing/Ehlermann Art. 30, Rdn 162; *Roth*, Internationales Versicherungsvertragsrecht (1985), 691; *ders.*, RabelsZ 55 (1991), 623, 641, 667; *Taupitz*, ZEuP 1997, 986, 992 ff.

keitsrechte beschränken, regelmäßig dem öffentlichen Recht. Diese Beispiele ließen sich fortsetzen. Daher verwundert es nicht, dass diese Normen seit jeher im Mittelpunkt des allgemeinen Interesses stehen.[13]

In den Sachverhalten, die Vorschriften des öffentlichen Wirtschaftsrechts betreffen, kommt dem Herkunftslandprinzip in erster Linie die Aufgabe zu, die (zusätzliche) Anwendung der Normen des Aufnahmestaates abzuwenden bzw. den Grundsatz der Anerkennung gleichwertiger Regelungen umzusetzen. Denn die Anwendung solcher Vorschriften des Aufnahmestaates – etwa auf Waren oder Dienstleistungen, die bereits den entsprechenden Normen des Herkunftslandes unterlegen haben –, birgt in besonderer Weise die Gefahr von Doppelregelungen oder Anpassungszwängen. Diesen wiederum hat der EuGH immer wieder erhebliches Behinderungspotential bescheinigt.[14] Solche Vorschriften bilden daher die typische „Zielgruppe“ der Grundfreiheiten; das Bedürfnis, sie in angemessener Weise zu erfassen, hat v. a. die frühe Judikatur des Gerichtshofs entscheidend geprägt.

Demgegenüber besteht im Rahmen des Privatrechts und der typischen kollisionsrechtlichen Frage nach der anwendbaren Privatrechtsordnung weniger stark als im klassichen öffnetlichen Recht die Gefahr von Doppelregelungen, weil es hier in erster Linie darum geht, das eine maßgebliche Recht zu ermitteln, welches das Verhältnis der Beteiligten grds. bestimmen soll. Die Fragestellung ist vom Ansatz her eine andere als im öffentlichen Recht, obwohl sie demselben Ziel, der Gewährleistung der Grundfreiheiten, verpflichtet ist. Denn während sich den nationalen Behörden im Bereich des öffentlichen Rechts jeweils die Frage stellt, ob die eigene Vorschrift, die auch sonst regelmäßig angewendet wird, auch auf den Fall mit grenzüberschreitendem Bezug angewandt werden darf – eine Frage, die man häufig geneigt ist zu bejahen –, wird im Privatrecht von vornherein die Frage gestellt, welche Rechtsordnung überhaupt maßgeblich sein soll. Selbst im Falle einer Korrektur der Rechtsanwendungsentscheidung – etwa durch eine Sonderanknüpfung – gilt zunächst für jeden Aspekt des Falles nur eine Regelung, wenn auch das individuell maßgebliche Bündel von Rechtsregeln verschiedenen nationalen Rechtsordnungen entstammen mag. Doppelregelungen treten erst auf, wenn verschiedene berührte Rechtsordnungen ihre Vorschriften international zwingend gestaltet haben.[15] Im Privatrecht ist daher die Frage nach dem Einfluss der Grundfreiheiten – abgesehen von den Dop-

---

13 Zu diesem historischen Befund vgl. etwa *Hinz*, ZEuP 1994, 553, 555; *Klauer*, Europäisierung (1998), 63; *Randelzhofer/Forsthoff*, in: Grabitz/Hilf, vor Art. 39-55, Rdn. 56; *Schaub*, RabelsZ 66 (2002), 18, 22; eine unterschiedlich große Eingriffsintensität konstatiert auch *Fetsch*, Eingriffsnormen (2002), 135.

14 EuGHE 1979, 3369, Rdn. 23 Denkavit; 1981, 3277, Rdn. 14 ff. Biologische Producten; 1983, 1013, Rdn. 54 ff. Kommission/Frankreich; 1991 I-4007, Rdn. 12 Collectieve Antennevoorziering Gouda u. a.; 1996 I-1905, Rdn. 14 Michel Guiot; 1996 I-3159, Rdn. 12 Brandsma; 1997 I-2971, Rdn. 34 Celestini; 1997 I-3843, Rdn. 51 De Agostini; 1998 I-5121, Rdn. 34 ff. Harpegnies; dazu auch *Basedow*, RabelsZ 59 (1995), 1, 5, 13 ff.; *Franzen*, Privatrechtsangleichung (1999), 132; *Grabitz*, FS Steindorff (1990), 1229, 1237; *Höpping*, Warenverkehrsfreiheit (1997), 60 f.; *Koenig/Braun/Capito*, EWS 1999, 401; *Lurger*, Regulierung (1997), 69 ff.; *Oppermann*, Europarecht, Rdn. 1299; *Schütz*, Jura 1998, 631, 636 f.

15 Z. G. *Franzen*, Privatrechtsangleichung (1999), 133 ff.

pelregelungsfällen, die stets eine Behinderung des Freiverkehrs mit sich bringen und einer Entscheidung darüber bedürfen, welchen Staates Regelungsanspruch sich vor ihrem Hintergrund durchsetzen darf – eine andere: Die Frage nach der Relevanz der Grundfreiheiten ist hier v. a. die Frage nach der Binnenmarktkonformität der Anknüpfungsmomente. Es sind die Kriterien zu erfassen und abzuwägen, die für die Unterstellung des Sachverhalts unter die eine oder die andere Rechtsordnung sprechen. Dabei ist es jedoch nicht ausgeschlossen, dass die Grundfreiheiten auf ebendiese Wertung Einfluss nehmen, weil bereits die Wahl der Anknüpfungspunkte in einem internationalen Sachverhalt einer grenzüberschreitenden Transaktion entweder förderlich oder hinderlich sein kann.[16] Die Bestimmung des anwendbaren Rechts muss deshalb binnenmarktkonform erfolgen, d. h. dem Interesse der Beteiligten an der Teilnahme am gemeinschaftsweiten Freiverkehr muss ausreichend Rechnung getragen werden.

Im (internationalen) Privatrecht stellt sich also die Frage nach dem Einfluss der Grundfreiheiten in etwas anderer Weise als im öffentlichen Recht, ohne dass deshalb die Grundfreiheitenrelevanz des IPR schlichtweg zu verneinen wäre.

Privatrechtliche Normen regeln überdies auch typischerweise nicht unmittelbar die Fragen des Marktzugangs, sondern betreffen lediglich die Handlungsparameter für das Verhalten der Wirtschaftsteilnehmer. Ihr Behinderungspotential wird deshalb erst dann sichtbar, wenn die direkt zugangssperrenden Normen weitgehend ausgeschaltet sind.[17]

Im Privatrecht sind die praktischen Auswirkungen der Grundfreiheiten zudem deshalb geringer, weil seine Vorschriften weniger oder weniger offensichtlich beschränkende Wirkung im Sinne der EuGH-Rspr. entfalten. So ist der Gerichtshof ausweislich seiner Entscheidung in Sachen Alsthom Atlantique[18] offenbar nicht bereit, solche zivilrechtlich Normen am Maßstab der Grundfreiheiten zu überprüfen, denen durch Rechtswahl ausgewichen werden kann. In diesem Fall stellt die Vorschrift keine relevante Behinderung dar.[19] Folgt man dieser Ansicht, fällt ein erheblicher Teil

---

16 *Höpping*, Warenverkehrsfreiheit (1997), 96.

17 Vgl. zu diesem Befund *Klauer*, Europäisierung (1998), 63; zum geringeren Konfliktpotential des Privatrechts im Vergleich zu öffentlichrechtlichen Regeln auch *Roth*, Versicherungsvertragsrecht (1985), 691; *Herwig*, Gestaltungsspielraum (2002), 92 ff., 98 ff.: zur Fokussierungswirkung der Entwicklung der Freiheiten vom Diskriminierungs- zum Beschränkunsverbot auf die Überprüfung des Privatrechts.

18 EuGHE 1991 I-107, Rdn. 15 Alsthom Atlantique.

19 So (ansatzweise) bei *Armbrüster*, RabelsZ 60 (1996), 72, 75 f.; *Fetsch*, Eingriffsnormen (2002), 127 ff.; deutlich *Grundmann*, Europäisches Schuldvertragsrecht (1999), 51 ff., 55; *ders.*, ZHR 163 (1999), 635, 655 ff.; *ders.*, JuS 2001, 946, 947; *ders.*, in: Ebenroth/Boujong/Joost, vor § 343 HGB, Rdn. 27; *Leible*, in: Grabitz/Hilf, Art. 28, Rdn. 43; *ders.*, in: Martiny/Witzleb (Hrsg.), Europäisches Zivilgesetzbuch (1999) 53, 69 f. mit Fn. 82; dazu auch *Müller-Graff* NJW 1993, 13, 14; *Remien*, ZfRV 36 (1995), 116, 129; *Roth*, RabelsZ 55 (1991), 623, 651 f.; *ders.*, VersR 1993, 129, 133; vgl. auch *Schwartze*, in: Martiny/Witzleb (Hrsg.), Europäisches Zivilgesetzbuch (1999) 33, 47; *Sonnenberger*, in: MüKo, Einl. IPR Rdn. 158; von diesem Grundverständnis geht wohl auch *v. Wilmowsky*, RabelsZ 62 (1998), 1 ff. aus, der Einschränkungen der kollisionsrechtlichen Rechtswahlfreiheit als rechtfertigungsbedürftige Beschränkungen der Grundfreiheiten betrachtet; ebenso *ders.*, JZ 1996, 590, 595 f.; **krit.**

der zivilrechtlichen Normen schon von vornherein aus dem Anwendungsbereich der Grundfreiheiten heraus.

Zum anderen werden viele zivilrechtliche Regelungen als Verkaufsmodalitäten im Sinne der Keck-Rspr. zu Art. 28 EG bzw. als deren Äquivalent im Rahmen der anderen Freiheiten einzuordnen sein.[20] Privatrecht richtet wie erwähnt selten Marktzutrittsschranken auf. Stattdessen formuliert es Marktverhaltensrecht.[21] Seine Behinderungseignung ist in stärkerem Maße begründungsbedürftig, jedenfalls jedoch subtiler als die öffentlich rechtlicher Ver- oder Gebote. Das vergleichsweise geringere Konfliktpotential privatrechtlicher Vorschriften findet seinen Niederschlag auch in einer bemerkenswert zurückhaltenden Rspr. des Gerichtshofs. Allgemeinen zivilrechtlichen Vorschriften, die unterschiedslos gelten, wird kaum einmal tatsächlich ein Grundfreiheitenverstoß attestiert. Stattdessen findet sich häufig die Aussage, die Wirkung der Vorschrift auf den Freiverkehr sei zu ungewiss und zu mittelbar, um die Grundfreiheit zu beeinträchtigen.[22]

Dieser Befund ändert jedoch nichts daran, dass die Grundfreiheiten des EG-Vertrages grds. auch gegenüber nationalem Privatrecht einen stets zu beachtenden Maßstab bilden. Denn auch (international) zwingende privatrechtliche Regelungen können den Freiverkehr nachhaltig beeinträchtigen.[23] Für die Frage, ob eine Maßnahme in Konflikt mit den Grundfreiheiten gerät oder nicht, kommt es mithin nur darauf an, ob sie den innergemeinschaftlichen Wirtschaftsverkehr behindert; nicht hingegen darauf, ob sich der jeweilige Mitgliedstaat des öffentlichrechtlichen Instrumentari-

---

Herwig, Gestaltungsspielraum (2002), 92 ff., 95 ff.; *Langner*, RabelsZ 65 (2001), 222, 228 ff.; *Mülbert*, ZHR 159 (1995), 2, 10; *Müller-Graff*, in: ders. (Hrsg.), Gemeinsames Privatrecht (1999), 9, 16; *Steindorff*, in: EG-Vertrag und Privatrecht (1996), 78 f. – mit Hinweis auf den ggf. faktisch zwingenden Charakter dispositiver Normen: das betrifft v. a. Fälle, in denen eine Partei die Rechtswahl bei Vertragsverhandlungen nicht durchsetzen kann oder beide Parteien aus Rationalisierungsgründen auf Rechtswahl verzichten und sich auf die Reserverechtsordnung verlassen. Dazu auch § 5 II.2.b).

20 *Remien*, ZfRV 36 (1995), 116, 130; *v. Wilmowsky*, RabelsZ 62 (1998), 1, 17; dennoch kommt eine pauschale Einordnung des Privatrechts als Fall der Keck-Judikatur richtigerweise nicht in Betracht – so *Herwig*, Gestaltungsspielraum (2002), 152 ff., 163 ff. m. w. N.

21 *Klauer*, Europäisierung (1998), 63; ähnlich *v. Wilmowsky*, RabelsZ 62 (1998), 1, 17; zu dem Problem, die Keckdifferenzierung auf das Privatrecht zu beziehen, vgl. auch *Herwig*, Gestaltungsspielraum (2002), 153 ff. m. w. N.

22 Etwa in EuGHE 1990 I-583, Rdn. 11 Krantz; 1993 I-5009, Rdn. 11 f. CMC-Motorradcenter; 1999 I-6269, Rdn. 16, 21 BASF; 2000 I-493, Rdn. 24 f. Filzmoser; z. G. *Drasch*, Herkunftslandprinzip (1997), 209; *Grundmann*, Europäisches Schuldvertragsrecht (1999), 51 f.; *Herwig*, Gestaltungsspielraum (2000), 102 ff.; *Klauer*, Europäisierung (1998), 63, 71; *Leible*, in: Grabitz/Hilf, Art. 28, Rdn. 43; *ders.*, in: Martiny/Witzleb (Hrsg.), Europäisches Zivilgesetzbuch (1999) 53, 68 ff. – dort auch zur Bereitschaft des EuGH, einen großzügigen Rechtfertigungsmaßstab anzulegen; BGHZ 99, 167, (170 f.); dazu krit. *Brüggemeier*, JZ 1994, 578, 579 f.; *Remien*, ZfRV 36 (1995), 116, 130; *Roth*, Versicherungsvertragsrecht (1985), 691; *ders.*, ZEuP 1994, 5, 7 f., 26 ff.; für *Steindorff*, in: Brüggemeier (Hrsg.), Verfassungen für ein ziviles Europa, 131, 140 ff. besteht insoweit ein „weißer Flecken auf der Karte des Gemeinschaftsrechts"; *GA Tesauro*, in der Rs. C-398/92, EuGHE 1994 I-467, 471 mit Fn. 4 Mund & Fester.

23 *Franzen*, Privatrechtsangleichung (1999), 118 ff.; *Herwig*, Gestaltungsspielraum (2002), 91 ff.; *Klauer*, Europäisierung (1998), 62; *Reich*, ZHR 153 (1989), 571, 588 – dort insbes. für den Bereich der Dienstleistungen; *Roth*, RabelsZ 51 (1995), 623, 641.

ums bedient oder zivilrechtliche Mittel einsetzt. Denn die Mittel des öffentlichen Rechts und des Privatrechts sind wie erwähnt vielfach funktionsäquivalent und austauschbar. Was zum Einsatz kommt, hängt vom überkommenen System und den unterschiedlichen Rechtstraditionen in den einzelnen Mitgliedstaaten ab.[24] Der Grundsatz der effektiven Durchsetzung des Gemeinschaftsrechts gebietet somit eine vollumfängliche Anwendung der Grundfreiheiten auf sämtliche Arten von mitgliedstaatlichen Normen.[25]

2. Prinzipielle Grundfreiheitenrelevanz speziell des Kollisionsrechts

Obwohl sich somit heute die Erkenntnis durchgesetzt hat, dass auch zivilrechtliche Vorschriften der Mitgliedstaaten den freien Verkehr von Waren, Dienstleistungen, Kapital oder Personen behindern können und deshalb als Maßnahmen gleicher Wirkung in Betracht kommen,[26] findet sich im Hinblick gerade auf die kollisionsrechtlichen Vorschriften der Mitgliedstaaten zuweilen eine andere Ansicht.

Ein Teil des Schrifttums lehnt die Relevanz der Freiheiten zwar nicht für das Zivilrecht im Allgemeinen, jedenfalls jedoch für das Kollisionsrecht ab. So findet sich die Vorstellung, die Grundfreiheiten verhielten sich gegenüber dem Kollisionsrecht neutral; die Marktfreiheiten bzw. das gesamte Gemeinschaftsrecht seien am Kollisionsrecht der Mitgliedstaaten gleichsam „desinteressiert".[27] Begründet wird dies im Wesentlichen mit der Erwägung, der EuGH nehme regelmäßig nicht zum Kollisionsrecht Stellung, sondern überprüfe nur die ihm vorgelegte sachrechtliche Norm. Diese Praxis zeige, dass eine Beschränkung der Freiheiten erst durch das berufene Sachrecht entstehe und nur dieses dafür entscheidend sei, ob ein Grundfreiheitenverstoß vorliegt.[28]

Dieser Auffassung ist jedoch zumindest in ihrer apodiktischen Härte zu widersprechen. Auch Kollisionsnormen können Maßnahmen gleicher Wirkung sein oder diskriminierend wirken, sei es allein oder iVm. dem Sachrecht. Es ist kein Grund

---

24 *Drasch*, Herkunftslandprinzip (1997), 211; *Franzen*, Privatrechtsangleichung (1999), 151; *Zuleeg*, ZEuP 2001, 533, 534 ff.

25 IdS. *Franzen*, Privatrechtsangleichung (1999), 122 f.; *Hauschka*, JZ 1990, 521, 523; *Leible*, in: Grabitz/Hilf, Art. 28, Rdn. 43; *Radicati di Brozolo*, Rev.crit.d.i.p. 82 (1993) 401, 406 ff.; *Zuleeg*, ZEuP 2001, 533 ff.

26 Dazu bereits § 7 I.1.; neben den in § 8 II.1. Fn. 653 f. Genannten auch *Grundmann*, in: Ebenroth/Boujong/Joost, vor 343 HGB, Rdn. 14, 27; *Gärtner*, EWS 1994, 114, 122; krit. wohl *Prölss/Armbrüster*, DZWir 1993, 449, 456 f. zum Versicherungsvertragsrecht.

27 *Duintjer Tebbens*, Rev.crit.d.i.p. 83 (1994), 451, 476 ff.; *ders.*, NILR 1997, 442, 444; *Gärtner*, EWS 1994, 114, 117, 121 f.; in dieser Richtung auch *Franzen*, Privatrechtsangleichung (1999), 145 f.; ähnlich – im Sinne einer lediglich sachrechtlichen Problematik – auch *Katzenberger*, in: Schricker/Henning-Bodewig (Hrsg.), Neuordnung des Wettbewerbsrechts (1999), 218, 228; *Kotthoff*, Werbung ausländischer Unternehmen im Inland (1995), 23 f.; *Rohe*, RabelsZ 61 (1997), 1, 58 ff.; vgl. z. G. *Kohler*, IPRax 2003, 401, 409; *Roth*, GS Lüderitz (2000), 635, 638; *ders.*, in: Mansel/Baur (Hrsg.), Systemwechsel (2002), 47, 52 f.; *v. Wilmowsky*, RabelsZ 62 (1998), 1, 2 f.

28 *Franzen*, Privatrechtsangleichung (1999), 145 f.; idS. wohl auch *Sonnenberger*, ZVglRWiss 95 (1996), 3, 22; *ders.*, in: MüKo, Einl. IPR, Rdn. 154; z. G. auch *Roth*, GS Lüderitz (2000), 635, 638 f.

ersichtlich, diese Kategorie mitgliedstaatlicher Vorschriften a priori aus dem Kreis der potentiell beschränkenden Vorschriften auszuschließen, denn die Erwägungen, die oben für den größeren Kreis des Zivilrechts im Allgemeinen angesprochen wurden, verlieren für das Kollisionsrecht nicht jede Berechtigung. Das internationale Privatrecht kann sich deshalb von der Rspr. des EuGH zu den Grundfreiheiten nicht gänzlich unbeeindruckt zeigen.[29] Das belegt bereits ein Blick auf die bisherige Erörterung des Problemfeldes um das Verhältnis von Kollisionsrecht und Gemeinschaftsrecht.

So hat sich die wissenschaftliche Diskussion zum deutschen IPR bereits mit dem Problem diskriminierender Kollisionsnormen auseinander gesetzt. Man denke nur an die Debatte um Art. 38 EGBGB a. F. (privilegium germanicum), der nach verbreiteter Auffassung mit dem allgemeinen Diskriminierungsverbot des EG-Vertrages kollidierte.[30]

Kritisiert wurde auch das Ubiquitätsprinzip im Deliktsrecht. Die alternative Anknüpfung an den Handlungs- oder den Erfolgsort je nach Günstigkeit für den Geschädigten (bzw. gemäß der neuen Rechtslage nach Wahl des Geschädigten) benachteiligt – wie bereits dargestellt[31] – den ausländischen Schädiger schon deshalb, weil der Geschädigte hier ggf. zwei Rechtsordnungen zur Auswahl hat, während bei einem inländischen Schädiger Handlungs- und Erfolgsort in der Regel zusammenfallen werden. Dies belegt, dass bereits die objektive Anknüpfung – unabhängig vom Inhalt des berufenen Sachrechts – den grenzüberschreitenden Verkehr benachteiligen kann.[32]

Über solche diskriminierende Verweisungsvorschriften hinaus ist es auch möglich, dass sich aus kollisionsrechtlichen Verweisungen lediglich beschränkende Wirkungen ergeben; etwa wenn eine Kollisionsnorm ein Recht beruft, dessen Anwendung den freien Verkehr von Waren, Dienstleistungen, Personen oder Kapital tatsächlich behindert. Mag sich hier der Verstoß gegen eine Marktfreiheit auch erst aus dem Zusammenwirken von Kollisionsnorm und sachrechtlicher Vorschrift ergeben, so kann doch immerhin der Schwerpunkt der Behinderung im kollisionsrechtlichen Anwendungsbefehl liegen; zumindest aber hat die Kollisionsnorm an dem resultie-

---

29 IdS. *Basedow*, RabelsZ 59 (1995), 1 ff.; *Bernhard*, EuZW 1992, 437, 438, 440 m. w. N.; *Drasch*, Herkunftslandprinzip (1997), 209 ff., 211; *Drobnig*, AmJCompL 15 (1966-1967), 204 ff.; *Gounalakis/Radke*, ZVglRWiss 98 (1999), 1, 2 ff.; *Höpping*, Warenverkehrsfreiheit (1997), 88; *Jayme*, IPR für Europa (1991), 7; *Kort*, GRUR Int. 1994, 594, 600 f.; *Leible*, in: Grabitz/Hilf, Art. 28, Rdn. 43; *Lurger*, JbJZ 1995, 17, 38; *Müller-Graff*, in: v. d. Groeben/Thiesing/Ehlermann, Art. 30, Rdn. 162 m. w. N.; *Roth*, RabelsZ 55 (1991), 623, 641 ff.; *ders.*, FS 50 Jahre BGH (2000) II, 847, 862 ff.; auch *Schaub*, RabelsZ 66 (2002), 18, 23; *Sonnenberger*, ZVglRWiss 95 (1996), 3, 4, 13 ff., 22 ff.; *Steindorff*, EuR 16 (1981), 426, 435 ff.; vgl. zur Geltung des Art. 7 EWGV (heute Art. 12 EG) für das Kollisionsrecht *Fischer*, in: v. Bar (Hrsg.), Gemeinschaftsrecht und IPR (1991), 157, 159; *Samtleben*, RabelsZ 45 (1981), 218, 244.

30 Vgl. oben Fn. 630.

31 Siehe dazu oben, § 7 I.1.a) und c).

32 Dazu *Höpping*, Warenverkehrsfreiheite (1997), 96; *Randelzhofer/Forsthoff*, in: Grabitz/Hilf, vor Art. 39-55, Rdn. 59; *Schaub*, RabelsZ 66 (2002), 18, 37 ff. ausführlich zum internationalen Deliktsrecht; *v. Wilmoswky*, RabelsZ 62 (1998), 1, 4.

renden Grundfreiheitenverstoß einen nicht unerheblichen Anteil.[33] Das lässt es zumindest voreilig erscheinen, dem Gemeinschaftsrecht generelles Desinteresse an den nationalen Verweisungsnormen zu bescheinigen.

Hinzu kommt, dass die Freiheiten überhaupt nur auf Fälle mit grenzüberschreitendem Bezug anwendbar sind.[34] Dann können sie von vornherein nicht die Existenz einer ungerechtfertigt beschränkenden Norm beanstanden, sondern nur ihre Anwendung auf grenzüberschreitende Transaktionen und somit den Anwendungsbereich der Norm. Damit wirken die Freiheiten gerade auf den kollisionsrechtlichen Aspekt eines Falles ein, nämlich auf die Frage, wie weit der Anwendungsbereich nationaler Vorschriften aus europarechtlicher Sicht gehen darf. Das mag ein eher statutistischer Ansatz sein, er ist damit jedoch im Privatrecht kein wirklicher Fremdkörper[35] und es ist jedenfalls ein kollisionsrechtlicher Ansatz. Bestätigt wird die Sichtweise, die auch dem Kollisionsrecht Grundfreiheitenrelevanz zugesteht, nun auch durch Art. 65 EG, der seit der Vertragsreform von Amsterdam eine Rechtssetzungskompetenz der Gemeinschaft für das Kollisionsrecht normiert und damit das Konfliktpotential von Binnenmarktkonzept und nationalen Kollisionsrechtsordnungen deutlich unterstreicht.[36]

Im Folgenden sind daher die wesentlichen Einwände, die gegen die verschiedenen Formen der Einflussnahme der Marktfreiheiten auf das Kollisionsrecht vorgebracht werden und die die ablehnende Haltung im Schrifttum stützen, im Einzelnen zu erörtern.

III. Bedenken aufgrund der fehlenden Erörterung kollisionsrechtlicher Fragestellungen in der Rechtsprechung des EuGH

Wie gezeigt wird die Irrelevanz bzw. die fehlende Bestimmungskraft der Grundfreiheiten für die Anknüpfungsfrage zum einen auf die Argumentation gestützt, der EuGH äußere sich nicht zum IPR, sondern korrigiere nur die Anwendung des Sachrechts, wenn es die Grundfreiheiten ungerechtfertigt beschränkt. Diese Praxis zeige, dass es tatsächlich nur um ein sachrechtliches Problem geht. Lediglich das Ergebnis

---

33 *Randelzhofer/Forsthoff*, in: Grabitz/Hilf, vor Art. 39-55, Rdn. 59; *Schaub*, RabelsZ 66 (2002), 18, 23; *Sonnenberger*, ZVglRWiss 95 (1996), 3, 22; *ders.*, in: MüKo, Einl. IPR, Rdn. 154; *Steindorff*, EG-Vertrag und Privatrecht (1996), 83; *Thünken*, IPRax 2001, 15, 21; vgl. auch *Dethloff*, Europäisierung des Wettbewerbsrechts (2001), 275 f. – die den Grundfreiheiten Vorgaben für das Zusammenwirken von Kollisions- und Sachrecht entnehmen will: „... Die Grundfreiheiten setzen damit weder allein dem Sachrecht noch allein dem Kollisionsrecht, sondern ihrem Zusammenwirken Schranken."

34 Zur Kritik dieser Prämisse und zur Ausweitung dieses Verständnisses aufgrund des Binnenmarktgedankens siehe jetzt jedoch u. a. *Reich*, EuZW 1991, 203, 204 f.; *Lackhoff/Raczinski* EWS 1997, 109, 110 ff., 115.

35 Vgl. zu diesem Aspekt *Bernhard*, EuZW 1992, 437, 439 mit dem Hinweis auf den statutentheoretischen Charakter der Anknüpfung von Eingriffsnormen im internationalen Vertragsrecht des EuGVÜ; *Kegel/Schurig*, Internationales Privatrecht (2000), 165 f. zur Verwandtschaft zur modernen Methode.

36 Vgl. dazu etwa *Basedow*, CMLR 37 (2000), 687, 699. Ausführlicher zu Art. 65 EG unten § 14.

der Anwendung des Sachrechts ist danach von Interesse.[37] Beiden Aspekte dieser Argumentation sollen hier einzeln aufgegriffen werden.

1. Kaum Äußerungen des EuGH zur kollisionsrechtlichen Dimension der ihm vorgelegten Fälle

Ein erstes Standbein der Kritik am kollisionsrechtlichen Verständnis der Grundfreiheiten bildet die Feststellung, dass der EuGH in seinen Entscheidungen auf die Frage, ob die jeweils verfahrensgegenständliche nationale Vorschrift überhaupt in gemeinschaftsrechtskonformer Weise zur Anwendung berufen worden ist, grds. nicht eingeht. Vielmehr nimmt er diese vorgelagerte Entscheidung – etwa des im Rahmen von Art. 234 EG vorlegenden Gerichts – regelmäßig hin und überprüft nur noch, ob die Grundfreiheiten einer Vorschrift wie der in Rede stehenden nationalen (Sach-)Norm entgegenstehen.[38] Daraus wird gefolgert, dass das Gemeinschaftsrecht allein auf das Sachrecht der Mitgliedstaaten einwirkt und ggf. das Ergebnis seiner Anwendung korrigiert, indem es behindernde nationale Vorschriften, die nicht gerechtfertigt werden können, im konkreten Fall unanwendbar macht.[39]

Andere Autoren konstatieren stattdessen, der EuGH habe das kollisionsrechtliche Problem bisher schlichtweg übersehen oder greife es jedenfalls nicht auf, und schon deshalb könne seiner Judikatur keine kollisionsrechtliche Aussage entnommen werden.[40] Sein Schweigen wird als Ausdruck der kollisionsrechtlichen Irrelevanz der Marktfreiheiten gedeutet.[41]

---

37 *Fezer/Koos*, IPRax 2000, 349, 350 ff.; *Franzen*, Privatrechtsangleichung (1999), 145 f.; *Gebauer*, IPRax 1995, 152, 155 f.; *Kreuzer*, in: Müller-Graff (Hrsg.), Gemeinsames Privatrecht (1999), 457, 512 f.; *Sack*, WRP 1994, 281, 285 ff., 288 ff.; *Rohe*, RabelsZ 61 (1997), 1, 58 f.; z. G. *Roth*, GS für Lüderitz (2000), 635, 638 f.

38 Dies konstatieren etwa *Bernhard*, EuZW 1992, 437, 440 – nach dem aber die europarechtliche Bewertung des anwendbaren Sachrechts durch den EuGH die kollisionsrechtliche Entscheidung des vorlegenden Gerichts konterkariert; *Sack*, WRP 1994, 281, 285 ff., 288 ff.; *Sonnenberger*, ZVglRWiss 95 (1996), 3, 10.

39 So i. E. *Bernhard*, EuZW 1992, 437, 440 ff.; *Gebauer*, IPRax 1995, 152, 155 f., der aber bei einem Grundfreiheitenverstoß durch das nach klassischem IPR berufene Sachrecht die funktionsäquivalente Norm einer anderen – ebenfalls berührten – Rechtsordnung anwenden will; *Franzen*, Privatrechtsangleichung (1999), 145 f.; *Großerichter*, FS Sonneberger (2004), 369, 377 ff.; *Hösch*, Einfluss (1993), 29 f.; *Lorenz*, VersRdschau 1995, Heft 3, 8, 10; vgl. auch *Rohe*, RabelsZ 61 (1997), 1, 58 f.; *Sack*, WRP 1994, 281, 288 ff.; *ders.*, WRP 2000, 269, 281 f.; *Sonnenberger*, ZVglRWiss 95 (1996), 3, 11: versteckte Kollisionsnormen „bloße Erfindung"; i. E. wohl auch *Thünken*, IPRax 2001, 15, 18 f.; **a. A.** etwa *Drasch*, Herkunftslandprinzip (1997), 250, 313 f.; wohl auch *Prölss/Armbrüster*, DZWir 1993, 449, 456 f.

40 *Bernhard*, EuZW 1992, 437, 440: Der EuGH nehme die jeweilige kollisionsrechtlichen Entscheidung des vorlegenden Gerichts zur Grundlage; *Remien*, JZ 1994, 349, 350 f.; zu der These, das kollisionsrechtliche Problem werde übersehen: *Jayme/Kohler*, IPRax 1991, 361, 369; vgl. dazu auch *Sack*, WRP 1994, 281, 285.

41 So etwa *Bernhard*, EuZW 1992, 437, 440 der die Ableitung kollisionsrechtlicher Vorgaben ablehnt. Die Aussage erscheint angesichts anderer Äußerungen im selben Beitrag, wonach das Gemeinschaftsrecht das nationale Kollisionsrecht beeinflussen kann (S. 438), oder die Rspr. des EuGH zur Beschränkung der Grundfreiheiten strukturell auf eine kollisionsrechtliche Methode

In der Tat hat der EuGH zu der Frage, inwiefern die Grundfreiheiten des EG-Vertrages die nationalen Kollisionsrechte beeinflussen, bisher nicht ausdrücklich Stellung genommen oder die Unanwendbarkeit einer nationalen Kollisionsnorm wegen Verstoßes gegen eine Grundfreiheit ausgesprochen. Vielmehr scheint der Gerichtshof in seinen Entscheidungen die logisch vorgelagerte kollisionsrechtliche Frage, ob die ihm zur Beurteilung vorgelegte Norm zu recht zur Anwendung berufen ist, tatsächlich regelmäßig auszuklammern.[42]

Das weitgehende Fehlen von ausdrücklichen Aussagen des Gerichtshofs zum Verhältnis von nationalem Kollisionsrecht und EG-Grundfreiheiten erklärt sich jedoch zum einen bereits aus dem Ausgangspunkt der gemeinschaftsrechtlichen Überprüfung des nationalen Sachrechts (etwa im Rahmen des Vorabentscheidungsverfahrens gem. Art. 234 EG): Dort steht regelmäßig nur die konkrete Sachrechtsnorm in Frage. Es ist jedoch zu recht darauf hingewiesen worden, dass sich im Binnenmarktbereich die Fälle, in denen sich die mittels des IPR zu entscheidende Frage nach dem anwendbaren Recht stellt, und die Fälle, in denen die Grundfreiheiten Geltung beanspruchen, darin decken, dass sie einen Sachverhalt mit grenzüberschreitendem Bezug voraussetzen. Die IPR-Frage ist demnach in allen Fällen, in denen der EuGH den Maßstab der Grundfreiheiten anlegt, ebenfalls involviert. Entscheidet der Gerichtshof, dass grundfreiheitliche Verbürgungen des Vertrages der Anwendung der nationalen Norm im konkreten Fall entgegenstehen, so konterkariert dies auch die nationale kollisionsrechtliche Entscheidung für ihre Anwendung, dies sogar in erster Linie, weil nicht der Bestand der Norm in Frage gestellt wird, sondern lediglich ihre Anwendung auf den konkreten grenzüberschreitenden Fall. Stellt der EuGH keinen Verstoß fest, so billigt er mit der nationalen Sachnorm gleichsam auch die zugrundeliegende kollisionsrechtliche Entscheidung für ihre Anwendung auf den grenzüberschreitenden Fall. Die Entscheidungsformel des EuGH ist deshalb durchaus auch einer kollisionsrechtlichen Interpretation zugänglich, läuft i. E. sogar auf eine solche hinaus.[43]

Dass die kollisionsrechtliche Dimension der Grundfreiheitenwirkung in der Rspr. bisher so selten ausdrücklich angesprochen worden ist, mag sich zudem aus den Besonderheiten des Verfahrens vor dem EuGH erklären: Viele der Entscheidungen des Gerichtshofs zu den Grundfreiheiten sind im sogenannten Vorabentscheidungs-

---

hinauslaufe (S. 438) bzw. die internationalprivatrechtliche Entscheidung von der europarechtlichen konterkariert wird und das IPR sich von der Rspr. des EuGH nicht völlig unbeeindruckt zeigen könne (S. 440) nicht ganz konsistent. Sie erklärt sich wohl daraus, dass Bernhard nur strukturelle Ähnlichkeit der EuGH-Rspr. mit dem IPR feststellt. Vgl. auch *Fezer*, JZ 1994, 317, 324; *Sack*, WRP 1994, 281, 293 für das internationale Wettbewerbsrecht.

42 Zu diesem Befund auch *Sack*, WRP 1994, 281, 285 ff. zum Wettbewerbsrecht; *Sonnenberger*, ZVglRWiss 95 (1996), 3, 11; vgl. zu den wenigen und zudem bestrittenen Ausnahmen, bei denen die kollisionsrechtliche Frage mehr in den Vordergrund drängt, etwa EuGHE 1988, 5483 Daily Mail, jetzt auch EuGHE 1999 I-1459 Centros oder 2002 I-9919 Überseering. Dazu und zu weiteren Beispielen „kollisionsrechtsbezogener" Entscheidungen aus der Praxis des EuGH sogleich.

43 Zu diesem Aspekt etwa *Bernhard*, EuZW 1992, 437, 438 ff.; *Drasch*, Herkunftslandprinzip (1997), 313.

verfahren nach Art. 234 EG ergangen. Die zweite wichtige Verfahrensart in diesem Zusammenhang ist das Vertragsverletzungsverfahren, das in Art. 226 ff. EG geregelt ist.[44]

Im Vorabentscheidungsverfahren können gem. Art. 234 Abs. 1 lit. a EG nationale Gerichte dem EuGH Fragen zur Auslegung des Vertrages vorlegen, die im innerstaatlichen Verfahren aufgeworfen werden und die die nationalen Gerichte für entscheidungserheblich halten. Letztinstanzlich entscheidende Gerichte der Mitgliedstaaten sind gemäß Art. 234 Abs. 2 EG sogar zur Vorlage verpflichtet.[45]

Der Gerichtshof legt dabei jedoch weder das nationale Recht aus, noch überprüft er es auf seine Vereinbarkeit mit dem Gemeinschaftsrecht. Stattdessen befindet er stets nur darüber, ob das Gemeinschaftsrecht der Anwendung einer Norm wie der fraglichen mitgliedstaatlichen Vorschrift entgegensteht. Der EuGH gibt dem nationalen Gericht durch seine Auslegung des Gemeinschaftsrechts lediglich eine Grundlage für dessen eigenständige Entscheidung – etwa über die Anwendbarkeit oder Unanwendbarkeit einer nationalen Regelung – vor.[46] Der Gerichtshof selbst hat im Vorabentscheidungsverfahren jedoch über die Anwendbarkeit nationaler Normen nicht zu befinden, d. h. auch nicht darüber, ob das nationale Kollisionsrecht in EG-konformer Weise angewandt worden ist. Die Frage nach der Vereinbarkeit der nationalen Vorschrift mit dem Gemeinschaftsrecht, nach ihrer Anwendbarkeit im konkreten Fall sowie die Erörterung der vorgelagerten kollisionsrechtlichen Frage bleibt deshalb selbstverständlich ausgespart. Diese Fragen sind überhaupt nicht Gegenstand der Vorlage noch könnten sie es sein.[47] Solange dem Gerichtshof jedoch nur Fragen nach der Auslegung des Gemeinschaftsrechts im Hinblick auf nationale „Vorschriften wie die jeweils fragliche (sachrechtliche) Norm" vorgelegt werden, kann er auch nur diese beantworten.

Mag damit auch faktisch die Frage nach der Gemeinschaftsrechtskonformität der jeweiligen (Sach-)Rechtsnorm aufgeworfen und beantwortet werden,[48] so hat der

---

44 Vgl. dazu *Höpping*, Warenverkehrsfreiheit (1997), 85 f.

45 *Bleckmann*, Europarecht, Rdn. 915 ff.; *Geiger*, Art. 234, Rdn. 4 ff.; *Dörr/Mager*, AöR 125 (2000), 386, 388 f.; *Herdegen*, Europarecht, Rdn. 219 ff.; *Heß*, ZZV 108 (1995), 59, 72 ff.; *Oppermann*, Europarecht, Rdn. 756 ff.; *Schweitzer/Hummer*, Europarecht, Rdn. 520 ff.; *Streinz*, Europarecht, Rdn. 556 ff.; *Wegener*, in: Calliess/Ruffert, Art. 234, Rdn. 11 ff.

46 Vgl. etwa EuGHE 1964, 1251, 1268 f. Costa/E.N.E.L.; 1979, 2621, Rdn. 3 Grosoli; 1984, 4277, Rdn. 12 Haug-Adrion; 1986, 1425, Rdn. 12 Asjes u. a.; 1993 I-2361, Rdn. 7 Yves Rocher; EuGHE 1993 I-5145 Phil Collins; 1993 I-6787, Rdn. 5 Hünermund u. a.; 1997 I-3561, R. 36 Tombesi u. a.; 2001 I-3399, Rdn. 28 Jean Verdonck u. a. – auch zur Formulierung der Vorlagefragen bzw. zu deren Interpretation durch den EuGH; dazu auch *Geiger*, Art. 234, Rdn. 4 ff.; *Herdegen*, Europarecht, Rdn. 219; *Heß*, ZZV 108 (1995), 59, 72 f.; *Oppermann*, Europarecht, Rdn. 758; *Streinz*, Europarecht, Rdn. 558 f.

47 Vgl. etwa EuGHE 1979, 1163 Rdn. 10 ff. ICAP/Beneventi; 1993 I-5145 Phil Collins; st. Rspr.; *Drasch*, Herkunftslandprinzip (1997), 303; *Höpping*, Warenverkehrsfreiheit (1997), 85 f.; *Wegener*, in: Calliess/Ruffert, Art. 234, Rdn. 2 f.

48 Es kann zwar nicht direkt gefragt werden, ob eine nationale Norm mit dem Gemeinschaftsrecht vereinbar ist, wohl aber, ob eine dieser Norm entsprechende Maßnahme verboten ist. Faktisch wird daher die nationalen Norm am Maßstab des Gemeinschaftsrechts geprüft. Das erhellt bereits aus der

Gerichtshof doch keinen Anlass, zwischen der Norm selbst und dem kollisionsrechtlichen Anwendungsbefehl zu differenzieren. Der EuGH stellt lediglich fest, dass die Auslegung des Gemeinschaftsrechts „der Anwendung einer Norm wie der in Frage stehenden“ entgegensteht oder nicht, nicht jedoch, wie der Verstoß ggf. korrigiert werden soll. Direkte Aussagen zum Kollisionsrecht sind dem EuGH wohl nur zu entlocken, wenn er nach der Auslegung des Vertrages hinsichtlich einer solchen Norm gefragt würde. Dies ist jedoch ein recht neuer Ansatz. Solche Fragen werden erst in jüngerer Zeit – etwa im Rahmen der Centros-Folgevorlagen[49] – an den EuGH herangetragen.[50]

Außerdem ist die Aussparung kollisionsrechtlicher Fragestellungen nicht so vollständig, wie zuweilen angenommen. Bei genauerer Betrachtung zeigt sich, dass in der bisherigen Rspr. immer wieder Aussagen getroffen wurden, die auf kollisionsrechtliche Fragen Bezug nehmen oder Bedeutung für sie entfalten. So lief die Vorlagefrage in der Entscheidung in Sachen Koestler[51] darauf hinaus, ob der deutsche Differenzeinwand bei Börsentermingeschäften als Teil des nationalen ordre public gegen das ausländische Vertragsstatut durchgesetzt werden darf. Der EuGH hat die Frage damals zwar bejaht;[52] die Anwendung des nationalen ordre public war jedoch am Maßstab des EG-Vertrages zu messen.

---

stark auf den jeweiligen konkreten Fall bezogenen Argumentation des Gerichtshofs. Zudem machen sowohl die Formulierung der Vorlagefragen als auch die der Antworten des EuGH deutlich, dass es im Kern um ebendiese Vereinbarkeit des nationalen mit dem Gemeinschaftsrecht geht: So ist etwa folgende Formulierung typisch: Ist eine Vorschrift der Art – es folgt die Darstellung des Inhalts der fraglichen Norm – mit dem Grundsatz der Warenverkehrsfreiheit etc. vereinbar? – Das ist eine künstliche Abstraktion, um die Frage zu einer solchen nach der Auslegung des Gemeinschaftsrechts machen zu können, so wie es Art. 234 EG vorsieht; vgl. *Heß*, ZZV 108 (1995), 59, 72 f.; *Höpping*, Warenverkehrsfreiheit (1997), 85 f.; *Streinz*, Europarecht, Rdn. 559; deutlich auch GA *Thesauro*, Schlussanträge in der Rs. C-213/89 Factortame, EuGHE 1990 I-2433, 2460.

49 In der Folge von Centros wurden dem EuGH mehrfach Fragen hinsichtlich der Vereinbarkeit der Sitztheorie mit der Niederlassungsfreiheit vorgelegt – etwa AG Heidelberg, Beschluss vom 3. 3. 2000, IPRax 2000, 425 – zurückgewiesen am 10. 7. 2001, Rs. C-86/00 HSB-Wohnbau GmbH, EuZW 2001, 499; BGH, Beschluss vom 30. 3. 2000, IPRax 2000, 423, entschieden in EuGHE 2002 I-9919 Überseering B. V. – dazu *Behrens*, IPRax 2000, 384, 387 ff.; *Jaeger*, NZG 2000, 918 ff.; *Kindler*, RIW 2000, 649 ff.; *Klinke*, ZGR 2002, 163, 171 m. w. N.; des Weiteren: Landesgericht Salzburg, Vorlagebeschluss vom 27. 11. 2000 – zurückgewiesen in EuGHE 2002 I-735 Holto; zur Vorlage des Kantongerecht Amsterdam Rs. C-167/01, ABl.EG 2001, Nr. C 200, 41 Inspire Art; dazu des Weiteren *Jaeger*, a. a. O.; *Jayme/Kohler*, IPRax 2001, 501, 513; *Schaub*, RabelsZ 66 (2002), 18, 26.

50 Siehe aber etwa die Johannes-Entscheidung zum Verhältnis der Staatsangehörigkeitsanknüpfung im Familienrecht zum allgemeinen Diskriminierungsverbot des Art. 12 EG – EuGHE 1999 I-3475 Johannes. Zu Entscheidungen des EuGH, die mehr oder weniger deutliche Bezüge zur kollisionsrechtlichen Problemstellung aufweisen sogleich ausführlicher.

51 EuGHE 1978, 1971 Koestler; dazu *v. Bar*, IPR I, Rdn. 171 und *v. Bar/Mankowski*, IPR I, 136; *Drasch*, Herkunftslandprinzip (1997), 247, 298; *Heinz*, Die kollisionsrechtliche Bedeutung des Termin- und Differenzeinwandes (1991), 111 ff.; *Samtleben*, RabelsZ 45 (1981), 218, 244; *Steindorff*, EuR 16 (1981), 426, 437; gegen kollisionsrechtliche Aussage *Roth*, RabelsZ 55 (1991), 623, 662, Fn. 178.

52 Weil die Verweigerung der Durchsetzbarkeit einer Forderung aus einen Differenzgeschäft „nicht als Verletzung des Gemeinschaftsrechts angesehen werden (könne), da der Vertrag zwar Diskriminierungen verbietet, jedoch keine Verpflichtung enthält, einen ausländischen Erbringer von Dienstleistungen mit Rücksicht auf sein Heimatrecht günstiger zu stellen als Erbringer von Dienstleistungen, die in dem Staat ansässig sind, in welchem die Leistung erbracht wird“. Inhaltlich

In der Entscheidung in Sachen Alsthom Atlantique[53] nimmt der Gerichtshof ebenfalls Bezug auf einen kollisionsrechtlichen Aspekt, indem er einen Verstoß gegen die Warenverkehrsfreiheit u. a. mit dem Hinweis auf die bestehende Rechtswahlfreiheit ablehnt.

Eine kollisionsrechtliche Aussage wird teilweise auch der Entscheidung in Sachen Dansk Supermarket[54] entnommen.[55] Dort weist der Gerichtshof darauf hin, „dass das Gemeinschaftsrecht grds. nicht verhindert, dass in einem Mitgliedstaat die in diesem Staat geltenden Vermarktungsvorschriften auf die aus anderen Mitgliedstaaten eingeführten Waren angewandt werden".

Ebenfalls in diese Reihe gehört die Entscheidung in Sachen GB-INNO BM.[56] Sie betraf einen Fall, in dem die belgische Betreibergesellschaft von Supermärkten auf belgischem Territorium unter Hinweis auf frühere Preise für zeitlich befristete Sonderangebote geworben hatte – und zwar durch einheitlich gestaltete Werbeschriften sowohl in Belgien wie auch in Luxemburg. Diese Art der Werbung war nach luxemburigischem, nicht jedoch nach belgischem Recht verboten. Der EuGH beurteilte das Verbot der entsprechenden Werbemaßnahmen in Luxemburg als eine Behinderung des freien Warenverkehrs, die nur unter dem Vorbehalt zwingender Erfordernisse zulässig ist. Solche zwingenden Erfordernisse wiederum sah der Gerichtshof im konkreten Fall nicht. Insbes. der Verbraucherschutz konnte für das benannte Verbot nicht angeführt werden, weil „... das Gemeinschaftsrecht eines der grundlegenden Erfordernisse des Verbraucherschutzes in der Unterrichtung der Verbraucher sieht. Art. 30 EGV (heute Art. 28 EG) kann daher nicht in dem Sinne ausgelegt werden, dass nationale Rechtsvorschriften, die den Verbrauchern den Zugang zu bestimmten Informationen verwehren, durch zwingende Erfordernisse des Verbraucherschutzes gerechtfertigt werden könnten".[57] Aus dieser Entscheidung schlossen einige Autoren auf die Existenz einer gemeinschaftsrechtlichen Kollisionsnorm für das Wettbewerbsrecht.[58]

---

ging der EuGH hier jedoch wohl noch von einem bloßen Diskriminierungsverbot aus. Nicht desto trotz läuft die Verneinung eines Verstoßes gegen den Vertrag durch die Verweigerung der Forderungsdurchsetzung wegen des Differenzeinwandes auf die Billigung der Anwendung des ordre public-Vorbehalts durch das vorlegende Gericht hinaus. Das Urteil ist allerdings vielfach auf Kritik gestoßen, weil es eine zu weitgehende Erstreckung des deutschen Anlegerschutzrechts zugelassen habe – dazu nur *Samtleben*, RabelsZ 45 (1981), 218, 247; *Schlosser*, FS Steindorff (1990) 1379, 1380 m. w. N.; *v. Wilmowsky*, ZEuP 3 (1995), 735, 756 ff.

53 EuGHE 1991 I-107 Alsthom Atlantique.

54 EuGHE 1981, 181, insbes. Rdn. 15 Dansk Supermarket.

55 So etwa bei *Sack*, WRP 1994, 281, 285; *ders.*, WRP 2000, 269, 282.

56 EuGHE 1990 I-667 GB-INNO-BM.

57 EuGHE 1990 I-667, Rdn. 18 GB-INNO-BM.

58 Für eine Günstigkeitsanknüpfung etwa *Chrocziel*, EWS 1991, 173, 177 f.; *Drasch*, Herkunftslandprinzip (1997), 310 ff. m. w. N.; *Jayme*/Kohler, IPRax 1991, 361, 369; 1992, 346, 348; 1993, 357, 370 f.; in diese Richtung wohl auch *Kropholler*, Internationales Privatrecht, § 53 IV 1 a. E.; zur Ursprungslandanknüpfung *Bernhard*, EuZW 1992, 437, 439 f.; *ders.*, Das internationale Privatrecht des unlauteren Wettbewerbs in den Mitgliedstaaten der EG (1994), 253 ff. – i. E. allerdings für Beibehaltung der Marktortregel; **a. A.** vgl. nur *Brödermann*, in: Gemeinschaftsrecht und IPR (1994), 203 ff., 209 ff.; ebenso *v. Hoffmann*, in: Staudinger, Art. 40 EGBGB, Rdn. 295 – auch m. w. N. des

Zurückzuweise ist allerdings der zuweilen ebenfalls auf diese Entscheidung gestützte Schluss auf die Gemeinschaftsrechtswidrigkeit der Marktortanknüpfung im Wettbewerbsrecht.[59] Ganz im Gegenteil manifestiert sich eher die Tendenz, es für solche Verhaltensregelungen für das Auftreten am Markt (soweit sie nicht darüber hinausgehend den Marktzutritt behindern, sondern als bloße Vertriebsvorschriften einzustufen sind) bei der Anwendung des Rechts des Marktortes zu belassen – mit der einzigen Maßgabe, dass sie nicht diskriminieren dürfen. Dem widerspricht GB-INNO nur scheinbar. Zwar hat der Gerichtshof in diesem Fall in der Tat ausgesprochen, dass das inländische Wettbewerbsrecht dem ausländischen Anbieter nicht entgegengehalten werden durfte. Es ging jedoch um die Sonderkonstellation der Werbung (aus luxemburgischer Sicht) aus dem Ausland für dortigen Konsum. Insofern ist GB-INNO im wahrsten Sinne des Wortes ein „Grenzfall", der möglicherweise anders entschieden worden wäre, hätte es sich um Werbung für Konsum im Inland gehandelt.

Vor dem Hintergrund der aktuellen Diskussion um die Gemeinschaftskonformität der Anknüpfung im internationalen Gesellschaftsrecht ist an die Entscheidungen in Sachen Centros[60], Überseering[61] und die Vorgängerentscheidung in Sachen Daily Mail[62] zu erinnern. Mag die kollisionsrechtliche Aussage in Daily Mail auch eine negative gewesen sein, weil der EuGH es gerade abgelehnt hat, korrigierend einzugreifen, so zeigt die Entscheidung doch, dass das IPR vom Einfluss des Primärrechts nicht a priori ausgenommen ist. Konkret hatte der Gerichtshof ausgesprochen, „dass die Art. 52, 58 EGV (heute Art. 43, 48 EG) beim derzeitigen Stand des Gemeinschaftsrechts einer Gesellschaft, die nach dem Recht eines Mitgliedstaates gegründet ist und in diesem ihren satzungsmäßigen Sitz hat, nicht das Recht gewähren, den Sitz der Geschäftsleitung in einen anderen Mitgliedstaat zu verlegen".[63] Das Urteil wurde im deutschen Schrifttum vielfach als Bestätigung der Sitztheorie aufgefasst.[64] Allerdings ist diese Beurteilung heute durch die Urteile in Sachen Centros und Überseering erschüttert, die in kollisionsrechtlicher Hinsicht deutlicher werden.

Die Bedeutung des Centros- und des Überseering-Urteils – v. a. die Frage, inwieweit die Sitztheorie heute noch mit dem Gemeinschaftsrecht vereinbar ist – ist nach wie vor unklar. Die Waagschale hat sich aber spätestens mit dem Überseering-Urteil

---

kontroversen Schrifttums; *Höpping*, Warenverkehrsfreiheit (1997), 91 ff.; *Kreuzer*, in: Müller-Graff (Hrsg.), Gemeinsames Privatrecht (1999), 457, 511 ff. m. w. N.

59 *Drasch*, Herkunftslandprinzip (1997), 309 ff., 321 ff.; angedeutet bei *Jayme/Kohler*, IPRax 1993, 357, 370 f.

60 EuGHE 1999 I-1459 Centros Ltd.; dazu bereits § 7 I.2.a).

61 EuGHE 2002 I-9919 Überseering B. V.

62 EuGHE 1988, 5483 Daily Mail.

63 EuGHE 1988, 5488, Rdn. 25 Daily Mail.

64 Vgl. *Behrens*, ZGR 23 (1994), 1, 20 f.; *Kindler*, NJW 1999, 1993, 1997 und NJW 2003, 1073, 1074; *Klinke*, ZGR 22 (1993), 1, 6 f.; *Schmidt*, in: Multimedia (1998), 41, 46; **a. A.** etwa *Drobnig*, in: v. Bar (Hrsg.), Gemeinschaftsrecht und IPR (1991), 185, 203 ff.; *Gounalakis/Radke*, ZVglRWiss 98 (1999), 1, 11, 23 f.; z. G. *Hohloch*, in: Wirtschaftsverfassungsrechtliche Garantien (2001), 121, 123 f.; *Grundmann*, Europäisches Gesellschaftsrecht, § 22 Rdn. 762, 763 ff.; *Mülbert/Schmolke*, ZVglRWiss 100 (2001), 233, 234; *Schurig*, Liber Amicorum Kegel (2002), 199, 204.

deutlich in Richtung einer (partiellen) Ablösung der Sitz- durch die Gründungstheorie geneigt. Nach Centros sah ein großer Teil des Schrifttums die Aussage der Entscheidung in Sachen Daily Mail noch als nicht angetastet an,[65] während andere bereits davon ausgingen, dass mit dem Urteil der Sitztheorie grds. der Boden entzogen worden sei, so dass von der Gründungstheorie oder einer Spielart der Überlagerungstheorie auszugehen sei.[66] Im Überseering-Urteil hat der Gerichtshof nunmehr zumindest für die Frage der Rechts- und Parteifähigkeit der Gesellschaft ausgesprochen, dass diese gerade nach Maßgabe des ausländischen Gründungsrechts zu gewährleisten ist und damit zugleich eine kollisionsrechtliche Aussage von ungewöhnlicher Deutlichkeit getroffen: „Überseering ... genießt auf Grund der Art. 43 EG und 48 EG das Recht, als Gesellschaft niederländischen Rechts in Deutschland von ihrer Niederlassungsfreiheit Gebrauch zu machen."[67] Ähnliches gilt für die Entscheidung in Sachen Inspire Art, die in der Folge von Überseering die Frage betrifft, inwieweit die dort bestimmte Gründungsanknüpfung durch Sonderanknüpfungen von Vorschriften des Aufmnahmestaates durchbrochen werden darf.[68]

Gerade in jüngerer Zeit mehren sich auch auf anderen Gebieten die Urteile, in denen der Gerichtshof mehr oder weniger deutlich auf kollisionsrechtliche Fragen eingeht.[69]

So ging es etwa in der Entscheidung in Sachen Johannes[70] um die Frage, ob die Anknüpfung des für die Scheidungsfolgen maßgeblichen Rechts an die Staatsange-

65 Viele Autoren entnahmen Centros keine bestimmende kollisionsrechtliche Aussage: *Hohloch*, in: Wirtschaftsverfassungsrechtliche Garantien (2001), 121, 123 ff.; *Hoffmann*, ZHR 164 (2000), 43, 48 ff.; *Kindler*, NJW 2003, 1073, 1074; *Sonnenberger/Großerichter*, RIW 1999, 721, 726 f.; *Ulmer*, JZ 1999, 662. Dies zumindest bzgl. solcher Staaten, die selbst der Sitztheorie folgten, und nicht – wie in Centros – der Gründungstheorie. So v. a. *Hoffmann; Kindler; Sonnenberger/Großerichter* – jeweils a. a. O.; krit. dazu etwa *Borges*, RIW 2000, 167, 176 m. w. N.; *Gounalakis/Radke*, IPRax 2000, 384, 387. **Überblick** zum Schrifttum: *Gounalakis/Radke*, ZVglRWiss 98 (1999), 1, 20 ff.; *Grundmann*, Europäisches Gesellschaftsrecht, § 22 Rdn. 763 ff.; *Kindler*, in: MüKo, Internationales Gesellschaftsrecht, Rdn. 258 ff. mit ausführlicher Darstellung des Streitstandes; *Klinke*, ZGR 31 (2002), 163, 167 ff.

66 *Behrens* IPRax 1999, 323, 330 und IPRax 2003, 193 ff.; *Freitag*, EuZW 1999, 267 ff., 269; *Gounalakis/Radke*, IPRax 2000, 384, 387 f.; *Kieninger*, ZGR 28 (1999), 724, 735 ff., 745 ff.; *Leible*, NZG 1999, 300, 301; *Lutter*, ZGR 2000, 1, 13 f.; *Sandrock*, BB 1999, 1337, 1340 ff.; *Schurig*, Liber Amicorum Kegel (2002), 199 ff. krit.; *Thorn*, IPRax 2001, 102, 104 ff.; **vorsichtiger** *Borges*, RIW 2000, 167, 176 ff. – der aber zumindest erhebliche Modifikationen der Sitztheorie einräumt; *Leible*, NZG 1999, 300, 301 f.; *Lurger*, IPRax 2001, 346, 350 ff.; *Roth*, G. H., ZIP 1999, 861, 862 ff. und FS 50 Jahre BGH (2000) II, 847, 864 f.; *Steindorff*, JZ 1999, 1140, 1141 ff.; z. G. auch *Grundmann*, Europäisches Gesellschaftsrecht, § 22 Rdn. 763 ff.

67 EuGHE 2002 I-9919, Rdn. 80 Überseering B. V.; dazu auch § 8 IV.1.c)cc).

68 EuGHE 2003 I-10155; dazu unten Fn. 866, 869.

69 Vgl. etwa EuGHE 1997 I-2471 Rdn. 16 ff. Futura Participations und Singer: Überprüfung einer Regelung zum steuerlichen Verlustvortrag, soweit diese die Geltendmachung von Verlusten u. a. davon abhängig macht, dass sie durch eine dem nationalen Recht entsprechende Buchführung nachgewiesen sind – damit wird zwar nicht ausdrücklich, aber implizit über einen kollisionsrechtlichen Aspekt mitentschieden; weiterhin Urteile wie EuGHE 1999 I-3475, Rdn. 27 f. Johannes und 2000 I-9305, Rdn. 14 ff., 25 f. Ingmar, mit der Forderung, einer Richtlinie entsprechendes zwingendes Recht unter bestimmten Umständen auch gegen das als Vertragstatut berufene Recht eines Nicht-Mitgliedstaates durchzusetzen – dazu sogleich.

70 EuGHE 1999 I-3475, Rdn. 27 f. Johannes.

hörigkeit gegen Art. 6 des EG-Vertrages verstoße, wenn und weil der auf Versorgungsausgleich in Anspruch Genommene dadurch im Vergleich zum Inhaber einer anderen Staatsangehörigkeit materiell schlechter gestellt werde. Der EuGH hat allerdings die Frage des Verstoßes selbst in diesem Fall nicht mehr geprüft, weil er der Ansicht war, „weder die nationalen Bestimmungen des internationalen Privatrechts, die das auf die Ehescheidungsfolgen anwendbare nationale materielle Recht bestimmen, noch die nationalen privatrechtlichen Bestimmungen, die die materiellrechtliche Regelung der Scheidungsfolgen enthalten, (fielen) in den Anwendungsbereich des Vertrages. Folglich (hindere) Artikel 6 EG-Vertrag (heute Art. 12 EG) einen Mitgliedstaat nicht, als Anknüpfungsmoment für die Bestimmung des auf die Scheidungsfolgen anwendbaren nationalen materiellen Rechts auf die Staatsangehörigkeit der Ehegatten abzustellen."

Für Aufsehen hat auch das Urteil in Sachen Ingmar gesorgt.[71] Diese Entscheidung bezieht sich zwar nicht auf das Verhältnis der Grundfreiheiten zum nationalen Kollisionsrecht, wohl aber auf die Auswirkungen einer bestehenden zwingenden Richtlinienbestimmung auf die Anwendung des Kollisionsrechts. Damit ist auch hier das Verhältnis von Gemeinschaftsrecht und nationalem Kollisionsrecht unmittelbar angesprochen. Die Entscheidung betrifft die Anwendbarkeit der auf der Handelsvertreter-Richtlinie[72] beruhenden Schutzvorschriften in einem Fall, in dem die Beteiligten das Recht eines Nichtmitgliedstaates (in diesem Falle kalifornisches Recht) als das auf ihren Vertrag anwendbare Recht gewählt hatten. Insoweit hat der Gerichtshof ausgesprochen, dass der in der Richtlinie vorgesehene Ausgleichsanspruch in einem Fall mit starkem Gemeinschaftsbezug nicht durch die Wahl eines Drittrechts ausgehebelt werden darf. Er beseitigt damit faktisch die Wirkung der kollisionsrechtlichen Rechtswahlklausel, um die zwingenden Richtlinienvorgaben durchzusetzen.[73]

Somit existieren sehr wohl einige Entscheidungen des Gerichtshofs, welche die Handhabung nationaler Kollisionsnormen zumindest mit behandeln. Was in der Tat fehlt, sind allgemeine Aussagen über die gemeinschaftsrechtlich gebotene Anknüpfung bzw. zu der Frage, ob eine dem Gericht vorgelegte nationale Norm überhaupt berufen werden durfte. Jedoch erhellt aus den Aussagen des EuGH, dass er die kollisionsrechtliche Anwendungsentscheidung, welche die ihm vorgelegte Rechtsnorm beruft, gleichwohl mit im Auge hat.[74] Zudem ist die Rechtswissenschaft nicht gehindert, allgemeine Folgerungen aus der Judikatur des Gerichtshofs zu ziehen, die

---

71 EuGHE 2000 I-9305 Ingmar.

72 ABl.EG 1986 Nr. L 382/17.

73 Der zwingende Charakter der RL ist damit auch international durchzusetzen (etwa über Art. 34 EGBG); der eigentlich fehlende kollisionsrechtliche Schutz wird überspielt. Dazu *Jayme*, IPRax 2001, 190 f.; *Kohler*, FS Jayme Bd. I (2004), 445, 452 f. krit.; *Reich*, EuZW 2001, 51 f.; *Staudinger*, NJW 2001, 1974 ff.; zur internationalen Durchsetzbarkeit der Handelsvertreter-RL schon *Basedow*, in: Schnyder/Heiss/Rudisch (Hrsg.), Internationales Verbraucherschutzrecht (1995), 11, 29 ff.; *ders.*, NJW 1996, 1921, 1925.

74 Zu diesem Befund *Drasch*, Herkunftslandprinzip (1997), 250 ff. m. w. N.; krit. in dieser Hinsicht *Kohler*, FS Jayme Bd. I (2004), 445, 450 ff.

dieser selbst – weil an die konkrete Vorlagefrage gebunden – nicht in dieser abstrakten Form aussprechen kann und wird.

Ähnliches gilt auch für das Vertragsverletzungsverfahren als das zweite wichtige Verfahren im Bereich der Grundfreiheiten-Rspr., das von der Kommission oder einem Mitgliedstaat eingeleitet werden kann.[75] Auch dieses Verfahren beschränkt sich auf die Frage, ob ein Mitgliedstaat durch ein konkretes Verhalten seiner Organe gegen das Gemeinschaftsrecht verstoßen hat.[76] Auch hier hat der EuGH keinen Anlass, generelle Aussagen zur Europarechtskonformität nationaler Rechtsanwendungsnormen zu machen. Es geht nur darum, ob die inkriminierte Maßnahme[77] oder Unterlassung eines Mitgliedstaats im konkreten Fall Verpflichtungen aus dem Gemeinschaftsrecht verletzt, wie sie sich etwa aus den Grundfreiheiten des Vertrages ergeben. Damit ist hier zwar – anders als im Vorabentscheidungsverfahren nach Art. 234 EG – gerade die Vereinbarkeit des staatlichen Handelns oder Unterlassens mit dem Gemeinschaftsrecht Gegenstand der Entscheidung. Diese wird jedoch nur für die konkrete Maßnahme insgesamt festgestellt oder verneint und ebenfalls nicht nach kollisions- und sachrechtlichen Komponenten aufgeschlüsselt.[78]

Die Entscheidungspraxis des EuGH in ihrer Gesamtheit zu betrachten, ihr allgemeine Tendenzen zu entnehmen und daraus Schlüsse für die Anwendung der nationalen Rechtsordnungen zu ziehen, ist Aufgabe der Rechtswissenschaft. Die Aussage, der EuGH äußere sich nicht zum Kollisionsrecht wird damit zu einem recht

---

75 Vgl. Art. 226 ff. EG, dazu *Bleckmann*, Europarecht, Rdn. 811 ff.; *Cremer*, in: Calliess/Ruffert, Art. 226, Rdn. 4 und Art. 227, Rdn. 1; *Geiger*, Art. 226, Rdn. 1; *Herdegen*, Europarecht, Rdn. 205 f.; *Höpping*, Warenverkehrsfreiheit (1997), 85; *Karpenstein P./Karpenstein U.*, in: Grabitz/Hilf, Art. 226, Rdn. 5 ff.; *Oppermann*, Europarecht, Rdn. 733; *Streinz*, Europarecht, Rdn. 505, 511. Die Einleitung des Verfahrens durch die Kommission ist die Regel. Einer der seltenen Fälle der Klage eines Mitgliedstaates gegen einen anderen findet sich etwa in EuGHE 2000 I-3123, Belgien/Spanien.

76 *Bleckmann*, Europarecht, Rdn. 812 ff., 816; *Cremer*, in: Calliess/Ruffert, Art. 226, Rdn. 27 f., 33; *Geiger*, Art. 226, Rdn. 3 f.; *Höpping*, Warenverkehrsfreiheit (1997), 85; *Karpenstein P./Karpenstein U.*, in Grabitz/Hilf, Art. 226, Rdn. 14 ff., 72; *Krück*, in: v. d. Groeben/Thiesing/Ehlermann, Art. 169, Rdn. 4, 8, 41, 54; *Oppermann*, Europarecht, Rdn. 734, 739.

77 Hier kommen auch gesetzliche Regelungen in Betracht – vgl. EuGHE 1987, 1227 Kommission/Deutschland, allerdings auch eine Vielzahl anderer Handlungsformen – vgl. etwa EuGHE 1982, 4005 Kommission/Irland – zur Kampagne „Buy Irish" oder 1997 I-6959 Kommission/Frankreich – versäumtes ordnungsrechtliches Einschreiten gegen Freiverkehrsbehinderung durch Privatpersonen; vgl. *Krück*, in: v. d. Groeben/Thiesing/Ehlermann, Art. 169, Rdn. 9.

78 Vgl. etwa die Formulierung des Urteils zum deutschen Reinheitsgebot für Bier – EuGHE 1987, 1227, Rdn. 34 Kommission/Deutschland „Nach alledem hat die Bundesrepublik Deutschland dadurch gegen ihre Verpflichtungen aus Art. 30 EWG-Vertrag (heute Art. 28 EG) verstoßen, dass sie das Inverkehrbringen von in einem anderen Mitgliedstaat rechtmäßig hergestellten und in den Verkehr gebrachten Bier untersagt hat, wenn dieses Bier nicht den §§ 9 und 10 des Biersteuergesetzes entspricht."; im Vertragsverletzungsverfahren ergangene Urteile zur **Warenverkehrsfreiheit:** EuGHE 1988, 3345, Kommission/Griechenland; 1994 I-2039 Kommission/Deutschland; 1996 I-44 Kommission/Niederlande; 1997 I-5851 Kommission/Spanien; 1998 I-6871 Kommission/Deutschland; 1999 I-1821 Kommission/Italien; 2000 I-10251 Kommission/Belgien; zur **Dienstleistungsfreiheit:** 1986, 3755 Kommission/Deutschland; 2001 I-5203 Kommission/Italien; **Freizügigkeit bzw. Niederlassungsfreiheit** 2000 I-541 Kommission/Italien; 2001 I-4923 Kommission/Italien; 2001-4195 Kommission/Italien; vgl. z. G. auch Leible in: Grabitz/Hilf, vor Art. 28-31, Rdn. 12 mit umfassender Übersicht über die Urteile des Gerichtshofs zur Warenverkehrsfreiheit.

formalen Argument, das zudem nicht die Möglichkeit abdeckt, dass aus den Urteilen des Gerichtshofs zumindest in der Zusammenschau kollisionsrechtliche Folgerungen gezogen werden können.

2. Lediglich Korrektur des Sachrechts – Einwendungen aus dem Wirkungsmechanismus der Freiheiten

Der weitere Einwand, es finde auch inhaltlich lediglich eine Überprüfung des Sachrechts statt, hängt eng mit dem ersten zusammen; wird doch die Aussparung der kollisionsrechtlichen Fragestellung durch den EuGH als Konsequenz eben dieser inhaltlichen Beschränkung auf die Sachrechtskontrolle dargestellt.

So findet sich vielfach die Ansicht, die Rspr. des EuGH wirke sich nur auf das Sachrecht der Mitgliedstaaten aus, gebe für die Frage des anwendbaren Rechts jedoch nichts her. Denn der EuGH überprüfe nur die Anwendung des Sachrechts im Einzelfall auf ihre Vereinbarkeit mit den Grundfreiheiten.[79] Selbst im Verstoßfalle werde lediglich das Ergebnis der Anwendung der nationalen Kollisionsnorm, welche die inkriminierte Regelung zur Anwendung beruft, hinsichtlich des betreffenden Tatbestandes modifiziert.[80]

Auch wurde vorgebracht, die Freiheiten seien lediglich für die rangkollisionsrechtliche Frage von Bedeutung, wann sich die beschränkende nationale Norm gegen die Freiheitsverbürgung des Vertrages durchsetzen könne.[81] Dem lässt sich jedoch ein Einwand entgegenhalten, auf den Basedow aufmerksam gemacht hat: Er konstatiert, dass sich das Gemeinschaftsrecht mit einem nationalen Recht – nämlich mit dem Recht des Herkunftslandes – gleichsam verbünde, seinen Vorrang zu dessen Gunsten ausspiele. Die Grundfreiheit nimmt entscheidenden Einfluss darauf, inwieweit das Recht des Herkunftslandes maßgeblich ist und inwieweit das Recht des Bestimmungslandes sich durchsetzen kann.[82] Dadurch wirkt das Gemeinschaftsrecht i. E. koordinationsrechtlich; es erlangt in seinem Zusammenwirken mit dem nationalen Recht kollisionsrechtlichen Gehalt.

---

79 In diese Richtung weisen in der Tat Urteile wie EuGHE 1991 I-4221, Rdn. 10 f. Säger, wo der Gerichtshof konstatiert, dass „das Oberlandesgericht im Ausgangsfall ... von der Anwendbarkeit deutschen Rechts ausgeht" und sofort das materielle deutsche Recht in den Blick nimmt; dazu *Drasch*, Herkunftslandprinzip (1997), 250, 313 f. m. w. N. zu Urteilen, denen evt. kollisionsrechtliche Aussagen zu entnehmen sind; *Fezer/Koos*, IPRax 2000, 349, 350 ff.; *Franzen*, Privatrechtsangleichung (1999), 145 f.; *Katzenberger*, in: Schricker/Henning-Bodewig (Hrsg.), Neuordnung des Wettbewerbsrechts (1999), 218, 228; *Kotthoff*, Werbung ausländischer Unternehmen im Inland (1995), 23 f.; *Kreuzer*, in: Müller-Graff (Hrsg.), Gemeinsames Privatrecht (1999), 457, 512 f.; *Sack*, WRP 1994, 281 ff., 285 ff., 288 ff.; *ders.*, WRP 2000, 269, 281 f.

80 *Fezer/Koos*, IPRax 2000, 349, 350 ff.; *Franzen*, Privatrechtsangleichung (1999), 145 f.; *Jayme/Kohler*, IPRax 1992, 346, 348; *Kreuzer*, in: Müller-Graff (Hrsg.), Gemeinsames Privatrecht (1999), 457, 512 f.; *Rohe*, RabelZ 61 (1997), 1, 58 f.; *Sack*, WRP 1994, 281, 285 f.; aA. Bernhard, EuZW 1992, 437, 439; *Brödermann*, in: Gemeinschaftsrecht und IPR (1994), Rdn. 409; *Drasch*, Herkunftslandprinzip (1997), 312 ff. speziell zum Wettbewerbsrecht: Das Ergebnis der Anwendung der Kollisionsregel wird vollständig aufgehoben und durch die Anwendung des Herkunftslandrechts ersetzt.

81 *Martiny*, in: v. Bar (Hrsg.), Gemeinschaftsrecht und IPR (1991), 211, 212 f.

82 Vgl. *Basedow*, RabelsZ 59 (1995), 1, 13.

Die Begründung der Ansicht, dass die Grundfreiheiten nur die Anwendung des Sachrechts korrigieren, stützt sich auf verschiedene Argumentationslinien, denen im Folgenden nachgegangen wird. Dabei sei jedoch angemerkt, dass die Einwendungen, die unter diesem Vorzeichen gegen ein kollisionsrechtliches Verständnis der Grundfreiheiten vorgebracht werden, viel weiter reichen, als die schlagwortartig an den Anfang dieses Abschnitts gestellte These von der bloßen Sachrechtskorrektur zunächst vermuten lässt. Besagter Einwand, es werde nur das Ergebnis der Sachrechtsanwendung modifiziert, ist eher der Endpunkt als der Ausgangspunkt der tatsächlich angestellten Überlegungen; und zu seiner Begründung werden Argumente angeführt, die das den Freiheiten zugrunde liegende Konzept heranziehen und im Kern die Frage aufwerfen, ob diese ihrem Wirkungsmechanismus nach überhaupt geeignet sind, kollisionsrechtliche Verweisungen auszusprechen oder zu beeinflussen.

a) Keine Verweisungswirkung der Grundfreiheitendogmatik

Die Dogmatik der Freiheiten – so wird vorgebracht – gebe eine Verweisungswirkung nicht her. Insbes. sei die Berücksichtigung des Herkunftslandrechts nicht als kollisionsrechtliche Verweisung auf das Recht des Herkunftsstaates als Entscheidungsnorm zu verstehen, die eine Anwendung des Bestimmungslandrechts ausschließt. Vielmehr geht es lediglich um eine Modifikation dieses Bestimmungslandrechts. Seine Normen werden einer Verhältnismäßigkeitsprüfung unterworfen und dürfen, wenn sie diese nicht bestehen, auf den Einfuhrsachverhalt nicht angewandt werden.[83] Die Grundfreiheiten sind demnach lediglich für die inhaltliche Gestaltung des mitgliedstaatlichen Rechts relevant. Sie korrigieren die Anwendung des Sachrechts, bewirken aber keine Neubestimmung seines internationalen Anwendungsbereichs oder gar eine Berufung des Rechts des Herkunftslandes in der Weise, dass dessen Regelungen an die Stelle der Vorschriften des Bestimmungslandes treten.[84] Deshalb wendet das Bestimmungsland im Falle eines Grundfreiheitenverstoßes auch tatsächlich nicht das Herkunftslandrecht an, sondern verzichtet allenfalls auf die Anwendung einzelner eigener Sachnormen.

Wäre den Grundfreiheiten demgegenüber eine Kollisionsnorm, etwa ein Verweis auf das Recht des Herkunftslandes einer Ware, Dienstleistung, Person etc., zu entnehmen, so müsste – nach klassischer kollisionsrechtlicher Methode – von vornherein das Recht des Herkunftslandes zur Anwendung berufen sein. Dem wiederspricht jedoch

83 *v. Hoffmann*, in: Staudinger, Art. 40 EGBGB, Rdn. 295; *Kreuzer*, in: Müller-Graff (Hrsg.), Gemeinsames Privatrecht (1999), 457, 512 f. m. w. N.; *Roth*, GS Lüderitz (2000), 635, 644 f. – betreffe nicht den internationalen Anwendungsbereich der Norm des Bestimmungsstaats, sondern den im Hinblick auf den Importtatbestand modifizierten Inhalt; *Sack*, WRP 1994, 281, 285 ff., 288 ff.; *ders.*, WRP 2000, 269, 281 ff.; *Sonnenberger*, in MüKo, Einl. IPR, Rdn. 137 ff.

84 So für den Bereich des Wettbewerbsrechts *Bernhard*, EuZW 1992, 437, 440 ff.; *Franzen*, Privatrechtsangleichung (1999), 145 f.; *Gebauer*, IPRax 1995, 152, 155; *Jayme*, IPRax 1994, 67; *Reese*, Grenzüberschreitende Werbung, 217 ff.; *Sack*, WRP 1994, 281, 288 ff.

der praktische Befund. Die faktische Durchsetzung der Herkunftslandregel hat mit einer kollisionsrechtlichen Verweisung nichts zu tun.[85]

Die vielbeschworene „kollisionsrechtliche Wirkung der Grundfreiheiten" ist danach lediglich ein Reflex der eigentlich stattfindenden Sachrechtsüberprüfung. Wenn es jedoch erst die im Einzelfall berufene Sachnorm ist, die beschränkend wirkt und gerechtfertigt werden muss, so hat die Kollisionsnorm, die zu dieser Vorschrift geführt hat, an dem Grundfreiheitenverstoß den geringsten Anteil. Dafür scheint in der Tat auch die „Gegenprobe" zu sprechen: Denn führt die gleiche Kollisionsnorm in einem anderen Fall zum Recht eines anderen (vom Herkunftsland verschiedenen) Staates, das im konkreten Sachverhalt keine beschränkende Regelung enthält, argwöhnt niemand einen Grundfreiheitenverstoß. Es besteht deshalb dann kein Bedarf (und keine Rechtfertigung dafür), die nationale Kollisionsnorm durch eine allgemeine Anknüpfung nach dem Herkunftsland- oder Günstigkeitsprinzip zu ersetzten, auch wenn das durch sie berufene Recht nicht das Recht des Herkunftslandes ist.

Wenn diese Prämisse stimmt, zeigt sie, dass die Quelle der Grundfreiheitenwidrigkeit bei der Anwendung beschränkender Rechtsregeln auf gemeinschaftsgrenzüberschreitende Fälle tatsächlich eher das konkret in Frage stehende Sachrecht als die abstrakte Kollisionsnorm ist.

Das ist indes nicht der Fall, weil dieser Ansatz die Aussage zum kollisionsrechtlichen Gehalt der Freiheiten unzulässig verkürzt. Eine Verweisung – etwa auf das Recht des Herkunftslandes oder das im konkreten Fall günstigste Recht – wird nur behauptet, soweit das Recht des Bestimmungslandes die Grundfreiheiten wirklich beschränkt. Auch in dem soeben angeführten Fall einer Verweisung auf ein drittes Recht (neben dem Recht des Herkunfts- und des Bestimmungslandes) können Günstigkeits- oder Herkunftslandprinzip daher gelten. Der Nachteil der Anknüpfung an ein anderes als das Herkunftslandrecht ist nicht so sehr die Tatsache, dass gerade das Bestimmungslandrecht anwendbar ist, sondern dass vom Herkunftslandrecht überhaupt zum Nachteil des Anbieters abgewichen wird und stattdessen ein anderes Recht gilt (egal, welches das im Einzelfall ist), wenn dadurch für den Anbieter ein Anpassungsbedarf oder eine sonstige grundfreiheitenrelevante Behinderung entsteht. Denn dies ist in einem Binnenmarkt – sei er auch noch nicht komplett ausgebildet – rechtfertigungsbedürftig.

Das bedeutet jedoch: Der oben in der „Gegenprobe" angesprochene Fall des Verweises auf ein im Einzelfall nicht grundfreiheitenwidriges drittes Sachrecht tritt eben auch nur unter denselben Voraussetzungen ein, unter denen ein Verweis auf das Bestimmungslandrecht unproblematisch wäre, nämlich in der Keck- und in der Alsthom

---

85 *Sack*, WRP 1994, 281, 288 ff. – der einräumt, es sein eine Frage der Terminologie, ob man die Anerkennung ausländischer Regelungen und die Tatsache, dass es bei Unanwendbarkeit des Bestimmungslandrechts faktisch bei der Hürde der warenbezogenen Regelungen des Herkunftslandes bleibe (a. a. O. Fn. 102), allerdings werde das Recht des Bestimmungslandes nicht durch das des Herkunftslandes „ersetzt", dieses nicht „berufen"; *Wilmowsky*, RabelsZ 62 (1998), 1, 29; dazu auch *Gebauer*, IPRax 1995, 152, 155.

Atlantique-Konstellation bzw. – wenn man den neueren Ansatz des EuGH im Privatrecht als selbständige Linie denkt – wenn die Einwirkung auf den Freiverkehr zu ungewiss und zu mittelbar ist. Ansonsten behindert die zwingende Bindung des Herstellers an ein drittes Recht diesen ebenso wie die an das Bestimmungslandrecht. Das gilt jedenfalls dann, wenn dieses Recht vom Herkunftslandrecht abweicht und dadurch eine Belastung des Freiverkehrs entsteht.

Dabei reicht zwar allein die Andersartigkeit der rechtlichen Regelung eines Mitgliedstaates im Vergleich zur Regelung im Herkunftsland einer Ware, Dienstleistung, Person etc. nicht aus, ihre Behinderungswirkung zu begründen.[86] Die oben genannten Rspr.-Linien kennzeichnen jedoch die typischen Fallgruppen, in denen die Andersartigkeit tatsächlich nicht zu einer relevanten Beeinträchtigung führt. Alle die Fälle, in denen der Gerichtshof die Überprüfung einer nationalen Vorschrift am Maßstab der Grundfreiheiten abgelehnt hat oder in denen er einen reduzierten Prüfungsmaßstab zugrunde legt, lassen sich bisher einer dieser Linien zuordnen. Und selbst wenn zukünftig weitere Fallgruppen hinzukommen, eignet sich dieser Ansatz dennoch, die nicht freiverkehrsrelevanten Vorschriften der Mitgliedstaaten anhand abstrakter Merkmale von den freiverkehrsrelevanten zu unterscheiden und abzusetzen. Ebendiese Fallgruppenbildung würde es durchaus ermöglichen, die Tatbestandsseite der behaupteten kollisionsrechtlichen Aussage der Freiheiten zu formulieren. Ob man daraus letztendlich eine oder mehrere Kollisionsnormen gemeinschaftsrechtlicher Provenienz folgert oder – wenn man wie hier dem weniger radikalen Denkmodell zuneigt – den Ansatzpunkt für aus den Freiheiten abgeleitete Tendenzen und Schranken der kollisionsrechtlichen Anknüpfung, ist eine andere Frage, die an anderer Stelle erörtert wird.

Die hier abgelehnte Vorstellung, es finde lediglich eine Korrektur des Sachrechts statt, beruht weiter auf der Prämisse, dass sich kollisions- und sachrechtliche Ebene in jedem Falle sauber trennen lassen. Dann würden die Grundfreiheiten lediglich eine Handhabe gegen solche Kollisionsnormen liefern, die bereits an sich diskriminierend wirken, ohne dass es einer Betrachtung des berufenen Sachrechts bedarf. Im Übrigen könnten sie ihre Wirkung tatsächlich lediglich im Sachrecht entfalten. Die Freiheiten wirkten dann im Kollisionsrecht nur als negative Standards. Fragt man sich jedoch, wie diskriminierende bzw. beschränkende Wirkungen im Privatrecht zustande kommen, zeigt sich die Schwäche dieses Ansatzes.

Unproblematisch denkbar sind diskriminierende Kollisionsnormen, bei denen bereits auf der Ebene des Verweisungsrechts eine mehr oder weniger offene Benachteiligung von Angehörigen anderer Mitgliedstaaten eintritt, ohne dass es auf den sachlichen Inhalt des berufenen Rechts noch ankäme. In diesem Zusammenhang sind in der Literatur etwa das Ubiquitätsprinzip im Deliktsrecht oder die Staatsangehörigkeitsanknüpfung des Personalstatuts in die Kritik geraten.[87] In diesen Fällen

---

86 Dazu auch unten, § 8 IV.1.b)bb).
87 Insoweit kann auf die vorstehenden Ausführungen verwiesen werden. Dazu nochmals oben § 7 I.2.a) und c).

lässt sich die Quelle des Grundfreiheitenverstoßes klar bestimmen und beim Kollisionsrecht lokalisieren.

Anders, wenn sich der Verstoß erst durch das konkret berufene Sachrecht ergibt. Bereits eine diskriminierende Sachnorm setzt einen (kollisionsrechtlichen) Rechtsanwendungsbefehl voraus, so dass der Verstoß nicht allein im Sachrecht begründet liegt. Und auch eine Beschränkung der Freiheiten durch die Anwendung einer bestimmten Privatrechtsordnung, die jenseits offener oder verdeckter Diskriminierungen den Freiverkehr behindert, ist nach der hier vertretenen Ansicht nur durch die Zusammenschau von Kollisionsrecht und konkret berufenem Sachrecht begründbar. Denn die Beschränkung kann – lehnt man wie hier eine pauschale Beschränkung allein aufgrund der Anwendbarkeit fremden Rechts an sich ab – nur aus der Anwendung des Sachrechts auf den grenzüberschreitenden Sachverhalt erwachsen. Die Kollision mit den Grundfreiheiten ergibt sich in diesem Fall (erst) daraus, dass beschränkendes Sachrecht zur Anwendung berufen wird. Andererseits wird eben auch nur die kollisionsrechtliche Ausdehnung solcher Normen auf Fälle mit grenzüberschreitendem Bezug korrigiert. Kollisionsrecht und Sachrecht lassen sich insoweit nicht sauber trennen. Korrekturen der Grundfreiheiten betreffen daher nicht nur das Sachrecht, sondern stets auch das involvierte Kollisionsrecht.[88]

Schließlich ist zu bedenken, dass die europarechtliche Einwirkung auf das Kollisionsrecht der Mitgliedstaaten nicht in jeder Hinsicht der Vorgehensweise im klassischen Kollisionsrecht entsprechen muss. In der Tat wendet der Bestimmungsstaat für den Fall, dass seine Vorschriften nicht mit den Grundfreiheiten vereinbar sind, nicht das Recht des Herkunftsstaates an. Seine Organe verzichten jedoch auf die Anwendung des eigenen Rechts. Das führt im praktisch dazu, dass das Herkunftslandrecht maßgeblich ist, weil und soweit der Bestimmungsstaat es nicht überlagern darf (so jedenfalls die Lage im öffentlichen Recht).[89] Die kollisionsrechtliche Dimension der Grundfreiheitendogmatik erschließt sich zudem erst aus der Zusammenschau der Vorgaben, die für Herkunfts- und Bestimmungsstaat gelten: Es wird nicht nur eine Sachnorm unanwendbar gemacht oder eine bestimmte Verweisung vernichtet, sondern es ergibt sich eine positive Verweisung bzw. eine Tendenz dafür. Denn den Mitgliedstaaten werden so Regelungskompetenzen in dem von den Grundfreiheiten erfassten Bereich zugewiesen, die stimmig ineinander greifen.

Dabei wird zugleich eine der Besonderheiten des Binnenmarktkollisionsrechts deutlich, die dieses vom klassischen Kollisionsrecht unterscheidet: klassisches internationales Privatrecht ist in erster Linie der kollisionsrechtlichen Interessenlehre verpflichtet und folgt dem Ideal, die räumlich (nicht materiell) beste Rechtsordnung zu berufen.[90] Zwar ist auch dem klassischen Kollisionsrecht die Berücksichtigung ma-

---

88 Vgl. dazu auch *Fetsch*, Eingriffsnormen (2002), 126 ff.

89 Zu dem zusätzlichen Problem, dass eine Verweisung für den gesamten Anknüpfungsgegenstand häufig nicht interessengerecht wäre, unten § 8 III.2.c).

90 Vgl. nur *v. Hoffmann*, Internationales Privatrecht, § 2, Rdn. 52; *Junker*, Internationales Privatrecht, Rdn. 80 ff.; *Flessner*, Interessenjurisprudenz (1990), 48 ff. (differenzierend); *Kegel*, FS Lewald terieller Wertungen längst nicht mehr fremd, sie sind jedoch nicht der Ausgangspunkt der Betrachtungen und treten lediglich als Korrekturfaktoren in Erscheinung. Demgegenüber ist das Binnenmarktkollisionsrecht quasi aus dem Sachrecht abstrahiert; sachrechtliche Wertungen sind hier ein ganz zentraler Punkt.[91] Sie bilden sogar den Ausgangspunkt der Betrachtungen, indem gefragt wird, wie weit bestimmte bestehende inhaltliche Regelungen vor dem Maßstab der Grundfreiheiten erstreckt werden dürfen.

Zudem verdeckt hier der auf das öffentliche Wirtschaftsrecht und das Wettbewerbsrecht konzentrierte Blickwinkel die Sicht auf die Implikationen der Rspr. für das internationale Privatrecht, bzw. das Privatrecht im Übrigen. Im öffentlichen Recht herrscht Gleichlauf von Zuständigkeit und anwendbarem materiellen Recht, d. h. die Behörden eines jeden Mitgliedstaates wenden lediglich ihr eigenes Recht an.[92] Hier beschränkt die Etablierung des Herkunftslandprinzips in erster Linie die (zusätzliche) Anwendung des öffentlichen Rechts des Aufnahmestaates und setzt den Grundsatz der Anerkennung gleichwertiger Regelungen um. Es wirkt jedoch in der Tat nicht als klassische Verweisung auf ausländisches Recht in der Weise, dass inländische Behörden nun das öffentliche Recht des Herkunftsstaates durchzusetzen hätten. (Der oben geltend gemachte Einwand mag damit öffentlichrechtliche Vorschriften durchaus treffen.) Im Zivilrecht hingegen könnte sich etwas anderes ergeben; hier könnten die Grundfreiheiten einen verweisungsrechtlichen Charakter entfalten, wenn sich die Anerkennungspflicht aus den öffentlich-rechtlichen Sachverhalten hier in eine Pflicht zur Anwendung eines bestimmten Rechts als das für das fragliche Rechtsverhältnis maßgebliche Recht wandelt.[93] Im (internationalen) Privat-

---

(1953), 259 ff.; *Kegel*/Schurig, Internationales Privatrecht, 114 ff.; *Kropholler*, Internationales Privatrecht, § 4; *Sonnenberger*, in: MüKo, Einl. IPR, Rdn. 75 ff.

91 Zur fortschreitenden „Materialisierung" des Kollisionsrechts durch die Berücksichtigung materieller Wertungen neben internationalprivatrechtlichen Gerechtigkeitserwägungen und nicht zuletzt durch den Einfluss des EG-Rechts vgl. etwa *Lurger*, Regulierung (1997), 69; zum Vertragsrecht auch *Dies.*, JbJZ 1995, 17, 38 ff. und FS Posch (1996), 189 ff. Zum starken Sachrechtsbezug des Binnenmarktkollisionsrechts vgl. auch *Grundmann*, RabelsZ 67 (2003),246, 254 ff., 288 ff.

92 Vgl. etwa *Basedow*, RabelsZ 59 (1995), 1, 14; *v. Bar/Mankowski*, IPR I, 235 ff.; *v. Hoffmann*, Internationales Privatrecht, § 1, Rdn. 131; *Höpping*, Warenverkehrsfreiheit (1997), 98 ff.; *Junker*, Internationales Privatrecht, Rdn. 87; relativierend *Kegel/Schurig*, Internationales Privatrecht, 36, 130 f., 936 ff.; *Klinke*, FS Kegel (2002), 1, 5 f.; *Kropholler*, Internationales Privatrecht, § 22 II. Zwar existieren auch Ansätze zur Anwendung fremden öffentlichen Rechts – etwa fremder Eingriffsnormen – es geht dabei jedoch v. a. um die Frage der materiellen Berücksichtigung oder der Durchsetzung durch inländische (Zivil-)Gerichte, nicht um Durchsetzung solcher Normen durch inländische Behörden – vgl. zu diesem Aspekt etwa *v. Hoffmann*, Internationales Privatrecht, § 10, R. 97 ff.; *Kegel/Schurig*, Internationales Privatrecht, 130 ff.; *Kropholler*, Internationales Privatrecht, § 3 II 4, § 22 II, § 52 X; z. G. auch *Sonnenberger*, in: MüKo, Einl. IPR, Rdn. 355 ff. Insgesamt stellt sich die Rechtsanwendungsfrage im öffentlichen Recht jedoch in anderer Weise als im Privatrecht. Während sie sich hier meist darauf beschränkt, ob das eigene Recht anwendbar ist oder nicht, ist sie dort wesentlich vielschichtiger. Nur im Privatrecht wird wirklich gefragt, welches nationale Recht anwendbar sein soll; und diese Frage wird heute ausgehend vom konkreten Rechtsverhältnis danach beantwortet, zu welcher Rechtsordnung die engsten Verbindungen bestehen – die Anwendung welcher Rechtsordnung deshalb in räumlicher Hinsicht am ehesten angemessen ist.

93 Zu diesem wichtigen und häufig nicht ausreichend berücksichtigten Aspekt *Basedow*, RabelsZ 59 (1995), 1, 5, 13 ff. unter Hinweis auf *Drobnig*, FS v. Caemmerer (1978), 687, 697, der die Anerrecht geht es um die Frage des anwendbaren Rechts, und nicht primär um die Anwendbarkeit des eigenen Rechts; insoweit unterscheidet sich insoweit die Situation von der im öffentlichen Recht. Die Frage nach dem anwendbaren Recht kann jedoch durchaus denselben Maximen (der Förderung des Freiverkehrs im Binnenmarkt) verpflichtet sein, welche die Erstreckung öffentlichrechtlicher Ver- und Gebote auf grenzüberschreitende Sachverhalte bestimmen.

b) Leerlauf der Vorbehaltsklauseln des Vertrages und der „zwingenden Gründe"

Mit dem kollisionsrechtlichen Verständnis der Grundfreiheiten wird des Weiteren die Befürchtung verbunden, sie könnte die Rechtfertigungsgründe, die aus den Vorbehaltsklauseln des EG-Vertrages und aus den „zwingenden Erfordernissen" fließen, weitgehend leer laufen lassen. Diese würden in den ordre public-Vorbehalt abgedrängt; die Anwendung gerechtfertigter beschränkender Vorschriften des Bestimmungsstaats gegenüber dem Recht des Herkunftslandes wäre im Einzelnen begründungsbedürftig. Es werde dabei jedoch nicht berücksichtigt, dass das so berufene Recht des Herkunftslandes möglicherweise selbst mit den Grundfreiheiten unvereinbar ist.[94]

In der Praxis sei das Herkunftslandprinzip außerdem nicht unerheblich zugunsten des Bestimmungslandprinzips eingeschränkt. Denn viele nationale Vorschriften wirken zwar behindernd, können i. E. jedoch gerechtfertigt werden. Deshalb bilde eine grds. Anknüpfung an das Recht des Herkunftslandes mit nur ausnahmsweiser Durchbrechung zugunsten bestimmter Vorschriften des Bestimmungsstaates dieses tatsächliche Verhältnis fehlerhaft ab, ohne dass dies auf dem Weg über den ordre public-Vorbehalt angemessen ausgeglichen werden könnte. Denn nur wenige nationale Vorschriften können dem dessen Bestand zugerechnet werden. Der ordre public reicht danach nicht weit genug, um die berechtigten Interessen des Bestimmungslandes zur Geltung zu bringen.[95]

Dieser Einwand übersieht jedoch, dass dort, wo die kollisionsrechtliche Grundanknüpfung europarechtlich überformt ist, auch Funktion und Gehalt des ordre public-Vorbehalts verändert sein können, etwa in der Weise, dass er im Sinne der Grundfreiheitendogmatik gerechtfertigte Regelungen stets umfasst. Zudem ist nicht zu vergessen, dass sich eine Verweisungswirkung im Sinne des Herkunftsland- oder Günstigkeitsprinzips bzw. im Sinne der Einräumung von Rechtswahlfreiheit über-

kennung und die kollisionsrechtliche Verweisung als zwei Varianten der extraterritorialen Wirkungserstreckung bezeichnet.

94 *Fezer/Koos*, IPRax 2000, 349, 351 f.; *Gebauer*, IPRax 1995, 152, 155 f.; *Sack*, WRP 1994, 281, 289; *ders.* WRP 2000, 269, 280 ff.

95 *Gebauer*, IPRax 1995, 152, 155 f.; *Sack*, WRP 1994, 281, 289 f.; *Thünken*, IPRax 2001, 15, 19 – beide auch zu der denkbaren Lösung, zumindest letzteres Problem dadurch anzugehen, dass man gerechtfertigte nationale Normen ohne weitere Beschränkungen dem nationalen ordre public zurechnet – der Gedanke wird i. E. jedoch insbes. von Sack entschieden abgelehnt; zu einem Verständnis der Rechtfertigungsgründe des EG-Vertrages als ein ordre public-Vorbehalt für die Grundfreiheiten: *Basedow*, RabelsZ 59 (1995), 1, 20; *Martiny*, in: v. Bar (Hrsg.), Gemeinschaftsrecht und IPR (1991), 211, 212.

haupt nur im Anwendungsbereich der Grundfreiheiten als Beschränkungsverbote ergeben kann, d. h. insbes. nicht in den Fallkonstellationen, die durch die Entscheidungen Keck und Alsthom Atlantique umschrieben sind.[96] Die Anwendung des Bestimmungslandrechts wird deshalb nicht flächendeckend, sondern gerade in den Fällen einer Beschränkungswirkung besonders begründungsbedürftig, wo dies auch angemessen erscheint. Schließlich ist die europarechtlich gebotene Verweisung nicht unbedingt starr auf eine Anknüpfung an das Recht des Herkunftslandes mit evt. einschränkenden Sonderanknüpfungen fixiert. Eine Gesamtbetrachtung mag zu dem Ergebnis führen, dass eine andere als die Herkunftsanknüpfung generell gerechtfertigt ist und deshalb trotz der Leitidee des Herkunftslandprinzips insgesamt eine andere Anknüpfung europarechtskonform ist.

c) *Keine pauschale Ersetzung des Rechts des Bestimmungslandes wegen eines Grundfreiheitenverstoßes einzelner Vorschriften*

Ein kollisionsrechtlicher Ansatz, der grenzüberschreitende Rechtsverhältnisse im Anwendungsbereich des EG-Vertrages nach dem Herkunftslandprinzip behandelt, soll des Weiteren zur ungerechtfertigten pauschalen Ersetzung des Rechts des Bestimmungsstaates führen, die selbst den Interessen des Anbieters, der begünstigt werden soll, nicht unbedingt gerecht wird.[97] Dieser Einwand entbehrt nicht einer gewissen Berechtigung.

Es wäre tatsächlich unangemessen, ganze Lebenssachverhalte undifferenziert etwa der Herkunftsanknüpfung zu unterwerfen; indes ist das auch nicht beabsichtigt. Eine solche Verweisung kommt nur in Betracht, soweit die Anwendung des Bestimmungslandrechts die Wahrnehmung der Marktfreiheiten tatsächlich beschränkt.[98] Und allein die Tatsache, dass einzelne Vorschriften eines Rechtsgebietes gegen die Grundfreiheiten verstoßen, während andere mangels Behinderungseignung bereits tatbestandlich nicht erfasst werden oder zwingenden Gründen des Allgemeininteresses genügen, rechtfertigt es noch nicht, die gesamte kollisionsrechtliche Verweisung in Frage zu stellen.[99] Deshalb ist die Forderung, in wirtschaftlich relevanten Sachverhalten mit gemeinschaftsgrenzüberschreitendem Bezug grds. an das Recht des Herkunftslandes des Anbieters anzuknüpfen, auch in der Tat zu pauschal.

Vorgaben aus den Grundfreiheiten (in kollisionsrechtlicher wie in sachrechtlicher Hinsicht) können sich von vornherein nur auf behindernde Regelungen beziehen.

96 Insofern sind – wie gezeigt – bloße Vertriebsmodalitäten lediglich einem Diskriminierungsverbot unterworfen, während in Bereichen mit Rechtswahlfreiheit die Grundfreiheiten von vornherein nicht betroffen sind. Diese Einschränkungen wirken sich indes gerade im Wettbewerbsrecht, im Rahmen dessen benannte Einwendungen vorgebracht wurden, besonders stark aus. Viele Normen werden hier etwa als bloße Vertriebsvorschriften einzustufen sein.

97 Vgl. *Höpping*, Warenverkehrsfreiheit (1997), 91 ff., 94 ff.; deutlich auch *Sack*, WRP 1994, 281, 291 f.

98 *Drasch*, Herkunftslandprinzip (1997), 314 f.

99 Zu diesem Argument etwa *Höpping*, Wareverkehrsfreiheit (1997), 94 ff.; *Duintjer Tebbens*, Rev.-crit.d.i.p. 83 (1994), 451, 476 ff.; *Radicati di Brozolo*, Rev.crit.d.i.p. 82 (1993), 401, 409; *Reese*, Grenzüberschreitende Werbung (1994), 218 f.; *Sonnenberger*, ZVglRWiss 95 (1996), 3, 11.

Dieses Merkmal bereitet indes im Rahmen der Frage nach den kollisionsrechtlichen Implikationen der Grundfreiheiten einige grds. Schwierigkeiten. Die Abstraktheit des Kollisionsrechts erschwert es, die an konkreten sachrechtlichen Vorschriften entwickelte und ausgerichtete Dogmatik des EuGH zu den Freiheiten sinnvoll auf das Kollisionsrecht zu beziehen.

Probleme bereitet insbes. die unterschiedliche Abstraktionsrichtung des nationalen Kollisionsrechts einerseits und der Grundfreiheiten andererseits. Klassische Kollisionsnormen sind insofern abstrakt, als sie ohne Ansehen der jeweiligen materiellrechtlichen Regelungen das auf ein bestimmtes Rechtsverhältnis – bzw. allgemeiner – das auf einen bestimmten Lebenssachverhalt anwendbare Recht anhand einer Abwägungsentscheidung bestimmen, die vornehmlich an internationalprivatrechtlichen Interessen ausgerichtet ist (und nur nachrangig sachrechtlichen Interessen Raum gibt).[100] Es geht in erster Linie darum, das räumlich am ehesten angemessene Recht aufzufinden; die Rechtsordnung, zu der das in Frage stehende Rechtsverhältnis die engste Verbindung aufweist bzw. in der es seinen Sitz hat.[101] Die Kollisionsnormen unterscheiden dabei je nach der Art des betroffenen Rechtsverhältnisses (etwa Vertrag, Delikt etc.) und ordnen jedem dieser Lebenssachverhalte ein Statut zu.

Demgegenüber sind die Vorgaben, die sich aus der Dogmatik der Grundfreiheiten für das nationale Recht – einschließlich des internationalen Privatrechts – ableiten lassen, in einer anderen Art und Weise abstrakt. Die Freiheiten bestimmen, dass nationales Recht keine ungerechtfertigte Beschränkungen des freien Wirtschaftsverkehrs innerhalb der Gemeinschaft bewirken darf, unabhängig davon, ob es dabei um vertragsrechtliche, deliktsrechtliche o. a. Zusammenhänge geht. Sie sind abstrakt hinsichtlich der erfassten Art von nationalen Maßnahmen und Regelungen. Regelungen, die z. B. die Einfuhr von Waren oder Dienstleistungen behindern, können den verschiedensten Kategorien des nationalen Rechts entstammen. Es kann sich beispielsweise um öffentlichrechtliche Ge- oder Verbote handeln oder sie können dem Privatrecht zuzuordnen sein. Dort wiederum kann es sich ebenso gut um zwingendes Vertragsrecht als um eine deliktsrechtliche Haftungsnorm handeln.[102]

Den Aussagen, die sich aus den Grundfreiheiten ableiten lassen, fehlt also die Unterscheidung nach verschiedenen Typen von Lebenssachverhalten wie sie das nationale

---

100 Vgl. *Kegel*, FS Lewald (1953), 259, 270 ff.; *Kegel/Schurig*, Internationales Privatrecht (2000), 114 ff.; *Bernhard*, EuZW 1992, 437, 438: Das internationale Privatrecht beruft „blind eine ausländische Rechtsordnung“; zu der zunehmenden Tendenz, materiellrechtliche Gerechtigkeitsvorstellungen in die internationalprivatrechtliche Entscheidung einfließen zu lassen, etwa *Gounalakis/Radke*, ZVglRWiss 98 (1999), 1, 4 ff.; vgl. auch *Veelken*, in: Aufbruch nach Europa (2001), 293 ff. – m. w. N. und mit Beispielen zur Manifestation sachrechtlicher Zwecke in Kollisionsnormen.

101 Dieser Ansatz ist maßgeblich von Savigny geprägt worden – vgl. *Savigny*, System des heutigen römischen Rechts Bd. 8 (1849), 28 ff., 108, 118 vgl. dazu auch *v. Bar/Mankowski*, IPR I, 512 ff.; *Kegel/Schurig*, Internationales Privatrecht, 164 ff.; *Kreuzer*, in: Müller-Graff (Hrsg.), Gemeinsames Privatrecht (1999), 457, 465; *Kropholler*, Internationales Privatrecht, § 3 I, § 4 II 1; *Sturm/Sturm*, in: Staudinger, Einl. IPR, Rdn. 55.

102 Überblick über mögliche Beschränkungen etwa *Franzen*, Privatrechtsangleichung (1999) 130 ff., 151 ff.; vgl. zur Beschränkung durch Eingriffsnormen auch *Fetsch*, Eingriffsnomen, 146 ff.

Kollisionsrecht vornimmt. Sie ist in diesem Zusammenhang auch unerheblich und muss es sein, wenn das Europarechtrecht alle ungerechtfertigten Behinderungen des innergemeinschaftlichen Freiverkehrs beseitigen will. Denn dafür kommt es nicht darauf an, ob eine Behinderung von einer öffentlichrechtlichen oder zivilrechtlichen, von einer vertrags- oder deliktsrechtlichen Vorschrift ausgeht. Zwar unterscheiden die Grundfreiheiten des EG-Vertrages immerhin danach, ob der Warenverkehr, der Dienstleistungsverkehr oder die Freizügigkeit von Personen etc. berührt ist. Diese Merkmale kennzeichnen jedoch nur den Anwendungsbereich, für den die jeweiligen Vorschriften des EG-Vertrags überhaupt Geltung beanspruchen. Hingegen unterscheiden sie nicht danach, ob die Waren- oder Dienstleistungsfreiheit, die Freizügigkeit oder die Freiheit des Kapital- und Zahlungsverkehrs durch eine Vorschrift des Vertragsrechts, des Deliktsrechts etc. eingeschränkt wird. Diese Unterscheidung ist jedoch (für die internationalprivatrechtliche Rechtsanwendungsentscheidung) wichtig:

Zwar verbieten die Grundfreiheiten ganz allgemein ungerechtfertigte Behinderungen des Freiverkehrs – was sich als Behinderung darstellt, mag jedoch verschieden sein und kann nicht ohne Blick auf die jeweils betroffenen internationalprivatrechtlichen – und ggf. sachrechtlichen – Interessen der an einem Rechtsverhältnis Beteiligten bestimmt werden. (Das gilt auch dann, wenn man berücksichtigt, dass diese Interessen im Einflussbereich der Grundfreiheiten gegenüber dem klassischen Kollisionsrecht durch die Wertungen und Zielvorgaben des EG-Vertrages, wie etwa durch das Binnenmarktziel, modifiziert sein können, so dass bestimmte Interessen in den Hintergrund treten und andere verstärkt werden.) Die jeweils maßgeblichen Interessen sind wiederum abhängig von dem betroffenen Lebenssachverhalt.[103] Je nach der konkreten Interessenlage werden die Freiheiten daher unterschiedliche Anknüpfungen zulassen – d. h. sie setzen jedenfalls keine unbedingte und undifferenzierte Berufung des Herkunftslandrechts in Binnenmarktsachverhalten durch.

V. a. aber bleibt eines festzuhalten: Die Merkmale, nach sich der Anwendungsbereich der Grundfreiheiten. bestimmt (Behinderungswirkung), und die, an denen die klassischen Kollisionsnormen ansetzen (Zugehörigkeit einer Norm zu einem bestimmten Anknüpfungsgegenstand) sind nicht deckungsgleich, so dass sich Verwerfungen auftun: Klassische Kollisionsnormen setzen zulässigerweise bei einem Anknüpfungsgegenstand an, dem eine Vielzahl nationaler Vorschriften zugeordnet ist, die einen bestimmten Lebenssachverhalt betreffen.[104] Man wird jedoch schwerlich einen solchen Anknüpfungsgegenstand des nationalen Kollisionsrechts (etwa „Vertrag" mit sämtlichen Sachnormen, welche die Qualifikation ihm zuweist) pauschal als

---

103 So mag im Familien- und Erbrecht – sofern der Anwendungsbereich des EG-Vertrages eröffnet ist – das Kontinuitätsinteresse an der Anwendung einer vertrauten Rechtsordnung besonders stark sein, so dass eine Anknüpfung an die Staatsangehörigkeit grds. auch vor den Grundfreiheiten Bestand haben kann; zum internationalen Deliktsrecht etwa *Schaub*, RabelsZ 66 (2002), 18, 33 f.
104 Vgl. etwa *v. Bar/Mankowski*, IPR I, 554; *v. Hoffmann*, Internationales Privatrecht, § 4, Rdn. 4; *Junker*, Internationales Privatrecht, Rdn. 76 f., 102, 150 f.; *Kropholler*, Internationales Privatrecht, § 13 II; *Kunz*, Internationales Privatrecht, Rdn. 58 ff.; *Neuhaus*, Grundbegriffe (1976), 103.

behindernd im Sinne der Grundfreiheitendogmatik einstufen können. Diese Möglichkeit scheidet schon deshalb aus, weil die Verschiedenheit der Rechtsordnungen allein nicht ausreicht, um eine Behinderung des Handelsverkehrs zu begründen und zudem der Gerichtshof große Zurückhaltung zeigt, wenn es darum geht, privatrechtliche Vorschriften als behindernd einzustufen. Die Behinderungswirkung muss zur Verschiedenheit der nationalen Rechtsordnungen hinzutreten und jeweils einzeln geprüft und festgestellt werden. Daraus ergibt sich das Problem, auf das der oben dargestellte Einwand abstellt. Die Grundfreiheiten können die nationale Anknüpfung nur im Hinblick auf einzelne behindernde Vorschriften korrigieren.[105] Diese sind zwar durch den Topos der Behinderungswirkung ebenfalls abstrakt, jedoch anders als im klassischen Kollisionsrecht umschrieben.

d) *Mangelnde Interessengerechtigkeit*

Eine Herkunftslandanknüpfung zugunsten des Anbieters soll zudem einem angemessenen Interessenausgleich der Beteiligten – jedenfalls in Privatrechtsverhältnissen – nicht gerecht werden. Die Anknüpfung an das Recht des Herkunftslandes einer Ware, Dienstleistung etc. begünstige tendenziell deren Anbieter[106] und gehe damit zu Lasten der andern an einem grenzüberschreitenden Rechtsverhältnis Beteiligten (etwa des Vertragspartners des Anbieters).

So wird v. a. dem kollisionsrechtlich verstandenen Herkunftslandprinzip entgegengehalten, es könne schon deshalb nicht als Verweisungsnorm dienen, weil es die kollisionsrechtlichen Interessen der Nachfragerseite nicht hinreichen beachtet, die ebenfalls Adressaten der Grundfreiheiten sind,[107] und die unbestreitbar – ebenso wie die Anbieter – ein kollisionsrechtliches Interesse an der Anwendung einer vertrauten Rechtsordnung haben, die sie kennen oder doch ohne allzu großen Aufwand ermitteln können.[108] Die Interessen solcher anderer Beteiligter könnten auch nicht allein über den allgemeinen oder über spezielle ordre public-Vorbehalte verwirklicht werden. Anders als im öffentlich rechtlichen Verhältnis des privaten Anbieters zum Bestimmungsstaat, geht es im Privatrechtsverhältnis nicht um die Durchsetzung oder Abwehr staatlicher Regelungsinteressen, sondern darum, gleichgewichtige Privatinteressen in Ausgleich zu bringen. Damit sei eine pauschale kollisionsrechtliche Begünstigung der Anbieterseite nicht zu vereinbaren.[109]

---

105 Sie sind damit nicht selbständig und nicht allein ausreichend, um eine Kollisionsrechtsordnung zu kreiern.

106 Allerdings ist das bei einer strengen Herkunftslandsanknüpfung nicht unbedingt in jedem Falle zutreffend, da das Herkunftslandrecht auch ein besonders strenges oder unflexibles sein kann.

107 Ausdrücklich anerkannt wird die Adressatenstellung der Nachfragerseite etwa in EuGHE 1984, 377, Rdn. 10 Luisi und Carbone; 1989, 195, Rdn. 17 Cowan; 1990 I-667, Rdn. 8 GB-INNO-BM; Die Grundfreiheiten wirken insoweit als Bezug- bzw. Empfangsfreiheiten – vgl. dazu *Basedow*, RabelsZ 59 (1995), 1, 18 f.; *Drasch*, Herkunftslandprinzip (1997), 120 f.; *Franzen*, Privatrechtsangleichung (1999), 141 f.; *Lurger*, Regulierung (1997), 91 ff.; *Roth*, RabelsZ 55 (1991), 623, 657 ff.; *Schaub*, RabelsZ 66 (2002), 18, 26 f.; *Steindorff*, ZHR 148 (1984), 338, 339.

108 *Roth*, VersR 1993, 129, 133 f.

109 Zu diesem Einwand gegen das kollisionsrechtlich verstandene Herkunftslandprinzip: *Höpping*, Warenverkehrsfreiheit (1997), 92 ff.; *v. Wilmowsky*, RabelsZ 62 (1998), 1, 17 f.

Doch erfordert dies spiegelbildlich zu der geschilderten Diskussion aus Sicht der Anbieter nunmehr eine kollisionsrechtliche Begünstigung der Verbraucher in Gestalt einer Grundanknüpfung an ihr Sitzrecht und damit an das Recht des Bestimmungslandes einer Ware, Dienstleistung etc.? Endet die Debatte um die kollisionsrechtlichen Implikationen der Grundfreiheiten damit in einem unfruchtbaren Patt?[110]

In diesem Zusammenhang ist geltend gemacht worden, dass die primären Träger der wirtschaftlichen Integration die Unternehmer sind, so dass deren kollisionsrechtliche Begünstigung nicht ungerechtfertigt erscheint.[111] Zwar werden häufig sowohl Anbieter als auch Abnehmer unternehmerisch tätig sein, so dass dieses Argument nur einen Teil der Fälle erfasst. Auch wird sich die aktive Rolle und damit die Rolle des Trägers der Integration zuweilen nicht so eindeutig zuweisen lassen wie etwa im Warenverkehr.[112] Der Nachteil, der in der Anwendung fremden Rechts liegt, muss jedoch in Sachverhalten mit grenzüberschreitendem Bezug regelmäßig zugeteilt werden und es spricht einiges dafür, diese Belastung grds. dem Abnehmer zuzuweisen: die Überlegungen, die schon den Anknüpfungsregeln im EVÜ zugrunde liegen,[113] behalten auch hier ihre Berechtigung. Sie entsprechen zudem dem Binnenmarktgedanken. Die Option, europaweit einheitlich tätig zu werden, economies of scale ausnutzen zu können, ist insbes. für die Anbieter einer Ware, oder Dienstleistung etc. wichtig, die zugleich regelmäßig die Träger der Initiative und Erbringer der charakteristischen Leistung sind. Die Abnehmer, die regelmäßig weniger mobil sind und meist nur Geld leisten sind darauf weniger angewiesen.[114]

Die tendenzielle Begünstigung der Anbieterseite ist deshalb grds. nicht falsch, muss jedoch abgefedert werden (indem sie etwa nur als ersatzweise objektive Anknüpfung Platz greift und auch dann besonders schutzbedürftige Abnehmer – etwa Verbraucher – durch kollisionsrechtliche Sondergestaltungen geschützt werden.[115]

Mit dem oben benannten Argument fehlender Interessengerechtigkeit ist außerdem in erster Linie ein Einwand angesprochen, der sich inhaltlich gegen eine zwingende

---

110 Zu dieser möglichen Folge einer konsequenten Herkunftsrechtsanknüpfung *Basedow*, RabelsZ 59 (1995), 1, 18 f.; *Franzen*, Privatrechtsangleichung (1999), 141 f.; *Lurger*, Regulierung (1997), 95; *v. Wilmowsky*, RabelsZ 62 (1998), 1, 18 f., der damit seine Ablehnung dieser Anknüpfung stützt; zu diesem Problem auch *Freitag*, Produkthaftungsrecht (2000), 320 ff. – für gleichmäßige Berücksichtigung beider Interessen.

111 Vgl. *Basedow*, RabelsZ 59 (1995), 1, 18 f.; *Franzen*, Privatrechtsangleichung (1999), 141 f.; *Schaub*, RabelsZ 66 (2002), 18, 27; dagegen *v. Wilmowsky*, Europäisches Kreditsicherungsrecht (1996), 59; *ders.*, RabelsZ 62 (1998), 1, 17 f.

112 Zu dieser Kritik *v. Wilmowsky*, RabelsZ 62 (1998), 1. 18, mit dem Beispiel der aktiven Rolle der Nachfrager im Kapital- und im Arbeitsmarkt.

113 *Guiliano/Lagarde*-Bericht zum EVÜ, BT-Drs. 10/503, 33, 51 ff. und Begründung zum Gesetzentwurf zur Neuregelung des Internationalen Privatrechts BT-Drs. 10/504, 20, 78.

114 *Franzen*, Privatrechtsangleichung (1999), 114, 141 f.; ausführlich *Lurger*, Regulierung (1997), 91 ff.; zum Interesse des beruflich Tätigen, seine Transaktionen einheitlichem Recht unterstellen zu können und zur Berücksichtigung im EVÜ *Mäsch*, Rechtswahlfreiheit (1993), 70. Zum Ansatz des Abstellens auf den beruflich Tätigen § 9 II.2. m. w. N.

115 *Basedow*, RabelsZ 59 (1995), 1, 18 f. Insoweit geht die Lösung im EVÜ in die richtige Richtung.

Herkunftsanknüpfung (bzw. auch gegen die Günstigkeitsanknüpfung) richtet (zumal eine solche Anknüpfung nicht einmal in jedem Fall die Begünstigung des Anbieters bewirkt, die sie bezweckt). Das Konzept der Parteiautonomie als kollisionsrechtliches Substrat der Grundfreiheiten ist davon jedoch nicht in gleicher Weise betroffen; ebenso auch nicht der Ansatz eines kollisionsrechtlichen Verständnisses der Grundfreiheiten an sich. Richtig ist allerdings, dass stets die Interessen aller Beteiligten zu berücksichtigen und – soweit sie nicht in die gleiche Richtung weisen – angemessen zum Ausgleich gebracht werden müssen. Was jeweils angemessen ist, hängt dabei maßgeblich von dem Frage stehenden Gegenstand ab. Die Interessenlage in vertragsrechtlichen Sachverhalten muss nicht unbedingt dieselbe sein wie im Sachenrecht oder im Deliktsrecht.[116] Deshalb können sich die unter Berücksichtigung der Freiheiten intendierten bzw. zulässigen Anknüpfungspunkte von Sachgebiet zu Sachgebiet unterscheiden, ohne dass ein solcher grundfreiheitlicher Einfluss auf die Anknüpfung an sich abgelehnt werden müsste.

e) *Keine Determination im Verstoßfalle*

Schließlich wird die Eignung der EG-Grundfreiheiten, gerade eine Kollisionsnorm oder kollisionsrechtliche Vorgabe zu implementieren, mit dem Argument bestritten, dass die Mitgliedstaaten einen Grundfreiheitenverstoß ihres Rechts auf ganz unterschiedliche Weise abstellen können. Denn in dem Fall, dass eine Kollisionsnorm gemeinschaftsrechtswidriges nationales Recht zur Anwendung beruft, sind die Reaktionsmöglichkeiten des betreffenden Mitgliedstaats vielgestaltig. Insbes. könne nicht die Rede davon sein, dass sich gerade die Pflicht ergebe, die Kollisionsrechtsordnung anzupassen.

Ein Mitgliedstaat, dessen Normen etwa den Warenimport behindern, hat zum einen die Möglichkeit, die fragliche Sachnorm aufzuheben oder zu ändern, so dass sich sachlich keine Beschränkung des Freiverkehrs mehr ergibt. Eine vorher zwingende Norm kann beispielsweise abdingbar ausgestaltet werden. Ein Verkehrsverbot für eine Ware wegen einer bestimmten Zusammensetzung kann durch eine Etikettierungspflicht ersetzt werden, so dass sie nunmehr dem Verhältnismäßigkeitsgrundsatz genügt, etc. Ebenso ist es möglich, den internationalen Anwendungsbereich einer Norm so zu korrigieren, dass sie nicht mehr mit der Grundfreiheit in Konflikt gerät (z. B. indem sie auf reine Inlandsfälle beschränkt wird).[117] Beide Möglichkeiten machen sich den begrenzten Anwendungsbereich der Grundfreiheiten zunutze, der selbstredend auch die Grenze ihres möglichen Einflusses auf das nationale (Kollisions-)Recht markiert.

Die Vorgaben des Gemeinschaftsrechts – so wird gefolgert – seien mithin keine

---

116 Siehe dazu auch die Beispiele unten, § 8 IV.1.c)aa) bis cc).

117 In dieser Richtung *Großerichter*, FS Sonnenberger (2004), 369, 380 ff.; *Roth*, ZEuP 1994, 5, 9 ff.; *ders.*, GS Lüderitz (2000), 635, 644 f.; *Sonnenberger*, ZVglRWiss 95 (1996), 3, 14 f., 23; vgl. die Argumentation des OLG Hamm, RIW 2000, 58, 59 f.; vgl. dazu auch *Fetsch*, Eingriffsnormen (2002), 132 ff., 198 ff.; *Höpping*, Warenverkehrsfreiheit (1997), 86 f.

genuin kollisionsrechtlichen. Es müsse vielmehr dem jeweiligen Mitgliedstaat überlassen bleiben, wie er mit einem Grundfreiheitenverstoß umgeht – und insbes. ob er ihn auf der Ebene des Kollisionsrechts abstellt oder direkt im Sachrecht beseitigt.[118]

In der Tat hat der Mitgliedstaat die bezeichneten Optionen, auf einen Grundfreiheitenverstoß zu reagieren. Welchen Weg er wählt, bleibt seiner opportunen Entscheidung überlassen, solange nur der Verstoß beseitigt wird. Dennoch kann dieser Einwand die kollisionsrechtliche Relevanz der Freiheiten nicht widerlegen: Der Konflikt zwischen primärrechtlichen Vorgaben und der internationalprivatrechtlichen und oder sachrechtlichen Rechtslage wird in der praktischen Rechtsanwendung und v. a. im Prozess zu Tage treten. In dieser Situation stehen die Möglichkeiten, die der nationale Gesetzgeber hat, um auf einen Grundfreiheitenverstoß zu reagieren, nicht zur Debatte. Der Richter hat in jedem Fall das Recht in einer Weise anzuwenden, die den Gemeinschaftsrechtsverstoß vermeidet. Soweit das möglich ist, kann die Kollisions- oder die Sachnorm in gemeinschaftsrechtskonformer Auslegung angewandt werden, oder sie bleibt ganz oder teilweise außer Anwendung. I. E. muss die Rechtsanwendung jedoch auf jeden Fall die Gemeinschaftsrechtslage berücksichtigen: Der Richter muss dazu – ausgehend von den in der nationalen Rechtsordnung vorgefundenen Sach- und Kollisionsregeln und ihrer europarechtlichen Bewertung – eine Lösung finden, ein gemeinschaftsrechtlich unbedenklich anwendbares Recht zu ermitteln. Die Tatsache, dass problematische Vorschriften durch den nationalen Gesetzgeber auf die eine oder andere Weise geändert werden könnten, entzieht sie nicht dem Einfluss der Grundfreiheiten, solange sie nicht geändert sind. Bis zu diesem Zeitpunkt verhindert die Grundfreiheit die Anwendung der nationalen Norm im konkreten Fall. Die Freiheiten übernehmen damit eine stetige Wächterfunktion. Dass ein Mitgliedstaat seine Normen ihrem (begrenzten) Einflussbereich entziehen kann, indem er Kollisionen von vornherein verhindert, ändert nichts an der fortbestehenden potentiellen kollisionsrechtlichen Wirkung der Freiheiten für solche Vorschriften, die weiterhin in ihren Anwendungsbereich fallen.

Außerdem greift der Einwand der variablen Reaktionsmöglichkeiten der Mitgliedstaaten auf die Grundfreiheitenwidrigkeit ihrer Rechtsvorschriften dann nicht ein, wenn eine Diskriminierung oder Beschränkung allein in der kollisionsrechtlichen Gestaltung liegt, so dass eine Korrektur im Sachrecht nicht zur Debatte steht.

Insgesamt ist dem Postulat, die Grundfreiheiten könnten lediglich das Ergebnis der Anwendung des Sachrechts korrigieren, daher zu recht widersprochen worden. Zwar mag sich die Behinderungswirkung, die zu einem Verstoß gegen eine Grundfreiheit führt, in vielen Fällen tatsächlich erst aus dem Zusammenspiel von Kollisionsnorm und Sachnorm ergeben. Die Kollisionsregel ist an dieser Wirkung jedoch zum einen maßgeblich beteiligt.[119] Zum anderen sind auch Fälle denkbar, in denen sich der

---

118 *Franzen*, Privatrechtsangleichung (1999), 145 f.; *Großerichter*, FS Sonnenberger (2004) 369, 380 ff.; *Lurger*, Regulierung (1997), 67 f.; *Sonnenberger*, ZVglRWiss 95 (1996), 3, 14 f., 23; vgl. dazu auch *Höpping*, Warenverkehrsfreiheit (1997), 86 f.

119 Vgl. *Fetsch*, Eingriffsnormen (2002), 126 ff.; *Sonnenberger*, ZVglRWiss 95 (1996), 3, 22; *ders.*, in:

Verstoß gerade aus der kollisionsrechtlichen Gestaltung ergibt.[120] Das zeigt bildlich die bereits erwähnte Diskussion um die Gemeinschaftskonformität der Ubiquitätsregel im Deliktsrecht oder die Staatsangehörigkeitsanknüpfung beim Personalstatut.[121]

Die Grundfreiheiten bewirken also mehr als eine bloße Korrektur des Sachrechts. Sie können vielmehr durchaus auch kollisionsrechtlich verstanden werden. Soweit privatrechtliche Vorschriften (des Sach- oder Kollisionsrechts) mit den Freiheiten in Konflikt geraten, sind kollisionsrechtliche Aussagen jedenfalls dann möglich, wenn es gelingt, die Fälle, in denen es zu relevanten Behinderungen des Freiverkehrs kommt, abstrakt zu erfassen.

Dann bleibt noch die Frage zu beantworten, wie klar sich diese kollisionsrechtlich Aussagen fassen lassen. Es ist insbes. zu untersuchen, ob und inwieweit sich der kollisionsrechtliche Aspekt, den die Freiheiten durch das Unanwendbarkeitsverdikt im Einzelfall entfalten, zu klaren Normen verdichten lässt, die dazu zwingen, das Kollisionsrecht für Binnenmarktsachverhalte neu zu schreiben, oder ob sich nur allgemeine Tendenzen und Korrekturen des bestehenden Rechts der Mitgliedstaaten ergeben. Das hängt v. a. davon ab, wie intensiv die Grundfreiheiten auf das nationale Privatrecht einwirken, welchen tatsächlichen Einfluss sie also entfalten. Von wesentlicher Bedeutung ist auch die Frage, wie konkret die Vorgaben sind, die im Falle eines Grundfreiheitenverstoßes aus dem Primärrecht abgeleitet werden können. Unabhängig davon, wie diese Fragen im Folgenden zu beantworten sein werden, kann jedoch festgehalten werden, dass es den Freiheiten nicht von vornherein an jeder Relevanz für das (internationale) Privatrecht fehlt, sondern dass sie durchaus geeignet sind, Einfluss auf die Rechtsanwendungsfrage zu entfalten.

IV. Eine kollisionsrechtliche Aussage für das Privatrecht trotz des begrenzten Anwendungsbereichs der Grundfreiheiten als Beschränkungsverbote?

Viel problematischer als der Hinweis auf die angeblich fehlende Grundfreiheitenrelevanz des Kollisionsrechts oder auf die mangelnde Behandlung des (IPR-)Problems in der Rspr. des EuGH ist ein anderer Einwand gegen die kollisionsrechtliche Relevanz der Marktfreiheiten: der ihres begrenzten Geltungsbereichs – v. a. soweit es um die Wirkung der Grundfreiheiten als Beschränkungsverbote geht – und damit auch der Einwand des begrenzten Geltungsbereichs des Herkunftslandprinzips.[122]

Hiermit ist in der Tat ein wichtiger Kritikpunkt angesprochen: Denn eine Verwei-

---

MüKo, Einl. IPR, Rdn. 154; *Thünken*, IPRax 2001, 15, 21; *Prölss/Armbrüster*, DZWir 1993, 449, 456 f. sind sogar der Auffassung, dass nur das Kollisionsrecht, nicht jedoch das materielle (Versicherungs-) Recht gegen die DLF verstoßen könne.

120 Vgl. insoweit nur *Fetsch*, Eingriffsnormen (2002), 132 ff., 198 ff.

121 Siehe dazu dei Ausführungen oben, § 7 I.2.a) und c).

122 *Kreuzer*, in: Müller-Graff (Hrsg.), Gemeinsames Privatrecht (1999), 457, 511 ff., 516; *Roth*, GS Lüderitz (2000), 635, 645 f.

sungsnorm, welche die Dogmatik der EG-Grundfreiheiten und insbes. das Herkunftslandprinzip in kollisionsrechtliche Kategorien transformieren soll, kann nur soweit gehen, wie die Grundfreiheiten im Allgemeinen und das Herkunftslandprinzip im Besonderen selbst reichen. Das Herkunftslandprinzip wurde bereits oben hinterfragt und erwies sich im Hinblick auf die Ausfuhrfreiheit als korrekturbedürftig. Aber auch im Anwendungsfeld der Einfuhrfreiheit sind die Grenzen seines Einflussbereichs genau zu bestimmen.

Die Grundfreiheiten erfassen nur Vorschriften, die diskriminierend oder zumindest beschränkend wirken. Das Herkunftslandprinzip, dessen kollisionsrechtlicher Gehalt sich möglicherweise zu einer konkreten Verweisungsnorm verdichten lässt, und das die Diskussion in der Literatur so stark beflügelt hat, gilt sogar nur dort, wo die Grundfreiheiten als Beschränkungsverbote wirken. Das betrifft wie gezeigt nur solche mitgliedstaatlichen Vorschriften, die zum einen nicht durch Rechtswahl abbedungen werden können und die zum anderen den Marktzugang für ausländische Anbieter bzw. den Zugang für Personen aus anderen Mitgliedstaaten behindern (und damit nicht dem Keck-Privileg unterfallen).

Deshalb ist an dieser Stelle zunächst zu klären, inwieweit die privatrechtlichen Vorschriften der Mitgliedstaaten überhaupt mit den Grundfreiheiten in Konflikt geraten, d. h. inwiefern sich aus ihnen Behinderungen des Freiverkehrs oder gar Diskriminierungen ergeben. Denn erst die Erkenntnis, ob die Freiheiten überhaupt in ihrer Funktion als Diskriminierungs- oder als Beschränkungsverbote berührt sind, erlaubt auch eine Aussage über ihre kollisionsrechtlichen Implikationen im Privatrecht. Dabei zeigt sich, dass die praktischen Auswirkungen der Grundfreiheiten mangels behindernder bzw. marktzutrittsbeschränkender Wirkung vieler privatrechtlicher Vorschriften zwar vorhanden, jedoch begrenzt sind. Schließlich ist die Frage nach den Konsequenzen dieser Erkenntnis für den kollisionsrechtlichen Gehalt der Grundfreiheitendogmatik aufzuwerfen.

1. Behinderungswirkung privatrechtlicher Vorschriften

Die Erkenntnis, dass auch die privatrechtlichen Vorschriften der Mitgliedstaaten grds. mit den Marktfreiheiten in Konflikt geraten können und nicht a priori einer Überprüfung am Maßstab des Primärrechts entzogen sind, erübrigt noch nicht die Frage, in welchen Fällen ein solcher Konflikt tatsächlich auftritt; welchen privatrechtlichen Vorschriften eine diskriminierende oder beschränkende Wirkung eignet,[123] und ob überhaupt abstrakte Normengruppen fassbar sind, die den Ansatzpunkt einer kollisionsrechtlichen Regelbildung bilden könnten.

Die vom EuGH entwickelte Grundfreiheitendogmatik ist entscheidend von der

123 Vgl. aus der Lit. zu diesem Problemkreis: *Franzen*, Privatrechtsangleichung (1999), 133 ff.; *Klauer*, Europäisierung (1998), 62 ff.; *Mülbert*, ZHR 159 (1995), 2 ff.; *Roth*, ZEuP 1994, 5 ff.; *Steindorff*, EG-Vertrag und Privatrecht (1996), 78 ff.

Notwendigkeit geprägt, die öffentlichrechtlichen Vorschriften zu erfassen, die der Gerichtshof bisher ganz überwiegend zu beurteilen hatte. Seit verstärkt auch allgemeine privatrechtliche Vorschriften ins Blickfeld der Grundfreiheitenkontrolle geraten sind, stellt sich jedoch zunehmend das Problem, die in der bisherigen Rspr. gefundenen Wertungen in adäquater Weise auf das Privatrecht zu übertragen. Denn wenn die Grundfreiheiten privatrechtlichen Vorschriften ebenso wie öffentlich rechtlichen Grenzen setzen, weil es aus Sicht des Europarechts auf die Zuordnung zu dem einen oder anderen Rechtsgebiet nicht ankommt,[124] so zeigt sich doch, dass die vorwiegend am öffentlichen Recht entwickelte Terminologie nicht ohne weiteres auf das Privatrecht übertragen werden kann. So sei nur an die Unterscheidung zwischen produkt- und vertriebsbezogenen Vorschriften erinnert, die der Gerichtshof im Rahmen seiner Keck-Rspr. entwickelt hat und die immerhin darüber entscheidet, ob eine nationale Vorschrift einem Beschränkungsverbot oder lediglich einem Diskriminierungsverbot unterliegt. Man mag diese Unterscheidung bereits für die öffentlichrechtlichen Vorschriften bzw. für die wettbewerbs- und immaterialgüterrechtlichen Normen, für die sie entwickelt wurde, als zu formal kritisieren;[125] sie ist indes durchaus noch durchführbar. So können viele Vorschriften des Lauterkeits- oder des Immaterialgüterrechts als produktbezogen eingeordnet werden. Denn die Anforderungen, die dort an das Verhalten der Wettbewerber gestellt werden, schlagen sich häufig auch unmittelbar in der Produktgestaltung nieder[126] Andere Vorschriften hingegen berühren die Produktgestaltung nicht und sind vom EuGH als bloße Vertriebsmodalitäten eingeordnet worden. Das betrifft nach Keck insbes. viele Vorschriften des Werberechts, sofern diese nicht die Gestaltung des beworbenen Produkts selbst determinieren.[127] Auch Vorschriften zum Inhalt und Umfang gewerblicher Schutzrechte können sich auf die Produktgestaltung oder die Verkehrsfähigkeit auswirken.[128] Deshalb haben jene Vorschriften seit langem einen

---

124 Vgl. nur *Basedow*, RabelsZ 59 (1995), 1, 5, 13 ff.; *Franzen*, Privatrechtsangleichung (1999), 118 ff., 133 ff.; *Reich*, ZHR 153 (1989), 571, 588; *Remien*, ZfRV 36 (1995), 116, 129; *Roth*, RabelsZ 55 (1991), 623, 641; *ders.*, ZEuP 2001, 533 ff.; dazu bereits oben § 7 I.1.

125 Siehe dazu § 5 II.2. a).

126 Z. B. kann das Verbot irreführender Werbung auch nach der Keck-Entscheidung in den Anwendungsbereich der Warenverkehrsfreiheit fallen, wenn die Werbemaßnahme auf die Produktgestaltung, Bezeichnung oder Verpackung etc. einwirkt – vgl. EuGHE 1994 I-317, Rdn. 18 ff. Clinique; 1995 I-1923, Rdn. 13 Mars; oder wenn die Werbung für ein bestimmtes Erzeugnis bzw. eine Form der Absatzförderung generell verboten wird – vgl. EuGHE 1997 I-3843, Rdn. 39 ff., 44 De Agostini; 1999 I-3175, Rdn. 36 f. Colim; 2001 I-1795, Rdn. 20 f. Konsumentombudsmannen; *Ackermann*, RIW 1994, 189, 194; *Dethloff*, Europäisierung des Wettbewerbsrechts (2001), 161 ff.; *Franzen*, Privatrechtsangleichung (1999), 134; *Heermann*, GRUR Int. 1999, 579, 585; *ders.*, WRP 1999, 381, 382 ff.; *Kieninger*, EWS 1998, 277, 281; *Langner*, RabelsZ 65 (2001), 222, 231 f.; *Leible*, in: Martiny/Witzleb (Hrsg.), Europäisches Zivilgesetzbuch (1999) 53, 67 f.; Schaub, RabelsZ 66 (2002), 18, 54 mit Fn. 149.

127 Vgl. EuGHE 1993 I-6787, Rdn. 21 f. Hünermund u. a.; 1995 I-179, Rdn. 21 ff. Leclerc-Siplec; 1995 I-2467, Rdn. 12 Belgapom; 1996 I-2975, Rdn. 11 ff. Semeraro Casa Uno; 1997 I-3843, Rdn. 39 ff. De Agostini; 2001 I-1795, Rdn. 15 ff. Konsumentombudsmannen (KO) zu teilweisen Werbeverboten, Verboten bestimmter Marketingstrategien und sonstigen bloßen Vertriebsmodalitäten.

128 Vgl. EuGHE 1990 I-4827, Rdn. 13 ff. Pall/Dahlausen; 1993 I-6227, Rdn. 17 ff. Deutsche Renault; EuGHE 1994 I-317, Rdn. 18 ff. Verband Sozialer Wettbewerb; 1996 I-6039, Rdn. 16 Graffione;

festen Platz in der Rspr. Viele Entscheidungen des EuGH, die sich mit privatrechtlichen Normen befassen, betreffen diese Rechtsgebiete.

Auf das klassische Privatrecht übertragen verliert die Unterscheidung zwischen produkt- und vertriebsbezogenen Vorschriften jedoch häufig jede Zuordnungskraft, weil dort viele Normen weder die Produktgestaltung determinieren noch ohne weiteres als Vertriebsvorschriften qualifiziert werden können.[129] Es bedarf daher eines Ansatzes, der stets die Intention der Keck-Rspr. im Auge behält und das grundfreiheitliche Beschränkungsverbot auf solche Vorschriften erstreckt, die marktzugangsbehindernd wirken, indem sie grenzüberschreitende Aktivitäten rechtlich oder tatsächlich schlechter stellen als rein innerstaatliche.[130]

a) *Der Umgang des EuGH mit den allgemeinen zivilrechtlichen Vorschriften der Mitgliedstaaten – Befund und Hypothese*

Der EuGH hat es bisher vermieden, die Keck-Formel ausdrücklich anzuwenden, wenn es darum ging, den Anwendungsbereich der Grundfreiheiten im Hinblick auf allgemeine Privatrechtsnormen zu präzisieren. Seine insgesamt sehr zurückhaltende Rspr. in diesem Bereich[131] folgt einem anderen Weg. Statt solche Normen als bloße Vertriebsmodalitäten zu behandeln und dementsprechend (nur noch) auf eine mögliche diskriminierende Wirkung zu überprüfen, nimmt der Gerichtshof sie bereits von vornherein aus dem Anwendungsbereich der jeweiligen Grundfreiheit aus – entweder unter Hinweis auf die bestehende Rechtswahlfreiheit[132] oder aber mit der Begründung, ihre Wirkung sei zu ungewiss und zu mittelbar, um eine Beschränkung zu bewirken,[133] eine Formulierung, die angesichts der weiten Dassonville-Formel des EuGH überrascht. Eine Zuordnung zur Gruppe der Produktvorschriften oder der Vertriebsmodalitäten nimmt der Gerichtshof dabei überhaupt nicht vor, tendiert also dazu, die Überprüfung allgemeiner privatrechtlicher Vorschriften der Mitgliedstaaten zurückzunehmen. Er weicht einer inhaltlichen Kontrolle dieser Normen am Maßstab des Verhältnismäßigkeitsgrundsatzes i. E. aus, ohne jedoch seine Keck-Rspr. allgemein auf diese Fallgruppe auszudehnen und damit die Grundfreiheitenkontrolle von vornherein auf einen bloßen Diskriminierungstest zurück-

---

z. G. *Becker*, EuR 29 (1994), 162, 173 f.; *Franzen*, Privatrechtsangleichung (1999), 134 f.; *Steindorff*, EG-Vertrag und Privatrecht (1996), 181 ff.; *Steiner*, CMLR 29 (1992), 749, 769 f.

129 So *Klauer*, Europäisierung (1998), 75 ff., 81 ff.

130 Vgl. zu den Problemen der Anwendung der Keck-Terminologie auf das allgemeine Privatrecht *Klauer*, Europäisierung (1998), 75 ff., 81 ff.; dazu auch *Franzen*, Privatrechtsangleichung (1999), 126 ff., 133 ff., 154 ff. – dort auch zur angepassten Übertragung der Keck-Grundsätze auf privatrechtliche Vorschriften.

131 D. h. außerhalb solcher Spezialmaterien wie des Lauterkeits und des Immaterialgüterrechts – dazu bereits oben § 7 I.1. § 8 II.1; z. G. auch *Herwig*, Gestaltungsspielraum (2002), 102 ff.

132 EuGHE 1991 I-107, Rdn. 15 Alsthom Atlantique.

133 Die Argumentation einer „zu ungewissen und mittelbaren Wirkung" findet sich etwa in EuGHE 1990 I-583, Rdn. 11 Krantz; 1993 I-5009, Rdn. 11 f. CMC-Motorradcenter; 1999 I-6269, Rdn. 16, 21 BASF; 2000 I-493; Rdn. 24 f. Filzmoser; vgl. dazu *Drasch*, Herkunftslandprinzip (1997), 209; *Franzen*, Privatrechtsangleichung (1999), 121, 133 f. – dort allerdings mit der Tendenz, die Keck-Rspr. auch für das Privatrecht nutzbar zu machen; *Herwig*, Gestaltungsspielraum (2002), 102 ff.

zuführen. Vielmehr scheinen die so gehandhabten Fälle eine eigenständige Linie neben der Keck-Judikatur zu bilden.[134] Möglicherweise zeichnet sich hier die Entstehung einer neuen bzw. modifizierten Dogmatik speziell für privatrechtliche Normen der Mitgliedstaaten ab, wobei jedoch noch nicht klar ist, ob sich tatsächlich ein eigenständiger Topos neben der Keck-Konstellation entwickeln wird, oder ob es sich lediglich um eine Präzisierung und Anpassung der von dort bekannten Kriterien für die Fallgruppe der allgemeinen privatrechtlichen Regelungen handelt.[135]

b) Versuch einer Systematisierung der möglichen Konflikte zwischen Privatrechtsnormen und Grundfreiheiten

Konflikte zwischen den Privatrechtsordnungen der Mitgliedstaaten und den Grundfreiheiten des EG-Vertrages können zum einen allein auf dem Kollisionsrecht der Mitgliedstaaten beruhen. Denn bereits die Auswahl der Anknüpfungspunkte kann grenzüberschreitende Aktivität fördern oder behindern.[136] Diese Fallgruppe ist allerdings wenig umfangreich. Sie umfasst lediglich solche Kollisionsnormen, die diskriminierend wirken; bei denen also bereits auf der Ebene des Verweisungsrechts eine mehr oder weniger offene Benachteiligung von Angehörigen anderer Mitgliedstaaten eintritt. Nur in dieser Fallgruppe, in der Import- oder Exportsachverhalte schon durch die gewählte Anknüpfungstechnik benachteiligt werden – so etwa der zuweilen gegenüber dem Ubiquitätsprinzip im Deliktsrecht oder der Staatsangehörigkeitsanknüpfung beim Personalstatut erhobene Vorwurf –, kommt man ohne Blick auf den sachlichen Inhalt des konkret berufenen Recht aus.

Schon lediglich beschränkende Verweisungen, die jenseits offener oder verdeckter Diskriminierungen den Freiverkehr behindern, sind ohne Rückgriff auf das konkret berufene Sachrecht nicht denkbar. Beeinträchtigungen der Grundfreiheiten ergeben sich hier erst aus dem Zusammenspiel von Kollisions- und Sachrecht. Denn lehnt man mit der hier vertretenen Ansicht eine Beschränkung allein aufgrund der Anwendbarkeit fremden Rechts an sich ab,[137] kann sich eine Behinderung des Freiverkehrs nur noch aus dem konkreten Inhalt des Sachrechts ergeben. Das ist dann der Fall, wenn das internationale Privatrecht Sachnormen zur Anwendung beruft, die diskriminierend oder beschränkend wirken. Diese Fallgruppe ist die bei weitem größere, und für eben diesen Fall muss geklärt werden, wann Sachvorschriften des Privatrechts mit den Grundfreiheiten in Konflikt geraten. Meist geht es dabei um Fälle, in denen nationalem Recht kollisionsrechtlich ein unangemessen weiter An-

---

134 Z.g. auch *Herwig*, Gestaltungsspielraum (2002), 154 ff. m.w.N.; *Klauer*, Europäisierung (1998), 71 ff.; *Leible*, in: Grabitz/Hilf, Art. 28, Rdn. 43; GA *Tesauro*, Schlussanträge in der Rs. C-398/92 Mund & Fester, EuGHE 1994 I-467, 471, Fn. 4.

135 Zum Problem etwa *Armbrüster*, RabelsZ 60 (1996), 72, 75; *Franzen*, Privatrechtsangleichung (1999), 133 ff., der die Entwicklung einer dritten Kategorie neben produkt- und vertriebsbezogenen Vorschriften, wie sie die Keck-Rspr. eingeführt hat, ablehnt; in Richtung einer solchen weiteren Kategorie ansatzweise auch *Jickeli*, JZ 1995, 57, 60 f.; deutlicher *Klauer*, Europäisierung (1998), 81 ff., 93 ff.; *Mülbert*, ZHR 159, 2, 18; *Petschke*, EuZW 1994, 107, 111.

136 *Höpping*, Warenverkehrsfreiheit (1997), 96, 112 ff.; *Roth*, VersR 1993, 129, 133.

137 Zur Begründung sogleich, § 8 IV.1.b)bb).

wendungsbereich eröffnet wird. Denn dass die sachrechtliche Regelung in jeder denkbaren kollisionsrechtlichen Verknüpfung unangemessen und damit schlechthin grundfreiheitenwidrig ist, wird nur selten vorkommen. Nur in diesem Fall läge der Schwerpunkt des Grundfreiheitenverstoßes tatsächlich klar im Sachrecht.[138]

Auch im Bereich des Privatrechts sind zunächst solche Vorschriften denkbar, die in Sachverhalten mit Bezug zu anderen Mitgliedstaaten diskriminierend wirken; des Weiteren solche, die grds. gleichmäßig gelten und deshalb allenfalls sonstige Beschränkungen der Marktfreiheiten bewirken können.

aa) Diskriminierende Vorschriften des Privatrechts

Nur selten finden sich in den nationalen Privatrechtsordnungen Vorschriften, die ausländische Anbieter diskriminieren, indem sie diese strengeren Regeln unterwerfen als sie für inländische Anbieter gelten, oder nur für Ausländer geltende fremdenrechtliche Regelungen aufstellen.

Ein traditioneller Schwerpunkt dieser Fallgruppe liegt im Immaterialgüterrecht.[139] In diesem Zusammenhang seien weiterhin etwa gesteigerte Verkehrssicherungs-, Aufklärungs- oder Prüfungspflichten sowie die eigenständige Produktbeobachtungspflicht genannt, die gemäß der Rspr. des deutschen Bundesgerichtshofs[140] die inländische Vertriebsgesellschaft eines ausländischen Herstellers oder den inländischen Alleinimporteur trifft.[141] Auch § 239 BGB, der als tauglichen Bürgen nur

---

138 Zu dieser Differenzierung *Roth*, GS Lüderitz (2000), 635, 641 f. und in: Mansel/Baur (Hrsg.), Systemwechsel (2002), 47, 57 f.; der aus Sicht der Freiheiten nur dann gerade die Sachnorm als Quelle des Verstoßes lokalisiert, wenn sie in jeder denkbaren internationalen Verknüpfung unangemessen ist, hingegen bei der Kollisionsnorm ansetzt, wenn sie dies nur in bestimmten Verknüpfungen tut. Roth führt dazu das Beispiel einer verbraucherschützenden Sachnorm an, die nicht nur für Verträge mit inländischen Verbrauchern gilt, sondern auch Verträge mit Verbrauchern erfasst, die ihren gewöhnlichen Aufenthalt im Ausland haben. Eine solche Sachnorm mag in der ersten Konstellation auf keine Bedenken stoßen, selbst wenn sie etwa den ausländischen unternehmerischen Vertragspartner des Verbrauchers belastet. Soll sie hingegen auf Verbraucher mit ausländischem Wohnsitz erstreckt werden, mag sie mit Grundfreiheit kollidieren und deshalb unanwendbar sein – und zwar gerade wegen des unangemessen weiten Anwendungsanspruchs.

139 Z. G. *Franzen*, Privatrechtsangleichung (1999), 133 f., 165; *Herwig*, Gestaltungsspielraum (2000), 98 ff.; *Klauer*, Europäisierung (1998), 65; *Leible*, in: Martiny/Witzleb (Hrsg.), Europäisches Zivilgesetzbuch (1999) 53, 66 f. und *Roth*, ZEuP 1994, 5, 11 ff. – unter Hinweis auf die fremdenrechtlichen Vorschriften der § 25 PatG, § 28 GebrauchsMG, § 16 GeschmacksMG; andere fremdenrechtliche Regelungen wurden bereits beseitigt – EuGHE 1993 I-5145 Phil Collins zur Gemeinschaftsrechtswidrigkeit von § 125 UrhG a. F.; krit. dazu *Löwenheim*, NJW 1994, 1046, 1047; zur Reform der §§ 35 WZG, 121-125 UrhG, 28 UWG etwa *Hauschka*, GRUR 1990, 100 ff.; *Klauer*, a. a. O.; *Roth*, a. a. O.

140 BGHZ 99, 167 (170 f.); dazu krit. *Brüggemeier*, JZ 1994, 578, 579 f.; vgl. jedoch auch BGH, DB 1980, 775, 776; dazu *Remien*, ZfRV 36 (1995), 116, 129.

141 Interessant ist auch die EuGHE 1991 I-2023 Boscher zugrunde liegende französische Vorschrift, nach der eine öffentliche Versteigerung die mindestens zweijährige Eintragung des Eigentümers oder Besitzers der zu versteigernden Sachen in bestimmte nationale Register voraussetzte und diese Möglichkeit für ausländische Versteigerer damit praktisch ausschloss; vgl. z. G. auch *Fezer*, JZ 1994, 623, 625 zur diskriminierenden Wirkung einer vorvertraglichen Aufklärungspflicht;

einen solchen mit inländischem allgemeinen Gerichtsstand ansieht, wird im Schrifttum eine diskriminierende Wirkung bescheinigt.[142]

Als versteckte Diskriminierung hat der EuGH überdies eine (italienische) Regelung eingestuft, nach der für die Arbeitsverträge von Fremdsprachenlektoren an Universitäten eine zeitliche Begrenzung vorgesehen war.[143]

Weitere als diskriminierend eingestufte Vorschriften finden sich im Zivilverfahrensrecht. Das gilt etwa für § 110 ZPO a. F., eine Regelung, nach der ein ausländischer Kläger vor einem deutschen Gericht auf Verlangen des Beklagten Sicherheit für die Prozesskosten zu leisten hatte. Der EuGH hat die Anwendung dieser Vorschrift (bzw. entsprechender österreichischer und schwedischer Regelungen) auf Angehörige der EG-Mitgliedstaaten als Verstoß gegen die Dienstleistungsfreiheit bzw. gegen das allgemeine Diskriminierungsverbot des Art. 12 EG eingestuft.[144] Eine (versteckt) diskriminierende Regelung im Sinne des Art. 12 EG enthielt auch § 917 II ZPO, der die Auslandsvollstreckung als Arrestgrund ausreichen ließ.[145] Beide Vorschriften sind infolge der Rspr. des EuGH geändert worden: § 110 ZPO knüpft heute die Verpflichtung zur Leistung einer Prozesskostensicherheit an den gewöhnlichen Aufenthalt in einem Gebiet außerhalb der EU bzw. des EWR an, während der besondere Arrestgrund der Auslandsvollstreckung gem. § 917 II S. 2 ZPO im Anwendungsbereich des EuGVÜ und des Lugano-Übereinkommens nicht mehr gilt.[146]

Franzen, Privatrechtsangleichung (1999), 133 ff.; *Klauer*, Europäisierung (1998), 65 f. m. w. N.; *Müller-Graff*, in: v. d. Groeben/Thiesing/Ehlermann, Art. 30 Rdn. 163 m. w. N.; *Roth*, ZEuP 1994, 5, 25 f.

142 Dazu *Ehricke*, EWS 1994, 259, 261 f.; *Leible*, in: Martiny/Witzleb (Hrsg.), Europäisches Zivilgesetzbuch (1999) 53, 67; *Mülbert*, ZHR 159 (1995), 2, 29.

143 EuGHE 1989, 1591, Rdn. 10 ff. Allué u. a.. Diese Vorschrift verstieß nach Ansicht des Gerichtshofs gegen Art. 48 Abs. 2 EGV (heute Art. 39 Abs. 2 EG), weil sie nur für die Stellen von Fremdsprachenlektoren, nicht jedoch für andere Stellen galt; und 75% der Fremdsprachenlektoren Nichtitaliener waren. Zur selben Beurteilung gelangte der Gerichtshof auch in der Sache Allué (II) – EuGHE 1993 I-4309, Rdn. 10 ff. im Falle einer jährlichen Befristung solcher Verträge; ebenso für die bloßen Möglichkeit einer Befristung (gemäß einer deutschen Regelung): EuGHE 1993 I-5185, Rdn. 13 ff. Spotti. Z. G. auch *Franzen*, Privatrechtsangleichung (1999), 163 f.; *Remien*, ZfRV 36 (1995), 116, 131.

144 Vgl. dazu EuGHE 1993 I-3777, Rdn. 9 ff., 14 f. Hubbard; 1997 I-1711, Rdn. 15 ff. Hayes; zur entsprechenden schwedischen bzw. österreichischen Vorschrift EuGHE 1996 I-4661, Rdn. 16 ff. Data Delecta Aktiebolag; 1997 I-1711, Rdn. 14 ff. Hayes/Kronenberger; 1997 I-5325, Rdn. 25 ff. Saldanha und MTS; dazu auch *Ehricke*, IPRax 1999, 311 ff.; *v. Hoffmann*, in: ders. (Hrsg.), European Private Law (1998), 19, 22; *Klauer*, Europäisierung (1998), 65; *Leible*, in: Martiny/Witzleb (Hrsg.), Europäisches Zivilgesetzbuch (1999) 53, 67; *Martiny*, ZEuP 2001, 563, 570; *Remien*, ZfRV 36 (1995), 116, 132; *Siehr*, Internationales Privatrecht, 373; *Streinz/Leible*, IPRax 1998, 162 ff. m. w. N.

145 EuGHE 1994 I-467, Rdn. 14 ff. Mund & Fester; dazu auch *Grundmann*, Europäisches Schuldvertragsrecht (1999), 51, Fn. 185; *v. Hoffmann*, in: ders. (Hrsg.), European Private Law (1998), 19, 22 f.; *Klauer*, Europäisierung (1998), 65; *Koch*, EuZW 1995, 78, insbes. 81; *Remien*, ZfRV 36 (1995), 116, 132; *Wolf*, JZ 1994, 1151 ff.; krit. *Mankowski*, NJW 1995, 306; *Schack*, ZZP 108 (1995), 47 ff.; allgemein zum Diskriminierungsverbot des Art. 12 und seine Handhabung durch den EuGH *Rossi*, EuR 35 (2000), 197 ff.

146 Beide Vorschriften geändert durch das 3. Gesetz zur Änderung des Rechtspflegergesetzes und anderer Gesetze vom 6. 8. 1998, BGBl. 1998 I, 2030, 2033. Vgl. dazu *Herget*, in: Zöller, ZPO, § 110, Rdn. 1 und *Vollkommer*, ebd., § 917, Rdn. 15 f.

Insgesamt sind diskriminierende Vorschriften im Privatrecht jedoch selten. Der weitaus überwiegende Teil der Regelungen differenziert nicht zwischen rein inländischen Sachverhalten und solchen mit grenzüberschreitendem Bezug. Auch Fälle klassischer mittelbarer Diskriminierungen, in denen nationale Vorschriften statt direkt an die Ausländereigenschaft des Adressaten an ein anderes Merkmal anknüpfen, das typischerweise zu demselben Anwendungsbereich führt, kommen selten vor.[147]

bb) Privatrechtsnormen und Beschränkungsverbot – Behinderung allein durch die Verschiedenheit?

Weil also die Mehrzahl der zivilrechtlichen Normen unterschiedslos anwendbar ist und kein Sonderrecht für Ausländer bzw. für ausländische Anbieter oder ihre Produkte enthält, hängt ihre Einordnung als mögliche Maßnahmen gleicher Wirkung maßgeblich davon ab, ob sie im Einzelfall tatsächlich die Ausübung der Grundfreiheiten behindern und damit den Freiheiten in ihrer Ausprägung als Beschränkungsverbote unterfallen. D. h. es kommt darauf an, ob solche Vorschriften marktzugangsbehindernde Wirkung (bzw. – nach der Unterscheidung des EuGH seit Keck – produktgestaltende Wirkung) haben oder – wenn sie lediglich bestimmte Modalitäten des Freiverkehrs regeln – ob sie grenzüberschreitende Aktivitäten stärker behindern als innerstaatliche.

Dabei ist zunächst zu fragen, inwieweit eine Behinderung unabhängig von den konkreten rechtlichen Gehalten allein aufgrund des abweichenden Inhalts der verschiedenen nationalen Privatrechtsnormen angenommen werden kann; etwa durch die Aufbürdung von Informations- und Rechtsberatungsaufwand[148] oder durch jedweden Anpassungsbedarf und die resultierende Verteuerung grenzüberschreitender Aktivitäten, die infolge unterschiedlicher sachlicher Regelungen entstehen mögen.[149]

Einerseits können diese Behinderungen durchaus erheblich sein. Neben dem Aufwand, das fremde Recht überhaupt zu ermitteln und ggf. durchzusetzen, geht es v. a. um Erschwernisse, durch die Notwendigkeit, die eigenen Aktivitäten ggf. an den abweichenden sachlichen Regelungsgehalten einer fremden Rechtsordnung auszu-

---

147 IdS. auch *Herwig*, Gestaltungsspielraum (2002), 99 f.; *Leible*, in: Martiny/Witzleb (Hrsg.), Europäisches Zivilgesetzbuch (1999) 53, 67; *Remien*, ZfRV 36 (1995), 116, 131, 132.

148 Dazu *Leible*, in: Grabitz/Hilf, Art. 28, Rdn. 43; *Klauer*, Europäisierung (1998), 67 ff.; gegen Berücksichtigung bloßer Informationskosten *Riesenhuber*, System und Prinzipien (2003), 96 ff., 99 ff.; *Roth*, GS Lüderitz (2000), 635, 639 ff.; so bereits *ders.*, Internationales Versicherungsvertragsrecht (1985), 708 f.

149 Vgl. zu dem Problem der Verteuerung als Merkmal der Behinderung des innergemeinschaftlichen Wirtschaftsverkehrs *Kieninger*, Mobiliarsicherheiten (1996), 154; *Roth*, ZEuP 1994, 5, 23; krit. dazu *Ackermann*, JbJZ 1997, 203, 217 f.; *Franzen*, Privatrechtsangleichung (1999), 154 ff., 157 ff., der eine solche Verteuerung allein nicht ausreichen lassen will, soweit sie nicht zu einem relevanten Wettbewerbsnachteil des grenzüberschreitend Tätigen führt und damit v. a. auf das Kriterium der Marktzugangssperre bzw. Kontingentierung abstellt; vgl. auch GA *van Gerven*, Schlussanträge in der Rs. C 145/88, EuGHE 1989, 3851, 3872 ff.; *Jickeli*, JZ 1995, 57, 61; *Mülbert*, ZHR 159 (1995), 2, 27.

richten bzw. um die Verwerfungen, die sich ergeben, wenn die Rechtsordnungen der berührten Mitgliedstaaten einen Sachverhalt unterschiedlich beurteilen.

Das mögen die Unterschiede der Sachenrechtsordnungen illustrieren. Die im internationalen Sachenrecht übliche Anknüpfung an die lex rei sitae und der numerus clausus der Sachenrechte können dazu führen, dass in einem Mitgliedstaat entstandene Sicherungsrechte nach der Verbringung der Sache in einen anderen Mitgliedstaat mangels Anerkennung der spezifischen sachenrechtlichen Figur oder mangels angemessener Übertragbarkeit in die Formen des neuen Rechts untergehen oder entwertet werden.[150]

Die gesellschaftsrechtlichen Probleme im Zusammenhang mit der grenzüberschreitenden Sitzverlegung wurden bereits angesprochen.[151]

Welche Schwierigkeiten sich aus der Verschiedenheit der Vertragsrechtsordnungen der Mitgliedstaaten ergeben können, mag das Urteil des Gerichtshofs in Sachen Alsthom Atlantique[152] illustrieren: In diesem Falle wurde in einer internationalen Veräußerungskette der Rückgriff wegen Mangelhaftigkeit der vertragsgegenständlichen Schiffsmotoren dadurch behindert, dass der Vorlieferant sich auf einen nach seinem Recht wirksamen Haftungsausschluss berufen konnte, sein Abnehmer gegenüber dem Endabnehmer jedoch nicht, weil nach dem für ihn geltenden französischen Recht kein Haftungsausschluss möglich war. Der französische Mittelsmann stand somit schlechter als bei einem Geschäft mit einem anderen französischen Anbieter.[153]

Hinzu kommt, dass es die weite Auslegung der Grundfreiheiten als Beschränkungsverbote möglich macht, auch unterschiedslos anwendbare privatrechtliche Vorschriften als behindernde Maßnahmen gleicher Wirkung zu erfassen.

Dennoch kann allein die Unterschiedlichkeit der nationalen Privatrechtsordnungen nicht ausreichen, eine grundfreiheitenrelevante Beschränkungswirkung etwa der Normen des Bestimmungslandes einer Ware zu begründen: wertungsmäßig nicht, weil eine solche Sichtweise im Widerspruch zum Verständnis des Binnenmarktziels stünde. Zwar sollen alle relevanten Behinderungen des Freiverkehrs abgebaut werden; das Gemeinschaftsrecht geht jedoch nach wie vor von der Koexistenz der selbständigen und vielfältigen Rechtsordnungen der Mitgliedstaaten aus. Es kann deshalb nicht widerspruchsfrei jeden Rechtsunterschied zugleich als seinen Zielen

---

150 Deshalb stößt das Fehlen einer Harmonisierung gerade im internationalen Mobiliarsicherheitenrecht vielfach auf Unverständnis; vgl. *Drobnig*, in: Martiny/Witzleb (Hrsg.), Europäisches Zivilgesetzbuch (1999), 169, 173 ff.; *Grundmann*, Europäisches Schuldvertragsrecht (1999), 25; *Hinz*, ZEuP 1994, 553, 558; *Kieninger*, Mobiliarsicherheiten (1996), 35 ff., 215 ff., 233 ff.; *Kreuzer*, Rev.crit.d.i.p. 84 (1995), 465, 484 ff.; *Remien*, ZfRV 36 (1995), 116, 132 f.; *Schneider*, in: Hadding/Welter (Hrsg.), Rechtsfragen bei Bankleistungen im Europäischen Binnenmarkt (1994), 9, 21; *Seif*, Mobiliarsicherheiten (1997), 274 ff., 290 ff.; *v. Wilmowsky*, Europäisches Kreditsicherungsrecht (1996), 1 f.; dazu auch unten, § 8 IV.1.c)bb).

151 Vgl. dazu bereits oben, § 7 I.2.a) und b).

152 EuGHE 1991 I-107 Alsthom Atlantique.

153 Vgl. z. G. *Höpping*, Warenverkehrsfreiheit (1997), 69; *Klauer*, Europäisierung (1998), 67 ff.; *Langner*, RabelsZ 65 (2001), 222, 224 f.; *Remien*, ZfRV 36 (1995), 116, 129, 131.

zuwiderlaufend einstufen.[154] *Roth* gibt insoweit zu bedenken, dass der EG-Vertrag Harmonisierungskompetenzen nur bereithält, soweit dies für das Funktionieren des Binnenmarktes erforderlich ist, bis zu einem gewissen Punkt also auch die mit der Rechtsvielfalt verbundenen Kosten und Nachteile in Kauf nimmt. Rechtsunterschiede allein können also keine Freiverkehrshindernisse begründen,[155] zumal die Frage des anwendbaren Privatrechts jedenfalls typischerweise kaum bestimmenden Einfluss auf die grds. Entscheidung eines Unternehmers über das Ob von Handelsbeziehungen mit anderen Mitgliedstaaten hat.[156] Dies zeigt zugleich, dass die Grundfreiheiten allein nicht alle Probleme lösen können, die bei der Komplettierung des Binnenmarktes auftreten. Deshalb behält die Rechtsharmonisierung weiterhin ihre Bedeutung.

Auch in dogmatischer Hinsicht ist der Schluss von der Verschiedenheit der nationalen Regelungen auf die Behinderungseignung des Bestimmungslandrechts nicht zulässig. Vielmehr muss die behindernde Wirkung stets zum Rechtsunterschied hinzutreten und gesondert dargelegt werden. Dies ist auch der Ansatz des EuGH. So zieht er bei der Betrachtung allgemeiner privatrechtlicher Vorschriften etwa nicht die Oosthoek-Formel heran, die wenig mehr als einen Rechtsunterschied verlangt. Sie wurde (zudem vor der Keck-Entscheidung) im Werberecht entwickelt und stellt zur Begründung der Behinderungswirkung einer nationalen Norm darauf ab, dass ein einheitliches Absatzsystem des grenzüberschreitend tätigen Anbieters zunichte gemacht und dieser gezwungen wird, sich dem Recht des Bestimmungslandes anzupassen. Der Gerichtshof scheint den Argumentationsansatz aus der Oosthoek-Rspr. in dieser Allgemeinheit nicht auf allgemeine privatrechtliche Vorschriften ausdehnen zu wollen, obgleich die Anwendung eines fremden Privatrechts durchaus einen beachtlichen Kostenfaktor darstellt.[157] Die Verschiedenheit der Rechtsordnungen kann somit zwar zu einer Behinderung des Freiverkehrs führen, dies ist jedoch nicht zwingend und bedarf deshalb jeweils einer besonderen Begründung.

c) *Einzelne Beispiele*

Die Frage, wann sachliche Rechtsunterschiede innerhalb der Gemeinschaft diese

---

154 Zu diesem Aspekt *Franzen*, Privatrechtsangleichung (1999), 157 f. m. w. N.; *Langner*, RabelsZ 65 (2001), 222, 237; *Remien*, ZfRV 36 (1995), 116, 129; *Riesenhuber*, System und Prinzipien (2003) 96 ff., 99 ff.; *Roth*, Versicherungsvertragsrecht (1985), 691; *ders.*, ZEuP 1994, 5, 26 ff.

155 Das gilt insbes. für Aufwendungen für die Ermittlung des fremden Rechts. etc. – so *Roth*, RabelsZ 55 (1991), 623, 643; *ders.*, ZEuP 1994, 5, 26 ff.; *ders.*, GS Lüderitz (2000), 635, 639 ff. und in: Mansel/Baur (Hrsg.), Systemwechsel (2002), 47, 56 f.; in dieser Richtung äußert sich auch *Brödermann*, in: Gemeinschaftsrecht und IPR (1994), 239; *GA Reischl*, Schlussanträge in der Rs. 15/78, EuGHE 1978, 1971, 1987 Koestler; *Schaub*, RabelsZ 66 (2002), 18, 30.

156 *Drasch*, Herkunftslandprinzip (1997), 210 f., auch zu Ausnahmen etwa im Bank- oder Versicherungsrecht; *Remien*, JbJZ 1991, 11, 36; in dieser Richtung wohl auch *Franzen*, Privatrechtsangleichung (1999), 133 ff., 154 ff. gegen die Berücksichtigung bloßer Verteuerungen als Behinderung des grenzüberschreitenden Produktverkehrs im Gegensatz zu echten Marktzutrittsbehinderungen und unter Einbeziehung der Diskussion um die Weitergeltung der Oosthoek-Formel nach Keck – mit umfangreichen Nachw. aus dem Schrifttum; *Roth*, ZEuP 1994, 5, 26 ff., 28 f.

157 *Drasch*, Herkunftslandprinzip (1997), 210 f.; *Franzen*, Privatrechtsangleichung (1999), 155 ff.

spezifische Qualität erlangen und zu Behinderungen des Freiverkehrs werden, mögen einige Beispiele illustrieren. Diese Frage erschöpfend zu beantworten erfordert eine eingehende Untersuchung der einzelnen Rechtsgebiete und würde daher den Rahmen dieser Arbeit sprengen. Deshalb soll die Problematik hier lediglich anhand einiger weniger Beispiele angesprochen werden:

aa) Vertragsrecht

Erwähnt sei zunächst das Vertragsrecht. Vertragsrechtliche Vorschriften der Mitgliedstaaten könnten prinzipiell alle Grundfreiheiten des Vertrages einschränken. Denn sie betreffen unmittelbar das Instrumentarium, dessen sich die Marktbürger zur Wahrnehmung ihrer Freiheiten bedienen. Sobald ein Vertrag mit Bezug zu mehr als einem Mitgliedstaat geschlossen wird, stellt sich die Frage nach dem anwendbaren Recht und werden die Unterschiede in den berührten Privatrechtsordnungen relevant. Die Freiheiten können dabei etwa durch zwingende Vorgaben für die Vertragsgestaltung, durch Klauselverbote oder Nichtigkeitsgründe oder sonstige Eingriffe in die Leistungsverpflichtungen betroffen sein, weil diese unmittelbar in die Wirksamkeit oder Gestaltung von Verträgen oder einzelnen Abreden eingreifen.[158] Ganz grds. geraten also vertragsrechtliche Vorschriften v. a. dann ins Visier der grundfreiheitlichen Beschränkungsverbote, wenn die Mitgliedstaaten wirtschafts-, sozial- oder ordnungspolitische Zwecke mit den Mitteln des Privatrechts zu verwirklichen suchen, indem sie bestimmte Gestaltungen verbieten oder zwingend vorgeben.

Darüber hinaus wird im Schrifttum jedoch auch die potentielle Behinderungseignung sonstiger vertragsrechtlicher Gestaltungen mit dem Hinweis darauf vertreten, dass diese die Leistungspflichten der Beteiligten ausgestalten. Deshalb enthalten solche Normen auch nicht stets nur Regelungen, die sich als „Vertriebsmodalitäten“ aus der Grundfreiheitenprüfung ausscheiden ließen, sondern können produktbezogen sein. Das soll jedenfalls für Normen gelten, die primäre und sekundäre Leistungspflichten sowie Nebenpflichten begründen.[159]

Hält man diesen Gedankengang für zutreffend, könnten beispielsweise Unterschiede im Mängelgewährleistungsrecht u. U. zu einer Behinderung des freien Warenverkehrs werden.[160] Diese Vorschriften wären wohl auch als „produktbezogen“ einzustufen, so dass die Warenverkehrsfreiheit in ihrer Funktion als Beschränkungs-

---

158 Vgl. zu konkreten Beispielen *Fetsch*, Eingriffsnormen (2002), 144 ff. mit zahlreichen Beispielen möglicher behindernder Gestaltungen im Schuldvertragsrecht vor dem Hintergrund einer Untersuchung des Beschränkungspotentials nationaler Eingriffsnormen; *Grundmann*, Das Europäische Bankaufsichtsrecht wächst zum System (1990), 29; *Langner*, RabelsZ 65 (2001), 222, 224 ff., 232 ff. zu Beispielen aus dem Kaufrecht; *Roth*, VersR 1993, 129, 133; *v. Wilmowsky*, RabelsZ 62 (1998), 1, 15.
159 *Steindorff*, EG-Vertrag und Privatrecht (1996), 97 ff., 107; z. G. auch *Franzen*, Privatrechtsangleichung (1999), 135 f., 143 ff., 149 ff. – insbes. für den Bereich der Dienstleistungsfreiheit; *Herwig*, Gestaltungsspielraum (2002), 152 ff., 162 f. m. w. N. zu Literaturstimmen, die wichtige Teile des Privatrechts unter Hinweis auf Keck der Grundfreiheitenprüfung entziehen wollen.
160 Zur Illustration dieses Problems siehe das Urteil des EuGH in Sachen Alsthom Atlantique = EuGHE 1991 I-107, dazu bereits § 8 IV.1.b)bb) und *Klauer*, Europäisieung (1998), 70; *Höpping*, Warenverkehrsfreiheit (1997), 69; für eine Einstufung des Kaufgewährleistungsrechts als Produk-

verbot zum Zuge käme. Denn die Regelungen darüber, wann eine Ware fehlerhaft ist, hat einen wesentlichen Einfluss darauf, wie der Anbieter seine Ware gestaltet, bezeichnet etc.[161]

Ähnliche Erwägungen gelten auch für andere Freiheiten, etwa für die Dienstleistungsfreiheit. Hier mag das Konfliktpotential sogar noch größer sein als bei der Warenverkehrsfreiheit, weil die unkörperliche Dienstleistung stärker von den rechtlichen Determinanten der jeweiligen Vertragsrechtsordnung abhängt, so dass die entsprechenden nationale Vorschriften häufiger in Konflikt mit der Grundfreiheit geraten. Das betrifft etwa Versicherungs- und Bankdienstleistungen.[162] Diskutiert werden jedoch auch Vorschriften, die vertragliche Leistungsansprüche als Naturalobligationen ausgestalten (so etwa aus dem deutschen Recht § 656, 762, 763 S. 2 BGB betreffend den Lohn des Ehemäklers bzw. den Gewinnanspruch aus staatlich nicht genehmigten Lotterien[163] oder die Vorschrift des § 489 Abs. 2 BGB, der für Darlehensverträge mit variablem Zinssatz unabdingbar ein jederzeitiges Kündigungsrecht des Darlehensnehmers festschreibt. Diese Vorschrift soll die Dienstleistungsfreiheit insofern beschränken, als er das Produkt „variabel verzinslicher Kredit mit fester Laufzeit" unter der Geltung deutschen Rechts nicht zulasse.[164]

---

tregelung iSv. Keck etwa *Langner*, RabelsZ 65 (2001), 222, 232; a. A. *Fetsch*, Eingriffsnormen (2002), 182 ff.

161 Für das Vorhandensein eines nicht unerheblichen Behinderungspotentials spricht auch die Tatsache, dass dieses Gebiet nunmehr Gegenstand einer rechtsangleichenden Richtlinie geworden ist – jedenfalls soweit es den Verbrauchsgüterkauf betrifft – vgl. dazu die RL 1999/44/EG des Parlaments und des Rates vom 25. 5. 1999; ABl.EG 1999, Nr. L 171/12.

162 Vgl. insbes. die Diskussion um die Versicherung als Rechtsprodukt – *Basedow*, RabelsZ 59 (1995), 1, 34; *Drasch*, Herkunftslandprinzip (1997), 209 ff.; *Franzen*, Privatrechtsangleichung (1999), 143 ff., 150 ff. – insgesamt jedoch zurückhaltend und differenzierend; *Grandpierre*, Herkunftsprinzip (1999), 68 f.; *Remien*, JbJZ 1991, 11, 36 – allerdings i. E. sehr zurückhaltend; *ders.*, JZ 1994, 349, 352 und ZfRV 36 (1995), 116, 131; Häufig wird im Bereich der Dienstleistungsfreiheit zwischen bestimmten Typen von Vorschriften differenziert, die terminologisch unterschiedlich gefasst werden, jedoch stets dazu dienen, Vorschriften, die das Produkt selbst determinieren, von solchen zu unterscheiden, die lediglich Vertragsabwicklung betreffen; vgl. dazu etwa *Dreher*, Die Versicherung als Rechtsprodukt (1991), 250 ff. – dort allerdings ganz allgemein ohne Bezug zu dem Grundfreiheitenproblem; *Köndgen*, in Everling/Roth (Hrsg.), Mindestharmonisierung (1997), 111, 136; dazu auch *Lorenz*, VersRdSchau 1995, Heft 3, 8, 14 f.; *Radicati di Brozolo*, Rev.crit.d.i.p. 82 (1993), 401, 407; *ders.*, in: Lagarde/v. Hoffmann (Hrsg.), Die Europäisierung des IPR (1996), 87, 91 f.; *Roth*, VersR 1993, 129, 135 f.; *Schaub*, RabelsZ 66 (2002), 18, 30 f.; *Schneider*, NJW 1999, 1985, 1991; *Wernicke*, Bankvertragsrecht (1996), 66.

163 Dazu *Fetsch*, Eingriffsnormen (2002), 146 ff., 153 ff., dort auch zur Beurteilung von Kündigungs- und Widerrufsrechten; Kontrahierungszwängen etc.; *Mülbert*, ZHR 159 (1995), 2, 30; z. G. auch *Franzen*, Privatrechtsangleichung (1999), 143 ff., 149 ff.

164 Insofern hat auch die Kommission in ihrer Mitteilung zur zweiten Banken-RL eingeräumt, dass Vorschriften, welche die Zinsvariabilität ausschließen oder eine Klausel über die vorzeitige Rückzahlung vorschreiben, eine Beschränkung darstellen können, wenn sie eine Bank verpflichten, eine Dienstleistung den Rechtsvorschriften der Länder, in denen sie vermarktet wird, anzupassen – vgl. ABl.EG 1997, Nr. C 209/6, 20. Dazu auch *Fetsch*, Eingriffsnormen (2002), 159; *Mülbert*, ZHR 159 (1995), 2, 30; *Schneider*, NJW 1991, 1985, 1992; *v. Wilmowsky*, RabelsZ 62 (1998), 1, 15; krit. *Franzen*, Privatrechtsangleichung (1999), 147 f.; *Remien*, ZfRV 36 (1995), 116, 131; *ders.*, RabelsZ 62 (1998), 627, 635 f. Zu den Problemen des § 489 Abs. 1 BGB (§ 609 a Abs. 1 BGB a. F.) *Fetsch*, a. a. O., 159 f.; *Grundmann*, Das Europäische Bankaufsichtsrecht wächst zum System (1990), 28 ff.; *Wernicke*, Bank-

Nach anderer Ansicht sind vertragsrechtliche Vorschriften hingegen grds. nicht geeignet, die Grundfreiheiten zu beschränken, weil sie zumeist vertriebsbezogen und somit lediglich einem reduzierten Prüfungsmaßstab unterworfen seien.[165] Diesem wiederum werden sie regelmäßig gerecht, weil sich im Allgemeinen Privatrecht nur sehr vereinzelt Normen mit diskriminierendem Inhalt finden.

Für diese Ansicht spricht einiges – insbes. wenn man sich nochmals vor Augen hält, dass allein die Unterschiedlichkeit der mitgliedstaatlichen Privatrechtsordnungen keine relevante Freiverkehrsbehinderung begründet, und dass der Begriff der Produktbezogenheit bzw. besser der ernsthaften Marktzutrittsbehinderung auch nicht jegliche Verteuerung erfassen kann, die sich aus solchen Rechtsunterschieden ergeben mag.[166] Allerdings ist auch nicht kategorisch auszuschließen, dass dennoch einige Vorschriften produktgestaltenden Charakter haben oder – sofern sie lediglich Vertriebsmodalitäten betreffen – grenzüberschreitende und rein innerstaatliche Wirtschaftstätigkeit einmal unterschiedlich schwer betreffen können.

Eine klare Antwort auf die Frage, ob Privatrechtsnormen die Grundfreiheiten beschränken oder nicht, wird v. a. durch den Umstand erschwert, dass diese Normen – anders als viele öffentlichrechtliche – selbst erst das Instrumentarium für die wirtschaftliche Betätigung in Gestalt von Vertragskonstrukten, rechtlich bedeutsamen Handlungsformen etc. zur Verfügung stellen.[167] Dieses Charakteristikum ist als Ermöglichungsfunktion des Privatrechts bezeichnet worden, während sich zum anderen auch Vorschriften ausmachen lassen, die aus ordnungs-, wirtschafts-, oder sozialpolitischen Zwecken in Privatrechtsverhältnisse eingreifen und einen ähnlich interventionistischen Charakter besitzen wie öffentlichrechtliche Normen.[168] Letz-

---

vertragsrecht (1996), 66, 118: § 609 a BGB etmöglicht eine Kündigungsausschlussklausel bei festverzinslichen Darlehen, die hingegen z. B. in Frankreich ausgeschlossen ist, so dass deutsche Realkreditinstitute ihre Produkte nicht ohne wesentliche Änderung auf dem französischen Markt anbieten können.

165 *Franzen*, Privatrechtsangleichung (1999), 118 ff. will insbes. unterscheiden zwischen leistungsbeschreibenden Vorschriften und solchen, die lediglich den Anspruch auf die Leistung bzw. Gegenleistung gestalten; *Remien*, JZ 1994, 349, 352 ders., ZfRV 36 (1995), 116, 130 – nach Remien sollen privatrechtliche Vorschriften generell in vielen Fällen lediglich als Vertriebsmodalitäten einzustufen sein, so dass das tatsächliche Konfliktpotential zwischen diesen Vorschriften und den Grundfreiheiten begrenzt ist.

166 *Franzen*, Privatrechtsangleichung (1999), 118 ff.; *Roth*, ZEuP 1994, 5, 27.

167 Privatrecht ermöglicht wirtschaftliche Betätigung, indem es privatrechtliche Institute und Handlungsformen mit rechtlicher Verbindlichkeit zur Verfügung stellt. Dabei mögen die verschiedenen Privatrechtsordnungen durchaus angemessene Regelungen enthalten, die erst bei Überschneidung eine Beschränkung bewirken. Schwierig zu beantworten ist dann die Frage, welcher Rechtsordnung der Verstoß gegen die Freiheiten zu attestieren ist. Letztlich sollte man sich jedoch davon lösen, die festgestellte Behinderungswirkung mit einer inhaltlich schlechten Regelung gleichzusetzen. Es geht nur darum, ob die Anwendung bestimmter Regeln behindernd wirkt – insbes. deshalb, weil der fragliche Sachverhalt der Regelungskompetenz eines anderen Rechts untersteht und eine Doppelregelung vermeiden ist.

168 Vgl. zu dieser Differenzierung etwa *v. Wilmowsky*, JZ 1996, 590, 591 ff.; vgl. auch *Randelzhofer/Forsthoff*, in: Grabitz/Hilf, vor Art. 39-55, Rdn. 54; zur Ermöglichungs- und Instrumentfunktion des Privatrechts auch *Leible*, in: Martiny/Witzleb (Hrsg.), Europäisches Zivilgesetzbuch (1999) 53, 66; *Lubitz*, Angleichung des Privatrechts (2000), 6 f.

tere Normengruppe muss nach dem oben zur möglichen Funktionsäquivalenz von Privat- und öffentlichem Recht Gesagten ohne weiteres der Grundfreiheitenkontrolle zugänglich sein. Für die Vorschriften hingegen, die lediglich die Handlungsformen und Institute privatrechtlicher Betätigung zur Verfügung stellen, hängt dies davon ab, ob man maßgeblich auf die benannte Ermöglichungsfunktion abstellt oder auf die Restriktionswirkung, die sie durch die inhaltliche Festlegung entfalten – etwa durch die Etablierung bestimmter Wirksamkeitsvoraussetzungen für Rechtsgeschäfte oder ausschließliche sachenrechtliche Gestaltungsformen.

Soweit das Privatrecht Handlungsformen und Rechtsinstitute erst zur Verfügung stellt, ließe sich vertreten, dass durch ihre konkrete Ausgestaltung die Grundfreiheiten nicht beeinträchtigt werden. Geht man jedoch wie hier davon aus, dass die Freiheiten in erster Linie die Privatautonomie verbürgen und fördern, so kann die restriktive Ausgestaltung der Instrumente privatrechtlichen Handelns zum Konfliktfall werden.[169]

Indes kann gerade im Vertragsrecht die Kontroverse um die Behinderungseignung rechtlicher Gestaltungen weitgehend dahinstehen. Denn hier ist der Grundsatz der Rechtswahlfreiheit, den die Grundfreiheiten forcieren, weittgehend verwirklicht. Wo das nationale Privatrecht lediglich als abwählbare Reserverechtsordnung fungiert, begründet es keine relevante Freiverkehrsbehinderung. Das gilt selbst dort, wo das materielle Recht zwingend ausgestaltet ist, soweit zumindest kollisionsrechtlich Rechtswahlfreiheit herrscht.[170] (Etwas anderes mag gelten, wo umgekehrt keine kollisionsrechtliche Rechtswahlfreiheit besteht, sondern lediglich das materielle Recht abdingbar ist. Denn hier kommt der Einfluss, den das nationale Recht als Reserverechtsordnung für alle nicht parteiautonom geregelten Fragen und als gesetzliches Leitbild – etwa im Rahmen der Überprüfung von Allgemeinen Geschäftsbedingungen – entfaltet, stärker zur Geltung. Die Grundfreiheitenprüfung auch dort wegen des dispositiven Charakters der Normen von vornherein zurückzunehmen, ginge daher wohl zu weit.[171])

Dies ist offenbar auch der Standpunkt des EuGH – obgleich nur obiter dicta ausgesprochen – und ihm folgend eines Großteils des Schrifttums (teils in inhaltlicher Übereinstimmung mit dem Gerichtshof,[172] teils in pragmatischer Anerkennung der

---

169 Vgl. zu diesem Ansatz *Fetsch*, Eingriffsnormen (2002), 146 f.; *v. Wilmowsky*, JZ 1996, 590, 591 ff.
170 Vgl. dazu bereits oben, § 5 II.2.b) mit Fn. 335.
171 IdS. etwa *Herwig*, Gestaltungsspielraum (2002), 92 ff., 95 ff.; *Langner*, RabelsZ 65 (2001), 222, 227 f.; **a. A.** *Fetsch*, Eingriffsnormen (2002), 127 ff.; wohl auch *Riesenhuber*, System und Prinzipien (2003), 96 ff.; zur quasi-zwingenden Wirkung des dipositiven Rechts als gesetzliches Leitbild im Rahmen der Überprüfung von AGB *Grundmann*, RIW 2002, 329, 339.
172 So wird die Botschaft des EuGH in Alsthom Atlantique zu recht überwiegend verstanden – vgl. *Drasch*, Herkunftslandprinzip (1997), 211 – der es sogar genügen läßt, dass die Vorschriften materiellrechtlich nicht zwingend sind; *Grundmann*, in: Ebenroth/Boujong/Joost, vor § 343 HGB, Rdn. 27 ff.; *Müller-Graff*, NJW 1993, 13, 14; *ders.*, FS Börner, 303, 314 f.; *Radicati di Brozolo*, Rev.crit.-d.i.p. 82 (1993) 401, 406 ff.; *Riesenhuber*, System und Prinzipien (2003), 99 ff.; *Roth*, ZEuP 1994, 5, 25 f.; *Schwartze*, in: Martiny/Witzleb (Hrsg.), Europäisches Zivilgesetzbuch (1999) 33, 47; z. G. bereits ausführlich § 5 II.2.b).

bestehenden Rechtslage[173]). Deshalb ergeben sich auch aus Normen, wie sie oben beispielhaft angesprochen wurden, tatsächlich keine Beschränkungen.[174] Insbes. gilt das internationale Schuldvertragsrecht, soweit es durch das EVÜ erfasst wird, im Wesentlichen als grundfreiheitenkonform. Denn es gewährleistet weitgehende Rechtswahlfreiheit, während die dortigen Einschränkungen dieser Rechtwahlfreiheit im Grundsatz durch zwingende Gründe des Allgemeininteresses gerechtfertigt werden können (etwa durch Verbraucherschutzgründe im Rahmen des Art. 5 EVÜ/Art. 29 EGBGB).[175] Zweifel an der Gemeinschaftsrechtskonformität der Anknüpfung im internationalen Vertragsrecht erheben sich hingegen insbes. für das durch Richtlinien harmonisierte Versicherungsvertragsrecht.[176]

Der Ansatz, dass Rechtswahlfreiheit Grundfreiheitenverstöße ausschließt, ist teilweise auf Kritik gestoßen. So wurde vorgebracht, die notwendigen Informationskosten hinsichtlich des fremden dispositiven Rechts und Störungen des Verhandlungsgleichgewichts würden die Vorteile des Wahlrechts faktisch entwerten, so dass es nicht gerechtfertigt sei, bloß wegen des Bestehens von Rechtswahlfreiheit auf eine Grundfreiheitenkontrolle der konkreten rechtlichen Regelung zu verzichten.[177] Auch stehe nicht in jedem Fall eine liberalere Rechtsordnung zur Verfügung oder enthielten alternative Rechtsordnungen oft an anderer Stelle strengere Regeln. Schließlich entfalte das dispositive Recht jeweiliges gesetzliches Leitbild erhebliche verhaltenssteuernde Wirkung.[178] Statt bei Bestehen von Rechtswahlfreiheit die

---

173 Krit. insoweit etwa *Basedow*, CMLR 33 (1996), 1169, 1174 ff.; *Langner*, RabelsZ 65 (2001), 222, 228 ff.; *Mülbert*, ZHR 159 (1995), 2, 10; *Müller-Graff*, in: ders. (Hrsg.), Gemeinsames Privatrecht (1999), 9, 16; *Steindorff*, EG-Vertrag und Privatrecht, 1996, 78 f.; *v. Wilmowsky*, JZ 1996, 591, 595 f.

174 *Franzen*, Privatrechtsangleichung (1999), 145 ff.; speziell zu dem oben angesprochenen Problem des § 609 Abs. 2 BGB etwa *Grundmann*, Das Europäische Bankaufsichtsrecht wächst zum System (1990), 28 ff.

175 *Basedow*, RabelsZ 59 (1995), 1, 27 ff.; *Drasch*, Herkunftslandprinzip (1997), 285 ff.; *Grundmann*, JuS 2001, 946; *Kreuzer*, in: Müller-Graff (Hrsg.), Gemeinsames Privatrecht (1999), 457, 510; *Roth*, RabelsZ 55 (1991), 623, 651 ff., 658; *Remien*, ZfRV 36 (1995), 116, 129 f.; *Sonnenberger*, ZVglRWiss 95 (1996), 3, 24; *Wernicke*, Bankvertragsrecht (1996), 75 ff. Z. T sind die primärrechtlich möglichen Beschränkungen der Rechtswahlfreiheit nicht einmal ausgeschöpft (das soll insbes. für Art. 5 Abs. 2 EVÜ gelten). An anderer Stelle hingegen soll die Regelung des EVÜ den grundfreiheitlich abgesteckten Rahmen überschreiten und daher gemeinschaftsrechtskonformer Restriktion bedürfen – so etwa *v. Wilmowsky*, ZEuP 3 (1995), 735, 747, 753 ff. zu Art. 5 und Art. 7 EVÜ.

176 Vgl. dazu *Basedow*, RabelsZ 59 (1995), 1, 31 ff.; *Basedow/Drasch*, NJW 1991, 785 ff.; *Drasch*, Herkunftslandprinzip (1997), 256 ff., 274 ff.; *Kreuzer*, in: Müller-Graff (Hrsg.), Gemeinsames Privatrecht (1999), 457, 510; *Roth*, RabelsZ 55 (1991), 623, 659; *Sonnenberger*, ZVglRWiss 95 (1996), 3, 24; *Steindorff*, FS Lorenz (1991), 561, 569 f.; *v. Wilmowsky*, ZEuP 3 (1995), 735, 762 ff.

177 In dieser Richtung etwa *Herwig*, Gestaltungsspielraum (2002), 92 ff., 95 ff.; *Mülbert*, ZHR 159 (1995) 2, 10, 30 mit Fn. 124 – beide mit dem Einwand, die Wahlmöglichkeit beseitige nicht (vollständig) die Beschränkung; *Müller-Graff*, in: ders. (Hrsg.), Gemeinsames Privatrecht (1999), 9, 16 – mit dem Argument, es bestehe im Vorfeld eines Vertragsschlusses längst nicht immer Anlass zu einer Rechtswahl; *Schaub*, RabelsZ 66 (2002), 18, 40; *Steindorff*, EG-Vertrag und Privatrecht (1996), 78 f.; *v. Wilmowsky*, JZ 1996, 590, 595 f.; krit. auch *Basedow*, CMLR 33 (1996) 1169, 1174 ff. unter Hinweis auf die mitunter wettbewerbsverfälschende Wirkung solcher dispositiven Vorschriften; *Cornides*, Wbl 2001, 407, 409 – zu Rechtsermittlungsproblemen und Verhandlungsungleichgewicht – allerdings vor dem Hintergrund der Diskussion um eine Vereinheitlichung des Vertragsrechts.

178 *Randelzhofer/Forsthoff*, in: Grabitz/Hilf, vor Art. 39-55, Rdn. 55.

Grundfreiheitenprüfung zurückzunehmen, wird daher vorgeschlagen, die Sachvorschriften zu überprüfen und sie als abdingbar zu behandeln, wenn sie nicht durch zwingende Erfordernisse gerechtfertigt sind.[179] Allerdings muss diese Lösung sich wohl den Vorwurf gefallen lassen, ebenfalls zu einer erheblichen Unsicherheit zu führen. Denn die Frage, welche konkreten Normen den Freiverkehr ungerechtfertigt behindern, würde erst von den Gerichten – im Zweifel durch den EuGH – geklärt.

Zudem haben die Freiheiten gerade die Funktion, die Privatautonomie über die Grenzen zu erstrecken, nicht aber, privatautonom getroffene Entscheidungen wieder zu korrigieren. Kann einer Regelung durch Rechtswahl im IPR oder Parteivereinbarung auf sachrechtlicher Ebene ausgewichen werden, so vermögen die Beteiligten einer etwaigen freiheitsbeschränkenden Wirkung durch privatautonome Entscheidung im Einzelfall zu entgehen. Die Erschwernisse in Gestalt der Informations- und Verhandlungslast, die mit dieser Ausübung der Parteiautonomie verbunden sind, sind im EG-Vertrag angelegt und akzeptiert.[180] Hingegen würde die eine Korrektur der Parteientscheidung die Privatautonomie nicht fördern, sondern behindern, weil ohne Not in die Selbstregulierung der Märkte eingegriffen und die Vorhersehbarkeit der Vertragsbeziehung für die Beteiligten reduziert würde.[181]

Zwar steht dieses Postulat unter der Bedingung, dass die Rechtswahl nicht nur rechtlich, sondern auch faktisch möglich ist, weil sonst mangels privatautonomer Gestaltung durch die Parteien die Rechtfertigung für eine Überprüfung an den Grundfreiheitenstandards nicht entfällt. Das praktische Problem eines möglichen Verhandlungsungleichgewichts betrifft jedoch typischerweise Fälle struktureller Unterlegenheit einer Vertragspartei (etwa im Verbraucher- oder Arbeitsvertragsrecht). Deshalb ist die Rechtswahl in diesen Situationen typischerweise ungleicher Verhandlungsmacht ganz zu recht ohnehin gar nicht oder nur eingeschränkt möglich.

Nimmt man mit der hier vertretenen Ansicht das dispositive Recht aus dem Begriff der Maßnahme gleicher Wirkung aus, kann ein Großteil des nationalen Zivilrechts und insbes. des Schuldvertragsrechts von vornherein nicht mit den Grundfreiheiten in Konflikt geraten. Etwas anderes gilt nur, wo privatrechtliche Regelungen der Rechtswahl nicht oder nur beschränkt zugänglich sind. Hier müssen behindernden Vorschriften stets zwingende Erfordernisse zur Seite stehen. Wo das Prinzip der Rechtswahlfreiheit durchbrochen ist – zB. in dem Bereich, den für das Vertragskollisionsrecht die Art. 29, 29 a, 34 EGBGB umreißen – ist das Recht der Mitgliedstaaten

---

179 Vgl. *v. Wilmosky*, JZ 1996, 590, 595.

180 *Remien*, ZfRV 36 (1995), 116, 129; *Riesenhuber*, System und Prinzipien (2003), 96 ff., 99 ff., zur Erstreckung der Privatautonomie über die Grenzen: 103, 240 ff.; *Roth*, RabelsZ 55 (1991), 623, 643; *ders.*, GS Lüderitz (2000), 635, 640 u. in: Mansel/Baur (Hrsg.), Systemwechsel (2002), 47, 56 f.; idS. auch *Brödermann*, in: Gemeinschaftsrecht und IPR (1994), 239; *Schaub*, RabelsZ 66 (2002), 18, 30; vgl. oben § 8 IV.1.b)bb).

181 So deutlich *Grundmann*, JZ 1996, 274, 278 f. *ders.*, Europäisches Schuldvertragsrecht (1999), 52 ff., 55; ders. ZHR 163 (1999) 635, 655 ff.; NJW 2000, 14, 18 und JuS 2001, 946, 947 f.; *Müller-Graff*, NJW 1993, 13, 14; nur *Remien*, ZfRV 36 (1995), 116, 129 f.

allerdings nahezu flächendeckend harmonisiert.[182] Insoweit gelten ohnehin modifizierte Regeln, die an anderer Stelle zu entwickeln sind.[183] Hier sei nur angemerkt, dass die Harmonisierung den Mitgliedstaaten die Möglichkeit nimmt, sich auf Vorbehaltsklauseln oder zwingende Erfordernisse zu berufen, so dass sie behindernd wirkende nationale Privatrechtsnormen auf grenzüberschreitende Fallgestaltungen nicht mehr anwenden dürfen.

In den Bereichen des Vertrags- bzw. auch allgemein des Privatrechts, in denen die Freiheiten wegen des Bestehens von Rechtswahlfreiheit von vornherein nicht eingreifen, können diese die verbleibenden faktischen Hindernisse, die dem Freiverkehr aufgrund der bestehenden Rechtsunterschiede entstehen, nicht beheben. Hier liegt vielmehr der Ansatzpunkt künftiger Rechtsharmonisierung.

bb) Sachenrecht

Immer wieder wird zur Illustration der Probleme, die die materiellrechtlichen Unterschiede zwischen den Rechtsordnungen der Mitgliedstaaten vor der Kulisse der Grundfreiheiten bereiten, auch das Beispiel des Sachenrechts genannt. Seine besondere Brisanz erklärt sich daraus, dass sachenrechtliche Vorschriften regelmäßig zwingend ausgestaltet sind. Insbes. besteht regelmäßig ein numerus clausus der Sachenrechte mit typischen, fixen Merkmalen. In Verbindung mit der kollisionsrechtlichen Anknüpfung an das Belegenheitsrecht, die aus Gründen des Verkehrsschutzes und der Rechtssicherheit weite Verbreitung gefunden hat, führt dies zu erheblichen Behinderungen des innergemeinschaftlichen Rechtsverkehrs.[184] Das betrifft insbes. den Bereich des Mobiliarsicherheitenrechts, das in vielfältiger Weise in Beziehung zur Ausübung der Grundfreiheiten steht:

So kann das Zusammenwirken von kollisionsrechtlicher (lex rei sitae-Regel, keine Rechtswahlfreiheit) und sachrechtlicher Lage (numerus clausus der Sachenrechte) dazu führen, dass dingliche Sicherheiten bei Grenzübertritt der fraglichen Sache wegfallen oder verändert werden. Davon sind in der Praxis insbes. die verschiedenen Formen von besitzlosen Sicherungsrechten betroffen – wie das Sicherungseigentum und der Eigentumsvorbehalt, die in den einzelnen Mitgliedstaaten unterschiedlich

---

182 *Grundmann*, Europäisches Schuldvertragsrecht (1999), 52 ff.; *ders.*, in: Ebenroth/Boujong/Joost, vor § 343 HGB, Rdn. 27 ff.

183 Dazu unten § 11 f.

184 Probleme wegen des Zwangs zum Ausweichen auf Personalsicherheiten sieht *Basedow*, RabelsZ 59 (1995), 2, 41 ff.; differenzierend *Drobnig*, in: Martiny/Witzleb (Hrsg.), Europäisches Zivilgesetzbuch, 169, 173 f., 176; ausführliche Diskussion bei *Kieninger*, Mobiliarsicherheiten (1996), 152 ff.; *Klauer*, Europäisierung (1998), 68 f.; *Mülbert*, ZHR 159 (1995), 2, 30; *Müller-Graff*, in: ders. (Hrsg.), Gemeinsames Privatrecht (1999), 9, 36 f.; *Roth*, ZEuP 1994, 5, 23 ff. und in: Mansel/Baur (Hrsg.), Systemwechsel (2002), 47, 60; *Seif*, Mobiliarsicherheiten (1997), 174 ff., 290 ff.; *v. Wilmowsky*, Kreditsicherungsrecht (1996), 1 f., 77 ff.; *Wolf*, WM 1990, 1941, 1950; **a. A.** unter Berufung auf Art. 222 EGV (heute Art. 295 EG): *Sonnenberger*, ZVglRWiss 95 (1996), 3, 27 ff.; krit. auch *Franzen*, Privatrechtsangleichung (1999), 136 ff., der zumindest nur von Absatzmodalitäten ausgeht, nicht von Produktbezogenheit; *Kreuzer*, in: Müller-Graff (Hrsg.), Gemeinsames Privatrecht (1999), 457, 503 f. mit Fn. 183; ähnlich *Remien*, ZfRV 36 (1995), 116, 130.

weitgehend, unter verschiedenen Voraussetzungen oder mit verschiedener Wirkung anerkannt sind. Freiverkehrbehinderungen durch den Wegfall solcher Rechte infolge eines Statutenwechsels beim Grenzübertritt können sich v. a. für den Waren- und den Kapitalverkehr ergeben; denkbar sind jedoch auch Einschränkungen im Bereich der Dienstleistungsfreiheit.[185]

Die resultierenden Behinderungen versuchte man in Deutschland lange mit Hilfe der Transpositionslehre[186] zu bewältigen. Seit dem Inkrafttreten des Gesetzes zum internationalen Privatrecht für außervertragliche Schuldverhältnis und für Sachen[187] wird das Problem durch die Vorschrift des Art. 43 II EGBGB erfasst: „Gelangt eine Sache, an der Rechte begründet sind, in einen anderen Staat, so können diese Rechte nicht im Widerspruch zu der Rechtsordnung dieses Staates ausgeübt werden." Diese Regelung wird teilweise als Festschreibung des Transpositionsgedankens gedeutet.[188] Nach anderer Ansicht verlangt die Vorschrift des Art. 43 II EGBGB gerade nicht die Umwandlung in ein inländisches Rechtsinstitut, sondern begnügt sich damit, die Ausübung des fremden Rechts bestimmten Grenzen der neuen lex rei sitae zu unterwerfen.[189]

Unabhängig davon, ob die Regelung des Art. 43 II EGBGB die Transpositionslehre bestätigt oder nur eine Ausübungsschranke für fremde Rechte normiert, wird sich auf diesem Wege das Statutenwechselproblem jedoch nicht in jedem Fall befriedigend lösen lassen; nämlich dann nicht, wenn eine mögliche Umwandlungsform des ausländischen Sicherungsmittels das ursprünglich entstandene Recht nur unvollkommen wiedergibt oder wenn das ausländische Sicherungsrecht bzw. seine Ausübung in der gewünschten Weise mit der inländischen Sachenrechtsordnung unvereinbar ist.

---

185 Vgl. *Basedow*, RabelsZ 59 (1995), 2, 41 ff.; *ders.*, AcP 200 (2000), 445, 475; *Drobnig*, in: Martiny/Witzleb (Hrsg.), Europäisches Zivilgesetzbuch, 169, 173 f.; *Klauer*, Europäisierung (1998), 68 f.; *Mülbert*, ZHR 159 (1995), 2, 30; *Roth*, ZEuP 1994, 5, 23 ff.; *Wolf*, WM 1990, 1941, 1950; z. G. *Sonnenberger*, ZVglRWiss 95 (1996), 3, 27 ff., der jedoch einen Verstoß unter Hinweis auf Art. 222 EGV (heute Art. 295 EG) ablehnt; gegen eine relevante Behinderung auch *Franzen*, Privatrechtsangleichung (1999), 136 ff., 154 ff., der lediglich von einer Regelung der Rahmenbedingungen für den Produktabsatz bzw. von Absatzmodalitäten ausgeht, und im Übrigen keine relevante Schlechterstellung des ausländischen Anbieters annimmt; ebenso wohl *Remien*, JbJZ 1991, 11, 36 f.; *ders.*, ZfRV 36 (1995), 116, 130.

186 Nach dem Ansatz der Transpositionslehre wird im Bedarfsfalle versucht, ausländische Rechtsinstitute, die nach dem inländischen numerus clausus der Sachenrechte unbekannt sind, in Gestalt eines inländischen Rechts fortbestehen zu lassen, das dem ursprünglichen möglichst nahe kommt oder wie ein solches zu behandeln. Angewandt etwa bei BGHZ 100, 321 (326). Dazu etwa *v. Hoffmann*, Internationales Privatrecht § 6, Rdn. 38 f., § 12, Rdn. 31 f.; noch ausführlich zur Auseinandersetzung zwischen Hinnahmetheorie und Transpositionslehre die 5. Aufl., § 12, Rdn. 31 ff.; *Kegel/Schurig*, Internationales Privatrecht, 666 f.; *Klauer*, Europäisierung (1998), 69; *Kreuzer*, in: MüKo, nach Art. 38 Anh. I, Rdn. 62 f., 86, 97 f.; *Seif*, Mobiliarsicherheiten (1997), 274 f. m. w. N.; krit. Sonnenberger, in: MüKo, Einl. IPR, Rdn. 614.

187 Gesetz vom 21. 5. 1999, BGBl. 1999 I 1026; dazu etwa *Kreuzer*, RabelsZ 65 (2001), 386 ff.; *Pfeiffer*, NJW 1999, 3674 ff.; *Schurig*, GS Lüderitz (2000), 699 ff.; *Spickhoff*, NJW 1999, 2209 ff.

188 Vgl. *Großerichter*, FS Sonnenberger (2004), 369, 384; *Junker*, Internationales Privatrecht, Rdn. 487; *Kropholler*, Internationales Privatrecht, § 54 III 1 b unter Berufung auf BRegE, BT-Drs. 14/343, 16; *Pfeiffer*, NJW 1999, 3674, 3677; wohl auch *Spickhoff*, NJW 1999, 2209, 2214.

189 Vgl. *v. Hoffmann*, Internationales Privatrecht, § 12, Rdn. 31 f.

Obwohl also die in einem anderen Staat entstandenen Sachenrechte regelmäßig auch unter dem neuen Statut fortbestehen werden und in den meisten Fällen die Ausübung des fremden Rechts jedenfalls im Grundsatz nicht im Widerspruch zur inländischen Sachenrechtsordnung stehen wird, kann die geschilderte Rechtslage Behinderung des zwischenstaatlichen Wirtschaftsverkehrs bewirken. So mögen etwa dingliche Sicherheiten, wie sie bei der Kreditierung von Kaufpreisforderungen zum Einsatz kommen, nicht hinreichend verlässlich sein und durch andere, ggf. kostenintensivere Instrumente wie etwa persönliche Sicherheiten ersetzt werden müssen.[190]

Schließt man sich insoweit nicht bereits der Ansicht an, die sachenrechtlichen Rechtslage begründe schon von vornherein keine Beschränkung der Grundfreiheiten, weil sie nicht produktbezogen wirkt bzw. nicht den Zugang von Produkten oder Personen zum Markt eines Mitgliedstaates als solchen betrifft,[191] oder weil der numerus clausus der Sachenrechte jeweils am Schutz der Eigentumsordnung gem. Art. 295 EG teilnimmt,[192] so müssen diese Beschränkungen indes wohl als gerechtfertigt angesehen werden. Die Anwendung der Situs-Regel und die zwingende Ausgestaltung des Sachenrechts dienen der Sicherheit des Rechtsverkehrs und dem Schutz Dritter, die nicht mit sachenrechtlichen Instituten konfrontiert werden sollen, die sie nicht kennen und mit deren Bestehen sie nicht rechnen müssen.[193] Diese Schutzanliegen vermögen sich auch gegenüber dem Gewährleistungsgehalt der Grundfreiheiten durchzusetzen. Sie können dem Topos der zwingenden Gründe subsumiert werden. Die Anknüpfung an die lex rei sitae ist auch geeignet, das angestrebte Schutzziel zu erreichen, und – unter Berücksichtigung des Gestaltungs- und Beurteilungsspielraums des nationalen Gesetzgebers bei der Wahrnehmung zwingender Erfordernisse – auch erforderlich. Dabei deckt die Abstraktions- und Generalisierungsbefugnis des nationalen Gesetzgebers auch die Fälle ab, für die etwa die Einführung von Rechtswahlfreiheit angeregt wird. I. E. ist die Anknüpfung an die lex rei sitae daher aus primärrechtlicher Sicht akzeptabel.[194] Etwas anderes mag gelten, wo sachenrechtliche Institute auf gemeinschaftsrechtlicher Ebene harmonisiert worden sind. Ein Ansatz dafür ist etwa in der Zahlungsverzugs-RL erkennbar, die einige wenige Regelungen zum einfachen Eigentumsvorbehalt enthält;[195] deren knappe und allgemeine Gestaltung allerdings wohl noch nicht dazu zwingt, von dem aktuellen kollisionsrechtlichen Konzept des Art. 43 EGBGB abzugehen.

---

190 Dazu *Basedow*, RabelsZ 59 (1995), 1, 44 m. w. N.; *Franzen*, Privatrechtsangleichung (1999), 135 f., 156 f.; *Kieninger*, Mobiliarsicherheiten (1996), 152 ff.; *Klauer*, Europäisierung (1998), 68 f.; *v. Wilmowsky*, Europäisches Kreditsicherungsrecht (1996), 1 ff., 77 ff.

191 *Franzen*, Privatrechtsangleichung (1999), 136 ff., 154 ff.; *Sonnenberger*, ZVglRWiss 95 (1996), 3, 27 ff.

192 *Sonnenberger*, ZVglRWiss 95 (1996), 3, 27 f.; krit. dazu *Grosserichter*, FS Sonnenberger (2004), 369, 384.

193 Vgl. *v. Bar*, IPR II, Rdn. 753; *Franzen*, Privatrechtsangleichung (1999), 136 ff.; *Roth*, in: Mansel/Baur (Hrsg.), Systemwechsel (2002), 47, 60.

194 A. A. etwa, Europäisches Kreditsicherungsrecht, 1 ff., 94 ff.,

195 Art. 4 iVm. Erwägungsgrund 21 der RL 2000/35/EG des Europäischen Parlaments und des Rates vom 29. Juni 2000 zur Bekämpfung von Zahlungsverzug im Geschäftsverkehr ABl.EG 2000 Nr. L 200/35.

Die Anknüpfung im Sachenrecht ist ein Beispiel dafür, dass eine bestehende kollisionsrechtliche Lage, die zu Beschränkungen führt, durchaus insgesamt hinzunehmen sein kann, weil sie gerechtfertigt ist. Auch auf der kollisionsrechtlichen Ebene ist mit der Feststellung der Behinderungswirkung das letzte Wort noch nicht gesprochen. Entscheidend dafür, ob eine Kollisionsnorm korrigiert werden muss, ist erst das Gesamtergebnis ihrer europarechtlichen Überprüfung unter Berücksichtigung möglicher Rechtfertigungsgründe.

Diese Lage, in der einerseits Behinderungen des grenzüberschreitenden Wirtschaftsverkehrs auftreten, diese jedoch mit Hilfe der Grundfreiheiten allein nicht beseitigt werden können, prädestiniert das Sachenrecht für eine Harmonisierung. So verwundert es nicht, dass eine solche bereits verschiedentlich gefordert worden ist.[196] Die Situationen im Sachenrecht kennzeichnet somit einen weiteren Bereich, in dem sich der Binnenmarkt nur noch auf dem Wege der Rechtsharmonisierung auf europäischer Ebene weiter voranbringen lässt.

cc) Gesellschaftsrecht

Schließlich sei mit dem Gesellschaftsrecht ein letztes Beispiel angesprochen, das gerade in jüngster Zeit durch die Rspr. des EuGH noch einmal an Brisanz gewonnen hat.

Die Probleme, die sich hier insbes. aus dem Zusammenwirken von Kollisions- und Sachrecht ergeben, wurden vorstehend bereits angesprochen, worauf verwiesen werden kann.[197] Hier soll es nur noch um die Frage gehen, ob und inwieweit den Grundfreiheiten – insbes. der Niederlassungsfreiheit – angesichts der bestehenden Behinderungen der Freizügigkeit von Gesellschaften tatsächlich kollisionsrechtliche Vorgaben entnommen werden können.

Das Verhältnis zwischen Gesellschaftskollisionsrecht und Gemeinschaftsrecht ist seit langem umstritten. In diesem Zusammenhang stehen v. a. drei Urteile des EuGH zur Verfügung, die jeweils einzelne Aspekte dieses Problemkreises beleuchten und sich in ihrer Zusammenschau und Fortentwicklung langsam zu einem Bild zusammenfügen:

Im Daily Mail-Urteil aus dem Jahre 1988 hatte der EuGH die Frage zu beantworten, ob die Versagung der nach englischem Steuerrecht erforderlichen Wegzugsgenehmigung für die Sitzverlegung einer englischen Gesellschaft mit dem Gemeinschafts-

196 Dafür – v. a. im Mobiliarsicherheitenrecht – votieren etwa *Grundmann*, Europäisches Schuldvertragsrecht (1999), 25; *Hinz*, ZEuP 1994, 553, 558; *Kieninger*, Mobiliarsicherheiten (1996), 36 ff., 233 ff.; *Kreuzer*, FS v. Overbeck (1990), 613, 631 ff., 637 ff. zum Vorschlag eines europäischen Mobiliarsicherungsrechts, das ergänzend neben die nationalen Sicherungsrechte treten könnte; *Kreuzer*, Rev.crit.d.i.p. 84 (1995), 465, 484 ff.; *Remien*, ZfRV 36 (1995), 116, 121; *Schwartz*, ZEuP 1994, 559, 569; *Seif*, Mobiliarsicherheiten (1997), 290 ff.; für das Hypothekenrecht *Remien*, ZfRV 36 (1995), 116, 121; *Stöcker*, Die „Eurohypothek" (1992), 209 ff.; *Wehrens*, WM 1992, 557, 558 ff. – Letztere wiederum für die Schaffung eines zusätzlichen europäischen Sicherungsrechts, das neben die nationalen tritt.
197 Vgl. dazu oben § 7 I.2.b).

recht vereinbar sei. Diese Frage hat der Gerichtshof bejaht und ausgesprochen, „dass die Art. 52, 58 EGV (heute Art. 43, 48 EG) beim derzeitigen Stand des Gemeinschaftsrechts einer Gesellschaft, die nach dem Recht eines Mitgliedstaates gegründet ist und in diesem ihren satzungsmäßigen Sitz hat, nicht das Recht gewähren, den Sitz der Geschäftsleitung in einen anderen Mitgliedstaat zu verlegen“. Damit wurde einer grundfreiheitlichen Korrektur der Bestimmung des Gesellschaftsstatuts zunächst eine Absage erteilt.

Das Centros-Urteil aus dem Jahre 1999 hingegen hat den Stimmen, die von einer EG-rechtlichen Determination des Gesellschaftskollisionsrechts (in Richtung Gründungstheorie) ausgingen, wieder neuen Auftrieb verliehen. Ein dänisches Ehepaar hatte in England eine Private Limited Company gegründet und am Satzungssitz registrieren lassen. Die gesamte Geschäftstätigkeit sollte jedoch über eine Zweigniederlassung in Dänemark abgewickelt werden. Die dänischen Behörden verweigerten die Eintragung der Zweigniederlassung mit der Begründung, die Auslandsgründung habe lediglich dem Zweck gedient, die inländischen Kapitalisierungsvorschriften zu umgehen. Da am Satzungssitz keinerlei Geschäftstätigkeit entfaltet worden sei, gehe es tatsächlich nicht um die Errichtung einer Zweig-, sondern einer Hauptniederlassung. Diese Weigerung hat der EuGH als mit dem Gemeinschaftsrecht nicht vereinbar beanstandet. Er entschied, „dass ein Mitgliedstaat, der die Eintragung der Zweigniederlassung einer Gesellschaft verweigert, die in einem anderen Mitgliedstaat, in dem sie ihren Sitz hat, rechtmäßig errichtet worden ist, aber keine Geschäftstätigkeit entfaltet, gegen die Artikel 52 und 58 EG-Vertrag verstößt, wenn die Zweigniederlassung es der Gesellschaft ermöglichen soll, ihre gesamte Geschäftstätigkeit in dem Staat auszuüben, in dem diese Zweigniederlassung errichtet wird, ohne dort eine Gesellschaft zu errichten, und um damit das dortige Recht über die Errichtung von Gesellschaften zu umgehen, das höhere Anforderungen an die Einzahlung des Mindestgesellschaftskapitals stellt.“[198] Obgleich die Mitgliedstaaten berechtigt seien, gegen betrügerische oder missbräuchliche Berufung auf das Gemeinschaftsrecht vorzugehen, stelle allein die Ausnutzung günstigerer rechtlicher Bedingungen für die Gesellschaftsgründung in einem anderen Mitgliedstaat noch keinen Missbrauch der durch den EG-Vertrag eingeräumten Möglichkeiten dar und sei jedenfalls die Verweigerung einer Zweigniederlassung kein geeignetes und konsistentes Mittel, den hier geltend gemachten Gläubigerschutz zu gewährleisten. Denn die Zweigniederlassung wäre in Dänemark ohne weiteres eingetragen worden, wenn die Gesellschaft eine Geschäftstätigkeit in England ausgeübt hätte, obwohl in diesem Fall die dänischen Gläubiger nicht weniger gefährdet gewesen wären.[199]

Die kollisionsrechtliche Bedeutung des Urteils war umstritten, weil es formal lediglich einen Fall der sekundären Niederlassungsfreiheit betraf und nicht ausdrücklich Stellung zum kollisionsrechtlichen Hintergrund des Falles bezog. Zudem ließ der

198 EuGHE 1999 I-1459, Rdn. 17 ff., 39 Centros Ltd.
199 EuGHE 1999 I-1459, Rdn. 21 ff., 31 ff. Centros Ltd.

EuGH die Beziehung des neuen Urteils zur Vorgängerentscheidung in Sachen Daily Mail offen. Seine Haltung zur Frage der Europarechtskonformität der Sitztheorie blieb unklar. Sowohl die Verfechter einer gemeinschaftsrechtlich geforderten Gründungstheorie als auch ihre Gegner beriefen sich für ihre jeweilige Position auf die Äußerungen des Gerichtshofs. Teile der Literatur sahen in Centros bereits die deutliche Tendenz zur kollisionsrechtlichen Anerkennungspflicht. Andere billigten der Entscheidung allenfalls Auswirkungen auf das Sachrecht des Zuzugsstaates zu, auf dessen Grundlage die Eintragung versagt werden sollte.[200] So wird schon seit langem gegen eine zwingende Ableitung der Sitztheorie aus der Niederlassungsfreiheit eingewandt, die problematischen Folgen des Identitätsverlusts oder der Auflösungszwangs seien lediglich Folgen des nationalen Sachrechts, dieses – nicht das IPR – bewirke daher die behauptete Beschränkung der Niederlassungsfreiheit.[201] Indes verwirklicht sich gerade die Gefahr, die dem Statutenwechsel bei der Sitzverlegung immanent ist. Sachrechtliche und kollisionsrechtliche Lage wirken insoweit zusammen.[202] Und nicht zuletzt zielt die Sitztheorie gerade auf die benannten Folgen ab, um als Schutztheorie[203] den inländischen Standard des Gesellschaftsrechts durchzusetzen. Die Berechtigung hierzu ist jedoch im Binnenmarkt mehr denn je fraglich. Deshalb ist die Diskussion nicht nur auf die sachrechtlichen Vorschriften zu fokussieren, sondern auch zu fragen, ob der von der Sitztheorie bewirkte Statutenwechsel als solcher in der Gemeinschaft adäquat ist. Auch die Sitztheorie selbst als kollisionsrechtliches Gebilde hat damit Rechtfertigungsbedarf vor dem Hintergrund des Gemeinschaftsrechts.

Spätestens mit dem Überseering-Urteil hat sich auch der EuGH zu dieser Sichtweise bekannt. Dabei ging es um die Beurteilung der Rechts- und Parteifähigkeit einer ursprünglich in den Niederlanden nach dortigem Recht gegründeten Kapitalgesellschaft – der Überseering B. V. – in einem von ihr in Deutschland geführten Aktivprozess. Einige Zeit vor dem Prozess waren sämtliche Geschäftsanteile der Überseering B. V. an deutsche Eigner veräußert worden, so dass sich der Verwaltungssitz nachträglich nach Deutschland verlagert hatte. Infolge des nach der Sitztheorie an die Verlagerung geknüpften Statutenwechsels wiesen deutsche Gerichte die Klage der

---

200 Überblick zur Deutung des Centros-Urteils bei *Borges*, RIW 2000, 167, 175 f.; *Grundmann*, Europäisches Gesellschaftsrecht, § 22 Rdn. 765 f.; *Schurig*, Liber Amicorum Kegel (2002), 199 ff.; *Zimmer*, ZHR164 (2000), 23, 28 ff. und BB 2003, 1 f.; vgl. dazu bereits oben § 7 I.2.b) und § 8 III.1. m. w. N.

201 Etwa *Jaeger*, NZG 2000, 918, 919; *Großerichter*, FS Sonnenberger (2004), 369, 378 ff.; *Roth*, ZEuP 1994, 5, 20; *ders.*, FS 50 Jahre BGH (2000) II, 847, 864; *Schmidt*, in: Multimedia (1998), 41, 43 f., 47 f.; vgl. auch *Knobbe-Keuk*, ZHR 154 (1990), 325, 335.

202 Vgl. *Eidenmüller*, ZIP 2002, 2233, 2240; *Knobbe-Keuk*, ZHR 154 (1990), 325, 338: „Nichtanerkennungstheorie"; zum Problem auch *Schmidt*, in: Multimedia (1998), 41, 43 f.; *Jaeger*, NZG 2000, 918, 919 ff. Zur Differenzierung zwischen sach- und kollisionsrechtlichen Aspekten *Behrens*, IPRax 1999, 323, 329 f.; *ders.*, IPRax 2003, 193, 197 f.; *Borges*, RIW 2000, 167, 175; *Hoffmann*, ZHR 164 (2000), 43, 45 ff.; *Jaeger*, a. a. O. m. w. N.; *Roth*, ZGR 2000, 311, 330 f.; *Schmidt*, a. a. O., 41, 43 f., 47 f.

203 Zur Kritik der Funktion als Schutztheorie *Behrens*, IPRax 2003, 193, 195 ff., 205 f.; *Eidenmüller*, ZIP 2002, 2233, 2235 f.; *Hohloch*, in: Wirtschaftsverfassungsrechtliche Garantien (2001), 121, 122; *Jaeger*, NZG 2000, 918, 922; *Knobbe-Keuk*, ZHR 154 (1990), 325, 338 ff.; *Schmidt*, in: Multimedia (1998), 41, 46.

Überseering als unzulässig ab, weil diese als Gesellschaft niederländischen Rechts in Deutschland nicht rechts- und parteifähig sei. Auch der mit dem Fall befasste VII. Zivilsenat des BGH ging von dieser Beurteilung aus und war geneigt, die Zuerkennung der Parteifähigkeit von einer Neugründung im Inland abhängig zu machen;[204] er legte dem EuGH den Fall jedoch im Hinblick auf die Art. 43 und 48 EG zur Vorabentscheidung vor.

In seinem Urteil geht der EuGH offenbar gerade von einer kollisionsrechtlichen Dimension der hier in Rede stehenden Grundfreiheitenprüfung aus. In der Entscheidung überlässt er die Beseitigung der von ihm konstatierten Beschränkung der Niederlassungsfreiheit durch das Neugründungserfordernis im Zuzugsstaat nicht dem betroffenen Mitgliedstaat, dem neben einer kollisionsrechtlichen Lösung in Gestalt eines Übergehens auf die Gründungstheorie ggf. auch sachrechtliche Korrekturmaßnahmen wie geeignete Umwandlungsvorschriften zu Gebote gestanden hätten. Stattdessen konstatiert der Gerichtshof, „dass in dem Fall, dass eine Gesellschaft, die nach dem Recht eines Mitgliedstaats, in dessen Hoheitsgebiet sie ihren satzungsmäßigen Sitz hat, in einem anderen Mitgliedstaat von ihrer Niederlassungsfreiheit Gebrauch macht, dieser andere Mitgliedstaat nach den Art. 43 EG und 48 EG verpflichtet ist, die Rechtsfähigkeit und die Parteifähigkeit zu achten, die diese Gesellschaft nach dem Recht ihres Gründungstaates besitzt“.[205] Wie der EuGH ausführt, stellt der Entzug der Rechts- und Parteifähigkeit eine Beschränkung der Niederlassungsfreiheit dar und ist auch nicht durch zwingende Erfordernisse des Gemeinwohls (wie etwa den Schutz der Gläubiger, der Minderheitsgesellschafter, der Arbeitnehmer oder des Fiskus) gerechtfertigt.[206]

Damit ist, zumindest soweit es um die Frage der Rechts- und Parteifähigkeit einer Gesellschaft geht, gerade eine kollisionsrechtliche Anweisung ausgesprochen.[207] Allerdings spricht der Gerichtshof „nur“ davon, die im Gründungsstaat erlangte Parteifähigkeit sei als solche zu achten; das Erfordernis einer Neugründung zur Erlangung dieser Eigenschaft stelle eine Negierung der Niederlassungsfreiheit dar.[208] Diesen Anforderungen könnte jedoch ggf. auch dadurch Rechnung getragen werden, dass die zuziehende Gesellschaft als eine rechtsfähige Gesellschaft des Zielstaates behandelt wird. In diese Richtung geht ein neuerer Ansatz des BGH. So ist – anders als der EuGH angenommen und zum Ausgangspunkt seiner Entscheidung

---

204 Vgl. dazu *Eidenmüller*, ZIP 2002, 2233, 2234 f.; *Roth*, IPRax 2003, 117 f.

205 EuGHE 2002 I-9919, Rdn. 95 Überseering B. V., Hervorhebung durch die Verf.; dazu auch *Eidenmüller*, ZIP 2002, 2233, 2238; *Leible/Hoffmann*, RIW 2002, 925, 927 ff. – krit. zu dem auf das IPR zielenden Ansatz des EuGH.

206 EuGHE 2002 I-9919, Rdn. 80 ff., 83 ff., 92 f. Überseering B. V.

207 Zweifel an der kollisionsrechtlichen Deutung des Urteils etwa bei *Großerichter*, FS Sonnenberger (2004), 369, 378 ff.; *Roth*, IPRax 2003, 117, 120 ff.; **a. A.** *Behrens*, IPRax 2003, 193, 199 f., 201 ff.; *Grundmann*, Europäisches Gesellschaftsrecht, § 22 Rdn. 768: „... verwirft der EuGH ersichtlich – jedenfalls für diese Konstellation – die Sitztheorie selbst und nicht nur das Ergebnis, zu dem diese im Verbund mit dem Sachrecht im Einzelfall führt ...“

208 EuGHE 2002 I-9919, Rdn. 80 f. Überseering B. V.; infolge des EuGH-Urteils auch der BGH, BGHZ 154, 185 (188 f.); vgl. auch *Behrens*, IPRax 2003, 193 ff., 204; *Wernicke*, EuZW 2002, 758, 759.

gemacht hatte – im deutschen Recht eine Neugründung der Gesellschaft angesichts der neueren Rspr. nicht in jedem Fall erforderlich. Zum einen ist während des Verfahrens vor dem EuGH eine Entscheidung des II. Zivilsenats des BGH ergangen, nach der eine ausländische Gesellschaft, die ihren Sitz nach Deutschland verlegt, nicht als rechtliches Nullum behandelt wird (so aber offenbar die Auffassung des vorlegenden Senats), sondern jedenfalls als rechtsfähige Personengesellschaft, die damit vor deutschen Gerichten aktiv und passiv parteifähig ist.[209] Zum anderen ist mit der grds. Anerkennung der Rechts- und Parteifähigkeit der Außen-GbR[210] auch im Hinblick auf die Behandlung zuziehender ausländischer Gesellschaften eine mögliche Lücke in der Reihe der zur Verfügung stehenden „Auffanggebilde" geschlossen worden. Der Statutenwechsel zum deutschen Recht führt damit heute jedenfalls nicht mehr zu einem gänzlichen Verlust der Rechts- und Parteifähigkeit.[211]

Indes ist eine Umdeutung in ein inländisches gesellschaftsrechtliches Gebilde unvollkommen, denn daraus folgen einschneidende Veränderungen der Organisations- und Haftungsstruktur etc.,[212] zumal es bisher an speziellen sachrechtlichen Eingliederungsvorschriften für den Fall des Zuzugs ausländischer Gesellschaften mangelt.[213]

Im Lichte dieser Überlegungen ist die Formulierung des Gerichtshofs, dass die nach dem Gründungsrecht erlangte Parteifähigkeit der Gesellschaft zu achten ist, als kollisionsrechtliche Anweisung zu verstehen; insofern ist auf das Gründungsrecht zu rekurrieren und darf die Sitztheorie in Binnenmarktsachverhalten nicht mehr angewandt werden.[214] Zudem ist hier der Umstand zu beachten, dass der Gerichtshof abweichend von den etwas zurückhaltenderen Schlussanträgen des GA Colomer die

---

209 BGHZ 151, 204 (206 ff.). Zu dieser Entwicklung im Hinblick auf das Überseering-Urteil des EuGH etwa *Behrens*, IPRax 2003, 193, 199 f., 201 ff.; *Eidenmüller*, ZIP 2002, 2233, 2234 f., 2238 ff.; *Kindler*, NJW 2003, 1073 ff.; *Lutter*, BB 2003, 7, 8; *Roth*, IPRax 2003, 117 f., 120.

210 Vgl. BGHZ 146, 341 „Weißes Ross"; dazu *Kindler*, FS Lorenz (2001), 343 ff. m. w. N.

211 Dazu *Kindler*, FS Lorenz (2001), 343, 354 f.: „Denn in der rechtlichen Verselbständigung der Scheinauslandsgesellschaft als OHG (nach § 124 Abs. 1 HGB) oder als GbR (nach den Grundsätzen des BGH-Urteils ‚Weißes Ross') – liegt die von den Vertretern der Gründungstheorie immer wieder geforderte EG-rechtliche „Anerkennung."; vgl. auch *ders.*, NJW 2003, 1073, 1075 ff.

212 Zu diesem Befund *Behrens*, IPRax 2003, 193, 199 f., 201 ff.; *Eidenmüller*, ZIP 2002, 2233, 2234 f., 2240 ff.; *Forsthoff*, DB 2002, 2471, 2474 f., EuZW 2002, 758, 759; *Zimmer*, BB 2003, 1, 4 f.; *Roth*, IPRax 2003, 117, 123 f.; dazu aus Sicht der Sitztheorie und ihrer Ziele auch *Kindler*, FS Lorenz (2001), 343, 350, 352 ff., nach dem die Präventivfunktion der Sitztheorie der Zuerkennung der Rechts- und Parteifähigkeit nach Maßgabe des Personengesellschaftsrechts nicht entgegensteht.

213 Dazu *Roth*, IPRax 2003, 117, 122; *Zimmer*, BB 2003, 1,7.

214 Nunmehr auch BGHZ 154, 185 (189 f.) Überseering, der eine Behandlung der niederländischen BV als deutsche Personengesellschaft als unzureichend ablehnt; vgl. auch *Eidenmüller*, ZIP 2002, 2233, 2241; *Forsthoff*, DB 2002, 2471, 2474 f.; *Kallmeyer*, DB 2002, 2521; *Leible/Hoffmann*, RIW 2002, 925, 927 f.; *Weller*, IPRax 2003, 207 ff.; auch *Wernicke*, EuZW 2002, 758, 759 f. und *Zimmer*, BB 2003, 1, 3 f., die aber betonen, dass sich diese Aussage des EuGH nur auf die Frage der Rechts- und Parteifähigkeit bezieht; a. A. *Kindler*, NJW 2003, 1073, 1076; zu dem aus der neuen Judikatur aufscheinenden Konzept der Zurückdrängung der Sitztheorie und dem Zwang, einzelne Eingriffe zielgenau anzusetzen und zu begründen *Grundmann*, Europäisches Gesellschaftsrecht, § 22 Rdn. 768 ff., 770 mit Hinweis auf die korrespondierende Entscheidung EuGHE 2002 I-4781 Golden Shares.

zweite Vorlagefrage des BGH beantwortet und sich somit gerade nicht der Auffassung des GA angeschlossen hat, dass es den Mitgliedstaaten überlassen sei, ob sie die festgestellte Beschränkung der Niederlassungsfreiheit auf sachrechtlichem oder kollisionsrechtlichem Wege abstellen wollen. Dieses Vorgehen weist auf eine bewusst kollisionsrechtliche Zielrichtung der Entscheidung hin.[215]

Mit diesen Aussagen ist das Überseering-Urteil ein Meilenstein für das Verhältnis von Gemeinschaftsrecht und (Gesellschafts-)Kollisionsrecht – bestätigt es doch eindrucksvoll die Kollisionsrechtsrelevanz des Primärrechts und die mögliche konkrete Determinationskraft der Grundfreiheiten. Indem er die Anwendung des IPR ebenso wie die der sachrechtlichen Vorschriften dem Mechanismus von Beschränkung und Rechtfertigung unterwirft, macht der Gerichtshof den Weg frei für einen (nur durch konsistent und verhältnismäßig verfolgte Gemeinwohlbelange begrenzten) Wettbewerb der Gesellschaftsrechte in Europa.[216]

Schließlich stellt das Überseering-Urteil die Verbindung zur Daily-Mail-Entscheidung her und komplettiert dadurch das Bild, das der EuGH vom Verhältnis des Gemeinschaftsrechts zum Gesellschaftskollisionsrecht bisher gezeichnet hat. Als ausschlaggebenden Unterschied zu seinen späteren Urteilen stellt der EuGH die Tatsache heraus, dass es sich bei Daily-Mail um einen Wegzugsfall handelt.[217] Unter diesem Aspekt erhält die Äußerung des Gerichtshofs, eine aufgrund einer nationalen Rechtsordnung gegründete Gesellschaft habe jenseits der nationalen Rechtsordnung, die ihre Gründung und ihre Existenz regelt, keine Realität,[218] ihre besondere unterscheidungskräftige Bedeutung. Der EuGH räumt offenbar in erster Linie dem Herkunftsstaat einer Gesellschaft die Kompetenz ein, über deren Existenz und Gestaltung zu entscheiden. Die generelle Abhängigkeit einer Gesellschaft von der rechtlichen Regelung des Beginns, Verlaufs und Endes ihrer Existenz rechtfertigt einen größeren Einwirkungsspielraum des Gründungsstaates, der eine wegzugswillige Gesellschaft deshalb in weitergehendem Umfang seiner (ggf. auch beschränkenden) Reglementierung unterwerfen darf als der Zuzugsstaat. Zwar besteht auch insofern keine unbegrenzte Kompetenz, den Wegzug einer Gesellschaft zu behindern. Auch Maßnahmen des Wegzugsstaates unterliegen der Gundfreiheitenkontrolle und einem Rechtfertigungserfordernis, wenn sie beschränkend wirken. Allerdings sind die Maßstäbe für diese Rechtfertigung weniger streng als im Zuzugsstaat.

---

215 Schlussanträge des GA Colomer abgedr. in ZIP 2002, 75 ff.; dazu *Eidenmüller*, ZIP 2002, 2233, 2238, 2240; *Forsthoff*, DB 2002, 2471, 2472; *Leible/Hoffmann*, RIW 2002, 925, 927.

216 Dazu etwa *Behrens*, IPRax 2003, 193 f.; *Eidenmüller*, ZIP 2002, 2233, 2235 ff., 2243; idS. auch schon *Kieninger*, ZGR 28 (1999), 724, 747 ff.

217 Vgl. EuGHE 2002 I-9919, Rdn. 61 ff., Überseering B. V.; dazu *Behrens*, IPRax 2003, 193, 203, 205 zweifelnd am Bestand dieser Unterscheidung; *Eidenmüller*, ZIP 2233, 2238, 2242 f.; *Forsthoff*, DB 2002, 2471, 2474; *Kieninger*, ZEuP 2004, 685, 694 ff.; *Leible/Hoffmann*, RIW 2002, 925, 930 f.; *Mankowski*, RIW 2004, 481, 484; *Zimmer*, BB 2003, 1, 2; krit. auch *Großerichter*, FS Sonenberger (2004) 369, 375 ff.; *Roth*, IPRax 2003, 117, 118 f., 121 ff.

218 EuGHE 1988, 5483, Rdn. 19 Daily Mail; in Bezug genommen in EuGHE 2002 I-9919, Rdn. 67 ff. Überseering B. V.; dazu *Eidenmüller*, ZIP 2002, 2233, 2242; *Großerichter*, FS Sonenberger (2004) 369, 377.

Sogar die Auflösung an der Grenze kann gerechtfertigt sein.[219] Dies hat auch Auswirkungen auf die weitere Behandlung im Zuzugsstaat, die das Überseering-Urteil betrifft. Im Zielstaat muss die einmal erlangte Rechts- und Parteifähigkeit nur anerkannt werden, soweit sie den Grenzübertritt überdauert (der Wegzugsstaat die Abwanderung also zulässt). Ist sie hingegen aufgrund einer grundfreiheitlich nicht zu beanstandenden Maßnahme des Wegzugsstaates verloren gegangen, gibt es nichts mehr anzuerkennen. Die in Überseering vorgeschriebene Gründungsanknüpfung ist daher treffend als „vorrangige" beschrieben worden. Nimmt das Gründungsrecht die aus der Niederlassungsfreiheit fließende europarechtliche Verweisung etwa nicht an, kann der Zielstaat seine eigene Verweisungsnorm zur Anwendung bringen – auch eine Sitzanknüpfung.[220] Schon von daher ist der Übergang zur Sitztheorie aus gemeinschaftsrechtlicher Perspektive kein genereller.

Fraglich ist zudem, wie weit die europarechtlich verordnete Sitzanknüpfung in sachlicher Hinsicht geht. Das Überseering-Urteil enthält nur für die Rechts- und Parteifähigkeit eine definitive Aussage.[221] Für Fragen wie die Organisationsstruktur, die Haftung etc. enthält das Urteil selbst keine ausdrücklichen Vorgaben, jedoch ist der EuGH offenbar bereit, die Folgen eines Statutenwechsels (sofern sich daraus eine Beschränkung der Niederlassungsfreiheit ergibt) jeweils den möglichen Rechtfertigungsgründen gegenüber zu stellen.[222]

I. E. muss daher für jeden Einzelaspekt geprüft werden, inwiefern der Statutenwechsel zu einer Beschränkung der Niederlassungsfreiheit führt und ob diese ggf. gerechtfertigt werden kann. Dabei wird die Sitztheorie als Schutztheorie nicht stets erforderlich sein. Ein Statutenwechsel führt zu einer tiefgreifenden Veränderung der Gestaltungsgrundlage und des rechtlichen Umfeldes einer Gesellschaft und wird daher idR. Beschränkungswirkung haben. Angesichts ihrer einschneidenden Wirkung erscheint die Rechtfertigung jedenfalls einer generellen Sitzanknüpfung demgegenüber schwierig,[223] obwohl der EuGH in der Centros-Entscheidung durchaus die Bereitschaft dokumentiert hat, nationale Regelungskonzepte (dort zur Kapitalisierung) zu schützen.[224] Zwar besteht – solange erhebliche Rechtsunterschiede als

219 Vgl. dazu etwa *Eidenmüller*, ZIP 2002, 2233, 2242 f.; *Forsthoff*, DB 2002, 2471, 2473 f.; *Leible/Hoffmann*, RIW 2002, 925, 927 f., 932; *Lutter*, BB 2003, 7, 10; *Wernicke*, EuZW 2002, 758, 760; *Zimmer*, BB 2002, 1, 3; so bereits nach Centros: *Behrens*, IPRax 1999, 323, 329 ff. und nunmehr *ders.*, IPRax 2003, 193, 205 mit Prognose einer künftigen Nivellierung der Unterscheidung zwischen Zuzugs- und Wegzugsfall; zum Problem auch *Grundmann*, Europäisisches Gesellschaftsrecht § 22, Rdn. 774 ff.

220 So *Leible/Hoffmann*, RIW 2002, 925, 930 f., 934 f.; *Kallmeyer*, DB 2002, 2521 f.

221 Insoweit geht nun auch der BGH von der Maßgeblichkeit des Gründungsrechts aus: BGHZ 154, 185 (190); zur Reaktion anderer Gerichte vgl. *Behrens*, IPRax 2003, 193 ff., 203 f.

222 Vgl. zur möglichen Rechtfertigung EuGHE 2002 I-9919, Rdn. 92 f. Überseering B. V; gegen Trennung von Rechtsfähigkeit und anderen gesellschaftsrechtlichen Fragen *Behrens*, IPRax 2003, 193, 203, 204 ff. m. w. N.

223 *Behrens*, IPRax 2003, 193 f., 195 ff. – krit. zu den Argumenten für die Sitztheorie, 203 ff.; *Eidenmüller*, ZIP 2002, 2233, 2240 ff.

224 Zu diesem Aspekt *Eidenmüller*, ZIP 2002, 2233, 2240 f.; *Leible/Hoffmann*, RIW 2002, 925, 929 f.; *Zimmer*, BB 2003, 1, 3 ff.; Beispiele für die Auswirkung des Statutenwechsels vgl. *Eidenmüller*, a. a. O. 2234 f.

Ausdruck unterschiedlicher Vorstellungen über das Ob und Wie gesellschaftsrechtlicher Regelungen existieren – eine gewisse Berechtigung, eine Gesellschaft dem Recht des Landes zu unterwerfen, das sie am stärksten berührt.[225] Indes muss diese Notwendigkeit mit den Erfordernissen des Freiverkehrs zu einem angemessenen Ausgleich gebracht werden. Insbes. ist zu fragen, inwieweit die Erstreckung des Sitzrechts für die verfolgten Schutzziele tatsächlich erforderlich ist und wie dieser Schutz zwar im nötigen Umfang, jedoch unter weitestmöglicher Schonung der Gesellschaft verwirklicht werden kann. Zudem ist der Aspekt der Konsistenz der Schutzmaßnahmen von großer Bedeutung, der aus dem Centros-Urteil aufscheint, und der die praktische Bedeutung prinzipiell berechtigter Schutzanliegen erheblich reduzieren könnte. I. E. wird die Durchsetzung des inländischen Gesellschaftsrechts gegenüber Gesellschaften aus dem EG-Ausland einem erheblichen Rechtfertigungszwang ausgesetzt, wie nun auch die Entscheidung Inspire Art eindrucksvoll belegt.[226]

Daher sehen einige Autoren in der Überseering-Entscheidung eine weitgehende Anordnung der Gründungsrechtsanknüpfung für die dortige Fallkonstellation (Grenzen sogleich). Auch etwa im Hinblick auf die Kapitalisierungsvorschriften, die Durchgriffshaftung oder die Mitbestimmung im deutschen Gesellschaftsrecht wird dort keine generelle Sitzanknüpfung mehr verlangt, sondern allenfalls eine punktuelle Durchsetzung zentraler Schutznormen in Fallgestaltungen, in denen dies angesichts fehlender Harmonisierung oder schutzäquivalenter Normen des Gründungsrechts tatsächlich erforderlich und verhältnismäßig erscheint.[227] Die Zurückdrängung der Sitztheorie bewirkt insgesamt eine Mobilisierung der Unterneh-

---

225 Vgl. dazu *Hohloch*, in: Schwarze (Hrsg.), Wirtschaftsverfassungsrechtliche Garantien (2001), 121, 127; *Kindler*, NJW 2003, 1073, 1073 f.; *Schmidt*, in: Multimedia (1998), 41, 46 f.

226 EuGHE 2003 I-10155; nachdem Überseering ein System von grds. Gründungsanknüpfung und möglichen Sonderanknüpfungen indiziert – um den zulässigen Umfang solcher Sonderanknüpfungen. Der EuGH hat dafür eine hohe Rechtfertigungslast etabliert, EuGH a. a. O. Rdn. 101 ff., 133 ff. für niederländische Vorschriften zum Stammkapital und zur persönlichen Haftung der Geschäftsführer bei deren Missachtung; dazu *Behrens*, IPRax 2004, 20, 23 ff.; *Kieninger*, ZEuP 2004, 685 ff., 696 ff.; *Leible*, EuZW 2003, 677 ff.; *Mankowski*, RIW 2004, 481, 483 ff.; *Ziemons*, ZIP 2003, 1913, 1915 ff. Zur angezeigten Differenzierung nach Eingriffsintensität *Weller*, IPRax 2003, 207, 209, zur vom EuGH vorgezeichneten Unterscheidung von gründungs- bzw. existenzrelevanten Vorschriften und solchen, die den laufenden Geschäftsbetrieb betreffen; zur schwindenden mgl. Überlagerung des Gründungsrechts *Sandrock*, ZvglRWiss 102 (2003), 447 ff.

227 Vgl. dazu *Behrens*, IPRax 2003, 193 ff., 203, 204 ff.; *Eidenmüller*, ZIP 2002, 2233, 2240 ff. mit Kritik der generellen Rechtsfolgen der Sitztheorie, die nicht im Einzelfall nach Schutzeignung, -erforderlichkeit und -verhältnismäßigkeit differenziert, dort auch Beispiele für mögliche Sonderanknüpfungen; *Forsthoff*, DB 2002, 2471, 2476 f.; *Grundmann*, RabelsZ 67 (2003), 246, 259 f.; *Kallmeyer*, DB 2002, 2521; *Leible/Hoffmann*, RIW 2002, 925, 929 f.; für Teilüberlagerung einer grds. Gründungsanknüpfung aufgrund zwingender Erfordernisse bzw. Sonderanknüpfungen schon im Anschluss Centros: *Borges*, RIW 2000, 167, 176 ff.; *Sandrock*, BB 1999, 1337, 1341 ff. und jetzt ZvglRWiss 102 (2003), 447 ff.; *Knobbe-Keuk*, ZHR 154 (1990), 325, 345 ff., 347 etwa mit dem Beispiel der Durchgriffshaftung im Falle englischer Limited Companies; erwogen auch bei *Lurger*, IPRax 2001, 346, 350 ff.; vgl. auch *Ulmer*, JZ 1999, 662 ff., 664 f. unter Hinweis auf die IPR-Institute der Rechtsumgehung und des Ordre Public sowie sachrechtliche Interventionsmöglichkeiten; *Weller*, IPRax 2003, 207, 208 ff.; *Ziemons*, ZIP 2003, 1913, 1917 krit.; z. G. auch *Kindler*, NJW 2003, 1073, 1078 f.

men im Interesse des Binnenmarktes und zwingt die Mitgliedstaaten, statt der globalen Erstreckung des inländischen Rechts einzelne Eingriffe zielgenau anzusetzen und zu begründen.[228]

Damit ist die Sitztheorie in ihrer strengen Form heute nicht mehr haltbar. Das ist nunmehr positiv entschieden, soweit es um die Rechts- und Parteifähigkeit geht, deutet sich jedoch auch für andere Aspekte des Gesellschaftsstatuts an. Der genaue Umfang und die Grenzen der Erosion werden sich erst in den nächsten Jahren durch weitere Entscheidungen des Gerichtshofs präzisieren, dieser Prozess hat bereits begonnen.[229]

Allerdings kommen zu der noch unsicheren sachlichen Reichweite noch andere Grenzen der gemeinschaftsrechtlichen Vorgabe: Aus dem Anwendungsbereich der Grundfreiheiten ergibt sich, dass die Mitgliedstaaten zu einer (wie auch immer sachlich zu dimensionierenden) Gründungsanknüpfung nur bei EG-Gesellschaften verpflichtet sind. Gesellschaften aus Drittstaaten können weiterhin der Sitztheorie unterworfen werden.[230] Der begrenzte Zwang zur Gründungsanknüpfung gilt zudem nur für den Zuzug von Gesellschaften aus anderen Mitgliedstaaten. Eigene abwanderungswillige Gesellschaften hingegen muss der Mitgliedstaat nicht in gleicher Weise privilegieren. Das ergibt sich aus den Ausführungen des Gerichtshofs in Daily-Mail. Das bedeutet, dass die Privilegierung aktuell nur Gesellschaften zugute kommt, die aus Gründungstheoriestaaten auswandern (und nur, soweit diese den identitätswahrenden Sitzwechsel zulassen, die Gesellschaft also nicht etwa zur Auflösung zwingen).[231]

Die Sitztheorie ist deshalb dogmatisch nur in begrenztem Umfang unanwendbar geworden und bleibt in gewissen Konstellationen aus Gemeinschaftssicht prinzipiell anwendbar.[232] Dennoch dürften die praktischen Auswirkungen erheblich sein, weil im Wirkbereich der Überseering-Entscheidung nunmehr ein strenger Rechtferti-

---

228 Dazu *Grundmann*, Europäisches Gesellschaftsrecht, § 22 Rdn. 752, 768 ff. unter Hinweis auf EuGHE 2002 I-4781 Golden Shares, die – obgleich vordergründig nur die Kapitalverkehrsfreiheit betreffend – insoweit eine wichtige Ergänzung die Entscheidungen Daily Mail, Centros und Überseering darstellt.

229 Dazu etwa EuGHE 2003 I-10155 Inspire Art, der EuGH bestätigt hier Centros und Überseering insoweit, als ein Mitgliedstaat die inländischen Gründungsvorschriften nicht auf Auslandsgesellschaften aus anderen Mitgliedstaaten anwenden darf, erweitert und verdeutlicht dies nunmehr auch für andere als Gründungsvorschriften und verfestigt so das Gründungsrecht insgesamt als Gesellschaftsstatut und bindet die Möglichkeit einzelner Sonderanknüpfungen an eine hohe Rechtfertigungslast; z. G. Behrens, IPRax 2004, 20, 25 und die in Fn. 866 Genannten. Zur Notwendigkeit weiterer klärender Vorlagen auch *Behrens*, IPRax 2003, 193, 201 f., 203 ff.; *Forsthoff*, DB 2002, 2471; *Roth*, IPRax 2003, 117, 124 ff.

230 *Behrens*, IPRax 2003, 193, 205 f.; *Eidenmüller*, ZIP 2002, 2233, 2244; *Leible/Hoffmann*, RIW 2002, 925, 933; *Mankowski*, RIW 2004, 481, 483 ff.

231 Zum Verhältnis zu Daily Mail bereits oben; dazu *Behrens*, IPRax 2003, 193, 205; *Eidenmüller*, ZIP 2002, 2233, 2242 f.; *Kallmeyer*, DB 2002, 2521 f.; *Leible/Hoffmann*, RIW 2002, 925, 930 ff.; *Lutter*, BB 2003, 7, 10; *Schurig*, Liber Amicorum Kegel (2002), 199, 209 ff.; zur möglichen Grundfreiheitenkontrolle beschränkender Regeln des Wegzugsstaates *Grundmann*, Europäisches Gesellschaftsrecht § 22, Rdn. 776 ff.

232 Vgl. *Leible/Hoffmann*, RIW 2002, 925, 930 ff., 934 f.

gungzwang aufgrichtet ist. Daher sollte sich jeder Mitgliedstaat, der der Sitztheorie folgt, fragen, inwieweit das Festhalten daran noch sinnvoll ist. Ein nur teilweiser Übergang zur Gründungstheorie in dem jeweils gemeinschaftsrechtlich erzwungenen Umfang führt zur Spaltung des Kollisionsrechts; und zwar nicht nur im Hinblick auf Binnenmarkt- und Drittstaatensachverhalte, sondern etwa auch im Hinblick auf die verschiedenen Aspekte des Gesellschaftsstatuts und im Hinblick auf Zuzugs- und Wegzugsfälle. Dadurch werden die Anwendung des Kollisionsrechts und die Rechtsermittlung stark verkompliziert.[233] Hinzu kommt ein erheblicher Wettbewerbsnachteil für Gesellschaften aus solchen Mitgliedstaaten, die in dem verbleibenden europarechtlichen Rahmen weiterhin an der Gründungstheorie festhalten, denn während Gesellschaften aus Sitztheorie-Staaten flexibel ihre Freizügigkeit nutzen können, bleibt gleiches Gesellschaften aus Gründungstheorie-Staaten verwehrt. Desgleichen entsteht den an der Gründungstheorie festhaltenden Mitgliedstaaten ein Nachteil im Wettbewerb der Gesellschaftsrechte, weil sie selbst einen Export ihrer Regelungskonzepte verhindern.[234] Es steht daher zu vermuten und zu hoffen, dass sich die Erosion, welche die Sitztheorie durch das Überseering-Urteil erfahren hat, schon aus praktischen Gründen als wesentlich größer erweisen wird, als eine theoretische Analyse des Urteils und seiner Grenzen vermuten ließe.

Die vorstehenden Ausführungen zeigen, dass sich für das Gesellschaftsrecht durchaus direkte kollisionsrechtliche Vorgaben aus den Grundfreiheiten ableiten lassen. Mag sich auch ein vollständiger, europarechtlich erzwungener Übergang zur Gründungstheorie nicht ergeben, so bewirkt der Einfluss der Niederlassungsfreiheit doch zumindest für einzelne Bereiche (wie die Rechts- und Parteifähigkeit) die zwingende Maßgeblichkeit des Gründungsrechts. Da für ein derart von einer nationalen Rechtsordnung geprägtes Gebilde wie eine Gesellschaft schon der Statutenwechsel an sich den Verlust ihrer spezifischen rechtlichen Struktur bewirkt, legt das Primärrecht aber wohl auch jenseits davon ein Anknüpfungsmodell nahe, das für Zuzugsfälle von einer prinzipiellen Gründungsanknüpfung ausgeht. Es zeichnet sich ab, dass mit dem Überseering-Urteil das Ende der Sitztheorie eingeleitet ist und die Zukunft einer grds. Gründungsanknüpfung gehört, welche ihrerseits unter dem Vorbehalt der Sonderanknüpfung unverzichtbarer, auch vor dem Hintergrund der Niederlassungsfreiheit gerechtfertigter Schutznormen des Sitzrechts steht.[235] Insgesamt wird sich aus diesen Vorgaben wohl auch für den Bereich des Gesellschaftskollisionsrechts eine besondere Binnenmarktkollisionsnorm mit eigenständigem Gehalt materialisieren, die weder mit der Sitz- noch der Gründungstheorie des klassischen IPR identisch ist.[236]

---

233 *Behrens*, IPRax 2003, 193, 205 f.; *Eidenmüller*, ZIP 2002, 2233, 2243 f.; *Leible/Hoffmann*, RIW 2002, 925, 935; so bereits *Sandrock*, BB 1999, 1337, 1341; z. G. auch *Forsthoff*, DB 2002, 2471, 2476.
234 Dazu *Eidenmüller*, ZIP 2002, 2233, 2243; *Forsthoff*, DB 2002, 2471, 2476; *Lutter*, BB 2003, 7, 10.
235 Für eine solche Lösung etwa *Eidenmüller*, ZIP 2002, 2240 ff., 2242 ff.; *Forsthoff*, DB 2002, 2471, 2475 ff.; *Leible/Hoffmann*, RIW 2002, 925, 935 f.; wohl auch *Weller*, IPRax 2003, 207 ff.; *Wernicke*, EuZW 2002, 758, 759 f.
236 So unter Hinweis auf die Eigenständigkeit des Binnenmarktkollisionsrechts *Grundmann*, RabelsZ 67 (2003), 246, 259 f.

Dennoch bleibt auch weiterhin die Schaffung sachrechtlicher Vorschriften von Interesse, die eine identitätswahrende Überführung einer Gesellschaft in die neue Rechtsordnung gewährleisten. Hier sollte besonderes Augenmerk der Verabschiedung der seit langem geplanten 14. gesellschaftsrechtlichen Richtlinie zur grenzüberschreitenden Sitzverlegung gelten. Nach dem bisherigen Entwurf soll diese Richtlinie eine identitätswahrende Sitzverlegung – unter Wechsel des zuständigen Rechts – ermöglichen.[237]

2. Konsequenz: Unmöglichkeit einer flächendeckenden kollisionsrechtlichen Aussage auf der Basis der EG-Grundfreiheiten

I. E. ist der tatsächliche Einfluss der Grundfreiheiten im unharmonisierten Bereich jedenfalls begrenzt.

Die Freiheiten erfassen das nationale Privatrecht von vornherein nur insoweit, als diesem diskriminierende oder beschränkende Wirkung eignet. Dafür reicht die bloße Verschiedenheit der Rechtsordnungen nicht aus; die behindernde Wirkung muss jeweils nachgewiesen werden. Das kann gelingen; es wird sich jedoch stets um einzelne Vorschriften eines bestimmten Rechtsgebiets handeln, nicht um den gesamten Normenbestand etwa des Schuldvertrags-, Delikts- oder Gesellschaftsrechts. Einzelne beschränkende Normen stellen indes nicht die Anknüpfung des gesamten Regelungsgegenstandes in Frage. Insoweit lässt sich aus den Freiheiten jedenfalls keine zwingende allgemeine Kollisionsnorm ableiten. Man kann die Grundfreiheitendogmatik zwar dahingehend abstrahieren, dass sie alle beschränkenden Vorschriften erfasst, das betrifft aber schon dem Ansatz nach nur einen begrenzten Kreis von Vorschriften. I. E. kann also zwingend nur eine begrenzte gemeinschaftsrechtliche Kollisionsnorm als Vorgabe gerade für die sachrechtlich beschränkenden Vorschriften existieren, die ihrerseits unabhängig vom jeweiligen Anknüpfungsgegenstand gilt, wenn auch die Beurteilung der Beschränkungseigenschaft von den Gegebenheiten des jeweiligen Anknüpfungsgegenstandes abhängen mag. Denn dieser bestimmt die einschlägige Grundfreiheit und kennzeichnet die involvierten Interessen.[238]

Die lediglich punktuelle Bedeutung der Grundfreiheiten wird noch dadurch verstärkt, dass sich gerade im Privatrecht eher selten relevante Behinderungen des Freiverkehrs feststellen lassen. Die Grundfreiheiten wirken ohnehin nicht in ihrem

---

237 Entwurf ZGR 1999, 157; dazu: *Hoffmann*, ZHR 164 (2000), 43, 51 ff.; *Hohloch*, in: Schwarze (Hrsg.), Wirtschaftsverfassungsrechtliche Garantien (2001), 121, 128 ff.; vgl. auch *Leible/Hoffmann*, RIW 2002, 925, 933 und *Lutter*, BB 2003, 7, 10 zur angesichts der eng begrenzten definitiven Vorgaben des Überseering-Urteils fortwährenden Sinnhaftigkeit dieser RL und zum möglichen Korrekturbedarf des Entwurfs; *Schwarz*, Europäisches Gesellschaftsrecht (2000), Rdn. 806 ff.

238 Die Anforderungen an eine sachgerechte kollisionsrechtliche Lösung lassen sich nicht losgelöst von der betroffenen Rechtsmaterie beurteilen, weil diese entscheidenden Einfluss darauf hat, welche sachrechtlichen und internationalprivatrechtlichen Interessen in welchem Maße berücksichtigt werden müssen.

gesamten Anwendungsbereich als Beschränkungsverbote. Besondere Anforderungen an die Gestaltung des Kollisionsrechts lassen sich jedoch nur gewinnen, soweit eben diese weite Wirkung der Freiheiten als Beschränkungsverbote reicht; d. h. nicht, soweit die Grundfreiheiten lediglich ein Diskriminierungsverbot etablieren (1) und nicht, soweit sie bereits tatbestandlich nicht betroffen sind (2). Dasselbe gilt, wo sich das Beschränkungsverbot wegen einer bestehenden Rechtfertigungslage effektiv nicht durchsetzt (3).

(1) Wie gezeigt ist eine Behinderungswirkung privatrechtlicher Vorschriften nur vorbehaltlich der angepassten Keck-Doktrin (Marktzugangskriterium) und der insgesamt sehr zurückhaltenden Rspr. des EuGH anzunehmen. Für nationale Vorschriften, die nicht den Zugang zum inländischen Markt hindern, sondern die lediglich bestimmte Modalitäten der Betätigung dort einer Regelung unterwerfen, statuieren die Grundfreiheiten nur Diskriminierungsverbote. Insoweit ergeben sich auch kollisionsrechtlich keine besonderen Anforderungen über den Grundsatz der Nichtdiskriminierung hinaus, so dass etwa auch eine dem Bestimmungslandprinzip verhaftete Anknüpfung zulässig bleibt. Das betrifft im Bereich der Warenverkehrsfreiheit die bloßen vertriebsbezogenen Vorschriften, die der EuGH in seiner Keck-Rspr. von den produktbezogenen Vorschriften unterscheidet. Bei den anderen Grundfreiheiten existiert unter anderer Begrifflichkeit eine ähnliche Differenzierung, die demselben Grundgedanken Rechnung trägt. Diese Fallgruppe ist im wirtschaftsbezogenen öffentlichen Recht, das der EuGH in der überwiegenden Zahl der Fälle zu überprüfen hatte, relativ klein. Privatrechtliche Vorschriften fallen jedoch ungleich häufiger in diese Kategorie[239] – wenn auch zuzugeben ist, dass die Unterscheidung nach Vertriebs- und Produktbezogenheit sich nicht ohne weiteres auf das Privatrecht übertragen lässt. Die Aussage bleibt jedoch i. E. dieselbe, wenn man hier statt auf Vertriebs- und Produktbezogenheit auf das Kriterium der Marktzugangsbehinderung abstellt oder wenn man sich an der zurückhaltenden Rspr. des Gerichtshofs orientiert, nach der privatrechtliche Vorschriften häufig zu ungewiss und zu mittelbar wirken, um als Behinderung eingestuft zu werden.

(2) Soweit Rechtswahlfreiheit gewährleistet ist, greifen die Freiheiten nach dem oben Gesagten von vornherein nicht ein, richten also auch kein Beschränkungsverbot auf, dem sich spezifische kollisionsrechtliche Vorgaben entnehmen ließen. So entfalten die Freiheiten etwa in dem wichtigen Bereich des Schuldvertragsrechts, wo der Grundsatz der Rechtswahlfreiheit stark ausgeprägt ist (während die Gebiete mit beschränkter Rechtswahlmöglichkeit nahezu flächendeckend harmonisiert sind, so dass dort die später darzustellenden besonderen Regeln gelten), nur wenig Einfluss.

(3) Schließlich besteht auch dort, wo die Marktfreiheiten grds. betroffen sind, häufig zugleich eine Rechtfertigung der behindernden nationalen Regelungen bzw. der kollisionsrechtlichen Gestaltung; dies um so mehr, als es sich bei privatrechtlichen Vorschriften selten um diskriminierende Regelungen handelt, so dass neben den

239 *Gebauer*, IPRax 1995, 152, 155 f.; *Höpping*, Warenverkehrsfreiheit (1997), 93.

Schutzklauseln des Vertrages auch die zwingenden Erfordernisse herangezogen werden können. Die Freiheiten können eine kollisionsrechtliche Gestaltung jedoch auch dann nicht korrigieren, wenn sie zwar behindernd wirkt, aber gerechtfertigt ist. Dann mag zwar grds. ein Beschränkungsverbot gelten, es setzt sich i. E. jedoch nicht durch. Auch für die Frage nach der Gemeinschaftskonformität einer Anknüpfung kommt es – wie das Beispiel der lex rei sitae-Regel zum Sachenrechtlichen zeigt, nicht entscheidend darauf an, ob die konkrete Verweisung von vornherein unbedenklich oder „erst" gerechtfertigt ist. I. E. stehen die primärrechtlichen Vorgaben den konkreten Anknüpfungsvorschriften daher selten wirklich entgegen.

Zwar können die genannten Parameter in die internationalprivatrechtliche Aufarbeitung der Freiheiten einbezogen werden. Es lässt sich dann jedoch keine umfassende kollisionsrechtlich Aussage mehr treffen – die Marktfreiheiten etablieren dann keine allumfassende Kollisionsnorm, die an die Stelle des nationalen IPR tritt. Was sich dennoch ableiten lässt, eignet sich eher als ein Maßstab, der im Rahmen des mitgliedstaatlichen Kollisionsrechts mindestens beachtet werden muss, denn als eigenständige allgemeine Kollisionsnorm.[240]

Als Konsequenz des begrenzten Anwendungsbereichs der Grundfreiheiten ergibt sich demnach, dass die Freiheiten nur für bestimmte, abstrakt begrenzte Normengruppen überhaupt eine Aussage enthalten, die über ein (auch kollisionsrechtliches) Diskriminierungsverbot hinausgeht. Das ist nur insoweit der Fall, als nationale Normen von den Freiheiten in ihrer Funktion als Beschränkungsverbote erfasst werden.

V. Strukturelle Probleme: Grundfreiheitenvorgaben als bloße Mindeststandards

Wenn sich aus den Grundfreiheiten des EG-Vertrages bereits keine flächendeckenden Vorgaben für das nationale Kollisionsrecht (abgesehen vom Diskriminierungsverbot) ergeben, stellt sich doch die Frage, wie weit sich die möglichen kollisionsrechtlichen Aussagen (im Wirkungsbereich der Freiheiten als Beschränkungsverbote) verdichten lassen; ob sich also zumindest für einen Teilbereich konkrete und v. a. eindeutige Kollisionsnorm ergeben oder lediglich allgemeine Maßstäbe bzw. Tendenzen.

Unter diesem Aspekt ist denn auch der Ableitung kollisionsrechtlicher Verweisungen direkt aus den Grundfreiheiten entgegen gehalten worden, dass ihre Vorgaben nicht eindeutig genug seien, um eine bestimmte kollisionsrechtliche Anknüpfung verbindlich festzuschreiben. So sei es zwar anerkanntermaßen möglich, Kollisionsnor-

240 So auch *Höpping*, Warenverkehrsfreiheit (1997), 96, wonach die Freiheiten kein gemeinschaftsrechtliches IPR schaffen, gleichwohl aber dem nationalen IPR Grenzen setzen. Kollisionsnormen und anwendbares Sachrecht müssen den grundfreiheitlichen Vorgaben genügen; *Kohler*, IPRax 2003, 401, 408 f.

men aus sachrechtlichen Vorschriften herauszulesen.[241] Dies jedoch nur, wenn sich die Kollisionsnorm mit hinreichender Sicherheit aus der Verknüpfung von Tatbestand und Rechtsfolge ergebe. Ebendies vermögen die Grundfreiheiten des EG-Vertrages nicht zu leisten.[242]

Damit ist in der Tat ein Problem angesprochen, dass jedenfalls im unharmonisierten Bereich das Konzept des Binnenmarktkollisionsrechts betrifft. Dabei zeigt sich, dass sich allein aus dem Einfluss der Marktfreiheiten im unharmonisierten Bereich jedenfalls keine feststehenden und einheitlichen Anknüpfungen für Binnenmarktsachverhalte ableiten lassen:

Die Vorgaben der Grundfreiheiten können ebenso wie in sachrechtlicher auch in kollisionsrechtlicher Hinsicht „nur" einen Mindeststandard etablieren (jedenfalls im unharmonisierten Bereich). Das betrifft weniger die Richtung der Grundanknüpfung, die den Freiheiten zu entnehmen sein soll. Insoweit können die Marktfreiheiten durchaus mehr als ein bloßer Negativmaßstab sein; sei es, dass man sie als Postulat eines Herkunftslandprinzips, eines Günstigkeitsprinzips oder aber (wie hier) primär als Verbürgung von Rechtswahlfreiheit versteht. Denn jedenfalls, soweit es um behindernde Vorschriften geht, legen sie die entsprechende Anknüpfung grds. fest (jedenfalls Günstigkeitsprinzip bzw. Rechtswahlfreiheit sind aus der Sicht der Grundfreiheiten bereits optimal bzw. maximal liberale Lösungen – darüber können die Mitgliedstaaten aus praktischen Gründen nicht noch weiter hinausgehen). Probleme ergeben sich jedoch bei den Einschränkungen dieser Grundanknüpfungen aus Gründen des Allgemeininteresses oder aufgrund der Vorbehaltsklauseln des Vertrages.

Hier tritt der Mindeststandardcharakter der Grundfreiheitendogmatik besonders in den Vordergrund. Vorbehaltsklauseln und zwingende Gründe des Allgemeininteresses stellen für die Mitgliedstaaten lediglich Optionen dar. Solche zwingenden Gründe kann ein Mitgliedstaat geltend machen, muss es jedoch nicht.[243] Und auch

---

241 Vgl. dazu etwa *Kegel/Schurig*, Internationales Privatrecht, 261 f.; *Sonnenberger*, ZVglRWiss 95 (1996), 3, 10; ders, in: MüKo, Einl. IPR, Rdn. 432 ff.; krit. *v. Bar/Mankowski*, IPR I, 197 ff., 203 ff.
242 *Sonnenberger*, ZVglRWiss 95 (1996), 3, 10 ff. – allerdings vermag dessen Einwand, dem kollisionsrechtliche Gehalt der Grundfreiheiten sei aufgrund der mit dem Keckurteil eingetretenen Rechtsunsicherheit der Boden entzogen, nicht überzeugend; die Revision der Grundfreiheitendogmatik und die Herausarbeitung der Fallgruppen von freiheitsbeschränkenden Privatrechtsnormen mögen eine Herausforderung darstellen, Schwierigkeiten hierbei tragen jedoch nicht die Verleugnung der kollisionsrechtlichen Relevanz der Marktfreiheiten.
243 Dieser Aspekt wird etwa bei *v. Wilmowsky*, ZEuP 3 (1995), 735, 740 ff., insbes. 747, 751, 752 a. E. immer wieder deutlich – v. Wilmowsky diskutiert die Möglichkeiten und Grenzen, die dem kollisionsrechtlichen Verbraucherschutz durch die Grundfreiheiten gezogen sind. Er betont dabei insbes. den Grundsatz der Verhältnismäßigkeit. Soweit dieser gewahrt ist, d. h. soweit ein Schutzbedürfnis für den Verbraucher tatsächlich besteht und die Interesses des Vertragspartners nicht unangemessener Weise hintan gestellt werden, ist eine verbrauchergünstige Anknüpfung möglich; kann etwa an das Wohnsitzrecht des Verbrauchers angeknüpft werden. Insgesamt scheint demnach auch v. Wilmowsky das Primärrecht konzeptionell als eine Art Rahmen zu verstehen, den die Mitgliedstaaten bei der Anordnung kollisionsrechtlicher Schutzmaßnahmen berücksichtigen müssen, dessen Ausfüllung im Einzelnen ihnen jedoch überlassen bleibt, so dass sie insbes. entscheiden

wenn die Vorbehalte tendenziell wohl wahrgenommen werden, schreibt der EG-Vertrag insoweit keine eindeutige Gestaltung vor, sondern eröffnet Beurteilungs- und Gestaltungsspielräume, innerhalb derer die Mitgliedstaaten bestimmen können, welche Maßnahme sie treffen.[244]

Zwar wird die maximale Reichweite der möglichen Einschränkungen der Grundanknüpfung durch die Grundsätze der Geeignetheit, der Erforderlichkeit und der Verhältnismäßigkeit fixiert, die Mitgliedstaaten können jedoch beispielsweise das Maß des erforderlichen Lauterkeits- oder Verbraucherschutzes im Warenverkehr und das Schutzinstrument im Grundsatz selbst bestimmen. Auch sind sie nicht gezwungen, den ihnen gewährten Spielraum quantitativ voll auszuschöpfen.[245] Die Mitgliedstaaten sind nicht gehindert, die Vorgaben der Grundfreiheiten über zu erfüllen, indem sie die bestehenden Beschränkungsmöglichkeiten nicht voll ausnutzen und etwa eine liberalere Regelung wählen, als die Marktfreiheiten sie mindestens fordern.

Wenn behindernde Maßnahmen der Mitgliedstaaten in Rede stehen, geben die Grundfreiheiten daher lediglich die Grundtendenz der Anknüpfung und eine Marge für Abweichungen vor. Die Wirkung der Marktfreiheiten auf die mitgliedstaatlichen Kollisionsrechtsordnungen ist insoweit der Wirkung einer Richtlinie nicht unähnlich (zwar nicht im technischen Sinne, wohl aber faktisch): sie geben einen Rahmen vor, indem sie bestimmte Anknüpfungen verbieten, andere (– unter Umständen auch mehrere andere –) zulassen oder grds. fordern und Abweichungen hiervon rechtfertigungsbedürftig machen. Die Grundfreiheiten etablieren somit einen Mindeststandard – dieser weist nach der hier vertretenen Ansicht grds. in Richtung Parteiautonomie und ggf. in Richtung auf das Sitzrecht des Anbieters – etwa als ersatzweise objektive Anknüpfung. [246]

Im harmonisierten Bereich könnten die dem Gemeinschaftsrecht zu entnehmenden Vorgaben dagegen konkreter sein, denn hier ist der Vorbehalt der zwingenden Gründe durch den Rechtsakt der Gemeinschaft konkretisiert und eingeschränkt. Des Weiteren mögen dem sachlich zwingenden Regelungsgehalt des Rechtsaktes

---

können, ob sie ihn voll ausschöpfen wollen. Gerade im Verbraucherrecht ist der Spielraum der Mitgliedstaaten zwar durch die völkerrechtliche Bindung durch das EVÜ begrenzt, das Primärrecht ist jedoch ggf. auch in diesem Bereich heranzuziehen, wenn und soweit die Vorgaben des EVÜ den grundfreiheitlich abgesteckten Rahmen überschreiten. Zudem bleibt das Konzept der Grundfreiheiten als Mindestvorgabe bzw. Rahmen für die kollisionsrechtliche Gestaltung außerhalb des Anwendungsbereichs des EVÜ bedeutsam, wo die Mitgliedstaaten den durch die Grundfreiheiten gezogenen Rahmen tatsächlich ausschöpfen können.

244 Zum Konkretisierungs- und Gestaltungsspielraum der Mitgliedstaaten bei der Wahrnehmung der Vorbehalte des Vertrages und der zwingenden Erfordernisse EuGHE 1983, 2445, Rdn. 18 f. Sandoz; 1986, 1511, Rdn. 20 f. Muller u. a.; 1987, 1227, Rdn. 41 Kommission/Deutschland; 1988, 547, Rdn. 12 Kommission/Vereinigtes Königreich; 1990 I-4863, Rdn. 11 Bellon; *Epiney*, in Calliess/Ruffert, Art. 30 Rdn. 21 ff., 51 ff.; dazu auch *Heselhaus*, EuZW 2001, 645, 647 m. w. N.; *Höpping*, Warenverkehrsfreiheit (1997), 81 ff.

245 So auch *v. Wilmowsky*, ZEuP 3 (1995), 735, 752.

246 Vgl. dazu etwa *Roth*, RabelsZ 55 (1991), 623, 638 f.

kollisionsrechtliche Effekte eignen. Außerdem verschiebt sich die Interessenlage, wenn es um innergemeinschaftliche Sachverhalte geht: Wo die Rechtsordnungen aller beteiligten Staaten angeglichen und ihre Schutzziele gleich sind, kommen evt. andere kollisionsrechtliche Gestaltungen in Betracht, als wenn das IPR auch noch die Regelungsziele des Sachrechts zu berücksichtigen hat. Ein Kollisionsrecht, das vom sachlichen Schutzerfordernissen entlastet ist, könnte sein Schwergewicht auf die Förderung der Binnenmarktziele legen und sich ganz auf die internationalprivatrechtlichen Interessen der Beteiligten konzentrieren.[247]

Das Herkunftslandprinzip bzw. das aus den Grundfreiheiten abgeleitete kollisionsrechtliche Konzept eignet sich daher eher als ein übergeordnetes Prinzip, dem das IPR eines jeden Mitgliedstaates zu entsprechen hat. Eine einzig richtige Anknüpfung und damit eine oder wenige klare und einheitliche Kollisionsnormen für Binnenmarktsachverhalte lassen sich aus der Dogmatik der Freiheiten (insbes. aus dem Herkunftslandprinzip) nicht ableiten. So, wie nicht nur eine grundfreiheitenadäquate Sachnorm denkbar ist, können auch verschiedene Kollisionsnormen den Anforderungen der Grundfreiheiten genügen und europarechtlich unbedenklich sein. Zumindest im Rahmen des den Mitgliedstaaten für ihre Maßnahmen eröffneten Beurteilungsspielraums, können sich auch die Kollisionsnormen bewegen.[248]

Dass das Binnenmarktkollisionsrecht im unharmonisierten Bereich somit keine einheitliche und selbständige Rechtsmasse darstellt, bedeutet indes nicht, dass es nicht existiert, sondern nur, dass es, soweit es existiert, unvollkommen ist. Eine weitere Rechtsharmonisierung durch die Gemeinschaft könnte Abhilfe schaffen. Anders als im Sachrecht ist im Kollisionsrecht hingegen in jedem Fall die Rechtsvereinheitlichung vorzuziehen, weil die besondere integrationsfördernde Wirkung des Kollisionsrechts – wie bereits aufgezeigt – wirkliche Einheitlichkeit erfordert.[249] Insoweit leisten sowohl die gezielte Vereinheitlichung der Kollisionsnormen, die seit der Vertragsreform von Amsterdam vorangetrieben wird, als auch die weitere Sachrechtsharmonisierung ihren Beitrag – Letztere insbes. durch die Ausgestaltung und Begrenzung der als Rechtfertigungsgründe in Betracht kommenden „zwingenden Erfordernisse".[250]

---

247 So *Roth*, RabelsZ 55 (1991), 623, 639; *ders.*, Internationales Versicherungsvertragsrecht (1985), 699 ff. – differenzierend.

248 Dazu auch *Kreuzer*, in: Müller-Graff (Hrsg.), Gemeinsames Privatrecht (1999), 457, 516; zur Frage, ob die Grundfreiheiten bestimmte Anknüpfungen nahe legen, auch Basedow, RabelsZ 59 (1995), 1, 12 ff.

249 Siehe oben, § 2 II.3.b.

250 Ausführlich zum harmonisierten Bereich unten, §§ 11 f.

§ 9 Zusammenfassende Stellungnahme und Ergebnis

I. Die Grundfreiheiten als übergeordneter Maßstab und als Quelle sachgebietsspezifischer Tendenzen für die Bestimmung des anwendbaren Rechts

Das EG-Primärrecht – insbes. die Dogmatik der Grundfreiheiten – errichtet keine selbständige Kollisionsrechtsordnung für Binnenmarktsachverhalte, welche das nationale IPR gänzlich verdrängt und ersetzt. Die Grundfreiheiten wären nur dann allein ausreichend, um aus ihren Vorgaben ein Binnenmarktkollisionsrecht zu formulieren, wenn sie flächendeckend wirken würden und es zudem jeweils nur eine einzige grundfreiheitenkonforme kollisionsrechtliche Gestaltung gäbe. Beides ist jedoch nicht der Fall. Tatsächlich formulieren die Freiheiten nur für bestimmte (allerdings abstrakt umschreibbare) Normen überhaupt Vorgaben, nämlich für (international) zwingende, diskriminierende bzw. beschränkende Vorschriften, die keiner Rechtfertigung zugänglich sind. Zudem müssen diese Vorgaben als bloßer Mindeststandard verstanden werden. Sie vermögen bestimmte Gestaltungen zu kassieren und ihrerseits Tendenzen zu setzen; insbes. errichten sie ein Rechtfertigungserfordernis, wenn die Mitgliedstaaten von dieser Tendenz abweichen. Einheitliche eindeutige Verweisungen ergeben sich daraus jedoch nicht.

Resümierend und unter Berücksichtigung der für und wider ein kollisionsrechtliches Verständnis der Grundfreiheiten vorgebrachten Argumente lässt sich sagen: Die Idee, aus den Grundfreiheiten völlig selbständige, konkrete und einheitliche Kollisionsnormen abzuleiten, die das nationale IPR in Binnenmarktsachverhalten gänzlich überformen und ersetzen, ist nicht durchzuhalten. Andererseits überzeugt es jedoch ebenso wenig, den Freiheiten jede kollisionsrechtliche Relevanz abzusprechen oder sie auf bloße negative Standards für das nationale Recht zu reduzieren. Vielmehr etablieren die Freiheiten – soweit ihr Anwendungsbereich reicht – einen gewissen Rahmen für die nationalen Kollisionsrechtsordnungen (mit positiven und negativen Vorgaben, der im unharmonisierten Bereich jedoch verhältnismäßig weit gesteckt ist). Die Freiheiten wirken somit zugleich kassierend und kreierend, wobei die Kassationswirkung auf klassische Weise bei Verstößen des nationalen Kollisionsrechts gegen die Marktfreiheiten zum Tragen kommt, die Kreationswirkung hingegen erst aus der Zusammenschau und der Abstraktion der grundfreiheitlichen Standards erhellt.

Ein kollisionsrechtliches Verständnis der Grundfreiheiten ist damit möglich. Die Abstraktheit einer kollisionsrechtlichen Verweisung macht es jedoch schwierig, die an Einzelvorschriften des Sachrechts entwickelte und ausgerichtete Dogmatik des EuGH zu den Grundfreiheiten sinnvoll auf das Kollisionsrecht zu beziehen. Wie gezeigt bereitet auch die unterschiedliche Abstraktionsrichtung des nationalen Kollisionsrechts einerseits und der Grundfreiheiten andererseits Probleme. Daraus folgt, dass nicht beide Ansätze zugleich Ausgangspunkt einer kollisionsrechtlichen Regelbildung sein können, auch wenn i. E. beide beachtet werden müssen. Es muss also von einem der beiden ausgegangen und dabei der andere integriert werden. Meines

Erachtens sprechen gute Gründe dafür, auch weiterhin von dem klassischen kollisionsrechtlichen Ansatz auszugehen, der in den Mitgliedstaaten geltendes Recht ist. Das Gemeinschaftsrecht ist zwar vorrangig und muss in vollem Umfang zur Geltung gebracht werden. Die Regelungsinitiative steht jedoch den Mitgliedstaaten zu, die wiederum klassisches Kollisionsrecht setzen – und dies auch dürfen, solange es sich im Einklang mit dem Primärrecht befindet. Der dort übliche Ansatz an Anknüpfungsgegenständen hat zudem den Vorteil guter Handhabbarkeit, weil er es ermöglicht, Regelungen zu einem bestimmten Sachgebiet zunächst ohne inhaltliche Bewertung zu erfassen, und damit den Tatbestand der Kollisionsnorm griffiger zu gestalten als es mit Hilfe des Beschränkungskriteriums der Freiheiten möglich wäre, das Aussagen über ganze Anknüpfungspunkte nicht zulässt. Der überkommene Ansatz im Kollisionsrecht kann daher grds. beibehalten werden.

Die kollisionsrechtlichen Vorgaben aus den Grundfreiheiten eignen sich eher dazu, (anhand ihrer speziellen Anwendungsvoraussetzungen) auf die Verknüpfung von Lebenssachverhalt und Statut Einfluss zu nehmen, d. h. auf die Rechtsfolgenseite einzuwirken. Das hat wie gezeigt v. a. den Grund, dass ihr Einfluss nicht flächendeckend (da an den Topos der Beschränkungswirkung gebunden) und in seinem Gehalt nicht eindeutig bestimmt ist (weil lediglich Mindestvorgaben abgeleitet werden können). Wo die Marktfreiheiten allerdings eingreifen, werden nicht nur ggf. bestehende gemeinschaftsrechtswidrige Anknüpfung beseitigt, sondern positiv auch Tendenzen für die Anknüpfung nahe gelegt – abhängig davon, welches „Prinzip" man in den Freiheiten verankert sieht, und in Abhängigkeit vom konkreten Regelungsgegenstand und den in seinem Rahmen betroffenen Interessen[1] an der Anwendung des einen oder anderen nationalen Rechts.

I. E. stehen nationales IPR und gemeinschaftsrechtliche Verweisungsmuster nebeneinander und haben nur eine gewisse Schnittmenge (weil die Grundfreiheiten nur in bestimmten Konstellationen formend und korrigierend eingreifen). Sie wirken zusammen auf einen Sachverhalt ein, wobei das Gemeinschaftsrecht sich im Zweifel durchsetzt. Das ist zwar nicht unbedingt eine „friedliche Koexistenz",[2] wohl aber eine denkbare. Man kann deshalb aus dem Gemeinschaftsrecht durchaus Vorgaben für die Rechtsanwendungsfrage ableiten, nur sind diese anders geartet als die des klassischen IPR, weil sie das anwendbare Recht nicht allein und im unharmonisierten Bereich – ohne weitere gemeinschaftsrechtliche Vorgaben neben dem Primärrecht[3] – auch nicht immer eindeutig bestimmen. Die Grundfreiheiten des EG-Vertrages und

---

1 Die Anforderungen an eine sachgerechte kollisionsrechtliche Lösung lassen sich nicht losgelöst von der betroffenen Rechtsmaterie beurteilen, weil diese entscheidenden Einfluss darauf hat, welche sachrechtlichen und internationalprivatrechtlichen Interessen in welchem Maße berücksichtigt werden müssen. Beide Arten von Interessen können jedoch von den Grundfreiheiten und dem Binnenmarktziel überformt sein.

2 Wie etwa *Bernhard*, EuZW 1992, 437, 440 und ihm folgend *Kort*, GRUR Int. 1994, 594, 601 sie beschreiben.

3 Etwas anderes mag im harmonisierten Bereich gelten. Dort können konkrete sachrechtliche Vorgaben und u. U. kollisionsrechtliche Wertungen aus der sekundärrechtlichen Regelung entnommen werden.

die hinter ihnen stehende Dogmatik sind besser dazu geeignet, einen Prüfungsmaßstab und eine Tendenz für nationale Kollisionsnormen vorzugeben als dazu, völlig selbständig solche Normen zu kreieren.[4] So bleibt den Mitgliedstaaten der erste Schritt: die Verweisung anhand des Anknüpfungsgegenstandes, weil die Betrachtung, ob diese gegen Grundfreiheiten verstößt, nicht losgelöst von der betroffenen Rechtsmaterie – ja nicht einmal losgelöst von der in Rede stehenden Regelung – erfolgen kann.

II. Das Problem der „korrekten Übersetzung" der Grundfreiheitendogmatik in eine kollisionsrechtliche Vorgabe

Auch wenn man einen kollisionsrechtlichen Gehalt der Marktfreiheiten aus den oben dargestellten Erwägungen anerkennt, ist damit noch nicht entschieden, wie dieser Gehalt, der immerhin die den Freiheiten zu entnehmende Tendenzen für die Anknüpfung determiniert, richtig zu umschreiben ist.

1. Kein Herkunftsland- oder Günstigkeitsansatz

Entsprechend den vorhandenen Ansätzen in der Literatur könnten die Grundfreiheiten kollisionsrechtlich ein Herkunftslandprinzip bzw. ein Günstigkeitsprinzip etablieren, so dass im Anwendungsbereich der Freiheiten vorbehaltlich zwingender Gründe des Allgemeininteresses jeweils das Recht des Herkunftslandes von Waren, Dienstleitungen, Kapital etc. anzuwenden wäre. Für die Spielart des Günstigkeitsprinzips würde diese Verweisung hingegen nur insoweit gelten, als das Herkunftslandrecht günstiger ist als das Recht des Bestimmungslandes.

Indes hat bereits die oben geführte Diskussion um die möglichen Bedenken gegen ein kollisionsrechtliches Grundfreiheitenverständnis erhebliche Zweifel an dieser Lösung aufkommen lassen. Insoweit sei auf die dortigen Ausführungen verwiesen.[5]

Der des Weiteren zuweilen vorgebrachte Einwand, dass die faktische Maßgeblichkeit des Herkunftslandrechts nur bei Produktanforderungen auftrete, wohingegen sich bei Absatzregelungen Ergebnisse einstellen, die sich nicht mit dem Herkunftslandprinzip beschreiben lassen,[6] dringt indes nicht durch. Er vermag kein durchschlagendes Argument gegen die Geltung des Herkunftslandprinzips als kollisionsrechtliches Konzept zu liefern. Denn bloße Absatzreglungen (im Sinne von „Vertriebsmodalitäten" in der Terminologie der Keck-Rspr. des Gerichtshofs) werden durch die Grundfreiheiten ohnehin nur in ihrer Funktion als Diskriminierungs-

---

4 Das räumen teilweise sogar die Verfechter der Kollisionsnormen gemeinschaftsrechtlicher Provenienz ein, vgl. etwa *Basedow*, RabelsZ 59 (1995), 1, 26: „Die skizzierte gemeinschaftsrechtliche Kollisionsnorm ist vielmehr als ein Maßstab zu betrachten, den wir nun an die Verweisungsnormen des IPR der Mitgliedstaaten anzulegen haben …"

5 Dazu oben, § 8 III.2.

6 So etwa *v. Wilmowsky*, RabelsZ 62 (1998), 1, 13.

verbote erfasst. In dieser Konstellation beanspruchen weder das grundfreiheitliche Beschränkungsverbot noch seine evt. kollisionsrechtliche „Übersetzung" in ein Herkunftslandprinzip Geltung. (Dasselbe gilt im Übrigen auch im Hinblick auf ein Günstigkeitsprinzip oder das Postulat von Rechtswahlfreiheit.)

Dass die Einwirkungen der Grundfreiheiten sich tatsächlich nicht mit dem Schlagwort des Herkunftslandprinzips abgelten lassen, hat andere Gründe: Das Herkunftslandrecht kann sich im Einzelfall faktisch durchsetzen. Das wird insbes. bei Produktanforderungen häufig der Fall sein. Dies ist jedoch nur eine von mehreren möglichen Auswirkungen des grundfreiheitlichen Beschränkungsverbots.[7] Das Herkunftslandprinzip „nennt weder eine hinreichende noch eine notwendige Bedingung für die Verwirklichung der (...) Freiheiten. Es gibt Fälle, in denen die Anwendung von Normen des Herkunftsstaats die Grundfreiheiten nicht ausschöpft; umgekehrt ist die Anwendung des Herkunftsrechts nicht immer erforderlich, um den Freiheiten Genüge zu tun."[8]

Ein weiterer Einwand gegen das Herkunftslandprinzip wird der Tatsache entnommen, dass der Grundfreiheitenverstoß einer Regelung des Bestimmungslandes nicht deshalb entfällt, weil das Herkunftsland den Sachverhalt ebenso regelt, etwa dieselben Produktanforderungen stellt. Bei strikter Anwendung des Herkunftslandprinzips müsste dies jedoch der Fall sein.[9] Teilweise erklärt sich dieses Paradoxon schon daraus, dass die Maßnahmen des Herkunftsstaates und des Bestimmungsstaates einer getrennten Beurteilung nach 29 bzw. 28 EG zuzuführen sind (wobei die Rechtslage im Herkunftsstaat v. a. unter dem Gesichtspunkt der Feststellung der Beschränkungswirkung anhand der Belastung durch Doppelregelung oder Anpassungsbedarf von Belang ist). Die Beispiele, die etwa *v. Wilmowsky* vorbringt (etwa den Fall Schutzverband gegen Unwesen in der Wirtschaft/Weinvertriebs-GmbH des EuGH, dazu sogleich)[10] verlieren auf der Basis der hier vertretenen Ansicht zur Auslegung des Art. 29 EG vielfach ihre Widersprüchlichkeit, weil die problematische äquivalente Norm des Herkunftsstaates danach im Zweifel auf den Ausfuhrfall ebenfalls unanwendbar ist.

Der Einwand zeigt jedoch eine notwendige und wichtige Modifikation auf, die in den Denkansatz des Herkunftslandprinzips einzubeziehen ist: Wenn den Grundfreiheiten des Vertrages eine kollisionsrechtliche Aussage zu entnehmen ist, so kann diese sich nicht darauf beschränken, zwingend die Anwendung des Herkunftslandrechts anzuordnen. Diese Erkenntnis ergibt sich nicht zuletzt aus dem oben zur Auslegung der Ausfuhrfreiheit Gesagten. Bei genauerer Betrachtung der Verbürgungen von Einfuhr- und Ausfuhrfreiheit zeigt sich, dass eine (zwingende) Verwei-

---

7 *v. Wilmowsky*, Europäisches Kreditsicherungsrecht (1996), 53 ff., 57 ff.; *ders.*, RabelsZ 62 (1998), 1, 11 ff.; vgl. auch *Kohler*, IPRax 2003, 401, 410 f.

8 *v. Wilmowsky*, RabelsZ 62 (1998), 1, 11 ff.; *Wilderspin*, in: Mansel/Baur (Hrsg), Systemwechsel (2002), 77, 86.

9 So *v. Wilmowsky*, RabelsZ 62 (1998), 1, 13 f.; dazu auch *Randelzhofer/Forsthoff*, in: Grabitz/Hilf, vor Art. 39-55, Rdn. 60.

10 *v. Wilmowsky*, RabelsZ 62 (1998), 1, 13 f.

sung auf das Herkunftslandrecht den tatsächlichen Gehalt der Grundfreiheiten nicht wiedergibt; dass sich zwischen dem Beschränkungsverbot, welches die Grundfreiheiten errichten, und einem kollisionsrechtlichen (strengen) Herkunftslandprinzip Verwerfungen auftun.[11]

So müsste die Anknüpfung an das Herkunftsrecht – auch wenn sie zwingend ausgestaltet ist – das Herkunftslandprinzip geradezu ideal verwirklichen und daher theoretisch stets unproblematisch sein. Praktisch ist sie es jedoch nicht, wie etwa das oben bereits angesprochene Urteil des EuGH in Sachen Schutzverband gegen Unwesen in der Wirtschaft/Weinvertriebs-GmbH[12] eindrucksvoll belegt. Die Entscheidung betraf folgenden Sachverhalt: In Italien galt eine Vorschrift, die einen Mindestalkoholgehalt für Wermutwein, der in Italien in den Verkehr gebracht werden sollte, festlegte. Diese Vorschrift galt hingegen nicht für zu exportierenden Wein, sofern dieser den Vorschriften des Bestimmungslandes entsprach. In Deutschland galt kein entsprechendes Verbot, das solche Weine unterhalb eines bestimmten Mindestalkoholgehalts vom inländischen Verkehr ausgeschlossen hätte. Allerdings galt dort eine Regelung, welche die Einfuhr von Weinen verbot, die nicht den Produktionsstandards ihres Herkunftslandes entsprachen und dort nicht verkehrsfähig waren. Diese deutsche Regelung betrachtete der EuGH als grundfreiheitenwidrig, denn sie verhinderte in diskriminierender Weise die Einfuhr von Weinen, die im Herkunftsland zwar nicht nach dessen Standard, jedoch nach dem Standard des Bestimmungslandes gerade für den Export hergestellt wurden. Die Vorgaben, die das primäre Gemeinschaftsrecht für das nationale Kollisionsrecht enthält, können sich daher schwerlich in der Pflicht zur grds. Anwendung des Herkunftsrechts erschöpfen. Die Tendenz, das Recht des Anbieters anzuwenden, mag grds. ein Schritt in die richtige Richtung sein, sie darf jedoch keine zwingende Verweisung sein.

I. E. wird die Übertragung des Herkunftslandprinzips in eine kollisionsrechtliche Verweisung auf das Recht des Herkunftslandes von Waren, Dienstleitungen oder Kapital, von Arbeitnehmern oder Niederlassungswilligen daher zu recht kritisiert und abgelehnt, ohne dass dadurch jedoch der internationalprivatrechtliche Gehalt der Freiheiten grds. widerlegt wäre.[13]

Zweifel bestehen auch in Bezug auf eine Günstigkeitslösung. Die Rechtsunsicherheit, die entsteht, wenn jeweils das Recht auf einen Binnenmarktsachverhalt angewandt wird, das dem Anbieter einer Ware, Dienstleistung etc. sachlich günstiger ist, zehrt

11 Vgl. *v. Wilmowsky*, RabelsZ 62 (1998), 1, 11 ff., 16 ff.

12 EuGHE 1983, 1217; zu diesem Diskriminierungsproblem auch *Sack*, WRP 2000, 269, 283; *v. Wilmowsky*, RabelsZ 62 (1998), 1, 13 f., 16 f.

13 Selbst der Einwand, das Herkunftslandprinzip sei kein im Vertrag verankertes Prinzip – so in der Tat der EuGH in seiner Entscheidung EuGHE 1997 I-2405, Rdn. 64 Deutschland/Parlament und Rat – vielmehr sei es eine Zielsetzung, die durch Sekundärrecht verwirklicht werden müsse – *Roth*, ZHR 159 (1995), 78, 90 f.; *ders.*, GS Lüderitz (2000), 635, 645; *v. Wilmowsky*, Europäisches Kreditsicherungsrecht (1996), 52 ff.; *ders.*, RabelsZ 62 (1998), 1, 11 f. steht einem grds. kollisionsrechtlichen Verständnis der Grundfreiheiten nicht entgegen, sondern richtet sich nur gegen ihre Interpretation als eine strenge Herkunftslandverweisung.

die damit eigentlich gewollte Bevorzugung des Anbieters weitgehend auf. Es wird nicht hinreichend beachtet, dass neben dem Interesse an einer sachlich günstigen Regelung auch das internationalprivatrechtliche Interesse an der frühzeitigen Feststellbarkeit des maßgeblichen Rechts in die Wagschale gehört. Dem Anbieter ist mit einer liberalen Regelung nicht gedient, wenn er ihre Anwendung im konkreten Fall schwer voraussehen kann und erheblichen Rechtsermittlungsaufwand betreiben muss.[14]

V. a. aber opfert dieser Ansatz einen Vorteil, der im Binnenmarkt besondere Bedeutung hat, und mitbestimmend für den Ansatz der Herkunftslandlösung war: Die Möglichkeit, die eigene Aktivität (etwa die Warenproduktion oder die Dienstleistungserstellung) grds. im gesamten Binnenmarkt einheitlich an einem Recht auszurichten. Dieses Ziel wird unter dem (objektiven) Günstigkeitsprinzip verfehlt, weil das anwendbare Recht je nach Zielmarkt unterschiedlich sein wird, abhängig davon, ob dessen Inhalt im Verhältnis zum Recht des Herkunftslandes strenger oder milder ist. Der mögliche Verlust der einheitlichen Geltung ein und desselben Rechts widerspricht dem Sinn des Herkunftslandprinzips, die grenzüberschreitende Aktivität der Anbieter zu ermöglichen. Wenn die Grundfreiheiten gerade den Freiverkehr im Binnenmarkt fördern sollen, kann sich ihre Ausstrahlung auf das Kollisionsrecht jedoch nicht in einer Regel manifestieren, die ebendiesen Freiverkehr nur suboptimal unterstützt, indem sie zugunsten der Anwendung eines materiell vorteilhaften (z. B. eines besonders liberalen) Rechts die kollisionsrechtlichen Interessen vernachlässigt. Materiellrechtliche Wertungen mögen im Bereich der Grundfreiheiten von verstärkter Bedeutung sein, sie dürfen jedoch die kollisionsrechtlichen Interessen nicht gänzlich überspielen.

2. Vom Herkunftslandprinzip zum Prinzip der Rechtswahlfreiheit

I. E. ist den Grundfreiheiten daher nicht die Tendenz zur strengen Anknüpfung an das Recht des Herkunftslandes von Personen, Produkten oder Kapital bzw. ein Günstigkeitsprinzip zu entnehmen, sondern eine Tendenz zur Gewährleistung von Rechtswahlfreiheit (allerdings nur in den Bereichen, in denen Beschränkungen der Grundfreiheiten in Rede stehen). Einschränkungen dieser Rechtswahlfreiheit müssen wiederum den Anforderungen der Freiheiten gerecht werden, insbes. über eine Rechtfertigung aus zwingenden Gründen verfügen.

Damit weisen die Grundfreiheiten einen positiven kollisionsrechtlichen Gehalt auf – die Tendenz, kollisionsrechtliche Rechtswahlfreiheit zu gewähren; ggf. ergänzt durch die Tendenz zum Herkunftslandprinzip für die objektive Anknüpfung. Ausschlaggebend dafür ist die folgende Überlegung (für die Einfuhrkonstellation):

Das Bestimmungsland darf behindernde Vorschriften auf Waren, Dienstleistungen, Personen etc. aus anderen Mitgliedstaaten grds. nicht anwenden, es sei denn, dies sei

14 *Thünken*, IPRax 2001, 15, 20; vgl. auch *Klinke*, FS Kegel (2002), 1, 31 zum öffentlichen Recht.

aus den Vorbehaltsklauseln des Vertrages oder aus zwingenden Gründen gerechtfertigt. Im öffentlichen Recht bleibt es aus der Sicht des Betroffenen bei der Geltung des Herkunftslandrechts – dieses hat deshalb eine besondere Stellung inne, weil und soweit der Anbieter ihm im Zweifel bereits unterlegen hat. Das macht es zum Bezugspunkt für die Feststellung der Behinderungseignung der Vorschriften anderer Mitgliedstaaten und qualifiziert es als das nach dem Gemeinschaftsrecht grds. maßgebliche Recht – denn einem Recht muss der Anbieter unterliegen, und das Recht des Herkunftslandes wirkt in der Regel als erstes ein.

Diese Funktion, das Herkunftslandrecht als bevorrechtigt zu qualifizieren, übernimmt im Privatrecht das Parteiinteresse an der Anwendung eines vertrauten Rechts, wenn und soweit man den Anbieter als Träger der Integration begreift und die Interessen des Abnehmers über Sonderanknüpfungen etc. schützt. In den meisten Fällen wird diese Wertung zutreffen.[15] Ggf. ist sie dahingehend zu korrigieren, dass der Begriff des „Anbieters" durch den des „professionell Tätigen" ersetzt wird. Dieser Begriff liefert eine zutreffendere Umschreibung der Träger der Integration. Diese Sichtweise wird auch durch einen Blick auf die Regelungsadressaten der meisten Rechtsakte der Gemeinschaft im Zusammenhang mit dem Binnenmarktziel bestätigt. Die dort allenthalben zu beobachtende Fixierung der Rechtsangleichung auf professionell Tätige und ihre Transaktionen spricht insoweit eine deutliche Sprache: Der Europäische Gesetzgeber setzt in erster Linie bei den beruflich Tätigen an, weil er in ihnen den typischerweise aktiven Part und die wesentliche Kraft zur Schaffung eines Binnenmarktes sieht.[16]

Und auch die Anknüpfungsregeln im EVÜ weisen faktisch aus demselben Grund in ebendiese Richtung: Nach Art. 28 I EGBGB (Art. 4 EVÜ) werden Verträge mangels einer Rechtswahl der Parteien dem Recht unterstellt, zu dem der Vertrag die engste Verbindung aufweist. Diese „engste Verbindung" wird nachfolgend durch die Abs. II–IV näher konkretisiert. Art. 28 Abs. V EGBGB (Art. 4 V EVÜ) enthält zudem eine Ausweichklausel, die es erlaubt, auf besondere Konstellationen, die sich durch die Regelungen der Abs. II–IV nicht adäquat erfassen lassen, flexibel zu reagieren. Gem. Art. 28 II EGBGB (Art. 4 II EVÜ) wird vermutet, dass Verträge regelmäßig die engste Verbindung zu dem Staat aufweisen, in welchem die Partei, welche die charakteristische Leistung erbringt, im Zeitpunkt des Vertragsschlusses ihren gewöhnlichen Aufenthalt – oder im Falle einer juristischen Person, ihre Hauptverwaltung hat. (Bei Vertragsabschlüssen im Rahmen einer beruflichen oder gewerblichen Tätigkeit dieser Partei kommt es gem. Art. 28 Abs. 2 S. 2 EGBGB auf die Hauptniederlassung oder den Sitz der die Leistung erbringenden anderen Niederlassung an.)[17]

---

15 Dazu bereits oben, § 8 III.2.d).

16 Vgl. zu diesem Befund im Europäischen Schuldvertragsrecht *Grundmann*, Europäisches Schuldvertragsrecht (1999), 11 ff.; *ders.*, NJW 2000, 14, 16 f.; *ders.*, AcP 202 (2002), 40, 43 „... der wichtigere (Spieler) für die Marktentstehung und von der Regelungsperspektive her ist das Unternehmen. Marktwirtschaft setzt Professionalisierung voraus.", 57 ff., 68 f.

17 Zum Anknüpfungssystem des internationalen Schuldvertragsrechts *v. Bar*, IPR II, Rdn. 495; *v. Hoffmann*, in: Soergel, Art. 28 EGBGB, Rdn. 11 ff.; *Hohloch*, in: Erman, Art. 28 EGBGB, Rdn. 1 f.; *Juenger*, RabelsZ 46 (1982), 57, 72 ff. – jeweils krit.; *Junker*, Internationales Privatrecht, Rdn. 357 ff.,

Damit wird zum einen bezweckt, den Schwerpunkt des Vertrages jederzeit aus diesem selbst ermitteln zu können, ohne dafür auf äußere Umstände zurückgreifen zu müssen. Dies hat den Vorteil größerer Klarheit und Rechtssicherheit im Vergleich zu individualisierten Anknüpfungen.[18] Des Weiteren trägt die regelmäßige Anknüpfung von Verträgen an den gewöhnlichen Aufenthalt bzw. an den Sitz des Erbringers der charakteristischen Leistung, die dem Vertrag sein rechtliches Gepräge gibt,[19] der Tatsache Rechnung, dass diese charakteristische Leistung die kompliziertere und störungsanfälligere ist und intensiverer rechtlicher Regelung unterliegt als eine bloße Entgeltleistung.[20] Zudem wird sie häufig berufsmäßig erbracht, was eine kollisionsrechtliche Bevorzugung ihres Erbringers rechtfertigt, der von der Anwendung des für ihn fremden Rechts der Gegenpartei, v. a. aber von der Anwendung jeweils verschiedener Rechte, je nachdem, mit welchem Partner er kontrahiert, härter betroffen wird als umgekehrt die nicht berufsmäßig tätige bzw. die nur Geld leistende Partei von der Anwendung des für sie fremden Rechts. Das gilt jedenfalls dann, wenn die anderen typischerweise involvierte Interessen materieller und internationalprivatrechtlicher Art (wie z. B. der Verbraucherschutz durch Art. 27 III, 29, 29 a EGBGB etc.) anderweitig abgesichert sind.[21]

Diese Modifikation, statt auf den Anbieter auf den professionell Tätigen abzustellen, kann allerdings ohne weiteres in das Konzept des Herkunftslandprinzips einbezogen werden. Sie prägt dann die Antwort auf die Frage, wessen „Herkunft" für die Anknüpfung maßgeblich sein soll.

Die Freiheiten begünstigen deshalb zunächst die Berufung des Herkunftslandrechts (im soeben präzisierten Sinne). Dieser Grundsatz bedarf jedoch noch einer Korrektur:

---

365 ff.; *Kegel/Schurig*, Internationales Privatrecht, § 18 I 1 d; *Kropholler*, Internationales Privatrecht, § 52 III; *Martiny*, in: MüKo, Art. 28 EGBGB, Rdn. 5 ff.; *ders.*, ZEuP 1997, 107, 117 f.

18 *Giuliano/Lagarde*-Bericht zum EVÜ, BT-Drs. 10/503, 33, 52; Palandt/Heldrich, Art. 28 EGBGB, Rdn. 3; *Junker*, Internationales Privatrecht, Rdn. 358; *Kreuzer*, Das internationale Privatrecht des Warenkaufs (1964), 84; *Martiny*, in: MüKo, Art. 28 EGBGB, Rdn. 28, 31.

19 *v. Bar*, IPR II, Rdn. 495; *Giuliano/Lagarde*-Bericht, BT-Drs. 10/503, 33, 52 f.; *v. Hoffmann*, in: Soergel, Art. 28 EGBGB, Rdn. 22 ff.; *Junker*, Internationales Privatrecht, Rdn. 362; *Kropholler*, Internationales Privatrecht, § 52 III 2; *Martiny*, in: MüKo, Art. 28 EGBGB, Rdn. 28 ff., 30.

20 Begründung zum Gesetzentwurf zur Neuregelung des Internationalen Privatrechts, BT-Drs. 10/504, 20, 78.

21 Begründet wurde die Lehre von der Maßgeblichkeit der vertragscharakteristischen Leistung von *Schnitzer*, Hdb. des IPR I (1957), 52–54; II (1958) 639–648; im Grundsatz zust. etwa *Kropholler*, RabelsZ 42 (1978), 634, 638 ff.; *Neuhaus*, Grundbegriffe (1976), 188 ff.; krit. etwa *Juenger*, RabelsZ 46 (1982), 57, 77 ff. m. w. N.; *Kreuzer*, Das internationale Privatrecht des Warenkaufs (1964), 95 f.; i. E. auch *Weitnauer*, Der Vertragsschwerpunkt (1981), 165 f., 194 ff., 197 f. Zur dem aktuellen internationalen Schuldvertragsrecht zugrunde liegenden Begründungsstruktur auch *v. Bar*, IPR II, Rdn. 506 unter Hinweis auf das rechtsanwendungsrechtlich größere Schutzbedürfnis des charakteristisch Leistenden, sofern die typischen Interessen anderer Gruppen – etwa der Verbraucher – an anderer Stelle berücksichtigt werden; *v. Hoffmann*, in: Soergel, Art. 28 EGBGB, Rdn. 26 ff. – teilweise differenzierend; *Kegel/Schurig*, Internationales Privatrecht, § 18 I, 577 ff.; *Kropholler*, Internationales Privatrecht, § 52 III 2; *Martiny*, in: MüKo, Art. 28 EGBGB, Rdn. 28 f. – z. T. differenzierend; zum Interesse des beruflich Tätigen, seine Transaktionen einem einheitlichen Recht unterstellen zu können vgl. auch *Mäsch*, Rechtswahlfreiheit (1993), 70 – dort auch zur Berücksichtigung dieses Interesses im EVÜ; *Weitnauer*, a. a. O., 165 f.

Die Verweisung auf das Herkunftslandrecht darf nicht ohne besondere Legitimation zwingend sein, weil dem Anbieter sonst ohne Not die Möglichkeit benommen wird, sich dem Recht des Bestimmungslandes anzupassen. (Dieses Problem und die Pflicht des Herkunftslandrechts, ihm seinerseits diese Möglichkeit zu eröffnen, ist oben ausführlich besrochen worden.) Berücksichtigt man diese Korrektur und folgt man zugleich der Ansicht, dass die Entscheidung zwischen Herkunftsland- und Bestimmungslandrecht nicht nach objektiver Günstigkeit erfolgen sollte, so läuft die Vorgabe des Gemeinschaftsrechts grds. auf das Konzept der Rechtswahlfreiheit hinaus. Die Rechtswahlfreiheit legt die Frage des anwendbaren Rechts in die Hände der Beteiligten und hat deshalb grds. die Richtigkeitsgewähr individueller Verhandlungsergebnisse für sich.[22] Dies und die Möglichkeit, im Bedarfsfalle Abweichungen von dem Konzept der Rechtswahlfreiheit zu rechtfertigen, und zwar insbes. in den Fällen, in denen die Richtigkeitsgewähr aus strukturellen Gründen gefährdet ist, entschärft auch ein anderes, spezifisch privatrechtliches Problem: Im Privatrecht sind die grds. gleichberechtigten Interessen der Beteiligten angemessen in Ausgleich zu bringen. Eine kollisionsrechtliche Bevorzugung des Anbieters bzw. des professionell Tätigen scheint damit schwer vereinbar, jedenfalls soweit die Rechtsanwendungsinteressen von Anbieter und Nachfrager tatsächlich auseinander fallen. (So können die Interessen der Nachfrager zum einen etwa auf die Anwendung des ihnen vertrauten Rechts ihres gewöhnlichen Aufenthalts weisen; andererseits kann ihr Interesse auch gerade auf die Anwendung des fremden Rechts gerichtet sein, denn evt. lässt nur dieses die gewünschte Transaktion in der beabsichtigten Form zu.) Da einem der beteiligten Interessen schließlich der Vorzug eingeräumt werden muss und integrationspolitische Gründe dafür sprechen, diesen grds. Vorteil dem Anbieter bzw. dem „Professionellen" zu gewähren, weisen die Freiheiten in zweiter Linie bzw. in objektiver Hinsicht grds. auf dessen Recht. Es gilt jedoch der Vorbehalt zwingender Gründe, der eine andere grds. oder Sonderanknüpfung zu rechtfertigen vermag, wo die Interessen der Nachfrager gewahrt werden müssen.

Nach alledem besteht die positive Einwirkung der Freiheiten nach hier vertretener Ansicht in erster Linie in der Gewährleistung bzw. Stärkung der Rechtswahlfreiheit bzw. einer disponiblen Herkunftsland-Anknüpfung in dem Bereich, in dem sie Beschränkungsverbote aufrichten. Aus der Sicht der Grundfreiheiten ist die grds. Pflicht, vorbehaltlich rechtfertigender Gründe Rechtswahlfreiheit zu gewährleisten, daher zunächst auf behindernde Vorschriften begrenzt. Mehr- insbes. eine allgemeine Tendenz zur Rechtswahlfreiheit vermögen die Freiheiten wie dargestellt schon wegen ihres begrenzten Anwendungsbereichs als Beschränkungsverbote nicht zu begründen. Im Übrigen steht es den Mitgliedstaaten in den Grenzen des Diskriminierungsverbots frei, andere Anknüpfungen vorzusehen. Diese Befugnis durch die Wahrnehmung ihrer Regelungskompetenzen auszufüllen, ist die originäre Aufgabe der Mitgliedstaaten. Soweit die begrenzte kollisionsrechtliche Bestimmungskraft der Grundfreiheiten für das Kollisionsrecht die Vervollkommnung des Binnen-

22 Zu diesem Begriff *Schmidt-Rimpler*, AcP 147 (1941), 130, 157. Krit. zur Funktionsfähigkeit eines solchen Systems etwa *Lurger*, Regulierung (1997), 84 ff.

marktes nicht weiter voranbringen kann, liegt hier der Ansatzpunkt für eine Harmonisierung oder besser für eine Vereinheitlichung des Kollisionsrechts.

Zu dieser positiven Wirkung der Grundfreiheiten tritt selbstverständlich die überkommene „negative“ Kassationswirkung hinzu, die zur Unanwendbarkeit des bestehenden nationalen Sach- oder Kollisionsrechts führt, soweit es mit den Freiheiten nicht vereinbar ist.

III. Gleichlauf mit den Verbürgungen der Ausfuhrfreiheit

Die obigen Ausführungen gelten für den Ausfuhrsachverhalt prinzipiell in der gleichen Weise. Nur die Grenze zwischen Beschränkungs- und Diskriminierungsverbot (d. h. zwischen der Geltung der Rechtswahltendenz mit Rechtfertigungsbedarf anderer Anknüpfungen und der grds. Zulässigkeit anderer nicht diskriminierender Anknüpfungen) verläuft etwas anders. Bei der Ausfuhrfreiheit wirkt das Beschränkungsverbot als Garant begrenzter Rechtswahlfreiheit, soweit es um differenzierbare Produktregelungen geht, bzw. als Tendenz zur Verweisung auf das Recht des Bestimmungslandes für Vertriebsvorschriften; im Übrigen sowie im Rahmen einer möglichen Rechtfertigung durch zwingende Gründe bleibt eine zwingende Bindung an das Herkunftslandrecht zulässig. Auch hier etablieren die Freiheiten jedoch kein vollständiges und flächendeckendes kollisionsrechtliches System, sondern (Mindest-)Vorgaben bzw. Verbote bestimmter Anknüpfungen nach demselben Schema, das oben für die Einfuhrfreiheit entwickelt worden ist.

Die Wirkungen von Einfuhr- und Ausfuhrfreiheit müssen dabei/jedenfalls stets aufeinander abgestimmt bleiben – wo im Ausfuhrland grds. Rechtswahlfreiheit zu gewährleisten ist, darf das Bestimmungsland etwa nicht zwingend auf Herkunftslandrecht verweisen. Zu der Grenzziehung zwischen Beschränkungs- und Diskriminierungsverbot sowie zu dem stimmigen Ineinandergreifen der grundfreiheitlichen Vorgaben, die für Import- bzw. Exportstaat gelten, kann auf die ausführliche Darstellung oben verwiesen werden, die sich mit der (m. E. gebotenen erweiterten) Auslegung der Ausfuhrfreiheit am Beispiel des Art. 29 EG beschäftigt.

Teil 3 – Binnenmarktkollisionsrecht im harmonisierten Bereich

Ist die Frage nach dem Verhältnis von Gemeinschafsrecht und nationalem Kollisionsrecht lange Zeit nur für das Primärrecht – insbes. die Grundfreiheiten – gestellt und erörtert worden, so gerät in den letzten Jahren vermehrt auch das Verhältnis von Sekundärrecht und Kollisionsrecht in den Blick. Dazu tragen sowohl der Erlass diverser Gemeinschaftsrechtsakte mit privatrechtlichem Inhalt und die Häufung kollisionsrechtlicher Regelungen in Richtlinien und Verordnungen als auch verschiedene Judikate des EuGH bei, welche die Frage nach diesem Verhältnis mittelbar oder unmittelbar aufwerfen.

Die Frage ist, nach welchen Grundsätzen das anwendbare Recht in dem System von Gemeinschaftsrecht und nationalem Recht zu bestimmen ist. Dass im harmonisierten Bereich, wo das in den Mitgliedstaaten geltende Recht auf Europäische Rechtsakte zurückgeht, andere Regeln gelten müssen als dort, wo es rein nationalen Ursprungs ist, ist bereits eingangs festgestellt worden.[1] Die Rechtsordnungen der Mitgliedstaaten werden durch sekundäres Gemeinschaftsrecht mit seinen spezifischen Wertungen und Zielen überformt und für dessen Verwirklichung – ggf. auch im Hinblick auf die Kollisionsrechtsgestaltung – in die Pflicht genommen, soweit das Sekundärrecht nicht sogar ausdrücklich kollisionsrechtliche Vorgaben macht. Zudem besteht auch der oben dargestellte Einfluss des Primärrechts hinter den Sekundärrechtsakten fort. Im harmonisierten Bereich tritt der Einfluss des Sekundärrechts zur Einwirkung des Primärrechts hinzu und konkretisiert bzw. modifiziert diese.

Im Folgenden soll zunächst ein kurzer Überblick über die Instrumente der Europäischen Rechtsharmonisierung gegeben werden, einschließlich der Möglichkeiten der praktischen Durchsetzung des Gemeinschaftsrechts auf nationaler Ebene (**§ 10**). Vor diesem Hintergrund wird sodann die Frage nach den kollisionsrechtlichen Implikationen aufzuwerfen sein. Dabei geht es v. a. um die Harmonisierung des mitgliedstaatlichen Rechts durch Richtlinien, da diese die Privatrechtsintegration klar dominieren. So wie privates Gemeinschaftssachrecht im Bereich des Richtlinienrechts am dichtesten ist, liegt auch der Schwerpunkt des Binnenmarktkollisionsrechts – was die Konkretheit und die praktische Determinationskraft angeht – im Bereich des durch Richtlinien harmonisierten Rechts. Demgegenüber hat Verordnungsrecht bisher nur geringe Bedeutung erlangt und wenige grds. Probleme aufgeworfen. Viele der hier interessierenden kollisionsrechtlichen Probleme ergeben sich überhaupt nur bei Richtlinien, denn Verordnungen schaffen Einheitsrecht und beseitigen insoweit

---

1 Dazu oben, § 3 II.

das IPR-Problem. Kollisionsrechtlich interessant sind sie daher nur, wenn sie selbst internationalprivatrechtliche Regelungen enthalten. Demgegenüber etablieren Richtlinien kein einheitliches, sondern lediglich angeglichenes Recht. In dem Maße, in dem Rechtsunterschiede bestehen bleiben – etwa bei Spielräumen, Wahlrechten, Optionen etc. in den Richtlinien –, behält auch das Kollisionsrecht prinzipiell seine Bedeutung,[2] denn es ist in diesen Fällen nicht gleichgültig, welche nationale Umsetzung zum Zuge kommt. Zudem kann die Frage nach dem Anwendungsanspruch des integrierten Gemeinschaftsrechts in Fällen mit Drittstaatenberührung nicht ohne weiteres der Entscheidung der Mitgliedstaaten überlassen werden. Diese Koordinations- und Abgrenzungsbedürfnisse im Hinblick auf den integrierten Rechtsraum der Gemeinschaft erfordern spezifische Binnenmarktkollisionsregeln. Dieser Problemkreis ist Gegenstand der **§§ 11 und 12** dieser Arbeit.

Dabei sind verschiedene Einwirkungen des Richtlinienrechts auf kollisionsrechtliche Fragestellungen denkbar. EG-Richtlinien können zum einen direkte Gestaltungsvorgaben für das nationale IPR enthalten; Regelungen von unmittelbarer kollisionsrechtlicher Relevanz, die gerade eine internationalprivatrechtliche Umsetzung erfordern. Die Häufigkeit solcher Richtlinien nimmt zu. Sie enthalten neben den sachrechtlichen auch kollisionsrechtliche Regelungsgebote und führen zu einer partiellen Vergemeinschaftung des IPR.[3] Solche Vorgaben finden sich im Falle der gezielten Harmonisierung des Kollisionsrechts oder aber in Gestalt von Drittrechtsabgrenzungsklauseln.

Denkbar und nicht weniger bedeutsam sind jedoch auch implizite Einwirkungen der Richtlinien auf das IPR der Mitgliedstaaten: so etwa kollisionsrechtlich relevante Inhalte zum Anwendungsanspruch des Richtlinienrechts, mithin einseitige Vorgaben für den Umfang, in dem die Mitgliedstaaten das Richtlinienrecht durchzusetzen haben; ebenso jedoch auch allseitig ausgerichtete Vorgaben für die Anknüpfung im Binnenmarkt, die sich erst mittelbar aus der Sachrechtsharmonisierung und ihrer Zwecksetzung ergeben.

Letztere Differenzierung, welche die unterschiedliche Funktion des richtliniendeterminierten Kollisionsrechts aufnimmt, ist die wichtigere und wird deshalb auch die Gliederung in den §§ 11 und 12 dominieren. Zu unterscheiden sind danach einseitig geprägte Vorgaben, welche die Abgrenzung und Absicherung des durch Richtlinien geregelten gemeinschaftsrechtlichen Standards gegenüber dem Recht von Nichtmitgliedstaaten zum Gegenstand haben (**§ 11**), und (idR. begrenzt) allseitig ausgerichteten Vorgaben, die auf die Modalitäten der konkreten Anknüpfung in Binnenmarktsachverhalten Einfluss nehmen (**§ 12**).

---

2 *Basedow*, RabelsZ 59 (1995), 1, 4; *Krebber*, ZVglRWiss 97 (1998), 124, 127 f.; von einem zunehmenden Bedeutungsverlust gehen hingegen aus: *Iversen*, in: Gemeinschaftsrecht und IPR (1994), 316 ff.; *Roth*, RabelsZ 55 (1991), 623, 639.

3 *Basedow*, in: Schnyder/Heiss/Rudisch (Hrsg.), Internationales Verbraucherschutzrecht (1995), 11, 14, 27 ff.; *Grundmann*, RabelsZ 64 (2000), 457, 459; *v. Hoffmann*, ZfRV 1995, 45, 51 ff.; *Jayme/Kohler*, IPRax 1993, 357, 358 ff.; *dies.*, IPRax 1994, 405, 407 f.; *Roth*, IPRax 1994, 165 ff.; *Sonnenberger*, in: MüKo, Einl. IPR, Rdn. 166 ff.

Erstere betreffen gleichsam die Außendimension des Binnenmarktkollisionsrechts, indem sie den Geltungsanspruch des harmonisierten Rechts als solches und zunächst ohne weitere Konkretisierung abstecken. Dieser Ansatz ist ein aus Sicht der Gemeinschaft als ganzes einseitiger. Zwar muss jeweils die Berufung eines konkreten mitgliedstaatlichen Rechts hinzutreten. Dabei ist jedoch bereits der weitere Problemkreis möglicher allseitger Vorgaben für die Anknüpfung innerhalb des Binnenmarkts angesprochen, der sowohl in Kombination mit der einseitgen Fragestellung als auch isoliert auftreten kann. Solche allseitigen Vorgaben machen die Innendimension des Binnenmarktkollisionsrechts aus, indem sie Einfluss darauf nehmen, welches Recht im Verhältnis der Mitgliedstaaten untereinander bzw. in anderen binnenmarktrelevanten Sachverhalten zur Anwendung berufen wird.[4]

§ 10 Rechtsharmonisierung durch die Gemeinschaft

Entsprechend der im zweiten Teil dieser Arbeit gegebenen Darstellung und Diskussion der Grundfreiheiten-Rspr. des EuGH, die der obigen Erörterung des kollisionsrechtlichen Gehalts des EG-Primärrechts als Grundlage vorangestellt worden ist, soll auch hier zunächst ein kurzer Abriss über die Instrumente und Charakteristika der Rechtsharmonisierung (im weiteren Sinne – d. h. sowohl die Vereinheitlichung mittels Verordnungen als auch die Angleichung mittels Richtlinien umfassend) in der Gemeinschaft gegeben werden, bevor im Einzelnen Stellung zu verschiedenen kollisionsrechtlichen Fragestellung im harmonisierten Bereich genommen wird. Dadurch soll die Basis für die folgenden Erörterungen fixiert werden; gerade auch, soweit dabei vom Verständnis der h. M. abweichende Ansichten vertreten werden.

4 Insoweit steht etwa das Verhältnis der Mitgliedstaaten zu Drittstaaten in Frage, soweit es nicht lediglich um die Absicherung von EG-Standards nach außen geht, sondern um die Frage, ob nicht die innerhalb des Binnenmarktes für angemessen erachtete Anknüpfung auch auf Fälle mit Drittstaatenberührung erstreckt werden muss, weil neben den reinen Binnenmarktfällen auch solche mit Drittstaatenberührung durchaus die Funktionsfähigkeit des Binnenmarktes betreffen und eine einheitliche Anknüpfung forcieren können. Dieser Bereich wird teilweise bereits durch Richtlinien mit abgedeckt – so im Ansatz durch die Versicherungs-RL, in deren Folge für in der Gemeinschaft belegene Risiken gemeinschaftsspezifisches Kollisionsrecht zur Anwendung kommt, auch soweit Verknüpfungen zu Drittstaaten bestehen. In einem viel weitergehenden Umfang wird diese Art von Binnenmarktkollisionsrecht in Erscheinung treten, wenn die Vereinheitlichungsvorhaben zum Kollisionsrecht in die Tat umgesetzt werden, welche das EVÜ und seine Ergänzungen in echtes Gemeinschaftsrecht umwandeln.

I. Instrumente und Konzept der Rechtsharmonisierung in der Gemeinschaft

Zur Erfüllung der im EG-Vertrag niedergelegten Aufgaben kann die Gemeinschaft Rechtsakte erlassen, die im Grundsatz in Art. 249 EG benannt sind.[1] Im Zusammenhang mit der Harmonisierung des Rechts der Mitgliedstaaten stehen Verordnungen und Richtlinien als Instrumente ganz im Vordergrund. Die anderen Rechtsakte – Entscheidungen, Empfehlungen und Stellungnahmen[2] sind mangels allgemeiner Geltung bzw. mangels Verbindlichkeit insoweit nicht von Bedeutung. Den Rahmen der Harmonisierungstätigkeit bilden die ebenfalls im EG-Vertrag verankerten Prinzipien der Rechtssetzung (insbes. das Prinzip der begrenzten Einzelermächtigung (Art. 5 Abs. 1 EG), das Subsidiaritätsprinzip (Art. 5 Abs. 2 EG) und der Grundsatz der Verhältnismäßigkeit (Art. 5 Abs. 3 EG).[3]

Der Begriff der Rechtsharmonisierung in dem hier zugrundegelegten Sinne umfasst (als Oberbegriff) sowohl die Rechtsangleichung mittels Richtlinien als auch die Vereinheitlichung durch Verordnungen. Für das hier in erster Linie interessierende Privatrecht liegt ein deutliches Übergewicht auf der Rechtsangleichung durch Richtlinien, weshalb auch im Rahmen dieser Arbeit der Schwerpunkt auf die kollisionsrechtlichen Aspekte der Rechtsangleichung mittels Richtlinien gelegt wird.

1. Rechtsvereinheitlichung durch Verordnungen

Gemäß Art. 249 Abs. 2 EG hat die Verordnung allgemeine Geltung. Sie ist in allen ihren Teilen verbindlich und gilt unmittelbar in jedem Mitgliedstaat.

Verordnungen enthalten abstrakt generelle Regelungen. Anders als Richtlinien, die grds. auf eine Umsetzung durch den nationalen Gesetzgeber ausgelegt und angewiesen sind, schaffen sie daher unmittelbar und in allen Mitgliedstaaten einheitlich geltendes Recht, welches die Organe der Mitgliedstaaten ohne weiteres zu beachten und anzuwenden haben und durch das der Einzelne ggf. direkt berechtigt oder verpflichtet werden kann.[4] Dem Verordnungsrecht entgegenstehende nationale Vor-

---

1 Die Auflistung in Art. 249 EG ist jedoch nicht abschließend. Die Verträge kennen auch andere „unbenannte Rechtsakte“. Vgl. dazu etwa *Beutler/Bieber/Pipkorn/Streil*, Europarecht, Rdn. 402; *Bleckmann*, Europarecht, 180 f.; *Geiger*, Art. 249, Rdn. 24 ff.; *Herdegen*, Europarecht, Rdn. 188; *Kapteyn/VerLoren van Themaat*, Introduction, 322 f.; *Oppermann*, Europarecht, Rdn. 577 ff.; *Schweitzer/Hummer*, Europarecht, Rdn. 412 f.

2 Vgl. dazu *Beutler/Bieber/Pipkorn/Streil*, Europarecht, Rdn. 400 ff.; *Geiger*, Art. 249, Rdn. 19 ff.; *Herdegen*, Europarecht, Rdn. 186 ff.; *Kapteyn/VerLoren van Themaat*, Introduction, 320 f.; *Oppermann*, Europarecht, Rdn. 563 ff.; *Schweitzer/Hummer*, Europarecht, Rdn. 373 ff.; *Ruffert*, in: Calliess/Ruffert, Art. 249, Rdn. 116 ff.; *Schmidt*, in: v. d. Groeben/Thiesing/Ehlermann, Art. 189, Rdn. 42 ff.; *Streinz*, Europarecht, Rdn. 413 ff.

3 *Geiger*, Art. 5, Rdn. 2 ff.; *Grundmann*, Europäisches Schuldvertragsrecht (1999), 90 ff.; *Herdegen*, Europarecht, Rdn. 101 f.; *Oppermann*, Europarecht, Rdn. 513 ff.; *Schweitzer/Hummer*, Europarecht, Rdn. 895 ff.; *Streinz*, Europarecht, Rdn. 145 ff.; *Calliess*, in: Calliess/Ruffert, Art. 5, Rdn. 1 ff.; *Zuleeg*, in: v. d. Groeben/Thiesing/Ehlermann, Art. 3 b, Rdn. 1 ff.

4 Vgl. zur Charakterisierung der VO durch den EuGH etwa EuGHE 1971, 1039, Rdn. 9 Politi/

schriften haben wegen des Vorrangs des Gemeinschaftsrechts außer Anwendung zu bleiben.[5]

Das Rechtssetzungsinstrument der Verordnung ist jedoch im Rahmen der Privatrechtsintegration von untergeordneter Bedeutung. Ihre Haupteinsatzgebiete sind das Zollrecht, das Außenwirtschaftsrecht, das Agrar- und das Verkehrsrecht (sie betreffen dort jedoch mitunter auch privatrechtliche Fragen – vgl. etwa die flugrechtlichen Verordnungen zum Überbuchungsschutz und zur Haftung für Personenschäden). Was die privatrechtliche Materie angeht finden Verordnungen v. a. im Kartellrecht und bei der Etablierung Europäischer Rechtsinstitute (Gemeinschaftsmarke, EWIV, SE), i. Ü. jedoch nur vereinzelt Anwendung – so beispielsweise in Gestalt der Arbeitnehmerfreizügigkeits-VO.[6] Ansonsten sind Verordnungen im Privatrecht unüblich.[7] Das durch Verordnungen vereinheitlichte Recht der Mitgliedstaaten wirft – soweit die VO tatsächlich reicht und von internationalprivatrechtlichen Regelungen in der Verordnung selbst abgesehen – kaum kollisionsrechtliche Probleme auf.[8] Dieses Instrument sei daher an dieser Stelle nur der Vollständigkeit halber erwähnt und nur insoweit behandelt, als es tatsächlich kollisionsrechtliche Relevanz entfaltet.

2. Rechtsangleichung durch Richtlinien

Richtlinien sind gem. Art. 249 Abs. 1, 3 EG Rechtsakte der Gemeinschaft, die für jeden Mitgliedstaat, an den sie gerichtet werden, hinsichtlich des zu erreichenden Ziels verbindlich sind, überlassen den innerstaatlichen Stellen jedoch die Wahl der Form und der Mittel der Umsetzung. Anders als Verordnungen entfalten durch Richtlinien getroffene Regelungen grds. erst nach ihrer Umsetzung in das nationale Recht und in Gestalt des jeweiligen Umsetzungsaktes unmittelbare Wirkung in den Mitgliedstaaten.[9]

Italien; 1972, 96, Rdn. 5 Marimex; 1977, 797, Rdn. 8/11 ff. Koninklijke Scholten Honig NV; 1980, 1949, Rdn. 8 f. Calpak; 1981, 693, Rdn. 3 ff. Giuffrida und Campogrande; 1985, 257, Rdn. 13 ff. Binderer; *Beutler/Bieber/Pipkorn/Streil*, Europarecht, Rdn. 390 ff.; *Emmert*, Europarecht, § 12, Rdn. 12 ff.; *Geiger*, Art. 249, Rdn. 4 ff.; *Herdegen*, Europarecht, Rdn. 176; *Kapteyn/VerLoren van Themaat*, Introduction, 324 f.; *Oppermann*, Europarecht, Rdn. 539 ff.; *Ruffert*, in: Calliess/Ruffert, Art. 249, Rdn. 38 ff.; *Schmidt*, in: v. d. Groeben/Thiesing/Ehlermann, Art. 189, Rdn. 27 ff.; *Schweitzer/Hummer*, Europarecht, Rdn. 349 ff.; *Streinz*, Europarecht, Rdn. 377 ff.

5 EuGHE 1971, 1039, Rdn. 9 Politi/Italien; 1972, 96, Rdn. 5 Marimex; *Beutler/Bieber/Pipkorn/Streil*, Europarecht, Rdn. 390 iVm. 159 f.; *Oppermann*, Europarecht, Rdn. 545; *Ruffert*, in: Calliess/Ruffert, Art. 249, Rdn. 41a. E.; und *Wegener*, ebd. Art. 220, Rdn. 22 f.; *Schweitzer/Hummer*, Europarecht, Rdn. 355;.

6 Vgl. *Basedow*, in: Private Law in the International Arena (2000), 17 ff. (mit Überblick über die Bedeutung der VO in privatrechtlichen Bereichen), 23 f.; Grundmann, JuS 2002, 768; *Hauschka*, JZ 1990, 521, 530 f. Siehe dazu bereits den Überblick oben, § 4 I.

7 Obwohl Art. 95 zur Verwirklichung des Binnenmarktes grds. auch Verordnungen vorsieht. Vgl. dazu aber die Präferenzerklärung der Mitgliedstaaten zugunsten der RL, Bull.EG Beil. 2/86, 24 und das Subsidiaritätsprotokoll, ABl.EG 1997 Nr. C 340/105 ff.; Sartorius II Nr. 151, S. 30 ff.; dazu *Geiger*, Art. 5, Rdn. 10; *Götz*, NJW 1992, 1849; *Hauschka*, JZ 1990, 521, 530 f.; *Hilf*, EuR 28 (1993), 1, 5.

8 Vgl. dazu *Iversen*, in: Gemeinschaftsrecht und IPR (1994), 277 f.

9 *Beutler/Bieber/Pipkorn/Streil*, Europarecht, Rdn. 392 ff.; *Geiger*, Art. 249, Rdn. 8 ff.; *Herdegen*, Euro-

a) Die Richtlinie als wichtigstes Instrument der Privatrechtssetzung in der Gemeinschaft

Im Bereich der Privatrechtsharmonisierung herrscht – wie bereits angesprochen – ein klares Übergewicht der Richtlinie.[10] Die Gründe hierfür sind v.a. in dem Harmonisierungskonzept zu suchen, welches die Rechtsintegration in der Gemeinschaft gerade auch auf diesem Gebiet prägt. Schlagwortartig sind insofern in erster Linie die durch die Cassis de Dijon-Rspr. des Gerichtshofs inspirierte und im Weißbuch zur Vollendung des Binnenmarktes von 1985[11] formulierte „neue Strategie“ und die v.a. seit Maastricht verstärkte primärrechtliche Verankerung ihrer Grundlagen – etwa des Grundsatzes der Verhältnismäßigkeit und Subsidiarität zu nennen.[12]

Die Gemeinschaft verfolgt kein Konzept der Vollvereinheitlichung des Privatrechts. Die Prinzipien der Erforderlichkeit und der Verhältnismäßigkeit begünstigen die Richtlinie, denn in vielen Fällen stellt bereits diese Form der Rechtsintegration die Bedingungen her, die das Binnenmarktziel erfordert, schont dabei jedoch die Souveränität des nationalen Gesetzebers und erleichtert die Einpassung der gemeinschaftsrechtlichen Regelungen in das nationale Recht und seine Systematik.[13] Da den Mitgliedstaaten Form und Mittel der Umsetzung der gemeinschaftsrechtlichen Regelung in das nationale Recht und damit ein Spielraum für eigene Entscheidungen überlassen werden, können sie das Richtlinienziel im Rahmen und mit den Mitteln des tradierten Rechtssystems erreichen. Die Richtlinie stellt somit einen Kompromiss zwischen dem Erfordernis der Rechtsharmonisierung innerhalb der Gemeinschaft einerseits und der möglichst weitgehenden Bewahrung nationaler Eigenheiten andererseits dar.[14]

---

parecht, Rdn. 177 f.; *Kapteyn/VerLoren van Themaat*, Introduction, 326 ff.; *Oppermann*, Europarecht, Rdn. 547 ff.; *Schmidt*, in: v. d. Groeben/Thiesing/Ehlermann, Art. 189, Rdn. 35 ff.; *Streinz*, Europarecht, Rdn. 384 ff.

10 *Grundmann*, Europäisches Schuldvertragsrecht (1999), 89 f.; *ders.*, JuS 2002, 768; *Pfeiffer*, in: Hohloch (Hrsg.), EU-Richtlinien und ihre Umsetzung (2001), 9; *Remien*, RabelsZ 60 (1996), 1, 11; *Schulte-Nölke/Schulze*, in: dies. (Hrsg.), Rechtsangleichung (1999), 11, 12; *Steindorff*, EG-Vertrag und EG-Recht (1996), 412; Überblick über die Bedeutung des Instruments der VO bei *Basedow*, in: Private Law in the International Arena (2000), 17 ff.

11 Weißbuch der Kommission „Vollendung des Binnenmarktes“ an den Europäischen Rat vom 14. 6. 1985, Dok. KOM (85) 310 endg.

12 Zur Verankerungen bzw. Verstärkung einiger auch der neuen Strategie zugrunde liegenden Prinzipien im EG-Vertrag durch die Vertragsreform von Maastricht vgl. *Herwig*, Gestaltungsspielraum (2002), 49 ff., insbes. 58, 67 ff.; *Streinz*, Europarecht, Rdn. 39 ff.; *Zuleeg*, in: v. d. Groeben/Thiesing/Ehlermann, Art. 3 b, Rdn. 1 f.

13 *Bleckmann*, Europarecht, Rdn. 417; *Emmert*, Europarecht, § 12, Rdn. 15 f.; *Grundmann*, ZEuP 1996, 399, 404 f., Fn. 13 f.; *ders.*, Europäisches Schuldvertragsrecht (1999), 23, 110; und JuS 2002, 768 f.; *Oldenbourg*, Unmittelbare Wirkung (1984), 5 f.; *Oppermann*, Europarecht, Rdn. 547 f.; *Pfeiffer*, in: Hohloch (Hrsg.), EU-Richtlinien und ihre Umsetzung (2001), 9; *Ruffert*, in: Calliess/Ruffert, Art. 249, Rdn. 43.

14 Vgl. nur *Beutler/Bieber/Pipkorn/Streil*, Europarecht, Rdn. 392; *Grundmann*, ZEuP 1996, 399, 405, Fn. 13; *Ders.*, in: Europäisches Schuldvertragsrecht (1999), 23, 110 und JuS 2002, 768; *Pfeiffer*, in: Hohloch (Hrsg.), EU-Richtlinien und ihre Umsetzung (2001), 9; *Streinz*, Europarecht, Rdn. 385; *Taschner*, in: v. d. Groeben/Thiesing/Ehlermann, Art. 100, Rdn. 41 ff.

Die Bevorzugung des Instruments der Richtlinie und die Abkehr von dem früheren Stil der Detailharmonisierung zugunsten einer bloßen Harmonisierung von Mindeststandards mit Anerkennung im Rest verkörpert den Geist des als „neue Strategie“ bekannt geworden Ansatzes in der Rechtsangleichung. Harmonisiert wird grds. nur ein unverzichtbarer Mindeststandard. Im Übrigen bleibt es bei den verschiedenen nationalen Regelungen, die jedoch auf der Grundlage ebendieser Mindestharmonisierung zwischen den Mitgliedstaaten gegenseitig als gleichwertig anzuerkennen sind.[15] Die Favorisierung der Richtlinie als Instrument der Rechtsangleichung wird auch durch Äußerungen der Organe der Gemeinschaft bzw. der Mitgliedstaaten gestärkt, etwa durch die Ratserklärung zur Einheitlichen Europäischen Akte (EEA)[16] oder das Subsidiaritätsprotokoll zum Amsterdamer Vertrag.[17]

b) Umsetzungsbedarf und Umsetzung – zweistufiges Konzept der Rechtssetzung

Anders als Verordnungen sind Richtlinien gem. Art. 249 Abs. 3 EG grds. nicht unmittelbar anwendbar, sondern bedürfen der Umsetzung in nationales Recht.[18] Sie richten sich nicht an den Einzelnen, sondern an die Mitgliedstaaten und geben diesen verbindliche Regelungsziele bzw. -ergebnisse vor. Die Wahl der Form und Mittel der Umsetzung steht ihnen hingegen frei, solange sie dem Regelungsgehalt vollumfängliche innerstaatliche Geltung verschaffen.[19] Durch diesen zweistufigen Rechtssetzungsprozess wird ein Kompromiss zwischen der im Interesse des Binnenmarktziels notwendigen Angleichung des Rechts der Mitgliedstaaten und der Bewahrung nationaler Eigenheiten erreicht.[20]

Die Mitgliedstaaten sind verpflichtet, Richtlinien vollständig und effektiv ins nationale Recht umzusetzen und dazu alle erforderlichen Maßnahmen zu ergreifen, so

---

15 Zur neuen Strategie etwa *Grundmann*, Europäisches Schuldvertragsrecht (1999), 18 ff. – auch zur Rechtfertigung dieses Ansatzes. Siehe auch *Bruha*, ZaöRV 46 (1986), 1, 5 ff.; *Hayder*, RabelsZ 53 (1989), 622, 629 ff.; *Herwig*, Gestaltungsspielraum (2002), 49 ff.; *Taupitz*, Privatrechtsangleichung (1993), 55 ff.; Ausführlich zur neuen Strategie bereits in § 2 II.2.c)bb) m. w. N.

16 Siehe Fn. 98 a. E. Vgl. auch *Grundmann*, Europäisches Schuldvertragsrecht (1999), 23 mit Fn. 82, 89 f.; *ders.*, in: Ebenroth/Boujong/Joost, vor § 343 HGB, Rdn. 38; *Hilf*, EuR 28 (1993), 1, 3; zur Begründung dieses Gedankens aus dem in Art. 5 III EG verankerten Grundsatz der Verhältnismäßigkeit bzw. Erforderlichkeit: *Jarass*, Grundfragen (1994), 27 ff., 29; *Möschel*, NJW 1993, 3025, 3026 f.

17 Protokoll (Nr. 30) über die Anwendung der Grundsätze der Subsidiarität und der Verhältnismäßigkeit (1997), ABl.EG 1997 Nr. C 340/105 ff.; Sartorius II Nr. 151, 30 ff.

18 *Beutler/Bieber/Pipkorn/Streil*, Die Europäische Union, Rdn. 392 ff.; *Franzen*, Privatrechtsangleichung (1999), 260; *Geiger*, Art. 249, Rdn. 8 ff.; *Grundmann*, JuS 2002, 768; *Herdegen*, Europarecht, Rdn. 177 f.; *Kapteyn/VerLoren van Themaat*, Introduction, 326 ff.; *Oppermann*, Europarecht, Rdn. 547 ff., 555; *Schmidt*, in: v. d. Groeben/Thiesing/Ehlermann, Art. 189, Rdn. 35 ff.

19 EuGHE 1984, 1891, Rdn. 15 Von Colson und Kamann; 1984, 1921, Rdn. 15 Harz/Deutsche Tradax; *Roth*, FS 50 Jahre BGH II (2000) 847, 869; *Schmidt*, in: v. d. Groeben/Thiesing/Ehlermann, Art. 189, Rdn. 39.

20 *Beutler/Bieber/Pipkorn/Streil*, Europarecht, Rdn. 392; *Grundmann*, Europäisches Schuldvertragsrecht (1999), 23, 110; *Hilf*, EuR 28 (1993), 1, 4 f.; *Oppermann*, Europarecht, Rdn. 547 ff.; *Schnorbus*, AcP 201 (2001), 860, 862; *Streinz*, Europarecht, Rdn. 384 ff.

dass sichergestellt ist, dass die sekundärrechtlichen Bestimmungen entsprechend dem effet-utile-Grundsatz und unter Berücksichtigung der jeweiligen Zielsetzung der Richtlinie volle Wirksamkeit entfalten.[21] Dazu gehört zum einen, dass die Umsetzungsmaßnahme überhaupt geeignet ist, die Richtlinienregelung zu transformieren; sie muss jedoch auch praktisch wirksam sein und ist ggf. durch adäquate Maßnahmen (etwa ein effektives Rechtsdurchsetzungssystem oder eine hinreichend abschreckende Sanktionierung von Verstößen) zu effektuieren.[22]

Das erfordert zwar nicht unbedingt eine Übernahme der Richtlinienbestimmungen durch ein Gesetz, wohl aber durch eine verbindliche Regelung mit Außenwirkung und ausreichender Publizität. Demgegenüber wird etwa eine der Richtlinie entsprechende bloße Verwaltungspraxis (die durch die Exekutive jederzeit geändert werden könnte) den Anforderungen an die Umsetzung regelmäßig nicht gerecht.[23] So muss etwa „jeder Mitgliedstaat ... die fragliche Richtlinie in einer Weise durchführen, die den Erfordernissen der Eindeutigkeit und der Bestimmtheit des Rechtszustands voll gerecht wird ...“;[24] insbes. dann, wenn durch die Richtlinie individuelle Rechtspositionen begründet werden sollen, muss die Umsetzung hinreichend klar und bestimmt sein, so dass die Begünstigten die Mög-

---

21 So auch die Präzisierung der Anforderungen an die Richtlinienumsetzung durch den des EuGH. Vgl. etwa EuGHE 1976, 497 Rdn. 69/73 a. E. Royer; ähnlich EuGHE 1984, 1891, Rdn. 15 ff. Von Colson und Kamann; 1984, 1921, Rdn. 15 ff. Harz/DeutscheTradax; *Herdegen*, Europarecht, Rdn. 180; 1991 I-4269, Rdn. 18 Emmott; 1999 I-3371, Rdn. 19 Kommission/Italien; 2001 I-2053, Rdn. 9 Kommission/Frankreich; 2002 I-4147, Rdn. 15 Kommission/Schweden; *Hilf*, EuR 28 (1993), 1, 12 ff.; *Kahl*, in: Calliess/Ruffert, Art. 10, Rdn. 19 sowie *Ruffert*, ebd., Art. 249, Rdn. 46 ff.; *Krebber*, ZVglRWiss 97 (1998), 124, 128; *Roth*, FS 50 Jahre BGH (2000) II, 847, 869 f.; *Schmidt*, in: v. d. Groeben/Thiesing/Ehlermann, Art. 189, Rdn. 37 ff.; *Schnorbus*, AcP 201 (2001), 860, 862 f.; *Streinz*, Europarecht, Rdn. 391 ff.

22 Dazu etwa EuGHE 1984, 1891, Rdn. 15, 23 Von Colson und Kamann; 1984, 1921, Rdn. 15, 23 Harz/DeutscheTradax; 1991 I-4371, Rdn. 11 Vandevenne u. a.; 1994 I-2435, Rdn. 55 Kommission/Vereinigtes Königreich; 1994 I-2479, Rdn. 40 Kommission/Vereinigtes Königreich; 1996 I-4345, Rdn. 14 ff. Gallotti u. a.; 1997 I-2195, Rdn. 24 ff., 39 ff. Draehmpaehl; *Hilf*, EuR 28 (1993), 1, 12; *Roth*, FS 50 Jahre BGH (2000) II, 847, 869 f.; *Ruffert*, in: Calliess/Ruffert, Art. 249, Rdn. 49; *Schmidt*, in: v. d. Groeben/Thiesing/Ehlermann, Art. 189, Rdn. 39.

23 Vgl. zu Beispielen unzureichender Umsetzung durch die bloße Anpassung der Verwaltungspraxis bzw. durch Verwaltungsvorschriften, Rundschreiben u. ä. EuGHE 1985, 1661, Rdn. 22 ff. Kommission/Deutschland; 1988, 1323, Rdn. 15 Kommission/Italien; 1991 I-2567, Rdn. 10 ff. Kommission/Deutschland; 1991 I-4335 Kommission/Frankreich; 1992 I-5917, Rdn. 10 Kommission/Irland; 1995 I-1791, Rdn. 9 Kommission/Griechenland; 1995 I-2303, Rdn. 18 ff. Kommission/Deutschland; 1997 I-4961, 39 ff. Dorsch Consult. Hier entsteht das Problem, dass die generelle Verbindlichkeit für den Einzelnen bzw. für die Gerichte ggf. nicht sichergestellt ist. Z. G. *Beutler/Bieber/Pipkorn/Streil*, Die Europäische Union, Rdn. 394; *Herdegen*, Europarecht, Rdn. 180; *Hilf*, EuR 28 (1993), 1, 14 f.; *Krebber*, ZVglRWiss 97 (1998), 124, 128; *Schmidt*, in: v. d. Groeben/Thiesing/Ehlermann, Art. 189, Rdn. 39; *Streinz*, Europarecht, Rdn. 388 ff.; dazu und zur Kritik an der EuGH-Rspr. im Hinblick auf Verwaltungsvorschriften *Ruffert*, in: Calliess/Ruffert, Art. 249, Rdn. 51 ff., 55 ff. mit Beispielen; *Schweitzer/Hummer*, Europarecht, Rdn. 552.

24 EuGHE 1983, 449, Rdn. 9 f. Kommission/Italien; ähnlich auch 1984, 1891, Rdn. 15 ff. Von Colson und Kamann; 1997 I-4961, Rdn. 43 Dorsch Consult; vgl. auch *Krebber*, ZVglRWiss 97 (1998), 124, 128; *Ruffert*, in: Calliess/Ruffert, Art. 249, Rdn. 51 ff.; *Schmidt*, in: v. d. Groeben/Thiesing/Ehlermann, Art. 189, Rdn. 39.

lichkeit haben, von ihren Rechten Kenntnis zu nehmen und sie ggf. gerichtlich durchzusetzen.[25]

Hinzu kommt eine gewisse Sperrwirkung, die bereits vor Ablauf der Umsetzungsfrist im Sinne eines Frustrationsverbots dem Erlass der Richtlinie widersprechenden nationalen Rechts, das die Erreichung des mit ihr angestrebten Ziels ernstlich in Frage stellt,[26] entgegensteht und nach der Umsetzung eine Änderung des nationalen Rechts verbietet, die zu einem richtlinienwidrigen Zustand führen würde.[27]

c) *Divergenzmöglichkeiten*

Die Harmonisierung des nationalen Rechts durch Richtlinien führt lediglich zu einer Rechtsangleichung. Zwar können Richtlinien einen erheblichen Detailliertheitsgrad erreichen (insbes. bei Regelungen technischer Art) und solche detaillierten Regelungen, die dem nationalen Gesetzgeber keinen wirklichen Umsetzungsspielraum lassen, sind auch grds. zulässig.[28] Die Freiheit der Mitgliedstaaten bei der Wahl der Form und Mittel der Umsetzung wird ausserdem dadurch beschränkt, dass die bestmögliche praktische Wirksamkeit der Richtlinienregel erreicht werden muss.[29] Dennoch sind Richtlinien prinzipiell nicht auf Rechtsvereinheitlichung, sondern lediglich auf eine Angleichung des nationalen Rechts gerichtet. Gerade im Privatrecht lassen die Richtlinien auch tatsächlich Regelungsspielräume für den nationalen Gesetzgeber bestehen. Auch bei fehlerfreier Umsetzung ergeben sich daher weiterhin Rechtsunterschiede zwischen den Mitgliedstaaten.

Richtlinien können beispielsweise bloße Regelungsaufträge enthalten, die nur festlegen, dass eine bestimmte Frage überhaupt geregelt werden muss. Den Mitgliedstaaten können Margen vorgegeben oder Wahlrechte eingeräumt sein. Die Richtlinie kann überdies einen bloßen Mindeststandard festschreiben, über den die Mitglied-

---

25 EuGHE 1987, 1733, Rdn. 7 Kommission/Italien; 1988, 3249, Rdn. 12 Kommission/Italien; 1990 I-851, Rdn. 6 Kommission/Niederlande; 1991 I-2567, R. 24 Kommission/Deutschland; 1991 I-4269, Rdn. 18 f. Emmott; 1992 I-3265, Rdn. 17 Kommission/Niederlande; 1995 I-1589, Rdn. 10 Kommission/Luxemburg; *Beutler/Bieber/Pipkorn/Streil*, Die Europäische Union, Rdn. 394; *Herdegen*, Europarecht, Rdn. 181; *Roth*, FS 50 Jahre BGH (2000) II, 847, 870 ff.; *Ruffert*, in: Calliess/Ruffert, Art. 249, Rdn. 48.

26 Vgl. EuGHE 1997 I-7411, Rdn. 45 ff. Inter-Environnement Wallonie.

27 *Beutler/Bieber/Pipkorn/Streil*, Die Europäische Union, Rdn. 395; *Herdegen*, Europarecht, Rdn. 179; *Krebber*, ZVglRWiss 97 (1998), 124, 128; *Oppermann*, Europarecht, Rdn. 554; *Schweitzer/Hummer*, Europarecht, Rdn. 362.

28 Zur Zulässigkeit detaillierter Richtlinien, die den Spielraum des nationalen Gesetzgebers minimieren, vgl. nur *Grundmann*, Europäisches Schuldvertragsrecht (1999), 22 f.; *Herdegen*, Europarecht, Rdn. 178; *Oppermann*, Europarecht, Rdn. 547, 551; *Roth*, FS 50 Jahre BGH (2000) II, 847, 870; *Schmidt*, in: v. d. Groeben/Thiesing/Ehlermann, Art. 189, Rdn. 37; *Schweitzer/Hummer*, Europarecht, Rdn. 363.

29 Nach st.Rspr. hat jeder Mitgliedstaat, der Adressat der Richtlinie ist, die Verpflichtung, „in seiner nationalen Rechtsordnung alle Maßnahmen zu ergreifen, um die volle Wirksamkeit der Richtlinie gemäß ihrer Zielsetzung zu gewährleisten". – EuGHE 1991 I-4269, Rdn. 18 Emmot; 1999 I-3371, Rdn. 19 Kommission/Italien; 2001 I-2053, Rdn. 9 Kommission/Frankreich; 2002 I-4147, Rdn. 15 Kommission/Schweden; z. G. *Schnorbus*, AcP 201 (2001), 860, 862 f.; *Streinz*, Europarecht, Rdn. 387 und oben § 10 I.2.b).

staaten bei der Umsetzung hinausgehen dürfen.[30] Dies dürfte aus Gründen der Verhältnismäßigkeit sogar regelmäßig der Fall sein, selbst dann, wenn die Zulässigkeit strengerer Regeln nicht explizit erwähnt ist. Ob und inwieweit insofern Divergenzmöglichkeiten eröffnet sind, ist letztlich eine Frage der Auslegung. Jenseits (primärrechtlich unbedenklicher) Verbote strengerer Regeln ist zu ermitteln, ob die Richtlinie eine abschließende Regelung im Hinblick auf die in auf die jeweilige Rechtsfrage treffen wollte und durfte und deshalb eine Sperrwirkung für den nationalen Gesetzgeber aufrichtet.[31]

II. Die effektive Durchsetzung von Verordnungsrecht auf nationaler Ebene

Angesichts der den Verordnungen eigenen unmittelbaren Wirkung setzt sich ihr Inhalt im nationalen Recht ohne weiteres durch. Er nimmt am Vorrang des Gemeinschaftsrechts teil, so dass entgegenstehende nationale Vorschriften nicht angewandt werden dürfen; die ggf. entstehende Lücke kann ohne weiteres aus dem unmittelbar anwendbaren Rechtsakt selbst gefüllt werden. Eine explizite Umsetzung ist wie gezeigt nicht erforderlich und – jedenfalls sofern dadurch die unmittelbare Wirkung oder der gemeinschaftsrechtliche Ursprung verschleiert werden könnte – nicht einmal zulässig. Zulässig ist hingegen der Erlass von ergänzenden Normen oder von notwendigen Durchführungsvorschriften. In diesem Fall sind die Mitgliedstaaten gem. Art. 10 EG verpflichtet, die notwendigen Maßnahmen zu ergreifen.[32] Die Sicherheit und Einheitlichkeit in der Rechtsanwendung kann durch Vorlagen an den EuGH sichergestellt werden, der gemäß Art. 234 Abs. 1 lit. b EG im Wege der Vorabentscheidung über die Gültigkeit und die Auslegung der Handlungen der Organe der Gemeinschaft entscheidet. Mittels dieses Auslegungsmonopols bestimmt der Gerichtshofs letztverbindlich die Reichweite und den genauen Gehalt der Regelungen der Verordnung und sichert ihre einheitliche Anwendung.

III. Die effektive Durchsetzung von Richtlinienrecht auf nationaler Ebene

Problematischer – gerade angesichts des zweistufigen Mechanismus von Erlass auf gemeinschaftsrechtlicher Ebene und Umsetzung durch die Mitgliedstaaten – ist hingegen die praktische Durchsetzung des Richtlinienrechts.

---

30 *Grundmann*, Europäisches Schuldvertragsrecht (1999), 77 ff.; *Michaels/Kamann*, JZ 1997, 601, 603; *Pfeiffer*, in: Hohloch (Hrsg.), EU-Richtlinien und ihre Umsetzung (2001), 9, 19. Dazu auch § 2 II.2.c)dd).

31 *Grundmann*, Europäisches Schuldvertragsrecht (1999), 77 ff., 86 ff.; *ders.*, Ebenroth/Boujong, vor Art. 343 HGB, Rdn. 45 ff. und RabelsZ 64 (2000), 457, 471 ff. – auch zu Ausnahmen. Zur Wirkung der Harmonisierung auf die Grundfreiheitendogmatik und ihre kollisionsrechtlichen Implikationen § 12 II.2.

32 EuGHE 1970, 69, Rdn. 4 f. Bollmann; 1972, 1055, Rdn. 12/17 ff. Belgien/Cobelex; 1973, 981, Rdn. 10 f. Variola; 1978, 99, Rdn. 22/27 Zerbone; *Basedow*, AcP 200 (2000), 445, 481 f.; *Beutler/Bieber/Pipkorn/Streil*, Europarecht, Rdn. 391; *Geiger*, Art. 249, Rdn. 6 f.; *Ruffert*, in: Calliess/Ruffert, Art. 249, Rdn. 41; *Schweitzer/Hummer*, Europarecht, Rdn. 352 ff.; *Streinz*, Europarecht, Rdn. 382 f.

Wie gezeigt sind Richtlinien im Gegensatz zu Verordnungen nur für die Mitgliedstaaten normativ verbindlich und müssen in das nationale Recht transformiert werden. Unmittelbare Wirkung für den einzelnen entfalten sie prinzipiell erst nach ebendieser Umsetzung und in Gestalt des jeweiligen Umsetzungsaktes. Ihre praktische Wirksamkeit hängt somit grds. von einer rechtzeitigen und korrekten Transformation ab. Dieses System ist naturgemäß fehleranfällig; sei es, dass die Umsetzung nicht rechtzeitig erfolgt, sei es, dass der Richtlinieninhalt unrichtig oder unvollständig in das nationale Recht transformiert wird. Um trotzdem eine möglichst weitgehende Kongruenz von Umsetzungsakt und Richtlinie zu gewährleisten und mögliche Defizite in der Praxis zu beheben, existieren (über die Möglichkeit eines Vertragsverletzungsverfahrens hinaus) verschiedene Instrumente, mittels derer die Anwendung der nationalen Normen im Sinne der Richtlinie beeinflusst und ein evt. Manko ausgeglichen werden kann, so dass sich i. E. die gemeinschaftsrechtliche Regelung trotz möglicher Unklarheiten oder Fehler bei der Umsetzung inhaltlich durchsetzt:

Die aus Art. 249 III, 10 EG iVm. der jeweiligen Richtlinie fließenden Umsetzungspflichten der Mitgliedstaaten erschöpfen sich nicht allein darin, die Richtlinie in das nationale Recht zu transformieren. Vielmehr wird diese primäre Pflicht durch eine Reihe von weiteren Pflichten flankiert, die darauf zielen, der Richtlinie zu effektiver Wirkung im nationalen Recht zu verhelfen. Sie wirken teilweise neben der Umsetzung mit, sind jedoch insbes. dann von Bedeutung, wenn der Umsetzungspflicht nicht (in vollem Umfang) Genüge getan wurde.[33]

Dabei ist es stets das vorrangige Ziel, der Richtlinie Vollwirkung im nationalen Recht zu verschaffen, denn nur so kann erreicht werden, dass die gemeinschaftsrechtliche Regelung, die Gegenstand der Richtlinie ist, tatsächlich anwendbares Recht in den Mitgliedstaaten wird. Vollwirkung erhält die Richtlinie durch die ausnahmsweise unmittelbare Anwendung ihrer Bestimmungen oder durch richtlinienkonforme Auslegung des nationalen Rechts. Wo beides nicht möglich ist, kommt die Etablierung einer Staatshaftung für mangelnde Umsetzung in Betracht, die zwar dieses primäre Ziel nicht vollumfänglich erreicht, jedoch als ein wirksames Disziplinierungs- und Sanktionierungsmittel die Mitgliedstaaten zur Behebung bestehender Umsetzungsdefizite anhält. Die unmittelbare Anwendung von Richtlinienbestimmungen, die richtlinienkonforme Auslegung des nationalen Rechts (sowohl als flankierendes Institut nach Umsetzung der Richtlinie als auch als Korrektiv des nationalen Rechts im Falle von Umsetzungsdefiziten) und die Staatshaftung bilden mittlerweile ein geschlossenes System, durch das sich das Gemeinschaftsrecht grds. zumindest mittelbar durchsetzten lässt. Es ist daher kaum mehr möglich, eine Richtlinie nach Ablauf der Umsetzungsfrist in dem von ihr geregelten Bereich außer Acht zu lassen.[34]

---

33 *Grundmann*, Europäisches Schuldvertragsrecht (1999), 107 ff.; *ders.*, JuS 2002, 768 f.; *Krebber*, ZVglRWiss 97 (1998), 124 ff., 128 ff.

34 *Beljin*, EuR 37 (2002), 351, 375 f.; *Emmert*, Europarecht, § 15, Rdn. 20 ff.; *Grundmann*, in: Eben-

1. Die unmittelbare Anwendbarkeit von Richtlinien

Wenn eine Richtlinie fehlerhaft, gar nicht oder nicht fristgemäß umgesetzt wird, versagt (zumindest partiell) der Mechanismus, der für die regelmäßige Einwirkung auf das nationale Recht vorgesehen ist. Da Richtlinien grds. erst durch den nationalen Umsetzungsakt innerstaatlich geltendes Recht werden, könnten ihnen Fehler und Versäumnisse bei der Umsetzung jede praktische Wirksamkeit nehmen.

Eine erste Möglichkeit, Richtlinien trotz mangelhafter oder nicht fristgemäß bewerkstelligter Umsetzung zur vollen Wirksamkeit zu verhelfen, ist die ihre ausnahmsweise unmittelbare Anwendung. Allerdings sind Adressaten der gemeinschaftsrechtlichen Regelung grds. nur die Mitgliedstaaten. Der Gemeinschaftsrechtakt selbst ist grds. nur diesen gegenüber verbindlich.[35] Deshalb wird insoweit unterschieden zwischen der unmittelbaren Wirkung im Vertikalverhältnis – d.h. gegenüber den Mitgliedstaaten – und im Horizontalverhältnis zwischen Privaten.[36]

a) Die unmittelbare Anwendung von Richtlinien im Vertikalverhältnis als Sanktion und Korrektiv von Umsetzungsdefiziten

Die Möglichkeit unmittelbar wirkender Richtlinienbestimmungen im Vertikalverhältnis zwischen Mitgliedstaat und Bürger ist heute anerkannt: Danach kann sich der einzelne Bürger nach Ablauf der Umsetzungsfrist unmittelbar auf die Richtlinie berufen, wenn die entsprechende Bestimmung inhaltlich hinreichend bestimmt und unbedingt ist.[37]

Diese Rechtsfortbildung, die auf den ersten Blick Art. 249 III EG zu widersprechen scheint, findet ihre Begründung v. a. in zwei durch den EuGH entwickelten Argumentationslinien. Insbes. in seiner älteren Rspr. beruft sich der Gerichtshof auf den effet utile-Grundsatz. So wäre den Richtlinien viel von ihrer praktischen Wirksamkeit genommen, wenn sich der Einzelne nicht vor Gericht auf sie berufen könnte und die Mitgliedstaaten es somit weitgehend in der Hand hätten, den Eintritt der Wir-

---

roth/Boujong/Joost, vor §§ 343 ff. HGB Rdn. 39 ff.; *Hochleitner/Wolf/Großerichter*, WM 2002, 529, 530; *Krebber*, ZVglRWiss 97 (1998), 124, 133.

35 *Geiger*, Art. 249, Rdn. 8 ff.; *Klauer*, Europäisierung (1998), 44 f.; *Ruffert*, in: Calliess/Ruffert, Art. 249, Rdn. 43 ff.; *Streinz*, Europarecht, Rdn. 384 ff.

36 Vgl. etwa *Grundmann*, Europäisches Schuldvertragsrecht (1999), 107 ff.

37 So die st. Rspr., beginnend: EuGHE 1970, 825, Rdn. 5 f. Grad; 1974, 1337, Rdn. 12 van Duyn; 1979, 1629, Rdn. 19 ff. Ratti; 1982, 53, Rdn. 21 ff. Becker; 1987, 3969, Rdn. 7 ff. Kolpinghuis Nijmegen; *Bleckmann*, Europarecht, Rdn. 432 f.; *Classen*, EuZW 1993, 83, 84; *Emmert*, Europarecht, § 15, Rdn. 12 ff.; *Franzen*, Privatrechtsangleichung (1999), 248; *Grundmann*, Europäisches Schuldvertragsrecht (1999), 107 ff.; *ders.*, JuS 2002, 768, 769; *Gundel*, EuZW 2001, 143 f.; *Iglesias/Riechenberger*, FS Everling (1995), 1213, 1214; *Klauer*, Europäisierung (1998), 44 ff.; *Krebber*, ZVglRWiss 97 (1998), 124 f., 129 ff.; *Oppermann*, Europarecht, Rdn. 556; *Pfeiffer*, in: Hohloch (Hrsg.), EU-Richtlinien und ihre Umsetzung (2001), 9, 20 f.; *Ruffert*, in: Calliess/Ruffert Art. 249 Rdn. 69 ff. m. w. N.; *Scherzberg*, Jura 1993, 225 ff.; *Schnorbus*, AcP 201 (2001), 860, 863; *Steindorff*, EG-Vertrag und Privatrecht (1996), 436 f.; *Streinz*, Europarecht, Rdn. 398 ff., 402; monographisch etwa: *Dendrinos*, Rechtsprobleme der Direktwirkung (1989), 81 ff.; *Oldenbourg*, Unmittelbare Wirkung (1984), 148 ff.

kungen einer Richtlinie hinauszuzögern oder zu vereiteln.[38] Auch den unterschiedliche Formulierung in Art. 249 II EG einerseits und Art. 249 III EG andererseits soll nicht entnommen werden können, dass andere Rechtsakte als Verordnungen niemals unmittelbare Wirkung besitzen können.[39]

In neuerer Zeit stützt der EuGH die unmittelbare Anwendung von Richtlinienbestimmungen daneben v. a. auf den Rechtsmissbrauchsgedanken. Es widerspricht dem Grundsatz von Treu und Glauben, wenn ein Mitgliedstaat seinen Bürgern die eigenen Umsetzungsversäumnisse entgegenhalten könnte (estopell-Prinzip). Er soll keine Vorteile aus der aus seiner Sphäre stammenden Pflichtverletzung ziehen und muss deshalb den Inhalt der Regelung, die er umzusetzen gehabt hätte, unmittelbar gegen sich gelten lassen.[40]

Die hier dargelegte Argumentation – jedenfalls soweit sie sich auf den estopell-Gedanken stützt – kann indes lediglich die unmittelbare Richtlinienwirkung im Verhältnis zum säumigen Mitgliedstaat begründen, für den die Richtlinie verbindlich ist; und überdies auch nur insoweit, als der Einzelne durch die unmittelbare Wirkung begünstigt wird. Eine unmittelbare Anwendung von Richtlinienbestimmungen zu Lasten des einzelnen kommt deshalb nicht in Betracht und wird folgerichtig auch durch den EuGH in st. Rspr. abgelehnt.[41]

---

38 Vgl. etwa EuGHE 1974, 1337, Rdn. 12 Van Duyn; 1977, 113, Rdn. 20/29 Nederlandse Ondernemingen; 1979, 1629, Rdn. 19 ff. Ratti; 1982, 53, Rdn. 23 Becker; dazu auch *Brechmann*, Richtlinienkonforme Auslegung (1994), 18; *Dendrinos*, Rechtsprobleme der Direktwirkung (1989), 91 ff.; *Grundmann*, Europäisches Schuldvertragsrecht (1999), 108 f.; *Klauer*, Europäisierung (1998), 45 f.; *Rörig*, Direktwirkung (2001), 19 ff.; *Ruffert*, in: Calliess/Ruffert, Art. 249, Rdn. 70 m. w. N.; *Scherzberg*, Jura 1993, 225, 226; *Schweitzer/Hummer*, Europarecht, Rdn. 367.

39 EuGHE 1977, 113, Rdn. 20/29 Verbond; 1979,1629, Rdn. 19 ff. Ratti; 1982, 53, Rdn. 21, 29 Becker; *Brechmann*, Richtlinienkonforme Auslegung (1994), 17 f.; *Craig*, ELR 22 (1997), 519 f.; *Dendrinos*, Rechtsprobleme der Direktwirkung (1989), 90 f.; *Klauer*, Europäisierung (1998), 44 ff.; *Krebber*, ZVglRWiss 97 (1998), 124, 129 f.; *Ruffert*, in: Calliess/Ruffert, Art. 249, Rdn. 70 m. w. N.; *Streinz*, Europarecht, Rdn. 398.

40 Vgl. EuGHE 1979, 1629, Rdn. 22 Ratti; 1986, 723, Rdn. 46 ff. Marshall I; 1990 I-495, Rdn. 22 f. Busseni; 1994 I-3325, Rdn. 22 f. Faccini Dori; 1996 I-1281, Rdn. 16 El Corte Inglés; *Brechmann*, Richtlinienkonforme Auslegung (1994), 18; *Classen*, EuZW 1993, 83, 84; *Craig*, ELR 22 (1997), 519 f.; *Dendrinos*, Rechtsprobleme der Direktwirkung (1989), 93 f.; *Emmert*, Europarecht, § 15 Rdn. 15; *Franzen*, Privatrechtsangleichung (1999), 248 f.; *Grundmann*, Europäisches Schuldvertragsrecht (1999), 108 f.; *ders.*, JuS 2002, 768, 769; *Herdegen*, Europarecht, Rdn. 183 f.; *Klauer*, Europäisierung (1998), 46 f.; *Oldenbourg*, Unmittelbare Wirkung (1984), 154, 218 ff.; *Pfeiffer*, in: Hohloch (Hrsg.), EU-Richtlinien und ihre Umsetzung (2001), 9, 21 mit Fn. 33; *Rörig*, Direktwirkung (2001), 19 ff.; *Ruffert*, in Calliess/Ruffert Art. 249 Rdn. 69 ff.; *Scherzberg*, Jura 1993, 225, 226; *Streinz*, Europarecht, Rdn. 398. Die unmittelbare Anwendung von Richtlinien erfüllt zudem eine wichtige Funktion als Instrument der dezentrale Kontrolle der Einhaltung des Gemeinschaftsrechts, welche als rechtspolitisches Motiv der Anerkennung dieser Figur auch vom EuGH hervorgehoben worden ist: vgl. EuGHE 1963, 1, Rdn. 15 Van Gend & Loos – dazu *Bleckmann*, RIW 1984, 774, 777; *Klauer*, a. a. O., 47 f.; *Langenfeld*, in: Siedentopf (Hrsg.), Europäische Integration und nationalstaatliche Verwaltung (1991), 173, 176 f.; *Ruffert*, in: Caliess/Ruffert Art. 249 Rdn. 20 f., 72.

41 EuGHE 1986, 723, Rdn. 48 Marshall; 1987, 3969, Rdn. 9 Kolpinghuis Nijmegen; 1990, I-495, Rdn. 22 f. Busseni; 1991 I-4269, Rdn. 20 Emmott; 1994, I-3325, Rdn. 20 Faccini Dori; 1996 I-4705, Rdn. 36 Arcaro; 2000 I-7535, Rdn. 50 Unilever/Central Food SpA; *Brechmann*, Richtlinienkonforme Auslegung (1994), 20 ff.; *Bleckmann*, Europarecht, Rdn. 433; *Emmert*, Europarecht, § 15, Rdn. 12 ff.,

b) *Unmittelbare Anwendbarkeit von Richtlinien im Horizontalverhältnis?*

Aus demselben Grund scheidet die unmittelbare Wirkung von Richtlinienbestimmungen auch im Verhältnis Privater untereinander aus: Ansprüche zwischen Privaten könne nicht direkt aus noch nicht umgesetzten Richtlinien hergeleitet werden. Auch hier kommt das estopell-Argument nicht zum Zuge;[42] zumal die Möglichkeit, sich auf die Richtlinie zu berufen, ihre Grundlage in deren verbindlichem Charakter findet, der wiederum nur gegenüber den Mitgliedstaaten besteht.[43] Deshalb hat der EuGH bisher eine unmittelbare Anwendung nicht umgesetzter Richtlinien zwischen Privaten grds. abgelehnt.[44] Weite Teile des Schrifttums teilen diese Auffassung.[45] In der Entscheidung in Sachen Faccini Dori führt der EuGH zur Begründung aus:[46] „Eine Ausdehnung dieser Rspr. auf den Bereich der Beziehungen zwischen den Bürgern hieße, der Gemeinschaft die Befugnis zuzuerkennen, mit unmittelbarer Wirkung zu Lasten der Bürger Verpflichtungen anzuordnen, obwohl sie dies nur dort darf, wo ihr die Befugnis zum Erlass von Verordnungen zugewiesen ist.“ Die Rspr. des EuGH scheint insoweit jedenfalls gefestigt und ist daher praktisch zugrunde zu legen.[47]

Die Frage nach der unmittelbaren Anwendung von Richtlinienbestimmungen im Horizontalverhältnis wird jedoch durchaus kontrovers diskutiert. Eine starke Strömung im Schrifttum befürwortet auch eine horizontale Direktwirkung hinreichend

---

16; *Grundmann*, Europäisches Schuldvertragsrecht (1999), 108 ff.; *ders.*, in: Ebenroth/Boujong/Joost, vor §§ 343 ff. HGB Rdn. 39 und JuS 2002, 768, 769 mit Fn. 14; *Herdegen*, Europarecht, Rdn. 183 f.; *Rörig*, Direktwirkung (2001), 37 ff., 49 ff. – krit.; *Ruffert*, in: Callies/Ruffert, Art. 249, Rdn. 78 ff.; *Schnorbus*, AcP 201 (2001), 860, 863 f.; *Schweitzer/Hummer*, Europarecht, Rdn. 365 f.; *Streinz*, Europarecht, Rdn. 399 ff.

42 *Gassner*, JuS 1996, 303, 305; *Grundmann*, Europäisches Schuldvertragsrecht (1999), 108 ff. und JuS 2002, 768, 769; *Herdegen*, Europarecht, Rdn. 183; *Heß*, JZ 1995, 150 ff.; *Jarass*, Grundfragen (1994), 80; *Klauer*, Europäisierung (1998), 46 f.; *Krebber*, ZVglRWiss 97 (1998), 124, 130 f.; *Müller-Graff*, NJW 1993, 13, 20; *ders.*, in: Müller-Graff (Hrsg.), Gemeinsames Privatrecht (1999), 9, 53 f. – allerdings jeweils krit.

43 Vgl. nur EuGHE 1986, 723, Rdn. 48 Marshall; 1987, 3969, Rdn. 9 Kolpinghuis Nijmegen.

44 EuGHE 1986, 723, Rdn. 48 Marshall I; 1987, 2141, Rdn. 24 Traen; 1990 I-4135, Rdn. 6 Marleasing; 1994 I-3325, Rdn. 22 ff. Faccini Dori; 1996 I-4705, Rn. 36 Arcaro; 1997 I-6843 Rdn. 24 Daihatsu; 1998 I-5199, Rdn. 17 Coote; Rspr-Überblick: *Rörig*, Direktwirkung (2001), 37 ff.; vgl. auch *Bach*, JZ 1990, 1108, 1115; *Franzen*, Privatrechtsangleichung (1999), 247 ff.; *Grundmann*, Europäisches Schuldvertragsrecht (1999), 108 ff.; *Hochleitner/Wolf/Großerichter*, WM 2002, 529, 530; *Möllers*, JZ 2002, 121, 124; *Müller-Graff*, in: Müller-Graff (Hrsg.), Gemeinsames Privatrecht (1999), 9, 53; *Oppermann*, Europarecht, Rdn. 558 f.; *Piekenbrock/Schulze*, WM 2002, 521, 523; *Ruffert*, in: Calliess/Ruffert, Art. 249, Rdn. 78 ff.; *Schnorbus*, AcP 201 (2001), 860, 863 f.; *Streinz*, Europarecht, Rdn. 399 ff.

45 Das gilt insbes. für die Zeit nach der Entscheidung Faccini Dori; Vgl. zu den vorgebrachten Argumenten etwa *Classen*, EuZW 1993, 83, 84; *Franzen*, Privatrechtsangleichung (1999), 252 f.; *Gassner*, JuS 1996, 303, 305 f.; *Hakenberg*, ZIP 1994, 1510 ff.; *Herdegen*, Europarecht, Rdn. 185; *Hilf*, EuR 28 (1993), 1, 9 f.; *Jarass*, Grundfragen (1994), 79 f.; *Langenfeld*, DÖV 1992, 955, 959 f.; *Pechstein*, in: Martiny/Witzleb (Hrsg.), Europäisches Zivilgesetzbuch (1999), 19, 26; *Ruffert*, in: Calliess/Ruffert, Art. 249, Rdn. 80 ff. m. w. N. zum ganzen Streit; *Scherzberg*, Jura 1993, 225, 227 f.; *Thünken*, IPRax 2001, 15, 21; *Ukrow*, NJW 1994, 2469 f.

46 EuGHE 1994 I-3325, Rdn. 24 Faccini Dori.

47 *Grundmann*, Europäisches Schuldvertragsrecht (1999), 109 f.; *ders.*, JuS 2002, 768, 769; *Ruffert*, in: Calliess/Ruffert, Art. 249, Rdn. 81 f.; *Thünken*, IPRax 2001, 15, 21.

bestimmter Richtlinien unter Berufung auf den effet-utile-Gedanken. Auch schließe der Wortlaut des Art. 249 EG eine Direktwirkung nicht kategorisch aus, während die ablehnende Haltung des EuGH zur unmittelbaren Anwendung durch dessen eigene weitgehende Rspr. zur richtlinienkonformen Auslegung stark relativiert werde.[48] Daher sei es ehrlicher und präziser, die Direktwirkung anzuerkennen. Die Nichtanerkennung der horizontalen Wirkung begünstige Wettbewerbsverzerrungen und Diskriminierungen und widerspreche dem Rechtsangleichungsziel im Binnenmarkt.[49]

Schließlich scheinen auch einige neuere Urteile des Gerichtshofs das Dogma der fehlenden horizontalen Direktwirkung von Richtlinien zu schwächen, in denen die Rspr. zum Verbot der horizontalen Direktwirkung von Richtlinien relativiert wird. In diesem Zusammenhang sind zum einen mehrere Urteile zur RL 83/189 zu nennen,[50] deren vorläufigen Endpunkt die Entscheidung in Sachen Unilever Italia bildet. Dort ging es um die Frage, „ob in einem Zivilrechtsstreit zwischen Einzelnen über vertragliche Rechte und Pflichten die Unanwendbarkeit unter Verstoß gegen Artikel 8, 9 der RL 83/189[51] erlassener technischer Vorschriften geltend gemacht werden kann". Der EuGH differenziert in Unilever Italia zwischen dem ihm vorliegenden Fall und der klassischen Konstellation der unmittelbaren Anwendung von Richtli-

48 Vgl. dazu nur *Grundmann*, JuS 2002, 768, 769, 770; z. G. auch *Brechmann*, Richtlinienkonforme Auslegung (1994), 72 f., 169 ff. Vgl. auch *Rodriguez/Iglesias*, FS Everling (1995), 1213, 1229 f.; dazu auch *Stuyck/Wytinck*, CMLR 28 (1991), 205, 210 ff.

49 IdS. äußern sich etwa einige der Generalanwälte – etwa GA van Gerven, Schlussanträge zu EuGHE 1993 I-4367, 4387 f. Marshall II; GA *Jakobs*, Schlussantrag zu EuGHE 1994 I-763, 770 ff. Vaneetveld; GA *Lenz*, Schlussanträge zu EuGHE 1994 I-3325, 3338 ff. Faccini Dori; aus dem Schrifttum: *Arnull*, ICLQ 35 (1986), 939, 943 ff.; *Bleckmann*, RIW 1984, 774, 776 f.; *Emmert*, EWS 1992, 56, 63 ff.; *ders.*, Europarecht, § 15 Rdn. 12 ff., 26; *Grabitz*, FS Deringer (1993), 59, 69 ff.; *Iversen*, in: Gemeinschaftsrecht und IPR (1994), 374 ff.; *Klein*, Unmittelbare Geltung (1988), 25 ff.; *Nicolaysen*, EuR 21 (1986), 370 f.; nach Faccini Dori etwa noch *Craig*, ELR 22 (1997), 519, 520 ff.; *Klauer*, Europäisierung (1998), 47 f., 57 f.; *Müller-Graff*, in: Müller-Graff (Hrsg.), Gemeinsames Privatrecht (1999), 9, 53 f.; *Reich*, Bürgerrechte (1999), 107 f.; krit. mit dem Vorwurf der Inkonsequenz etwa *Herdegen*, RIW 1992, 90, 92; *Klauer*, a. a. O., 47 f.; *Pfeiffer*, in: Hohloch (Hrsg.), EU-Richtlinien und ihre Umsetzung (2001), 9, 21; *Reich/Rörig*, EuZW 2002, 87, 88 f.; *Rörig*, Direktwirkung (2001), 49 ff., 170 f.; *Steindorff*, EG-Vertrag und Privatrecht (1996), 439 ff.; *Stuyck*, CMLR 2001, 719, 733 ff.; z. G. *Brechmann*, Richtlinienkonforme Auslegung (1994), 14 ff., 20 ff.

50 Vgl. dazu EuGHE 1996 I-2201, Rdn. 40 ff. CIA Security; 1998 I-3711, Rdn. 32 ff. Lemmens; 2000 I-7535, Rdn. 45 ff. Unilever Italia: Rdn. 50 f. Zur Schwächung des Dogmas der fehlenden horizontalen Wirkung im Interesse des effet utile *Brenner/Huber*, DVBl. 2001, 1013, 1014; vgl. auch *Herdegen*, Europarecht, Rdn. 185, der die „Berufung auf die allgemeine Unanwendbarkeit einer nationalen Rechtsvorschrift wegen des Verstoßes gegen eine Harmonisierungsrichtlinie in einem Rechtsstreit zwischen Privaten" allerdings von der horizontalen Direktwirkung unterscheidet; *Rörig*, Direktwirkung (2001), 37 ff., 43 ff.

51 ABl.EG 1989, Nr. L 100/30. Danach muss eine solche technische Vorschrift der Kommission mitgeteilt und eine bestimmte Aussetzungsfrist eingehalten werden, um mögliche Reaktionen anderer Mitgliedstaaten bzw. der Kommission angemessen berücksichtigen zu können. Wird diese Pflicht vernachlässigt, so liegt ein erheblicher Verfahrensfehler beim Erlass der fraglichen nationalen Vorschrift vor, der sie unanwendbar macht, soweit sie die Verwendung oder den Vertrieb eines diesen Vorschriften nicht entsprechenden Erzeugnisses behindern – so bereits EuGHE 1996 I-2201, Rdn. 40 ff. CIA Security International; EuGHE 1998 I-3711, Rdn. 35 Lemmens; wiederum bestätigt durch EuGHE 2000 I-7535, Rdn. 37 ff. Unilever Italia.

nienbestimmungen im Horizontalverhältnis unter Privaten. Dazu führt der Gerichtshof aus: „Diese Rspr. (zur Unzulässigkeit der Verpflichtung Einzelner durch die Richtlinie selbst) gilt jedoch nicht für den Fall, dass die Nichtbeachtung der Art. 8 oder 9 der RL 83/189, die einen wesentlichen Verfahrensfehler darstellt, die Unanwendbarkeit der unter Verstoß gegen einen dieser Artikel erlassenen technischen Vorschriften nach sich zieht. In einem solchen Fall legt die RL 83/189 – anders als bei der Nichtumsetzung von Richtlinien, um die es in der von den beiden Regierungen zitierten Rspr. ging – keineswegs den materiellen Inhalt der Rechtsnorm fest, auf deren Grundlage das nationale Gericht den bei ihm anhängigen Rechtsstreit zu entscheiden hat. Sie begründet weder Rechte noch Pflichten für Einzelne.“[52] Allerdings betrafen sowohl die Entscheidung CIA Security als auch Unilever Italia mit der RL 83/189 keine typische Rechtsangleichungsrichtlinie, sondern, wie GA Jakobs in seinen Schlussanträgen zu Unilever Italia herausstellt, eine Richtlinie ganz anderer Art, deren Ziel nicht die Angleichung der Gesetzesvorschriften ist, sondern der Schutz des freien Warenverkehrs durch ein vorbeugendes Kontrollverfahren für den Erlass nationaler Regelungen. Die Mitgliedstaaten sind nicht zur Rechtssetzung verpflichtet, sondern zur Notifikation geplanter Vorschriften. Hinzu kommt eine Stillhalteverpflichtung. Der GA hält in diesem Fall die Rspr. zu den Folgen der Missachtung normaler Richtlinien für unerheblich und stützt seine Ausführungen auf allgemeine Rechtsgrundsätze des Gemeinschaftsrechts. Er kommt zu dem Ergebnis, dass ein Mitgliedstaat unter Verstoß gegen das Kontrollverfahren der Richtlinie erlassene Vorschriften gegenüber Einzelnen nicht anwenden darf, während er es jedoch – im Gegensatz zum Gerichtshof – ablehnt, dies zur Unanwendbarkeit der entsprechenden nationalen Vorschriften auch im Rechtsstreitigkeiten zwischen Privaten führen zu lassen.[53]

Auch aus Anlass einiger anderer Entscheidungen ist die Frage nach einer gewissen direkten Wirkung von Richtlinien erneut aufgeflammt.[54] In diesem Zusammenhang ist die Frage aufgeworfen worden, ob eine der Richtlinie entgegenstehende nationale Norm ggf. unangewendet bleiben und insoweit eine gewisse Direktwirkung angenommen werden kann. In seinen Schlussanträgen zu Océano präzisiert GA *Saggio* die Wirkung der Richtlinie in diesem Fall dahingehend, dass sie gleichsam als Parameter für die Rechtmäßigkeit der in der Quellenhierarchie niedriger stehenden nationalen Norm dient und unterscheidet die Eignung hierzu von der unmittelbaren Wirkung ieS., d. h. von der Möglichkeit, sich in einem gerichtlichen Verfahren auf die Richtlinienvorschrift zu berufen.[55]

Von Teilen des Schrifttums werden u. a. die soeben benannten Entscheidungen als Ansatz gedeutet, nach dem die Richtlinie zumindest zur Unanwendbarkeit des ihr

52 EuGHE 2000 I-7535, Rdn. 45 ff. Unilever Italia: Rdn. 50 f.
53 GA *Jacobs*, Schlussanträge in EuGHE 2000 I-7535, 7554 ff.
54 Zu nennen sind hier neben den soeben diskutierten u. a. die Entscheidungen 1997 I-2195 Draehmpaehl; 1997 I-6843 Daihatsu; 2000 I-4941 Océano; 2000 I-6659 Collino und Chiappero; 2000 I-6711 Ferreia.
55 EuGHE 2000 I-4941, 4954 ff. Océano.

entgegenstehenden nationalen Rechts führen kann: Zumindest soll es möglich sein, dass das einer Umsetzungsnorm widersprechende allgemeine nationale Recht verdrängt wird; dies jedenfalls dann, wenn eine Umsetzungsnorm eine der Richtlinie entsprechende Verpflichtung vorsieht, diese also nicht erst unter (unzulässigem) Rückgriff auf die Richtlinie selbst begründet werden muss. Dieser Ansatz wird in verschiedenen Nuancen unter dem Stichwort der indirekten horizontalen Direktwirkung diskutiert und könnte eine Möglichkeit aufzeigen, das Verbot der horizontalen Direktwirkung in bestimmten eng begrenzten Konstellationen zurückzunehmen, für die es seiner sachlichen Begründung nach nicht gelten muss, weil und soweit es nicht zu einer Verpflichtung bzw. Belastung Privater unmittelbar aufgrund der Richtlinie kommt.[56] Als erhellend erweisen sich in diesem Zusammenhang etwa auch die Schlussanträge des GA *Alber* zu Collino und Chiappero, in denen dieser die Besonderheit des vorliegenden Falles hervorhebt, „in dem es nicht um die direkte Anwendung einer bisher nicht in nationales Recht umgesetzten Richtlinienvorschrift geht. Gegenstand (des Rechtstreits sei) vielmehr die Frage, ob eine im nationalen Recht vorgesehene Sonderregelung, wenn sie mit der Richtlinie unvereinbar ist, unangewendet bleiben muss und stattdessen die gemeinschaftsrechtskonforme allgemeine nationale Umsetzungsbestimmung angewendet werden soll". Der GA hält dies unter Berufung auf die alle mitgliedstaatlichen Organe treffende Pflicht, der Richtlinie Geltung zu verschaffen, trotz möglicher mittelbarer bzw. faktischer Belastungen des einzelnen für möglich, „solange die auf der Richtlinie beruhende Rechtswirkung für den einzelnen durch das nationale Recht vermittelt wird".[57]

Dieser Ansatzes ist etwa zur Bewältigung der Probleme angedacht worden, welche die Heininger Entscheidung des EuGH im Hinblick auf die Regelung des Widerrufsrechts für Realkreditverträge von Verbrauchern aufgeworfen hat, die in einer Haustürsituation abgeschlossen wurden. Die Entscheidung erging noch zur alten Rechtslage vor der Schuldrechtsreform und erklärt neben dem Ausschluss eines Widerrufsrechts für Realkreditverträge, die zugleich Haustürgeschäfte sind, auch die zeitliche Begrenzung des Widerrufsrechts durch § 7 II VerbrKrG im nationalen Recht für den Fall, dass eine Belehrung des Verbrauchers nicht erfolgt ist, für richtlinienwidrig.[58] Beide Fragen sind auch nach der Schuldrechtsreform und der Eingliederung der Verbraucherschutzgesetze ins BGB zunächst weiterhin aktuell geblieben, weil sowohl die Vorrangregel zugunsten des VerbrKrG (§ 312 a BGB) mit

---

56 Zur Theorie der indirekten horizontalen Direktwirkung *Reich*, NJW 1999, 2397, 2401; *ders.*, Bürgerrechte (1999), 106 f.; *Reich/Rörig*, EuZW 2002, 87, 88 f.; *Streinz*, Europarecht, Rdn. 405; differenzierend und krit. zu der benannten Theorie als solcher *Rörig*, Direktwirkung (2001), 56 ff. und 124 ff., 136: mit ausführlicher Auswertung der Rspr. Danach ist allein darauf abzustellen, ob dem einzelnen unmittelbar unter Rückgriff auf die RL Verpflichtungen auferlegt werden; in dieser Richtung wohl auch *Stuyck/Wytinck*, CMLR 1991, 205, 211 f.; *ders.*, CMLR 2001, 719, 733 ff. m. w. N. Interessant zur Entscheidung EuGHE 2000 I-7535, Rdn. 50 f. Unilever Italia auch *Gundel*, EuZW 2001, 143, 144 ff., der das Urteil als Ausweitung der unmittelbaren Wirkung in Horizontalverhältnisse deutet, soweit es nicht um den Entzug von Individualrechten, sondern um das Abschneiden der Berufung auf (wegen Richtlinienwidrigkeit nicht durchsetzbare) staatliche Verpflichtungen geht.

57 Schlussanträge des GA *Alber* in: EuGHE 2000 I-6659, 6669 ff.

58 EuGHE 2001 I-9945, Rdn. 26 ff., 41 ff. Heininger.

der Folge des Ausschlusses eines Widerrufsrechts für Realkreditverträge (§ 491 III BGB) als auch die zeitliche Befristung des Widerrufsrechts (nunmehr allgemein für ein einheitliches Widerrufsrecht in § 355 III BGB) Eingang in die Neuregelung gefunden haben. Soweit die Richtlinienwidrigkeit nicht durch richtlinienkonforme Auslegung der benannten Vorschriften auszuräumen sei – etwa in der Weise, dass §§ 312 a nur insoweit einen Vorrang des Verbraucherdarlehensrechts begründet, als dieses dem Verbraucher mindestens ebenso viel Schutz gewährt, wie das Haustürwiderrufsrecht bzw. dass 491 III BGB nicht auch Kreditverträge erfasst, die zugleich Haustürgeschäfte sind, oder dass § 355 III teleologisch um die Fallgruppe der Haustürgeschäfte reduziert wird[59] – wurde vorgeschlagen, die nationalen Vorschriften, die das Widerrufsrecht für die dem EuGH vorliegende Fallgruppe ausschließen bzw. begrenzen, nicht anzuwenden.[60] Dem soll auch die st.Rspr. des EuGH zur Unzulässigkeit der horizontalen Direktwirkung von Richtlinien nicht entgegenstehen, weil das Widerrufsrecht an sich durch das deutsche Umsetzungsrecht vorgesehen sei und nur seine richtlinienwidrige Einschränkung (mithin der Umsetzungsnorm widersprechendes allgemeines nationales Recht) korrigiert werde.[61] Nicht zuletzt zeigt diese Argumentation, wie dicht hier richtlinienkonforme Auslegung und Direktwirkung beieinander liegen. Das Ergebnis, das ein Teil des Schrifttums über die besondere Direktwirkungskonstellation zu erreichen sucht, lässt sich ebenso über den Ansatz der richtlinienkonformen Auslegung erzielen, wenn man diesen entsprechend weit versteht.[62] Speziell im Fall Heininger hat nunmehr auch der BGH auf letztere Lösung zurückgegriffen. Danach sind die Vorgaben des EuGH mittels richt-

---

59 Zu den Korrekturvorschlägen im Wege richtlinienkonformer Auslegung etwa *Fischer*, DB 2002, 727, 729 ff.; *Hoffmann*, ZIP 2002, 145, 150 ff.; *Rörig*, EuZW 2002, 87, 88 f.; ablehnend *Habersack/Mayer*, WM 2002, 253, 256 ff. – krit.; *Hochleitner/Wolf/Großerichter*, WM 2002, 529 ff.; Überblick zum Streitstand auch in der Heininger-Entscheidung des BGH, BGHZ 150, 248 (250 ff.); krit. hierzu *Franzen*, JZ 2003, 321, 324 ff.

60 Dazu *Fischer*, DB 2002, 727, 730 m. w. N.; *Reich/Rörig*, EuZW 2002, 87, 88 f.; a. A. etwa *Habersack/Mayer*, WM 2002, 253, 256, 258; *Hoffmann*, ZIP 2002, 145, 150, 152.

61 Vgl. zur Theorie der indirekten horizontalen Direktwirkung in diesem Zusammenhang etwa *Reich/Rörig*, EuZW 2002, 87, 88 f.; die diese These etwa durch die Rspr. des EuGH in Sachen Océano bestätigt sehen. Allerdings finden sich diesbzgl. Anhaltspunkte wohl eher in den dortigen Schlussanträge des GA – wonach eine der Richtlinie zu entnehmende Missbräuchlichkeit einer Klausel über eine Gerichtsstandsvereinbarung trotz fehlender Umsetzung der Richtlinie die Anwendung des gegenteiligen nationalen Verfahrensrechts ausschließen soll, weil die Richtlinie insoweit (im Unterschied zur unmittelbaren Anwendung ieS.) zumindest als Parameter für die Rechtmäßigkeit der in der Quellenhierarchie niedriger stehende Rechtsnorm herangezogen werden könne (vgl. GA *Saggio*, Schlussanträge in EuGHE 2000 I-4941, 4954 ff. Océano m. w. N. und unter Hinweis auf entsprechende Tendenzen in EuGHE 1996 I-2201 CIA Security; 1996 I-1829 Ruiz Bernáldez und 1998 I-2191 Bellone) – der EuGH verweist auch hier lediglich auf den Weg der richtlinienkonformen Auslegung – dazu, sowie zur Bewertung der Océano-Entscheidung im Hinblick auf das Problem der Direktwirkung auch *Stuyck*, CMLR 38 (2001), 719, 733 ff.

62 So ist die Verortung der Problematik bei der Direktwirkung nicht zwingend, kann doch der Ansatz – bei entsprechend weitem Verständnis – auch als Argumentationslinie zu Reichweite und Grenzen der richtlinienkonformen Auslegung dienen – so wohl bei *Rörig* – und zeigt auch der EuGH in den Entscheidungen, die den Anstoß zu den dargestellten Spekulationen über mögliche Konstellationen einer Direktwirkung bilden, deutlich die Tendenz, die von ihm gewünschten Ergebnisse statt über die von ihm abgelehnte Direktwirkung über eine Ausweitung des Instruments der richtlinienkonformen Auslegung zu erreichen – dazu *Stuyck*, CMLR 38 (2001), 719, 734 ff.

linienkonformer Auslegung ins nationale Recht umzusetzen, insbes. ist § 312 a BGB dahingehend richtlinienkonform einschränkend auszulegen, dass er insoweit keinen Vorrang des Verbraucherkreditrechts statuiert, als dieses kein gleich weit reichendes Widerrufsrecht wie die Vorschriften zum Wiederruf von Haustürgeschäften gewährt.[63] Auch der Bundesgesetzgeber hat umgehend reagiert und eine Änderung der durch das Heininger-Urteil des EuGH betroffenen Vorschriften vorgenommen.[64]

Betrachtet man die Entscheidungspraxis des Gerichtshofs jenseits der oben aufgeführten Urteile, die besondere Konstellationen betrafen, so ist jedoch zu konstatieren, dass der EuGH in Entscheidungen, die typische rechtsangleichende Richtlinien betreffen, nach wie vor zurückhaltend ist. So etwa führt er in den Urteilen in Sachen Bellone bzw. Centrosteel zwar aus, dass die RL 86/653 es ausschließt, dass die Gültigkeit eines Handelsvertretervertrages von der Eintragung des Handelsvertreters in das Handelsregister abhängig gemacht wird, weil die Regelung der Gültigkeitsvoraussetzungen eines Handelsvertretervertrags in der Richtlinie insofern abschließend sei.[65] Er weist in diesem Zusammenhang jedoch ausdrücklich auf die Unzulässigkeit horizontaler Direktwirkung hin und löst den Fall schließlich über die Grundsätze der richtlinienkonformen Auslegung auf. Das vorlegende Gericht habe bei der Anwendung der Rechtsvorschriften bzw. einer gefestigten nationalen Rspr. diese so auszulegen, dass sie im Einklang mit den Zielen der Richtlinie angewandt werden können.[66]

I. E. hält der EuGH demnach weiterhin an der Ablehnung der horizontalen Direktwirkung von Richtlinien fest. Nach seiner ständigen und grds. gefestigten Rspr. dürfen Richtlinien nicht unmittelbar angewandt werden, wenn es darum geht, Rechte und Pflichten zwischen Privatrechtssubjekten zu begründen. Davon ist in der Praxis auszugehen. Nur dieses Ergebnis trägt den Zielvorstellungen Rechnung, das der aktuellen Strategie der Privatrechtsangleichung durch Richtlinien zugrunde liegt – nämlich dem nationalen Gesetzgeber eine schonende Einpassung der gemeinschaftsrechtlichen Vorgaben in die mitgliedstaatliche Rechtsordnung zu ermöglichen und ihm einen gewissen Souveränitätsrest bei der Übernahme der Gemeinschaftsregelung zu erhalten.[67]

Im Privatrecht – und jenseits der oben angedeuteten möglichen Ausnahme, die überdies dringend einer weiteren Präzisierung durch den Gerichtshof bedürfte – verlagert sich deshalb das Gewicht auf die anderen verfügbaren Instrumente, defizi-

---

63 Vgl. BGHZ 150, 248 (251 ff.) mit ausführlicher Begründung und Nachweis der Lit.; *Franzen*, JZ 2003, 321, 325 ff. – krit.; *Schmidt-Räntsch*, ZIP 2002, 1100 ff.; *Staudinger*, JuS 2002, 953, 954.
64 So u. a. eine Herausnahme des Immobiliardarlehens aus dem Ausnahmekatalogs des § 491 III BGB und die Streichung der Widerrrufsbefristung des § 355 III BGB bei fehlerhafter oder unterbliebener Belehrung sowie eine Bereinigung der Konkurrenzregeln der §§ 312 a und d BGB – vgl. dazu das OLG-Vertretungsänderungsgesetz BGBl. 2002 I, 2850, 2856 f.; dazu *Franzen*, JZ 2003, 321, 328 f.; *Meinhof*, NJW 2002, 2273 ff.; *Schmidt-Räntsch*, ZIP 2002, 1100 ff.; *Staudinger*, JuS 2002, 953, 956.
65 Vgl. zu dieser Auslegung EuGHE 1998 I-2191, Rdn. 14 f. Bellone.
66 EuGHE 2000 I-6007, Rdn. 14 ff. Centrosteel.
67 *Grundmann*, Europäisches Schuldvertragsrecht (1999), 23, 110 m. w. N.; *ders.*, JuS 2002, 768 f.

tär umgesetzten Richtlinien angemessene Wirkung im nationalen Recht zu verschaffen. In der Konstellation der Begünstigung eines Privatrechtssubjekts zu Lasten eines anderen (Horizontalverhältnis) kann eine nicht (korrekt) umgesetzte Richtlinie nur nach den Grundsätzen der richtlinienkonformen Auslegung Vollwirkung entfalten. Ansonsten muss auf die Staatshaftung zurückgegriffen werden.

2. Richtlinienkonforme Auslegung

Neben der unmittelbaren Anwendbarkeit stellt die richtlinienkonforme Auslegung des nationalen Rechts eine weitere Möglichkeit dar, den Richtlinien der Gemeinschaft effektive Geltung zu verschaffen, auch wenn die Umsetzung ausgeblieben ist oder Mängel aufweist. Im Privatrecht, wo nach dem oben Gesagten eine horizontale Direktwirkung von Richtlinien nicht in Betracht kommt, weil und soweit es um die Beurteilung des Verhältnisses zwischen (echten[68]) Privatrechtssubjekten geht, ist das Instrument der richtlinienkonformen Auslegung von besonderer Bedeutung.[69]

a) Die Pflicht zur richtlinienkonformen Auslegung – Funktion, Grundlagen und prinzipieller Umfang

Die Pflichten der Mitgliedstaaten im Zusammenhang mit dem Erlass von Richtlinien umfassen nach der (seit den 80er Jahren) st.Rspr. des EuGH nicht nur die fristgemäße und korrekte Umsetzung solcher Richtlinien, sondern auch die richtlinienkonforme Auslegung des gesamten nationalen Rechts;[70] d. h. sowohl die gerade zum Zwecke der Umsetzung erlassenen oder bestimmten Vorschriften als auch die der übrigen Rechtsordnung sind im Lichte der Richtlinie auszulegen. Das gilt auch unabhängig davon, ob die Normen der nationalen Rechtsordnung älteren oder neueren Datums als die betreffende Richtlinie sind:[71] Nach der st.Rspr. des EuGH muss jedes nationale Gericht, soweit es bei der Anwendung des nationalen Rechts – gleich, ob es sich um vor oder nach der Richtlinie erlassene Vorschriften handelt – dieses Recht auszulegen

---

68 Zur Ausweitung des Staatlichkeitsbegriffs in diesem Zusammenhang vgl. etwa *Emmert*, Europarecht, § 15, Rdn. 20 f.; *Iglesias/Riechenberger*, FS Everling (1995), 1213, 1219; *Götz*, NJW 1992, 1849, 1856; *Steindorff*, EG-Vertrag und Privatrecht (1996), 437 f.

69 *Beljin*, EuR 37 (2002), 351, 359; *Grundmann*, Europäisches Schuldvertragsrecht (1999), 113; *Gundel*, EuZW 2001, 143 f.; Heß, JZ 1995, 150 f.; *Steindorff*, EG-Vertrag und Privatrecht (1996), 450.

70 Allgemein zur Pflicht der richtlinienkonformen Auslegung vgl. etwa *Beljin*, EuR 37 (2002), 351, 358 ff.; *Brechmann*, Richtlinienkonforme Auslegung (1994), 31 ff.; *Craig*, ELR 22 (1997), 519, 524 ff.; *Franzen*, Privatrechtsangleichung (1999), 291 ff.; *Grundmann*, Europäisches Schuldvertragsrecht (1999), 111 ff.; *Gundel*, EuZW 2001, 143, 144; *Iglesias/Riechenberg*, FS Everling (1995), 1213 ff.; *Klauer*, Europäisierung (1998), 49 ff.; *Pfeiffer*, in: Hohloch (Hrsg.), EU-Richtlinien und ihre Umsetzung (2001), 9, 12; *Rörig*, Direktwirkung (2001), 103 ff.; *Roth*, FS 50 Jahre BGH (2000) II, 847, 874; *Rüffler*, ÖJZ 1997, 121 ff.; *Zuleeg*, in: Schulze (Hrsg.), Auslegung (1999), 163 ff.

71 Vgl. EuGHE 1993, I-6911, Rdn. 20 Wagner Miret; 1994, I-3325, Rdn. 26 Faccini Dori; 1997, I-4961, Rdn. 43 Dorsch Consult; 1998 I-5199, Rdn. 18 Coote; 2000 I-6007, Rdn. 15 f. Centrosteel; 2002 I-2209, Rdn. 18 Axa Royal Belge SA; *vgl. auch Classen*, EuZW 1993, 83, 87; *Heß*, JZ 1995, 150 f.; *Hilf*, EuR 28 (1993), 1, 15; *Iversen*, in: Gemeinschaftsrecht und IPR (1994), 304; *Jarass*, Grundfragen (1994), 89 f.; *Krebber*, ZVglRWiss 97 (1998), 124, 128 f.; *Ress*, DöV 1994, 489 f.; *Schnorbus*, AcP 201 (2001), 860, 864 f.; *Sonnenberger*, in: MüKo, Einl. IPR, Rdn. 194.

hat, seine Auslegung so weit wie möglich am Wortlaut und Zweck der Richtlinie ausrichten, um das mit dieser verfolgte Ziel zu erreichen und auf diese Weise Artikel 249 III EG nachzukommen.[72] Diese Pflicht zur richtlinienkonformen Auslegung setzt nach der im Schrifttum überwiegend vertretenen Ansicht allerdings erst nach Ablauf der Umsetzungsfrist[73] – bzw. im Falle früherer Transformation nach erfolgter Umsetzung – ein,[74] um dem nationalen Gesetzgeber die Entscheidungsfreiräume hinsichtlich der Form und der Mittel der Umsetzung nicht zu beschneiden.

Der Grundsatz der richtlinienkonformen Auslegung kommt zum einen im Bereich bereits umgesetzter Richtlinien zum Zuge, denn die Richtlinie bildet nach ihrer Umsetzung dauerhaft einen Maßstab für die Auslegung des Rechts der Mitgliedstaaten.[75] In Verbindung mit dem Auslegungsmonopol des EuGH hinsichtlich der Richtlinie, wie es in Art. 234 I EG verankert ist,[76] sichert der Grundsatz der richtlinienkonformen Auslegung die gleichmäßige und effektive Durchsetzung des Richtlinienstandards in allen Mitgliedstaaten der Gemeinschaft.

Eine mindestens ebenso wichtige Funktion erfüllt das Instrument der richtlinienkonformen Auslegung jedoch auch dort, wo Umsetzungsdefizite bestehen. Dadurch ist es ermöglich, Umsetzungsfehler oder -unterlassungen in gewissen – wenn auch im

---

72 IdS. etwa EuGH 1984, 1891, Rdn. 26 von Colson und Kamann; 1984, 1921, Rdn. 26 Harz; 1988, 4635, Rdn. 39 Beentjes; 1989, 3533, Rdn. 6 Nijman; 1990 I-4135, Rdn. 8 ff. Marleasing; 1993 I-4947, Rdn. 7 Vanacker und Lesage; 1993 I-6911, Rdn. 20 Wagner Miret; 1994 I-3325, Rdn. 26 Faccini Dori; 1996 I-4705, Rdn. 41 Arcaro; 1997 I-1729, Rdn. 18 Phytheron; 1997 I-4961, Rdn. 43 Dorsch Consult; 1998 I-5199, Rdn. 18 Coote; 1998 I-5411, Rdn. 18 Evobus Austria; 2000 I-4941, Rdn. 30 f. Océano; 2000 I-6007, Rdn. 16 Centrosteel; 2002 I-2209, Rdn. 18 Axa Royal Belge SA.

73 *Götz*, NJW 1992, 1849, 1854; *Langenfeld*, IPRax 1993, 155, 157; *Nettesheim*, AöR 119 (1994), 261, 277; *Sonnenberger*, in: MüKo, Einl. IPR, Rdn. 194; *Steindorff*, EG-Vertrag und Privatrecht (1996), 455; *Zöckler*, JbJZ 1992, 141, 149 f.; Bezugnahme dafür etwa auf EuGHE 1979, 1629, Rdn. 41 ff. Ratti; 1994 I-763, Rdn. 16 Vaneetveld, die jedoch die unmittelbare Anwendbarkeit betreffen.

74 *Brechmann*, Richtlinienkonforme Auslegung (1994), 264 f.; *Lutter*, JZ 1992, 593, 605. Auch *Ehrikke*, RabelsZ 59 (1995), 598, 621 f. und EuZW 1999, 553, 554 ff., 558 f. m. w. N. akzeptiert eine richtlinienkonforme Auslegung vor Ablauf der Umsetzungsfrist (nur) für den Fall, das die RL bereits in nationales Recht umgesetzt wurde – dann allerdings beruhe die Pflicht zur richtlinienkonformen Auslegung zunächst allein auf nationalem Recht; so auch *Jarass*, EuR 26 (1991), 211, 221; *ders.*, Grundfragen (1994), 92; vgl. des Weiteren *Everling*, ZGR 1992, 376, 383; *Roth*, ZIP 1992, 1054, 1056; *Rüffler*, ÖJZ 1997, 121, 125; **a. A.** *Curtin*, CMLR 27 (1990), 709, 719 mit Fn. 54; *Franzen*, Privatrechtsangleichung (1999), 300 ff.; *Scherzberg*, Jura 1993, 225, 232; Bezugnahme hierfür etwa auf EuGHE 1987, 3969, Rdn. 15 Kolpinghuis Nijmegen; 1997 I-7411, Rdn. 40 ff. Inter Environnement Walloni. I. E. sind die Verweise beider Lager auf die EuGH-Rspr. des EuGH angreifbar. Eine klare und explizite Entscheidung durch den EuGH steht noch aus.

75 Siehe zu der Pflicht zur richtlinienkonformen Auslegung nach der Umsetzung der Richtlinie etwa EuGHE 1984, 1891, Rdn. 15 ff., 26 Von Colsen und Kamann; 1992 I-131, Rdn. 3, 7 ff. Ermittlungsverfahren gegen X; 1993 I-4947, Rdn. 7 Vanacker und Lesage; 1993 I-6911, Rdn. 20 f. Wagner Miret; 1994 I-1657, Rdn. 10 Habermann-Beltermann; 1998 I-5199, Rdn. 18 Coote; *Beutler/Bieber/Pipkorn/Streil*, Die Europäische Union, Rdn. 396; *Geiger*, Art. 249, Rdn. 12 ff.; *Krebber*, ZVglRWiss 97 (1998), 124, 128 f.; *Ress*, DöV 1994, 489, 490; *Rörig*, Direktwirkung (2001), 96; *Streinz*, Europarecht, Rdn. 393 a.

76 Gemäß Art. 234 EG ist dem EuGH die Zuständigkeit zur Auslegung des primären und sekundären Gemeinschaftsrechts sowie die Gültigkeitskontrolle hinsichtlich der Handlungen der Gemeinschaftsorgane übertragen. Vgl. dazu *Oppermann*, Europarecht, Rdn. 756 ff.; *Streinz*, Europarecht, Rdn. 556 ff.; *Wegener*, in: Calliess/Ruffert, Art. 234, Rdn. 4 ff.

Einzelnen umstrittenen – Grenzen auszugleichen und damit die tatsächliche Durchsetzung des Gemeinschaftsrechts in den Mitgliedstaaten auch im Falle von Umsetzungsmängeln zu verbessern. Insbes. kommt auch in Fällen, in denen eine unmittelbare Anwendung der Richtlinienbestimmungen nach dem oben Gesagten ausscheidet, weil etwa Rechte und Pflichten zwischen Privatrechtssubjekten begründet werden sollen, noch immer eine richtlinienkonforme Auslegung des nationalen Rechts in Betracht. Gerade in diesen Fällen ist dieses Institut deshalb von besonderer Bedeutung.[77] I. E. kann auf diesem Wege das Verbot der unmittelbaren Anwendung von Richtlinien im Horizontalverhältnis teilweise ausgeglichen und – allerdings auf zulässigem Wege und legitimiert durch die Einhaltung bestimmter Grenzen, die sich aus der Natur der Richtlinie und ihrem Verhältnis zum nationalen Recht ergeben – praktisch ein ähnliches Ergebnis erreicht werden.[78] Entscheidender Unterschied zwischen unmittelbarer Anwendung und richtlinienkonformer Auslegung, der auch die teilweise „Unterwanderung" des Verbots der unmittelbaren Anwendung von Richtlinien zu rechtfertigen vermag, ist jedoch, dass bei der richtlinienkonformen Auslegung die Verpflichtung des einzelnen nicht allein durch die Richtlinie neu begründet, sondern das gewünschte Ergebnis auf die eine oder andere Weise einer nationalen Rechtsnorm entnommen wird. Mögen auch die Grenzen, in denen das zulässig ist, im Einzelnen umstritten sein, so besteht jedenfalls mit der nationalen Regelung eine dem Bürger gegenüber verbindliche Grundlage.[79]

Unbeschadet der weitgehenden grds. Anerkennung einer Pflicht zur richtlinienkonformen Auslegung werden hinsichtlich ihrer dogmatischen Grundlage unterschiedliche Ansichten vertreten.[80] Während einige Autoren diese Pflicht auf Art. 249 EG iVm. der rechtsfortbildenden Rspr. des EuGH zurückführen,[81] wird sie von anderen

---

77 *Classen*, EuZW 1993, 83, 86 f.; *Curtin*, CMLR 27 (1990), 709, 723 ff.; *Gellermann*, Beeinflussung, 107; *Grundmann*, Europäisches Schuldvertragsrecht (1999), 113; Heß, JZ 1995, 150 f.; *Jarass*, EuR 26 (1991), 211, 215 f., 222; *ders.*, Grundfragen (1994), 89 ff.; *Langenfeld*, in: Siedentopf (Hrsg.), Europäische Integration und nationalstaatliche Verwaltung (1991), 178; *Ress*, DöV 1994, 489 ff.; *Rörig*, Direktwirkung (2001), 135; *Rüffler*, ÖJZ 1997, 121, 122; *Schön*, Die Auslegung europäischen Steuerrechts (1993), 44 f. – und zwar gerade auch dann, wenn der fragliche Mitgliedstaat die Richtlinie nicht (fristgemäß) umgesetzt hat; dazu EuGHE 1990 I-4135, Rdn. 4, 8 ff. Marleasing; ebenso bei EuGHE 2000 I-4941, Rdn. 30 ff. Océano; *Krebber*, ZVglRWiss 97 (1998), 124, 131; *Langenfeld*, IPRax 1993, 155, 157; *Ress*, a. a. O., 489 f.

78 *Götz*, NJW 1992, 1849, 1854 – krit.; *Grundmann*, Europäisches Schuldvertragsrecht (1999), 113 ff.; *ders.*, JuS 2002, 768, 769, 770; *Jarass*, EuR 26 (1991), 211, 212; *Hergenröder*, FS Zöllner (1998), 1139, 1150; *Krebber*, ZVglRWiss 97 (1998), 124, 131; *Langenfeld*, IPRax 1993, 155, 157; *Oppermann*, Europarecht, Rdn. 560, der insofern von „eine(r) Art indirekter Drittwirkung von EG-Richtlinien im Privatrechtsverkehr" spricht; *Ress*, DöV 1994, 489, 490, sowie zur Kritik S. 493 ff.; *Rörig*, Direktwirkung (2001), 135 f.; *Schnorbus*, AcP 201 (2001), 860, 865 f.; *Streinz*, Europarecht, Rdn. 405.

79 *Gellermann*, Beeinflussung (1994), 111; *Langenfeld*, a. a. O.; *Rörig*, Direktwirkung (2001), 136; *Ruffert*, in: Calliess/Ruffert, Art. 249, Rdn. 111 m. w. N.; krit. sehen das etwa *Curtin*, CMLR 1990, 709, 723 ff.; *Klauer*, Europäisierung (1998), 54 ff.: Problem der Ergebnisgleichheit, verschiedene Wirkung in einzelnen Mitgliedstaaten abhängig davon, inwieweit Gerichte Möglichkeit zur Auslegung sehen.

80 Überblick etwa bei *Brechmann*, Richtlinienkonforme Auslegung (1994), 131 ff.; *Rörig*, Direktwirkung (2001), 91 ff. Dies hat Einfluss auf die Frage ob und inwieweit die richtlinienkonforme Auslegung Vorrang ggü. den nationalen Auslegungsmethoden hat – dazu unten § 10 III.2.b).

81 Vgl. dazu *Brechmann*, Richtlinienkonforme Auslegung (1994), 256 ff.; *Franzen*, Privatrechtsanbei dem Grundsatz vom Vorrang des Gemeinschaftsrechts[82] oder bei Art. 10 EG verortet;[83] bzw. soll sie sich primär aus nationalem Recht ergeben.[84] Eine (weitere) wichtige Stütze – auch für viele Autoren, welche die Pflicht zur richtlinienkonformen Auslegung aus dem Gemeinschaftsrecht ableiten – findet diese Pflicht in dem betätigten Umsetzungswillen des nationalen Gesetzgebers.[85] Der EuGH selbst stützt die Pflicht zur richtlinienkonformen Auslegung v. a. auf die verbindliche Wirkung der Richtlinie gem. Art. 249 Abs. 3 EG und ergänzend auf Art. 10 EG.[86]

b) *Das Verhältnis der Pflicht zur richtlinienkonformen Auslegung zum Kanon der nationalen Auslegungsmethoden*

Die Diskussion um die dogmatischen Grundlagen bildet den Hintergrund für eine zentrale Frage der richtlinienkonformen Auslegung: In Abhängigkeit von dem zugrunde gelegten dogmatischen Erklärungsansatz der Einwirkung von Richtlinien auf das nationale Recht wird nicht nur das Verhältnis zwischen richtlinienkonformer Auslegung und Direktwirkung von Richtlinien – die Frage also, welchem der beiden Instrumente Vorrang zukommt – unterschiedlich beurteilt.[87] Die unterschiedlichen Ansichten hierzu sind vielmehr auch für das Kernproblem im Rahmen der richtlinienkonformen Auslegung von wesentlicher Bedeutung – die Frage, welchen Rang die richtlinienkonforme Auslegung im Verhältnis zu den nationalen Auslegungsmethoden einnimmt, und in welchem Umfang sie sich somit im Falle fehlender oder fehlerhafter Umsetzung effektiv durchzusetzen vermag. Streitig ist, ob und inwieweit der richtlinienkonformen Auslegung im nationalen Kanon der Auslegungsmethoden Vorrang zukommt; und insbes., ob eine solche Auslegung ggf. auch gegen den Wortlaut und Sinn der nationalen Norm möglich ist. Von der Antwort auf diese Frage hängt nicht nur ab, welche Bedeutung die richtlinienkonforme Auslegung als Kor-

---

gleichung (1999), 294 ff., 297 ff. m. w. N. unter Berufung insbes. auf EuGHE 1997 I-7411, Rdn. 40 Inter-Environnement Wallonie; *Heinrichs*, NJW 1995, 153, 154; *Rüffler*, ÖJZ 1997, 121, 125 f.

82 Vgl. *Langenfeld*, DÖV 1992, 955, 964; dazu auch *Iversen*, in: Gemeinschaftsrecht und IPR (1994), 304 ff.

83 So etwa *Ehricke*, EuZW 1999, 553, 554; *Everling*, ZGR 1992, 376, 380; *Gellermann*, Beeinflussung (1994), 104; *Nettesheim*, AöR 119 (1994), 261, 268; *Piekenbrock/Schulze*, WM 2002, 521, 523 mit Fn. 31 – teilweise iVm. Art. 249 III – *Roth*, ZIP 1992, 1054, 1056; *Rörig*, Direktwirkung (2001), 98.

84 So *Hommelhoff*, FS 50 Jahre BGH (2000) II, 889, 892; vgl. auch *Ehricke*, RabelsZ 59 (1995), 598, 613 ff.

85 *Franzen*, Privatrechtsangleichung (1999), 303 ff., 309: ... kann man festhalten, dass der Gesetzeszweck der „korrekten Inkorporation einer Richtlinie in innerstaatliches Recht“, vermittelt über die Regelungsabsicht des historischen Gesetzgebers, mit hohem Gewicht in die Auslegungserwägungen des Rechtsanwenders einfließen kann.“; *Grundmann*, Europäisches Schuldvertragsrecht (1999), 116 ff. und JuS 2002, 768, 771; *Hommelhoff*, AcP 192 (1992), 71, 95 ff.; *Jarass*, EuR 26 (1991), 211, 217 f.; *ders.*, Grundfragen (1994), 89 f.; *Lutter*, JZ 1992, 593, 598; *Müller-Graff*, NJW 1993, 13, 21 f.; *Schnorbus*, AcP 201 (2001), 860, 880 ff.

86 EuGHE 1984, 1891, Rdn. 26 Von Colson und Kamann; 1990 I-4135, Rdn. 8 Marleasing; 1994 I-3325, Rdn. 26 Faccini Dori; 1998 I-5199, Rdn. 18 Coote; 2000 I-4941, Rdn. 30 Océano; 2002 I-2209, Rdn. 18 Axa Royal Belge SA; zu diesem Befund auch *Brechmann*, Richtlinienkonforme Auslegung (1994), 60 f.; *Ruffert*, in: Calliess/Ruffert, Art. 249, Rdn. 106.

87 Vgl. dazu den Überblick bei *Brechmann*, Richtlinienkonforme Auslegung (1994), 61 f. zur Praxis des EuGH, 131 ff. zur Analyse des Schrifttums.

rekturstrategie im Sachrecht zu entfalten vermag, sondern auch, inwieweit sie für kollisionsrechtliche Fragestellungen im Zusammenhang mit der Reichweite und Determinationskraft von Richtlinienvorgaben fruchtbar gemacht werden kann.

aa) Eckpunkte der Reichweite der Pflicht zur richtlinienkonformen Auslegung

Unstreitig setzt sich das Auslegungsergebnis der Richtlinie jedenfalls im Falle der ausnahmsweisen unmittelbaren Wirkung einer Richtlinie auch im nationalen Recht umfassend durch. Denn der Vorrang der Richtlinienregel vor jeglichem nationalen Recht verschafft auch der Richtlinienkonformität als Auslegungsziel ohne weiteres Vorrang vor den nationalen Auslegungsmethoden.[88] Dies betrifft allerdings nach oben Gesagtem lediglich bestimmte Fallgestaltungen im Vertikalverhältnis zwischen Bürger und Mitgliedstaat. Problematisch und umstritten ist die Situation hingegen dort, wo es um das Horizontalverhältnis zwischen Privatrechtssubjekten geht.

Insoweit kann heute als Grundkonsens gelten, dass die richtlinienkonforme Auslegung zumindest im Rahmen der nationalen Auslegungsmethoden zu berücksichtigen ist, d. h. dass unter den nach nationaler Hermeneutik möglichen Auslegungsvarianten eine oder die richtlinienkonforme zu wählen ist, wenn eine solche existiert.[89] Der Grundsatz der richtlinienkonformen Auslegung verlangt andererseits nicht, dass das nationale Gericht die Wirkung der Richtlinie um jeden Preis – etwa gegen eine eindeutige Verweigerungshaltung des nationalen Gesetzgebers – zur Geltung bringt. Er bleibt insoweit hinter dem zurück, was ggf. durch die unmittelbare Anwendung der Richtlinienbestimmungen möglich wäre; kann und darf keine Einführung der unmittelbaren Wirkung von Richtlinien im Horizontalverhältnis „durch die Hintertür" bewirken.[90]

---

88 Wobei dann allerdings von gemeinschaftskonformer Auslegung zu sprechen ist – *Schnorbus*, AcP 201 (2001), 860, 867; vgl. dazu auch *Brechmann*, Richtlinienkonforme Auslegung (1994), 255 f.; *Grundmann*, ZEuP 1996, 399, 409; *ders.*, JZ 1996, 274, 282; *Ehricke*, RabelsZ 1995, 598, 627 ff.; zur Unterscheidung von richtlinienkonformer und gemeinschaftskonformer Auslegung vgl. auch *Franzen*, Privatrechtsangleichung (1999), 299 f. – Rechtsformabhängigkeit der Voraussetzungen und Modalitäten des Gebots „konformer" Auslegung; vgl. auch *Ehricke*, a. a. O., 598, 603 f., 612 f.; *ders.*, EuZW 1999, 553, 554; vgl. auch EuGH 1988, 673, Rdn. 11 Murphy – dort allerdings zu einem Fall der Direktwirkung von Primärrecht.

89 Zu diesem grds. Befund *Grundmann*, Europäisches Schuldvertragsrecht (1999), 113 ff.; *ders.*, JuS 2002, 768, 770; *Schnorbus*, AcP 201 (2001), 860, 867 ff. m. w. N.

90 *Baldus/Becker*, ZEuP 1997, 874, 882; *Ehricke*, RabelsZ 59 (1995), 598, 616 f.; *Grundmann*, Europäisches Schuldvertragsrecht (1999), 111 ff., 116 ff.; *ders.*, JuS 2002, 768, 770 f.; *Jarass*, EuR 26 (1991), 211, 218; *Möllers*, Die Rolle des Rechts (1999), 70 ff.; *Rohe*, RabelsZ 61 (1997), 1, 8 f.; *Rörig*, Direktwirkung (2001), 154 f., 157 ff.; *Schön*, Die Auslegung europäischen Steuerrechts (1993), 44 f.; *Steindorff*, EG-Vertrag und Privatrecht (1996), 450 ff.; zur Bedeutung des Gesetzgeberwillens auch *Piekenbrock/Schulze*, WM 2002, 521, 524 f., 527; *Zöckler*, JbJZ 1992, 141, 150 ff.

bb) Die Kontroverse um den Umfang der Pflicht zur richtlinienkonformen Auslegung vor dem Hintergrund des Kanons der nationalen Auslegungsmethoden

Jenseits dieser Eckpunkte jedoch herrscht Streit um die genaue Reichweite der Pflicht zur richtlinienkonformen Auslegung und ihr Verhältnis zur nationalen Hermeneutik.[91]

Nach einer im Schrifttum vertretenen Ansicht, kommt der Pflicht zur richtlinienkonformen Auslegung ein genereller Vorrang gegenüber den nationalen Auslegungsmethoden zu. Die Richtlinienkonformität ist insoweit oberstes Auslegungsziel und setzt sich gegen jede andere Auslegungsmethode durch. Zur Begründung dieser These stützen sich die Autoren häufig auf den Vorrang des Gemeinschaftsrechts, an dem insoweit auch Richtlinien teilnehmen sollen.[92] Einige Vertreter dieser Ansicht nehmen dabei auch keine Rücksicht auf die äußerste Wortlautgrenze: Diese soll ggf. dann überschritten werden dürfen, wenn dies nicht dem erkennbaren Normzweck (oder der Gesamtrechtsordnung) widerspricht.[93]

Dem steht ein zweites Hauptlager anderer Autoren gegenüber, die einen solchen generellen Vorrang der richtlinienkonformen Auslegung vor den nationalen Auslegungsmethoden ablehnen und – in unterschiedlichen Nuancierungen – die richtlinienkonforme Auslegung nur im Rahmen des Auslegungskanons des nationalen Rechts zulassen.[94] Mangels Anwendungsvorrang der Richtlinie als nur mittelbar wirkendem EG-Recht soll auch ein Vorrang der richtlinienkonformen Auslegung –

---

91 Zum Meinungsstreit um die Reichweite und die Grenzen der richtlinienkonformen Auslegung siehe etwa *Brechmann*, Richtlinienkonforme Auslegung (1994), 131 ff., 213 ff. mit ausführlicher Darstellung und Auswertung des Streitstandes; *Franzen*, Privatrechtsangleichung (1999), 338 ff.; *Grundmann*, ZEuP 1996, 399, 402 ff.; *ders.*, Europäisches Schuldvertragsrecht (1999), 113 ff.; *ders.*, JuS 2002, 768, 770; *Hoffmann*, ZIP 2002, 145, 150 f.; *Iversen*, in: Gemeinschaftsrecht und IPR (1994), 304 ff.; *Schnorbus*, AcP 201 (2001), 860, 867 ff.; *Schön*, Die Auslegung europäischen Steuerrechts (1993), 41 ff.; *Vogenauer*, ZEuP 1997, 158, 162 ff.

92 Ausführliche Darstellung dieser Ansicht bei *Brechmann*, Richtlinienkonforme Auslegung (1994), 131 ff.; vgl. in dieser Richtung *Dendrinos*, Rechtsprobleme der Direktwirkung (1989), 169 f., 200, 283 f., 288 ff.; *Iversen*, in: Gemeinschaftsrecht und IPR (1994), 305 ff.; *Lutter*, JZ 1992, 594 ff., 604 f. mit Fn. 135, 607; *Schön*, Die Auslegung europäischen Steuerrechts (1993), 38 ff.; *Spetzler*, RIW 1991, 579, 580. Z. G. *Brechmann*, a. a. O., 131 ff., der in seiner umfassenden Darstellung des Streitstandes ein völkerrechtsnahes und ein bundesstaatsähnliches Erklärungsmodell unterscheidet. Die Auslegungspflicht soll sich insoweit jeweils aus der innerstaatlichen Geltung der Richtlinie ergeben, sich bezieht auf das gesamte nationale Recht beziehen und ihre Grenze ggf. in Wortlaut/sinn bzw. in allgemeinen Grundsätzen des Gemeinschaftsrechts finden – vgl. etwa *Iversen*, a. a. O., 307; *Lutter*, JZ 1992, 606; *Schön*, a. a. O.

93 Insofern besonders weitgehend *Dendrinos*, Rechtsprobleme der Direktwirkung (1989), 288 ff.; i. E. wohl auch *Everling*, ZGR 1992, 376, 388; *Lutter*, JZ 1992, 593, 607; mit dem Hinweis auf die Möglichkeit, mittels Rechtsfortbildung richtlinienkonforme Ergebnisse zu erzielen, etwa *Hergenröder*, FS Zöllner (1998), 1139, 1147 ff.; *Möllers*, EuR 33 (1998), 20, 42 ff. übergeht die Wortlautschranke mit dem Hinweis, bei unzureichender Umsetzung bestehe eine durch Rechtsfortbildung zu schließende planwidrige Regelungslücke; *ders.*, Die Rolle des Rechts (1999), 70 ff.; ähnlich *Schnorbus*, AcP 201 (2001), 860, 882 ff.

94 So etwa *Dänzer-Vanotti*, RIW 1991, 754 f.; *Di Fabio*, NJW 1990, 947, 950 ff.; sehr restriktiv auch *Scherzberg*, Jura 1993, 225, 232. Vgl. z. G. *Brechmann*, Richtlinienkonforme Auslegung (1994), 213 ff.

abgesehen von unmittelbar anwendbaren Bestimmungen – ausscheiden, sonst werde das Konzept der Richtlinie, das Flexibilität und Schonung der nationalen Rechtsordnung gewährleisten soll, torpediert.[95]

Diesem Grundansatz lässt sich der überwiegende Teil der Literatur zuschlagen.[96] Mit verschiedener Begründung und unterschiedlicher Grenzziehung im Einzelnen (etwa bei Wortlaut- bzw. -sinn oder gesetzgeberischer Intention) wird eine Pflicht zur richtlinienkonformen Auslegung nur im Rahmen der nationalen Auslegungsspielräume befürwortet; einer möglichen richtlinienkonformen Interpretation in diesem Sinne wird jedoch zumeist ein wertungsmäßiger Vorrang eingeräumt, sofern eine nationale Auslegungsmethode zu einem richtlinienkonformen Ergebnis führt.[97] Vom Boden dieser Ansicht aus wird die Grenze der Auslegbarkeit der nationalen Norm konsequent beachtet. Allerdings wird insofern auch vielfach darauf hingewiesen, dass der in einem Transformationsprozess manifestierte Umsetzungswille des nationalen Gesetzgebers besondere legitimierende Bedeutung habe, und überdies teilweise auf die Möglichkeit einer Rechtsfortbildung im Rahmen der nationalen Methodenlehre hingewiesen.[98]

Keine der beiden Grundpositionen kann sich indes vollumfänglich auf die Rspr. des EuGH berufen. Dessen Stellungnahme ist jedoch für die Pflicht zur richtlinienkonformen Auslegung von maßgeblicher Bedeutung. Denn – wie u. a. *Brechmann* deutlich herausgestellt hat – beruht die Pflicht zur richtlinienkonformen Auslegung des nationalen Rechts als spezielle Ausprägung der allgemeinen Frage nach der Bedeutung des Gemeinschaftsrechts für das nationale Recht auf einem zweifachen Ansatz. Das Verhältnis von Richtlinie und nationaler Norm als Rechtsregeln zweier getrenn-

---

95 Vgl. dazu *Brechmann*, Richtlinienkonforme Auslegung (1994), 168 ff., 194, 205, 218 ff., 247 ff.: Art. 189 Abs. 3 EG verlangt gerade keinen normtheoretischen Vorrang, sondern „nur" die Umsetzung durch alle nationalen Organe im Rahmen ihrer Zuständigkeit; vgl. auch *Classen*, EuZW 1993, 83, 86 f.; Di *Fabio*, NJW 1990, 947 ff., 950 f.; *Franzen*, Privatrechtsangleichung (1999), 294, 338 ff. m. w. N.; *Ehricke*, RabelsZ 59 (1995), 598, 612 f.; *Zöckler*, JbJZ 1992, 141 ff., 150 ff.

96 *Brechmann*, Richtlinienkonforme Auslegung (1994), 247 ff., 265 ff.; *Dänzer-Vanotti*, RIW 1991, 754 f.; *Ehricke*, RabelsZ 59 (1995), 598, 612 ff., 622 f.; *Franzen*, Privatrechtsangleichung (1999), 338 ff.; *Gellermann*, Beeinflussung, 107 ff.; *Götz*, NJW 1992, 1849, 1854; *Habersack/Mayer*, WM 2002, 253, 256; *Heinrichs*, NJW 1995, 153, 155; *Jarass*, EuR 26 (1991), 211 ff.; *ders.*, Grundfragen (1994), 93 ff.; *Klauer*, Europäisierung (1998), 51 f.; *Langenfeld*, DÖV 1992, 955, 964 f.; *Scherzberg*, Jura 1993, 225, 231 f.; *Zöckler*, JbJZ 1992, 141, 150 ff.; vgl. dazu auch die folgenden Fußnoten.

97 So etwa *Baldus/Becker*, ZEuP 1997, 874, 882; *Ehricke*, RabelsZ 59 (1995), 598, 612 ff., 616 f.; *Gellermann*, Beeinflussung, 112; *Hoffmann*, ZIP 2002, 145, 150 ff. m. w. N.; *Hommelhoff*, FS 50 Jahre BGH (2000) II, 889, 891; *Müller-Graff*, in: ders. (Hrsg.), Gemeinsames Privatrecht (1999), 9, 52; *Piekenbrock/Schulze*, WM 2002, 521, 523; *Rörig*, Direktwirkung (2001), 125; *Roth*, FS 50 Jahre BGH (2000) II, 847, 874 ff.; *Rüffler*, ÖJZ 1997, 121, 126; *Schnorbus*, AcP 201 (2001), 860, 867 f., 879; *Steindorff*, EG-Vertrag und Privatrecht (1996), 450 ff.; *Zöckler*, JbJZ 1992, 141, 150 ff.; a. A. wohl *Di Fabio*, NJW 1990, 947, 953.

98 *Brechmann*, Richtlinienkonforme Auslegung (1994), 266 ff.; *Everling*, ZGR 1992, 376, 388; *Dänzer-Vanotti*, RIW 1991, 754 f.; *Jarass*, EuR 26 (1991), 211 217 f.; *Hergenröder*, FS Zöllner (1998), 1139, 1147 ff.; *Rörig*, Direktwirkung (2001), 155 ff.; *Roth*, FS 50 Jahre BGH (2000) II, 847, 876; *Schnorbus*, AcP 201 (2001), 860, 880 ff., 886 ff.; unter Hinweis auf die Gefahr einer Umgehung des Direktwirkungsverbots *Zöckler*, JbJZ 1992, 141, 150 ff., 156 ff. – i. E. allerdings recht weitergehend, auch unter Hinweis auf die Möglichkeit einer Rechtsfortbildung.

ter Rechtsordnungen muss sich aus dem Zusammenspiel zweier Normen ergeben: einer „Erlaubnisnorm“ in der aufnehmenden Rechtsordnung, welche eine richtlinienkonforme Auslegung gestattet und die sich im Falle der richtlinienkonformen Auslegung im GG (insbes. Art. 23 GG) findet, und einer Norm in der zweiten Rechtsordnung, durch welche diese Erlaubnis auf- und wahrgenommen wird. Letztere findet sich im Fall der richtlinienkonformen Auslegung in Art. 249 Abs. 3 EG. Solange die Grenzen der Erlaubnisnorm nicht überschritten werden, bestimmt daher das Gemeinschaftsrecht – in seiner Auslegung durch den EuGH – die Grenzen der richtlinienkonformen Auslegung. Dieser Ansatz liefert ein handhabbares und überzeugendes Modell für die Durchführung der richtlinienkonformen Auslegung, das Ansprüche der Europäischen wie der nationalen Rechtsordnung angemessen berücksichtigt, und das praktisch mit der Rspr. des EuGH korreliert.[99]

Die insoweit maßgebliche Ausgestaltung der Pflicht zur richtlinienkonformen Auslegung durch den EuGH hat sich in einer langen Reihe von Urteilen niedergeschlagen, für deren Aufarbeitung und Analyse etwa auf *Brechmanns* Monographie verwiesen werden kann.[100] Nach dieser Rspr. haben die Gerichte das nationale Recht „im Rahmen ihrer Zuständigkeit ... soweit wie möglich im Lichte des Wortlauts und des Zwecks der Richtlinie auszulegen“. und die Beurteilungsspielräume auszuschöpfen, die das nationale Recht ihnen eröffnet,[101] während für den Fall der Unmöglichkeit einer richtlinienkonformen Auslegung auf die Staatshaftung verwiesen wird.[102] Das spricht jedenfalls gegen die Ansicht, die richtlinienkonforme Auslegung sei stets und in jedem Fall im nationalen Recht vorzunehmen.

In einigen Urteilen hat der EuGH hingegen tatsächlich wenig Rücksicht auf die Möglichkeiten der nationalen Gerichte genommen, das verlangte Ergebnis im Wege der Auslegung ihres Rechts zu erreichen bzw. nimmt er die nationalen Gerichte sehr weitgehend in die Pflicht, ein richtlinienkonformes zu einem Ergebnis kommen.[103] Als besonders weitgehend gilt insoweit das Urteil in Sachen Marleasing, wo der EuGH ein Verbot richtlinienwidriger Auslegung aussprach.[104]

---

99 Vgl. zu diesem Einwirkungsmodell Brechmann, Richtlinienkonforme Auslegung (1994), 247 ff.; zust. auch *Grundmann*, Europäisches Schuldvertragsrecht (1999), 114 ff.; *ders.*, JuS 2002, 768. 770 f.; *Ruffert*, in: Calliess/Ruffert, Art. 249, Rdn. 108 ff.

100 *Brechmann*, Richtlinienkonforme Auslegung (1994), 31 ff.; vgl. auch *Baldus/Becker*, ZEuP 1997, 874, 881 f.; *Iglesias/Riechenberger*, FS Everling (1995), 1213 ff.; *Piekenbrock/Schulze*, WM 2002, 521, 524; *Rörig*, Direktwirkung (2001), 103 ff.; *Vogenauer*, ZEuP 1997, 158, 162 ff.

101 EuGHE 1984, 1891, Rdn. 28 von Colson und Kamann; 1984, 1921, Rdn. 28 Harz; 1990 I-4135, Rdn. 8 Marleasing; 1994 I-3325, Rdn. 26 Faccini Dori; 1996 I-4705, Rdn. 41 Arcaro; 1996 I-5403, Rdn. 55 Kraaijeveld; 1999 I-905, Rdn. 22 BMW: „soweit irgend möglich“; 2000 I-6007, Rdn. 15 f. Centrosteel; 2002 I-2209, Rdn. 18 Axa Royale Belge.

102 EuGHE 1993 I-6911, Rdn. 20 ff. Wagner Miret; 1994 I-3325, Rdn. 26 f. Faccini Dori; 1996 I-1281, Rdn. 22 El Corte Inglés.

103 Vgl. EuGHE 1984, 1891, Rdn. 25 ff. Von Colson und Kamann; 1984, 1921, Rdn. 25 ff. Harz; 1990 I-4135, Rdn. 8 Marleasing; recht weitgehend auch EuGHE 1990, 3941, Rdn. 19 ff. Dekker; 2000 I-4941, Rdn. 30 ff. Océano; 2000 I-6007, Rdn. 16 f. Centrosteel; vgl. dazu *Brechmann*, Richtlinienkonforme Auslegung (1994), 47 f.; *Grundmann*, Europäisches Schuldvertragsrecht (1999), 115 f.; *Klauer*, Europäisierung (1998), 49 ff.; *Krebber*, ZVglRWiss 97 (1998), 124, 131 f.

104 EuGHE 1990 I-4135, Rdn. 8 f. Marleasing – ausführliche Analyse des Marleasing-Urteils etwa

Eine Zusammenschau der Judikatur zeigt, dass der Gerichtshof zwar nach wie vor grds. auf den Handlungsspielraum der Gerichte Bezug nimmt, in diesem Rahmen jedoch letzte Anstrengungen verlangt. Die benannten Urteile zeigen in Formulierung und Ergebnis, dass der EuGH den nationalen Gerichten mehr abverlangt, als nur die Auswahl einer richtlinienkonformen unter mehreren möglichen Auslegungen, wenn er auch weder eine horizontale Direktwirkung noch den absoluten Vorrang der richtliniekonformen Auslegung fordert. Entscheidende Bedeutung scheint dabei dem Umstand zuzukommen, ob der nationale Gesetzgeber umsetzen wollte bzw. dass er die Umsetzung nicht erkennbar verweigert hat. Auf diesen Aspekt hat der Gerichtshof jedenfalls in einigen seiner besonders weitgehenden Urteile abgestellt[105] und insofern geht der EuGH – wie *Grundmann* konstatiert – wohl tatsächlich einen dritten Weg zwischen den Grundpositionen im Schrifttum, indem er zwar eine offene Konfrontation mit dem Gesetzgeber meidet, jedoch die Erzielung richtlinienkonformer Ergebnisse verlangt, wenn sich Anhaltspunkte dafür finden lassen, dass der nationale Gesetzgeber transformieren wollte.[106]

cc) Stellungnahme

Nach alledem sprechen gegen einen generellen Vorrang der richtlinienkonformen Auslegung die in der Literatur bereits benannten durchschlagenden Argumente: Die richtlinienkonforme Auslegung betrifft keine Vorrangfrage, weil und soweit Richtlinien gerade keine unmittelbare Wirkung zukommt. Gegen die Anordnung eines absoluten Vorrangs spricht zudem, dass andernfalls die sorgsam gehüteten Grenzen der Direktwirkung von Richtlinienbestimmungen ihren Sinn verlören, weil sie nahezu beliebig unterlaufen werden könnten. Zudem darf die Judikative nicht in die Kompetenzen der Legislative einbrechen.

Andererseits greift eine bloße Mitberücksichtigung der Richtlinienziele im Rahmen der regulären Auslegung zu kurz und missachtet die weitgehenden Anforderungen, die der Gerichtshof aufgestellt hat. So erkennt der EuGH die Kompetenzgrenzen der Gerichte zwar als Grenze an, verlangt jedoch letzte Anstrengungen und volle Ausschöpfung bestehender Beurteilungsspielräume. Zudem umfasst Auslegung nach

---

bei *Brechmann*, Richtlinienkonforme Auslegung (1994), 67 ff.; eine erhebliche Ausweitung der richtliniekonformen Auslegung sehen in diesem Urteil etwa *Stuyck/Wytinck*, CMLR 28 (1991), 205, 210 ff. Nach *Franzen*, Privatrechtsangleichung (1999), 340 ff.; *Iglesias/Riechenberger*, FS Everling (1995), 1213, 1220 f.; *Schnorbus*, AcP 201 (2001), 860, 870 wird das Urteil überschätzt.

105 Das wird etwa bei EuGHE 1984, 1891 Von Colson und Kamann oder 1984, 1921 Harz deutlich, wo der EuGH die laut nationalem Gericht mangelnde Auslegungsfähigkeit der Umsetzungsvorschrift unter Hinweis auf die Stellungnahme der Regierung beiseite schiebt; dazu *Brechmann*, Richtlinienkonforme Auslegung (1994), 46 ff.; *Grundmann*, ZEuP 1996, 399, 412 ff., mit dem Hinweis, dem Argument, der Gesetzgeber habe korrekt umsetzen wollen, werde auch durch BFH und BGH als subjektiv-teleologischem Ansatz wesentliche Bedeutung eingeräumt; *ders.*, Schuldvertragsrecht (1999), 115 ff.; *Klauer*, Europäisierung (1998), 49 f.

106 Zu diesem Befund ausführlich *Grundmann*, ZEuP 1996, 399, 412 ff.; *ders.*, Europäisches Schuldvertragsrecht (1999), 115 ff.; *ders.*, JuS 2002, 768, 771; in dieser Richtung bereits *Brechmann*, Richtlinienkonforme Auslegung (1994), 258 ff., 268 ff.

dem Verständnis des EuGH auch Rechtsfortbildung,[107] so dass sich die Pflicht nach Art. 249 Abs. 3 EG ggf. auch auf diese erstreckt, ohne dass darin (jedenfalls im deutschen Recht) ein Übergriff der Gerichte auf die Kompetenzen der Legislative zu sehen wäre.

In diesen Rahmen vermag sich die Pflicht zur richtlinienkonformen Auslegung einzufügen: Gerade auch für den Fall der Auslegung oder Fortbildung des nationalen Rechts im Hinblick auf eine Richtlinie wird die Auslegbarkeit des nationalen Rechts wesentlich durch die Tätigkeit bzw. Intention des nationalen Gesetzgebers beeinflusst. Nach der Rspr. des EuGH besteht eine Vermutung, dass der nationale Gesetzgeber seiner Umsetzungsverpflichtung vollständig und richtig nachkommen will.[108] Durch die Umsetzung einer Richtlinie werden jedoch die Ergebnisse der nationalen Auslegungsmethoden modifiziert, weil der Umsetzungsakt bzw. der Umsetzungswille den Zweck nationaler Normen oder ihren historischen Hintergrund bilden bzw. verändern, und somit in den Kategorien der nationalen Auslegungslehre fassbar werden.[109]

Das ist dort am deutlichsten, wo Normen zum Zwecke der Umsetzung erlassen oder geändert wurden. Der betätigte Umsetzungswille bildet – neben der diesbzgl. gemeinschaftsrechtlichen Verpflichtung – eine tragfähige Grundlage für die weitgehende Durchsetzung des Richtlinienziels im Wege richtlinienkonformer Auslegung – u. U. sogar gegen den Wortlaut der Norm.[110] Die durch die Umsetzungsaktivität begründete Vermutung, dass der nationale Gesetzgeber die Vorgaben der Richtlinie vollständig und richtig in das nationale Recht integrieren wollte, determiniert v. a. über die Entstehungsgeschichte bzw. die Teleologie der Norm die Auslegung des nationalen Rechts, weil durch die Neuschaffung oder Anpassung nationalen Rechts diesem auch das Richtlinienziel als Gesetzeszweck untergelegt wird. Damit werden zumindest die benannten nationalen Auslegungsmethoden vom Richtlinienziel geprägt.[111] Dasselbe muss jedoch auch gelten, wenn das nationale Recht (auch irrtüm-

---

107 Vgl dazu *Dänzer-Vanotti*, RIW 1991, 754 f.; *Franzen*, Privatrechtsangleichung (1999), 291 ff., 405 ff.; *Hergenröder*, FS Zöllner (1998), 1139, 1150 ff.; *Möllers*, EuR 33 (1998), 20, 44; *Rörig*, Direktwirkung (2001), 155 ff.; *Roth*, FS 50 Jahre BGH (2000) II, 847, 876; vgl. *Schweitzer/Hummer*, Europarecht, Rdn. 451.

108 EuGHE 1993 I-6911, Rdn. 20 Wagner Miret; vgl. auch 1997 I-4961, Rdn. 42 f. Dorsch Consult; *Schnorbus*, AcP 201 (2001), 860, 880; *Steindorff*, EG-Vertrag und Privatrecht (1996), 434.

109 Vgl. nur *Brechmann*, Richtlinienkonforme Auslegung (1994), 128 ff.; *Roth*, FS 50 Jahre BGH (2000) II, 847, 875 f.; *Zöckler*, JbJZ 1992, 141, 156 ff.

110 Dazu etwa *Grundmann*, ZEuP 1996, 399, 419 ff.; *Möllers*, Die Rolle des Rechts (1999), 70 ff.; *Rörig*, Direktwirkung (2001), 155 ff. mit dem Gedanken, den Umsetzungswillen ggf. zur Begründung einer Gesetzeslücke heranzuziehen; *Steindorff*, EG-Vertrag und Privatrecht (1996), 434 f., 451 f.; vgl. auch *Hoffmann*, ZIP 2002, 145, 150 f. m. w. N. – selbst jedoch krit.

111 Vgl. neben den benannten Urteilen des EuGH etwa *Brechmann*, Richtlinienkonforme Auslegung (1994), 124 ff., 258 ff., 265 ff., 285 f.; *Franzen*, Privatrechtsangleichung (1999), 303 ff. unter Hinweis auf die diesem Gedanken entsprechende Vorgehensweise deutscher Obergerichte, etwa des BGH: BGHZ 63, 261, 264; NJW 1996, 930 ff.; EuZW 1997, 476, 479; sowie BGHZ 150, 248 (256 f.) Heininger; dazu *Grundmann*, JuS 2002, 768, 771; *ders.*, in: Schulze (Hrsg.), Auslegung (1999), 63, 73 f.; weiter *Jarass*, EuR 26 (1991), 211, 217; *ders.*, Grundfragen (1994), 89 f.; *Rörig*, Direktwirkung (2001), 124 f., 152 f., 154 ff.; *Schnorbus*, AcP 201 (2001), 860, 880; *Zöckler* JbJZ 1992, 141, 157 f.; **zu den**

lich) für bereits richtlinienkonform gehalten wurde und deshalb unverändert geblieben oder nicht in ausreichendem Maße angepasst worden ist. Hier stellt die Umwidmung zum Umsetzungsrecht die determinierende Verbindung zur Richtlinie her. Es ist von einer veränderten Regelungsabsicht des Gesetzgebers auszugehen und selbst wo die Umsetzungsverpflichtung übersehen wurde, bewirkt die generelle Umsetzungsbereitschaft eine geltungszeitliche Veränderung dieser Absicht und modifiziert den Normzweck.[112]

In allen diesen Fällen beruht die Auslegbarkeit des nationalen Rechts im Sinne der Richtlinie auf dem entstehungsgeschichtlichen Bezug zu dem Sekundärrechtsakt bzw. auf dem Umsetzungswillen des Gesetzgebers – sei es, dass dieser durch eine Transformationsaktivität betätigt wird, sei es, dass insoweit auf die obengenannte Vermutung zurückgegriffen werden muss. Selbst wenn der nationale Gesetzgeber gänzlich untätig bleibt, wird die Regelungsabsicht durch die neue Entwicklung überformt, so dass auch hier zumindest von einer geltungszeitlichen Neuorientierung ausgegangen werden kann, solange sich keine Verweigerungshaltung manifestiert. Die Richtlinie erlangt dabei v. a. über die historische bzw. die telelogische Auslegung entscheidenden Einfluss auf das Auslegungsergebnis.[113]

Seine (sachgerechte) Grenze findet dieser Ansatz, wo weder ein betätigter noch ein mutmaßlicher Umsetzungswille konstatiert werden kann. Angesichts der oben benannten Vermutung reicht dazu die Nichtumsetzung allein nicht aus, sondern es bedarf nach dem oben Gesagten einer bewussten Verweigerung durch den nationalen Gesetzgeber.[114] In diesem Fall scheidet eine richtlinienkonforme Auslegung aus. Es kommt jedoch weiterhin ein Staatshaftungsanspruch in Betracht, um zumindest das wertmäßige Interesse des durch die Nichtumsetzung benachteiligten einzelnen zu wahren.

Diese Lösung korreliert – wie *Grundmann* belegt – gerade auch mit den Zielen, deretwegen der Richtlinie Vorrang vor der EG-Verordnung eingeräumt wird, besonders mit einem dieser Ziele: Richtlinien wahren für den nationalen Gesetzgeber einen Rest an Souveränität. Seine „Schonung“ – in Gestalt des Verzichts auf unmittel-

---

Grenzen eines solchen am Gesetzgeberwillen anknüpfenden Konzepts vgl. *Brechmann*, a. a. O., 124 f., 258 ff.; *Franzen*, a. a. O., 305, 311 ff.; *Nettesheim*, AöR 119 (1994), 261, 267; *Roth*, FS 50 Jahre BGH (2000), II, 847, 876; *Schön*, Die Auslegung europäischen Steuerrechts (1993), 36 ff.; *Steindorff*, EG-Vertrag und Privatrecht (1996), 434 f., 451 f.

112 Vgl. zu den Fallgruppen möglicher Irrtümer des Gesetzgebers im Zusammenhang mit der Umsetzung *Brechmann*, Richtlinienkonforme Auslegung (1994), 266 ff., 269 ff.; vgl. auch *Ehricke*, RabelsZ 59 (1995), 598, 635 ff.; *Rörig*, Direktwirung (2001), 155 ff.

113 *Brechmann*, Richtlinienkonforme Auslegung (1994), 268 ff. – allerdings i. e. differenzierend; *Grundmann*, ZEuP 1996, 399, 415 ff.; Europäisches Schuldvertragsrecht (1999), 116 ff.; *ders.*, JuS 2002, 768, 771; *Schnorbus*, AcP 201 (2001), 860, 880 ff.; differenzierend *Zöckler* JbJZ 1992, 141, 157 f.

114 *Brechmann*, Richtlinienkonforme Auslegung (1994), 268 ff.; *Franzen*, Privatrechtsangleichung (1999), 313, 399 f.; *Grundmann*, ZEuP 1996, 399, 415 ff.; *ders.*, Europäisches Schuldvertragsrecht (1999), 116 ff. und ZEuP 1996, 399, 420 ff.; *Rörig*, Direktwirkung (2001), 125, 154 f., 157 ff.; *Schnorbus*, AcP 201 (2001), 860, 880 ff.; *Steindorff*, EG-Vertrag und Privatrecht, 451 f.; enger *Zöckler*, JbJZ 1992, 141, 156 ff.

bare Anwendung und richtlinienkonforme Auslegung – ist nur erforderlich, soweit er diesen Souveränitätsrest tatsächlich für sich reklamiert; d. h., zumindest dann nicht, wenn er die Richtlinie im vollen Umfang umsetzen wollte.[115] Die Ausnahme der echten Verweigerungsfälle und die Möglichkeit des nationalen Gesetzgebers, die entsprechende Frage positiv zu regeln, hält den Eingriff in seine Befugnisse auch bei einer weit verstandenen Pflicht zur richtlinienkonformen Auslegung in Grenzen. Infolge der obligatorischen Veröffentlichung der Richtlinien (Art. 254 EG) und der zunehmenden Bekanntheit des Problems einer möglichen vorrangigen richtlinienkonformen Interpretation zwingt auch der Vertrauensschutzgedanke (als einer der Stützen der Wortlaut/-sinngrenze) nicht zu dem anderen Schluss, dass die richtlinienkonforme Auslegung stets nur in den Grenzen der klassischen Hermeneutik – v. a. des Wortlauts – möglich ist.[116]

I. E. reicht die Verpflichtung zur richtlinienkonformen Auslegung daher sehr weit. Selbst der Wortlaut der Norm setzt der richtlinienkonformen Auslegung bzw. Rechtsfortbildung nicht ohne weiteres eine absolute Grenze. Schranken ergeben sich hier aus dem Verbot der Direktwirkung bzw. dem Anspruch, dieses Verbot nicht zu umgehen (dazu sogleich). Selbst wenn man jedoch einen eindeutigen Wortlaut bzw. -sinn oder einen klaren historischen Gesetzgeberwillen als Grenze der Auslegung einer bestimmten Norm annimmt, steht damit noch nicht die Unmöglichkeit einer richtlinienkonformen Auslegung insgesamt fest. Da die gesamte Rechtsordnung im Lichte der Richtlinie auszulegen ist, kann das gewünschte Ergebnis ggf. auch durch eine der Richtlinie adaptierte Anwendung anderer Vorschriften – ggf. auch unter Hintanstellung überkommener systematischer Erwägungen – erreicht werden.[117] Jedenfalls im deutschen Recht wird sich das Richtlinienergebnis in fast jedem Fall durchsetzen, in dem nicht der Gesetzgeber die Umsetzung bewusst verweigert.[118]

---

115 Zu diesem Mittelweg nochmals *Grundmann*, ZEuP 1996, 399, 420 ff. – auch mit dem Hinweis, dass der zweite Grund der Bevorzugung der RL, die Erleichterung der Einpassung der Gemeinschaftsregelung ins nationale Recht einer weit verstandenen richtlinienkonformen Auslegung nicht entgegensteht, weil eine solche Einpassung nur ganz ausnahmsweise unmöglich sein wird, wie etwa der Fall des deutschen § 611 a II BGB gezeigt hat; *ders.*, Europäisches Schuldvertragsrecht (1999), 116 ff.; *ders.*, JuS 2002, 768, 771; tendenziell auch *Möllers*, EuR 33 (1998), 20, 44 ff. mit Hinweis auf Wertungen und Grundstrukturen des geschriebenen Rechts; *ders.*, Die Rolle des Rechts (1999), 70 ff.; *Steindorff*, EG-Vertrag und Privatrecht (1996), 406, 451 f.

116 *Grundmann*, ZEuP 1996, 399, 422 f.; *ders.*, Europäisches Schuldvertragsrecht (1999), 118; sowie in: Schulze (Hrsg.), Auslegung (1999), 63, 72 f. und JuS 2002, 768, 771; *Hergenröder*, FS Zöllner (1998), 1139, 1154 f.; *Rörig*, Direktwirkung (2001), 137, 169 auch unter Hinweis auf die Bekanntheit der Rspr. zu Direktwirkung und richtlinienkonformer Auslegung; a. A. wohl *Brechmann*, Richtlinienkonforme Auslegung (1994), 269 f.

117 Vgl. nur den Fall des § 611 a II BGB: das BAG etwa sah sich aufgrund der Vorgaben des EuGH zur Auslegung der GleichbehandlungsRL 76/207 auch durch die klare Formulierung des § 611 a II BGB, der die Haftung des AG, der bei der Einstellung aufgrund des Geschlechts diskriminiert, auf den Vertrauensschaden begrenzte, nicht gehindert, eine weitergehende deliktische Haftung wegen Persönlichkeitsrechtsverletzung zu bejahen, obwohl im deutschen Recht vertragsrechtliche Haftungsbeschränkungen grds. auch auf deliktische Ansprüche erstreckt werden BAGE 61,209, 214 f.

118 Vgl. *Grundmann*, ZEuP 1996, 399, 412 ff., 419 ff.; *ders.*, Europäisches Schuldvertragsrecht (1999), 116 ff.; und JuS 2002, 768, 771 für weitgehende Durchsetzung des Richtlinienergebnisses auch *Krebber*, ZVglRWiss 97 (1998), 124, 131 f.; *Vogenauer*, ZEuP 1997, 158, 162.

c) *Grenzen der richtlinienkonformen Auslegung*

Auch bei dem hier zugrunde gelegten recht weiten Verständnis unterliegt die richtlinienkonforme Auslegung gewissen Grenzen, die sicherstellen, dass dem Rechtssetzungsinstrument der Richtlinie keine wesensfremden Funktionen verliehen werden, und dass das Instrument der richtlinienkonformen Auslegung für die Mitgliedstaaten akzeptanzfähig bleibt.

aa) Keine Rechtsneuschöpfung an Stelle des Gesetzgebers

Zunächst müssen die Grenzen beachtet werden, die sich aus dem dogmatischen Konzept der Richtlinie ergeben, etwa ihre mangelnde Eignung, selbständig Verpflichtungen für einzelne zu begründen. Die richtlinienkonforme Auslegung darf weder dazu führen, dass die Gerichte die Stelle des Gesetzgebers einnehmen, noch zu einer Art unmittelbarer Anwendung der Richtlinie unter Verzicht auf die Beschränkung auf Vertikalverhältnisse werden (Substitutionsverbot). Die richtlinienkonforme Auslegung ist und bleibt auf einen Ansatzpunkt im nationalen Recht[119] angewiesen, aus dem sich durch Auslegung oder Fortbildung das gewünschte Ergebnis entwickeln lässt. Dieser macht es möglich, Rechtsanwendungsergebnisse zu erzielen, die durch unmittelbare Anwendung der Richtlinie nicht erreicht werden können; er wirkt jedoch zugleich als eine nicht verzichtbare Eintrittsvoraussetzung.[120] Die richtlinienkonforme Auslegung darf deshalb etwa nicht zur völligen Neuschaffung positiven Rechts ohne jede Grundlage im nationalen Recht[121] – etwa dem nationalen Recht unbekannter Institute – führen; ebenso wenig dazu, dass Normen allein aufgrund der Richtlinie gänzlich unangewendet bleiben. Es muss danach grds. bereits ein Substrat vorhanden sein, das richtlinienkonform ausgelegt oder fortgebildet werden kann, bzw. ein Mechanismus, der eine modifizierte Anwendung bzw. Reduktion einer Norm zulässt.[122]

---

119 Sei es eine bestehende Rechtsnorm oder zumindest eine in der nationalen Rechtsordnung verankerte Wertung, soweit die richtlinienkonforme Auslegung zur Rechtsfortbildung im nationalen Recht anregt – vgl. *Franzen*, Privatrechtsangleichung (1999), 360 f., 364, 368 ff.; ähnlich *Müller-Graff*, in: Müller-Graff (Hrsg.), Gemeinsames Privatrecht (1999), 267, 279 f.: zum Fall der 611 a a. F. BGB/EuGHE DB 1984, 1042 f. – die RL fordere insoweit keine Sanktion, die das nationale Recht nicht vorsehe – Einstellungsanspruch – wohl aber im Rahmen des Schadensersatzes eine Auslegung des nationalen Rechts, die eine effiziente Rechtsfolge gewährt; *Nettesheim*, AöR 119 (1994), 261, 286 f.; *Rörig*, Direktwirkung (2001), 124 ff., 135, 161 ff.; *Schnorbus*, AcP 201 (2001), 860, 870 mit Hinweis auf EuGHE 1993 I-6911 Wagner Miret; *Steindorff*, EG-Vertrag und Privatrecht (1996), 451 f.

120 Dazu etwa *Franzen*, Privatrechtsangleichung (1999), 360 f.; *Heß*, JZ 1995, 150, 151; *Langenfeld*, DÖV 1992, 955, 965; *Nettesheim*, AöR 119 (1994), 261, 276.

121 Vgl. GA *van Gerven*, in: EuGHE 1990 I-4144, 4147; *Möllers*, EuR 33 (1998), 20, 42 ff.; *Streinz*, Europarecht, Rdn. 405.

122 So *Klauer*, Europäisierung (1998), 60; vgl. auch GA *van Gerven*, in: EuGHE 1990 I-4135, 4147; *Jarass*, Grundfragen (1994), 95; *Rörig*, Direktwirkung (2001), 126 ff., 167 ff. Einen interessanten Ansatz zeigt *Franzen* auf, der eine Abwägung zwischen dem Gebot der richtlinienkonformen Auslegung und der Rechtssicherheit vorschlägt. Dabei soll die Grenze der Rechtssicherheit um so bedeutsamer sein, je mehr es um Rechtsfortbildung im Lichte der Richtlinie statt um „bloße" Auslegung geht und im Falle der Rechtsfortbildung ist eine lückenschließende wiederum unproblematischer als eine gesetzesüberschreitende. *Franzen* betont auch die wichtige Rolle, die die Um-

bb) Wahrung von Optionen und Spielräumen des nationalen Gesetzgebers

Eine weitere wichtige Grenze der richtlinienkonformen Auslegung ergibt sich aus dem Regelungsbereich und -umfang der Richtlinie. Nur innerhalb ihres räumlichen, sachlichen und persönlichen Anwendungsbereichs kommt die Pflicht zur richtlinienkonformen Auslegung zum Tragen. Insbes. dürfen Spielräume, welche die Richtlinie den nationalen Gesetzgebern einräumt, nicht über eine richtlinienkonforme Auslegung negiert werden. Das gilt etwa dann, wenn eine Richtlinie lediglich Mindeststandards festlegt, welche die Mitgliedstaaten zwar nicht unter- wohl aber überschreiten dürfen.[123] Eine andere Frage ist, auf welche Fallgruppen sich eine solche Zulassung strengerer Regeln als der in der Richtlinien enthaltenen bezieht; insbes. ob diese in grenzüberschreitenden Sachverhalten durchgesetzt werden können. Dieser Aspekt der Richtlinienwirkung betrifft die Wechselwirkung zwischen Sekundärrecht und Grundfreiheiten, und wird an späterer Stelle zu erörtern sein.[124]

Auch soweit die Richtlinie Höchststandards, Optionen, Vorbehalte oder Regelungsspielräume enthalten, dürfen diese nicht durch die richtlinienkonforme Auslegung überspielt werden.[125]

cc) Allgemeine Rechtsgrundsätze

Eine vom EuGH immer wieder ausdrücklich anerkannte Grenze der richtlinienkonformen Auslegung bilden allgemeine Rechtsgrundsätze wie das Rückwirkungsverbot und die Gebote der Rechtssicherheit und des Vertrauensschutzes, die auch Bestandteil des Gemeinschaftsrechts sind. Insbes. darf die richtlinienkonforme Auslegung nicht dazu führen, dass eine strafrechtliche Verantwortlichkeit des Bürgers begründet oder verschärft wird.[126]

---

setzungsbereitschaft des nationalen Gesetzgebers und die Weite der Kluft zwischen gemeinschaftsrechtlich Gefordertem und bislang innerstaatlich Konsentiertem für die Frage spielen, ob im konkreten Fall eine richtlinienkonforme Auslegung bzw. Fortbildung des nationalen Rechts möglich ist (*Franzen*, Privatrechtsangleichung [1999], 360 f., 364, 368 ff.).

123 *Brechmann*, Richtlinienkonforme Auslegung (1994), 273 ff.; *Rörig*, Direktwirkung (2001), 126 ff.

124 Hier kann es zur Unanwendbarkeit der die Richtlinienregelung überschreitenden, aber auch schlicht richtlinienwidriger Normen kommen – allerdings folgt diese dann aus der unmittelbar anwendbaren Grundfreiheit, die auf der Rechtfertigungsebene durch die Richtlinie determiniert wird; vgl. nur *Grundmann*, in: Schulze (Hrsg.), Auslegung (1999), 63, 74 f.; *Steindorff*, EG-Vertrag und Privatrecht (1996), 446 f.; vgl. ausführlich unten § 12 II.2.

125 EuGHE 1991 I-5357, Rdn. 23 ff. Francovich; 1993 I-6911, Rdn. 15 ff. Wagner Miret; *Brechmann*, Richtlinienkonforme Auslegung (1994), 273 ff.; *Classen*, EuZW 1993, 83, 86; *Grundmann*, ZEuP 1996, 399, 410; *Heinrichs*, NJW 1995, 153, 155; *Müller-Graff*, NJW 1993, 13, 21; *Rörig*, Direktwirkung (2001), 139 f.; *Roth*, FS 50 Jahre BGH (2000) II, 847, 876 ff.

126 Vgl. EuGHE 1987, 2545, Rdn. 18 f. Pretore di Salò; EuGHE 1987, 3969, Rdn. 13 f. Kolpinghuis Nijmegen; 1996 I-4705, Rdn. 42 Arcaro; 1996 I-6609, Rdn. 24 f. Strafverfahren gegen X; vgl. z. G. auch *Beljin*, EuR 37 (2002), 351, 359 f.; *Brechmann*, Richtlinienkonforme Auslegung (1994), 275 ff.; *Franzen*, Privatrechtsangleichung (1999), 359 f.; *Gellermann*, Beeinflussung (1994), 111; *Götz*, NJW 1992, 1849, 1854; *Grundmann*, in: Ebenroth/Boujong/Joost, vor §§ 343 ff. HGB Rdn. 40 mit Fn. 48; vgl. auch *Gundel*, EuZW 2001, 143, 144, Fn. 7; *Jarass*, Grundfragen (1994), 96 f.; *Rörig*, Direktwirkung (2001), 137, 169; *Roth*, FS 50 Jahre BGH (2000) II, 847, 875 f.; *Rüffler*, ÖJZ 1997, 121, 128 ff.

Jedoch darf die richtlinienkonforme Auslegung im Gegensatz zur unmittelbaren Anwendung von Richtlinienbestimmungen durchaus eine Belastung des einzelnen im Horizontalverhältnis bewirken.[127] Solange die benannten Grenzen der richtlinienkonformen Auslegung gewahrt bleiben, ist die Einwirkung der Richtlinie auf die Rechtslage hinzunehmen und kann wie gezeigt auch nicht mit Argumenten wie der Unvorhersehbarkeit des Auslegungsergebnisses o. ä. angegriffen werden. Dies jedenfalls dann nicht, wenn das Auslegungsergebnis den nationalen Methodenkanon nicht überschreitet, jedoch auch in den Fällen, in denen die hier vertretene Ansicht über die h. M. in der Literatur hinausgeht, weil auch insoweit die Verpflichtung bzw. Belastung des Einzelnen nicht allein aus der Richtlinie neu begründet und auf einen legitimierenden Ansatzpunkt im nationalen Recht nicht völlig verzichtet wird.

d) Bedeutung der richtlinienkonformen Auslegung für das Binnenmarktkollisionsrecht

Angesichts der selbst nach restriktiver Ansicht weitgehenden Zulässigkeit der richtlinienkonformen Auslegung kommt diesem Instrument für die Entwicklung und Effektuierung eines Binnenmarktkollisionsrechts des harmonisierten Bereichs große Bedeutung zu. Viele der besonderen Anforderungen des Binnenmarktkollisionsrechts lassen sich – solange es an expliziten Sondernormen fehlt – durch die sekundärrechtskonforme Modifikation des bestehenden Kollisionsrechts verwirklichen. Anders etwa als die unmittelbare Anwendung, die nur ausnahmsweise für das Kollisionsrecht von Bedeutung sein wird, bildet die richtlinienkonforme Auslegung für das Binnenmarktkollisionsrecht des harmonisierten Bereichs ein wichtiges Einfallstor, über das auch indirekte bzw. immanente Richtlinienvorgaben für die Ausgestaltung des IPR Eingang in das nationale Recht finden können. Gerade im Kollisionsrecht besteht durch die Abstraktheit der IPR-Normen, die Verwendung von General- und Öffnungsklauseln, unbestimmten Rechtsbegriffen etc. oft auch der dazu notwendige Spielraum, so dass Wortlautüberschreitungen kaum vorkommen werden.

Als Teil der richtlinienkonformen Auslegung des nationalen Rechts – nämlich des nationalen Kollisionsrechts – kann der Ansatz verstanden werden, den ordre-public-Vorbehalt im IPR zur Durchsetzung von Richtlinien zu instrumentalisieren oder – wie die Ingmar-Entscheidung andeutet – den Kreis der einer Sonderanknüpfung iSd. Art. 34 EGBGB unterliegenden Normen im Hinblick auf den internationalen Geltungsanspruchs einer Richtlinie zu modifizieren.[128]

IV. Die Effektuierung von Gemeinschaftsrecht durch Staatshaftung

Ein subsidiärer Weg, der Richtlinie – wenn schon keine Vollwirkung – so doch wenigsten eine gewisse Wirkung im nationalen Recht zu verschaffen, wenn eine

---

127 *Brechmann*, Richtlinienkonforme Auslegung (1994), 275 ff., 279 f.; *Rüffler*, ÖJZ 1997, 121, 130; differenzierend *Franzen*, Privatrechtsangleichung (1999), 360 ff., 364.
128 Dazu ausführlich unten, § 11 II.1. und § 12 II.1.

unmittelbare Anwendung der Richtlinienbestimmungen oder eine richtlinienkonforme Auslegung des nationalen Rechts scheitern, ist die Etablierung eines Schadensersatzanspruchs gegen den Mitgliedstaat, der die Richtlinie gar nicht, nicht rechtzeitig oder fehlerhaft umgesetzt hat, so dass das nationale Recht die mit dem Sekundärrechtsakt intendierte Wirkung tatsächlich nicht zeitigt.[129] Durch die Belastung mit dieser Ersatzpflicht wird zum einen zumindest das wertmäßige Interesse des durch die Richtlinie begünstigten Bürgers gewahrt, zum anderen der säumige Mitgliedstaat zur Umsetzung angehalten.[130]

Voraussetzung eines Staatshaftungsanspruchs gegen einen Mitgliedstaat sind nach der Rspr. des EuGH das Vorliegen eines qualifizierten Verstoßes gegen das Gemeinschaftsrecht, die Kausalität dieses Verstoßes für den eingetretenen Schaden und die Verletzung einer Regel, die zumindest auch dem Schutz des Einzelnen dient.[131]

§ 11 Einseitiges Richtlinienkollisionsrecht – Abgrenzung gegen Drittstaatenrecht

Eine erste und gerade in den letzten Jahren immer stärker in den Vordergrund getretene Form kollisionsrechtlich relevanter Regelungsgehalte in Richtlinien betrifft aus Gemeinschaftssicht einseitig ausgerichtete Vorgaben, die den Anwendungsanspruch des sekundären Gemeinschaftsrechts gegenüber drittstaatlichem Recht festlegen und der kollisionsrechtlichen Absicherung des gemeinschaftsrechtlichen Regelungsstandards nach außen dienen.

Obgleich jeweils die besagte Abgrenzungsfunktion in Rede steht, findet nur ein Teil der entsprechenden Vorgaben in Gestalt expliziter Regelungsanweisungen direkten Niederschlag in den Richtlinien, während sie in anderen Fällen den Richtlinien lediglich implizit entnommen werden können. Ausdrückliche Drittrechtsklauseln

129 EuGHE 1991 I-5357, Rdn. 33 ff. Francovich; bestätigt und hinsichtlich der Haftungsvoraussetzungen präzisiert durch EuGHE 1993 I-6911, Rdn. 22 Wagner Miret; 1996, I-1029, Rdn. 18 ff., Brasserie du pêcheur und Factortame; 1996 I-1631, Rdn. 38 ff. H. M. Treasury; 1996, I-2553, Rdn. 24 ff. Hedley Lomas; 1996 I-4845, Rdn. 15 ff. Dillenkover u. a.; 1996 I-5063, Rdn. 47 ff. Denkavit u. a.; 1999 I-3499, Rdn. 21, 49 ff., 67 ff. Rechberger u. a.. EuGHE 1994 I-3325, Rdn. 27 Faccini Dori und 1996 I-1281, Rdn. 22 El Cotre Inglés zur Staatshaftung für den Fall, dass die unmittelbare Anwendung der RL am Vorliegen eines Horizontalverhältnisses gescheitert ist. Z. G. auch *Krebber*, ZVglRWiss 97 (1998), 124, 132; *Reich*, EuZW 1996, 709 ff.; *Rörig*, Direktwirkung (2001), 54 ff.; *Streinz*, Europarecht, Rdn. 405 a, 410 ff. m. w. N.; *Ukrow*, NJW 1994, 2469, 2470.

130 *Grundmann*, Europäisches Schuldvertragsrecht (1999), 119; *ders.*, JuS 2002, 768, 771 ff.; *Reich*, EuZW 1996, 709 ff., 716; *Streinz*, Europarecht, Rdn. 405 a, 410 ff.

131 Vgl. etwa EuGHE 1996, I-1029, Rdn. 18 ff., Brasserie du pêcheur und Factortame; 1996 I-1281, Rdn. 22 El Corte Inglés; 1996 I-1631, Rdn. 38 ff. H. M. Treasury; 1996, I-2553, Rdn. 24 ff. Hedley Lomas; 1994 I-3325, Rdn. 27 Faccini Dori; 1996 I-4845, Rdn. 15 ff. Dillenkover u. a.; 1996 I-5063, Rdn. 47 ff. Denkavit u. a.; *Grundmann*, Europäisches Schuldvertragsrecht (1999), 119 ff.; *ders.*, in: Ebenroth/Boujong/Joost, vor §§ 343 ff. HGB Rdn. 41 und JuS 2002, 768, 772; *Herdegen*, Europäisches Wirtschaftsrecht (2002), 23; *Klauer*, Europäisierung (1998), 52 ff.; *Reich*, EuZW 1996, 709, 713 ff.; *Roth*, FS 50 Jahre BGH II (2000) II, 847, 854 ff.; *Streinz*, Europarecht, Rdn. 410 ff.

sind eine neuere Entwicklung. Die spezifisch kollisionsrechtliche Dimension des benannten Abgrenzungsproblems ist nicht von Anfang an gesondert behandelt worden, so dass gerade in älteren Richtlinien solche ausdrücklichen Vorgaben fehlen.[1] Da hier wie dort jedoch derselbe Abgrenzungsbedarf besteht, kann die Reichweite des Anwendungsanspruchs der Richtlinienregelungen jedoch ebenso durch Auslegung aus dem zwingenden Charakter und dem Regelungszweck des Richtlinienrechts bzw. ggf. aus der Reglung des räumlichen Anwendungsbereichs der jeweiligen Richtlinie entnommen werden.

I. Explizite Drittrechtsabgrenzung zum Schutz des Europäischen Standards in den neueren privatrechtsgestaltenden Richtlinien

Insbes. in den neueren privatrechtlichen Richtlinien zum Verbraucherschutz finden sich ausdrückliche kollisionsrechtsbezogene Vorgaben, die darauf abzielen, dem in der Richtlinie harmonisierten (Mindest-)Standard auch in bestimmten Fallkonstellationen zur Anwendung zu verhelfen, in denen neben EG-Mitgliedstaaten auch Nichtmitgliedstaaten berührt sind: Dass der Richtlinienregelung in all jenen Fällen Geltung zu verschaffen ist, die ausschließlich Berührungspunkte zu Mitgliedstaaten der Gemeinschaft haben, ist selbstverständlich. Die ausdrücklichen Abgrenzungsklauseln in den Richtlinien weisen jedoch darüber hinaus und tragen damit dem Umstand Rechnung, dass auch dann, wenn ein Sachverhalt nicht allein mit einem oder mehreren Mitgliedstaaten verknüpft ist, ein gewichtiger Bezug zum Binnenmarkt bestehen kann, der es rechtfertigt, die spezifischen Regelungen, die diesen besonderen Rechtsraum ausmachen, gleichwohl anzuwenden.[2] Es geht – wie schon angedeutet – darum, den gemeinschaftsrechtlichen Standards nach außen abzusichern – insbesondere gegen die Abwahl zugunsten eines weniger schutzintensiven drittstaatlichen Rechts.[3]

---

1 Vgl. dazu den Überblick bei *Siehr*, Internationales Privatrecht, 153 f.

2 Zu solchen Vorgaben für drittrechtsabgrenzende Kollisionsnormen in Richtlinien *Basedow*, in: Schnyder/Heiss/Rudisch (Hrsg.), Internationales Verbraucherschutzrecht (1995), 11 ff., 27 ff. und NJW 1996, 1921, 1925 ff.; *Bitterich*, ZfRV 2002, 123 f.; *Jayme*, in: Hommelhoff/Jayme/Mangold (Hrsg.), Europäischer Binnenmarkt (1995), 35 ff.; *Jayme/Kohler*, IPRax 1993, 357 ff. u. IPRax 1994, 405, 407 f.; *v. Hoffmann*, ZfRV 1995, 45, 51 f.; *Kohler*, ZEuS 2001, 575, 584 f.; *ders.*, IPRax 2003, 401, 410 und in FS Jayme Bd. I (2004) 445, 447 ff.; *Kreuzer*, in: Müller-Graff (Hrsg.), Gemeinsames Privatrecht (1999), 457, 489 f.; *Leible*, in: Schulte-Nölke/Schulze (Hrsg.), Rechtsangleichung (1999), 353, 360 ff.; *Roth*, IPRax 1994, 165, 168 ff.; *Siehr*, Internationales Privatrecht, 153 ff.; *Sonnenberger*, ZVglRWiss 95 (1996), 3, 31 ff.

3 Ein weiteres kollisionsrechtliches Sonderproblem im Zusammenhang mit der effektiven Durchsetzung von Richtlinienrecht eröffnet sich unter dem Stichwort der Gran-Canaria-Fälle: wie ist zu verfahren, wenn das Recht eines Mitgliedstaates berufen ist, in diesem Recht jedoch eine Richtlinie nicht (rechtzeitig) umgesetzt wurde? Abgesehen vom Fehlen ausdrücklicher Richtlinien-Vorgaben für diese Konstellation ähnelt die Problemstellung im Ansatz derjenigen der Drittabgrenzung mittels ausdrücklicher Vorgabe. Das IPR bringt auch hier ein nicht EG-konformes Ergebnis hervor, das ggf. korrigiert werden muss; jedoch mit dem Unterschied, dass hier die Erreichung der Zwecke einer Binnenmarktregelung nicht durch das Recht eines Drittstaates, sondern eines säumigen bzw. fehlerhaft umsetzenden Mitgliedstaates gefährdet ist. Es geht mithin um ein quasi interlokales

1. Beispiele

Solche ausdrücklichen Anweisungen für die Abgrenzung des Anwendungsanspruchs des Gemeinschaftsrechts gegenüber dem Recht von Nichtmitgliedstaaten finden sich etwa in etwa in Art. 6 II der Klausel-RL,[4] in Art. 9 der Timesharing-RL,[5] in Art. 12 II Fernabsatz-RL[6], in Art. 7 II Verbrauchsgüterkauf-RL[7] oder in Art. 12 II der RL über den Fernabsatz von Finanzdienstleistungen.[8]

2. Charakteristika der Abgrenzungsklauseln

Abgrenzungsklauseln gehören heute gleichsam zum Standard der besagten Richtlinien. Insoweit haben sich aufgrund der homogenen Zwecksetzung charakteristische Strukturen herausgebildet, die diesen Regelungsvorgaben typischerweise gemeinsam sind. Es finden sich jedoch auch Unterschiede, die nicht nur Nuancen der Formulierung, sondern auch den praktischen Gehalt der jeweiligen Klauseln betreffen.

a) Gemeinsamer Zweck der Absicherung des EG-Standards

Klassischerweise beruft das IPR das anwendbare Recht grds. ohne Ansehen der materiellen Regelung nach dem Kriterium der engsten Verbindung. Grundlage dieser Methode ist die Maxime der prinzipiellen Gleichwertigkeit der Rechtsordnungen. Lediglich für Extremfälle, in denen sich unüberbrückbare und nicht hinnehmbare Wertungsdifferenzen oder unabweisliche Rechtsdurchsetzungsinteressen ergeben, muss ein Instrument zur Verfügung stehen, die Verweisung ganz oder teilweise aufzubrechen. In dem Maße aber, in dem das Privatrecht über den Interessenausgleich zwischen Privatrechtssubjekten hinaus mit gesellschaftspolitischen und sozialen Wertungen aufgeladen wird,[9] ergibt sich auch ein Bedürfnis, die verfolgten materiellrechtlichen Schutzanliegen internationalprivatrechtlich abzusichern. Das geschieht durch Kollisionsnormen, die ebenfalls diesen materiellen Zwecken verpflichtet, mit ihnen gleichsam aufgeladen sind.[10]

Dies gilt um so mehr in einem Rechtsraum, wie ihn die Gemeinschaft darstellt; wo also bestimmte Schutzziele wie der Verbraucher-, Anleger-, oder Arbeitnehmer-

---

Rechtsanwendungsproblem innerhalb der EG, auf das später noch einzugehen ist – dazu unten § 12 II.1.

4 RL 93/13/EWG, ABl. EG 1993, Nr. L 95/29.

5 RL 94/47/EG, ABl. EG 1994, Nr. L 280/83.

6 RL 97/7/EG, ABl.EG 1997, Nr. L 114/19.

7 RL 99/44/EG, ABl.EG 1999, Nr. L 171/12.

8 RL 2002/65/EG, ABl.EG 2002; Nr. L 271/16.

9 Zur Rolle des Privatrecht als „Werkzug sozialer Gestaltung und staatlicher Lenkung" *Leible,* in: Schulte-Nölke/Schulze (Hrsg.), Rechtsangleichung (1999), 353, 355.

10 So plastisch *Jayme,* in: Hommelhoff/Jayme/Mangold (Hrsg.), Europäischer Binnenmarkt (1995), 35, 49 allerdings krit.; auch *Basedow,* in: Schnyder/Heiss/Rudisch (Hrsg.), Internationales Verbraucherschutzrecht (1995), 11, 19, 27 ff.; *Siehr,* Internationales Privatrecht, 145, 153 ff.

schutz forciert, auf gemeinsamer Grundlage und im Konsens auf einem bestimmten, besonders hohen Niveau vorangetrieben werden. Der materiellrechtliche Interessenschutz wäre unvollkommen, wenn er nicht auch kollisionsrechtlich abgesichert würde, indem im Falle einer bestimmten Verknüpfung des Sachverhalts mit dem Geltungsbereich der einschlägigen materiellen Regelung deren Anwendung sichergestellt wird. Diesem Ziel sind neben Regelungen wie Art. 5, 7 EVÜ auch die benannten spezifischen Vorschriften in den neueren privatrechtlichen Richtlinien der Gemeinschaft verpflichtet.[11]

Der gemeinsame Zweck der Abgrenzungsklauseln besteht demnach in einer angemessenen Definition des Anwendungsanspruchs des durch die jeweiligen Richtlinien angeglichenen Rechts und die Durchsetzung ihrer Schutzstandards in Fällen mit Drittstaatenbezug, sofern der Sachverhalt auf bestimmte, näher spezifizierte Weise mit der Gemeinschaft verknüpft ist. Die Klauseln tragen der Tatsache Rechnung, dass durch die Harmonisierung ein gemeinsames und abgrenzungsbedürftiges Recht entstanden ist, das sich durch eine garantierte Minimalstandardisierung und einen einheitlichen Geist von drittstaatlichem Recht potentiell unterscheidet,[12] und das für eine effiziente Verwirklichung seiner Ziele darauf angewiesen ist, dass seine Regeln tatsächlich auf alle Sachverhalte erstreckt werden, die nach einer jeweils gegenstandsspezifischen Wertung „Gemeinschaftssachverhalte" sind.

Diese Abgrenzung kann indes nicht den Mitgliedstaaten überlassen werden. Im Hinblick auf das von der Gemeinschaft generierte angeglichene Sachrecht ist auch die Gemeinschaft selbst zur Abgrenzung nach außen berufen. Denn mag die Frage nach der legitimen Reichweite des Gemeinschaftsrechts auch durch die Bindung an die Ziele der Gemeinschaft determiniert und durch die Erfordernisse zu deren Erreichung beschränkt sein, so ist doch wichtig, dass sie in diesem Rahmen einheitlich beantwortet wird. Den Mitgliedstaaten anheim gestellte und daher divergierende Anknüpfungen in diesem Bereich fördern Grundfreiheitenbeschränkungen und verhindern die Schaffung gleicher Marktbedingungen, die gerade Ziel der Rechtsharmonisierung sind.[13]

---

11 Zur Begründung der Erforderlichkeit kollisionsrechtlichen Verbraucherschutzes vgl. etwa *Leible*, in: Schulte-Nölke/Schulze (Hrsg.), Rechtsangleichung (1999), 353 ff., 368 ff.: danach muss die Frage nach der kollisionsrechtlichen Durchsetzung des Europäischen Standards sowohl für (bis auf eine evt. Rechtswahl) reine Binnenmarktsachverhalte als auch für Fälle mit substantiiertem Drittstaatenbezug beantwortet werden – in beiden Fällen ist die kollisionsrechtliche Flankierung des sachrechtlichen Schutzes nötig, zudem drohen bei Fehlen entsprechender Vorgaben in der Richtlinie divergierende Anknüpfungen; vgl. auch *Basedow*, NJW 1996, 1921, 1925 f.; *ders.*, in: Schnyder/Heiss/Rudisch (Hrsg.), Internationales Verbraucherschutzrecht (1995), 11, 27 ff.; *Siehr*, Internationales Privatrecht, 145, 153 ff.

12 Allgemein zu der Abgrenzungsfunktion ggü. drittstaatlichem Recht *Basedow*, in: Schnyder/Heiss/Rudisch (Hrsg.), Internationales Verbraucherschutzrecht (1995), 11, 19; *Fetsch*, Eingriffsnormen (2002), 245 ff.; *Mankowski*, in: Aufbruch nach Europa (2001), 595, 605; *Michaels/Kamann*, JZ 1997, 601, 603.

13 So *Leible*, in: Schulte-Nölke/Schulze (Hrsg.), Rechtsangleichung (1999), 353, 362 f., 368 f., 371; vgl. auch *Basedow*, in: Schnyder/Heiss/Rudisch (Hrsg.), Internationales Verbraucherschutzrecht (1995), 11, 27 ff., 31 f.; *ders.*, CMLR 37 (2000), 687, 696; *Freitag/Leible*, RIW 2001, 287, 290 f., 293;

b) Die Ausgestaltung der Abgrenzungsklauseln

Entsprechend ihrer homogenen Zwecksetzung ähneln sich die Abgrenzungsklauseln auch in ihrem Wortlaut. Typisch ist eine Formulierung, die sich bereits in der Klausel-RL findet: Danach haben die Mitgliedstaaten die erforderlichen Maßnahmen zu treffen, damit der Verbraucher den durch die Richtlinie gewährten Schutz nicht verliert, wenn das Recht eines Drittlandes als das auf den Vertrag anzuwendende Recht gewählt wurde und der Vertrag einen engen Zusammenhang mit dem Gebiet der Mitgliedstaaten aufweist. Trotz kleinerer Differenzen sehr ähnliche Formulierungen finden sich in der Fernabsatz-RL und in der Richtlinie zum Verbrauchsgüterkauf. Deutlichere Abweichungen weisen hingegen die Timesharing-RL und der ursprüngliche Vorschlag für eine Richtlinie über den Fernabsatz von Finanzdienstleistungen (nicht mehr jedoch die endgültige Fassung) auf.

aa) Regelmäßig lediglich Korrektur der subjektiven Anknüpfung

Typisch ist zunächst, dass in den Abgrenzungsklauseln regelmäßig nur eine Korrektur der subjektiven Anknüpfung vorgesehen ist, wenn diese aus dem Gemeinschaftsrecht herausführt; der gemeinschaftsrechtliche Standard muss also nur gegen eine Abwahl durch die Parteien durchgesetzt werden. Das gilt für alle Richtlinien, die solche ausdrücklichen Vorgaben enthalten – mit Ausnahme der Timesharing-Rl.

Allerdings enthielt auch die Verbrauchsgüterkauf-RL im Entwurfsstadium in Art. 6 Abs. 2 die Regelung, dass die Mitgliedstaaten die erforderlichen Maßnahmen ergreifen, „damit dem Verbraucher unabhängig von dem jeweils auf den Vertrag anwendbaren Recht ... der durch diese Richtlinie gewährte Schutz nicht vorenthalten wird“.[14] Ganz ähnlich war auch die Abgrenzungsklausel in dem ursprünglichen Vorschlag für eine Richtlinie über den Fernabsatz von Finanzdienstleistungen formuliert.[15] Durch diese Klauseln wären auch Fallgestaltungen erfasst worden, in denen drittstaatliches Recht nicht durch Rechtswahl, sondern aufgrund objektiver Anknüpfung berufen wird. In den verabschiedeten Fassungen beider Richtlinie finden sich hingegen nur noch auf die Korrektur der subjektiven Anknüpfung gerichtete Klauseln. In der praktischen Entwicklung hat sich die Gestaltung der Abgrenzungsklauseln daher auf die Rechtswahl-Konstellation verdichtet, obwohl diese Beschränkung auf eine bloße Korrektur der subjektiven Anknüpfung viel kritisiert wurde.[16]

Mankowski, in: Aufbruch nach Europa (2001), 595, 605 spricht von einer „Außengrenze der Gegenseitigkeit“; *ders.*, Internationales Privatrecht, 153 ff.; *Sonnenberger*, ZVglRWiss 95 (1996), 3, 31; *Wagner*, IPRax 2000, 249, 250.

14 Vgl. den Vorschlag der Kommission für eine RL des Europäischen Parlaments und des Rates über den Verbrauchsgüterkauf- und Garantien vom 18. 6. 1996; KOM (1995), 520 endg.; ABl.EG 1996, Nr. C 307/8.

15 So noch Art. 11 III des Richtlinienvorschlags (ABl.EG 1998, Nr. C 385/10); anders jetzt Art. 12 II in der endgültigen Fassung der RL, ABl.EG 2002, Nr. L 271/16).

16 Siehe zu diesem Problem unten, § 11 I.3.b)bb).

bb) Enger Bezug zur Gemeinschaft

Ein weiteres gemeinsames Merkmal der Abgrenzungsklauseln ist der jeweils geforderte enge Zusammenhang mit der Gemeinschaft als Auslöser für den kollisionsrechtlichen Sicherungsmechanismus. Er bildet den Kern des Anknüpfungsmoments, d. h. der Kriterien (iSd. den besonderen Bezug zum Binnenmarkt herstellenden Verbindungen), welche die Anweisung zur Durchsetzung des gemeinschaftsrechtlichen Standards aktivieren.

Maßgeblich ist hier jeweils ein enger Zusammenhang des Sachverhalts mit dem Gebiet eines oder mehrerer Mitgliedstaaten. Darauf laufen die teilweise differierenden Formulierungen in den Richtlinien, die mitunter auch von einem engen Zusammenhang mit dem Gebiet der Mitgliedstaaten sprechen, jedenfalls i. E. stets hinaus. Eine weitergehende Konkretisierung des geforderten Zusammenhangs unterbleibt hingegen in den meisten Fällen.

Eine Ausnahme bildet insoweit wiederum die Timesharing-RL, die auf die Belegenheit der Immobilie im Hoheitsgebiet eines Mitgliedstaates abstellt. Damit wird eine besondere Konkretisierung des erforderlichen engen Zusammenhangs mit der Gemeinschaft (hier mit Rücksicht auf die sachenrechtliche Anknüpfungstradition) vorgenommen, die in den übrigen Richtlinien unterbleibt. Eine weitere Besonderheit wies der ursprüngliche Vorschlag für eine Richtlinie über den Fernabsatz von Finanzdienstleistungen auf, wo zusätzlich zu dem engen Zusammenhang, wie er auch in den anderen Richtlinien gefordert ist, ein Wohnsitz des Verbrauchers in einem Mitgliedstaat verlangt wurde.[17] Allerdings ist diese besondere Konkretisierung nicht in die endgültige Fassung der Richtlinie übernommen worden.

cc) Günstigkeitsvergleich

Schließlich wird die Durchsetzung des gemeinschaftsrechtlichen Standards faktisch nur für den Fall angeordnet, dass das gewählte drittstaatliche Recht weniger günstig ist (iSv. weniger schutzintensiv). Dieses Merkmal ergibt sich zwar nicht ausdrücklich aus der Formulierung der Abgrenzungsklauseln, folgt jedoch nach überwiegender Auffassung aus deren Zielsetzung: Da jeweils nur sichergestellt werden soll, dass (bei den verbraucherrechtlichen Richtlinien) der Verbraucher den in der Richtlinie gewährten Schutz nicht verliert, dass also der gemeinschaftsrechtliche Standard im Interesse des jeweils Begünstigten nicht unterschritten wird, muss die Anwendung eines drittstaatlichen Rechts nicht unterbunden werden, wenn dieses denselben oder einen besseren Schutz gewährt. Deshalb wird den Abgrenzungsklauseln von vielen Autoren jeweils nur die Anordnung einer Alternativanknüpfung mit Günstigkeitsvergleich entnommen, wie sie etwa auch aus Art. 5 EVÜ bekannt ist,[18] während andere es letztlich den Mitgliedstaaten überlassen wollen, ob sie den geforderten Schutz

---

17 Vgl. Art. 11 III; ABl.EG 1998, Nr. C 385/10; dazu *Leible*, in: Schulte-Nölke/Schulze (Hrsg.), Rechtsangleichung (1999), 353, 363 f.

18 So *Jayme*, in: Hommelhoff/Jayme/Mangold (Hrsg.), Europäischer Binnenmarkt (1995), 35, 46; *Jayme/Kohler*, IPRax 1995, 343, 345 f.; *Kiendl*, Unfaire Klauseln (1997), 55, 212 f.; *Leible*, in: Schultedurch eine Alternativanknüpfung mit Günstigkeitsvergleich oder etwa durch eine zwingende Sonderanknüpfung verwirklichen.[19]

3. Kritik und Probleme hinsichtlich der Aufnahme kollisionsrechtlicher Vorgaben in Richtlinien

Die Zunahme kollisionsrechtlicher Regelungsaufträge in Richtlinien trägt ohne Zweifel zur Herausbildung und Verfeinerung spezifischer Binnenmarktkollisionsregeln bei, enthalten sie doch Vorgaben für ein genuines Binnenmarktproblem, das andere Kollisionsrechtsquellen nicht abdecken. Sie werfen indes auch Probleme auf, die diesen Vorzug wieder in Frage stellen. Schwierigkeiten ergeben sich zum einen aus dem Verhältnis der Richtlinien-Klauseln zum bestehenden gemeinsamen Kollisionsrecht des EVÜ, zum anderen aus der teilweise fragwürdigen Ausgestaltung der einzelnen Klauseln selbst. Deshalb ist die Aufnahme der besagten kollisionsrechtsrelevanten Richtlinienvorschriften vielfach auf Kritik gestoßen.

a) Das Verhältnis des Richtlinienkollisionsrechts zum EVÜ

Ein grds. Ansatzpunkt dieser Kritik betrifft das Verhältnis des Richtlinienkollisionsrechts zum EVÜ. Die benannten kollisionsrechtlichen Vorgaben in Richtlinien treten als eigenständige Regelungen neben die Vorschriften dieses Übereinkommens bzw. deren Entsprechung im nationalen IPR. Dabei fallen eine Reihe von Unterschieden zwischen den staatsvertraglichen Anknüpfungsregeln und den Richtlinienvorgaben auf. Zwar ist das Rangverhältniss beider Rechtsquellen für den Fall einer möglichen Kollision von Vorschriften des Übereinkommens und gemeinschaftsrechtlichen Vorschriften in Art. 20 EVÜ ausdrücklich geregelt. Dabei erfasst Art. 20 EVÜ nicht nur Verordnungen und Richtlinien sowie von der Gemeinschaft geschlossene Übereinkommen, sondern insbes. auch das harmonisierte innerstaatliche Recht, das etwa eine Richtlinie umsetzt.[20] Die inhaltlichen Abweichungen werfen jedoch Brüche und Zersplitteren im Kollisionsrecht auf. Diese erweisen sich allerdings zumindest teilweise eher als systematische Schwächen des EVÜ bei der Bewältigung spezifischer Binnenmarktsachverhalte denn als zerstörerischer Einfluss der Richtlinienbestimmungen.

Nölke/Schulze (Hrsg.), Rechtsangleichung (1999), 353, 364 f. m. w. N.; *Sonnenberger*, FS Fikentscher (1998), 281, 295; *Staudinger*, IPRax 1999, 414, 417 f.; *ders.*, ZfRV 2000, 93, 94 f.; *Thorn*, IPRax 1999, 1, 8.

19 *Mäsch*, EuZW 1995, 8, 13; *Rauscher*, EuZW 1996, 650, 651; *v. Wilmowsky*, ZEuP 1995, 735, 760; wohl auch *Kapnopoulou*, Missbräuchliche Klauseln (1997), 154 f.; gegen einen Günstigkeitsvergleich auch *Paefgen*, ZEuP 2003, 266, 280 f.

20 Vgl. Art. 3 Abs. 2 S. 2 EGBGB, der Art. 20 EVÜ übernommen hat; dazu *Giuliano/Lagarde*-Bericht zum EVÜ, BT-Drs. 10/503, 33, 71; *Leible*, in: Schulte-Nölke/Schulze (Hrsg.), Rechtsangleichung (1999), 353, 367 f.; *Magnus*, in: Staudinger, vor Art. 27-37 EGBGB, Rdn. 10; *Michaels/Kamann*, JZ 1997, 601, 608; *Sonnenberger*, FS Fikentscher (1998), 283, 294; *Staudinger*, ZfRV 2000, 93, 98.

aa) Brüche zum EVÜ und Zersplitterung der Kollisionsrechtseinheit

Die kollisionsrechtlichen Vorgaben in den Verbraucherschutzrichtlinien wirken in das bestehende System des internationalen Schuldvertragsrechts, wie es sich im Grundsatz einheitlich für alle Mitgliedstaaten aus dem EVÜ ergibt, hinein. Dadurch droht die erreichte Einheitlichkeit des internationalen Schuldvertragsrechts nunmehr durch die zunehmende Verankerung kollisionsrechtlicher Regelungsgebote in Richtlinien zu zerbrechen. Diese Entwicklung betrachten zahlreiche Autoren mit Sorge.[21]

In der Tat weichen die Vorgaben in den verbraucherrechtlichen Richtlinien bzw. ihre Umsetzungen von den entsprechenden Vorschriften des EVÜ teilweise ab. So korrigieren sowohl die Abgrenzungsvorgaben der Richtlinien als auch Normen wie Art. 3 III oder Art. 5 II EVÜ die Folgen einer Rechtswahl, die zum Ausschluss bestimmter Schutznormen führt; sie tun dies jedoch mit teilweise differierendem sachlichen Anwendungsbereich, von unterschiedlichen Blickwinkeln aus und unterschiedlich weitreichend. Die Richtlinien decken weitgehend die gleichen Fallgestaltungen ab, die auch das EVÜ erfasst, gehen teilweise jedoch darüber hinaus und schaffen so eine komplizierte, zersplitterte und schwer überschaubare Rechtslage von unterschiedlich umgesetzten sekundärrechtlichen Vorgaben einerseits und staatsvertraglichem IPR andererseits.[22] Den Richtlinien wird vorgeworfen, sie entwerteten die Rechtswahlfreiheit als einen der Grundwerte des EVÜ zugunsten einer überzogenen Absicherung gegen Drittrechte und erodierten dabei durch die Ausweitung von Sonderkollisionsnormen für sachlich abgegrenzte Bereiche und international zwingenden Normen seine Einheitlichkeit und Universalität.[23]

Insbes. greifen die Richtlinien nur ganz bestimmte Fallkonstellationen im Verhältnis der Mitgliedstaaten zu Drittstaaten heraus, während das EVÜ universell allseitige Kollisionsnormen bereithält, die nicht nur die Anknüpfung im Verhältnis der Mitgliedstaaten untereinander regeln, sondern als loi uniforme auch im Verhältnis zu

---

21 Zur Kritik *Ehle*, GPR 1 (2003/2004), 49, 50 f., *Gebauer*, Grundfragen (1998), 116 ff.; *Jayme*, in: Hommelhoff/Jayme/Mangold (Hrsg.), Europäischer Binnenmarkt (1995), 35 ff., 49; *Jayme/Kohler*, IPRax 1994, 405, 407 ff.: „unheilvolle Tendenz"; IPRax 1995, 343 und 1996, 377 f., 389; *Junker*, IPRax 1998, 65 ff., 73 f.; *Kiendl*, Unfaire Klauseln (1997), 56; *Kohler*, FS Jayme Bd. I (2004), 445, 447 ff.; *Magnus/Mankowski*, ZVglRWiss 103 (2004), 131 ff., 139 f.; *Martiny*, ZEuP 1997, 107, 109; *Michaels/Kamann*, JZ 1997, 601, 608; *Leible*, in: Schulte-Nölke/Schulze (Hrsg.), Rechtsangleichung (1999), 353, 379; *Roth*, IPRax 1994, 165, 169; *Sonnenberger*, JZ 1998, 982, 983; *ders.*, in: MüKo, Einl. IPR, Rdn. 170; *Staudinger*, ZfRV 2000, 93 f.; **a. A.** *Basedow*, in: Schnyder/Heiss/Rudisch, Internationales Verbraucherschutzrecht (1995), 11, 19, 27 ff. und NJW 1996, 1921, 1925 f.; *Hoffmann*, ZfRV 1995, 45, 52 ff. – sinnvolle Ergänzung des EVÜ.

22 *Bitterich*, ZfRV 2002, 123, 129 ff.; vgl. auch *Junker*, IPRax 1998, 65, 71 f., 73 f.; *Kronke*, RIW 1996, 985 ff., 990 – dort zum Fernabsatz; *Leible*, in: Schulte-Nölke/Schulze (Hrsg.), Rechtsangleichung (1999), 353, 379; *Magnus/Mankowski*, ZVglRWiss 103 (2004), 131, 139 f.; *Pfeiffer*, in: Leible (Hrsg.), Grünbuch (2004), 25, 27 ff.; *Staudinger*, ZfRV 2000, 93 f.

23 *Jayme*, in: Hommelhoff/Jayme/Mangold (Hrsg.), Europäischer Binnenmarkt (1995), 35, 45 f., 49; *Junker*, IPRax 1998, 65, 73 f.; *Staudinger*, ZfRV 2000, 93 f.; z. G. *Basedow*, in: Schnyder/Heiss/Rudisch (Hrsg.), Internationales Verbraucherschutzrecht, 11, 27 ff.; *Magnus/Mankowski*, ZVglRWiss 103 (2004),131, 139 f.

Nichtmitgliedstaaten unterschiedslos angewandt werden. Durch die besonderen (einseitigen) Vorgaben in den Richtlinien wird das EVÜ nicht nur inhaltlich aufgeweicht, sondern auch die Einheitlichkeit des internationalen Schuldvertragsrechts zugunsten einer Kollisionsrechtsspaltung aufgebrochen, weil es zu einer Unterscheidung von Fallkonstellationen mit bloßem Gemeinschaftsbezug bzw. reinen Drittstaatenfällen (dann keine Korrektur der Rechtswahl) und solchen mit Drittstaatenbezug kommt.[24]

bb) Differenzen zum EVÜ als Korrektur der dort fehlenden spezifischen Erfassung von Binnenmarktsachverhalten

Angesichts dieses Befundes und der lautgewordenen Kritik lohnt es, zunächst einen Blick auf den Hintergrund zu werfen, vor dem die Sonderkollisionsnormen in Richtlinien entstanden sind, die nunmehr teilweise in Opposition zum EVÜ treten. Dabei zeigt sich, dass die kollisionsrechtlichen Regelungsanweisungen in den Richtlinien oftmals nur eine notwendige Reaktion auf Lücken und Schwächen im EVÜ darstellen. Die Richtlinienregelungen mögen im Einzelnen Defizite aufweisen (dazu unten b)). Die meisten Unstimmigkeiten im Verhältnis zum EVÜ erweisen sich jedoch nicht so sehr als Mängel der Richtlinienregelungen, sondern vielmehr als Unvollkommenheiten des EVÜ im Bezug auf Binnenmarktsachverhalte. Die Richtlinienregelungen liefern die notwendigen Korrekturen für binnenmarktspezifische Fallgestaltungen, die im EVÜ nicht ausreichend berücksichtigt worden sind:

Es ist bereits an anderer Stelle darauf hingewiesen worden, dass durch die Harmonisierung ein besonderer Rechtsraum mit (meist auf Mindestniveau) angeglichenen Normen entsteht.[25] Die Frage, inwieweit dieser gemeinsame Standard durchzusetzen ist, kann im integrierten Europäischen Rechtsraum nicht mehr allein dem Gutdünken der Mitgliedstaaten überlassen werden. Das Interesse an der einheitlichen Anwendung des Gemeinschaftsrechts legt eine selbständige Abgrenzung seines Anwendungsbereichs durch die Gemeinschaft selbst nahe.[26] Wenn jedoch die Rechtsanwendung sichergestellt werden muss und das überkommene klassische Kollisionsrecht dieses nicht ohne weiteres hergibt, so ist es ein Gebot der Notwendigkeit und der Rechtssicherheit, dass die entsprechenden Kollisionsregeln in die Richtlinien aufgenommen werden.[27]

---

24 Dazu *Basedow,* in: Schnyder/Heiss/Rudisch, Internationales Verbraucherschutzrecht (1995), 11, 34; *Kapnopoulou*, Missbräuchliche Klauseln (1997), 153 f.; *Junker*, IPRax 1998, 65, 74; *Staudinger*, ZfRV 2000, 93 f.

25 Dazu oben, § 3.

26 *Basedow,* in: Schnyder/Heiss/Rudisch, Internationales Verbraucherschutzrecht (1995), 11, 19, 27 ff., 31; *ders.*, NJW 1996, 1921, 1925 f.; *Michaels/Kamann*, JZ 1997, 601, 602 ff.; *Kreuzer*, in: Müller-Graff (Hrsg.), Gemeinsames Privatrecht (1999), 457, 537 ff.; *Sonnenberger*, JZ 1998, 982, 984 f.

27 So *Basedow,* in: Schnyder/Heiss/Rudisch, Internationales Verbraucherschutzrecht (1995), 11, 19, 29 ff.; *Freitag/Leible*, RIW 2001, 287, 295 der die Abgrenzungsklauseln Richtlinien angesichts der Notwendigkeit einer einheitlichen Binnenmarktabgrenzung grds. als Schritt in die richtige Richtung wertet, wobei die drohende Zersplitterungstendenz für das Vertragskollisionsrecht, die von der Aufnahme immer mehr einzelner Abgrenzungsvorgaben mit statutarischen Ansatz ausgeht, im

Insbes. vermag das gemeinschaftsweit geltende Vertragskollisionsrecht des EVÜ diesen Bedarf nicht adäquat abzudecken. Seine fundamentale Schwäche fließt aus der Tatsache, dass das EVÜ zwar im europäischen Kontext geschaffen, jedoch im Stil ein „Kind des klassischen IPR“ ist[28] und deshalb nicht auf alle Problemkonstellationen, die in spezifischen Zusammenhang mit dem Binnenmarkt stehen, ausreichend Antwort gibt. Es berücksichtigt nicht die Integriertheit der nationalen Rechtsordnungen der Mitgliedstaaten und trägt deshalb den besonderen Gegebenheiten in der Gemeinschaft, die Binnenmarktsachverhalte von anderen – klassischen – Mehrrechtssachverhalten unterscheidet, nicht angemessen Rechnung.[29] Stattdessen behandelt es beide gleich. Dieser Mangel tritt gerade im Bereich des harmonisierten Rechts zutage, wo ein gemeinschaftsrechtlicher Besitzstand gegenüber dem Recht von Nichtmitgliedstaaten abzugrenzen ist. Das Übereinkommen kann deshalb etwa den kollisionsrechtlichen Verbraucherschutz, den die oben benannten Richtlinien zum Gegenstand haben, allein nicht sicherstellen.

So schränkt zwar Art. 3 III EVÜ generell im Vertragsrecht die Wirkungen einer Rechtswahl ein, wenn objektiv ein reines Inlandsgeschäft vorliegt, d. h. alle Teile eines Sachverhalts in ein und demselben Staat lokalisiert sind. Die Norm, die ihre Entsprechung in Art. 27 III EGBGB findet, verhindert so die „ungerechtfertigte Flucht aus dem eigenen Recht“,[30] indem sie bestimmt, dass die Rechtswahl jedenfalls die zwingenden Bestimmungen dieses Staates nicht berührt. Sie verteidigt damit jedoch nur das zwingende Recht eines Staates, wenn außer der Rechtswahl keine Auslandsbeziehungen bestehen. Art. 3 III EVÜ kann hingegen nicht eine Rechtswahl korrigieren, die unter denselben Umständen aus dem durch eine Richtlinie harmonisierten Gemeinschaftsrecht herausführt. Obwohl die Harmonisierung einen zwingenden Mindeststandard schafft und der Sachverhalt abgesehen von der Rechtswahl nur mit EG-Mitgliedstaaten verbunden ist, erfasst Art. 3 III EVÜ diesen wertungsmäßig vergleichbaren Sachverhalt nicht, weil das EVÜ von grds. unverbunden nebeneinander stehenden Staaten ausgeht und die Integration in der Gemeinschaft nicht berücksichtigt. Europarechtlich harmonisierte Schutzstandards sollten sich jedoch ebenso durchsetzen, wenn neben der Rechtswahl ausschließlich Beziehungen zu (mehreren) Mitgliedstaaten bestehen. Es geht dann nicht mehr allein um die Durchsetzung nationaler Schutzstandards gegenüber ausländischem Recht, sondern zunehmend auch um die Durchsetzung Europäischer Schutzstandards im gesamten Bereich des Binnenmarktes.

Auch Art. 5 EVÜ verwirklicht den kollisionsrechtlichen Verbraucherschutz in verschiedener Hinsicht nur lückenhaft: Gem. Art. 5 II EVÜ darf dem Verbraucher durch

---

Rahmen der geplanten Reform und Überführung des EVÜ in einen Sekundärrechtsakt bewältigt werden kann.

28 *Grundmann*, RabelsZ 64 (2000), 457, 463 f.; ähnlich auch *Basedow*, in: Schnyder/Heiss/Rudisch (Hrsg.), Internationales Verbraucherschutzrecht (1995), 11, 14.

29 Guter Überblick bei *Bitterich*, ZfRV 2002, 123, 131 f.

30 *Magnus*, in: Staudinger, Art. 27 EGBGB, Rdn. 115; *Martiny*, in: MüKo, Art. 27 EGBGB, Rdn. 71 ff.; *Giuliano/Lagarde*, Bericht zu EVÜ, BT-Drs. 10/503, 33, 50.

eine Rechtswahl nicht der Schutz der zwingenden Bestimmungen des Staates entzogen werden, in dem er seinen gewöhnlichen Aufenthalt hat, wenn der Vertrag in näher spezifizierter Weise in diesem Staat angebahnt worden ist. Zum einen bezieht er sich jedoch nur auf bestimmte Vertragstypen, nämlich Verträge über die Lieferung beweglicher Sachen und die Erbringung von Dienstleistungen nebst den zugehörigen Finanzierungsgeschäften (weiter ausdifferenziert durch die Abs. 4,5), obwohl ein Schutzbedürfnis durchaus auch darüber hinaus besteht.[31] Zum anderen werden die im Katalog des Art. 5 II EVÜ konkretisierten Bedingungen für den kollisionsrechtlichen Schutz des Verbrauchers den Erfordernissen im Binnenmarkt nicht gerecht, weil er nur den passiven Verbraucher im Auge hat und überdies multiple Bezüge zu verschiedenen Mitgliedstaaten nicht aufgreift. Das EVÜ konstatiert nur dann eine berechtigte Erwartung des Verbrauchers, das ihm vertraute Recht auch im international verknüpften Sachverhalt „mitzunehmen", wenn die Initiative zum Vertragsschluss vom Anbieter ausgeht und den Verbraucher im Staat seines gewöhnlichen Aufenthalts erreicht (vgl. den Katalog des 5 II, 29 EGBGB). Begibt er sich hingegen aus eigenem Antrieb in den Geltungsbereich einer fremden Rechtsordnung, muss er damit rechnen, deren Regelungen unterworfen zu werden. So angemessen diese Wertung auch im Grundsatz sein mag, berücksichtigt sie doch nicht, dass der Verbraucher sich innerhalb der Gemeinschaft in einem integrierten Rechtsraum bewegt und deshalb zumindest mit der Geltung des gemeinsamen Standards (wenn auch vielleicht nicht in Gestalt seines Heimatrechts) rechnen kann, solange relevante Bezüge zur EG bestehen. Das EVÜ stellt ihn hingegen in diesem Fall kollisionsrechtlich schutzlos.[32]

Die dem kollisionsrechtlichen Schutz dienenden Abgrenzungsklauseln in den Richtlinien, die auf einen engen Zusammenhang mit dem Gebiet der Gemeinschaft (insgesamt) abstellen, gehen über diese Regelungen in mehrfacher Weise hinaus – sowohl was die sachliche Reichweite als auch was die Berücksichtigung der Spezifika des Binnenmarktsachverhalts angeht[33] – und gleichen damit vielfach gerade die diesbzgl. Unzulänglichkeiten die EVÜ aus: So genügt nach den Verbraucherrichtlinien im Gegensatz zu Art. 3 III EVÜ bereits ein enger Bezug zu einem oder mehreren Mit-

---

31 *Fetsch*, Eingriffsnormen (2002), 257; *Freitag/Leible*, EWS 2000, 342, 343; *Leible*, in: Schulte-Nölke/Schulze (Hrsg.), Rechtsangleichung (1999), 353, 356 ff. und in: ders. (Hrsg.), Grünbuch (2004), 133 ff.; *Thorn*, IPRax 1999, 1, 7; vgl. auch *Basedow*, FS Jayme (2004) Bd. I, 3 ff. und *Roth*, FS Sonnenberger (2004), 591, 594 f. im Zusammenhang mit der Reform des EVÜ und seiner Überführung in eine VO.

32 *Baumert*, EWS 1995, 57, 59 f.; *Bitterich*, ZfRV 2002, 123, 126 f., 128 ff.; *Fetsch*, Eingriffsnormen (2002), 257 ff.; *Leible*, in: ders. (Hrsg.), Grünbuch (2004), 133, 141 ff.; *Michaels/Kamann*, JZ 1997, 601, 604 f. und EWS 2001, 301, 309; *Roth*, FS Sonnenberger (2004), 591, 594 f., 596 f.; *Rühl*, RIW 1999, 321, 322 f.; *Staudinger*, ZfRV 2000, 93, 102 f.; vgl. zum Schutzkonzept des EVÜ: *Leible*, in: Schulte-Nölke/Schulze (Hrsg.), Rechtsangleichung (1999), 353, 358 f.; *v. Wilmowsky*, ZEuP 1995, 735, 753.

33 *Bitterich*, ZfRV 2002, 123, 128 f., 131 f.; *Fetsch*, Eingriffsnormen (2002), 245 ff., 257 ff.; *Junker*, IPRax 1998, 65, 71; *Kronke*, RIW 1996, 985 ff., 990; *Leible*, in: Schulte-Nölke/Schulze (Hrsg.), Rechtsangleichung (1999), 353, 356 ff. und in: ders. (Hrsg.), Grünbuch (2004), 133, 144; *Pfeiffer*, in: Grabitz/Hilf, Bd. III, A 5, Art. 6 RL, Rdn. 35; vgl. auch *Siehr*, Internationales Privatrecht, 165 f., weist auf den universellen Charakter der Verweisungsnormen des EVÜ hin, die nicht zwischen der Berufung von nationalem europäischem oder außereuropäischem Recht unterscheiden; *Thorn*, IPRax 1999, 1, 7.

gliedstaaten, um die auf ein Drittrecht gerichtete Rechtswahl zu korrigieren. Es wird also zum einen weniger verlangt – weil bereits ein Bezug (nicht ein alleiniger Bezug) zur Gemeinschaft ausreicht, um dem Richtlinienstandard zur Anwendung zu verhelfen. Zudem muss dieser Bezug nicht – wie im EVÜ – zu einem einzigen Staat bestehen. Eine Korrektur findet vielmehr bereits dann statt, wenn der enge Bezug zu mehreren Mitgliedstaaten besteht, sich etwa aus Bezugselementen zu verschiedenen Mitgliedstaaten ergibt. Auch im Vergleich zu Art. 5 II EVÜ ist dieser in den Richtlinien verlangte enge Bezug zur Gemeinschaft flexibler und weiterreichend, weil er – anders als der dortige Katalog von schutzauslösenden Vertragsanbahnungsmodalitäten auch Fallgruppen mit Bezügen zu mehreren Mitgliedstaaten und insbes. auch den aktiven Verbraucher erfasst, der in anderen Mitgliedstaaten agiert. Art. 5 II EVÜ erfasst hingegen nur Fälle, in denen ganz bestimmte Bezüge zu einem Mitgliedstaat bestehen, der zudem noch der Staat des gewöhnlichen Aufenthalts des Verbrauchers sein muss.[34] Hinzu kommt, dass die Richtlinien nicht die Begrenzung auf bestimmte Vertragstypen des Art. 5 EVÜ teilen.

b) Probleme der konkreten Gestaltung der Abgrenzungsklauseln

Ist somit die grds. Berechtigung von Abgrenzungsvorgaben im Sekundärrecht begründet, so stellt sich dennoch weiterhin die Frage, ob ihre Ausgestaltung im Einzelnen stets gelungen ist und den wahrgenommen Aufgaben voll gerecht wird. Die Kritik betrifft etwa die mangelnde Eignung des Instruments der Richtlinie für den in Rede stehenden Regelungsgegenstand; jedoch auch die Ausgestaltung der einzelnen kollisionsrechtlichen Regelungsanweisungen; sei es, dass ihre Beschränkung auf eine Korrektur nur der subjektiven Anknüpfung kritisiert wird, oder dass die Formulierung der den kollisionsrechtlichen Schutz auslösenden Momente auf Widerspruch stößt. Weitere Probleme ergeben sich aus der – aus Gemeinschaftssicht und aus dem Blickwinkel des Regelungszwecks der Drittabgrenzung konsequenten – Unvollständigkeit der Regelung hinsichtlich des anwendbaren Rechts.

aa) Mangelnde Eignung des Instruments der Richtlinie

So wird kritisiert, dass Richtlinien zur Schaffung eines Europäischen Kollisionsrechts nicht geeignet sind, da sich auf diesem Wege keine echte Einheitlichkeit erreichen lässt. Wie alle Richtlinienvorgaben erzeugen auch die Abgrenzungsklauseln im Verbrauchervertragrecht einen Umsetzungsbedarf und werfen damit die bekannten Probleme auf: einerseits die Möglichkeit legitimer Umsetzungsdivergenzen aufgrund von Optionen, Spielräumen etc., andererseits die Gefahr verzögerter oder fehlerhafter Umsetzung durch die Mitgliedstaaten. Eine Garantie für Einheitlichkeit, wie sie gerade im Kollisionsrecht wichtig und wünschenswert ist, besteht daher nicht. Diese allgemeinen Probleme der Harmonisierung durch Richtlinien nehmen

34 *Baumert*, EWS 1995, 57, 59 f.; *Leible*, in: Schulte-Nölke/Schulze (Hrsg.), Rechtsangleichung (1999), 353, 366; *Pfeiffer*, in: Grabitz/Hilf, Bd. III, A 5, Art. 6 RL, Rdn. 35 ff., 55; *Roth*, FS Sonnenberger (2004), 591, 594 f., 596 f.; *Rühl*, RIW 1999, 321, 322 f.

im Fall der Abgrenzungsklauseln aufgrund der bereits erwähnten sehr abstrakten Formulierungen in den Richtlinien – etwa was den engen Zusammenhang mit der Gemeinschaft betrifft – konkrete Gestalt an.

Der konkretisierungsbedürftige Begriff des engen Zusammenhangs mit einem oder mehreren Mitgliedstaaten ist deshalb besonders problematisch, weil er – obgleich Kristallisationspunkt des kollisionsrechtlichen Schutzes und somit von ausschlaggebender Bedeutung für das internationalprivatrechtliche Regelungskonzept – durch die Richtlinien selbst nicht ausgefüllt wird. (Das gilt für alle oben benannten Richtlinien mit Ausnahme der Timesharing-RL. Allerdings ist die dort vorgenommene Konkretisierung in Gestalt eines Abstellens auf die Belegenheit der fraglichen Immobilie im Hoheitsgebiet eines Mitgliedstaates ihrerseits zu recht als missglückt bezeichnet worden)[35] Zwar ist der Begriff des engen Zusammenhangs europäisch-autonom auszulegen und voll justiziabel, faktisch jedoch ein Einfallstor unterschiedlicher mitgliedstaatlicher Konkretisierungsansätze, weil die maßgeblichen Kriterien noch unsicher sind.[36] So sind im Rahmen der nationalen Umsetzungstätigkeit verschiedene Ansätze bemüht worden, den generalklauselartigen Begriff des engen Zusammenhangs mit einem oder mehreren Mitgliedstaaten zu fassen. Eine erste Möglichkeit besteht in einem Rückgriff auf das EVÜ. Ein enger Zusammenhang wird jeweils dann angenommen, wenn objektiv die Rechtsordnung eines der Mitgliedstaaten berufen gewesen wäre.[37] Diese Lösung krankt jedoch daran, dass sie die mangelnde Binnenmarktspezifität des EVÜ auch in den Bereich der Drittrechtsabgrenzung hineinträgt und damit den Vorgaben der Richtlinien teilweise nicht gerecht wird. Diese Probleme lassen sich hingegen durch eine eigenständige Bestimmung des engen Zusammenhangs bewältigen. Möglich ist zum einen eine eigenständige gesetzliche Definition (obgleich dies problematisch ist, weil eine solche Enumerationslösung die Schwierigkeit bewältigen muss, wirklich alle Konstellationen, in denen besagter enger Zusammenhang besteht, vollständig zu erfassen).[38] Eher adäquat ist eine Übernahme der Generalklausel aus der Richtlinie. Diese Lösung hat auch der deutsche Gesetzgeber bei der Einführung des Art. 29 a EGBGB (als nunmehr einheitliche Umsetzungsnorm der kollisionsrechtlichen Richtlinienvorgaben im Verbrauchervertragsrecht) gewählt. Diese Norm übernimmt im Prinzip die offene Formulierung aus der Richtlinie, ergänzt und konkretisiert diese jedoch durch ein Regelbeispiel und vereint somit „die Forderung nach Rechtssicherheit und Flexibilität".[39]

---

35 Dazu *Leible*, in: Schulte-Nölke/Schulze (Hrsg.), Rechtsangleichung (1999), 353, 361.

36 Dazu *v. Hoffmann*, in: ders. (Hrsg.), European Private International Law (1998), 19, 35 f.; *Kapnopoulou*, Missbräuchliche Klauseln, 157 f.; *Pfeiffer*, in: Grabitz/Hilf, Bd. III, A 5, Art. 6 RL, Rdn. 22 ff.; *Krebber*, ZVglRWiss 97 (1998), 124, 144 f.

37 Zust. *Jayme*, IPRax 1999, 401, 412 zur Klausel-RL; z. G. auch *Baumert*, EWS 1995, 57, 59 f.; *Bitterich*, ZfRV 2002, 123, 126; *Krebber*, ZVglRWiss 97 (1998), 124, 145.

38 Dazu *Bitterich*, ZfRV 2002, 123, 127; *Leible*, in: Schulte-Nölke/Schulze (Hrsg.), Rechtsangleichung (1999), 353, 375 f.; *Pfeiffer*, in: Grabitz/Hilf, Bd. III, A 5, Art. 6 RL, Rdn. 60.

39 *Bitterich*, ZfRV 2002, 123, 126 f.; *Freitag/Leible*, EWS 2000, 342, 345; *Paefgen*, ZEuP 2003, 266, 276; *Pfeiffer*, in: Grabitz/Hilf, Bd. III, A 5, Art. 6 RL, Rdn. 60; dazu auch *Thorn*, IPRax 2002, 349, 358 f. – krit.

bb) Lediglich Korrektur der subjektiven Anknüpfung

Auch die oben konstatierte Beschränkung der Abgrenzungsklauseln auf eine Korrektur der subjektiven Anknüpfung ist vielfach auf Kritik gestoßen.[40] Die Formulierung in den Richtlinien ist klar darauf gerichtet, den Fall eines Schutzverlustes gerade infolge der Rechtswahl zu erfassen. Es wird mithin die Kausalität der Rechtswahl vorausgesetzt.[41]

Das scheint jedoch in der Tat nicht ohne weiteres einsichtig, wenn man den tragenden Grund der Durchsetzung des gemeinschaftsrechtlichen Regelungsstandards in einer qualifizierten Verknüpfung des Sachverhalts mit dem Gebiet der Gemeinschaft sieht. Wenn diese enge Verknüpfung den Fall zu einem Binnenmarktsachverhalt macht (d. h. die umfassende Erreichung der Ziele der jeweiligen Richtlinie eine Anwendung ihrer Regelung trotz der Verknüpfung mit einem oder mehreren Drittstaaten erfordert), so ist schwer zu erklären, warum nur eine Abweichung durch Rechtswahl eine Korrektur auslösen soll, während die objektive Anknüpfung nicht in Zweifel gezogen wird. Denn eine solche objektive Anknüpfung ist nicht per se unbedenklich; etwa wenn das Kollisionsrecht (wie das EVÜ) die besonderen binnenmarktspezifischen Anforderungen an das IPR, wie sie oben formuliert wurden,[42] nicht realisiert. Das Rechtsanwendungsinteresse und Korrekturbedürfnis aus Sicht des Gemeinschaftsrechts ist in beiden Fällen gegeben.

Für einen Verzicht auf eine strenge Kausalität der Rechtswahl für den Schutzverlust und ggf. für eine Korrektur auch der objektiven Anknüpfung werden zum einen systematische Gründe vorgebracht. So sei bei dem auf Kausalität der Rechtswahl abstellenden Verständnis das Erfordernis des engen Bezugs ohne eigenständige Bedeutung und der Zweck der Richtlinien-Regelung nicht vollständig erreicht: Zwar bezieht sich der Wortlaut der Abgrenzungsklauseln ausdrücklich auf einen Schutzverlust durch die Wahl eines drittstaatlichen Rechts. Die Klausel dürfte also nur greifen, wenn ohne Rechtswahl das Recht eines Mitgliedstaates Anwendung gefunden hätte. Dies – auf den erste Blick sachgerecht erscheinend – erweise sich bei genauerer Betrachtung jedoch als bedenklich. Denn mangels Regelung der objektiven Anknüpfung in der Richtlinie müsste insoweit auf das EVÜ zurückgegriffen werden (Artt. 4 und 5). Wenn aber ein mitgliedstaatliches Recht danach objektiv berufen ist, besteht auch stets ein enger Zusammenhang mit der Gemeinschaft, so dass dieses Erfordernis neben dem des Abweichens durch Rechtswahl überflüssig wäre.[43]

---

40 Dazu etwa *Fetsch*, Eingriffsnormen (2002), 245 ff., 248; *Leible*, in: Schulte-Nölke/Schulze (Hrsg.), Rechtsangleichung (1999), 353, 366 ff. – der allerdings keine Berechtigung des nationalen Gesetzgebers sieht, die Regelung eigenmächtig auf die objektive Anknüpfung auszudehnen; ebenso *Thorn*, IPRax 1999, 1, 8 f.; vgl. z. G. auch *Siehr*, Internationales Privatrecht, 153 ff.; vor dem Hintergrund des Rom I-Vorhabens jetzt *Magnus/Mankowski*, ZVglRWiss 103 (2004), 131, 143 f.; *Roth*, FS Sonnenberger (2004), 591, 597 f.

41 IdS. etwa *Baumert*, EWS 1995, 57, 66; *Grundmann*, Europäisches Schuldvertragsrecht (1999), 272 f.; *Kiendl*, Unfaire Klauseln (1997), 54 f. – allerdings krit.

42 Siehe oben, § 3 II und soeben § 11 I.3.a)bb).

43 *Pfeiffer*, in: Grabitz/Hilf, Bd. III, A 5, Art. 6 RL, Rdn. 32 ff.

Vor allem aber implantiere der Rückbezug auf das EVÜ dessen Schwächen in die Drittrechtsabgrenzung. Zweck der Abgrenzungsnormen ist es, in allen Fällen mit hinreichendem Binnenmarktbezug die Durchsetzung der Richtlinien sicherzustellen. Eben dies vermag das EVÜ – etwa im Bereich der von den Richtlinien geregelten Verbraucherverträge – jedoch nicht zu leisten. Wertungswidersprüche ergeben sich z. B. außerhalb des sachlichen Anwendungsbereiches des Art. 5 EVÜ (Art. 29 EGBGB), aber auch dort, wo das EVÜ aufgrund seiner mangelhaften Erfassung binnenmarktspezifischer Sonderanforderungen an das IPR unzulänglich ist – etwa wenn die in Art. 5 II EVÜ geforderten Bezüge zu unterschiedlichen Mitgliedstaaten bestehen (z. B. bei Auseinanderfallen von gewöhnlichem Aufenthalt des Verbrauchers und der Absatztätigkeit des Lieferers bzw. des Vornahmeortes der zum Vertragsschluss notwendigen Rechtshandlungen durch den Verbraucher) oder in den Fällen, in denen erst eine Kumulation der jeweils einzeln betrachtet nicht engen Beziehungen zu verschiedenen Mitgliedstaaten in der Zusammenschau eine enge Beziehung zur Gemeinschaft ergibt. Eben diese Konstellationen vermag das EVÜ jedoch nicht zu erfassen, weil etwa die genau bestimmten Nähekriterien des Art. 5 jeweils zum Recht eines einzelnen Mitgliedstaates bestehen müssen, der zudem Aufenthaltsstaat des Verbrauchers sein muss.[44]

Deshalb schlagen einige Autoren vor, dass die Mitgliedstaaten bei der Umsetzung der Abgrenzungsklauseln in das nationale Recht auch den Fall einer abweichenden objektiven Anknüpfung einbeziehen[45] und so von sich aus einen inkonsistenten Schutz vermeiden sollten.[46]

Dennoch ist eine Erstreckung der Abgrenzungsklauseln der Richtlinien auf die objektive Anknüpfung – mithin ein Verzicht auf die Kausalität der Rechtswahl für den Schutzverlust – i. E. abzulehnen. Zum einen wird die lediglich auf Korrektur der subjektiven Anknüpfung gerichtete Formel immer wieder verwendet – auch nachdem die Diskussion um ihre mögliche Unangemessenheit eingesetzt hatte – und auch die abweichenden Formulierungen in einigen Richtlinienvorschlägen (Verbrauchsgüterkauf, Fernabsatz von Finanzdienstleistungen) sind nicht in die endgültigen Fassungen übernommen worden. Nach dem Willen des Europäischen Gesetzgebers soll also die objektive Anknüpfung wohl nicht korrigiert, eine Abweichung vom Richtlinienstandard in diesem Falle mithin akzeptiert werden.[47]

---

44 Vgl. dazu nochmals die die in Fn. 1079 Genannten; *Thorn*, IPRax 1999, 7 ff.

45 *Fetsch*, Eingriffsnormen (2002), 245 ff., 248; *Pfeiffer*, in: Grabitz/Hilf, Bd. III, A 5, Art. 6 RL, Rdn. 33 m. w. N.; *Rühl*, RIW 1999, 321, 324 – für eine Korrektur der objektiven Anknüpfung über Art. 7 II EVÜ; *v. Wilmowsky*, ZEuP 1995, 735, 759; **a. A.**: trotz grds. Kritik an der Beschränkung auf die Rechtswahlfälle *Leible*, in: Schulte-Nölke/Schulze (Hrsg.), Rechtsangleichung (1999), 353, 366 ff.; *Thorn*, IPRax 1999, 1, 8 f. – danach verhindert Art. 20 EVÜ nationale Alleingänge zur Beseitigung des Wertungswiderspruchs, so auch *Bitterich*, ZfRV 2002, 123, 124 f.

46 Zu dem m. E. richtigeren Ansatz, die prinzipiellen Mängel der objektiven Anknüpfung anzugehen – etwa durch eine analoge Anwendung von Art. 29 EGBGB in den problematischen Konstellationen – vgl. *Michaels/Kamann*, JZ 1997, 601, 604 f.; krit.: *Thorn*, IPRax 1999, 1, 8 f. zur Fernabsatz-RL; zu der Debatte im Zusammenhang mit dem neuen Art. 29 a EGBGB *Thorn*, IPRax 2002, 349, 359; vgl. auch *v. Hoffmann*, Internationales Privatrecht, § 10, Rdn. 73 c.

47 Das Regelungskonzept etwa des Art. 6 II der AGB-RL gilt als abschließend; dazu *Bitterich*, ZfRV

Liegen die objektiven Anknüpfungspunkte in einem Drittstaat, so ist es prinzipiell auch angemessen, diese anzuerkennen und auf eine Erstreckung spezifischer Binnenmarktregeln zu verzichten. Das EVÜ greift solche Fallgestaltungen durch seine Regeln zur objektiven Anknüpfung und ihrer Durchbrechung bereits auf. Probleme ergeben sich nur aus den z. T. unterschiedlichen Anknüpfungsmaßstäben von Richtlinien und EVÜ, insbes. der mangelnden Binnenmarktspezifität des Übereinkommens. So wird die objektive Anknüpfung nach dem EVÜ nach der engsten Verbindung bestimmt, während die Richtlinie bereits im Falle einer engen Verbindung mit der EG Durchsetzung beansprucht. Hinzu kommen die Beschränkung des EVÜ im Hinblick auf bestimmte Vertragstypen und Sonderregelungen wie Art. 5 IV, V EVÜ sowie das benannte Problem der Kumulation von Bezügen.

Eben dies dürfte den eigentlichen Kern der Problematik ausmachen. Die Korrektur (auch) der objektiven Anknüpfung unter dem Gesichtspunkt der Erfassung all jener Fälle, in denen die Richtlinie dem Sinn ihrer Abgrenzungsklausel nach Durchsetzung verlangt, erscheint nur erforderlich, weil und soweit das EVÜ nicht binnenmarktspezifisch ist.[48] Die Orientierung an seinen Regeln zur objektiven Anknüpfung eignet sich wegen ihrer Lückenhaftigkeit nicht als alleinige Referenzbasis für die Frage, wann ein Sachverhalt in der Gemeinschaft lokalisiert ist, so dass eine Abwahl (bzw. generell die Unterstellung unter ein drittstaatliches Recht) unterbunden werden muss: Das EVÜ verweist etwa für Verbraucherverträge wegen seiner Defizite (objektiv) nicht in ausreichendem Umfang auf die mitgliedstaatlichen Rechtsordnungen. Damit wird jedoch auch die Referenzbasis für die Abgrenzung zu drittstaatlichem Recht zu schmal, wenn die Richtlinien Korrekturen nur dann verlangen, wenn gerade die Rechtswahl den Schutzverlust verursacht, ohne die Wahl also mitgliedstaatliches Recht anwendbar gewesen wäre. Deshalb ergibt sich ein Bedürfnis, in den vom EVÜ nicht angemessen erfassten Konstellationen auf das Rechtswahlerfordernis zu verzichten und die Korrektur auf den Fall der objektiven Berufung drittstaatlichen Rechts auszuweiten.

Die Beschränkung der Drittabgrenzungsklauseln auf eine Korrektur der Rechtswahl wäre hingegen unproblematisch, wenn das EVÜ in einer „bereinigten“ – d. h. in einer den Binnenmarktbedingungen angepassten – Form angewandt würde, indem die bereits benannten Schwächen behoben werden. Somit ist mithin weniger eine Erweiterung der Drittabgrenzungsklauseln im Rahmen der Umsetzung, sondern vielmehr eine Reform bzw. richtlinienkonforme Anwendung des EVÜ zu erwägen.[49]

I. E. muss jedenfalls eine der beiden Korrekturen vorgenommen werden. Da die

---

2002, 123, 124 f.; *Staudinger*, ZfRV 20002, 93, 95; allerdings str. Z. g. *Bitterich*, VuR 2002, 155, 160 f. m. w. N.

48 Das EVÜ berücksichtigt weder die Besonderheiten der Gemeinschaft als integrierten Rechtsraums im Unterschied zu unverbundenen Drittstaaten, noch realisiert es mit seinem grds. wertneutralen Anknüpfungskonzept ausreichend die ordnungspolitischen Dimensionen des Gemeinschaftsrechts – vgl. dazu bereits oben, § 11 I.3.a); zu letzterem Aspekt auch *Krebber*, ZVglRWiss 97 (1998), 124, 145 f.

49 IdS. wohl auch *Michaels/Kamann*, JZ 1997, 601, 604 f.

Richtlinien ausdrücklich nur für die Rechtswahlkonstellation eine Regelungsanweisung enthalten, ist bis zur umfassenden Regelung des Drittabgrenzungsproblems in der Gemeinschaft die Lösung der bloßen Rechtswahlkorrektur – ggf. iVm. der allgemeinen gemeinschaftsrechtskonformen Anwendung des EVÜ – zu wählen. Die bestehenden Probleme sollten jeweils an der Stelle gelöst werden, an der sie auftreten. Die Abgrenzungsklauseln in den Richtlinien haben jedoch nicht die Aufgabe, eine grds. Korrektur der Anknüpfungssysteme in den Mitgliedstaaten zu initiieren, sondern bezwecken den flankierenden Schutz der durch sie harmonisierten Standards – insbes. gegen die Gefahr der willkürlichen Umgehung durch die Parteien als dem vordringlichsten und offenkundigsten Problem der Drittabgrenzung.

Die Beschränkung der Richtlinienvorgaben auf die Rechtswahlkonstellation ist überdies für die umsetzenden Mitgliedstaaten verbindlich, weil eine Abweichung von den Anknüpfungsregeln des EVÜ gemäß dessen Art. 20 nur erlaubt ist, soweit diese auf einer gemeinschaftsrechtlichen Verpflichtung beruht. Die Richtlinien verlangen jedoch lediglich eine Korrektur der subjektiven Anknüpfung, so dass die Mitgliedstaaten die Regelung auch nicht eigenmächtig bei der Umsetzung auf die objektive Anknüpfung erstrecken sollten. Hier verfängt etwa der Hinweis auf den Mindeststandardcharakter der Richtlinienregelung nicht, denn ein weiterreichender kollisionsrechtlicher Verbraucherschutz durch Korrektur auch der objektiven Anknüpfung geht über die sekundärrechtliche Verpflichtung hinaus; Artt. 1, 20 EVÜ verbieten deshalb nationale Alleingänge.[50]

cc) Keine Antwort auf die Frage nach dem konkret anwendbaren Recht

Hinzu tritt ein weiteres Problem oder zumindest eine Unvollkommenheit: Die Richtlinienregelungen sind in einer Hinsicht unvollständig: Die Abgrenzungsnormen ordnen lediglich den Schutz des Gemeinschaftsstandards an, beziehen sich jedoch nicht auf Binnenkollisionen. Sie beantworten mithin nicht die Frage, welche nationale Umsetzung der gegenüber drittstaatlichem Recht durchzusetzenden Richtlinie anwendbar sein soll.[51]

Damit ergibt sich zunächst ein gewisses Potential für Unterschiede, was sich auch in zahlreichen Umsetzungsvarianten der Abgrenzungsklauseln der Verbraucherschutz-Richtlinien niedergeschlagen hat.[52] Dies wiegt nach dem oben Gesagten gerade im Kollisionsrecht besonders schwer und führt zu Irritationen. Das in der Richtlinie offen gelassene Verweisungsziel muss jedoch konkretisiert werden, denn das Sachrecht der Mitgliedstaaten ist nur harmonisiert, nicht vereinheitlicht. Somit

---

50 *Bitterich*, ZfRV 2002, 123, 124 m. w. N. auch zur Gegenansicht; *Leible*, in: Schulte-Nölke/Schulze (Hrsg.), Rechtsangleichung (1999), 353, 366 ff.; *Rühl*, RIW 1999, 321, 323 f.; *Thorn*, IPRax 1999, 1, 8 f.; **a. A.** Heinrichs, NJW 1996, 2190, 2195.

51 Vgl. nur *Fetsch*, Eingriffsnormen (2002), 245; *v. Hoffmann*, ZfRV 1995, 45, 48, 52 f. und in: ders. (Hrsg.), European Private International Law (1998), 19, 35 f.; *Michaels/Kamann*, JZ 1997, 601, 604; *Staudinger*, IPRax 1999, 414, 416 f. m. w. N.; *Thorn*, IPRax 1999, 1, 9.

52 Vgl. dazu *Bitterich*, ZfRV 2002, 123, 127 ff.; *Kohler*, FS Jayme Bd. I (2004), 445, 448; *Leible*, in: Schulte-Nölke/Schulze (Hrsg.), Rechtsangleichung (1999), 353, 371ff, 379 ff.

ist auch die Frage nach dem anwendbaren Recht weiterhin relevant. Dabei verführen die Abgrenzungsklauseln dazu, die Anwendung des eigenen Rechts gegenüber fremdem zu bevorzugen und den Grundsatz der Gleichwertigkeit der Rechtsordnungen zu missachten, der seit Überwindung der Statutenlehre den europäischen Kollisionsrechtsordnungen zugrunde liegt, und von dem auch das EVÜ ganz selbstverständlich ausgeht. Zwar gilt dieser Grundsatz im Verhältnis zu Drittstaaten im harmonisierten Bereich gerade nicht mehr uneingeschränkt, weil insoweit ein gemeinsamer Rechtsraum der EG dem Recht dritter Staaten gegenübersteht. Im Verhältnis der Mitgliedstaaten untereinander, aus deren Kreis das konkret anwendbare Recht auszuwählen ist, behält dieser Grundsatz jedoch seine volle Gültigkeit (und wird sogar gestärkt), soweit die Mitgliedstaaten die Richtlinie korrekt ins nationale Recht umgesetzt haben. Die Frage nach dem anwendbaren (Umsetzungs-)Recht in dieser Konstellation gehört zu den noch weitgehend ungelösten Problemen des Binnenmarktkollisionsrechts.

Kann diese Frage – wie manche meinen[53] – tatsächlich völlig den Mitgliedstaaten überlassen werden? Können diese etwa einfach auf die lex fori zurückgreifen?[54] Oder gelten weitere gemeinschaftsrechtliche, nur nicht ausdrücklich in den Richtlinien niedergelegte Regeln?[55]

Sicher ist nur, dass die Richtlinien selbst diese Frage nicht ausdrücklich beantworten. Diese Unterlassung ist allerdings aus Sicht des Richtliniengebers konsequent – er muss nicht das konkret anwendbare Recht bestimmen, sondern nur den EG-Standard sichern.[56] Damit ist jedoch noch nicht entschieden, dass das Gemeinschaftsrecht in dieser Hinsicht tatsächlich keine Vorgaben bereithält. Bei der Ausfüllung der vorhandenen Regelungslücke kommt insbes. ein Rückgriff auf die Grundfreiheiten des EG-Vertrages in Betracht. Die Freiheiten und die aus ihnen abgeleiteten kollisionsrechtlichen Vorgaben können das insoweit unvollständige Konzept der Richtlinien ergänzen. Mag es auch aus Sicht der jeweiligen Richtlinie nicht darauf ankommen, welches mitgliedstaatliche Recht im Einzelfall zum Zuge kommt, solange nur der EG-Standard an sich (in irgendeiner gemeinschaftskonformen Umsetzung) Anwendung findet, so ist dies aus Sicht der Freiheiten durchaus anders zu beurteilen. Bereits die Ausführungen zu den kollisionsrechtlichen Implikationen der Grundfreiheiten im unharmonisierten Bereich haben gezeigt, dass diese innerhalb der Gemeinschaft bestimmte kollisionsrechtliche Lösungen – wie die Rechtswahlfreiheit oder (unter

---

53 Vgl. *Basedow*, NJW 1996, 1921, 1925 f.; 45, 47 f.; *Hohloch*, FS Keller (1989), 433, 443 f.; *Sonnenberger*, in: MüKo, Einl. IPR, Rdn. 328 f.

54 Krit. *Kapnopoulou*, Missbräuchliche Klauseln (1997), 152 ff. zur Klausel-RL und mit dem Vorschlag, die Anknüpfung an die Wertungen des EVÜ anzulehnen; *Thorn*, IPRax 1999, 1, 9; zur Klausel-RL auch *v. Wilmowsky*, ZEuP 1995, 735, 760 – für Anwendung des Rechts des Vertragsanbahnungsstaates.

55 Dazu *Fetsch*, Eingriffsnormen (2002), 248 ff.; *Leible*, in: Schulte-Nölke/Schulze (Hrsg.), Rechtsangleichung (1999), 353, 371 ff., 379 ff.; *Michaels/Kamann*, JZ 1997, 601, 604 ff.

56 Eine Regelung wäre allerdings angezeigt und in den erfassten Fällen (enger Bezug zur Gemeinschaft) wohl auch legitim. Zur Diskussion um Reichweite der Gemeinschaftskompetenz siehe unten, § 12 I.1., § 14 II.2.

bestimmten Umständen) die Herkunftslandsanknüpfung – forcieren. Diese Wertungen – zusätzlich modifiziert durch den Hintergrund der Sachrechtsharmonisierung – betreffen die Frage nach dem konkret anwendbaren mitgliedstaatlichen Recht und sind auch im Rahmen der Drittrechtsabgrenzung auf der Rechtsfolgenseite zu berücksichtigen.[57]

c) *Probleme der Umsetzung kollisionsrechtlicher Vorgaben zur Drittrechtsabgrenzung am Beispiel des Art. 6 II der Klausel-Richtlinie*

Die kollisionsrechtlichen Richtlinienvorgaben zur Drittrechtsabgrenzung und ihre Transformation ins nationale Recht haben sich angesichts der oben dargestellten Unsicherheiten und Schwierigkeiten bereits mehrfach als problematisch erwiesen und zu fehlerhaften Umsetzungen geführt, wie sich anschaulich am Beispiel der Klauselrichtlinie und ihrer Umsetzung ins deutsche Recht belegen lässt.[58]

In diesem Fall lautete die kollisionsrechtliche Regelungsanweisung, dass die Mitgliedstaat die erforderlichen Maßnahmen zu treffen haben, „damit der Verbraucher den durch diese Richtlinie gewährten Schutz nicht verliert, wenn das Recht eines Drittlands als das auf den Vertrag anwendbare Recht gewählt wurde und der Vertrag einen engen Zusammenhang mit dem Gebiet der Mitgliedstaaten aufweist".[59] Diese Regelungsanweisung wurde zunächst in Art. 12 AGBG umgesetzt. Dieser wich allerdings in verschiedener Hinsicht von den Anforderungen der Richtlinie ab:[60] So ging die Umsetzung in Art. 12 AGBG zum einen über den Regelungsauftrag der Richtlinie hinaus, weil dieser nicht nur im Falle der Rechtswahl zugunsten eines Drittrechts eingriff, sondern auch dann, wenn ein solches drittstaatliches Recht kraft objektiver Anknüpfung anwendbar war.[61]

Mit seiner exklusivnormartigen Formulierung blieb Art. 12 AGBG zum anderen

---

57 Dazu *Fetsch*, Eingriffsnormen (2002), 248 ff. – danach ergibt sich aus den Freiheiten, welcher Mitgliedstaat sein Recht anzuwenden hat; ähnlich *Michaels/Kamann*, EWS 2001, 301, 307; vgl. *Grundmann*, RabelsZ 64 (2000), 457 ff. – allgemein zum Verhältnis von Grundfreiheitendogmatik und Rechtsharmonisierung.

58 Beispielhaft zu den Umsetzung von Art. 6 II der Klausel-RL *Bitterich*, ZfRV 2002, 123, 124 ff.; *v. Hoffmann*, in: ders. (Hrsg.), European Private International Law (1998), 19, 35 f.; *Kohler*, FS Jayme Bd. I (2004), 445, 448; *Kronke*, RIW 1996, 985, 992; *Martiny*, in: Reithmann/Martiny (Hrsg.), Internationales Vertragsrecht (1996), Rdn. 750 ff.; vgl. auch *Junker*, IPRax 1998, 65, 71, 74; *Rühl*, RIW 1999, 321, 323 f. und den Bericht der Kommission über die Anwendung der Klausel-RL KOM (2000), 248 endg., 7 f.

59 Vgl. Art. 6 II der RL 93/13/EWG des Raten vom 5. 4. 1993; ABl.EG 1993 Nr. L 95/29. Zu Einzelaspekten des Regelungsprogramms des Art. 6 II der Klausel-RL *Bitterich*, ZfRV 2002, 123, 124 ff.; *Grundmann*, Europäisches Schuldvertragsrecht (1999), 272 f.; *Pfeiffer*, in: Grabitz/Hilf, Bd. III A5, Art. 6 RL, Rdn. 19 ff.

60 Vgl. etwa *Bitterich*, ZfRV 2002, 123 ff.; *Sonnenberger*, in: FS Fikentscher (1998), 283, 294 f.; *Staudinger*, IPRax 1999, 414 f. m. w. N. zur Unvereinbarkeit mit der RL; a. A. etwa Heinrichs, NJW 1996, 2190, 2194 f.

61 *Bitterich*, ZfRV 2002, 123, 124, 126; *Grundmann*, Europäisches Schuldvertragsrecht (1999), 272 f.; *Junker*, IPRax 1998, 65, 7; *Sonnenberger*, FS Fikentscher (1998), 283, 294; *Staudinger*, IPRax 1999, 414 f. und ZfRV 2000, 93, 97; *Tenreiro/Karsten*, in: Schulte-Nölke/Schulze (Hrsg.), Rechtsangleichung (1999), 223, 252 f.

hinter dem gemeinschaftsrechtlichen Regelungsauftrag zurück, indem er lediglich die Anwendbarkeit des AGBG im Falle eines näher konkretisierten engen Inlandsbezuges anordnete, statt – wie in der Richtlinie bestimmt – allgemein bei einem „engen Zusammenhang mit dem Gebiet der Mitgliedstaaten" den EG-Standard sicherzustellen. In anderen Mitgliedstaaten lokalisierte Fälle blieben damit ungeregelt.[62] Zugleich überzog Art. 12 AGBG damit den Rahmen des gemeinschaftsrechtlich Zulässigen, weil er die deutsche Umsetzung nicht nur gegen drittstaatliches Recht, sondern auch gegenüber dem Recht anderer Mitgliedstaaten durchsetzte.[63] Die Beschränkung auf einen engen Bezug zu Deutschland wird auch für sich genommen der Richtlinie nicht gerecht, weil sie nicht den von der Richtlinie erfassten Fall abbildet, dass sich eine enge Beziehung zur Gemeinschaft aus der Kumulation verschiedener Beziehungen zu mehreren Mitgliedstaaten ergibt.[64] Schließlich war die starre Verweisung auf die deutsche Umsetzung jedenfalls fragwürdig, weil dieses lex-fori-Modell auch Fälle ohne relevante Beziehung zu Deutschland der deutschen Regelung unterwarf.[65]

§ 12 AGBG enthielt überdies nicht den in der Richtlinie angelegten Günstigkeitsvergleich und blieb insoweit hinter den Vorgaben des Sekundärrechtsaktes zurück, als er die Anwendung des AGBG ohne diese Einschränkung anordnete. Art. 6 II der Klausel-RL wird als abschließend betrachtet bzw. wird die Gestaltungsfreiheit der Mitgliedstaaten jedenfalls durch das EVÜ begrenzt. Eine Berufung auf den Minimalstandardcharakter der Richtlinie und die Option, einen höheren Verbraucherschutzstandard zu verwirklichen, ist hier nicht möglich. Die Verpflichtungen aus dem EVÜ stehen einer vorbehaltlosen Durchsetzung des EG-Standards entgegen, weil Abweichungen von diesem Übereinkommen nur insoweit erlaubt sind, als sie durch Gemeinschaftsrecht geboten sind. Der dem Günstigkeitsprinzip verpflichtete Art. 6 II der Klausel-RL gebietet jedoch keine solche vorbehaltlose Durchsetzung des Richtlinienstandards und suspendiert daher nicht die Bindung an das EVÜ. Die strenge Durchsetzung des Richtlinienstandards auch gegenüber noch schutzintensiverem Drittrecht bewirkt überdies gerade keine Stärkung des Verbraucherschutzes.[66]

Mittlerweile ist Art. 12 AGBG in die neue Vorschrift des 29 a EGBGB überführt

---

62 *Bitterich*, ZfRV 2002, 123, 126 mit Fn. 36; *v. Hoffmann*, in: ders. (Hrsg.), European Private International Law (1998), 19, 35 f.; *Junker*, IPRax 1998, 65, 71; *Pfeiffer*, NJW 1997, 1207, 1212 und in: Grabitz/Hilf, Bd. III A5, Art. 6 RL, Rdn. 61; *Rühl*, RIW 1999, 321, 323; *Staudinger*, IPRax 1999, 414; *ders.*, ZfRV 2000, 93, 96 f.; *Tenreiro/Karsten*, in: Schulte-Nölke/Schulze (Hrsg.), Rechtsangleichung (1999), 223, 252 f.

63 *Bitterich*, ZfRV 2002, 123, 124, 126; *Junker*, IPRax 1998, 65, 71; *Pfeiffer*, NJW 1997, 1207, 1209, 1212; *Rühl*, RIW 1999, 321, 323; *Sonnenberger*, FS Fikentscher (1998), 283, 294 f.; *Staudinger*, IPRax 1999, 414 f.

64 *Bitterich*, ZfRV 2002, 123, 125; *Pfeiffer*, NJW 1997, 1207, 1212.

65 *Baumert*, EWS 1995, 57, 66; *Bitterich*, ZfRV 2002, 123, 128 f.; *Fetsch*, Eingriffsnormen (2002), 248 f.; *Rühl*, RIW 1999, 321, 323; *Sonnenberger*, FS Fikentscher (1998), 283, 294 f.

66 Dazu *Bitterich*, ZfRV 2002, 123, 125, 128; *Leible*, in: Schulte-Nölke/Schulze (Hrsg.), Rechtsangleichung (1999), 353, 364 f.; *Pfeiffer*, in: Grabitz/Hilf, Bd. III, A 5, Art. 6 RL, Rdn. 44 f.; *Staudinger*, ZfRV 2000, 93, 96 f.; *Tenreiro/Karsten*, in: Schulte-Nölke/Schulze (Hrsg.), Rechtsangleichung (1999), 223, 252 f.

worden, der die in Umsetzung der kollisionsrechtlichen Regelungsaufträge der verschiedenen verbraucherschützenden Richtlinien erlassenen gebietsbezogenen Sonderkollisionsnormen nunmehr vereint und konsolidiert hat.[67] Dabei wurde ein Teil der oben benannten Fehler beseitigt. So wurde etwa die Korrektur auch der objektiven Anknüpfung aufgegeben. Die exklusivnormartige Fassung des Art. 12 AGBG ist in der allgemeinen Formulierung des neuen Art. 29 a EGBGB aufgegangen, welche die Generalklausel des engen Zusammenhangs als schutzauslösendes Moment aus der Richtlinie übernimmt und es durch ein Regelbeispiel ergänzt. Damit wird zum einen die Beschränkung auf die im Inland lokalisierten Fälle beseitigt. Zum anderen ermöglicht es diese Formulierung, einzelne Bezüge zu verschiedenen Mitgliedstaaten zu einem engen Gemeinschaftsbezug zu kumulieren. (Allerdings ist dazu eine richtlinienkonforme Auslegung des Art. 29 a EGBGB erforderlich, der selbst lediglich von einem engen Zusammenhang „mit dem Gebiet eines dieser Staaten" spricht.[68]) Hinsichtlich des Verweisungsziels spricht Art. 29 a EGBGB eine gemeinschaftsintern allseitige Verweisung nach dem Aspekt der engsten Verbindung aus.[69]

Allerdings wird kein Günstigkeitsvergleich angeordnet, was sekundärrechtswidrig zu einer uneingeschränkten Anwendbarkeit der Umsetzungsnormen der entsprechenden Richtlinien führt. Auch hier kommt jedoch eine Korrektur im Wege der richtlinienkonformen Auslegung in Betracht, welche die Verweisung des Art. 29 a EGBGB unter einen Günstigkeitsvorbehalt stellt.[70] Der in Art. 29 a EGBGB realisierte Umgang mit den Drittabgrenzungsvorgaben der Richtlinien kann daher insgesamt als deutlicher Fortschritt in Richtung eines Binnenmarktkollisionsrechts gewertet werden, der eine wachende Sensibilität für die binnenmarktspezifischen IPR-Probleme belegt und grds. adäquate Verweisungsergebnisse erzielt, zumal er die beklagte Zersplitterung des Verbraucherschutz-Kollisionsrechts infolge der besonderen kollisionsrechtlichen Abgrenzungsvorgaben in Richtlinien reduziert.

---

67 Dazu etwa *Freitag/Leible*, EWS 2000, 342 ff.; *Staudinger*, ZfRV 2000, 93, 99 ff. und RIW 2000, 416 ff.; *Wagner*, IPRax 2000, 249 ff.; *Thorn*, IPRax 2002, 349, 358 f.

68 Dazu *Freitag/Leible*, EWS 2000, 342 ff.; *Staudinger*, ZfRV 2000, 93, 99 ff. und RIW 2000, 416; *Thorn*, IPRax 2002, 349, 359 – auch zu dem Problem, dass für diesen speziellen Fall nicht festgeschrieben wird, welche der berührten mitgliedstaatlichen Rechtsordnungen zur Anwendung kommen soll; BT-Drs. 14/2658, 50 stellt insoweit auf die engste Beziehung ab, dazu auch *Staudinger*, RIW 2000, 416, 418.

69 *Bitterich*, ZfRV 2002, 123, 128; *Freitag/Leible*, EWS 2000, 342, 346; *Staudinger*, RIW 2000, 416 f.; Beachte jedoch die Sonderregelung des Art. 29 a III EGBGB, der § 8 TzWrG ersetzt, allerdings die für den Fall der fehlenden oder nicht zugelassenen Rechtswahl wichtige objektive Anknüpfung betrifft; *Freitag/Leible*, EWS 2000, 342, 348 f.; *Staudinger*, a. a. O., 418 f.

70 IdS. etwa: *Mankowski*, BB 1999, 1225, 1227 noch zu § 12 AGBG; für möglich gehalten bei *Wagner*, IPRax 2000, 249, 254 f., 257; **a. A.**: *Freitag/Leible*, EWS 2000, 342, 347; *Leible*, in: Schulte-Nölke/Schulze (Hrsg.), Rechtsangleichung (1999), 353, 365 – noch zu Art. 12 AGBG; *Staudinger*, IPRax 1999, 414, 417 f.; z. G. *Bitterich*, ZfRV 2002, 123, 128; *Paefgen*, ZEuP 2003, 266, 278 ff.; *Staudinger*, RIW 2000, 416, 418; *Thorn*, IPRax 2002, 349, 359.

II. Implizite Regelungsgehalte im Hinblick auf die Drittrechtsabgrenzung

Explizite Abgrenzungsnormen in Richtlinien sind – obgleich sie heute mehr und mehr zum Standard werden – wie gezeigt eine neuere Entwicklung. In älteren Richtlinien, wie etwa der Haustürwiderrufs-RL, der Pauschalreise- oder der Produkthaftungs-RL, fehlen sie. Gleichwohl besteht der oben beschriebene Bedarf, gemeinschaftsrechtliche Regelungen auf Fallgestaltungen anzuwenden, die nicht ausschließlich, wohl aber maßgeblich mit dem Binnenmarkt verbunden sind, für solche Richtlinien in derselben Weise.

1. Kollisionsrechtliche Wirkung des zwingenden Charakters von Richtlinienrecht – internationaler Geltungsanspruch einer Richtlinie aufgrund ihres Regelungszwecks

Deshalb können Richtlinien auch ohne ausdrückliches Regelungsgebot kollisionsrechtlich relevante Vorgaben im Sinne eines Abgrenzungsauftrags gegenüber drittstaatlichem Recht enthalten. Wertungsmäßig entspricht diese Konstellation der soeben erörterten; Unterschiede bestehen nur insoweit, als der internationale Geltungswille nach Grunde und Reichweite hier stets durch Auslegung der Richtlinie zu ermitteln ist.[71] So kann sich der Abgrenzungsauftrag aufgrund des zwingenden Charakters der Richtlinienregelung iVm. dem effet-utile-Grundsatz und dem Gemeinschaftstreuegebot ergeben, wonach die Mitgliedstaaten verpflichtet sind, dem Gemeinschaftsrecht vollumfänglich und effektiv zur Durchsetzung zu verhelfen.

Dabei kann von dem prinzipiellen Bestehen eines gewissen internationalen Geltungswillens ausgegangen werden; nur seine Konkretisierung bedarf einer genaueren Untersuchung. „Die Sicherstellung des Richtlinieninhalts mit den Mitteln des Kollisionsrechts innerhalb der Gemeinschaft wie auch gegenüber Drittstaaten ist der ungeschriebene Begleitauftrag einer jeden Richtlinie.“[72] Bei einem nach Sinn und Zweck der jeweiligen Richtlinie zu bestimmenden relevanten Gemeinschaftsbezug muss die Richtlinienregelung Anwendung finden. Die Rechtsangleichung beinhaltet insoweit stets auch eine bereits in ihrem Wesen angelegte „mittelbare Außendimension“ dergestalt, dass Harmonisierungsmaßnahmen bei hinreichendem Binnenmarktbezug auch in Fallgestaltungen mit Drittstaatenberührung angewandt werden müssen. Dabei muss aus sekundärrechtlicher Sicht wiederum zunächst nur irgendeine Umsetzung greifen.[73]

---

71 Vgl. dazu *Bitterich*, VuR 2002, 155 ff.; *Michaels/Kamann*, JZ 1997, 601, 605; *dies.*, EWS 2001, 301, 304, 309; *Paefgen*, ZEuP 2003, 266, 283 ff., 291 f.; *Pfeiffer*, NJW 1997, 1207, 1209; *Schwarz*, ZVglRWiss 101 (2002), 45, 49 ff.; *Staudinger*, NJW 2001, 1974, 1975 f.

72 So *Fetsch*, Eingriffsnormen (2002), 246 f.; vgl. auch *Bitterich*, VuR 2002, 155 ff., 160; *Krebber*, ZVglRWiss 97 (1998), 124, 126, 132 ff.; *Leible*, in: Schulte-Nölke/Schulze (Hrsg.), Rechtsangleichung (1999), 353, 368 ff.; *Michaels/Kamann*, JZ 1997, 601, 602 ff., 605; *Roth*, FS Sonnenberger (2004), 591, 598.

73 *Fetsch*, Eingriffsnormen (2002), 252 ff.

a) Das Ingmar-Urteil des EuGH und seine Kritik im Schrifttum

In diesem Zusammenhang hat etwa das Ingmar-Urteil des EuGH für Aufsehen gesorgt.[74] Die Entscheidung belegt die Auswirkungen, die eine zwingende Richtlinienbestimmung auf die Anwendung des nationalen Kollisionsrechts haben kann. Sie betrifft die Anwendbarkeit der auf der Handelsvertreter-RL[75] beruhenden Schutzvorschriften in einem Fall, in dem zwar der Handelsvertreter, nicht jedoch der ihn beauftragende Unternehmer in der Gemeinschaft ansässig war, und in dem die Beteiligten das Recht eines Nichtmitgliedstaates (in diesem Falle das kalifornische Sitzrecht des Unternehmers) als das auf ihren Vertrag anwendbare Recht gewählt hatten.

Der EuGH hat hier dem Ausgleichsanspruch für den Handelsvertreter, den die Art. 17-19 besagter Richtlinie auf der Ebene des Sachrechts in halbzwingender Form (Abweichungen zu ungunsten des Handelsvertreters sind unzulässig) vorsehen, unter Bezugnahme auf die Ziele der Richtlinie (nämlich zum einen den Schutz des Handelsvertreters und zum andern die Förderung der Niederlassungsfreiheit und den Abbau von Wettbewerbsverzerrungen im Binnenmarkt)[76] auch international zwingenden Charakter beigemessen, obwohl ein ausdrückliches kollisionsrechtliches Regelungsgebot, wie es andere Rechtsakte enthalten, hier fehlt. Der Ausgleichsanspruch darf nach Ansicht des Gerichtshofs in einem Fall mit starkem Gemeinschaftsbezug nicht durch die Wahl eines Drittrechts ausgehebelt werden. Damit beseitigt der EuGH für solche Fälle faktisch die Wirkung der kollisionsrechtlichen Rechtswahlklausel, um den internationalen Anwendungsanspruch der zwingenden Richtlinienvorgaben durchzusetzen.[77]

Diese Entscheidung hat im Schrifttum Zustimmung,[78] jedoch auch Ablehnung erfahren.[79] Kritik ist insbes. an der Entwertung der Rechtswahlfreiheit laut geworden, welche die Begründungsansätze des EuGH nach dieser Ansicht nicht zu rechtfertigen vermögen.[80] Das Argument des zwingenden Charakters des Ausgleichsanspruchs

---

74 EuGHE 2000 I-9305, Ingmar; dazu etwa *Bitterich*, VuR 2002, 155 ff. m. w. N.; *Freitag/Leible*, RIW 2001, 287 ff.; *Jayme*, IPRax 2001, 190 f.; *Martiny*, ZEuP 2001, 308, 330; *Michaels/Kamann*, EWS 2001, 301 ff.; *Reich*, EuZW 2001, 51; *Schwarz*, ZVglRWiss 101 (2002), 45 ff.

75 RL 86/653/EWG des Rates vom 18. 12. 1986; ABl.EG 1986 Nr. L 382/17.

76 Vgl. dazu EuGHE 1998 I-2191, Rdn. 13 Bellone; 2000 I-9305, Rdn. 20 ff. Ingmar; vgl. auch die Ausführungen des GA *Leger*, zur Rs. C-381/98 Ingmar in EuGHE 2000 I-9307, 9310 ff. sowie *Bitterich*, VuR 2002, 155, 157; *Grundmann*, Europäisches Schuldvertragrecht (1999), 564 f.; *Michaels/Kamann*, EWS 2001, 301, 302 ff.

77 EuGHE 2000 I-9305, Rdn. 25 f. Ingmar. Der zwingende Charakter der Normen ist also auch international durchzusetzen (etwa über Art. 34 EGBG), der fehlende kollisionsrechtliche Schutz wird überspielt. Vgl dazu schon Fn. 713 und *Michael/Kamann*, EWS 2001, 301, 307; *Schwarz*, ZVglRWiss 101 (2002), 45 ff.

78 *Höller*, RdW 2001, 396 ff.; *Jayme*, IPRax 2001, 190 f.; *Jayme/Kohler*, IPRax 2000, 454, 455; *Kindler*, BB 2001, 11 ff.; *Nemeth/Rudisch*, ZfRV 2001, 179 ff.; *Reich*, EuZW 2001, 51 f.; *Staudinger*, NJW 2001, 1974 ff.

79 Krit. etwa *Freitag/Leible*, RIW 2001, 287, 291 ff.; *Kohler*, FS Jayme Bd. I (2004), 445, 452 f.; *Martiny*, ZEuP 2001, 308, 330 f.; *Michaels/Kamann*, EWS 2001, 301, 304 ff.; *Schwarz*, ZVglRWiss 101 (2002), 45, 54 ff.

80 So *Schwarz*, ZVglRWiss 101 (2002), 45, 54 ff.; dazu auch *Bitterich*, VuR 2002, 155, 157.

kranke daran, dass nicht sauber zwischen „nur" intern und international zwingenden Normen unterschieden werde.[81] So führt etwa *Schwarz* aus, der Generalanwalt habe mit seiner Argumentation lediglich nachgewiesen, dass die Art. 17 ff. der Handelsvertreter-RL innergemeinschaftlich zwingend seien und dass die Ambition, auch von drittstaatlichem Recht ausgehende Wettbewerbsverzerrungen abzustellen, dazu führe, dass innergemeinschaftlich zwingende Vorschriften stets auch als international zwingend eingestuft werden müssten. Dies jedoch hebele die Parteiautonomie aus und widerspreche elementaren IPR-Grundsätzen. Während im nationalen Recht zwar jede international zwingende Norm auch intern zwingend sei, gilt der Umkehrschluss dieses Satzes nicht. Es bedarf hier stets einer besonderen Begründung, eine Norm auch gegenüber einer anderen Rechtsordnung durchzusetzen.[82]

Zudem wird die per se vorhandene Schutzbedürftigkeit des immerhin gewerblich tätigen Handelsvertreters bestritten.[83] Schließlich wurde die reklamierte Gefährdung des Wettbewerbs wegen der ohnehin nicht einheitlichen Wettbewerbsbedingungen infolge der in Gestaltung und Höhe recht unterschiedlichen Ausgleichssysteme (die Richtlinie lässt insoweit verschiedene Modelle zu) bzw. unter Hinweis auf vorhandene Ausgleichsmechanismen in Frage gestellt.[84] Zudem äußert etwa *Schwarz* die Besorgnis, angesichts der sehr häufigen Erwähnung des Wettbewerbsschutzes in den Zielsetzungen verschiedenster Richtlinien könne das Urteil in Sachen Ingmar einschneidende Konsequenzen für das nationale Kollisionsrecht zeitigen.[85] Die Rechtswahlfreiheit als anerkannter Grundsatz des Internationalen Privatrechts könnte so auf breiter Front entwertet werden.

b) Das Ingmar-Urteil als Präzedenzfall der kollisionsrechtlichen Wirkung des zwingenden Charakters von Richtlinienrecht – Abstrahierung der Ingmar-Grundsätze zu einer allgemeinen Regel des Binnenmarktkollisionsrechts

Die Entscheidung des EuGH ist jedoch grds. zu begrüßen – das gilt auch und gerade, was seine mögliche Bedeutung für andere Rechtsgebiete jenseits des Handelsvertreterrechts angeht. Denn viele der Kritikpunkte, die im Rahmen des Handelsvertreterrechts durchaus erwägenswert scheinen, lassen sich etwa auf das Verbraucherrecht nicht übertragen. So ist dort z. B. das Schutzbedürfnis nicht grds. fragwürdig und

---

81 *Freitag/Leible*, RIW 2001, 287, 292; *Kohler*, FS Jayme Bd. I (2004), 445, 452 f.; *Michaels/Kamann*, EWS 2001, 301, 304 f.; *Schwarz*, ZVglRWiss 101 (2002), 45, 54 ff.; aA. *Staudinger*, NJW 2001, 1974, 1975 f.

82 *Schwarz*, ZVglRWiss 101 (2002), 45, 54 f., 61 f.

83 *Freitag/Leible*, RIW 2001, 287, 291; *Hoffmann*, Internationales Privatrecht, 6. A., § 4, Rdn. 16; *Michaels/Kamann*, EWS 2001, 301, 305; *Schwarz*, ZVglRWiss 101 (2002), 45, 55 ff.; a. A.: *Nuyts*, Rev.crit.d.i.p. 88 (1999), 31, 40; *Reich*, EuZW 2001, 51 f.

84 *Freitag/Leible*, RIW 2001, 287, 291 ff.; *Michaels/Kamann*, EWS 2001, 301, 305; *Schwarz*, ZvglRWiss 101 (2002), 45, 59 ff.; a. A. *Jayme*, IPRax 2001, 190, 191; *Kindler*, BB 2001, 11, 12; *Reich*, EuZW 2001, 51 f.; z. G. *Bitterich*, VuR 2002, 155, 157.

85 *Schwarz*, ZVglRWiss 101 (2002), 45, 59 ff.: „. . . mit dieser Erwägung könnte der EuGH ein Fass ohne Boden geöffnet haben, was für das IPR des Gemeinschaftsprivatrechts möglicherweise verheerende Konsequenzen hat"; ähnlich auch *Freitag/Leible*, RIW 2001, 287, 292; a. A.: (iSd. EuGH) etwa *Höller*, RdW 2001, 396, 397 f.; *Kindler*, BB 2001, 11, 12 f.

auch ein Ausgleich des Wettbewerbsnachteils für EG-Anbieter gegenüber ihren Konkurrenten aus Drittstaaten nicht ohne weiteres zu erwarten.[86]

aa) Bedürfnis nach einer Binnenmarktabgrenzung als unabweisbare Aufgabe des Kollisionsrechts

Abgesehen davon trägt der Ansatz des EuGH jedoch v. a. dem oben schon angesprochenen Bedürfnis Rechnung, den Anwendungsanspruch gemeinschaftsrechtlicher Regelungen abzustecken, wo entsprechende ausdrückliche Vorgaben in den Richtlinien fehlen – mag die Art und Weise dieser Drittabgrenzung auch im Einzelnen konkretisierungsbedürftig sein. Das Ziel, einen einheitlichen Wirtschaftsraum mit gleichmäßigen Wettbewerbbedingungen zu schaffen, indem man wettbewerbsrelevante und grenzüberschreitende Transaktionen behindernde Vorschriften der Mitgliedstaaten (relevant sind hier insbes. die Fälle der durch zwingende Erfordernisse gerechtfertigten Behinderungen, welche die Grundfreiheiten nicht auszuschalten vermögen) harmonisiert, kann nur erreicht werden, wenn eine einmal erfolgte Harmonisierung in dem von ihr beanspruchten Bereich auch praktisch wirksam durchgesetzt wird.[87] Wichtig dabei ist, dass Reichweite und Modalitäten des daraus fließenden Abgrenzungsauftrags – die Frage, inwieweit parteiautonom abweichendes drittstaatliches Recht in den harmonisierten Rechtsraum eingeführt werden darf – eine Frage des Gemeinschaftsrechts ist, weil sie ihre Maßstäbe aus den Erfordernissen und Wertungen dieses Gemeinschaftsrechts bezieht und überdies gemeinschaftseinheitlich sein muss.[88] Enthält die Richtlinie selbst keine ausdrücklichen Vorgaben, muss der legitime Anwendungsanspruch des Gemeinschaftsrechts funktional vom Sinn und Zweck der Richtlinie her ermittelt werden, so wie es der EuGH im Ingmar-Fall demonstriert hat.

bb) Keine grundsätzliche Preisgabe kollisionsrechtlicher Prinzipien

Dem stehen i. E. auch die in diesem Fall laut gewordenen Einwände nicht entgegen. Was die Entwertung der Rechtswahlfreiheit angeht, die dem Gerichtshof in diesem Zusammenhang vorgeworfen wurde, ist zum einen zu bemerken, dass es hier lediglich um den Fall des opting out in ein Drittrecht geht. Nicht jede Rechtswahl wird korrigiert, sondern nur diejenige, die zum Recht eines Nichtmitgliedstaates führt und so einen Ausschluss des verbindlichen gemeinschaftsrechtlichen Standards bewirkt. Die Wahl eines mitgliedstaatlichen Rechts bedarf hingegen – ebenso wie im

---

86 So auch *Bitterich*, VuR 2002, 155, 157 f.

87 *Langenfeld*, IPRax 1993, 155, 157: „Das Funktionieren der Europäischen Gemeinschaft ist in ganz besonderer Weise abhängig von der allseitigen Erfüllung der gemeinschaftlichen Verpflichtungen. Dies rechtfertigt es, die Klausel des Art. 34 EGBGB sozusagen gemeinschaftsrechtlich anzureichern und auf diesem Wege das gemeinschaftsrechtskonforme Recht des Forumstaates zur Anwendung zu bringen."

88 So *Bitterich*, VuR 2002, 155, 158, 159; vgl. auch *Basedow*, in: Schnyder/Heiss/Rudisch (Hrsg.), Internationales Verbraucherschutzrecht (1995), 11, 19; *Freitag/Leible*, RIW 2001, 287, 290 f., 293, 295; *Leible*, in: Schulte-Nölke/Schulze (Hrsg.), Rechtsangleichung (1999), 353, 368 f., 371.

Falle der ausdrücklichen Abgrenzungsvorgaben – keiner Korrektur.[89] Wenn die Ziele des Sekundärrechtakts gefährdet werden, etwa weil die abweichende Rechtswahl der Richtlinie die Herrschaft in einem klaren Binnenmarktfall entzieht, den sie ihrer Intention nach gerade regeln soll, ist ein solcher begrenzter Eingriff in die Privatautonomie durchaus angemessen. Zum anderen geht es selbst in diesem Rahmen nur um punktuelle Korrekturen; etwa in Gestalt von Sonderanknüpfungen der durch die Richtlinie geschaffenen besonderen Vorschriften (hier: der Ausgleichsanspruch des Handelsvertreters). Schließlich steht die Korrektur – wiederum in Kongruenz zu den Fällen der ausdrücklich geregelten Drittrechtsabgrenzung – unter dem Vorbehalt eines Günstigkeitsvergleichs.[90]

Auch die mangelnde Trennung zwischen intern und international zwingenden Vorschriften, die dem Generalanwalt wie dem EuGH vorgeworfen wurden, erscheint unter dem Aspekt der Binnenmarktabgrenzung in einem neuen Licht: Die Unterscheidung zwischen intern und international zwingenden Normen ist nicht ganz dieselbe wie im nationalen Recht, weil es hier um die supranationale, dem nationalen Recht vorgelagerte Ebene geht. Die innergemeinschaftlich zwingende Norm ist nicht ohne weiteres mit der innerstaatlich zwingenden vergleichbar, weil sie – anders als jene – stets in einem gewissen Umfang international zwingend wirkt – nämlich jeweils soweit ein hinreichend enger Zusammenhang mit der Gemeinschaft besteht. „Innergemeinschaftlich zwingend" sollte m. E. nicht nur als „zwingend im Verhältnis der Mitgliedstaaten untereinander" (so wohl bei *Schwarz*), sondern funktional verstanden werden; etwa iSv. in der Gemeinschaft verankert bzw. mit relevantem Bezug zur Gemeinschaft. Als innergemeinschaftlich kann auch ein Sachverhalt verstanden werden, den ein ausreichend starker Bezug zu einem Gemeinschaftssachverhalt macht – dies wiederum führt zurück zur Argumentation des EuGH in der Ingmar-Entscheidung, der ebenfalls maßgeblich auf jenen engen Zusammenhang abstellt.[91] Der EuGH bzw. das Gemeinschaftsrecht kann m. E. letztlich keine klare Abgrenzung zwischen intern (in den einzelnen Mitgliedstaaten) und international (auch gegenüber Drittstaaten durchsetzungspflichtig) zwingenden Regelungen vorgeben, weil seine Normen stets einen gewissen internationalen Anwendungsanspruch haben, der sich jeweils aus dem Sinn und Zweck der Richtlinie ergibt.[92] Die explizit oder implizit enthaltenen Vorgaben für den räumlich-persönlichen Wir-

---

89 Vgl. dazu *Kindler*, BB 2001, 11, 12; *Michaels/Kamann*, EWS 2001, 301, 310; *Schwarz*, ZVglRWiss 101 (2002), 45, 68 ff. Zur Angemessenheit gewisser Einschränkungen der Parteiautonomie vor dem Hintergrund der Grundfreiheiten vgl. auch *Paefgen*, ZEuP 2003, 266, 270 ff. Zum Sonderfall eines mangels Umsetzung richtlinienwidrigen mitgliedstaatlichen Rechts siehe unten § 12 II.1.

90 *Michaels/Kamann*, EWS 2001, 301, 310; *Nuyts*, Rev.crit.d.i.p. 88 (1999), 31, 36 ff., 245 ff.; *Schwarz*, ZVglRWiss 101 (2002), 45, 67; *Staudinger*, NJW 2001, 1974, 1976 – auch zur Begrenzung des Eingriffs in die Parteiautonomie durch die strenge Ausrichtung der international zwingenden Durchsetzung an der Zielsetzung des jeweiligen Sekundärrechtsaktes.

91 Einen gar nicht so stark anderen Weg geht letztlich auch Schwarz, der die Durchsetzung gegen Drittstaaten dem Sinn und Zweck der Richtlinie überantwortet – denn nichts anderes bildet auch den starken Zusammenhang, den der EuGH verlangt.

92 Vgl. zur kollisionsrechtlichen Absicherung als Begleitauftrag einer jeden RL nochmals oben Fn. 1119.

kungskreis der Richtlinie formulieren den Europäischen Anspruch an die nationale Kollisionsrechtsordnung und sind insofern auch nicht um jeden Preis an das klassische Konzept der Eingriffsnorm gebunden – die europarechtliche Regelung verlangt in bestimmten Konstellationen (nämlich dem zielspezifisch und funktional zu bestimmenden engen Zusammenhang mit der Gemeinschaft) eine international zwingende Durchsetzung; diese ist ihr stets zu gewähren.[93]

Zu diesen Zweck bildet die enge Verknüpfung mit der Gemeinschaft bzw. der starke Gemeinschaftsbezug, wie ihn der EuGH im Fall Ingmar bemühte, ein geeignetes Eingrenzungskriterium für die Einwirkung auf das nationale Kollisionsrecht. Sie ist auch flexibel genug, weil sie einerseits an den Rahmen anknüpft, in dem die Gemeinschaftsrechtsordnung das ihr immanente wirtschaftspolitische Modell etablieren will, zugleich jedoch Raum für Konkretisierungen in räumlicher wie sachlicher Hinsicht lässt. Deshalb ist die Deduktion ungeschriebener Abgrenzungsgebote – wie sie vom EuGH in der Ingmar-Entscheidung vorgenommen wurde – durchaus zu begrüßen, bzw. schlicht erforderlich, soweit die Verwirklichung der Ziele der Gemeinschaft die Durchsetzung ihrer rechtlichen Standards auch in Fällen mit Drittstaatenbezug notwendig macht.

Offen bleibt noch die Frage nach einem gangbaren Weg, die vom Gerichtshof aufgestellten Anforderungen in die Rechtsanwendung einzubinden. Der EuGH fordert in der Ingmar-Entscheidung zunächst nur, die zwingenden Vorschriften über den Ausgleichsanspruch des Handelsvertreters gegen eine Rechtswahl durchzusetzen. Für das deutsche Recht ist insoweit vorgeschlagen worden, die entsprechenden Vorschriften durch Sonderanknüpfung zur Geltung zu bringen. Insoweit könnte also auf Art. 34 EGBGB zurückgegriffen werden – ggf. wäre diese Vorschrift richtlinienkonform auszulegen, damit sie die Richtlinienregelungen (in Gestalt der nationalen Umsetzungsnormen) auch tatsächlich erfasst bzw. wären letztere richtlinienkonform als Eingriffsnormen zu qualifizieren.[94] Allerdings ist diese Lösung nicht unproblematisch und sollte nur dort angewandt werden, wo andere Wege ausscheiden: So enthält Art. 34 EGBGB keine Konkretisierung des notwendigen engen Zusammenhangs bzw. des nötigen Inlandsbezuges. Da Deutschland den Vorbehalt zu Art. 7 I EVÜ erklärt hat, setzt Art. 34 EGBGB auch nur die zwingenden Normen der deutschen lex fori durch, was unangemessen ist, wenn die schutzauslösenden Verbindungen zu einem anderen Mitgliedstaat bestehen.[95] Jenseits des

---

93 Vgl. zu diesem Gedanken *Jayme*, IPRax 2001, 190, 191; *Jayme/Kohler*, IPRax 2000, 454, 455; *Krebber*, ZVglRWiss 97 (1998), 124, 149 f.; *Reich*, EuZW 2001, 51 f.; *Schnyder*, in: Mansel/Baur (Hrsg.), Systemwechsel (2002), 89, 91 f., 95 f.; *Staudinger*, NJW 2001, 1974, 1975 f.; recht weitgehend auch *Nemeth/Rudisch*, ZfRV 2001, 179, 182 der etwa eine eigenständige Legitimation der Sonderanknüpfung von Umsetzungsrecht aus einem diesen selbst beizumessenden kollisionsrechtlichen Gehalt vertritt; krit.: *Schwarz*, ZVglRWiss 101 (2002), 45, 57 f.; *Sonnenberger*, IPRax 2003, 104, 105 f.

94 *Jayme*, IPRax 2001, 190, 191; *Kindler*, BB 2001, 12 f.; *Reich*, EuZW 2001, 50, 51; *Staudinger*, NJW 2001, 1974, 1975 f.

95 Zu den Nachteilen des Weges über Art. 34 EGBGB – *Bitterich*, VuR 2002, 155, 162 f.; *Freitag/Leible*, RIW 2001, 287, 294 zum Problem der Durchsetzung einer fremden Umsetzung als Eingriffsrecht; *Paefgen*, ZEuP 2003, 266, 286 f.

Bereichs der ausdrücklichen Abgrenzungsvorgaben im Verbrauchervertragsrecht und bis zu einer Reform des EVÜ, bei der eine allgemeine Drittabgrenzungsnorm eingefügt werden könnte, muss die Anwendung des gemeinschaftsrechtlichen Standards jedoch mit den Mitteln des bestehenden Kollisionsrechts gewährleistet werden. Insoweit muss für die Drittrechtsabgrenzung im Bereich des Handelsvertreterrechts bisweilen wohl auf die Lösungen über Art. 34 EGBGB zurückgegriffen werden. Für Fallgestaltungen, bei denen die Rechtswahl die einzige Verbindung zu einem drittstaatlichen Recht darstellt, also keine objektiven Bezüge zu einem außergemeinschaftlichen Recht bestehen, bietet es sich überdies an, den EG-Standard über eine analoge Anwendung des Art. 27 III EGBGB abzusichern. Beide Ansätze müssen jedoch ggf. noch modifiziert werden, um den europarechtlich geprägten Zielen ihres Einsatzes gerecht zu werden. So wäre bei dem Weg über Art. 34 EGBGB eine gegenstandsspezifische Konkretisierung des engen Zusammenhangs vorzunehmen und ggf. auch EG-ausländisches Recht durchzusetzen, wenn der schutzauslösende enge Zusammenhang auf einen anderen Mitgliedstaat weist. Ebenso sollte auch das im Rahmen von Art. 27 III EGBGB analog ausgesprochene Verweisungsziel anhand allseitiger Kriterien bestimmt, mithin 27 III EGBGB um eine Zuweisungsnorm ergänzt werden, um auch die Fälle befriedigend lösen zu können, in denen die Gemeinschaftsbezüge nicht (ausschließlich) zur lex fori bestehen.[96] In der Literatur ist für den Fall der Handelsvertreter-RL über den Ansatz bei Art. 34 EGBGB hinaus auch ein Ausbau des § 92 c HGB zu einer Kollisionsnorm vorgeschlagen worden, die in ihrer Formulierung den ausdrücklichen Abgrenzungsvorgaben in den neueren verbraucherrechtlichen Richtlinien ähnelt.[97]

Ein Verstoß gegen das EVÜ liegt in der kollisionsrechtlichen Durchsetzung des handelsrechtlichen Ausgleichsanspruchs jedenfalls auch dann nicht, denn wenn die Anwendungsbereiche von Richtlinie und Übereinkommen sich überschneiden. Wie bereits erwähnt kommt gemäß Art. 20 EVÜ (ins deutsche Recht übernommen in Art. 3 II 2 EGBGB) Kollisionsnormen in Rechtsakten der EU Vorrang gegenüber der Konvention zu. An diesem Vorrang haben ungeschriebene kollisionsrechtliche Vorgaben aus Richtlinienbestimmungen ebenso Anteil wie geschriebene.[98]

cc) Beispiele für die kollisionsrechtliche Absicherung von Richtlinien ohne ausdrückliche Abgrenzungsklausel jenseits des Handelvertreterrechts

Wie bereits angedeutet reicht die Aussage der Entscheidung in Sachen Ingmar in ihrer grds. Bedeutung weit über das Handelvertreterrecht hinaus: Die kollisionsrechtliche Absicherung des Harmonisierungsergebnisses ist ein regelmäßiges Problem der

96 Z. g. *Paefgen*, ZEuP 2003, 266, 284 ff. Systematische Auflösung der Drittstaatenkonstellation ausführlich unten § 11 III.

97 Vgl. *Michaels/Kamann*, EWS 2001, 301, 310; *Freitag/Leible*, EWS 2001, 287, 295. So ist wohl auch der Vorschlag, von *Nemeth/Rudisch*, ZfRV 2001, 179, 181 f. zu verstehen, den Umsetzungsvorschriften selbst einen eigenen, die Sonderanknüpfung legitimierenden kollisionsrechtlichen Gehalt als einseitige IPR-Normen beizumessen und sie über Art. 20 EVÜ direkt anzuwenden.

98 *Fetsch*, Eingriffsnormen (2002), 246 ff.; *Staudinger*, NJW 2001, 1974, 1976.

Rechtsangleichung und kann wohl als ihr genereller Begleitauftrag verstanden und überall dort geprüft werden, wo eine ausdrückliche kollisionsrechtliche Regelungsanweisung fehlt. Sie dient dazu, den durch die Richtlinie geschaffenen sachrechtlichen (Mindest-)Standard auch in Fällen mit Drittstaatenberührung durchzusetzen, soweit dies zur Erreichung der Ziele der jeweiligen Richtlinie erforderlich ist.

Bedeutung erlangt dieser dem Sekundärrecht immanente Abgrenzungsauftrag etwa für die älteren verbraucherschützenden Richtlinien, die noch keine expliziten Abgrenzungsklauseln enthalten, so z. B. die Haustürwiderrufs- und die Verbraucherkredit-Richtlinie.[99] Spätestens die Ingmar-Entscheidung hat hier klargemacht, dass trotz dieses Fehlens eines ausdrücklichen Abgrenzungsauftrags der EG-Standard immer dann zur Anwendung gebracht werden muss, wenn ein Sachverhalt in einer das Ziel der Harmonisierung spezifisch berührenden Weise mit der Gemeinschaft verbunden ist. Es bedarf mithin einer jeweils an den Richtlinienzielen orientierten Konkretisierung des starken Gemeinschaftsbezuges. Im Verbraucherrecht[100] sind die Richtlinien etwa auf den Schutz der Verbraucher in der EG durch Gewährleistung gleichwertiger Bedingungen auf einem hohen Standard und auf die Verbesserung der Funktionsfähigkeit des Gemeinsamen Marktes – insbes. die Herstellung gleicher Wettbewerbsbedingungen – gerichtet. Diese Ziele legen es nahe, insoweit auf eine Vertragsanbahnung in der Gemeinschaft bzw. allgemein auf einen innergemeinschaftlichen Marktort als Aufgreifkriterium abzustellen.[101] Der bloße gewöhnliche Verbraucheraufenthalt in der Gemeinschaft genügt hingegen nicht. Zumindest jedoch kann im Falle der älteren Verbraucherschutz-Richtlinien eine den besprochenen ausdrücklichen Abgrenzungsvorgaben entsprechende Klausel hinzugedacht und somit Homogenität innerhalb dieser wertungsmäßig einheitlichen Fallgruppe hergestellt werden.[102]

Auch auf anderen Gebieten der Privatrechtsharmonisierung begründet das Bestehen eines zielspezifisch engen Zusammenhangs des Sachverhaltes mit der Gemeinschaft

---

99 Ein ungeschriebenes kollisionsrechtliches Regelungsgebot im Fall der Haustürwiderrufs-RL befürwortet bereits vor Ingmar etwa *Krebber*, ZVglRWiss 97 (1998), 124, 152. Vgl. nunmehr auch *Bitterich*, VuR 2002, 155 ff., 159 f. für eine generelle Übertragbarkeit der Ingmargrundsätze; *Fetsch*, Eingriffsnormen (2002), 289 ff. m. w. N.; *Michaels/Kamann*, EWS 2001, 301, 309; *Paefgen*, ZEuP 2003, 266, 291 f.; *Reich*, EuZW 2001, 51, 52; *Roth*, FS Sonnenberger (2004), 591, 598 f.; *Staudinger*, NJW 2001, 1974, 1976 ff.; zu diesem Gedanken auch *Magnus/Mankowski*, ZVglRWiss 103 (2004), 131, 141 f.

100 Vgl. etwa die Erwägungsgründe der Haustürwiderrufs-(RL 85/577/EWG, ABl.EG 1985, Nr. L 372/31) bzw. der Verbraucherkredit-RL 87/102/EWG, ABl.EG1987, Nr. L 42/48.

101 Vgl. dazu *Basedow*, NJW 1996, 1921, 1925 für eine nach marktbezogenen Zwecken der RL vorgenommene Abgrenzung zu Drittstaatenrecht; implizit wohl *Fetsch*, Eingriffsnormen (2002), 255-297 – dort v. a. für einen Rückgriff auf diese Kriterien als Anknüpfungsmoment für eine allseitige Bestimmung des berufenen mitgliedstaatlichen Rechts; *Paefgen*, ZEuP 2003, 266, 272 ff.; vgl. auch *Thorn*, IPRax 1999, 1, 7; a. A. *v. Hoffmann*, ZfRV 1995, 45, 49, der es wegen der gegenläufigen kollisionsrechtlichen Interessen der Beteiligten ablehnt, aus Sachnormzwecken Hinweise auf den Anwendungsbereich der RL zu entnehmen.

102 Dafür *Bitterich*, VuR 2002, 155, 159 ff.; ähnlich *Fetsch*, Eingriffsnormen (2002), 289 ff.; *Paefgen*, ZEuP 2003, 266, 284 ff., 291 f.; *Magnus/Mankowski*, ZVglRWiss 103 (2004), 131, 141 f.; *Staudinger*, NJW 2001, 1974, 1977 für eine analoge Anwendung bzw. künftige Ausweitung des Art. 29 a EGBGB aussprechen.

einen Durchsetzungsanspruch der fraglichen Richtlinienstandards gegenüber dem dahinter zurückbleibenden Recht eines Drittstaates. Benannt sei hier etwa das Beispiel des Produkthaftungsrechts: Die Produkthaftungs-Richtlinie soll den Schutz der Geschädigten und Abbau von Wettbewerbsverzerrungen im Binnenmarkt gewährleisten.[103] Auch sie enthält keinen ausdrücklichen Abgrenzungsauftrag. Gleichwohl ist ihr implizit ein Durchsetzungsanspruch gegen drittstaatliches Recht zu entnehmen, soweit ein enger Bezug zur Gemeinschaft diese Ziele gleichsam aktiviert. Das soll etwa dann der Fall sein, wenn durch ein innerhalb des Binnenmarktes in Verkehr gebrachtes Produkt eine Person mit gewöhnlichem Aufenthalt in einem der Mitgliedstaaten geschädigt wird.[104] Diesen Anforderungen wird jedenfalls das deutsche IPR (hier relevant die Regelungen zum Deliktsstatut) bereits weitestgehend gerecht, so dass kaum Korrekturbedarf besteht. Eine Rechtswahl wird in Art. 42 EGBGB übereinstimmend mit der Richtlinie nur nachträglich zugelassen und wird daher – ebenso wie das Bestimmungsrecht des Geschädigten nach Art. 40 I 2 EGBGB – im vorliegenden Zusammenhang als unproblematisch eingestuft. Eine vorherige (und bei entsprechendem Gemeinschaftsbezug problematische) Rechtswahl, die sich mittelbar durch eine vertragsakzessorische Anknüpfung des Deliktsstatuts gem. Art. 41 I, II Nr. 1 EGBGB ergeben kann, kann hingegen über eine richtlinienkonforme Auslegung dieser Vorschrift korrigiert werden.[105]

Inwieweit nunmehr allgemein auch den Richtlinien, die keine ausdrücklichen kollisionsrechtlichen Vorgaben enthalten, solche dennoch zu entnehmen sind, muss i. E. die Auslegung der jeweiligen Richtlinienbestimmungen ergeben. Soweit sich danach ein Anwendungsanspruch ergibt, ist diesem unbedingt Geltung zu verschaffen: Dieser Ansatz führt den bereits aus dem klassischen Kollisionsrecht bekannten Gedanken konsequent fort, Anhaltspunkte für den Anwendungsbereich einer Regelung aus deren Zweck zu gewinnen. Die Herkunft aus dem vorrangigen Gemeinschaftsrecht gebietet jedoch nicht nur, diesem Anwendungsanspruch unter Ausschöpfung sämtlicher Mittel des Kollisionsrechts (Sonderanknüpfungen, Ausweichklauseln etc.) zu verwirklichen, sondern notfalls auch durch die Schaffung neuer Kollisionsregeln.[106]

---

103 Vgl. Erwägungsgründe der RL 85/374 EWG, ABl.EG 1985, Nr. L 210/29; geändert durch die RL 1999/34/EG, ABl.EG 1999, Nr. L 141/20.

104 So Staudinger, NJW 2001, 1974, 1977 f. Vgl. dazu auch *Krebber*, ZVglRWiss 97 (1998), 124, 152 f., der ersten Aspekt dieses engen Bezuges durch den Hinweis in Art. 3 II, III der RL konkretisiert sieht, wonach die Richtlinie jeweils dann Geltung beansprucht, wenn der Fehler an einem in die Union eingeführten Produkt aufgetreten ist; skeptisch ggü. der Annahme eines versteckten Regelungsgebots – etwa *Freitag*, Produkthaftungsrecht (2000), 209 f.; viele offene Fragen und nur wenige konkrete Vorgaben sieht auch *Wandt*, Internationale Produkthaftung (1995), Rdn. 525 ff., bejaht jedoch eine Rechtswahlschranke: Rdn. 1203 ff., 1226; ähnlich *Wilde*, in: Produkthaftungshandbuch (1999), § 100, Rdn. 21.

105 *Staudinger*, NJW 2001, 1974, 1977 f. – Ablehnung der eine wesentlich engere Beziehung begründenden Kraft des Regelbeispiels.

106 Dazu *Krebber*, ZVglRWiss 97 (1998), 124, 154 ff.

2. Regelungen des räumlichen Anwendungsbereichs als kollisionsrechtlich zu deutende Vorgabe

Kollisionsrechtlich zu deutende Vorgaben, die den internationalen Geltungswillen des Sekundärrechts abstecken, können sich außer aus expliziten Abgrenzungsklauseln oder dem zwingenden Charakter des Sekundärrechts auch aus Richtlinienregelungen ergeben, die ausdrücklich den räumlichen Anwendungsanspruch der durch sie harmonisierten sachrechtlichen Bestimmungen festlegen.[107] Sie unterstützen die auch hier notwendige Abgrenzung zu drittstaatlichem Recht also nicht durch einen expliziten Auftrag zur kollisionsrechtlichen Drittrechtsabgrenzung, wohl aber dadurch, dass sie ihren räumlichen Anwendungsbereich eigenständig vorgeben und damit wichtige Anhaltspunkte für ihren Durchsetzungsanspruch im international verknüpften Fall liefern.

Eine solche Regelunge findet sich etwa in Art. 5 Insider-RL,[108] wonach die Insiderverbote von jedem Mitgliedstaat zumindest auf solche Handlungen anzuwenden sind, die auf seinem Gebiet begangen werden und die sich auf Wertpapiere beziehen, die auf dem Markt eines Mitgliedstaats zum Handel zugelassen sind. Der so umrissene Anwendungsbereich der Richtlinie besitzt auch kollisionsrechtliche Relevanz, denn er formuliert die Voraussetzungen, unter denen der Richtlinienstandard (gegen drittstaatliches Recht) durchzusetzen ist, indem er auf die Zulassung auf einem geregelten mitgliedstaatlichen Markt und die Transaktion auf einem solchen rekurriert.[109] Ein weiteres Beispiel bildet die Betriebsübergangs-RL.[110] Sie bestimmt in ihrem Art. 1 Abs. 2 ausdrücklich ihre Anwendbarkeit für den Fall, dass sich „das Unternehmen, der Betrieb oder der Betriebsteil, das bzw. der übergeht, innerhalb des territorialen Geltungsbereichs des Vertrages befindet".[111] Auch die Pauschalreise-RL enthält in Art. 1 eine ausdrückliche Regelung ihres räumlichen Geltungsanspruchs, wonach der sie Pauschalreisen erfassen will, „die in der Gemeinschaft verkauft oder zum Verkauf angeboten werden", und beansprucht insoweit auch eine Durchsetzung gegen schwächere Drittrechte.[112]

Zwar fehlt in allen diesen Fällen eine explizite Bezugnahme auf die kollisionsrecht-

107 Vgl. *Krebber*, ZVglRWiss 97 (1998), 124, 143 ff., nach dem Abgrenzungsklauseln und ausdrückliche Bestimmung des räumlichen Anwendungsbereichs sich sehr nahe kommen.

108 RL 89/592/EWG v. 18. 11. 1989, ABl.EG 1989, Nr. L 334/30.

109 Dazu *Grundmann*, in: Ebenroth/Boujong/Joost, vor § 12 III WphG, Rdn. 62; *v. Hoffmann*, ZfRV 1995, 45, 47 f.; *Roth*, RabelsZ 55 (1991), 623, 633; *Stumpf*, JbJZ 1990, 31, 37; vgl. z. G. auch *Kreuzer*, in: Müller-Graff (Hrsg.), Gemeinsames Privatrecht (1999), 457, 474 ff., 476 f., der diese Bestimmung in die Kategorie des (zwar nicht formell, wohl aber materiell) Gemeinschaftssachrecht berufenden Kollisionsrechts, d. h. nach obiger Differenzierung beim Gemeinschaftskollisionsrecht, einordnet – dort auch zu dem weiteren Beispiel des Vorschlags einer Übernahme-RL, ABl.EG 1997, Nr. C 378/10, nunmehr Art. 1 I des neuen Richtlinien-Vorschlags – KOM (2002), 534 endg.

110 RL 77/187/EWG vom 14. 2. 1977; ABl.EG 1977, Nr. L 61/26.

111 Zu diesem Beispiel *Fetsch*, Eingriffsnormen (2002), 305 ff.; *v. Hoffmann*, ZfRV 1995, 45, 47 f.; *Krebber*, ZVglRWiss 97 (1998), 124, 126 f., 139 ff.; *Pfeiffer*, NJW 1997, 1207, 1209. Zu mit weiteren Beispielen aus dem Arbeitsrecht vgl. *Fetsch* und *Krebber*, jeweils a. a. O.

112 Vgl. RL 90/314, ABl.EG 1990, Nr. L 242/48; dazu *Fetsch*, Eingriffsnormen (2002), 286 ff.; *Krebber*, ZVglRWiss 97 (1998), 124, 142 f.; *Paefgen*, ZEuP 2003, 266, 291 f.

liche Begrifflichkeit, wie sie sich in den neueren verbraucherrechtlichen Richtlinien findet. In dieser Fallgruppe, in der Richtlinien ihren räumlichen Geltungsanspruch ausdrücklich festlegen, besteht ein kollisionsrechtlicher Gehalt jedoch zumindest insoweit, als das nationale Kollisionsrecht diesen ausdrücklich normierten räumlichen Geltungsanspruch der Richtlinie durchzusetzen hat und ihn nicht unterlaufen darf.[113] Die ausdrückliche Festlegung des räumlichen Anwendungsbereichs weist hier auf den Abgrenzungsbedarf hin und hilft zugleich, den notwendigen engen Zusammenhang mit der Gemeinschaft zu konkretisieren, indem es Kriterien vorgibt, die den Durchsetzungsanspruch des gemeinschaftsrechtlichen Standards aktivieren. Insoweit zeigt sich deutlich die Verwandtschaft dieser Fallgruppe mit den oben erörterten: Art. 5 der Insider-RL etwa ist insoweit einer Abgrenzungsklausel nicht unähnlich, wenn er auch „positiv" den Anwendungsanspruch der Richtlinie umreißt, statt „negativ" ein bestimmtes, kollisionsrechtlich zu vermeidendendes Ergebnis zu umschreiben, und nicht abstrakt auf einen engen Bezug zur Gemeinschaft abstellt, sondern die maßgeblichen Kriterien direkt benennt.[114] Und auch im Rahmen der Ingmar-Konstellation geht es letztlich um den (hier aus den Richtlinienzielen zu ermittelnden) räumlichen Anwendungsanspruch sekundärrechtlicher Standards und deren Verwirklichung durch das nationale (Kollisions-)Recht. Hier wie dort ist es letztlich das Grundanliegen, dass im Rahmen des jeweils erhobenen räumlichen Anwendungsanspruchs stets ein mitgliedstaatliches Recht Anwendung findet, zumindest soweit es um die mit der Richtlinie etablierten Mindeststandards geht.

III. Auflösung der Drittabgrenzungsproblematik

Nachdem vorstehend die Erscheinungsformen der Drittabgrenzungsproblematik beleuchtet wurden, wie sie in den Richtlinien der EG zutage treten, soll es nun darum gehen, die Frage der Abgrenzung des EG-Standards gegenüber drittstaatlichem Recht einer systematischen Lösung zuzuführen, welche – eingedenk des einheitlichen Anliegens – in allen benannten Fallgruppen dieselben Prinzipien realisiert. Dabei wird es hier lediglich um die Absicherung des EG-rechtlichen Standards in Gestalt richtlinienkonformer nationaler Umsetzungen gegenüber drittstaatlichem Recht gehen. Ausgespart bleibt zunächst das Sonderproblem der möglicherweise notwendigen Absicherung des gemeinschaftsrechtlichen Standards gegenüber richtlinienwidrigem mitgliedstaatlichen Recht, von der später noch die Rede sein wird.[115]

Allen drei hier benannten Ausprägungen des Problems der Drittabgrenzung des Gemeinschaftsrechts ist wie gezeigt der Zweck der räumlich angemessenen Durch-

---

113 Vgl dazu *Krebber*, ZVglRWiss 97 (1998), 124, 139 ff.

114 Kritik an der insoweit auf einseitige Regelung durch die Mitgliedstaaten ausgerichtete Formulierung deutet sich etwa bei *Krebber*, ZVglRWiss 97 (1998), 124, 125 mit Fn. 5 an.

115 Dieses Problem kann isoliert oder kombiniert mit der Drittrechtsabgrenzung auftreten – dazu § 12 II.1.c) a. E.

setzung des Richtlinienstandards gegenüber dem Recht von Drittstaaten gemeinsam. Er besteht unabhängig davon, ob er – wie im Fall der neueren Verbraucherschutz-Richtlinien – in einer ausdrücklichen Abgrenzungsklausel Ausdruck gefunden hat, ob er mittelbar über eine Regelung des räumlichen Anwendungsbereichs wie im Fall der Pauschalreise-RL erkennbar wird, oder ob er überhaupt keine Regelung erfahren hat, wie es in der durch die Ingmar-Entscheidung gekennzeichneten Konstellation der Fall ist. Deshalb können Richtlinienregelungen des 2. und 3. Typs ebenso rechtswahlfest sein wie Vorschriften in Richtlinien mit ausdrücklichem kollisionsrechtlichen Abgrenzungsgebot. Der einzige Unterschied zu dieser Fallgruppe – die Ausdrücklichkeit der Anordnung – ist wohl der nur stückweisen Entstehung des Problembewusstseins für diesen Aspekt des Binnenmarktkollisionsrechts geschuldet.

Ist somit festgestellt, dass Richtlinien-Umsetzungsrecht kraft geschriebener oder ungeschriebener europarechtlicher Vorgaben einen gewissen international zwingenden Anwendungsbereich beansprucht, so stellt sich die Frage, wann genau und wie dieser Anspruch im nationalen (deutschen) Recht zu realisieren ist. Zu unterscheiden sind zunächst zwei Fallgruppen: solche mit und ohne ausdrückliche Abgrenzungsvorgabe; zum anderen jeweils zwei Stufen des Vorgehens: zum einen die Drittabgrenzung an sich und zum anderen die Bestimmung des konkret anwendbaren Rechts.

Die Unterscheidung von Richtlinien mit und ohne ausdrückliche Abgrenzungsvorgaben ist weniger der Tatsache geschuldet, dass jeweils andere Prinzipien gelten; das Anliegen ist hier wie dort dasselbe. Durch die tatsächliche Regelung in den Richtlinien und die Umsetzung in den Mitgliedstaaten bestehen jedoch bereits faktisch Lösungen, die es zu beurteilen gilt, und sind bereits bestimmte Richtungsentscheidungen gefallen, die den Spielraum für den Rechtsanwender beschränken – nämlich auf die Kontrolle und ggf. EG-konforme Korrektur des vom Gesetzgeber gewählten Weges –, während im ungeregelten Bereich noch mehr Möglichkeiten offen stehen. So konkretisiert heute Art. 29 a EGBGB in Umsetzung der Abgrenzungsklauseln der neueren Verbraucherschutz-Richtlinien mit Hilfe eines Regelbeispiels den engen Zusammenhang und spricht eine allseitige Verweisung auf das Recht des Mitgliedstaates aus, zu dem jener enge Zusammenhang besteht. Hier sind nur noch geringfügige Modifikationen durch richtlinienkonforme Lesart notwendig – etwa die Ergänzung um den in den Richtlinien angelegten Günstigkeitsvorbehalt. Auch die Beschränkung auf die Korrektur nur der subjektiven Anknüpfung ist hier festgeschrieben. Bei anderen Richtlinien ist kreativere Rechtsfindung nötig – in Gestalt der ggf. modifizierten Anwendung bestehender Kollisionsregeln oder gar der Neuschaffung passender Normen. Zentrale Probleme sind (in dieser Fallgruppe) die Konkretisierung des engen Zusammenhangs als Maßstab dafür, wann die Drittabgrenzung überhaupt erforderlich ist (1. Stufe) und (in beiden Fallgruppen) die Bestimmung des konkreten Verweisungsziels (2. Stufe).

1. Die erste Stufe – Abgrenzung gegenüber drittstaatlichem Recht

Die erste Stufe betrifft die Frage, unter welchen Umständen der gemeinschaftsrechtliche Standard gegen das Recht eines Drittstaates durchgesetzt werden muss.

a) Der am Richtlinien-Ziel konkretisierte enge Bezug zur Gemeinschaft als Schlüsselbegriff der Drittabgrenzung

Hierfür sind – wie bereits aus den obigen Ausführungen aufscheint – die Ziele der Richtlinie von ausschlaggebender Bedeutung.[116] Die Richtlinien der Gemeinschaft etablieren einen integrierten Rechtsraum und verfolgen Anliegen, die sich auf ebendiesen Rechtsraum beziehen. Daher ist es nur angemessen, jene Zielsetzungen auch zur Begrenzung und Bestimmung ihres Anwendungsanspruchs heranzuziehen. Daraus ergibt sich v. a. die Notwendigkeit, einen Indikator für die Zielbetroffenheit zu benennen: Es ist zu fragen, wann die Anwendbarkeit eines drittstaatlichen Rechts den mit dem Sekundärrechtsakt verfolgten Zielen schaden würde. Eine abstrakte Umschreibung der damit umrissenen Konstellation (der Zielbetroffenheit) kann unter Rückgriff auf einen (jeweils zielspezifisch verstandenen) engen Bezug zur Gemeinschaft gelingen. Dieser „enge Bezug" wird bereits in den expliziten Abgrenzungsklauseln im Verbraucherrecht ausdrücklich angesprochen, auf ihn rekurrierte der EuGH in der Ingmar-Entscheidung,[117] und auch die Vorschriften zum räumlichen Anwendungsbereich können (für die Frage der Drittabgrenzung) als Konkretisierung des engen Bezugs zur Gemeinschaft aufgefasst werden. Er wird damit zum Schlüsselbegriff und Moderator, der Richtlinien-Ziele in einen Anwendungsanspruch zu transformieren vermag.

Enger Bezug und Rechtssetzungsziel sind aufeinander bezogen, denn wann ein enger Zusammenhang mit der Gemeinschaft besteht, der die Durchsetzung des EG-Rechts fordert, kann nicht ohne Blick auf die Richtlinienziele bestimmt werden; während

---

116 Ein entsprechender Auftrag, den EG-Regelungsstandard im Rahmen des aus der Perspektive des Richtlinienziels Erforderlichen auch gegen drittstaatliches Recht durchzusetzen, ist gleichsam jeder Richtlinie immanent. *Krebber* charakterisiert diesen richtlinienziel-basierten Ansatz in der Weise, dass es insoweit „im Unterschied zum klassischen IPR ... auch nicht darauf an(kommt), den Sitz des privatrechtlichen Rechtsverhältnisses zu ermitteln; das Ziel ist vielmehr alleine die Durchsetzung des Gemeinschaftsrechts."... Die Richtlinien kommen, „da sie gemeinschaftsrechtliche ordnungspolitische Ziele verfolgen, unserem Verständnis nach öffentlich-rechtlichen Regelungen (auf Unionsebene) näher. Die räumliche Reichweite von Richtlinien wird daher nicht anhand der allseitigen Regeln des freien Spiels des internationalen Privatrechts, sondern nach den rigideren einseitigen Prinzipien des internationalen Verwaltungsrechts bestimmt." Maßstab für das Eingreifen des Anwendungsanspruchs ist das für jede Richtlinie zielspezifisch zu konkretisierende Kriterium des engen Zusammenhangs mit der Gemeinschaft. So *Krebber*, ZVglRWiss 97 (1998), 124, 149 ff.

117 Nicht grundlos also ähnelt die Formulierung des EuGH im Ingmar-Urteil den Abgrenzungsvorgaben in den verbraucherschützenden Richtlinien; das kollisionsrechtliche Prinzip der Binnenmarktabgrenzung wird lediglich verallgemeinert – idS. *Bitterich*, VuR 2002, 155, 162; vgl. auch *Freitag/Leible*, RIW 2001, 287, 290 ff.; *Magnus/Mankowski*, ZVglRWiss 103 (2004), 131, 141 f.; *Michaels/Kamann*, EWS 2001, 301, 306.

andererseits das Rechtssetzungsziel nur bei spezifischer Verknüpfung des Sachverhalts mit der EG gefährdet sein kann:

So müssen die verbraucherrechtlichen Standards für Verträge, die in der Gemeinschaft angebahnt werden, deshalb auch gegen eine abweichende Rechtswahl durchgesetzt werden, weil die entsprechenden Richtlinien den Verbrauchern im Binnenmarkt einen einheitlichen Schutzstandard garantieren und die Anbieter gleichen Wettbewerbsbedingungen unterwerfen sollen – diese Schutzziele beziehen sich mithin auf rechtsgeschäftliche Aktivitäten im Binnenmarkt und werden etwa durch den bloßen gewöhnlichen Aufenthalt des Verbrauchers dort (z. B. für einen Vertragsabschluss in einem Drittstaat) noch nicht aktiviert. Auch für den Ausgleichsanspruch des Handelsvertreters stellt erst der innergemeinschaftliche Tätigkeitsort den schutzaktivierenden engen Bezug zur Gemeinschaft her, weil die entsprechende Richtlinie den Handelsvertretern überall in der Gemeinschaft einen Mindestschutz garantieren und für unverfälschte Wettbewerbsbedingungen im Binnenmarkt sorgen soll.[118]

b) Wege der Drittabgrenzung im nationalen (deutschen) Recht

Soweit sich nicht bereits im EG-Recht selbst (etwa in den bereits erwähnten Vorschriften zum räumlichen Anwendungsbereich von Richtlinien) oder im richtlinienkonformen Umsetzungsrecht der Mitgliedstaaten (z. B. in Art. 29 a EGBGB) ausdrückliche Vorgaben für die Konkretisierung des engen Zusammenhangs finden, ist es Aufgabe des Rechtsanwenders festzustellen, wann ein zielspezifisch enger Bezug zur Gemeinschaft die Durchsetzung ihrer rechtlichen Standards erfordert und wie dieser Anspruch realisiert werden kann.

Für das bereits früh erkannte Anliegen, das sekundärrechtlich geprägte Recht der Mitgliedstaaten ggf. gegenüber dem gewählten drittstaatlichen Recht zur Geltung zu bringen, kommen verschiedene Ansätze in Betracht. Dabei ist immer zu gewärtigen, dass der internationale Anwendungsanspruch, der sich aus dem Sinn und den Zielen der fraglichen Richtlinie ergibt, in den einzelnen Mitgliedstaaten auf jeden Fall zu beachten und durchzusetzen ist.[119] Die Mitgliedstaaten haben nicht die Wahl ob, sondern nur wie sie dem genügen. Es kann und sollte dabei zwar soweit wie möglich bei bestehenden kollisionsrechtlichen Regelungen angesetzt werden –

118 Vgl. EuGHE 2000 I-9305, Rdn. 23 ff. Ingmar sowie die Erwägungsgründe der Handelsvertreter-RL. Zur Wettbewerbsangleichungsfunktion der Richtlinie *Freitag/Leible*, RIW 2001, 287, 292; *Höller*, RdW 2001, 396, 397 ff.; *Kindler*, BB 2001, 11, 12. Vgl. auch *Michaels/Kamann*, EWS 2001, 301, 305; *Schwarz*, ZVglRWiss 101 (2002), 45, 51, 58 ff.

119 Zu dem insoweit „verkehrten" Hintergrund der bisherigen Diskussion, die eine Einwirkung des europarechtlichen Hintergrundes der fraglichen Normen, davon abhängig zu machen versucht, ob sich diese Einwirkung im Rahmen der bestehenden Institute des Kollisionsrechts unterbringen lässt – mit dieser Tendenz wohl *Baumert*, Europäischer ordre public (1994), 46 ff., 84 ff.; *ders.*, EWS 1995, 57, 63 ff.; – vgl. zur Kritik *Krebber*, ZVglRWiss 97 (1998), 124, 154 f.; ähnlich *Brödermann*, in: Gemeinschaftsrecht und IPR (1994), 7 ff.

schon um die Konsistenz des Kollisionsrechts zu wahren[120] – ggf. müssen diese jedoch auch erweitert oder nach den Bedürfnissen des Gemeinschaftsrechts modifiziert bzw. sogar neue Regeln entwickelt werden.

aa) Analogie zu Art. 3 III EVÜ/27 III EGBGB bei reinen Binnenmarktsachverhalten

Als Ausgangspunkt mag dabei zunächst die abstrakte Regel dienen, dass eine Richtlinie – als Regelung für den integrierten Rechtsraum der Gemeinschaft – jedenfalls dann Geltung beanspruchen muss, wenn ein Sachverhalt nur (verschiedene) Mitgliedstaaten berührt. Das betrifft einerseits den Fall der Berufung richtlinienwidrigen mitgliedstaatlichen Rechts (mithin die bekannte Gran Canaria-Konstellation, wobei die möglichen kollisionsrechtlichen Auswirkungen des Anwendungsanspruchs in diesem Sonderfall in anderem Zusammenhang zu behandeln sein werden,[121] andererseits jedoch auch bestimmte Konstellationen im Verbraucherrecht, wo der benannte Grundsatz die Basis einer EG-rechtskonformen Korrektur des lückenhaften Art. 5 EVÜ bildet.[122] Er schlägt damit gleichzeitig den Bogen zur Drittabgrenzung, iSd. Durchsetzung gemeinschaftsrechtlicher Standards im Falle ihrer Abwahl zugunsten drittstaatlichen Rechts, weil er auch gilt, wenn jedenfalls objektiv nur Mitgliedstaaten berührt sind: Weisen alle objektiven Anknüpfungsmomente auf die Gemeinschaft, so darf auch eine Rechtswahl die Geltung ihrer zwingenden Standards nicht ausschließen; anderenfalls wären die Richtlinien-Ziele gänzlich der Willkür der Parteien preisgegeben.[123]

Für diese Konstellation ist bereits früh die Möglichkeit einer analogen Anwendung des Art. 3 III EVÜ/27 III EGBGB diskutiert worden.[124] Diese Vorschrift beschränkt für – von der Rechtswahl abgesehen – reine Inlandsfälle die Wirkungen einer kollisionsrechtlichen Rechtswahl auf die einer materiellrechtlichen, indem er die zwingenden inländischen Normen als von ihr unberührbar kennzeichnet. Grundlage der Analogie zu dieser Norm im hier interessierenden Fall der Durchsetzung gemeinschaftsrechtlicher Standards gegen drittstaatliches Recht ist die insoweit wertungsmäßig vergleichbare Situation der Abwahl des Gemeinschaftsrechts in einem objektiv in allen Punkten in der Gemeinschaft lokalisierten Fall einerseits mit der Abwahl des

---

120 *Bitterich*, ZfRV 2002, 123, 131; *Michaels/Kamann*, EWS 2001, 301, 307; *Sonnenberger*, ZEuP 1996, 382, 385 ff.; *Thorn*, IPRax 1999, 1, 7 ff.

121 Dazu unten § 12 II.1.

122 Vgl. zur Kennzeichnung dieser beiden Konstellationen nur *Krebber*, ZVglRWiss 97 (1998), 124, 147 ff.

123 Vgl. *Michaels/Kamann*, EWS 2001, 301, 307; vgl. auch *Schwarz*, ZVglRWiss 101 (2002), 45, 67 f.; *Staudinger*, ZfRV 1995, 93, 96 f.

124 Vorgeschlagen bei *Lando*, CMLR 24 (1987), 159, 179 ff.; *ders.*, RabelsZ 57 (1993), 155, 163. Für eine solche Analogie zu Art. 3 III EVÜ bei Binnenmarksachverhalten bzw. eine Ergänzung des EVÜ um eine an Art. 3 III orientierte Vorschrift vgl. auch *Grundmann*, Europäisches Schuldvertragsrecht (1999), 168, 210; *Iversen*, in: Gemeinschaftsrecht und IPR (1994), 336 ff., 421 ff.; *Kropholler*, Internationales Privatrecht, § 40 IV 3; *Michaels/Kamann*, JZ 1997, 601, 602 ff. und EWS 2001, 301, 307 f. m. w. N.; *Rudisch*, RabelsZ 63 (1999), 70, 104; andeutungsweise *Kapnopoulou*, Missbräuchliche Klauseln (1997), 153.

Rechts eines Staates im objektiv reinen Inlandsfall andererseits. Aufgrund und im Rahmen der Rechtsangleichung kann die Gemeinschaft als Ganzes mit dem Inland iSd. Art. 3 III EVÜ/27 III EGBGB verglichen werden, während Drittstaaten, die den angeglichenen Standard nicht verbürgen, ihr insoweit als „Ausland" gegenüberstehen.

Die analoge Anwendung von Art. 3 III EVÜ/27 III EGBGB wird jedoch von vielen Autoren abgelehnt.[125] Abgesehen davon, dass es Art. 3 III EVÜ als staatsvertraglicher Regelung generell an der Analogiefähigkeit mangele, soll diese Norm konzeptionell nur Fälle erfassen, die nicht wirklich ein internationales Gepräge haben, deren einziger internationaler Aspekt die Rechtswahl zugunsten eines fremden Rechts ist. Diese Wertung treffe bei Binnenmarktsachverhalten so nicht zu, denn gerade dadurch, dass die Umsetzungen der Mitgliedstaaten voneinander abweichen können, habe auch der reine Binnenmarktfall weiterhin ein kollisionsrechtliches Gepräge.[126] Dazu ist allerdings anzumerken, dass es sich auch nicht um einen klassischen Fall des Mehrstaatenbezugs handelt, bei denen Art. 3 III EVÜ/27 III EGBGB sicher nicht in Betracht kommt. Denn hier geht es um die Abgrenzung eines gemeinsamen Rechtsraumes, der sich von unverbunden nebeneinander stehenden Staaten unterscheidet. Die hybride Konstellation der Drittrechtsabgrenzung in der Gemeinschaft kommt in ihrer grds. Wertung der klassischen Situation des Art. 3 III EVÜ/27 III EGBGB durchaus näher als dem klassischen Mehrrechtsfall.

Aus diesem Grund ist auch ein anderer Einwand zurückzuweisen: So wird häufig eingewandt, die EG sei kein Staat, weshalb Art. 3 III EVÜ/27 III EGBGB nicht herangezogen werden könne.[127] Dieser Einwand übersieht, dass es hier nicht um die Anwendung des Art. 3 III EVÜ/27 III EGBGB, sondern um eine Analogie geht. Auf die Staatsqualität im völkerrechtlichen Sinne kommt es daher nicht entscheidend an. Wichtig für die Analogie ist v. a. die Frage, ob wertungsmäßig eine dem Art. 3 III EVÜ/27 III EGBGB vergleichbare Situation vorliegt. Insofern muss beachtet werden, dass die Rechtsangleichung in der Gemeinschaft den benannten besonderen Rechtsraum schafft, der – wenn er auch nicht völlig homogen ist – sich doch als solcher von drittstaatlichem Recht unterscheidet.[128]

Die Analogie zu Art. 3 III EVÜ/27 III EGBGB stellt damit durchaus einen gangbaren Weg dar, den Anwendungsanspruch des gemeinschaftsrechtlichen Standards gegen

---

125 *Baumert*, Europäischer ordre public (1994), 187 ff.; *ders.*, EWS 1995, 57, 63; *Kronke*, RIW 1996, 985, 991; *Leible*, in: Schulte-Nölke/Schulze, Rechtsangleichung (1999), 353, 368 ff. – allerdings nur gegen die Analogie zu Art. 3 III EVÜ, hingegen den Gedanken der Absicherung des europäischen Schutzstandard bei Binnenmarktbezug durchaus bejahend; *Paefgen*, ZEuP 2003, 266, 289 f.; *Rühl*, Rechtswahlfreiheit (1999), 189 ff.; krit. auch – *Basedow*, NJW 1996, 1921, 1925; **a. A.** aber *ders.*, in: Schnyder/Heiss/Rudisch (Hrsg.), Internationales Verbraucherschutzrecht (1995), 11, 31 f.

126 *Basedow*, NJW 1996, 1921, 1925; *Baumert*, EWS 1995, 57, 62 f.; *Rühl*, Rechtswahlfreiheit (1999), 190 f.; *Freitag/Leible*, RIW 2001, 287, 290.

127 Vgl. nur *Freitag*/Leible, RIW 2001, 287, 290; *Kronke*, RIW 1996, 985, 991; *Leible*, in: Schulte-Nölke/Schulze, Rechtsangleichung (1999), 353, 370.

128 *Basedow*, in: Schnyder/Heiss/Rudisch, Internationales Verbraucherschutzrecht (1995), 11, 19, 31; *Michaels/Kamann*, JZ 1997, 601, 603 f.; *dies.*, EWS 2001, 301, 308.

ein gewähltes Drittrecht durchzusetzen und ihm eine positivrechtliche Verankerung zu geben. Zudem vermag dieser Ansatz die Schwächen der überkommenen EVÜ-Regelungen, die den Bereich der Abwahl gemeinschaftsrechtlicher Standards nur unzureichend abdecken, teilweise auszugleichen, weil er etwa auch Bezüge zu mehreren Mitgliedstaaten erfassen kann. Überdies kann er über das Verbrauchervertragsrecht hinaus fruchtbar gemacht werden. Allerdings muss die analog angewandte Vorschrift um eine Zuweisungsnorm ergänzt werden, da sie für sich allein keinen Hinweis darauf gibt, in Gestalt welcher mitgliedstaatlicher Umsetzung das Gemeinschaftsrecht gegen das drittstaatliche Recht durchgesetzt werden soll.[129] Die grds. Adäquanz und Überzeugungskraft dieser Lösung stellt dies jedoch nicht in Frage. Dies zeigt sich nicht zuletzt daran, dass sie nunmehr auch Eingang in die Reformüberlegungen zum EVÜ gefunden hat.[130]

Der Begründungsansatz bei dem durch die Rechtsangleichung etablierten einheitlichen Europäischen Rechtsraum impliziert jedoch auch Grenzen für diesen Lösungsweg:

Zum einen ist die Analogie zu Art. 3 III EVÜ/27 III EGBGB nur insoweit möglich, wie die beteiligten Mitgliedstaaten das Richtlinienrecht bereits tatsächlich umgesetzt haben. Andernfalls fehlt es gerade an einem integrierten Rechtsraum, der es rechtfertigt, einen Fall als rein innereuropäischen zu behandeln und den gemeinschaftsrechtlichen Standard gegen eine abweichende Rechtswahl durchzusetzen.[131]

Überdies vermag die Analogie zu Art. 3 III EVÜ/27 EGBGB nur dann zu helfen, wenn allein die Rechtswahl aus dem Gebiet der Gemeinschaft hinaus weist. Dieser Weg ist deshalb nur für (objektiv) reine Binnenmarktfälle geeignet.[132] Anders als in diesem Fall der von der Rechtswahl abgesehen ausschließlichen Berührung von EG-Mitgliedstaaten kann, wenn der Sachverhalt auch substantielle Verbindung zu Drittstaaten hat (im Falle Ingmar etwa in Gestalt des Sitzes des Vertragspartners des Handelsvertreters), nicht ohne weiteres vom Geltungswillen der Richtlinie ausgegangen werden; er ist im Einzelnen begründungsbedürftig und muss auf einem anderen Weg zur Geltung gebracht werden.

---

129 Dazu auch unten § 11 III.1.b)dd) und § 11 III.3.

130 Vgl. den Vorschlag für eine entsprechende Norm im Grünbuch der Kommission über die Umwandlung des Übereinkommens von Rom aus dem Jahr 1980 über das auf vertragliche Schuldverhältnisse anzuwendende Recht in ein Gemeinschaftsinstrument und seine Aktualisierung, KOM (2002), 654 endg., 20 sowie den Vorschlag zur Neufassung von Art. 3 III EVÜ zur allg. Abgrenzungsnorm für Binnenmarktsachverhalte durch die Europäische Gruppe für Internationales Privatrecht – IPRax 2001, 64 f. mit Anm. *Jayme*, ebd., 65 f.; *Martiny*, ZEuP 2001, 308, 333; *Michaels/Kamann*, EWS 2001, 301, 311; *Bitterich*, ZfRV 2002, 123, 132; *Leible*, in: Schulte-Nölke/Schulze, Rechtsangleichung (1999), 353, 383 m. w. N.

131 *Iversen*, in: Gemeinschaftsrecht und IPR (1994), 421 f.; *Michaels/Kamann*, JZ 1997, 601, 604.

132 In denen einige Autoren überhaupt kein kollisionsrechtliches Problem sehen, sondern nur ein Problem der effektiven Richtliniendurchsetzung – etwa *Krebber*, ZVglRWiss 97 (1998), 124, 147 ff.; *Michaels/Kamann*, EWS 2001, 301, 307; *Schwarz*, ZVglRWiss 101 (2002), 45, 51, 58.

bb) Die Durchsetzung des Richtlinienstandards über eine Sonderanknüpfung iSv. Art. 7 EVÜ/34 EGBGB

Insoweit hat insbes. die Ingmar-Entscheidung des EuGH eine Lösung über Art. 34 EGBGB (der Art. 7 II EVÜ transformiert) inspiriert, d. h. eine Sonderanknüpfung der harmonisierten Vorschriften gegenüber der lex causae.[133] Zwingende gemeinschaftsrechtliche Standards werden (im Rahmen des für die Richtlinienziele Erforderlichen) auch als international zwingend eingestuft; das harmonisierte Sachrecht ist i. d. S. richtlinienkonform auszulegen. Zur Rechtfertigung dieses Ansatzes – insbes. im Hinblick auf die Trennung zwischen nur materiell zwingenden und international zwingenden Vorschriften auf der Ebene des sekundären Gemeinschaftsrechts – kann auf die obigen Ausführungen verwiesen werden.[134] Hier genügt der resümierende Hinweis, dass die Richtlinienregelungen in einem gewissen Umfang gegen drittstaatliches Recht durchgesetzt werden müssen. Rechtfertigung und Maßstab dieses Durchsetzungsanspruchs bildet wiederum der (jeweils zielspezifisch) enge Bezug zur Gemeinschaft. Auch die Lösung über Art. 7 II EVÜ/34 EGBGB hat den Vorteil, dass sie im gesamten Vertragsrecht herangezogen werden kann und – anders als 27 III – auch dann greift, wenn tatsächlich tragfähige Beziehungen zum Drittstaat bestehen: es werden nicht nur Sachverhalte erfasst, die ausschließlich Binnenmarktbezug haben, sondern es genügt schon ein durch die Ziele der Richtlinie konkretisierter enger Bezug zum Binnenmarkt.

Allerdings ist der Ansatz in verschiedener Hinsicht unvollkommen. Zum einen sieht er sich dem Einwand ausgesetzt, dass die sekundärrechtlichen Standards im Rahmen der Privatrechtsangleichung nicht ohne weiteres auch zwingende Vorschriften iSd. Art. 7 II EVÜ darstellen. Zwar wird von vielen Autoren vertreten, dass auch solche Vorschriften, die allein privatrechtliche Interessen des einzelnen betreffen, hier subsumiert werden können.[135] Nach a. A. widerspricht dies jedoch der Intention des Art. 7 II EVÜ, der nur solche Normen erfassen soll, die zumindest auch Gemeinwohlbelange schützen.[136]

Andererseits muss dem einmal festgestellten Durchsetzungsanspruch einer Richtlinie Folge geleistet werden und Art. 7 II EVÜ bietet einen strukturell geeigneten und positivrechtlich verankerten Ansatz, der für diesen Zweck fruchtbar gemacht werden könnte. Der Weg kann deshalb m. E. jedenfalls dann beschritten werden, wenn man

---

133 So etwa im Zusammenhang mit der Handelsvertreter-RL: *Jayme*, IPRax 2001, 190, 191; *Kindler*, BB 2001, 11 f.; *Reich*, EuZW 2001, 50, 51; *Staudinger*, NJW 2001, 1974, 1975; i. E. wohl auch *Sonnenberger*, IPRax 2003, 104, 109 f.

134 Siehe dazu oben § 11 II.1.b)bb).

135 Vgl. dazu mit Blick auf die Sonderkonstellation der Privatrechtsharmonisierung *Pfeiffer*, NJW 1997, 1207, 1209, der Richtlinienrecht als „marktbezogenes Eingriffsrecht" charakterisiert; i. Ü. *Fetsch*, Eingriffsnormen (2002), 50, 250 ff.; *Kronke*, RIW 1996, 985, 990 f.; *Mäsch*, Rechtswahlfreiheit (1993), 126 ff., 159 ff. für allgemeine Auffangfunktion des Art. 34 EGBGB; ähnlich *Roth*, in: Schnyder/Heiss/Rudisch (Hrsg.), Internationales Verbraucherschutzrecht (1995), 35 ff.; z. G. auch *Sonnenberger*, IPRax 2003, 104, 107 ff.

136 *Junker*, IPRax 2000, 65, 66 ff.; *Sonnenberger*, FS Fikentscher (1998), 289 ff.; z. G. auch *Paefgen*, ZEuP 2003, 266, 286 f.; *Sonnenberger*, IPRax 2003, 104, 107 ff. – jeweils m. w. N.

der Vorschrift unter dem Eindruck der besonderen Anforderungen des Binnenmarktkollisionsrechts eine neue Funktion in der Drittrechtsabgrenzung zugesteht.[137]

Ein weiterer Nachteil der Lösung über Art. 7 II EVÜ/34 EGBGB ist die dort ausgesprochene Rechtsfolge. Die Verweisung führt zunächst zum Recht des (deutschen) Forums. Ob diese lex-fori-Anknüpfung, d. h. die Durchsetzung der EG-rechtlichen Standards in Gestalt des Umsetzungsrechts des Gerichtsstaates, stets angemessen ist, ist jedoch fragwürdig. Ggf. bedarf dieses Ergebnis der Korrektur.[138] Zum Ausgleich ist etwa vorgeschlagen worden, auf Art. 7 I EVÜ zurückzugreifen, der die Durchsetzung fremder zwingender Normen regelt, jedoch durch den deutschen Gesetzgeber aufgrund eines Vorbehalts nicht übernommen wurde Diese Ausweitung der Sonderanknüpfung läuft auf einen allseitigen Ausbau der Verweisung hinaus und stellt zumindest einen möglichen Weg dar, da der deutsche Gesetzgeber nur keine Pflicht zur Durchsetzung fremder Eingriffsnormen statuiert hat.[139] In jedem Fall ist Art. 7 EVÜ/34 EGBGB zum Zwecke der kollisionsrechtlichen Binnenmarktabgrenzung noch konkretisierungs- (so im Hinblick auf den erforderlichen Inlands- bzw. Gemeinschaftsbezug) und ergänzungsbedürftig (im Sinne einer allseitigen Ausformung für den Fall einer engen Beziehung zu einem anderen als dem Forumstaat).

cc) Analogie zu Art. 29 a EGBGB

Ein anderer Ansatz, der insbes. die Nachteile der Sonderanknüpfungslösung iSv. Art. 7 EVÜ/34 EGBGB vermeiden könnte, besteht in der analogen Anwendung von Art. 29 a EGBGB. In dieser Norm sind die ausdrücklichen Abgrenzungsvorgaben der neueren Verbraucherschutz-Richtlinien zusammengefasst. Er wird den Anforderungen des EG-Rechts weitgehend gerecht. Deshalb liegt es nahe, die Vorschrift zumindest im Bereich der älteren verbraucherschützenden Richtlinien, die noch keine ausdrückliche Abgrenzungsklausel enthalten, analog heranzuziehen. Art. 29 a EGBGB Abs. 4 ist insoweit als nicht abschließend zu betrachten. Dies hätte neben der Vermeidung der soeben aufgezeigten Schwächen des Art. 34 EGBGB den Vorteil, dass die einander in der Interessenlage entsprechenden Situationen auch gleich behandelt würden.[140]

---

137 Zu dem Dilemma von Europarechtswidrigkeit einerseits und dogmatischen Systembrüchen andererseits als typische Folge der Privatrechtsharmonisierung *Pfeiffer*, NJW 1997, 1207, 1209; vgl. auch *Deinert*, JbJZ 1997, 257, 266 mit Fn. 50 m. w. N.

138 Dazu *Bitterich*, VuR 2002, 155, 163 und ZfRV 2002, 123, 127 f.; *Freitag/Leible*, RIW 2001, 287, 294; *Michaels/Kamann*, EWS 2001, 301, 307; *Paefgen*, ZEuP 2003, 266, 286 ff. Dies wird im Rahmen der 2. Stufe der Drittrechtsabgrenzung noch ausführlicher zu erörtern sein.

139 Von einigen Autoren wird allerdings eine solche Pflicht befürwortet, die international zwingenden Vorschriften anderer EG-Mitgliedstaaten wie eigene durchzusetzen. So – gestützt auf den Grundsatz der Gemeinschaftstreue – *Fetsch*, Eingriffsnormen (2002), 237 ff., 319 ff., 380 ff.; *v. Wilmowsky*, RabelsZ 62 (1998), 1, 29 ff.; vgl. auch *Sonnenberger*, IPRax 2003, 104, 113 ff. – jedenfalls für den Fall der primär- oder sekundärrechtlichen Zuweisung der Regelungskompetenz an einen anderen Mitgliedstaat; z. G. *Fetsch*, a. a. O., 237 ff.; *Roth*, RabelsZ 55 (1991), 623, 662 ff.; *v. Wilmowsky*, a. a. O., 25 ff. dort auch zu anderen Begründungsansätzen.

140 *Bitterich*, VuR 2002, 155, 161 ff. – auch allgemein zu den Sonderegelungen des Vertragsstatus –

Art. 29 a EGBGB, der bereits die speziellen Erfordernisse der Binnenmarktangrenzung aufgreift, könnte überdies auch für den Bereich jenseits des Verbrauchervertragsrechts als Vorbild dienen, soweit zum Zwecke der Drittangrenzung besondere Kollisionsnormen geschaffen werden sollen.[141]

dd) Ergänzung bzw. Neuschaffung von Kollisionsnormen für die Drittabgrenzungsproblematik

Soweit die bisher vorgestellten Ansätze abgelehnt werden, besteht noch immer die Möglichkeit (und die Pflicht), die Durchsetzung des Gemeinschaftsrechts auf anderem Wege sicherzustellen: So können etwa eigens passende Kollisionsnormen für den Zweck der Drittabgrenzung neu geschaffen oder bestehende Kollisionsnormen modifiziert werden.

Soweit neue Regeln geschaffen werden, entsprechen natürlich auch diese i. E. den oben dargestellten Lösungen. Durch die Neuschaffung passender Verweisungsnormen wird formal die als unangemessen empfundene Ausdehnung der bestehenden Vorschrift bzw. die Analogie vermieden bzw. es kann versucht werden, die allgemeinen Prinzipien der Binnenmarktabgrenzung entsprechend ihrer Bedeutung als mittlerweile etablierter IPR-Sonderkonstellation in einer eigenständigen abstrakten Norm zusammenzufassen. Dabei verdichtet sich die Zusammenschau der verschiedenen Vorgaben in den Richtlinien und der Äußerungen des Gerichtshofs auf ein allgemeines Modell, das auf einen (jeweils näher zu konkretisierenden) engen Zusammenhang mit der Gemeinschaft als Anknüpfungspunkt und zugleich als maßgebliches Kriterium für die Bestimmung des Verweisungsziels abstellt. Ganz in diesem Sinne ist bereits vor der Einführung des Art. 29 a EGBGB eine abstrakte Abgrenzungsnorm für den Bereich des Verbrauchervertragsrechts vorgeschlagen worden, nach der dem Verbraucher bei einem engen Zusammenhang des Vertrages mit dem Gebiet der Mitgliedstaaten durch Rechtswahl nicht der Schutz der zwingenden Vorschriften des Gemeinschaftsrechts entzogen werden darf.[142]

Die Vorschläge verschiedener Ergänzungen des EVÜ-basierten Kollisionsrechts – etwa um einen entsprechenden Ausbau des Art. 3 III EVÜ/27 III EGBGB[143] oder um einen Art. 34 a EGBGB als Verkörperung eines Europäischen ordre public des

---

Art. 29, 29 a, 30 EGBGB; *Michaels/Kamann*, JZ 1997, 601, 604 f. noch zu Art. 29 EGBGB; *Paefgen*, ZEuP 2003, 266, 291 f.; für eine Ergänzung des Kataloges des Abs. 4 auch *Staudinger*, NJW 2001, 1974, 1977.

141 Dazu sogleich. Zur Beurteilung der einzelnen Regelungen des 29 a EGBGB etwa *Freitag/Leible*, EWS 2000, 342 ff.; *Staudinger*, RIW 2000, 416 ff.

142 Vgl. *Basedow*, in: Schnyder/Heiss/Rudisch (Hrsg.), Internationales Verbraucherschutzrecht (1995), 11, 34; ähnlich, jedoch mit konkreter allseitiger Zuweisung *Leible*, in: Schulte-Nölke/Schulze (Hrsg.), Rechtsangleichung (1999), 353, 385.

143 Für eine solche an Art. 3 III EVÜ orientierte Sondernorm auch *Basedow*, in Schnyder/Heiss/Rudisch (Hrsg.), Internationales Verbraucherschutzrecht (1995), 11, 34; *Lurger*, FS Posch (1996), 179, 202; vgl. insoweit auch die Vorschläge der Europäischen Gruppe für IPR und das Grünbuch der Kommission über die Umwandlung des EVÜ in eine Gemeinschaftsinstrument – unten § 14 II.2.c)bb).

Verbraucherschutzes[144] sind wiederum dem Versuch geschuldet, eine stimmige und eigenständige Einordnung der Abgrenzungsproblematik in das System des Kollisionsrechts zu gewährleisten. So wird die Binnenmarktabgrenzung etwa von dem anders intendierten Art. 7 EVÜ/34 EGBGB abgesetzt bzw. wird Art. 3 III EVÜ/27 III EGBGB von dem Sonderfall des reinen Binnenmarktfalles entlastet und um die notwendige Zuweisungsnorm ergänzt. Nach anderer Ansicht ist eine Einpassung in das System des EVÜ gar nicht erforderlich. So wurde etwa im Fall Ingmar vorgeschlagen, den jeweiligen Umsetzungsnormen selbst einen eigenen kollisionsrechtlichen Gehalt als einseitige IPR-Normen beizumessen, der eine Sonderanknüpfung direkt nach Maßgabe des Art. 20 EVÜ legitimiert.[145]

Angesichts der Probleme der unbesehenen Anwendung des existierenden Kollisionsrechts bzw. des Korrekturbedarfs, gehen der Ansatz der Neuschaffung oder Modifikation von Kollisionsnormen und die oben besprochenen Lösungen oftmals ineinander über. So sind die auch im Falle der analogen Anwendung erforderliche Ergänzung des Art. 3 III EVÜ/27 III EGBGB um eine Zuweisungsnorm und die allseitige Erweiterung des Art. 34 EGBGB rechtsschöpferische Akte, durch die überkommene kollisionsrechtliche Ansätze modifiziert und ihrer speziellen Funktion im Rahmen des Binnenmarktkollisionsrechts angepasst werden.

2. Die zweite Stufe – Bestimmung des konkret anwendbaren Rechts

Bei allen diesen Wegen (Stufe 1) – mit Ausnahme der Analogie zu Art. 29 a EGBGB, der auch auf die dort festgelegte Verweisung zurückgreifen kann – ist zunächst jedoch lediglich bestimmt, unter welchen Umständen das Gemeinschaftsrecht in Gestalt der richtlinienkonformen Umsetzung eines Mitgliedstaates gegen drittstaatliches Recht durchgesetzt werden muss. Hingegen bleibt die Frage, welchen Mitgliedstaates Umsetzung Anwendung finden soll, offen (so bei der Analogie zu Art. 3 III EVÜ/27 III EGBGB) oder wird unvollständig und damit unbefriedigend beantwortet (so namentlich bei dem Weg über Art. 7 EVÜ/34 EGBGB, der grds. nur die Umsetzungsnormen des Gerichtsstaats beruft). Da durch die Rechtsharmonisierung mittels Richtlinien das Sachrecht nicht vereinheitlicht, sondern nur angeglichen wird, ist es – wie bereits dargestellt – jedoch nicht gleichgültig, welche konkrete Umsetzung zur Anwendung berufen wird. Diese Frage kann nicht, wie teilweise vertreten wird, dem Gutdünken der Mitgliedstaaten überlassen werden.[146] Denn wenn auch die Richtlinie selbst nur die Anwendung irgendeiner Umsetzung verlangt, so können sich doch weitere Vorgaben aus dem primären Gemeinschaftsrecht ergeben, so dass das EG-Recht insgesamt doch bestimmenden Einfluss auf die Berufung des anwendbaren nationalen Umsetzungsrechts nimmt. Die prinzipielle Grundfreiheitenrele-

---

144 So der Vorschlag von *Siehr*, Internationales Privatrecht, 166 f.; zu Ergänzungsvorschlägen im Hinblick auf Art. 34 EGBGB auch *Paefgen*, ZEuP 2003, 266, 287 f.

145 *Nemeth/Rudisch*, ZfRV 2001, 179, 181 f.

146 So aber *Basedow*, NJW 1996, 1921, 1925 f.; 45, 47 f.; *Hohloch*, FS Keller (1989), 433, 443 f.; *Sonnenberger*, in: MüKo, Einl. IPR, Rdn. 328 f.; wohl auch *Staudinger*, IPRax 1999, 414, 416 f.

vanz der Rechtsanwendungsfrage und das Interesse an gemeinschaftsweitem Entscheidungseinklang aktualisieren den (bereits dargestellten) kollisionsrechtlichen Gehalt der Freiheiten auch für die Auswahl der konkret anwendbaren mitgliedstaatlichen Rechtsordnung im Verhältnis zu drittstaatlichem Recht.[147]

In der Literatur sind verschiedene Ansätze diskutiert worden, wie das anwendbare Recht zu bestimmen sei. Eine erste Möglichkeit, die Binnenmarktabgrenzung um eine konkrete Zuweisungsregel zu ergänzen, ist die Berufung des Umsetzungsrechts der lex fori. Diesen Weg haben einige Mitgliedstaaten bei der Umsetzung der Abgrenzungsklauseln im Verbraucherrecht beschritten. Er kommt jedoch auch in der Ingmar-Konstellation in Betracht.[148] Allerdings ist die starre Anwendung der Umsetzungsnormen des Gerichtsstaates – obgleich eine unkomplizierte – so doch eher eine Verlegenheitslösung, die nicht als allgemeine Regel für die Auswahlentscheidung bei der Binnenmarktabgrenzung taugt. Es besteht nicht notwendig ein enger Bezug gerade zum Gerichtsstaat. Dennoch das Gemeinschaftsrecht in Gestalt von dessen Umsetzungsnormen anzuwenden, führt zu forum shopping und mangelndem Entscheidungseinklang und verfehlt leicht die Interessen der Beteiligten.[149] Neben der Angreifbarkeit aus klassisch kollisionsrechtlicher Sicht ist diese Vorgehensweise daher insbes. aus Sicht der Grundfreiheiten problematisch, weil sie die kollisionsrechtlichen Vorgaben, die nach der hier vertretenen Ansicht aus den Freiheiten fließen, vollständig ignoriert.

Ein anderer Ansatz, der die Mängel der lex-fori-Zuweisung vermeidet, ist der einer gemeinschaftsintern allseitigen Verweisung anhand des am Richtlinienziel orientierten engen Bezuges zur Gemeinschaft. Hierfür bieten sich v. a. zwei Möglichkeiten an: zum einen die Formulierung einer Generalklausel,[150] zum anderen die Konkretisierung des Verweisungsziels im jeweiligen Sachzusammenhang durch die Festschreibung konkreter Anknüpfungskriterien. So ist im Hinblick auf das Verbraucherrecht etwa vorgeschlagen worden, auf den gewöhnlichen Verbraucheraufenthalt abzustellen.[151] Diese einseitig verbraucherbegünstigende Lösung wird von anderer Seite jedoch zu recht abgelehnt, stattdessen soll auf den Ort der Entfaltung der

---

147 Vgl. dazu *Fetsch*, Eingriffsnormen (2002), 245 ff., 248 ff.; *Michaels/Kamann*, EWS 2001, 301, 307; *Pfeiffer*, NJW 1999, 3674, 3679 f.

148 So offenbar *Höller*, RdW 2001, 396, 398 f.; z. G. auch *Bitterich*, ZfRV 2002, 123, 127 ff. mit Beispielen zur Verwendung dieses Ansatzes im Zusammenhang mit der Umsetzung der Klausel-RL; *Staudinger*, IPRax 1999, 414, 416 f., der eine lex-fori-Lösung unter Reduzierung der nationalen Regelung auf das Richtlinien-Minimum vertritt – dazu sogleich ausführlicher.

149 Zur Kritik an der lex-fori-Lösung *Bitterich*, ZfRV 2002, 123, 127 f.; *Freitag/Leible*, RIW 2001, 287, 294; *Schwarz*, ZVglRWiss 101 (2002), 45, 70 f.; *Staudinger*, IPRax 1999, 414, 416 f.; *Thorn*, IPRax 1999, 1, 9; a. A. für Eingriffsnormen *Iversen*, in: Gemeinschaftsrecht und IPR (1994), Rdn. 742; Speziell zu dem Einfluss der Grundfreiheiten auf die Zuweisungsentscheidung *Fetsch*, Eingriffsnormen (2002), 245 ff., 248 ff.; *Michaels/Kamann*, EWS 2001, 301, 307; *Pfeiffer*, NJW 1999, 3674, 3679 f.

150 Etwa durch Übernahme der Klausel aus den neueren Verbraucherrechts-Richtlinien oder durch eine Formulierung, die sich an diese anlehnt; für eine Generalklausel; z. G. *Bitterich*, ZfRV 2002, 123, 127 f.; *Staudinger*, IPRax 1999, 414, 416 f.

151 *Kronke*, RIW 1996, 985, 989 ff.

geschäftlichen Tätigkeit des Anbieters[152] bzw. allgemein auf den Anbahnungsmarkt bzw. Marktort abzustellen sein, die bereits für die Konkretisierung des engen Zusammenhangs mit der Gemeinschaft herangezogen wurden.[153]

Im deutschen Recht geht Art. 29 a EGBGB insoweit einen Mittelweg, indem er eine generalklauselartige Formulierung durch ein Regelbeispiel ergänzt und so das Bedürfnis nach Flexibilität und Rechtssicherheit gleichermaßen berücksichtigt. Dabei finden dieselben Kriterien, die zur Konkretisierung des engen Bezugs zur Gemeinschaft herangezogen werden, auch bei der Bestimmung des Verweisungsziels Verwendung. Dieses Modell kann auch in anderen Bereichen jenseits des Verbraucherschutzrechts fruchtbar gemacht werden. So bildet im Handelsvertreterrecht, wo auf die Tätigkeit des Vertreters in der Gemeinschaft abgestellt wurde, die Verweisung auf das Recht des Tätigkeitsstaates des Handelsvertreters eine adäquate Lösung; und im Betriebsübergangsrecht kann über das Kriterium der Belegenheit des Betriebes oder Betriebsteils sowohl der den Abgrenzungsbedarf auslösende Gemeinschaftsbezug begründet als auch das anwendbare Umsetzungsrecht bestimmt werden.[154]

Ein weiteres Problem im Hinblick auf die Ausgestaltung der Zuweisungsnorm für die kollisionsrechtliche Binnenmarktabgrenzung betrifft den Umfang bzw. die Reichweite der Verweisung. Ziel ist die Absicherung des jeweiligen Richtlinienstandards. Der Durchsetzungsanspruch des Gemeinschaftsrechts kann lediglich auf diesen innerhalb der EG einheitlich geltenden Mindeststandard gerichtet sein. Die Richtlinie selbst kann jedoch nicht in Bezug genommen werden, weil sie grds. nicht unmittelbar anwendbar ist, sondern der Umsetzung in nationales Recht bedarf. Die Umsetzungen der Mitgliedstaaten bilden ihre gemeinschaftsrechtliche Grundlage jedoch nicht identisch ab: sei es, dass die Richtlinie die zu schaffende nationale Regelung nicht bis in alle Einzelheiten vorgibt, sondern nur das Regelungsziel festschreibt; sei es, dass den Mitgliedstaaten ausdrücklich ein Umsetzungsspielraum, eine Regelungsoption oder insbes. die längst üblich gewordene ausdrückliche Ermächtigung zur Verfügung steht, über den Mindeststandard der Richtlinie hinausgehende Regelungen zu erlassen.

Vor diesem Hintergrund ist die Frage aufgeworfen worden, in welcher Form der Richtlinien-Standard gegen das drittstaatliche Recht durchzusetzen ist – insbes., ob sich der Rechtsanwender mit der Berufung eines mitgliedstaatlichen Rechts nach den

---

152 So *v. Hoffmann*, ZfRV 1995, 45, 54; *v. Wilmowsky*, ZEuP 1995, 735, 760; *Thorn*, IPRax 1999, 1, 9.

153 So *Fetsch*, Eingriffsnormen (2002), 264 ff.; *Freitag/Leible*, RIW 2001, 287, 295; *Leible*, in: Schulte-Nölke/Schulze (Hrsg.), Rechtsangleichung (1999), 353, 385 ff. und in: ders. (Hrsg.), Grünbuch (2004), 133, 152 f. Ob man zusätzlich einen gewöhnlichen Verbraucheraufenthalt in der Gemeinschaft verlangt – so *Bitterich*, ZfRV 2002, 123, 131; *v.* Hoffmann, ZfRV 1995, 45, 54; **a. A.** wohl *Kronke*, RIW 1996, 989, 990; *Freitag/Leible*, EWS 2000, 342, 350 hängt davon ab, ob man auch Drittstaatenansässige Verbraucher bei Transaktionen im Binnenmarkt vom Schutzzweck der Richtlinien mitumfasst sieht. Vgl. z. G. auch *Staudinger*, IPRax 1999, 414, 416 f.

154 Für eine evt. Sonderanknüpfung nach diesem Kriterium – zumindest wenn nicht schon Art. 6 EVÜ zur Belegenheitsrechtsordnung führt: *Fetsch*, Eingriffsnormen (2002), 306 f. m. w. N. – dort etwa zur Sonderanknüpfung des § 613 a BGB; vgl. auch *Jayme/Kohler*, IPRax 1993, 357, 370.

oben diskutierten Kriterien begnügen kann oder ob der Mindeststandardcharakter eine eigenständige Grenze für Durchsetzung des EG-Rechts bildet.

So soll etwa die Analogie zu Art. 3 III EVÜ/27 III EGBGB ihrem Ansatz nach lediglich die Durchsetzung des Mindeststandards der Richtlinie tragen, weil evt. strengere Regelungen der Mitgliedstaaten zwar zulässig, jedoch nicht Bestandteil des mittels der Analogie zu verteidigenden einheitlichen Europäischen Regelungskerns sind. Insoweit beruhe die Umsetzungsnorm nicht auf Gemeinschaftsrecht, sondern auf nationalem Recht, und nehme von daher nicht an dem unbedingten Geltungsanspruch der Richtlinie teil. Eine ähnliche Beschränkung kommt im Hinblick auf die Sonderanknüpfung des gemeinschaftsrechtlichen Standards über Art. 7 EVÜ/34 EGBGB in Betracht, um die einseitige Privilegierung des Forumrechts zu vermeiden.

I. E. soll nach diesem Ansatz jeweils lediglich ein auf den gemeinschaftsrechtlich geforderten Mindeststandard reduziertes nationales Recht Anwendung finden.[155]

Dieser Ansatz begegnet jedoch Bedenken. Richtlinienrecht ist darauf angelegt, in Gestalt einer mitgliedstaatlichen Umsetzung zu gelten. Die Marktbürger müssen damit rechnen, dem EG-Recht in dieser Form unterworfen zu werden. Wenn jedoch ohnehin eine mitgliedstaatliche Umsetzung als konkretes Verweisungsziel berufen werden muss, so ist es wenig opportun, diese nochmals zu modifizieren. Durch die Reduktion auf den Standard der Richtlinie würde in solchen Fällen eine Art. 16-Rechtsordnung geschaffen, die so nirgendwo gilt[156] und für die auch kein Bedarf besteht, wenn die notwendige Auswahl einer nationalen Umsetzung binnenmarktkonform erfolgt.

In diesem Rahmen kann insbes. den Anforderungen der Grundfreiheiten an die kollisionsrechtliche Verweisung umfassend Rechnung getragen werden. Abhängig vom jeweiligen Regelungsgegenstand und -ziel ist nach Maßgabe der grundfreiheitlichen Wertungen und der involvierten Interessen die Rechtsordnung zu bestimmen, die berufen ist, den Sachverhalt zu regeln. Hierfür kann zunächst auf die Ausführungen zum unharmonisierten Bereich und die dort entwickelten kollisionsrechtlichen Implikationen verwiesen werden. Danach forcieren die Grundfreiheiten die Rechtswahlfreiheit; in objektiver Hinsicht und ggf. zur Einschränkung der Rechtswahl ergeben sich jeweils sachgebietsbezogene Zuweisungen vor dem Hintergrund des Binnenmarktziels.[157]

---

155 So *Michaels/Kamann*, JZ 1997, 601, 604; *dies.*, EWS 2001, 307, 310 für die insofern reduzierte Anwendung der Rechtsordnung, die objektiv berufen wäre; *Nemeth/Rudisch*, ZfRV 2001, 179, 182. Für ein modifiziertes lex-fori-Prinzip: *Schwarz*, ZVglRWiss 101 (2002), 45, 71 f.; *Nuyts*, Rev.crit.d.i.p. 88 (1999), 31 ff., 245 ff., 259 mit Fn. 258; *Staudinger*, IPRax 1999, 414, 417; krit. zur Handhabbarkeit dieser Mindeststandard-Lösung vgl. etwa *Paefgen*, ZEuP 2003, 266, 289 f.; *Rühl*, Rechtswahlfreiheit (1999), 189 ff.

156 Dazu nochmals *Rühl*, Rechtswahlfreiheit (1999), 190.

157 Zum kollisionsrechtlichen Gehalt der Grundfreiheiten vgl. oben § 8 IV, V und § 9. Z. G. auch *Fetsch*, Eingriffsnormen (2002), 245 ff., mit 198 ff. zu einer Kompetenzzuweisungsordnung auf Basis der Freiheiten und zu konkreten Beispielen für diese Zuweisungsordnung; vgl. insoweit auch *Paefgen*, ZEuP 2003, 266, 270 ff. zum Verbrauchervertragsrecht.

Dazu wirken Grundfreiheiten und Richtlinien zusammen: Der Weg über die engste Verbindung iSd. Abgrenzungsklauseln in den Richtlinien genügt auch den Grundfreiheitenvorgaben bzw. lassen sich deren Implikationen hier einbringen. Denn wo Richtlinien bestehen, sollten sich deren Ziele und die Vorgaben der Grundfreiheiten decken und i. E. auf dieselbe Rechtsordnung weisen, da auch die Richtlinien den Grundfreiheiten verpflichtet sind, und der Bestimmung der engsten Verbindung iSd. Richtlinienklauseln letztlich dieselben Wertungen zugrunde liegen, wie sie schon bei der Ableitung der grundfreiheitlichen Anknüpfungstendenzen maßgeblich waren. Der sachrechtliche Regelungsgehalt der Richtlinien tritt zur Wirkung der Grundfreiheiten ergänzend hinzu und wird insoweit v. a. modifizierende Wirkung iSd. Reduktion von Sonderanknüpfungen und sonstigen Abweichungen von den in den Grundfreiheiten angelegten Prinzipien entfalten.[158]

I. E. ist daher der vorbehaltlose Verweis auf eine bestimmte nationale Umsetzung der Richtlinie angezeigt: Die Verweisung etwa auf das Recht des Mitgliedstaates, mit dem der Sachverhalt am engsten verbunden ist (was wiederum unter Binnenmarktgesichtspunkten zu konkretisieren sein wird), ist auch insoweit nicht zu beanstanden, als dessen Recht die in der Richtlinie eröffneten Umsetzungsspielräume ausfüllt und über den dort festgeschriebenen Mindeststandard hinaus geht. So wird zwar ggf. mehr durchgesetzt als die Richtlinie selbst als Mindeststandard bestimmt und was somit als EG-rechtlicher Regelungskern zu gelten hat, dies allerdings im Rahmen des (EG-konform) berufenen Rechts – und selbst die hier vertretene Einschränkung, dass gegenüber der Richtlinie strengere Regeln nicht auf grenzüberschreitende Sachverhalte erstreckt werden dürfen, gilt immer nur im Vergleich etwa zum Herkunftsrecht, also unter der Prämisse, dass der Sachverhalt bereits tatsächlich einem (mitgliedstaatlichen) Recht unterliegt. Die kollisionsrechtliche Zuweisung (als zweiter Schritt bei der Drittabgrenzung wie auch isoliert) dient jedoch der Ermittlung des aus Sicht des Gemeinschaftsrechts für den jeweiligen Sachverhalt „erstzuständigen" mitgliedstaatlichen Rechts, mit dessen Geltung der einzelne rechnen muss. In diesem Zuweisungsprozess lassen sich auch die Vorgaben der Ein- wie der Ausfuhrfreiheit bruchlos berücksichtigen – sie entfalten maßgeblichen Einfluss darauf, welcher Rechtsordnung der Einzelne für den fraglichen Sachverhalt unterworfen werden darf (– etwa dem Herkunftslandrecht für Produktvorschriften oder dem Marktstaatrecht für Vertriebsvorschriften).

3. Resümee

Zur Verwirklichung der „Drittabgrenzung" kann m. E. je nach Opportunität auf jeden der oben dargestellten Wege zurückgegriffen werden. Alle diese Ansätze dienen demselben Ziel und folgen denselben Prämissen. Es geht darum, dem seinerseits unbedingten Geltungsanspruch der Richtlinie zur Durchsetzung zu verhelfen. Das Ergebnis – die Durchsetzung des Gemeinschaftsstandards in Gestalt der nach

---

158 Dazu noch ausführlicher unten, § 12 II.2.a).

Maßgabe des Regelungszwecks und der Grundfreiheiten bestimmten Umsetzung – wird bereits durch das EG-Recht vorgegeben. Dem nationalen Gesetzgeber bzw. Rechtsanwender, dem es grds. freisteht, wie er das bewerkstelligt, obliegt lediglich die Verankerung dieses Ergebnisses im jeweiligen Recht. Deshalb sind die oben bezeichneten Wege grds. allesamt gangbar. Solange keine speziellen EG-konformen Regeln bestehen, mithin nur das überkommene nationale Kollisionsrecht zur Bewältigung dieser Aufgabe zur Verfügung steht, kann und sollte die Wahl dabei aus Gründen der Konsistenz jeweils auf die Lösung fallen, die dem überkommenen IPR am besten entspricht. Eine leicht mögliche richtlinienkonforme Modifikation oder gut begründbare Analogie sollte deshalb den Vorzug vor der Etablierung neuer, ungeschriebener Regeln erhalten.

So bietet es sich – soweit nicht bereits die EG-konform angewandten Regeln des EVÜ zu einer EG-Rechtsordnung führen[159] – m. E. an, jedenfalls für „reine Binnenmarktfälle" zunächst den um eine (allseitige) Zuweisungsnorm ergänzten Art. 27 III EGBGB analog heranzuziehen, denn die Analogie kann nach der hier vertretenen Ansicht gut begründet werden. Zudem ist in diesem Fall der enge Bezug zur Gemeinschaft ohne weiteres gegeben, seine Ermittlung ist hier lediglich im Rahmen der Zuweisungsnorm von Bedeutung.

Bei substanziellem Drittstaatenbezug muss der enge Bezug hingegen besonders bestimmt und berücksichtigt werden. Für Verbraucherverträge besteht insoweit mit Art. 29 a EGBGB eine im Wesentlichen adäquate Lösung, die analog auch auf die Richtlinien ausgedehnt werden sollte, die sie nicht ausdrücklich erfasst. Korrekturbedarf besteht v. a. hinsichtlich des fehlenden Günstigkeitsvergleichs und im Hinblick auf den als problematisch empfundenen Abs. 3.[160]

Im Übrigen sollte auf die Lösung über den allseitig ausgebauten Art. 34 EGBGB oder – falls man das für nicht angemessen hält – auf eine an dem Modell des Art. 29 a EGBGB orientierte allgemeine Norm zurückgegriffen werden,[161] die den Abgrenzungsbedarf und das konkret anwendbare Recht anhand des Kriteriums des (zielspezifisch) engen Zusammenhangs mit der Gemeinschaft bestimmt. Beide Varianten setzen größere Zugeständnisse der nationalen Kollisionsrechtssystematik an die Europarechtskonformität des Ergebnisses als die vorgenannten Wege voraus und sollten deshalb nachrangig bzw. für Sachverhalte verwendet werden, für die diese nicht gangbar sind – so etwa im Falle Ingmar, der i. E. zu recht über Art. 7 EVÜ gelöst worden ist.

Unabhängig davon, welcher Weg im konkreten Fall beschritten wird, sollten dabei auf der Ebene der Mitgliedstaaten stets Kollisionsnormen geschaffen werden, die nicht nur den Anwendungsbereich des eigenen Umsetzungsrechts regeln, sondern

159 Dafür etwa *Bitterich*, ZfRV 2002, 123, 131; *Fetsch*, Einriffsnormen (2002), 247 f.

160 Dazu *Bitterich*, VuR 2002, 155 mit Fn. 7; *Freitag/Leible*, EWS 2000, 342 ff.; *Paefgen*, ZEuP 2003, 266, 280 ff.; *Staudinger*, RIW 2000, 416, 418 f.

161 Für eine Anlehnung an die Wertungen der Artt. 4, 5 EVÜ – *Bitterich*, ZfRV 2002, 123, 131 m. w. N.; *v. Hoffmann*, ZfRV 1995, 45, 48 f.; *Staudinger*, RIW 2000, 416, 418 zur Anwendung des Art. 29 a EGBGB selbst.

allseitig anhand des engen Bezuges bestimmen, welche mitgliedstaatliche Rechtsordnung Anwendung finden soll.[162]

Dass die Abgrenzungs-Kollisionsnormen bzw. die geschriebenen und ungeschriebenen Vorgaben für diese aus EG-Sicht einseitige sind, steht dazu nicht im Widerspruch, wenn man bedenkt, dass aus Sicht der Mitgliedstaaten das Problem der Bestimmung der konkret anwendbaren Rechtsordnung gleichsam noch hinzukommt. Diese mag zwar ebenfalls gemeinschaftsrechtlich determiniert sein, jedoch nicht durch die Abgrenzungsklauseln bzw. -vorgaben der Richtlinien, sondern durch die allgemeine Einflussnahme des Gemeinschaftsrechts auf das IPR. Genau genommen ist in diesem Zusammenhang die Schaffung begrenzt allseitiger Kollisionsnormen angezeigt; begrenzt deshalb, weil sie lediglich die Abwahl mitgliedstaatlicher Rechte verhindern bzw. nur auf mitgliedstaatliche Rechte verweisen sollen. Diese Art von Kollisionsnorm ist zwar keine exklusive, wohl aber eine charakteristische Erscheinung des Binnenmarktkollisionsrechts: Anders als bei einer einseitigen IPR-Norm wird nicht nur eigenes Recht berufen, anders als eine allseitige bezieht sie sich nur auf eine begrenzte Zahl von Rechtsordnungen, nämlich die der Mitgliedstaaten.[163] Auch insofern mag Art. 29 a EGBGB als Beispiel dienen: Diese Norm schränkt die Rechtswahl nur dann ein, wenn sie gerade von mitgliedstaatlichem Recht wegführt, und stellt i. E. lediglich die Durchsetzung mitgliedstaatlichen Rechts sicher – dies jedoch[164] mittels eines strukturell allseitigen Ansatzes. In dieser Norm positiviert sich zudem die bereits angesprochene partielle Spaltung des Kollisionsrechts infolge der Europäischen Rechtsintegration.[165]

§ 12 Allseitig geprägte Vorgaben für das Kollisionsrecht der Mitgliedstaaten im durch Richtlinien harmonisierten Bereich

Jenseits der oben besprochenen kollisionsrechtlichen Absicherung des Regelungsstandards der EG nach außen muss das IPR des Binnenmarktes eine weitere Dimen-

---

162 *Fetsch*, Eingriffsnormen (2002), 250 f.: der dies gerade im privatrechtlichen Bereich wichtig hält, weil dort kein automatischer Gleichlauf von Zuständigkeit und Rechtsanwendung besteht und somit eine allseitige Anknüpfung nötig ist, die das Recht des aus der Perspektive der Grundfreiheiten regelungsbefugten Mitgliedstaates beruft; *Freitag/Leible*, RIW 2001, 287, 295. Zur Einordnung als einseitig wohl *Jayme*, FS Trinkner (1995), 575, 576 f.

163 So *Thorn*, IPRax 1999, 1, 9 zu dieser Besonderheit. Thorn bezeichnet seinen Vorschlag als eine Kollisionsnorm besonderer Art, die „gleichsam zwischen einseitiger und allseitiger Kollisionsnorm angesiedelt ist" und schlägt insofern den Begriff der mehrseitigen Kollisionsnorm vor. Zur Figur der mehrseitigen Kollisionsnormen *Neuhaus*, Grundbegriffe (1976), 101.

164 Anders als noch die Entwurfsfassung dieser Vorschrift, die eine Berufung der lex-fori vorsah – *Freitag/Leible*, EWS 2000, 342, 346; *Pfeiffer*, NJW 1999, 3674, 3679 f.; *Staudinger*, IPRax 1999, 414, 416 f.; *ders.*, RIW 2000, 416 f.

165 Dazu *Sonnenberger*, IPRax 2003, 104, 111; vgl. auch *Schnyder*, in: Mansel/Baur (Hrsg.), Systemwechsel (2002), 89, 94 ff.; zur Kollisionsrechtsspaltung siehe bereits oben § 3 II.2.

sion kollisionsrechtlicher Fragestellungen erfassen: das Problem der angemessenen Verweisung innerhalb des Binnenmarktes bzw in sonstigen binnenmarktrelevanten Fallgestaltungen: Diese Frage stellte sich bereits im Zusammenhang mit dem Problem der Drittrechtsabgrenzung, wo die fraglichen Richtlinienbestimmungen bzw. -vorgaben lediglich regeln, inwieweit der Richtlinienstandard durchzusetzen ist; nicht jedoch, durch die Anwendung welcher mitgliedstaatlichen Umsetzung dieser Standard sichergestellt werden soll. Aus Sicht des Sekundärrechtsaktes kommt es darauf auch nicht an, solange alle Mitgliedstaaten korrekt umgesetzt haben. Dies erübrigt jedoch nicht insgesamt die Frage nach der konkret anwendbaren Umsetzung und auch nicht die Frage danach, ob sich der Richtlinie – sei es auch implizit – weitere Vorgaben hierfür entnehmen lassen. Im Folgenden werden deshalb die privatrechtlichen Richtlinien der Gemeinschaft daraufhin zu untersuchen sein, ob und inwieweit sie – ggf. im Zusammenwirken mit primärrechtlichen Vorgaben – die Anknüpfung im Innenbereich der Gemeinschaft bzw. allgemein für die Mitgliedstaaten beeinflussen. Es geht dabei um grds. allseitig ausgerichtete Vorgaben, welche die Innendimension des Binnenmarktkollisionsrechts ausmachen. Sie können explizit oder implizit aus den Richtlinien der Gemeinschaft – allein oder iVm. den Grundfreiheiten – fließen und im harmonisierten Bereich bestimmte Anknüpfungen fest- bzw. nahe legen.

Die Frage nach allseitigen Vorgaben für das binnenmarktgerichtete IPR der Mitgliedstaaten im harmonisierten Bereich ist noch verhältnismäßig leicht zu beantworten, wo die Richtlinien explizite Vorgaben für die Kollisionsrechtsgestaltung enthalten – etwa die Harmonisierung des Kollisionsrechts zum Gegenstand haben. Diese Zielrichtung kann eindeutig vorhanden (Bsp.: Versicherungs-Richtlinien), jedoch auch umstritten sein (Bsp.: E-Commerce-RL).

Schließlich ist auf das bereits angedeutete Zusammenspiel von Sachrechtsharmonisierung und Grundfreiheiten als wichtiges allgemeines Modell der Kollisionsrechtsdetermination durch die Gemeinschaft zurück zu kommen. Insbes. geht es darum, die oben im Rahmen der Ausführungen zum unharmonisierten Bereich (d. h. allein auf Basis der Grundfreiheiten) konstatierten kollisionsrechtlichen Aussagen weiter zu konkretisieren. Lässt sich insoweit ein Muster der Einwirkung der Sachrechtsharmonisierung auf die oben benannten kollisionsrechtlichen Tendenzen der Marktfreiheiten zeigen, das deren Unbestimmtheit und Offenheit soweit reduziert, so dass sie sich zu handhabbaren Regelungen verdichten, würde dieses Modell – obgleich mittelbar – das Binnenmarktkollisionsrecht entscheiden mitprägen.

I. Explizit allseitige Kollisionsnormen bzw. Vorgaben in Richtlinien

Richtlinien enthalten mitunter ausdrückliche kollisionsrechtliche Regelungsvorgaben mit dem Ziel, die kollisionsrechtlichen Vorschriften der Mitgliedstaaten in einem bestimmten Bereich zu harmonisieren. Diese explizit kollisionsrechtsbezogenen Vorgaben sind breiter angelegt und vollständiger als etwa die oben besprochenen Abgrenzungsvorgaben, weil sie das IPR der Mitgliedstaaten teilweise vergemeinschaften – d. h. sowohl Anknüpfungspunkte als auch Verweisungsziele ausdrücklich festgelegen.

Während die allseitigen Kollisionsnormen des klassischen IPR grds. universell sind, d. h. den Kreis der Rechtsordnungen, aus dem das konkret anwendbare Recht anhand abstrakter Kriterien ausgewählt wird, und die von ihnen sachlich erfassten Fallgruppen regelmäßig nicht einschränken, ist die Kollisionsrechtsharmonisierung im Rahmen des Gemeinschaftsrechts zwar oftmals ebenfalls tendenziell allseitig angelegt, unterliegt jedoch – bedingt durch die beschränkte Regelungsmacht und -tradition der EG – gewissen Grenzen. Im Gegensatz zu den universell allseitigen Kollisionsnormen des klassischen IPR handelt es sich hier gleichsam um binnenmarktbezogen allseitige Normen. Im Folgenden wird zunächst auf diese Besonderheit des richtliniengenerierten Kollisionsrechts einzugehen sein, bevor einzelne Beispiele für die Kollisionsrechtsintegration durch Richtlinien dargestellt werden.

1. Beschränkter Spielraum für die Schaffung allseitigen Kollisionsrechts durch Richtlinien – kein universell allseitiges Kollisionsrecht sekundärrechtlichen Ursprungs

Der klassisch-kollisionsrechtliche Ansatz eines grds. allseitigen IPR, das darauf gerichtet ist, anhand abstrakter Kriterien das anwendbare Recht zu bestimmen, findet sich neben dem autonomen Kollisionsrecht der Mitgliedstaaten auch in dem in der einen oder anderen Weise durch die Gemeinschaft geprägten Kollisionsrecht – so in verschiedenen Richtlinien und v. a. im EVÜ. In wirklich universeller Form begegnet es jedoch nur im EVÜ.

In den Richtlinien der Gemeinschaft sind hingegen Regelungsaufträge, welche die Schaffung wirklich universell allseitiger Kollisionsnormen vorsehen, aus verschiedenen Gründen ausgeblieben: Das Kollisionsrecht in Gemeinschaftsrechtsakten bezieht sich entweder nur auf den Kreis der mitgliedstaatlichen Rechtsordnungen und regelt somit von vornherein allein die Anknüpfung im Verhältnis der Mitgliedstaaten untereinander (so in der E-Commerce- oder Entsende-RL) oder bleibt – soweit es das anwendbare Recht auch im Verhältnis zu Drittstaaten regelt – auf Fallgruppen mit einem bestimmten Bezug zur Gemeinschaft beschränkt (so etwa im Versicherungsrecht).[1]

Zum einen trägt die Rechtssetzungskompetenz der Gemeinschaft selbst im gegenständlichen Einzugsbereich des EG-Vertrages eigentlich keine umfassende Harmonisierung des Kollisionsrechts (iSv. universell geltenden allseitigen Verweisungsnormen). Die grds. Zweifel an der Kompetenz zur Integration des Kollisionsrechts in diesem Bereich dürften zwar spätestens seit der Vertragsreform von Amsterdam ausgeräumt sein. Diese Kompetenz ist jedoch in ihrer Reichweite beschränkt.

---

1 Zu diesem Befund vgl auch *v. Hoffmann*, in: ders. (Hrsg.), European Private International Law (1998), 19, 32 f., 34 f. zu weiteren Richtlinien mit kollisionsrechtlichen Regelungen, die in der einen oder anderen Weise eine Beschränkung auf gemeinschaftsbezogene Sachverhalte enthalten.

Die Gemeinschaft kann – abgesehen von den Beschränkungen durch Subsidiaritäts- und Verhältnismäßigkeitsgrundsatz – jedenfalls nur im Rahmen der vom EG-Vertrag gesetzten Ziele Recht setzen. Es muss auf die Herstellung bzw. Vervollkommnung des Binnenmarktes, d. h. auf die Gewährleistung von Grundfreiheiten und unverzerrtem Wettbewerb gerichtet sein. Gemeinschaftsrecht muss mithin die spezifischen Angelegenheiten der Gemeinschaft betreffen und der Ausgestaltung und Regelung des integrierten Rechtsraums zwischen den Mitgliedstaaten mit besonderen Rechten und Pflichten dienen. Das gilt auch im Bezug auf das Kollisionsrecht. Die kompetenzielle Regelungsmacht etwa des Instruments der Richtlinie ist somit auch in diesem Bereich auf die Regelung der innergemeinschaftlichen Angelegenheiten einerseits und der Drittabgrenzung andererseits beschränkt: Der Gemeinschaftsgesetzgeber kann zwar vorschreiben, dass seine Sachregelungen bei hinreichendem Binnenmarktbezug auch in Fallgestaltungen mit Drittstaatenberührung durchzusetzen sind und dafür (einseitige) Vorgaben für das Kollisionsrecht der Mitgliedstaaten machen. Seine Kompetenzen mögen es darüber hinaus ermöglichen, die Anknüpfungsregeln im Verhältnis der Mitgliedstaaten untereinander zu harmonisieren. Sie können jedoch nicht ohne weiteres auch jenseits der Drittabgrenzung das kollisionsrechtliche Verhältnis der Mitgliedstaaten zu dritten Staaten seiner Herrschaft unterwerfen. Die Kompetenz der EG für das Kollisionsrecht ist zumindest durch die Reichweite des EG-Vertrages begrenzt. Eine flächendeckende Regelung aller in den Mitgliedstaaten auftretenden Anknüpfungsfragen auch in Fällen ohne spezifischen Gemeinschaftsbezug ist jedenfalls für die Zwecke des Binnenmarktes nicht notwendig.

Dennoch sind allseitige Kollisionsnomen (wie etwa die im Versicherungsvertragsrecht) nicht grds. ausgeschlossen. Sie unterliegen allerdings einer zusätzlichen Schranke, die ihnen die vorbehaltlose Universalität nimmt. Vorgaben für allseitige Kollisionsnormen, die auch im Verhältnis zu Nichtmitgliedstaaten gelten, sind nur möglich, wenn ihr Anwendungsbereich durch ein geeignetes Merkmal auf Rechtsverhältnisse mit einem spezifischen Gemeinschaftsbezug beschränkt ist, so dass ein legitimes Interesse der Beteiligten an einer Anknüpfung nach Binnenmarktmaßstäben besteht. Die entscheidende Frage ist somit, wann ein solcher Gemeinschaftsbezug besteht.

Dies ist jedenfalls dann gewährleistet, wenn eine Richtlinie sich selbst auf die Regelung von Gemeinschaftsangelegenheiten beschränkt. Das trifft etwa auf das Versicherungsvertragsrecht zu, dessen allseitig ausgestaltete IPR-Vorgaben durch die Beschränkung auf in der Gemeinschaft belegene Risiken (obgleich dieses Kriterium als solches kritisiert wird) diesen kompetenzbegründenden Zusammenhang wahren. Dieser Bezugspunkt ist es, der das Rechtsverhältnis zu einem in der Gemeinschaft lokalisierten macht und es rechtfertigt, eine allseitige kollisionsrechtliche Regelung als von der Rechtssetzungskompetenz umfasst anzusehen. Die Gebotenheit einer europarechtlich determinierten Anknüpfung vor dem Hintergrund der Ziele der Gemeinschaft legitimiert den Eingriff der EG in die Beziehung der Mitgliedstaaten auch zu Drittstaaten.

Jenseits davon (und auch über die reine Drittabgrenzungsproblematik hinaus) wird vertreten, dass der Gemeinschaftsgesetzgeber auch allgemein Fallgestaltungen regeln können muß, in denen neben Drittstaatenbeziehungen auch Verbindungen zu verschiedenen Mitgliedstaaten – und in der Konsequenz auch zu lediglich einem solchen – bestehen. Bereits dann betreffe der Sachverhalt kollisionsrechtlich insoweit eine Gemeinschaftsangelegenheit, als bei der Freigabe der Anknüpfung die unterschiedlichen Kollisionsregeln auch zu abweichenden sachrechtlichen Entscheidungen verschiedener mitgliedstaatlicher Gerichte führen können. Dann jedoch drohen mangelnder Entscheidungseinklang und forum shopping, die ihrerseits wiederum die Entstehung von Binnenmarktverhältnissen stören.[2] Diese Ansicht ist durchaus überzeugend und führt i. E. zu einer weitgehenden Kompetenz der Gemeinschaft zur Vereinheitlichung des IPR – nämlich zur Schaffung universeller Verweisungen für alle Fälle mit Mitgliedstaatenverknüpfung und im sachlichen Anwendungsbereich des Vertrages. Abgesehen von der offensichtlichen Sinnhaftigkeit hat sie zudem das pragmatische Argument des sich abzeichnenden politischen Willens zu einer solchen Vereinheitlichung für sich.[3]

Dennoch bleiben Grenzen. Jenseits einer spezifischen „Gemeinschaftsangelegenheit" – selbst wenn man diese weit versteht und grds. auf die mit der Gemeinschaft und mit Drittstaaten verknüpften Fälle bezieht – darf die Gemeinschaft keine kollisionsrechtlichen Vorgaben machen. Hier bleibt nur die Möglichkeit von Staatsverträgen, denn in diesem Rahmen steht es den Mitgliedstaaten frei, sich selbst etwa auch hinsichtlich der Behandlung von reinen Drittstaatenfällen vor den nationalen Gerichten zu binden.

Ein von den kompetenziellen Zweifelsfragen möglicherweise nicht ganz unberührter weiterer Grund für das bisherige Fehlen universell allseitiger Kollisionsrechtsangleichung durch Richtlinien mag die traditionelle Konzentration der Rechtssetzungstätigkeit der Gemeinschaft auf das Sachrecht sein. Ebenso mag die verzögerte Hinwendung zur Privatrechtsangleichung dazu beigetragen haben, dass auch die damit verbundene kollisionsrechtliche Problemstellung lange Zeit aus der Sekundärrechtssetzung ausgeblendet geblieben ist. Im EG-Vertrag war bis zur Reform von Amsterdam keine ausdrückliche Kompetenz für das IPR enthalten. Stattdessen war in diesem Bereich der Abschluss völkerrechtlicher Verträge vorgesehen, wo das oben ausgeführte Kompetenzproblem nicht auftritt. Auf dieser Ebene ist denn auch mit dem EVÜ in einem zentralen Bereich, in dem sich ein Konsens der Mitgliedstaaten erreichen ließ, die Schaffung grds. gemeinschaftsweit einheitlichen – universellen – Kollisionsrechts gelungen. Spezielle Regelungen in Richtlinien sind in diesem Be-

---

2 Insbes. Basedow, CMLR 2000, 687, 703 f.; *ders.*, FS Lorenz (2001), 463, 469 ff. und in: Mansel/Baur (Hrsg.), Systemwechsel (2002), 19, 39 ff.; *Leible*, in: Schulte-Nölke/Schulze (Hrsg), Rechtsangleichung (1999), 353, 388 mit Hinweis, das reibungslose Funktionieren des Binnenmarktes setze Entscheidungseinklang innerhalb der Gemeinschaft voraus; z. G. *v. Hoffmann*, in: ders. (Hrsg.), European Private International Law (1998), 19, 29 ff.; *Kohler*, in: Mansel (Hrsg.), Vergemeinschaftung (2001), 31, 35; *Wagner*, IPRax 2002, 75, 84 ff.

3 Vgl. dazu *Hohloch*, FS Stoll (2001), 533, 545 ff.; *Fuchs*, GPR 1 (2003/2004), 100 f.

reich zwar weiterhin möglich (Art. 20 EVÜ), waren jedoch zunächst nicht mehr vordringlich notwendig.[4]

2. Beispiele

Explizite Richtlinienvorgaben für kollisionsrechtliche Regelungen finden sich an wohl prominentester Stelle in den Versicherungs-Richtlinien der Gemeinschaft, jedoch ebenso im Entsenderecht oder – nicht unumstritten – im Recht des elektronischen Geschäftsverkehrs. Die oben angesprochene Beschränkung auf „Binnenmarktangelegenheiten" realisiert sich entweder dadurch, dass von vornherein nur mitgliedstaatliches Recht berufen wird, oder findet Ausdruck in anderen Anwendungsschranken bzw. Vorbehalten der fraglichen Regelungen.

Ein Beispiel für letztere Methode bilden – wie erwähnt – die Versicherungs-Richtlinien. Sie enthalten ausdifferenzierte Vorgaben für das IPR des Versicherungsvertragsrechts, namentlich Kollisionsnormen für das Versicherungsvertragsstatut für Direktversicherungsverträge über in den Mitgliedstaaten der Gemeinschaft bzw. im EWR belegene Risiken. Somit bilden die Richtlinien die Grundlage eines vergemeinschafteten Versicherungsvertragskollisionsrechts, obgleich sie viele Verweise auf das IPR der Mitgliedstaaten enthalten. Zu den Einzelheiten sei insoweit auf die obigen Ausführungen verwiesen.[5] Hier ist v. a. von Bedeutung, dass die kollisionsrechtlichen Regelungen der Versicherungs-Richtlinien grds. allseitig angelegt, somit prinzipiell klassischen Zuschnitts und den Regelungen im EVÜ vergleichbar sind.

Die Versicherungs-Richtlinien beziehen sich allerdings ausdrücklich nur auf in der Gemeinschaft belegene Risiken und schränken damit ihren räumlichen Anwendungsanspruch durch die Reduktion auf bestimmte Fallgruppen ein.[6] Sie erfüllen nicht den Tatbestand vollkommen allseitiger, sondern lediglich unvollkommen allseitiger Kollisionsnormen.[7] Diese Beschränkung, welche die Kollisionsnormen der versicherungsrechtlichen Richtlinien von denen des EVÜ unterscheidet, legitimiert die Regelung durch die Gemeinschaft, auch soweit das Verhältnis zu anderen als EG-Mitgliedstaaten betroffen ist

In einigen anderen Richtlinien finden sich von vornherein nur Vorgaben für (be-

---

4 Und die Aufnahme solcher Regelungen in die Versicherungs-Richtlinien erklärt sich wohl eher aus der Vorwegnahme des noch nicht in Kraft befindlichen EVÜ und dem Bestreben, dessen System gerade einzuschränken (etwa hinsichtlich der Rechtswahl) bzw. gar umzukehren (regelmäßige Anknüpfung an den Sitz des Versnehmers) – dazu *Grundmann*, Europäisches Schuldvertragsrecht (1999), 806 ff., 813 ff.

5 Vgl. § 4 I.3.b)aa); dazu etwa *Drasch*, Herkunftslandprinzip (1997), 212 ff.; *Grundmann*, Europäisches Schuldvertragsrecht (1999), 596 f., 813 ff., 863 ff.; *Kreuzer*, in: Müller-Graff (Hrsg.), Gemeinsames Privatrecht (1999), 457, 489; *Roth*, IPRax 94, 165 ff.; *Sonnenberger*, in: MüKo, Einl. IPR, Rdn. 169.

6 Art. 7 I iVm. Art. 2 lit. d 2. RL Schaden; dazu *Sonnenberger*, in: MüKo, Einl. IPR, Rdn. 169; *Basedow/Drasch*, NJW 1991, 785 ff.; *Mankowski*, in: Aufbruch nach. Europa (2001), 595, 610 f.

7 Zu dieser Kategorie von Kollisionsnormen grds. *v. Bar/Mankowski*, IPR I, 12 f.; *Junker*, Internationales Privatrecht, Rdn. 108; *Kegel/Schurig*, Internationales Privatrecht, 255.

grenzt) allseitige Kollisionsnormen innerhalb des Binnenmarktes, d. h. Regelungen, die zwar grds. nach allgemeinen Kriterien festlegen, welches Recht auf einen bestimmten Sachverhalt Anwendung finden soll, dabei jedoch nur zwischen den Rechtsordnungen der Mitgliedstaaten auswählen bzw. nur deren Verhältnis untereinander zum Gegenstand haben. Hier ist eine Gemeinschaftskompetenz – zumal vor dem Hintergrund des neuen Titels IV des EG-Vertrages – verhältnismäßig einfach mit einem Bedarf nach einer binnenmarktkonformen und einheitlichen Bestimmung des anwendbaren Rechts zu begründen.

Kollisionsrechtliche Vorgaben, die lediglich den Kreis der Mitgliedstaaten in Bezug nehmen und aus diesem das anwendbare Recht bestimmen, finden sich etwa in der Kulturgüter-RL.[8] Diese enthält in ihrem Art. 12 eine Kollisionsnorm, welche die Frage nach dem Eigentum an unrechtmäßig aus einem Mitgliedstaat verbrachten Kulturgütern dem Recht des um Rückgabe ersuchenden Mitgliedstaats unterstellt.[9]

Dieselbe Struktur einer (Teil-)Regelung der Anknüpfung im Verhältnis der Mitgliedstaaten untereinander findet sich in der Entsende-RL, welche die besondere kollisionsrechtliche Behandlung der zeitweiligen Entsendung von Arbeitnehmern in einen anderen Mitgliedstaat regelt. Art. 3 I dieser Richtlinie bestimmt, dass einige (faktisch sehr wichtige) Arbeitsbedingungen dem Recht des Aufnahmemitgliedstaates unterstehen, und modifiziert insofern die Anknüpfung nach Art. 6 EVÜ.[10]

Jüngstes und zu gleich besonders umstrittenes Beispiel für diese Art kollisionsrechtlicher Regelung ist die E-Commerce-RL.[11] Sie beruft nicht nur das anwendbare Recht für das Verhältnis der Mitgliedstaaten untereinander (was ihre Einordnung an dieser Stelle rechtfertigt), sondern etabliert dazu ein sekundärrechtliches Herkunftslandprinzip: Art. 3 I, II der Richtlinie schreibt dieses Prinzip für den koordinierten Bereich fest, indem er dem Empfangsstaat verbietet, schärfere Anforderungen an den Diensteanbieter zu stellen, als dessen Sitzstaat, der seinerseits zur Aufsicht über die heimischen Anbieter verpflichtet ist. Dies gilt nicht nur insoweit, als der öffentlichrechtliche Bereich betroffen ist, sondern auch für zivil- und strafrechtliche Fragen, und verleiht dadurch der früher v. a. für das Primärrecht geführten Diskussion um das Verhältnis von Gemeinschaftsrecht und Kollisionsrecht neue Brisanz.[12]

Zwar wird von einigen Autoren der kollisionsrechtliche Gehalt dieser Richtlinie bzw.

---

8 RL 93/7/EWG des Rates vom 15. 3. 1993, ABl.EG 1993, Nr. L 74/74 über die Rückgabe von unrechtmäßig aus dem Hoheitsgebiet eines Mitgliedstaats verbrachten Kulturgüterne, geändert durch RL 96/100/EG vom 17. 2. 1997, ABl.EG 1997, Nr. L 60/59.

9 Z. G. *Kreuzer*, in: Müller-Graff (Hrsg.), Gemeinsames Privatrecht (1999), 457, 491 f. und *ders.*, in: MüKo, Art. 38 EGBGB, Anh. I, Rdn. 183 ff., 195; *Sonnenberger*, in: MüKo, Einl. IPR, Rdn. 169 – beide mit weiteren Beispielen; dazu auch bereits oben § 4 I.3.b)aa).

10 Vgl. zur Problematik der Entsende-RL etwa *Krebber*, IPRax 2001, 23 ff. dort auch zu den Entscheidungen EuGHE 1990 I-1417, Rdn. 18 Rush Portuguesa; 1994 I-3803, Rdn. 23 Vander Elst im Vorfeld der RL; *Jayme*, in: Hommelhoff/Jayme/Mangold (Hrsg.), Europäischer Binnenmarkt (1995), 35, 46 f.

11 RL 2000/31/EG über den elektronischen Geschäftsverkehr, ABl.EG 2000, Nr. 178/1.

12 Vgl. *Spindler*, RabelsZ 66 (2002), 633, 637 ff.; *ders.*, ZHR 165 (2001), 324, 332 f.; dazu auch *Grundmann*, RabelsZ 67 (2003), 246, 262 f., 268 ff.

ein kollisionsrechtliches Verständnis des darin etablierten Herkunftslandprinzips grds. angezweifelt, weil Art. 1 IV und Erwägungsgrund 23 der Richtlinie – und ebenso § 2 VI 6 TDG – davon sprechen, dass keine zusätzlichen Kollisionsnormen geschaffen werden sollen. Vielmehr werde dadurch lediglich die Anwendung bestimmter Vorschriften ausgeschlossen, ohne dass zugleich eine kollisionsrechtliche Verweisung auf das Recht des Herkunftsstaates ausgesprochen werde.[13] Andere bejahen hingegen zu recht einen kollisionsrechtlichen Gehalt der fraglichen Richtlinienbestimmungen; etwa unter Hinweis darauf, dass im Anhang ausdrücklich die Rechtswahl vom Herkunftslandprinzip ausgenommen wird, was eine grds. Erfassung des IPR impliziert, oder im Hinblick auf den Umstand, dass der in Art. 1 IV der Richtlinie ausgesprochene Verzicht auf die Aufstellung neuer Kollisionsregeln nicht die Überlagerung der bestehenden ausschließt. Schließlich wird auf den kollisionsrechtlichen Charakter von Art. 2 a der Fernseh-RL verwiesen, der als Vorbild für Art. 3 der E-Commerce-RL gedient hat.[14]

Das so etablierte Herkunftslandprinzip gilt zwar ausweislich der Einschränkungen seines Anwendungsbereichs durch den Anhang zu Art. 3 III der Richtlinie (ausgenommen etwa das Urheberrecht und verwandte Schutzrechte, das Versicherungsrecht, wichtige Bereiche der Finanzdienstleistungen und im Vertragsrecht der vertragliche Verbraucherschutz sowie der Bereich der freien Rechtswahl) nicht flächendeckend, entfaltet jedoch beispielsweise im (unternehmerischen) Vertragsverkehr oder im Deliktsrecht, v. a. aber im Wettbewerbsrecht, wo es die überkommene Marktortanknüpfung verdrängt, durchaus praktische Wirkung.[15]

Soweit man Art. 3 der E-Commerce-RL kollisionsrechtlichen Charakter zugesteht (sei es ein genuin kollisionsrechtlicher oder EG spezifisch hybrider), ist richtigerweise von einer reinen Sachnormverweisung auszugehen, da sonst die vom Richtliniengeber intendierte Konsequenz, das Rechtsanwendungsrisiko für Diensteanbieter zu minimieren, vereitelt würde.[16]

---

13 So etwa *Apel/Grapperhaus*, WRP 1999, 1247, 1251 f. – differenzierend; *Fezer/Koos*, IPRax 2000, 349, 352 f.; *Sack*, WRP 2002, 271, 272 ff. m. w. N.; *Sonnenberger*, ZVglRWiss 100 (2001), 107, 125 ff.; differenzierend und im Sinne einer hybriden Konstruktion auch *Spindler*, RabelsZ 66 (2002), 633, 644 ff. m. w. N. zur Diskussion im Schrifttum; z. G. auch *Kohler*, ZEuS 2001, 575, 583 f.; *Spindler*, ZHR 165 (2001), 324, 334 ff. und in: Mansel/Baur (Hrsg.), Systemwechsel (2002), 107, 110 ff.

14 Für kollisionsrechtlichen Deutung *Fetsch*, Eingriffsnormen (2002), 235 f., 249 f.; *Grundmann*, RabelsZ 67 (2003), 246, 293 ff.; *Kohler*, FS Jayme Bd. I (2004), 445, 449; *Mankowski*, GRUR Int. 1999, 909, 912 ff. – auch zu den Bedenken gegen ein binnenmarktbezogenes Herkunftslandprinzip; *ders.*, ZVglRWiss 100 (2001), 137 ff.; in: Aufbruch nach Europa (2001), 595, 598 und IPRax 2002, 257 ff. m. w. N.; *Remien*, CMLR 38 (2001), 53, 59; *Thünken*, IPRax 2001, 15, 18 ff. m. w. N.; z. G. auch *Spindler*, ZHR 165 (2001), 324, 334 ff.; *ders.*, RabelsZ 66 (2002), 633, 644 f., 649 ff. und in: Mansel/Baur (Hrsg.), Systemwechsel (2002), 107, 110 ff. der von einer hybriden Konstruktion grds. kollisionsrechtlichen Charakters ausgeht.

15 *Grundmann*, RabelsZ 67 (2003), 246, 262 ff., 270 ff. zur besonderen Ausrichtung auf das Wettbewerbsrecht; *Mankowski*, ZVglRWiss 100 (2001), 137, 153 ff., 180; *ders.*, IPRax 2002, 2257, 264 ff.; *Spindler*, RabelsZ 66 (2002), 633, 665 ff., 679 ff. und in: Mansel/Baur (Hrsg.), Systemwechsel (2002), 107, 118 ff.; *Thünken*, IPRax 2001, 15, 17 ff.; z. G. auch *Jayme*, in: Mansel (Hrsg.), Vergemeinschaftung (2001), 31, 39 f.

16 Vgl. dazu etwa Erwägungsgrund 22 Satz 4 der RL, wonach zwecks Gewährleistung des freien

Das sekundärrechtliche Herkunftslandprinzip der E-Commerce-RL ist ein in dieser Weite[17] neuer Ansatz. Vergleichbares findet sich im Zivilrecht bislang lediglich in den wettbewerbsrechtlichen Bestimmungen der Fernseh-RL,[18] selbst dort – im Gegensatz zu dem in der E-Commerce-RL verankerten Herkunftslandprinzip – jedoch nur in Bezug auf den durch die Richtlinie selbst harmonisierten Bereich.[19] Losgelöst von der Beurteilung ihrer Angemessenheit im Einzelnen wirft die umstrittene Regelung jedoch nicht zuletzt gerade wegen ihrer Radikalität und ihrer unkonventionellen Konstruktion ein Schlaglicht auf das im Entstehen begriffene Binnenmarktkollisionsrecht: auf seine grds. Tendenz zur Begünstigung der Rechtswahlfreiheit, auf die am Zuweisungsgehalt der Grundfreiheiten für bestimmte Regelungstypen orientierten objektiven Anknüpfungen sowie auf die Tatsache, dass es sich aufgrund seines besonderen Hintergrundes und seiner Aufgabenstellung wesentlich vom klassischen IPR unterscheidet, und sich deshalb nicht vollständig in dessen Kategorien fassen lässt, ohne jedoch dadurch seinen Charakter als kollisionsrechtliches Konzept zur Koordinierung der mehr oder minder stark integrierten Rechtsordnungen der Mitgliedstaaten zu verlieren. So stellt etwa *Grundmann* treffend fest: „Herkunftslandprinzip und ähnliche Regelungsgehalte, die sich aus dem Primärrecht oder auch dem Sekundärrecht ergeben, haben unzweifelhaft einen Regelungsgehalt für die Frage, welche Rechtsordnung im konkreten Fall zur Anwendung kommt.“ [20] Er kennzeichnet dies als „Kernfrage von Kollisionsrecht“; betrachtet die darauf gerichteten Gehalte des Gemeinschaftsrechts mithin zu recht als funktionell kollisionsrechtlich, auch wenn Ansatz und inhaltliche Schwerpunktsetzung (zwangsläufig) andere als bei

---

Dienstleistungsverkehrs und der Rechtssicherheit für Anbieter und Nutzer die Dienste der Informationsgesellschaft grds. dem Rechtssystem des Niederlassungsstaates des Anbieters unterworfen werden sollen. Gegen eine Gesamtverweisung *Grundmann*, RabelsZ 67 (2003), 246, 272 f.; *Mankowski*, GRUR Int. 1999, 909, 913; *ders.*, ZVglRWiss 100 (2001), 137, 152 f.; *Spindler*, RabelsZ 66 (2002), 633, 654 f. und in: Mansel/Baur (Hrsg.), Systemwechsel (2002), 107, 112 f.; *Fezer/Koos*, IPRax 2000, 249, 353; *Thünken*, IPRax 2001, 15, 20; Zur Zulässigkeit eines Günstigkeitsvorbehalts, wie er etwa für die deutsche Umsetzung angedacht war, ablehnend *Thünken*, a. a. O., 19 f.; differenzierend *Spindler*, RabelsZ 66 (2002), 633, 655 ff., vgl. auch *ders.*, ZHR 165 (2001), 324, 337 ff. in: Mansel/Baur (Hrsg.), Systemwechsel (2002), 107, 113 ff.; befürwortend *Sack*, WRP 2002, 271, 275 f.

17 Weitergehend bzw. rigider v. a. im Vergleich zu dem parallel diskutierten primärrechtlichen Herkunftslandprinzip – vgl. dazu *Spindler*, ZHR 165 (2001), 324, 333 f.; *ders.*, RabelsZ 66 (2002), 633, 651 und in: Mansel/Baur (Hrsg.), Systemwechsel (2002), 107, 109 f., 120; *Thünken*, IPRax 2001, 19; trotz sachrechtlichen Verständnisses räumen dies etwa auch *Fezer/Koos*, IPRax 2000, 349, 353 ein. Zum Verhältnis von primär- und sekundärrechtlichem Herkunftslandprinzip auch *Grundmann*, RabelsZ 67 (2003), 246, 262, 268 ff.

18 RL 89/552/EWG des Rates vom 3. 10. 1989; ABl.EG 1989 Nr. L 298/23, geändert durch die RL 97/36/EG v. 30. 6. 1997, ABl.EG L 202/60.

19 Und – angesichts der lediglich teilweisen Koordinierung – ohne dem Empfangsstaat werbebeschränkende Maßnahmen gänzlich zu untersagen; Artt. 2 a der RL bestimmt für die Fernsehwerbung die Maßgeblichkeit des Wettbewerbs- und Werberechts des Sendelandes. Vgl. dazu EuGHE 1997 I-3843, Rdn. 57 ff. De Agostini; *Kreuzer*, in: MüKo Art. 38, Rn. 222; *Roth*, IPRax 1994, 165, 171; *Sack*, WRP 2000, 269, 284 dort auch zur Umsetzung dieser kollisionsrechtlichen Vorgaben im Rundfunkstaatsvertrag; *Spindler*, ZHR 165 (2001), 324, 332 f.; *ders.*, RabelsZ 66 (2002), 633, 637 ff. auch zur mangelnden Kopplung des Herkunftslandprinzips an eine seinen Hintergrund bildene Harmonisierung bei der E-Commerce-RL.

20 *Grundmann*, RabelsZ 67 (2003), 246, 294.

klassischen Kollisionsregeln sind, insbes. eine stärkere Sachrechtsbezogenheit mit Öffnung für Einzelfallabwägungen auffällt.[21]

3. Ergebnis

I. E. finden sich im Bereich des echten Gemeinschaftsrechts bisher nur in der einen oder anderen Weise durch ein Binnenmarktbezugs-Erfordernis beschränkte allseitige Kollisionsnormen. So unterliegen etwa die Versicherungsrichtlinien einer Begrenzung auf in der Gemeinschaft belegene Risiken. Andere Regelungen beziehen sich von vornherein nur auf den Kreis der mitgliedstaatlichen Rechtsordnungen. Die Richtlinien der Gemeinschaft enthalten bisher jedenfalls explizit kein uneingeschränkt allseitiges und wenig binnenmarktbezogen allseitiges Kollisionsrecht. Wirklich universell allseitig ist nur das EVÜ, das als Staatsvertrag nicht den benannten Kompetenzgrenzen unterliegt. Die Schaffung allseitig angelegten Verweisungsrechts durch Sekundärrechtsakte ist zwar durchaus möglich – und insbes. im Hinblick auf die neu geschaffenen Kompetenzen auch in weitergehendem Umfang als bisher zu erwarten – wird sich jedoch stets in dem durch die Binnenmarktrelevanz aufgespannten Rahmen halten müssen.

Diese Vorgabe erklärt nicht nur die vorgefundenen Beschränkungen in den Richtlinien, sondern wirft auch ein Schlaglicht auf den im Folgenden zu behandelnden Bereich des implizit allseitigen Binnenmarktkollisionsrechts im durch Richtlinien harmonisierten Bereich. Denn hier gelten insoweit dieselben Prinzipien und Grenzen. Die benannte Beschränkung gilt überdies auch für die neuen Kompetenzen im IPR, die mit dem Amsterdamer Vertrag eingeführt worden sind.[22] Mit der auf dieser Grundlage geplanten Überführung des EVÜ in eine Verordnung bzw. mit seiner Ergänzung um das internationale Delikts-, Ehe- und Scheidungsrecht erhielte Kollisionsrecht klassischen Zuschnitts zwar einen festen Platz im System des Gemeinschaftsrechts.[23] Es wird jedoch seitens der Gemeinschaft eine Beschränkung auf Sachverhalte mit Binnenmarktbezug erforderlich sein und daher von den Mitgliedstaaten abhängen, ob sie der entsprechenden Regelung auf freiwilliger Basis vollumfassende Geltung verleihen oder es zu einer Kollisionsrechtsspaltung kommen lassen.

---

21 Auch zur besonderen Ausgangslage des Binnenmarktkollisionsrechts *Grundmann*, RabelsZ 67 (2003), 246, 254 ff., 294 ff.; dieser Gedanke, der das Herkunftslandprinzip der E-Commerce-RL funktionell als kollisionsrechtlichen Ansatz kennzeichnet, wenn auch einen gemeinschaftsspezifischen, der sich von klassischem IPR unterscheiden mag, klingt auch andernorts im Schrifttum an; so wohl bei *Mankowski*, IPRax 2002, 257, 260 f.; *Spindler*, in: ZHR 165 (2001), 324, 334 ff., 336; *ders.*, in: Mansel/Baur (Hrsg.), Systemwechsel (2002), 107, 110 ff., 112.

22 Str. Für eine solche Begrenzung *Remien*, CMLR 38 (2001), 53, 75 f.; **a. A.** *Basedow*, CMLR 2000, 687, 701 ff.; *ders.*, FS Lorenz (2001), 463, 469 ff.; *Hohloch*, FS Stoll (2001), 533, 545 ff. unter Hinweis auf die weite und insoweit bei vorhandenem politischen Willen auslegbare Fassung der Artt. 61 ff. EG; z. G. auch *v. Hoffmann*, in: ders. (Hrsg.), European Private International Law (1998), 19, 30 ff.; *Kohler*, ZEuP 2001, 575 ff. und in: Mansel (Hrsg.), Vergemeinschaftung (2001), 31, 35.

23 *Kohler*, ZEuS 2001, 575, 583.

Praktisch wird allerdings dennoch eine Vielzahl der kollisionsrechtlichen Fallgestaltungen einer Regelung durch die Gemeinschaft zugänglich sein; das gilt jedenfalls in den wirtschaftsrechtlich relevanten Bereichen, die den sachlichen Regelungsbereich des EG-Vertrages berühren: Zum einen sind bereits heute die große Mehrzahl der innerhalb der Gemeinschaft auftretenden international verknüpften Fälle solche des Binnenmarktes. Für die Beziehungen zwischen den Mitgliedstaaten dürfte sich jedoch spätestens seit der Einführung der neuen Kompetenzen durch den Amsterdamer Vertrag eine Regelungskompetenz der Gemeinschaft für das Kollisionsrecht ergeben. Für das Verhältnis der Mitgliedstaaten zu Drittstaaten besteht jedenfalls dann eine Regelungskompetenz der Gemeinschaft, wenn der Sachverhalt als Gemeinschaftsangelegenheit betrachtet werden kann, etwa weil es um die Absicherung einer gemeinschaftsrechtlichen Regelung nach außen geht, und weiterhin auch dann, wenn man eine einheitliche Anknüpfungs- und Anerkennungspraxis gegenüber Drittstaaten auch über die Drittabgrenzungsproblematik hinaus für binnenmarktnotwendig hält.[24] Allerdings lässt sich eine Gemeinschaftskompetenz im Hinblick etwa auf reine Drittstaatenfälle nicht begründen (Bsp. Streit zweier EG-Ausländer vor mitgliedstaatlichem Gericht). Mögen die so ausgeschlossenen Bereiche – bei großzügiger Auslegung der bestehenden bzw. neu geschaffenen Kompetenzen – auch schmal und praktisch wenig bedeutsam sein, so stellen sie doch ein Problem dar und stehen einer undifferenzierten Regelung des gesamten Kollisionsrechts theoretisch im Wege. Hinzu kommen Probleme in solchen Bereichen, für die – wie im Familien- und Erbrecht – sachlich nur schwer Gemeinschaftskompetenzen begründet werden können. Trotz unbestreitbarer Vorteile ist eine Kollisionsrechtsvereinheitlichung durch Sekundärrechtsakte daher problematisch, weil der Gemeinschaft keine umfassende Kompetenz für sämtliche IPR-Konstellationen zusteht und der Fortbestand der Kollisionsrechtseinheit somit von den Mitgliedstaaten abhängt.

II. Implizit allseitige Kollisionsnormen bzw. Vorgaben in Richtlinien – Modifizierende Wirkung der Sachrechtsintegration auf die Grundfreiheitendogmatik und deren kollisionsrechtliche Implikationen

Aus Sicht der Mitgliedstaaten allseitige Vorgaben für ein Binnenmarktkollisionsrecht sind außer als direkte internationalprivatrechtliche Gestaltungsanweisungen auch als indirekte Folgen der Sachrechtsharmonisierung denkbar. Sie erschließen sich lediglich aus den allgemeinen Wirkungen dieser Harmonisierung auf das nationale (Kollisions-)Recht und betreffen die Frage, welchen konkreten Mitgliedstaates Recht berufen sein soll. Es geht dabei nicht (wie beim aus EG-Sicht einseitigen IPR der Drittabgrenzung) um die Außendimension, sondern wiederum um die Innendimesion des Binnenmarktkollisionsrechts.

Solche indirekten kollisionsrechtlichen Implikationen ergeben sich insbes. aus dem

24 Vgl. etwa *Basedow*, CMLR 37 (2000), 687, 701 ff.; *ders.*, FS Lorenz (2001), 463, 469 ff.; dazu bereits oben § 12 I.1. und § 14 II.2.b)ee).

Einfluss der Sachrechtsintegration auf die Grundfreiheitendogmatik und deren kollisionsrechtliche Gehalte, die oben bereits erörtert wurden. Wie die Ausführungen zum unharmonisierten Bereich gezeigt haben, vermittelt die Grundfreiheitendogmatik zwar durchaus gewisse kollisionsrechtliche Vorgaben, kann jedoch die anzuwendenden Kollisionsnormen allein nicht hinreichend eingrenzen, weil die aus ihr fließenden Implikationen noch zu offen und zu wenig bestimmt sind.[25] Dies könnte im harmonisierten Bereich anders sein, wenn sich im Zusammenspiel der Richtlinienregelungen mit den Grundfreiheiten deren kollisionsrechtliche Gehalte konkretisieren lassen. Durch das Hinzutreten der sekundärrechtlichen Regelung werden dabei insbes. die zwingenden Gründe des Allgemeininteresses ausgestaltet, die eine Beschränkung der Freiheiten rechtfertigen können. Dies wiederum ist nicht ohne Einfluss auf die kollisionsrechtlichen Implikationen der Grundfreiheiten.

Diese mittelbarste Form der Determination nationalen Kollisionsrechts im Bereich von EG-Richtlinien ist gleichwohl wichtig. Sie berührt verschiedene Fragestellungen. Dabei geht es etwa um das Problem, inwieweit Richtlinien, obwohl sie in dieser Hinsicht keine expliziten Vorgaben enthalten, Einfluss darauf nehmen, welchen Mitgliedstaates Recht und damit auch welche der möglicherweise divergierenden nationalen Umsetzungen anzuwenden ist, wenn der Geltungswille der Richtlinie feststeht. Außer in den Fällen der Drittabgrenzungsklauseln ist diese Frage auch ganz allgemein für die binnenmarktkonforme Anknüpfung im Verhältnis zwischen den Mitgliedstaaten von Bedeutung. Sie muss beantwortet werden, soll das Binnenmarktkollisionsrecht nicht in einem zentralen Punkt unvollständig bleiben.

Die hier in Rede stehenden Kollisionsnormen implizit gemeinschaftsrechtlicher Provinienz sind abermals allseitig ausgerichtet und speziell auf den Binnenmarkt bezogen: Sie finden Ihre Grundlage – wie bereits angedeutet – auch im harmonisierten Bereich in den Grundfreiheiten. Die Grundfreiheiten stecken somit auch den Rahmen ab, innerhalb dessen die aus ihnen abgeleiteten kollisionsrechtlichen Vorgaben zum Tragen kommen können; und sie gelten – von der Kapitalverkehrsfreiheit abgesehen – bekanntlich nur zwischen den Mitgliedstaaten. Die Richtlinien wirken in diesem Fall nur insoweit auf die kollisionsrechtlichen Gehalte ein, als sie die Grundfreiheitendogmatik modifizieren. Soweit sich daher im harmonisierten Bereich implizite kollisionsrechliche Vorgaben (aus den Grundfreiheiten oder unter ihrem Einfluss) ableiten lassen, beziehen sie sich in erster Linie auf das Verhältnis der Mitgliedstaaten untereinander. Jedoch können sie in einer Art Annexfunktion auch die Anknüpfung im Verhältnis von Mitgliedstaaten und Drittstaaten betreffen, weil und soweit diese auf das Verhältnis der Mitgliedstaaten untereinander zurückwirkt und bei unterschiedlicher Handhabung durch die einzelnen Mitgliedstaaten die Funktionsfähigkeit des Binnenmarktes für die involvierten Marktbürger beeinträchtigt.

Die besondere Bedeutung dieser Spielart des Binnenmarktkollisionsrechts im harmonisierten Bereich (d. h. der Anknüpfung im Verhältnis zwischen den Mitglied-

---

25 Dazu oben, §§ 8 und 9.

staaten bzw. bei Mitgliedstaatenberührung und mithin der Innendimension des Binnenmarktkollisionsrechts) zeigt sich überall dort, wo es trotz erfolgter Harmonisierung noch auf die Frage ankommt, welches mitgliedstaatliche Recht – und damit welche nationale Umsetzung einer Richtlinie – angewandt wird. Das ist der Fall, wenn die Harmonisierung keine Vereinheitlichung gebracht hat, also im Falle von Umsetzungsfehlern einerseits und legitimen Umsetzungsdivergenzen andererseits.

1. Kollisionsrechtliche Korrektur von Umsetzungsfehlern

Eine erste mögliche Auswirkung der Sachrechtsharmonisierung auf das IPR betrifft die Handhabung von Umsetzungsfehlern. Die Tatsache, dass eine Richtlinie der EG existiert, die eine Sachfrage in bestimmter Weise regelt, und dass die Mitgliedstaaten verpflichtet sind, diese Regelung rechtzeitig und vollständig umzusetzen, könnte auch Auswirkungen auf den kollisionsrechtlichen Status quo in den nationalen Rechtsordnungen haben. Haben nicht alle Mitgliedstaaten die Richtlinie rechtzeitig bzw. fehlerfrei umgesetzt, kann die unbesehene Anwendung der überkommenen Verweisungen dazu führen, dass ein der Richtlinie nicht entsprechendes nationales Recht berufen wird, obwohl der Sekundärrechtsakt Geltung beansprucht. Für diesen Fall ist die Möglichkeit bzw. Pflicht diskutiert worden, solche Ergebnisse ggf. auch durch Modifikationen im Internationalen Privatrecht abzuwenden – insoweit ließe sich eine eigenständige Kategorie kollisionsrechtlicher Implikationen der Sekundärrechtssetzung konstatieren, die in ihrer Funktion den oben[26] erwähnten primärrechtlichen Schranken nationaler Verweisungen vergleichbar sein dürfte – es geht um eine Beschränkung bzw. Modifikation des nationalen IPR, soweit es gemeinschaftswidrige Ergebnisse hervorbringt. Als Instrument kommt hier wohl v. a. die richtlinienkonforme Auslegung des Sach- oder Kollisionsrechts in Betracht.

a) *Die Problemkonstellation der Gran-Canaria-Fälle und das Versagen des EVÜ*

Dieser Teilbereich des Problemkomplexes um die kollisionsrechtlichen Auswirkungen der Rechtsharmonisierung durch Richtlinien hat die wissenschaftliche Diskussion in der Vergangenheit bereits recht ausführlich beschäftigt. Anlässlich der sogenannten Gran-Canaria-Fälle ist das Problem aufgeworfen worden, wie zu reagieren sei, wenn in dem durch das Kollisionsrecht des Forumstaates berufenen Sachrecht eines anderen Mitgliedstaates eine gemeinschaftsrechtliche Richtlinie nicht fristgemäß bzw. fehlerhaft worden umgesetzt ist.

In der in diesem Zusammenhang berühmt gewordenen Problemkonstellation ging es um folgenden Sachverhalt: Deutsche Spanientouristen hatten am Urlaubsort an Verkaufsveranstaltungen teilgenommen und Waren erworben. Auf die entsprechenden Verträge war aufgrund einer Rechtswahlklausel nach dem geltenden Kollisionsrecht (auf der Basis des EVÜ) spanisches Recht anwendbar. Spanien hatte seinerzeit jedoch die Haustürwiderrufs-RL noch nicht umgesetzt, so dass den deutschen Ver-

26 Dazu § 7 I.2.

brauchern das dort festgeschriebene Widerrufsrecht, auf das sie sich nach ihrer Rückkehr nach Deutschland berufen wollten, verloren ging. Dies wurde v. a. deshalb als problematisch empfunden, weil die Verträge – vom Vertragsschluss in Spanien und mit dem spanischen Vertriebsunternehmen abgesehen – starke Inlandsbezüge aufwiesen und die gewählte Konstruktion offenbar auf die Umgehung des Verbraucherrechts ausgerichtet war. So sollten die Waren direkt in Deutschland durch den deutschen Hersteller geliefert werden, welcher sich in dem deutschsprachigen Kaufvertrag auch bereits den Kaufpreisanspruch abtreten ließ.[27]

Zwar ist die klassische Konstellation der Gran-Canaria-Fälle, die seinerzeit Anlass zur Diskussion gegeben hatte, mittlerweile erledigt. Sie ist jedoch paradigmatisch für das fortbestehende Problem möglicher fehlerhafter oder verspäteter Umsetzungen und zugleich für die Lückenhaftigkeit der vom EVÜ zur Verfügung gestellten Sonderanknüpfung von Verbraucherrecht, die auch unabhängig von der verspäteten Umsetzung zutage tritt, weil Art. 5 EVÜ nur bestimmte Verbraucherverträge erfasst, die am gewöhnlichen Aufenthalt des Verbrauchers abgeschlossen oder angebahnt werden.[28]

So traten ähnliche Fallgestaltungen seither etwa auch im Zusammenhang mit dem Erwerb von Teilzeitwohnrechten auf. Angesichts der großen Bedeutung, die Richtlinien für die Privatrechtsintegration haben, wird das Problem der nicht rechtzeitigen bzw. fehlerhaften Umsetzung von Richtlinien auch weiterhin aktuell bleiben.[29]

Wichtig und hier zu erwähnen sind diese Fälle v. a. deshalb, weil sie an der Schnittstelle von nationalem Recht und Europarecht liegen und zeigen, dass befriedigende Lösungen fehlen, wenn das Gemeinschaftsrecht als wichtige Einflussgröße außer Acht gelassen wird. Hier zeigt sich, dass mit den Mitteln und Wertungen des klassischen IPR, das für das Verhältnis unverbunden nebeneinander stehender Staaten mit jeweils selbständiger Rechtsordnung geschaffen ist, die Rechtsanwendungsprobleme eines integrierten Rechtsraumes vielfach nicht befriedigend gelöst werden können, und hier wird das Bedürfnis nach einem Binnenmarktkollisionsrecht besonders plastisch. Die Rechtsanwendungsregeln des klassischen IPR müssen den besonderen Verhältnissen in dem integrierten Rechtsraum der EG angepasst bzw. eigens hierfür formuliert werden.

---

27 Zu dieser klassischen Konstellation etwa *Iversen*, in: Gemeinschaftsrecht und IPR (1994), 353, 387; *Ebke*, in: v. Bar (Hrsg.), Gemeinschaftsrecht und IPR (1991), 77, 97 f.; *Jayme*, IPRax 1990, 220; *Reithmann/Martiny*, Internationales Vertragsrecht, Rdn. 730; *Taupitz*, BB 1990, 642.

28 Zur Lückenhaftigkeit und mangelnden Binnenmarktspezifität des EVÜ bereits oben § 11 I.3.a)bb), vgl. statt vieler nochmals *Fetsch*, Eingriffsnormen (2002), 257 f.

29 Vgl. 17. Jahresbericht der Kommission zur Anwendung des Gemeinschaftsrechts für das Jahr 1999: ABl.EG 2001, Nr. C 30 v. 30. 1. 2001. Zu den Sachverhaltskonstellationen der klassischen Gran-Canaria-Fälle und neueren Erscheinungsformen dieser problematischen Konstellation vgl. etwa *Langenfeld*, IPRax 1993, 155; *Michaels/Kamann*, JZ 1997, 601 ff.; *Pfeiffer*, NJW 1997, 1207, 1212; *Rauscher*, EuZW 1996, 650 ff. Allgemein zu den Problemen der Richtlinien-Umsetzung und des umgesetzten Rechts als Fragestellungen der Zukunft *Grundmann*, JZ 1996, 274.

b) Vorschläge zur Lösung des Gran-Canaria-Problems in der Literatur

Für die Gran-Canaria-Fälle als Prototypen der problematischen Berufung richtlinienwidrigen Rechts wurden verschiedene Möglichkeiten diskutiert, das Gemeinschaftsrecht mit seinem Geltungs- und Vorranganspruch durchzusetzen. Diese Vorstöße konzentrieren sich v. a. auf das IPR, weil eine befriedigende sachrechtliche Lösung nicht gefunden wurde. Im Bemühen, das als allein angemessen empfundene (und gemeinschaftsrechtlich geforderte) Ergebnis zu erreichen, haben insbes. auch die Gerichte eine Vielzahl von Ansätzen entwickelt, die zwar das gewünschte Resultat herbeiführten, das bestehende kollisionsrechtliche System jedoch stark strapazierten[30] und so nochmals seine Unzulänglichkeiten im Umgang mit spezifischen Binnenmarktsachverhalten aufscheinen lassen.

aa) Sachrechtliche Lösungsansätze

Insbes. kommt eine unmittelbare Anwendung des Richtlinienrechts im Horizontalverhältnis nicht in Betracht. Zwar haben einige Gerichte eben diese Lösung bemüht.[31] Der EuGH lehnt in seiner auch durch die h. M. im Schrifttum gestützten st.Rspr. die unmittelbare Anwendung von Richtlinienbestimmungen in dieser Konstellation jedoch zu recht ab.[32] Die durch die Gran-Canaria-Fälle umschriebene Problemkonstellation kann daher nach dem aktuellen Stand der Europäischen Rspr. nicht über die unmittelbare Anwendung der Richtlinienbestimmungen aufgelöst werden.[33] Möglich bleibt hingegen ein Rückgriff auf die richtlinienkonforme Auslegung. Insbes. wenn man – wie hier – diesem Institut einen weiten Anwendungsbereich zugesteht, scheint dieser Ansatz lohnend und kann in vielen Fällen der Richtlinie zur Durchsetzung verhelfen.[34] Allerdings unterliegt die richtlinienkonforme Auslegung den oben beschriebenen Grenzen. Sie kann nicht in allen Fällen sicherstellen, dass sich das Richtlinienergebnis in das Sachrecht des säumigen Mitgliedstaates integrieren lässt. Sie erübrigt deshalb nicht gänzlich die Frage nach kollisionsrechtlichen Reaktionsmöglichkeiten, zumal auch eine richtlinienkonforme Auslegung des Kollisionsrechts in Betracht kommt und somit unmittelbar der Bogen zu den kollisionsrechtlichen Lösungsansätzen geschlagen ist.

---

30 Zu dieser „Freistil-Rspr." *Kronke*, RIW 1996, 985, 987; *Ebke*, in: v. Bar (Hrsg.), Gemeinschaftsrecht und IPR (1991), 77, 98; *Freitag/Leible*, EWS 2000, 342; *Iversen*, in: Gemeinschaftsrecht und IPR (1994), 387 ff.

31 Vgl. OLG Celle, RIW 1991, 421, 422; LG Hildesheim, in: IPRax 1993, 173; z. G. auch *Reithmann/Martiny*, Internationales Vertragsrecht, Rdn. 731 m. w. N.

32 Vgl. EuGHE 1986, 723, Rdn. 48 Marshall; 1996 I-4705, Rdn. 36 Arcaro; ebenso neben verschiedenen deutschen Instanzgerichten auch BGHZ 135, 124, 138 f.; vgl. auch *Franzen*, Privatrechtsangleichung (1999), 251 ff. m. w. N.; *Jarass*, Grundfragen (1994), 79 f.; *Michaels/Kamann*, JZ 1997, 601, 605 ff. – die betonen, dass dieser Grundsatz auch nicht durch alternative Versuche, zur Anwendung richtlinienkonformen Rechts zu kommen, umgangen werden darf; *Streinz*, Europarecht, Rdn. 405 a; Zur a. A. und zu weiteren Belegen aus der Rspr. des EuGH und aus dem Schrifttum vgl. oben § 10 III.1.b).

33 *Langenfeld*, IPRax 1993, 155 f.; *Reithmann/Martiny*, Internationales Vertragsrecht, Rdn. 731.

34 Dazu auch unten c).

bb) Kollisionsrechtliche Lösungsvorschläge

Neben den sachrechtlichen Ansätzen wurden auch mögliche kollisionsrechtliche Reaktionen auf die fehlerhafte oder unterbliebene Umsetzung gemeinschaftsrechtlicher Richtlinien erörtert.[35] Die auf dieser Ebene vorgeschlagenen Lösungen für das Gran-Canaria-Problem zielten darauf, statt des spanischen Rechts, in dem die Richtlinie noch nicht umgesetzt war, das deutsche Recht anzuwenden. Sie reichten von dem Versuch, die Rechtswahl an sich teilweise zu negieren, über eine Analogie zu Art. 29 EGBGB oder die richtlinienkonforme Anwendung der allgemein einschlägigen Kollisionsnormen[36] bzw. die Heranziehung des Art. 34 EGBGB bis hin zur Berufung auf den ordre public oder die fraus legis-Grundsätze:

So sollte wegen der starken Beziehungen zur deutschen Rechtsordnung etwa Art. 27 III EGBGB angewandt werden,[37] bzw. sollte diese Norm aufgrund ähnlicher Überlegungen, wie sie im Rahmen der Drittabgrenzung dargelegt worden sind, analog gelten, um die Umgehung zwingenden Gemeinschaftsrechts zu verhindern. Allerdings scheitert die direkte Anwendung des Art. 27 III EGBGB daran, dass durch den Vertragsschluss im Ausland mit einem ausländischen Vertragspartner tatsächlich kein reiner Inlandsfall gegeben ist; und die auf das Gemeinschaftsgebiet bezogene analoge Anwendung, die im Bereich der Drittabgrenzung besprochen wurde, kommt nicht zum Zuge, weil jedenfalls zwischen dem säumigen und dem vertragstreuen Mitgliedstaat gerade kein homogener Rechtsraum besteht.[38] In eine ähnliche Richtung ging die in der Rspr. teilweise erwogene Unwirksamkeit der Rechtswahlklausel wegen Art. 31 II EGBGB, was allerdings ebenfalls keine Zustimmung verdient, weil diese Norm keine inhaltliche Rechtswahlbeschränkung ermöglicht, sondern nur das Zustandekommen der Rechtswahl betrifft und die entsprechende Situation eines Irrtums über die Zustimmung zum Vertrag nicht vorlag.[39]

Ebenfalls vielfach vertreten wurde eine analoge Anwendung des Art. 29 EGBGB

---

35 Überblick bei *Coester-Waltjen*, FS Lorenz (1991), 297 ff.; *Ebke*, in: v. Bar (Hrsg.), Europäisches Gemeinschaftsrecht und Internationales Privatrecht (1991), 77, 98 ff.; *v. Hoffmann*, Internationales Privatrecht, § 1, Rdn. 123, § 10, Rdn. 73; *Iversen*, in: Gemeinschaftsrecht und IPR (1994), 387 ff. – mit einer differenzierten Darstellung; *Krebber*, ZVglRWiss 97 (1998), 124, 155 ff.; *Langenfeld*, IPRax 1993, 155 ff.; *Michaels/Kamann*, JZ 1997, 601, 605 ff.; *Rauscher*, EuZW 1996, 650, 652 f.; *Reithmann/Martiny*, Internationales Vertragsrecht, Rdn. 730 ff.; *Sonnenberger*, in: MüKO, Einl. IPR, Rdn. 176; *Taupitz*, BB 1990, 642, 648 ff.

36 Ansatz etwa bei Ausweichklauseln etc. – dazu *Krebber*, ZVglRWiss 97 (1998), 124, 157.

37 Allerdings in einer Sonderkonstellation, in der noch eine Auftragsbestätigung in Deutschland erfolgen sollte, vgl. etwa OLG Frankfurt, IPRax 1990, 236, 238 – z. G. und zur Kritik *Baumert*, Europäischer ordre public (1994), 187 ff.; *Iversen*, in: Gemeinschaftsrecht und IPR (1994), 394 ff. mwN. aus der Rspr. und Lit; *Reithmann/Martiny*, Internationales Vertragsrecht, Rdn. 730.

38 Zur Idee der Anwendung des Art. 27 III EGBGB bzw. seiner Anwendung nach Umgehungs-Grundsätzen *v. Hoffmann*, Internationales Privatrecht, § 10, Rdn. 73; zur Kritik: *Baumert*, Europäischer ordre public (1994), 187 ff.; *Iversen*, in: Gemeinschaftsrecht und IPR (1994), 394 ff., 420 ff.; *Reithmann/Martiny*, Internationales Vertragsrecht, Rdn. 730. Vgl. auch oben, § 11 III.1.b)aa).

39 *Iversen*, in: Gemeinschaftsrecht und IPR (1994), 391 f.; *Lüderitz*, IPRax 1990, 216, 217; *Mäsch*, Rechtswahlfreiheit (1993), 118; *Rauscher*, EuZW 1996, 650, 652; *Reithmann/Martiny*, Internationales Vertragsrecht, Rdn. 730 mit Nachweisen zur Rspr.; *Siehr*, Internationales Privatrecht, 120.

(dessen enge Anwendungsvoraussetzungen in den Gran-Canaria-Fällen nicht vorlagen). Begründet wurde dieser Ansatz mit der vergleichbaren Schutzbedürftigkeit des Verbrauchers und dem Art. 29 EGBGB zugrunde liegenden Konzept, einen deutlichen Schwerpunkt der unternehmerischen Tätigkeit im Aufenthaltsstaat des Verbrauchers zum Anlass zu nehmen, die dortigen zwingenden Bestimmungen durchzusetzen; so dass die Norm auch auf andere, vergleichbare Vertriebsmethoden erstreckt werden könne.[40] Dieser Ansatz ist von anderen Autoren im Hinblick auf die bewusst differenzierende Konzeption des Art. 29 EGBGB kritisiert worden, die gerade keinen umfassenden Verbraucherschutz bezwecke und auch nicht allgemein auf einen Schwerpunkt im Aufenthaltsstaat des Verbrauchers, sondern gerade auf die Anbahnungsmodalitäten abstelle. Mangels echter Förderung des Integrationsziels sei eine solche Analogie auch vor dem Hintergrund der Richtlinie nicht geboten, denn Art. 29 EGBGB biete weder einen Ansatz für die Berücksichtigung der eigenen Richtlinienkonformität der lex fori noch für eine Differenzierungen zwischen Richtlinienstandard und ggf. weitergehender nationaler Umsetzung.[41] Im Rahmen der Gran-Canaria-Konstellation kann die Anwendung des Forumrechts (etwa soweit es den Richtlinienstandard erweitert) jedoch durchaus dem Einwand ausgesetzt sein, dass strengeres nationales Recht nicht auf grenzüberschreitende Fälle erstreckt werden darf. Dies war zwar bei der Drittabgrenzung unerheblich, weil hier die Ermittlung der „erstzuständigen" mitgliedstaatlichen Rechtsordnung in Rede stand; hier geht es jedoch um die korrigierende Anwendung des Rechts eines Mitgliedstaates gegen das erstberufene, ebenfalls mitgliedstaatliche Recht und damit um das Verhältnis der Mitgliedstaaten untereinander.

Auch die Anwendung von Artt. 27 III oder 29 EGBGB über die fraus legis-Grundsätze, mittels derer einer gezielten Manipulation von Anknüpfungspunkten die Wirkung versagt werden kann,[42] wird als unangemessen kritisiert, weil zumindest der Auslandsaufenthalt der deutschen Touristen nicht gezielt herbeigeführt, sondern lediglich ausgenutzt wurde, und auch die Einschaltung des spanischen Verkäufers für sich genommen noch keine anknüpfungsverändernde Wirkung habe.[43]

Ein weiterer prominenter Korrekturvorschlag im Zusammenhang mit den Gran-Canaria-Fällen ist gleichsam auf eine „mittelbare horizontale Direktwirkung" der Richtlinie gerichtet. Danach soll der Forumstaat sein eigenes richtlinienkonformes

---

40 Für eine Analogie zu Art. 29 EGBGB (mit Unterschieden hinsichtlich der im Einzelnen heranzuziehenden Alternative) Teile der Rspr., vgl. OLG Frankfurt, IPRax 1990, 236, 238 f.; *Lüderitz*, IPRax 1990, 216, 219; *Martiny*, in: MüKo, Art. 29, Rdn. 26 ff., 32 f.; *Mäsch*, Rechtswahlfreiheit (1993), 166 ff., 171; *Reithmann/Martiny*, Internationales Vertragsrecht, Rdn. 731 f. m. w. N.

41 So *Baumert*, Europäischer ordre public (1994), 219 ff.; *Iversen*, in: Gemeinschaftsrecht und IPR (1994), 396 ff.; *Mankowski*, RIW 1993, 453, 459 f. und RIW 1998, 287, 288 f.; z. G. auch *Coester-Waltjen*, FS Lorenz (1991), 297, 310 f.; *Taupitz*, BB 1990, 642, 649.

42 Für eine solche Lösung *Coester-Waltjen*, FS Lorenz (1991), 297, 315 ff. – bzgl. Art. 29 EGBGB; *Michaels/Kamann*, a. a. O., 609; vgl. auch *v. Hoffmann*, Internationales Privatrecht, § 10, Rdn. 73, § 6, Rdn. 131 – bzgl. Art. 27 III EGBGB.

43 *Iversen*, in: Gemeinschaftsrecht und IPR (1994), 416 f.; *Mäsch*, Rechtswahlfreiheit (1993), 121 f.; *Taupitz*, BB 1990, 642, 651 f.; allgemein zum Problem von Vorliegen und Beweis einer Umgehungsabsicht *Kropholler*, Internationales Privatrecht, § 23 II 1.

Recht im Wege der Sonderanknüpfung gem. Art. 34 EGBGB korrigierend auf Binnenmarktsachverhalte erstrecken, wenn die klassische Verweisung zu einem richtlinienwidrigen mitgliedstaatlichen Recht führt.[44] Z. T. wurde auch eine selbständige Einstufung und Durchsetzung des HausTWG als Eingriffsrecht iSv. Art. 34 EGBGB vertreten.[45] Abgesehen davon, dass die Qualifizierung von Verbraucherschutzregelungen als Eingriffsrecht umstritten ist und teilweise Systembrüche gegenüber Art. 29 EGBGB befürchtet werden,[46] wird diesem Ansatz (auch vor dem Hintergrund der Durchsetzung des gemeinschaftsrechtlichen Standards) Unstimmigkeit vorgeworfen. So müsse er ggf. mit relativen Eingriffsnormen nur im Verhältnis zu bestimmten (säumigen) Mitgliedstaaten arbeiten und gehe durch die Berufung des gegenüber der Richtlinie evt. verschärften Umsetzungsrechts des Forums zu weit, wohingegen eine Reduktion dieses Rechts auf den Richtlinienstandard einer unzulässigen Sonderanknüpfung der Richtlinienbestimmung selbst nahe komme. Schließlich werde das Sanktionssystem des EG-Vertrages unterlaufen, der besondere Instrumente und Verfahren für den Fall vorsieht, dass ein Mitgliedstaat seine Umsetzungsverpflichtungen verletzt.[47]

Z. T. ähnlichen Bedenken war auch der Vorschlag ausgesetzt, der Forumstaat könne sein der Richtlinie entsprechendes Umsetzungsrecht als Teil des nationalen (und insoweit europarechtlich geprägten) ordre public durchsetzen, wenn in dem eigentlich berufenen Recht eines anderen Mitgliedstaates die Richtlinie noch nicht umgesetzt sei.[48] Dem ist entgegengehalten worden, nicht jede Europäische Regelung bilde

---

44 Dazu *Jayme*, IPRax 1990, 220 ff.; *Jayme/Kohler*, IPRax 1990, 353, 361; *dies.*, IPRax 1992, 346, 347 und 1994, 405, 407; vgl. auch *Deinert*, JbJZ 1997, 257, 262 ff.; *Ebke*, in: v. Bar (Hrsg.), Gemeinschaftsrecht und IPR (1991), 77, 101 f.; *Gebauer*, Grundfragen, 166 ff., 191; *Langenfeld*, IPRax 1993, 155, 156 f.; vgl. auch *Pfeiffer*, NJW 1997, 1207, 1209 – ähnlich jetzt in: Leible (Hrsg.), Grünbuch (2004), 25, 34 f. mit einem Vorschlag für die Rom I-VO: allerdings mit unmittelbarer Anknüpfung an den Regelungsgehalt der Richtlinie selbst; z. G. auch *Krebber*, ZVglRWiss 97 (1998), 124, 158 m. w. N.; *Sonnenberger*, in: MüKO, Einl. IPR, Rdn. 176. Seine Grenze findet der Ansatz jedenfalls, wenn die RL Optionen vorsieht, nationale Divergenzen also nicht auf Umsetzungsdefiziten beruhen, sondern durch die RL selbst zugestanden ist – *Ebke*, in: v. Bar (Hrsg.), Gemeinschaftsrecht und IPR (1991), 77, 101 f.; *Langenfeld*, IPRax 1993, 155, 157 mit Fn. 32; Sonnenberger, in: MüKo, Einl. IPR, Rdn. 188 f. für den ordre public.

45 Vgl. dazu etwa *v. Hoffmann*, IPRax 1989, 261, 266, 68; *Mäsch*, Rechtswahlfreiheit (1993), 126 ff., 159 ff. für eine Auffangfunktion des Art. 34 EGBGB; Dagegen etwa *Coester-Waltjen*, FS Lorenz (1991), 297, 313 f.; *Martiny*, in: MüKo, Art. 29, Rdn. 30; *Taupitz*, BB 1990, 642, 649 f.; *Iversen*, in: Gemeinschaftsrecht und IPR (1994), 409 ff.; *Rauscher*, EuZW 1996, 650, 652; umfassend zum Streitstand *Sonnenberger*, IPRax 2003, 104, 107 ff.

46 *Mankowski*, RIW 1993, 453, 460 ff. und RIW 1998, 287, 289 ff.; z. G. auch *Gebauer*, Grundfragen, 168 ff.

47 *Iversen*, in: Gemeinschaftsrecht und IPR (1994), 428, 429 ff.; *Grabitz*, in: FS Deringer (1993), 59, 65; *Kropholler*, RabelsZ 56 (1992), 330, 331; *Mankowski*, RIW 1993, 453, 462; *ders.*, RIW 1998, 287, 289 und in: Aufbruch nach Europa (2001), 595, 607 f.; *Rauscher*, EuZW 1996, 650, 652; *Sonnenberger*, in: MüKO, Einl. IPR, Rdn. 176; z. G. auch *Deinert*, JbJZ 1997, 257, 265 f.; *Gebauer*, Grundfragen der Europäisierung des Privatrechts (1998), 168 ff. – i. E. aber a. A.

48 *Baumert*, Europäischer ordre public (1994); 41, 46 ff., 230 ff.; *Iversen*, in: Gemeinschaftsrecht und IPR (1994), 431 ff.; ähnlich *Kropholler*, Internationales Privatrecht, § 36 III c; *Martiny*, in: v. Bar (Hrsg.), Gemeinschaftsrecht und IPR (1991), 211, 219 ff.; *Reich*, CMLR 29 (1992), 861, 881 ff.; z. G. – einschließlich der Kritik dieses Ansatzes – *Baumert*, Europäischer ordre public (1994), 46-250; *Deinert*, einen fundamentalen und unverzichtbaren Rechtsgrundsatz; die Anwendung des berufenen richtlinienwidrigen Rechts stelle somit nicht schon per se ein untragbares Ergebnis dar, wie der ordre public es im Auge hat. Sein Einsatz, um die Harmonisierung in Europa zu effektuieren, sei angesichts eines bestehenden Sanktionssystems für Umsetzungsversäumnisse im EG-Vertrag auch hier unangemessen und sachfremd.[49]

c) *Ergebnis: Korrektur im Sachrecht statt nachträglicher kollisionsrechtlicher Modifikation*

Wie gezeigt ist keiner dieser Lösungswege unumstritten. Weitgehende Einigkeit besteht nur in dem Bestreben, die Anwendung des (richtlinienwidrigen) spanischen Rechts (zugunsten des deutschen Rechts) zu vermeiden. Dabei sollte sich die Kritik an den vorstehenden dargestellten Ansätzen, die ein solches Ergebnis herbeiführen, m. E. allerdings nicht so sehr auf die evt. Systembrüche zum klassischen IPR konzentrieren. Denn den Ausgangspunkt jedweder Betrachtung in diesem Zusammenhang muss auch hier das Gemeinschaftsrecht bilden. Ihm ist zu entnehmen, wann und in welchem Umfang die Richtlinie einen Geltungsanspruch erhebt. Den so vorgegebenen Rahmen hat das nationale Recht auszufüllen – im Privatrecht etwa mittels richtlinienkonformer Auslegung oder mittelbar über den Staatshaftungsanspruch,[50] jedoch ggf. durchaus auch mittels einer richtlinienkonformen Auslegung bzw. Anwendung des Kollisionsrechts, wenn so die Möglichkeit besteht, zu einem gemeinschaftsrechtskonformen Ergebnis zu gelangen. Die beklagten Systembrüche kennzeichnen – jedenfalls zum Teil – Verwerfungen, die sich zwischen dem klassischen und dem entstehenden Binnenmarktkollisionsrecht auftun. Denn jedenfalls soweit sich dem Gemeinschaftsrecht ein unbedingter Durchsetzungsanspruch entnehmen lässt, ist dieser – wie im Bereich der Drittabgrenzung – auch geeignet, das Kollisionsrecht nach seinen Anforderungen zu modifizieren. Deshalb könnten grds. alle oben beschriebenen Wege (mit Ausnahme der sachlich nicht passenden Anwendung von Artt. 27 III oder 31 II EGBGB) beschritten werden.[51] Die wichtigere und v. a. vorgelagerte Frage ist jedoch, inwieweit die Richtlinie in der Gran-Canaria-Konstellation eine unbedingte Durchsetzung – auch durch nachträgliche Korrektur der Anknüpfung – überhaupt verlangt.

M. E. ist eine solche nachträgliche kollisionsrechtliche Korrektur zum Ausgleich von Umsetzungsdefiziten und zur Durchsetzung des Richtlinienrechts nicht erforderlich noch angezeigt: Zwar sind gemeinschaftsrechtliche Erfordernisse auch bei der Anwendung des Kollisionsrechts zu beachten, sie fließen jedoch richtigerweise bereits

---

JbJZ 1997, 257, 269 ff.; *Grundmann*, Europäisches Schuldvertragsrecht (1999), 111, 210; *Sonnenberger*, in: MüKO, Einl. IPR, Rdn. 176, 188 f.

49 Krit. etwa *Ebke*, in: v. Bar (Hrsg.), Gemeinschaftsrecht und IPR (1991), 77, 99 f.; *Grundmann*, Europäisches Schuldvertragsrecht (1999), 111, 210; *Mankowski*, RIW 1993, 453, 462 f.; *ders.*, in: Aufbruch nach Europa (2001), 595, 607 f.; *Siehr*, Internationales Privatrecht, 120, 488 f.; *Sonnenberger*, in: MüKo, Einl. IPR, Rdn. 176, 188 f. differenzierend; *Staudinger*, RIW 2000, 416, 419 f.; *Taupitz*, BB 1990, 642, 650 f.

50 *Krebber*, ZVglRWiss 97 (1998), 124, 132 ff., 154 ff.

51 IdS. wohl auch *Krebber*, ZVglRWiss 97 (1998), 124, 157 f.

in die allgemeine Verweisung ein (wenn und weil die überkommene Anknüpfung als solche der sekundärrechtlich überformten Rechtslage nicht angemessen ist) und modifizieren ggf. die dafür maßgebliche Interessenlage. Einen unbedingten Durchsetzungsanspruch, der sich notfalls auch gegen diese primäre Wertung durchsetzt, erhebt das Richtlinienrecht nicht.

Möglich erscheinen deshalb etwa Modifikationen in den Fällen, in denen eine Korrektur der überkommenen Verweisung aus der Binnenmarktperspektive erforderlich erscheint; so etwa im Hinblick auf die Lückenhaftigkeit des EVÜ. So ist etwa eine analoge Anwendung des Art. 27 III EGBGB aus der selbständigen Erwägung heraus möglich, dass eine dieser Vorschrift entsprechende Situation vorliegt. Dies kommt v. a. im Falle der Wahl eines drittstaatlichen Rechts bei Bezug zu mehreren Mitgliedstaaten in Betracht; in der Gran-Canaria-Konstellation des Schutzverlustes infolge von Umsetzungsfehlern allerdings nur in dem Spezialfall, dass objektive Bezüge allein zu mehreren richtlinienkonformen Rechten bestehen, jedoch das Recht eines säumigen Mitgliedstaates gewählt wurde. Bestehen – wie in der klassischen Gran-Canaria-Konstellation – auch objektive Bezüge zu dem säumigen Mitgliedstaat, scheidet dieser Weg aus.[52]

Es sollte bei den Modifikationen der „ursprünglichen Verweisung" jedoch stets um abstrakte kollisionsrechtliche Erwägungen vor dem Hintergrund der binnenmarktspezifischen Anforderungen an das IPR gehen, nicht um eine lediglich am sachrechtlichen Ergebnis orientierte Korrektur.

Der Grund dafür ist, dass die sich aus der kollisionsrechtlichen Interessenlage ergebende Anknüpfung (zunächst sachrechtsneutral) nicht unangemessen wird, weil der bezeichnete Mitgliedstaat eine Richtlinie fehlerhaft umgesetzt hat. Die kollisionsrechtliche Verknüpfung zum säumigen Mitgliedstaat entfällt dadurch nicht, und es ist auch nicht einfach ein Aufsuchen der nächstverbundenen Rechtsordnung anzuraten, weil eine solche evt. gar nicht existiert. Es sollte kein völlig eigenes Anknüpfungssystem für solche Fälle geschaffen werden, das sich überdies jenseits der bereits gemeinschaftsrechtlich modifizierten kollisionsrechtlichen Interessenlehre bewegen müsste, weil diese ja gerade zu dem säumigen Staat geführt hat: Die einzige aus kollisionsrechtlichen Erwägungen – einschließlich ihrer gemeinschaftsrechtlichen Modifikationen – fließende Verweisung ist mithin bereits „verbraucht".[53] Auch die sachrechtliche Interessenlage hilft hier nicht weiter, weil sich aus dieser nur ableiten lässt, wann der Richtlinien-Schutzstandard als solcher gelten muss, nicht aber, in welcher Umsetzung). Dieses Dilemma scheint auch aus den bisherigen Lösungsversuchen auf – insbes. der lex fori-Lösung.

Der Umstand, dass die bereits benannten kollisionsrechtliche Lösungsansätze zur Gran-Canaria-Konstellation regelmäßig versuchen, das richtlinienkonforme Recht

---

52 Zu dieser Differenzierung etwa *Iversen*, in: Gemeinschaftsrecht und IPR (1994), 420 ff.; vgl. oben, § 12 III.1.b)aa) a. E.

53 Ähnlicher Gedankengang wohl auch bei Staudinger, RIW 2000, 416, 419 f.

des Forums anstelle des richtlinienwidrigen Rechts des Mitgliedstaates anzuwenden, der die gemeinschaftsrechtlichen Vorgaben nicht rechtzeitig in sein nationales Recht umgesetzt hat, ist nicht zuletzt ein Ausdruck der hier aufgezeigten Problematik des „Verbrauchs der Verweisung". Auf eine solche lex-fori-Lösung waren in der historischen Konstellation i. E. sämtliche Bemühungen gerichtet und das ist insbes. im Rahmen der mittelbaren horizontalen Direktwirkung und des ordre public auch der abstrakte Ansatz. Es fehlt jedoch – abgesehen von dem gewünschten sachrechtlichen Ergebnis – die Begründung, warum gerade das Forumrecht anwendbar soll,[54] das nach der ursprünglichen Anknüpfung nicht berufen war und überdies regelmäßig nicht nur den Gehalt der Richtlinie selbst widerspiegelt, sondern vielmehr deren Gestaltungsspielräume wahrgenommen hat.

Die Durchsetzung des richtlinienkonformen Rechts der lex fori ist somit zum einen eine Verlegenheitslösung, weil die korrekte Verweisung verbraucht ist. Überdies ist sie im Hinblick auf die Überschreitung des Standards der Richtlinie durch das Forum-Recht problematisch. Wie oben bereits angesprochen wurde, sind die möglichen Abweichungen des Forumrechts gegenüber dem Mindeststandard der Richtlinie – anders als bei der Drittabgrenzung – auch nicht unerheblich, weil es hier nicht um die Ermittlung der erstzuständigen Rechtsordnung, sondern um eine nachträgliche Korrektur der eigentlich angemessenen Verweisung im Verhältnis der Mitgliedstaaten untereinander geht, und etwa die Erstreckung gegenüber der Richtlinie bzw. dem eigentlich erstberufenen Recht strengerer nationaler Vorschriften auf grenzüberschreitende Sachverhalte nach der hier vertretenen Ansicht nicht zulässig ist, sofern sie eine Beschränkung der Grundfreiheiten bewirkt.[55]

Gegen eine nachträgliche Korrektur der Verweisung im Falle der Berufung einer nicht richtlinienkonformen mitgliedstaatlichen Rechtsordnung sprechen auch die oben bereits angeführten EG-vertragssystematische Erwägungen. So ist kein Mitgliedstaat berechtigt, sich zum Richter über andere aufzuschwingen, indem er seine eigene Umsetzung verdrängend an die Stelle des eigentlich berufenen Rechts setzt. Dadurch wird Rechtspolitik auf dem Rücken der beteiligten Privatrechtssubjekte betrieben und das Sanktionssystem umgangen, das der EG-Vertrag für Fälle mangelhafter oder verspäteter Umsetzung vorsieht.[56]

Andererseits gebieten die sachrechtlichen Interessen die Berücksichtigung des Richtlinienstandards. Wird die Korrektur des kollisionsrechtlichen Ergebnisses in den Gran-Canaria-Fällen unterlassen, droht die Nichtanwendung der gemeinschaftsrechtlichen Regelung trotz erfolgter Harmonisierung und Ablauf der Umsetzungsfrist. Unter diesem Aspekt könnte man jedenfalls im Sonderfall der Umsetzungs-

---

54 Zwar wiesen verschiedene Verbindungen auf die deutsche Rechtsordnung, diese waren jedoch nach dem oben Gesagten gerade nicht stark genug, die Anknüpfung zu modifizieren.

55 Ausführlich dazu unten, § 12 II.2.

56 Vgl. *Mankowski*, in: Aufbruch nach Europa (2001), 595, 607 f.; dazu auch *Staudinger*, RIW 2000, 416, 417; gegen die in den Gran-Canaria-Fällen vorgeschlagenen kollisionsrechtlichen Korrekturversuche und für eine Lösung im berufenen Sachrecht auch *Freitag/Leible*, EWS 2000, 342, 347; *Michaels/Kamann*, EWS 2001, 301, 308 f.

fehler (als eines prinzipiell temporären Problems und im Gegensatz zu dem rechtmäßigen und permanenten Zustand von Umsetzungsdivergenzen korrekt umgesetzter Richtlinien) erwägen, das Forumrecht auf den Richtlinienstandard reduziert anzuwenden, zumal wenn der Vorrang der richtlinienkonformen Auslegung des eigentlich berufenen Rechts von der lex fori aus beachtet wird.

Allerdings würde so eine zusätzliche Rechtsordnung geschaffen, die so nirgendwo existiert; zumal eine solche Lösung ohnehin ausscheidet, wo die Richtlinie Gestaltungsaufträge enthält, so dass die Extraktion eines gemeinschaftsrechtlichen Regelungskerns aus dem nationalen Recht nicht möglich ist. Wenn eine Korrektur stattfinden muss, so sollte das im Rahmen des berufenen Rechts geschehen. Die Lösung der Gran-Canaria-Problematik ist daher m. E. im ursprünglich berufenen Sachrecht zu suchen. Daher sollte (jenseits der aufgezeigten Möglichkeit, die Anknüpfung an sich zu modifizieren, um etwa Lücken im EVÜ auszugleichen) in solchen Fällen eine angleichungsähnliche Lösung im berufenen Recht gewählt werden, indem der Mindeststandard der Richtlinie im Wege richtlinienkonformer Auslegung in diesem Recht berücksichtigt wird. Sollte das nicht möglich sein, ist auf die Staatshaftung zu verweisen.[57] Diese Lösung trennt sauber zwischen kollisionsrechtlicher und sachrechtlicher Dimension der Durchsetzung des Gemeinschaftsrechts und weicht die (auch im Bereich des Binnenmarktkollisionsrechts) möglicherweise modifizierten, jedoch abstrakt zu formulierenden Anknüpfungsregeln nicht unangemessen durch sachrechtliche Einzelfallwertungen auf.

Die Problematik um die Durchsetzung des harmonisierten gemeinschaftsrechtlichen Standards in der Gran-Canaria-Konstellation kann insbes. entscheidend entschärft werden, wenn die Grundsätze zur richtlinienkonformen Auslegung nationalen Rechts (sowohl des Kollisions- als auch des Sachrechts) in dem hier vertretenen weiten Sinne angewandt werden – und zwar sowohl des eigenen als auch des fremden mitgliedstaatlichen Rechts, weil ausländisches Recht stets so anzuwenden ist, wie es auch der ausländische Richter anwenden würde:[58] Im Falle der Berufung eines mitgliedstaatlichen Rechts wäre auch der dortige Richter zur richtlinienkonformen Auslegung verpflichtet – prinzipiell gelten die Grundsätze der gemeinschaftsrechts- bzw. richtlinienkonformen Auslegung auch bei der Anwendung des Rechts anderer Mitgliedstaaten vor inländischen Gerichten.[59] Zwar unterliegt die Auslegung frem-

---

57 In dieser Richtung auch *Freitag/Leible*, EWS 2000, 342; *dies.*, RIW 2001, 287, 293 f.; *Mankowski*, in: Aufbruch nach Europa (2000), 595, 607; *Michaels/Kamann*, EWS 2001, 301, 308; *Staudinger*, RIW 2000, 416, 417; krit. zu dieser Lösung *Nemeth/Rudisch*, ZfRV 2001, 179, 183; differenzierend *Sonnenberger*, in MüKo, Einl. IPR, Rdn. 175 ff.

58 *Roth*, FS 50 Jahre BGH (2000) II, 847, 878 ff.; *Sonnenberger*, MüKo, Einl. IPR, Rdn. 573 f.; *Ders.*, ZVglRWiss 95 (1996), 3, 46; *Vrellis*, in: Private Law in the International Arena (2000), 829 f., 837 ff. m. w. N.

59 *Baumert*, Europäischer ordre public (1994), 35 ff. m. w.N, auch zu den Grenzen; *Ehricke*, RabelsZ 59 (1995), 598, 640 f.; *Sonnenberger*, MüKo, Einl. IPR, Rdn. 192 ff.; *ders.*, ZVglRWiss 95 (1996), 3, 46 f.; *Roth*, FS 50 Jahre BGH (2000) II, 847, 878 ff. – der von einer mittelbaren Geltung des Gebots, vermittelt über den Grundsatz der authentischen Anwendung fremden Rechts, ausgeht deshalb auch auf die im ausländischen Recht gesetzten Grenzen der richtlinienkonformen Auslegung und die Auslegungspraxis der ausländischen Gerichte verweist; *Staudinger*, RIW 2000, 416, 417.

den Rechts gewissen Grenzen.[60] Sie ist jedoch prinzipiell möglich und stellt insbes. im Bereich des Gemeinschaftsrechts wegen des für alle Mitgliedstaaten nach Maßgabe der Rspr. des EuGH geltenden Gebots der richtlinienkonformen Auslegung einen brauchbaren Ansatzpunkt dar, den Regelungsgehalt der Richtlinie im nationalen Recht zu verankern. Verzichtet man darauf, jenseits der (ggf. nötigen) allgemeinen Modifikation der ursprünglichen Verweisung und nur mit Blick auf das sachrechtliche Ergebnis weitere kollisionsrechtliche Korrekturen anzubringen, und setzt stattdessen auf die richtlinienkonforme Auslegung des berufenen Rechts, so wird sich der Richtlinienstandard zwar in den meisten, jedoch nicht in allen Fällen unmittelbar durchsetzen. Indes ist dieses Ergebnis trotz des Geltungs- und Vorranganspruchs des Gemeinschaftsrechts wertungsmäßig hinnehmbar. Auch in rein nationalen Fällen, die nur einen Mitgliedstaat berühren, kommt zunächst nur eine richtlinienkonforme Auslegung in Betracht; und wo diese versagt, wird auch vom europarechtlichen Standpunkt aus nicht um jeden Preis auf die „Anwendung" der Richtlinie bestanden, sondern der Verweis auf das Institut der Staatshaftung zugelassen. Auch im Falle der Berufung einer richtlinienwidrigen mitgliedstaatlichen Rechtsordnung kann – wenn deren richtlinienkonforme Auslegung fehlschlägt – noch immer auf einen Staatshaftungsanspruch gegen den säumigen Mitgliedstaat verwiesen werden, zumal die kollisionsrechtlichen Korrekturversuche – wie gezeigt – selbst allesamt angreifbar sind. Mögliche Defizite dieser Lösung im Sachrecht[61] sind in der vorübergehenden Situation von Umsetzungsdefiziten im grenzüberschreitenden Fall hinzunehmen. Die Lösung im Sachrecht entspricht somit dem allgemeinen Standard der Durchsetzung des Gemeinschaftsrechts, wie er auch im rein nationalen Sachverhalt gilt, und vermeidet jedenfalls das Problem, eine von der gemeinschaftsrechtlich grds. unbedenklichen Regelanknüpfung abweichende Verweisung etwa auf das Forumrecht rechtfertigen zu müssen.

Schließlich steht sie auch nicht im Widerspruch zu der oben im Rahmen der Drittabgrenzungsproblematik vertretenen Lösung, nach welcher der Richtlinienstandard unbedingt durchzusetzen war: Zwar ist dort eine vorbehaltlose Durchsetzung des Richtlinienstandards – etwa über Art. 27 III EGBGB oder über die Sonderanknüpfung richtlinienkonformen mitgliedstaatlichen Rechts – vertreten worden, die hier gerade abgelehnt wurde, indes erklärt sich dieser Unterschied aus Differenzen in

---

60 Vgl. dazu *Vrellis*, in: Private Law in the International Arena (2000), 829 ff. – zu dem bestehenden Anpassungsbedarf und dem Ziel, eine vom fremden Recht inspirierten inländische Norm zu entwickeln; differenzierend *Sonnenberger*, in: MüKo, Einl. IPR, Rdn. 192 ff., der auf die Problematik unterschiedlicher Auslegungstraditionen in den nationalen Rechten hinweist – Rdn. 196, 573 ff.: die Auslegung fremden Rechts hat danach grds. nach Maßgabe der dort geltenden Auslegungsmaßstäbe und -methoden zu erfolgen. Ziel ist es, die fremden Normen so anzuwenden, wie sie wirklich gelten, dabei ist jedoch Zurückhaltung geboten – etwa was die Auslegungsfähigkeit fremder Normen angeht – und ggf. eine Vorlage nach Art. 234 EG an der EuGH zu erwägen; z. G. auch *Baumert*, Europäischer ordre public (1994), 36 ff.

61 Etwa in Gestalt der Grenzen der richtlinienkonformen Auslegung bzw. der Auslegung fremden Rechts oder der Durchsetzungsprobleme des Staatshaftungsanspruchs, vgl. dazu oben § 10 III.2.c) und § 10 IV.

Ausgangssituation und Hintergrund bei der Drittabgrenzung einerseits und bei der Korrektur von Umsetzungsdefiziten andererseits:

Bei der Drittabgrenzung ist es das zentrale Anliegen, den gemeinschaftsrechtlichen Standard gegen weniger schutzintensives drittstaatliches Recht durchzusetzen. In diesem Fall kommt die Richtlinien-Regelung – ohne eine Korrektur auf kollisionsrechtlicher Ebene – deshalb nicht zum Zuge, weil keine mitgliedstaatliche Rechtsordnung anwendbar ist. Hier kann dem Gemeinschaftsrecht nur Geltung verschafft werden, indem eine mitgliedstaatliche Rechtsordnung berufen wird.

Die Gran-Canaria-Situation, in der die Richtlinienregelung deshalb nicht zum Zuge kommt, weil ein Mitgliedstaat die Umsetzung versäumt hat, bezeichnet hingegen ein eigenständiges Problem auf einer anderen Ebene, das anders behandelt werden kann und muss, weil spezifische Mittel in Gestalt der richtlinienkonformen Auslegung und der Staatshaftung als besondere Instrumente zur Durchsetzung des Gemeinschaftsrechts im privatrechtlichen Bereich zur Verfügung stehen. Dieses Problem kann isoliert – wie in den klassischen Gran-Canaria-Fällen, jedoch ebenso innerhalb der 2. Stufe der Drittabgrenzung auftreten, in der es um die Bestimmung des konkret anwendbaren mitgliedstaatlichen Rechts geht. Diese Sonderkonstellation, in der Drittabgrenzungs- und Gran-Canaria-Konstellation zusammenfallen, ist oben bei der Drittabgrenzung ausgespart worden, weil sie nicht ohne den Hintergrund der hier vorgestellten Problematik aufgelöst werden kann. Auch in diesem Fall der Kombination beider Problemkreise zeigt sich indes die Schlüssigkeit und Stimmigkeit beider hier vertretener Lösungen. Es bleibt bei der unbedingten Berufung des gemeinschaftsrechtlichen Regelungsstandards auf der ersten Stufe; in der 2. Stufe tritt die Gran-Canaria-Lösung ein. In Kombination mit einer Drittab grenzung ist das Gran-Canaria-Konstellation mithin nicht anders aufzulösen als isoliert:

Insofern muss bei der Drittabgrenzung zwischen dem unbedingten Verweis in die Gemeinschaft auf der ersten Stufe, der mangels Richtliniengeltung im Drittstaat allein die Beachtung des EG-Rechts sicherstellt, und der konkreten Verweisung in der zweiten Stufe unterschieden werden. Auf der ersten Stufe ist die unbedingte Durchsetzung des Gemeinschaftsstandards schon auf kollisionsrechtlicher Ebene (d. h. die Berufung eines mitgliedstaatlichen Rechts) deshalb erforderlich, weil die Richtlinie im Verhältnis zu Drittstaaten nur innerhalb der mitgliedstaatlichen Rechtsordnungen in der einen oder anderen Weise Wirkung entfalten kann, wohingegen sie für einen Drittstaat nicht gilt, so dass es dort weder eine Umsetzung gibt, noch eine richtlinienkonforme Auslegung seines Rechts oder eine Staatshaftung in Betracht kommt.[62] Um die Ziele der Sekundärrechtssetzung zu wahren, bedarf es mithin der Verweisung auf ein mitgliedstaatliches Recht.

Allerdings steht auch in diesem Fall noch nicht fest, in welcher Form sich der Richtlinienstandard durchsetzen wird. Die Anwendung der beanstandungsfreien

---

62 Zu diesem Aspekt *Freitag/Leible*, RIW 2001, 287, 293 f.; *Michaels/Kamann*, EWS 2001, 301, 308 f.

Umsetzung eines bestimmten Mitgliedstaates ist lediglich der Normalfall, der bei korrekter Transformation eintritt. Ist diese hingegen mangelhaft – was bei den Drittabgrenzungsfällen wie erwähnt ebenfalls möglich ist, kann sich die Richtlinie nach der hier vertretenen Ansicht nur über die richtlinienkonforme Auslegung oder Staatshaftung durchsetzen. Auch hier können nicht einfach die nächstverbundenen Rechtsordnungen „durchprobiert" werden, bis ein konformes Recht gefunden ist, oder die lex fori angewandt werden. Auch für das Aufsuchen des anwendbaren Rechts in den Drittabgrenzungsfällen muss eine abstrakte Formel gelten, welche die aus den Grundfreiheiten fließenden Wertungen und Vorgaben unmittelbar mit einbezieht. Führt diese EG-rechtlich (und zunächst ohne Berücksichtigung des sachrechtlichen Ergebnisses) korrekte Verweisung zu einem „Mangel-Mitgliedstaat", bleibt nur noch die Lösung in dessen Sachrecht. Die Idee der Sonderanknüpfung einer richtliniengemäßen Regelung scheitert an der Frage, welchen Mitgliedstaates Regeln gesondert angeknüpft werden sollen, weil die EG-rechtlich korrekte Verweisung schon „verbraucht" ist und es keine zweite richtige Verweisung gibt – es entsteht der bereits beschriebene Zirkel.

Mithin ergeben sich in der zweiten Stufe der Drittabgrenzung insofern keine Differenzen zur Behandlung der Gran-Canaria-Fälle, als es auch hier lediglich um eine Variante dieser klassischen Konstellation der Verweisung im Binnenverhältnis zwischen den Mitgliedstaaten geht, welche in die oben beschriebene Lösung mündet. Deshalb bewirkt der hier vertretene Ansatz weder zwischen der grds. Lösung in Drittstaatenfällen (nämlich unbedingte Durchsetzung des EG-Standards) und der Lösung der Gran-Canaria-Fälle (nur Lösung im Sachrecht) noch zwischen den Drittstaatenfällen mit und ohne zusätzlicher Gran-Canaria-Problematik Widersprüche, denn in allen Fällen erfolgt eine unbedingte Verweisung in die Gemeinschaft, die sich nur auf der 2. Stufe gemäß den unterschiedlichen Wirkungsmechanismen des EG-Rechts im innerstaatlichen Bereich konkretisiert.

I. E. eignet sich das Binnenmarktkollisionsrecht nicht, um die Folgen fehlerhafter Umsetzung auszugleichen. Auch und gerade unter Hinzunahme der EG-rechtlichen Anforderungen an die Anknüpfung (die ihrerseits im Fall korrekter Umsetzung ebenso wie auch im Fall von Umsetzungsfehlern gleichermaßen geboten ist) ist jeweils nur eine Verweisung die richtige. Diese sollte nicht nachträglich mit Blick auf das materielle Ergebnis mehr oder weniger willkürlich verändert werden. Eine Korrektur ist nur noch im berufenen Sachrecht durch richtlinienkonforme Auslegung vorzunehmen oder durch einen Staatshaftungsanspruch zu ersetzen Diese Lösung verwirklicht die EG-rechtlich gebotene Zuweisung der Umsetzungsbefugnisse und genügt den innerhalb der Gemeinschaft geltenden Anforderungen an die Durchsetzung des Gemeinschaftsrechts in der nationalen Rechtsordnung.

In eine andere Richtung geht allerdings nunmehr Art. 16 der Richtlinie über den Fernabsatz von Finanzdienstleistungen, der bestimmt: Die Mitgliedstaaten können auf Anbieter, die in einem Mitgliedstaat niedergelassen sind, der diese Richtlinie noch nicht umgesetzt hat und nach dessen Recht keine den Verpflichtungen dieser

Richtlinie entsprechenden Verpflichtungen bestehen, nationale Bestimmungen anwenden, die den Bestimmungen dieser Richtlinie entsprechen.[63]

2. Divergenzen bei korrekter Umsetzung

Im Zusammenhang mit der Umsetzung von Richtlinien ist bisher v. a. die Frage erörtert worden, was gilt, wenn Richtlinien im Forumstaat oder im anwendbaren Sachrecht nicht oder fehlerhaft umgesetzt wurden.[64] Problematischer als der Umgang mit Umsetzungsdefiziten, die sich als lediglich temporäre Fehlentwicklungen darstellen, welche korrigiert werden können und müssen, ist der Fall von legitimen Umsetzungsdivergenzen infolge tatsächlich bestehender Spielräume, die einer solchen Korrektur nicht zugänglich sind; denn sie stellen den im Zuge der „neuen Strategie" ausdrücklich gebilligten Normalfall dar.

Die Frage nach dem anwendbaren Recht – im harmonisierten Bereich also die Frage nach der konkret anwendbaren nationalen Umsetzung – ist, wie bereits dargestellt wurde, von erheblicher Bedeutung, weil auch im harmonisierten Bereich weiterhin Rechtsunterschiede bestehen.[65] Die Rechtssetzung der Gemeinschaft im Stil der „neuen Strategie" beschränkt sich neben der Eröffnung von Regelungsspielräumen und -optionen regelmäßig auf die Harmonisierung von bloßen Mindeststandards und führt deshalb bei weitem keine kollisionsrechtserübrigende Rechtsidentität in den Mitgliedstaaten herbei. Beispiele für solche legitimen Divergenzen zwischen den harmonisierten Rechtsordnungen der Mitgliedstaaten sind bereits angeführt worden, so dass insoweit auf die obigen Ausführungen verwiesen werden kann.[66] Vor diesem Hintergrund kann und muss weiterhin die Frage gestellt werden, ob die Anwendung des einen oder anderen mitgliedstaatlichen Rechts die Betätigung im Binnenmarkt beeinträchtigt. Soweit Regelungen im Raum stehen, die nach dem oben im Zusammenhang mit der Grundfreiheitendogmatik Gesagten geeignet sind, die Marktfreiheiten zu beschränken, geht es um die Frage, welcher Mitgliedstaat befugt ist, die entsprechende Regelung zu treffen und durchzusetzen bzw. ob ein anderer berührter Mitgliedstaat seine abweichende Regelung zur Anwendung bringen kann.

Was also gilt, wenn Richtlinien in allen berührten Mitgliedstaaten korrekt, aber divergent umgesetzt worden sind? Diese Frage ist bisher weitgehend ausgeblendet geblieben. Oft geht man hier ohne weiteres von der Anwendbarkeit klassischen Kollisionsrechts aus,[67] denn abgesehen von den wenigen expliziten kollisionsrechts-

---

63 RL 2002/65/EG, ABl.EG 2002, Nr. L 271/16; dazu *Heiss*, IPRax 2003, 100, 104.

64 Vgl. etwa *Iversen*, in: Gemeinschaftsrecht und IPR (1994), 420 ff.; *Deinert*, JbJZ 1997, 257 ff.

65 *Basedow*, NJW 1996, 1921, 1925 f.; *Fetsch*, Eingriffsnormen (2002), 246 ff., 248, 251; *v. Hoffmann*, ZfRV 1995, 45, 47 f.; *Krebber*, ZVglRWiss 97 (1998), 124, 127 f.; *Leible*, in: Schulte-Nölke/Schulze (Hrsg.), Rechtsangleichung (1999), 353, 371 ff., 379 ff.; *v. Wilmowsky*, ZEuP 1995, 735, 761 f. Anders für Eingriffsnormen *Iversen*, in: Gemeinschaftsrecht und IPR (1994), 339 f.

66 Vgl. oben § 2 II.2.c)(dd) bzw. § 10 I.2.c).

67 Vgl. dazu *Sonnenberger*, in: MüKo, Einl. IPR, Rdn. 328 f.; krit. dazu *Grundmann*, RabelsZ 64 (2000), 457, 463; *Krebber*, ZVglRWiss 97 (1998), 124, 126 ff.

harmonisierenden Bestimmungen in einzelnen Richtlinien, die jedoch jeweils bereichsspezifisch und sachlich eng begrenzt sind, scheint es für diese Frage an spezifischen Vorgaben des Europarechts zu fehlen.

Insbes. die erwähnten direkten oder impliziten Regelungsgehalte zur Drittrechtsabgrenzung beantworten diese Frage nicht. Denn auch soweit die Richtlinien Vorgaben für den räumlichen Geltungsanspruch des durch sie etablierten rechtlichen Standards enthalten, ist damit noch noch nicht bestimmt, welche nationale Umsetzung Anwendung finden soll. Konsequent, denn aus Sicht des Gemeinschaftsrechts sind alle mitgliedstaatlichen Rechtsordnungen, die die Richtlinie korrekt umgesetzt haben, gleichwertig, so dass ihm selbst – jedenfalls unter dem Gesichtspunkt der Absicherung seiner vollen Wirksamkeit – keine Präferenz zugunsten eines bestimmten nationalen Rechts entnommen werden kann.[68]

In Betracht kommt jedoch eine Determination der Anknüpfung im Hinblick auf den möglichst reibungslosen Ablauf des Wirtschaftsverkehrs im Binnenmarkt. Insofern können sich gemeinschaftsrechtliche Vorgaben aus den allgemeinen Grundsätzen der Einwirkung des Gemeinschaftsrechts auf das Kollisionsrecht ergeben. Vor diesem Hintergrund sind bereits für den unharmonisierten Bereich den Grundfreiheiten des EG-Vertrages gewisse kollisionsrechtliche Implikationen entnommen worden. Die dort gefundenen Resultate gilt es nunmehr aufzugreifen und für den harmonisierten Bereich fortzuschreiben. Dazu sind die Auswirkungen der Sachrechtsharmonisierung auf die Grundfreiheitendogmatik und ihre kollisionsrechtlichen Gehalte zu untersuchen, wobei ein Schwerpunkt auf der Frage liegen wird, wie die unter der neuen Strategie übliche Mindestharmonisierung zu bewerten ist. Die gewonnenen Ergebnisse sollen anhand von Beispielen verdeutlicht werden.

a) Der Einfluss der Sachrechtsharmonisierung auf die kollisionsrechtlichen Implikationen des Gemeinschaftsrechts

Ergeben sich im unharmonisierten Bereich die Regeln und Tendenzen des Binnenmarktkollisionsrechts lediglich aus den kollisionsrechtlichen Implikationen der Grundfreiheiten und ihren Auswirkungen auf das IPR der Mitgliedstaaten, so erweitern im harmonisierten Bereich die sachrechtsintegrierenden Richtlinien der Gemeinschaft als mögliche neue Elemente die Palette der Einflussgrößen auf die IPR-Frage.

aa) Bestand und Verhältnis der Parameter des Binnenmarktkollisionsrechts im harmonisierten Bereich

Die Richtlinien und ihre möglichen Auswirkungen auf den Bestand und Gehalt des Binnenmarktkollisionsrechts sind allerdings lediglich ein zusätzliches Element, das dessen bisher konstatierten Sockelbestand zwar modifizieren bzw. konkretisieren

---

68 Zu dieser Problematik etwa *Fetsch*, Eingriffsnormen (2002), 245 ff.; *Krebber*, ZVglRWiss 97 (1998), 124, 138; *v. Wilmowsky*, ZEuP 1995, 735, 762.

mag, ihn jedoch nicht verdrängt. Vielmehr kann auf die oben beschriebenen Auswirkungen der Freiheiten auf das Anknüpfungssystem der Mitgliedstaaten grds. auch im harmonisierten Bereich zurückgegriffen werden: Die Grundfreiheiten enthalten die zentralen Verbürgungen im Bezug auf die Gewährleistung von Binnenmarktverhältnissen – und das nach dem oben Gesagten auch im Hinblick auf das Kollisionsrecht, wo sie zumindest gewisse Tendenzen und Maßstäbe zu etablieren vermögen, denen das nationale IPR Rechnung zu tragen hat. Da sie zudem als primärrechtliche Regelungen Vorrang vor den Richtlinien haben, müssen sie auch im harmonisierten Bereich den Ausgangspunkt der Betrachtungen bilden. Ihre Wertungen im hier interessierenden kollisionsrechtlichen Zusammenhang können durch die Richtlinien modifiziert, jedoch nicht außer Kraft gesetzt werden. Insofern kann jeweils aus der Zusammenschau der einzelnen Richtlinie und der betroffenen Grundfreiheit(en) die gesuchte implizite gemeinschaftsrechtliche Vorgabe für das Kollisionsrecht entwickelt werden.

Mit der Umsetzung von Grundfreiheiten und Richtlinien in kollisionsrechtliche Vorgaben sind zunächst die gemeinschaftsseitigen Einflußgrößen des Binnenmarktkollisionsrechts erfasst. Geht man jedoch auch im harmonisierten Bereich von den Grundfreiheiten als Basis für die Ableitung kollisionsrechtlicher Vorgaben aus, so ergibt sich wiederum das bereits dargestellte Problem, dass die entsprechenden kollisionsrechtlichen Tendenzen, auch wenn man soweit geht, sie zu konkreten IPR-Regeln zu verdichten, aufgrund des beschränkten. Anwendungsbereichs ihrer Quelle im Gemeinschaftsrecht keine flächendeckende Aussage beinhalten Denn den Freiheiten können nur für Regelungen mit „freiverkehrsbeschränkender Wirkung" Aussagen entnommen werden. Solange auch keine anderen gemeinschaftsseitigen Kollisionsnormen hinzutreten (wofür etwa die Überführung des EVÜ in eine Verordnung in Betracht kommt), ist das Binnenmarktkollisionsrecht seitens der Gemeinschaft unvollständig. Allerdings wird es bis dahin durch das in den Mitgliedstaaten geltende autonome Kollisionsrecht ergänzt. Zwar muss auch das IPR der Mitgliedstaaten am Maßstab des Gemeinschaftsrechts gemessen werden. Soweit es jedoch diesen Test besteht, komplettiert es die Menge der Vorschriften, welche die Frage der Rechtsanwendung im Binnenmarkt legitimerweise regeln, und wird damit Teil des Binnenmarktkollisionsrechts in seinem derzeitigen Bestand. Soweit die vorrangigen gemeinschaftsseitigen Determinanten des Binnenmarktkollisionsrechts in Gestalt von Grundfreiheiten (bzw. ggf. auch anderem Primärrecht) und Richtlinien keine Aussage treffen oder Spielräume eröffnen,[69] bildet mithin das ggf. am Maßstab des Gemeinschaftsrechts bereinigte autonome bzw. staatsvertragliche Kollisionsrecht in den Mitgliedstaaten eine weitere Einflussgröße des Binnenmarktkollisionsrechts.[70] Bislang ist die ergänzende Orientierung an den bestehenden (bin-

---

69 Siehe dazu die Ausführungen zur unscharfen Determination durch Grundfreiheiten unter § 8 IV. und § 9.

70 Dabei ist das mögliche Problem der Unvereinbarkeit von staatsvertraglichem IPR und gemeinschaftsrechtlichen Wertungen nicht Gegenstand dieser Arbeit. Die Auflösung dieses Dilemmas ist jedoch wohl als Problem des jeweiligen Mitgliedstaates zu sehen, wobei dessen möglicher Verstoß nenmarktkonformen) nationalen Lösungen daher nicht nur zulässig, sondern auch notwendig, und darüber hinaus der Wahrung der Konsistenz in den mitgliedstaatlichen Kollisionsrechtssystemen zuträglich. Sie gewährleistet einen rcibungsarmen Übergang vom rein nationalen Kollisionsrecht zum echten Binnenmarktkollisionsrecht, das sich zukünftig vom punktuellen Korrekturansatz zu einem umfassenden Konzept erweitern wird.

bb) Die Ausgestaltung der zwingenden Erfordernisse als wesentliche Auswirkung der (Minimum-)Harmonisierung auf die Dogmatik der Grundfreiheiten

Wendet man sich vor diesem Hintergrund der Frage nach den bereits angesprochenen gemeinschaftsseitigen Einflussgrößen eines Binnenmarktkollisionsrechts zu, so geht es im harmonisierten Bereich v. a. darum, wie sich eine Angleichung des Sachrechts auf die Grundfreiheiten und ihre kollisionsrechtlichen Gehalte auswirkt: Ansatzpunkt muss auch hier die Dogmatik der Grundfreiheiten – das System von grds. Beschränkungsverbot und ausnahmsweiser Rechtfertigung von Beschränkungen – sein, das bereits vorstehend als Quelle kollisionsrechtlicher Wertungen identifiziert wurde. In dieses System ist nunmehr die sekundärrechtliche Sachregelung einzubinden.

Tritt zu den primärrechtlichen Verbürgungen der Grundfreiheiten ein Rechtsakt der Gemeinschaft hinzu, so treten Freiheiten und Richtlinie in Wechselwirkung miteinander. Einerseits greift die Richtlinie die Ziele des EG-Vertrages auf und konkretisiert die Maßnahmen zu ihrer Realisierung. So verwirklichen etwa die verbraucherrechtlichen Richtlinien das Ziel des Verbraucherschutzes dadurch, dass sie Informationspflichten oder besondere Widerrufsrechte zugunsten des Verbrauchers zumindest auf einem Mindestniveau festschreiben. Andererseits begrenzen die Freiheiten den Rahmen möglicher Gestaltungen. Denn sie verbürgen die grds. Garantie wirtschaftlicher Freizügigkeit und stellen gegenüber der Richtlinie höherrangiges Recht dar, das für den bestehenden Handlungsspielraum maßgeblich ist. In ihr System der grds. Garantie von Freizügigkeit und ihrer zulässigen Einschränkung zugunsten bestimmter Gründe des Allgemeininteresses fügen sich die Richtlinien ein, indem sie eben diese zwingenden Gründe ausgestalten, welche eine Beschränkung der Grundfreiheiten durch Regelungen der Mitgliedstaaten rechtfertigen könnten. Denn wenn solchen zwingenden Gründen durch eine Maßnahme auf EG-Ebene umfassend Rechnung getragen ist, entfällt die Notwendigkeit, den Mitgliedstaaten insofern Maßnahmen im nationalen Alleingang zu gestatten.[71]

Diese Wirkung der Sachrechtsharmonisierung klingt bereits in der Cassis-de-Dijon-Rspr. an, die schon den Kerngedanken der neuen Strategie als Konzept der Mindestharmonisierung mit Anerkennung im Rest enthält, und wird im Folgenden etwa in

---

gegen völkerrechtliche Verpflichtungen die Verbindlichkeit und den Vorrang des EG-Rechts nicht berührt.

71 *Grundmann*, JZ 1996, 274, 279 ff.; *ders.*, Europäisches Schuldvertragsrecht (1999), 82 ff.; *Steindorff*, EG-Vertrag und Privatrecht (1996), 427 f., 446 f.

den Versicherungsurteilen des EuGH plastisch, wo der Gerichtshof zur Frage der Auswirkungen einer Harmonisierung auf die Dogmatik der Grundfreiheiten Stellung nimmt und – wenn auch nur im Hinblick auf die Aufsicht – konstatiert, dass die entsprechenden Richtlinien bereits ein Schutzinstrumentarium bereitstellen, das dem Allgemeininteresse insoweit Rechnung trägt und eigene Maßnahmen des Bestimmungsstaates präkludiert.[72] Der Gedanke, dass immer dann, wenn ein Sekundärrechtsakt hinsichtlich eines Schutzanliegens eine abschließende Regelung trifft, der Gestaltungsspielraum der Mitgliedstaaten im Rahmen der Vorbehaltsgründe des EG-Vertrages (etwa des Art. 30 EG) bzw. der zwingenden Erfordernisse ausgeschöpft wird, so dass die weitergehende Berufung auf diese Schutzklauseln unzulässig wird, ist seither immer wieder durch den EuGH bestätigt worden – obgleich nicht im Zusammenhang mit der kollisionsrechtlichen Problematik der richtigen Anknüpfung im Binnenmarktsachverhalt.[73] Das beschriebene Zusammenspiel von Grundfreiheiten und Richtlinien hat gleichwohl Einfluss auf die impliziten kollisionsrechtlichen Gehalte des Gemeinschaftsrechts.

In der Konsequenz des hier vorgefundenen Systems lässt sich etwa festhalten, dass den Ausgangspunkt für kollisionsrechtliche Implikationen (wie gezeigt) auch hier die Grundfreiheiten bilden, deren Wertungen die Richtlinien ihrerseits verpflichtet sind. Folglich taugt die oben dargestellte kollisionsrechtliche Dimension der Grundfreiheitendogmatik auch als Ausgangspunkt der Untersuchung im harmonisierten Bereich. Andererseits wirken die Grundfreiheiten hier nicht mehr „nackt"; ihre Dogmatk – insbes. die Rechtfertigungsseite, die von entscheidender Bedeutung für die kollisionsrechtlichen Implikationen ist, wird durch die erfolgte Sachrechtsharmonisierung modifiziert.

cc) Der Streit um die Sperrwirkung der Minimumharmonisierung gegenüber strengeren nationalen Normen im grenzüberschreitenden Sachverhalt

Mit solcher Klarheit gilt dies allerdings nur für den Fall einer abschließenden Harmonisierung. Gerade im Bereich der privatrechtsharmonisierenden Richtlinien wird jedoch das Recht der Mitgliedstaaten entsprechend der neuen Strategie in der Sekundärrechtssetzung regelmäßig nicht voll harmonisiert, sondern es findet lediglich eine Minimumharmonisierung statt. Nur der unabdingbare Kern der Materie ist

---

72 Dazu EuGHE 1986, 3663, Rdn. 21 ff. Kommission/Frankreich; 1986, 3713, Rdn. 20 ff. Kommission/Dänemark; 1986, 3755, Rdn. 28 ff. Kommission/Deutschland; 1986, 3817, Rdn. 20 ff. Kommission/Irland.

73 Vgl. etwa EuGHE 1989, 1105, Rdn. 10 f. Wurmser u. a.; 1992 I-5917, Rdn. 5 Kommission/Irland; 1994 I-5243, Rdn. 14 ff. Ortscheit; 1997 I-2405, Rdn. 16 ff. Deutschland/Parlament und Rat; 1998 I-6871, Rdn. 21 ff. Kommission/Deutschland; vgl. zur Warenverkehrsfreiheit *Epiney*, in: Calliess/Ruffert, Art. 8, Rdn. 24 und Art. 30, Rdn. 10 ff.; *Klauer*, Europäisierung (1998), 250 f.; *Müller-Graff*, in: v. d. Groeben/Thiesing/Ehlermann, Art. 30, Rdn. 198 ff., Art. 36, Rdn. 14 ff. – jeweils m. w. N.; z. G. *Grundmann*, JuS 1996, 274, 277 ff.; *ders.*, Europäisches Schuldvertragsrecht (1999), 82 ff. und in: Ebenroth/Boujong/Joost, vor § 343 HGB, Rdn. 45; *Herwig*, Gestaltungsspielraum (2002), 183 f. m. w. N.; *v. Hoffmann*, ZfRV 1995, 45, 46; *Kahl*, in: Calliess/Ruffert, Art. 94, Rdn. 5; *Klinke*, FS Kegel (2002), 1, 27; *Riesenhuber*, System und Prinzipien (2003), 161 f. m. w. N.; *Streinz*, in: Everling/Roth (Hrsg.), Mindestharmonisierung (1997), 9, 30 f. Dazu bereits § 5 III. mit Fn. 363 f.

Gegenstand der Rechtsangleichung; im Übrigen haben die Mitgliedstaaten die Regelung der jeweils anderen grds. als gleichwertig anzuerkennen. Die Gemeinschaftsregelung ist also nicht erschöpfend. Insbes. enthalten viele Richtlinien einen ausdrücklichen Hinweis auf die Möglichkeit der Mitgliedstaaten, strengere nationale Vorschriften zu erlassen, die über den gemeinschaftsrechtlichen Standard hinausgehen. Entsprechende Klauseln finden sich in den meisten Richtlininen des Schuldvertragsrechts, aber etwa auch in kapitalmarkt- und gesellschaftsrechtlichen Richtlinien.[74]

Unter der Herrschaft der neuen Strategie ist dieses Vorgehen stimmig; vor dem Hintergrund der primärrechtlichen Subsidiaritäts- und Verhältnismäßigkeitsdoktrin wird es sogar als regelmäßig notwendiges Element der Harmonisierung erachtet, das im Zweifel auch ohne ausdrückliche Erwähnung anzuerkennen ist. Es stellt klar, dass die Mitgliedstaaten einen besseren Interessenschutz bieten dürfen, als er dem Europäischen Mindestkonsens entspricht, und belegt die mit der neuen Strategie intendierte Flexibilität für den nationalen Gesetzgeber.[75] In der Folge kollidiert eine überschießende Regelung jedenfalls nicht mit der Richtlinie. Problematisch ist jedoch, dass die Zulassung strengerer nationaler Normen den Erfolg der Rechtsangleichung gefährdet, weil sie deren Effekt von vornherein abschwächt. Nach wie vor können unterschiedliche Standards bestehen, welche die Entstehung realer Binnenmarktverhältnisse stören.[76] Das gilt jedenfalls dann, wenn die Zulassung strengerer nationaler Vorschriften keiner weiteren Einschränkung unterworfen wird. Streitig ist deshalb, ob die fraglos im vertikalen Verhältnis zwischen nationalem und Richtlinienrecht zulässigen strengeren nationalen Normen auch im Verhältnis der Mitgliedstaaten untereinander zur Anwendung gebracht werden dürfen.

Diese Frage ist für die kollisionsrechtlichen Implikationen des Gemeinschaftsrechts im harmonisierten Bereich entscheidend: Wenn die Harmonisierung die Möglichkeit einschränkt, grundfreiheitenrelevante nationale Normen unter Berufung auf zwingende Gründe zu rechtfertigen, ist es richtungsweisend, ob dies auch für die in den Richtlinien ausdrücklich zugelassenen strengeren nationalen Vorschriften gilt; insbes. ob solche strengeren Regelungen auch gegen Anbieter aus anderen Mitgliedstaaten durchgesetzt werden dürfen. Denn die Kontroverse um die Erstreckbarkeit der nationalen Regelung auf grenzüberschreitende Fälle betrifft im Kern die kollisionsrechtliche Frage nach dem zur Anwendung berufenen bzw. berufbaren Recht;

---

74 Dazu *Grundmann*, Europäisches Schuldvertragsrechts (1999), 77 ff.; *ders.*, in: Ebenroth/Boujong/Joost, vor § 343 HBG, Rdn. 45 ff. und RabelsZ 67 (2000), 457, 471 f.; *v. Hoffmann*, ZfRV 1995, 45, 46 f.; *Klauer*, Europäisierung (1998), 110 f.; *Leible*, in: Schulte-Nölke/Schulze (Hrsg.), Rechtsangleichung (1999), 353, 380 f.; *Remien*, in: Martiny/Witzleb (Hrsg.), Europäisches Zivilgesetzbuch (1999), 125, 132 f.

75 Vgl. dazu *Grundmann*, Europäisches Schuldvertragsrecht (1999), 77 ff. m. w. N.; *ders.*, RabelsZ 2000, 457, 471 ff.; z. G. auch *Streinz*, in: Everling/Roth (Hrsg.), Mindestharmonisierung (1997), 9, 19 ff.

76 Dazu *Drobnig*, in: Martiny/Witzleb (Hrsg.), Europäischen Zivilgesesetzbuch (1999), 109, 115; *Grundmann*, Europäisches Schuldvertragsrecht, 79 ff.; *Hinz*, ZEuP 1994, 553, 557; *Remien*, in: Martiny/Witzleb (Hrsg.), Europäisches Zivilgesetzbuch (1999), 125, 132 f.

strengere nationale Regelungen sind ggf. nicht unzulässig, sondern ihre Anwendbarkeit ist beschränkt.[77]

Inwiefern strengere nationale Normen vor dem Hintergrund einer erfolgten Harmonisierung zulässig bleiben bzw. inwiefern eine Sperrwirkung eintritt, wird kontrovers diskutiert.

Nach einer von weiten Teilen des Schifttums vertretenen Ansicht ist die Zulassung strengerer nationaler Normen weit zu verstehen und umfasst auch die Durchsetzung dieser Normen in grenzüberschreiten Sachverhalten gegenüber Marktakteuren aus anderen Mitgliedstaaten.[78]

Dadurch, dass die Richtlinien lediglich einen Mindeststandard festschreiben, werde auf die endgültige Fixierung des Allgemeininteresses gerade verzichtet. Deshalb müsse es den Mitgliedstaaten auch weiterhin möglich sein, strengere nationale Regeln zum Schutz dieser Allgemeininteressen zu erlassen oder beizubehalten, und diese auch ausländischen Anbietern ebenso wie den inländischen entgegenzuhalten.[79] Der harmonisierte Standard stelle eben nur den aktuell möglichen Kompomiss dar und dürfe als solcher den Interessenschutz nicht nach oben begrenzen. Andernfalls stelle der Mindeststandard regelmäßig zugleich einen Höchststandard dar; dies jedoch widerspreche schon dem Gedanken der Mindestharmonisierung und bedeute einen massiven Eingriff in die nationalen Rechtsordnungen und eine de facto Rechtsvereinheitlichung.[80] Allerdings verlieren diese Bedenken deutlich an Gewicht, wenn man berücksichtigt, dass auch dann, wenn man die Erstreckbarkeit strengerer nationaler Regelungen auf ausländische Anbieter verneint, diese immerhin auf nationaler Ebene zur Geltung gebracht werden können und damit ein bedeutendes Anwendungsfeld in Gestalt der Inlandsfälle behalten. Zudem stellt der EG-Vertrag in den Art. 95 IV–X ein spezielles Verfahren zur Verfügung, das im Hinblick auf eine erfolgte Harmonisierung die Beibehaltung oder Neuschaffung strengerer nationaler Normen auch für grenzüberschreitende Sachverhalte speziell regelt und besonderen

---

77 Vgl. dazu *Herwig*, Gestaltungsspielraum (2002), 219.

78 Vgl. etwa *Baumert*, Europäischer ordre public (1994), 137, 232 ff.; *Bleckmann*, RIW 1987, 929, 933 – der allerdings nach den Versicherungsurteilen der Gegenmeinung folgt; *Hinz*, ZEuP 1994, 553, 557 implizit; *Leible*, in: Schulte-Nölke/Schulze (Hrsg.), Rechtsangleichung (1999), 353, 373 ff.; *Lutter*, JZ 1992, 593, 606 f.; *Mankowski*, in: Aufbruch nach Europa (2001), 595, 608 f.; *Remien*, in: Martiny/Witzleb (Hrsg.), Europäisches Zivilgesetzbuch (1999), 125, 132 f.; *Roth*, ZEuP 1994, 5, 32 f.; *ders.*, in: Grundmann/Medicus/Rolland (Hrsg.), Europäisches Kaufgewährleistungsrecht (2000), 113, 123 ff.; wohl auch *Streinz*, in: Everling/Roth (Hrsg.), Mindestharmonisierung (1997), 9, 19; z. G. *Riesenhuber*, System und Prinzipien (2003), 156 ff. m. w. N.

79 So etwa *Leible*, in: Schulte-Nölke/Schulze (Hrsg.), Rechtsangleichung (1999), 353, 373 f.; *Remien*, in: Martiny/Witzleb (Hrsg.), Europäisches Zivilgesetzbuch (1999), 125, 132 f.; *Roth*, ZEuP 1994, 5, 32 f.; *ders.*, in: Grundmann/Medicus/Rolland (Hrsg.), Europäisches Kaufgewährleistungsrecht (2000), 113, 124 f.; implizit wohl auch *Fetsch*, Eingriffsnormen (2002), 251; *Pfeiffer*, in: Hohloch (Hrsg.), EU-Richtlinien und ihre Umsetzung (2001), 9, 19 ff.

80 *Leible*, in: Schulte-Nölke/Schulze (Hrsg.), Rechtsangleichung (1999), 353, 373 f.; *Lutter*, JZ 1992, 593, 606; *Roth*, in: Grundmann/Medicus/Rolland (Hrsg.), Europäisches Kaufgewährleistungsrecht (2000), 113, 123 ff.; *Streinz*, in: Everling/Roth, Mindestharmonisierung (1997), 9, 31.

Anforderungen unterwirft, und das e-contrario dafür spricht, dass die Erstreckung solcher Normen jenseits eines solchen Verfahrens unzulässig ist.[81]

Die Erstreckung strengerer nationaler Vorschriften auf ausländische Anbieter wird jedoch darüber hinaus teilweise auch auf die genuin internationalprivatrechtliche Überlegungen gestützt, dass neben dem sachrechtlichen Schutzbedürfnis, dem die Sicherstellung eines Mindeststandards durch die Harmonisierung wohl Genüge tut, auch noch der kollisionsrechtliche Schutzbedarf zu berücksichtigen sei. So habe etwa der Verbraucher wegen der damit verbundenen Probleme der Rechtsermittlung auch ein Interesse an einem Schutz vor fremdem Recht, selbst wenn dieses den gemeinsamen sachrechtlichen Schutzstandard verwirklicht.[82] Allerdings stößt der Verbraucher – soweit die involvierten Mitgliedstaaten die Richtlinie umgesetzt haben – nicht auf ein gänzlich fremdes Recht, sondern auf ein dem eigenen im Wesentlichen entsprechendes, in dem er die wichtigsten Strukturen, die seiner Vorstellung entsprechen, wiederfindet. Selbst wenn die Erwartungen des Verbrauchers durch die Einzelheiten der nationalen Umsetzung geprägt sind (was beim rechtlichen Laien nur in begrenztem Umfang der Fall sein dürfte), werden sie nicht enttäuscht, weil das allgemeine Schutzkonzept, der materielle Standard und das verbindlich festgelegte Ergebnis – etwa die Unverbindlichkeit missbräuchlicher Klauseln im Rahmen der AGB-Richtlinie – durch die Richtlinie abgesichert wird; zumal der Verbraucher nach der hier vertretenen Ansicht von vornherein nur in tatsächlichen Konfliktsfällen, in denen die Anwendung der strengeren Regelungen des Bestimmungsstaates beschränkend wirkt, mit dem fremden Recht vorlieb nehmen muss. In diesem Fall jedoch ist das Interesse des Anbieters, keinem abweichenden Recht unterworfen zu werden, besonders schutzwürdig.

Schließlich soll die Entscheidungspraxis des EuGH für die Erstreckbarkeit strengerer nationaler Vorschriften auf Auslandssachverhalte sprechen. So habe der EuGH etwa Wettbewerbsverzerrungen infolge strengerer nationaler Normen mehrfach nicht beanstandet.[83] Allerdings spricht dies gerade gegen die Erstreckbarkeit, weil es in den benannten Entscheidungen um Wettbewerbsverzerrungen zwischen inländischen Anbietern, die dem strengeren nationalen Recht unterlagen, und den weiniger strengem Recht unterworfenen ausländischen Anbietern ging.[84] Zuzugeben ist, dass einige andere Entscheidungen in der Tat die Anwendung strengerer nationaler Nor-

---

81 *Grundmann*, Europäisches Schuldvertragsrecht (1999), 83 f. und RabelsZ 64 (2000), 457, 472 f.; *Riesenhuber*, System und Prinzipien (2003), 147 ff., 152 f.; zu diesem Gedanken auch *Streinz*, in: Everling/Roth (Hrsg.), Mindestharmonisierung (1997), 9, 29; **a. A.** *Roth*, in: Grundmann/Medicus/Rolland (Hrsg.), Europäisches Kaufgewährleistungsrecht (2000), 113, 124 f.

82 Etwa *Leible*, in: Schulte-Nölke/Schulze (Hrsg.), Rechtsangleichung (1999), 353, 374 ff.; zu diesem Gedanken auch *Roth*, Internationales Versicherungsvertragsrecht, 441 f.; *v. Wilmowsky*, ZEuP 1995, 735, 739.

83 Etwa EuGHE 1993 I-3545, Rdn. 16 ff. Gallaher; 1995 I-3389, Rdn. 17 Hönig; dazu *Riesenhuber*, System und Prinzipien (2003), 169 f.; *Roth*, in: Grundmann/Medicus/Rolland (Hrsg.), Europäisches Kaufgewährleistungsrecht (2000), 113, 123 ff.

84 Dazu ausführlich *Grundmann*, RabelsZ 64 (2000), 457, 473 f.

men auf ausländische Anbieter zulassen.[85] Es finden sich jedoch regelmäßig Erklärungen, die diese Entscheidungspraxis mit der hier vertretenen Ansicht der grds. Inlandsbegrenzung strengerer nationaler Normen in Einklang bringen. So können die entsprechenden Vorschriften teilweise als Vertriebsmodalitäten eingestuft werden, so dass es mangels Behinderungswirkung auf eine Rechtfertigung durch zwingende Gründe des Allgemeininteresses und ihre mögliche Ausschöpfung durch die Richtlinie nicht mehr ankommt.[86] Abgesehen von Sonderkonstellationen, in denen die Regelungskompetenz beim Gastland angesiedelt worden ist, so dass sie eine Ausnahme von der hier vertretenen Ansicht bilden.[87] kann überdies auch der Fall vorliegen, dass eine bestimmte Frage in der Richtlinie nicht positiv mitgeregelt bzw. anderweitig abgedeckt ist, und deshalb keine Sperrwirkung eingreift.[88]

Im Übrigen sprechen korrspondierende systematische und teleologische Argumente gegen die oben beschriebene Ansicht, weshalb ein Teil des Schrifttums zurecht davon ausgeht, dass selbst bei ausdrücklicher Zulassung strengerer nationaler Regeln durch eine Richtlinie diese ausländischen Marktbürgern grds. nicht entgegengehalten werden dürfen.[89] Das gilt jedenfalls für solche Regelungen, die eine Beschränkung der Grundfreiheiten bewirken.

Ausgangspunkt sind dogmatische Überlegungen zur Hierarchie des Gemeinschaftsrechts. Die hier vertretene Unanwendbarkeit strengerer Normen im grenzüberschreitenden Fall stellt sich primär als eine Wirkung der Grundfreiheiten dar, nicht der Richtlinien, welche die strengeren Regeln ausrücklich zulassen. Das erhellt, wenn man sich nochmals die obigen Ausführungen zum Zusammenspiel von Grundfreiheiten und Richtlinien als Komponenten des Binnenmarktkollisionsrechts im harmonisierten Bereich vergegenwärtigt.

Ausschlaggebender Maßstab für die Zulässigkeit einer nationalen Regelung und damit auch Ausgangspunkt der Deduktion von Kollisionsregeln sind die Grundfreiheiten, die als primärrechtliche Bestimmungen dem Sekundärrecht vorgehen, und

---

85 Vgl. etwa EuGH 1989, 1235, Rdn. 7 ff., 16 Buet; 2001 I-7831, Rdn. 55 ff. Finalarte; allgemein zu Befund und Bewertung der diesbezgl. Rspr. des EuGh vgl. *Riesenhuber*, System und Prinzipien (2003), 167 f.

86 Vgl. insoweit zum Fall *Buet Grundmann*, RabelsZ 64 (2000), 457, 473 f.; zum selben Ergebnis kommt mit anderer Begründung *Riesenhuber*, System und Prinzipien (2003), 158.

87 Zum Sonderfall der Übertragung der Regelungskompetenz auf das Gastland als Ausnahme vom Grundsatz der Nichterstreckbarkeit strengerer nationaler Vorschriften *Grundmann*, Europäisches Schuldvertragsrecht (1999), 473 f. – zu EuGHE 1998 I-4473, 4488 Aher-Waggon.

88 So das Verständnis der Entscheidung Buet bei *Riesenhuber*, System und Prinzipien (2003), 158 f. Vgl. zu einem solchen Fall auch die Entscheidung EuGHE I-1996, 6017, Rdn. 12 ff. Siemens/Nold.

89 So insbes. *Grundmann*, in: IPRax 1992, 1, 4 f.; JZ 1996, 276, 277 ff.; Europäisches Schuldvertragsrecht (1999), 77 ff., 81 ff.; RabelsZ 2000, 457, 471 ff. m. w. N.; in: Ebenroth/Boujong/Joost, vor § 343 HBG, Rdn. 45; JuS 2001, 946, 948 f.; vgl. auch *Behrens*, in: Everling/Roth (Hrsg.), Mindestharmonisierung (1997), 33, 34 f.; *Bleckmann*, ZGR 1992, 364, 373; *Steindorff*, EuZW 1990, 251, 252 f.; *ders.*, EG-Vertrag und Privatrecht (1996), 423 ff., 447: „Der Spielraum, den eine Richtlinie belässt, kann nur für Inlandssachverhalte genutzt werden“; implizit wohl auch *Pfeiffer*, in: Grabitz/Hilf, Bd. III A 5, Art. 8, Rdn. 1, 20 ff.; deutlich *Riesenhuber*, System und Prinzipien (2003), 146 ff., 169 f.; *Staudinger*, ZfRV 2000, 93, 95.

dem dieses genügen muss. Die Richtlinienbestimmungen können jedenfalls kein gegen die Grundfreiheiten verstoßendes Ergebnis legitimieren. Strengere nationale Regeln – auch wenn die Richtlinie sie gestattet – sind allein deshalb noch nicht zulässig, sondern müssen sich an den Grundfreiheiten messen lassen.[90] Stellen sie eine Behinderung des Freiverkehrs dar, so bedürfen sie einer Rechtfertigung, die den Mitgliedstaaten im harmonisierten Bereich durch die Richtlinien regelmäßig abgeschnitten ist. Dass dies jedenfalls für grenzüberschreitende Sachverhalte der Fall sein muss, erklärt sich aus teleologischen Erwägungen: Können die Mitgliedstaaten nach einer Harmonisierung ausländischen Anbietern ihre strengeren nationalen Regelungen grds. weiterhin entgegenhalten, kann ein Binnenmarkt nicht entstehen, weil nach wie vor kein Angebot für das gesamte Gebiet der Mitgliedstaaten konzipiert werden kann. Stattdessen bleibt es bei dem potentiellen Nebeneinander verschieden regulierter Märkte. Ein Blick auf die kompetenzielle Grundlage der hier besprochenen Richtlinien, die allgemeine Mindeststandardklauseln enthalten, zeigt, dass jedenfalls die benannten vertragsrechtlichen Richtlinien gerade auf die Binnenmarktkompetenz des Art. 95 EG (bzw. auf dessen Vorgängervorschrift Art. 100 a EGV) oder auf Art. 94 EG[91] gestützt wurden. Diese Rechtsakte sind folglich dem Binnenmarktziel und damit der Gewährleistung von Freiverkehr verpflichtet. Dem jedoch widerspricht es, neben der erfolgten Harmonisierung strengere nationale Normen für grenzüberschreitende Fälle zuzulassen.[92] Richtet sich heute die Harmonisierung ohnehin gezielt auf Gebiete, in denen Grundfreiheitenbeschränkungen durch das nationale Recht drohen, und dies gerade deshalb, weil gerade dort angesichts der Gefährdung des Binnenmarktziels der Handlungsbedarf am größten ist,[93] so ist um so schwerer einzusehen, warum die zur Ausräumung dieser Probleme erfolgte Harmonisierung wieder unterlaufen werden soll, zumal die Gemeinschaft selbst gem. Art. 95 III EG auf ein hohes Schutzniveau verpflichtet ist.[94]

Lässt man die Erstreckung strengerer Normen zu, wird die Harmonisierungsmaßnahme i. E. nur das jeweilige Schutzziel, nicht aber das Binnenmarktziel forcieren und auch ein Systemwettbewerb zwischen den verschiedenen mitgliedstaatlichen Regelungen kommt nicht zustande. Die Ansicht, die durch die Zulassung strengerer

---

90 IdS. etwa *Riesenhuber*, System und Prinzipien (2003), 161 f.; *Steindorff*, EG-Vertrag und Vertragsrecht (1996), 425 ff., 447: „Nur dem primären Recht kann darum entnommen werden, ob eine in der Richtlinie zugelassene, über sie hinausgehende und eine Grundfreiheit beschränkende Norm zum Schutze des Allgemeininteresses noch erforderlich und damit gerechtfertigt ist ...“; so auch *Pfeiffer*, in: Grabitz/Hilf, Bd. III A 5, Art. 8, Rdn. 1, 20 ff.; *Streinz*, in: Everling/Roth (Hrsg.), Mindestharmonisierung (1997), 9, 29 f.

91 Dazu *Riesenhuber*, System und Prinzipien (2003), 147 ff., 159 ff., speziell zur überragenden Bedeutung der Art. 94 f. EG für die vertragsrechtlichen Rechtsakte vgl. 222, 227.

92 Dazu *Riesenhuber*, System und Prinzipien (2003) 154 f.; zum Problempotential der Minimumharmonisierung vor diesem Hintergrund auch *Herwig*, Gestaltungsspielraum (2002), 89 f.; *Remien*, in: Martiny/Witzleb (Hrsg.), Europäisches Zivilgesetzbuch (1999), 125, 133 f.

93 Zu diesem Ansatz der Kommission *Grundmann*, Europäisches Schuldvertragsrecht (1999), 20 f.; *Herwig*, Gestaltungsspielraum (2000), 224; *Riesenhuber*, System und Prinzipien (2003), 87, 219 ff.; *Remien*, ZEuP 1994, 34, 43 f. mit Fn. 74; *Schwartz*, FS v. d. Groeben (1987), 333, 356 f., 362, 366.

94 Zu diesem Aspekt und seiner Gewichtung *Riesenhuber*, System und Prinzipien (2003), 164 f.

nationaler Normen im Auslandssachverhalt im harmonisierten Bereich unverändert denselben Mechanismus der Rechtsanwendung zur Geltung bringt wie im nicht harmonisierten, gesteht der Harmonisierung nur die Bedeutung eines unvollkommenen derzeit möglichen Kompromisses und insbes. keinen eigenstänigen Gehalt als bewußte Skalierungsentscheidung zwischen zentraler und dezentraler Regelung zu, und wird damit ihrer heutigen Rolle nicht gerecht.[95]

Hinzu kommt der systematische Gesichtspunkt, dass sich immer wieder in ein und derselben Richtlinie allgemeine Mindeststandarklauseln der hier besprochenen Art und spezifische Mindeststandardklauseln finden – d. h. Klauseln, die wie etwa Art. 6 Abs. 1 Fernabsatz-Richtlinie für bestimmte Bereiche Verschärfungsmöglichkeiten vorsehen, und so im Rahmen des Erforderlichen eng begrenzte Abweichungsbefugnisse eröffnen.[96] Ließe bereits die allgemeine Mindeststandardklausel strengere nationale Vorschriften auch für den Auslandssachverhalt zu, so wären die spezifischen Mindeststandardklauseln funktionslos. Auch dies spricht für ein Verständnis der allgemeinen Mindeststandardklauseln als deklaratorischen Hinweis auf die Verschärfungsbefugnis für Inlandssachverhalte.

Aus diesen Überlegungen folgen sowohl der Grundsatz der Nichterstreckbarkeit strengerer Regelungen als solcher als auch seine Grenzen. Sowohl die Wirkung der Grundfreiheiten (einschließlich ihrer Auswirkungen auf die Frage des anwendbaren Rechts) als auch der insoweit modifizierende Effekt der Richtlinien beziehen sich nur auf grenzüberschreitende Fälle. Zwar wirken Richtlinien – insoweit gerade im Unterschied zu den Grundfreiheiten – auch im rein innerstaatlichen Bereich, jedoch wirken sie hier grds. nur als Mindeststandard, nicht als Höchststandard, weil es im innerstaatlichen Bereich keinen binnemarktbezogenen Grund gibt, sie als solche anzusehen.[97] Dass sie im grenzüberschreitenden Fall als Höchststandard wirken können, wird über die Grundfreiheiten vermittelt, die im grenzüberschreitenden Fall hinzutreten, so dass sich die Wirkung von Primär- und Sekundärrecht in der beschriebenen Art und Weise verschränkt.

I. E. tritt eine Sperrwirkung für die Anwendung strengerer nationaler Vorschriften daher nur ein, soweit das weitergehende nationale Recht ausländischen Anbietern (zwingend) entgegengehalten werden soll. In Anbetracht der Ableitung dieser Sperrwirkung aus den Grundfreiheiten iVm. der die zwingenden Gründe ausgestaltenden Richtlinienregelung sind überdies die immanenten Grenzen beider Einflußgrößen zu beachten: So sind nur solche Vorschriften unanwendbar, die im Hinblick auf die Grundfreiheiten tatsächlich beschränkende Wirkung haben, was jeweils zu untersuchen ist. Vorschriften, die lediglich Vertriebsmodalitäten regeln oder nicht (inter-

95 Z. g. *Grundmann*, RabelsZ 64 (2000), 457, 475 f.; vgl. auch *Behrens*, in: Mindestharmonisierung (1997), 33, 34 f.; a. A. *Roth*, in: Grundmann/Medicus/Rolland (Hrsg.), Europäisches Kaufgewährleistungsrecht (2000), 113, 123 ff.

96 Zu spezifischen Mindeststandardklauseln *Riesenhuber*, System und Prinzipien (2003), 156.

97 *Grundmann*, Europäisches Schuldvertragsrecht (1999), 77 ff.; *ders.*, RabelsZ 64 (2000), 457, 471 ff.

national) zwingend durchgesetzt werden, unterliegen von vornherein mangels Behinderungswirkung keiner Anwendungssperre.

Schließlich greift die Sperrwirkung nur ein, soweit die Harmonisierung wirklich reicht, d. h. soweit der Rechtsakt selbst eine Regelung enthält bzw. soweit er die nationale Regelung implizit begrenzt. Das Verbot, nationale Regelungen auf grenzüberschreitende Fälle anzuwenden, gilt also nur in dem Umfang, in dem die Richtlinie diese Wirkung nach Sinn und Zweck tatsächlich beansprucht. Zu ermitteln ist, wie weit die Europäische Regelung tatsächlich geht und inwieweit die zwingenden Gründe auf europäischer Ebene aufgegriffen und für den innergemeinschaftlichen Wirtschaftsverkehr abgegolten sind. Diese Frage ist verhältnismäßig einfach zu beantworten, wo Richtlinie und nationale Norm denselben Regelungsgegenstand betreffen oder aber die nationale Regelung sich klar ausserhalb des von der Richtlinie beanspruchten Anwendungsbereichs befindet. Problematisch sind v. a. Fälle, in denen Fragen ungeregelt geblieben sind, die grds. in den Anwendungsbereich der Richtlinie fallen. Dann muss mittels Auslegung der Richtlinie entschieden werden, ob dieser Punkt von der Richtlinie ausgespart und einer Regelung durch die Mitgliedstaaten überlassen wurde oder ob das jeweilige Schutz- bzw. Harmonisierungsinteresse als weniger vordringlich eingestuft wurde. Im letzteren Fall muss es als durch die Harmonisierung mit abgedeckt gelten und rechtfertigt keine eigenständige Durchsetzung als zwingendes Erfordernis mehr.[98]

Jedenfalls soweit die Grundfreiheiten eingreifen, d. h. soweit die in Rede stehenden strengeren nationalen Normen diskriminierende bzw. die Marktfreiheiten beschränkende Wirkung haben und keine bloßen Vertriebsmodalitäten darstellen, dürfen sie EG-Ausländern nicht zwingend entgegengehalten bzw. im grenzüberschreitenden Fällen regelmäßig nicht zur Anwendung gebracht werden. Das gilt jedenfalls für den (im obigen Sinne) durch die Richtlinie abgedeckten Bereich. Diese Wirkung können auch die allgemeinen Öffnungsklauseln zugunsten strengerer nationaler Normen in den (niederrangigen) Richtlinien nicht aufheben. Etwas anderes gilt nur für die oben bereits erwähnten spezifischen Mindeststandardklauseln oder im Falle der Übertragung der Regelungskompetenz auf das Aufnahmeland.[99] Werden diese Grenzen beachtet, so ist die hier vertretene Ansicht i. E. allerdings gar nicht so weit von der Gegenmeinung entfernt, welche die Erstreckung strengerer Normen grds. zulässt. Denn auch dort wird darauf hingewiesen, dass die Erstreckung im Einklang mit dem EG-Vertrag – und insbes. mit den Grundfreiheiten – stehen muss. Ist jedoch die

---

98 So die Differenzierung bei *Grundmann*, Europäisches Schuldvertragsrecht (1999), 86 ff. – dort auch zu dem weitergehenden Ansatz, dass auch Regelungen an anderer Stelle auf die Schutzinteressen, denen die Richtlinie Rechnung trägt, ausstrahlen kann. Danach könnte – obwohl offenbar ein Schutzbedürfnis besteht und die fragliche Richtlinie keine Regelung wie die enthält, die der nationale Gesetzgeber erlassen hat, – das Schutzbedürfnis durch anderweitige gemeinschaftsrechtliche Regelungen z. T. befriedigt sein; *ders.*, RabelsZ 64 (2000), 457, 474; zur Mitabgeltung nicht mitgeregelter Bereiche geringerer Bedeutung vgl. auch *Roth*, Internationales Versicherungsvertragsrecht (1985), 701 f. – dort unter dem Gesichtspunkt des ordre public.

99 Zu diesen Grenzziehungen vgl. *Grundmann*, RabelsZ 64 (2000), 457, 474; *Riesenhuber*, System und Prinzipien (2003), 155 ff.

Gemeinschaft selbst bei der Rechtssetzung auf ein hohes Schutzniveau verpflichtet, werden sich für strengere Vorschriften nur schwer noch zwingende Gründe vorbringen lassen.[100]

Der Mechanismus, dass strengere Regeln unter den benannten Bedingungen nur auf den Inlandssachverhalt angewandt werden können, weil im Binnenmarktsachverhalt der Europäische Standard der Richtlinie gilt, führt zwar zur „Inländerdiskriminierung". Jedoch hat der EuGH diese aus gemeinschaftsrechtlicher Sicht nicht beanstandet. Sie ist als Preis für den konsequenten Übergang zum neuen Harmonisierungskonzept hinzunehmen, weil nur so gleichzeitig der Eingriff in die Rechtsordnungen der Mitgliedstaaten möglichst gering gehalten und der Liberalisierungsvorteil der Rechtsangleichung für Anbieter aus dem EG-Ausland erhalten werden kann, so dass effektiv Binnenmarktverhältnisse und ein Systemwettbewerb entstehen können.[101]

dd) Kollisionsrechtliche Bedeutung – das Modell der kollisionsrechtlichen Implikationen des Gemeinschaftsrechts im harmonisierten Bereich

Die Diskussion um die Sperrwirkung der Sachrechtsangleichung im Hinblick auf zwingende Erfordernisse ist für den kollisionrechtlichen Gehalt des Gemeinschaftsrechts im harmonisierten Bereich von außerordentlicher Bedeutung: Geht man von der Zulässigkeit strengerer Maßnahmen auch im grenzüberschreitenden Fall aus, ergibt sich keine Änderung gegenüber der Situation im unharmonisierten Bereich. Folgt man jedoch der hier vertretenen Ansicht, nach der die Erstreckung strengerer nationaler Normen mit grundfreiheitenrelevantem Gehalt auf grenzüberschreitende Sachverhalte grds. unzulässig ist, werden die kollisionsrechtlichen Aussagen und Tendenzen, die sich den Grundfreiheiten entnehmen lassen, modifiziert und konkretisiert.

Dies zwar nicht hinsichtlich der Reichweite – nach wie vor lassen sich den Grundfreiheiten nur Aussagen für beschränkende Normen entnehmen, welche nach obigen Ausführungen[102] im Privatrecht selten sind. Die Determinationskraft des Gemeinschaftsrechts ist jedoch gegenüber dem nichtharmonisierten Bereich entscheidend gestärkt: Die Wahrnehmung zwingender Erfordernisse steht in dem Maße, in dem eine Sperrwirkung eintritt, den Mitgliedstaaten nicht mehr frei. Sie müssen wenigstens den harmonisierten Mindeststandard einhalten und absichern. Da nach der hier vertretenen Ansicht der Mindeststandard im grenzüberschreitenden Fall in dem oben beschriebenen Umfang zugleich zum Höchststandard wird, ist auch das wie

---

100 So räumt etwa *Leible*, in: Schulte-Nölke/Schulze (Hrsg.), Rechtsangleichung (1999), 353, 374 ein, dass die Einhaltung des Mindeststandards eine schwer widerlegliche Vermutung begründet, dass dem jeweiligen Schutzanliegen Genüge getan, d. h. weiterer Schutz unverhältnismäßig ist; vgl. auch *Roth*, in: Grundmann/Medicus/Rolland (Hrsg.), Europäisches Kaufgewährleistungsrecht (2000), 113, 123 ff., 125 f.; *Streinz*, in: Everling/Roth, Mindestharmonisierung, 9, 30 f.

101 Dazu *Grundmann*, Europäisches Schuldvertragsrecht (1999), 18 f., 79 ff.; *ders.*, RabelsZ 64 (2000), 457, 475 f. Zur Inländerdiskriminierung bereits oben, § 5 II.1. mit Fn. 287.

102 Siehe oben § 8 IV.

und wieweit dieser Absicherung zumindest insoweit festgelegt, als es um beschränkende Maßnahmen geht. In der Folge ist hier eine abschließende Beurteilung möglich, inwieweit die Rechtswahlfreiheit (als kollisionsrechtlicher Kerngehalt der Grundfreiheiten) beschnitten werden kann, und insbes. inwieweit eine Sonderanknüpfung der nationalen Regelungen noch zulässig ist. Im harmonisierten Bereich wird die praktische Bedeutung der kollisionsrechtlichen Implikationen des Gemeinschaftsrechts noch dadurch gesteigert, dass – wie wiederum das Beispiel des Vertragsrechts endrucksvoll belegt – die Harmonisierung durch die Gemeinschaft gezielt gerade Gebiete mit international zwingenden Regelungen erfasst,[103] in denen also nicht die Gewährleistung von Rechtswahlfreiheit Grundfreiheitenverstöße vermeidet.

Die besprochene Sperrwirkung schränkt demnach – im Bereich des Vertragsrechts – den Anwendungsbereich der Art. 5-7 EVÜ ein.[104]

Und auch die objektiven Anknüpfungen in Gebieten ohne Rechtswahlmöglichkeit müssen den aus den Freiheiten und ggf. vorhandener Sachrechtsharmonisierung abgeleiteten Wertungen entsprechen, ohne dass eine abweichende Verweisung aufgrund zwingder Gründe möglich ist. So mag etwa im Sachenrecht, wo nach dem oben Gesagten die lex rei sitae-Anknüpfung trotz ihrer ungünstigen Auswirkungen auf die Entstehung von Binnenmarktverhältnissen gerechtfertigt ist, diese Rechtfertigung entfallen, soweit eine Harmonisierung des Sachrechts stattfindet. Sind sachenrechtliche Institute mit ihren Voraussetzungen und Rechtsfolgen auf europäischer Ebene geregelt, besteht kein Grund zur zwingenden Belegenheitsanknüpfung mehr: werden etwa Entstehungsvoraussetzungen und Wirkungen eines Eigentumsvorbehalts geregelt, was mit Art. 4 der Zahlungsverzugs-RL[105] leider nur ansatzweise geschehen ist, so dass ein anknüpfungsrelevantes Regelungsniveau wohl noch nicht erreicht ist, so entfällt insoweit die Rechtfertigung für die zwingende Durchsetzung der lex rei sitae.

I. E. ist auch im harmonisierten Bereich nur ein begrenzter Einfluss des EG-Rechts auf das IPR erkennbar, weil diese Einwirkung auch hier über die Grundfreiheiten vermittelt wird. Gerade im Privatrecht ist – abgesehen von den weitreichenden grds. Ausnahmebereichen der Rechtswahlfreiheit und der bloßen Vertriebsmodalitäten – eine beschränkende Wirkung nationalen Rechts schwer zu belegen. Auch hier beschränkt sich der tatasächliche korrigierende Einfluss auf verhältnismäßig wenige

---

103 Dies folgt aus der Tatsache, dass international zwingende Regelungen regelmäßig der Gewährleistung von Allgemeininteressen gelten, die auch vor den Grundfreiheiten Bestand haben, so dass die Freiheiten die sich aus solchen Normen ergebenden Freiverkehrsbehinderungen nicht ausräumen können. Daraus ergibt sich ein besonderer Bedarf für die Harmonisierung. Dazu auch *Riesenhuber*, System und Prinzipien (2003), 137.

104 Dazu *Grundmann*, Europäisches Schuldvertragsrecht (1999), 84; *Herwig*, Gestaltungsspielraum (2002), 185, 219 ff.; *Ulmer*, in: MüKo, VerbrKrG, vor § 1, Rdn. 50.

105 Vgl. dazu Art. 4 und Erwägungsgrund 21 der RL 2000/35/EG des Europäischen Parlaments und des Rates vom 29. Juni 2000 zur Bekämpfung von Zahlungsverzug im Geschäftsverkehr ABl.EG 2000 Nr. L 200/35.

Vorschriften, lässt sich jedoch besser konkretisieren als im unharmonisierten Bereich. Jedenfalls wird eine Tendenz deutlich, welche die bereits im harmonisierten Bereich erkannte Linie fortzeichnet und als Orientierungshilfe für die Fortentwicklung des IPR auf europäischer Ebene dienen kann.

b) Beispiele für die Auswirkungen der kollisonsrechtlichen Implikationen des Gemeinschaftsrechts im harmonisierten Bereich

Die vorstehenden Ausführungen zur Zulässigkeit und Reichweite der Anwendung strengerer nationaler Regelungen im durch Richtlinien harmonisierten Bereich sollen abschließend an einigen Beispielen aus dem Schuldvertragsrecht illustriert werden.

aa) Klausel-Richtlinie

So enthält etwa die Klausel-RL in Art. 8 die oben bereits beschriebene allgemeine Mindeststandardklausel, welche die Mitgliedstaaten ermächtigt, „auf dem durch die Richtlinie geregelten Gebiet mit dem Vertrag vereinbare strengere Bestimmungen (zu) erlassen, um ein höheres Schutzniveau für die Verbraucher zu gewährleisten".[106] Inhaltlich regelt die Richtlinie die Inhaltskontrolle nicht im Einzelnen ausgehandelter Klauseln in Verbraucherverträgen, soweit sie nicht dem geltenden nationalen Recht entsprechen oder die Hauptleistungen betreffen. Solche Vertragsklauseln müssen für den Verbraucher unverbindlich sein, wenn sie zu seinen ungunsten ein erhebliches und ungerechtfertigtes Missverhältnis der vertraglichen Rechte und Pflichten der Vertragspartner verursachen.[107] Die mitgliedstaatlichen Umsetzungsvorschriften weichen von den Vorgaben der Richtlinie teilweise ab. Insofern stellt sich die Frage, inwiefern es sich dabei um strengere Normen iSd. Art. 8 der Richtlinie bzw. um nicht mitgeregelte Fragen handelt, und inwiefern solche abweichenden Regelungen vor dem Hintergrund der Grundfreiheiten des EG-Vertrages und der oben dargelegten Ansicht zum Umgang mit allgemeinen Mindeststandardklauseln ausländischen Anbietern entgegengehalten werden können.

So unterwirft etwa Frankreich über die Richtlinie hinaus auch nicht vorformulierte Klauseln der Kontrolle und berücksichtigt den Umstand der Aushandlung lediglich im Rahmen der Abwägung der Einzelfallumstände nach Art. 4 der Richtlinie. Allerdings beschränkt sich die Richtlinie ausweislich ihrer Art. 1 und 3 sowie der Erwägungsgründe auf nicht im einzeln ausgehandelte Vertragsklauseln in Verbraucherverträgen, ohne ein darüber hinausgehendes Schutz- bzw. Regelungsbedürfnis negieren zu wollen, so dass insofern schon mangels einschlägiger Regelung auf

106 Art. 8 der RL 93/13/EWG des Rates vom 5. April 1993 über missbräuchliche Klauseln in Verbraucherverträgen ABl.EG 1993, Nr. L 95/29 ff.

107 Vgl. Art. 3 Abs. 1, 6 Abs. 1 der RL 93/13/EWG, ABl.EG 1993, Nr. L 95/29; Kriterien für die Kontrolle sind der verbindlichen Regelung des Art. 4 Abs. 1 der RL sowie dem unverbindlichen Klauselkatalog im Anh. zu Art. 3 zu entnehmen; z. G. *Grundmann*, Europäisches Schuldvertragsrecht (1999), 250 ff.; *Pfeiffer*, in: Grabitz/Hilf, Bd. III A 5.

europäischer Ebene eine nationale Regelung möglich bleibt. Die Richtlinie sperrt demnach etwa nicht eine allgemeine Missbrauchskontrolle bei vertraglichen Abreden am Maßstab der Sittenwidrigkeit, weil die Frage nach dem aus zwingenden Gründen zulässigen Maß der Einschränkung der Vertragsfreiheit insoweit noch gar nicht Gegenstand der Harmonisierung geworden ist, und die Gemeinschaft somit keinen Anspruch auf eine erschöpfende Regelung der Kontrolle sonstiger Vertragsklauseln erhebt.[108] Die französiche Reglung gerät deshalb nicht schon per se aufgrund der beschriebenen Sperrwirkung der Harmonisierung in Konflikt mit der Richtlinie oder den Grundfreiheiten, wenn sie die für nicht im Einzelnen ausgehandelte Klauseln konzipierte Richtlinienregelung prinzipiell auch auf Individualklauseln erstreckt und so die Missbrauchskontrolle in diesem Bereich konkretisiert. Stattdessen kommt es weiterhin auf eine Einzelüberprüfung am Maßstab der Grundfreiheiten an, ohne dass die Rechtfertigungsfähigkeit von vornherein beschnitten wäre.

Deutschland geht etwa insofern über die Richtlinie hinaus, als es auch Klauseln im Handelsverkehr der Kontrolle unterwirft, während die Richtlinie selbst ausweislich ihres Art. 1 Abs. 1 nur für Verträge zwischen Gewerbetreibenden und Verbrauchern gilt. Allerdings ist dies auch vor dem Hintergrund der oben dargestellten Ansicht zur Nichterstreckbarkeit strengerer nationaler Regelungen schon deshalb nicht zu beanstanden, weil für Gewerbetreibende die Rechtswahl nicht ausgeschlossen ist, so dass schon von daher in der Ausweitung des Anwendungsbereichs der Umsetzungsnormen keine Beschränkung der Grundfreiheiten liegt.[109] Andere betrachten diesen Aspekt als ausserhalb des Anwendungsbereichs und Regelungsanspruchs der Richtlinie gelegenen Gegenstand und verneinen deshalb eine Sperrwirkung. Diese Ansicht wird teilweise auf die Di Pinto-Entscheidung des EuGH zu dem parallelen Problem im Haustürwiderrufsrecht gestützt, in der der Gerichtshof die Anwendung nationaler Vorschriften zum Schutz bei Haustürgeschäften auf Verträge zwischen Gewerbetreibenden ohne Rückgriff auf die Mindeststandardklausel der Haustürwiderrufs-RL mit der Begründung zugelassen hat, die Richtlinie könne „... nicht so ausgelegt werden, daß sie es den Mitgliedstaaten untersagt, Maßnahmen auf einem Gebiet wie dem des Schutzes der Gewerbetreibenden zu ergreifen, für das sie nicht gilt".[110]

Die Einbeziehungskontrolle ist in der Richtlinie selbst nicht geregelt. Entsprechende Vorschriften der Mitgliedstaaten fallen somit weitestgehend in eine Regelungslücke und unterliegen nur der allgemeinen Grundfreiheitenkontrolle, ohne dass die Berufung auf zwingende Erfordernisse ausgeschlossen wäre.[111]

---

108 Vgl. Art. 3 I, II der RL, dazu ErwGr. 12; z. G. *Grundmann*, Europäisches Schuldvertragsrecht (1999), 254 f.; *Ulmer*, EuZW 1993, 337 f.; als Fall der zulässigen strengeren Reglung nach Art. 8 der RL eingeordnet bei *Berger-Walliser*, RIW 1996, 459, 462; *Pfeiffer*, in: Grabitz/Hilf, Bd. III A 5, Vorbem. Rdn. 61, Rdn. 10; *Remien*, ZEuP 1994, 34, 42.

109 *Grundmann*, Europäisches Schuldvertragsrecht (1999), 255 f.

110 Vgl. dazu EuGHE 1991 I-1189, Rdn. 21 ff. Di Pinto; dazu *Remien*, ZEuP 1994, 34, 42 f.; *Ulmer*, EuZW 1993, 337, 338; zur selben Ansicht kommt *Kiendl*, JbJZ 1995, 195, 198 f. für die Mindeststandardklausel.

111 *Grundmann*, Europäisches Schuldvertragsrecht (1999), 254; *Pfeiffer*, in: Grabutz/Hilf, Bd. III A

Mögliche Verschärfungen, für die sich die Frage nach der Erstreckbarkeit auf ausländische Anbieter in der Tat stellen würde, könnten etwa den Maßstab der Inhaltskontrolle betreffen. Verschärfungen der Inhaltskontrolle gegenüber der Richtlinie können – soweit sie etwa reine Rechtsprodukte betreffen oder sonst Anforderungen an die Produktgestaltung etablieren, die etwa eine europaweit einheitliche Vermarktung stören – durchaus über Vertriebsvorschriften hinausgehen und die Qualität von Grundfreiheitenbeschränkungen erreichen.[112] Sie sind allerdings gerade im Bereich der Klausel-RL nur schwer zu beurteilen. Die Generalklausel zur Inhaltskontrolle gibt keine klaren Maßstäbe an die Hand; die Konkretisierung des Mindeststandards bleibt in diesem Fall gleichsam dem EuGH überlassen und befreit grenzüberschreitende Anbieter zunächst nicht ohne weiteres von Kontrolle anhand des AGB-Rechts im Bestimmungsstaat. Als generelle Regel im Bereich der Klausel-RL kann jedoch wohl festgehalten werden, dass dem grenzüberschreitend tätigen Anbieter zumindest bei Übernahme des (unverbindlichen) Katalogs im Anhang zu Art. 3 in seinem Herkunftsland strengere und beschränkend wirkende Normen des Bestimmungslandes nicht mehr entgegengehalten werden dürfen.[113] Gleiches dürfte, da Art. 4 I der Richtlinie als maßgeblichen Zeitpunkt für die Beurteilung der Missbräuchlichkeit einer Klausel den Vertragsschluss bestimmt, für eine Berücksichtigung späterer Veränderungen gelten, die nach der oben dargelegten Ansicht zumindest zumindest im grenzüberschreitenden Fall keine nachträgliche Korrektur von Verträgen bewirken darf.[114]

Als problematisch gelten auch Verschärfungen auf der Rechtsfolgenseite – etwa eine Vollnichtigkeit des gesamten (Rest-)Vertrages über Art. 6 I 2. HS hinaus, wo die Richtlinie lediglich die Unverbindlichkeit der missbräuchlichen Klausel und im Übrigen die Aufrechterhaltung des Vertrages anordnet, sofern er ohne die missbräuchliche Klausel bestehen kann. Eine weitergehende Anordnung der prinzipiellen Nichtigkeit des Restvertrages ist allerdings bereits durch die ausdrückliche Regelung des Art. 6 I der RL ausgeschlossen; im Übrigen wäre sie von der grds. Ermächtigung des Art. 8 der Klausel-RL selbst nicht gedeckt, weil die Nichtigkeit des gesamten Vertrages angesichts ihrer vielfach ungünstigen Auswirkungen infolge des Wegfalls vertraglicher Ansprüche in dieser Absolutheit gerade nicht als Verstärkung des Verbraucherschutzes gelten kann.[115]

bb) Haustürwiderrufs-Richtlinie

Auch die Haustürwiderrufs-RL, die dem Verbraucher für Verträge, die in bestimmten Überrumpelungssituationen geschlossene werden, ein Widerrufsrecht einräumt,

---

5, Art. 8, Rdn. 12 – auch zu den wenigen Regelungen der Einbeziehungkontrolle in der RL; *Riesenhuber*, System und Prinzipien (2003), 226; *Ulmer*, EuZW 1993, 337, 338.

112 Vgl. z. G. *Fetsch*, Eingriffsnormen, (2002), 145 ff.; *Pfeiffer*, in: Grabitz/Hilf, Bd. III, A 5, Art. 8, Rdn. 22 f. zu Beispielen möglicher grundfreiheitenrelevanter klauselbezogener Regelungen.

113 Dazu *Grundmann*, Europäisches Schuldvertragsrecht (1999), 254 f.

114 Zu diesem Beispiel *Grundmann*, Europäisches Schuldvertragsrecht (1999), 265.

115 Dazu *Pfeiffer*, in: Grabitz/Hilf, Bd. III A 5, Art. 8, Rdn. 18; zu der in der RL angeordneten Rechtsfolge auch *Grundmann*, Europäisches Schuldvertragsrecht (1999), 267.

enthält eine allgemeine Mindeststandardklausel zur Zulässigkeit eines intensiveren nationalen Verbraucherschutzes.[116] Zu dieser Richtlinie liegt mit der Entscheidung in Sachen Buet eine Äußerung des EuGH vor, die sich für die Fragestellung nach der Durchsetzbarkeit strengeren nationalen Rechts fruchtbar machen lässt. Diese Entscheidung betraf eine französiche Norm, die den Haustürvertrieb von Unterrichtsmaterialien untersagte. Das Verbot wurde vom EuGH als beschränkende Maßnahme eingestuft, aber gerechtfertigt. Entgegen dem ersten Anschein steht diese Entscheidung mit der hier vertretenen Ansicht jedoch durchaus in Einklang, wenn man berücksichtigt, dass der Haustürvertrieb von Unterrichtsmaterialien in verschiedenen Mitgliedstaaten und auch auf Gemeinschaftsebene[117] als Sonderkonstellation betrachtet wird, und deshalb davon ausgeht, dass die Richtlinie diesen speziellen Fall nicht geregelt hat. Dann liegt hier der Fall einer Regelungslücke, nicht einer strengeren Norm vor. Nach a. A. ist diese Regelung jedenfalls seit Keck als Vertriebsvorschrift anzusehen und deshalb von der Sperrwirkung nicht erfasst.[118] Andernfalls, etwa wenn man wegen der konkreten Umstände das komplette Verbot des Haustürvertriebs von Unterrichtsmaterial als Einschränkung eines wichtigen Vertriebsweges begreift, die ausländische, noch nicht auf dem Inlandsmarkt etablierte Anbieter oder solche, die gerade auf diesen Vertriebsweg spezialisiert sind, bes. schwer trifft, und zugleich keinen stillschweigenden Ausschluss aus dem Regelungsbereich der Richtlinie annimmt, wäre ein solches Vebot nach den oben dargestellten Grundsätzen im grenzüberschreitenden Fall nicht durchsetzbar. Jedenfalls aber kann ein komplettes Verbot des Haustürvertriebs – wie es in Luxemburg gilt – für den grenzüberschreitenden Vertrieb keinen Bestand haben, weil es einen möglicherweise überragend wichtigen Vertriebsweg vollständig sperrt, wo der Europäische Gesetzgeber eine Relativierung der vertraglichen Bindungswirkung durch Einräumung eines Widerrufsrechts für ausreichend erachtet.[119]

Hingegen ist die Erstreckung des Schutzes auf Gewerbetreibende durch den Gerichtshof als zulässige Maßnahme akzeptiert worden. In der bereits erwähnten Entscheidung in Sachen Di Pinto hat der EuGH judiziert, die Richtlinie untersage den Mitgliedstaaten nicht, „... Maßnahmen auf einem Gebiet wie dem des Schutzes der Gewerbetreibenden zu ergreifen, für das sie nicht gilt".[120]

cc) Verbraucherkredit-Richtlinie

Eine Mindeststandardklausel der oben beschriebenen Art enthält auch die Verbraucherkredit-RL.[121] Auch hier werfen verschiedene Differenzen zwischen Richtlinie

---

116 Vgl. Art. 8 der RL 85/577/EWG, ABl.EG 1985, Nr. L 372/31; z. G. *Grundmann*, Europäisches Schuldvertragsrecht (1999), 206 ff.; *Micklitz*, in: Grabitz/Hilf, Bd. III, A 2.

117 Vgl. zu dem ehemaligen Vorschlag einer Fernunterrichts-RL sowie den verschiedenen nationalen Regelungsnasätzen *Riesenhuber*, System und Prinzipien (2003), 158, 225.

118 So *Grundmann*, RabelsZ 64 (2000), 457, 473; *Klauer*, Europäisierung (1998), 79 f., 83 – i. E. krit.

119 Dazu etwa *Riesenhuber*, System und Prinzipien (2003), 225, krit. *Klauer*, Europäisierung (1998), 115.

120 EuGHE 1991 I-1189, Di Pinto, 21 ff.; *Remien*, ZEuP 1994, 34, 42 f. m. w. N.

121 Vgl. Art. 15 der RL 87/102/EWG, ABl.EG 1987 Nr. L 42/48.

und nationalen Umsetzungen die Frage nach der Durchsetzbarkeit der nationalen Regelungen im grenzüberschreitenden Sacherhalt auf.

So ist etwa der sachliche Anwendungsbereich der Richtlinie auf Verbraucherkredite zwischen 200 und 20 000 ECU begrenzt, während die deutsche Umsetzung keine betragsmäßige Begrenzung nach oben enthält. Obwohl die Richtlinie somit eine Obergrenze der durch sie erfassten Kredite bestimmt, steht sie einer Regelung der Mitgliedstaaten in diesem Bereich wohl nicht entgegen. Insofern hat die Richtlinie gerade keine positive Regelung geroffen, und zwar – anders als bei den durch die Untergrenze ausgeschlossenen Bagatellkrediten – nicht mangels eines Schutzbedürfnisses, sondern weil davon auszugehen ist, dass dieses bei hohen Krediten anderweitig befriedigt wird. Für dieses Verständnis spricht auch der Hinweis in den Erwägungsgründen, dass bei hohen Krediten Besonderheiten vorliegen, die die Richtlinie nicht adäquat zu erfassen vermag.[122]

Etwas anderes mag hinsichtlich des in der deutschen Umsetzung enthaltenen Widerrufsrechts für Verbraucherkredite gelten. Die Verbraucherkredit-RL räumt – anders als einige andere vertragsrechtliche Richtlinien mit ähnlichem Regelungsgehalt und anders als nunmehr der Vorschlag zur Novellierung der Verbraucherkredit-RL[123] – dem Kreditnehmer kein Widerrufsrecht ein, sondern beschränkt sich im Wesentlichen auf Transparenzregelungen und punktuelle inhaltliche Regeln für die Vertragsgestaltung.[124] Insofern stellt sich die Frage, ob Regelungen wie die deutsche Umsetzung im grenzüberschreitenden Fall durchsetzbar sind.[125]

Sofern man im Bereich der Verbraucherkredit-RL solche strengeren nationalen Regelungen nicht bereits wegen ihrer kompetenzrechtlichen Grundlage für nicht erstreckbar hält,[126] sondern auf die Sperrwirkung auf Basis der Grundfreiheiten abstellt, kommt es auf eine beschränkende Wirkung an. Ein Widerrufsrecht beschneidet zunächst nicht direkt die Möglichkeit, Verbraucherkredite im Inland anzubieten, sondern stellt lediglich deren rechtliche Wirksamkeit während einer zeitlich begrenzten Phase in Frage. Angesichts dieser Wirkung liegt eine Einordnung als bloße Regelung einer Modalität des Vertragsabschlusses nahe, die keine Grundfreiheitenbeschränkung bewirkt.[127] Eine genauere Analyse der möglichen Folgen eines Widerrufsrechts kann jedoch zu einer anderen Beurteilung führen.

---

122 Vgl. dazu Erwägungsgrund 15 der RL 87/102/EWG: „Kreditverträge über sehr hohe Beträge weichen oft von den üblichen Verbraucherkreditgeschäften ab. Die Anwendung der Bestimmungen dieser RL auf Verträge über sehr kleine Beträge könnte sowohl für die Verbraucher als auch die Kreditgeber unnötigen verwaltungsmäßigen Aufwand verursachen." Dazu *Herwig*, Gestaltungsspielraum (2002), 231 f.; zum Eingreifen anderweitiger Schutzmechanismen *Grundmann*, Europäisches Schuldvertragsrecht, 667, 669.

123 Vgl. Art. 11 des Richtlinien-Vorschlags zur Novellierung der Verbraucherkredit-RL, ABl.EG 2002, Nr. C 331/200; dazu auch *Riesenhuber*, System und Prinzipien (2003), 224 f.

124 Dazu *Grundmann*, Europäisches Schuldvertragsrecht (1999), 657 ff., 670 ff.

125 Für eine solche Durchsetzbarkeit wohl *Riesenhuber*, System und Prinzipien (2003), 224 f.; offen gelassen bei *Herwig*, Gestaltungsspielraum (2000), 231 ff., 237.

126 Zu diesem Ansatz *Riesenhuber*, System und Prinzipien (2003), 147 ff., 222.

127 So etwa *Fetsch*, Eingriffsnormen (2002), 155 ff., 157.

Anders als die oben erwähnte Ausweitung des Anwendungsbereichs des Verbraucherkreditrechts, die lediglich eine Ausdehnung der dem Anbieter bereits aus seinem Heimatstaat bekannten Regelung bedeutet, und überdies v. a. Transparenzvorschriften betrifft, die eher die Modalitäten der Leistungserbringung betreffen, als dass sie das Produkt „Verbraucherkredit“ selbst gestalten, stellt die jedenfalls gegenwärtig über die Richtlinie hinausgehende Gewährung eines allgemeinen Widerrufsrechts[128] einen inhaltlichen Eingriff in den Kreditvertrag dar, welche die Rechte und Pflichten der Vertragsparteien verschiebt. Widerruflichkeit trotz umfassender Information macht möglicherweise einen besonderen Zuschnitt des Angebots für den inländischen Markt aufgrund der besonderen Riskolage in dem so reglementierten Mitgliedstaat erforderlich und könnte deshalb ausländische Anbieter durchaus von einer Betätigung im Inland abhalten bzw. diese weniger attraktiv machen, zumal so – anders als durch die mit einmaligem Aufwand feststellbare Modifikation des Anwendungsbereich der inhaltlich bekannten und unveränderten Regelung – in potentiell jeden Vertrag ein Unsicherheitsfaktor hineingetragen wird. Insofern kann von einer bloßen Verkaufsmodalität wohl nicht mehr ausgegangen werden; das insofern behindernd wirkende Widerrufsrecht bindet ausländischen Anbietern mithin nicht.

Schließlich enthält die Richtlinie keine Regelung zur Sittenwidrigkeitskontrolle von Verbraucherkreditverträgen. Das Schweigen der Richtlinie zum Problem der Sittenwidrigkeit, die hier insbes. in Gestalt des Zinswuchers relevant wird, führt allerdings nicht dazu, dass dieser Einwand für den grenzüberschreitenden Bereich ausgeschlossen wird. Es ist davon auszugehen, dass die Richtlinie insofern keine Regelung treffen wollte, sondern sich vielmehr auf die spezifischen Probleme des Verbraucherkredites konzentriert hat, ohne dadurch das allgemeine Institut der Sittenwidrigkeit zu präkludieren.[129]

---

128 Für den spezifischen Schutzbedarf etwa gegen Überrumpelung besteht mit den Regelungen der Haustürwiderrufs-RL, die auf Verbraucherkreditverträge ebenfalls anwendbar ist, bereits ein Schutzinstrument – dazu *Grundmann*, Europäisches Schuldvertragsrecht (1999), 674. Zur Anwendbarkeit der Vorschriften über den Widerruf von Haustürgeschäften auf Verbraucherkreditverträge s. a. vorn § 10 III.1.b) zu Heininger-Entscheidung des EuGH. Die Notwendigkeit eines darüber hinaus gehenden allgemeinen Widerrufsrechts aufgrund der Bedeutung und Tragweite des Geschäfts kann angesichts der umfassenden Transparenzregelung der Verbraucherkredit-RL bezweifelt werden. Allerdings enhält wie erwähnt, Art. 11 des Vorschlag zur Novellierung der Verbraucherkredit-RL – ABl.EG 2002, Nr. C 331/200 – gerade ein solches allgemeines Widerrufsrecht.

129 Vgl. *Grundmann*, Europäisches Schuldvertragsrecht (1999), 676 f.; *Riesenhuber*, System und Prinzien des Europäischen Vertragsrechts (2003), 224 f.; auch *Herwig*, Gestaltungsspielraum (2000), 185 m. w. N., 189.

§ 13 Verordnungen

I. Bisher begrenzte kollisionsrechtliche Relevanz des Verordnungsrechts

Im Bereich der EG-Verordnungen sind bisher nur vereinzelte kollisionsrechtliche Regelungen getroffen worden. Es handelt sich dabei zumeist um Gemeinschaftskollisionsrecht zur Bestimmung des Anwendungsbereichs des Gemeinschaftssachrechts oder um gemeinschaftsrechtsergänzendes Kollisionsrecht, jedenfalls aber lediglich um punktuelle Regelungen, die das Verhältnis der Mitgliedstaaten untereinander bzw. die Berufung mitgliedstaatlichen Rechts zum Gegenstand haben, und für die beispielhaft auf die obigen Ausführungen verwiesen werden kann.[1] Schon aus diesem Grund hat Verordnungsrecht daher für die Frage nach den kollisionsrechtlichen Implikationen des Europarechts im harmonisierten Bereich – insbes. was die Frage nach dem im Binnenmarkt angebrachten Anknüpfungssystem angeht – bisher nur eine geringe Rolle gespielt und besitzt wenig Bedeutung für deren Darstellung und Analyse im vorliegenden Zusammenhang. Hierfür liegt der quantitative wie problemorientierte Schwerpunkt klar beim Richtlinienrecht.

Diese Situation wird sich in naher Zukunft freilich grundlegend wandeln, da aufgrund der neuen Kompetenzen im Titel IV des EG-Vertrages eine weitgehende Vereinheitlichung des Kollisionsrechts in Gestalt von EG-Verordnungen in Arbeit ist. Dazu soll das EVÜ – das einzige grds. universell allseitig ausgerichtete IPR-Regelwerk im gemeinschaftsrechtlichen Kontext – in eine Verordnung überführt und um weitere Bereiche ergänzt werden.[2]

Bislang sind diese Pläne jedoch nicht in die Tat umgesetzt, so dass unter dem Gesichtspunkt der Darstellung und Charakterisierung eines Binnemarktkollisionsrechts zur Verordnung als dem zweiten wichtigen Instrument der Sekundärrechtssetzung angesichts des deutlichen praktischen Übergewichts der Richtlinie in der Privatrechtsharmonisierung einige kurze Ausführungen genügen.

II. Die kollisionsrechtliche Bedeutung von Verordnungen

Wichtig ist insoweit v. a. die Feststellung, dass im Verordnungsrecht jedenfalls nicht das in §§ 11 und 12 dargestellte Modell der kollisionsrechtlichen Implikationen wie im durch Richtlinien harmonisierten Bereich gilt. Der andersartige Wirkungsmechanismus der Verordnung und ihr begrenztes Einsatzgebiet bedingen hier wesentlich geringere kollisionsrechtliche Einflüsse als im Bereich des Richtlinienrechts, die zudem von anderer Art als die dort beschriebenen Implikationen sind.

Wo Verordnungen privatrechtsrelevant sind, werfen sie zumeist nur das Problem der Abgrenzung zwischen Gemeinschafts(privat)recht und nationalem Privatrecht oder

---

1 Vgl. insoweit § 4 I.
2 Vgl. dazu § 4 II.1. und sogleich § 14.

der Ergänzung des Gemeinschaftssachrechts durch das dazu berufene nationale Recht auf. Denn sie schaffen – wenn auch thematisch sehr begrenzt – eigenständiges einheitliches Privatrecht. Nur selten etablieren Verordnungen isoliert internationalprivatrechtliche Regelungen. Jedenfalls aber entsteht entweder einheitliches Sachrecht – so im Falle der Europäischen Gesellschaftsformen – oder aber vergemeinschaftetes Kollisionsrecht, sei es zur Bestimmung des Anwendungsbereichs der sachrechtlichen Regelungen der Verordnung, zu deren Ergänzung oder allgemein zur Vergemeinschaftung einzelner Verweisungsregeln bestimmt.

In der Folge erübrigen Verordnungen entweder die kollisionsrechtliche Frage oder sie beantworten sie selbst: Das gilt zum einen dann, wenn die Verordnungen materielles Einheitsprivatrecht etablieren. In diesem Fall schaffen sie eine partielle Sachrechtseinheit und erübrigen insoweit die kollisionsrechtliche Fragestellung, weil gemeinschaftsweit identische Regelungen gelten, deren einheitliche Auslegung durch die Letztauslegungskompetenz des EuGH abgesichert ist. Schaffen die Verordnungen hingegen einheitliches Verweisungsrecht, so wird die kollisionsrechtliche Frage dadurch direkt beantwortet – dies jedenfalls, sofern die Verordnungsregelung selbst eine zielführende Verweisung bereit hält. Ist die Verweisung hingegen nicht allein aussagekräftig – etwa bei Gesamtverweisung auf ein mitgliedstaatliches Recht – so beantwortet die Verordnung die Frage nach dem anwendbaren Recht nur teilweise, überlässt die endgültige Entscheidung den Mitgliedstaaten und verzichtet gerade darauf, selbst binnenmarktspezifische Elemente in die Rechtsanwendungsentscheidung hineinzutragen. Sie ist insoweit unter dem Gesichtspunkt der Entwicklung eines Binnenmarktkollisionsrechts noch weniger ergiebig als die vorgenannten Formen, weil sie nicht einmal eine gemeinschaftsweit einheitliche Anknüpfung sicherstellt.

Jedenfalls hat das zum Richtlinienrecht entwickelte Modell des Zusammenspiels mit den Grundfreiheiten und des Umgangs mit Umsetzungsdivergenzen im Bereich des Verordnungsrechts naturgemäß keine Bedeutung. Zwar müssen auch Verordnungen dem Maßstab der Grundfreiheiten genügen; es entfällt jedoch mangels Umsetzungsbedarf die zweite, mitgliedstaatliche Regelungsebene als Quelle grundfreiheitenrelevanter Rechtsunterschiede und als potentieller Konfliktherd im nationalen Recht.

Eine Bedeutung für das Binnenmarktkollisionsrecht als Integrationsordnung der mitgliedstaatlichen Rechtsordnungen entfalten Verordnungen i. E. eher am Rande, solange die Anzahl privatrechtsrelevanter Verordnungen gering ist und die kollisionsrechtlichen Implikationen meist auf den Regelungsgegenstand der Verordnung selbst beschränkt bleiben.

Teil 4 – Zukunftsperspektiven

§ 14 Das Binnenmarktkollisionsrecht im Lichte der Vertragsreform von Amsterdam

Obige Ausführungen haben gezeigt, dass die Ableitung kollisionsrechtlicher Implikationen aus dem Gemeinschaftsrecht zwar möglich ist, jedoch nur begrenzt Früchte trägt und unsicher bleibt. Die Ausbeute konkreter kollisionsrechtlicher Regelungen europarechtlicher Provinienz ist – abgesehen vom EVÜ – bisher eher punktuell.

So finden sich nicht nur keine spezifisch auf den Europäischen Binnenmarkt ausgerichteten Übereinkommen kollisionsrechtlichen Inhalts. Auch kollisionsrechtliche Regelungen in Verordnungen sind selten. Richtlinien enthalten zwar zunehmend auch kollisionsrechtliche Regelungsanordnungen, diese betreffen jedoch unmittelbar zumeist nur die Frage der Abgrenzung zu drittstaatlichem Recht und greifen damit nur einen Teilbereich der internationalprivatrechtlichen Fragestellung auf.

I. Das Konventionsrecht als lediglich eingeschränkte Perspektive

Akzeptiert man, dass aktuell ein Bedarf besteht, das internationale Privatrecht in der Gemeinschaft zu vereinheitlichen, so stellt sich die Frage, auf welchem Weg und mit welcher Tragweite sich ein solches Unternehmen beginnen lässt. Soweit es wirklich um die Vereinheitlichung des IPR geht, ist nach dem oben Gesagten der Weg, das Netz der völkerrechtlichen Verträge (EG-heteronomer ebenso wie EG-autonomer) weiter zu spinnen und zu verfeinern, so wie es auch diversen Plänen und Initiativen der vergangenen Jahre und Jahrzehnte entspricht,[1] suboptimal.

---

1 So war geplant, das IPR des außervertraglichen Schuldrechts, nachdem es aus dem EVÜ herausgefallen war, in einem eigenen Übereinkommen (Rom II) zu erfassen – dazu *Kreuzer*, in: Müller-Graff (Hrsg.), Gemeinsames Privatrecht (1999), 457, 486 ff. Andere abgeschlossene Übereinkommen sind nur mangels ausreichender Ratifikation noch nicht in Kraft getreten – etwa das Brüsseler ÜEK über die gegenseitige Anerkennung von Gesellschaften vom 29. 2. 1968, BGBl. 1972 II, 369, 370, oder das ÜEK über Insolvenzverfahren vom 23. 11. 1995, abgedr. in ZEuP 1996, 331; dazu auch *Kreuzer*, a. a. O., 485, 492 f. Im IZPR ist auf die ÜEK Brüssel II – Übereinkommen über die Zuständigkeit, die Anerkennung und die Vollstreckung von Entscheidungen in Ehesachen vom 28. 5. 1998, ABl.EG 1998 Nr. C 221/2 – oder das ÜEK über die Zustellung gerichtlicher und außergerichtlicher Schriftstücke in Zivil- und Handelssachen in den Mitgliedstaaten der Europäischen Union vom 25. 6. 1997, ABl.EG 1997, Nr. C261/2 hinzuweisen; vgl. dazu *Kreuzer*, a. a. O., 484 f. Allerdings sind gerade letztere Vorhaben im Zuge der neueren Entwicklungen der Ersetzung bestehende oder geplanter völkerrechtlicher Verträge durch Rechtsakte der Gemeinschaft auf der Grundlage der neuen Kom-

Jede Initiative zum weiteren Ausbau des Konventions-Kollisionsrechts trägt den Makel in sich, keine vollkommene Einheitlichkeit des durch sie geschaffenen gemeinschaftlichen Kollisionsrechts sicherstellen zu können und damit das Ziel der Binnenmarktförderung nur unvollkommen zu erreichen. Die Probleme sind die benannten: der Transformationsbedarf ins nationale Recht, die Schwierigkeiten, eine einheitliche Auslegung und Fortbildung des Konventionsrechts sicherzustellen, die Geltung zwischen den Mitgliedstaaten in oft unterschiedlichen Fassungen etc.[2]. Da es jedoch gerade im IPR für das Integrationsziel, möglichst einheitliche Rechtsanwendungsentscheidungen sicherzustellen, entscheidend darauf ankommt, dass in den Mitgliedstaaten gleiches – nicht nur ähnliches – Recht gilt, lohnt es, nach einem probateren Mittel Ausschau zu halten.[3]

II. Rechtsakte der Gemeinschaft als Alternative für die Zukunft

Eine Alternative zum Ausbau der Staatsverträge zum IPR und IZPR sind Rechtsakte der Gemeinschaft, die gezielt das Kollisionsrecht der Mitgliedstaaten harmonisieren. Dafür bedarf es jedoch einer tragfähigen Rechtssetzungskompetenz. Außerdem müssen die im EG-Vertrag verankerten Anforderungen an Erforderlichkeit und Verhältnismäßigkeit sowie der Subsidiaritätsgrundsatz gewahrt werden.

1. Rechtslage bis zur Vertragsreform von Amsterdam

Bis zur Vertragsreform von Amsterdam bestand mangels ausdrücklicher spezieller Rechtssetzungskompetenzen der Gemeinschaft für das internationale Privat- und Prozessrecht die Möglichkeit einer (teilweisen) Vereinheitlichung des Kollisionsrechts v. a. auf der Grundlage des Art. 293 EG als Basis für die Schaffung begleitenden Gemeinschaftsrechts.[4] Daneben kamen zwar grds. auch die Art. 94 und 95 EG,[5] die Art. 47, 55 oder 153 EG[6] sowie Art. 308 EG in Betracht.[7] Diese Normen wurden jedoch nicht als Grundlagen einer umfassenden Integration des Kollisionsrechts verstanden.

---

petenz des Art. 61 c), 65 EG überholt – von der bereits vielfältig Gebrauch gemacht wurde und in deren Rahmen weitere Maßnahmen geplant sind.

2 Vgl. dazu oben, § 4 I.3.b)cc).

3 Die Möglichkeit, auf spontane Rechtsangleichung durch freiwillige nationale Parallelgesetzgebung, auf Richterrecht oder Modellgesetzgebung nach amerikanischem Vorbild zu setzen, lehnt etwa *Kreuzer*, in: Müller-Graff (Hrsg.), Gemeinsames Privatrecht (1999), 457, 516 ff. überzeugend als unrealistisch ab.

4 Vgl. etwa *Basedow*, in: Mansel/Baur (Hrsg.), Systemwechsel (2002), 19, 23 f.; *Remien*, CMLR 38 (2001), 53, 72 f.; *Müller-Graff/Kainer*, DRiZ 2000, 350, 551 – wobei das Mittel des völkerrechtlichen Vertrages nach dem oben Gesagten eine Kollisionsrechtsvereinheitlichung nur suboptimal verwirklichen kann.

5 *Mansel*, in: Mansel/Baur (Hrsg.) Systemwechsel (2002), 1, 2.

6 *Basedow*, in: Mansel/Baur (Hrsg.), Systemwechsel (2002), 19, 30; *Mansel*, ebd., 1, 2.

7 Dazu *v. Hoffmann*, in: ders. (Hrsg.), European Private Law (1998), 19, 27 ff.; *Kreuzer*, in: Müller-Graff (Hrsg.), Gemeinsames Privatrecht (1999), 457, 520 ff. – i. E. für eine Kompetenz aus Art. 235 EGV a. F. EG; *Mansel*, in: Mansel/Baur (Hrsg.), Systemwechsel (2002), 1 ff.

Vielmehr bildeten sie neben ihrer primären Funktion als Kompetenzgrundlagen für die Sachrechtsangleichung auch die Ermächtigung für (meist) punktuelle kollisionsrechtliche Ergänzungen dieser Sachrechtsintegration.[8]

2. Die neue Rechtslage nach den Vertragsreformen von Amsterdam und Nizza

Mit der Vertragsreform von Amsterdam ist die überkommene kompetenzrechtliche Situation allerdings von einer neuen Entwicklung eingeholt und überformt worden, welche die Diskussion um die Europäisierung des internationalen Privat- und Verfahrensrechts auf eine neue Grundlage stellt: Im Zuge der Vertragsreform ist eine neue Kompetenz für das IPR in den EG-Vertrag eingefügt worden, die – wenn auch noch umstritten – die Grundlage einer weitgehenden Kodifizierung des Kollisionsrechts auf europäischer Ebene bilden könnte.

a) Die neue Kompetenznorm des Art. 65 EG als Grundlage für die Vereinheitlichung des internationalen Privatrechts

Mit der Vertragsreform von Amsterdam ist ein neuer Titel IV in den EG-Vertrag eingefügt worden, der im Rahmen des schrittweisen Aufbaus eines Raums der Freiheit, der Sicherheit und des Rechts unter anderem auch Maßnahmen der Gemeinschaft zur „Förderung der Vereinbarkeit der kollisionsrechtlichen Regelungen der Mitgliedstaaten" vorsieht, soweit dies für das reibungslose Funktionieren des Binnenmarktes erforderlich ist.[9] Damit ist die justizielle Zusammenarbeit von der dritten in die erste Säule verlagert und eine originäre Rechtsetzungskompetenz der Gemeinschaft auf dem Gebiet des internationalen Privat- und Verfahrensrechts geschaffen worden. Große Teile der Literatur sehen in den neuen Vorschriften – allein oder iVm. den bereits bestehenden Rechtssetzungskompetenzen des Vertrages – eine tragfähige Grundlage für die umfassende oder doch zumindest teilweise Vereinheitlichung des Internationalen Privatrechts.[10] Praktisch gehen offenbar auch die Organe der Gemeinschaft von einer solchen Kompetenz aus.[11]

---

8 Vgl. nur *Basedow*, in: Mansel/Baur (Hrsg.), Systemwechsel (2002), 19, 30 f.; *Müller-Graff/Kainer*, DRiZ 2000, 350, 351.

9 *Basedow*, ZEuP 2001, 437 ff.; *Brechmann*, in: Calliess/Ruffert, Art. 65, Rdn. 1 ff.; *Heß*, NJW 2000, 23, 27.

10 Dazu *Basedow*, CMLR 2000, 687, 691 ff., 697 ff.; *ders.*, FS Lorenz (2001), 463, 469 f.; *Hau*, in: Leible (Hrsg.), Grünbuch (2004), 13, 17; *Heß*, NJW 2000, 23, 27 ff.; *ders.*, JZ 2001, 573 ff.; *Jayme*, in: Mansel (Hrsg.), Vergemeinschaftung (2001), 31, 35; *Kohler*, Rev.crit.d.i.p. 88 (1999), 1, 16; *Kreuzer*, in: Müller-Graff (Hrsg.), Gemeinsames Privatrecht (1999), 457, 529 ff.; *Kreuzer/Wagner*, Hdb. des EU-Wirtschaftsrechts, Bd. II., Kap. R, Rdn. 18; *Müller-Graff/Kainer*, DRiZ 2000, 350 ff.; *Reich*, Bürgerrechte (1999), 117; *Sandrock*, BB 1999, 1337, 1344 f.; *Staudinger*, ZfRV 41 (2000), 93, 103 f. und in: Leible (Hrsg.), Grünbuch (2004), 37, 51; wohl auch *Tenreiro/Karsten*, in: Schulte-Nölke/Schulze (Hrsg.), Rechtsangleichung (1999), 223, 252.

11 *Wagner*, IPRax 2002, 75, 86; *Hau*, in: Leible (Hrsg.), Grünbuch (2004), 13, 17. Siehe zu ergangenen und geplanten Rechtsakte auf dem Gebiet der justiziellen Zusammenarbeit in Zivilsachen unten c).

b) *Zweifel an der Tragfähigkeit der neuen Kompetenzgrundlage*

Von anderer Seite werden jedoch nach wie vor Zweifel daran laut, dass die neue Kompetenz eine tragfähige Grundlage für die Vergemeinschaftung des IPR und IZPR bildet.[12]

Solche Zweifel finden ihre Nahrung v. a. in der systematischen Einbettung der neuen Kompetenz in den EG-Vertrag, die durch die Gegenstandbestimmung des Titels IV „Visa, Asyl, Einwanderung und andere Politiken betreffend den freien Personenverkehr" eine enge sachliche Begrenzung zu finden scheint. Die Einbettung in den Titel IV des Vertrages bringt zudem wegen der dort geltenden besonderen Regelungen eine ganze Reihe von Beschränkungen und Problemen mit sich, die durchaus geeignet sind, die genaue Bedeutung der neuen Kompetenz und ihren Wert als Grundlage einer möglichen Harmonisierung des Internationalen Privat- und Verfahrensrechts der Mitgliedstaaten in Frage zu stellen.

Insoweit werden v. a. die im Titel IV geltenden Besonderheiten im Gesetzgebungsverfahren, der begrenzte territoriale Geltungsbereich von Maßnahmen nach Titel IV und die eingeschränkte Möglichkeit zur Anrufung des Gerichtshofs als problematisch empfunden. Davon abgesehen bestehen insbes. Zweifel an der sachlichen Reichweite der Kompetenznorm des Art. 65 EG und in Bezug auf die dadurch eröffneten Rechtsformen.

aa) Die Besonderheiten des Gesetzgebungsverfahrens nach Art. 67 EG

Eine erste Besonderheit der Maßnahmen nach Titel IV des Vertrages, welche die Eignung der dortigen Kompetenznorm als Grundlage umfassender Kollisionsrechtsvereinheitlichung in Zweifel zieht, liegt in dem Gesetzgebungsverfahren nach Art. 67 EG. Abgesehen davon, dass zunächst für einen Übergangszeitraum von 5 Jahren Besonderheiten hinsichtlich des Initiativrechts und der Rolle des Europäischen Parlaments bestanden, wich auch die erforderliche Mehrheit im Rat von dem Verfahren nach Art. 251 EG ab. Der Rat konnte grds. nur einstimmig handeln, so dass faktisch jedem Mitgliedstaat ein Vetorecht eingeräumt war.[13] Diese Besonderheiten waren v. a. der Sorge der Mitgliedstaaten geschuldet, in dem sensiblen Bereich von Asyl- und Einwanderungspolitik Kompetenzen an die Gemeinschaft abzugeben. Dass sie sich

---

12 Gegen eine umfassende Kompetenz etwa *Besse*, ZEuP 1999, 107, 111 ff.; *Brechmann*, in: Calliess/Ruffert, Art. 65, Rdn. 8; *Jayme/Kohler*, IPRax 1999, 401 f., 413; *Kohler*, Rev.crit.d.i.p. 88 (1999), 1, 16; *Schack*, ZEuP 1999, 805, 807 „völlig ungeeignet"; Zweifel hinsichtlich der neuen Kompetenz hegen auch *v. Hoffmann*, in: ders. (Hrsg.), European Private International Law (1998), 19, 30 ff.; *Kohler*, ZEuS 2001, 575, 577 ff.; zu den bestehenden Schwierigkeiten auch *Leible*, in: Schulte-Nölke/Schulze (Hrsg.), Rechtsangleichung (1999), 353, 387 ff., der i. E. Art. 65 EG als Kompetenzgrundlage für eine Vereinheitlichung des internationalen Schuldvertragsrechts im Verordnungswege ablehnt und stattdessen unter Berufung auf *Kreuzer*, in: Müller-Graff (Hrsg.), Gemeinsames Privatrecht (1999), 457, 523 ff. den Weg über Art. 308 EG andenkt; *Mansel*, in: Mansel/Baur (Hrsg.), Systemwechsel (2002), 1, 85 ff.; *Pfeiffer*, NJW 1999, 3674. Zur Stellungnahme der Europäischen Gruppe für IPR vgl. den Bericht von *Jayme*, IPRax 2000, 155 f.

13 *Brechmann*, in: Calliess/Ruffert, Art. 67, Rdn. 1 ff.

auch auf den systematisch damit verbundenen Bereich der justiziellen Zusammenarbeit auswirken ist misslich, weil so die hinsichtlich der Asyl- und Einwanderungspolitik bestehenden Bedenken ohne Not auf diesen Bereich durchschlagen.[14]

Diese Besonderheiten sind nunmehr – bereits vor Ablauf der eigentlich vorgesehenen fünfjährigen Übergangsfrist – durch den Vertrag von Nizza teilweise abgeändert worden.[15]

bb) Bedenken wegen der Nichtteilnahmeoption einzelner Mitgliedstaaten

Des Weiteren wird der Wert der neuen Kompetenznorm dadurch gemindert, dass Art. 69 EG den Mitgliedstaaten die Möglichkeit eröffnet, an entsprechenden Maßnahmen nicht teilzunehmen. Einige Mitgliedstaaten – namentlich Dänemark, das Vereinigte Königreich und Irland – haben von dieser Möglichkeit Gebrauch gemacht, mit der Folge, dass Angleichungsmaßnahmen nach Art. 65 lit. b) EG in diesen Staaten grds. keine Wirkung entfalten. Damit nehmen diese Mitgliedstaaten eine Sonderstellung ein, welche die einheitliche Geltung von Rechtsvorschriften, die auf der Grundlage der neuen Kompetenz erlassen werden, gefährden.[16] Einige Autoren sehen wegen dieser begrenzten territorialen Geltung von Maßnahmen nach Art. 61, 65 EG einen Konflikt mit dem Subsidiaritätsprinzip des Art. 5 II EG.[17]

Allerdings haben Großbritannien und Irland bereits 1999 gem. Art. 3 des Protokolls Nr. 4 zum Amsterdamer Vertrag mitgeteilt, sich an den Maßnahmen der justiziellen Zusammenarbeit in Zivilsachen vollumfänglich zu beteiligen.[18]

Nur Dänemark nimmt an den kollisionsrechtsvereinheitlichenden Maßnahmen nach Art. 61 c, 65 EG somit vorerst nicht teil. Das entsprechende Protokoll enthält keine opt-in-Klausel für einzelne Rechtsakte. Es scheint jedoch angesichts der enormen praktischen Bedeutung dieses Vorhabens und aufgrund seiner bewussten Anknüpfung an den überkommenen Bestand der existierenden Staatsverträge, die in Gemeinschaftsrechtakte überführt bzw. durch solche ergänzt werden sollen, un-

---

14 *Basedow*, in: Mansel/Baur (Hrsg.), Systemwechsel (2002), 19, 25 f.; *Kreuzer/Wagner*, Hdb. des EU-Wirtschaftsrechts, Bd. II., Kap. R, Rdn. 19; differenzierend *Mansel*, in: Mansel/Baur (Hrsg.), Systemwechsel (2002), 1, 4, 7.

15 *Basedow*, in: Mansel/Baur (Hrsg.), Systemwechsel (2002), 19, 26; *Kohler*, IPRax 2003, 401, 404. Siehe dazu auch unten dd).

16 Dazu *Basedow*, CMLR 37 (2000), 687, 695 f.; *ders.*, in: Mansel/Baur (Hrsg.), Systemwechsel (2002), 19, 28 f.; *Besse*, ZEuP 1999, 107, 111 f.; *Brechmann*, in: Calliess/Ruffert, Art. 65, Rdn. 3; *Heß*, NJW 2000, 23, 28; *Jayme/Kohler*, IPRax 1999, 401, 402; *Kohler*, ZEuS 2001, 575, 579; *Leible*, in: Schulte-Nölke/Schulze (Hrsg.), Rechtsangleichung (1999), 353, 387 ff.; *Mansel*, in: Mansel/Baur (Hrsg.), Systemwechsel (2002), 1, 8 f. m. w. N. zu den Protokollen; *Sandrock*, BB 1999, 1337, 1344 f.; *Schack*, ZEuP 1999, 805, 807; *Staudinger*, ZfRV 2000, 93, 104 – dort auch zu den Möglichkeiten, diese Schwierigkeit zu überwinden und die genannten Mitgliedstaaten dennoch an entsprechenden Rechtsakten zu beteiligen; *Wiedmann*, JuS 2001, 846 ff., *ders.*, EuR 36 (2001), 185, 207 ff.

17 Dazu etwa *Mansel*, in: Mansel/Baur (Hrsg.), Systemwechsel (2002), 1, 8; *Schack*, ZEuP 1999, 805, 808.

18 Dazu *Basedow*, in: Mansel/Baur (Hrsg.), Systemwechsel (2002), 19, 28 f.; *Brechmann*, in: Calliess/Ruffert, Art. 69, Rdn. 2 ff.; *Heß*, NJW 2000, 23, 28; *Mansel*, in: Mansel/Baur (Hrsg.), Systemwechsel (2002), 1, 8.

wahrscheinlich, dass sich Dänemark von der geplanten Vereinheitlichung des Kollisionsrechts auf europäischer Ebene tatsächlich vollkommen ausschließen wird. Dänemark hat zum einen die Möglichkeit zu erklären, von dem Vorbehalt nach Art. 69 EG keinen Gebrauch zu machen; dies jedoch bis heute auch im Hinblick auf die justizielle Zusammenarbeit in Zivilsachen nicht getan. Ansonsten besteht immerhin die Möglichkeit einer Einbeziehung in die justizielle Zusammenarbeit durch Abschluss von Parallelabkommen.[19]

cc) Bedenken wegen der beschränkten EuGH-Kontrolle

Auf erhebliche Bedenken stößt allerdings die aufgrund der Sonderregelung des Art. 68 EG beschränkte Jurisdiktion des EuGH im Hinblick auf die im Rahmen der neuen Kompetenz erlassenen Rechtsakte.[20] Die Vorschrift modifiziert im Bereich des Titels IV des EG-Vertrages die Möglichkeit für mitgliedstaatliche Gerichte, dem EuGH Fragen zur Vorabentscheidung (Art. 234 EG) vorzulegen: Während diese Option ansonsten allen nationalen Gerichten offen steht, die eine Frage nach der Auslegung des Gemeinschaftsrechts für entscheidungserheblich halten, und die zur Pflicht wird, wenn gegen die Entscheidung des Gerichts kein innerstaatliches Rechtsmittel mehr gegeben ist, ist die Vorlagebefugnis hier von vornherein auf letztinstanzlich entscheidende Gerichte beschränkt, gegen deren Entscheidungen im innerstaatlichen Recht keine Rechtsmittel zur Verfügung stehen. Dies ist als Verlust und Rückschritt bewertet worden, v. a. im Hinblick darauf, dass in anderen Bereichen große Teile der Vorlagen gerade von den unterinstanzlichen Gerichten stammen. Die benannten Einschränkungen der Vorlagemöglichkeiten bergen die Gefahr, die Schwierigkeiten für eine einheitliche Rechtsentwicklung, die den Übereinkommen anhaftete, nun auch in den neu geschaffenen Bereich zu importieren.[21] Allerdings besteht die Möglichkeit, dass diese Beschränkung nach Ablauf der Übergangsfrist

---

19 Z. g. *Basedow*, in: Mansel/Baur (Hrsg.), Systemwechsel (2002), 19, 28 f. *Besse*, ZEuP 1999, 121 f.; *Brechmann*, in: Calliess/Ruffert, Art. 65, Rdn. 4, Art. 69, Rdn. 8 f.; *Heß*, NJW 2000, 23, 28; *Jayme/Kohler*, IPRax 2002, 461, 464 f., IPRax 2003, 485, 488; *Kohler*, Rev.crit.d.i.p. 1999, 1, 8 f.; *Mansel*, in: Mansel/ Baur (Hrsg.), Systemwechsel (2002), 1, 8; *Remien*, CMLR 38 (2001), 53, 77; *Wagner*, IPRax 2002, 75, 84 f.

20 Überblick über die Modifikationen im Vergleich zur normalen Jurisdiktion des Gerichtshofs: *Basedow*, ZEuP 2001, 437 ff.; *Brechmann*, in: Calliess/Ruffert, Art. 68, Rdn. 2; *Schweitzer/Hummer*, Europarecht. Nachtrag 1999, 15; vgl. auch *Jayme/Kohler*, IPRax 2003, 461, 464; *Kohler*, ZEuS 2001, 575, 579; *Kropholler*, in: Aufbruch nach Europa (2001), 583, 586 f.; *Müller-Graff/Kainer*, DRiZ 2000, 350, 352.

21 Dazu *Basedow*, ZEuP 2001, 437 ff. auch zur weiteren Kritik, dass Disparitäten zwischen den Mitgliedstaaten abhängig vom jeweiligen Rechtsmittelsystem entstehen könnten; *ders.*, in: Mansel/ Baur (Hrsg.), Systemwechsel (2002), 19, 27 f.; *Besse*, ZEuP 1999, 107, 120 f.; *Dörr/Mager*, AöR 125 (2000), 386, 388 ff. m. w. N.; *Heß*, NJW 2000, 23, 28 f.; *Kreuzer/Wagner*, Hdb. des EU-Wirtschaftsrechts, Bd. II., Kap. R, Rdn. 23; *Müller-Graff/Kainer*, DRiZ 2000, 350, 352; differenzierend *Kropholler*, in: Aufbruch nach Europa (2001), 583, 587; *Staudinger*, ZfRV 2000, 93, 104. I. E. sind hier Veränderungen erforderlich und möglich – so etwa nach Art. 67 II 2. Spiegelstrich EG. Der befürchteten Überlastung des EuGH könnte hingegen im Rahmen einer Reform des europäischen Gerichtssystems begegnet werden – vgl. dazu das vom EuGH vorgelegte Reflexionspapier, abgedr. in EuZW 1999, 750 ff.; z. G. *Kropholler*, a. a. O., 587 f. m. w. N.

gem. Art. 67 Abs. 2 EG aufgehoben wird[22] oder dass der Rat für einzelne Rechtsakte das Vorlagerecht auch unterinstanzlichen Gerichten eröffnet.[23]

dd) Teilweise Korrektur durch Nizza

Durch die Beschlüsse der Regierungskonferenz von Nizza sind einige der Probleme der neuen Regelung gelöst worden. So ist Art. 67 ein neuer Abs. V angefügt worden, der vorsieht, dass der Rat jetzt auch über alle Maßnahmen nach Art. 65 „mit Ausnahme der familienrechtlichen Aspekte" im Wege des Mitentscheidungsverfahrens iSv. Art. 251 EG entscheidet. Damit wird die Abstimmung über die Gegenstände des Art. 65 EG bereits vor Ablauf der fünfjährigen Übergangsfrist und unabhängig von einer Ratsentscheidung nach Art. 67 II EG in das Mitentscheidungsverfahren und somit von der Einstimmigkeit zur qualifizierten Mehrheit überführt.[24] Für das Familienrecht bleibt hingegen auch nach Inkrafttreten des Vertrages von Nizza das besondere Gesetzgebungsverfahren in maßgeblich; ebenso jedoch auch der Auftrag des Art. 67 II EG an den Rat, nach Ablauf der Übergangsfrist „... einstimmig einen Beschluss (zu fassen), wonach auf alle (d. h. nunmehr die verbliebenen) Bereiche oder Teile der Bereiche, die unter diesen Titel fallen, das Verfahren des Art. 251 anzuwenden ist ...".[25]

ee) Die Reichweite der Kompetenz in sachlicher und in räumlich-persönlicher Hinsicht

Neben den verfahrensrechtlichen Besonderheiten im Titel IV birgt die Einbettung des Art. 65 EG in diesen Abschnitt des Vertrages – wie bereits erwähnt – auch systematische Probleme, welche die sachliche Reichweite der neuen Kompetenz betreffen.

So beinhaltet Art. 65 EG zwar grds. eine Kompetenz zur Angleichung des internationalen Privat- und Verfahrensrechts, dies allerdings nur, soweit dies für das rei-

---

22 *Basedow*, ZEuP 2001, 437 f. krit.; *Kropholler*, in: Aufbruch nach Europa (2001), 583, 588 – mit dem weiteren Hinweis, dass ein Rechtsfortschritt darin gesehen werden kann, dass durch das Vorlageverfahren nach Art. 68 EG jedenfalls ein einheitliches Vorlageverfahren für die IZPR- und (künftigen) IPR-Verordnungen bestehen wird; *Staudinger*, RfZV 2000, 93, 104; *Wagner*, EuZW 1999, 709, 710.

23 *Basedow*, in: Mansel/Baur (Hrsg.), Systemwechsel (2002), 19, 28.

24 *Basedow*, in: Mansel/Baur (Hrsg.), Systemwechsel (2002), 19, 26; *Brechmann*, in: Calliess/Ruffert, Art. 65, Rdn. 3; Art. 67, Rdn. 9; *Fischer*, Der Vertrag von Nizza, (2003), 73 f., 111; *Heß*, JZ 2001, 573; *Jayme*, IPRax 2001, 384 f.; *Kohler*, ZEuS 2001, 575, 581 auch zu den fortbestehenden Problemen; *ders.*, IPRax 2003, 401, 404; *Mansel*, in: Mansel/Baur (Hrsg.), Systemwechsel (2002), 1, 4; z. G. auch *Wiedmann*, EuR 36 (2001), 185, 208; *ders.*, JuS 2001, 846 ff.

25 Allerdings haben die Mitgliedstaaten in einer gemeinsamen Erklärung zu einigen Fragen des Asyl- und Einwanderungsrechts ihr Einverständnis mit dem vorgesehenen Beschluss des Rates zum Ausdruck gebracht; hinsichtlich der übrigen Gegenstände des Titels IV – wohl einschließlich des familienrechtlichen Aspekts der justiziellen Zusammenarbeit – hingegen nur eine Absichtserklärung abgegeben, nach der sich der Rat bemühen wird, ab dem 1. 5. 2004 oder baldmöglichst nach diesem Datum das Verfahren nach Art. 251 EG auf alle oder einige Sachgebiete des Titels IV für anwendbar zu erklären – krit. dazu *Basedow*, CMLR 37 (2000), 687, 693 ff.; *ders.*, in: Mansel/Baur (Hrsg.), Systemwechsel (2002), 19, 26 f.; *Brechmann*, in: Calliess/Ruffert, Art. 67, Rdn. 2 ff.

bungslose Funktionieren des Binnenmarktes erforderlich ist. Zudem bezieht sich der Titel IV des EG-Vertrages, in den die Norm eingebunden ist, seinerseits wie erwähnt nur auf bestimmte Politiken betreffend den freien Personenverkehr.

In diesem Zusammenhang ist bereits fraglich, ob Art. 65 EG überhaupt für andere als den Personenverkehr betreffende Maßnahmen herangezogen werden kann und von daher eine ausreichend breite Grundlage für die Kollisionsrechtsharmonisierung abgibt. Daneben stellt sich die Frage nach dem Verhältnis des Art. 65 EG zu den sonstigen Kompetenznormen des Vertrages, insbes. zur allgemeinen Binnenmarktkompetenz der Art. 94 f. EG, jedoch auch zu speziellen Kompetenzen wie Art. 47, 55 oder 153 EG, welche die Grundlagen der bisherigen kollisionsrechtlichen Regelungen auf Gemeinschaftsebene bildeten, oder zu Art. 293 EG.[26]

Wegen der oben beschriebenen besonderen Regelungen und Gegebenheiten im Titel IV des EG-Vertrages, welche Abweichungen im Gesetzgebungsverfahren, in der territorialen Geltung der Rechtsakte und die eingeschränkte Möglichkeit zur Anrufung des Gerichtshofs bedingen, ist bei der künftigen Integration des IPR und IZPR eine genaue kompetenzielle Zuordnung erforderlich.[27] Zu der Frage, ob und inwieweit in der Zukunft Maßnahmen zur Integration des IPR und IZPR auf die neue Kompetenz der Art. 61, 65 EG gestützt werden können, werden verschiedene Ansichten vertreten.

Einige Autoren bezweifeln wegen der ausdrücklichen Bezugnahme auf den Personenverkehr, dass Art. 65 EG überhaupt für Maßnahmen herangezogen werden kann, die der Beseitigung von Hindernissen etwa des freien Warenverkehrs dienen. Insoweit gebe die Vorschrift auch für die Vereinheitlichung der mitgliedstaatlichen Kollisionsrechte nichts her. So könnten auf Art. 65 EG zwar Maßnahmen zum Personenstands-, Familien- und Erbrecht gestützt werden, weil diese einen unmittelbaren Bezug zur Freiheit des Personenverkehrs aufweisen. Kollisionsnormen für andere Materien, deren Bedeutungsschwerpunkt bei Waren- oder Kapitalverkehrsfreiheit liege, seien hingegen auf Art. 95 EG zu stützen; auch soweit sie mittelbare Auswirkungen auf die Personenverkehrsfreiheit haben.[28]

Auch soweit eine Maßnahme nicht nur Hindernisse für den freien Personenverkehr beseitigen soll, sondern auf horizontale Wirkung für verschiedene Grundfreiheiten

---

26 Dazu *Basedow*, ZEuP 2001, 437, 439 f.; *ders.*, FS Lorenz (2001), 463, 469 und in: Mansel/Baur (Hrsg.), Systemwechsel (2002), 19, 30; dazu auch *Heß*, NJW 2001, 573, 574 ff.; *Kohler*, ZEuS 2001, 575, 579 f.; *Mansel*, in: Mansel/Baur (Hrsg.), Systemwechsel (2002), 1, 5 ff.

27 *Basedow*, in: Mansel/Baur (Hrsg.), Systemwechsel (2002), 19, 30 ff. Allgemein zu dem Problem der Überschneidung von Kompetenzgrundlagen und zur Entwicklung eines Systems der Zuordnung der einzelnen Rechtssetzungsmaßnahmen: *Franzen*, Privatrechtsangleichung (1999), 110 ff.

28 *Basedow*, EuZW 1997, 609 sieht in der neuen Kompetenz folglich nur eine lex specialis für bestimmte binnenmarktbezogene Maßnahmen; so auch *ders.*, in: Mansel/Baur (Hrsg.), Systemwechsel (2002), 19, 30 ff. und ZEuS 2001, 575, 579 f.; *Kohler*, Rev.crit.d.i.p. 88 (1999), 1, 17; *Leible*, in: Grabitz/Hilf, Art. 28, Rdn. 43; *ders.*, in: Schulte-Nölke/Schulze (Hrsg.), Rechtsangleichung (1999), 353, 387 ff.; z. G. auch *Basedow*, FS Lorenz (2001), 463, 469 f.; *Remien*, CMLR 38 (2001), 53, 73 f.; *Staudinger*, ZfRV 2000, 93, 103 f.

angelegt ist, soll die allgemeine Binnenmarktkompetenz des Art. 95 EG vorrangig herangezogen werden. In diesem Fall besteht ein Konflikt zwischen Art. 65 EG und Art. 95 EG, der jedoch zugunsten des Art. 95 EG aufgelöst werden soll. Dieser Vorrang des Art. 95 EG trägt nicht nur der sachlichen Begrenzung des Titels IV Rechnung, sondern meidet auch die oben beschriebenen Probleme und Nachteile, die mit dem Vorgehen nach Art. 65 EG verbunden sind.[29]

Konsequenz dieser Auffassung ist, dass die Integration des IPR und IZPR durch Rechtsakte der Gemeinschaft zum großen Teil auf Art. 95 EG zu stützen ist bzw. – was die bereits ergangenen Maßnahmen betrifft – zu stützen gewesen wäre.[30] Systematisch fügen sich die Art. 61, 65 EG nach dieser Ansicht in die bereits existierenden Kompetenzen des EG-Vertrages dergestalt ein, dass die neue Kompetenz die bestehenden ergänzt und eigenständige Bedeutung v. a. dort erlangt, wo diese lückenhaft sind. So können Art. 65 und Art. 95 EG, die beide einen (wenn auch nicht identischen) Binnenmarktbezug erfordern, so voneinander abgegrenzt werden, dass Art. Art. 65 EG eingreift, wo Art. 95 EG gem. seines Abs. II keine Anwendung findet.[31] Über diese Ergänzungsfunktion im Hinblick auf den freien Personenverkehr hinaus soll Art. 65 EG eine wichtige Rolle bei der Auslegung des Art. 95 EG zukommen. Art. 65 EG stellt klar, dass auch Kollisionsnormen für das Funktionieren des Binnenmarktes von wesentlicher Bedeutung sind. Damit überwindet er zugleich auch die überkommenen Zweifel an der Tragfähigkeit von Art. 95 EG oder anderer Ermächtigen wie Art. 47 und 55 EG als Grundlage der Kollisionsrechtsharmonisierung.[32]

Von anderer Seite wird Art. 65 EG von vornherein weit verstanden. Insoweit wird bereits der Terminus „freier Personenverkehr" in der Überschrift des Titels IV des EG-Vertrages in einem weiteren Sinne interpretiert, als es für diesen Begriff ansonsten im Vertrag usus ist, weil hinter dem Begriff hier – bedingt durch die Entstehungsgeschichte des Titels IV – ein anderer Gehalt stehe. Konsequenz ist, dass Art. 65 EG nicht als sektorielle auf den freien Personenverkehr begrenzte, sondern als horizontale Kompetenz zu verstehen ist. Deshalb ist die Funktion der Norm auch nicht darauf beschränkt, Kompetenzlücken des Art. 95 II EG zu schließen.[33] Auch und gerade unter dieser Prämisse wird die Abgrenzung zu anderen Rechtsangleichungskompetenzen akut.

---

29 Vgl. nur *Basedow*, in: Mansel/Baur (Hrsg.), Systemwechsel (2002), 19, 30 ff.

30 *Basedow*, in: Mansel/Baur (Hrsg.), Systemwechsel (2002), 19, 32 ff.

31 *Basedow*, in: Mansel/Baur (Hrsg.), Systemwechsel (2002), 19, 30 ff.; *ders.*, EuZW 1997, 609; *ders.*, CMLR 37 (2000) 687, 696 ff. und ZEuP 2001, 437, 439; *Kohler*, Rev.crit.d.i.p. 1999, 1, 15 ff.; *Leible*, in: Schulte-Nölke/Schulze (Hrsg.), Rechtsangleichung (1999), 353, 387 ff. Z. G. auch *Wagner*, IPRax 2002, 75, 84 ff.

32 *Basedow*, CMLR 37 (2000), 687, 697 ff., 707; *ders.*, FS Lorenz (2001), 463, 469 f.; *ders.*, in: Mansel/Baur (Hrsg.), Systemwechsel (2002), 19, 33 f.; angedeutet auch in: *ders.*, ZEuP 2001, 437, 439 f.; z. G. auch *Heß*, JZ 2001, 573, 574 f.; *Wagner*, IPRax 2002, 75, 85.

33 Dazu *Brechmann*, in: Calliess/Ruffert, Art. 65, Rdn. 1; *Heß*, NJW 2000, 23, 27; *Kohler*, IPRax 2003, 401, 403 f.; *Mansel*, in: Mansel/Baur (Hrsg.), Systemwechsel (2002), 1, 5 ff.; *Reich*, Bürgerrechte (1999), 117; *Remien*, CMLR 38 (2001), 53, 72 f.; *Wagner*, IPRax 2002, 75, 85 f.; differenzierend *Duintjer Tebbens*, in: Mansel/Baur (Hrsg.), Systemwechsel (2002), 171, 175.

Für die Abgrenzung zwischen Art. 65 EG und Art. 95 EG wird dann etwa eine Differenzierung nach der Intensität des Binnenmarktbezuges vorgeschlagen. Art. 95 EG bezieht sich auf die Errichtung und das Funktionieren des Binnenmarktes, während Art. 65 EG auf die Erforderlichkeit für das reibungslose Funktionieren des Binnenmarktes abstellt, mithin also weniger strenge Voraussetzungen aufstellt als Art. 95 EG. Danach soll eine Maßnahme um so eher auf Art. 95 EG gestützt werden, je enger dieser Bezug und je unmittelbarer der Zusammenhang mit der Gewährleistung der Grundfreiheiten ist. Das soll etwa für die Regelung konkreter Rahmenbedingungen für die Inanspruchnahme der Grundfreiheiten gelten, während die bloße allgemeine Verbesserung des „Rechtsklimas" mit lediglich unterstützendem Charakter für das Funktionieren des Binnenmarktes Art. 61, 65 EG unterfällt. In Zweifelsfragen soll auch hier Art. 95 EG den Vorzug erhalten, weil er – anders als Art. 65 EG – nicht den Nachteil der eingeschränkten Geltung und des vielkritisierten verfahrensrechtlichen Sonderregimes des Titels IV hat.[34] Nach a. A. kommt es entscheidend auf Bedeutung und Charakter der kollisionsrechtlichen Regelungen in dem fraglichen Rechtsakt an. Danach gestatten (erst) Art. 61, 65 EG eine systematische und umfassende internationalprivat- und verfahrensrechtliche Regelungen in demselben Umfang wie zuvor im Rahmen der intergouvernementalen Zusammenarbeit, auch soweit diese nur einen mittelbaren Binnenmarktbezug aufweisen, während über Art. 95 EG auch bisher nur punktuelle kollisionsrechtliche Regelungen mit direktem Binnenmarktbezug geschaffen wurden. Im Grenzbereichen soll allerdings auch nach dieser Ansicht Art. 95 EG aus den oben benannten Gründen den Vorzug erhalten.[35]

Im Verhältnis zu Art. 293, 4. Spiegelstrich des EG-Vertrages wird Art. 65 EG als vorrangig angesehen. Art. 293 EG verbleibt nunmehr lediglich geringe Bedeutung als subsidiäre Rechtsgrundlage.[36]

Der in Art. 65 EG ausdrücklich geforderte Binnenmarktbezug dergestalt, dass Maßnahmen nach dieser Vorschrift für das reibungslose Funktionieren des Binnenmarktes erforderlich sein müssen, steht nach überwiegender Ansicht einer Vergemeinschaftung des IPR und IZPR nicht entgegen.[37] Weniger rigide formuliert als etwa der in Art. 95 EG vorausgesetzte Binnenmarktbezug wird diese Bedingung wohl bereits von solchen Regelungen erfüllt, die das Funktionieren des Binnenmarktes lediglich unterstützen bzw. begünstigen. Dies ist jedoch bei vereinheitlichten Regelungen des IPR und IZPR durchaus anzunehmen. Solche Regelungen erleichtern den Rechts-

---

34 Dazu *Kohler*, IPRax 2003, 401, 404 f., 408; zu den benannten Nachteilen im Titel IV oben aa)-cc).

35 Dazu insbes. *Mansel*, in: Mansel/Baur (Hrsg.), Systemwechsel (2002), 1, 5 ff.; ähnlich *Heß*, JZ 2001, 573, 574 f.; vgl. z. G. auch *Kohler*, Europäisches Kollisionsrecht zwischen Amsterdam und Nizza (2001), 6 ff.

36 *Basedow*, EuZW 1997, 609; *ders.*, in: Mansel/Baur (Hrsg.), Systemwechsel (2002), 34 ff.; *Besse*, ZEuP 1999, 107, 118; *Brechmann*, in: Calliess/Ruffert, Art. 65, Rdn. 4; *Heß*, NJW 2000, 23, 28 ff.; *Wagner*, IPRax 2002, 75, 84.

37 Krit. hingegen etwa *Duintjer Tebbens*, in: Mansel/Baur (Hrsg.), Systemwechsel (2002), 171, 175 f.; *Schack*, ZEuP 1999, 805, 807. Dazu auch *Brechmann*, in: Calliess/Ruffert, Art. 65, Rdn. 2; *Kohler*, Europäisches Kollisionsrecht zwischen Amsterdam und Nizza (2001), 12.

verkehr zwischen den Mitgliedstaaten und den Zugang zum Recht und stärken durch die Herstellung von Entscheidungseinklang die Rechtssicherheit. Dadurch werden Rahmenbedingungen geschaffen, die zumindest mittelbar auch positiv auf die Wahrnehmung der Grundfreiheiten des EG-Vertrages durchschlagen.[38]

Das Vorhaben, das IPR mit Hilfe von Gemeinschaftsinstrumenten zu vereinheitlichen, stößt zudem noch auf ein weiteres kompetenzielles Problem, das bereits angesprochen wurde,[39] und das sich etwa im Zusammenhang mit dem Vorhaben stellt, das EVÜ in ein Gemeinschaftsinstrument umzuwandeln. Das EVÜ beinhaltet grds. universell allseitige Kollisionsnormen, während die Gemeinschaft – wie dargestellt – lediglich binnenmarktbezogen allseitige Kollisionsnormen schaffen kann. Die Mitgliedstaaten der Gemeinschaft konnten die Verpflichtung, ihre Kollisionsnormen den Vorgaben des EVÜ anzupassen, eingehen, ohne auf das Kompetenzproblem zu stoßen, weil das EVÜ gerade kein Gemeinschaftsrecht im formellen Sinne ist, sondern ein völkerrechtlicher Vertrag. Ein Gemeinschaftsinstrument – etwa eine VO – ist jedoch in das Kompetenzsystem der EG eingebunden und dessen Grenzen unterworfen. Die Gemeinschaft kann – aus kompetenzieller Sicht – das anwendbare Recht nicht für Fallgestaltungen bestimmen, die nicht spezifisch mit der EG verbunden sind. Für das IPR wird dies durch den ausdrücklichen Binnenmarktbezug sowohl in Art. 95 EG als auch Art. 65 EG bekräftigt.[40] Dies ist für künftiges IPR auf europäischer Ebene ein Hindernis. Zwar reduziert sich dieses Problem praktisch ganz erheblich dadurch, dass sich nach dem oben gesagten auch die meisten Drittstaatenfälle als binnenmarktbezogene Fallgestaltungen darstellen lassen – nämlich bereits dann, wenn zumindest ein EG-Mitgliedstaat berührt ist, so dass mE. nicht die Konstellation problematisch ist, dass die Verweisung zu einem Drittrecht führt, sondern nur die, dass Verweisungen für Fälle ohne sachlichen Binnenmarktbezug geschaffen werden. Die verbleibenden reinen Drittstaatenkonstellationen, z. B. in der Gemeinschaft ausgetragene Rechtsstreitigkeiten mit internationalem Bezug, bei denen außer dem Forum keine Bezüge zu Mitgliedstaaten bestehen, oder die Anerkennung und Vollstreckung außerhalb der Gemeinschaft ergangener gerichtlicher Entscheidungen, mögen praktisch einen sehr geringen Prozentsatz der tatsächlich auftretenden Fälle ausmachen. Sie können jedoch in dogmatischer Hinsicht nicht völlig vernachlässigt werden; stehen sie doch einer unbeschränkten Regelung des IPR auf europäischer Ebene entgegen.[41] Sofern man nicht bereits einen innergemeinschaftlichen Gerichtsstand ausreichen lassen will, um – mit Rücksicht auf eine einheitliche Rechtsanwendung – einen ausreichenden Binnenmarktbezug zu begründen, bleibt

---

38 Dazu *Kohler*, IPRax 2003, 401, 403; *Kreuzer/Wagner*, Hdb. des EU-Wirtschaftsrechts, Bd. II., Kap. R, Rdn. 18; *Mansel*, in: Mansel/Baur (Hrsg.), Systemwechsel (2002), 1, 4, 9; *Remien*, CMLR 38 (2001), 53, 74; *Wagner*, IPRax 2002, 75, 84 f.

39 Siehe dazu oben, § 12 I.1.

40 *Basedow*, in: Mansel/Baur (Hrsg.), Systemwechsel (2002), 19, 39 f.

41 Zu dem Problem und der resultierenden Spaltung *v. Hoffmann*, in: ders. (Ed.), European Private International Law (1998), 19, 32, 34; *Jayme*, in: Mansel (Hrsg.), Vergemeinschaftung (2001), 31, 35; *Kohler*, IPRax 2003, 401, 411 f.; *Remien*, CMLR 38 (2001), 53, 75 f.; *Duintjer Tebbens*, in: Mansel/Baur (Hrsg.), Systemwechsel (2002), 171, 184 ff., 191 f.; dazu auch oben § 3 II.2. und § 12 I.1.und 3.

m. E. nur die Möglichkeit, eine Regelung für den Binnenmarkt zu schaffen und es den Mitgliedstaaten zu überlassen, ob und inwieweit sie diese Regelung auch auf die verbleibenden Fälle erstrecken wollen. In der Praxis der Gemeinschaftsorgane zeichnet sich allerdings eher die pragmatische Tendenz ab, generell eine loi uniforme nach dem Beispiel des EVÜ zu schaffen; nur ein Beispiel ist der Kommissions-Vorschlag für die Rom II-VO: Gem. Art. 2 des VO-Vorschlags ist das nach der VO berufene Recht auch dann anzuwenden, wenn es nicht das Recht eines Mitgliedstaates ist.[42] Auch Art. III-170 EuVerfE weist in diese Richtung. Anders als Art. 65 EG verzichtet der Vorschlag auf das Erfordernis der Notwendigkeit der Maßnahme für das reibungslose Funktionieren des Binnenmarktes; mit der Konsequenz, dass nunmehr auch solche Regelungen von der Gemeinschaftskompetenz erfasst werden, die eine Verknüpfung nur zu Drittstaaten aufweisen.[43]

ff) Das Problem der Rechtsform – Richtlinie oder Verordnung: Angleichung oder Vereinheitlichung

Der Vertragstext sieht zunächst nur eine „Förderung der Vereinbarkeit der in den Mitgliedstaaten geltenden Kollisionsnormen" vor. Dem entnehmen einige Autoren, dass die Kompetenz nicht die Vereinheitlichung, sondern allenfalls eine Angleichung des IPR oder gar nur eine Stellungnahme trage.[44] Diese Formulierung des Art. 65 EG sowie die Selbstbindung der Kommission an die Bevorzugung des Instruments der Richtlinie[45] sollen dafür sprechen, dass Art. 65 EG nur die Kompetenz zur Harmonisierung, nicht zur Rechtsvereinheitlichung bereitstellt.[46]

Obwohl also die rechtliche und politische Ausgangssituation zuvörderst auf das Instrument der Richtlinie weist, ist damit nicht zwingend eine Festlegung auf dieses Integrationsmittel verbunden, zumal die mehrfach benannte Absichtserklärung zur Bevorzugung der Richtlinie heute bereits an politischem Gewicht verloren hat.[47] Die Art. 61, 65 EG enthalten keine ausdrückliche Einschränkung auf ein bestimmtes Rechtssetzungsinstrument, sondern sprechen nur von „Maßnahmen", was den ge-

---

42 *Jayme/Kohler*, IPRax 2002, 461, 462; *Ehle*, GPR 1 (2003/2004), 49 f. Zum Rom-II-Vorschlag (KOM [2003] 427 endg.) unten § 14 II.2.c); dazu *Fuchs*, GPR 1 (2003/2004), 100 f.; *Jayme/Kohler*, IPRax 2003, 485, 494; *Leible/Engel*, EuZW 2004, 7 ff., 9; *Micklitz*, in: Reich/Micklitz, Europäisches Verbraucherrecht (2003), 486.

43 *Hau*, in: Leible (Hrsg.), Grünbuch (2004), 13, 17; *Jayme/Kohler*, IPRax 2003, 484, 486 und IPRax 2004, 481, 484.

44 *Besse*, ZEuP 1999, 107, 115; *Kohler*, Rev.crit.d.i.p. 88 (1999), 1, 18 ff.; *Leible*, in: Schulte-Nölke/Schulze (Hrsg.), Rechtsangleichung (1999), 353, 388; *Pfeiffer*, NJW 1999, 3674; zu diesem Problem auch *v. Hoffmann*, in: ders. (Ed.), European Private International Law (1998) 19, 30; *Kohler*, ZEuS 2001, 575, 578 f.

45 Erklärung der Kommission zur EEA vom 28. 2. 1986 (ABl.EG 1987 Nr. L 169/24): „Die Kommission wird bei ihren Vorschlägen nach Art. 100 a Abs. 1 (heute Art. 95 Abs. 1 EG) der Rechtsform der Richtlinie den Vorzug geben, wenn die Angleichung in einem oder mehreren Mitgliedstaaten eine Änderung gesetzlicher Vorschriften erfordert." Siehe dazu auch oben, § 2 II.2.a) Fn. 29 und § 10 I.2.a) a. E.

46 *Leible*, in: Schulte-Nölke/Schulze (Hrsg.), Rechtsangleichung (1999), 353, 387 ff.; dagegen: *Besse*, ZEuP 1999, 107, 115; *Staudinger*, ZfRV 2000, 93, 104.

47 *Basedow*, in: Mansel/Baur (Hrsg.), Systemwechsel (2002), 19, 45 f.; *Mansel*, ebd., 1, 3.

samten Katalog des Art. 249 EG eröffnet. Hinzu kommt, dass eine Richtlinie den angestrebten Zweck z. T. verfehlen würde: nur die Vereinheitlichung kann den beschriebenen Integrationserfolg bewirken und die beklagten Unstimmigkeiten beseitigen, die vielfach gerade durch die Richtlinien in das Binnenmarktkollisionsrecht hineingetragen werden. Schon vor dem Hintergrund des effet-utile-Grundsatzes erscheint die Verordnung daher vorzugswürdig, die mit ihrer unmittelbaren textidentischen Geltung und der einheitlichen Auslegung durch den EuGH allein den kommenden Aufgaben des Binnenmarktkollisionsrechts in einer sich erweiternden Union gerecht wird und sich somit für das reibungslose Funktionieren des Binnenmarktes im Sinne des Art. 65 EG als notwendig erweist. Hingegen würde die bloße Angleichung – wie Kreuzer es ausdrückt – den hierfür erforderlichen erheblichen Aufwand nicht rechtfertigen. Andererseits muss bei einer Vereinheitlichung an dieser Stelle die Eigenständigkeit und Vielfalt der nationalen Sachrechte viel weniger angetastet werden, um einen vergleichbaren Effekt zu erzielen.[48] All dies spricht für eine Kompetenz gerade zur Vereinheitlichung,[49] zumal die Kommission diesen Weg faktisch bereits beschritten hat und offenbar weiter beschreiten will.[50]

c) *Bisherige „Erfolgsbilanz" der Kompetenz – optimistische Prognose*

Seit Inkrafttreten des Amsterdamer Vertrages sind zahlreiche Aktivitäten der Gemeinschaft auf der Grundlage der neuen Kompetenzen zu verzeichnen, die das IPR und IZPR betreffen. Diese Tendenz wird sich fortsetzen und noch verstärken. Neben einige bereits verabschiedete Rechtsakte treten Vorschläge für weitere gemeinschaftsrechtliche Maßnahmen, die das Bild eines künftigen Binnenmarktkollisionsrechts vervollkommnen werden.[51]

aa) Erste zukunftsweisende Erfolge

Die Aktivitäten der Gemeinschaft waren zunächst vordringlich darauf richtet, die zwischen den Mitgliedstaaten bestehenden bzw. vorgesehenen Staatsverträge zum Internationalen Privat- und Verfahrensrecht in Gemeinschaftsrechtsakte zu überführen.[52]

---

48 *Basedow*, CMLR 37 (2000), 687, 705 f.; *ders.*, FS Lorenz (2001), 463, 469; *Kreuzer*, in: Müller-Graff (Hrsg), Gemeinsames Privatrecht (1999), 457, 497 ff., 500 ff., 521 f.; auch *Pfeiffer*, in: Hohloch (Hrsg.), EU-Richtlinien und ihre Umsetzung (2001), 9, 31 spricht sich hinsichtlich des IPR für das Instrument der VO aus; noch auf Grundlage von Art. 235, 220 EGV für eine VO-Kompetenz: *Seif*, JbJZ 1997, 225, 255 f.

49 *Basedow*, in: Mansel/Baur (Hrsg.), Systemwechsel (2002), 19, 44 ff.; *Besse*, ZEuP 1999, 107, 115; *Heß*, NJW 2000, 23, 28; *Magnus/Mankowski*, ZVglRWiss 103 (2004), 131, 135 f. – für das Rom I-Projekt; *Remien*, CMLR 38 (2001), 53, 76 f.; *Röben*, in: Grabitz/Hilf, Art. 65 Rdn. 3; *Staudiger*, ZfRV 2000, 93, 104.

50 Dazu sogleich c); vgl. auch *Magnus/Mankowski*, ZVglRWiss 103 (2004), 131, 135 f.

51 Überblick zu den aktuellen Tendenzen etwa bei *Basedow*, ZEuP 2001, 437 ff.; *Jayme/Kohler*, IPRax 2003, 485 ff.; *Kohler*, IPRax 2003, 401 ff.

52 *Basedow*, in: Mansel/Baur (Hrsg.), Systemwechsel (2002), 19, 32 f.; *Heß*, NJW 2000, 23, 30 ff.; *Jayme*, IPRax 2000, 165 f., 167; *Kohler*, IPRax 2003, 401 f.

In diesem Zusammenhang ergingen insbes. im **IZPR** mehrere Verordnungen, die bestehende bzw. geplante Konventionen in Gemeinschaftsrechtsakte überführen[53] bzw. kamen neue Instrumente hinzu, so jüngst ein Europäischer Vollstreckungstitel, der bei unbestrittenen Forderungen eine gemeinschaftsweite Vollstreckung ohne Exequatur ermöglicht.[54]

Diese Maßnahmen zum IZPR betreffen neben den eigentlichen Regelungen zur gerichtlichen Zuständigkeit und der Anerkennung und Vollstreckung gerichtlicher Entscheidungen (so die EuGVVO, die EheVO – bzw. die diese künftig ersetzende Brüssel IIa-VO[55] – und die Insolvenz-VO) auch Rechtsakte, welche die Einleitung und Durchführung zivilgerichtlicher Verfahren zum Gegenstand haben (so etwa die Zustellungs- und die Beweisaufnahme-VO) bzw. zielen sie darauf, die Zusammenarbeit der Justizbehörden der Mitgliedstaaten (so die geplante Herstellung eines justiziellen Netzes für Zivil- und Handelssachen)[56] zu verbessern.[57] Erstere Maßnahmen stellen unter bestimmten Voraussetzungen die Freizügigkeit von gerichtlichen Entscheidungen her. Demgegenüber stärken die beiden letztgenannten Kategorien von Vorschriften den hierfür notwendigen institutionellen Rahmen und helfen, ein tragfähiges Fundament für die geplante Ausweitung der gegenseitigen Anerkennung von Entscheidungen zu bilden. Sie fungieren als flankierende und vorbereitende Maßnahmen für den künftigen einheitlichen Rechtsschutzraum und haben die Aufgabe, durch Sicherstellung eines verfahrensrechtlichen Mindeststandards zunächst die Voraussetzungen zu schaffen, unter denen die geplante Stärkung des Prinzips der gegenseitigen Anerkennung von Entscheidungen in Zivil- und Handelssachen überhaupt nur in Betracht kommt. Dabei geht es etwa um gemeinsame Mindeststandards für den Zivilprozess und die Zustellung gerichtlicher Schriftstükke oder für die Ermittlung des der Zwangsvollstreckung unterliegenden Vermögens. In diesen Zusammenhang gehören etwa die Zustellungs-VO und die VO über die grenzüberschreitende Beweiserhebung.[58]

Fernziel ist die Schaffung eines einheitlichen Rechtsschutzraums, in dem gericht-

---

53 Dazu bereits oben § 4 II.1.

54 VO (EG) 805/2004 vom 21. 4. 2004, ABl.EU 2004, Nr. L 143/15; dazu *Jayme/Kohler*, IPRax 2004, 481, 483; *Kohler*, in: Mansel/Baur (Hrsg.), Systemwechsel (2002), 147, 155 und oben Fn. 275, Fn. 276 zum Projekt eines einheitlichen oder harmonisierten europäischen Mahnverfahrens: Grünbuch über ein Europäisches Mahnverfahren und über Maßnahmen zur einfacheren und schnelleren Beilegung von Streitigkeiten mit geringem Streitwert: KOM (2002) 746 endg.

55 Vgl. VO (EG) Nr. 2201/03 des Rates über die Zuständigkeit und die Anerkennung und Vollstreckung von Entscheidungen in Ehesachen und in Verfahren betreffend die elterliche Verantwortung und zur Aufhebung des VO 1347/2000, ABl.EG 2003, Nr. C 203/155, formal in Kraft seit 1. 8. 2004.

56 Vgl. dazu die Entscheidung des Rates über die Errichtung eines Europäischen Justiziellen Netzes für Zivil- und Handelssachen ABl.EG 2001, Nr. L 174/25; VO (EG) Nr. 743/2002 des Rates über eine allgemeine Rahmenregelung der Gemeinschaft für Aktivitäten zur Erleichterung der Justiziellen Zusammenarbeit in Zivilsachen, ABl.EG 2002, Nr. L 115/1. Dazu auch *Brechmann*, in: Calliess/Ruffert, Art. 65, Rdn. 1, Art. 66, Rdn. 4; *Wagner*, IPRax 2002, 75, 86.

57 Zu dieser Kategorisierung *Kohler*, IPRax 2003, 401 ff.

58 Z. G. *Kohler*, ZEuS 2001, 575, 586 ff.; *ders.*, in: Mansel/Baur (Hrsg.), Systemwechsel (2002), 147, 153 ff., 156 ff. und IPRax 2003, 401 ff.; *Wagner*, NJW 2004, 1835 ff.; vgl. auch die Prozesskosten-RL, ABl.EG 2003, Nr. L 26/41.

liche Entscheidungen ohne förmliche Nachprüfung frei zirkulieren können. Das bedeutet, dass der vom Herkunftslandprinzip bekannte Grundsatz der gegenseitigen Anerkennung auch im IZPR seinen unmittelbaren Niederschlag findet, und auf lange Sicht im Europäischen Raum die Freizügigkeit gerichtlicher Entscheidungen ohne Exequatur gewährleistet werden soll. Der Anerkennungsgrundsatz ist für diesen Bereich bereits im Maßnahmenprogramm des Rates als „Eckstein der justiziellen Zusammenarbeit" bezeichnet worden[59] und realisiert sich auch in den ersten auf der neuen Grundlage ergangenen Rechtsakten. So zeichnen sich bereits heute als schrittweise Annäherung an das benannte Fernziel Etappenergebnisse ab – etwa in der EuGVVO, welche die Anerkennungsprüfung im Rahmen der Vollstreckung eines ausländischen Urteils ins Rechtsmittelverfahren verlagert, mit dem Europäischen Vollstreckungstitel oder in der EheVO, nach der es für die Anerkennung einer in einem Mitgliedstaat ergangenen Entscheidung zur Ehescheidung – nach der Neufassung durch die Brüssel IIa-VO[60] nun auch für Umgangs- und Kindesrückgabetitel – keines besonderen Verfahrens bedarf. Damit entfällt das im deutschen Recht bis dahin vorgesehene Anerkennungsverfahren nach Art. 7 § 1 FamRÄndG.[61]

bb) Pläne für neue Rechtsakte

Über den bisherigen Bestand hinaus sind im Hinblick auf das Ziel der Herstellung eines Raums der Freiheit, der Sicherheit und des Rechts noch weitere Rechtsakte geplant, die den bisherigen Bestand des Europäischen IPR und IZPR in Zukunft ergänzen sollen.

So ist im **IZPR** die Abschaffung des Exequaturs für Unterhaltstitel geplant.[62] Weiter vorgesehen sind Maßnahmen zur grenzüberschreitenden Kontenpfändung, ein europäisches Mahnverfahren und die Schaffung eines justizielles Netzes in Zivil- und Handelssachen vergleichbar dem bereits bestehenden in Strafsachen.[63] Insgesamt geht die Tendenz dahin, im IZPR weitgehend den vom Herkunftslandprinzip her bekannten Grundsatz der gegenseitigen Anerkennung zu etablieren. Dies gilt frei-

---

59 *Kohler*, ZEuS 2001, 575, 586 ff.; *ders.*, IPRax 2002, 401 ff. und in: Systemwechsel (2002), 147, 153 ff.

60 VO 2201/2003 des Rates vom 22. 11. 2003, ABl. Nr. L 338/1 v. 23. 12. 2003.

61 Dazu *Jayme/Kohler*, IPRax 2000, 454, 457, 460 und 2004, 481, 490; *Kohler*, in: Mansel/Baur, Systemwechsel (2002), 147, 150 ff.; *Mansel*, ebd., 1, 10 ff.; *Stadler*, IPRax 2004, 2, 5 ff. krit.; *Stein*, IPRax 2004, 181 ff.

62 Z. G. *Jayme/Kohler*, IPRax 2000, 454, 457 ff.; *dies.*, IPRax 2002, 461, 465 und IPRax 2003, 485, 489; *Kohler*, ZEuS 2001, 575, 586 ff.; *ders.*, IPRax 2003, 401, 402 f.; *Stadler*, IPRax 2004, 2 ff.

63 Vgl. z. G. das Programm des Rates vom 30. 11. 2000, ABl.EG 2001, Nr. C 12/1 zur bestmöglichen Umsetzung der Bestimmungen des Amsterdamer Vertrages über den Aufbau eines Raums der Freiheit, der Sicherheit und des Rechts; ebenso den Maßnahmenkatalog zur Umsetzung der Ratsbeschlüsse von Tampere, ABl.EG 2000 Nr. C-12/1 ff. als Fortschreibung des Wiener Aktionsplans vom 3. 12. 1998, ABl.EG 1999, Nr. C-19/1 ff.; vgl. dazu *Heß*, JZ 2001, 573, 575 ff.; *Kohler*, ZEuS 2001, 575, 582 f., 586 ff.; *Kropholler*, in: Aufbruch nach Europa (2001), 583, 586; *Mansel*, in: Mansel/Baur (Hrsg.), Systemwechsel (2002) 1 f., 10 f.

lich nur als Fernziel und auf Basis einer Mindestangleichung der mitgliedstaatlichen Prozessrechte.[64]

Betrachtet man die bisherigen Aktivitäten der Gemeinschaft auf der Grundlage der neuen Kompetenzen, fällt auf, dass ihr Schwerpunkt klar auf dem Gebiet des IZPR lag.[65] Wie gezeigt, ist geplant, diese Maßnahmen im Hinblick auf die Schaffung eines einheitlichen Rechtsschutzraums, in dem gerichtliche Entscheidungen ohne förmliche Nachprüfung frei zirkulieren können, noch beträchtlich zu erweitern.

Demgegenüber hat das **IPR** bereits im Rahmen des Maßnahmenkatalogs des Rates zu Art. 65 EG zunächst nur eine geringe Rolle gespielt und ist in den ersten Jahren nach Inkrafttreten des Amsterdamer Vertrages auch praktisch eher vernachlässigt worden. Diese Entwicklung – obgleich positiv zu werten, weil die Fortschritte auf dem Gebiet des IZPR eine erhebliche Erleichterung und Effektuierung grenzüberscheitender Rechtsverfolgung- und Durchsetzung bedeuten, die einem Binnenmarkt nur angemessenen sind – wird nicht ohne Sorge betrachtet.

Insbes. wird befürchtet, dass die Herstellung verfahrensrechtlicher Freizügigkeit unter gleichzeitiger Vernachlässigung des Sach- und Kollisionsrechts zu unangemessenen Resultaten führt, weil damit verfahrensrechtlich Binnenmarktverhältnisse unterstellt werden, die materiellrechtlich noch nicht vorhanden sind. Das gilt insbes. dann, wenn das Herkunftslandsprinzip im IZPR übernommen wird, wie es für mehrere künftige Rechtsakte geplant ist. Eben deshalb ist etwa die Abschaffung des Exequaturs auch lediglich ein Fernziel. Insofern ist eine weitere Integration der mitgliedstaatlichen Sachrechte sowie die Ausweitung der Integrationsbemühungen auf das IPR von unmittelbarem Interesse. Neben der Angleichung der nationalen Prozessrechte, die durch die Garantie verfahrensrechtlicher Mindeststandards eine Gleichwertigkeit gerichtlicher Entscheidungen erst gewährleistet, bildet gerade das Kollisionsrecht eine wesentliche Voraussetzung der Titelfreizügigkeit im angestrebten Umfang und erweist sich die bisherige „Kollisionsrechtsblindheit" des Programms mehr und mehr als Schwachstelle. Ohne die Angleichung des Kollisionsrechts wird durch die Erleichterung der Vollstreckung von Entscheidungen das Problem des forum shoppings erheblich verschärft. Völlig zu recht tritt das IPR in der neuesten Entwicklung wieder deutlicher hervor und ist auch Gegenstand aktueller Rechtssetzungsvorhaben.[66] Wegen der anfänglichen Konzentration der Bemühungen auf das IZPR befinden sich die Projekte auf dem Gebiet des IPR vielfach erst im Vorbereitungsstadium. Allerdings sind auch hier mehrere bedeutsame Rechtsakte geplant bzw. in unmittelbarer Vorbereitung:

---

64 *Kohler*, in: Mansel/Baur (Hrsg.), Systemwechsel (2002), 147, 153 ff.; *ders.*, IPRax 2003, 401, 402 f., 406 f.; krit. zur Geschwindigkeit der Entwicklung etwa *Stadler*, IPRax 2004, 2 ff.

65 Dazu – sowie zur Kritik an dieser Entwicklung – *Heß*, JZ 2001, 573; *Jayme/Kohler*, IPRax 2002, 461 ff.; *Kohler*, ZEuS 2001, 575, 586 ff.; *ders.*, IPRax 2003, 401 ff., 406 f.; *Stadler*, IPRax 2004, 2 ff.

66 *Kohler*, IPRax 2003, 401, 407 ff.; zum Problem der Fiktion eines einheitlichen Rechtsschutzgebiets und zur Überwindung dieses Problems *ders.*, in: Mansel/Baur (Hrsg.), Systemwechsel (2002), 147, 156 f.

Ein deutlicher Schwerpunkt der Bemühungen liegt zurzeit bei der Überführung des EVÜ als des in seiner praktischen Bedeutung kaum zu überschätzenden Kernstücks des Konventions-IPR in Europa in eine EG-Verordnung[67] und seiner Reform. Die Bemühungen der Kommission sind mittlerweile zu einem Grünbuch[68] gediehen, das eine lebhafte Diskussion in Politik und Schrifttum angestoßen hat.[69] Das Ziel ist dabei keine grundlegende Reform des Regelwerkes, das sich im großen und ganzen gut bewährt hat; vielmehr geht es um punktuelle Überarbeitung und um die Anpassung der überkommenen Kollisionsnormen an die besonderen Erfordernisse des Binnenmarktes, wobei nebeneinander existierende mitgliedstaatliche Rechtsordnungen einerseits und materiell- wie kollisionsrechtliche Vorgaben des Europarechts andererseits zu koordinieren sind.[70] Trotzdem zeichnet sich ab, dass nicht spezifisches IPR für Binnenmarktfälle entstehen soll, sondern dass es bei allseitigen universellen Verweisungen bleiben wird. Auf die obigen Ausführungen zu dem diesbzgl. Kompetenzproblem sei verwiesen. M. E. besteht ein solches Kompetenzproblem nicht schon grds. für Verweisungen, die auf ein Drittrecht führen, sondern nur für solche Fälle, die keinen sachlichen Bezug zu Mitgliedstaaten haben.[71]

Inhaltlich stellt das Grünbuch in Form von 20 teilweise noch weiter unterteilten Fragen mögliche Gestaltungen für das künftige Vertragskollisionsrecht zur Diskussion, die in ihrer Problemstellung die ganze Bandbreite der Materie betreffen und die Kritik und Anregungen der letzten Jahre aufgreifen. Davon sollen hier nur einige beispielhaft aufgriffen werden, die Schwerpunkte bilden und mit in dieser Arbeit aufgeworfenen Problemen zusammenhängen.

So ist etwa eine Überarbeitung des aktuell in Anwendung und Resultaten besonders problematischen Verbrauchervertragsrechts des Art. 5 EVÜ vorgesehen.[72] Dies bildet

---

67 Die Form der VO wird sowohl von der Kommission als auch einem Großteil des Schrifttums favorisiert. Vgl. dazu *Bauer*, IPRax 2004, 275, 276; *Hau*, in: Leible (Hrsg.), Grünbuch (2004), 13, 19 f.; *Magnus/Mankowski*, ZVglRWiss 103 (2004), 131, 135 ff.; *Mankowski*, ZEuP 2003, 483 f.; *Pfeiffer*, in: Leible (Hrsg.), Grünbuch (2004), 25, 31 f.

68 Grünbuch der Kommission über die Umwandlung des Übereinkommens von Rom aus dem Jahr 1980 über das auf vertragliche Schuldverhältnisse anzuwendende Recht in ein Gemeinschaftsinstrument sowie über seine Aktualisierung, KOM (2002), 654 endg. Vorangegangen war u. a. eine Stellungnahme mit Vorschlägen der Groupe Européenne de Droit International Privé (GEDIP), einzusehen unter http://www.drt.ucl.ac.be/gedip; z. G. *Kohler*, IPRax 2003, 401, 407; *Mankowski*, ZEuP 2003, 483; *Roth*, FS Jayme Bd. I (2004), 757.

69 Stellungnahme des Europäischen Wirtschafts- und Sozialausschusses, ABl.EU 2004, Nr. C 108/1; Schrifttum: *Ehle*, GPR 1 (2003/2004), 49 ff.; *Freitag* (Hrsg.), Grünbuchbuch (2004); Reichelt/Rechenberger (Hrsg.), Europäisches Kollisionsrecht (2004); *Magnus/Mankowski*, ZVglRWiss 103 (2004), 131 ff.; *Mankowski*, ZEuP 2003, 483 ff.; *Max-Planck-Institut für ausländisches und internationales Privatrecht*, Comments on the Commission's Green Paper on the conversion of the Rome Convebtion of 1980 on the law applicable to contractual obligations into an Community instrument and ist modernization, RabelsZ 68 (2004), 1 ff.; z. G. *Jayme/Kohler*, IPRax 2004, 481, 492.

70 *Ehle*, GPR 1 (2003/2004) 49, 50 f.; *Magnus/Mankowski*, ZVglRWiss 103 (2004), 131 f.; *Mankowski*, ZEuP 2003, 483 f.; *ders.*, RIW 2004, 481, 483; *Roth*, FS Sonnenberger (2004), 591.

71 Dazu oben § 12 I.1. und § 3 II.2.

72 *Basedow*, FS Jayme Bd. I (2004), 3, 18 ff.; *Bauer*, IPRax 2004, 275, 276 f.; *Ehle*, GRP 1 (2003/2004), 49 ff.; *Jayme/Kohler*, IPRax 2003, 485, 492; *Leible*, in: ders. (Hrsg.), Grünbuch (2004), 133 ff.; *Mankowski*, ZEuP 2003, 483 ff.; *Roth*, FS Sonnenberger (2004), 591.

einen der Schwerpunkte des Grünbuchs und ist für diese Arbeit von besonderem Interesse; steht doch dabei die Beseitigung eben jener Unzulänglichkeiten im Umgang mit dem Europäischen Recht im Mittelpunkt, auf die bereits hingewiesen wurde.[73] Neben einer Überarbeitung des Anwendungsbereichs des Art. 5 EVÜ, der sachlich als unzureichend empfunden wird und dessen situative Anwendungsvoraussetzungen z. T. unpassend und vor dem Hintergrund neuer Vermarktungsstrategien nicht mehr zeitgemäß erscheinen, könnten nunmehr insbesondere auch die kollisionsrechtlichen Regelungsanweisungen aus den Richtlinien in die Neufassung des Art. 5 EVÜ integriert und mit diesem zu einer kohärenten Einheit verbunden werden.[74]

Nachdem das Grünbuch selbst einige Lösungsvorschläge präsentiert hat,[75] wird u. a. eine Ausweitung des sachlichen Anwendungsbereichs des Art. 5 EVÜ diskutiert – etwa auf selbständige Darlehen und andere Finanzgeschäfte, unkörperliche Güter und Leistungserbringung oder Teilzeitwohnrechte an Immobilien, die bisher nicht erfasst werden, obgleich auch hier ein Schutzbedürfnis des Verbrauchers nicht von der Hand zu weisen ist.[76]

Ein Schwerpunkt sind auch die Überlegungen zum situativen Anwendungsbereich des Art. 5 EVÜ. Abgesehen von dem Minimalvorschlag der bloßen Ergänzung des jetzigen Art. 5 um eine Generalklausel, die (nach dem Modell des Art. 3 III EVÜ) die Anwendung des gemeinschaftsrechtlichen Mindeststandards sichert,[77] und dem Weg über das Konzept einer begrenzten Rechtswahl,[78] die beide von situativen Erwägungen unabhängig sind, werfen alle anderen Vorschläge im Grünbuch der Kommission die Frage der situativen Abgrenzung auf: Vorgeschlagen wird erstens die

---

73 Vgl. dazu nochmals oben § 11 I.3.a).

74 Dazu *Basedow*, FS Jayme Bd. I (2004), 3 ff.; *Ehle*, GPR 1 (2003/2004) 49, 50 f.; *Kohler*, FS Jayme Bd. I (2004), 445, 458; *Leible*, in: ders. (Hrsg.), Grünbuch (2004), 133, 137 ff.; *Pfeiffer*, ebd., 25 ff.; *Roth*, FS Sonnenberger (2004), 591 ff.; zu den Problemen der derzeitigen Regelung § 11 I.3.a)bb)a. E.

75 Grünbuch, KOM (2002), 654 endg., Abschn. 3.2.7.3., dazu *Ehle*, GRP 1 (2003/2004), 49, 51 f.; *Leible*, in: ders. (Hrsg.), Grünbuch (2004), 133, 135, 148 ff. auch zu Resonanz und eigenem Kombinationsmodell; *Magnus/Mankowski*, ZVglRWiss 103 (2004),131, 164 ff.; *Roth*, FS Sonnenberger (2004), 591, 599 ff., 605 ff. mit kritischen Anmerkungen und Diskussion der kollisionsrechtlichen Interessenlage – v. a. hinsichtlich der Verteilung von Informationslasten, die die Vorschläge der Kommission bewirken.

76 Dazu die Vorschläge bei *Basedow*, FS Jayme Bd. I (2004), 3, 7 ff.; dafür auch *Ehle*, GRP 1 (2003/2004), 49, 51 f.; *Leible*, in: ders. (Hrsg.), Grünbuch (2004), 133, 139 ff.; *Magnus/Mankowski*, ZVglRWiss 103 (2004), 131, 166 f.; *Mankowski*, RIW 2004, 481, 485; *Pfeiffer*, in: Leible (Hrsg.), Grünbuch (2004), 25, 32; *Roth*, ebd., 591, 594 f.

77 Eine entsprechende Vorschrift findet sich auch in Art. 10 III des Vorschlag einer Rom II-VO zum außervertraglichen Schuldrecht; dazu sogleich.

78 Grünbuch, KOM (2002), 654 endg., Abschn. 3.2.7.3, v. a. Lsg. viii, wonach die Parteien (nur) das Recht des Unternehmers wählen können, wenn der Unternehmer nachweist, dass der Verbraucher diese Entscheidung wohl informiert getroffen hat; mittels Rechtswahl funktioniert auch Lsg. iv, wonach dort, wo eine Harmonisierung stattgefunden hat, die Verbraucherschutzregeln des von den Parteien gewählten Rechts, andernfalls die ordre public Vorschriften des Rechts des gewöhnlichen Aufenthalts des Verbrauchers, gelten sollen; dazu *Basedow*, FS Jayme Bd. I (2004), 3, 20 f.; z. G. auch *Ehle*, GRP 1 (2003/2004), 49, 51 f.; *Leible*, in: ders. (Hrsg.), Grünbuch (2004), 133, 148 ff.; *Magnus/Mankowski*, ZVglRWiss 103 (2004), 131, 164 ff.

Änderung der Anwendungsvoraussetzungen des bestehenden Art. 5 EVÜ, zweitens ein Kombinationsmodell, nach dem einerseits Art. 3, 4 EVÜ (die regelmäßig zum Recht des Gewerbetreibenden führen würden), andererseits aber auch die zwingenden Bestimmungen des Wohnsitzstaates des Verbrauchers zur Geltung kommen sowie drittens die systematische Anwendung des Rechts des gewöhnlichen Aufenthalts des Verbrauchers.[79]

Für die dann notwenige Bestimmung der Fälle kollisionsrechtlicher Schutzwürdigkeit des Verbrauchers zwecks Eingrenzung des Anwendungsbereichs dieser drei Varianten schlägt die Kommission vor, statt wie bisher vom Standpunkt des Verbrauchers auszugehen und seine Handlungen zu lokalisieren, auf das Verhalten des Gewerbetreibenden abzustellen, etwa auf die Ausrichtung der Unternehmertätigkeit auf den Wohnsitzstaat des Verbrauchers oder die dortige Ausübung der Tätigkeit.[80] Das ist v. a. deshalb interessant, weil es eine Anlehnung an Art. 15 I lit. c EuGVVO bedeutet, was den Vorteil hätte, nach der Veränderung der Anknüpfungskriterien für die Zuständigkeit in Verbrauchersachen durch Art. 15 EuGVVO den gewünschten Gleichlauf des anwendbaren Rechts mit der internationalen Zuständigkeit im Interesse einer effektiven und dem Verbraucher faktisch zumutbaren Prozessführung wiederherzustellen.[81]

Angesichts der laut gewordenen Kritik und der Schwierigkeiten im Zusammenhang mit der neueren Praxis, einseitige kollisionsrechtliche Vorgaben in Richtlinien zu verankern, die der Absicherung harmonisierter Standards gegen Abwahl dienen,[82] wirft die Kommission die Frage auf, ob und wie dieses Richtlinienkollisionsrecht in ein künftiges Rom I-Instrument (re-)integriert werden sollte. Auch dazu macht die Kommission Vorschläge:[83] etwa den einer bloßen Dokumentation der Richtlinien, die Kollisionsnormen enthalten, in einem Anhang zum Rom I-Instrument, um die Übersicht über die bestehenden Rechtsakte zu erleichtern. Erwogen wird auch eine Kodifizierung des gemeinschaftlichen Besitzstandes innerhalb des künftigen Rom I-

---

79 Grünbuch, KOM (2002), 654 endg., Abschn. 3.2.7.3, Lsg. ii, iii, v; dazu auch *Basedow*, FS Jayme Bd. I (2004), 3, 19 f.; *Ehle*, GRP 1 (2003/2004), 49, 51 f.; *Magnus/Mankowski*, ZVglRWiss 103 (2004), 131, 164; *Roth*, FS Sonnenberger (2004), 591, 599 f.

80 Grünbuch, KOM (2002), 654 endg., Abschn. 3.2.7.3, Lsg. vi; vgl. auch Lsg. vii. zu dem alternativen Ansatz, dass es auf das Kriterium des Aufenthaltsort des Verbrauchers nur ankommen soll, wenn der Unternehmer diesen kannte oder kennen musste; dazu auch *Basedow*, FS Jayme Bd. I (2004), 3, 19 f., krit. zu Lsg. vii; *Magnus/Mankowski*, ZVglRWiss 103 (2004), 131, 167 ff. für den Perspektivwechsel auf das Verhalten des Unternehmers.

81 Dazu *Basedow*, FS Jayme Bd. I (2004), 3, 14, 21 f. – für den sich mit Einführung einer entsprechenden Formel auch die einseitigen Kollisionsnormen in den Richtlinien weitgehend erübrigen; *Bauer*, IPRax 2004, 275, 277; *Ehle*, GPR 1 (2003/2004) 49, 51; *Kohler*, FS Jayme Bd. I (2004), 445, 458; *Leible*, in: ders. (Hrsg.), Grünbuch (2004), 133, 150 f.; *Mankowski*, ZEuP 3003, 483, 485 f. und RIW 2004, 481, 485; *Magnus/Mankowski*, ZVglRWiss 103 (2004), 131, 165 ff.; *Pfeiffer*, in: Leible (Hrsg.), Grünbuch (2004), 25, 32.

82 Überblick dazu oben § 11 I.3.; vgl. auch *Magnus/Mankowski*, ZVglRWiss 103 (2004), 131, 139 f.; *Pfeiffer*, in: Leible (Hrsg.), Grünbuch (2004), 25, 26 unter Hinweis auch auf Richtlinien mit mittelbarem oder mit ungeschriebenem Abgrenzungsauftrag (wie im Ingmar-Fall des EuGH).

83 Grünbuch, KOM (2002), 654 endg., Abschn. 3.1.1.2; dafür: *Pfeiffer*, in: Leible (Hrsg.), Grünbuch (2004), 25 ff., 32 ff.; *Roth*, FS Sonnenberger (2004), 591 f.

Instruments. Viel Zustimmung hat der dritte Vorschlag der Kommission gefunden, die Richtlinien-Kollisionsnormen in das Regelwerk des EVÜ zu integrieren. Dazu könnte – neben der vorgesehenen Reform des Art. 5 EVÜ – eine im Wortlaut an den heutigen Art. 3 III EVÜ angelehnte Generalklausel eingeführt werden, nach der eine Rechtswahl zugunsten eines drittstaatlichen Rechts die Anwendung der zwingenden Bestimmungen des Gemeinschaftsrechts unberührt lässt wenn alle oder bestimmte Vertragselement innerhalb der Gemeinschaft belegen sind.[84] Für die Bestimmung der Faktoren, die eine solche enge Verbindung mit der Gemeinschaft herstellen, könnte wiederum auf das Modell des (überarbeiteten) Art. 5 EVÜ zurückgegriffen werden.[85]

Daneben wird auch eine Überarbeitung der objektiven Vertragsanknüpfung des Art. 4 EVÜ diskutiert. Die Überlegungen gehen (im Anschluss an einen Vorschlag der GEDIP) dahin, die primäre Rolle der Vermutungsregel des heutigen Art. 4 II EVÜ klarer herauszustellen, insbes. im Verhältnis zur Ausweichklausel des Art. 4 V EVÜ, um deren Ausnahmecharakter zu verdeutlichen. Möglich wäre das durch eine Umstrukturierung der Norm, etwa die Streichung des Abs. 1 oder die Einführung weiterer Bedingungen für die Anwendung der Ausweichklausel des Abs. V.[86] Schließlich eröffnet die Kommission die Diskussion um eine mögliche Ergänzung von Art. 4 III EVÜ, der bisher für Verträge über dingliche Recht an Grundstücken uneingeschränkt die Vermutung aufstellt, dass die engste Verbindung zu dem Staat besteht, in dem das Grundstück belegen ist. Sie erwägt jedenfalls für eine Fallgruppe eine spezielle Regelung, nämlich für kurzfristige Mietverträge über Ferienimmobilien, wenn Eigentümer und Mieter einen gemeinsamen gewöhnlichen Aufenthalt in einem anderen als dem Belegenheitsstaat haben. Dazu macht sich die Kommission einen Vorschlag der GEDIP zueigen, in Art. 4 III EVÜ eine Vorschrift einzufügen, die sich an Art. 22 Nr. 1 der EuGVVO für eben diesen Fall orientiert.[87]

Weitere Schwerpunkte bilden das IPR der Arbeitsverträge, etwa die Definition des Begriffs der „vorübergehenden Entsendung" im Spannungsfeld zwischen EVÜ und

---

84 Grünbuch, KOM (2002), 654 endg., Abschn. 3.1.2.2.; zu diesem Gedanken bereits oben § 11 III.1.b)aa); vgl. auch *Basedow*, in: FS Jayme Bd. I (2004), 3, 15 der sogleich eine „Bilateralisierung" bei Überführung der Richtlinienvorgaben vorschlägt; *Ehle*, GPR 1 (2003/2004), 49, 51; *Magnus/Mankowski*, ZVglRWiss 103 (2004), 131, 141 ff. auch für die Fälle der Ingmar-Konstellation; sie schlagen dafür die Aufnahme eines eigenen Art. vor und lehnen eine entsprechende Erweiterung des Art. 3 EVÜ ab; *Pfeiffer*, in: Leible (Hrsg.), Grünbuch (2004), 25, 33 f. für eine allseitige und allgemeinere Formulierung.

85 Dazu *Magnus/Mankowski*, ZVglRWiss 103 (2004), 131, 141 ff.

86 So das Grünbuch, KOM (2002), 654 endg., Abschn. 3.2.5.3. unter Anlehnung an die für Art. 3 III des Vorentwurfs der Rom II-VO (vgl. http://www.lrz-muenchen.de/Lorenz/material/rom2e1.htm) vorgesehene Ausweichklausel, den allerdings der endgültige Rom II-VO-Entwurf selbst nicht mehr enthält; dazu auch *Magnus/Mankowski*, ZVglRWiss 103 (2004), 131, 158 ff.; *Martiny*, in: Leible (Hrsg.), Grünbuch (2004), 109, 110 f. kritisch, 118 ff. zur Ausweichklausel und gegen Anlehnung an Art. 3 III des Rom II-Vorentwufs.

87 Grünbuch, KOM (2002), 654 endg., Abschn. 3.2.6.3.; dafür: *Martiny*, in: Leible (Hrsg.), Grünbuch (2004), 109, 121 ff.; dagegen: *Magnus/Mankowski*, ZVglRWiss 103 (2004), 131, 161 f.

Entsende-RL, Fragen der Zession[88] sowie das Problemfeld der zwingenden Bestimmungen. Dort geht es v. a. um die Abgrenzung der unterschiedlichen Begriffe der „zwingenden Bestimmungen" bzw. „zwingenden Vorschriften" im Kontext der Artt. 3, 5, 6, 9 EVÜ einerseits und Art. 7 EVÜ andererseits, um eine Klarstellung des Verhältnisses der Art. 5 und 7 EVÜ und um die Anwendung ausländischen Eingriffsrechts.[89]

Bei Gelegenheit der Überarbeitung des EVÜ hat die Kommission auch die – im Schrifttum bejahte – Frage aufgeworfen, ob das bislang weitgehend separat geregelte IPR der Versicherungsverträge in das neue Rom I-Instrument integriert werden soll.[90]

Im Hinblick auf das Institut der Rechtswahl, das als einer der Eckpfeiler des EVÜ selbstverständlich nicht grds. in Frage gestellt wird, widmet sich das Grünbuch der Kommission Einzelproblemen, etwa der Frage, ob im künftigen Rom I-Instrument auch die Wahl nichtstaatlichen Rechts (etwa bestimmter internationaler ÜEK, der UNIDROIT- oder Lando-Principles[91], oder aber „allgemeiner Rechtsgrundsätze" oder einer lex mercatoria etc.) zuzulassen sei. Diese Frage wird kontrovers diskutiert, von den meisten Autoren jedoch verneint: soweit den bezeichneten Quellen ausreichende Rechtsqualität zukomme bzw. sie überhaupt ein zuverlässig ermittelbares Normensystem bildeten, bestehe kein Bedürfnis für eine echte Rechtswahl. Die Möglichkeiten der materiellrechtlichen Verweisung seien hier ausreichend, zumal die Fälle der Wahl nichtstaatlichen Rechts tatsächlich praktisch nahezu bedeutungslos seien.[92]

Ebenfalls thematisiert wird das Problem der stillschweigenden/impliziten Rechtswahl, insbes., ob angesichts der divergierenden Handhabung dieses Instituts in der Vergangenheit nunmehr eine präzisere Definition der stillschweigenden Rechtswahl in Art. 3 I EVÜ angezeigt ist oder es dem EuGH überlassen werden soll, in Ausübung seiner Auslegungszuständigkeit für ein Rom I-Instrument die wesentlichen Eckpunkte einheitlich zu fixieren.[93]

---

88 Grünbuch, KOM (2002), 654 endg., Abschn. 3.2.9. (Arbeitsrecht), 3.2.13 (Zession); dazu *Bauer*, IPRax 2004, 275, 277; *Mankowski*, ZEuP 2003, 483, 484 ff. und RIW 481, 485; *Magnus/Mankowski*, ZVglRWiss 103 (2004), 131, 170 ff.

89 Grünbuch, KOM (2002), 654 endg., Abschn. 3.2.8. und 3.2.11; neben den in Fn. 1431 Genannten *Freitag*, in: Leible (Hrsg.), Grünbuch (2004) 167, 172 ff. mit Formulierungsvorschlag für ein „restatement" des Art. 7 EVÜ in der Rom I-VO, dort auch zum Vorschlag der Kommission, im Rom I-Instrument auch eine Regelung für die Durchsetzung der zwingenden Bestimmungen des Gemeinschaftsrechts vorzusehen.

90 Dafür: *Mankowski*, ZEuP 2003, 483, 488; *Magnus/Mankowski*, ZVglRWiss 103 (2004), 131, 146 ff.; *Staudinger*, in: Leible (Hrsg.), Grünbuch (2004), 37, 46 ff., 50 ff.; dazu auch das Grünbuch, KOM (2002), 654 endg., Abschn. 3.2.2.2, auch zum Problem der Überführung der offenen Richtlinienregelungen in eine VO.

91 Vgl. oben Fn. 73 f.

92 So *Mankowski*, ZEuP 2003, 483, 484 f. und umfassend in Leible (Hrsg.), Grünbuch (2004), 63, 86 ff. m. w. N.; *Magnus/Mankowski*, ZVglRWiss 103 (2004), 131, 149 ff.; **a. A.** *Roth*, FS Jayme Bd. I (2004), 757, 763 ff., 768 ff.; differenzierend für die lex mercatoria *Grundmann*, Europäisches Schuldvertragsrecht (1999), 73 ff., 166; *Struycken*, RdC 232 (1992 I), 257, 366 für Einwahl in ÜEK; z. G. *Bauer*, IPRax 2004, 275, 276.

93 Grünbuch, KOM (2002), 654 endg., Abschn. 3.2.4.3; *Coester-Waltjen*, FS Sonnenberger (2004), 343 ff.; *Magnus/Mankowski*, ZVglRWiss 103 (2004), 131, 155 ff. gegen einen Präzisierungsversuch

Im Ergebnis steht eine vorsichtige Reform des EVÜ an, das sich grds. gut bewährt hat und dessen Grundprinzipien bei der Überführung in eine VO daher nicht angetastet werden. Vielmehr geht es um punktuelle Korrekturen an den Stellen, an denen sich in der Vergangenheit – nicht zuletzt unter dem Gesichtspunkt der Binnenmarkterfordernisse und im Zusammenhang mit der fortschreitenden Rechtssetzungstätigkeit der Gemeinschaft im privatrechtlichen Bereich, konkrete Probleme gezeigt haben.[94]

Neben der Überführung des EVÜ in ein Gemeinschaftsinstrument ist auch dessen Ergänzung um andere wichtige Materien des internationalen Privatrechts geplant, so durch eine Rom II-VO zur Vergemeinschaftung des Kollisionsrechts der außervertraglichen Schuldverhältnisse, ebenfalls gestützt auf Art. 65 lit. b EG.[95] Dies scheint nur folgerichtig, bedenkt man, dass die europäischen Regelungen zur Zuständigkeit und Vollstreckung gerichtlicher Entscheidungen in der EuGVO (und zuvor im Brüssel I-ÜEK) auf der Ebene des IZPR bereits seit langem sowohl vertragliche als auch außervertragliche Schuldverhältnisse abdecken. Daher verwundert es nicht, dass die Kommission den seinerzeit aus dem EVÜ ausgesparten Bereich des außervertraglichen Schuldrechts nach Einräumung der neuen Kompetenzen im IPR zügig in Angriff genommen hat. Für das Rom II-Projekt existiert daher – anders als für das Rom I-Projekt – bereits ein lebhaft diskutierter Verordnungsvorschlag der Kommission.[96] Dieser sieht – wie das Rom I-Projekt – universelle Kollisionsnormen für verschiedene außervertragliche Schuldverhältnisse vor.[97] Im Bereich der unerlaubten Handlungen weist die Regelanknüpfung auf den Ort des Schadenseintritts, der regelmäßig dem Erfolgsort entsprechen dürfte, korrigierbar durch einige Auflockerungen einschließlich einer als Ausnahmetatbestand gestalteten allgemeinen Ausweichklausel;[98] ein Günstigkeitsprinzip wie im deutschen Recht ist nicht vorgesehen.[99] Daneben enthält der Entwurf auch eine Reihe von Sonderanknüpfungen für bestimmte Deliktstypen, etwa für Wettbe-

---

durch einen Regelbeispielskatalog; ebenso die umfassende Stellungnahme von *Mankowski*, in: Leible (Hrsg.), Grünbuch (2004), 63 ff., 107.

94 *Magnus/Mankowski*, ZVglRWiss 103 (2004), 131 f.; *Mankowski*, RIW 2004, 481, 485.

95 *Basedow*, in: Mansel/Baur (Hrsg.), Systemwechsel (2002), 19, 32; *Freitag/Leible*, ZVglRWiss 99 (2000), 101, 141 f.; *Heß*, NJW 2000, 23, 31; *Jayme/Kohler*, IPRax 1999, 401; *v. Hein*, RabelsZ 64 (2000), 595, 611 f.; *Kohler*, IPRax 2003, 401, 406 ff.; *Kropholler*, in: Aufbruch nach Europa (2001), 583, 586; *Staudinger*, ZfRV 2000, 93, 103; *ders.*, NJW 2001, 1974, 1978; *Wagner*, EuZW 1999, 709 ff.; *Wilderspin*, in: Mansel/Baur (Hrsg.), Systemwechsel (2002), 77, 79 ff.

96 Vorschlag einer VO über das auf außervertragliche Schuldverhältnis anzuwendende Recht, KOM (2003) 427; dazu *Fuchs*, GPR 1 (2003/2004) 100 ff.; *Mankowski*, RIW 2004, 481, 482; *Symeonides*, FS Jayme Bd. I (2004), 935 ff. auch im krit. Vergleich mit dem vorangegangenen Vorschlag eines Rom II-ÜEK der GEDIP, IPRax 1999, 286.

97 *Hau*, in: Leible (Hrsg.), Grünbuch (2004), 13, 17; *Fuchs*, GPR 1 (2003/2004) 100, 101.

98 *Fuchs*, GPR 1 (2003/2004) 100, 101 f. – auch krit.; *Jayme/Kohler*, IPRax 2004, 481, 484; *Symeonides*, FS Jayme Bd. I (2004), 935, 940 f., 944 ff.

99 Vgl. Vorschlag der Kommission für eine VO über das auf außervertragliche Schuldverhältnisse anzuwendende Recht („Rom II") vom 22. 7. 2003 KOM (2003) 427 endg. dazu *Jayme/Kohler*, IPRax 2002, 462, 470 f. und IPRax 2003, 485, 494; *Fuchs*, GPR 1 (2003/2004) 100, 101 f.; *Micklitz*, in: Reich/Micklitz, Europäisches Verbraucherrecht (2003), 486 ff.; *Wagner*, EuZW 1999, 709 ff., vgl. auch den Bericht der Hamburg Group for private International Law, RabelsZ 67 (2003), 1 ff.

werbsverstöße, Produkthaftung, Persönlickeitsrechtsverletzungen oder Umweltschädigung.[100]

Für andere außervertraglichen Schuldverhältnisse, namentlich die ungerechtfertigte Bereicherung und die GoA, nimmt die vertragsakzessorische Anknüpfung eine wichtige Stellung ein, wie ihre hervorgehobene Position an der Spitze einer Anknüpfungsleiter dokumentiert. Der gesamte Bereich ist einem gemeinsamen Art. 9 konzentriert, der neben spezifischen Anknüpfungen für Bereicherungsrecht und GoA auch eine Anknüpfung an den gemeinsamen gewöhnlichen Aufenthalt und eine allgemeine Ausweichklausel enthält.[101] Für alle außervertraglichen Schuldverhältnisse sind schließlich einige gemeinsame Vorschriften, etwa über die Zulässigkeit der Rechtswahl, die Geltung von Eingriffsnormen oder den Renvoi vorgesehen.[102]

Neben den Initiativen zu den Projekten Rom I und II gelten schließlich weitere vorbereitende Arbeiten dem Internationalen Eherecht in Gestalt eines Rom III-Instruments[103] sowie dem Ehegüter- und dem Erbrecht (Rom IV), die mittel- bis langfristig den Kanon des europäischen internationalen Privatrechts ergänzen sollen.[104]

III. Positive Prognose für das Binnenmarktkollisionsrecht

Mit der Einführung des Titels IV in den Vertrag und der sich zunehmend abzeichnenden Erkenntnis und Akzeptanz der Chance, die er darstellt, bietet sich in erstmalig die Gelegenheit, im Rahmen der Gemeinschaft ein echtes Binnenmarktkollisionsrecht zu schaffen – und zwar in wesentlich vollkommenerer und damit leistungsfähigerer Form, als es sich bereits heute aus primärrechtlichen wie sekundärrechtlichen Quellen erschließen lässt. Mag man auch die Einbettung der neuen Kompetenzen in den Titel IV und das damit verbundene Sonderregime kritisieren,[105] so sind die aus dieser Richtung drohenden Fehlentwicklungen doch korrigierbar. Ansätze dazu sind bereits vorhanden. So wird das Sonderregime im Titel IV, das nur eine schrittweise Übertragung der Kompetenzen auf die Gemeinschaft vorsieht, durch den Vertrag Nizza bereits relativiert. Im Übrigen sieht Art. Art. 67 EG eine

100 *Fuchs*, GPR 1 (2003/2004) 100, 102 f.; *Symeonides*, FS Jayme Bd. I (2004), 935, 949 ff.

101 *Fuchs*, GPR 1 (2003/2004) 100, 103 f. auch krit.; krit. zur geringen Regelungstiefe und fehlenden Differenzierung *Mankowski*, RIW 2004, 481, 482

102 Fuchs, GPR 1 (2003/2004), 100, 104; *Symeonides*, FS Jayme Bd. I (2004), 935, 938 f. Die Rechtswahlvorschrift des Art. 10 enthält dabei neben einer Einschränkung für reine Inlandsfälle auch eine Parallelnorm für innergemeinschaftliche Fälle: eine Generalklausel nach dem Modell des Art. 3 III EVÜ, die das zwingende Gemeinschaftsrecht gegen Abwahl schützt.

103 Dazu auch *v. Hoffmann*, FS Henrich (2000), 283; *Jayme/Kohler*, IPRax 1999, 401; *dies.*, IPRax 2002, 461 ff. und IPRax 2004, 481, 492 f.; *Kohler*, IPRax 2003, 401, 406; *Sonnenberger*, FS Henrich (2000), 575, 576 f., 588 ff.; *Wagner*, RabelsZ 68 (2004, 119 ff.

104 *Jayme*, IPRax 2000, 165 f.; *Jayme/Kohler*, IPRax 2002, 461 ff. und IPRax 2004, 481, 492 f.; *Kohler*, IPRax 2003, 401, 406 ff.; *Rauscher*, FS Jayme (2004) Bd. I, 719, 727, 741 ff. zum Diskussionsstand und mit Anknüpfungsvorschlägen; *Lagarde*, in: Gottwald (Hrsg.), Perspektiven (2004), 1 f., 5 ff., 13 ff. zu den Überlegungen zu Rom IV.

105 Statt vieler *Kohler*, IPRax 2003, 401, 405, der insoweit von einem Fehlgriff spricht.

Angleichung nach Ablauf einer Übergangszeit vor. Weitere Verbesserungen sind auch von künftigen Überarbeitungen des EG-Vertrages zu erwarten.[106]

Ein ausdrücklich in EG-Rechtsakten normiertes Binnenmarktkollisionsrecht, das spezifisch auf die besonderen Verhältnisse der teilintegrierten Rechtsordnungen der Mitgliedstaaten abgestimmt ist, ist jedenfalls zur Ergänzung und Vervollkommnung der Rechtsintegration auf europäischer Ebene wünschenswert und nicht zuletzt auch erforderlich. Die Prognosen für eine solche Entwicklung sind insgesamt positiv.

§ 15 Thesen

Die Ergebnisse der vorliegenden Arbeit lassen sich thesenartig wie folgt zusammenfassen:

Es ist von einem umfassenden Einfluss des Gemeinschaftsrechts nicht nur auf das Sachrecht der Mitgliedstaaten, sondern ebenso auf das IPR auszugehen. Dieser Einfluss geht in erster Linie vom Primärrecht des EG-Vertrages – zuvörderst von den Grundfreiheiten in ihrer durch den EuGH entwickelten weiten Auslegung – aus, wird jedoch im harmonisierten Bereich systematisch ergänzt und konkretisiert. Dabei handelt es sich um ein allgemeines Konzept, das der Verschränkung von primärem und sekundärem EG-Recht an sich inhärent ist. Demgegenüber ist die Bedeutung gezielter Kollisionsrechtsintegration durch die Gemeinschaft in der Vergangenheit eher gering gewesen.

Durch die beschriebene systematische Einwirkung des Gemeinschaftsrechts werden sowohl die bestehenden kollisionsrechtlichen Regelungen in den Mitgliedstaaten überformt als auch neue – binnenmarktspezifische – Lösungsansätze impliziert

Das im Entstehen begriffene Binnenmarktkollisionsrecht hat sowohl im unharmonisierten wie auch im harmonisierten Bereich einen eigenständigen Gehalt, der seinen besonderen Aufgaben als Integrationsordnung entspricht und die besonderen Interessen im integrierten Rechtsraum de Gemeinschaft abbildet. Diese besonderen Aufgaben und Wertungen emanzipieren das Binnenmarktkollisionsrecht vom klassischen IPR und manifestieren sich in teilweise abweichenden Regeln, die aus sich heraus jedoch nur für die Mitgliedstaaten der Gemeinschaft bzw. für binnenmarktbezogene Rechtsverhältnisse Verbindlichkeit beanspruchen und somit zu einer Kollisionsrechts-Spaltung führen können.

---

106 Vgl. etwa die Empfehlungen im Rahmen des Europäischen Konvents: Der Schlussbereicht der Gruppe X „Freiheit, Sicherheit und Recht" schlägt vor, die Rechtsgrundlagen für die justizielle Zusammenarbeit in Zivilsachen von den anderen Themen des jetzigen Titels IV – Asyl-, Einwanderungs- und Visumpolitik – abzukoppeln; CONV 426/02, 6 (2. 12. 2002). Dazu *Kohler*, IPRax 2003, 401, 405 f.

Im **unharmonisierten Bereich** ist die Determinationskraft des Gemeinschaftsrechts für ein eigenständiges Binnenmarktkollisionsrecht begrenzt, weil die aus den Grundfreiheiten abgeleiteten Vorgaben zum einen nur Regelungen betreffen, die eine Beschränkung dieser zentralen Marktfreiheiten darstellen, und deshalb keine flächendeckende Aussage zulassen. Zum anderen hält die Option, beschränkende Maßnahmen (etwa die zwingende Anwendung des eigenen Rechts) zu rechtfertigen, die Möglichkeit abweichender (kollisionsrechtlicher) Regelungen der einzelnen Mitgliedstaaten offen – je nachdem, ob und wie sie von dieser Option Gebrauch machen. Im unharmonisierten Bereich lassen sich daher v. a. bestimmte bestehende Anknüpfungen am Maßstab der Grundfreiheiten überprüfen und allgemeine Tendenzen für eine binnenmarktfreundliche Anknüpfung ablesen, ohne dass diese sich jedoch zu einem allumfassenden Anknüpfungssystem verdichten.

Innerhalb dieser Wirkgrenzen werden zunächst die allgemeinen Institute des klassischen IPR durch die neue Einflussgröße geprägt und überlagert – so muss etwa die Anwendung des ordre public oder des nationalen Eingriffsrechts den Vorgaben des Gemeinschaftsrechts und den von ihm geschaffenen Gegebenheiten einer teilintegrierten Rechtsordnung genügen und ggf. zurückgenommen werden. Auch das europarechtliche Diskriminierungsverbot hat bereits zur Korrektur bestimmter kollisionsrechtlicher Regelungen in den Mitgliedstaaten geführt.

Darüber hinaus forcieren die Grundfreiheiten im unharmonisierten Bereich in erster Linie den Grundsatz der Rechtswahlfreiheit; Einschränkungen müssen durch zwingende Gründe gerechtfertigt sein. Für die objektive Anknüpfung vermögen die Freiheiten zumindest eine Tendenz zu etablieren: Diese Tendenz lässt sich allein weder mit dem Schlagwort des Herkunftslandprinzips noch mit dem eines Günstigkeitsprinzips sachgerecht erfassen. Zwar zeigt sich für die objektive Anknüpfung durchaus eine Tendenz zum Herkunftslandprinzip, jedoch modifiziert durch die Maßgabe, dass die Herkunftsanknüpfung nicht ohne besondere Legitimation zwingend ausgestaltet sein darf. Diese Tendenzen ergeben sich aus der Rspr. des EuGH zu den Grundfreiheiten und werden noch klarer und konsistenter, wenn man die hier vertretene Ansicht zur Auslegung der Ausfuhrfreiheiten jener zur Einfuhrfreiheit hinzufügt.

Im harmonisierten Bereich tritt als besondere Wirkung der Sachrechtsintegration hinzu, dass die möglichen zwingenden Gründe des Allgemeininteresses entscheidend eingeschränkt werden und eine Berufung auf solche Gründe nicht mehr zulässig ist, soweit sie von der Harmonisierungsmaßnahme abgedeckt werden. Kollisionsrechtliche Folge ist, dass entsprechende nationale Regelungen, die über die Richtlinienregelung hinausgehen, ausländischen Anbietern nicht mehr entgegengehalten werden können, wenn sie die Grundfreiheiten einschränken, d. h. wenn sie geeignet sind, den grenzüberschreitenden Wirtschaftsverkehr zu behindern und soweit sie nicht bloße Verkaufsmodalitäten im Sinne der Keck-Rspr. darstellen (bzw. allgemein: soweit sie nicht den Zugang zum jeweiligen Markt betreffen, sondern nur Modalitäten des Agierens auf jenem Markt regeln). Insofern sind den Harmonisierungsrechtsakten der Gemeinschaft im kollisionsrechtlichen Sinne allseitig ausgerichtete Vorgaben für die Anknüpfung in Binnenmarktsachverhalten zu entnehmen.

Während etwa die Anknüpfung im Verhältnis zwischen den Mitgliedstaaten durch den beschriebenen Mechanismus lediglich überformt wird, tritt für die Beziehung von mitgliedstaatlichem zu drittstaatlichem Recht das eigenständige Problem der Drittabgrenzung hinzu. Dieses Problem tritt typischerweise dann auf, wenn durch die Wahl des Rechts eines Nichtmitgliedstaates die Anwendung des Gemeinschaftsrechts i. E. umgangen wird.

Die effektive Durchsetzung des integrierten Gemeinschaftsrechts setzt voraus, dass dessen Verhältnis zum Recht von Nichtmitgliedstaaten bestimmt, insbes. sein Anwendungsanspruch insofern ermittelt und durchgesetzt wird. Die entsprechenden Vorgaben sind – mit oder ohne ausdrückliche Regelung – dem Gemeinschaftsrecht, nicht dem nationalen Recht, zu entnehmen. Insofern lassen sich den Harmonisierungsrechtsakten der Gemeinschaft im kollisionsrechtlichen Sinne einseitige Vorgaben für die Abgrenzung nach „außen" entnehmen.

Die als Gran-Canaria-Fälle bekannt gewordene Konstellation, dass die eine Nichtanwendung des harmonisierten Rechts auf Umsetzungsdefiziten einzelner Mitgliedstaaten beruht, ist hingegen sachrechtlich zu lösen.

Für die Zukunft spricht alles dafür, dass die Bedeutung des Binnenmarktkollisionsrechts als eigenständige Größe weiter zunimmt. Mit der Einräumung einer Rechtssetzungskompetenz für das IPR durch den Amsterdamer Vertrag ist eine Entwicklung eingeleitet worden, die wohl zu einer Vereinheitlichung des IPR – jedenfalls für Fälle mit Binnenmarktbezug – unter der Ägide der Gemeinschaft führen wird.

Literaturverzeichnis

Ackermann, Thomas; Warenverkehrsfreiheit und „Verkaufsmodalitäten", Zu den Entscheidungen „Keck" und „Hünermund"; RIW 1994, 189–194

Ders.; Wettbewerb der Wettbewerbsordnungen im Europäischen Binnenmarkt?; JbJZ, 1997, 203–224

Aden, Menno; Kollisionsrechtliche Wahlfeststellung. Zugleich eine Anmerkung zu dem Urteil des OLG Düsseldorf vom 11. 7. 1996 – 6 U 152/95, DZWir 1997, 81–83

Ahlfeld, Martin; Zwingende Erfordernisse im Sinne der Cassis-Rechtsprechung des Europäischen Gerichtshofs zu Art. 30 EGV; Anwendungsbereiche, einzelstaatliche Regelungsspielräume, Quellen; Schriftenreihe Europäisches Recht, Politik und Wirtschaft (Hrsg. Jürgen Schwarze); Bd. 189; Baden-Baden 1997; (zit. Zwingende Erfordernisse)

Ann, Christoph; Die Europäisierung des Markenrechts; ZEuP 2002, 5–22

Apel, Jürgen; Grapperhaus, Tanja; Das Offline-Online-Chaos oder wie die Europäische Kommission den grenzüberschreitenden Werbemarkt zu harmonisieren droht; WRP 1999, 1247–1259

Armbrüster, Christian; Ein Schuldvertragsrecht für Europa? Bemerkungen zur Privatrechtsangleichung in der Europäischen Union nach „Maastricht" und „Keck"; RabelsZ 60 (1996), 72–90

Arnull, Anthony; The Direct Effect of Directives: Grasping the Nettle; ICLQ 35 (1986), 939–946

Bach, Albrecht; Direkte Wirkungen von EG-Richtlinien; JZ 1990, 1108–1116

v. Bar, Christian; Grundfragen des internationalen Deliktsrechts; JZ 1985, 961–969

Ders.; Internationales Privatrecht. Erster Band. Allgemeine Lehren; München 1987

Ders.; Internationales Privatrecht. Zweiter Band. Besonderer Teil; München 1991

Ders. (Hrsg.); Europäisches Gemeinschaftsrecht und Internationales Privatrecht, Köln u. a. 1991 (zit.: Gemeinschaftsrecht und IPR)

Ders.; Die Study Group on a European Civil Code; in: Festschrift für Dieter Henrich zum 70. Geburtstag; hrsg. von Peter Gottwald, Erik Jayme, Dieter Schwab; Bielefeld 2000

Ders.; Mankowski, Peter; Internationales Privatrecht, Bd. I Allgemeine Lehren; 2. Aufl. München 2003

Ders.; Zimmermann, Reinhard; Grundregeln des Europäischen Vertragsrechts, Teile I+II (dt. Ausgabe), München 2002

Baldus, Christian; Becker, Rainer; Haustürgeschäfte und richtlinienkonforme Auslegung. Probleme bei der Anwendung angeglichenen europäischen Privatrechts, Vorlagebeschluß des BGH vom 11. Januar 1996 – IX ZR 56/95; ZEuP 1997, 874–889

Barents, René; New Developments in Measures Having Equivalent Effect; CMLR 18 (1981), 271–303

Basedow, Jürgen; Wirtschaftskollisionsrecht. Theoretischer Versuch über die ordnungspolitischen Normen des Forumstaates; RabelsZ 52 (1988), 8–40

Ders.; Der kollisionsrechtliche Gehalt der Produktfreiheiten im europäischen Binnenmarkt: favor offerentis; RabelsZ 59 (1995), 1–55

Ders.; Materielle Rechtsangleichung und Kollisionsrecht, in: Schnyder/Heiss/Rudisch (Hrsg.); Internationales Verbraucherschutzrecht (1995); 11–34

Ders.; A Common Contract Law for the Common Market; CMLR 33 (1996), 1169–1195

Ders.; Europäisches Internationales Privatrecht; NJW 1996, 1921–1929

Ders.; Die Harmonisierung des Kollisionsrechts nach dem vertrag von Amsterdam; EuZW 1997, 609

Ders.; EC Regulations in European Private Law; in: Basedow et al. (eds.), Private Law in the International Arena. Liber Amicorum Kurt Siehr; The Hague 2000; 17–31

Ders.; The Communitarization of the Conflict of Laws Under the Treaty of Amsterdam; CMLR 37 (2000), 687–707

Ders.; Das BGB im künftigen europäischen Privatrecht. Der hybride Kodex; AcP 200 (2000), 445–492

Ders.; Der Raum des Rechts – ohne Justiz; ZEuP 2001, 437–440

Ders.; Was wird aus der Haager Konferenz für Internationales Privatrecht?; in: Festschrift für Werner Lorenz zum 80. Geburtstag; hrsg. v. Thomas Rauscher, Heinz-Peter Mansel; München 2001; 463–482

Ders.; Das Internationale Privatrecht in den Zeiten der Globalisierung; in: Festschrift für Hans Stoll zum 75. Geburtstag; Hrsg. von Gerhard Hohloch, Rainer Frank, Peter Schlechtriem; Tübingen 2001; 405–416

Ders.; Die Vergemeinschaftung des Kollisionsrechts nach dem Vertrag von Amsterdam; in: Mansel/ Baur (Hrsg.), Systemwechsel im europäischen Kollisionsrecht (2002); 19–46

Ders.; Internationales Verbrauchervertragsrecht – Erfahrungen, Prinzipien und europäische Reform; FS für Erik Jayme hrsg. von Heinz Peter Mansel, Thomas Pfeiffer, Herbert Kronke, Christian Kohler, Rainer Hausmann; München 2004; Bd. I, 2–23

Basedow, Jürgen; Drasch, Wolfgang; Das neue Internationale Versicherungsvertragsrecht; NJW 1991, 785–795

Basedow, Jürgen, Drobnig; Ulrich, Ellger, Reinhard; Hopt, Klaus J.; Kötz, Heinz; Kulms, Rainer; Mestmäcker Ernst-Joachim (Hrsg.); Aufbruch nach Europa. 75 Jahre Max-Planck-Institut für Privatrecht; Tübimgen 2001 (zit.: Aufbruch nach Europa)

Bauer, Frank; Aktuelle Entwicklungen im europäischen Kollisionsrecht – Festsitzung anlässlich des 50jährigen Bestehens des Deutschen Rates für IPR; IPRax 2004, 275–277

Baumbach, Adolf; Hefermehl, Wolfgang; Wechselgesetz und Scheckgesetz mit Nebengesetzen und einer Einführung in das Wertpapierrecht, 22. Aufl., München 2001

Baumert, Andreas J.; Europäischer ordre public und Sonderanknüpfung zur Durchsetzung von EG-Recht unter besonderer Berücksichtigung der sog. mittelbaren horizontalen Wirkung von EG-Richtlinienbestimmungen; Frankfurt a. M. 1994 (zit. Europäischer ordre public)

Ders.; Die Umsetzung des Art. 6 Abs. 2 der ABG-Richtlinie im System des europäischen kollisionsrechtlichen Verbraucherschutzes; EWS 1995, 57–69

Becker, Christoph; Insolvenz in der Europäischen Union. Zur Verordnung des Rates über Insolvenzverfahren; ZEuP 2002, 287–315

Becker, Ulrich; Von „Dassonville" über „Cassis" zu „Keck" – Der Begriff der Maßnahmen gleicher Wirkung in Art. 30 EGV; EuR 29 (1994), 162–174

Ders.; Voraussetzungen und Grenzen der Dienstleistungsfreiheit; NJW 1996, 179–181

Behrens, Peter; Voraussetzungen und Grenzen der Rechtsfortbildung durch Rechtsvereinheitlichung; RabelsZ 50 (1986), 19–34

Ders.; Niederlassungsfreiheit und Internationales Gesellschaftsrecht; RabelsZ 52 (1988), 498–525

Ders.; Die Konvergenz der wirtschaftlichen Freiheiten im europäischen Gemeinschaftsrecht; EuR 27 (1992), 145–162

Ders.; Die Umstrukturierung von Unternehmen durch Sitzverlegung oder Fusion über die Grenze im Licht der Niederlassungsfreiheit im Europäischen Binnenmarkt (Art. 52 und 58 EWGV); ZGR 23 (1994),1–25

Ders.; Mindestharmonisierung im Binnenmarkt – Stellungnahme –; in: Everling/Roth (Hrsg.), Mindestharmonisierung im Europäischen Binnenmarkt (1997); 33–37

Ders.; Das Internationale Gesellschaftsrecht nach dem Centros-Urteil des EuGH (zu EuGH, 9. 3. 1999 – Rs. C-212/97 – Centros Ltd. ./. Erhvervs – og Selskabsstyrelsen, unten S. 360, Nr. 39, sowie BayObLG, Beschl. v. 26. 8. 1998 – 3Z BR 78/98 –, unten S. 364, Nr. 40); IPRax 1999, 323–331

Ders.; Reaktionen mitgliedstaatlicher Gerichte auf das Centros-Urteil des EuGH; IPRax 2000, 384–390

Ders.; Das Internationale Gesellschaftsrecht nach dem Überseering-Urteil des EuGH und den Schlussanträge zu Inspire Art; IPRax 2003, 193–207

Beitzke, Günther; Probleme der Privatrechtsangleichung in der Europäischen Wirtschaftsgemeinschaft; ZfRV 5 (1964), 80–93

Ders.; Les délits en droit international privé; in: RdC 115 (1965 II), 63–141

Beljin, Saša; Die Zusammenhänge zwischen dem Vorrang, den Instituten der innerstaatlichen Beachtlichkeit und der Durchführung des Gemeinschaftsrechts; EuR 37 (2002), 351–376

Benicke, Christoph; Zimmermann Andreas; Internationales Namensrecht im Spannungsfeld zwischen Internationalem Privatrecht, Europäischem Gemeinschaftsrecht und Europäischer Menschenrechtskonvention; IPRax 1995, 141–150

Berger, Christian; Die EG-Verordnung über die Zusammenarbeit der Gerichte auf dem Gebiet der Beweisaufnahme in Zivil- und Handelssachen (EuBVO); IPRax 2001, 522–527

Berger-Walliser, Gerlinde; Mißbräuchliche Klauseln in Verbraucherverträgen nach Inkrafttreten des Code de la cosommation und Umsetzung der Richtlinie 92/13 in Frankreich; RIW 1996, 459–463

Bernhard, Peter; Cassis de Dijon und Kollisionsrecht – am Beispiel des unlauteren Wettbewerbs; EuZW 1992, 437–443

Ders.; Das internationale Recht des unlauteren Wettbewerbs in den Mitgliedstaaten der EG; Baden-Baden 1994

Ders.; „Keck" und „Mars" – die neueste Rechtsprechung des EuGH zu Art. 30 EGV; EWS 1995, 404–411

Besse, Dirk; Die justitielle Zusammenarbeit in Zivilsachen nach dem Vertrag von Amsterdam und das EuGVÜ; ZEuP 1999, 107–122

Beutler, Bengt; Bieber, Roland; Pipkorn, Jörn; Streil, Jochen; Die Europäische Union. Rechtsordnung und Politik; 5. Aufl., Baden-Baden 2001

Dies.; Das Recht der Europäischen Union. Textsammlung; 2. Aufl.; Baden-Baden 2001

Bitterich, Klaus; Die kollisionsrechtliche Absicherung der AGB-Richtlinie (Art. 6 Abs. 2): Rechtszersplitterung statt Kollisionsrechtseinheit in Europa; ZfRV 2002, 123–132

Ders.; Die analoge Anwendung des Art. 29 a Abs. 1, 2 EGBGB auf Verbraucherschutzrichtlinien ohne kollisionsrechtlichen Rechtssetzungsauftrag – zugleich eine Besprechung von EuGH, v. 9. 11. 2000, Rs. C 381/98 (Ingmar GB Ltd./Eaton Leonhard Technologies Inc.); VuR 2002, 155–163

Bleckmann, Albert; Die Rechtsprechung des Europäischen Gerichtshofs zur Gemeinschaftstreue; RIW 1981, 653–655

Ders.; Zur unmittelbaren Anwendbarkeit der EG-Richtlinien; RIW 1984, 774–777

Ders.; Zur Problematik der Cassis de Dijon – Rechtsprechung des Europäischen Gerichtshofs; GRUR Int. 1986, 172–183

Ders.; Probleme der Auslegung von EWG-Richtlinien; RIW 1987, 929–935

Ders.; Probleme der Auslegung Europäischer Richtlinien; ZGR 1992, 364–375

Ders.; Europarecht, Das Recht der Europäischen Union und der Europäischen Gemeinschaften; Köln, Berlin, Bonn, München; 6. Aufl. 1997

Blumenwitz, Dieter; Rechtsprobleme im Zusammenhang mit der Angleichung von Rechtsvorschriften auf dem Gebiet des Niederlassungsrechts der freien Berufe, NJW 1989, 621–627

Borges, Georg; Die Sitztheorie in der Centros-Ära: Vermeintliche Probleme und unvermeidliche Änderungen. Zugleich Besprechung von OLG Frankfurt a. M., RIW 1999, 783; RIW 2000, 167–178

v. Borries, Reimer; Das Subsidiaritätsprinzip im Recht der Europäischen Union. Deutscher Landesbericht für den XVI. FIDE-Kongreß 1994 in Rom; EuR 29 (1994), 263–300

Brechmann, Winfried; Die richtlinienkonforme Auslegung. Zugleich ein Beitrag zur Dogmatik der EG-Richtlinie; München 1994 (zit.: Richtlinienkonforme Auslegung)

Breier, Siegfried; Der Streit um die richtige Rechtsgrundlage in der Rechtsprechung des Europäischen Gerichtshofs; EuR 30 (1995), 46–53

Brenner, Michael; Huber, Peter, M.; Europarecht und Europäisierung in den Jahren 2000/2001; DVBl. 2001, 1013–1024

Brödermann, Eckart; Iversen, Holger; Europäisches Gemeinschaftsrecht und Internationales Privatrecht; Tübingen 1994 (zit.: Gemeinschaftsrecht und IPR)

Brüggemeier, Gert; Produkthaftung und Produktsicherheit; ZHR 152 (1988), 511–536

Ders.; Anmerkung zum Urteil des BGH vom 7. 12. 1993 – VI ZR 74/93 (OLG München); JZ 1994, 578–580

Bruha, Thomas; Rechtsangleichung in der Europäischen Wirtschaftsgemeinschaft. Deregulierung durch „Neue Strategie"?; ZaöRV 46 (1986), 1–33

Calliess, Christian; Subsidiaritäts- und Solidaritätsprinzip in der Europäischen Union; Baden-Baden 1999

Calliess, Christian; Ruffert, Matthias (Hrsg.); Kommentar des Vertrages über die Europäische Union und des Vertrages zur Gründung der Europäischen Gemeinschaft – EUV/EGV – ; 2. Aufl., Neuwied, Kriftel 2002

v. Caemmerer, Ernst; Rechtsvereinheitlichung und internationales Privatrecht; in: Probleme des europäischen Rechts, Festschrift für Walter Hallstein zu seinem 65. Geburtstag; hrsg. von Ernst von Caemmerer, Hans-Jürgen Schlochauer, Ernst Steindorff; Frankfurt a. M. 1966; 62–95

Chalmers, Damian; Free Movement of Goods Within the European Community: an Unhealthy Addiction to Scotch Whisky?; ICLQ 42 (1993), 269

Chrocziel, Peter; Die eingeschränkte Geltung des Gesetzes gegen Unlauteren Wettbewerb für EG-Ausländer; EWS 1991, 173–179

Classen, Claus Dieter; Zur Bedeutung von EWG-Richtlinien für Privatpersonen; EuZW 1993, 83–87

Ders.; Auf dem Weg zu einer einheitlichen Dogmatik der EG-Grundfreiheiten?; EWS 1995, 97–106

Coester-Waltjen, Dagmar; Der Eskimo-Mantel aus Spanien – Ist der kollisionsrechtliche Verbraucherschutz zu kurz gestrickt?; in: Festschrift für Werner Lorenz zum siebzigsten Geburtstag, hrsg. von Bernhard Pfister, Michael R. Will; Tübingen 1991; 297–319

Dies.; Einige Überlegungen zur konkludenten Rechtswahl; in. Festschrift für Hans Jürgen Sonnenberger zum 70. Geburtstag; München 2004; 343–356

Cornides, Jakob; Braucht der Binnenmarkt ein einheitliches Vertragsrecht? Die ersten Schritte sind schon getan – zur Mitteilung der Kommission über das Europäische Vertragsrecht; WBl. 2001, 407–411

Craig, Paul; Directives: Direct Effect, Indirect Effect and the Contruction of National Legislation; ELR 22 (1997), 519–538

Curtin, Deirdre; Directives: The Effectiveness of Judical Protection of Individual Rights; CMLR 27 (1990), 709–739

Dänzer-Vanotti, Wolfgang; Die richtlinienkonforme Auslegung deutschen Rechts hat keinen rechtlichen Vorrang. Zugleich eine Erwiderung auf den Beitrag von Spetzler, RIW 1991, 579; RIW 1991, 754–755

Däubler, Wolfgang; Neue Akzente im Arbeitskollisionsrecht; RIW 2000, 255–260

Dauses, Manfred; Dogmatik des freien Warenverkehrs in der Europäischen Gemeinschaft; RIW 1984, 197–206

Ders. (Hrsg.); Handbuch des EU-Wirtschaftsrechts; Bd. 1, München 2003; Bd. 2, München 2003

Ders.; Die Rechtsprechung des EuGH zum Verbraucherschutz und zur Werbefreiheit im Binnenmarkt; EuZW 1995, 425–431

Deinert, Olaf; Mittelbare horizontale Direktwirkung von EG-Richtlinien im IPR; JbJZ 1997, 257–284

Dendrinos, Antonios; Rechtsprobleme der Direktwirkung der EWG-Richtlinien; Frankfurt a. M., Bern, New York, Paris 1989 (zit. Rechtsprobleme der Direktwirkung)

Dethloff, Nina; Grenzüberschreitende Telefaxwerbung und Grundfreiheiten; IPRax 1999, 347–352

Dies.; Europäisches Kollisionsrecht des unlauteren Wettbewerbs; JZ 2000, 179–185

Dies.; Europäisierung des Wettbewerbsrechts. Einfluss des europäischen Rechts auf das Sach- und Kollisionsrecht des unlauteren Wettbewerbs; Tübingen 2001

Dörr, Oliver; Mager, Ute; Rechtswahrung und Rechtsschutz nach Amsterdam – Zu den neuen Zuständigkeiten des EuGH –, AöR 125 (2000), 386–427

Drasch, Wolfgang; Das Herkunftslandprinzip im internationalen Privatrecht: Auswirkungen des Europäischen Binnenmarktes auf Vertrags- und Wettbewerbsstatut; Baden-Baden 1997 (zit. Herkunftslandprinzip)

Dreher, Meinrad; Die Versicherung als Rechtsprodukt. Die Privatversicherung und ihre rechtliche Gestaltung; Tübingen 1991

Ders.; Wettbewerb oder Vereinheitlichung der Rechtsordnungen in Europa?; JZ 1999, 105–112

Drobnig, Ulrich; Conflicts of Law and the European Economic Community; in: AmJCompL 15 (1966–1967), 204–229

Ders.; Verstößt das Staatsangehörigkeitsprinzip gegen das Diskriminierungsverbot des EWG-Vertrages?; RabelsZ 34 (1970), 636–662

Ders.; Skizzen zur internationalprivatrechtlichen Anerkennung; in: Festschrift für Ernst von Caemmerer zum 70. Geburtstag; hrsg. von Hans Claudius Ficker, Detlef König, Karl F. Kreuzer, Hans G. Leser, Wolfgang Frhr. Marschall von Bieberstein, Peter Schlechtriem; Tübingen 1978; 687–704

Ders.; Gemeinschaftsrecht und internationales Gesellschaftsrecht. „Daily Mail" und die Folgen; in: v. Bar (Hrsg.), Europäisches Gemeinschaftsrecht und Internationales Privatrecht (1991), 185–206

Ders.; Europäisches Zivilgesetzbuch – Gründe und Grundgedanken; in: Martiny/Witzleb (Hrsg.); Auf dem Wege zu einem Europäischen Zivilgesetzbuch (1999); 109–123

Ders.; Vorüberlegungen zu einem europäischen „Sachenrecht"; in: Martiny/Witzleb (Hrsg.); Auf dem Wege zu einem Europäischen Zivilgesetzbuch (1999), 169–176

Duintjer Tebbens, Harry; Les Conflits de lois en matière de publicité déloyale à l'épreuve du droit communautaire; in : Rev.crit.d.i.p. 83 (1994), 451–481

Ders.; Besprechung zu: Wandt, Manfred; Internationale Produkthaftung, Heidelberg 1995; in: NILR 1997, 442

Ders.; Ein Ziviljustizraum in der Europäischen Union – Auf Kosten einer Aushöhlung der internationalen Zusammenarbeit?; in: Mansel/Baur (Hrsg.), Systemwechsel im europäischen Kollisionsrecht (2002); 171–192

Ebenroth, Carsten, Thomas; Herausforderungen für das internationale Wirtschaftsrecht; RIW 1994, 1–12

Ebenroth, Carsten Thomas; Boujong, Karlheinz; Joost, Detlev (Hrsg.); Handelsgesetzbuch, Bd. 2: §§ 343–475 h – Transportrecht, Bank- und Börsenrecht, Kommentar; München 2001

Ebenroth, Carsten Thomas; Wilken, Oliver; Entwicklungstendenzen im deutschen Internationalen Gesellschaftsrecht – Teil 2; JZ 1991, 1061–1070

Eberhartinger, Michael; Konvergenz und Neustrukturierung der Grundfreiheiten; EWS 1997, 43–52

Ebke, Werner F.; Erste Erfahrungen mit dem EG-Schuldvertragsübereinkommen; in: v. Bar (Hrsg.), Europäisches Gemeinschaftsrecht und Internationales Privatrecht (1991), 77–106

Ders.; Ein Gesellschaftsrecht für Europa?; in: Basedow u. a. (Hrsg.), Aufbruch nach Europa (2001) 197–213

Eger, Thomas; Harmonisierung von Rechtsregeln versus Wettbewerb zwischen Jurisdiktionen in Europa; in: Martiny/Witzleb (Hrsg.), Auf dem Wege zu einem Europäischen Zivilgesetzbuch (1999), 95–107

Ehle, Bernd; Das Grünbuch „Rom-I" – die Modernisierung des EVÜ steht bevor, GPR 1 (2003/2004), 49–52

Ehlers, Dirk, Lackhoff, Klaus; Anmerkung zum Urteil des EuGH vom 30. 11. 1995, in der Rs. C-55/94 Gebhard; JZ 1996, 467–469

Ehmann, Horst; Thorn, Karsten; Erfolgsort bei grenzüberschreitenden Persönlichkeitsverletzungen; AfP 1996, 20–25

Ehricke, Ulrich; Das Verbot des Weiterverkaufs zum Verlustpreis und Gemeinschaftsrecht; WuW 44 (1994), 108–114

Ders.; Der „taugliche Bürge“ gemäß § 239 BGB auf dem Prüfstand des Gemeinschaftsrechts; EWS 1994, 259–262

Ders.; Die richtlinienkonforme Auslegung und die gemeinschaftsrechtskonforme Auslegung nationalen Rechts. Ein Beitrag zu ihren Grundlagen und zu ihrer Bedeutung für die Verwirklichung eines „europäischen Privatrechts“; RabelsZ 59 (1995), 598–644

Ders.; Art. 12 I (ex Art. 6 I) EG-Vertrag und das nationale Zivilprozessrecht – Bilanz und Perspektiven; IPRax 1999, 311–323

Ders.; Die richtlinienkonforme Auslegung nationalen Rechts vor Ende der Umsetzungsfrist; EuZW 1999, 553–559

Eidenmüller, Horst; Europäische Verordnung über Insolvenzverfahren und zukünftiges deutsches internationales Insolvenzrecht; IPRax 2001, 2–15

Ders.; Wettbewerb der Gesellschaftsrechte in Europa; ZIP 2002, 2233–2245

Ellger, Reinhard; Das Verhältnis der Wettbewerbsregeln des EGV zu den Gesetzen gegen Wettbewerbsbeschränkungen in den Mitgliedstaaten der Europäischen Gemeinschaft. Vom Vorrangprinzip zur Exklusivitätsregel; in: Aufbruch nach Europa (2001); 265–292

Emmert, Frank; Horizontale Drittwirkung von Richtlinien? Lieber ein Ende mit Schrecken als ein Schrecken ohne Ende !; EWS 1992, 56–67

Ders.; Europarecht; München 1996

Epiney, Astrid; Gemeinschaftsrechtlicher Umweltschutz und Verwirklichung des Binnenmarktes – „Harmonisierung“ auch der Rechtsgrundlagen? Zur Entscheidung des EuGH in der Rs. C-300/89 JZ 1992, 578 – Titandioxid; JZ 1992, 564–570

Dies.; Umgekehrte Diskriminierungen, Zulässigkeit und Grenzen der discrimination à rebours nach europäischem Gemeinschaftsrecht und nationalem Verfassungsrecht; Köln, Berlin, Bonn, München 1995

Dies.; Neuere Rechtsprechung des EuGH in den Bereichen institutionelles Recht, allgemeines Verwaltungsrecht, Grundfreiheiten, Umwelt- und Gleichstellungsrecht, NVwZ 2001, 524–535

Erman; Bürgerliches Gesetzbuch; Handkommentar mit AGBG, EGBGB, ErbbauVO, HausratsVO, HausTWG, ProdHaftG, SachenRBerG, SchuldRAnpG; VerbrKrG; hrsg. von Peter Westermann; Bd. II; 10 Aufl., 2000

Ernst, Stefan; Verbraucherschutzrechtliche Aspekte des EU-Richtlinienvorschlags zum Electronic Commerce; VuR 1999, 397–405

Everling, Ulrich; Vertragsverhandlungen 1957 und Vertragspraxis 1987 – dargestellt an den Kapiteln Niederlassungsrecht und Dienstleistungen des EWG-Vertrages; in: Eine Ordnungspolitik für Europa, Festschrift für Hans von der Groeben zu seinem 80. Geburtstag, hrsg. von Ernst-Joachim Mestmäcker, Hans Möller, Hans-Peter Schwarz; Baden-Baden 1987, 111–130

Ders.; Das Niederlassungsrecht in der Europäischen Gemeinschaft; DB 1990, 1853–1859

Ders.; Probleme der Rechtsangleichung zur Verwirklichung des europäischen Binnenmarktes; in: Festschrift für Ernst Steindorff zum 70. Geburtstag; hrsg. von Jürgen F. Baur, Klaus J. Hopt, K. Peter Mailänder; Berlin, New York 1990; 1155–1173

Ders.; Zur Auslegung des durch EG-Richtlinien angeglichenen nationalen Rechts; ZGR 1992, 376–395

Ders.; Die Wideraufbereitung abgebrannter Brennelemente in anderen Mitgliedstaaten der Europäischen Gemeinschaft; RIW 1993, Beilage 2 zu Heft 3/1993, 1–21

Ders.; Wirtschaftsfreiheit im Europäischen Binnenmarkt – Anspruch und Realität –; in: Schwarze, Jürgen (Hrsg.), Wirtschaftsverfassungsrechtliche Garantien für Unternehmen im europäischen Binnenmarkt, Baden-Baden 2001, 11–32 (zit. Everling, in: Schwarze (Hrsg.), Wirtschaftsverfassungsrechtliche Garantien)

Ders.; Roth, Wulf-Henning (Hrsg.); Mindestharmonisierung im Europäischen Binnenmarkt; Baden-Baden 1997, 33–37 (zit.: Mindestharmonisierung)

Eyles, Uwe; Das Niederlassungsrecht der Kapitalgesellschaften in der Europäischen Gemeinschaft. Die Überlagerung des deutschen Gesellschaftsrechts und Unternehmenssteuerrechts durch Europäisches Gemeinschaftsrecht; Baden-Baden 1990 (zit.: Niederlassungsrecht)

Di Fabio, Udo; Richtlinienkonformität als ranghöchstes Normauslegungsprinzip? Überlegungen zum Einfluss des indirekten Gemeinschaftsrechts auf die nationale Rechtsordnung; NJW 1990, 947–954

Ders.; Werbeverbote – Bewährungsprobe für europäische Grundfreiheiten und Grundrechte; AfP 29 (1998), 564–570

Fallon, Marc; Les conflits de lois et de jurisdictions dans un espace économique intégré. L'expérience de la Communauté européenne; RdC 253 (1995), 9–282

Fawcett, J. J.; Products Liability in Private International Law: A European Perspective; RdC 238 (1993), 9–246

Fetsch, Johannes; Eingriffsnormen und EG-Vertrag. Die Pflicht zur Anwendung der Eingriffsnormen anderer EG-Staaten; Tübingen 2002 (zit.: Eingriffsnormen)

Fezer, Karl-Heinz; Europäisierung des Wettbewerbsrechts, JZ 1996, 317–326

Fezer, Karl-Heinz; Koos, Stefan; Das gemeinschaftsrechtliche Herkunftslandprinzip und die e-commerce-Richtlinie. Zur dringenden Notwendigkeit einer Harmonisierung des Wettbewerbsrechts in den Mitgliedstaaten der Europäischen Union als einer gemeinschaftsrechtlichen Aufgabe; IPRax 2000, 349–354

Fikentscher, Wolfgang; Wirtschaftsrecht; Bd. 1 Weltwirtschaftsrecht, Europäisches Wirtschaftsrecht; München 1983

Fischer, Gerfried; Gemeinschaftsrecht und kollisionsrechtliches Staatsangehörigkeitsprinzip; in: von Bar (Hrsg.), Europäisches Gemeinschaftsrecht und Internationales Privatrecht (1991), 157–182

Fischer, Klemens, H.; Der Vertrag von Nizza, Text und Kommentar einschließlich der konsolidierten Fassung des EUV und EGV sowie der Texte der EU-Charta der Grundrechte, 2. Aufl., Baden-Baden 2003

Fischer, Nikolaj; Die Gemeinschaftsrechtswidrigkeit der Befristung des Widerrufsrechts gemäß § 355 Abs. 3 Satz 1 BGB bei „Haustürgeschäften" – Die Schuldrechtsreform und die Auswirkungen des „Heiniger"-Urteils des EuGH vom 13. 12. 2001: Notwendigkeit einer Gesetzeskorrektur – ; DB 2002, 727–731

Flessner, Axel; Interessenjurisprudenz im internationalen Privatrecht; Tübingen 1990

Fletcher, Ian F.; Conflict of Laws and European Community Law: with Special Reference to the Community Conventions on Private International Law; Amsterdam, New York, Oxford 1982 (zit.: Conflict of Laws)

Forsthoff, Ulrich; Drittwirkung der Grundfreiheiten: Das EuGH-Urteil Angonese; EWS 2000, 389–397

Ders.; EuGH fördert Vielfalt im Gesellschaftsrecht – Traditionelle Sitztheorie verstößt gegen Niederlassungsfreiheit; DB 2002, 2471–2477

Franzen, Martin; Arbeitskollisionsrecht und sekundäres Gemeinschaftsrecht: Die EG-Entsende-Richtlinie; ZEuP 1997, 1055–1074

Ders.; Privatrechtsangleichung durch die Europäische Gemeinschaft, Berlin, New York 1999 (zit. Privatrechtsangleichung)

Freitag, Robert; Der Wettbewerb der Rechtsordnungen im Internationalen Gesellschaftsrecht; EuZW 1999, 267–270

Ders.; Der Einfluss des Europäischen Gemeinschaftsrechts auf das internationale Produkthaftungsrecht; Tübingen 2000 (zit. Produkthaftungsrecht)

Ders.; „Heininger" und die Folgen: ein Lehrstück zum Gemeinschaftsprivatrecht; JZ 2003, 321–332

Ders.; Einfach und international zwingende Normen – Anmerkungen zu einem restatement des Art. 7 EVÜ in einem künftigen „Gemeinschaftsinstrument über das auf vertragliche Schuldverhältnisse anwendbare Recht"; in: Leible (Hrsg.), Das Grünbuch zum Internationalen Vertragsrecht, München 2004, 167–191

Freitag, Robert; Leible, Stefan; Das Bestimmungsrecht des Art. 40 Abs. 1 EGBGB im Gefüge der Parteiautonomie im Internationalen Deliktsrecht; ZVglRWiss 99 (2000), 101–142

Dies.; Ergänzug des kollisionsrechtlichen Verbraucherschutzes durch Art. 29 a EGBGB; EWS 2000, 342–350

Dies.; Internationaler Anwendungsbereich der Handelsvertreterrichtlinie – Europäisches Handelsvertreterrecht weltweit?; RIW 2001, 287–289

Fuchs, Angelika; Zum Kommissionsvorschlag einer „Rom-II"-Verordnung; GPR 1 (2003/2004), 100–105

Gandolfi, Giuseppe; Vorentwurf eines Europäischen Vertragsgesetzbuches; ZEuP 2002, 1–4

Ganten, Ted Oliver; Die Drittwirkung der Grundfreiheiten: Die EG-Grundfreiheiten als Grenze der Handlungs- und Vertragsfreiheit im Verhältnis zwischen Privaten; Berlin 2000 (zit.: Drittwirkung)

Gassner, Ulrich M.; Horizontale Direktwirkung von EG-Richtlinien – EuGH, Slg. I 1994, 3325; JuS 1996, 303–306

Gebauer, Martin; Internationales Privatrecht und Warenverkehrsfreiheit in Europa; IPRax 1995, 152–156

Ders.; Grundfragen der Europäisierung des Privatrechts. Eine Untersuchung nationaler Ansätze unter Berücksichtigung des italienischen und des deutschen Rechts, Heidelberg 1998 (zit.: Grundfragen)

Geiger, Rudolf; EUV/ EGV Vertrag über die Europäische Union und Vertrag zur Gründung der Europäischen Gemeinschaft; Kommentar; 3. Aufl.; München 2000

Geimer, Reinhold; Salut für die Verordnung (EG) Nr. 44/2001 (Brüssel I-VO). Einige Betrachtungen zur „Vergemeinschaftung" des EuGVÜ; IPRax 2002, 69–74

Gellermann, Martin; Beeinflussung des bundesdeutschen Rechts durch Richtlinien der EG. Dargestellt am Beispiel des europäischen Umweltrechts; Köln, Berlin, Bonn, München 1994 (zit.: Beeinflussung)

Giuliano, Mario; Lagarde, Paul; Bericht über das Übereinkommen über das auf vertragliche Schuldverhältnisse anzuwendende Recht, BT-Drs. 10/503, 33 ff.

Glöckner, Jochen; Wettbewerbsverstöße im Internet – Grenzen einer kollisionsrechtlichen Problemlösung; ZVglRWiss 99 (2000), 278–309

Götz, Volkmar; Europäische Gesetzgebung durch Richtlinien – Zusammenwirken von Gemeinschaft und Staat; NJW 1992, 1849–1856

Gounalakis, Georgios; Radke, Wolfram; Das Verhältnis des Internationalen Privatrechts zum Europäischen Gemeinschaftsrecht am Beispiel des Diskriminierungsverbots (Art. 6 EGV), der Niederlassungsfreiheit (Art. 52, 58 EGV) und des Kollisionsrechts der EG-Datenschutzrichtlinie; ZVglRWiss 98 (1999), 1–27

Grabitz, Eberhard; Über die Verfassung des Binnenmarktes; in: Festschrift für Ernst Steindorff zum 70. Geburtstag; hrsg. von Baur, Jürgen F.; Hopt, Klaus J.; Mailänder, Peter; Berlin, New York 1990; 1229–1245

Ders.; Die Wirkungsweise von Richtlinien; in: Everling, Ulrich; Narjes, Karl-Heinz; Sedemund, Joachim (Hrsg.), Europarecht, Kartellrecht, Wirtschaftsrecht. Festschrift für Arved Deringer; Baden-Baden 1993; 59–71

Grabitz, Eberhard; Hilf, Meinhard; Das Recht der Europäischen Union, Kommentar;
- Archiv-Bd. I, EUV, Art. 1–136 a EGV (Maastrichter Fassung); Stand: Oktober 1999, München 2000
- Bd. I + II EUV/EGV; München, Stand: jeweils Feb. 2002
- Bd. III Sekundärrecht, A. Verbraucher- und Datenschutzrecht; München, Stand: Feb. 2002

Grandpierre, Andreas; Herkunftsprinzip kontra Marktortanknüpfung. Auswirkungen des Gemeinschaftsrechts auf die Kollisionsregeln im Wettbewerbsrecht; Frankfurt a. M. 1999 (zit.: Herkunftsprinzip)

v. d. Groeben, Hans; Thiesing, Jochen; Ehlermann, Claus-Dieter (Hrsg.); Kommentar zum EWG-Vertrag;

– Bd. 1 Art. 1–84; 4. Aufl.; Baden-Baden 1991
– Bd. 1 Art. A-F EUV, Art. 1–84 EGV; 5. Aufl.; Baden-Baden 1997
– Bd. 2/I Art. 85–87 EGV; 5. Aufl.; Baden-Baden 1999
– Bd. 2/II Art. 88–102 EGV; 5. Aufl.; Baden-Baden 1999
– Bd. 4 Art. 137–209 a EGV; 5. Aufl.; Baden-Baden 1997
– Bd. 5 Art. 210–248 EGV, Art. H-S EUV; 5. Aufl.; Baden-Baden 1997

Großerichter, Helge; Vom Umgang mit ausländischen Zivilrechtslagen im Bereich EG-vertraglicher Grundfreiheiten: Eine Zwischenbilanz um Niederlassungsfreiheit und Sitzanknüpfung; in: Festschrift für Hans Jürgen Sonnenberger zum 70. Geburtstag, München 2004; 369–388

Grundmann, Stefan; Das Europäische Bankaufsichtsrecht wächst zum System. Wie weit reicht fortan die nationale Rechtssetzungsmacht?; Heidelberg, 1990

Ders.; Nationales Währungsrecht und EG-Kapitalverkehrsfreiheit; EWS 1990, 214–220

Ders.; Deutsches Anlegerschutzrecht in internationalen Sachverhalten, Vom internationalen Schuld- und Gesellschaftsrecht zum internationalen Marktrecht; RabelsZ 54 (1990), 283–322

Ders.; Europäisches Vertragsrechtsübereinkommen, EWG-Vertrag und § 12 AGBG, IPRax 1992, 1–5

Ders.; Richtliniekonforme Auslegung im Bereich des Privatrechts – insbesondere: der Kanon der nationalen Auslegungsmethoden als Grenze? ZEuP 1996, 399–424

Ders.; EG-Richtlinie und nationales Privatrecht, JZ 1996, 274–287

Ders.; Europäisches Schuldvertragsrecht, Das Europäische Recht der Unternehmensgeschäfte; ZHR-Sonderheft 15; Berlin, New York 1999

Ders.; Die Auslegung angeglichenen Kapitalmarktrechts – insbesondere von Sanktionsregeln; in: Schulze (Hrsg.), Auslegung europäischen Privatrechts und angeglichenen Rechts (1999); 63–82

Ders.; Europäisches Handelsrecht – vom Handelsrecht des laissez faire im Kodex des 19. Jahrhunderts zum Handelsrecht der sozialen Verantwortung –; ZHR 163 (1999), 635–678

Ders.; Binnenmarktkollisionsrecht – vom klassischen IPR zur Integrationsordnung; RabelsZ 2000, 457–477

Ders.; Europäisches Schuldvertragsrecht. Struktur und Bestand; NJW 2000, 14–22

Ders.; Privatautonomie im Binnenmarkt, Informationsregeln als Instrument; JZ 2000, 1133–1143

Ders. (Hrsg.); Systembildung und Systemlücken in Kerngebieten des Europäischen Privatrechts; Tübingen 2000; (zit. Systembildung)

Ders.; Europäisches Schuldvertragsrecht: Standort, Gestalt und Bezüge; JuS 2001, 946–951

Ders.; Wettbewerb der Regelgeber im Europäischen Gesellschaftsrecht – jedes Marktsegment hat seine Struktur; ZGR 2001, 783–832

Ders.; Verbraucherrecht, Unternehmensrecht, Privatrecht – warum sind sich UN-Kaufrecht und EU-Kaufrechts-Richtlinie so ähnlich?; AcP 202 (2002), 40–71

Ders.; Internationales Privatrecht als Verfassungsordnung. Kommissionsmitteilung zum Europäischen Vertragsrecht oder: ein Europäisches System der Vertragsrechte; RIW 2002, 329–343

Ders.; Harmonisierung, Europäischer Kodex; Europäisches System der Vertragsrechte. Die Perspektiven der Kommissionsmitteilung zum Europäischen Vertragsrecht; NJW 2002, 393–396

Ders.; Einwirkung von EG-Richtlinien des Wirtschafts- und Privatrechts auf das nationale Recht – Deckungsgleichheit zumindest im Mindestniveau; JuS 2002, 768–773

Ders.; Das Internationale Privatrecht der E-Commerce-Richtlinie – was ist kategorial anders im Kollisionsrecht des Binnenmarktes und warum?; RabelsZ 67 (2003), 246–297

Ders.; Europäisches Gesellschaftsrecht. Eine systematische Darstellung unter Einbeziehung des Europäischen Kapitalmarktrechts; Heidelberg 2004

Ders.; Medicus, Dieter; Rolland, Walter (Hrsg.), Europäisches Kaufgewährleistungsrecht. Reform und Internationalisierung des deutschen Schuldrechts; Köln, Berlin, Bonn, München 2000

Gundel, Jörg; Die Untersagung nationaler Fernsehwerbemonopole durch die EG-Kommission gemäß Art. 86 Abs. 3 EGV: Zur Reichweite der Niederlassungsfreiheit und zu einem „neu entdeckten" Sanktionsmittel der Gemeinschaft im Rundfunkbereich; ZUM 2000, 1046–1056

Ders.; Die Rechtfertigung von faktisch diskriminierenden Eingriffen in die Grundfreiheiten des EGV; Jura 2001, 79–85

Ders.; Neue Grenzlinien für die Direktwirkung nicht umgesetzter EG-Richtlinien unter Privaten; EuZW 2001, 143–149

Gündisch, Jürgen; Qualität europäischer Rechtssetzung; in: Aufbruch nach Europa (2001), 109–121

Habersack, Mathias; Mayer, Christian; Der Widerruf von Haustürgeschäften nach der „Heininger"-Entscheidung des EuGH; WM 2002, 253–259

Hailbronner, Kay; Nachbaur, Andreas; Die Dienstleistungsfreiheit in der Rechtsprechung des EuGH; EuZW 1992, 105–113

Hailbronner, Kay; Klein, Eckart; Magiera, Siegfried; Graff, Peter-Christian; Handkommentar zum Vertrag über die Europäische Union (EUV/EGV); Bd. 1 und 2; Köln, Berlin, Bonn, München 1995 Loseblattausgabe

Hakenberg, Waltraud; Keine horizontale Richtlinienwirkung. Eine Besprechung des Urteils des EuGH vom 14. Juli 1994, ZIP 1994, 1187 – Faccini Dori; ZIP 1994, 1510–1513

Hamburg Group for private International Law; Comments on the European Commission's Draft Proposal for a Council Regulation on the Law Applicable to Non-Contractual Obligations; RabelsZ 67 (2003), 1–56

Hasselbach, Kai; Der Vorrang des Gemeinschaftsrechts vor dem nationalen Verfassungsrecht nach dem Vertrag vom Amsterdam; JZ 1997, 942–944

Hau, Wolfgang; Rahmenbedingungen einer Vergemeinschaftung des Internationalen Vertragsrechts; in Leible (Hrsg.), Das Grünbuch zum Internationalen Vertragsrecht, München 2004; 13–24

Hauschka, Christoph E.; Der fremdenrechtliche Gehalt von § 28 UWG und § 35 WZG auf dem Prüfstand des EG-rechtlichen Diskriminierungsverbotes; GRUR 1990, 100–103

Ders.; Grundprobleme der Privatrechtsfortbildung durch die Europäische Wirtschaftsgemeinschaft; JZ 1990, 521–532

Hay, Peter; Lando, Ole; Rotunda, Ronald D.; Conflicts of Laws as a Technique for Legal Integration, in: Integration Through Law I: Methods, Tools and Institutions, Book II: Political Organs, Integration Techniques ans Political Process, hrsg. von M. Cappelletti/M. Seccombe/J. Weiler; Berlin, New York 1986; 161–258

Hayder, Roberto; Neue Wege der europäischen Rechtsangleichung? Die Auswirkungen der Einheitlichen Europäischen Akte von 1986; RabelsZ 53 (1989), 622–698

Heermann, Peter W.; Art. 30 EGV im Lichte der „Keck"-Rechtsprechung: Anerkennung sonstiger Verkaufsmodalitäten und Einführung eines einheitlichen Rechtfertigungstatbestands?; GRUR Int. 1999, 579–595

v. Hein, Jan; Das Günstigkeitsprinzip im Internationalen Deliktsrecht; Tübingen 1999 (zit.: Günstigkeitsprinzip)

Ders.; Günstigkeitsprinzip oder Rosinentheorie? – Erwiderung auf Lorenz, NJW 1999, 2215; NJW 1999, 3174–3175

Ders.; Rechtswahlfreiheit im Internationalen Deliktsrecht; RabelsZ 64 (2000), 595–613

Heinrichs, Helmut; Umsetzung der EG-Richtlinie über missbräuchliche Klauseln in Verbraucherverträgen durch Auslegung. Erweiterung des Anwendungsbereichs der Inhaltskontrolle; NJW 1995, 153–159

Ders.; Das Gesetz zur Änderung des AGB-Gesetzes. Umsetzung der EG-Richtlinie über missbräuchliche Klauseln in Verbraucherverträgen durch den Bundesgesetzgeber; NJW 1996, 2190–2197

Heinz, Bodo; Die kollisionsrechtliche Bedeutung des Termin- und Differenzeinwandes bei Börsentermingeschäften im Ausland unter besonderer Berücksichtigung des EWG-Vertrages. Zugleich ein Beitrag zur Anwendung des nationalen ordre public gegenüber den Mitgliedstaaten der Europäischen Gemeinschaften; Frankfurt a. M. 1991

Heiss, Helmut; Europäisches Vertragsrecht: in statu nascendi?; ZfRV 36 (1995), 54–61

Ders.; Vom EU- zum gesamteuropäischen Privatrecht? – Privatrechtsharmonisierung in der sich erweiternden Union; in:?; in: Basedow u. a. (Hrsg.) Aufbruch nach Europa (2001) 123–140

Ders.; Die Richtlinien über den Fernabsatz von Finanzdienstleistungen an Verbraucher aus Sicht des IPR und des IZVR; IPRax 2003, 100–104

Herdegen, Matthias; Die EG-Gentechnikrichtlinien und das deutsche Gentechnikgesetz; RIW 1992, 90–92

Ders.; Europarecht, 4. Aufl.; München 2002

Ders.; Internationales Wirtschaftsrecht; 3. Aufl., München 2002

Hergenröder, Curt Wolfgang; Richtlinienwidriges Gesetz und richterliche Rechtsfortbildung; in: Festschrift für Wolfgang Zöllner zum 70. Geburtstag; hrsg. von Manfred Lieb, Ulrich Noack, Harm Peter Westermann; Bd. II; Köln, Berlin, Bonn, München 1998; 1139–1159

Herwig, André; Der Gestaltungsspielraum des nationalen Gesetzgebers bei der Umsetzung von europäischen Richtlinien zum Verbrauchervertragsrecht; Frankfurt a. M. 2002 (zit.: Gestaltungsspielraum)

Heselhaus, Sebastian; Rechtfertigung unmittelbar diskriminierender Eingriffe in die Warenverkehrsfreiheit; EuZW 2001, 645–650

Heß, Burkhard; Die Einwirkung des Vorabentscheidungsverfahrens nach Art. 177 EGV auf das deutsche Zivilprozessrecht; ZZV 108 (1995), 59–107

Ders.; Anmerkung zum Urteil des EuGH vom 14. 7. 1994, in der Rs. C-91/92 – Faccini Dori; JZ 1995, 150–152

Ders.; Die „Europäisierung" des internationalen Zivilprozessrechts durch den Amsterdamer Vertrag – Chancen und Gefahren; NJW 2000, 23–32

Ders.; Aktuelle Perspektiven der europäischen Prozessrechtsangleichung; JZ 2001, 573–583

Ders.; Neues deutsches und europäisches Zustellungsrecht; NJW 2002, 2417–2426

Hilf, Meinhard; Die Richtlinie der EG – ohne Richtung, ohne Linie?; EuR 28 (1993), 1–22

Hinz, Hans Werner; Das Interesse der Wirtschaft an einer Europäisierung des Privatrechts; ZEuP 1994, 553–558

Hirsch, Günter; Die aktuelle Rechtsprechung des EuGH zur Warenverkehrsfreiheit, ZEuS 1999, 503 512

Hochleitner, Wolf-Dieter; Wolf, Manfred; Großerichter, Helge; Teleologische Reduktion auf Null? – Zur Unzulässigkeit einer richtlinienkonformen „Auslegung" des § 5 Abs. 2 HWiG in der Folge der „Heininger"-Entscheidung des EuGH –; WM 2002, 529–535

Hödl, Sascha Oliver; Die Beurteilung von verkaufsbehindernden Maßnahmen im Europäischen Binnenmarkt – neue Interpretationsansätze zu Art. 30 EGV auf der Grundlage der Keck-Entscheidung; Baden-Baden 1997 (zi.: Verkaufsbehindernde Maßnahmen)

v. Hoffmann, Bernd; Inländische Sachnormen mit zwingendem internationalem Anwendungsbereich; IPRax 1989, 261–271

Ders.; Richtlinien der Europäischen Gemeinschaft und Internationales Privatrecht; ZfRV 1995, 45–54

Ders.; Internationales Haftungsrecht im Referentenentwurf des Bundesjustizministeriums vom 1. 12. 1998; IPRax 1996, 1–8

Ders.; The Relevance of European Community Law; in: ders. (Hrsg.), European Private International Law; Nijmegen 1998; 19–37

Ders.; Internationales Privatrecht, 6. Aufl., München 2000 und 7. Aufl., München 2002

Ders.; Sonderanknüpfung zwingender Normen im internationalen Deliktsrecht – Eine kollisionsrechtliche Skizze; in: Festsschrift für Dieter Henrich zum 70. Geburtstag; hrsg. von Peter Gottwald, Erik Jayme, Dieter Schwab; Bielefeld 2000; 283–296

Hoffmann, Jochen; Neue Möglichkeiten zur identitätswahrenden Sitzverlegung in Europa? Der Richtlinienentwurf zur Verlegung des Gesellschaftssitzes innerhalb der EU; ZHR 164 (2000), 43–66

Ders.; Realkredite im Europäischen Verbraucherschutzrecht. Besprechung des EuGH-Urteils vom 13. 12. 2001, Rechtssache C-481/99 „Heininger"; ZIP 2002, 145–152

Hohloch, Gerhard; Harmonisierung der Produkthaftung in der EG und Kollisionsrecht; in: Festschrift für Max Keller zum 65. Geburtstag; hrsg. von Peter Forstmoser, Anton Heini, Hans Giger, Walter R. Schluep; Zürich 1989; 433–449

Ders.; Einheitliche Rechtsgrundlagen durch Rechtsangleichung der Gesellschaftsformen: Bemerkungen zur Entwicklung des „internationalen Gesellschaftsrechts" und zur „Europäischen Aktiengesellschaft"; in: Schwarze, Jürgen (Hrsg.), Wirtschaftsverfassungsrechtliche Garantien, 121–140

Ders.; Kollisionsrecht in der Staatengemeinschaft. Zu den Strukturen eines internationalen Privat- und Verfahrensrechts in der Europäischen Union; in: Festschrift für Hans Stoll zum 75. Geburtstag; Hrsg. von Gerhard Hohloch, Rainer Frank, Peter Schlechtriem; Tübingen 2001; 533–551

Höller, Agnes; Rechtswahl für Vertriebsverträge? EuGH schützt Richtlinienrecht; RdW 2001, 396–399

Hommelhoff, Peter; Zivilrecht unter dem Einfluss europäischer Rechtsangleichung; AcP 192 (1992), 71–107

Ders.; Die Auslegung angeglichenen Gesellschaftsrechts – eine Analyse der EuGH-Rechtsprechung –; in: Schulze (Hrsg.), Auslegung europäischen Privatrechts und angeglichenen Rechts (1999); 29–46

Ders.; Die Rolle der nationalen Gerichte bei der Europäisierung des Privatrechts; in: Festgabe 50 Jahre Bundesgerichtshof II: Handels- und Wirtschaftsrecht, Europäisches und Internationales Recht; hrsg. Andreas Heldrich und Klaus J. Hopt; München 2000; 889–925

Ders.; Einige Bemerkungen zur Organisationsverfassung der Europäischen Aktiengesellschaft; AG 2001, 279–288

Hommelhoff, Peter; Jayme, Erik (Hrsg.); Europäisches Privatrecht; München 1993

Höpping, Ulrike; Auswirkungen der Warenverkehrsfreiheit auf das IPR, unter besonderer Berücksichtigung des internationalen Produkthaftungsrechts und des internationalen Vertragsrechts; Frankfurt a. M. 1997 (zit: Warenverkehrsfreiheit)

Horn, Helmut; Posch, Willibald; Kritische Anmerkungen zum Entwurf des BMfJ über die Neuordnung des österreichischen internationalen Schuldvertragsrechts; ZfRV 39 (1998), 45–52

Hösch, Ulrich Willi; Der Einfluss der Freiheit des Warenverkehrs (Art. 30 EWGV) auf das Recht des unlauteren Wettbewerbs; Bayreuth, 1993 (zit. Einfluss)

Hopt, Klaus, J.; Die Verantwortlichkeit der Banken bei Emissionen, Recht und Praxis in der EG, in Deutschland und in der Schweiz; München 1991

Huber, Peter; Internationales Insolvenzrecht in Europa – Das internationale Privat- und Verfahrensrecht der Europäischen Insolvenzverordnung – ; ZZP 114 (2001), 133–166

Iglesias, Gil Carlos Rodriguez; Riechenberg, Kurt; Zur richtlinienkonformen Auslegung des nationalen Rechts (Ein Ersatz für die fehlende horizontale Wirkung); in: Festschrift für Ulrich Everling; Hrsg. Ole Due, Marcus Lutter, Jürgen Schwarze; Baden-Baden 1995; Bd. II; 1213–1230

Immenga, Ulrich; Binnenmarkt durch europäisches Gemeinschaftsrecht; JA 1993, 257–264

Immenga, Ulrich; Mestmäcker, Ernst-Joachim (Hrsg.); EG-Wettbewerbsrecht. Kommentar; Bd. 1; München 1997

Iversen, Holger; siehe oben Brödermann/Iversen, Europäisches Gemeinschaftsrecht und IPR (1994)

Jaeger, Gerold; Kapitalgesellschaften in der EU – dauerhaft Niederlassungsberechtigte zweiter Klasse? Kommentar zu den Vorlagebeschlüssen des BGH vom 30. 3. 2000 und des AG Heidelberg vom 3. 3. 2000 sowie zur Rechtsprechung in den Niederlanden und Österreich als Antwort auf die Centros-Entscheidung des EuGH vom 9. 3. 1999; NZG 2000, 918–923

Jaensch, Michael; Die unmittelbare Drittwirkung der Grundfreiheiten. Untersuchung der Verpflichtung von Privatpersonen durch Art. 30, 48, 52, 59, 73 b EGV; Baden-Baden 1997 (zit.: Unmittelbare Drittwirkung)

Jarass, Hans D.; Richtlinienkonforme bzw. EG-rechtskonforme Auslegung nationalen Rechts; EuR 26 (1991), 211–223

Ders.; Folgen der innerstaatlichen Wirkung von EG-Richtlinien; NJW 1991, 2665–2669
Ders.; Grundfragen der innerstaatlichen Bedeutung des EG-Rechts. Die Vorgaben des Rechts der Europäischen Gemeinschaft für die nationale Rechtsanwendung und die nationale Rechtssetzung nach Maastricht; Köln, Berlin, Bonn, München 1994 (zit. Grundfragen)
Ders.; Elemente einer Dogmatik der Grundfreiheiten; EuR 30 (1995), 202–226
Ders.; Elemente einer Dogmatik der Grundfreiheiten II; EuR 35 (2000), 705–723
Jayme, Erik; Haustürgeschäfte deutscher Urlauber in Spanien: Horizontale Wirkungen der EG-Richtlinien und internationales Vertragsrecht; IPRax 1990, 220–222
Ders.; Internationales Privatrecht und Europäischer Binnenmarkt – Eine Skizze –; in: Jayme, Erik, Ein internationales Privatrecht für Europa; Heidelberg 1991 (zit.: IPR für Europa)
Ders.; Die Parteiautonomie im internationalen Vertragsrecht auf dem Prüfstand – 65. Sitzung des Institut de Droit International in Basel; IPRax 1991, 429–430
Ders.; Entwurf eines EG-Familien- und Erbrechtsübereinkommens; IPRax 1994, 67
Ders.; Europäisches Kollisionsrecht: Neue Aufgaben, neue Techniken; in: Hommelhoff, Peter; Jayme, Erik; Mangold, Werner (Hrsg.); Europäischer Binnenmarkt: Internationales Privatrecht und Rechtsangleichung, Heidelberg 1995; 35–49 (zit.: Jayme, in: Hommelhoff/Jayme/Mangold (Hrsg.), Europäischer Binnenmarkt)
Ders.; Klauselrichtlinie und Internationales Privatrecht – Eine Skizze; in: Festschrift für Reinhold Trinkner zum 65. Geburtstag; hrsg. von Friedrich Graf von Westphalen und Otto Sandrock; Heidelberg 1995; 575–584
Ders.; Zum Internationalen Geltungswillen der europäischen Regeln über den Handelsvertreterausgleich, IPRax 2001, 190–191
Ders.; Zur Revision des Europäischen Schuldvertragsübereinkommens; IPRax 2001, 65–66
Ders.; Die Charta und der Vertrag von Nizza: Auswirkungen im internationalen Privatrecht. Tagung in Ferrara; IPRax 2001, 384–385
Ders.; Europa: Auf dem Weg zu einem interlokalen Kollisionsrecht?; in: Mansel (Hrsg.), Vergemeinschaftung des Europäischen Kollisionsrechts (2001), 31–40
Jayme, Erik; Hausmann, Rainer (Hrsg); Internationales Privat- und Verfahrensrecht, 11. Aufl. München 2002
Jayme, Erik; Kohler, Christian; Das Internationale Privat- und Verfahrensrecht der EG 1991 – Harmonisierungsmodell oder Mehrspurigkeit des Kollisionsrechts; IPRax 1991, 361–369
Dies.; Das Internationale Privat- und Verfahrensrecht der EG nach Maastricht; IPRax 1992, 346–356
Dies.; Das Internationale Privat- und Verfahrensrecht der EG 1993 – Spannungen zwischen Staatsverträgen und Richtlinien; IPRax 1993, 357–371
Dies.; Europäisches Kollisionsrecht 1994: Quellenpluralismus und offene Kontraste; IPRax 1994, 405–415
Dies.; Europäisches Kollisionsrecht 1995 – Der Dialog der Quellen; IPRax 1995, 343–354
Dies.; Europäisches Kollisionsrecht 1996 – Anpassung und Transformation der nationalen Rechte; IPRax 1996, 377–389
Dies.; Europäisches Kollisionsrecht 1997 – Vergemeinschaftung durch „Säulenwechsel“?; IPRax 1997, 385–401
Dies.; Europäisches Kollisionsrecht 1998: Kulturelle Unterschiede und Parallelaktionen; IPRax 1998, 417–429
Dies.; Europäisches Kollisionsrecht 1999 – Die Abendstunde der Staatsverträge; IPRax 1999, 401–413
Dies.; Europäisches Kollisionsrecht 2000: Interlokales Privatrecht oder universelles Gemeinschaftsrecht?; IPRax 2000, 454–465
Dies.; Europäisches Kollisionsrecht 2001: Anerkennungsprinzip statt IPR?; IPRax 2001, 501–514
Dies.; Europäisches Kollisionsrecht 2002: Zur Wiederkehr des Internationalen Privatrechts; IPRax 2002, 461–471
Dies.; Europäisches Kollisionsrecht 2003: Der Verfassungskonvent und das Internationale Privat- und Verfahrensrecht; IPRax 2003, 484–495

Dies.; Europäisches Kollisionsrecht 2004: Territoriale Erweiterung und methodische Rückgriffe; IPRax 2004, 481–493

Jenckel, Johann Hinrich; Das Insiderproblem im Schnittpunkt von Gesellschafts- und Kapitalmarktrecht in materiell- und kollisionsrechtlicher Sicht; Frankfurt a. M. 1980 (zit.: Insiderproblem)

Jickeli, Joachim; Der Binnenmarkt im Schatten des Subsidiaritätsprinzips. Erste Weichenstellungen in der Rechtsprechung; JZ 1995, 57–64

Joerges, Christian, „Good Governance" im Europäischen Binnenmarkt: Über die Spannungen zwischen zwei rechtswissenschaftlichen Integrationskonzepten und deren Aufhebung – Claus-Dieter Ehlermann zum 70. Geburtstag –; EuR 37 (2002), 17–40

Juenger, Friedrich K.; Parteiautonomie und objektive Anknüpfung im EG-Übereinkommen zum Internationalen Vertragsrecht; RabelsZ 46 (1982), 57–83

Junker, Abbo; Der EuGH im Arbeitsrecht – Die schwarze Serie geht weiter; NJW 1994, 2527–2528

Ders.; Internationales Privatrecht, München 1998

Ders.; Vom Citoyen zum Consommateur – Entwicklungen des internationalen Verbraucherschutzrechts; IPRax 1998, 65–74

Ders.; Ein Europa der Briefkastenfirmen und Gründungsschwindler?; EWS 1999/6, Die erste Seite

Ders.; Empfiehlt es sich, Art. 7 EVÜ zu revidieren oder aufgrund der bisherigen Erfahrungen zu präzisieren?; IPRax 2000, 65–73

Ders.; Die IPR-Reform von 1999: Auswirkungen auf die Unternehmenspraxis. Im Blickpunkt: Außervertragliche Schuldverhältnisse und Sachenrecht; RIW 2000, 241–255

Ders.; Das Bestimmungsrecht des Verletzten nach Art. 40 I EGBGB; in: Festschrift für Werner Lorenz zum 80. Geburtstag; hrsg. von Thomas Rauscher, Heinz-Peter Mansel; München 2001; 321–341

Ders.; Vom Brüsseler Übereinkommen zur Brüsseler Verordnung – Wandlungen des Internationalen Zivilprozessrechts; RIW 2002, 569–577

Kallmeyer, Harald; Tragweite des Überseering-Urteils des EuGH vom 5. 11. 2002 zur grenzüberschreitenden Sitzverlegung; DB 2002, 2521–2522

Kapnopoulou, Elissavet N.; Das Recht der missbräuchlichen Klauseln in der Europäischen Union; Tübingen 1997 (zit.: Missbräuchliche Klauseln)

Kapteyn, P. J. G.; VerLoren van Themaat, P.; Introduction to the Law of the European Communities; 3. Aufl.; London 1998 (zit. Introduction)

Katzenberger, Paul; Kollisionsrecht des unlauteren Wettbewerbs; in: Schricker, Gerhard/Henning-Bodewig, Frauke (Hrsg.), Neuordnung des Wettbewerbsrechts Baden-Baden 1998/99; 218–231

Kegel, Gerhard; Begriffs- und Interessenjurisprudenz im internationalen Privatrecht; in: Festschrift für Hans Lewald bei Vollendung des vierzigsten Amtsjahres als ordentlicher Professor im Oktober 1953; Basel 1953; 259–288

Ders.; Es ist was faul im Staate Dänemark ...; EWS 1999/8; Die erste Seite

Kegel, Gerhard; Schurig, Klaus; Internationales Privatrecht, 8. Aufl., München 2000

Kerber, Wolfgang; Zum Problem einer Wettbewerbsordnung für den Systemwettbewerb; Jb.f.NPÖ 17 (1998), 199–230

Ders.; Rechtseinheitlichkeit und Rechtsvielfalt aus ökonomischer Sicht; in: Grundmann (Hrsg.), Systembildung und Systemlücken in Kerngebieten des Europäischen Privatrechts (2000); 67–97

Kiendl, Doris; Gesamteuropäisches AGB-Recht Neuerungen im GB-Recht durch die Europäisierung des Verbraucherschutzes am Beispiel Deutschlands und Österreichs; JbJZ 1995, 195–213

Dies.; Unfaire Klauseln in Verbraucherverträgen; Wien 1997 (zit.: Unfaire Klauseln)

Kieninger, Eva-Maria; Mobiliarsicherheiten im Europäischen Binnenmarkt. Zum Einfluss der Warenverkehrsfreiheit auf das nationale und internationale Sachenrecht der Mitgliedstaaten; Baden-Baden 1996 (zit.: Mobiliarsicherheiten)

Dies.; Verbot des Mulit-Level-Marketing in Deutschland – Verstoß gegen die Warenverkehrsfreiheit des EG-Vertrages?; EWS 1998, 277–288

Dies.; Niederlassungsfreiheit als Rechtswahlfreiheit. Besprechung der Entscheidung EuGH EuZW 1999, 216 – Centros Ltd./. Erhvervs- og Selskabsstyrelsen; ZGR 28 (1999), 724–749

Dies.; Internationales Gesellschaftsrecht nach „Centros“, „Überseering“ und „Inspire Art“: Antworten, Zweifel und offene Fragen; ZEuP 2004, 685–704

Kilian, Wolfgang; Europäisches Wirtschaftsrecht; München 1996

Kindler, Peter; Niederlassungsfreiheit für Scheinauslandsgesellschaften? Die Centros-Entscheidung des EuGH und das internationale Privatrecht; NJW 1999, 1993–2000

Ders.; BB-Kommentar zum Urteil des EuGH vom 9. 11. 2000, in der Rs. C-381/98 – Ingmar GB Ltd.; BB 2001, 11–13

Ders.; Rechtsfähigkeit und Haftungsverfassung der Scheinauslandsgesellschaft; in: Festschrift für Werner Lorenz zum 80. Geburtstag; hrsg. von Thomas Rauscher, Heinz-Peter Mansel; München 2001; 343–355

Ders.; Auf dem Weg zur Europäischen Briefkastengesellschaft? Die „Überseering“-Entscheidung des EuGH und das internationale Privatrecht; NJW 2003, 1073–1079

Kingreen, Thorsten; Die Struktur der Grundfreiheiten des Europäischen Gemeinschaftsrechts; in: Schriften zum Europäischen Recht, hrsg. von Siegfried Magiera und Detlef Merten; Bd. 56; Berlin 1999, (zit. Struktur der Grundfreiheiten)

Kingreen, Thorsten; Störmer, Rainer; Die subjektiv-öffentlichen Rechte des primären Gemeinschaftsrechts; EuR 33 (1998), 263–290

Kirchner, Christian; Europäisches Vertragsrecht; in: Weyers, Hans Leo (Hrsg.); Europäisches Vertragsrecht; Baden-Baden 1997; 103–137 (zit. Kirchner, in: Europäisches Vertragsrecht)

Ders.; Ein Regelungsrahmen für Rechtseinheitlichkeit und Rechtsvielfalt in der Gemeinschaft; in: Grundmann (Hrsg.), Systembildung und Systemlücken in Kerngebieten des Europäischen Privatrechts (2000); 99–113

Kitch, Edmund; Business Organization Law: State or Federal? An Inquiry Into the Allocation of Political Competence in Relation to Issues of Business Organization Law in a Federal System; in: European Business Law, edited by Richard M. Buxbaum, Gérard Hertig, Alain Hirsch, Klaus J. Hopt; Berlin, New York 1991; 35–50

Klauer, Irene; Die Europäisierung des Privatrechts, Der EuGH als Zivilrichter; Baden-Baden 1998 (zit.: Europäisierung)

Kleier, Ulrich; Freier Warenverkehr (Art. 30 EWG-Vertrag) und die Diskriminierung inländischer Erzeugnisse; RIW 1988, 623–632

Klein, Eckart; Unmittelbare Geltung, Anwendbarkeit und Wirkung von europäischem Gemeinschaftsrecht; 1988 (zit. Unmittelbare Geltung)

Kling, Michael; Tariftreue und Dienstleistungsfreiheit. Zur primärrechtlichen Beurteilung des § 3 Tariftreuegesetz des Bundes idF. das Gesetzentwurfs der Bundesregierung v. 12. 12. 2001; EuZW 2002, 229–237

Klinke, Ulrich; Europäisches Unternehmensrecht und EuGH. Die Rechtsprechung in den Jahren 1991–1992; ZGR 22 (1993), 1–40

Ders.; Europäisches Unternehmensrecht und EuGH. Die Rechtsprechung in den Jahren 1998–2000; ZGR 31 (2002), 163–203

Ders.; Kollisionsnormen und Gemeinschaftsrecht. Zur Architektur des europäischen Vaterhauses; in: Liber Amicorum Gerhard Kegel, hrsg.: Hilmar Krüger, Heinz-Peter Mansel; München 2002, 1–32

Kluth, Winfried; Die Bindung privater Wirtschaftsteilnehmer an die Grundfreiheiten des EG-Vertrages; AöR 1997, 557–582

Knobbe-Keuk, Brigitte; Niederlassungsfreiheit: Diskriminierungs- oder Beschränkungsverbot; DB 1990, 2573–2584

Dies.; Umzug von Gesellschaften in Europa; ZHR 154 (1990), 325–356

Koch, Harald; Internationale Produkthaftung und Grenzen der Rechtsangleichung durch die EG-Richtlinie; ZHR 182 (1988), 537–563

Koch, Robert; Einwirkungen des Gemeinschaftsrechts auf das nationale Verfahrensrecht; EuZW 1995, 78–85

Koenig, Christian; Pechstein, Matthias; Entscheidungen des EuGH, Studienauswahl; Tübingen 1998

Koenig, Christian; Braun, Jens-Daniel; Capito, Ralf; Europäischer Systemwettbewerb durch Wahl der Rechtsregeln in einem Binnenmarkt für mitgliedstaatliche Regulierungen?; EWS 1999, 401–409

Koenig, Christian, Meurer, Friederike; Engelmann, Christina; Das EuGH-Urteil „Deutscher Apothekerverband/DocMorris"; EWS 2004, 65–72

Kohler, Christian; Interrogations sur les Sources du Droit International Privé après le Traité d'Amsterdam ; Rev.crit.d.i.p. 1999, 1–30

Ders.; Die Revision des Brüsseler und des Luganer Übereinkommens über die gerichtliche Zuständigkeit und Vollstreckung gerichtlicher Entscheidungen in Zivil- und Handelssachen – Generalia und Gerichtsstandsproblematik; in: Gottwald, Peter (Hrsg.), Revision des EuGVÜ – Neues Schiedsverfahrensrecht, Bielefeld 2000; 1–35

Ders.; Internationales Verfahrensrecht für Ehesachen in der Europäischen Union: Die Verordnung „Brüssel II"; NJW 2001, 10–15

Ders.; Europäisches Kollisionsrecht zwischen Amsterdam und Nizza, Wien (2001)

Ders.; Status als Ware: Bemerkungen zur europäischen Verordnung über das internationale Verfahrensrecht für Ehesachen; in: Mansel (Hrsg.), Vergemeinschaftung des Europäischen Kollisionsrechts (2001), 41–53

Ders.; Europäisches Kollisionsrecht zwischen Amsterdam und Nizza; ZEuS 2001, 575–593

Ders.; Systemwechsel im europäischen Anerkennungsrecht: Von der EuGVVO zur Abschaffung des Exequaturs; in: Mansel/Baur (Hrsg.), Systemwechsel im Europäischen Kollisionsrecht (2002); 147–163

Ders.; Der europäische Justizraum für Zivilsachen und das Gemeinschaftskollisionsrecht, IPRax 2003, 401–412

Ders.; Verständigungsschwierigkeiten zwischen europäischem Gemeinschaftsrecht und internationalem Privatrecht; in: Festschrift für Erik Jayme, hrsg. von Heinz Peter Mansel, Thomas Pfeiffer, Herbert Kronke, Christian Kohler, Rainer Hausmann; Bd. I; München 2004; 445–459

Köndgen, Johannes; Mindestharmonisierung im Europäischen Bankrecht – konzeptionelle Grundlagen; in: Everling/Roth (Hrsg.); Mindestharmonierung im Europäischen Binnenmarkt (1997); 111–155

König, Doris; Das Problem der Inländerdiskriminierung – Abschied vom Reinheitsgebot, Nacktbadeverbot und Meisterprüfung?; AöR 1993, 591–616

Kort, Michael; Zur „multistate"-Problematik grenzüberschreitender Fernsehwerbung; GRUR Int. 1994, 594–602

Ders.; Schranken der Dienstleitungsfreiheit im europäischen Recht; JZ 1996, 132–140

Kotthoff, Jost; Werbung ausländischer Unternehmen im Inland. Die Beurteilung grenzüberschreitender Werbung nach dem internationalen Privatrecht, dem Wettbewerbsrecht und dem Recht der Europäischen Union; Baden-Baden 1995

Kötz, Hein; Rechtsvereinheitlichung – Nutzen, Kosten, Methoden, Ziele; RabelsZ 50 (1986), 1–18

Krebber, Sebastian; Die volle Wirksamkeit von Richtlinien in länderübergreifenden Sachverhalten. Der räumliche Geltungsanspruch von Richtlinien und seine Bedeutung für das internationale Privatrecht; ZVglRWiss 97 (1998), 124–160

Ders.; Die Bedeutung von Entsenderichtlinie und Arbeitnehmer-Entsendegesetz für das Arbeitskollisionsrecht; IPRax 2001, 22–28

Kreuzer, Karl; Das internationale Privatrecht des Warenkaufs in der deutschen Rechtsprechung; Frankfurt a. M. 1964

Ders.; Europäisches Mobiliarsicherungsrecht oder: Von den Grenzen des Internationalen Privatrechts, in: Festschrift für Alfred O. von Overbeck, Freiburg 1990; 613–641

Ders.; La reconnaissance des sûretés mobilières conventionelles étrangeres; in: Rev.crit.d.i.p. 84 (1995), 465–505

Ders.; Die Europäisierung der internationalen Privatrechts – Vorgaben des Gemeinschaftsrechts –; in: Müller-Graff (Hrsg.), Gemeinsames Privatrecht in der Europäischen Gemeinschaft (1999); 457–542

Kreuzer, Karl; Die Vollendung der Kodifikation des deutschen Internationalen Privatrechts durch das Gesetz zum Internationalen Privatrecht der außervertraglichen Schuldverhältnisse und Sachen vom 21. 5. 1999; RabelsZ 65 (2001), 386–462

Krimphove, Dieter; Europäisches Arbeitsrecht, 2. Aufl., München 2001

Kronke, H.; Anmerkung zum Beschluss des BayObLG vom 7. 5. 1992 – 3Z BR 14/92 – BayObLGZ 1992, Nr. 25; IPRax 1992, 389–390

Ders.; Electronic Commerce und Europäisches Verbrauchervertrags-IPR. Zur Umsetzung der Fernabsatz-Richtlinie; RIW 1996, 985–993

Kropholler, Jan; Internationales Einheitsrecht. Allgemeine Lehren; Tübingen 1975

Ders.; Besprechung zu: Jayme, Ein Internationales Privatrecht für Europa (1991); RabelsZ 56 (1992), 330–331

Ders.; Das kollisionsrechtliche System des Schutzes der schwächeren Vertragspartei; RabelsZ 42 (1978), 634–661

Ders.; Internationales Privatrecht, 4. Aufl., Tübingen 2001

Ders.; Die Auslegung von EG-Verordnungen zum Internationalen Privat- und Verfahrensrecht – Eine Skizze –; in: Basedow u. a. (Hrsg.), Aufbruch nach Europa (2001), 583–594

Kunz, Karl-Heinz; Internationales Privatrecht; 4. Aufl., Köln, Berlin, Bonn, München 1998

Lackhoff, Klaus; Die Niederlassungsfreiheit des EGV – nur ein Gleichheits- oder auch ein Freiheitsrecht?; Münsterische Beiträge zur Rechtswissenschaft, Bd. 125; Berlin 2000; (zit. Niederlassungsfreiheit)

Lackhoff, Klaus, Raczinsky, Bernd; Umgekehrte Diskriminierung; EWS 1997, 109–117

Lagarde, Paul; Familienvermögens- und Erbrecht in Europa; in: Gottwald, Peter (Hrsg), Perspektiven der justiziellen Zusammenarbeit in Zivilsachen in der Europäischen Union; Bielfeld 2004, 1 (zit.: Perspektiven)

Lando, Ole; The Rome Convention on the Law Applicable to Contractual Obligations; CMLR 24 (1987), 159–214

Ders.; The 1955 and 1985 Hague Conventions on the Law Applicable to the International Sale of Goods; RabelsZ 57 (1993), 155–174

Ders.; Making a European Private Law; in: Kreuzer, Karl F., Scheuing, Dieter H., Sieber, Ulrich; Die Europäisierung der mitgliedstaatlichen Rechtsordnungen in der Europäischen Union; Baden-Baden 1997, 41–54

Ders.; Die Regeln des Europäischen Vertragsrechts; in: Müller-Graff (Hrsg.), Gemeinsames Privatrecht in der Europäischen Gemeinschaft (1999); 567–577

Lando, Ole; Beale, Hugh (Eds.); Principles of European Contract Law; Parts I and II. Combined and Revised The Hague, London, Boston 2000

Langenfeld, Christine; Die dezentrale Kontrolle der Anwendung des Europäischen Gemeinschaftsrechts im innerstaatlichen Rechtsraum; in: Siedentopf, Heinrich (Hrsg.), Europäische Integration und nationalstaatliche Verwaltung; Stuttgart 1991, 173–192

Dies.; Zur Direktwirkung von EG-Richtlinien; DÖV 1992, 955–965

Dies.; Noch einmal: Die EG-Richtlinie zum Haustürwiderrufsgesetz und deutsches IPR; IPRax 1993, 155–157

Langner, Olaf; Das Kaufrecht auf dem Prüfstand der Warenverkehrsfreiheit des EG-Vertrages, RabelsZ 65 (2001), 222–244

Lecheler, Helmut; Gundel, Jörg; Übungen im Europarecht; Berlin, New York 1999

Leible, Stefan; KfZ-Parallelimport und deutsches Irreführungsverbot. Einige Anmerkungen zu OLG Dresden, WRP 1997, 197; WRP 1997, 517–525

Ders.; Anmerkung zum Urteil des EuGH vom 9. 3. 1999, in der Rs. C-212/97 – Centros Ltd/Erhvervs-og Selskabsstyrelsen; NZG 1999, 300–302
Ders.; Kollisionsrechtlicher Verbraucherschutz im EVÜ und in EG-Richtlinien; in: Schulte-Nölke/Schulze (Hrsg.), Europäische Rechtsangleichung und nationale Privatrechte (1999); 353–392
Ders.; Die Rolle der Rechtsprechung des Europäischen Gerichtshofs bei der europäischen Privatrechtsentwicklung; in: Martiny/Witzleb (Hrsg.), Auf dem Wege zu einem Europäischen Zivilgesetzbuch (1999); 53–86
Ders.; Anmerkung zum Urteil des EuGH vom 8. 3. 2001, in der Rs. C-405/98 Konsumentombudsmannen [KO]/Gourmet International Products [GIP]; EuZW 2001, 253–255
Ders.; Die Mitteilung der Kommission zum Europäischen Vertragsrecht – Startschuss für ein Europäisches Vertragsgesetzbuch?; EWS 2001, 471–481
Ders.; Wie inspiriert ist „Inspire Art“?; EuZW 2003, 677–683
Leible, Stefan; Verbesserung des kollisionsrechtlichen Verbraucherschutzes; in: Ders. (Hrsg.), Das Grünbuch zum Internationalen Vertragsrecht, München 2004;133–153
Ders. (Hrsg.), Das Grünbuchbuch zum Internationalen Vertragsrecht. Beiträge zur Fortentwicklung des Europäischen Kollisionsrechts der Schuldverträge, München 2004 (zit.: Grünbuch)
Leible, Stefan; Engel, Andreas; Der Vorschlag der EG-Kommission für eine Rom-II-Verordnung, EuZW 2004, 7–17
Leible, Stefan; Hoffmann, Jochen; „Überseering“ und das (vermeintliche) Ende der Sitztheorie; RIW 2002, 925–936
Leible, Stefan; Sosnitza, Olaf; „2 für 1-Vorteil“, Rabattgesetz und Europäisches Gemeinschaftsrecht, GRUR Int. 1995, 799–803
Lenz, Carl Otto; Unlauterer Wettbewerb und freier Warenverkehr in der Rechtsprechung des Europäischen Gerichtshofs; ZEuP 1994, 624–647
Lindacher, Walter F.; Zum Internationalen Privatrecht des unlauteren Wettbewerbs; WRP 1996, 645–652
Lorenz, Egon; Zur Kontrolle grenzüberschreitender Versicherungsverträge anhand der „Rechtsvorschriften des Allgemeininteresses“ im freien Dienstleistungsverkehr innerhalb der EU; VersRdschau 1995, 8–22
Lorenz, Stephan; Zivilprozessuale Konsequenzen der Neuregelung des Internationalen Deliktsrechts: Erste Hinweise für die anwaltliche Praxis; NJW 1999, 2215–2218
Löwenheim, Ulrich; Gemeinschaftsrechtliches Diskriminierungsverbot und nationales Urheberrecht; NJW 1994, 1046–1048
Lubitz, Sandra M.; Die Angleichung des Privatrechts in den Mitgliedstaaten durch die europäische Richtlinie und Verordnung. Durchsetzung einheitlicher Wirkungen und Anwendung der europäischen Richtlinie und Verordnung in den Mitgliedstaaten unter Berücksichtigung der indirekten Kollision; Köln 2000 (zit. Angleichung des Privatrechts)
Lüder, Tilman; Anmerkung zum Urteil des EuGH vom 10. 11. 1994, in der Rs. C-320/93 Ortscheit/Eurim-Pharm; EuZW 1995, 87–88
Lüderitz, Alexander, Internationaler Verbraucherschutz in Nöten; IPRax 1990, 216–219
Lurger, Brigitta; Konflikte um Macht und Wissen als Grundelemente von Vertragstheorie und Verfassungswirkungen; JbJZ, 1995, 17–42
Dies.; Zur Umsetzung der Kollisionsnormen von Verbraucherschutzrichtlinien; in: Die internationale Dimension des Rechts; Festschrift für Willibald Posch zum 50. Geburtstag; hrsg. von Terlitza, Ulfried; Schwarzenegger, Peter; Boric, Tomislav; Wien 1996; 179–222
Dies.; Regulierung und Deregulierung im europäischen Privatrecht; Frankfurt am Main 1997 (zit.: Reregulierung)
Dies.; Grundfragen der Vereinheitlichung des Vertragsrechts in der Europäischen Union; in: Martiny/Witzleb (Hrsg.); Auf dem Wege zu einem Europäischen Zivilgesetzbuch (1999); 141–167
Dies.; „Centros Revisited“: Die österreichische Sitztheorie und die Niederlassungsfreiheit des EG-Vertrages; IPRax 2001, 346–352

Lutter, Marcus; Die Auslegung angeglichenen Rechts; JZ 1992, 593–607

Ders.; Das Europäische Unternehmensrecht im 21. Jahrhundert; ZGR 2000, 1–18

Ders.; Konzepte, Erfolge und Zukunftsaufgaben Europäisches Gesellschaftsrechtsharmonisierung; in: Grundmann (Hrsg.), Systembildung und Systemlücken in Kerngebieten des Europäischen Privatrechts (2000); 121–143

Ders.; „Überseering" und die Folgen; BB 2003, 7–10

Schurig, Klaus; Unilateralistische Tendenzen im europäischen Gesellschaftskollisionsrecht, oder: Umgehung als Regelungsprinzip, in: Liber amicorum Kegel, 2002, S. 199–221, Liber Amicorum Kegel (2002), 199–221

Magiera, Siegfried; Die Durchsetzung des Gemeinschaftsrechts im europäischen Integrationsprozess; DÖV 1998, 173–183

Magnus, Ulrich; Mankowski, Peter; The Green Paper on an Future Rome I Regulation – On the Road to a Renewed European Private International Law of Contract, ZVglRWiss 103 (2004), 131–189

Mailänder, K. Peter; Gemeinschaftsrechtliche Erschöpfungslehre und freier Warenverkehr; in: Festschrift für Alfred-Carl Gaedertz zum 70. Geburtstag; Hrsg.: Gisela Wild; Ine-Marie Schulte-Franzheim; Monika Lorenz-Wolf; München 1992; 369–391

Mankowski, Peter; Strukturfragen des Internationalen Verbrauchervertragsrechts; RIW 1993, 453–463

Ders.; Der Arrestgrund der Auslandsvollstreckung und das Europäische Gemeinschaftsrecht; NJW 1995, 306–308

Ders.; Strukturfragen des Internationalen Verbrauchervertragsrechts; RIW 1998, 287–291

Ders.; Internet und Internationales Wettbewerbsrecht; GRUR Int. 1999, 909–921

Ders.; § 12 AGBG im System des Internationalen Verbrauchervertragsrechts; BB 1999, 1225–1230

Ders.; Das Herkunftslandprinzip als Internationales Privatrecht der e-commerce-Richtlinie; ZVglRWiss 100 (2001), 137–181

Ders.; Binnenmarkt-IPR – Eine Problemskizze –; in: Basedow u. a. (Hrsg.), Aufbruch nach Europa (2001) 595–615

Ders.; Herkunftslandprinzip und deutsches Umsetzungsgesetz zur e-commerce-Richtlinie; IPRax 2002, 257–266

Ders.; Das Grünbuch zur Rom I-Verordnung; ZEuP 2003, 483–489

Ders.; Entwicklungen im Internationalen Privat- und Prozessrecht 2003/2004; RIW 2004, 481–497

Ders.; Stillschweigende Rechtswahl und wählbares Recht; in: Leible (Hrsg.), Das Grünbuch zum Internationalen Vertragsrecht, München 2004; 63–108

Mansel, Heinz-Peter (Hrsg.), Vergemeinschaftung des Europäischen Kollisionsrechts; Köln, Berlin, Bonn, München, 2001 (zit.: Vergemeinschaftung)

Ders.; Zum Systemwechsel im europäischen Kollisionsrecht nach Amsterdam und Nizza; in: Mansel/Baur (Hrsg.) Systemwechsel im europäischen Kollisionsrecht (2002); 1–15

Ders./Baur, Jürgen F. (Hrsg.); Systemwechsel im europäischen Kollisionsrecht; München 2002 (zit. Systemwechsel)

Martiny, Dieter; Gemeinschaftsrecht, ordre public, zwingende Bestimmungen und Exklusivnormen; in: v. Bar (Hrsg.), Europäisches Gemeinschaftsrecht und Internationales Privatrecht (1991), 211–242

Ders.; Europäisches Internationales Vertragsrecht – Erosion der Römischen Konvention?; ZEuP 1997, 107–129

Ders.; Babylon in Brüssel? Das Recht und die europäische Sprachenvielfalt; ZEuP 1998, 227–252

Ders.; Europäisches Privatrecht – greifbar oder unerreichbar?; in: Martiny/Witzleb (Hrsg.); Auf dem Wege zu einem Europäischen Zivilgesetzbuch (1999); 1–17

Ders.; Internationales Vertragsrecht im Schatten des Europäischen Gemeinschaftsrechts; ZEuP 2001, 308–336

Ders.; Ausländerdiskriminierung und Vertragsabschluss; ZEuP 2001, 563–584

Ders.; Objektive Vertragsanknüpfung und Form; in: Leible (Hrsg.), Das Grünbuch zum Internationalen Vertragsrecht, München 2004; 109–132

Ders.; Witzleb, Normann (Hrsg.); Auf dem Wege zu einem Europäischen Zivilgesetzbuch; Berlin, Heidelberg, New York 1999 (zit. Martiny/Witzleb (Hrsg.), Europäisches Zivilgesetzbuch)
Mäsch, Gerald; Rechtswahlfreiheit und Verbraucherschutz. Eine Untersuchung zu den Art. 29 I, 27 III und 34 EGBGB; Berlin 1993 (zit.: Rechtswahlfreiheit)
Mäsch, Gerald; Die Time-Sharing-Richtlinie; EuZW 1995, 8–14
Matthies, Heinrich; Artikel 30 EG-Vertrag nach Keck; in: Festschrift für Ulrich Everling; Hrsg. Ole Due, Marcus Lutter, Jürgen Schwarze; Baden-Baden 1995; Bd. I, 803–817
Meier, Gert; Anmerkung zum Urteil des EuGH vom 9. 12. 1997, in der Rs. C-265/95 Kommission/ Frankreich; EuZW 1998, 87–88
Meinhof, Alexander; Neuerungen im modernisierten Verbrauchervertragsrecht durch das OLG-Vertretungsänderungsgesetz; NJW 2002, 2273–2275
Merle, Henner; Freizügigkeit für Rechtsanwälte in der Europäischen Union, Am Beispiel der Bundesrepublik Deutschland, Frankfurt a. M., Berlin, Bern, New York, Paris, Wien, 1995 (zit. Freizügigkeit)
Mestmäcker, Ernst-Joachim; Marktversagen und Staatsversagen in der Europäischen Union; in: Grundmann (Hrsg.), Systembildung und Systemlücken in Kerngebieten des Europäischen Privatrechts (2000), 53–65
Meyer, Alfred, Hagen, Bemerkungen zur Mars – Entscheidung des EuGH, GRUR Int. 1996, 98–102
Michaelis, Lars Oliver; Unmittelbare Drittwirkung der Grundfreiheiten – Zum Fall Angonese; NJW 2001, 1841–1842
Michaels, Ralf; Kamann, Hans-Georg; Europäisches Verbraucherschutzrecht und IPR; JZ 1997, 601–609
Dies.; Grundlagen eines allgemeinen gemeinschaftlichen Richtlinienkollisionsrechts – „Amerikanisierung“ des Gemeinschafts-IPR?; EWS 2001, 301–311
Michaels, Sascha; Anerkennungspflichten im Wirtschaftsverwaltungsrecht der Europäischen Gemeinschaft und der Bundesrepublik Deutschland – Zwecke des Internationalen Verwaltungsrechts; Berlin 2004
Micklitz, Hans-W.; Rott, Peter; Vergemeinschaftung des EuGVÜ in der Verordnung (EG) Nr. 44/2001; EuZW 2001, 325–334
Dies.; Vergemeinschaftung des EuGVÜ in der Verordnung (EG) Nr. 44/2001; EuZW 2002, 15–24
Middeke, Andreas; Nationaler Umweltschutz im Binnenmarkt; Rechtliche Möglichkeiten und Grenzen umweltrelevanter Alleingänge im Verhältnis zum freien Warenverkehr; Köln, Berlin, Bonn, München 1994
Möllers, Thomas M. J.; Doppelte Rechtsfortbildung contra legem? Zur Umgestaltung des Bürgerlichen Gesetzbuches durch den EuGH und nationale Gerichte; EuR 33 (1998), 20–46
Ders.; Die Rolle des Rechts im Rahmen der europäischen Integration. Zur Notwendigkeit einer europäischen Gesetzgebungs- und Methodenlehre, Tübingen 1999 (zit.: Die Rolle des Rechts)
Ders.; Nationale Produzentenhaftung und europäische Produkthaftung? – Zur Bindung der Rechtsprechung im Rahmen der deliktsrechtlichen Generalklausel an die Vorgaben des ProdHaftG und des ProdSG – ; VersR 2000, 1177–1183
Ders.; Europäische Richtlinien zum Bürgerlichen Recht; JZ 2002, 121–134
Monti, Mario; Der Binnenmarkt und das Europa von morgen. Ein Bericht der Europäischen Kommission, 1997
Mortelmans, Kamiel; Article 30 of the EEC Treaty and Legislation Relating to Market Circumstances: Time to Consider a New Definition?; CMLR 28 (1991), 115–136
Möschel, Wernhard; Zum Subsidiaritätsprinzip im Vertrag von Maastricht; NJW 1993, 3025–3028
Ders.; Kehrtwende in der Rechtsprechung des EuGH zur Warenverkehrsfreiheit; NJW 1994, 429–431
Möstl, Markus; Grenzen der Rechtsangleichung im europäischen Binnenmarkt – Kompetenzielle, grundfreiheitliche und grundrechtliche Schranken des Gemeinschaftsgesetzgebers –; EuR 37 (2002), 318–350
Mülbert, Peter, O.; Privatrecht, die EG-Grundfreiheiten und der Binnenmarkt; ZHR 159 (1995), 2–33
Mülbert, Peter O.; Schmolke, Klaus Ulrich; Die Reichweite der Niederlassungsfreiheit von Gesellschaften

– Anwendungsgrenzen der Artt. 43 ff. EGV bei kollisions- und sachrechtlichen Niederlassungshindernissen; ZVglRWiss 100 (2001), 233–274

Müller, Markus; Systemwettbewerb, Harmonisierung und Wettbewerbsverzerrung. Europa zwischen einem Wettbewerb der Gesetzgeber und vollständiger Harmonisierung; Baden-Baden 2000 (zit.: Systemwettbewerb)

Müller-Graff, Peter-Christian; Die Rechtsangleichung zur Verwirklichung des Binnenmarktes; EuR 24 (1989), 107–151

Ders.; Dienstleistungsfreiheit und Erbringungsform grenzüberschreitender Dienstleistungen; in: Festschrift für Rudolf Lukes zum 65. Geburtstag; hrsg. Von Herbert Leßmann, Bernhard Großfeld; Lothar Vollmer; Köln, Berlin, Bonn, München 1989; 471–493

Ders.; Gemeinsames Privatrecht in der Europäischen Gemeinschaft: Ebenen und gemeinschaftsprivatrechtliche Grundfragen; in: Festschrift für Bodo Börner, zum 70. Geburtstag; hrsg. von Jürgen F. Baur, Peter-Christian Müller-Graff und Manfred Zuleeg; Köln, Berlin, Bonn, München 1992, 303–343

Ders.; Europäisches Gemeinschaftsrecht und Privatrecht; NJW 1993, 13–23

Ders. (Hrsg.); Gemeinsames Privatrecht in der Europäischen Gemeinschaft; 2. Aufl. Baden-Baden 1999 (zit.: Gemeinsames Privatrecht)

Ders.; Gemeinsames Privatrecht in der Europäischen Gemeinschaft – Ansatzpunkte, Ausgangsfragen, Ausfaltungen –; in: Müller-Graff (Hrsg.), Gemeinsames Privatrecht in der Europäischen Gemeinschaft (1999), 9–100

Ders.; Privatrecht und Europäisches Gemeinschaftsrecht; in: Müller-Graff (Hrsg.), Gemeinsames Privatrecht in der Europäischen Gemeinschaft (1999), 267–298

Müller-Graff, Peter-Christian; Kainer, Friedemann; Die justizielle Zusammenarbeit in Zivilsachen in der Europäischen Union; DRiZ 2000, 350–354

Münchener Kommentar zum Bürgerlichen Gesetzbuch; Hrsg. von Kurt Rebmann, Franz Jürgen Säcker, Roland Rixecker;
- Bd. 10, Einführungsgesetz zum Bürgerlichen Gesetzbuche (Art. 1–38), Internationales Privatrecht; 3. Aufl., München 1998
- Bd. 11, Internationales Handels- und Gesellschaftsrecht. Einführungsgesetz zum Bürgerlichen Gesetzbuche (Art. 50–237); 3. Aufl., München 1999

Nachbaur, Andreas; Art. 52 EWGV – Mehr als nur ein Diskriminierungsverbot?; EuZW 1991, 470–472

Nemeth, Kristin; Rudisch, Bernhard;EuGH 9. 11. 2000 Rs. C 381/98 „Ingmar" – wichtige Klärungen im europäischen IPR; ZfRV 2001, 179–183

Nettesheim, Martin; Auslegung und Fortbildung nationalen Rechts im Lichte des Gemeinschaftsrechts; AöR 119 (1994), 261–293

Ders.; Der Grundsatz der einheitlichen Wirksamkeit des Gemeinschaftsrechts; in: Gedächtnisschrift für Eberhard Grabitz; Hrsg. Albrecht Randelzhofer, Rupert Scholz, Dieter Wilke; München 1995; 523–550

Ders.; Die europarechtlichen Grundrechte auf wirtschaftliche Mobilität (Art. 48, 52 EGV); NVwZ 1996, 342–345

Ders.; Die Bananenmarkt-Entscheidung des BVerfG: Europarecht und nationaler Mindestgrundrechtsstandard; Jura 2001, 686–692

Neuhaus, Paul Heinrich; Die Grundbegriffe des Internationalen Privatrechts; 2. Aufl., Tübingen 1976 (zit.: Grundbegriffe)

Nicolaysen, Gert; Keine horizontale Wirkung von Richtlinienbestimmungen. Anmerkung zum EuGH-Urteil Rs. 152/84 vom 26. 2. 1986; EuR 21 (1986), 370–371

Ders.; Inländerdiskriminierung im Warenverkehr; EuR 26 (1991), 95–120

Niessen, Hermann; Internationales Privatrecht für unerlaubte Handlungen im Widerspruch zum Diskriminierungsverbot des EWG-Vertrages; NJW 1968, 2170–2172

Nolte, Georg; Zur Technik der geplanten Einführung des EG-Schuldvertragsübereinkommens in das deutsche Recht aus völkerrechtlicher Sicht; IPRax 1985, 71–76
Novak, Meinhard; Rechtsprechung der Europäischen Gerichtshöfe zum Markenrecht; EuZW 2001, 613–622
Nuyts, Arnaud; L'application des lois de police dans l'espace; Rev.crit.d.i.p. 88 (1999), 31–74 und 245–265

Odendahl, Guido; Die „Cassis de Dijon-Entscheidung"; JA 1996, 18–23
Oldenbourg, Andreas; Die unmittelbare Wirkung von EG-Richtlinien im innerstaatlichen Bereich, München 1984 (zit. Unmittelbare Wirkung)
Oliver, Peter; Some Further Reflections on the Scope of Articles 28–30 (ex 30–36) EC; CMLR (36) 1999, 783–806
Oppermann, Thomas; Europarecht, 2. Aufl., München 1999

Paefgen, Walter; Kollisionsrechtlicher Verbraucherschutz im Internationalen Vertragsrecht und europäisches Gemeinschaftsrecht; ZEuP 2003, 266–294
Pakuscher, Ernst, Karl; Besprechung zu: Singer/Singer, Europäisches Patentübereinkommen: Kommentar, 2. Aufl.; Köln, Berlin, Bonn, München 2000; in: ZVglRWiss 100 (2001), 227–230
Palandt; Bürgerliches Gesetzbuch mit Einführungsgesetz (Auszug), Gesetz zur Regelung des Rechts der Allgemeinen Geschäftsbedingungen, Fernabsatzgesetz, Verbraucherkreditgesetz, Gesetz über den Widerruf von Haustürgeschäften und ähnlichen Geschäften, Gesetz über die Veräußerung von Teilzeitnutzungsrechten an Wohngebäuden (Teilzeitwohnrechtegesetz – TzWrG), Produkthaftungsgesetz, Erbbaurechtsverordnung, Wohnungseigentumsgesetz, Hausratsverordnung, Lebenspartnerschaftsgesetz; 61. Aufl.; München 2002
Pechstein, Matthias; Europäisches Zivilgesetzbuch und Rechtssetzungsbefugnisse der EG; in: Martiny/Witzleb (Hrsg.); Auf dem Wege zu einem Europäischen Zivilgesetzbuch (1999); 19–32
Pernice, Ingolf; Einheit und Kooperation: Das Gemeinschaftsrecht im Lichte der Rechtsprechung von EuGH und nationalen Gerichten. Randbemerkungen zu einem ungeklärten Verhältnis; in: Gedächtnisschrift für Eberhard Grabitz; Hrsg. Albrecht Randelzhofer, Rupert Scholz, Dieter Wilke; München 1995; 523–550
Pescatore, Pierre; Die „Einheitliche Europäische Akte". Eine ernsthafte Gefahr für den Gemeinsamen Markt; EuR 21 (1986), 153–169
Petschke, Matthias; Die Warenverkehrsfreiheit in der neuesten Rechtsprechung des EuGH. Anmerkung zu den Urteilen EuGH, EuZW 1993, 770 – Keck und EuGH, EuZW 1994, 119 – Hünermund; EuZW 1994, 107–111
Pfeiffer, Thomas; Die Entwicklung des Internationalen Vertrags-, Schuld- und Sachenrechts in den Jahren 1995/1996; NJW 1997, 1207–1216
Ders.; Die Entwicklung des Internationalen Vertrags-, Schuld- und Sachenrechts 1997–1999; NJW 1999, 3674–3686
Ders.; Richtlinien der EU und ihre Umsetzung. Umsetzungstreue und Harmonie der Richtliniengebung mit zivilrechtlicher Dogmatik; in: Hohloch, Gerhard (Hrsg.) EU-Richtlinien und ihre Umsetzung in Deutschland und Frankreich, Baden-Baden 2001; 9–33 (zit.: EU-Richtlinien und ihre Umsetzung)
Ders.; Vereinheitlichung des Richtlinienkollisionsrechts und Absicherung gemeinschaftsrechtlicher Standards – eine Analyse zu den Fragen 3 und 4 des Grünbuchs „Rom I"; in: Leible (Hrsg.), Das Grünbuch zum Internationalen Vertragsrecht, München 2004; 25–36
Pfister, Bernhard; Stand der Insiderdiskussion; ZGR 10 (1981), 318–347
Pieper, Ulrich; Die Direktwirkung von Richtlinien der Europäischen Gemeinschaft – Zum Stand der Entwicklung – ; DVBl. 1990, 684–688
Piekenbrock, Andreas; Schulze, Götz; Die Grenzen richtlinienkonformer Auslegung – autonomes Richterrecht oder horizontale Direktwirkung; WM 2002, 521–529

Pintens, Walter; Die Europäisierung des Erbrechts, ZEuP 2001, 628–648

Pipkorn, Jörn; Das Subsidiaritätsprinzip im Vertrag über die Europäische Union – rechtliche Bedeutung und gerichtliche Überprüfbarkeit; EuZW 1992, 697–700

Pirrung, Jörg; Die Einführung des EG-Schuldvertragsübereinkommens in die nationalen Rechte; in: v. Bar, Christian (Hrsg.), Europäisches Gemeinschaftsrecht und Internationales Privatrecht; Köln u. a. 1991, 21

Pluskat, Sorika; Die neuen Vorschläge für die Europäische Aktiengesellschaft; EuZW 2001, 524–528

Prölss, Jürgen; Armbrüster, Christian; Europäisierung des deutschen Privatversicherungsrechts (Schluss); DZWir 1993, 449–459

Radicati di Brozolo, Luca G.; L'influence sur le conflits de lois des prinzipes de droit communautaire en matière de liberté de circulation ; Rev.crit.d.i.p. 82 (1993), 401–424

Ders.; Libre circulation dans la CE et règles de conflit, in : Lagarde, Paul ; v. Hoffmann, Bernd (Hrsg.); Die Europäisierung des internationalen Privatrechts; Köln 1996; 87–103 (zit.: Die Europäisierung des IPR)

Rauscher, Thomas; Gran Canaria – Isle of Man – Was kommt danach?; EuZW 1996, 650–653

Ders.; Heimatlos in Europa? Gedanken gegen eine Aufgabe des Staatsangehörigkeitsprinzips im IPR; in: Festschrift für Erik Jayme, hrsg. von Heinz-Peter Mansel, Thomas Pfeiffer, Herbert Kronke, Christian Kohler, Rainer Hausmann; München 2004, Bd. I, 719–745

Reese, Ulrich; Grenzüberschreitende Werbung in der Europäischen Gemeinschaft – unter besonderer Berücksichtigung der Auswirkungen des Gemeinschaftsrechts auf das deutsche Recht des unlauteren Wettbewerbs –; München 1994 (zit.: Grenzüberschreitende Werbung)

Reich, Norbert; Die Freiheit des Dienstleistungsverkehrs als Grundfreiheit; ZHR 153 (1989), 571–594

Ders.; Binnenmarkt als Rechtsbegriff; EuZW 1991, 203–210

Ders.; Rechtsprobleme grenzüberschreitender irreführender Werbung im Binnenmarkt – dargestellt am deutschen, französischen und englischen Recht unter besonderer Berücksichtigung des EG-Rechts –; RabelsZ 56 (1992), 444–520

Ders.; Competition Between Legal Orders: a new Paradigm of EC Law?; CMLR 29 (1992), 861–896

Ders.; Anmerkung zum Urteil des EuGH vom 24. 11. 1993, in den Rs. C-267/91 und 268/91 Keck und Mithouard; ZIP 1993, 1815–1818

Ders.; Zur Theorie des europäischen Verbraucherrechts, ZEuP 1994, 381–407

Ders.; The „November Revolution" of the European Court of Justice: Keck, Meng and Audi Revisited; CMLR 31 (1994), 459–492

Ders.; Zum Schutz subjektiver Gemeinschaftsrechte durch Staatshaftung. Anmerkungen zu den Urteilen EuGH, EuZW 1996, 654 – Dillenkover u. a. und EuGH, EuZW 1996, 695 – Denkavit u. a.; EuZW 1996, 709–716

Ders.; Europäisches Verbraucherrecht, Eine problemorientierte Einführung in das europäische Wirtschaftsrecht; 3. Aufl.; Baden-Baden 1996

Ders.; Bürgerrechte in der europäischen Union; Subjektive Rechte von Unionsbürgern unter besonderer Berücksichtigung der Rechtslage nach der Rechtsprechung des EuGH und dem Vertrag von Amsterdam; Baden-Baden 1999 (zit. Reich, Bürgerrechte)

Ders.; Die Umsetzung der Richtlinie 1999/44/EG in das deutsche Recht; NJW 1999, 2397, 2403

Ders.; Anmerkung zum Urteil des EuGH vom 9. 11. 2000, in der Rs. C-381/98 Ingmar GB Ltd./Eaton Leonhard Technologies Inc.; EuZW 2001, 51–52

Reich, Norbert/Micklitz, Hans-W., Europäisches Verbraucherrecht, Baden-Baden, 4. Aufl. 2003

Reich, Norbert; Rörig, Ursula; Anmerkung zum Urteil des EuGH vom 13. 12. 2001, in der Rs. C-481/99 – Heiniger; EuZW 2002, 87–89

Reichelt, Gerte; Rechenberger, Walter H. (Hrsg.); Europäisches Kollisionsrecht, Anwendbares Recht, Gerichtliche Zuständigkeit, Vollstreckung von Entscheidungen im Binnenmarkt, Wien 2004

Reichert-Facilides, Fritz; Zur Kodifikation des deutschen internationalen Versicherungsvertragsrechts; IPRax 1990, 1–18

Reichold, Hermann; Arbeitsrechtsstandards als „Aufenthaltsmodalitäten" Personenverkehrsfreiheiten zwischen „Bosman"-Urteil und Entsende-Richtlinie; ZEuP 1998, 434–459
Reithmann, Christoph; Martiny, Dieter (Hrsg.); Internationales Vertragsrecht. Das internationale Privatrecht der Schuldverträge; 5. Aufl., Köln 1996
Remien, Oliver; Möglichkeiten und Grenzen eines Europäischen Privatrechts; JbJZ 1991, 11–42
Ders.; Illusion und Realität eines europäischen Privatrechts; JZ 1992, 277–284
Ders.; AGB-Gesetz und Richtlinie über missbräuchliche Verbrauchervertragsklauseln in ihrem europäischen Umfeld; ZEuP 1994, 34–66
Ders.; Grenzen der gerichtlichen Privatrechtsangleichung mittels der Grundfreiheiten des EGV; JZ 1994, 349–353
Ders.; Denationalisierung des Privatrechts in der Europäischen Union? – Legislative und gerichtliche Wege; ZfRV 36 (1995), 116–133
Ders.; Über den Stil des europäischen Privatrechts – Versuch einer Analyse und Prognose –; RabelsZ 60 (1996), 1–39
Ders.; Europäisches Einheitsrecht mit nationaler Abänderungsbefugnis?; in: Martiny/Witzleb (Hrsg.); Auf dem Wege zu einem Europäischen Zivilgesetzbuch (1999); 125–139
Ders.; European Private International Law, the European Community and ist Emerging Area of Freedom, Security and Justice; CMLR 38 (2001), 53–86
Rengeling, Hans-Werner; Middeke, Andreas; Gellermann, Martin; Rechtsschutz in der Europäischen Union. Durchsetzung des Gemeinschaftsrechts vor europäischen und deutschen Gerichten; München 1994
Ress, Georg; Die richtlinienkonforme „Interpretation" innerstaatlichen Rechts; DÖV 1994, 489–496
Reuthal, Klaus-Peter; Verstößt das deutsche Irreführungsverbot gegen Art. 30 EGV?; WRP 1997, 1154–1161
Riesenhuber, Karl; System und Prinzipien des Europäischen Vertragsrechts; Berlin 2003 (zit. System und Prinzipien)
Rittner, Fritz; Die wirtschaftsrechtliche Ordnung der EG und das Privatrecht; JZ 1990, 838–846
Ders.; Das Projekt eines Europäischen Privatrechtsgesetzbuches und die wirtschaftliche Praxis; DB 1996, 25–27
Ders.; Ein Gesetzbuch für Europa?; in: Festschrift für Ernst-Joachim Mestmäcker zum siebzigsten Geburtstag; hrsg. von Ulrich Immenga, Wernhard Möschel; Dieter Reuter; Baden-Baden 1996; 449–459
Rohe, Mathias; Binnenmarkt oder Interessenverband? Zum Verhältnis von Binnenmarktziel und Subsidiaritätsprinzip nach dem Maastricht-Vertrag; RabelsZ 61 (1997), 1–85
Rörig, Ursula; Die Direktwirkung von Richtlinien in Privatrechtsverhältnissen. Eine Abgrenzung der richtlinienkonformen Auslegung vom Phänomen der Direktwirkung; Baden-Baden 2001 (zit.: Direktwirkung)
Rossi, Matthias; Das Diskriminierungsverbot nach Art. 12 EGV; EuR 35 (2000), 197–217
Roth, Günter H.; Gründungstheorie: Ist der Damm gebrochen? Eine Besprechung des Urteils des Europäischen Gerichtshofs vom 9. März 1999, ZIP 1999, 438 – Centros; ZIP 1999, 861–867
Roth, Wulf-Henning; Internationales Versicherungsvertragsrecht. Das Versicherungsverhältnis im internationalen Vertragsrecht – Zugleich ein Beitrag zum Schutz des schwächeren Vertragspartners im IPR und zur Dienstleistungsfreiheit in der Europäischen Gemeinschaft; Tübingen 1985
Ders.; Grundlagen des gemeinsamen europäischen Versicherungsmarktes; RabelsZ 54 (1990), 63–138
Ders.; Versicherungsmonopole und EWG-Vertrag; in: Festschrift für Ernst Steindorff zum 70. Geburtstag; hrsg. von Baur, Jürgen F.; Hopt, Klaus J.; Mailänder, Peter; Berlin, New York 1990; 1313–1332
Ders.; Der Einfluss des Europäischen Gemeinschaftsrechts auf das Internationale Privatrecht; RabelsZ 55 (1991), 623–673
Ders.; „Video"-Nachlese oder das (immer noch) vergessene Gemeinschaftsrecht; ZIP 1992, 1054–1057

Ders.; Das Allgemeininteresse im europäischen Internationalen Versicherungsvertragsrecht; VersR 1993, 129–139

Ders.; Urteilsanmerkung: Case C-76/90, Manfred Säger v. Dennemeyer & Co. Ltd., Judgement of 25. July 1991; CMLR 30 (1993), 145–154

Ders.; Die Freiheiten des EG-Vertrages und das nationale Privatrecht; ZEuP 1994, 5–33

Ders.; Angleichung des IPR durch sekundäres Gemeinschaftsrecht; IPRax 1994, 165–174

Ders.; Rückzug des Europäischen Gerichtshofs vom Binnenmarktkonzept?; in: Marktwirtschaft und Wettbewerb im sich erweiternden europäischen Raum; FIW (Hrsg.); 1994; 21–42; (zit. Roth, in: Marktwirtschaft und Wettbewerb)

Ders.; Urteilsanmerkung: Joined Cases C-267 and C-268/91, Bernard Keck and Daniel Mithouard, Judgement of 24 November 1993, [1993] ECR I-6087; Case C-292/92, Ruth Hünermund et al. v. Landesapothekerkammer Baden-Württemberg, Judgement of 15 December 1993, [1993] ECR I-6787; CMLR 31 (1994), 845–855

Ders.; Zum Verhältnis von Art. 7 Abs. 2 und Art. 5 der Römer Schuldvertragskonvention; in: Schnyder/Heiss/Rudisch (Hrsg.); Internationales Verbraucherschutzrecht (1995); 35–51

Ders.; Wettbewerb der Mitgliedstaaten oder Wettbewerb der Hersteller? ZHR 159 (1995), 78–95

Ders.; Drittwirkung der Grundfreiheiten?, in: Festschrift für Ulrich Everling, Hrsg. Ole Due, Marcus Lutter; Jürgen Schwarze, Bd. II; Baden-Baden 1995; 1231–1247

Ders.; Zur Tragweite der Harmonisierung im Recht des unlauteren Wettbewerbs, in: Festschrift für Ernst-Joachim Mestmäcker zum siebzigsten Geburtstag; Hrsg. Ulrich Immenga, Wernhard Möschel, Dieter Reuter; Baden-Baden 1996; 725–746

Ders.; Die Niederlassungsfreiheit zwischen Beschränkungs- und Diskriminierungsverbot; in: Gedächtnisschrift für Brigitte Knobbe-Keuk, hrsg. von Wolfgang Schön; Köln 1997; 729–742

Ders.; Freier Warenverkehr nach „Keck"; in: Festschrift für Bernhard Großfeld zum 65. Geburtstag; hrsg. von Ulrich Hübner und Werner F. Ebke; Heidelberg 1999; 929–957

Ders.; Europäisches Recht und nationales Recht; in: Festgabe 50 Jahre Bundesgerichtshof II: Handels- und Wirtschaftsrecht, Europäisches und Internationales Recht; hrsg. Andreas Heldrich und Klaus J. Hopt; München 2000; 847–888

Ders.; Die Grundfreiheiten und das Internationale Privatrecht – das Beispiel Produkthaftung – ; in: Gedächtnisschrift für Alexander Lüderitz (Hrsg. Haimo Schack); München 2000, 635

Ders.; Diskriminierende Regelungen des Warenverkehrs und Rechtfertigung durch die „zwingenden Erfordernisse" des Allgemeininteresses; WRP 2000, 979–984

Ders.; Urteilsanmerkung: Case C-212/97, Centros Ltd. v. Erhvervs- og Selskabsstyrelsen, Judgement of 9 March 1999. Full Court; in: CMLR 37 (2000), 147–155

Ders.; Der nationale Transformationsakt: Vom Punktuellen zum Systematischen; in: Grundmann/Medicus/Rolland (Hrsg.), Europäisches Kaufgewährleistungsrecht (2000); 113–142

Ders.; Europäischer Verbraucherschutz und BGB; JZ 2001, 475–490

Ders.; Der Einfluss der Grundfreiheiten auf das internationale Privat- und Verfahrensrecht; in: Systemwechsel im europäischen Kollisionsrecht; München 2002; 47–63

Ders.; Internationales Gesellschaftsrecht nach Überseering (zu EuGH, 5. 11. 2002 – Rs. 208/00 – Überseering BV/Nordic Construction Company Baumanagement GmbH (NCC) IPRax 2003, 65); IPRax 2003, 117–127

Ders.; Zur Wählbarkeit nichtsstaatlichen Rechts; in: Festschrift für Erik Jayme, hrsg. von Heinz Peter Mansel, Thomas Pfeiffer, Herbert Kronke, Christian Kohler, Rainer Hausmann; Bd. I; München 2004; 757–772

Ders.; Grundfragen im künftigen internationalen Verbrauchervertragsrecht der Gemeinschaft; in: Festschrift für Hans Jürgen Sonnenberger zum 70 Geburtstag, München 2004; 591–614

Röthel, Anne; Anmerkung zu den Urteilen des EuGH vom 11. 4. 2000, in den verb. Rs. C-51/96 und C-191/97 Christelle Deliège sowie vom 13. 4. 2000, in der Rs. 176/96 Lehtonen; EuZW 2000, 379–380

Dies.; Grundfreiheiten und private Normgebung. Zur unmittelbaren Drittwirkung der Grundfreiheiten auf Verbandsnormen; EuR 36 (2001), 908–921

Rudisch, Bernhard; Der Beitritt Österreichs zum Römer Schuldvertragsübereinkommen: Gründe, Hintergründe und Konsequenzen; RabelsZ 63 (1999), 70–106

Rüffler, Friedrich, Irreführende Werbung und Europarecht (Teil II); WBl 1996, 133–145

Ders.; Richtlinienkonforme Auslegung nationalen Rechts; ÖJZ 1997, 121–131

Ruge, Reinhard; Goldene Aktien und EG-Recht; EuZW 2002, 421–424

Rühl, Christiane; Rechtswahlfreiheit und Rechtswahlklauseln in allgemeinen Geschäftsbedingungen; Baden-Baden 1999 (zit.: Rechtswahlfreiheit)

Dies.; § 12 AGBG im System des internationalen Verbraucherschutzrechts; RIW 1999, 321–326

Sack, Rolf; Das Verhältnis der Produkthaftungsrichtlinie der EG zum nationalen Produkthaftungsrecht; VersR 1988, 439–452

Ders.; Auswirkungen der Art. 52, 58 EWGV auf das internationale Gesellschaftsrecht – EuGH, NJW 1989, 2186; JuS 1990, 352–356

Ders.; Art. 30, 36 EG-Vertrag und das internationale Wettbewerbsrecht; WRP 1994, 281–293

Ders.; Staatliche Werbebeschränkungen und die Art. 30 und 59 EG-Vertrag; WRP 1998, 103–119

Ders.; Auswirkungen der Art. 30, 36 und 59 ff. EG-Vertrag auf das Recht gegen den unlauteren Wettbewerb; GRUR 1998, 871–887

Ders.; Die Beurteilung irreführender Werbung für Importfahrzeuge aus EG-Staaten nach EG-Recht; WRP 2000, 23–33

Ders.; Das internationale Wettbewerbs- und Immaterialgüterrecht nach der EGBGB-Novelle; WRP 2000, 269–289

Ders.; Herkunftslandprinzip und internationale elektronische Werbung nach der Novellierung des Teledienstegesetzes (TDG); WRP 2002, 271–283

Samtleben, Jürgen; Das Internationale Privatrecht der Börsentermingeschäfte und der EWG-Vertrag. Zum Urteil des Europäischen Gerichtshofs vom 2. 10. 1978; RabelsZ 45 (1981), 218–252

Sandrock, Otto; Centros: Ein Etappensieg für die Überlagerungstheorie; BB 1999, 1337–1345

Ders.; Die Schrumpfung der Überlagerungstheorie. Zu den zwingenden Vorschriften des deutschen Sitzrechts, die ein fremdes Gründungsrecht überlagern können; ZvglRWiss 102 (2003), 447–504

Savatier, René; Le Marché commun au regard du droit international privé ; Rev.crit.d.i.p. 48 (1959), 237–258

v. Savigny, Friedrich Carl; System des heutigen Römischen Rechts; Bd. VIII; (Berlin 1849), unveränderter Nachdruck Bad Homburg 1961

Schack, Haimo; Rechtsangleichung mit der Brechstange des EuGH – Vom Fluch eines falsch verstandenen Diskriminierungsverbots; ZZP 108 (1995), 47–58

Ders.; Die EG-Kommission auf dem Holzweg von Amsterdam; ZEuP 1999, 805–808

Schaefer, Detlef; Die unmittelbare Wirkung des Verbots der nichttarifären Handelshemmnisse (Art. 30 EWGV) in den Rechtsbeziehungen zwischen Privaten. Probleme der horizontalen unmittelbaren Wirkung des Gemeinschaftsrechts, gezeigt am Beispiel des Art. 30 EWGV; Frankfurt a. M., Bern, New York, Paris 1987 (zit.: Unmittelbare Wirkung)

Schaub, Renate; Die Neuregelung des Internationalen Deliktsrechts in Deutschland und das europäische Gemeinschaftsrecht; RabelsZ 66 (2002), 18–65

Scherzberg, Arno; Die innerstaatlichen Wirkungen von EG-Richtlinien; Jura 1993, 225–232

Schlechtriem, Peter (Hrsg.); Kommentar zum Einheitlichen UN-Kaufrecht. Das Übereinkommen der Vereinten Nationen über Verträge über den internationalen Warenkauf – CISG –; 3. Aufl.; München 2000

Ders.; „Wandlungen des Schuldrechts in Europa“ – wozu und wohin; ZEuP 2002, 213–221

Schlosser, Peter; Sonderanknüpfungen von zwingendem Verbraucherschutzrecht und europäisches Prozessrecht. Eine Studie unter besonderer Berücksichtigung der deutschen Rechtsprechung zu Differenzeinwand und Börsentemingeschäftsfähigkeit; in: Festschrift für Ernst Steindorff zum

70. Geburtstag; Hrsg. Jürgen F. Bauer, Klaus J. Hopt, K. Peter Mailänder; Berlin, New York 1990; 1379–1391

Schmid, Christoph; Legitimitätsbedingungen eines Europäischen Zivilgesetzbuchs; JZ 2001, 674–683

Schmidt, Hartmut; Economic Analysis of the Allocation of Regulatory Competence in the European Communities; in: European Business Law, edited by Richard M. Buxbaum, Gérard Hertig, Alain Hirsch, Klaus J. Hopt; Berlin, New York 1991; 51–60

Schmidt, Karsten; Freie Beweglichkeit von Unternahmen über nationale Grenzen; in: Multimedia, Kommunikation ohne Grenzen – grenzenloser Wettbewerb?; Köln, Berlin, Bonn, München 1998; 41–52

Schmidt-Kessel, Martin; Rechtsmissbrauch im Gemeinschaftsprivatrecht – Folgerungen aus den Rechtssachen Kefalas und Diamantis –; JbJZ, 2000, 61–83

Schmidt-Kessel, Martin; Auf dem Weg zu einem Europäischen Vertragsrecht. Zur Einordnung des Aktionsplans der Kommission; RIW 2003, 481–489

Schmidt-Räntsch, Jürgen; Gesetzliche Neuregelung des Widerrufsrechts bei Verbraucherverträgen; ZIP 2002, 1100–1108

Schmidt-Rimpler, Walter; Grundfragen einer Erneuerung des Vertragsrechts; AcP 147 (1941), 130–197

Schneider, Uwe H.; Europäische und internationale Harmonisierung des Bankvertragsrechts. Zugleich ein Beitrag zur Angleichung des Privatrechts in der Europäischen Gemeinschaft; NJW 1991, 1985–1993

Ders.; Europäische und internationale Rechtsangleichung und ihre Bedeutung für die Kreditwirtschaft; in: Hadding, Walther, Welter, Reinhard (Hrsg.); Rechtsfragen bei Bankleistungen im Europäischen Binnenmarkt/Legal Issues Involved in Banking Services in the Single European Market/Probèmes juridiques des services bancaires au sein du Marché intérieur européen; Köln 1994

Schnichels, Dominik; Reichweite der Niederlassungsfreiheit; Dargestellt am Beispiel des deutschen Internationalen Gesellschaftsrechts; Baden-Baden 1995 (zit.: Niederlassungsfreiheit)

Schnitzer, Adolf F.; Handbuch des Internationalen Privatrechts einschließlich Prozessrecht: unter besonderer Berücksichtigung der Schweizerischen Gesetzgebung und Rechtsprechung; Bd. 1, Basel 1957; Bd. 2, Basel 1958

Schnorbus, York; Die richtlinienkonforme Rechtsfortbildung im nationalen Privatrecht. Eine Untersuchung zur europarechtlich bedingten Lücke im Gesetz; AcP 201 (2001), 860–901

Schnyder, Anton K.; „Zwingendes" Recht im internationalen Wirtschaftsrecht nach der neueren Rechtsprechung des EuGH; in: Mansel/Baur (Hrsg.), Systemwechsel im europäischen Kollisionsrecht (2002); 89–98

Ders.; Heiss, Helmut; Rudisch, Bernhard (Hrsg.); Internationales Verbraucherschutzrecht. Erfahrungen und Entwicklungen in Deutschland, Liechtenstein, Österreich und der Schweiz; Tübingen 1995

Schön, Wolfgang; Die Auslegung europäischen Steuerrechts. Das harmonisierte Steuerrecht zwischen nationalem Zivilrecht und europäischem Gemeinschaftsrecht; Köln 1993

Ders.; Europäische Kapitalverkehrsfreiheit und nationales Steuerrecht; in: Gedächtnisschrift für Brigitte Knobbe-Keuk, hrsg. von Wolfgang Schön; Köln 1997; 743–777

Schöne, Franz-Josef; Dienstleistungsfreiheit in der EG und deutsche Wirtschaftsaufsicht; Köln, Berlin, Bonn, München 1989; (zit. Dienstleistungsfreiheit)

Schricker, Gerhard; Anmerkung zum Urteil des EuGH vom 18. 5. 1993, in der Rs. 126/91 Yves Rocher; WRP 1993, 617–619

Schroeder, Dirk; Federle, Anne; Das Keck-Urteil: Tatsächlich eine Abkehr von „Yves Rocher"?; ZIP 1994, 1428–1434

Schröer, Thomas; Mehr Demokratie statt umweltpolitischer Subsidiarität? – Anmerkungen zum Titandioxid-Urteil des EuGH; EuR 26 (1991), 356–368

Schulte-Nölke, Hans; Ein Vertragsgesetzbuch für Europa?; JZ 2001, 917–920

Schulte-Nölke, Hans; Schulze, Reiner (Hrsg.), Europäische Rechtsangleichung und nationale Privatrechte; Baden-Baden 1999 (zit.: Rechtsangleichung)

Schulte-Nölke, Hans; Schulze, Reiner; Europäische Rechtsangleichung und nationale Privatrechte. Einführung; in: dies. (Hrsg.), Europäische Rechtsangleichung und nationale Privatrechte; 11–20

Schulze, Götz; Dialogische Beweisaufnahmen im internationalen Rechtshilfeverkehr. Beweisaufnahmen im Ausland durch und im Beisein des Prozessgerichts; IPRax 2001, 527–533

Schulze, Reiner (Hrsg.); Auslegung europäischen Privatrechts und angeglichenen Rechts; Baden-Baden 1999 (zit.: Auslegung)

Schulze, Reiner; Zimmermann, Reinhard; Basistexte zum Europäischen Privatrecht. Textsammlung; 2. Aufl. Baden-Baden 2002

Schurig, Klaus; Zwingendes Recht, „Eingriffsnormen" und neues IPR; RabelsZ 54 (1990), 217–250

Ders.; Ein ungünstiges Günstigkeitsprinzip – Anmerkungen zu einer misslungenen gesetzlichen Regelung des internationalen Deliktsrechts, in: Gedächtnisschrift für Alexander Lüderitz; Hrsg. Haimo Schack; München 2000; 699–711

Ders. Unilateralistische Tendenzen im europäischen Gesellschaftskollisionsrecht oder Umgehung als Regelungsprinzip; in: Liber Amicorum Gerhard Kegel; Hrsg. von Hilmar Krüger und Heinz-Peter Mansel; München 2002; 199–221

Schütz, Hans-Joachim; Cassis de Dijon – EuGH – Urt. vom 20. 2. 1979 = Slg. 1979, 649 –; Jura 1998, 631, 636

Schwartz, Ivo E.; 30 Jahre Rechtsangleichung; in: Eine Ordnungspolitik für Europa, Festschrift für Hans v. d. Groeben zu seinem 80. Geburtstag; hrsg. von Ernst-Joachim Mestmäcker, Hans Möller, Hans-Peter Schwarz; Baden-Baden 1987; 333–368

Ders.; Perspektiven der Angleichung des Privatrechts in der Europäischen Gemeinschaft; ZEuP 1994, 559–584

Ders.; EG-Kompetenz für das Verbot der Tabakwerbung?; AfP 29 (1998), 553–564

Schwartze, Andreas; Die Europäisierung des Privatrechts am Beispiel des Kaufrechts; in: Martiny/Witzleb (Hrsg.); Auf dem Wege zu einem Europäischen Zivilgesetzbuch (1999); 33–52

Schwarz, Christian; Zum Statut der Europäischen Aktiengesellschaft. Die wichtigsten Neuerungen und Änderungen der Verordnung; ZIP 2001, 1847–1861

Schwarz, Günter Christian; Europäisches Gesellschaftsrecht; Baden-Baden 2000

Schwarz, Simon; Das internationale Handelsvertreterrecht im Lichte von „Ingmar" – Droht das Ende der Parteiautonomie im Gemeinschaftsprivatrecht? Eine Besprechung von EuGH, Urt. v. 9. 11. 00 – Rs. C-381/98; ZvglRWiss 101 (2002), 45–74

Schwarze, Jürgen (Hrsg.), Wirtschaftsverfassungsrechtliche Garantien für Unternehmen im europäischen Binnenmarkt; Baden-Baden 2001 (zit.: Wirtschaftsverfassungsrechtliche Garantien)

Schweitzer, Michael; Hummer, Waldemar; Europarecht; 5. Aufl.; Neuwied, Kriftel, Berlin 1996 (+ Nachtrag 1999). Der Vertrag von Amsterdam; Neuwied, Kriftel, Berlin 1999

Schwintowski, Hans Peter; Europäisierung der Versicherungsmärkte im Lichte der Rechtsprechung des EuGH; NJW 1987, 521–526

Seif, Ulrike; Das Spannungsverhältnis zwischen Kollisionsrecht und Europarecht; in: JbJZ, 1997, 225–256

Dies.; Der Bestandsschutz besitzloser Mobiliarsicherheiten im deutschen und englischen Recht; Tübingen 1997 (zit.: Mobiliarsicherheiten)

Siebert, Horst; The Harmonization Issue in Europe: Prior Agreement or a Competitive Process?; in: The Completion of the Internal Market; Horst Siebert (Hrsg.); Tübingen 1990; 53–75

Siebert, Horst; Koop, Michael J.; Institutional Competion. A Concept for Europe?; Außenwirtschaft 45 (1990), 439–462

Siehr, Kurt; Internationales Privatrecht. Deutsches und europäisches Kollisionsrecht für Studium und Praxis; Heidelberg 2001

Sinn, Hans-Werner; Implikationen der vier Grundfreiheiten für eine nationale Fiskalpolitik; Wirtschaftsdienst 75 (1995), 240–249

Ders.; The selection principle and market failure in systems competition; Journal of Public Economics 66 (1997), 247–274

Smulders, Ben; Glazener, Paul; Harmonization in the Field of Insurance Law Through the Introduction of Community Rules of Conflict; CMLR 29 (1992), 775–797

Soergel, H. Th.; Bürgerliches Gesetzbuch mit Einführungsgesetz und Nebengesetzen, Kommentar; Bd. 10 Einführungsgesetz; 12. Aufl., Stuttgart, Berlin, Köln 1996

Sonnenberger, Hans-Jürgen; Europarecht und internationales Privatrecht; ZVglRWiss 95 (1996), 3–47

Ders.; Die Umsetzung kollisionsrechtlicher Regelungsgebote in EG-Richtlinien; ZEuP 1996, 282–398

Ders.; Die Eingriffsnorm: ein internationalprivatrechtliches ((α(δα(((?; in: Festschrift für Wolfgang Fikentscher zum 70. Geburtstag, hrsg. von Bernhard Großfeld, Rolf Sack, Thomas M. J. Möllers; Josef Drexl; Andreas Heinemann; Tübingen 1998; 283–297

Ders.; Der Ruf unserer Zeit nach einer europäischen Ordnung des Zivilrechts; JZ 1998, 982–991

Ders.; Der Persönlichkeitsschutz nach den Art. 40–42 EGBGB; in: Festsschrift für Dieter Henrich zum 70. Geburtstag; hrsg. von Peter Gottwald, Erik Jayme, Dieter Schwab; Bielefeld 2000; 575–591

Ders.; Das Internationale Privatrecht im dritten Jahrtausend – Rückblick und Ausblick; ZVglRWiss 100 (2001), 107–136

Ders.; Der Entwurf eines Europäischen Vertragsgesetzbuchs der Akademie Europäischer Privatrechtswissenschaftler – ein Meilenstein; RIW 2001, 409–416

Ders.; Privatrecht und Internationales Privatrecht im künftigen Europa: Fragen und Perspektiven; RIW 2002, 489–498

Ders.; Eingriffsrecht – Das trojanische Pferd im IPR oder notwendige Ergänzung?; IPRax 2003, 104–116

Sonnenberger, Hans Jürgen; Großerichter, Helge; Konfliktlinien zwischen internationalem Gesellschaftsrecht und Niederlassungsfreiheit. Im Blickpunkt: Die Centros-Entscheidung des EuGH als gesetzgeberische Herausforderung; RIW 1999, 721–732

Spetzler, Eugen; Die richtlinienkonforme Auslegung als vorrangige Methode steuerjuristischer Hermeneutik; RIW 1991, 579–582

Spickhoff, Andreas; Die Restkodifikation des Internationalen Privatrechts: Außervertragliches Schuldrecht und Sachenrecht; NJW 1999, 2209–2215

Ders.; Die Tatortregel im neuen Deliktskollisionsrecht; IPRax 2000, 1–8

Spindler, Gerald, Internet, Kapitalmarkt und Kollisionsrecht unter besonderer Berücksichtigung der E-Commerce-Richtlinie; ZHR 165 (2001), 324–361

Ders.; Die E-Commerce-Richtlinie und das internationale Wirtschaftsrecht; in: Mansel/Baur (Hrsg.); Systemwechsel im europäischen Kollisionsrecht (2002); 107–133

Ders.; Herkunftslandprinzip und Kollisionsrecht – Binnenmarktintegration ohne Harmonisierung? Die Folgen der Richtlinie im elektronischen Geschäftsverkehr für das Kollisionsrecht; RabelsZ 66 (2002), 633–709

Stadler, Astrid; Neues europäisches Zustellungsrecht; IPRax 2001, 514–521

Dies.; Das Europäische Zivilprozessrecht – Wie viel Beschleunigung verträgt Europa?; IPRax 2004, 2–11

Staudenmayer Dirk; EG-Richtlinie 1999/44/EG zur Vereinheitlichung des Kaufgewährleistungsrechts; in: Grundmann/Medicus/Rolland (Hrsg.), Europäisches Kaufgewährleistungsrecht (2000); 27–47

Ders.; Die Mitteilung der Kommission zum Europäischen Vertragsrecht; EuZW 2001, 485–489

Staudinger, Ansgar; Art. 29 a EGBGB des Referentenentwurfs zum Fernabsatzgesetz; IPRax 1999, 414–420

Ders.; Das Zusammenspiel von HaustürWG, TzWrG und AGBG bei verbundfinanzierten Timesharing-Verträgen im Binnenmarkt; RIW 1999, 915–924

Ders.; Rom, Brüssel, Berlin und Amsterdam: Chiffren eines Europäischen Kollisionsrechts für Verbraucherverträge; ZfRV 2000, 93–105

Ders.; Internationales Verbraucherschutzrecht made in Gemany. Im Blickpunkt: Der neue Art. 29 a EGBGB; RIW 2000, 416–421

Ders.; Die Mitteilung der Kommission zum Europäischen Vertragsrecht; VuR 2001, 353–359
Ders.; Die ungeschriebenen kollisionsrechtlichen Regelungsgebote der Handelsvertreter-, Haustürwiderrufs- und Produkthaftungsrichtlinie; NJW 2001, 1974–1978
Ders.; Drum prüfe, wer sich ewig an Immobilien bindet – BGH, NJW 2002, 1181; JuS 2002, 953–956
Ders.; Anknüpfung von Gerichtsstandsvereinbarungen und Versicherungsverträgen-Stellungnahme zum EU-Grünbuch über die Umwandlung des Übereinkommens von Rom aus dem Jahre 1980; in: Leible (Hrsg.), Das Grünbuch zum Internationalen Vertragsrecht, München 2004; 37–61
Staudinger, J. von; Kommentar zum Bürgerlichen Gesetzbuch mit Einführungsgesetz und Nebengesetzen;
– Einführungsgesetz zum Bürgerlichen Gesetzbuche/IPR, Einleitung zum IPR; Art. 3–6 EGBGB; 13. Bearbeitung, Berlin 1996 von Dieter Blumenwitz, Rainer Hausmann, Fritz Sturm, Gudrun Sturm; Redaktor Dieter Henrich
– Einführungsgesetz zum Bürgerlichen Gesetzbuche/IPR, Art. 38–42 EGBGB; Neubearbeitung, Berlin 2001 von Bernd von Hoffmann, Redaktor Jan Kropholler
– Einführungsgesetz zum Bürgerlichen Gesetzbuche/IPR, Internationales Wirtschaftsrecht; 13. Bearbeitung 2000 von Karl-Heinz Fezer; Redaktor Ulrich Magnus
– EGBGB/IPR. Einleitung zu Art. 27 ff. EGBGB; Art. 27–33 EGBGB; Anhang zu Art. 33 EGBGB: Internationales Factoring; Art. 34 EGBGB: Anhang zu Art. 34 EGBGB: Internationales Währungs- und Devisenrecht; Art. 35–37 EGBGB; Anhang I zu Art. 37 EGBGB: IPR der Versicherungsverträge; Anhang II zu Art. 27–37 EGBGB: Internationale Zuständigkeit; Gerichtsstands- und Schiedsvereinbarungen; 13. Bearbeitung, Berlin 2002 von Christian Armbrüster, Werner F. Ebke, Rainer Hausmann, Ulrich Magnus; Redaktor Ulrich Magnus
Stein, Andreas; Der Europäische Vollstreckungstitel für unbestrittene Forderungen tritt in Jraft – Aufruf zu einer nüchternen Betrachtung; IPRax 2004, 181–191
Steindorff, Ernst; Europäisches Gemeinschaftsrecht und deutsches Internationales Privatrecht – Ein Beitrag zum ordre public und zur Sonderanknüpfung zwingenden Rechts; EuR 16 (1981), 426–441
Ders.; Termingeschäfte an ausländischen Börsen; IPRax 1982, 49–51
Ders.; Probleme des Art. 30 EWG-Vertrag; ZHR 148 (1984), 339–355
Ders.; Gemeinsamer Markt als Binnenmarkt; ZHR 150 (1986), 687–704
Ders.; Reichweite der Niederlassungsfreiheit; EuR 23 (1988), 19–32
Ders.; Gesellschaftsrechtliche Richtlinien der EG und strengeres staatliches Recht; EuZW 1990, 251–254
Ders.; Anerkennung im EG-Recht; in: Festschrift für Werner Lorenz zum 70. Geburtstag; Hrsg. Von Bernhard Pfister, Michael R. Will; Tübingen 1991; 561–576
Ders.; Drittwirkung der Grundfreiheiten im Europäischen Gemeinschaftsrecht, in: Festschrift für Peter Lerche zum 65. Geburtstag; Hrsg. Peter Badura, Rupert Scholz; München 1993, 575–590
Ders.; Unlauterer Wettbewerb im System des EG-Rechts; WRP 1993, 139–151
Ders.; Privatrecht und Europäischer Binnenmarkt; in: Brüggemeier, Gert (Hrsg.), Verfassungen für ein ziviles Europa; Baden-Baden 1994; 131–148
Ders.; Anmerkung zum Urteil des EuGH vom 2. 8. 1993, in den Rs. C-259, 331 und 332/91 Allué II; JZ 1994, 95–98
Ders.; Unvollkommener Binnenmarkt, ZHR 158 (1994), 149–169
Ders.; EG-Vertrag und Privatrecht, Baden-Baden 1996
Ders.; Centros und das Recht auf die günstigste Rechtsordnung; JZ 1999, 1140–1143
Steiner, J.; Drawing the Line: Uses and Abuses of Art. 30 EEC; CMLR 29 (1992), 749–774
Stöcker, Otmar M.; Die „Eurohypothek"; Zur Bedeutung eines einheitlichen nicht-akzessorischen Grundpfandrechts für den Aufbau eines „Europäischen Binnenmarktes für den Hypothekarkredit" mit einer Darstellung der Verwendung der Grundschuld durch die deutsche Hypothekarkreditpraxis sowie des französischen, spanischen und schweizerischen Hypothekenrechts; Berlin 1992

Stoll, Hans; Handlungsort und Erfolgsort im internationalen Deliktsrecht. Überlegungen zu Art. 40 Abs. 1 EGBGB; in: Gedächtnisschrift für Alexander Lüderitz (Hrsg. Haimo Schack); München 2000; 733–750

Streinz, Rudolf; Gemeinschaftsrecht und deutsches Personenstandsrecht. Zum Urteil des EuGH vom 30. 3. 1993 (Christos Konstantinidis), StAZ 1993, 256; StAZ 1993, 243–249

Ders.; Mindestharmonisierung im Binnenmarkt; in: Everling/Roth (Hrsg.), Mindestharmonisierung im Europäischen Binnenmarkt (1997), 9–32

Ders.; Europarecht, 5. Aufl., Heidelberg 2001

Ders.; Konvergenz der Grundfreiheiten. Aufgabe der Differenzierungen des EG-Vertrags und der Unterscheidung zwischen unterschiedlichen und unterschiedslosen Maßnahmen? Zu Tendenzen der Rechtsprechung des EuGH; in: Völkerecht und deutsches Recht, Festschrift für Walter Rudolf zum 70. Geburtstag; München 2001, 199–221

Streinz, Rudolf; Leible, Stefan; Prozesskostsicherheit und gemeinschaftsrechtliches Diskriminierungsverbot (zu EuGH, 26. 9. 1996 – Rs. C 43/95 Data Delecta/MSL und LG Darmstadt, 11. 9. 1996 – 9 O 153/96); IPRax 1998, 162–170

Dies.; Die unmittelbare Drittwirkung der Grundfreiheiten; EuZW 2000, 459–467

Streit, Manfred, E.; Systemwettbewerb und Harmonisierung im europäischen Integrationsprozeß; in: Cassel Dieter (Hrsg.), Entstehung und Wettbewerb von Systemen, Berlin 1996; 223–244

Struycken, A. V. M.; Les conséquences de l'intégration européenne sur le développement du droit international privé; RdC 232 (1992 I), 257–384

Stumpf, Cordula; EG-Insiderrecht: Die Insider-Richtlinie als Bestandteil eines europäischen Kapitalmarktrechts und ihre Folgen für das deutsche Recht; JbJZ, 1990, 31–54

Sturm, Fritz; Der Entwurf eines Europäischen Vertragsgesetzbuchs; JZ 2001, 1097–1102

Stuyck, Jules; Joined Cases C-34/95, C-35/95 and C-36/95, Konsumentombudsmannen (KO) v. De Agostini (Svenska) Förlag AB and Konsumentombudsmannen (KO) v. TV-Shop i Sverige AB, Judgement of 9 July 1997, nyr.; CMLR 34 (1997), 1445–1468

Ders.; Joined Cases C-240/98 to 244/98, Océano Grupo Editorial SA v. Rocio Murciano Quintero and Salvat Editore SA v. José M. Sánchez Alcón Prades et. al, Judgment of the Full Court of 27 June 2000, nyr; CMLR 38 (2001), 719–737

Stuyck, Jules, Wytinck, P.; Urteilsanmerkung: Case C-106/89, Marleasing SA v. La Comercial Internacional de Alimentacion SA, Judgement of 13. November 1990; CMLR 28 (1991), 205–223

Suhr, Elke; Das Recht des Personalstatuts im Zeichen der europäischen Integration. Die besondere Situation in der Europäischen Wirtschaftsgemeinschaft; Hamburg 1867 (zit.: Personalstatut)

Sun, Jeanne-Mey; Pelkmans, Jacques; Regulatory Competition in the Single Market; Journal of Common Market Studies 33 (1995), 67–89

Symeonides, Symeon C.; Tort Conflicts and Rome II: A View from Across; in: Festschrift für Erik Jayme, hrsg. von Heinz Peter Mansel, Thomas Pfeiffer, Herbert Kronke, Christian Kohler, Rainer Hausmann; Bd. I; München 2004; 935–954

Taschner, Hans Claudius; Privatrechtsentwicklung durch die Europäische Gemeinschaft – Rechtsgrundlagen, Ziele, Sachgebiete, Verfahren; in: Müller-Graff (Hrsg.); Gemeinsames Privatrecht in der Europäischen Gemeinschaft (1999); 225–235

Taupitz, Jochen; Kaffeefahrten deutscher Urlauber auf Gran Canaria: Deutscher Verbraucherschutz im Urlaubsgepäck?; BB 1990, 642–652

Ders.; Europäische Privatrechtsvereinheitlichung heute und morgen; Tübingen 1993 (zit.: Privatrechtsvereinheitlichung)

Ders.; Privatrechtsvereinheitlichung durch die EG: Sachrechts- oder Kollisionsrechtsvereinheitlichung?; JZ 1993, 533–539

Ders.; Das internationale Produkthaftungsrecht im Zugriff der europäischen Warenverkehrsfreiheit; ZEuP 5 (1997), 986–1009

Ders.; Europäisches Gemeinschaftsrecht versus nationales IPR: Vorgaben der Warenverkehrsfreiheit für den Gestaltungsspielraum des Internationalen Produkthaftungsrechts; ZEuS 1998, 17–46

Tenreiro, Mário; Karsten, Jens; Unfair Terms in Consumer Contracts; in: Schulte-Nölke/Schulze (Hrsg.), Europäische Rechtsangleichung und nationale Privatrechte (1999); 223–276

Thorn, Karsten; Verbraucherschutz bei Verträgen im Fernabsatz; IPRax 1999, 1–9

Ders.; Das Centros-Urteil des EuGH im Spiegel der deutschen Rechtsprechung; IPRax 2001, 102–110

Ders.; Entwicklungen des Internationalen Privatrechts 2000–2001; IPRax 2002, 349–364

Thünken, Alexander; Die EG-Richtlinie über den elektronischen Geschäftsverkehr und das internationale Privatrecht des unlauteren Wettbewerbs; IPRax 2001, 15–22

Tilmann, Winfried; Zur Entwicklung eines Europäischen Zivilrechts; in: Festschrift für Walter Oppenhoff zum 80. Geburtstag; hrsg. von Walter Jagenburg, Georg Maier-Reimer, Thomas Verhoeven; München 1985; 495–507

Ders.; Irreführende Werbung in Europa – Möglichkeiten und Grenzen der Rechtsentwicklung, GRUR 1990, 87–93

Ders.; Eine Privatrechtskodifikation für die Europäische Gemeinschaft?; in: Müller-Graff (Hrsg.), Gemeinsames Privatrecht in der Europäischen Gemeinschaft (1999); 579–594

Timmermanns, Christiaan, W. A.; Der freie Warenverkehr; in: Kommission der Europäischen Gemeinschaften (Hrsg.); Dreißig Jahre Gemeinschaftsrecht; Brüssel, Luxemburg 1981; 259–305

Ders.; Zur Entwicklung des europäischen Zivilrechts; ZEuP 1999, 1–5

Tonner, Klaus; Die EG-Richtlinie über Pausachalreisen; EuZW 1990, 409–413

Ders.; Anmerkung zum Urteil des EuGH vom 13. 10. 1993, in der Rs. C-93/92; VuR 1993, 298

Troberg, Peter; Mediawet und kein Ende: Dienstleistungsfreiheit und Fernseh-Rechtsprechung des EuGH; ZEuP 1994, 100–125

Ukrow, Jörg; Unmittelbare Wirkung von Richtlinien und gemeinschaftsrechtliche Staatshaftung nach Maastricht; NJW 1994, 2469–2470

Ullmann, Eike, Die Europäische Union und das nationale Wettbewerbs- und Urheberrecht, JZ 1994, 928–937

Ulmer, Peter; Vom deutschen zum europäischen Privatrecht?; JZ 1992, 1–8

Ders.; Zur Anpassung des AGB-Gesetzes an die EG-Richtlinie über mißbräuchliche Klauseln in Verbraucherverträgen; EuZW 1993, 337–347

Ders.; Schutzinstrumente gegen die Gefahren aus der Geschäftstätigkeit inländischer Zweigniederlassungen von Kapitalgesellschaften mit fiktivem Auslandssitz; JZ 1999, 662–665

Veelken, Winfried; Sachnormzwecke im Internationalen Wettbewerbsrecht; in: Basedow u. a. (Hrsg.), Aufbruch nach Europa (2001) 293–316

VerLoren van Themaat, Pieter; Zum Verhältnis zwischen Artikel 30 und Art. 85 EWG-Vertrag, in: Gutzler, Helmut/Herion Wolfgang/Kaiser, Joseph H.; Wettbewerb im Wandel. Festschrift für Eberhard Günther zum 65. Geburtstag; Baden-Baden 1991976; 373–388.

Vieweg, Klaus; Röthel, Anne; Verbandsautonomie und Grundfreiheiten; ZHR 166 (2002), 6–34

Vogenauer, Stefan; Richtlinienkonforme Auslegung nationalen Rechts; ZEuP 1997, 159–171

Vrellis, Spyridon; Überlegungen betreffend die Auslegung fremder Rechtsnormen; in: Basedow et al. (eds.), Private Law in the International Arena. Liber Amicorum Kurt Siehr; Hague 2000; 829–841

Wagner, Gerhard; Ehrenschutz und Pressefreiheit im europäischen Zivilverfahrens- und Internationalen Privatrecht; RabelsZ 62 (1998), 243–285

Wagner, Rolf; Ein neuer Anlauf zur Vereinheitlichung des IPR für außervertragliche Schuldverhältnisse auf EU-Ebene; EuZW 1999, 709–714

Ders.; Zusammenführung verbraucherschützender Kollisionsnormen aufgrund EG-Richtlinien in einem neuen Art. 29 a EGBGB – Ein Beitrag zur internationalprivatrechtlichen Umsetzung der Fernabsatz-Richtlinie –; IPRax 2000, 249–258

Ders.; Die Anerkennung und Vollstreckung von Entscheidungen nach der Brüssel II-Verordnung; IPRax 2001, 73–81

Ders.; Vom Brüsseler Übereinkommen über die Brüssel I-Verordnung zum Europäischen Vollstreckungstitel; IPRax 2002, 75–95

Ders.; EG-Kompetenz für das Internationale Privatrecht in Ehesachen?; RabelsZ 68 (2004), 119–153

Ders.; Zur Vereinheitlichung des Internationalen Privat- und Zivilverfahrensrechts fünf Jahre nach In-Kraft-Treten des Amsterdamer Vertrages; NJW 2004, 1835–1838

Wandt, Manfred; Internationale Produkthaftung, Heidelberg 1995

Weatherill, Stephen; After Keck: Some Thoughts on How to Clarify the Clarification; CMLR 33 (1996), 885–906

Weber, Stefan; Kapitalverkehr und Kapitalmärkte im Vertrag über die Europäische Union; EuZW 1992, 561–566

Wehrens, Hans G.; Überlegungen zu einer Euro-Hypothek; WM 1992, 557–563

Weitnauer, Wolfgang; Der Vertragsschwerpunkt. Eine rechtsvergleichende Darstellung des amerikanischen und deutschen Internationalen Vertragsrechts sowie des EG-Übereinkommens über das auf vertragliche Schuldverhältnisse anwendbare Recht vom 19. 6. 1980; Frankfurt a. M. 1981

Weller, Marc-Philippe; Scheinauslandsgesellschaften nach Centros, Überseering und Inspire Art: Ein neues Anwendungsfeld für die Existenzvernichtungshaftung; IPRax 2003, 207–210

Wengler, Wilhelm; Rechtsgleichheit und Vielheit der Rechte; in: Hundert Jahre Deutsches Rechtsleben, Festschrift zum hundertjährigen Bestehen des Deutschen Juristentages 1860–1960; Hrsg. Ernst von Caemmerer, Ernst Friesenhahn, Richard Lange; Karlsruhe 1960; Bd. I, 239–304

Wernicke, Thomas; Privates Bankvertragsrecht im EG-Binnenmarkt; Baden-Baden 1996 (zit.: Bankvertragsrecht)

Ders.; Anmerkung zum Urteil des EuGH vom 5. 11. 2002, in der Rs. C-208/00 Überseering B. V.; EuZW 2002, 758–761

Westphal Bernd; Neues Handelsvertreterrecht in der Europäischen Union; EWS 1996, 43–49

Ders. (Hrsg.); Produkthaftungshandbuch, Bd. 2; 2. Aufl., München 1999

Weth, Stephan, Kerwer, Christof; Der Einfluss des Europäischen Rechts auf das nationale Arbeitsrecht; JuS 2000, 425–431

Weyer, Hartmut; Die Rechtsprechung zum freien Warenverkehr – Cassis de Dijon – Keck; DZWir 1994, 89–102

Ders.; Freier Warenverkehr und nationale Regelungsgewalt in der Europäischen Union; Berlin, New York 1997 (zit. Freier Warenverkehr)

Ders.; Freier Warenverkehr, rein innerstaatliche Sachverhalte und umgekehrte Diskriminierung; EuR 33 (1998), 435–461

White, Eric L.; In Search of the Limits to Article 30 of the EEC Teaty; CMLR 26 (1989), 235–280

Wichard, Johannes Christian; Europäisches Markenrecht zwischen Territorialität und Binnenmarkt; ZEuP 2002, 23–57

Wiedmann, Thomas; Anmerkungen zum Vertrag von Nizza; JuS 2001, 846–851

Ders.; Der Vertrag von Nizza – Genesis einer Reform; EuR 36 (2001), 185–215

Wiesner, Peter, M.; Der Nizza-Kompromiss zur Europa-AG – Triumph oder Fehlschlag?; ZIP 2001, 397–398

Wilderspin, Michael; Die Vergemeinschaftung des internationalen Schuldrechts (Rom I, Rom II): Stand und Perspektiven; in: Baur/Mansel, Systemwechsel im Europäischen Kollisionsrecht (2002), 77–87

Williams, Patrick Ross; The EEC Convention on the Law Applicable to Contractual Obligations; ICLQ 35 (1986), 1–31

Wilmowsky, Peter v.; Der internationale Verbrauchervertrag im EG-Binnenmarkt. Europarechtlicher Gestaltungsspielraum für kollisionsrechtlichen Verbraucherschutz; ZEuP 1995, 735–768

Ders.; Ausnahmebereiche gegenüber EG-Grundfreiheiten?; EuR 31 (1996), 362–375

Ders.; EG-Freiheiten und Vertragsrecht; JZ 1996, 590–596

Ders.; Europäisches Kreditsicherungsrecht. Sachenrecht und Insolvenzrecht unter dem EG-Vertrag; Tübingen 1996
Ders.; EG-Vertrag und kollisionsrechtliche Rechtswahlfreiheit; RabelsZ 62 (1998), 1–37
Wimmer, Klaus (Hrsg.); Frankfurter Kommentar zur Insolvenzordnung; 3. Aufl., Neuwied, Kriftel 2002
Wolf, Manfred; Privates Bankvertragsrecht im EG-Binnenmarkt. Auswirkungen der II. EG-Bankrechts-Richtlinie auf privatrechtliche Bankgeschäfte; WM 1990, 1941–1952

Zäch, Roger; Grundzüge des Europäischen Wirtschaftsrechts; Baden-Baden 1996 (zit.: Grundzüge)
Zacker, Christian; Binnenmarkt und Gemeinsamer Markt. Zwei Begriffe desselben Inhalts?; RIW 1989, 489–490
Ziemons, Hildegard; Freie Bahn für den Umzug von Gesellschaften nach Inspire Art?!; ZIP 2003, 1913–1920
Zimmer, Daniel; Mysterium „Centros“. Von der schwierigen Suche nach der Bedeutung eines Urteils des Europäischen Gerichtshofes; ZHR 164 (2000), 23–42
Ders.; Wie es Euch gefällt? Offene Fragen nach dem Überseering-Urteil des EuGH; BB 2003, 1–7
Zimmermann, Reinhard; Schuldrechtsmodernisierung?; JZ 2001, 171–181
Zöckler, Marcus C.; Probleme der richtlinienkonformen Auslegung des nationalen Zivilrechts; JbJZ, 1992, 141–159
Zöller, Richard; Zivilprozessordnung mit Gerichtsverfassungsgesetz und den Einführungsgesetzen, mit Internationalem Zivilprozeßrecht, Kostenanmerkungen. Kommentar; 23. Aufl., Köln 2002
Zuleeg, Manfred; Das Recht der Europäischen Gemeinschaften im innerstaatlichen Bereich; Köln, Berlin, Bonn, München 1969
Ders.; Deutsches und Europäisches Verwaltungsrecht – wechselseitige Einwirkungen; VVDStRL 53 (1994), 154–195
Ders.; Wege der Einwirkung des Gemeinschaftsrechts auf das Privatrecht; VersR 1995, 861–865
Ders.; Die gemeinschaftskonforme Auslegung und Fortbildung mitgliedstaatlichen Rechts; in: Schulze (Hrsg.), Auslegung europäischen Privatrechts und angeglichenen Rechts (1999); 163–177
Ders.; Öffentliches Recht und Privatrecht im Europarecht; ZEuP 2001, 533–547
Zweigert, Konrad; Einige Auswirkungen des gemeinsamen Marktes auf das Internationale Privatrecht der Mitgliedstaaten; in: Festschrift für Walter Hallstein zu seinem 65. Geburtstag; Hrsg. von Ernst von Caemmerer, Hans-Jürgen Schlochauer, Ernst Steindorff; Frankfurt am Main 1966; 555–569

Stichwortverzeichnis